伯林文集

以赛亚·伯林爵士
（Sir Isaiah Berlin，1909—1997）

英国哲学家、观念史学家、20世纪著名自由主义知识分子。生于俄国犹太家庭，童年目睹俄国革命，1921年随父母前往英国。1928年进入牛津大学攻读哲学，1939年借撰写《卡尔·马克思》的契机转向观念史研究。1957年就任牛津大学社会与政治理论教授，发表具有开创性的“两种自由概念”演说，同年获封爵士。1965年参与创办牛津大学沃尔夫森学院并出任首任院长。作为杰出的观念史学家和学科主要奠基人，先后被授予耶路撒冷文学奖和伊拉斯谟奖。

伯林文集

卡尔·马克思（1939）
启蒙的时代（1956）
俄国思想家（1978）
概念与范畴（1978）
反潮流（1979）
个人印象（1980）
扭曲的人性之材（1990）
现实感（1996）
浪漫主义的根源（1999）
观念的力量（2000）
启蒙的三个批评者（2002）
自由及其背叛（2002）
自由论（2002）
苏联的心灵（2004）
伯林书信集 卷一（2004）
伯林书信集 卷二（2009）
伯林书信集 卷三（2013）
伯林书信集 卷四（2015）

特别收录

伯林传（1991）
伯林谈话录（1992）
未完的对话（2006）

伯林书信集

Enlightening: Letters 1946—1960

卷二

启蒙岁月：1946—1960（上）

[英国] 以赛亚·伯林 ____ 著
亨利·哈代　詹妮弗·霍姆斯 ____ 编
陈小慰　叶长缨　张慧仁　余梅娴 ____ 译
陈小慰 ____ 统校

译林出版社

图书在版编目（CIP）数据

伯林书信集（卷二），启蒙岁月：1946—1960/（英）以赛亚·伯林（Isaiah Berlin）著；（英）亨利·哈代（Henry Hardy），（英）詹妮弗·霍姆斯（Jennifer Holmes）编；陈小慰等译．—南京：译林出版社，2019.4（2023.12 重印）
（伯林文集）
书名原文：Enlightening: Letters 1946—1960
ISBN 978-7-5447-7504-5

Ⅰ.①伯… Ⅱ.①以… ②亨… ③詹… ④陈… Ⅲ.①伯林（Berlin, Isaiah 1909—1997）—书信集 Ⅳ.①B561.59

中国版本图书馆 CIP 数据核字（2018）第 206188 号

For more information about Isaiah Berlin visit https://isaiah-berlin.wolfson.ox.ac.uk/

伯林书信集（卷二），启蒙岁月：1946—1960　［英国］以赛亚·伯林／著　陈小慰等／译

责任编辑　陶泽慧
装帧设计　韦　枫
校　　对　蒋　燕
责任印制　董　虎

原文出版　Chatto & Windus, 2009
出版发行　译林出版社
地　　址　南京市湖南路 1 号 A 楼
邮　　箱　yilin@yilin.com
网　　址　www.yilin.com
市场热线　025-86633278
排　　版　南京展望文化发展有限公司
印　　刷　徐州绪权印刷有限公司
开　　本　850 毫米 ×1168 毫米　1/32
印　　张　49.125
插　　页　8
版　　次　2019 年 4 月第 1 版
印　　次　2023 年 12 月第 2 次印刷
书　　号　ISBN 978-7-5447-7504-5
定　　价　188.00 元

编　　辑：亨利·哈代　詹妮弗·霍姆斯
助　　手：塞琳娜·摩尔
资料补充：布里吉德·阿兰　詹姆斯·查普尔　杰森·法瑞尔
斯蒂芬·戈洛伯（大斯蒂芬）
埃莱奥诺拉·帕格尼尼
档案研究：迈克尔·休斯
誊　　写：贝蒂·库尔奎恩　艾斯特·约翰逊

至少，倘若一个人毕生从事一件事，这件事给别人带来莫大烦扰的同时，对其也不无益处，那么，这种烦扰和好处的内中详情可能恰恰以其另一面为众人所了解。

——爱德华·李尔，约1866年，致奇切斯·弗特斯克（卡琳福德勋爵），收入李尔的《谐趣歌谣与故事》，第六版（伦敦及纽约，1888），第5页

如果经费允许，应该给他们配备真正有才干的助手——可能的话，最好挑选一些做事勤快、有条不紊的女性——协助研究，负责卡片索引编辑等资料整理工作，且这些人对本该有的职位升迁丝毫无求。

——伯林致沃特·伊坦，1951年4月

献给艾琳·伯林

启蒙运动的价值，也即伏尔泰、爱尔维修、霍尔巴赫和孔多塞这些人所提倡的东西，令我深有同感——他们也许太褊狭，对人类的经验事实往往也会判断失误，但他们是伟大的解放者。他们把人类从恐怖惧怕、蒙昧主义、狂热盲目以及种种荒谬绝伦的观念中解放出来。他们反残忍、反压迫，为了信仰和原则而斗争，与迷信无知以及许许多多摧毁人们生活的恶行不懈奋战。因此，我站在他们一边。[1]

[1] 以赛亚·伯林＊（＊表示参见重要人物生平），《伯林谈话录》，第70页。参见《启蒙的时代》（纽约，1956）中伯林序言的结尾：“18世纪最有天赋的思想家们的智慧力量、诚实正直、洞察力、勇气以及对真理的无私的热爱，直至今天，依然无人可比。他们所处的时代是人类生活中最美好、最充满希望的乐章。”《观念的力量》，第52页。

目　录

附　录

序 言

他极爱生活错综复杂，事情越难他越喜欢。[1]

在伯林书信集第一卷的结尾，也即 1946 年 4 月，他正准备从美国启程，经海上返回英国。在美国，他度过了战争的大部分时期。第二卷开篇之时，他已经回到身为牛津大学教师的生活，重续因为战争中断的学术旧业。

战时在美为国服务期间，伯林总是挂念着远在英国的父母，同时为自己逃避战火毫发无损而感到愧疚自责。尽管如此，他在美国的整个生活状况还算惬意舒心。可是，战后的英国已全然改变。整个国家濒临破产，到处实行限额配给，大规模饥荒迫在眼前。就连天气也变得比以往更加恶劣和缺乏善意。牛津大学很快就挤满了莘莘学子，他们心焦意切，急于立刻补上被耽误的学业，于是其需求只能通过类似生产线批量生产的方式予以满足，这与战前悠然从容的教学氛围有了天壤之别。对此伯林感到特别沮丧，因为这意味着他不得已只能推迟自己的转向计划：从哲学到思想史——这门学

[1] 莫里斯·鲍拉致艾丽丝·詹姆斯，1954 年 9 月 9 日［牛津大学瓦德汉姆学院档案馆］。

科已然成为他真正的热情所在。

本卷的早期信件勾勒出这个时期伯林心神不宁的双重生活：一方面坚持在牛津教书（主要在新学院），另一方面频繁参加各种社交活动，伦敦和熟人朋友的乡间别墅处处可见他的身影。他热情洋溢的交谈使生活变得丰富多彩，人人都喜欢与他结友作伴。在他的书信中，随处可见他对各种社会奇事怪象充满讽刺挖苦意味的评论。学期结束后，伯林访问了巴勒斯坦，当时正是巴勒斯坦走向独立的关键时期；他还在拯救欧洲各国的马歇尔计划制订中起到了微小却举足轻重的作用。1949 年，他在哈佛大学待了六个月，之后又数次前往哈佛。这次初访经历使他在知识上收获颇丰。令他始料不及的是，回到英国后，他根据哈佛之行的感悟写就的几篇文章，却遭到了来自各界的批评之声。这使他在 50 年代开始之初，对自我产生了深切的怀疑，坠入人生低谷。但与此同时，这一事件也成为一个转折点。1950 年，他回到全灵学院，开始担任思想史研究员，从此仿佛防洪闸门打开，思想的潮涌一发而不可收。这一时期的信件记录了他如何迅速成为知识名流，被八卦专栏和通俗杂志争相追逐。他第二次赴美之行——前往哈佛大学和布林莫尔学院——成就了他在 1952 年末的系列广播演讲，并使他举国闻名。1951 年，他参加了全灵学院院长竞选，但在最后一轮投票前退出；1953 年，纳菲尔德学院邀请他担任院长，经过痛苦的思想斗争后，
xiii 他婉言谢绝。他喜爱歌剧，并拥有渊博的相关知识，这

使他当选皇家歌剧院和萨德勒斯·威尔斯芭蕾舞团的董事。1957年他当选教授，同时受封爵士（勉强接受，但很快就对此后悔莫及）。

伯林著述甚广：1950年翻译出版屠格涅夫的《初恋》，1953年出版《刺猬与狐狸》，1954年出版《历史必然性》，1956年出版《启蒙的时代》，1958年出版《自由的两种概念》。此外，1955—1956年间还发表了“辉煌十年”，以及众多意义深远的文章和评论。从他的书信中，我们可以看到他的著述从初稿到发表，往往经过了曲折的过程；而面对声名（以及责难），他的反应往往是喜忧参半。

但这些广为人知的方面并非伯林生活的全部。整个20世纪50年代对他而言是情感动荡的岁月，也是性的成熟期。1953年父亲的去世对他打击严重，加速了他对婚姻生活缺乏幸福的艾琳·哈尔本的追求，并与其在1956年走入婚姻殿堂。一夜之间，他的生活发生了巨大变化，从住在大学宿舍里的单身教师，一跃而成拥有三个继子的已婚男人，有了自己的家。这一巨大变化自然是本卷后期书信伯林身心日益成熟的主要原因之一。

这段时期，伯林的来往信件比第一卷涉及面更广，题材也更加多样。随着年岁增长，知识方面的内容明显增加，许多信件对他公开出版的著作提供了详尽的解释和背景交代。还有许多信件涉及各类书籍、音乐、城市、乡村，更多是围绕人有感而发，视角敏锐，并大多尖酸刻薄。伯林的足迹遍布欧洲和美国、巴勒斯坦和以色列，1956 年，他还偕新婚妻子完成了苏联之行。这些经历向他展现了充满变化的战后世界，这个世界与牛津的狭小世界全然不同。对此他的印象和感触都写在他的书信中。他与数国政要之间的交往关系，使读者得以窥探到一些重大政治事件内部核心人物的内心世界，这些事件包括以色列建国、苏伊士运河危机，再就是冷战。总之，他的信件为我们提供了信息丰富同时又个性鲜明的视角，来审视这些信件背后的时代。他的书信还打开了一扇窗口，让我们看到他个人在学术上的成长。

对编辑的挑战

> 请原谅，比起你文采斐然、情真意切，同时又不偏不倚、优美流畅，外加赏心悦目、令人赞叹的来信，我的回信自愧不如（以上这一连串形容词像是对我本人令人遗憾的文风的拙劣模仿，最近有人在《笨拙周报》里模仿了我的书——谈不上天衣无缝，但我自认为从中还是略有所获——没完没了的长句，这是模仿我的首要基础）。[1]

xiv 随着身心的成熟，伯林书信的文风也有了明显的改善。讥讽嘲弄开始取代早期的青春活力。同样，在本卷后期的书

[1] 致莫顿·怀特，1954 年 3 月 15 日。

信中，有一些令人瞩目的连珠妙语，与他早年的风格也不尽相同。但某些个性特点一如既往。例如，复杂费解的长句和形容词始终充斥在其书信中，随处可见。还有一个意义重大的改变是，1949年他发现了口述记录机；从那以后，他的大部分信件都经过口述记录转换而成，逐渐替代了普通谈话经常出现的多少有些放任自流和容易跑题的特点。但简洁并非他的天性。大多数信件都冗长无比，话题涵盖面极广，飞短流长与睿智分析夹杂其间。编辑的职责之一，就是在不可避免的选择过程中尽力保留这一个性特点。

筛　选

> 在我看来（作者们往往也有此错觉），这些全都是不可或缺和不可删除的，否则就会给意义造成重大损失。[1]

> 我相信，出版的即便是轻率选取的文献，大家的所得也会远远大于所失。但将来总会有真相大白的一天，带来无穷后患，不如当初就将其公开、率直、及时地出版。[2]

战后幸存的信件数量巨大，篇幅也长，因此比起卷一，

[1] 致汉密尔顿·费希·阿姆斯特朗，1951年11月21日左右。
[2] 致波利斯·格里尔，1957年1月1日。

我们对本卷收入的信件筛选更加严格（之后的卷集也必须如此）。[1] 一方面，这的确令人遗憾，但也因此迫使我们得以集中精力，专注于最引人入胜的素材，也算是个不无益处的补偿。书信集卷一中收入了大部分 1946 年 3 月前能找到的信件，而本卷时间跨度内的信件若加起来，同样厚的书足可出四到五本。我们只好忍痛割爱，完全放弃卷一遵循的书信出版方针，因为那些删除的信件如果尽数收入，成本就太大了：许多信件不得已舍去，以保留在我们看来最生动有趣或最重要的特色。

一些删除尽可大刀阔斧：比如伯林错综复杂的旅行安排，不断地计划，反复再反复，最后常常放弃，这方面内容无关紧要，直接删去无妨；还有他与父母之间纯粹话家常的信件也删去了。很多时候，会有同时给几个人写信提供相同信息或表达相同观点的情况，对此我们通常会选择最完整或
xv 最有趣的予以保留，以降低重复率。可是，最终要确定选用哪些信件或保留哪些内容却并不容易。我们一直致力于客观呈现伯林来往信件的全貌，同时也不掩饰这样一个事实，即会有一些先入之见反复出现，比如他自认为缺乏成就（哪怕选用的信件增大了内省的部分）。我们很少去想哪些内容会

[1] 但是，我们仍然欢迎读者为我们提供所有我们不曾了解到的有关伯林书信，或是可能获得这些信件复印件的相关信息。请致信给亨利·哈代，地址：Wolfson College，Oxford，OX2 6UD，UK；电子邮箱地址：henry.hardy@wolfson.ox.ac.uk。

美化（或丑化）伯林，而只是单纯凭着对信件材料的本能兴趣着手筛选。对个别一开始就存在争议的选择方案，我们会通过协商，相互让步达成一致。虽然大家见仁见智，各有所爱，我们还是希望，亨利·哈代对伯林思想的热情，与詹妮弗·霍姆斯对这些信件作为社会和政治历史见证的兴趣能够很好融合，为读者带来一部能够引起广泛兴趣的书信选集。[1]

如上所述，本卷所做的删减基本全部基于不同兴趣而定，但也有两个例外。偶尔，我们会出于对尚存活于世的人的考虑，删除某封信件或段落。另外还有一块更为重要的删减内容（根据收信人的愿望），即伯林写给妻子艾琳的大量信件。主要在两人结婚前的 1954 年和 1955 年期间。这些信件展现了伯林天性中在其他场合不常见到的激情的一面。非

[1] 亨利·哈代注：詹妮弗·霍姆斯在卷一筹备阶段加入本团队，我曾在序言中谈到她起的作用多么重要。在本卷编辑中，她的作用更是不可或缺。就许多方面而言，这本书的主要编者是她而不是我；读者千万不要被封面上的排序误导，那不过是按姓名字母顺序排列罢了。虽然主要素材由我搜集，筛选却是两人共同完成的。詹妮弗承担了几乎所有关于编者按、注释、年表和重要人物生平的研究工作，并起草了所有相关文字。此类研究需要超乎常人的坚持不懈以及挖掘信息的能力和知识面；撰写成文时又需要对收入哪些内容做出果断判断，同时对措辞精益求精。为了使本卷长度不超过许可范围，在不断的努力和挣扎中，她所具备的丰富常识、现实主义态度以及果断和魄力，一次又一次地成功制止了我，使我不至于因为任性与不舍，随意保留或删减。对她起草的内容，我常常会发表一些卖弄学问并很可能是多余的迂儒之见，她不仅坚强地包容承受，还说服我放弃了一些强迫色彩过于浓重的编辑毛病，坚决拒绝做出任何丧失品位和判断力的选择。她对我的恩惠真是无以计数；若没有她，这本书不可能在目前这个时间完成，也不可能有现在这个水平，甚至能否完成都很难说。

常感谢伯林夫人，允许我们摘录一些他们之间不那么私密的信件内容，用于说明和注释。

还有一些情况，未收入本书的条目会收入以赛亚·伯林网上图书馆（以赛亚·伯林著作托管会网站）：链接路径会在相关注释中提供。希望到一定时候，网上资料能大幅度增加，以便有效补充已经出版的书信集。

与卷一相同，伯林信中若提到某封来信，也只是以简单摘录的形式出现。但是，在瓦莱丽·艾略特建议下，我们同时收录了伯林和 T. S. 艾略特的一封重要来往信件，事关
xvi 艾略特被控反犹主义之事。

为信件标注日期

> [我] 的时间感很差。[1]

为信件标注日期并非简单之事。伯林常常写错年月日，这是众所周知的。许多信件没有日期，或日期不完整；一些日期前后矛盾，星期几和日期不符（还有许多在凌晨时分写的信件，特别让人头疼）；说是“上个星期”，可能指的是好几个星期以前，而“明天”甚或“半小时后”，也许指的是几天之后。1949 年之后，又出现另一个棘手问题：由于伯

[1] 致莫顿·怀特，1957 年 4 月 9 日。

林越来越依赖口述记录机，打字信件上的日期可能是口述日期、打字日期，或预计的签字日期（显然这种情况最常见）。在国外时，他会把口述录音带寄回牛津打成文字，秘书通常会用之前签好名的空白纸。因此，许多信件要想标注上准确日期，简直就是不切实际的妄想。这一不确定性的存在，使得要想标明他在信件中提到的过去或未来事件的确切时间变得难上加难。我们只能尽力而为。

读懂伯林内心

> 他注意到几个句子［……］，充斥着各种各样的标点符号和似错非错的文字，几乎无法识别，显然全都出自他自己的手笔。但这些只要经过细致的文字加工，应该是可以避免的。[1]

许多打字信的复印原件有时混合了打印文字和手写文字，难以辨认，这是因为伯林通常会在送去给他签字的打印稿上增加内容（通读一遍之后，虽然他常常否认曾这么做）。有时手写是接续某个内容，但经常是插入打字文本（例如：原文第 142、536 页）。此外，伯林滔滔不绝的说话方式经常晦涩难懂，让其秘书很是吃力：打字信上不时会出现空白，

[1] 伯林的秘书希拉里·切维克·布鲁克致《党派评论》，1950 年 7 月 12 日。

显然是打字员听不明白口述内容。一些毫无意义或滑稽好笑的短语，在一位不知其所云的打字员看来，只能做绝望的猜想；偶尔，伯林会注意到这些遗漏或不准确之处，并直接在原稿上手写更正，但他并不总能记得他之前都口述了哪些内容，因此在有误的打字内容旁，可能是就某一点手写的相关说明而不是更正。以下是伯林的一位秘书在其不得不玩的猜
xvii 谜游戏中制作的一段还算明白的文字：

> 我乘坐“伊丽莎白女王”号客轮，顺利到达。她逆流航行〈这一奇特而又不失美丽的句子来自我速记员的潜意识：我说的是“与盖尔斯·康斯特布尔和罗尼·特利夫妇结伴同行”〉。[1]

信件手稿完全按照伯林的手写原稿转录，包括其中的瑕疵。伯林信件的接收者想必得花些时间读懂，本卷中偶尔也会有些信件需要读者具备敏捷的思维。

其他编辑要点

从某种意义上说，卷一正文前的附录起着说明整套书信系列的作用，因此，可供希望全面了解相关背景的读者参考

[1] 致威廉与艾丽丝·詹姆斯，1953 年 10 月 1 日。

阅读（也包括迈克尔·伊格纳季耶夫的《伯林传》）。[1] 本卷整个编辑政策的总方针将基本保持不变，这在卷一也有详细交代。但在《伯林书信集》（卷一）第 xvi 页上初步勾勒的出版计划却不得不做实质性修订。原先设想的第二卷时间跨度为 1946 年至 1966 年（甚至可以到 1975 年），但这期间无法舍弃的信件数量大大超过我们的预计，不得已，本卷只好终结于 1960 年。即便如此，其篇幅还是比第一卷更长。我们希望在第三卷，收入年份至少可以到 1975 年。

鉴于这是一个庞大而又错综复杂的工程，出错令人遗憾，但也在所难免。欢迎读者发现并指出本卷中的错误，更正内容将在以赛亚·伯林网上图书馆（IBVL）（“文本、出版作品”之下）公布，网址为 https://isaiah-berlin. wolfson. ox. ac. uk/。那里已经有一些关于卷一的订正内容，以及卷一收入时间（1928—1946）内的其他信件。这些信件发现时已经太晚，来不及收入书中，故以帖子形式张贴网上以飨读者。

致　谢

首先要感谢的人当属塞琳娜·摩尔。迄今为止，她与亨

[1] 迈克尔·伊格纳季耶夫，《伯林传》（伦敦及纽约，1998）。在此，再次感谢迈克尔·伊格纳季耶夫的慷慨允诺，让我们得以采用他的采访录音和工作文稿：见《伯林书信集》（卷一）（1928—1946），原文第 xxxi 页。

利·哈代合作，共同致力于在牛津大学沃尔夫森学院内部被称作“伯林书信文稿工程”的项目，已长达近十个年头。虽然她的正式对外身份为亨利·哈代的助理，两位主编却每天都受益于她。她给予他们无微不至的体贴呵护，善解人意，礼数周到，做事谨慎而有判断力；同时又那么值得信赖，勤勉肯干，慷慨大方，富有想象力；她所发挥的作用远远超过她的职务名称内涵。从最最单调乏味的方面开始吧：随着时间的流逝，亨利·哈代办公室里的伯林相关材料已经逐渐堆积成山，达到惊人的数量，而他单纯靠自己跟踪这些材料的能力也在相应下降。要有条不紊地保存这些信件，
xviii 为具体条目提供可资追溯的简明线索，这些都需要一丝不苟地进行系统性的整理及记录。塞琳娜为此发明了全套管理系统，完全靠她自己，积极主动并严格细致地加以维护。这是一件单调至极，无聊到有时会让人脑袋麻木的乏味工作，但其重要性却再怎么夸大也不过分：我们之所以能够高效率工作，全仗于此。此外，塞琳娜还承担了另一个任务，跟踪所有新线索，并根据这些线索，在伯林庞大的通信网内，再进一步顺藤摸瓜，找到信件来源；与此同时，她负责了许多插图的研究工作，并按照时间顺序，整理出详尽的伯林行动去向表（本卷年表便依据其编写）。不仅这些，她还协助完成了许多其他工作，哪里有需求，哪里就有她的身影。她总是能慧眼识珠，抓住我们大家都没有注意到的各种机会，成功加以利用。她对这一宏大工程的奉献具有难以估量的

价值。[1]

接下来，我们要再一次感谢许许多多的通信人、他们的继承人以及代理人。这些人提供了手中拥有的信件（复印件），有时还在解读信件内容上提供他人无法提供的帮助；没有他们的合作，本书不可能达到目前的成就。他们的名字已在通信人与信件来源索引中列出，这里不再重复。对所有这些人，我们深表感激：即便一些信件未能收入本卷，这些信中包含的信息经常也能发挥重要作用。许多信件如今为各研究机构的档案馆收存，这里我们也对那些保管信件，使其得以出版的档案保管员表示感谢。另外我们也许要提一下，之所以没有收入致全灵学院行政官员的信件（约翰·斯帕洛是个例外，伯林写给他的信归于他的个人书信文稿），是因为该学院有强制规定，私人给学院的信函需一百年后才能对外公开。

自 20 世纪 70 年代初该编辑工程启动，我们总能侥幸获得所需人手。工作空缺从不需要借助广告招聘填补（包括现有的编辑）。每逢需要，定会有人出现。必不可少的工作劳酬也一样（迄今为止），总会有人慷慨相助。对这些捐助者，我们的感激之心无以言表。这些仿佛天意相助的机缘巧合，

[1] 亨利·哈代注：我还想加上一点，塞琳娜对我个人也一直给予支持，不论是生活还是工作，逆境还是顺境，而且她做这些事时总是那么谦卑低调，有时我可能看上去将她视为理所当然。但表象具有欺骗性——至少在这件事上我希望是如此。

一方面证明了伯林激励其读者的巨大力量，同时也让我们感觉仿佛他参与其中，共同创造了这个奇迹。

与我们并肩工作的主要合作伙伴，名字已列在本卷的开头。所谓“资料补充”，主要指阅读、概括和选择性地复印牛津大学博德莱安图书馆伯林书信文稿中浩如烟海的书信和其他文稿，用于供我们筛选、说明及加以注释。这类工作不仅费时，有时还极其劳心劳力，但至为重要：如果这些全得
xix 靠我们自己完成，编辑这本书花的时间就要更长得多。詹姆斯·查普尔是这座葡萄园里首位备受欢迎的工匠：他制订了标准，别人尽管遵循就是。他的聪明才智丰富了我们的生活，布里吉德·阿兰成功地与他携手合作，两人竞相走在我们前头。科特布斯大学的斯蒂芬·戈洛伯，好不容易争取到在牛津大学学术休假的机会，但还是抽出部分时间，慷慨为我们工作。新近加入的埃莱奥诺拉·帕格尼尼更是对该项目热情有加，深深感染了我们所有人。

迈克尔·休斯负责对数量浩大的伯林书信文稿进行详细的编目工作，完成及时，使本卷工作得以顺利开展，更为其提供了不可或缺的工具。迈克尔还负责解答源源不断的各种问题，整理我们所需的材料，为大家省却了大量时间和麻烦。对他表示衷心感谢。

本卷中大部分材料由贝蒂·库尔奎恩誊写，前后历经多年。近期的大多数誊写工作主要由艾斯特·约翰逊担任。精确誊写伯林信件，特别是手写书信，需要高超的专业技

能。在此，对这两位密码破译专家表示由衷感激。同样要感谢的还有玛亚·琼斯，她负责对照原文，复核校对誊写内容，工作十分耐心细致。

出版这样一部内容繁杂的鸿篇巨制，涉及各方面专家。不论是实际技能还是意见建议，对我们都必不可少，弥足珍贵。感谢他们。其中，特别要感谢查托及温德斯出版公司的威尔·苏尔金、罗威娜·斯凯尔顿·华莱士、玛丽·吉布森及其同事；雷丁大学排版与图形通信系的保罗·洛娜；泰达排版有限公司的彼特·博斯维尔及其团队；以及编写索引的维基·罗宾逊。

我们还从其他方面得到了帮助，这些帮助常常超出对方的职责范围。我们诚挚地感谢下列名单的每个人。很遗憾，由于篇幅有限，无法一一列举他们对本书所作的贡献，同时谨向曾经提供协助，但名字被我遗漏的人表示歉意。我要感谢的人如下：博德莱安图书馆的全体职员，特别是科林·哈里斯；牛津大学各大学院的档案管理员，包括利兹·贝尔德、朱迪思·科托伊、罗宾·达沃尔—史密斯、詹妮弗·索普、玛西亚·阿兰塔克、什洛莫·阿维内里、卡西·贝克科、西蒙·贝里、克莱尔·贝克、菲利帕·巴斯奈特、丹尼森·比奇、夏洛特·贝丽、比约恩·比斯特、杰森·比奇洛、乔·布莱卡德、拉切尔·鲍尔斯、莱里亚·布罗德森、布里达·布罗斯纳汉、伊莎贝拉·伯勒尔、玛格丽特·伯里、马克·卡尔森、贾斯丁·卡莱特、乔舒亚·车尼斯、詹妮弗·科尔、茱莉亚·柯丽德、理查德·达文珀特—海因斯、克里夫·戴维斯、克里西达·迪克、克雷格·迪克森、苏·唐娜丽、阿里·杜波诺夫、罗伯特·达格代尔、克莱丽莎·艾登、德斯蒙德·费兹杰拉德、让·弗劳德、弗兰西斯卡·弗兰基、图维尔·福利林、茱莉亚·加德纳、约翰·盖迪斯、鲁斯·吉伯森、苏西·吉尔伯特、乔杰·戈洛托夫、简·古德奈特、西蒙·格林、彼特·哈尔本、科林·哈里斯、詹妮弗·哈特、乔恩·希尔、汉尼·赫莫林、罗宾·哈斯曼、卡米拉·霍恩比、玛格丽特·休—琼斯、迈克尔·伊格纳季耶夫、
xx 玛格达·珍—路易斯、卡罗·琼斯、戴安·卡普兰、艾伦·卡斯特尔、克莱尔·卡瓦纳、沙伦·凯利、梅里迪斯·柯克帕特里克、简·诺尔斯、小林友香、玛丽娜·科吉列娃、巴巴拉·克拉夫特、尼古拉·雷西、汤姆斯·兰农、卡罗·利登汉、詹尼·李、威廉·洛里默、汉纳·劳厄里、加文·麦格菲、帕特里西娅·麦奎尔、谢拉·麦肯齐、卢斯·麦克劳德、埃德娜·玛格里特、桑德拉·玛西、伊丽莎白·马丁、马丁·摩尔、乔达纳·麦卡尼、巴里·莫里诺、哈林娜·米诺尼克、多米尼克·纳博科夫、芭芭拉·纳坦森、佩内洛普·纽萨姆、辛西娅·奥斯特洛夫、萨拉·帕尔默、詹姆斯·彼得斯、戴维·M.菲利普、艾略特·菲利普斯、伊莎贝拉·菲利普斯、斯蒂芬·普洛特金、塔蒂阿娜·波兹亚科瓦、简·波特、阿米·珀

登、汪茜、海伦·拉帕波特、莉莉·理查兹、提摩西·罗宾斯、迪恩·罗杰斯、迪恩·莱恩、乔安娜·莱恩、杰拉尔丁·桑特罗、雅格·J. 沙赫拉比、塔兰·辛德勒、娜塔莉亚·西亚里尼、卡洛琳·西博姆、梅瑞福·西格尔、艾伦·谢伊、约瑟夫·谢尔曼、亚当·西斯曼、朱迪·斯凯尔顿、诺曼·所罗门、琳达·斯坦克、乔恩·斯特尔沃斯、威廉·斯庭岗、克莱尔·斯通曼、杰弗里·斯特罗恩、凯西·斯特恩、安德鲁·斯特劳斯、迈克尔·斯特劳斯、菲奥雷拉·素帕比、瑞典学院、彼得·汤普森、达格·伊娜索森、西德尼·提贝茨、佩内洛普·特利、维妮娜·安肯·冯·特罗特、列文·冯·特罗特、帕特里西娅·尤特琴、娜塔莉·沃特斯、莱昂·维斯提尔、理查德·韦利、马丁·伍德、布莱尔·沃登、玛丽—克莱尔·怀亚特、玛丽·约。在本书编写过程中，上述人员有一些已然辞世，但我们仍要对其表示感谢。

亨利·哈代

詹妮弗·霍姆斯 xxi

书　信

我发现，自己总是给去过的每个地方都添加上浪漫色彩：莫斯科、迪奇利、哈佛、华盛顿。每一处都是一个传奇世界，以各自传统为背景；里面的人物笼罩着虚幻的光辉，在其间灵活应变，令人叹为观止。[1]

[……] 自有记忆以来，我就一直被极度的深渊感所困扰。我对快乐和舒适的追求，是抵抗这种恐惧的永久性防御手段。[2]

我不是一个善于写信的人，我用交谈的口气写信，不循常规，杂乱无章，甚至不负责任。[……] [3]

[1] 致玛丽埃塔·特利，1949 年 7 月 7 日。
[2] 致玛丽安·法兰克福特，1952 年 2 月 23 日。
[3] 致维奥莱特·伯纳姆·卡特，1954 年 1 月 23 日。

幕间插曲

战争年代对以赛亚·伯林而言是一个分水岭。作为牛津大学教师的生活被另外一个重要角色替代：代表英国政府在美国工作；他把关于美国民意的快讯发往国内，不仅引起权势们的关注，也为他带来好评和赞誉。很快，他的名望如日中天，他本人也成为华盛顿和纽约贵妇人炙手可热却又难以捕捉的追逐对象。战争结束使他得以重访苏联，他在那里曾经度过了部分童年时光。访问期间，他与备受压迫却依然活跃的苏联文学界建立了联系。迫于战后大学生数量增多的压力，他不得已推迟了自己从哲学到思想史的学科转向计划，于 1946 年经海上返回英国，重续因为战争中断的学术生涯。

致梅耶·夏皮罗 [1]

星期二［1946 年 4 月 9 日，手稿］

［“玛丽女王”号］冠达白星［航务有限公司］

亲爱的梅耶：

为了联系上你，在走之前见上一面，我可是锲而不舍，

[1] 梅耶·夏皮罗＊（1904—1996），艺术史学家和艺术家。

费尽了周折。4月2日抵达纽约，7日一早乘船离开——这期间，我几乎每天打你电话，但始终无人接听。好歹我总算与埃德蒙·威尔逊[1]一同吃了午餐，他说起他多么讨厌英国人和法国人，多么喜欢俄国人和美国人。我暗暗觉得，这或许就是我那么喜欢他作品的原因吧。严肃正派的19世纪道德观，情感深邃持重，从不故作高雅。举手投足优雅大方，带着与生俱来的传统格调与品位。总之，我发现他是个很好的谈话对象——神情害羞，嘴里咕哝着听不太清楚的句子，音量逐渐提高——他一本正经的严肃模样，起初或许会让人觉得有点僵硬呆板，但随后整个人便活络起来，变得和颜悦色，并且滔滔不绝。言归正传。你大概几时到欧洲，尤其是什么时候到牛津？我非常非常希望能有机会与你在牛津见上一面，而不是在纽约或伦敦。不用说，你一定会很快过来的，就为了看看这里劫后余生的人事景物。过来时，请至少提前一两天告知我。在牛津，你可以跟我一起住，多久都行。你还可以见到弗莱迪[2]（瓦德汉姆学院）和其他感兴趣的人。说实在话，我真的非常抱歉没能与你好好说声再见。
我从美国得来（而不是美国留给我）的最后两个印象是：威 3

[1] 埃德蒙·威尔逊＊（1895—1972），新闻记者与文学评论家。
[2] 阿尔弗雷德·朱尔斯（“弗莱迪”）·艾耶尔＊（1910—1989），哲学家。

尔逊赞同奥登[1]的仇英心理，文章写得很棒[2]；再有就是鲍罗廷[3]，那位潜伏在中国的苏联特工，我在莫斯科见过，他的真名是格鲁申贝格。接下去至少有六个月我将无法严肃思考，因为眼下的我正处于可怕的知识贫乏期。

你的

4 以赛亚 [……]

[1] 维斯坦·休·奥登（1907—1973），英国诗人、散文家和剧作家，1939 年移居美国，1946 年成为美国公民。

[2] 大概是伯林读到了《纽约客》（1946 年 9 月 28 日，第 85—86 页）上威尔逊关于亨利·詹姆斯主编的《美国游记》的评论初稿。该选集序言由奥登撰写（纽约，1946）；2 月 23 日，威尔逊致信给马美恩·佩吉，提到该序言，里面写道，奥登“把欧洲和美洲描写得趣味盎然［……］他认为，美国是目前唯一一个能够真正做到国际化的国家。回国后，我对这一点感觉非常强烈。战争造成的知识真空和艺术真空开始得到填补，一切都开始变得生动有趣起来”（“埃德蒙·威尔逊论作家及作品”，《纽约书评》，1977 年 3 月 17 日，第 14 页）。伯林所谓的“文章写得很棒”应该指的是该序言，而不是威尔逊的评论，因为奥登不仅对詹姆斯的游记进行了生动活泼和富有洞察力的分析评论，还深入一步，论证自由应该优先于诸如平等等价值观念，这一优先排序虽然令人痛苦，却极有必要。

[3] 米哈伊尔·马尔科维奇·格鲁申贝格（1884—1951），又名鲍罗廷，与伯林一样来自里加，共产国际特工。1920 年代在中国建立了强大的布尔什维克权力基地，直至 1928 年苏联控制中国的计划失败；1949 年他在斯大林反犹清洗运动中沦为牺牲品，惨死于西伯利亚战俘集中营。

1946—1948：新学院

想到接下来的三十多年中，我都要过一种苦拉牛车的生活，心情就无比沮丧。[1]

若是内心对其滋长厌恶之情——［哲学］这门学科便成了可怕的致命惩罚，以毁灭性的方式啮噬那些心有旁骛之人的命脉。[2] 5

[1] 致菲利普·格雷厄姆，1946 年 11 月 14 日。
[2] 致谢利·安格尔西，1948 年 12 月 6 日。

1945年以赛亚·伯林访问俄国，对俄国思想及俄国文学兴趣大增，特别对屠格涅夫[1]的作品表现出极大热忱。出版商哈米什·汉密尔顿[2]得知后，建议他翻译出版几部屠格涅夫的短篇作品。伯林对帕特里西娅·德·本德恩[3]长久以来的单相思激发了他首选译作的灵感。

致哈米什·汉密尔顿

[1946年5月中旬，手稿]

新学院

亲爱的哈米什（或许称你为杰米更好？）：

[……] 我想我很乐意翻译屠格涅夫的中篇杰作《初

[1] 伊万·谢尔盖耶维奇·屠格涅夫（1818—1883），俄国长篇小说和短篇小说作家、剧作家。伯林十分欣赏屠格涅夫不拘教条，以及他“清晰、敏锐、带有些许嘲讽的见解”，“细致入微的观察力，对各种性格和处境的着迷，超然的态度，以及根深蒂固地要让各种目标、态度及信念的复杂性与多样性得以充分体现的习惯”。伯林认为，屠格涅夫像其小说中的许多人物一样，是一个“本意善良、惶惶不安、耽于自省的自由主义者，复杂真理的见证人”。（摘自《俄国思想家》卷2，第338、348页）

[2] 哈米什（“杰米”）·汉密尔顿（1900—1988），拥有苏格兰和美国血统，短暂学习医学后进入剑桥大学冈维尔与凯斯学院学习现代语言学及法律，之后取得律师资格证，创立以自己名字命名的出版社（1931—1981年担任董事长，1931—1972年任总裁）；还是一名卓有成就的运动员，爱好戏剧，以其巨大的活力、竞争力和爱憎分明的性格为人称道。其第二任妻子为伯爵夫人伊冯娜·帕拉维奇诺（原文第68页注1），是著名文学节目主持人。

[3] 帕特里西娅·西比尔·德·本德恩夫人*（1918—1991），婚前姓道格拉斯，昆斯伯里侯爵十一世的女儿。

恋》[1]，也相信它的确物有所值。你一定听说过这本书，大概150页的样子（我模糊记得）。这是屠格涅夫最感人、最抒情、最知名的一部作品，也是一部自传式的小说。我打算重译此书，不受任何旧译的影响。戴维·塞西尔[2]应该会愿意为这部作品写序言，但我尚未跟他说起，只是在我们不时谈到时都很欣赏这部作品。加内特夫人[3]曾经译过，但译得不好。如果你觉得可行请来信告知，我会开始认真准备。[……]

以赛亚 7

以赛亚·伯林长期以来一直支持犹太复国主义运动，特

[1] 屠格涅夫半自传性短篇小说，1860年出版，讲述一个男孩单恋一个美丽但看似无情的女孩的故事，狂热的情爱逐渐演变为对成人世界神秘爱情的深刻理解。
[2]（爱德华·克里斯蒂安）·戴维·（加斯科涅）·塞西尔勋爵*（1902—1986），1939—1969年任牛津大学新学院研究员，1948—1969年任英国文学戈德史密斯讲席教授。
[3] 康斯坦斯·克拉拉·加内特（1861—1946），婚前姓布莱克，翻译过许多俄国经典作品。尽管伯林称赞她将俄国文学介绍给英文读者，却对她"单调乏味的散文"不屑一顾，表面上轻微赞扬实则贬低地评价她对俄国文学中的诗意和屠格涅夫小说对白的自然流畅麻木无感："尽管她的散文思想守旧且表达笨拙，但也算是清晰、坦率、直接、少有不准确，偶尔还不乏其特有的精妙。[……] 加内特夫人的作品往往不得要领且毫不悔改地始终保持平淡无味。[……] 但是，如果加内特夫人也拥有那些思想更为敏锐的人不免具有的恐惧和优柔寡断，她就不可能在她冗长、无暇、称职、令人称赞的工作生涯中拥有如大力神般的力量。""屠格涅夫作品翻译谈"，关于伊万·谢尔盖耶维奇·屠格涅夫的作品《烟》、《前夜》、《处女地》、《父与子》、《贵族之家》的评论，康斯坦斯·加内特译，《观察家报》1951年11月11日第7版。

别拥护哈伊姆·魏茨曼[1]主张的通过外交和非暴力手段解决问题的政策。但外交大臣欧内斯特·贝文[2]同情阿拉伯事业，特别是拒绝放宽对欧洲犹太人移民巴勒斯坦的限制，使犹太复国主义者希望在战后得到工党政府善待的希望破灭。这一政策令犹太人大失所望，引发了一系列反英攻击行动，暴力冲突加剧。6月16日至17日，帕尔马赫组织[3]实施了对巴勒斯坦交通基础设施大范围的破坏活动。（英属）巴勒斯坦政府于6月29日（“黑色星期六”）进行反击，逮捕了3000名犹太人，包括犹太事务局[4]的所有重要人物，魏茨曼和当时不在场的本—古里安[5]除外。

[1] 哈伊姆·魏茨曼*（1874—1952），化学家、政治家，1948—1949年担任以色列临时委员会主席，1949—1952年任以色列首任总统。

[2] 欧内斯特·贝文（1881—1951），1921—1940年担任运输和普通工人联合会总干事，1940—1950年担任工党议会议员，1940—1945年担任劳工大臣，1945—1951年担任外交大臣，1951年担任掌玺大臣；他极力反对让更多的犹太人移民至巴勒斯坦及犹太复国主义者实现建立犹太国家的目标。

[3] 巴勒斯坦主要地下犹太军事组织“哈加纳”的一个精英战斗部队，1941年在英国帮助下成立，用于对抗纳粹。盟军在北非取得胜利后，英国撤回对其的支持力量，帕尔马赫转变为左翼地下组织，总部设在以色列定居点基布兹。

[4] 在英国托管下（原文第9页注2）的犹太事务局是一个类似政府的组织，在正式场合代表巴勒斯坦的犹太社会，开办学校和医院，组织向阿拉伯人购买土地；以非正式形式成立“哈加纳”组织，同时（自1938年起）鼓励向巴勒斯坦非法移民。起初犹太事务局包含一些非犹太复国主义犹太人，到1946年其性质基本相当于犹太复国主义组织行政核心。1948年以色列宣布建国后，犹太事务局成为以色列政府。

[5] 戴维·本—古里安（1886—1973），原姓格律恩，生于波兰，犹太复国主义军队和政治领袖；1935—1948年担任巴勒斯坦犹太事务局主席，1948—1953年担任以色列总理，1955—1963年担任国防部长，其间大力推进了以色列建国进程，并于1948年5月14日亲自宣布以色列国正式成立。

在一封写给《泰晤士报》的信中，伯林充分表达了自己的看法，但未经魏茨曼同意，他犹豫是否要将这封信寄出。

致《泰晤士报》编辑

1946年7月10日［打字稿经手写更正］

［无地址］

尊敬的先生：

巴勒斯坦政府以怀疑串通实施暴力及以武装力量袭击其政府办公室为由，逮捕了几名犹太事务局的行政高官，使其国内局势更加严峻，之前的补救措施已难以奏效。我不想追究这起事件的来龙去脉，也不想归咎于谁，但以下几点还是值得一提。

之前，巴勒斯坦的犹太人希望在盟军取得胜利、英国工
党政府掌权（他们曾经许诺会最大限度地支持犹太复国主义 8
计划）之后，可以给他们带来些许慰藉，使他们从彻底的
挫败感中多少得到解脱。《贝尔福宣言》[1] 和《国际联盟托管
令》[2] 曾经给他们带来太多的政治希望，在其鼓舞下，他们

[1] 在1917年11月2日的一封信中，时任外交大臣的阿瑟·贝尔福致函（瓦尔特）·罗斯柴尔德勋爵，传达了内阁支持犹太复国主义愿望的宣言，并托其转交犹太复国主义联盟。信中说：“英王陛下政府赞成在巴勒斯坦建立一个犹太人的民族之家，并愿尽最大努力促其实现；但应明确理解，不得做任何事情去损害目前巴勒斯坦非犹太人的公民权利和宗教权利，或者损害其他国家犹太人所享有的权利和政治地位。”［大英图书馆，附录。手稿41178A·（2）文件夹：3—4］

[2] 1922年《贝尔福宣言》发表后不久，国际联盟拟定了一份正式文件，即巴勒斯坦托管令，确定了英国在巴勒斯坦前奥斯曼领土中的权力和责任。自1917年起，英国就实际占领了这部分领土（凡尔赛和平会议上记录的时间为1919年）。

中的大部分人或父辈纷纷前往巴勒斯坦。但是，随着后来事态日渐明朗，显见他们是过于天真了。待他们明白根本等不到任何新政迹象出现时，绝望催化了他们内心的极端念头，促使他们采取了更为激进的违法暴力行为。有些是从巴勒斯坦的阿拉伯动乱分子那里学到的，另一些则是从俄国革命和欧洲抵抗运动那里效仿来的。战斗中，不少人拼杀身亡。

恐怖主义和谋杀是极其凶残的武器，不值一谈，同时也给犹太复国主义事业带来了无法弥补的伤害；但如果这两者得不到辩护与宽容，犹太人使用了它们，就必然会在一定程度上被人做出如下解释：正是因为阿拉伯人采取了类似残酷无情的恐怖主义行动和暗杀行动等暴力手段，才使早期的英国政府做出了实质性让步；而由于政府发言人在伦敦和中东地区先是对阿拉伯人发表口气友好的声明，之后又对犹太人发出严厉警告，这种日益加大的区别对待，才使得相对温和的犹太复国主义者心中也产生了怨恨情绪。

在发生了几起孤立的恐怖主义事件后，去年成立了英美巴勒斯坦问题调查委员会[1]。这使一些犹太复国主义激进分子有了充分理由认为，该举措有力证明了当局对魏茨曼博士

[1] 英美巴勒斯坦问题调查委员会于1945年成立，由六名美国人和六名英国人组成，每人各来自不同背景。该组织旨在调解英美两国在巴勒斯坦问题上日益加深的分歧。美国主张让大批流离失所的欧洲犹太难民在巴勒斯坦定居下来，而英国则害怕阿拉伯人会对此感到不满。1946年4月，调查委员会一致建议当即允许10万名无家可归的犹太人进入巴勒斯坦。英国政府予以驳回。

推心置腹的诚恳请求置若罔闻，唯有通过暴力方式才能使犹太人民所受的苦难引起重视，使事态得到实质性的改善。委员会的调查结果显然令英国政府十分反感，贝文先生大声斥责犹太复国主义者的美国朋友。于是，巴勒斯坦犹太人的怨恨和暴力再次升级，政府对其进行镇压，局势更为严峻。

从一开始，英国政府与犹太事务局之间就预设了这样一 9
种关系模式，即尽管时常处于紧张之中，双方至少维持最起码的相互尊重。这是两者间官方往来的形式框架，虽然这种形式已岌岌可危。断裂点有时近在咫尺，但从未真正降临。逮捕舍托克先生[1]及其大部分同事的行为，很可能会打破这个框架。鉴于犹太事务局蒙受如此大的羞辱，所面临的法律指控依据十分“充分”，使进一步的官方往来在某种程度上变得不切实际。此外，魏茨曼博士到目前为止依然毫不动摇地坚持与英国政府保持合作的方针，本来就遭到其激进追随者的不满，因为此次的逮捕事件更受到诋毁。巴勒斯坦政府的惩罚，看似是为了重整秩序而不可避免需要采取的必要措施，实际上是一种政治手段，等于导致了它与犹太事务局的关系破裂。这一点必将产生深远影响。

巴勒斯坦犹太人永远不会忘记“斯特鲁马”号和“家

[1] 摩西·舍托克（1894—1965），生于乌克兰，犹太复国主义运动领袖，1948 年将自己的名字改为具有希伯来特征的夏里特；1933—1948 年担任犹太事务局政府部部长，1948—1956 年担任以色列外交部长，1954—1955 年担任以色列总理；他为人温和，主张通过外交手段解决问题，常与相对激进的本—古里安意见不合。

乡”号[1]的惨剧，抑郁仇恨的情绪也在此阴霾下滋生。越来越多关于欧洲难民营的负面报道，那里骇人听闻的恶劣生存条件依旧普遍存在。这些都激起人们对进入巴勒斯坦的非法移民者的同情，甚至连一贯兢兢业业的反民族主义者马格内斯博士[2]也不能理直气壮地谴责这一行为。在这种氛围下，温和的犹太复国主义者，甚至连魏茨曼博士这样的伟人，也只能是有心无力；特别对英国似乎已束手无策，既无法缓和局面，更谈不上阻止，只能任由从威斯敏斯特和白厅吹来的凛冽寒风无情摧残，使犹太复国主义者们的希望相继破灭。

当阿拉伯人与犹太人在一个国家中和平共处、友好合作

[1] 许多绝望的欧洲犹太人渴望能够前往巴勒斯坦，再不济其他国家也行，特别是英国，结果却酿成数起海难。1940 年 11 月，3600 名东欧犹太人乘三艘船抵达海法，却发现英国视他们为非法移民并计划将他们送上“家乡”号，驱逐至毛里求斯。当这些难民在转乘船只时，犹太“哈加纳”特工（由伯林的堂兄伊扎克·萨德领导，原文第 29 页注 5）在“家乡”号上布雷，试图让这艘船无法行驶。但爆炸的威力远大于预期：近 270 人死亡，其中 200 多人为难民。起初怀疑是伊尔根（原文第 12 页注 5）所为，而“哈加纳”在其间扮演的作用数年后才被披露。“斯特鲁马”号实际上并不适合航海，但 1941 年被修正派犹太复国主义者包下，从罗马尼亚运送将近 800 名非法犹太移民至巴勒斯坦。船只在黑海受损，但依然顽强行进到了伊斯坦布尔。土耳其与英国之间进行了长达数周的论战，焦点为是否允许船上的所有乘客进入巴勒斯坦，允许的话又该通过何种方式。其间，几乎所有的难民都只能待在船上。1942 年 2 月 23 日，土耳其将已经无法前行的“斯特鲁马”号拖回黑海。第二天船只发生爆炸，仅有一人生还。之后有消息称，船只是遭到苏联潜艇的鱼雷击中后爆炸的。当时苏联潜艇奉命在黑海击沉所有中立国的船只，防止它们向德国运送物资。

[2] 朱达·莱昂·马格内斯（1877—1948），生于美国的拉比，犹太复国主义运动领袖，任耶路撒冷希伯来大学名誉校长（1925—1935）、校长（1935—1948），致力于犹太人和阿拉伯人之间和谐共处的伟业，倡导将巴勒斯坦建立为两个不同民族共存的国家，而不是搞两族分裂。

的希望化为泡影之后，建立一个犹太政治实体，这一由皮尔委员会[1]提出的建议，本来就已是一个绝望之下的无奈提议。巴勒斯坦政府最近采取的这一行动，似乎强化了该政府目前对犹太领袖和阿拉伯领袖截然不同的态度，导致并加深了他们之间的隔阂，从而促成了在巴勒斯坦建立某种形式的独立犹太人定居点。无论它具有何种政体形式，达到何种独立程度，都是防止英国与巴勒斯坦犹太移民之间发生暴力冲突的唯一确定途径，但其前景会令任何一个理智之人——当然也包括犹太人，甚至［?］犹太复国主义者——感到难以言表的恐惧和惊愕。就目前而言，关于这个办法的任何争论都毫无意义，因为明智之人都明白，其他温和的办法在过去看来并不具多少启发性和可行性，而且也为时过晚。只要不重新集结一些分散的组织或者一些被夺去领土的玄学派联盟，这样一个让犹太民族和阿拉伯民族分治的办法，有可能确保从美国的犹太人和阿拉伯人那里获得有效的经济支持，减少当地的很多问题，使其从危险的国际政治中解脱出来。 10

到目前为止，美国犹太复国主义的主要团体，虽然反对

[1] 英国政府委任罗伯特·皮尔勋爵领导巴勒斯坦问题皇家委员会，调查研究巴勒斯坦阿拉伯民族与犹太民族之间的冲突。该组织于1937年提出暂时减少犹太移民的数量以减轻阿拉伯民族的恐慌；同时将巴勒斯坦一分为二，组成犹太民族和阿拉伯民族分治共存的国家，通过交换人口达成该目标；而包括耶路撒冷和特拉维夫市南部海岸地区在内的一部分领土仍由英国托管。但英国政府和阿拉伯人反对分治；第二十届犹太复国主义大会接受这项原则，但对留给犹太民族领土太少这一点提出反对意见。

英国在巴勒斯坦问题上的主张，但还是不顾其狂热分子的反对，公开支持为英国提供贷款[1]，即充分体现了其智慧；但智慧不能抵抗无限期拖延，因为它们无法掩盖这样一个事实：犹太人和阿拉伯人在与英国的多次往来中，英国动用过多次暴力，却一次都没有表现过耐心、情理和友善。就连艾德礼先生[2]也承认，只有英国政府立即做出明确的决定并且得到美国方面的认同，才能为犹太民族和阿拉伯民族带来领土和经济条件，使他们可以继续生存下去，并得以发展；才能修补西方强国在中东地区岌岌可危的威望，并且最终结束这段旷日持久而又令人痛苦不堪的历史。这中间，太多希望
11 破灭，太多补救措施徒劳无功，令人为之扼腕叹息。

致哈伊姆·魏茨曼

[1946年7月17日，手稿]

伦敦多切斯特酒店[3]

亲爱的魏茨曼：

听到您就要回来的消息，我既开心又兴奋。我给《泰晤

[1] 指美国为英国提供的37.5亿美元贷款，该协议在长达一年的艰难磋商后于1946年7月15日最后达成，用来代替1945年8月被杜鲁门总统突然中止的租借协议，该协议使英国经济在战争期间得以维持。

[2] 克莱门特·理查德·艾德礼（1883—1967），1955年受封艾德礼伯爵一世，工党政治家，1942—1945年任英国副首相，1945—1951年任英国首相，1951—1955年为反对党领袖。

[3] 魏茨曼在伦敦时下榻的酒店。

士报》写了一封关于巴勒斯坦局势的长信，据说这篇东西可能会产生巨大轰动；我不喜欢在大庭广众面前出洋相，但十分明白，在某些特定情况下保持沉默是一种可耻行为，所以我无法保持沉默[1]。但是，我想将这封信的内容读给您听之后，再决定要不要把信寄出去。如果您觉得这么做不对，或者没有必要，我将无比欣喜地将其压下。每到一个地方，我总会充满激情地发表自己的看法，关于这点我想您是不会反对的。回来后请来电告知（汉普斯特 0912）[2]，什么时候有空见面，在什么地点等您，就几分钟也可以，需要任何帮忙也可以打这个电话找我。

爱您的以赛亚

魏茨曼于 7 月 18 日到达伦敦，不久后伯林就和他讨论了那封写给《泰晤士报》的信。在打印稿中有大量的手写修改部分（见此信原件），由此可以看出魏茨曼的意见。但是，这封信并未发表，或许从未寄出。我们找到了一篇伯林关于相同问题的文章[3]，篇幅更长，很明显不是一封信，由此可以猜测当时魏茨曼建议他写一篇相关文章而不是书信。即便事实

[1] 伯林此处原文为：Не Могу Молчать。

[2] 伯林家中的电话号码，他的家位于伦敦西北区 3 号，汉普斯特霍里克罗夫特大道 49 号。

[3] 发布在 IBVL 上，网址为 http://berlin.wolf.ox.ac.uk/lists/nachlass/palestine1946.pdf。

如此，这篇文章也很快被其他重大事件淹没。7月22日，伊尔根[1]将耶路撒冷戴维王酒店的侧楼炸毁，造成91人死亡，政局再生变化。

8月初，伯林前往瑞士，边休假边工作，途中在巴黎停留。

致门德尔和玛丽·伯林[2]

星期二［1946年8月13日？，手稿］

日内瓦阿西尼膳宿公寓

亲爱的爸爸妈妈：

12 我在巴黎过得很愉快。抵达当晚，与约翰·福斯特[3]和艾尔索普[4]共进了晚餐，之后见了波伦[5]和其他几个在UNRRA[6]工作的美国人。第二天又和几个美国人一道吃

[1] 犹太复国主义军队组织，成立于1931年，“哈加纳”的右翼分支，赞成通过暴力方式维护巴勒斯坦犹太人的利益，并建立犹太民族国家，协助众多欧洲犹太人抵达巴勒斯坦。对设在戴维王酒店的英国军事、警察和民事部门的总部发起袭击，属伊尔根所为，当时该组织正与哈加纳组织和斯特恩帮（莱希，原文第21页注2）联手合作。

[2] 门德尔·伯林*（1884—1953）及妻子玛丽·伯林*（约1880—1974），伯林的父母。

[3] 约翰·盖尔韦·福斯特（1904—1982），律师，1924—1982年在牛津大学全灵学院任研究员，1945—1974年担任保守党议会议员，是伯林在牛津和美国的朋友兼同事。

[4] 约瑟夫·赖特·艾尔索普*（1910—1989），美国记者。

[5] 查尔斯·尤斯提斯（“奇普”）·波伦*（1904—1974），美国外交官、苏联问题专家。

[6] 联合国善后救济总署。

了午饭，其中包括德·本德恩夫妇[1]，我和她的关系已经结束，目前和平相处，公开坦荡、心境平和。似乎什么也没发生过——伤口愈合后竟然一点痛的感觉也没有，真是奇妙。饭后我到了一家俄国书店，和波伦进行了亲密的交谈。晚餐是在大使馆里吃的[2]，主宾为 A. V. 亚历山大先生[3]，他是英国大臣，艾德礼和贝文不在的时候由他担任代表团的团长。当晚我们聊了许多关于慕尼黑的趣事，简直是达夫·库珀[4]和亚历山大的回忆录。同时对约瑟夫拉比[5]感到恼火，他的做法的确令人讨厌；我们还痛骂了丘吉尔，

[1] 伯林的父母不赞成他对帕特里西娅·德·本德恩夫人的迷恋。本德恩夫人当时与其丈夫约翰·杰拉德·德·本德恩伯爵（1907—1997）住在巴黎，他是达夫·库珀的私人秘书。因此，以赛亚·伯林装作已同本德恩夫人结束了关系。艾耶尔那年年初同时与帕特里西娅和她的密友佩内洛普·菲尔金（原文第 37 页注 3）交往，这个秘密在两个女人交谈时穿帮。艾耶尔怪罪伯林背叛了他，伯林否认是自己的责任，同时因为帕特里西娅与艾耶尔的关系结束而心中暗喜：“我是无辜的，但我并不因此而生气，因为我依然爱着她。”（迈克尔·伊格纳季耶夫采访伯林录音之十二）

[2] 伯林此处原文为：à l’Ambassade。

[3] 阿尔伯特·维克托·亚历山大（1885—1965），1963 年受封希尔斯伯勒郡亚历山大伯爵一世，工党（合作）政治家、浸礼会传道者，1940—1946 年担任海军大臣，1947—1950 年担任国防部长，1950—1951 年担任兰卡斯特郡公爵领地大臣，1946 年 6 月至 10 月巴黎和会英国代表团成员及代理团长。

[4] 阿尔弗雷德·达夫·库珀 *（1890—1954），1952 年受封诺维奇子爵一世，保守党政治家、外交官、作家，1944—1947 年为英国驻法国大使。

[5] 可能指约瑟夫·多弗·索洛维奇克拉比（1903—1993），生于波兰，来自主要的犹太教祭司家族的颇具影响力的犹太东正教学者和教师，1941—1958 年担任纽约叶史瓦大学拉比学院塔木德教授及校长，1946 年起担任美国犹太复国主义宗教组织（米兹腊希）名誉主席。

因为他不负责任地提议撇下以色列[1]。我们一直聊到凌晨3点。[……] 戴安娜[2]硬要我在香提伊[3]待几天，但我实在不想冒犯本·科恩[4]、乔治·巴克[5]和其他几个少不了的犹太教铁杆人物[6]，所以我拒绝了她。被她狠狠责怪了一番。可为什么我就不能先找点乐趣呢？总之我执意回绝，会见
13 了本、劳登[7]等人，他们各有可爱之处，全是我喜欢见到的人。劳登非常友善，和他的妻子比起来我更喜欢他本人。他为人正派、热心公益，对重大事件十分敏感。本像往常一样阴郁，有时甚至有点无精打采。唐纳德·霍尔[8]在我的房

[1] 伯林此处原文为希伯来文，即“Aleph-Yod”，“Eretz Yisrael”（以色列国土）官方名称的缩写。8月1日在关于巴勒斯坦问题的议会辩论中，保守党领袖温斯顿·丘吉尔建议英国政府考虑将巴勒斯坦的托管权交给联合国，让英国摆脱独自承担这一吃力不讨好事情的重负。

[2] 戴安娜·奥利维亚·威尼弗雷德·莫德·* 库珀夫人（1893—1986），婚前姓曼纳斯，早前是演员，社交名媛，其丈夫在巴黎的英国大使馆任大使期间，她是地位显要的女主人。

[3] 圣菲尔曼城堡，库珀一家位于香提伊附近的乡间别墅。

[4] 本雅明·维克托·科恩（1894—1983），律师、总统顾问，富兰克林政府和杜鲁门政府的重要人物，1945—1947年担任国务院法律顾问，1948—1952年为美国驻联合国代表之一，坚定的犹太复国主义者。

[5] 乔治·巴克（1903—1974），美国民主党政治家、多个犹太组织的激进分子、剧场赞助者和剧作家，1939—1942年担任《纽约邮报》出版商和编辑。

[6] 某些犹太宗教仪式规定的法定人数。

[7] 可能指亚历山大·劳登（1892—1953），荷兰外交官、大臣，1938—1947年任荷兰驻美国大使，1947—1951年担任国务委员会委员，1951—1953年任海牙常设仲裁法庭秘书长。他的第二任妻子是碧翠丝·坎德勒·威廉斯，婚前姓科布（生于1911年）。

[8] 唐纳德·约翰·霍尔（1903—1984），公务人员、小说家，以赛亚·伯林战时的同事。

里进进出出。我避开所有其他的英美与会者，最后于晚上8点出发前往日内瓦。到了贝勒加德，（早上7点）所有乘客必须下车通过法国海关，旅程十分疲劳。上午9点抵达日内瓦，菲尔金[1]在车站接我。到了他家，准确说是一个大公寓（下周罗斯柴尔德[2]来住酒店），他为我留了一个小房间。我感觉有点吵闹和闷热，于是巧妙地建议，与其分吃他们的口粮，不如我到山上居住（就像妈妈说的上山），那里更加凉爽，工作起来也更方便。他们为我找了一个很不错的膳宿公寓，在山上可以俯瞰日内瓦湖[3]，宁静、安逸，更重要的是无人打扰。我谁也不认识，可以安心工作；需要人陪伴的时候我就坐电车（1英里）或走路下山去见菲尔金和其他朋友。我肯定1900年普列汉诺夫[4]在这里时也是这么过的。这里环境整洁，人们彬彬有礼，食物鲜美，无须多加形容。[……] 瑞士还是那么充满德国气息；公寓像极了威斯巴登和马里昂巴德城的建筑；美味的柏林果酱

[1]（阿瑟）· 埃利奥特 · 菲尔金 *（1892—1968），国际事务公务员，大部分时间待在日内瓦，1938—1953年任常设中央鸦片委员会秘书。

[2] 可能指（纳撒尼尔 · 梅耶）· 维克托 · 罗斯柴尔德（1910—1990），罗斯柴尔德男爵三世、动物学家，1946—1958年任英国海外航空公司董事，1945—1958年任农业研究委员会主席，1950—1970年任剑桥动物学研究院副院长。他的第二任妻子为特雷萨 · 乔吉娜（“泰丝”）· 梅耶（1915—1996）。两人于8月15日结婚，所以这时他们可能正在度蜜月。

[3] 伯林此处原文为：Lac de Léman。

[4] 格奥尔吉 · 瓦伦丁诺维奇 · 普列汉诺夫（1856—1918），俄罗斯马克思主义创立者，多年流放在日内瓦。

包[1]和羊角面包——价格不菲但尚可接受。在圣莫里兹的膳宿费每天最多大约为15—20法郎，即1—1.5英镑，不算太高。总之我过得很好，写信或发电报给我都成。爱你们。

沙耶

在回国途中，以赛亚·伯林以来宾身份入住英国驻巴黎大使馆。

致埃利奥特·菲尔金

1946年9月15日［手稿］

巴黎英国大使馆

亲爱的埃利奥特：

我按捺不住要立刻对你说，眼下在巴黎的生活与日内瓦的宁静有多么巨大的反差。在日内瓦期间，我的每个感
14 官和接受能力都异常强烈敏感；而这里则像一个地狱，真正的地狱。要不是有我喜爱的老朋友们——帕特里西娅、纳博科夫[2]和伊丽莎白·鲍恩[3]，大使馆里的日子将变得更加难挨。戴安娜·库珀的自我幻想本领了不得，身上充满

[1] 柏林果酱包，柏林市民在庆祝圣灰星期三节日前几天就会开始吃的一种传统甜甜圈。

[2] 尼古拉斯·纳博科夫*（1903—1978），原名尼古拉·德米特里耶维奇，生于俄罗斯，作曲家、教师、作家、文化行政官员，小说家弗拉基米尔·纳博科夫的堂兄弟。

[3] 伊丽莎白·多萝西娅·科尔·鲍恩（即艾伦·卡梅伦夫人）（1889—1973），小说家，是伯林战前最亲密的朋友之一。

传奇式流浪冒险甚至悲剧情结。只要她在，生活就充满戏剧色彩；达夫终日吞云吐雾，一副半醉半醒的模样；贝拉尔先生[1]孤高傲慢，自命不凡；帕尔菲伯爵夫人[2]瘦骨嶙峋，令人生厌；我有充分的理由为19世纪塞西亚人[3]陷入世纪末的大衰败而感到愤怒；我渴望见到牛津黯淡的魅力。康诺德夫人[4]、罗斯柴尔德勋爵（帕特里西娅似乎觉得他宾虚[5]式的华丽外型相当不错）和其余人一天到晚都在谈论他们自己和别人的私生活，形式单调老套，说来说去就那么点东西。关于中青年人两性紧张关系的说谈十分无聊，有

[1] 克里斯蒂安·贝拉尔（“贝贝”）（1902—1949），公开的同性恋者、法国艺术家、剧场设计师；他“胡须杂乱，布袋一样的身体，衣服上满是污渍，用绳子当裤腰带”。（《时代》周刊，1949年5月9日，28）

[2] 路易斯·莱韦斯克·德·维尔莫琳（1902—1969），法国小说家、诗人、记者；在其短暂的第二段婚姻中，丈夫为保罗·帕尔菲·鄂尔多德伯爵；她长期充当达夫·库珀的情人，是戴安娜·库珀的密友。

[3] 游牧武士的名称，公元前7世纪至前3世纪掌控着俄国南部地区，后逐渐被运用于19世纪到20世纪初俄国思想家和作家的作品当中。他们怀疑西方，视俄国为一种元力量，能够使塞西亚人的骁勇和独立得以永久传承。以赛亚·伯林7月27日在英国皇家国际事务协会（英国皇家国际事务研究所）的一次演讲中说道：“俄国以为她占领着某个地位，但这一地位的不稳定性却令其内心产生了永久性的恐惧感。‘塞西亚人’既不属于西方，也不属于东方。”（《苏联的心灵》，90）

[4]（埃默拉尔德）·康诺德夫人（1872—1948），婚前姓莫德·艾丽丝·伯克，生于美国，伦敦上流社会女主人。克莱丽莎·丘吉尔（原文第71页注1）将以赛亚·伯林引见给她，此后伯林便成为她家的常客之一。但是后来伯林说道：“如果我当时知道康诺德夫人是里宾特洛甫的朋友，我想我就不会经常去她那儿了。”（迈克尔·伊格纳季耶夫采访伯林录音之十二）

[5] 1925年卢·华莱士根据1880年的小说《宾虚》拍摄的默片，由雷蒙·诺瓦罗饰演男主人公。

时甚至颇感下流：我再次在心里驾起道德的高头大马，对这些事感到愤懑；我留意到帕特里西娅也有同感，大概内心深处也会对这“小提亚侬宫”[1]产生厌恶。现在我知道费希尔[2]先生和莫雷[3]先生的感受了。1月中旬，他们被迫在草坪上一边散步，一边将主人阿尔弗雷德·德·罗斯柴尔德[4]先生（阿尔弗雷德·朱尔斯·艾耶尔的教父）准备的玫瑰花瓣撒向天空；之后（立即）加以补救，赶到莱姆豪斯，在贫民窟中向每个人传达他们在心灵得到净化后对自由的呐喊。我**讨厌**这虚假的迦太基，其中，贝拉尔和季洛杜[5]被认为是当代天才的巅峰。要是赫伯特·哈特[6]也在场就好了，他一定不知所措，脑筋高度紧张（才思枯竭然后再恢复如初）。我明天离开，真的很感激你的招待。相对于这样一个沼泽般的地方，在日内瓦度过的每一刻光阴，每一杯酸奶，每一根雪茄，都闪烁着美好高尚的光辉——从某种舒适感上升到道德层面。如果有一个像法国雅各宾派

[1] 凡尔赛宫的建筑，法国王后玛丽·安托瓦内特在此临朝听政。

[2] 赫伯特·阿尔伯特·劳伦斯·费希尔（1865—1940），历史学家、政治家，1925—1940 年担任牛津大学新学院院长，伯林对其十分钦佩。

[3] 可能是约翰·莫雷（1838—1923），1908 年受封莫雷子爵一世，记者、作家、自由党议员、政治家。

[4] 阿尔弗雷德·查尔斯·德·罗斯柴尔德（1842—1918），银行家，建造哈尔顿庄园单纯作为娱乐休闲场地之用。

[5] 让·季洛杜（1882—1944），法国剧作家、小说家。

[6] 赫伯特·莱昂内尔·阿道弗斯·哈特 *（1907—1992），1945—1952 年任牛津大学新学院哲学系研究员和导师，1952—1968 年在牛津大学任法学教授。

领袖罗伯斯庇尔这样的人来杀杀他们的锐气，我会愿意帮他一把的：俄国人对此也一样热衷，哪怕有丝毫机会也不会放过。与福斯特[1]先生不同，我认为我们必须狠一点，否则将被这片沼泽吞噬。这封信写得杂乱无章，怨恨的情绪在内心翻滚。帕特里西娅和约翰都得了感冒，躺在床上休息。我很好，很高兴马上就能回到饥饿的祖国。[……]

爱你的

以赛亚

伯林在美国忙碌的社交生活延续到英国。后来他回忆道："1944年到1953年，我的社交生活异常丰富。[……]经常在伦敦与有识之士一道进餐。[……]我是一个标准的单身汉[……]一个剩男。"[2]科尔法克斯夫人是伦敦社交名媛，伯林经常参加她举办的聚会。曾经有一段时间，他在牛津的学术研究与伦敦的社交活动，以及周末的乡间别墅之间应付得游刃有余。但是后来，众多青年人从部队退伍回来，急于继续他们因战争中断的学业，这使得伯林和其他大学教师一样，感到许多不适和压力。

[1]（爱德华）· 摩根 · 福斯特（1879—1970），小说家、评论家、散文家，主张"宽容、温和、同情"，"自我的信念"，《国家》杂志，1938年7月16日，在福斯特《为民主的两次喝彩》中再版（伦敦，1951），第77页。

[2] 迈克尔 · 伊格纳季耶夫采访伯林录音之十二。

致西比尔·科尔法克斯[1]

1946年11月9日［手稿］

新学院

亲爱的西比尔：

这么长时间没有给您写信，抱歉之心无以言表。我从无数人那里得知您恢复得挺好[2]——就连牛津也不是社交沙漠，虽然自恃清高、目中无人的褊狭隐者有时会这么形容——这样我就安心了。您试着想象一下我的生活现状吧——不论是从学院院长们，还是疏于精耕细作的学者们那
16 里，我没有享受到任何益处——整天只是和一群彬彬有礼却了无生趣的学生混在一起，他们身上带有太过浓重的军人生活气息，把每一点时间、每一寸空间都占据了，不论何时何地，上午、下午或是晚上；这一切立马就成了我生活的主要内容，把我远在瑞士度过的安逸、宁静的夏日驱赶得无影无踪——10月我回来后，立即便开始了无休无止、了无生趣、繁忙杂乱的生活，至今仍是如此——希望我把自己令人厌烦的生活现状准确呈现给您。无疑这是赢得两次世界大战所带来的惩罚，必须用谦卑而带有讽刺意味的态度去无奈接受。但我做不到。如果从战场回来的这些年轻人表现出牢骚满

[1]（西比尔·索菲·茱莉亚）·科尔法克斯夫人（1874—1950），婚前姓哈尔西，上流社会女主人、室内设计师。

[2] 西比尔·科尔法克斯胯部骨折。

腹、神经质、吹毛求疵、令人讨厌、傲慢无理的话，至少我们还可以体验一下充当循循善诱的人道主义殉难者的感觉，竭尽所能将他们从危险的野蛮人变成文明人。但事实上，这些年轻人很文明、很谦虚，懂礼貌，他们十分好学，有上进心，也很懂得为他人着想。他们唯一缺少的是生命的活力，这一点无论是道德还是知识都无法替代，因此也让人无法忍受。他们受过良好的训练，从来不会表现出厌烦的情绪，就算他们真的感觉厌烦也不会承认，或许他们根本就对此毫无感觉。我知道我说得有点过了，但相信我，这是事实。如果一个人的生活已经枯燥到只剩下谦恭的礼数，那么和这些礼貌、随和、勤奋的孩子们在一起应该是一件快乐的事。唉，至少我还没有麻木到能够客观欣赏他们的能力。由于人数众多，我每周必须辅导至少 20 名学生，完全失去了奋进的感觉，无法写作、聊天，也没时间与人交往，而这一点对剑桥和布鲁姆斯伯里来说，是所有生存目的中最为神圣的。我无法回信，任由来信杂乱无章地堆满了房间——更多信件还在不断飞来，有来自华盛顿的，也有来自莫斯科的，信中提出种种请求，涉及许多问题，急需得到具体切实的答复——信积压得越多，越是让人无暇下手。还好全灵学院的考试[1]已经结束，即便在这样一所我无比忠诚挚爱的地方，也充斥着

[1] 全灵学院每年举办选拔新研究员的考试。伯林于 1932 年成功通过该考试，但提前一年在 1938 年辞去这一具有声望的职位，回到牛津大学新学院。

令人厌烦、单调无趣的庸才——尽管瓦德汉姆学院院长[1]敢作敢为。除此之外，一片沉闷死寂。您一定不会原谅我。您不曾招惹我，却要毫无来由地承受这番枯燥乏味的苦情哀诉。我突然开始自怨自怜，并在一番无端的遐想中，突然有了个想法——应该努力唤起对处在可悲境地中的牛津教师们
17 的一点同情之心。光明之处也并非没有。我应该很感激能够拥有这样一个私密而不公开的生活。偶尔会看到外面人们惬意、愉快、体谅的面容。说也奇怪，第三套节目[2]给生活带来了很大的改善。这些不知姓名、令人厌烦的大学生总有一天会消失又回来。牛津的外表还是十分宜人的，偶尔甚至美得令人惊叹。学期很快就要结束，所有关于玩乐和创造性工作的想法都将变得微不足道。日内瓦的美味佳肴和在巴黎使馆里的日子已经变得十分遥远。我平生第一次期待圣诞节的来临，好让自己有些自由时间。到时候应该就可以见到您了，希望您现在已经完全康复，过得开心。再一次向您表达歉意，没能早点给您回信，这一写又写得杂乱无章。

您永远的朋友

以赛亚·伯林

[1]（塞西尔）·莫里斯·鲍拉*（1898—1971），古典学家，1938—1970 年担任瓦德汉姆学院院长，1946—1951 年任诗歌学教授，1951—1954 年担任牛津大学校长。

[2] 1946 年 9 月 26 日，英国广播公司第三套全国广播节目开始从早上七点到午夜十二点播放古典音乐、聊天节目和戏剧。

经常从奥玛·萨金特[1]爵士那里听到您的消息，令我十分宽慰。

致菲利普·格雷厄姆[2]

1946年11月14日

新学院

亲爱的菲尔：

[……] 抵达巴黎时我的心情难以言表。我不应该如此突兀地给你写信，现在却无法停笔。我提前一天出发，拼老命才赶上一趟法国列车。车内很不舒适，结果我就感冒了，咳嗽、流涕、气喘不停。到了之后才发现你在我到达的前一天就离开了。本话中有话地说，"你不知道菲尔今天要走吗？我想他很急着见你呢"，诸如此类的——且不说你和奇普·波伦在诋毁我的基础上重归于好，我觉得这件事本身还是挺好的，你也知道，拖了这么长时间（虽然我反对用这样一种方式）——不说这些吧，我急切想与你和凯[3]见面。在我看来有件事很荒唐：你极力模仿李普

[1] 奥玛·加顿·萨金特爵士（1884—1962），外交官，1946—1949年担任英国外交部常务秘书。

[2] 菲利普·莱丝丽·格雷厄姆*（1915—1963），律师（曾是菲利克斯·法兰克福特的实习律师）、记者，1946年起任《华盛顿邮报》的出版商。

[3] 凯瑟琳（"凯"）·格雷厄姆*（1917—2001），婚前姓梅耶，菲尔·格雷厄姆的妻子，1963年在其丈夫死后负责出版《华盛顿邮报》。

18 曼[1]先生，却居然会如此精心周密地逃避英国，扔下乔单枪匹马，成为这块狭小却丰富多彩的政坛上唯一的专家，虽然（“虽然什么”，听到此你一定会插话）他在这里时，的确左右逢源，得心应手，因此也了解到不少情况。我非常想见到你和凯。我不否认，我也想见到我们来自肯塔基的老朋友[2]；我心里经常想念他，但好久没有听到他的消息了。关于他的最后记忆是在华盛顿，已然模糊不清，跟一群毫不相干的人搅和在一起（因为这个原因……我就不再说了），你一定要告诉他，他必须主动出击。当然，我知道他体重又增加了，这的确令人担忧。就因为这唯一的原因，或许我应该过来阻止情况进一步严重。但是，最好他能来欧洲，尤其是来英格兰。我承诺，今年暑假，如果他能来，我会尽心尽力照顾他。不列颠群岛的饮食会很有疗效，远远胜过任何其他东西。何不你们三位一起来呢？大家都明白，不需要什么理由。我准备给大法官[3]写封信，让那些微小却持久的齿轮运转起来。

关于我自己的生活，没什么值得一说。整日整夜的工

[1] 沃尔特·李普曼（1889—1974），政治记者、作家，1931—1962 年为《纽约先驱论坛报》撰写全国性的辛迪加专栏《今日与明日》，早期比较偏向自由主义，后期偏向实用主义。
[2] 小爱德（华）·弗莱威尔·普里查德 *（“普里奇”）（1915—1984），美国律师（来自肯塔基州），1943 年夏，在华盛顿与伯林同住一座房子。
[3] 菲利克斯·法兰克福特 *（1882—1965），1939—1962 年任美国联邦最高法院的大法官。

作，时间浪费在本不值得完成的事情上。大学生的人数增加了一倍还不止——采用了斯达汉诺夫法[1]——统计数字极其漂亮，我们超额完成了工作份额，且超出了数以千计个百分点。年轻人严肃认真，但缺乏活力，让人失望沮丧到非凡境地。我收到过一些试探性的工作邀请，让我放弃之前从事的古老学科，去担任俄罗斯历史学家。相比较哲学而言，这是一份能够获得更高报酬且付出更少体力和脑力的好差事。有好差事向我招手，我深感荣幸。但关键时刻，我却表现出稳重高贵的品格，回复说不能在我的大学最艰难的时候离开，只顾寻找自己的安逸快乐；希望这一点可以深刻影响到周围人，虽然最终我还是会被迫做自己喜欢做的事情，不过目前，我的拒绝至少在表面上看起来被接受了。想到接下来的三十多年时光，我都要过一种苦拉牛车的生活，心情就无比沮丧。

美国和俄国已逐渐在地平线消失，变得模糊不清。1937年回国后，我总有一种克制不了的感觉：觉得哪里不太对头，觉得自己应该做一些全然不同的事情，可又绝不会去做。但是，很显然，如果长此以往，这种感觉将蜕变成一个巨大的艾尔索普式翻版，鼻子越来越长，脸颊越来越僵硬，
凌晨两点，逃离的欲望不可遏制。[……] 19

[1] 阿列克塞·格里戈洛维奇·斯达汉诺夫（1906—1977），俄国矿工，据说，在1935年间，他超额完成了14倍工作份额，俄国产业界就此发起了一个以他名字命名的运动，激励人们更快速地提高生产力。

就像人都有自己喜欢的衣服一样，我也已然形成了自己的政治观，走到哪里，说到哪里。我很清楚，如果我是贝文，我应该做什么；我也明白，如果我是伯恩斯[1]，我应该做什么。然而我不清楚，如果我是杜鲁门[2]，我应该做些什么。但我发现，很奇怪，更难以想象，自己对俄国、法国和巴勒斯坦却有清楚的了解。

非常感谢你寄来的包裹，无论在物质上和道义上都是莫大的帮助。如今，包裹体积允许更大了，如果能收到名牌火腿，那就太好了。当然，并不要求非得是21号餐馆[3]的。不需要茶叶、浓汤和肥皂。最好是巧克力、糖果、意大利蒜味香肠、蛋糕以及各式点心（只好请你自己报销了）。但我还没有沦落到挨饿的地步，偶尔还是可以奢侈一下的。

沙耶

附言：至于［尼古拉斯］·纳博科夫，他极有才华，天性乐观，但我不知道他想留在美国。如果他真想，我定会极力推荐。虽然他不是一个出色的作曲家，却比任何人都更理解音乐，至少在谈到音乐时，见解独特，表达清晰。希望你喜欢他。他是最最老朽的一类人——20世纪10年代的俄国

[1] 詹姆斯·弗朗西斯·伯恩斯（1879—1972），有影响力的美国律师和民主党人士，1945—1947年任国务卿，1951—1955年任南卡罗来纳州州长。
[2] 哈里·S. 杜鲁门（1884—1972），1945—1953年任美国总统。
[3] 著名纽约餐馆，因其地处西区第52大街21号而得名。

资产阶级自由主义者，这种人你再也找不到第二个了。日丹诺夫[1]指责1907—1917年是俄国艺术和历史最黑暗的时期， 20
显然是有所指的。

事实上，那个时期体现了真正的文艺复兴，大量有价值的作品层出不穷，至少在诗歌和音乐领域。眼下，一些跟我关系特别好的朋友在莫斯科和列宁格勒已经遭到残酷镇压，

[1] 安德烈·阿列克桑德鲁维奇·日丹诺夫（1896—1948），苏维埃政府和共产党官员（战争时期，负责列宁格勒保卫战）；1934年开始，尤其在1946年至1948年间，是文学艺术走社会主义现实主义道路的拥护者。作为斯大林文化的把关人，日丹诺夫对背离官方路线（“日丹诺夫主义”）的艺术家发起迫害行动。1946年8月14日，共产党中央委员会通过决议，认定“任何缺乏思想的说教，例如，‘为艺术而艺术’，都是与苏维埃文学背道而驰的，都会损害苏维埃人民和国家的利益”［“关于《星辰号》和《列宁格勒》两本刊物：出自全俄罗斯共产党中央委员会法令”，1946年8月20日第1期，*Kul'tura i zhizn*，费利西蒂·阿什比与伊莉娜·蒂德马什译，收入中央委员会决议及日丹诺夫关于《星辰号》和《列宁格勒》两本刊物的讲话，双语版（罗亚尔欧克，密歇根州，1978）］。他还专门针对安娜·阿赫玛托娃（原文第25页注1）进行诽谤中伤。在8月15日对列宁格勒共产党和次日的苏联作家协会列宁格勒分会的演讲中，他继续攻击安娜·阿赫玛托娃：“1905年俄国革命后，很多文人践踏革命，陷入了色情和反动神秘主义的沼泽［……］。安娜·阿赫玛托娃就是文学领域缺乏思想、陷入沼泽的反动典型之一［……］。她写的诗歌无病呻吟，思想空洞，属于诗歌中的贵族沙龙流派，在苏维埃文学界毫无地位［……］。阿赫玛托娃诗歌的核心题材是个人主义。视野狭小得可怜，总是描写一个被宠坏的女贵族，狂躁地徘徊于闺房和小教堂之间……很难说，她是一个修女还是一个风尘女子，或许称她为两者的混合体较为恰当，欲望和祈祷相互交织。在阿赫玛托娃的所有作品中，这种孤单无助的心情与苏维埃文学的精神反叛相悖［……］。阿赫玛托娃的作品已经成为遥远的过去，与苏维埃的生活背道而驰，不应该再出现在我们的期刊上［……］。这些作品只会传播阴暗沮丧、消极低沉的悲观主义情绪，让人产生私欲，希望逃避社会生活和活动中的重大问题，躲进狭窄的个人生活小世界［……］。苏维埃人民希望能够从苏维埃作家中汲取可以信赖的意识形态武器和精神食粮，加快实现我们的建设和修复重建计划，促进我国的经济发展。”《真理报》，1946年8月21日，译文收入安德烈·阿列克桑德鲁维奇·日丹诺夫的《论文学、音乐与哲学》（伦敦，1950），第25—26、29—30、41页。

对此我无法不公开表示愤怒。他们受到严酷对待的唯一原因只是因为他们太受欢迎。日丹诺夫的一个相关讲话值得通篇细读——不是指在政治局十月革命纪念大会上的那篇，而是八九月份在列宁格勒有关文学的讲话。这是他针对如何对待艺术和教育问题的表态，内容十分激进，值得严肃认真地好好评论一番。出于和之前同样的原因，这件事不能由我来出头。只要是我做的任何事情，都有可能把我的朋友卷入更大的旋涡，风险太大，华盛顿又太容易走漏风声。但若有谁肯代为署名，我至少可以提供一些评论文字，只要你们认为值得这么做。可是，或许从人们那里听到的消息让我过于愤慨，无法下笔也有可能。正在发生的一切是那么样的肮脏可恶，难以用言语表达。对诗人和音乐家的凌迟羞辱远比直接击毙要痛苦得多。但是，我不能再继续说下去了。贝文和大法官见面了吗？与大使馆的关系一如既往的亲近吗？我必须写出来，并且直截了当地发问。同时，你会高兴地得知，他的姨妈打电话给我，请我照顾“一位巴利奥学院勤奋好学的年轻人”，并认为我会很喜欢他。他名叫尼古拉斯·莫斯利[1]，

[1] 尼古拉斯·莫斯利（生于1923年），1966年受封雷文斯代尔男爵三世，小说家，1946—1947年就读于巴利奥学院，奥斯瓦尔德·厄诺德·莫斯利爵士（1896—1980）之子，政治家，英国法西斯联盟的奠基人，其首任妻子为辛西娅·柯曾夫人。1933年，其母去世后，终身未嫁的姐姐（姨妈）（玛丽）·艾琳·雷文斯代尔夫人（1896—1966）将尼古拉斯抚养长大。艾琳于1925年受封雷文斯代尔男爵夫人二世，1958年成为凯德尔斯顿的雷文斯代尔男爵夫人，爱好音乐、打猎和酗酒（也是被奥斯瓦尔德·莫斯利爵士爱情俘虏的众多女性之一）。

奥斯瓦尔德爵士之子。（真奇怪，至今我什么事都还没为他做。）

关于欧洲，我觉得（我们的）贝（文）先生错了，因为非共产主义者需要的是对所有社会民主政权提供政治引导及帮助，而不是具备社会经济判断力，这种判断力尽管不无价值，并且在1919年时迫切需要，但目前不会成为吸引欧洲人的动力。至于巴勒斯坦，我的政府似乎对犹太人和阿拉伯人同样怀有恐惧：说实话，斯特恩帮[1]真正是毁了犹太人，尽管凯斯特勒[2]的小说读起来引人入胜，在某种程度上那么写也不无必要，但未免太恶俗不堪了些。接下来需要做的就是分治。剥掉皮一样的国界线[3]：阿拉伯得到的是一块 21
完整土地，无附加条件，一直到伊拉克，横穿约旦河，意味着450万阿拉伯人居住在这块土地上，200万犹太人不可能对他们造成威胁。埃及人、沙特人和伊拉克人会对此作如下解读：北非和中东血统的犹太人可与在犹太地区被抓的阿拉伯人交换：我的天，一切问题将局部化，不会再激怒犹太

[1] 1940年，在第二次世界大战早期，阿弗拉汉姆·斯特恩抵制伊尔根组织暂停对英国表示敌意的主张，建立了小型军事组织“以色列自由战士”（希伯来语缩写为Lehi），决心使用恐怖主义手段，将英国人赶出巴勒斯坦。1944年，他们在开罗谋杀了丘吉尔的朋友莫因男爵。

[2] 阿瑟·凯斯特勒（1905—1983），小说家、记者及从事科学和社会专题写作的作家，出生于匈牙利的犹太人后裔，1945年加入英国国籍，犹太复国主义的支持者。他的小说《夜幕中的窃贼》（伦敦，1946）就是以他20世纪20年代在一个基布兹（以色列集体农场）的生活体验为基础写成的。

[3] 见附页Ⅱ注1（未见原文有此出处——译注）。

人、阿拉伯人、英国人和美国人，对反帝国主义的苏维埃来说也是一个不可抗拒的巨大诱惑，尽管其本质上可能虚情假意。如果用劲够大的话，应该是能够打通的，外交部和议会的阻力微弱，我交谈过的所有人看来都愿意接受这一两害相权取其轻的解决方法。如果阿拉伯地区成为更广阔领土的组成部分（包括伊拉克、约旦河流域），犹太人地区则可在联合国组织等约束下，成为一个非完全主权国家，但增加类似无限期试行的做法和权利，允许犹太人自我移民、自由进出[……] 倘若如此，将巴（勒斯坦）分割成两个小国实行分治这一显而易见颇为愚蠢的举动，可以多少得到遏制。

你的

沙耶

以赛亚·伯林接下屠格涅夫的《初恋》及之后小说《罗亭》的翻译任务，标志着他回到了出版作家的行列中来。这一回归始于1939年《卡尔·马克思：生平与环境》出版面世，但之后因为战争被迫中断。他写《卡尔·马克思》的合约中明确规定，三年内必须完成；而实际上，他多用了一半时间，在学术界，这种拖延司空见惯。可到了翻译《初恋》，伯林便成了出版商的噩梦（并始终如此）：他的译作质量的确是高，但要拿到他的完稿却困难重重，因为他总是拖了又拖，出版的最后期限只能一次次半途而废。哈米什·汉密尔顿是遭遇此类经历的众多出版商中的首位。

致哈米什·汉密尔顿

1946年12月14日［手稿］

新学院

亲爱的杰米：

恐怕罗杰·马切尔[1]对我琐碎的演讲活动过于认真对待
了，虽然说实话，这些演讲是有充足理由的——从某种意义
上说，是所在学院和大学让我东奔西走四处演讲的。但是，
你提出的要求也是实际情况，我必须有所作为：我已经取消 22
了本月去布鲁塞尔的演讲，并且一直到下学期开学之前，不
再参加任何其他学术活动。一旦开学，又会有无数的学生像
蝗虫一样啃噬掉一周周的时间。总之，1月底之前，我一定
会完成一部屠格涅夫小说的翻译。另外一部在4月底之前完
成[2]。如果加快速度的话，会完成的。教书是首要工作，是
重中之重；其他一些为了保住饭碗不得不做的事情就只能等
等再做。理解你的苦衷，我会尽力而为。

你的

伯林

[1] 罗杰·维克托·马切尔（1908—1984），原为记者，战时受重伤后成为汉密尔顿的生意合作伙伴；在他的讣告中，他被形容为“最后几位老派出版社编辑之一”，他“有极高的鉴赏力、耐心、学术辨别力和对细节的掌控力。但最主要的还是他对作家们及其作品和生活的全身心投入”。（《纽约时报》1984年2月14日第16版）。

[2] 最后，以赛亚·伯林违背了曾经许下的翻译两部屠格涅夫小说的诺言，他翻译的《初恋》与亚历克斯·布朗翻译的《罗亭》同时出版（1950）。

犹太社团的领袖们不断给伯林施压，希望他在犹太复国运动中发挥更加积极的作用，尤其希望他转战巴勒斯坦。伯林与牛津大学的合约成了 1947 年初他拒绝在犹太事务局中任职的挡箭牌；但是，面对老朋友哈伊姆和薇拉·魏茨曼[1]的请求，回避就没那么容易了。

致哈伊姆·魏茨曼

1947 年 3 月 20 日［手稿］

新学院

亲爱的魏茨曼博士：

非常感谢您的来信[2]，是大约一周前抵达的。接信后，我就一直在考虑，如何能够设法与您在复活节相聚——我是指逾越节[3]。眼下最大的困难是，此刻我卧病在床，高烧 101 华氏度［原文如此］。不是很严重，没有危险，应该是普通的感冒，但肯定也是洪水、冰河时代[4]和饥荒的 19 世纪 40 年代[5]联合作用的结果。它们或许有充分的理由，猝

[1] 薇拉·魏茨曼 *（1881—1966），婚前姓查兹曼，俄国出生的儿科医生，与哈伊姆·魏茨曼结婚。

[2] 日期是 3 月 6 日，催促伯林利用复活节假期去看他。

[3] 此处伯林原文为希伯来语。

[4] 1946 年到 1947 年的冬天是英国有史以来最为寒冷的。从 1 月底到 3 月中旬，温度几乎一直处于冰点，持续不断的雪天造成交通中断，加剧了战后的燃料和食物短缺，终日难得一见阳光；3 月中旬的河流解冻和大风又造成了大面积的严重洪涝灾害。

[5] 指 1840 年至 1850 年这十年。因立法的改变和谷物无收，整个英国的穷人们挣扎在饥饿的边缘。

不及防地一起向我们袭来，仿佛埃及的瘟疫一般。没有暖气，食物短缺，我不敢巴望自己一周内可以恢复到能够出行：这样就到了 27—28 日。下月 17 日我必须回校组织考试：为了使下学期我的课不遭遇惨败，我必须踏踏实实认真工作一周，即便只是列出大纲和参考书目也好。因此，此次出行将匆匆出发，匆匆赶回，充满畏惧、恐慌，一路忧心忡忡。我那可怜的父母会拧着双手，担心我孱弱的身体，惶惶不可终日。我敢说，目前巴勒斯坦的情况一定很 23
鼓舞人心，就算贝文也无法改变。他的讲话 [1] 显然是临时发挥，内心真实思想的流露，与事先准备好的外交部情况通报完全背道而驰。外交部的发言不会那么推卸责任，也更加公正，赞成采取明智的举动，反对使用暴力。现在，几乎无人知晓接下来会发生什么，不论是在联合国组织内部还是其他地方。至于未来应该做什么，我想，不要马上决定，而是等到未来某一天，事态变得更加乐观的时候。等到 6 月份，我再过去跟您讨论这件事可以吗？如果到时候以色列土地 [2] 的天气太热，您也可以来这里。如果您同意，

[1] 大概指 2 月 25 日贝文在关于巴勒斯坦问题的议会辩论中所作的令人侧目的直率演说。2 月 14 日英国宣布，将巴勒斯坦问题交给联合国。贝文还以同样态度激烈攻击了早期托管协议的条款，以及犹太事务局的不妥协及美国政府于事无补的干涉。他认为，美国之所以施压，希望有更多犹太移民进入巴勒斯坦，是迫于国内的政治考虑。

[2] 此处伯林原文为希伯来语（见巴勒斯坦，原文第 13 页注 10）。

我就在英国等您。我接到了去哈佛大学[1]任教一年的邀请，工资是牛津的四倍，工作量只有牛津的十分之一，此外，还有可能永久留在哈佛任教。不用说，后面这点肯定是行不通的。但即便是一次颇具吸引力的短期旅行，我也只能拒绝。牛津正在经历一场可怕的危机，对其至少要保留起码的尊重——我从内心深深爱戴着她，无法容忍在如此艰难的时刻用草率的行为来回报牛津对我的仁慈。然而，让我更加痛苦的是此刻无法去看您：或许，倘若如我所愿，身体提前康复，甩掉了使我整个学期都一蹶不振的病菌（我还得卧床4—5周，带病上课），我有可能飞去；但以我目前的状况，这似乎并不可能。虽然没有得肺炎，我这次的情形和1942年[2]在卡茨基尔山，您对我无微不至地照顾那次差不多。此刻，我感觉自己再也不会出外旅行了。如果有机会，条件允许，我会给您发电报。如果办不到，那么这整个月都将请您原谅我言而无信。总之，我会再给您写信。

[1] 哈佛大学的麦凯在向菲利克斯·法兰克福特征求意见时，菲利克斯这样评价伯林："博学而不迂腐，智慧而不笨拙，机智而不浮躁，具备高品位的批判性判断能力。"［菲利克斯·法兰克福特致唐纳德·麦凯，1947年2月18日，（伯林手稿，排架号253/文件夹28)］为此，麦凯在3月1日写信邀请伯林来哈佛讲学，上俄国问题专题课程，时间为1947—1948学年。3月14日伯林回信，建议改到1948—1949学年。但即便如此，去哈佛也是困难重重："即便我准备好在1947—1948年去，新学院和牛津大学也都会以不同口径一致阻扰我去哈佛一年。就算到1948年或1949年也不会希望放我走。"致哈伊姆·魏茨曼，1947年9月15日。
[2] 1942年11月，伯林患肺炎之后去纽约州的卡茨基尔山休养，与魏茨曼一家生活了一段时间。

问魏茨曼夫人和伯格曼夫人[1]好。

以赛亚 24

尽管伯林拒绝前往以色列，他的病情并未阻止他在复活节假期前往意大利和法国度假。

1945 年 11 月对诗人安娜・阿赫玛托娃[2]的拜访，成了他一生中最有意义的经历之一。但这一次会面和之后 1946 年 1 月的更多接触，很快加剧了苏联对她的监控。之后，阿赫玛托娃的诗歌遭到日丹诺夫[3]的谴责，原先享受的不多的一点优惠待遇也被缩减，她的作品再次被强令禁止。其间，根纳季・拉克林[4]写了一份振奋人心的报告，“告诉我们的朋

[1] 欧内斯特・戴维・伯格曼（1903—1975），有机化学家，出生于德国，1934—1939 年和 1946—1951 年任丹尼尔・西弗研究所（1949 年并入新魏茨曼科学研究所）的科研部主任，1948—1966 年任以色列国防军科研部负责人，1952—1966 年任希伯来大学有机化学教授，1952—1966 年任以色列原子能委员会创建主席。20 世纪 40 年代末离开自 20 世纪 30 年代起就一直庇护他的魏茨曼，转而效忠本—古里安，于 1951 年成为国防部本—古里安的科技顾问。

[2] 安娜・阿赫玛托娃（1889—1966），安娜・安德烈耶夫娜・戈连科的笔名，诗人，主要创作革命前有关阿克梅派运动的诗歌，表达革命之后俄国人民的疾苦。由于缺乏社会现实主义精神，其作品受到国家谴责，并在 1925 年至 1952 年间遭严厉禁止。战争时期，气氛稍有宽松，她成为民族的灵魂领袖。

[3] 见原文第 20 页注 4。

[4] 哥达利・（根纳季）・莫伊谢耶维奇・拉克林，书商，几乎可以断定他是安全部门的特工（伯林对此一无所知）。他在列宁格勒拥有一家国营书店，被用作非官方的文学沙龙场所。1945 年访苏期间及之后，伯林在他的书店买过书（通过布伦达・特里普）。大约自 1949 年开始，拉克林在古拉格劳改营度过了大约八年时光。见《伯林书信集》（卷一）（1928—1946），第 604—607 页。

友，阿赫玛托娃很好，在她的公寓里生活快乐而宁静，每月享受600卢布的国家津贴”。这份报告通过布伦达·特里普[1]传到以赛亚·伯林手里，特里普由此断定：“情况并不像我们想象得那么糟糕，因此，你完全不必为此感到愧疚。我根本想不通怎么这一切就非得归咎于你的拜访——所以不用担心——虽然拉克林自己吓得魂飞魄散，但关于她的消息似乎很是让人安心。”不过，鲍里斯·尼古拉耶夫斯基[2]却没这么乐观。

致鲍里斯·尼古拉耶夫斯基

1947年5月10日

新学院

亲爱的尼古拉耶夫斯基先生：

[……] 关于安娜·安德烈耶夫娜，就我所知，实情是这样的：据［拉克林］[3]说，她每月依旧可收到600卢布的津贴，不是很多，但聊胜于无。当然，这个消息也许缺乏

[1] 布伦达·穆里埃尔·霍华德·特里普（1906—2004），英国文化委员会驻苏联代表（正式身份为外交部具备外交官地位的文化专员），曾陪同伯林完成了难忘的列宁格勒之行。她的来信日期为1947年2月12日。

[2] 鲍里斯·伊万诺维奇·尼古拉耶夫斯基（1887—1966），孟什维克政治活动家，后成为俄国革命运动历史学家和档案保管员，1940年移居美国。他准确报道了安娜·阿赫玛托娃失去作家协会会员证（及其配给卡）的经历，但错误地以为她同时也失去了公寓，现住在列宁格勒附近的用人宿舍（致以赛亚·伯林，1947年3月20日）。

[3] 打字员留下的空白。

真实性。总之，只要一切照旧，她显然是完了。1945 年，我见到了她的儿子列（夫）·古（米廖夫）[1]——请不要公 25
开或议论此事，否则这位可怜的年轻人就要遭殃了。他当时刚从柏林回来，在那里当防空高射炮手，1946 年 1 月他应该有空。他是一位非常能干的中亚历史学家，曾经是塔尔勒[2]的学生。当然，不排除目前已经有什么不测降临在他身上。他受到特别良好的教育，想象力丰富，亲切可爱，与母亲感情深厚。我没读过他的诗[3]，如果你有，能否寄一份给我，我将不胜感激。我也没听说过他母亲写的诗[4]，就是你附上最后一行的那首，为此我也很感激。我最后读到的她的几首诗，是发表在被明令禁止的那期《列宁格

[1] 列夫·尼古拉耶维奇·古米廖夫（1912—1992），历史学家，安娜·阿赫玛托娃和她的第一任丈夫、革命前诗人列夫·尼古拉耶维奇（1921 年被处死）的儿子，1938 年被判十年徒刑，关押在古拉格劳改营，战争期间被释放，到苏联军队服役，但 1949 年至 1956 年间再次入狱。阿赫玛托娃将此事归因于 1945 年在其公寓里他与伯林的短暂会面。
[2] 叶夫根尼·维克多洛维奇·塔尔勒（1875—1955），著名苏联历史学家。
[3] 指《达扎姆嘎王子的死》，戏剧诗，诗中故事发生在成吉思汗时期，当时没有出版，有两个不同版本，均收录于 M. G. 科吉列娃与弗洛诺维奇合编的《列夫·尼古拉耶维奇·古米廖夫作品集》（圣彼得堡，2004），第 75—80、81—159 页。
[4] 指《安魂曲》之二，鲍里斯引用的是最后一个对句（俄文原文），“丈夫已入土，儿子也入狱，请为我祈祷”。引自《安娜·阿赫玛托娃诗歌全集》，朱迪斯·汉姆切梅耶译，罗伯塔·里德编，第二版（波士顿，马萨诸塞 / 爱丁堡，1992），第 387 页。《安魂曲》主要写于 1938 年至 1940 年间，在列夫·古米廖夫被捕之后，用于祭奠斯大林时期受害者所经历的痛苦；1963 年全诗在慕尼黑首次出版，但一直到 1987 年才在苏联出版。

勒》[1] 上的。覆水难收。很明显，她已无法撤回。至于左琴科[2]，最近，他声称要写一部有关列宁格勒游击队员的小说，很明显是想巴结奉承当局，重新得宠。对此我并不感到强烈愤怒，因为他本来似乎就是一个才德平平之人，虽然我认为不应该带着偏见的情绪。[……]

您真诚的

以赛亚·伯林

此刻，魏茨曼夫妇还在期待他不顾反英恐怖主义的危险，实现晚些时候拜访他们的诺言。伯林灵机一动，计上心头：

魏茨曼要我去看他。可我知道一旦真的去了，我是说如果我真到了他面前，他会奇怪我来此何干。伟人们往往如此，他们会召唤你，然后忘到脑后，但是你还得去，就因为他们不是凡夫俗子。可是，我并不那么想去。[……] 没有签证，肯定进不了巴勒斯坦，很难。当然，战争时期有某种临时签证。于是，我随

[1] 此处伯林可能是指 1946 年第 1—2 期的《列宁格勒》（他手头有一本），该书的第 13 页中有八首安娜·阿赫玛托娃的诗，标题为“不同年代的诗”，旁边附有她的照片。以和伯林的会面为基础的组诗《车前草》发表于第 3—4 期中。这些诗促使日丹诺夫对《列宁格勒》施压，并且与阿赫玛托娃发表在《星辰号》上的作品一道，引发 1946 年 8 月日丹诺夫对阿赫玛托娃的污蔑（原文第 20 页注 4）。

[2] 米哈伊尔·米哈伊洛维奇·左琴科（1895—1958），讽刺作家。20 世纪 30 年代，其作品因缺少社会现实主义精神而受到严厉抨击。1946 年遭到日丹诺夫的谴责，使他饱受摧残。

意找了张不太干净的纸片给外交部写了一封信，说：“亲爱的先生，我想到巴勒斯坦度假，可以获得签证吗？ 26
祝好。”然后歪歪扭扭地写上“以赛亚·伯林”。我知道会得到什么结果，你想，我并没有用牛津新学院的信纸。不用说，我会收到一张小纸条，上面写着：目前，任何人均不得进入巴勒斯坦，希望我放弃这个想法。这正是我求之不得的。于是，我提笔给魏茨曼写信称：“是这样，我申请了签证，但没［给我］，而利用曾经是英国政府一名官员的身份去骗取一个签证，即便是不得不这么做，这种想法还是令我汗颜——的确如此。这是实话。”[1]

致哈伊姆·魏茨曼

1947 年 6 月 11 日［电报手稿原件，部分损毁］

牛津大学

签证遭拒咨询相关官员明确表态徒劳无用目前情形强制出行颇为尴尬别无选择延迟无期深感失望不安谨记您的教导爱您

以赛亚·伯林

但伯林低估了魏茨曼的幕后活动才能：“随后，我收到来

[1] 迈克尔·伊格纳季耶夫采访伯林录音之十九。

自高级专员[1]的电报‘特此邀请您访问巴勒斯坦，随时欢迎前来’。这下彻底切断了我的退路。”[2]

致菲利普·格雷厄姆
1947年6月21日

全灵学院

我亲爱的菲尔：

现在我可以确定无疑地回复了。我准备好了，是的，充分准备好了，在英格兰等你，一直到9月2日。之后，我就要按计划前往意大利南部。欢迎来卡拉布里亚，我将同那里原始野蛮的牧羊人一道欢迎你的到来，我会在那里度过9月份。9月份的英格兰异常寒冷，因为不允许使用任何大家熟悉的燃料种类而更加寒气袭人。所以，如果你准备前往牛津大学，建议带一件皮外套和一个有耳朵罩儿的海豹皮帽
27 子［……］华莱士先生[3]为了震慑这里的公众，描绘了一幅

[1] 阿兰·戈登·坎宁安爵士将军（1887—1983），1945年至1948年任巴勒斯坦高级专员。
[2] 迈克尔·伊格纳季耶夫采访伯林录音之十九。
[3] 亨利·阿加德·华莱士（1888—1965），农业科学家及左翼民主党派政治家，1940—1945年任美国副总统，后因支持杜鲁门被罗斯福罢免。1945—1946年任商务部长，又因同情共产党被杜鲁门免职。1946—1948年任《新共和》主编。进步党创始人，作为候选人参加了1948年的总统大选，大力倡导和平计划，得到当时美国共产党丝毫无助的空头赞许，因反对共产党的自由党对其不公平待遇而长期心怀怨恨。1946年4月，他访问了英国，开始了他的欧洲巡游演说。在演说中，他公开批评美国的对苏政策，引起很大争议，但他对伯林的抨击应该是在私下场合（伯林总认为他是个“精神不正常”的人：迈克尔·伊格纳季耶夫采访伯林录音之七）。

政治对手面目狰狞的图画。在此，我呈上他做得最精彩的演讲给你，而不是给赫伯特·艾利斯顿[1]。他像弗莱威尔一样，是最应该为他（华莱士）的潦倒负责的人。在他看来，我不仅是个危险分子，还是有史以来从大英帝国派往美利坚合众国的最最阴险的特工。在他眼中，我想方设法骗取了不同美国自由党人的信任，如弗莱威尔和小阿瑟·施莱辛格[2]（此人我见过一面）。通过向他们兜售非共产主义左翼阵营可怕的战争呐喊，引起美国进步运动中的内部分裂，从而导致了一系列左翼分裂的连锁反应。要不是因为这枚精心布置的炸弹，美国的进步运动将会实现统一战线。可现在，这一运动已然分崩离析，让被我联合上我当的人和手下帮凶们一手毁了。很遗憾，你也被列入这些人中间，当然不像另外一些人那么不可救药。他将所有这些一股脑儿地向哈罗德·巴特勒[3]和帕肯汉姆伯爵[4]等忠实的马克思主义者倾诉——他们信以为真，十万火急地赶来找我，无异于向一部基督教色彩

[1] 赫伯特·贝里奇·艾利斯顿（1895—1957），出生于英国，1940—1953 年任《华盛顿邮报》主编。

[2] 阿瑟·梅尔·施莱辛格爵士*（1917—2007），美国历史学家、自由党政治活动家。

[3] 哈罗德·贝尔斯福德·巴特勒爵士（1883—1951），1932—1938 年任国际劳工办公室主任，1939—1943 年任牛津大学纳菲尔德学院院长，1942—1946 年在华盛顿英国大使馆任英国情报部负责人。伯林曾在他手下工作。

[4] 弗朗西斯·安吉尔（“弗兰克”）·帕肯汉姆（1905—2001），1945 年受封帕肯汉姆男爵，1961 年受封朗福德伯爵七世，社会改革家、虔诚的罗马天主教徒，1934—1946 年和 1952—1964 年，在基督教堂学院学习政治学，1946—1947 年任陆军部政务次官，1947—1948 年任兰卡斯特大公国首相，1948—1951 年任民航大臣，1951 年任海军大臣，后（1964—1968）成为工党内阁大臣。

浓厚的作品致以罗马教会的贺词。这一切既令我感到兴奋，也颇觉尴尬。我认为应该告知加德纳·杰克逊[1]，他怀抱的是怎样一条毒蛇。玛丽安[2]会是什么反应呢？我想会听到她说："这个嘛，我想他偶尔是有点阴险。你知道，他与哈利法克斯[3]伯爵夫妇走得很近。不过当然，菲利克斯也一样。"这里的确似乎洋溢着难以置信的气氛。

[……] 我要是现在去哈佛就好了，但我不能怪罪我所
28 在学院的固执，美国已经成为奢侈与安逸的同义词，一种强大的清教徒式的本能力量阻碍人们到那儿去。但不管怎么说，我现在是左右受敌：当然，只要杜鲁门的暴政[4]持续下去，我想自己就有理由安然无恙，但这样的安全持续不了太长时间。左翼这边，华莱士先生正野蛮地嚎叫；右翼这

[1] 加德纳·"帕特"·杰克逊（1896—1965），记者和政治活动家，因 1927 年参与阻止处死尼古拉·萨科和巴特洛米欧·万兹提等无政府主义者的失败运动而闻名。他和玛丽安·法兰克福特（见下注）曾合作编辑了上述两人的书信；20 世纪 30 年代受共产党影响，成为反共产党自由党人干将（1944 年被主要由共产党人组成的工会分子偷袭，失去左眼）。

[2] 玛丽安·A. 法兰克福特 *（1890—1975），婚前姓丹曼，菲利克斯·法兰克福特的妻子。

[3] 爱德华·弗里德里克·林德利·伍德（1881—1959），哈利法克斯伯爵一世，1941—1946 年间任驻华盛顿英国大使（1942—1946 年间伯林在华盛顿起草的政治报告的签署人），其妻为多萝西·伊夫林·奥古斯塔（婚前姓昂斯洛），哈利法克斯伯爵夫人（1885—1976）。毫无疑问，哈利法克斯与伯林在牛津大学曾经的同事关系强化了两人在专业方面的合作；当时，哈利法克斯是全灵学院的研究员和牛津大学的名誉校长。

[4] 关于政府部门当中共产党人渗透的揭秘报道使杜鲁门总统在 1947 年 3 月宣布设立"忠诚调查委员会"，以监控公务人员的行为与信仰；任何公务员一旦加入"可疑"组织即会遭到解雇，尽管实际上类似事例很少。

边，加勒特夫人[1]已将右翼力量全副武装。据D.麦克莱恩[2]所言，通过加勒特夫人，我引发了一种仇英心理，这种心理已经蔓延至华盛顿。我们俩，菲利克斯和我，并不向往这个世界。我希望你的信能写得长些。你可以从乔那里得知与我有关的消息，他是我在美国的唯一一个朋友。或许凯也算一个，只是从没见她有任何友情表示。

你的

以赛亚

（已经确定了，三天后我将前往耶路撒冷。上帝知道我为什么非去不可，都是因为那位老朋友——就是魏茨曼——催着非要我去。想到此行前往并无人看好，我便心生不爽。可又找不到可以不去的理由。我将搭乘一艘不定期航行的2000吨级希腊货船，顶着地中海的炎炎热浪，经过十天航行，如同无耻的叛徒般投入伊尔根组织的怀抱。为我祈祷吧，

[1] 艾丽丝·沃德·加勒特（1877—1952），巴尔的摩文化界富有的元老级人物，前美国大使约翰·沃克·加勒特之遗孀；根据伯林的说法，她是“一个疯老太婆”（迈克尔·伊格纳季耶夫采访伯林录音之七）。在两人因某些原因发生争吵之前，伯林曾在她家住过。这座号称“常青屋”的大房子里摆满了各式艺术珍品。

[2] 唐纳德·麦克莱恩（1913—1983），战争时期伯林的同事，两人曾一同在英国驻华盛顿大使馆工作；后被揭发为剑桥苏联间谍组织的一员；1944年，麦克莱恩在华盛顿的一场晚宴上批评伯林对持右翼观点的人们态度过于容忍，并因此引发了一场争吵；可是当伯林与艾丽丝·沃德·加勒特发生争吵之后，“麦克莱恩又指责我，说我败坏了英国名声，居然对这位老太太如此无礼”（迈克尔·伊格纳季耶夫采访伯林录音之七）。

同时也告诉菲利克斯夫妇——希望此事能促使他们写信。

伯林）

在父亲[1]的陪伴下，伯林在马赛搭上了一艘绕地中海缓慢航行的小船；小船在雅典逗留了两天时间，其间，他们受到了英国大使馆朋友的款待。小船最终停靠在了海法，当时反英恐怖主义活动正愈演愈烈。伯林花了几天时间陪伴魏茨曼夫妇，会见了高级专员和英国政府官员，他们前来号召英国最大的盟友一同支持犹太复国主义阵营。但是，伯林也见到了巴勒斯坦的另外一面。他在那儿与许多亲戚重逢，其中
29 令他印象最深的是伊扎克·萨德，[2]两人在特拉维夫曾秘密见面。如今伊扎克已是帕尔马赫组织最高指挥官及哈加纳总参谋部长官。此次探索之旅[3]让他看到 1934 年巴勒斯坦之行

[1] 在当时的局势下，一向谨慎的门德尔·伯林会前往巴勒斯坦，不免令人吃惊。他极有可能是要前往巴勒斯坦购买他和玛丽一直考虑想买的一块土地。

[2] 伊扎克·萨德（1890—1952），原名伊沙克·兰德博格，门德尔·伯林的表亲，与门德尔的姐姐伊芙吉尼亚结婚（后抛弃）；第一次世界大战中俄国军队的英雄；1920 年在巴勒斯坦定居，成为一名哈加纳指挥官（1941—1945 年任帕尔马赫组织最高指挥官），负责协调反英军事行动；在 1948 年阿拉伯与以色列的战争中发挥了重要作用。伯林《个人印象》第二版中的一篇回忆录中有谈到他。他谈吐幽默，充满活力，伯林对其欣赏有加：“我和他一起待了大约三小时，谈话非常愉快，虽然我的家人可能表示强烈反对。[……] 他天性慷慨，毫无卑劣小人之心 [……] 他喜欢刺激 [……] 不是真正的犹太复国主义者，只是性格乐天；如果有人打架，他一定会参加，典型的爱尔兰人性格，从本质上来看，的确有些轻浮。”（迈克尔·伊格纳季耶夫采访伯林录音之十八）

[3] 以赛亚·伯林与父亲及伊达姨妈花了两天时间乘坐一辆由哈伊姆·魏茨曼提供、配有专职司机的轿车，深入游览了巴勒斯坦的北部地区。

后，这个国家发生的巨大变化。

致玛丽·伯林[1]

1947年7月14日［手稿］

迦南山曼斯楼膳宿酒店

没别的事，只想告诉您一声，今天早晨七点三十分我们离开酒店，启程出发。过去十三年来，巴勒斯坦经历了令人惊叹的飞速发展，尤其是在特拉维夫和耶路撒冷：十三年前我来这里时，类似眼下我们入住的这种酒店[2]根本不敢想象［……］

比起在伦敦时，我的主人好了**许多**——我是说身体状况，他现在是真的很享受他的豪宅[3]及地位[4]。魏茨曼夫人也贵妇人范儿十足。他们两人对父亲都很好。对于联合国委员会[5]——

[1] 写在门德尔致玛丽的一封信背面［牛津大学博德莱安图书馆，伯林手稿，排架号806/文件夹25］。

[2] 在靠近萨法德的北加利利迦南山上的曼斯楼膳宿酒店是一家“大型欧式酒店，提供浴室、盥洗室、卫生清洁的客房、宽敞的大厅及阳台”：门德尔致玛丽，1947年7月14日（同上）。

[3] 魏茨曼夫妇自己在雷霍沃特建造的房子。

[4] 尽管魏茨曼由于其亲英立场和反对暴力的态度导致他没能在1946年12月于巴塞尔举行的第22届犹太复国主义大会上当选为犹太复国主义组织主席（以赛亚·伯林起草了他当时讲话稿中的一段，内容为反对犹太复国恐怖主义），他仍然是这个运动的元老领袖，并于7月8日向联合国巴勒斯坦特别委员会（见下注）发表了一场演说。

[5] 联合国巴勒斯坦特别委员会（简称UNSCOP）于1947年5月14日成立。作为调查任务的一部分，该委员会成员于同年6月16日至7月24日来到巴勒斯坦，参与听证会并取证（听证会在耶路撒冷的基督教青年会中举行）。对

这是自1918年以来的第19届委员会——魏茨曼的态度是，“我们已经挺过了之前的18次，这次我们也能挺过去”。

爱您的

沙耶

7月下旬，伯林离开巴勒斯坦，当时巴勒斯坦的政治局势已
30 经进一步恶化。[1] 两名英国陆军中士于7月12日遭绑架（后遭伊尔根组织暗杀，以报复7月29日三名犹太恐怖分子遭处刑）。7月18日，搭载有4500名非法移民至巴勒斯坦的哈加纳组织的船只“出埃及号1947”受到英国驱逐舰的攻击，并被带往海法。在联合国巴勒斯坦特别委员会代表成员的监督下，这些来自法国的非法移民被迫登上了将他们遣返至法国的船只。正如哈加纳组织所预料的，这一事件及后来这些移民（他们最终被遣返至德国的集中营）所遭受的苦难，对世界舆论界造成了重大影响。

伯林经日内瓦和巴黎返回牛津，为研究生暑期班上课[2]。

此，阿拉伯的领袖们表示了对此举的联合抵制。该委员会经过在其他地方举行的数次讨论并访问了欧洲的几个难民营后，于8月31日发表了一份报告；尽管少数国家如印度、伊朗及南斯拉夫对于建立一个联邦制的犹太—阿拉伯国家表示了赞同（澳大利亚弃权），大部分国家还是支持将巴勒斯坦划分为两个国家——犹太国家及阿拉伯国家。虽然委员会的11个代表成员来自与巴勒斯坦问题毫无关联的国家，但其国家利益不可避免地会影响到他们的决定。

[1] 伯林于7月17日写信给埃利奥特·菲尔金：“只要恐怖分子没抓到我，我就必须去参加一个聚居地（即定居点）的启用仪式。我很确定我现在已被列入受迫害者的黑名单。”

[2] 暑期班的主题为“20世纪的欧洲文明”。

致帕特里克·赖利[1]

[英国驻雅典大使馆]

1947年8月3日 [手稿]

新学院

亲爱的帕特里克：

早就该写信给您，感谢您和夫人[2]对我的欢迎[3]（我没拼写错吧？）和盛情款待——您大概无法想象，在经历了一段旅途之后，在前路茫茫、充满未知因素、内心忐忑惶恐之际，能够得到您的热忱款待是一件多么令人惬意的事。接下来的旅程一路风平浪静：在海法，整个英国舰队严阵以待，一副虎视眈眈的模样，随时准备扑向我们这几位合法移民。所幸，未等任何可怕的事件发生，牛津勋爵[4]，同时也是海法地区助理行政专员，以庄严神圣的姿态登上了船，当着众多正排队准备上船的乘客的面将我接走，把他们看得目瞪口呆。之前这些乘客以为我一介草民，呆板无趣，一副穷酸模样，并因

[1]（达西）·帕特里克·赖利（1909—1999），外交官，1932—1939年任牛津大学全灵学院研究员，1947—1948年任英国驻雅典参赞，1949年就职于帝国国防学院，1950—1953年任外交部助理次官，1953—1956年以大臣身份驻巴黎，1957—1960年任驻苏联大使，1965—1968年任驻法国大使。

[2] 雷切尔·玛丽·赖利，婚前姓赛克斯（1911—1984）。

[3] 伯林此处原文为：acceeuil。

[4] 朱利安·爱德华·乔治·阿斯奎那（生于1916年），牛津与阿斯奎斯伯爵二世，1934—1938年就读于牛津大学巴利奥学院古典学专业，1942—1948年任巴勒斯坦地区助理行政专员。伯林正是从他那里听说了阿基罗库斯的讽刺短诗，并受到启发，有了《刺猬与狐狸》这一书名（原文第245页注3）。

此不拿正眼看我。然而，此刻我却感觉无上荣光，十分享受这其中的每分每秒。至于圣地本身，我认为那些军队高官比起地方当局的官员似乎脑袋要灵光得多，消息也更为灵通。由 80000 多名士兵组成的军队——比过去派往印度的人数都多——居然无可奈何，被 4000 名恐怖分子牵着鼻子走，无疑非常滑稽可笑。想要根除这些恐怖分子，唯一的办法便是向俄国人或者德国人学习，也就是说，不论有罪与否，朝着人群大范围扫射便是。这在巴勒斯坦不是很行得通。但最终，
31 还是有人必须这么去做，这既是为了犹太人也是为了阿拉伯人（穆夫提[1]的手下还在不动声色地暗杀“卖国贼”们，这些“卖国贼”被怀疑暗中出卖土地给犹太人）：或许也是为了犹太人和阿拉伯人各自的利益。因此，我觉得除了以某种形式分开治理，别无他法。对此巴勒斯坦的每个军人都持相同看法，尤其是高级专员。他看上去非常的无畏，诚实，值得尊敬，虽然不是非常的聪明。可他为什么非得要特别聪明呢？这对他来说是一个过高的评价。鉴于目前的局势，心怀不满的军人们一定会对您的工作横加指责；但也不能说完全没有理由。军人们执着地认为，您应该要相信，相比巴格达及大马士革的外交使团提交的报告所述内容而言，阿拉伯反

[1] 穆罕默德·阿明·侯赛尼（约 1895—1974），耶路撒冷的大穆夫提（1922 年由英国高级专员赫伯特·塞缪尔任命。这一职位通常只由侯赛尼家族的人担任），阿拉伯（后来是巴勒斯坦）民族主义者，狂热的反犹主义复国者；战时纳粹的同盟，据说是欧洲犹太种族灭绝计划的煽动者。

对分治的理由软弱无力，不足以使人信服；反之，犹太人会持续不懈地开展游击战，直至苏联将所有地区吞并。但不论事态如何发展，联合国巴勒斯坦特别委员会的组成都是一件非常可笑的事。委员会认真负责的人当中，有加拿大人兰特法官[1]，品格高尚，充满智慧，之前我并不认识。瑞典主席[2]是一个典型的瑞典人：和蔼可亲，不带成见，遇事态度模棱两可，老是说些息事宁人的套话，努力在各方面寻找友善的信号；荷兰代表[3]是一个殖民地的行政长官，同样非常温和，善于协调平衡。接下来便是一些富有喜剧色彩的人了：波斯代表[4]一遍又一遍地告诉大家自己**绝对中立**：没有接到任何指示[5]，完全独立，可以随心所欲思考决断，同时给大家抛了几个意味深长的暧昧眼神[6]。无人了解其中含义所在。不知他是不是有什么东西想向外兜售；如果有的话，是什么，又

[1] 伊万·克利夫兰·兰特（1884—1969），加拿大律师，1943—1959 年任加拿大最高法院法官。伯林对于兰特的赞赏却不被拉尔夫·本奇（33/9）认可。拉尔夫·本奇认为兰特只会饶舌，成事不足败事有余。

[2]（阿尔弗雷德）·埃米尔·F. 桑德斯特伦（1886—1962），瑞典最高法院前法官，1948 年福克·伯纳多特伯爵去世后，接任其瑞典红十字会主席的职位，1950—1959 年任红十字协会主席。

[3] 尼古拉斯·塞尔霍斯特·布隆（1899—1972），前荷属东印度群岛公职人员（在某些场合担任代理总督）。

[4] 纳斯罗拉·安迪让（1900—1980），伊朗政治家和外交官，1944—1945 年担任外交部长，1946—1950 年任联合国常驻代表，1950—1951 年任第五届联合国大会主席，1950—1952 年及 1953—1955 年任驻美国大使，1958—1962 年任驻法国大使。

[5] 代表团成员均作为独立个体得到任命，而非代表国家：只有荷兰和澳大利亚的代表们接到他们政府的指令。

[6] 伯林此处原文为：oeillades。

想卖多少价钱。秘鲁的加西亚·萨拉萨尔博士[1]代表罗马教廷，但他没有时间在这儿逗留，给什么报告签名，因此对此事并无多大兴趣。危地马拉的加西亚·格拉纳多斯博士[2]很清
32 楚，自从英属洪都拉斯边境问题[3]产生以来，英国就已经铸下大错，并且处处疯狂压迫他国。他认为犹太人的王国应该扩张至幼发拉底河岸。乌拉圭的（罗德里格斯）·法夫雷加特博士[4]之前曾经受到过英国外交部的羞辱，他认为犹太人国家在吞并了外约旦之后可以见好就收。斯拉夫代表布拉格的里斯克基博士[5]及贝尔格莱德的西米奇博士[6]认为，只要英国

[1] 阿图洛·加西亚·萨拉萨尔（生于 1886 年），秘鲁政治家和外交官，前外交部长及大使（曾经被派往梵蒂冈），虔诚的天主教徒，他的主要目的在于保护天主教堂在耶路撒冷圣地的地位。

[2] 乔吉·加西亚·格拉纳多斯（1900—1961），危地马拉外交官和政治家，1945 年起担任危地马拉国会主席，驻美国及联合国大使，后来他写了一本书，记录他在联合国巴勒斯坦特别委员会中的经历；再后来成为危地马拉第一位派驻以色列的大使。

[3] 危地马拉和英国因为英属洪都拉斯中很重要的一块地方（伯利兹）的归属问题而产生了一场逾百年之久的争端。这一争端在 1940 年再度被引发。起因是危地马拉否认 1859 年签订的一份双方边界协议。1945 年，危地马拉颁布了新宪法，将英属洪都拉斯并入该国。

[4] 恩里克·罗德里格斯·法夫雷加特教授（1885—1976），西班牙文学大学教师、记者、广播员、政治家和外交官、前教育部部长，1977 年乌拉圭专门发行了一套邮票，纪念其加入联合国巴勒斯坦特别委员会。

[5] 卡里尔·里斯克基（1893—1966），捷克斯洛伐克外交官，1936—1945 年任捷克斯洛伐克驻伦敦大使，1945—1948 年任捷克斯洛伐克驻联合国代表团成员，1948 年任联合国巴勒斯坦委员会主席，负责监督联合国巴勒斯坦特别委员会报告中所提出的巴勒斯坦分治这一方案付诸实施，是支持犹太复国主义的外交部长扬·马沙利克之亲密盟友，1948 年共产党接管捷克斯洛伐克后在英国寻求避难。

[6] 弗拉基米尔·康斯坦丁·西米奇（生于 1897 年），南斯拉夫非共产党律师，1945—1953 年任南斯拉夫国民议会主席。他的弟弟是南斯拉夫外交部长及联合

军队退出，清理掉定居点管辖政府，一切自会慢慢变好。阿卜杜勒·拉赫曼爵士[1]残酷迫害犹太人，直到尼赫鲁[2]发来电报，要求其停止迫害行为（该电报在各地公开发表）。胡德[3]（来自澳大利亚）醉醺醺的没个清醒样，成天与两个块头硕大、奇丑无比的犹太妓女手挽手四处游荡，嘴里说着不堪入目的猥亵脏话；不是什么善良好人。秘书处由一帮老朋友组成：维克多·胡博士（胡世泽）[4]（一个乐天派，不过分执着于原则）；我的老朋友本奇博士[5]，一个来自华盛顿的黑人，一

国首席代表。伯林此处原文为：Beograd，即 Belgrade（贝尔格莱德）。

[1] 穆罕默德·阿卜杜勒·拉赫曼爵士（1888—1964），拉合尔高等法院法官，穆斯林，强烈反对宗教民族主义，尤其反对将印度划分开来，严厉质问前来委员会作证的犹太复国主义证人。

[2] 斯里·贾瓦哈拉尔·尼赫鲁（1889—1964），在当时任对外事务和文化关系部部长，印度过渡政府副总统；8 月 15 日，印度与巴基斯坦分开，印度获得独立，他成为总理。

[3] 约翰·道格拉斯·劳埃德·胡德（1904—1991），澳大利亚外交官，莫德林学院前罗德奖学金获得者，1929—1936 年任《泰晤士报》编辑部成员，1936 年起在澳大利亚对外事务部门担任诸多职位，主要负责欧洲地区；1950—1952 年担任驻印度尼西亚大使，1952—1956 年派驻西德，1958—1963 年派驻联合国，1963—1965 年派驻以色列。

[4] 维克多·胡（胡世泽）（1894—1972），中国律师及外交官，1942—1945 年任外交部副部长，1946—1972 年任联合国官员（从 1946 年起任联合国助理秘书长，主管联合国托管事务）。

[5] 拉尔夫·约翰逊·本奇（1904—1971），政治和社会科学家，国际事务调解人，第二次世界大战期间任美国驻联合国行政人员，后成为联合国秘书处常任理事（1947 年至 1954 年任托管事务部门主要负责人）；1948 年，本奇一直给予协助的福克·伯纳多特伯爵（原文第 59 页注 6）遭暗杀，本奇任联合国巴勒斯坦地区代理调解员。由于本奇于 1949 年几乎凭一己之力达成了以色列和阿拉伯国家和平协议的签订，他在 1950 年获得了诺贝尔和平奖。

个好人，有点像黑脸版的齐默恩爵士[1]，认为人心向善；还有来自新学院的我的各类学生，他们极其友善，为我提供了种种信息。这些人在离开委员会的时候，遭到了阿拉伯人的联
33 合抵制，以及当局多少带有抵制意味的阻挠，离开时自然就带走了赞成分治，多少也拥护犹太复国主义的情绪。至于我本人的“任务”，似乎完成得太顺利了些。请我来的主人进行了一场热情洋溢的亲英演说[2]，并从更加热情的前追随者们那里得到了阵阵嘘声。我问他为什么要迈出如此大的步调，远远超出我之前所希求，他回答说：“这个国家的每个人都走得太远了。我没有理由不这么做。”尽管如此，他依然是一个非常伟大之人。这一点现在就连阿拉伯人也开始表示认同。不合常理，但事实如此。犹太事务局让人感觉有些害怕，不仅是从个人角度：他们都希望把流放作为获得荣耀的一种手段，以代替政治成就的破产，却又急于展开新的类似莫里森

[1] 阿尔弗雷德·（埃克哈特）·齐默恩爵士（1879—1957），1930—1944 年就职于牛津大学，首位国际关系蒙塔古·伯顿讲席教授，1945 年任联合国巴勒斯坦特别委员会制宪大会秘书长，坚定地认为通过私人关系往来可以促进国际间的相互理解。

[2] 魏茨曼在其对联合国巴勒斯坦特别委员会所作的演讲声明中宣称：“在各位先生及在座的所有公众面前，在开始我今天的演说之前，我首先想要表达对于托管国家大英帝国的最诚挚的感谢，因为他们开创了这一政策（《贝尔福宣言》）并在这么多年以来努力帮助我们实施这一政策。毫无疑问，无论处于何种地位，只要我们看到今日巴勒斯坦国内这个伟大而又繁荣兴旺、举世关注的犹太人社会，我们就该意识到，若非当初英国军队的进驻及英国对于巴勒斯坦的管理，今天的这一切都是不可能实现的。”联合国关于巴勒斯坦问题信息系统（UNISPAL）网站，A/364/Add.2 PV.21，1947 年 7 月 8 日（2008 年 5 月 16 日查询结果）。

计划[1]那样的谈判。我非常确信，对巴勒斯坦实行分治的决定——即便是一个被犹太人拒绝而又强加于他们的决定——最后会最大限度地避免流血事件的发生，虽然它会分别在犹太人和阿拉伯人中引起两次内战。不过，我说的也许不对。经日内瓦飞回英国，在香提伊吃午餐的时候遇到了吉尔伯特·穆雷[2]。库珀先生对你赞美有加，程度之甚难得从别人口里听到。我的心情非常愉快。你知道吗？韦德—格里[3]，牛津大学公认的少年天才，非法地将你古典人文课程有关希腊历史的论文保存至今，并且不想让此事被人知道？想不到吧。我和他谈到了达夫尼（？）礼拜堂（教堂？）[4]，可他十分厌恶拜占庭艺术，并被我对于拜占庭艺术的热情所激怒。尽管如此，我本人却感到异常享受，并心怀无限感激。我会将你的口信转告考克斯[5]。他似乎很忙。全灵学院已经显示出它的颓

[1] 赫伯特·斯坦利·莫里森（1888—1965），1959 年受封为兰贝斯的莫里森男爵，1945—1951 年任工党副首相，枢密院议长及下议院领袖，1946 年 7 月，讨论巴勒斯坦问题的英美大会在伦敦举行，由莫里森及杜鲁门内阁委员会会长亨利·F. 格雷迪主持。此次会议提议将巴勒斯坦建设成一个联邦制国家。在这项计划中，巴勒斯坦将被分割成四个地区，由英国托管：一个犹太省份，一个阿拉伯省份，耶路撒冷地区及内盖夫地区。阿拉伯人和犹太人都拒绝了该提议。
[2]（乔治）·吉尔伯特·艾梅·穆雷（1866—1957），1908—1936 年任牛津大学希腊语钦定讲座教授。
[3] 亨利·西奥多·韦德—格里（1888—1972），1939—1953 年任牛津大学新学院研究员、牛津大学古代史教授，1953—1958 年任墨顿学院研究员。
[4] 雅典西面的达夫尼修道院的教堂内部装饰有独特的 11 世纪的马赛克。
[5] 克里斯托弗·威廉·马切尔·考克斯（1899—1982），1926—1971 年任新学院研究员，1940—1961 年任殖民地国务大臣的教育顾问。

势了。一个人可以在漫长的夜晚与雅各布博士[1]进行一场不可多得的精彩谈话，涉世未深的年轻研究员要么洗耳恭听——抑或痛苦地遭受令人恼火的沉默。这些人良莠不齐，但其中一些
34 还不错。我说话的口气有点大言不惭吧。请转告你的太太，非常感谢她为我准备的可口晚餐。你们的款待之周到，超过我目前在这些国家受到过的任何一次接待。我非常期待当她成为巴黎大使夫人的时候，能够再度受邀，与你们共度周末。虽然咱们迟早会（在巴黎）再聚首，但提前做好计划总是好的。我曾问过达夫·库珀对这件事情的看法，他认为相比起那些正虎视眈眈地盯着他位子[2]的人来说（他在说到这些人的时候甚至咬牙切齿），你真的是好太多了。戴安娜女士也这么认为。当你们来到这儿的时候，请不要忘记了我这个新学院的隐士。

你的

以赛亚·伯林

[……]

伯林回到牛津大学后，两次有人试图将他挖走。

当时，在牛津，我正坐在自己屋里，与戴维·塞西尔聊天。电话铃突然响起，有人在电话那头说，“我是

[1] 欧内斯特·弗雷泽·雅各布（1894—1971），1920—1971 年任全灵学院研究员（1960—1970 年任图书管理员），1950—1961 年任牛津大学近代史齐切利讲席教授。
[2] 9 月 3 日，达夫·库珀听说 1947 年底将有人来接任他的工作，但此人并非赖利。

摩西·夏里特”[……]然后他接着说道:“我们有个职位想要提供给您。您是否愿意负责整个东欧及中欧的犹太事务局工作呢?”[……]我一口回绝道:“不,不,不行,非常感谢。”他又接着说,“为什么不呢?这项工作可以为您提供一份丰厚的薪酬。”我回答:“不,不是,我所担心的并不是薪酬问题。”(实际上我手头拮据——正负着债)我说:“我无法答应您,十分抱歉。”[……]我知道这听起来十分荒唐,但我真的不愿意为那儿的任何政府做事。我觉得自己会被撕成碎片。我脸皮太薄,过于敏感,在意人们所说的话,也在意他们的想法。不仅如此,那儿的气氛相当紧张,剑拔弩张,好像人们随时都有可能发生争吵——真不是个太平的地方:(在那里)犹太人和犹太人作对,犹太人也和英国人作对,英国人和阿拉伯人作对,犹太人和每个人都作对——在那样的一种环境下,我无法生存也无法工作。我需要的是一个稳健的机构,保护和约束我,使我不至于无所事事或效率低下。[1]

第二个邀请他的是奥利弗·弗兰克斯爵士[2],时任欧洲经济合作委员会(CEEC)主席。该委员会已于7月中旬开始运作,工作地点设于巴黎大皇宫[3],主要工作内容是收集欧洲

[1] 迈克尔·伊格纳季耶夫采访伯林录音之十八。
[2] 奥利弗·舍维尔·弗兰克斯爵士*(1905—1992),哲学家、公务人员。
[3] 这座大礼堂是为1900年巴黎世博会而建,因其玻璃的穹顶天花板而闻名。

国家对旨在重建欧洲的马歇尔计划[1]有何反响。得到通知后，
35 伯林于8月18日加入了英国代表团，对外身份为经济顾问。他后来解释道："虽然早些时候在赴巴勒斯坦问题上闹得沸沸扬扬，但我最终还是无法拒绝，同意为外交部承担一些临时性工作。因为我对巴黎大会想要达成的目标充满信心。"[2]

致埃利奥特·菲尔金

1947年8月20日，星期三［手稿］

寄自（a）巴黎克里龙酒店

（b）英国大使馆，欧洲经济合作委员会英国代表团

我的生活真是太怪异了。当我正惬意地安坐在牛津大学的校园里时，女王学院院长（本次会议由他负责主持[3]）找到了我，要我表示对贝文先生的效忠，于是，我被威逼利诱到了这里。这儿的气氛怪诞诡异。不用说，法国人非常聪明，但工作不够努力。英国代表团成员也不傻——比如奥利

[1] 在1947年6月5日于哈佛大学所作的演讲中，时任美国国务卿的乔治·卡特利特·马歇尔将军（1880—1959），承认欧洲所面临的主要问题之一是由战争而引起的经济崩溃；在1946年的短暂恢复后，欧洲经济形势更加严峻。为了防止共产主义势力扩大，他表示，如果这些欧洲国家愿意携起手来共同制定经济复苏方案，那么美国将对其提供帮助。7月12日召开的首次巴黎会议上，这项计划启动。苏联也曾受邀参与，但拒绝了邀请，并确认东欧国家如捷克斯洛伐克及波兰也放弃参会。

[2] 致哈伊姆·魏茨曼，1947年9月15日。

[3]"我觉得自己正受到上帝的召唤。就算明知这是个错误，我依然无法拒绝。当先知约翰受到上帝的召唤时，他拒绝了。没过一两天大家就都看清我是多么无可救药了。"伯林引用尼古拉斯·亨德森的文章"弗兰克斯之道——过去与现在"中的句子，《泰晤士报》1983年1月17日第8版。

弗·弗兰克斯爵士、戴维·瓦利爵士[1]及“共同被告”汉普希尔[2]——工作起来却异常卖力疯狂。像我这样对经济一无所知并对经济事务深恶痛绝的人，天晓得要在这伙人当中做些什么。在此作祟的显然是某种颇为浅薄的想法：先是让一帮雇佣文人苦干一番，然后由一名牛津教授登场，运用某种不同寻常的“牛津魔法”，将这项工作一变而成为永恒不朽的学术散文[3]。阿瑟·索尔特爵士[4]的鼾声在整个会场当中

[1]（西格斯蒙德）· 戴维 · 瓦利爵士（1887—1962），原姓施洛斯，1946—1947 年任第三任财政部长；1948 年在外交部欧洲重建司任职。

[2] 斯图尔特 · 牛顿 · * 汉普希尔（1914—2004），哲学家，（第二次世界大战结束后即）就职于外交部及粮食部，在 1942 年 A. J. 艾耶尔与其夫人勒内的离婚案中被指控为共同被告。

[3] 奥托 · 克拉克（原文第 40 页注 3）之前曾经一再强调寻找到一位合适撰写报告者的重要性、急迫性及困难性，并反复重申了弗兰克斯对于此事的重视。“我们需要一份用大众熟悉的英语写成的文件，用 5000—7000 个单词将所有内容涵盖在内（也就是说，可以全文刊载在《纽约时报》上）。可以有大量数据和附录，但重要的还是报告本身［……］这份报告必须由一位富有想象力、表达能力及写作技巧的作家来完成，同时这位作家还必须能够在巴黎会议上将其中的概念深入听众，抓住散沙般的人心［……］我们所选择的作家必须有这种让听众对其所言笃信不疑的影响力。”此人必须熟悉美国人的思维（不一定非得是美利坚国籍），能说流利的法语，有出色的社交能力，文笔生动活泼，所有这些都是这位作家必须具备的素质。早期的候选人全都是经济学家。克拉克（他承认自己的法语“非常糟糕”）本来想自己来承担这项工作，但他还要为在伦敦举行的最后一轮三到四周的讨论会忙乎，抽不出空来。呈报爱德华 · 布里吉斯爵士的会议记录，1947 年 7 月 31 日。伦敦裘园英国国家档案馆，T352/22。

[4]（詹姆斯）· 阿瑟 · 索尔特爵士（1881—1975），1953 年受封基德灵顿的索尔特男爵一世，公务人员；1934—1944 年任政治理论与制度学格拉斯通讲席教授，同时担任全灵学院研究员（后获“杰出学者”荣誉）；1944 年任联合国善后救济总署高级副总干事，1937—1950 年任代表牛津大学的独立议员，对交通运输领域的知识尤其丰富。

36 如雷贯耳。要是他发现我居然出现在这里，他一定会感到或将要感到震惊不已——我一向是与这些严肃的事情沾不上边的。此人可以出现在任何地方，正如詹姆斯先生[1]所言——从极其广阔的、超大无比的、无可挽回的、毫无回旋余地的含义层面来说——但就是不可能在这里，不可能在靠近这里的任何地方。仅凭此人对此类事情的能力、相关性及兴趣程度，就可以理由充足、不容分说地断言，此人根本就不属于这里，应该被驱赶得远远的。好了，总的来说，这里闷热得简直像在地狱一般[2]。此外，我没法参加佩内洛普的婚礼[3]了。巴黎是个安静的地方。库珀先生不在这儿，帕特里西娅也离开了，我感到非常无聊。与整个环境格格不入。如果你途经这里，看在上帝分上，请务必往克里龙酒店 536 号房[4]或者英国大使馆或者大会的 117 号分机给我来个电话。在这儿，吃的还不算太差。

以赛亚

[1] 可能指小说家亨利・詹姆斯。

[2] 巴黎当时正遭受有史以来最炎热的夏天（直到 2003 年该记录才被打破）。更糟的是，“马歇尔计划的制定者们［……］当时正在巴黎大皇宫工作，由于这座建筑大量使用玻璃装饰，使之成为巴黎最热的大楼之一［……］时间很紧，大家心里都清楚，因此他们并不在意自己的工作时间（从早上 9 点忙到夜半时分）”。苏珊・玛丽・艾尔索普，《巴黎信札：致玛丽埃塔 1945—1960》（纽约，1975），第 115 页。

[3] 佩内洛普・乔伊斯・菲尔金（1926—2002），埃利奥特・菲尔金之女，8 月 30 日与社会学家詹姆斯・道格拉斯博士成婚。

[4] 在大约 250 名英国代表团成员中，伯林是少数能够住进酒店套房的高级官员之一。然而，克里龙酒店的条件还是引起了诸多抱怨，因而代表团的组织人员决定在将来入住布里斯托尔酒店。

致玛丽和门德尔·伯林

星期五［1947 年 8 月 22 日，手稿］

巴黎克里龙酒店

我亲爱的父母亲：

我一切均好，真的很好。我的任务是负责总拟[1]一份文
件，需要改写和有技巧地融合由那些杰出的公务员及平庸的
“苦力们”提出的前后矛盾的建议[2]。库珀夫妇非常亲切，库 37
珀夫人是真心喜欢我，但库珀先生则没有喜欢我到那种程
度[3]。贝劳福小姐[4]是《观察家报》的通讯员，因为她掌握了太

[1] 伯林此处原文为：rédaction générale。

[2] 官方文件确认了这一说法。伯林是出了名的起床晚，通常参加英国代表团于早上 9 点开始的例会。8 月 22 日的会议记录曾记载，“关于食品和农业、燃料和动力，以及海上运输报告的部门意见需被送往伯林先生处”［伦敦裘园英国国家档案馆，CAB/133/42］。截至 8 月 29 日，由伯林起草汇编的最终报告的几个章节的初稿已经下发。报告的序言全部或部分内容由伯林起草，但并未刊登在公开发表的欧洲经济合作委员会的报告中。它的开头句是，“如今的欧洲正遭受着一场严重的经济危机”，结尾部分写着，“代表们来自 16 个不同国家，尽管他们语言不同，传统不同，国家的历史也不同，却本着友好与相互理解的精神共同努力。［……］在此次会议的每个阶段，他们总是能够时刻意识到他们的工作对于正处在历史转折点的欧洲来说是多么重要，因为他们可以看到，对于他们的民族来说，未来有两种可能，并且只有两种可能：要么抓住机遇，利用最初的救灾援助，通过自己艰苦不懈的共同努力，实现国家经济复苏和经济稳步发展；要么让整个欧洲陷入悲惨暴力的境地，这种情况到一定时候甚至会破坏整个文明世界的根基”。［伦敦裘园英国国家档案馆，CAB133/68］

[3] 达夫·库珀在 8 月 25 日的日记中写道：“伯林下午三点来看我，并给我看了他到目前为止为马歇尔计划会议所写的报告内容。我认为写得很好。”《达夫·库珀日记》，约翰·裘力斯·诺维奇编（伦敦，2005），第 477 页。

[4]（里尔）·诺拉·贝劳福（1919—1997，1977 年起成为克利福德·迈金斯夫人），记者、作家，1948—1978 年任路透社记者，1946—1948 年任《经济学人》巴黎特派员，1948—1978 年任《观察家报》驻外国记者（对伯林进行跟踪采访），1964—1976 年任政治记者。

多内幕消息，很多人都害怕她，没有人喜欢她。明天她会来采访我，但我觉得什么都不透露给她其实一点也不难。这项工作让我感觉有些劳而无功——明明是一封求援信，却要写得尊贵体面甚至语气高傲——我至少会像艾德礼先生一样，对其进行“脱水处理”[1]。[……] 天气并不是**特别**热——我睡得很好，吃得也好，因为我的英镑支票可以兑换成法郎（只能兑换成1200法郎，而不是1500法郎。这些钱只够勉强支付两餐的费用，洗衣费就没钱支付了——可我不能开口讨要薪水！）——我的同僚们都认为我是奥利弗·弗兰克斯爵士的私人幕僚。其他15个国家的代表也不知道我将要编撰他们的想法。一个荷兰人就代表了比荷卢关税同盟[2]，一个挪威人则代表了斯堪的纳维亚半岛的三个国家。多么明智的安排啊。我要试着把波伦[3]找来，这样我们就能攻无不克[4]。目前我并不反对你们到巴黎来——我会很高兴你们能来——我的社交生活单调乏味，所有朋友都不在身边，这个世界让我感觉有点空虚无聊，还有点热——再次提到这个词。我会为你们准备好一个房间。这儿车流不多，晚上可以睡得很好。晚安。

沙耶

[1] 根据《经济学人》（1947年8月9日，第225页）的一篇社论，“遗憾的是，大家都理所当然地认为，艾德礼的任何演讲都是枯燥无趣的；没有经过他‘脱水处理’的东西，他连碰都不会去碰”。

[2] 由比利时、荷兰及卢森堡组成的关税同盟于1947年开始运作。

[3] 奇普·波伦起草了马歇尔的哈佛大学演讲稿。

[4] 伯林此处原文为：ТОГДа ЩТУРМ ВОЗ[Ь] МеМ。

在马歇尔将军的演讲中，他表示，将在起草计划时为欧洲国家提供“友情援助”。但是，到了8月下旬，美国派至欧洲的代表们却致力于制定一些条款，以保证报告终稿能够满足美国的要求。因此，除非进行重大更改，此次代表大会将很有可能否决整个计划。面对这种情况，乔治·凯南[1]亲赴巴黎，试图打破这个僵局。在参加各种官方会议的间隙，他与伯林进行了一次私底下的交谈。第二天，伯林便将交谈的要点转告给了英国代表团：

> [……] 1951年后将停止对欧洲提供援助 [……]
> 美国将视这些参与国为考生，根据其表现为其打分
> [……] 在 [凯南] 看来，美国国务院似乎并不想在最 38
> 近的将来真正着手建立一个关税同盟，但希望参与国能够对最终建立一个联盟这个看法表示赞同。[……] 华盛顿如今有了一批新人，他们思想单纯，为人诚恳。无论如何，我们这方都要尽量避免任何模棱两可和难以捉摸的态度，而且我们一样要选派一批思想单纯、为人诚恳的人来作为代表。[2]

[1] 乔治·弗罗斯特·凯南*（1904—2005），美国外交官、历史学家与苏联问题专家，时任（1947—1949）国务院政策规划部负责人。他认为马歇尔计划是遏制苏联行动中很重要的一部分。早在1947年7月他便以“X”为笔名在《外交事务》上发表了一篇名为“苏联行为的根源”的文章，主张遏制苏联。
[2] 根据1947年8月30日英国代表团的会议记录［英国国家档案馆，CAB/133/42］。

至于凯南这边，他在发往华盛顿的报告当中传达了目前迫切需要的现实态度，强调，“我们不应指望由巴黎的这些人来完成这项不可能的任务”[1]，并就解决僵局提出了可行的方法。

起草及修改的过程仍在继续，但以赛亚·伯林因为自己缺乏经济学的专门知识，不愿意处理马歇尔计划的报告当中涉及专门知识的部分。在巴黎工作了三个星期之后，他终于从工作中摆脱出来，和朋友们一起前往意大利度假。

致门德尔和玛丽·伯林

1947 年 9 月 12 日［手稿］

圣卡泰里纳

亲爱的爸爸妈妈：

无法用言语向你们形容这儿的安静、祥和、安宁以及它的阳光与大海。这儿的天气也没有太过炎热。早晨十分凉爽，下午气温升高（但比巴黎来得凉爽），正好休息——刚开始我会选择小憩一会，现在我不再睡觉而是干点工作——到了夜晚又变得十分凉爽。我的作息是这样的：早晨 10 到 10 点 30 分起床，吃早餐（一般是烤面包片、咖啡、无花果、葡萄、梨子外加鸡蛋，如果我想吃鸡蛋的话），接着我会去阿马尔菲的海滨浴场[2]，去海里游泳，并在沙滩上待一

[1] 乔治·凯南，“关于欧洲复苏计划的情况”（1947 年 9 月 4 日），《美国外交关系》，1947 年第三卷，《英联邦国家》；《欧洲》（华盛顿，1972），第 398 页。
[2] 伯林此处原文为：piaggia。

小时左右，然后穿过隧道，回到圣卡泰里纳（坐奇尔弗[1]的车子，两分钟）。接着洗澡，休息，写信至下午1点，吃个午饭，从2点30分开始休息到下午的6点。充分休息之后，我会喝一杯柠檬水，与人聊天，晚上7点30分吃晚餐。如果阿马尔菲或拉韦洛刚好举办什么节日活动[2]，我就去看看，如果没有，我就10点钟上床，看点书或者工作，直至11点30分入睡。这种生活简直是田园诗中所描绘的生活：食物非常可口，比1932年好多了。酒店老板甘巴德拉[3]是个聋子，令人同情，但他工作非常卖力[4]，逗客人开心。我的同伴鲍拉和奇尔弗是两个比较安静的人，和他们在一起让我感到舒服、亲切。这儿没有压力，没有陌生人，也没有社交生活。我已经为牛津大学写好了一篇关于1905年俄国革命的演讲稿[5]，并且正在为《心灵》期刊[6]写一篇文章。至于巴黎 39

[1] 盖伊·爱德华·法夸尔·奇尔弗（1910—1982），1934—1963年任女王学院古代史研究员及讲师（1948—1963年任高级讲师），后（1964—1976）任肯特大学古典研究教授。他的妻子（一直陪伴他左右）是西尔维亚·克洛伊，婚前姓里特尔。

[2] 伯林此处原文为：festa。

[3] 克雷申佐·甘巴德拉，其家族自1880年以来便拥有并经营豪华的圣卡泰里纳酒店，也就是伯林当时入住的酒店。

[4] 伯林此处原文为：из кожи лезет он。

[5] 有可能是以赛亚·伯林对“1867—1914，欧洲历史上的危机”系列演讲准备的稿子。这个系列演讲由阿兰·布洛克组织（原文第62页注3），在1947年新学院的秋季学期（米迦勒学期）开讲。

[6] 应该是他对伯特兰·罗素《西方哲学史》的评论，《心灵》1947年第56期，第151—166页。

这个地方，当我宣布无法完成报告中涉及纯技术性内容——我不假思索，脱口说出了这愚蠢的话[1]——只撰写报告中不涉及专门知识的部分时，我就无法继续待在那里了。一名财政部高官，一个叫奥托·克拉克[2]的人，主动提出由他来做，三天之内完成。若想争取到由我独自一人来完成所有工作，非得有一场恶战不可——可我没理由这么做——这项工作并非我的专长[3]，干起来不情愿也没把握。他们都对我所写内容的冠冕堂皇、避重就轻以及使用的写作技巧感到印象深刻，并告诉我这些是多么值得称赞。现在，我终于从相关文件了解到，贝文告诉弗兰克斯，这份报告不能用，需要重写，也就是说，风格可以不变，但报告的主旨却要变动。我自然是无法用文字把这些官员实际上没有做到的事全部掩盖，也无权威逼这 16 个国家在报告内容上达成一致[4]。在我

[1] 伯林此处原文为：а вдруг скажу идиотство наобум。

[2] 理查德·威廉·巴恩斯（“奥托”）·克拉克（1910—1975），金融记者（《金融时报》索引的设计者），后成为公务员，先是在财政部，1945—1947 年任助理秘书，1947—1955 年任次长，1955—1962 年任三等秘书；后（1966—1970）任科技部常务秘书。克拉克（他还是工党政治家查尔斯·克拉克的父亲）以其下笔神速、思路敏捷的文件起草本领而著名。他的讣告上写着：“在许多错误的开始后，在被特别召唤来的外围‘作家们’的帮助下，奥托撰写了这份简短扼要，同时又通俗易懂的出色报告，作为欧洲国家对于马歇尔演讲的回应。”《泰晤士报》1975 年 6 月 23 日第 14 版。

[3] 伯林此处原文为：мой конёк。

[4] 以赛亚·伯林离开巴黎没多久，欧洲经济合作委员会与美国代表之间的谈判便彻底破裂。在紧张忙碌了几天之后，凯南的建议为这一问题提供了解决方案，即将这份报告视为整个过程中的第一阶段，美国保留决定援助数量的权利。由奥托·克拉克起草的报告的序言部分满足了美国的所有权益诉求。各国部长和大臣于 9 月 22 日重聚巴黎开会，在最终获得通过的这份欧洲经济合作委员会的报告中签下了字。

看来，此事已经失败一半了。我现在很庆幸不用卷入其中。这或许是一个很卑劣的想法，但是在这些国家没完没了的争吵当中，一个无权要求改变报告内容的悲哀的起草者一定会被完全毁灭，万劫不复。所以，不要认为我会为了鲍拉或任何人而对此事保持中立。从一开始，我的立场就是虚假不实的。面对我，他们始终感到尴尬不已。我的一个同事认为我（在报告中）显示了“极强的尊严”及“令人难以置信的幽默感”，并为我感到高兴。恐怕弗兰克斯现在要为此丢点小脸了，或许他以后会在华盛顿重新找回面子[1]。同时，我也非常高兴[2]——这儿有真实得令人难以置信的面孔，有晚上 11 点钟由军乐队演奏，在露天广场的烛光下演出的歌剧《茶花女》[3]，有灯光、新鲜的空气、海浪和阳光［……］。

爱你们的

沙耶 40

与往常一样，伯林向其父母高调渲染自己的纯粹快乐只是一个障眼法，目的为了掩盖其真实情感。

[1] 在华盛顿，弗兰克斯将参加相关宣传活动，确保该计划能够在国会获得通过。
[2] 在写给哈伊姆·魏茨曼的信中，他承认：“在巴黎会议期间——工作条件恶劣得令人难以置信——并因此带来了难以置信的各种苦难。现在我已经从这些苦难中解脱出来，精神开始恢复。但请不要将这些话告诉我父母，他们还以为我的身体状况非常好（原文 heath 疑为 health 之误。——译注）——我是这么对他们说的，请他们放心。”1947 年 9 月 15 日。
[3] 朱塞佩·威尔第 1853 年创作的歌剧《茶花女》。

致帕特里西娅·德·本德恩

[1947 年 10 月，写在一张帕特里西娅·德·本德恩寄来的明信片上；未寄出]

[新学院]

我不想保留这根蜇人的小刺[1]，像黄蜂叮，又像蚊虫咬。如果之前蒙你告知，9 月 26 日之前都有哪些行程——你本可以往圣卡泰里纳酒店给我电话的——我应该会过去待上一周。因为我对你无尽思念，成天长吁短叹，扰得鲍拉博士心烦。啊，我对你的想念比起你对我的，要深切多少？可你就是置之不理，有意与我作对。魏茨曼受疾病困扰，甚是可怜，我的家人也是如此。我对“公众消遣对象”一说不甚明白，但戴安娜的确是一位。我只知道帕顿夫人[2]曾经说起格

[1] 指他在上面写信的那张明信片（未标明日期），寄到新学院给他。明信片上写着：“很遗憾，你这么早就离开了［伯林在一旁注：“9 月 27 日？”］。波托菲诺很美。戴安娜和库珀抛弃了你，但我想你其实也不想和她再多待几天。她们这样的人似乎如今太多了。亲爱的以赛亚，下次你开口说**别人**［伯林在这两个字眼旁均加了个问号］是‘公众消遣对象’的时候切记要三思——别介意，我真的很想念你，希望有一日你能来与我们一起，我们开车过来，沿途悠然穿过了几个很是美丽的小城。我爱意大利——无比热爱。”

[2] 苏珊·玛丽·帕顿（1918—2004），婚前姓杰伊，威廉·帕顿之妻（原文第 115 页注 6），拥有国际外交背景，运用其社交技能和外貌，使其丈夫在美国大使馆的普通地位得以提升（并因此改善了因地位低下而带来的拮据生活），成为战后巴黎一位重要的社会名媛。她是戴安娜·库珀的密友，也是达夫·库珀的情妇之一。1960 年丈夫去世，1961—1973 年嫁与家族朋友乔·艾尔索普，从而成为一名作家。她把自己寄给玛丽埃塔·特利（原文第 72 页注 1）的信件编辑成书，题为《巴黎信札：致玛丽埃塔》（原文第 37 页注 2）。

雷夫斯先生的女儿[1]，知道戴安娜和库珀在波托菲诺享受欢乐时光时我在罗马独自坐着生闷气，同时又对那个地方着迷不已。我的确生气，感觉受到背叛和抛弃。然而，我的不幸却是因为没能见到你，我的挚爱。

我一直期盼能见到你。但如果你还是这么矜持无度，我会尽量学会不再想念。

我突然明白了“公众消遣对象”的意思。多么可怕啊！好像握住魏茨曼先生的手就是一种消遣：或者我在威尼斯的时候，牛津大学下的那场雨也是一种消遣。但也许我的行为像一个卑鄙无赖，我的确应该来见见你和约翰[2]——我成天生活在维罗纳和维琴察的白日梦里——日日念叨自己很快就会幸福无比，只需稍费苦心，因为好事总是多磨。把同伴们都搞疯了——可至今尚未如愿，我的挚爱[3]。

此刻我不再想成为世界上最爱你的人了；不再想倘若剥夺了自己见你一面的权利（我会不停地这么做）就是在惩戒 41
自己；不再想对此你并不介意或你可能会产生误解，而是想自己最该在意的是自我惩戒的痛苦；不再想无论你做了什么，我都像在意大利时那样，变成荒诞的堂吉诃德，且行且赞颂

[1] 可能是詹尼·普芮德·尼科尔森（1918—1964），诗人罗伯特·格雷夫斯（1895—1985）之长女。

[2] 约翰·德·本德恩。

[3] 接着，以赛亚·伯林又在一张碎纸片上继续写。他在巴黎时也曾写好了一个给帕特里西娅·德·本德恩的信封，但未盖邮戳。

你的美德，直到世人认可。你要不要回这封信都无所谓了[1]。

这期间伯林继续受疾病[2]困扰，但这并不妨碍他在白金汉宫接受高级英帝国勋爵士[3]的荣誉，并与温斯顿·丘吉尔共进午餐。丘吉尔就其回忆录[4]的首卷向伯林征询意见并予以采纳。

致温斯顿·丘吉尔

1948 年 2 月 14 日［给丘吉尔的信件〈草稿〉及副本］

新学院

〈亲爱的丘吉尔先生：

非常抱歉这么久才回复您从马拉喀什寄来的信[5]，但比

[1] 虽然该信并未寄出，但伯林似乎寄出了别的信件予以还击，因为帕特里西娅在 1947 年 10 月 21 日从洛桑市发出这样一封电报："亲爱的已收到你的所有来信你我误会太深见谅我讨厌的明信片惹你生气抱歉我写作水平太低方便的话周五早上会打电话。我们都爱你。帕特里西娅。"

[2]"我因扁桃体炎卧病在床，还在疗养院中休养时拔掉一颗智齿，不幸并发症接踵而至，现在才开始好转。"致克莱德·克拉克洪，1947 年 12 月 17 日。

[3] 1946 年新年荣誉表彰中，以赛亚·伯林受封高级英帝国勋爵士，表彰他在第二次世界大战时期为促进英美两国相互理解所做的贡献。但照他自己的说法，这是"哈利法克斯的安排，作为伯林受到的巨大侮辱的嘉奖"（迈克尔·伊格纳季耶夫采访伯林录音之二十八），以补偿他被安东尼·艾登（原文第 43 页注 2）排除在波茨坦会议之外之辱。

[4]《暴风前夕》是《第二次世界大战回忆录》（伦敦，1948—1954）的开首卷。与丘吉尔共进午餐后，伯林读完该书初稿，后来他在致丘吉尔的信中详尽地写下自己的读后感，遗憾的是，这些信件在丘吉尔书信文稿中未曾找到。

[5] 日期为 1947 年 12 月 25 日。丘吉尔对以赛亚·伯林就其作品提出的意见表示感谢，并寄了修订后的前六章给他，请求伯林坦率直言。马丁·吉尔伯特，《"永不放弃"：温斯顿·S. 丘吉尔：1945—1965》（伦敦，1988），第 383 页，曾经引用丘吉尔书信文稿中的一封信，该信现已无法追溯。

尔·迪金[1]可以证明，战后的牛津大学，学生人口过剩到可怕的地步——特别是我所在的学院——至少在当下已破坏了悠闲时代的一些文明习惯，那时的人们只从事自发自愿、力所能及之事。〉我已认真读完您的最新一批校样，非常赞赏您的成果，特别是其中的一些改写和重新组织。[……] 总体来说，我认为目前第一卷的结构已经有了很大改进，更加合理，令人印象 42
深刻，特别是开头几章。未修改前，我认为（希望您不介意我的看法，记得您反复强调要我坦率直言）它们略显拖沓[2]，而现在，这些章节为全书奠定了基调和节奏：局势急转而下，坠入可怕的深渊这个部分从技术上不再离题，而是呈现出一种循序渐进、积蓄而发的过程，叙述明快而不失连贯，可谓精彩。我对上一稿就非常欣赏，现在更加认为它是文学和政治上的巨作。您说过可能会回信反驳，我满怀期待，但我确信您日理万机，根本没空对我诉说抱怨。对于一些有争议的内容——或者说至少是可争议之处，您的判断是深思熟虑的结果，这点

[1]（弗雷德里克）·威廉·丹皮尔·（“比尔”）·迪金（1913—2005），历史学家，1936—1949 年任瓦德汉姆学院的研究员兼导师；战时作为南斯拉夫专家任职特别行动执行小组，在 1943 年与铁托（原文第 177 页注 1）及其拥护者会面，任务艰险但获得巨大成功。1945—1946 年任贝尔格莱德英国大使馆的一等秘书，1950—1968 年任圣安东尼学院院长，迪金曾经担任丘吉尔研究助手，在丘吉尔回忆录助写团队中表现突出。

[2] 伯林评价前一稿时曾说，开篇至少有两章“插话过多，内容空洞，难以支撑起一个关于希特勒得势的宏大故事，而该故事关系到全书的顺利进展”。吉尔伯特，上页注（原文第 42 页注 5），第 393 页（引用丘吉尔书信文稿 4/141；以上伯林评价无法追溯）。

我接受。但尽管如此，我最终还是要冒昧重申两点。其一是关于艾登[1]先生于1938年[2]辞职背后的故事，我想这是第一次以公开出版的形式呈现出来。它让我想起战争期间在外交部听说的一个传闻，与此事相关，说的是艾登先生从格拉斯匆匆赶回后，不顾内维尔·张伯伦反对，试图强制逆转内阁决定——当然为时已晚。但首相认为尊严受到了冒犯，于是便酿成这一严重后果。倘若上述传言属实，我希望您能获得艾登先生对此事的看法，当时内阁内部发生的事情或许应当得到详尽了解和重视。但也可能是我记错了，或者这属于内部机密，无论怎样，都不该由我来多嘴多舌，妄加评论。其二是贝奈斯[3]

[1]（罗伯特）·安东尼·艾登（1897—1977），1961年受封首位艾文伯爵，保守党议员，1935—1938年和1951—1955年任外交大臣，1955—1957年任首相。

[2] 艾登于1938年2月提出辞职，尽管名义上是因为意大利的绥靖政策，实际上他和时任首相（阿瑟）·内维尔·张伯伦之间的巨大分歧存在已久。1938年1月初，富兰克林·德拉诺·罗斯福总统（1882—1945）私下提出召开美、英、法、德、意五国会议，缓解当时的国际紧张局势。艾登因在法国南部度假而缺席，张伯伦提出暂缓美国方面提出的计划，直到英国与意大利谈判结束。罗斯福同意暂缓行动，但对英国有可能同意意大利占领阿比西尼亚表示担心。艾登得到幕僚的告知从法国赶回，惊恐地发现自己为建立英美两国关系所取得的成果正遭到破坏。他努力在内阁讨论中使英国采取软化立场，并将安抚信息传递给罗斯福，但美国的提议已胎死腹中。

[3] 爱德华·贝奈斯（1884—1948），分别于1935—1938年和1945—1948年任（前）捷克斯洛伐克总统。丘吉尔回忆说，1936年贝奈斯听说了（德国）军方和一些前苏联坚定共产主义者要密谋推翻斯大林，建立一个亲德政权的消息，他马上报告给斯大林，斯大林冷酷无情地清扫了苏联红军。伯林试图说服丘吉尔删减书中的相关注释（显然基于伯林本人提供的信息），但似乎未被采纳，因为在后来出版的书中有这样一段话："然而，有证据表明贝奈斯的消息是由（苏联）国家政治保安总局提前透露给捷克警方的，他们希望斯大林从一个友好的外国渠道获知这一消息。"《暴风前夕》（原文第42页注4），第225页。

向斯大林透露的消息，关于30年代中期苏联士兵与德国人的谈话：书稿中的一个注释对“格伯乌”[1]行动作了推测，这点最早是我让您注意到的。实际上，该注释本身已足以暗示这一推测属实。可能是我言过其实了，若真是如此，我愿承担罪过：虽然我认为极有可能确有其事，但我们的证据只是些传言，而且是根据反苏流亡者收集的信息，极易受到质疑。因此，相较于称其为“证据表明”，我觉得用“有人认为”这种说法更为妥当。否则捷克人也会像俄国人那样小题大做。我已告知迪金，他也许拿出了合适的修改方案。〈再次感谢您让我提前读到这个作品，感谢您给予我如此巨大的荣幸，并让我领略如此引人入胜的奇妙文字。真诚希望您已完全康复，希望能再次与您见面。 43

您最真诚的

以赛亚·伯林〉

在许多人看来，战后欧洲的动荡局面大大增强了共产主义的吸引力，西欧几个国家加入共产主义阵营的可能性日益加剧。外交部特地成立了工作小组，研究西方联盟国的思想动态，为未来的意识形态斗争准备思想武器。阿兰·达德

[1]（苏联）国家政治保卫局，1922年代替“契卡”成为苏联政治警察力量，不久更名为国家政治保安总局，而后在1934年成为人民内务委员会的一个部门，再次更名为国家安全总局；后来成为“克格勃”，即苏联国家安全委员会。

利[1]代表工作小组向以赛亚·伯林[2]请教。

致阿兰·达德利

[1948 年 3 月 17 日收到，手稿]

新学院

亲爱的阿兰：

我不知有没有能力回答你的问题。在所谓的技术哲学（唯一名副其实的学科）领域中，不存在什么专属于西方的
44 思想（至少我这么认为）与东方的马克思主义相对立，如同化学或数学一样。但显然你指的并非这点。你指的是对具体活动或生活方式等事物的总体看法和态度。你认为参照黑格尔[3]是不明智的，我同意你的看法。马克思主义无疑是黑格尔学派的，可是从 1870 年至大约 1920 年间的主流英国哲学也属于黑格尔学派。自由帝国主义不仅仅有黑格

[1] 阿兰·阿维斯·达德利（1907—1971），外交官，1940—1942 年任英国驻纽约新闻与情报处负责人（因此曾与伯林共事），1946—1949 年任外交部情报政策处处长。

[2]“我们要做的是，简要记载人们对从艺术到社会服务等一系列事物（及思想）之态度有关的共性因素，同时厘清与真正有代表性的共产主义思想态度的区别所在。我认为这一切的背后必定体现的是最根本的哲学理念，但我们这里谁也无法言简意赅地道出西方同盟国共有的哲学思想。”阿兰·达德利致以赛亚·伯林，1948 年 3 月 9 日。

[3] 阿兰·达德利写道：“我的确想过尝试［……］提出有关黑格尔及其影响的问题，但总体来看，通过以上所言，我想已足以让你明白我们的追求。”出处同上。

尔学说的影子，还有些许种族主义色彩，塞西尔·罗德[1]及其跟随者就是一个例子。所以不提黑格尔也罢。密尔[2]或伯特兰·罗素[3]肯定会不乐意，但他们并不代表主流，只得到少数反对派的崇拜。只要愿意，苏联人会这么说。同时也不能断言我们就代表了科学客观性，以公正无私的方法追求真理——人们或许会用此来区分19世纪的俄国和西欧，即代表宗教人生观的神秘主义、公社主义、专制主义、非理性主义，与实证主义、自由主义和理性主义等的区别。可是，马克思主义者也宣称自己是科学的、经验的和实证的，诸如此类；而若想解释清楚我们通过何种方式，又是出于何种原因认定他们实际并非如此，那是在欺骗自己和别人，同时又耗时费力，难以办到。因而我**感觉**（别人不一定认同）若没有削弱性的限定条件，在纯粹知识层面上是说不出非常清晰、简洁和不容置疑的明显差异的。在我看来，我们与他们的真正区别似乎可归结为社会生活观念，

[1] 塞西尔·约翰·罗德（1835—1902），帝国主义者，其目标是让英国统治覆盖大部分非洲；同时他也是一名商人，在南非开创了钻石行业；1890—1896年任开普殖民地首相，罗德西亚（今津巴布韦）即以其名字命名。
[2] 约翰·斯图尔特·密尔（1806—1873），哲学家及政治思想家，一边承认“应该了解黑格尔的学说”，一边又说“与黑格尔对话使人的思想堕落”。致亚历山大·贝恩，《约翰·斯图尔特·密尔全集》，J. M. 罗布森等编（多伦多 / 伦敦，1963—1991），卷一6，第132页。
[3] 伯特兰·阿瑟·威廉·罗素（1872—1970），罗素伯爵三世，数学家、哲学家、作家和反核活动家，1895—1901年和1944—1970年任剑桥大学三一学院研究员，1950年获诺贝尔文学奖。1920年的一次访俄之行使他成为坚定的反共人士。

并可进一步聚焦于以下两点：

(1) 公民自由。即便我们不相信天赋人权，不相信有关生命、自由与追求幸福的“不证自明”的命题，我们至少相信，除非个人有权拥有一定程度上的个人生活空间，有权建立不被国家或任何机构通过某种不可抗力侵犯的个人关系网络，生命就不值得一活。在自己的个人空间里，人们有权按照自己的方式自我救赎，或是自我非难：按自己的方式堕落，不论国家如何悲悯也不受其左右。除非这点得到保证，否则人类或许能够享受太平兴旺，却不一定享有自由。所谓与西欧
45 对立的东欧民主是不存在的，就像所谓的东欧自由、东欧平等或东欧真理也不存在一样。它们听上去都荒唐可笑。我们可能接受“东欧民主”这么一个说法，因为“民主”经常可以搭配其他修饰语——“社会民主”、“自由民主”等。但若提出“东欧自由”，则听上去颇为荒唐，按此划分的“民主”也不例外。在危急情况下，某些自由可能会受到限制，如言论、择业或是别的自由，但这或许情有可原；而若是危急情况永久存在，或持续时间过长，正常和异常状况的区别完全被抹杀，公民观便将失去意义，毫无价值。你尽可以说，这意味着一旦相应的权利——或者说免受干涉的自由空间——得不到保证，任何社会福利也不值得拥有，即便它明显由高压政治所给予。作为补充，我们并不认为贫困的人比受集权压迫的人更缺乏自由。不可否认，不合理的压迫和勒索——例如经济压力——是极其有害的，会伤害人民，也会引发机

会的不公。我们坚持与这些邪恶开展斗争的权利，但前提是社会存在政治自由，也即官方自由传统（例如法治代替人治，精简法律条文，等等），至少是存在一个被公众一致承认的理想，并以其名义挑战邪恶。一旦政治自由消失，所谓正义和自由的观念自身也必将随之遭到破坏。任何人若认为，缺少最低限度的经济能力，政治自由和公民自由就是空谈。他（即使此人是拉斯基教授）[1] 便是在掩盖问题，在欺骗撒谎——原则上，经济奴隶在政治自由中能够组织和解放自己，但政治奴隶是翻不了身的，因为他们的社会扭曲了“自由”和“法治”的含义。无论法治有多么糟糕，人治多么美好，两者间的鸿沟对西欧来说是绝对的，但对马克思主义者来说却是最佳手段。

(2) 与马克思主义者相反，我们认为一个人观点和活动的价值与真理不全在于，甚而不全决定于他的经济和社会地位；与马克思主义者相反，我们认为个人、群体或阶层在某些方面的利益分歧并不影响他们在另外一些方面拥有共同的利益与理想；同样与马克思主义者相反，我们不认为所有理想都代表着公开或隐含的物质利益。因此，在我们看来，合作是可能的，阶级斗争并非不可避免；纯真、善良、公平、

[1] 哈罗德·约瑟夫·拉斯基（1893—1950），受马克思主义影响的政治理论家，1926—1950 年任伦敦政治经济学院的政治学教授，1936—1949 年工党执行委员会成员，1945—1946 年任工党主席。

仁慈、和谐等概念不是掩盖阶级利益的外在形态，而是不同
46 阶级、个人和社会所真正共有的。我们判断事物基于其优点，而不是根据与事实性发现无涉的先入之见。因此，我们不像马克思主义者那样宣称，了解了一个人的社会与经济背景或状况就可以预先判断他的观点之正误。马克思主义者的这一观点——由于其理论宣称不可辩驳——便因此背离了欧洲的理性主义传统，马克思要么是误解了这个传统，要么就是背叛了这个传统。诸如此类。

我认为，所有以上围绕公民自由，以及扬·马沙利克[1]关于有轨电车，以及能够坦言他“不喜欢政府”[2]权利的言论，较之我们基督教和希腊文化的传统根源等更为重要。对于后者，马克思主义者们能够——也一定会——采用我们在某种程度上也能够接受的唯物主义理论同样予以宣认或反对。

我说得太多了，充分展现了我枯燥无味的阐释与你所希望达到的目标多么不合拍，且或多或少带有不当的宣传性质。与其依靠一个大型工作小组专门研究西方价值

[1] 扬·盖利格·马沙利克（1886—1948），首任捷克斯洛伐克总统托马斯·盖利格·马沙利克之子，1940—1948年任外交部长，就在共产主义政府夺取布拉格政权几周后，1948年3月10日，他从自己在外交部的四层公寓上坠落，离奇死亡。

[2]“我希望能够随心所欲随便找个时间在布拉格乘坐有轨电车下行至温塞斯拉斯广场，大声宣告：‘我不喜欢现在的政府。’”引自“马沙利克其人”，《泰晤士报》1948年3月11日第4版。

观——如汤因比[1]或诺斯洛普教授[2]写的宏大乏味同时又表意清晰的长篇巨著，比较研究西方与马克思主义的意识形态（以及与别的思想形态）（如《东西交会》）——我发自内心地认为最好将之抛弃，转而求教一位专业的、雄辩的自由主义者为你们写一份清晰明了的宣言。如果伯特兰·罗素不行的话，我向你们推荐陶尼[3]，但他可能有点癫狂；或者伦纳德·伍尔夫[4]，他是这方面的专家；吉尔伯特·穆雷也不错，他的犀利超过一般人的想象；再或者，别不以为然，还可考虑萨尔瓦多·马达里亚加[5]，他对西方 47
有许多思考，且文笔又好；不擅长于此道的有林赛[6]和利文

[1] 阿诺德·约瑟夫·汤因比（1889—1975），历史学家和国际主义者，1925—1955年任伦敦大学国际关系史教授，1928年始为研究教授，1926—1955年任皇家国际事务研究所主任，1943—1946年任外交部研究处处长。

[2] 费尔默·斯图尔特·库考·诺斯洛普（1893—1992），哲学家，1932—1947年任耶鲁大学教授，1947—1962年任耶鲁大学哲学与法律斯特林讲席教授。在其代表作《东西交会：各国交流探索》（纽约，1946）中，他对世界的几种主要文化进行了深入研究，建议各国文化应该进行更深层次的融合。

[3] 理查德·亨利·陶尼（1880—1962），经济史学家和社会改革家，伦敦政治经济学院经济史教授。

[4] 伦纳德·西德尼·伍尔夫（1880—1969），作家和政治理论家，与妻子弗吉尼亚·伍尔夫创立霍加斯出版社，1931—1959年合作主编《政治季刊》。

[5] 萨尔瓦多·德·马达里亚加（1886—1978），工程师、语言学家、记者、小说家、文学和历史学者、外交官，自由国际主义者，因反对佛朗哥被逐出西班牙多年，其间主要在牛津居住。

[6] 亚历山大·邓洛普·林赛（1879—1952），伯克的林赛男爵一世，1924—1949年任巴利奥学院院长，社会主义政治哲学家，1949—1952年任北斯塔福德郡大学（今基尔大学）校长。

斯敦[1]，专业哲学家或人文学家也不行。我说了，并且卸下了我灵魂的担子[2]。

你永久的朋友

以赛亚·伯林 [……]

总体来说，以下几封信的收件人对以赛亚·伯林的分析十分欣赏，但对其实用性持怀疑态度。[3]

致温斯顿·丘吉尔

1948年4月26日［手稿］

新学院

尊敬的丘吉尔先生：

非常感谢您的来信，并对您的慷慨[4]深表惭愧。若有

[1] 理查德·文恩·利文斯敦爵士（1880—1960），古典主义者及教育家，1933—1950年任圣体学院院长，1944—1947年任牛津大学校长。

[2] 伯林原文为：Dixi et salvavi animam meam。马克思曾在1875年致德国某社会民主运动的信件中一系列“旁注”末引用该宗教俗语，讽刺批判其社会变革纲领。这就是有名的《哥达纲领批判》。在该文献中，马克思写出了革命后的世界格局。参见卡尔·马克思和弗里德里希·恩格斯《文集》（伦敦，1975—2004），卷24，第99页。

[3] 一位官员曾悲哀地评论道：“欧洲有很大一批人，而且多为知识人士，由于来自经济和思想界的压力，加上社会动荡，纷纷转向马克思主义教条。因为它们提供了一个似乎可信并具有权威性的教义，追随者对其笃信不疑［……］这些人并不渴求思想的自由。”杰弗里·奥尔丁顿，1948年6月16日会议记录［英国国家档案馆，外交部953/144］。

[4] 丘吉尔寄给伯林200几尼作为报酬。

任何帮得上忙之处，定当报答。能够以如此微不足道的方式，参与到如此了不起的建功伟业中，我也感到万分荣耀和愉悦。它如同一艘高贵美丽的船舶，即将开始下水首航。能有幸目睹它入海的英姿，我的内心充满感激之情。

祝好

您真诚的

以赛亚·伯林

1947年11月29日联合国就其巴勒斯坦特别委员会提出的议案展开辩论，投票结果赞成巴勒斯坦实行分治。该决议引发了犹太人和阿拉伯国家的暴力冲突，并由最初的局部战争发展成为后来持续数月的无名却有实的战争[1]。随着英国在 48
巴勒斯坦的托管即将结束，其对军队的干涉权被大幅度限制并开始撤军。在犹太军事占领区中，许多阿拉伯人逃往或被驱逐到相邻的阿拉伯国家，期待阿拉伯军队打败犹太军队后能从逃亡之地回到故乡巴勒斯坦。5月14日，英国结束在巴勒斯坦托管的前一天，最后一批部队撤离，戴维·本—古里

[1] 伯林评论道："对巴勒斯坦——总的来说——目前看不出有什么更好的解决办法，只能选择分治并借助国际力量促其实施。我确信英国外交部正等待事态恶化——爆发内战，两败俱伤——只有到那时，新的莫里森计划——目前这个计划影响微弱，且为时已晚——才会被厌烦至极、反感至极、渴望得到解脱的世界倒逼着得以实施。"魏茨曼"静坐在多切斯特，是有关巴勒斯坦问题唯一值得倾听的人"。[1948年1月底2月初] 致菲利普·格雷厄姆。

安立即宣布以色列国成立，尽管并未划分国界。美国随即承认了以色列国，但英国拒不承认。联合国试图管理耶路撒冷但未成功。以色列周边五个阿拉伯国家（埃及、伊拉克、外约旦、叙利亚和黎巴嫩）立即袭击以色列占领的土地，包括以色列控制的耶路撒冷的部分地区。几天后，耶路撒冷古城的犹太居住区被阿拉伯军团[1]占领，当时极有可能还发生了屠杀城内犹太居民的事件。

致利奥·艾默里[2]

1948年5月27日［手稿］

新学院

亲爱的艾默里：

十分感谢您的来信和所做的努力[3]。恐怕有一点您再正确不过，那就是贝文不会动摇他的政策。美国国务院一直得到英国方面支持，他们同意外交部对以色列的政策，安排由贝文来执行。因此他难辞其咎：每回杜鲁门宣布国务

[1] 指外约旦军队，在当时阿拉伯军队中武力最强。其司令格拉伯（“格拉伯帕夏”，原文第51页注6）中将和他的众多军官乃英国人，一些军备也由英国提供。

[2] 利奥泼德·查尔斯·莫里斯·斯丹内特·艾默里（1873—1955），保守党政治家、新闻记者、历史学家、大英帝国的坚定拥护者，1939—1955年任全灵学院研究员（第二次担任该职），具有部分犹太血统的他，是一位坚持不懈的犹太复国主义者，起草了《贝尔福宣言》。

[3] 艾默里曾致信丘吉尔（在伯林的促使下）和索尔兹伯里勋爵，指出耶路撒冷城的犹太人面对的威胁。

院政策，贝文都会越发反对犹太人。虽然最终可能不得不让步，承认以色列[1]，但因为他带有种族偏见，且视其为奇耻大辱，所以定是不情愿的。我们也难以免除他差点引发甚至尽力煽动起一场战争的罪过。我认为由坎宁安——一个正直、智慧且善良的人——来作一次演说或访谈可能会点醒无知愚昧之人，如此足矣。下周我会面见索尔兹伯里[2]，如果还来得及，我会试图说服他。在这儿，我认识一位阿拉伯富豪，是我从前的门生，来自巴勒斯坦[3]，对 49
犹太人态度温和，却同时仇恨穆夫提和贝文。他信任阿布杜拉[4]。

您的

以赛亚·伯林

[1] 英国一直到 1950 年 4 月才完全承认以色列为合法国家。

[2] 罗伯特·阿瑟·詹姆斯（“波伯蒂”）·加斯科因·塞西尔（1893—1972），1947 年 4 月开始成为索尔兹伯里侯爵五世（之前为克兰伯恩勋爵），保守党政治家，1945—1951 年任上议院（保守党占多数）反对党领袖，1951—1957 年任上议院领袖，1952—1957 年任枢密院议长。

[3] 阿布杜尔·马吉德·塔吉·法鲁吉（1912—1986），一位富有的巴勒斯坦土地所有人之子，1932—1935 年就读于新学院哲学、政治学和经济学专业［《伯林书信集》（卷一），原文第 102 页注 11］。

[4] 外约旦国王阿布杜拉（1882—1951），1921—1946 年为外约旦的埃米尔（酋长）（由英国托管），1949—1951 成为约旦国王阿布杜拉一世，与大穆夫提争夺对巴勒斯坦阿拉伯人的领导权；英国的亲密盟友，阿拉伯领导人中最为温和的一位，1947 年曾向犹太领袖表示希望和平。然而，来自阿拉伯联盟其他成员的压力（可能也因为阿布杜拉自己的扩张领土野心）使外约旦加入 1948 年 5 月阿拉伯人攻击以色列的行动中。虽然如此，巴勒斯坦的阿拉伯人一直对其动机表示怀疑，1951 年，阿布杜拉在耶路撒冷遭暗杀。

致哈伊姆·魏茨曼

1948 年 6 月 6 日［手稿］

新学院

亲爱的魏茨曼博士：

未能发电报祝贺您当选[1]，深感愧疚，但我做不到，真的做不到。在这么至关重要、令人心痛（但又奇妙无比）的时刻，总统职位对您是那样的实至名归，却又被寄予了太多的厚望；责任是那么的繁重，处境是那么的艰难。只是简单地向您道贺——像其他人恰如其分表示的那样——对我来说就好比是一种公开行为，不带任何个人或私交情感。我记得曾经和卡普兰德[2]谈到此事。他说他若有充分的勇气，会向您表示祝贺。但他认为，作为一个羞愧得抬不起头来的英国人，发电报祝贺您，无异于在羞辱您。艾默里也这么认为。我与艾默里通过信，希望他与温斯顿谈谈。他按我说的做了，多少取得了些成效。事后他写信给我，称除了与美国产生大家预料中的严重冲突外，没有什么能阻止贝文的自我毁灭进程。我理解卡普兰德害怕冒犯您的想法，但他能大胆说出心里话，的确勇气可嘉。甚至连吉米·罗斯柴尔德[3]都鼓

[1] 魏茨曼（写此信时他在法国）于 5 月 16 日当选以色列临时议会主席。

[2] 雷金纳德·卡普兰德爵士（1884—1952），1920—1948 年任牛津大学大英帝国史贝特讲席教授、全灵学院研究员，1936—1937 年任巴勒斯坦皇家委员会成员（原文第 11 页注 1）。

[3] 詹姆斯·阿芒·埃德蒙·德·罗斯柴尔德（1878—1975），1929—1945 年自由党议员，生于法国，但后来成为英国犹太人社团领袖之一，坚定的犹太复国主义者。

起勇气，公开谴责政府。当下局势的确十分古怪荒谬：历史进程中（甚至包括英布战争期间）还从未出现过现在这样全球报刊集体谴责英国政策的情况。世界上有许多反犹太亲阿 50
拉伯的国家和报纸，但所有亲犹太、反犹太、亲共产主义、反共产主义或法西斯主义的组织都无一例外地加入指责英国政策的行列。可是，这个国家自己的所有报刊，却带着畸形的虚荣心和毫无意义的怄气态度，对这一不争的事实采取了完全压制的态度。《曼彻斯特卫报》、《新政治家》和《论坛报》均不予报道——在此之前，唯有德国人才如此堕落。我在牛津的同事们非常聪明圆滑，其中一些亲犹太的人与卡普兰德、艾默里一样感到羞愧，但大多数人的行为都像张伯伦在慕尼黑时一样姑息养奸：存疑不语，三缄其口，扼杀良知。想想那两名英国陆军中士[1]和耶路撒冷戴维王酒店[2]。贝文上一次引发的反犹太人行为（因为下议院中没有阿拉伯人），实实在在地令所有党派议员感到难堪，他们中有些人是这么告诉我的。这或许只是品位和风格的问题，说出许多人内心所思所想，却因过于矜持而难以启齿。我没有任何关于外交部的官方信息，但要让我猜的话，他们的问题当然是如何阻止以色列建国。他们认为犹太国在意识形态和政治上

[1] 见原文第 30—31 页。
[2] 见原文第 12 页。

会受到苏联的束缚。美国国务院打了一张好牌：他们基本[1]同意贝文先生、赖特先生[2]、比利先生[3]的看法。他们与英国达成的协议是，他们负责在中东修补政治和军事关系，而因为一项明显的反犹太政策，外交部要承受所有的责难。美国国务院则合乎道义地保持中立，不受谴责。每次杜鲁门发起支持犹太人的行动，贝文就越发反对犹太人，因为在伦敦的美国大使馆向他暗示，他们对杜鲁门的不当行为同样表示愤怒，但是政治、犹太人、选举权等是他们无权过问、无力改变并屡遭背弃的。撇开犹太人不谈，贝文和艾德礼的行为简直就是无知和愚蠢至极，他们让自己变成虚伪且残忍的国际恶棍。我能做的只有试图让各界人士相信，但凡出现对耶路撒冷城犹太人的屠杀（现今仍有可能发生）不论严重与否，
51 只要英国格拉伯中将[4]的士兵与之稍有牵连，都会让人们抹

[1] 伯林此处原文为：au fond。

[2] 迈克尔·罗伯特·赖特（1901—1976），外交官，1943—1946 年任英国驻华盛顿大使，1947—1950 年任外交部政务次长助理，1951—1954 年任驻挪威大使，1954—1958 年任驻伊拉克大使。

[3] 哈罗德·比利（1909—2001），学者和外交官；1935—1938 年任女王学院的历史初级研究员和讲师；1939—1945 年任皇家国际事务研究所对外研究与出版处及其后身外交部研究处的成员。1946 年巴基斯坦问题英美委员会英国大臣；1946—1969 年任职于外交部（1950—1953 年任驻巴格达参赞；1955 年任驻沙特阿拉伯大使，1961—1964 年任驻阿拉伯联合共和国大使）；在英国托管末期，是贝文最信任的智囊。

[4] 约翰·巴格特·格拉伯（“格拉伯帕夏”）（1897—1986），1939—1956 年阿拉伯军团司令，负责将该军团打造成为最训练有素的阿拉伯军队。在袭击耶路撒冷的行动中，军团中有近 40 名英国籍军官，超过半数是从英国军队中调任的。

去对犹太恐怖主义的记忆，并且成为英国历史上最难洗清的污点，连阿姆利则惨案[1]、印度叛乱（1857—1858）[2]和“黑棕人”[3]都会变得无足轻重。我不知道他们对我的话有几分理解，但这一与众不同的观点（我不由自主地认为悲剧可能发生但仍可避免）是唯一现实的命题，可以一试，让人们觉悟。否则的话，国民的愤恨情绪和一些人的自我正义感（即面对事实，揭发英国政策的真相，会给这些实际上并非愤世嫉俗的人带来道德上的痛苦）将掩盖一切，包括在《泰晤士报》上刊登的充满勇气和良知的信件，例如一位叫康奈尔的先生[4]从巴勒斯坦寄来的那些信件谴责了贝文恣意破坏、引发战争的行为——他的确难辞其咎——但并未收到实质的回应。我更有个滑稽的想法，我感觉就连外交部都认为以色列

[1] 1919 年，旁遮普邦的阿姆利则市在遭受一系列暴力事件后被强制实行军事管制。当时，准将雷吉纳德·戴尔带领英国军队向正在庆祝宗教节日、手无寸铁的群众开火，数百人惨遭杀害。

[2] 英国东印度公司的印度士兵起义引发了 1857—1858 年印度国内大范围的反英叛乱，各方都犯下无尽暴行，最终英国胜利。

[3] 1920—1922 年间皇家爱尔兰警察部队的后备队（“黑棕人”的名字来自他们最初分配到的颜色不同的制服），因在爱尔兰独立战争前后残忍对待爱尔兰人而臭名远扬。

[4] 在信件中，约翰·康奈尔写下他的所见所闻：“抢劫、仇恨、混乱和破坏[……] 一个美丽的城市被毁灭”，“30 年的建设和创造”毁于一旦，毁在“女王陛下政府的意志之下”，当这一切发生的时候，“因为人们的犹豫不决，悲剧便毫不犹豫地降临了”。然而，两封刊登在旁的信件所表达的却是与康奈尔截然不同的态度：由 E. L. 斯皮尔斯（爱德华·路易斯·斯皮尔斯少将，爵士）的信件总结道：“犹太复国主义对人类是可怕的灾难。”另外一封信来自著名的哈利·圣约翰·布里杰·菲尔比，他提出，英国“可以不像 1917 年那样行事；但此刻她别无选择，只能这么做”（《泰晤士报》1948 年 5 月 20 日第 5 版）。

已成定局，会以国家的形式建立并得以生存，且时局必须迅速稳定下来，防止苏联插手。当然，我认为贝文他们在与道格拉斯[1]谈论美国提交给联合国组织的决议案[2]时，采取的路线必定是这样的：国际组织一旦认定阿拉伯国家的行为非法，任由其遭到诸如苏联等别国的合法入侵，英国一定会极力阻止，即便与美国决裂也在所不惜。于是，美国退却了，卡多冈的方案[3]被采用了。然而，这是一张不可多打的牌，而且我相信，就在阿拉伯人声称厌倦战争之时，或者苏联人蠢蠢欲动之时，一旦这么做，阿布杜拉和犹太人将在深思熟虑后最终达成实际上的妥协。当然，我们这里无人知道
52 他们的行为在外界看来有多么邪恶：各种英国日报和周刊的驻外记者全都在报道中淡化外界对英国的批评。在贝文的身后，是一种民族团结的力量，共同抵抗来自外国的有害影响。但是，在他们的内心深处，都十分清楚巴勒斯坦政策是一个肮脏、失败的政策，对这个政策过多的自我辩解只会使罪恶感愈加深重，因此必须尽快采取新的政策。就连英犹

[1] 路易斯·威廉斯·道格拉斯（1894—1974），1947—1951 年任美国驻伦敦大使。
[2] 5 月 17 日，美国向安理会提交了一份决议案，建议根据《联合国宪章》第 39 条，认定阿拉伯国家在巴勒斯坦的军事行动为破坏和平，并建议 36 小时内停火。决议案最终未获通过。
[3] 亚历山大·乔治·蒙塔古·卡多冈爵士（1884—1968），外交官，1938—1946 年任外交部常务次官，1946—1950 年任英国常驻联合国代表，1952—1957 年任英国广播公司管理委员会主席。5 月 22 日，由英国提出的不行使宪章第 39 条的停火方案（决议第 49 条）获得通过；英国继而提出修正方案（决议第 50 条），提议一周内停火，于 5 月 29 日获得通过。

协[1]也不断向外交部表示抗议。与此同时，最近议会中赞成阿拉伯人的言论也减少了许多，而《泰晤士报》则继续主张承认以色列的地位，虽然并未起到什么作用。总而言之，反犹太战争，尽管在巴勒斯坦和外交部的确发生着，公众舆论却对此缺乏热情，相反充斥着道德疑虑和挫败感——但由于时局动荡不安、充满不确定因素，加上来自外国的批评与质疑不绝于耳[2]，同样也对犹太人不利。到头来，唯有丘吉尔可以扭转局势。我会尽我所能搜集论据——他尽可从中做出自己的推断——这个英国人依然保持着清醒的头脑，爱国却不冲动。如果有什么事我可以效劳的话，请告诉我，我一定赴汤蹈火，在所不辞。天哪，我成天忧心忡忡，为您和夫人担心，置身于这样一个跌宕起伏的危机中一定步履艰难吧。此话说起来的确让人心惊胆战，但我认为，要想建立一国，使之成为一个充满回忆、富有传统、忠烈辈出且人人愿意为政治理想而献身的国家，有必要英勇抗争——［……］我在伦敦和纽约期间与您一道经历了那么多事情，它们是我此生中做过的最感荣耀、真正有意义的事。现在，我感觉自己犹如身处荒岛，与世隔绝，所以，如果还有什么能用到我的地方，尽管告知。今天是我的生日，我非常开心能写信给您，

[1] 英国犹太协会，伯林称该协会“全部由受人尊敬的英籍犹太人组成，无犹太复国主义者”（迈克尔·伊格纳季耶夫采访伯林录音之十六）。
[2] 伯林此处原文为：Umkreisung。

并像从前一样，向您奉献我所有的热爱、忠诚、信任以及所有一切。

您的

以赛亚

7月，伯林两次患十二指肠溃疡并接受治疗，因此较少参与牛津大学研究生暑期班的课程和事务[1]。尽管如此，8月，他还是启程参加了萨尔茨堡音乐节，是战后以来第一次。同时为《观察家报》写了一篇文章[2]。他对父亲说：“我鄙视当地人，但他们的个性魅力及彬彬有礼让我感觉他们是那样可爱，毫无令人生厌之处。”[3]然后，伯林来到威尼斯利多和加尔达湖畔度假，再到法国埃克斯莱班与父母一起水疗。哈伊
53 姆·魏茨曼当时正在日内瓦治疗眼疾，伯林借机拜访了他和他夫人。之后不久，魏茨曼和太太正式上任，成为以色列总统和第一夫人，开始了新生活。面对魏茨曼希望他在以色列工作而对他施加的压力，以及伯林自己对“那些认为自己的人格操守、内心平静或纯洁理想比他们从事或致力于的工作、事业更重要而脱离生活的人”的蔑视[4]，伯林心怀内疚和决绝

[1] 暑期班1947年开班，课题为“20世纪的欧洲文明”，伯林当时为哲学教研室主任（名义上）。
[2] 伯林提交的文章被认为过于冗长，无法全文发表，但其节选发表在《观察家报》1948年9月19日第2版，题为“卡拉扬研究”。
[3] 见1948年8月26日伯林写给父亲的明信片。
[4] 伯林，《个人印象》（第二版），第53—64页。

做出了以下回复：

致哈伊姆·魏茨曼

1948 年 9 月 16 日［原稿去向不明，此为打字稿］

法国埃克斯莱班

尊敬的魏茨曼博士：

在即将返回英国之前，我必须与您告别，不管这告别多么简短、匆忙。昨天，我非常高兴地见到了您和夫人。看到两位身体大大好过从前，真是感到由衷欣慰，同时，再一次感受到精神上的满足。每次与您见面，这种幸福感都会在我心中油然而生。我想说我有自知之明，对自己的不足了然于胸；因此，我必须将自己微不足道的才能聚集起来，形成合力，将其投入某一个目标中去，同时辅之以全身心的努力，如同您所作所为，并因此取得骄人业绩。然而，我却分散、浪费、挥霍了这些小小的才能，结果业绩平平，甚至一事无成。我希望您可以相信我对您和夫人所说的话，正是由于深怀内疚之心，我想试着安顿下来，在未来几年认真做点正事；否则，我不仅会在自己眼中沦为毫无价值之人，更会被能力出众者视为无用之人。我很清楚，在目前这个人民陷于危机的时刻，我这么做是一种不可宽恕、自私自利，甚至是一种轻率的行为。但我相信您会了解，因为我认为，除非一个人能稳定他自己的生活，否则在执行公共事务时只会带来坏处而丝毫无益。但我绝不会置以色列及以色列人民于不顾。我所知的唯一一条为以色列奉献的途径就是为您效劳，其中原因无法用平庸的言辞来表达，这一点您再清楚不过。因此，我会按我们说定的，与您提到的人联系，看是否有人可以做些有价值、有建设性的事情，并保证您身边总有优秀的人才全力辅佐。当然，我还会经常地、尽可能多地、毫无保留地与您保持联系，充分与您沟通。与您相识是我一生当中最感自豪、获得最大精神满足的事——更不用说它给我带
54 来的快乐，以及对我存在意义的肯定。万分抱歉如此突如其来地向您倾诉这些潮水般涌来的情感，类似脱口而出或欲言又止的情感许多人一定都经历过——只是上一次见面格外强烈地激发了我对您的所有感激之情和崇拜之意。好了，我必须打住了。最后还想说一句，我相信，没有任何宪法或法律规章会影响您对以色列未来的强大而纯净[1]的影响。在此，向您和魏茨曼夫人献上我所有的热爱和忠诚，非常希望明年的春天或夏天或秋天能在雷霍沃特或欧洲与您再次相见，祝您心想事成，万事如意。

您的

以赛亚

令人颇为难以置信的是，到9月23日，伯林还真的向哈米什·汉密尔顿去信汇报：“我几乎不知该如何开口，但就我

[1] 伯林此处原文为：assainissant。

而言，对于《初恋》，我已尽其所能——简言之，就是我已经完成了译稿。问题是，大概一半多的译稿都在谢利·摩根小姐[1]手上，而恐怕这阵子她正忙着操办与安格尔西侯爵[2]即将举行的婚礼。”在接下来的几周里，准备婚礼看来成了重中之重，整理译稿被搁置一边。

致谢利·摩根

10月3日［1948年，手稿］

新学院

亲爱的谢利：

你想要什么结婚礼物呢？一支银笛？还是一份精心镶刻的《初恋》手稿？我希望送你唱片[3]——但想必你一定全都有了——或一套新版格罗夫《音乐与音乐家大辞典》[4]——想必你一定也有了。但还请你直言。我肯定你不喜欢作决定，尤其是对于这样一件微妙的、需由赠送人自主决定的事

[1]（伊丽莎白）·谢利·沃恩·摩根*（生于1924年），小说家查尔斯·摩根（见原文第57页注7）和希尔达·沃恩之女，伯林的助手，负责协助整理《初恋》译稿以供出版。

[2]（乔治·查尔斯）·亨利·维克托·帕吉特，安格尔西侯爵七世（生于1922年）。

[3] 最后，伯林送的礼物为莫扎特《费加罗的婚礼》唱片。

[4]《音乐与音乐家大辞典》最初由乔治·格罗夫爵士（1820—1900）编辑，1878年至1889年以四卷本出版，是一部标准工具书。伯林选它送给安格尔西十分合适，因为安格尔西和他一样喜欢音乐。乔治·格罗夫年轻时是一名工程师，曾与罗伯特·史蒂文森一起设计跨越麦奈海峡，连通安格尔西岛的布列坦尼亚桥，后来成为一名研究巴勒斯坦地形的专家。

情，你肯定会特别也理所当然地羞于作这个决定。然而，我们总是能理性地看待所有事物。例如，我喜欢的课程，你也喜欢，尽管同时你激烈愤慨地想要否定自己这一明智的表现。那么，关于礼物这件事，我该怎么办呢？如果你有空请
55 回复我，我会按你说的去做。

在我看来，理查德·魏赫姆[1]和马库斯·迪克[2]在牛津的漫步充满孤独忧郁——我从未见过如此凄凉、阴沉、浸入人心的孤独——因为我生活在极其嘈杂的环境中[3]，差不多每隔六小时，我就会改变一次对书架、开关、箱子的想法，身边总有人在等我作决定，其中包括愤怒的电工和建筑商代表，还有常来常往的访客、大学生、童子军、邮递员。我仿佛置身于一个滑稽可笑的工厂，有时候，里面会有一些滑稽的人物在狂购后依然流连于其间的二手家具店。我什么也找不到，因此我必须停止寻找。

致以问候

以赛亚

[1] 理查德·阿瑟·魏赫姆（1923—2003），1941—1942 年及 1945—1946 年就读于巴利奥学院历史专业，1947—1948 年就读伦敦大学学院哲学、政治学、经济学课程（导师为马库斯·迪克），1949—1951 年任哲学助理讲师，1951—1960 年任讲师，1960—1963 年任教授，后任伦敦大学学院心灵与逻辑哲学格罗特讲席教授（1963—1982）。

[2] 马库斯·威廉·迪克（1920—1971），1947—1963 年在巴利奥学院任哲学和政治学研究员和导师，后在东安格利亚大学任哲学教授（1963—1971）。

[3] 其时，伯林已经搬到新学院的中庭花园居住。

致谢利·摩根

[1948 年 10 月下旬，手稿]

新学院

最亲爱的侯爵夫人：

匆匆去信，只是想告诉你，你的整个婚礼[1]是那么令人愉快，那么充满魅力。好喜欢戴维充满生气的基督徒气派，不仅朗诵主祷文时声音洪亮，连阿门也说得不同凡响；马库斯则表现得十分矜持，一言不发。你父亲盛装打扮，小心翼翼挽你入场——每个情景、每个细节，包括维希冷汤式的布道（家庭、祖国、工作[2]——没有快乐，只有无穷无尽的艰辛劳作和沉重负担。这只是乔治·威登菲尔德[3]的部分玩笑，不止这些。他还提到基督教民主党[4]，但我觉得“维希冷汤式的布道”一说更加准确和有趣）。整个婚礼我乐在其中。我喜欢你和安格尔西侯爵[5]的打扮，喜欢与维奥莱特夫

[1] 婚礼于 10 月 16 日在奇斯威克教区教堂举行，随后在奇斯威克大道的沃尔波尔宅屋设宴，也即新郎阿姨维奥莱特·本森夫人的住宅。新娘在七位花童的陪伴下，身穿一袭白色天鹅绒连衣裙，手握兰花，鲜花摘自博南特的阿伯康威勋爵的花园。

[2] 第二次世界大战时，法国维希政权时的国家口号。伯林此处原文为：famille，patrie，travail。

[3]（阿瑟）·乔治·威登菲尔德（生于 1919 年），1976 年受封切尔西威登菲尔德男爵，维也纳人，出版商，1948 年联合创办威登菲尔德与尼克尔森出版社（并任董事长），1949—1950 年任哈伊姆·魏茨曼的政治顾问及内阁大臣首席顾问（以及以色列外交部资深顾问）。

[4] 写信时，中右派基督教民主党在意大利当权。

[5] 新郎。

56 人[1]交谈，喜欢洗礼仪式上邪恶的小精灵带来的轻风，喜欢与戴安娜·库珀夫人、达夫·库珀、罗斯·麦考利[2]说话，每个人都将我重新介绍给罗斯（其实我与罗斯相识已有10年到15年之久，只是不太熟悉而已）。我还与查尔斯·帕克[3]寒暄了几句，他跟我说不能透露与他有关的企业名称。是的，我甚至还跟夏洛特·伯纳姆·卡特[4]聊了聊，她现在实际上是比尔博姆[5]漫画的人物原型，还有闲不住、总要找点事做的马克·伯纳姆·卡特[6]，还有卡罗琳[7]——哦，天哪，她又给了我一个吻，并且还告诉我在听到你父亲优雅、

[1]（海伦）·维奥莱特·伯纳姆·卡特夫人*（1887—1969），1964年受封阳伯里的阿斯奎斯男爵夫人，自由党党魁赫伯特·阿斯奎斯（第一代牛津和阿斯奎斯伯爵，1925年起）的女儿，丈夫为莫里斯·伯纳姆·卡特爵士（见原文第57页注12），自由党领袖人物及公众人物。

[2]（艾米丽）·罗斯·麦考利（1881—1958），小说家。

[3] 此处可能指查尔斯·乔治·阿奇博尔德·帕克（1924—2004），1946—1948年就读于新学院俄语专业，1949—1956年任职泰晤士报业公司，1956—1961年任职切林顿公司。

[4]（夏洛特·海伦）·伯纳姆·卡特夫人（1893—1989），婚前姓奥吉尔维，埃德加·伯纳姆·卡特爵士的妻子。

[5]（亨利）·马克西·（米利安）·比尔博姆爵士（1872—1956），漫画家、散文家、小说家、戏剧评论家及诙谐文作家，主要抨击自命不凡和矫揉造作的现象。

[6] 马克·雷蒙德·伯纳姆·卡特（1922—1994），1986年受封阳伯里的伯纳姆·卡特男爵，莫里斯爵士（见下注）与维奥莱特·伯纳姆·卡特夫人之子。

[7] 新郎的妹妹，（亚历山大·玛丽）·卡罗琳·塞西莉亚·帕吉特夫人（1913—1973），安格尔西侯爵六世之女。伯林形容她为“女妖精”（致莫里斯·鲍拉，[1937]新年，卷一网上补遗），在众多追求者中，深得艺术家雷克斯·惠特勒的爱恋，1949年与迈克尔·达夫（见原文第65页注4）结婚。

庄严的致辞时，玛丽女王是多么感动[1]。戴安娜告诉我她最讨厌无聊之人。在跟格莱德温·杰伯[2]说话时，我大谈特谈法国，他则不断发出嘘声，用手推我，眼珠子急剧转动，全都因为我没有注意到马西格里[3]正从他身边经过。直到我问，“你干嘛推我？”他已走开。我还同霍夫曼斯塔尔太太[4]以及奥塔维安·查尔斯·雨果[5]说了几句话，当几个法西斯主义支持者和马库斯在琳琅满目的酒水饮料旁坐下时，整个气氛开始急转而下，出现冷场。我很开心邦吉[6]准备送你两

[1] 玛丽女王（见原文第629页注5），新郎的教母，参加婚礼的宾客之一，具体对她说了什么赞美之言不详。不过新娘的父亲查尔斯·兰布里奇·摩根（1894—1958）是位颇有学问的小说家、剧作家、戏剧评论家，一位严肃作家。其作品在1930年代十分流行，但之后他对超自然的关注就不再吸引读者了。他强烈批评幽默，并将幽默定义为“人才对天才的嘲笑［……］平庸之才对人类灵魂的憎恨”，并认为许多伟人，包括莎士比亚和耶稣，都是没有幽默感的（见“论单一心智”，1938年与《闪烁的溪流》于伦敦一齐出版）。他是斯黛拉·吉布森1946年出版的小说《韦斯特伍德》中杰拉德·查里斯的原型，遭到无情讽刺。

[2]（赫伯特·迈尔斯）·格莱德温·杰伯（1900—1996），格莱德温男爵一世，外交官，1950—1954年任英国常驻联合国代表，1954—1960年任驻法国大使。在外交部时，谢利·摩根曾是他的私人秘书。

[3] 勒内·马西格里（1888—1988），法国外交官，1944—1955年任法国驻英国大使。

[4] 格特鲁德（“格蒂”）·冯·霍夫曼斯塔尔（1880—1959），婚前姓施莱辛格，雨果·冯·霍夫曼斯塔尔的遗孀，1939年起在牛津居住，1947年成为英国公民。

[5] 奥塔维安·查尔斯·雨果·冯·霍夫曼斯塔尔（生于1946年），瑞蒙德和伊丽莎白·冯·霍夫曼斯塔尔（见第65页注3）之子，新郎的侄子，雨果·冯·霍夫曼斯塔尔的孙子，与理查德·施特劳斯合作创作戏剧《玫瑰骑士》剧本（其中一个主角叫奥塔维安）。他和他六岁的姐姐都是新娘的花童。

[6] 莫里斯·伯纳姆·卡特爵士（1880—1960）的昵称。

57 套阿特·施纳贝尔[1]的作品，我很想去安格尔西度个周末，但现实不允许。这封信只是想告诉你：你们的婚礼是那么喜庆和充满快乐，连音乐也不例外，可谓完美无瑕。深深爱着你们。

以赛亚

致谢拉·纽萨姆[2]

1948年10月21日［手稿］

新学院

亲爱的谢拉：

你的来信一路狂追着我，从意大利北部跟到法国，终于在埃克斯莱班抵达我手中。我已经将它与其他珍贵物品一道放在皮夹或包裹中，埋在一堆堆样子难看的东西下（那番乱象你一定嗤之以鼻）。它们随便堆放在地板上，虽然窗外风景十分美丽，但屋内地面上散落着1500多本书，显得杂乱无章。多么典型混乱的伯林式作风，我只能无助地在它们之间踉跄行走（你可以想象）。墙纸已经贴好，十分漂亮（我搬家了，你知道），但相比之下，书架就差多了。目前，我

[1] 阿特·施纳贝尔（1882—1951），钢琴家，生于波兰的利普尼克，1938年定居美国，以演奏贝多芬和舒伯特的奏鸣曲而出名。此处可能指他演奏的贝多芬钢琴奏鸣曲完整版的唱片（大约200条音沟的密纹黑胶唱片）。

[2] 谢拉·纽萨姆*（1913—2004），婚前姓格兰特·达夫，此时为诺埃尔·纽萨姆（见原文796页）的妻子，1952年嫁给迈克尔·索科洛夫，改姓为索科洛夫·格兰特；记者和作家，战前主张保护捷克斯洛伐克，一直忠于其祖国和人民（扬·马沙利克是其大儿子的教父）；伯林最好的朋友之一。

还处于短暂的欢乐心情中，但不知这喜悦来自何方。或许是因为不为爱情所困吧。通信解决不了什么问题（是你建议的替代形式，我隐约记得你在那封特别贴心的来信中提到过），其中原因我相信你也清楚。打电话很贵，原来电话在我房里，如今得去走廊上打，因此，现在连隐私也无法完全享有了（电话尾号是2225，以备你获得意外之财时，想要打给我，告诉我如何得来并有多么开心，虽然应该由我来这么问）。但是，我不能定期、经常地给你写信，因为那样太过劳累。专业的东西写多了，就很难有精力完成私人的信件写作，也因为我是一个即兴而作、随意而写的作家，即使确立了情感默契，也是非常不确定、不可靠，甚至令人失望的。只有见面才最好，再不济交谈也行。写信是一种平和的快乐，适合内心平静、没有情感波澜的老年人。除非遭受某种冲击，经历某种冲动、剧痛或狂风暴雨般的感情，否则写信一定不是一种寻常或令人满意的情感传播媒介。总之，我想见你。你什么时候能来呢？即使这同时也意味着要与希尔[1]共处（在公开演讲场合——如有关公敌汤因比的那场，我见到他时，他看我的眼神总是冷酷并略带讽刺意味，似乎在

[1]（约翰·爱德华）·克里斯托弗·希尔（1912—2003），倾向马克思主义的历史学家，1938—1965年在巴利奥学院任哲学和政治学研究员和导师，后任巴利奥学院院长（1965—1978）。伯林与希尔之间“隔阂很大”，是“因为在其书中谈及列宁时，他说了一些他自己也知道缺乏真实根据的内容，不管为冷战期间做这些事能找到多少理由，至少对我而言，是无法容忍与这样的人有什么私人交情的”。致诺曼·O.布朗，1959年10月28日。

说**他**对我了如指掌：例如，我明明是非分明，知道什么是邪
58 恶，什么是善良，却明知故犯地选择邪恶，在内心里站在当选总统的一边，跟着他走。同时又出于邪恶或软弱，要么故意附和对手，要么出卖自己，要么选择带着枷锁生活，因此我必须首当其冲被处以火刑烧死。别装作不知道自己是为什么罪有应得，又是多么十恶不赦）——或新学院巷的“那个什么人”[1]（我当然知道是谁，这里只是学舌罢了）。如果你是平日来（周一至周三），我还可以叫上汉弗莱[2]。总之，至少一个月内我不会去伦敦，或者去任何其他地方。你应该也必须从你目前可怕的流亡状态中摆脱出来，你能够摆脱的。当初你莽撞行事，以至酿成大错，自投罗网，全都因为你盲目相信书本，像清教徒一样压抑自发真实的冲动，对什么是美好，什么能让你快乐，内心真正喜欢什么，对这些你本来是有再清晰不过的目光的，可你却强行压抑自我，去追求一个戏剧性的梦想，维持一份感动他人却代价不菲的骄傲[3]。

[1] 詹妮弗·哈特（见原文第186页注1）。一次谢拉去探视住院的赫伯特·哈特时，忘记了詹妮弗名字，叫詹妮弗“那个什么人”，赫伯特随后便将这件事传开了，告诉了詹妮弗和其他人。

[2]（阿瑟）·汉弗莱·豪斯（1908—1955），1931—1932年任瓦德汉姆学院牧师、研究员、英语讲师，1931—1932年任英国国教教会执事（发生信仰危机后辞职），1947—1949年任剑桥大学彼得学院英语系教务主任，1948—1955年任牛津大学英语文学高级大学讲师，1950—1955年任瓦德汉姆学院研究员，1951—1952年任剑桥大学三一学院克拉克讲师；狄更斯和杰拉德·曼利·霍普金斯作品研究专家，伯林的老朋友。

[3] 此处可能指谢拉与诺埃尔·纽萨姆的婚姻（1942—1952），谢拉形容这场婚姻“是个大错，但导致错误的原因不是‘盲目相信书本，像清教徒一样压抑……’，我

好了，我的说教到此为止。好想见到你，和你在一起令我感到无比快乐（说这话时我脸红了），有很多话想跟你说。

深深爱你的

沙耶

冯·特罗特夫人[1]尚未过来。之前我通过戴安娜[2]，已经正式为她找到了一位听众了。

附言：哪怕是来一个下午，没下雨的日子（下雨天也行——一定要来啊）。

阿以战争仍在继续，中间应联合国要求停战过几次，时间长短不一。9月17日因联合国调解员福克·伯纳多特伯爵[3]在耶路撒冷遭斯特恩帮成员谋杀也休战过一次。但以色列军队在战场上捷报频传，使这个新生国家被推翻的概率日益减小。

的确曾有过'戏剧般的梦想'，即我们两人有可能携手并进，在战后世界干出一番事业。我帮助他在1945年竞选议员（为此，他丢掉了英国广播公司的职位。与他一起负责欧洲广播节目的同事休·卡勒顿·格林耿耿于怀，再没让他重新踏足英国广播公司）"——引自谢拉·索科洛夫·格兰特写在信件副本上的话。

[1] 克莱丽塔·冯·特罗特（生于1917年），婚前姓梯芬巴切尔，亚当·冯·特罗特·楚·索茨的遗孀（见原文第207页注2）。

[2] 戴安娜·玛丽·霍普金森（1912—2007），婚前姓哈巴克，亚当·冯·特罗特的好朋友、终生爱慕者和捍卫者。

[3] 福克·伯纳多特伯爵（1895—1948），外交官，瑞典奥斯卡二世的孙子，1946—1948年任瑞典红十字会主席，1948年任联合国在巴勒斯坦的调解员。

伯林在为去哈佛进行六个月讲学做准备时，写了一封信给以色
59 列总统，信心倍增地预见犹太复国主义的目标正在逐步实现。

致哈伊姆·魏茨曼博士

1948年12月1日［手稿］

新学院

尊敬的魏茨曼博士：

收到您的来信，我感到非常自豪也很开心——就连我们的报刊也无法完全掩盖正在发生的大事，无法否认此事给世界各地的犹太人带来了喜悦、热情和自豪——结果已经显而易见。正如您所知，目前正在进行一项调查[1]，事关与工党大臣有涉的各色可疑人物的商业行为——这些可疑人物大部分是犹太人，这是明目张胆的反犹主义行为。但是，除了让人感觉有点讨厌和羞愧外，犹太团体不再处于衰老、绝望、无助、畏缩的境地，不再是努力逃避不可避免的诽谤和中伤，同时被诽谤和中伤深深伤害的一群人，不再是过去如德雷福斯—贝利斯—斯塔维斯基[2]处境一样的人。真正经历

[1] 1948年11月至12月，高等法院法官乔治·林斯基爵士主持法庭调查，内容为指控贸易委员会的助理部长和几名政府高官的贪污行为，称他们与足球彩票公司之间存在不正当关系。1949年1月法庭判决此案，虽驳回了性质最严重的贿赂指控，但对英格兰银行董事乔治·吉布森及部长约翰·贝尔彻的行为进行了批评，约翰·贝尔彻的议员政治生涯就此终结。

[2] 阿尔弗雷德·德雷福斯（1859—1935），曾任法国上尉军官（犹太人获得过的最高军衔），1894年被误判犯间谍罪；由此产生的政治丑闻旷日持久，导致法国

苦难的人（远多于人们所知的那些人），是极度厌恶反犹主义的战战兢兢的以色列人兄弟会[1]和正派的非犹太人[2](你可能会问，有这样的人吗？的确存在)。但不是犹太人。他们的眼光已投向别处。痛苦减轻，痛苦的欲望终于结束，目标实现了，随之而来的满满的幸福感和安全感即便在这儿也四处洋溢，无边无际。且不说整个以色列国沉浸在幸福和喜悦当中——这似乎是件美丽遥远的事——单单它曾经存在这个事实就是不可抹去且具有重大意义的。我能想象现在特拉维夫和雷霍沃特的气氛有多么奔放热烈。或者，我不应该只是想象而应该亲临其境，耳闻目睹，感受一番。遗憾的是，我已经买了12月27日去美国的船票，我在这里的工作到17日或18日结束。中间时间很短，我还必须在远行之前去看望父母一趟。我真的很想去以色列——谁会愿意放弃这样的机会呢——亲眼看看梦想如何变为现实。我更想见见您和您夫人，促膝交谈。我寄到日内瓦的信，每一个字

分裂。梅纳赫姆·门德尔·贝利斯（1873—1934），1913年因为绑架和谋杀一名乌克兰小男孩，在基辅被判有罪（后无罪释放）。控方对血祭诽谤案和祭祀杀牲的指控引发了世界各地对俄国反犹主义的批评。塞吉·亚历山大·斯塔维斯基（1888—1934）是一名生活在法国的乌克兰籍犹太人。他是一名金融大诈骗犯，1934年死于枪杀，凶手可能是他自己或搜捕他的警察。因为大量官员也参与了他的虚假债券销售。他的死导致了一场巨大的政治危机，法国总理也因此下台。

[1] 刘易斯·纳米尔（见原文第236页注2）使用的词语，指不喜欢自己犹太特性的犹太人。伯林将其更名为“战战兢兢的业余外邦人兄弟会”（Order of Trembling Amateur Gentiles，OTAG）。

[2] 伯林此处原文为：Goyim。

60 都带着永远不变的真情实感，发自内心。真希望我能前往，但无论如何我都必须遵守原则，否则就成了一个言而无信的无用之人。我知道您会理解我的苦衷，真后悔9月份前没能去看望您。美国之行结束后，如果您还欢迎的话，我一定会去。犹太人的命运总是那么奇妙，记得吗，当世界经济萧条时，在1932年至1934年间，巴勒斯坦经济却在快速发展，当其他国家传来的都是坏消息或不太好的消息时，我们看准一个目标，并成功实现。这是杜鲁门总统促成的一件大好事。我敢肯定，聪明、善良的英国人将从本国利益角度，看到自己犯下的可怕大错——目前这种半心半意的懈怠努力只会错上加错。这是英国人犯的愚蠢错误，但他们是一个伟大的民族，他们会重整自己的视野，重拾自己的道德标准。请帮我向您夫人和伯格曼转达对他们的问候，到哈佛后会继续给您写信。

您的

以赛亚 [……]

致人文科学院院务委员会

1948年12月4日［手稿］

新学院

尊敬的先生：

应您要求，我完成了担任学院大学讲师一职的述职报告。请允许我附上以下汇报，按您提出的问题逐项陈述我完成的职责。很抱歉，由于缺乏相关设备，无法上交打字稿。

您真挚的

以赛亚·伯林

1. 自1946年米迦勒学期开始，我已讲授了四门公共课程。前三门课程是我之前从未讲授过的，也未写过相关论著，第四门课程主要根据第一门而设，但课程内容和课程形式均与其有所差别。这四门课程分别是：

(1) 19世纪初欧洲政治与社会思想（1946年米迦勒学期[1]）

(2) 伯克利哲学（1947年希拉里学期）[2]

(3) 知识论中存在的问题（1948年希拉里学期）

(4) 19世纪的欧洲政治观念（1948年圣三一学期）

此外，我还与牛津大学新学院的同事约翰·兰索·奥 61
斯丁[3]（1946年米迦勒学期）、弗里德里希·魏斯曼博士[4]

[1] 牛津大学米迦勒学期（MT）为10月至12月，希拉里学期（HT）为1月至3月，圣三一学期（TT）从4月至6月。

[2] 乔治·伯克利主教（1685—1753）所有讲座“伯克利的外部世界理论”有一个合集。合集手稿收藏在伯林网上图书馆，网址为 http://berlin.wolf.ox.ac.uk/lists/nachlass/berkeley.pdf。

[3] 约翰·兰索·奥斯丁（1911—1960），1935—1952年任莫德林学院哲学研究员及导师，1952—1960年任牛津大学道德哲学怀特讲席教授、圣体学院研究员；牛津大学语言哲学派带头人，伯林的密友，称伯林“是他见过的除凯恩斯外最聪明的人”（迈克尔·伊格纳季耶夫采访伯林录音之六）。他是《个人印象》中提到的人物之一，与伯林共同讲授“认识论”课程。

[4] 弗里德里希·魏斯曼（1896—1959），奥地利哲学家、数学家、物理学家，1942年起为牛津大学新学院维也纳学派主要成员，1946—1950年任牛津大学科学哲学及数学哲学讲师。伯林在信中提及的与他一起讲授的课程可能为《牛津大学报》上列的

（1948 年圣三一学期）、阿兰·路易斯·查尔斯·布洛克[1]（1948 年米迦勒学期）一起为研究生上课，并且单独开设了两到三次讲座，作为政治哲学系列讲座的一部分。

2. 评审期间，我在《心灵》期刊上发表了一篇关于罗素勋爵《西方哲学史》（1947）[2]的长篇评论，以及一篇 1.4 万字左右关于《钱伯斯百科全书》社会主义理论的论文（已进入校样阶段）[3]。另外，我还打算在两个月内投出两篇哲学方面的相关文章等待发表。第一篇探讨“现象论”[4]，就我在牛津大学哲学学会、剑桥大学道德科学学会、伦敦大学学院的刊物上读到的各种有关这个话题的文章发表自己的看法；第二篇是关于“实指定义和难望矫正”[5]的，3 月份将在美国普林斯顿大学宣读。

3. 我还参与了 A. J. 艾耶尔教授系列哲学文集的编辑工作，

由魏斯曼和吉伯特·赖尔讲授的课程——“表达的逻辑之力”，或许伯林曾参与其中。

[1] 阿兰·路易斯·查尔斯·布洛克（1914—2004），1976 年受封利菲尔德的布洛克男爵，1945—1952 年任伦敦大学新学院近代史研究员和导师，1952—1962 年任圣凯萨琳学院学会（面向非在校学生）督察员（负责人），1960—1980 年任圣凯萨琳学院创始人。他与伯林一起讲授的课程为“历史观念与范畴”。

[2] 见原文第 40 页注 1。

[3]“社会主义和社会主义理论”，见《钱伯斯百科全书》（伦敦 / 纽约，1950），也收录在《现实感》中。

[4] 此处可能指《对现象论的批驳》，该篇论文未正式发表，收录在伯林网上图书馆，网址为 http://berlin.wolf.ox.ac.uk/lists/nachlass/phenomenalism.pdf。它与伯林 1950 年在《心灵》期刊第 59 页上发表的文章《实证命题和假设陈述》有关，该文也收录在《概念与范畴》中。

[5] 这篇文章显然并未发表在任何地方，也未曾以论文形式保留下来。伯林在 1951 年 12 月美国哲学学会布林莫尔会议上宣读的未曾发表的论文《先天综合命题》可能基于这一研究（这篇论文现收录在伯林网上图书馆，网址为 http://berlin.wolf.ox.ac.uk/lists/nachlass/syntheti.pdf）。

负责其中的伯克利哲学卷[1]，预计将于1951年至1952年间交稿出版。上文提到的伯克利讲座在一定程度上是对伯克利思想的初步探讨，接下来的工作是要更透彻、更全面地研究其思想。

另外，我正着手写一篇关于“可约性的谬误”[2]的论文，这是一篇有关逻辑和认识论的文章，计划不久后投稿给某个哲学期刊发表。论文灵感一部分源自我做认识论讲座所使用 62
的素材，但这篇论文从更专业的角度对“可约性的谬误”进行了探讨。

此外，我还准备更广泛地研究19世纪上半叶欧洲社会、政治和科学思想，因为我正准备写一部关于这个题材的文集，是牛津大学出版社约的稿[3]，我已经答应。我之前做的有关19世纪上半叶政治思想的讲座，主要是法国和德国政治思想的讲座，都与这一大研究领域直接相关。

4.(1) 每个星期我教授15节每节1小时的课程[4]（最开始的学期为每星期18小时，自1948年希拉里学期起为每

[1] 尽管签署了合同，但更多是一厢情愿。

[2] 发表时题为“论逻辑转化”，刊登在《亚里士多德学会论文集》第50期(1949—1950)，也收录在《概念与范畴》中。

[3] 这部文集最终并未问世，但为这部文集做的准备工作，为1952年春天在宾夕法尼亚州布林莫尔学院作玛丽·弗莱克斯纳系列讲座打下了基础（见原文第774—775页注5）。1952年末，伯林为英国广播公司录制第三套节目广播时实际上也是用的这些材料。广播内容在伯林逝世后整理出版，名为《自由及其背叛》（伦敦，2002）。他为这些讲座准备的草稿足有一本书之厚，后来经整理出版，名为《浪漫主义时代的政治观念：其兴起及对现代思想的影响》（伦敦 / 普林斯顿，2006）。

[4] 诸如个别辅导15名学生，各为一小时。

星期 15 小时），不包括指导高年级学生的时间。

（2）我在 1947 年米迦勒学期和 1948 年希拉里学期参与了第二和第三哲学教研室的考试工作，并同赫伯特·詹姆斯·佩顿教授[1]一起审阅了一份哲学博士论文。

（3）自 1948 年希拉里学期起，我担任学院的文学系系主任一职（负责各类学位工作等），同时还担任学院的道德导师。

（4）我从未参加过学校任何耗费大量时间或劳动的委员会。

（5）为了使我这份述职报告更加完整，我还必须说明，应俄语教授[2]之邀，我在 1947 年希拉里学期为高年级学生开了一门“西方对 19 世纪俄国思想的影响”[3]的专题课程，并就相关题目作了数场专题讲座。

此外，我还投入了一部分时间研究俄国革命思想的起源，下学期在哈佛大学，我会做这个话题的讲座。目前，世界上尚无任何围绕这个题目的权威著作，各种语言都没有，只局限在某些方面或时期。如果时间允许的话，我希望可以发表一些有关这个话题的文字。目前我已向《斯拉夫评论》投了一篇文章，题目叫“俄国在 1848”[4]，这篇文章最初我

[1] 赫伯特·詹姆斯·佩顿（1887—1969），1937—1952 年任牛津大学圣体学院研究员和道德哲学怀特讲席教授。

[2] 谢尔盖·考诺瓦罗夫（1899—1982），1945—1967 年任牛津大学俄语教授。

[3] 四堂专题课，5 月 5 日开始，题目为：“激进的苏联知识阶层，1825—1881：西方思潮”。

[4] 即“俄国在 1848”，发表在《斯拉夫评论》第 26 期（1948），也收录在《俄国思想家》中。

曾在牛津大学斯坦布斯学会宣读过。此外，还想补充一点，
我曾经为1947年7月牛津大学校外学生进修委员会赞助的 63
外国学生暑期班作过三场讲座，并在1948年暑假担任外国学生暑期班哲学教研室主任。但因当时身患痼疾，实际上主任的大部分职责都由副主任、基督教堂学院的詹姆斯·奥佩·乌姆森[1]担当。我认为这两次暑期班和其他类似经历并没有加深我对历史概念的理解，因为它们都不属于我的学术研究范围，我亦未将太多时间或精力投入其中。

以赛亚·伯林

致汉密尔顿·费希·阿姆斯特朗[2]

1948年12月6日［手稿］

新学院

亲爱的汉姆：

我多么希望我可以！但就是不行！不行！我是说，我无

[1] 詹姆斯·奥佩·乌姆森（生于1915年），1946—1955年为牛津大学基督教堂学院学生，1955—1959年在邓迪大学女王学院（圣安德鲁斯大学）任哲学教授，1959—1978年在圣体学院任哲学研究员和导师。

[2] 汉密尔顿·费希·阿姆斯特朗（1893—1973），1928—1972年任美国对外关系委员会主办期刊《外交事务》编辑，作家。阿姆斯特朗逝世后，伯林称赞他“为人正直，心灵纯洁，动机纯净，具有政治洞察能力和公益精神，勇敢……具有十足的人格魅力”，并说“他毫无浮夸之气，也不一本正经。他的真诚、公正、人道、对探究人类和思想的极度热爱感染了其他人，一些最开始反对他的人逐渐也认为他是美国‘社会’的支柱”，具体见《泰晤士报》1973年4月28日第16版。

法按照托克维尔[1]的方式，写一篇关于马克思主义辉煌与苦难的沉思录，至少现在我写不出。我从未研究过这个如此棘手的学科，对它没有一点想法。在哈佛，我将尝试研究社会学中通常意义上的美德与恶习。事实上，英国不存在这些美丑问题。只有在美国，它们才处于原生状态，我才好尝试将马克思主义与对这些美德和恶习的思考联系起来。首先，我必须了解社会科学研究的实践者如何进行“对社会的科学研究”，然后才能对它提出各种强烈的质疑，这听起来可能不太合理，却的确是我目前的感觉。即便如此，从头脑里轻松（或许太轻松了）冒出胡思乱想的泡沫，到在交谈中化为语言，再到写出连贯、通顺、得体、富有思想性的论文，还需经过漫长的时间。尽管您研究这个问题明显比我更强（我写的文章总是模糊、冗长、断断续续），甚至强过目前所有研究这块领域的学者（我这么说出自真心），我肯定您也清楚研究过程中的痛苦。能再与您见面，我很开心。我本来早该向您夫人[2]致谢，但一直没有机会，谢谢您
64 夫人送我的书[3]，内容十分有趣：大约 1 月 15 日后我会抵达哈佛大学的洛厄尔楼：如果您能在方便时偶尔与我联系，

[1] 亚历克西·夏尔·亨利·克雷莱尔·德·托克维尔（1805—1859），法国政治家、作家、自由主义政治思想家，致力于实现人类自由。他的经典之作《论美国的民主》（巴黎，1835）通过分析美国的经历，对欧洲发起摆脱贵族控制，实现社会平等和民主的运动启发很大。
[2] 卡曼·迪·巴恩斯（生于 1912 年），小说家。
[3] 可能指《时光沉睡》（纽约，1946）一书。

我将不胜感激。

您永远的

以赛亚·伯林

致谢利·安格尔西

12月6日，星期一［1948年，手稿］

革新俱乐部

最最亲爱的谢利：

我似乎总是在这个昏暗的俱乐部给你写信，这儿好比帕丁顿车站，但并不会因此让人联想到来往牛津的旅程中脑海里充满的复杂情感：希望、恐惧、欢乐及痛苦掺杂其中。(大学时代，我曾四处旅行，有过各种冒险经历，也遭遇过各种危机险境，曾经为认识他人并急于了解他们兴奋不已，也有过对他人兴趣索然、完全不想了解的时候。至今我依然能够感觉到当时的强烈情绪，尽管这种记忆已日渐模糊。) 之前我之所以未能回信，只要你了解过去几周里我过的是什么生活便能明白。没有丝毫乐趣或任何社交往来，只有大批大批的学生和考卷相伴，再就是一次次往来于温彻斯特，住在一位神经兮兮且过度热情的校长夫人[1]家里，以一个陌生的，对我而言甚至不无奇特的来自新学院督查官的名

[1] 1946—1954年间温彻斯特学院的校长是沃尔特·弗雷泽·奥克肖特（1903—1987），他的妻子是诺埃尔·罗斯，婚前姓穆恩（1903—1976）。

分，与那里的男教师及他们的夫人们进行古怪别扭的社交接触。任何真正具有实力的人，只要充分具备社交、道德及情绪分析的能力与方法，愿意以男教师的身份体验某个公立学校的校园生活，应该能创做出前所未有的恐怖小说杰作。不说了。你好吗？听说你非常快乐，为此我很高兴。我确信婚姻本身是极其美好的，而你的婚姻更是如此。我将继续这样相信，除非面对完全相反的事实，即便到那时，我也会依然相信。但我渴望亲耳从你那儿听到。我想我会在 12 月 29 日或是 30 日乘船启程。你在哪儿呢？ 12 月 15 日之前我会断断续续待在牛津，之后（也就是 16 日）会去伦敦。上星期某天下午的六点我去了冯・霍夫 [1] 的家，希望碰见你和亨利，但只见到了一位素不相识的美国小姐和一位名叫达夫的先生 [2]，说是你的邻居，他十分友善又活泼有趣，却有所保留。你在哪儿呢？我再问一次。我想我可以询问乔治・威
65 登菲尔德，他颇像一位乐善好施的总联系人——在我看来，他简直就是一个神通广大、消息灵通的情报局。我还可以问

[1] 瑞蒙德・冯・霍夫曼斯塔尔 *（1906—1974），奥地利诗人、剧作家及词作者雨果・冯・霍夫曼斯塔尔（1874—1929）之子，多年来一直担任《时代》周刊的伦敦记者。他的妻子是伊丽莎白・海斯特・玛丽・冯・霍夫曼斯塔尔 *（1916—1980）夫人，婚前姓帕吉特，安格尔西侯爵六世的次女，戴安娜・库伯夫人的侄女，卡罗琳・帕吉特夫人的妹妹，谢利・安格尔西的弟媳。
[2]（查尔斯）・迈克尔・罗伯特・维维安・达夫爵士（1907—1980），麦奈海峡对岸班戈维诺尔庄园的所有者，普拉斯・纽伊斯宅第（见原文第 67 页注 1）与其隔海相望。

问两天前在迪奇利[1]碰见的聪明绝顶的马克·B. C.；但我更喜欢从你这儿直接得知。我9日之前会在伦敦，之后一直到15日待在牛津，然后再回到汉普斯特，之后才启程。因此，请让我知道，立刻让我知道；不然，我会从牛津打电话，从我搬进的新屋里乱糟糟、脏兮兮，但又莫名地令人兴奋的狼藉中给你电话。辅导学生时我常常会跑神，想一些诸如什么样的红色搭配什么样的蓝色，浅青绿色是否适合椅套的问题，可总是无果而终，最后陷入绝望，只能没完没了地请教他人，请求他们为我作决定。你可以想象（并表示同情，让我补充一下，虽然不合文法）。我的思绪已然自行飘向科尔法克斯夫人——奇怪得很，还飘向马库斯。

如今，我已看清马库斯不会长久待在牛津。他的才智丝毫未减，但生活显然过于漫无目的、失调无序。去看看他的住处就能明白，他温和茫然的表情，开启的空酒瓶、天鹅绒夹克、拜伦风格的开襟衬衫、没完没了的一副宿醉模样，完全无法把控自己，回回都让人载他一起晚餐，回回又都喝得烂醉，人事不省——所有这一切都表明，他对哲学已然失去兴趣。教哲学，他完全胜任，但若是内心对其滋长厌恶之情——［哲学］这门学科便成了可怕的致命惩罚，以毁灭性的

[1] 牛津北部迪奇利庄园的18世纪宅邸，1933年至1949年为罗纳德·特利（见原文第72页注1）所有，他和他的第一任妻子（后来的南希·兰卡斯特）（见原文第602页注5）对宅邸进行重建；社交及政治聚会场所，战争期间是丘吉尔的乡间别墅。

方式啮噬那些心有旁骛之人[1]的命脉。所以他必须离开，如有可能，去管理某个国有企业并发财致富。他品质依然优秀，同时我也确信，他会因其朋友对他持有这样的想法而深感困窘。马克和理查德——特别是理查德——会对此小小地幸灾乐祸一番，以一种你很容易想到的方式。接着说吧，我已促使科尔法克斯夫人请他共进晚餐（我希望），与可能雇用他的企业家会面（我猜她会忘记自己的使命而邀请错误的客人——讨人喜欢、鼎鼎有名或魅力四射，但对实现预期目的毫无用处。这种情况下，我深感必须采取行动；至少必须带他到水边，给他装上鞍具，然后他才能前行、饮水什么的）。对此你有何看法？我对他们那一整代人有种奇特的不适之感，他们的愉悦感过于自我，过于做作，更有令人不解的懈怠腻烦——我猜是战争使然。以理查德为例，他注定会将一切化为灰烬。在他们眼里，那些取得成功的年轻教授全是些待人粗鲁、讲究实际、无法准确辨别音高、机器人一般的工匠，令人难以忍受。我感觉这些人多少会感到屈辱：**某个**富有想象力、感知力、同情心且才智灵敏、注重细节、一丝不苟、赋予生命以活力的人正掌控着他所在的学科；要么就是单调乏味的年老平庸之辈不断逼近，施加压力。还是请
66 你告诉我，不久的将来你会在哪里吧。我极度怀疑自己能不

[1] 这些人中，也包括伯林自己。

能去普拉斯·纽伊斯宅第[1]，但我不能没有见你一面就去美国——我会尽力与你相见。天哪，我忽然对要去美国的想法感到不可思议，六个月时间太长。太 [此处信纸式明信片丢失：在另一张明信片上继续]，人脉虽未中断，却注定日渐淡薄。对离乡背井的排斥心理与恐怖感，以及回国后一切必须重新开始的可怕折磨，当时看起来不觉怎样，但现在若有某件事或某个人能让我放弃这次旅行，我将如释重负。一想到自己必须适应陌生的美国人，我就希望自己是一块高贵的岩石，不用委曲求全，却能让周围圆通柔顺的人常春藤般倒伏缠绕其上。但这些都无济于事。我想，在我迟钝呆笨的外表之下，一直隐藏着情绪的跌宕起伏。我不能再这样下去。我一切都好，身体康健，不断向前，渴望见到你，急切想与亨利谈谈可能举办的音乐节（我希望把明年整个夏天及我在哈佛赚到的所有收入都用于参加各类欧洲音乐节，当然要精心挑选）。哦，务必写信给我。还有，请原谅我之前的杳无音讯。

致以深切的问候

以赛亚

你能把自己写的信再读一遍吗？我做不到。我总觉得不好意思，有那么一点点。

[1] 安格尔西侯爵的18世纪宅邸（现为国家托管财产），与斯诺登尼亚山隔麦奈海峡相望。

致哈米什·汉密尔顿

[1948年12月中下旬，手稿]

无地址

亲爱的杰米：

圣诞快乐。新年快乐。祝千万种美好与你相伴。[1] 我患了流感，卧病在床，将于31日启程前往美国，我完全原谅身为出版商的你，正如你也必定会原谅作为译者的我。直至6月底，我会一直待在马萨诸塞州坎布里奇哈佛大学的洛厄尔楼，无论到哪里，只要你愿意，我会将校样空邮给你，我不会再拖延了。我还没读到戴维的序言，但我猜你会满意，并确信他会写得情真意切，文笔优美。整整两个星期里我每天对他施以威逼，就为了拿到这份东西。至于“译者后记”，我没有太多要说的，只有“首先感谢安格尔西夫人，其次感谢戴维·塞西尔伯爵与马库斯·威廉·迪克先生，此外，我想将此书献给‘P. de B.’”（她的身份对某些人来说一目了然，你就自己去想吧），以免看似与屠格涅夫献辞对象的名字首字母相同。不知道戴维在他的文章中是否谈到，但我认为在某个地方点明以下两点相当重要：其一，这是一篇自
67 传体小说，对此众所周知；其二，这篇小说极其出色，里面几乎看不到屠格涅夫作品常见的瑕疵，就连苛刻严厉、与他同一时代的左翼批评家和民族主义俄国评论家，对此也

[1] 伯林此处原文为：Mille Belle Cose。

都无言以驳。这些无可置疑，在他的作品中几乎是唯一一部。比起他的其他任何文章，此书更有助于我们了解晚年的屠格涅夫对男女两性的看法。但若缺乏合适的方式提到这点(短时间内我不会有机会见到戴维)，此事就作罢，我不再多言，总之，留给你决定，我已经给你添了很多麻烦了。问候伊冯娜[1]。

以赛亚

致谢拉·纽萨姆

1948 年 12 月 28 日［手稿］

新学院

最亲爱的谢拉：

唉！此信回得太晚了！收到你的信时，我正准备出发，去温彻斯特学院督查（上帝，多么可怕的一个学校啊），之后，毫无疑问，由于那儿的生活艰苦，果不其然我就病倒了。直至回到牛津，参加一个神经质的委员会，议题是选举或不选举汉弗莱·豪斯接替 D. 塞西尔担任新学院的英文教授。最近我又忙得不可开交，再次患上感冒，不过很快就好了。之后我将前往美国。此时此刻，迈出这一步已不可逆转，但我对其陡生厌恶之情，感觉自己犯了万劫不复的大

[1] 伊冯娜·帕拉维奇诺伯爵夫人（1907—1993），汉密尔顿的第二任妻子，意大利人。

错。你为了追求理想，压抑对生命的热爱，并因此陷于盲目，错眼迷离，对人对事均无法清醒识别。我相信自己对你这方面的看法不会有错，西比尔目前并未对其他方面说些什么。如果你写信，请寄美国马萨诸塞州坎布里奇哈佛大学的洛厄尔楼，我会以全部的热情不断给你回信，事实上，我觉得这种热情十分稳固且坚定不移。但最亲爱的谢拉，写信是很好，可把信件视作建立了某种关系却具有欺骗性。

爱你的

沙耶

未能与你相见，我真的（这会儿我开始活跃点了）深感遗憾；但我们各自都表露出了中年人的理性利己主义。真是
68 可怕。无论如何，我向你道歉。

1949：哈佛大学

我始终认为，[……] 教人如何行事，如何调整心态，如何安排自己和他人的生活，是用一种邪恶有害的方式，将所有就其自身而言与私欲利害无涉的知识消除殆尽。在英国和欧洲都概莫能外。[1] 69

[1] 致 A. H. 史密斯，1949 年 2 月 23 日。

1月1日，伯林从南安普敦出发，乘“玛丽女王”号经法国瑟堡前往纽约，开始他在哈佛大学六个月之久的工作。同船乘客包括他的许多朋友和熟人，一路行程令他在社交方面大有所获，但开始时并不风平浪静。

致克莱丽莎·丘吉尔[1]

1949年1月1日［手稿］

“玛丽女王”号客轮

最亲爱的克莱丽莎：

我写信只是要说我如何细致入微地对自己的内心和记忆自省再自省，结果发现，就对我的荒谬指责受到关注一事，我的内心与记忆是如此夸张而又死板地毫无瑕疵。但我仍期望你对此事完全不予置信，哪怕是一点点。我完全能够理解你疯狂挣扎的朋友[2]的悲惨状况，我既不喜欢他也不讨厌他，只是境遇已让我们不可能有任何一种关系，包括敌对关系。就像弗路德先生谈及弗里曼教授（参见《英国人名词典》相

[1]（安妮）·克莱丽莎·丘吉尔*（生于1920年），温斯顿·丘吉尔弟弟约翰（“杰克”）·斯宾塞—丘吉尔的女儿，曾经是以赛亚·伯林的学生；伯林的密友。

[2] 阿利斯泰尔（“阿里”）·福布斯（1918—2005），生于美国，记者及社会名流，显然对以赛亚·伯林围绕《概念与范畴》所说的贬损性的话对其进行指责。他与以赛亚·伯林因一起爱上了帕特里西娅·德·本德恩而牵扯上关系。福布斯曾打算与本德恩结婚，不料她突然将其抛弃，投向赫尔曼·霍纳克的怀抱，霍纳克成为其第二任丈夫。

关词条）[1]时一样。先前，他只是对日内瓦的一些老朋友私下说我的坏话：对此我本来就心怀芥蒂。尽管从某种意义上说，对失恋者做出的离谱行为，我会给予原谅，但这么做着实令人生厌。且让我们把此事搁在一边吧。请务必写信来马萨诸塞州坎布里奇哈佛大学的洛厄尔楼，否则我会担心。客轮正轰鸣启动，准备驶入狂风大浪[2]之中，不过船上的生活依然十分平静。虽然卡特可夫博士[3]会保护我，我想我还是不可避免地要与林恩小姐[4]照面，即使面对一脸势利表情的乘务员，她也不管不顾，想方设法从二等舱跑出来接近我，真让人消受不起。乘客中有我喜欢的彼得·华生[5]，还有特利一 71

[1] 爱德华·奥古斯塔斯·弗里曼（1823—1892），1884—1892年牛津大学近代史的钦定讲座教授，利用《星期六评论》，对其同事、历史学家詹姆斯·安东尼·弗路德（1818—1894）开展了长达20年之久的声讨运动。弗路德是继其之后的钦定讲席教授，弗里曼指责其缺乏准确性。

[2] 这次猛烈的狂风给英国南海岸带来严重损害，将一辆载满乘客的公共汽车从桥上掀入河中，且在比奇角附近造成1500英尺高的海上龙卷风。

[3] 乔治·卡特可夫（1903—1985），生于俄罗斯，1947—1950年任牛津大学哲学研究讲师，1950—1959年供职于英国广播公司对俄广播部，1959—1971年任圣安东尼学院研究员及苏联体制与经济讲师。

[4] 奥尔加·林恩，婚前姓罗温索（约1882—1957），曾为歌剧女高音歌唱家及音乐老师，后成为慈善活动组织者及无处不在的社会名流，精力充沛，不知疲倦。

[5] 维克托·威廉·H.（“彼得”）·华生（1907—1956），富裕的艺术赞助商（家族财产来自人造黄油），1939年与西里尔·康诺利（见原文第86页注3）及斯蒂芬·斯彭德（见原文第94页注1）共同创办《地平线》杂志（见原文第268页注4），1947年当代艺术学院的四个创办人之一。当时他情绪低落，整个旅途都因为前情人（男）不久前的早逝而深受打击。他本人的死亡是一个谜。

家[1]及朱迪·M.[2]，他们我也喜欢。此外还有A. 卡多冈，自从他在一位名叫沃伯格[3]的银行家面前假装不认识我，而我曾经向其吹嘘自己是他的熟人之后，我就没那么喜欢他了。祝你新年快乐无比，喜事相伴：身边云集皮肤黝黑的男人及数不清的财富，收获无边的爱意与仰慕，多到令你难以承受。

请务必回信。

以赛亚

致玛丽及门德尔·伯林

星期日，午夜［1949年1月2日，手稿］

［“玛丽女王”号客轮］

亲爱的父母亲：

这封短信只是为了告诉你们船上一切安好。生活十分开心惬意：早餐在床上吃，有各种美味的果汁和蛋品；然后和哈尔本夫人[4]、特利一家、蒙塔古小姐及艾兰·德·罗斯柴

[1]（阿瑟）·罗纳德·兰伯特·菲尔德·特利*（1897—1976），英裔美国人，1933—1945年任保守党下院议员，当时是牛津北部迪奇利庄园的主人，他的第二任妻子玛丽·恩迪科特（“玛丽埃塔”）·特利*（1917—1991），婚前姓皮博迪，是美国社会名流及自由主义政治活动家。
[2] 朱迪斯·弗尼夏（“朱迪”）·蒙塔古（1923—1972），冯·埃德温·蒙塔古与弗尼夏·斯坦利之女，之后（1962年）嫁给弥尔顿·根德尔。
[3] 原名西格蒙德·乔治·沃伯格（1902—1982），德国银行公司M. M. 沃伯格有限公司创立人之一的玄孙，1946年创立伦敦投资银行华宝有限公司。
[4] 艾琳·伊丽莎白·伊冯娜·哈尔本*（生于1915年），俄罗斯出生的巴黎银行家皮埃尔·德·甘斯伯格男爵与其法国妻子之女，早年守寡后嫁给第二任丈夫汉斯·哈尔本（原文第331页注4）。伯林与她在战争期间相遇于美国，哈尔本夫

尔德[1]一起散步（沃伯格先生形单影只，对我们羡慕不已。有时我会与他友好地打声招呼），与朋友共进午餐；在床上休息两到三个小时，看看电影，干点工作；晚餐八点三十分开始，盛装出席[2]，仿佛身处豪华酒店，众多好友相伴，共度美好时光。在瑟堡港，显然船底遭到刮擦，当然有人说不止因为此，但劳埃德坚持要观察一下。眼下我们停靠在怀特岛边，由专业潜水员进行检查，如果不出问题，我们会在星期一下午一点从南安普敦出发，如果有问题，会进入干船坞或五天后再出发，换乘“卡罗尼亚”号[3]或天晓得其他什么客轮。这段日子，一定到处是节日的气息吧。我想象着你们听无线电时是带着什么样的心情。想了解情况致电康诺德办事处 72
就行；或者通过无线电与我（IYI49）联系，不过那样花费很大。布莱克韦书店的书寄到后，请全部带来美国[4]（四本）。

伯林

“玛丽女王”号在瑟堡损坏，原因是狂风将船尾刮到沙滩上，使其搁浅了十二小时。被迫回到南安普敦后，花了好几

妇搬到牛津后，伯林对她有了进一步的了解。伯林建议她与他们一帮朋友同行赴美，因此，她在从巴黎驶往美国途中的瑟堡上船，前去看望其母亲。

[1]（詹姆斯·古斯塔夫·儒勒）·艾兰·德·罗斯柴尔德男爵（1910—1982），法国银行家及慈善家，拉菲—罗斯柴尔德庄园葡萄酒酿造产业的共有人。

[2] 伯林此处原文为：полный парал。

[3] 首次航行，准备驶往纽约。

[4] 1 月底门德尔·伯林将到纽约出差。

天时间，用混凝土修补并加固船底损坏部分。如此一来，客轮直至1月5日才起航驶往纽约。大部分乘客待在船上等候，伯林和艾琳·哈尔本则回到牛津，直至客轮修好。1月10日“玛丽女王”号进入纽约港口。伯林前往哈佛大学，担任俄国研究中心[1]的地区研究客座讲师及研究助理，并和他的许多美国朋友重新建立起联系。

致凯·格雷厄姆

[1949年1月中旬，手稿]

洛厄尔楼

最亲爱的凯：

怀着无比喜悦的心情，我必须调整自己以契合这里的严格体系，玛丽安的形象始终在我面前飘浮，宛如对斋戒与祈祷的某种召唤。天哪，华盛顿的生活太令我享受了！我十分确信，自己永远不会，不会忘记那一碗碗酸奶油，那象征着深夜怀旧思绪的格外美味的食物——在我看来，我伤感地说，任何东西都无法代替1941—1945年。对我而言，那是最后的一片广阔绿洲，在那之后，青春终于消逝，平凡的

[1] 俄国研究中心，1948年2月建于哈佛大学，融学术、政治、情报、军事及商业利益为一体。由卡内基基金会（原文第85页注1）创办，得到美国国务院和中央情报组（中央情报局的前身）的鼓励，该中心从事多学科研究，美国政府将此视为抵制冷战（或任何可能发生的热战）的重要情报来源。其最早的研究领域之一是俄罗斯的士气，因为美国空军希望通过研究苏联不同地区人们的心理构成确定有望成功的轰炸目标。

生活开始，如果再多给我一分钟，我真的会开始滔滔不绝，一发而不可收。但我显然必须就此打住。这封信写于火车上——字体模糊不清，我为此道歉，没带钢笔。我曾经有一支糟糕的钢笔，经常写不出字，但我不巧把它落在你楼上房间的某处了，就让它待在那儿吧——我真的害怕坎布里奇，打算面对那里的一切，扎进去，抛开有关弗兰克斯、艾奇逊[1]和以色列的一切思绪，表现出一个严肃的学者的样子。同时，我无法不去想象菲尔和弗莱威尔在他们两张床上的样子，弗莱威尔吓人的小眼睛总是半睁半闭——“我相信你能 73
比我更让她幸福”。天哪！我多么享受所有这些夜晚啊。此外，我很喜欢菲利普·格雷厄姆第二天早晨在维尼科斯电台[2]的缜密措辞。相比之下，纽约实在令人生厌。

致以问候

沙耶

致谢利·安格尔西

1949 年 1 月 21 日［手稿］

洛厄尔楼

最亲爱的谢利：

我感到有生以来前所未有的巨大孤独。我被这所大学可

[1] 狄恩·古登汉姆·艾奇逊（1893—1971），美国律师及公职人员，1949—1953 年任国务卿。

[2] 当时，维尼科斯（WINX）地方无线电台由《华盛顿邮报》所有。

怕地遗弃在这个黯淡的房间里，听任我自生自灭。暖气过热（还行）但有点瘆人。目前为止，我只有奥登先生一位访客，太冷清了。想想我在华盛顿度过的趣味盎然的一周，对比太强烈了。我准备疯狂地工作——但一天见到一张人类面孔，当然不能算要求太过分。也许我应该习惯这种修道士般的生活，但现在即使就工作而言，也还是太苦闷了。好了，说说正事。我收到头儿汉密尔顿令人讨厌的来信，信中说：（1）没有资金也没有空间可供写一点序言向你和戴维·C.等人表达谢意；（2）没有资金也没有空间献给 P. de B.，而这是我此次翻译最初的动力。他问我是否信任由你来审订校样。这还用说，我当然信任你，只要保证两点：其一，你真的不介意；其二，允许我对你表示感谢。就一而言，重要的是你的感受，就二而言，重要的是我的感受。请你去告诉他，不允许人表达谢意，真是前所未闻；再有，除非允许我题献，否则你不答应审订校样（这是以备你觉得不好意思坚持要有谢辞）。就常理而言，他不该表现得如此残忍（我倒有可能，因为我是所谓的“艺术家”。但他一生中从未做过任何创造性的事）。要不是这么绝望沮丧，我会给康斯特布尔女士[1]打电话。可我办不到。我只能工作，心情极其郁闷地工作。毫无疑问，这对我有好处，但太枯燥了。就连鲍拉

[1] 奥利维亚·康斯特布尔（1901—1987），婚前姓罗伯茨，波士顿美术博物馆油画馆馆长 W. G. 康斯特布尔之妻（原文第 578 页注 2），两人都是英国人。

博士[1]也不在。替我问候亨利，还有，一定要吓唬吓唬哈米什·H.（我会亲自写信）——他的所为的确可恶。

伯林

请务必来波士顿！你不能想象我会以怎样被抑制的情感欢迎你！我朋友纳博科夫正准备写一部关于初恋的歌剧[2]， 74
我们双方可以互为促进，他最近完成的剧本非常优美，写的歌也令人陶醉。

致哈米什·汉密尔顿

1948年1月22日［应为1949年，手稿］

洛厄尔楼

亲爱的杰米：

请行行好吧。我无疑已经通过成功鼓动戴维并向你提供了一个严谨优质的译作（尽管这项任务真的让我感到绝望，但它真的比G女士的好得多），弥补了我的延误（在你的客户中并不罕见）。译者题献向来司空见惯，从勒墨脱斯[3]到斯科特—蒙克里夫[4]（他甚至写了一首诗作为献词），以及

[1] 莫里斯·鲍拉是1948—1949年哈佛大学查尔斯·艾略特·诺顿诗歌客座教授。
[2] 此事并未实现。
[3] 皮埃尔—安托尼（“彼得”）·勒墨脱斯（1660—1718），出生于法国的译者，将塞万提斯的《堂吉诃德》译成英文。
[4] 查尔斯·肯尼斯·斯科特—蒙克里夫（1889—1930），将马塞尔·普鲁斯特（原文第211页注8）的《追忆逝水年华——1913—1927》译成英文。

早期的屠格涅夫译本——显然不是指加内特夫人，但麦克斯·比尔博姆称她为皮格威先生和皮格威女士并非毫无来由[1]。如果不允许我对谢利兢兢业业的付出表示感谢，你怎么能指望她用细致的慧眼仔细校订呢？她分文不取，努力工作，直至那个马奎斯出现。若如此忽略她，便是最最卑劣、忘恩负义的行为。所以请求你，看在我孤寂凄凉的分上，别抓住我在离开英国前所说的最后的悲伤话语不放——我心境凄凉，你的铁石心肠更会让我一头跌进绝望深渊之中。你已成功让我收回了其他（毫无疑问愚蠢的）建议，但这最后一点既合情合理又微不足道。只需在左手页——必不可少的标题页的反面——写上一些话就成，即便书的前后没有空白页也无关紧要。我朋友 N. 纳博科夫音乐写得极美，目前正顺利上演，他希望能将《初恋》改编为歌剧剧本，难道你不心动吗？我让谢利来促成此事。当然要让她订正校样，拿到应得的报酬，何况她具有充分且迷人的美德。

致以问候

75 以赛亚

[1] 麦克斯·比尔博姆的文章“科尼亚切”（1913）通过模仿手法，既嘲笑了追捧价值可疑的外国作家的风气，也对某些译者矫揉造作的徒劳进行了讽刺：“我绝不会轻视皮格威先生和皮格威女士忘我的劳动投入，他们对大师全集的不朽译作，即将胜利完成。［……］但皮格威先生和皮格威女士会是最先坦言的人，承认他们对自己十分喜爱的散文和诗歌的翻译只是原作的低劣替代品。”《至今依旧》（伦敦，1920），第 53—54 页。

致玛丽·伯林

1949年2月2日［手稿］

洛厄尔楼

最亲爱的妈妈：

［……］我刚刚给这里的外交政策协会做完演讲回来，这是波士顿大学（而非哈佛）一个俄罗斯研究机构，但愿媒体没有错误报道。我**讨厌**这类公开演讲，但在美国，如果拒绝，就会大大得罪人。我生活平静。在华盛顿度过愉悦的一周后，我在这儿安定下来，并遇见了一两个老朋友（似乎随便到哪里都有这些朋友）。看来我的“社交生活”偶尔也会有所回报！我早上九点三十分起床，因为不可能在床上吃早餐，我穿好衣服后会与男生们一道在大厅用餐（自助餐厅），或者到一家真正的自助餐厅，买三份报纸（上面有关于以色列的趣闻逸事。[1] 菲利克斯写信问我是否觉得欧尼是个“私生子”[2]，他把这个词写成“Mamsher”）。上午悠然享用早餐，鸡蛋、咖啡、甜面圈、橙汁、乳酪等，一直到十一点。然后，我会去怀德纳图书馆，那里的俄罗斯书籍专架旁有我的专用书桌，十分安静舒适，我会一直工作到午餐时间，之后再工作到下午六点。我的课2月8日开始，但即使有课，我想我的生活也会在这个可以借书回家的奇妙图书馆里度

[1] 1月25日，以色列举行第一次选举，本—古里安领导的以色列工党继续执政。1月29日，英国和其他国家事实上（尽管不是法律上）承认了以色列。

[2] 伯林此处原文为希伯来文。

过：我无疑会在这里写出一本某种体裁的书来[1]。没有多少人可见[2]，这样反倒更好。[……]

爱您的

沙耶

除了与老朋友联系，以赛亚·伯林还结交了新朋友。

致艾丽丝·詹姆斯[3]

1949年2月19日晚上九点［手稿］

洛厄尔楼

亲爱的詹姆斯太太：

昨日我动身去纽约前做的最后一件事是给您写信，表示
我对那个令人愉快的夜晚的真诚谢意——那是至今我在坎布
76 里奇度过的最美好的夜晚。回来后，十五分钟前我发现了食
篮，亲爱的詹姆斯太太，我能说什么呢？我被触动了，感动
了，并且欣喜万分，为您竟如此费心而感激和震撼；但我不
能也不会否认它**的确**改变了每日生活的质量，我永远不会为
自己这么做，至少不会如此迅速、如此周到、如此高效。这

[1] 关于19世纪中期激进的俄罗斯思想家，基于他在哈佛大学的演讲（见1949年8月19日致保罗·布鲁克斯的信）。

[2] 3月4日之前，他向自己父母承认"邀请函蜂拥而来。有一半都被我拒绝了"。

[3] 艾丽丝·路德福德·詹姆斯*（约1887—1957），婚前姓兰纳尔斯，威廉（"比利"）·詹姆斯（见原文第95页注1）之妻，坎布里奇社交界女主人。

简直是耻辱；我是说一个人的整个心情、工作状态以及对宇宙的感觉，居然可以被细微的物质享受改变到如此程度。送我父亲上船之后，点点忧郁袭来[1]，我真的觉得每次分别都是一次小小的死亡，不过我现在觉得安慰了，而且开始快乐起来，真是非常非常感谢您这么关心我。我会把篮子还给送来的人，同时订购一些物品，您友善的举动唤醒了我沉睡的良知，我星期一就着手给所有缺少食物的牛津大学同事的妻子们寄食品包裹。再次衷心感谢您。

您的朋友

以赛亚·伯林

致以色列雷霍沃特，以色列总统[2]

1949年2月20日［手写电报原件］

纽约

愿上帝保佑您和魏茨曼夫人永远无忧无虑幸福快乐，以此作为我们全体人民心怀源源不绝的喜悦、自豪、赞美和感激仰视你们的报答。我父亲与我一道同怀此情。向你们两位致以最诚挚的敬爱

以赛亚

[1] 门德尔正准备乘“伊丽莎白女王”号返回英国。

[2] 电报的姓名地址如此。哈伊姆·魏茨曼在新成立的以色列立宪会议上当选为总统，并于2月17日宣誓就职。

致阿兰·布洛克

1949年2月23日［副本］

洛厄尔楼

我亲爱的阿兰：

还奢谈什么社会学！这里正在发生的事情，远比在我们教过的那门引起轰动的课上[1]所能想象的要惊心动魄得多。那些有关社会科学，以及它们对当今学术生活产生了何种影响的故事，说起来会让你血液凝固。这里的学生，至少在我的俄语课堂上，远比牛津大学俄文课堂上的学生敏捷聪慧，这真是大大出乎意料。我猜想这是因为他们来自不同的种族
77 和国家。但你会乐于听说索罗金教授[2]，一位愤世嫉俗的聪明骗子，刚刚为哈佛大学获得12.5万美元的资助，专门研究利他主义的本质。据认为，这个项目若是能够系统提出某个理论并加以应用，会起到阻止战争的作用。我想这笔钱将用于仔细观察1000个好邻居和圣人的生命历程。鲍拉博士因宣扬战争并非由利己主义引起，而是因为过度的利他主义，并提出人类本性非私利这一观点而日渐不得人心。这个看法不受待见，并导致他诗歌讲座的出席人数日益减少。无论如何，要说的事太多，一封信远远不够。英语研究员职

[1] 见原文第62页注3。

[2] 皮蒂里姆·亚历山大洛维奇·索罗金（1889—1968），出生于俄国的社会学家，1930—1955年任哈佛大学社会学创始教授。

位[1]什么结果？院长[2]在坐平底雪橇吗？[3]若豪斯不能当选，罗布森[4]不能有所妥协吗？［……］

你永远的

以赛亚·伯林

致厄休拉·尼布尔[5]

1949年3月5日

洛厄尔楼

亲爱的厄休拉：

［……］这里的新生活刚开始时极度悲惨，有奥登亲眼

[1] 1948年戴维·塞西尔被选为牛津大学英国文学戈德史密斯讲席教授，给新学院留下一个英国文学研究员的职位空缺。离开牛津大学前，以赛亚·伯林与塞西尔在其继任者的选择问题方面有了严重分歧，因为塞西尔不赞同专业主义，而“渴望纯粹美学的方法，从本质上而言［……］，它意味着对真正具有创造性的文学过程进行某种细微的追踪”。塞西尔尤其喜欢约翰·巴克斯顿（原文第80页注1），认为他“对文学具有一种业余门外汉的自然品位”（迈克尔·伊格纳季耶夫采访伯林录音之十五）。塞西尔因而威胁大家说，一旦汉弗莱·豪斯当选自己就辞职，而在新学院激起众怒。

[2] 阿利克·哈尔福德·史密斯（1883—1958），1944—1958年任新学院院长，1954—1957年任牛津大学校长，支持塞西尔选择巴克斯顿继任研究员一职。

[3] 可能指以这个名称命名的自行车特技，表演者在空中快速改变方向。

[4]（威廉）·华莱士·罗布森（1923—1993），1946—1948年担任牛津大学林肯学院英语讲师，1948—1970年任研究员，之后（1972—1990）担任爱丁堡英国文学马森讲席教授；一则讣告称他为“他那代最出色的评论家之一［……］担任学院导师时最为快乐”（《泰晤士报》1993年8月5日第17版）。

[5] 厄休拉·玛丽·尼布尔（1907—1997），婚前姓吉宝—康普顿，神学家，出生于英国，莱因霍尔德·尼布尔的妻子（原文第79页注4），1946—1965年任巴纳德学院宗教系教授。

所见为证，但后来就好多了。（如果你见到维斯坦·奥登，一定记得告诉他，他并未落下什么皮帽在我住的任何一个房间里。还有，虽然接待他的主人莱文教授[1]或其他人一再提醒——我欠他一封信，不过我总不能只为了报告这个令他失望的消息而写信给他。假如你没有碰见他，或者见面忘了告诉他，那也无关紧要。尽管过去我讨厌他，现在却非常喜欢。不知道这种变化是否全在我这一方。）你喜欢鲍拉博士，
78 对此我非常高兴。他在这里获得巨大成功，个人魅力胜过学术成就，是所有英格兰事务激进的捍卫者，包括他最讨厌的体现丘吉尔式作风的事务。毫无疑问，坚毅已经成为他名字的一部分。哪个美妙的周末等你过来，我有无数的话要对你说——务必尽快让我知道，你准备什么时候来？怎么来？我想我这段时间都会有空，再不行还可以随时调整。

我发现自己爱极了华盛顿，几乎到了失当的程度，我对在那里度过的最后的青春岁月有一份刻骨铭心的怀旧情绪，特别是周日下午的乔治城[2]令我至今难以忘怀。它就像古时候的战场，所有的战火已经平息，古代居民重新在镇上和村里安居，到处是兵团士兵和年迈的指挥官，迫不及待地向人

[1] 哈里·莱文（1912—1994），文学批评家、作家，1944—1948 年任哈佛大学副教授，1948—1955 年任英语教授，1955—1960 年任英语和比较文学教授，1960—1983 年任比较文学欧文·拉比特讲席教授。

[2] 靠近英国大使馆，华盛顿区的富裕区域。伯林在此生活了三年时间（1943—1945）。

们回忆诉说骇人听闻的过往。我心安理得地沉溺其中——我敢肯定，自己今后再也不会如此开心或如此没来由地偏心了。

克罗斯曼[1]的确是个奇怪的结合体。虽然他并非一个好人或令人钦佩的人，但很明显最近他表现得十分勇敢，爱憎分明，这种变化如何发生我不太清楚。它堪称一部一流的心理政治小说，比凯斯特勒的好，但比不上陀思妥耶夫斯基，我想说大概与马尔罗[2]旗鼓相当。不可思议的是，玛丽安和菲利克斯毫无改变，还是一样关注每件事并发表看法，还是一如既往地喜欢温馨惬意的争论，诸如此类。

我得停笔了——再过两个周末就能见到你和莱因霍尔德[3]，一定让人喜悦无比。具体行程请务必告知。

永远爱你的

以赛亚

[1] 理查德·霍华德·斯塔福·克罗斯曼（1907—1974），学者、新闻记者和工党政治家，1930—1937 年任新学院哲学研究员兼导师（伯林的第一个学术职位与他直接相关），1938—1955 年任《新政治家与国家》助理编辑，1945—1974 年任国会议员（包括内阁职务）。到 1946 年任英美巴勒斯坦问题委员会成员时，克罗斯曼已成为一名坚定的犹太复国主义者。1949 年 1 月他在《周日画报》及议会辩论中猛烈攻击欧内斯特·贝文对于以色列的政策，这打破了工党和保守党在以色列问题上的一致立场，并导致几天后，英国事实上承认了以色列。然而，伯林还是不喜欢他，认为他是一个缺乏教养的恶棍。

[2] 安德烈·马尔罗（1901—1976），法国小说家。

[3]（卡尔·保罗）·莱因霍尔德·尼布尔（1892—1971），美国神学家，1930—1960 年任纽约协和神学院基督教伦理学和宗教哲学教授，1950—1960 年任院长。尼布尔专门研究将基督教应用于社会和政治问题，这使他在具有影响力的同时又备受争议。

致玛丽和门德尔·伯林

3月12日，星期六［1949年，手稿］

洛厄尔楼

我亲爱的父母亲：

［……］哈罗德[1]今天来看我，感觉他神情沮丧，十分
79 疲惫。不幸的婚姻，真不如不结。是的，我不希望巴克斯
顿[2]当选，另外，我所有的朋友都写信给我悉数史密斯的种
种恶行，包括欺骗作弊等。还有戴维，他把票投给了巴克斯
顿，却写了一封类似自我开脱的信，申辩说这不完全是他的
错，诸如此类。但是，我离开了，事情就是如此。此事并没
什么太大不了的。我不羡慕与你们同船的乘客[3]：瑞丁[4]勋
爵是个沉闷的角色，有点“向外邦人谄媚”[5]的味道，他夫

[1]（亨利）·罗伊·福布斯·哈罗德（1900—1978），经济学家，1924—1967年牛津大学基督学院学生。其妻比拉（见原文第347页注3）与他人保持私情并乐享其中（同时也乐于向伯林讲述此事）。

[2] 成功晋升的候选人（爱德华）·约翰·莫比·巴克斯顿（1912—1989），1946年任新学院英国文学讲师，1949年任研究员，后来（1972—1980）任英国文学讲师。据伯林描述：“巴克斯顿人生极为失败——他学识渊博，工作努力，但重要的是他的生活方式与牛津格格不入。他喜欢摄影，绅士气十足，是一位刻板、保守的老派人物。”（迈克尔·伊格纳季耶夫采访伯林录音之十五）

[3] 门德尔和玛丽·伯林即将乘船前往以色列。

[4] 杰拉德·卢夫斯·伊萨克斯，瑞丁侯爵二世，律师和政治家。他的妻子艾娃·维奥莱特（1895—1973）是梅尔切特勋爵一世阿尔弗雷德·蒙德之女；社会福利工作者和公众人物。

[5] 伯林此处原文为：Mayoffes。该词源自对安息日赞美诗拙劣的歌舞模仿作品。19世纪早期，波兰上流社会人士迫使犹太人表演供其取乐。［表演和随之而来的羞辱成为大家所知的“mayufes”，来自德系犹太人（散居在中欧、北欧的犹太人及其后裔）安息日赞歌的头两个词“mah yafit”的发音——意为“多美啊！”］

人俗不可耐；塞缪尔勋爵[1]呆板木讷、死气沉沉，塞缪尔夫人也缺乏生气。我不相信他们的接风晚宴会办得有多好——倘若真是如此，也是冲着瑞丁夫人的分上，要么还是出于犹太人见风使舵的势利劣根性。我不知道自己的语气为何会突然如此烦躁，他们又没伤害过我，但我对塞缪尔和瑞丁产生了无可救药的蔑视；而对他们更加愚笨但可爱得多的孩子倒蛮喜欢。我真的很好，课上得很成功，我决定整个3月份都待在这里，直到4月中旬才可能去华盛顿。

爱你们的

沙耶

致门德尔·伯林

1949年3月18日

洛厄尔楼

亲爱的爸爸：

[……] 这里一切进展顺利。讲课[2]看来十分成功。波士顿的贵妇们听不懂我讲的内容，这里的课堂则完全不同。

[1] 赫伯特·路易丝·塞缪尔（1870—1963），塞缪尔子爵一世，自由党政治家、哲学家和改革家，活跃的犹太复国主义者，1920—1925年任巴勒斯坦高级专员，娶贝阿特丽丝·米利亚姆·富兰克林（1871—1959）为妻。

[2]“论俄国革命思潮发展”这个标题，是由美国联邦调查局安插在俄国研究中心的特工情报员，一个在职研究生，报告给该调查局的，暗示说伯林可能会煽动革命。见西格蒙德·戴蒙德《折衷的校园：大学与知识界的联手合作，1945—1955》（纽约，1992），第57页。

80 从我说“同学们，下午好！”[1] 那一刻起，课堂就在夹杂着潦草板书的兴奋气氛中度过，我当然希望讲课内容能够成书，至少是一份打字稿，可以在我离开前稍具雏形。[……]

我深陷焦虑，因为本周六晚宴后得发表演讲[2]，这个演讲还非做不可——到您收到这封信时，演讲已经结束——我不喜欢非得在宴会后马上就向大家做轻松的闲聊，这样显得稳重不足，也难以取悦听众。然而，如果是不得已的工作，迟早我都得面对。

爱您的

沙耶

致玛丽和门德尔·伯林

1949 年 3 月 23 日［手写明信片］

马萨诸塞州坎布里奇

哈佛大学洛厄尔楼 32 室

你们看，我有了属于自己的明信片了。上周六晚上，我在一个以“玉玺”冠名的俱乐部作了演讲，准备这场讲座真是令我心力交瘁，眼泪、汗水，就差没有付出鲜血的代价，但显然大获成功。不断有听众上前来同我握手。同样，在接

[1] 莫里斯・鲍拉曾经欢欣鼓舞地向伯林汇报说（1948 年 10 月 23 日），在哈佛课程表中，“牛津大学的伯林先生”（因早上迟起而名声在外）的课安排在周一、周三和周五的上午 9 点进行，但结果实际上课时间似乎主要安排在周二和周四，而且不在上午。大概是以赛亚・伯林提出抗议了。

[2] 玉玺学会是一家于 1871 年成立的哈佛大学俱乐部，旨在推动对知识和艺术问题的研讨。几天后伯林当选其荣誉会员，成为会员的条件是必须具备一定的艺术或学术成就。

下来的星期一我和其他两位男嘉宾在广播节目中谈论关于“英国”[1] 的话题，效果也非同凡响。总体而言，系列讲座进展得很好，我甚至受到比莫里斯·鲍拉博士还要多的尊敬（把这句话删掉！），要是哈卡特[2] 口述记录机及时抵达的话，一切就完美无憾了。把你们的计划写信跟我说说。劳[3] 已经见过我，可以向你们报告我的现状。

爱你们的

沙耶

（好奇妙，我的声望与日俱增。学生们都很喜欢我。） 81

致玛丽和门德尔·伯林

1949 年 3 月 30 日［副本］

洛厄尔楼

我亲爱的父母亲：

［……］ 自我在此地担任教授一职以来，一切均好，心情特别愉快（1 万美元的薪酬，教学内容包括哲学和其他我

[1] 洛厄尔学院合作广播委员会，首开通过电台广播提供成人教育的先河，邀请伯林参加关于“两个大国世界中的英国”节目。

[2] 大概是一种早期的口述记录机。这里使用的希伯来文，即“Charchat”，其中“ch”发音与“Chaim”（哈伊姆）中的“ch”发音同，大概是伯林认为这一不明物“Kharkhat”理应如此发音。

[3] 弗里德里克·所罗门·劳（1906—1956），来自伦敦的生意人，现居美国，其母为玛丽·伯林的好友。

感兴趣的学科），这表明我来美讲学并不完全是件坏事。我原本不想接受这份差事，因为我不想改变文化环境，而且我肯定自己如果在此地工作，一定会有与外界隔绝之感。我不敢把这些告诉史密斯，因为他希望我能接受这份工作，而我则反对他成为新学院英语研究员的候选人。我打算告诉萨姆纳[1]——无论如何还是要让莫里斯在牛津传播这个消息——这将有助于全灵学院。不管怎样，我会想出一个两全之策，使自己不至于完全与哈佛失去联系，这样能够偶尔来这里讲讲学，更新和充实一下自己。

你们的

以赛亚·伯林

致迈克尔·斯特雷特[2]

1949 年 4 月 15 日［副本］

［洛厄尔楼］

亲爱的迈克尔：

感谢来信及让我为《新共和》杂志写一两篇文章的建

[1]（本尼迪克特）·汉弗莱·萨姆纳（1893—1951），历史学家，1945—1951 年任全灵学院院长。1932—1938 年伯林曾担任全灵学院的研究员，并希望继续担任该职，这样他可以有更多的时间从事研究并到哈佛讲学。

[2] 迈克尔·惠特尼·斯特雷特（1916—2004），美国经济学家、作家、讲师和自由主义事业的拥趸，1941—1943 年和 1948—1956 年任《新共和》杂志编辑，这是一份自由主义者的期刊，1914 年由他的父母创办。（他于 1963 年承认其与剑桥间谍团伙有联系，导致安东尼·布伦特身份暴露。）

议。可惜我难以从命，并请求您将我所言视作我的真心话，
千万不要曲解为故作谦虚，或带有其他不可告人的动机。我
感觉，就西欧的总体局势问题，自己的想法实在不值一提，
无论在公开或私下的场合。我深感恐惧，自己对理论和应用
经济学完全无知，不可救药。每当专家讨论这个话题时，我
都自觉惭愧，感觉自己连一个聪明的门外汉都算不上。好比
一个求知若渴的学生，想要去理解老师所讲授的知识，最终
却发现自己的思绪经常跑偏，游离到其他事情上。每当我试
图弄清楚事件的政治因素时，却发现自己充其量只能想出一
些陈词滥调，更糟糕的是将随意拼凑在一起的古怪想法和各
种记忆混淆一团。因此，请您务必相信，关于诸如联合国组 82
织、北大西洋公约等方面的话题，我没有任何想法值得与人
分享。

我对自己关于俄国的看法倒颇为自信——十分抱歉，无法参加您举办的俄国主题的会议——阻止我前行的是另外一些原因。换言之，主要是考虑到不论我写任何东西，都不由自主地会把我在1945年莫斯科见到的大部分人卷入麻烦之中。无论我多么谨慎，再怎么伪装身份也无济于事。除非我只违心地说一些歌功颂德的赞扬话，而我远没有准备好这么做，因为我没有作伪证的任何理由。正因如此，虽然这个话题越来越吸引我，我却从未就此写过只言片语，因为我内心深切感受到，苏联那些命运多舛的熟人朋友的个人安危，远远胜过我参与公众讨论这个话题所产生的任何价值。

于是，我处于两难的困境中不知所措：在我可以自由高谈阔论时，我无话可说，而当我有话要说时，却无法直抒胸臆。这种状况令人伤感，我肯定您能明白它产生的原因并理解我的顿挫感。如果，在我尚未离开这个国家期间，我突然感觉有话要说——甚至话题限制在诸如哈佛大学的教育问题上——如果可以，我将向您提交自己的拙见。但目前这个时候，我提不起丝毫兴致，而且才思枯竭。请见谅并相信我。

您永远的朋友

以赛亚·伯林

致门德尔·伯林

1949年4月23日［手写明信片］

是这样：此刻我正在前往纽约的火车上，准备参加今晚为总统[1]举行的宴会。我很好，昨天我再次被问起关于教授职位的事情，我正在让形势继续保持炽热的状态。不容易。我买了一台口述记录机[2]，但我说话太快了，它记不下来。要么我改，要么我的秘书改。不过这东西只是一个玩具

[1] 几乎可以肯定是魏茨曼，伯林于5月30日写信给父亲，说此人“希望我加入成为其个人扈从，其目的是为了密谋反对政府。这对我没有吸引力。我婉言拒绝了”；也可能是哈佛大学的柯南特校长（原文第84页注2）（此处英文 president 一词既可指“总统”，也可指“校长”——译注），他举办过一系列晚宴，招待纽约有影响力的客人，以提升俄国研究中心的公众形象。

[2] 这台机器很快就被丢弃（并卖给波士顿耶稣会），因为伯林又弄到了一台有线录音机，并将其带回英国。通过口述学术文章和书信，明显提高了伯林的作品数量，并逐渐改变了他的写作方式，使之更接近其（饶舌的）演讲习惯。

而已，不是什么正经工具。一年前，布思比[1]为犹太复国主义曾经向温斯顿·丘吉尔求情，丘吉尔在咆哮了一通自己 83 被人出卖，还有恐怖分子之类的话后说：“毕竟我是犹太复国主义的老朋友；我不准备在胜利的时刻将其抛弃。”

爱您的

S.

会另外写信给亲爱的伊达和伊左克[2]。

致谢利·安格尔西

1949 年 5 月 9 日［手稿］

马萨诸塞州斯普林菲尔德金伯尔酒店

寄自洛厄尔楼

最最亲爱的谢利：

早该给你回信的，但因极度缺乏对美国整个背景的了解——有点类似缺少三维立体感——妨碍了正常经验的积累，而这是使写信成为可能的必要条件。在洛厄尔楼，我心境平和地居住在两个小房间里，非常享受给大部分非美国籍研究

[1] 罗伯特·约翰·格雷厄姆（“鲍勃”）·布思比（1900—1986），1958 年成为巴肯和拉特雷·海德的布思比男爵，保守党政治家。

[2] 玛丽·伯林的妹妹伊达·沃什诺克（1887—1985）嫁给伊扎克（也称“伊左克”）·萨姆诺夫（1886—1950），夫妇俩住在伦敦期间，成为门德尔·伯林的商业伙伴。1934 年，萨姆诺夫夫妇定居耶路撒冷后，伊扎克取得律师资格。写这封信时，伯林的父母正出发首次到访以色列。

生上俄语课的过程。在这个过程中，我第一次自身也学到了一些东西，事实上学到了很多——在我的余生中，可能会不断提及此事，让你或其他人厌烦不已。起初我感觉遭受了巨大的失败，而且，尽管奥利维亚·康斯特布尔充满善意和友情，我仍然觉得自己悲惨至极。然后，我突然感觉好像找到能够交谈的人，并不再有飞往华盛顿寻求慰藉的感觉。接着，突然又有人给我提供了一份固定工作，而且是工资极高的那种工作（按照我的标准）。这改变了我的整个世界观：我也许会失败，但不可能彻底失败。毋庸置疑，我拒绝了，因为永久移居的前景看来非常荒唐。这是一份肥差，工作量少，工资却比我在牛津时多了五倍——为什么牛津不能用这里人一样的眼光看待我？后来，我又被提名参加各类评选委员会的工作，领取 1.2 万美元的丰厚待遇，而且同柯南特[1]先生及其他老前辈一同参加非同寻常的重大秘密会议，受到极大尊敬，这点我觉得很受用。现在那也都过去了，我为自己工作，在美轮美奂、无与伦比的哈佛图书馆上班，对于这一切，我感到非常满足和亲切，完全没有了刻意取悦他人的过度焦虑，以及奉承与被奉承的尴尬。波士顿的贵妇们的确了不起：个个都是精明、独立、自信的 19 世纪 90 年代女性，融合了端庄高贵和着实令人厌恶的 19 世纪的低俗粗糙——一种佛罗伦

[1] 詹姆斯·布莱恩特·柯南特（1893—1978），有机化学家和教育学家，1933—1953 年任哈佛大学校长。

萨式的老于世故与新英格兰人的坚韧硬派，颠覆诗学的粗俗和贪图享乐，还有令人生厌的幼稚与趋炎附势的融合体。总而言之，这些在我看来还是颇具吸引力的。我果断抵制了贪念的滋长，专心致志工作。坎布里奇本身并不自信，反而是充满了罪恶感：学习被看作一种奢侈，需要虚情假意的社会福利工作来弥补，真正做学问的人正在被了不起的洛克菲勒基金会和卡内基基金会[1]投资资助的吹鼓手和江湖骗子所包围，在历史、古希腊、古罗马文学等古老优秀的学科与社会学、人类学和心理学等新学科之间，正酝酿着一场恶战。在这场战役中，我们只能选择站在那些古老[2]学科的一边，因为新学科在很大程度上是骗子们神经质的喧嚣鼓噪，这些人相信教育在于把人们“调教”成丧失求知欲的人，对生动有趣和令人痛苦的问题完全失去求索问究的渴望。我对他们真的感到深恶痛绝：这些都是学术界的基督教[3]科学派。每秒钟都有学生疾步跑向心理分析家，寻求某种伪宗教，而我关于俄国知识分子的闲谈则被那些可怜的糊涂蛋看作是上天的启示，不知道这些都是从书本上可以读到的。但愿他们不再 84

[1] 洛克菲勒基金会（成立于 1913 年）和卡内基基金会（1911 年），大型慈善机构。投入大量慈善资金支持全美的公益事业，包括公共卫生、教育、农业开发、艺术和社会研究。两个机构偶尔也会支持美国的外交政策。

[2] 伯林在 2 月 23 日给 A. H. 史密斯的信中写道：“来自诸如社会学等不成熟的冒牌学科，以及商人们以牺牲学识为代价，强调实用技能的双重压力，正在给这所大学底蕴深厚、令人赞叹的人文传统造成巨大伤害。”

[3] 伯林此处原文为：Xtian。

昼夜不分地直奔心理分析家的沙发。虽然这些学生没有受到好的教育，但在我参观几个女子学院时，还是感受到她们动人的一面——那些戴着玳瑁架眼镜的热切脸庞，穿着短袜、平底鹿皮鞋和牛仔裤，怀揣感人的理想主义信念——一如 90 年代的俄国：如果真有一个蛊惑者在她们当中摇唇鼓动，我敢肯定她们会连想都不想就会向某个邪恶的州长投掷炸弹。我还真的很喜欢这些年轻人：这些一本正经，宛若佛罗伦萨夜莺般的脸庞，那么可爱，那么深信不疑地在等待真理。这么多的道德能量和美德被如此盲目地浪费，到了滑稽可笑的地步。美国人即使在最困难的境地，道德上也依然令人感动，即便没有沃尔海姆之类的精神分析学家对他们进行分析——你明白我的意思吧——也不会丝毫减少他们令人感动的分量。《初恋》这本书怎么样？你有没有看懂？我脑海中对文中的某些段落还有印象："我的心扑扑直跳"[1] 是纳博科夫 [2] 先生的建
85 议，但这确实比不上我们现在看到的译文。我就把它全都交给你了，务必认真、细心审阅每个章节：表达越简单越好。我既不高兴也不难过。写信给我。

以赛亚

[1] 这个短语在屠格涅夫《初恋》的第 7 章，其字面意思是"我的心滚下来了"。伯林后来回忆道，这是整本书最难译的词语之一。6 月 6 日，他写信给谢利要求她在清样中替换成"我的心瞬间无所依靠"，但在正式出版的书稿中，这句话变成"我的心几乎要跳出来"。
[2] 弗拉基米尔・弗拉基米罗维奇・纳博科夫（1889—1977），俄国小说家，1940 年移居美国，1945 年加入美国籍，1948—1959 年任康奈尔大学俄国文学教授。

致克莱丽莎·丘吉尔

1949年5月10日［手稿］

马萨诸塞州斯普林菲尔德金伯尔酒店
寄自洛厄尔楼

最亲爱的克莱丽莎：

有人给我（我自豪地说）提供了一份很好的工作，但我当即回绝了。（当然，你会说，态度轻蔑。但这么做的确让我免于单调沉闷的工作，同时也让我无缘于一份诱人的丰厚薪酬。不过，我居然对此如此开心，与比弗布鲁克男爵的恳求[1]同样可笑。）我仍然被自己理应投桃报李的内疚感所困扰，因此表现出不同寻常的缄默；但不语和无聊的合力又会让我爆发，滔滔不绝，就是为了能够存活下来，能够呼吸，尽管当时和过后内心万般不愿、极度羞愧。学生们的真诚令人感动，他们对我教授的欧洲文化所有内容都心存感激，而且表现出令我羡慕和喜爱的道德活力，并将其浪漫化为19世纪80年代的俄国。告诉你一件可怕的事[2]：我那位胖伙伴

[1] 威廉·马克斯韦尔·艾特肯（1879—1964），比弗布鲁克男爵一世，加拿大商人，报纸经营者，前英国政府部长和政治权力掮客。1945年，比弗布鲁克为伯林提供了一份工作，每周为《标准晚报》撰写政治文章，遭到伯林断然回绝，令他吃惊不小。

[2] 爱德（华）·普里查德是以赛亚·伯林的朋友及在华盛顿时的室友，身材极胖。1945年，因为在华盛顿的事业前景不佳，回到自己在肯塔基的老家发展（他自己并不知道，他对新政的赞同以及与媒体的密切接触已经引起美国联邦调查局（FBI）局长J. 埃德加·胡佛不怀好意的关注；随后FBI窃听他的电话，并将其所有轻率的言谈报告给总统和其他当权人物。在肯塔基，普里查德创办了自

普里查德，不知你是否见过，收到来自乔·艾尔索普和我的电报，当时他正与西里尔[1]和西比尔·科尔法克斯还有别的什么人共进晚餐（我想我也已经给瑞蒙德或者丽兹发过电报了），被指控在肯塔基州波旁县伪造竞选结果，在缴纳了 5000 美元保释金后被放出来了。说到鲍拉博士，我曾经被指责没有好好重视他——而我是如此爱他，但他有可能重蹈布思比[2]的覆辙——这一点我敢肯定永远不会忘记。我想目前他在我心目中还是清白的，不知道是否要给他写信。想想看，一整箱选票都是伪造的[3]，此事直到投票前夜才得以
86 暴露。我会在 7 月 25 日前后回英国，你到时会在伦敦吗？一切都好吗？我在这里一如既往，缺乏生命活力但也没有完全死去，每天干的工作无关紧要，因为它们既不关乎生命的重要部分，也没有记忆价值，只是填补日历上的空白罢了。尼古拉斯几乎身无分文，但他的美人鱼妻子[4]却在努力

己的律师事务所，成了家，并尝试从政，未获成功。1948 年 11 月 2 日，在普里查德担任选举负责人的选区，参议员选举伪造选票案事发——这在肯塔基并不常见。胡佛怂恿美国联邦调查局展开全面调查。普里查德 1949 年 4 月赴欧洲旅游，其间伯林为他引见了许多自己的朋友，回来后便因伪造选票罪被起诉（5 月 4 日）。

[1] 西里尔·弗农·康诺利（1903—1974），批评家、作家和新闻记者，1939—1950 年任《地平线》杂志创始人和联合编辑（见原文第 268 页注 4）。

[2] 1941 年，布思比被迫辞去粮食大臣一职，因为议会调查发现他在经济方面有不端行为。

[3] 此为夸张说法，实际情况是，刚开始发现 17 张伪造的选票，进一步调查后又发现有 237 张。

[4] 帕特里西娅·佩吉·布莱克（生于 1925 年），1948—1952 年为纳博科夫的第三任妻子（他的五位妻子之一），1982 年与罗尼·达格结婚；1946 年任《时尚》杂

工作。

爱你的

以赛亚

告诉杰拉德[1]，说斯特拉文斯基[2]认为应由一个受民众拥戴的政府将波士顿重新更名为库赛维茨基[3]，而将哈佛更名为尼金尼·库赛维茨基[4]。

致莫里斯·鲍拉

1949年5月14日［副本］

洛厄尔楼

亲爱的莫里斯：

［……］普里奇已经被提交联邦大陪审团受审，在缴纳

志广告文字撰稿人，当时她是艾伯特·加缪的众多女友之一；1954—1962年任纽约《生活》杂志记者（1955年、1959年和1962年派驻莫斯科）；后来继续写作和翻译俄国文学；1968—1987年任《时代》周刊副主编；在《俄国都市回忆录》（伦敦，1975）第232页，纳博科夫将她描述为“有良好教养的知识女性，智慧与美貌并存”。苏格兰北部设德兰群岛民间故事《美人鱼妻子》讲述了一个（海豹）女人，远离她生活的自然元素——大海，虽然在岸上结婚，却一直盼望能回到海里。

[1] 杰拉德·特威特—威尔逊（1883—1950），伯纳斯男爵十四世，作曲家、作者，性格古怪。

[2] 俄国作曲家伊戈尔·费多罗维奇·斯特拉文斯基（1882—1971），1939年移居美国，1945年加入美国籍。

[3] 塞吉（原名塞吉·亚历山大洛维奇）·库赛维茨基（1874—1951），俄国出生的指挥家，1924—1949年任波士顿交响乐团的指挥，1940年任马萨诸塞州唐格尔伍德伯克郡音乐中心首任指挥。

[4] 想必是模仿俄国诺夫哥罗德及尼金尼·诺夫哥罗德两座城市命名。

了 5000 美元保释金后获释。他被控在肯塔基波旁县最后一轮选举中伪造选票。有个年轻的好事者，在选举前夜动手提了一下选举箱，却发现箱子不是空的，重得提不动[1]，塞满了投给维吉尔·查普曼[2]参议员的选票。其他的选举箱也发现存在相同情况。普里奇的合作伙伴也被起诉，他名叫凡克[3]，一个毫无前途的名字。你可以想象不论这里还是华盛顿都惊慌失措。没有人知道事实真相。本·科恩相信普里奇是无辜的。我过去站在德雷福斯这边，而现在却支持普里
87 奇。就因为希斯[4]和普里奇的问题，在这周的《纽约时报》上，刊出一篇关于普里奇的令人讨厌的文章，菲利克斯·法兰克福特管辖下的各种基金会开始立足不稳，摇摇欲坠。还有一些推测，猜想玛丽安是否会说一年的监狱经历对他有好

[1] 又一个夸张说法；实际情况是，当本应是空的投票箱被提起时，听到有选票在内的声音。

[2] 维吉尔·芒迪·查普曼（1895—1951），律师和政治家；1925—1929 年和 1931—1949 年任肯塔基的民主党代表，从 1949 年开始到因车祸死去，一直担任参议员。伪造的选票中只有一张是投给他的，当时他已经是当选参议员。

[3] 小艾尔（阿尔瓦拉多）·欧文·凡克（大约生于 1922 年），肯塔基首席检察官的儿子，普里查德的律师事务所合伙人和共同被告人。

[4] 阿尔杰·希斯（1904—1996），律师（菲利克斯·法兰克福特的门徒）和有影响力的政府官员，曾建议富兰克林·德拉诺·罗斯福在雅尔塔会议上促成联合国的成立。1946—1949 年任卡内基国际和平基金会的会长。1948 年，惠特克·钱伯斯（原文第 387 页注 3）在非美活动内务委员会面前作证，指认希斯是一名共产党特工，在 20 世纪 30 年代将秘密文件泄露给苏联。他后来还提交了书面证据支持他的指控。由于追溯时间已过，希斯不能被判间谍罪，但因否认该指控被判伪证罪（他在余生中不断否认该指控）。他的第一次审判期间（1949 年 5 月—7 月），菲利克斯·法兰克福特是希斯最有声望的人品证人，陪审（团）因此无法做出判决，但在 1950 年 1 月第二次审判时，希斯被判 5 年监禁，最终服刑 44 个月。关于希斯有罪的辩论仍在继续。

处，能够消除他本性中的粗俗之处。乔也不是很开心，他发了一堆的电报给我，我只能将它们全部扔掉。此事不跟康诺利说会更好些，但我认为或许你会想知道这件事。普里奇表现出自己的人格尊严，要求尽早开庭审判，申辩他的无辜。怀赞斯基[1]法官不是太有把握。其他人也一样。恐怕我的朋友有点布思比的味道。至少这一次，菲利克斯也十分闷闷不乐。

你的

以赛亚

〈有件事非常有趣。一个数学专业的学生参加了克拉克洪[2]的课程考试，没有读过任何相关书籍，也没来听过任何课程，却轻易通过了，而且成绩为 C+（其中一个考题甚至得了 A–）。这事来龙去脉全在哈佛大学的校报《哈佛深红报》[3]上刊登了，该报擅长刊登社会关系新闻和从男性报纸上摘录滑稽有趣的文章：克莱德为此大怒，感到无地自容，而巴克[4]也很不开心。[……]〉

[1] 查尔斯·爱德华·怀赞斯基（1906—1986），1941—1986 年任美国马萨诸塞州地区法官；希斯的朋友，并代表他在两次审判中作证，但后来开始相信他有罪。
[2] 克莱德·凯·梅本·克拉克洪（1905—1960），人类学家，1946—1960 年任哈佛大学人类学教授，1947—1954 年任哈佛大学俄国研究中心的首任主任。这里提到的课程是“人类学与现代生活”。
[3]《哈佛深红报》为学生创办的日报。“本科生通过考试”这篇文章登于 1949 年 4 月 22 日头版。报道说爱德华·麦斯纳声称他的答案出自“哈佛男生的见解，不拘泥于细节”，而且在从来没读过杰弗里·戈杰写的《美国人》这本书的情况下，在评价该书的考试中得了 18 分，满分是 20 分。
[4] 保罗·赫尔曼·巴克（1899—1978），历史学家，1942—1969 年任哈佛大学教授，1942—1953 年任艺术与科学系主任，1945—1953 年任教务长。

致 E. H. 卡尔[1]

1949 年 5 月 14 日［副本］

洛厄尔楼

亲爱的特德：

88 之前没有回信给你，我深感抱歉，在此请罪。回国后，会有许多关于俄国研究中心的非凡故事告诉你。该中心把时间都投入在从生僻和可疑的材料中进行推理，得出无趣的结论，并拒绝做我敦促做的事情，原因如下：(1) 太危险（如远涉重洋与那些因战争或政治迫害流离失所的人[2]交谈，获得他们关于俄国的见解，从中形成一个整体图像，展示苏联官方说法中的虚假成分）；(2) 过于现实，如为 19 世纪革命家回忆录及文本等提供翻译资助。结果是，研究中心从 1918 年创办，到 1946 年仍少有建树，其存在的主要目的就为了预测局势。我小心咨询过麦凯[3]和克拉克洪。(忘记是他的还是范塞德[4]的名字，总是变来变去？你一定要告诉我，我

[1] 爱德华·哈雷特·卡尔（1892—1982），历史学家和国际关系专家，其主要兴趣在苏联研究；1946—1947 年任阿伯里斯特威斯大学国际政治关系学威尔逊讲席教授，1941—1946 年任英国《泰晤士报》助理编辑，1953—1955 年任牛津大学巴利奥学院政治学导师，1955—1982 年任剑桥大学三一学院研究员。

[2] 伯林此处原文为：D.P.'s（Displaced persons）。

[3] 唐纳德·科普·麦凯（1902—1959），1946—1956 年任哈佛大学历史学教授（其间，1946—1953 年专门从事国际和地区研究），1956—1959 年任阿默斯特学院历史学安森·D. 摩斯讲席教授。

[4] 梅厄·范塞德（1907—1972），苏维埃专家，1946—1964 年任哈佛大学政府学教授。

会进一步深究这个问题。）麦凯对你仍然十分友好，平易近人[1]，而克拉克洪总是很有礼貌，从来不公开发表自己对他人的看法。据他们二人的说法，明年预算已经不能再申请了。（根据我收集的资料表明，一位英国的心理分析家正被派来对苏联进行心理分析。对于此事，还有许多其他事情，我真的感到很无语。）从现在起两年时间，他们不知道，也无法断定，到底还会不会有经费来源，根据哈佛的总体政策，很难说。[……]

你的 89

致诺埃尔·安南[2]

1949 年 5 月 20 日［副本］

洛厄尔楼

亲爱的诺埃尔：

要说的事情太多，不知从何开始。在某些方面，具有高度灵活性的美国教育体系，在搅乱严肃学科的严肃部分的同时，为你我都感兴趣的学科做好了令人满意的完美准备——芝加哥这种滥用“通识教育”或“核心科目”中专家之名

[1] 卡尔对有可能在哈佛大学再待上一段时光颇感兴趣。
[2] 诺埃尔·吉洛伊·安南（1916—2000），安南男爵（1965），历史学家（尤其擅长政治思想研究）及学术管理者，1944—1956 年任剑桥大学国王学院研究员，1956—1966 年任院长，后任伦敦大学学院的院长及伦敦大学校长。

的做法，让你我开心的同时又感到惭愧，我希望你明白我的意思，这不过是将我们正常的每周阅读，作为维持我们余生生计的材料。我们会比同事赚多得多的钱，而且出人头地。我希望能发明一个系统，目标就是得出结果，证明这一切完全错误。你一定要来这里。报酬极为可观，这里的研究生比我们的要优秀得多，而本科生则不如。我不能再多说了。

下个周末，我会与埃德蒙·威尔逊先生私下见面，我和他的关系（不要告诉莫里斯）正在变得非常亲密。还得写些东西给《党派评论》[1]——我想念在英国的思想家，光有一个 A. J. P. 泰勒[2]还不够。

你的

那年初，《大西洋月刊》[3]的编辑爱德华·威克斯[4]曾邀请伯林撰写对丘吉尔的战争回忆录第二卷的评论。

[1] 美国政治和文学季刊，在当时拥护托洛茨基分子。

[2] 阿兰·约翰·珀西瓦尔·泰勒（1906—1990），历史学家和新闻记者，1938—1963 年任莫德林学院历史学导师，1938—1976 年任研究员，1946—1954 年任大学现代史讲师，1953—1963 年任国际史讲师；一位坚定和直言不讳的社会党人。

[3] 文学和文化杂志，拥有国内和国际的读者，于 1857 年在波士顿创刊并出版，一直到 2005 年。

[4] 爱德华·奥古斯塔斯（“特德”）·威克斯（1898—1989），1938—1966 年任《大西洋月刊》编辑。

致爱德华·威克斯

1949 年 5 月 20 日［副本］

［洛厄尔楼］

亲爱的威克斯先生：

您内心对我的看法或许不好说出口，更不好诉诸文字，但请您务必放心，我并没有偷懒。你交给我的任务[1]，我已 90
完成了二稿，但还是连自己都觉得像个大杂烩，各种思考、引用、归纳，靠不多的一些事实维系，混杂一起。即便如此，我想我已无法再做什么改进，下星期等布朗夫人打好字后即给您寄去。

不过，此刻我又有了另一层考虑，原谅我冒昧地向您提出。说实话，我有些诚惶诚恐，担心自己万一说了什么不妥的话，会引起这位伟人难过。除了因为他自身受人尊敬爱戴，对我个人也格外仁慈，多方关照。我若写了他什么可能让他介意或反感，我会很难过的。因此，我想提出如下建议：我先把打字稿寄给他的一个朋友[2]，此人也是我多年的好友，让他把文章转交给他，征求他是否有何不妥，等他回复后再予发表。同时，我会把我的原稿寄给您，坚信您在等

[1] 指他就丘吉尔的战争回忆录第二卷《光荣时刻》（伦敦，1949）所作的评论；文章最后以“丘吉尔先生”为题发表在 1949 年 9 月号的《大西洋月刊》，同时以“丘吉尔先生与罗斯福”为题刊登于《康希尔杂志》（1949/50 冬季号）；后以《1940 年的丘吉尔先生》再版（伦敦 / 波士顿 / 剑桥，[1964]），同时以“1940 年的温斯顿·丘吉尔先生”为题收入《个人印象》。

[2] 应该指其长期任劳任怨的秘书。

到我从外交部中间人那里得到答复之前不会将其付印。待收到回复后，我们再看能做些什么。我敢肯定，不论丘吉尔先生究竟内心感觉如何，气傲的他是不会愿意去做太大改动的，至少不会表现出来。因此，我想这一先期审查不会对结果有何影响，但能令我心安。我知道这个程序是多么不合常规，若要推广开来又是多么遭人诟病。说实话，我甚至可能会第一个站出来反对。但是，如果某个人不是专业作家（甚至专业作家也可能如此），在写他熟悉、爱戴和敬仰的人时，还是情况特殊，需要特别对待。我很清楚，对我而言，这类出于个人因素的考虑以及保护私生活的要求，其重要性远远胜过公众兴趣，除非后者确实十分强烈。我相信您能理解我就此事的感受，并且原谅我在拖延了这许多星期后，又突然生出这一事端。因为我相信您和我一样，不会愿意因为一些无足轻重的小事伤害到这位老人家（不知怎么，我感觉他不会活得太久）。看看他究竟会对哪一点提出反对意见，这一定很有趣，当然，一有什么消息，我会第一时间转告您。我准备给中间人写信，告诉他我的做法，但不跟他说您已经看到了原稿，这样如果有改的话，您可以得知到底改动了多少，因为丘吉尔先生可能不希望别人知道。另一方面，我感觉理应如此，您应该了解此事的所有进展情况和相关细节。
91 总之，归根结底，我做不出任何有损丘吉尔先生的事，不知是什么神奇的巨大力量，令我对他怀有无比虔诚之心。相信您会肯定和赏识我的这份情感，敬请原谅。

我已经跟代理人说了，最晚6月15日前要让我知道丘吉尔先生的反应，这样一来，恐怕出版日期就得推迟到8月份。对此再次表示歉意，同时也对我所有其他疏忽和过错致歉。

您永远的

附言：对了，出于众所周知的原因，我必须请求您为这封信保密。

伯林按时给比尔·迪金寄去了评论的打字稿，让其转交丘吉尔审查，因为他不希望出版任何可能“让老人家心烦、气恼甚至发怒的东西，我对他怀有的敬重无边无际，这一点连我自己也感到惊讶”[1]。6月27日，迪金回信：“我刚刚从大老板那拿回稿子，他当着我的面读完后只说了一句‘真是太好了，难以置信！’”

致乔治·凯南

1949年5月30日

洛厄尔楼

亲爱的乔治：

[……] 俄国研究中心继续沿着其古怪的道路前进。但总体而言，我发现哈佛大学越来越具有吸引力，越来越让人

[1] 致比尔·迪金，1949年5月30日。

印象深刻，越来越令人兴趣盎然。尽管艾略特先生说得没错，人应该待在他所属的地方，住在自己的国家，而不是成为一个无根的人，浪迹天涯，四海为家。应该管好自己的护照，以免卑躬屈膝于华尔街，就像阿瑟·施莱辛格和安娜·路易斯·斯特朗[1]那帮人一样，因此我将回到牛津大学——尽管哈佛大学的确具有强大的诱惑力。我将在下周初采访该大学的教务长，尽管我回去的理由可以信手拈来，但我应该意识到自己内心里有一种愿望，即至少保持一扇窗[2]向哈佛大学打开，这种愿望是我羞于公开提出的。改日我愿与你讲述我对这所大学错综复杂的迷恋之心。实际上，我这句话的真正含义是，希望7月初能见到你。无疑，你非常忙，请不要费心回信，除非你有时间——我来时会打电话，很方便的。

你永远的

92 以赛亚·B.

附言：你读过契诃夫写的名为《没意思的故事》[3]的小说吗？它无疑是一部天才之作，以一种十分离奇的方式刻画了我这里的一些同事。

[1] 安娜·路易斯·斯特朗（1885—1970），美国记者和旅行家，一生中大多时间在苏联和中国度过。

[2] 伯林此处原文为：fortochka。

[3] 伯林此处原文为：Skuchnaya istoriya；该小说感人、生动地刻画了一个年迈却声名遐迩的大学讲师如何等待死亡降临。

致艾琳娜·威尔逊[1]

邮戳日期 1949 年 6 月 3 日［手稿］

洛厄尔楼

亲爱的威尔逊夫人：

我从未怀着更大的喜悦或感激之情写过一封“柯林斯”[2]式的信件（你熟悉这个表达吗？）。你可能注意到，我心情有点过度愉快了。当太多欢乐涌上心头，我偶尔便会有一些离经叛道的想法，认为上帝不会希望人过得如此开心。与所有的俄国人一样，我对交谈之喜爱胜过世界上任何别的东西——所有不言而喻的规则，所有强大而无所不在的英国影响力，它来自一种高高在上、抑制他人影响力的系统模式，所有这些都没有毁掉这一点。我把我与您丈夫的交谈视作一大奢侈，他是最不屈服的知识分子，我所见过的最不屈的高标准坚守者。有人问我他是否喜爱写作，他写作是为了娱乐，还是为了诸如名声、爱情或者金钱？我不得不解释道，这个问题与问托斯卡尼尼[3]是否“为了娱乐”而指挥一样是不当的误解。他指挥是因为他想指

[1] 海伦—玛尔特（“艾琳娜”）·威尔逊（1906—1979），婚前姓玛姆，1946 年成为威尔逊的第四任妻子；（玛姆香槟王朝）德国父亲与俄国母亲之女；早期与詹姆斯·桑顿的婚姻期间，她曾担任《城乡》杂志的编辑助理。

[2] 感谢信（来自简·奥斯丁的《傲慢与偏见》中的人物威廉·柯林斯先生）。

[3] 阿图洛·托斯卡尼尼（1867—1957），意大利指挥家，以赛亚·伯林的偶像之一，不仅在音乐上，而且在道德上也令伯林十分钦佩，因为他反对纳粹主义。

挥，如一个自在之物[1]，而把“娱乐”的概念视为一种刻意的、经过冷静算计的动机是对心境和“生活方式”的荒谬曲解——俄语“Byt”[2]在英语中找不到对应译文。但我不能这样没完没了扯下去了。整个周末我都在颇为兴奋[3]的状态中度过，显然是我患上流行性感冒[4]的原因与影响，它在我回来后立即袭来——在我感到浑身虚弱的时候尤其肆虐。这种对不相关的无聊琐事的冲动[5]，被托尔斯泰和所有俄国小说家恰如其分地谴责为既不舒适也不快乐而只有空虚。但我真的得停笔了。[……]

你永远的

93 以赛亚·伯林

致谢拉·纽萨姆

1909 年 6 月 6 日［应为 1949 年，手稿］

洛厄尔楼

最亲爱的谢拉：

今天是我的生日，我已年满四十，深感忧郁。我不太清楚为什么，但这是一个可怕的坎——一切将不再欢愉，

[1] 伯林此处原文为：Ding an sich。
[2] 该词意为“生活形态”。
[3] 伯林此处原文为：exalté。
[4] 伯林此处原文为：grippe。
[5] 伯林此处原文为：Drang。

舒适会更多，快乐会更少；总的来说，我不太能把自己视为代表权威、裁决的一方。我常听见自己唠唠叨叨，对此唯一的辩解是，一个人脑中塞满了未经筛选的思想，满得没有时间去思考，太热血而不计后果，诸如此类。你会说，一个被视为老光棍的人居然还能如此多愁善感，真是荒唐。（这一切是多么感情用事！或许，过一个小时左右后，我就没事了。或许，一个人的同龄人能够以一种永恒感，以一种在时间介质中移动但其自身没有日期的生活来帮助他，不过我得让这种思绪停止——都是因为见到斯蒂芬·斯彭德[1]的缘故。他现居美国，还和过去我们三十几岁时一样年轻，仍然带着那个美好浪漫的年龄所特有的无比可爱的一本正经——那个年龄是这样的，不是吗？）你和别人或许会说，我一直看起来都像四十岁左右——不过我不要再对自己的忧郁喋喋不休了。我 7 月 15 日离开，20 日到达瑟堡，然后去法国普罗旺斯的埃克斯，与那里的一个富豪[2]待上一段时间，接着去拜访卢塞恩的一个人[3]，大约于 8 月 5 日或 6 日返回，之后就不怎么走动。我想立刻见到你，真希望此时此地就能见到。我依然相信，并将坚信不疑（我非常清楚地记得那次交谈），你并未愚蠢地随心所欲，而

[1] 斯蒂芬·哈罗德·斯彭德（1909—1995），诗人和评论家，1953—1967 年与人共同创办《文汇》。他与伯林曾是大学同学，并成为终生好友。
[2] 罗兰·博登—穆勒 *（1891—1980），出生于英国的艺术鉴赏家，后定居波士顿。
[3] 哈伊姆·魏茨曼。

是追随了一种幻象。你是如此忠实地以理想为伴侣，仅这一点就足以证明你所做的许多事情（以及更多未能做的事情）无可厚非。即便到现在，你也不愿面对现实，如同共产主义者、犹太复国主义者以及哲学教师等人一样。尽管如此——你的人生太令人费解，除非认识到你对大事（非同寻常的大事）是多么固执和冥顽不化——在有关事实和朋友的小事上你会做出某些让步，以迎合的态度改弦更张。可是，一旦面对如生活目标等大事，你就会义无反顾地奋力向前，奔向海市蜃楼。尽管如此，假如我们准备见面——必须的——不要在萨尔茨堡，不要在今年，而是可以先是经常性地在伦敦和牛津等地见面，然后，9 月底可以去（是否合适？）某个地方待上五天。甚至去意大利。你觉得如何？ 8 月 5 日左右我会在伦敦的霍里克罗夫特大道。最亲爱的谢拉，你好吗？

深爱你的

94 沙耶

致伊丽莎白·冯·霍夫曼斯塔尔

1949 年 6 月 10 日［手稿］

洛厄尔楼

最亲爱的丽兹：

此刻是凌晨两点，我突然有一种无法抗拒的冲动，想写信给你。你过得怎样？都好吗？过得愉快吗？瑞蒙德也好吗？过得愉快吗？因为我过得很好，为此而心怀羞愧。头几天很痛苦。我被安置在一间阁楼（是这样拼写的吗？）[1]里，谁也不认识，满是前途无望的挫败感，人人都“新英格兰”范儿十足，一本正经。我不停地奔向纽约和华盛顿，那些地方我至少认识一些面孔，诸如此类。可是突然之间，冰层破了，怡人的暖流汩汩而出。先是俄国学者和历史学家们开始变得和蔼可亲。然后是老波士顿的女主人们以及她们对坎布里奇的依赖心理。对于前者，我态度高傲，虽然他们令人敬畏，但在我看来是毫无吸引力的一帮人。而对后者，我却喜爱有加，她们保持着一种尊贵优越的女学究品质。亨利·詹姆斯的侄子[2]尤为可爱，每当说话时找不到恰当贴切的词，面部表情就会扭曲，急得像一只盘旋在悬崖上的大鸟，敏感、不安，猛然之间就向一条几乎察觉不到的小鱼猛冲过去。外表体面的波士顿夫人们的内心异常粗俗：伶牙俐齿，令人生畏，同时消息灵通，富可敌国，但缺少教养（并非不能而是不为）、占有欲强，典型的维多利亚时代性格，无休止地索取，俗不可耐、贪图享受。而另一方面，她们又充满了不竭的生命力，遇事喜欢刨根究底，野蛮却又独立。

[1] 原文为 garrett（人名），从上下文看，该词拼写应为 garret（阁楼）。——译注
[2] 威廉（“比利”）·詹姆斯 *（1882—1961），画家、艺术评论家和艺术管理人，哲学家威廉·詹姆斯之子，威廉·詹姆斯的弟弟即小说家亨利·詹姆斯。

真是毫无优雅可言。全都如此，只有温斯罗普·钱勒夫人[1]除外，她九十岁高龄，仍心宽体健，曾经在罗马生活，比现在英格兰的任何人都强。她的女儿皮克曼夫人[2]，典型的天主教徒，宽宏大量，天性快乐，温文尔雅，自然淳朴——的确，周围的乡村中仍潜居着一些闪烁着巨大人性光辉的淳朴民众，他们保持着古老的爱德华时代之风，不为外界影响所侵扰。但是，仅此一次，我并没有混迹于他们中间，而是紧跟着我的同事，努力工作。没过多久，有人给我提供了一份工作，我拒绝了，但在那之后感觉自己并非彻底失败。我感觉他们需要世俗气，而我似乎具备了这一点。听起来令人生厌吧？我想方设法让他们邀请弗莱迪（千万别告诉他，他会很在意的，即便跟你说，我也不免感到自负矫情，的确如此——其他人也别说），但行不通。他们误以为自己高他一等，真是公理何在。在详尽解释了不想要他的理由之后，他们对我的忠诚之心大加赞扬，令我顿时飘飘然起来，自鸣得意和自以为是的满足感无限膨胀。他们说弗莱迪跟我不
95 同，曾向他们一口咬定，说我已经对自己的研究领域完全失去了兴趣，并已经在走下坡路。这时我表现出了崇高的道德品格，说他是因为太专注于抽象思考，不太了解别人的研究

[1] 玛格丽特（“黛西”）·钱勒（原文如此）（1862—1952），艺术家卢瑟·特里之女，温斯罗普·阿斯特·钱勒的遗孀，小说家，皈依天主教。
[2] 海斯特·玛丽安·皮克曼（1893—1990），婚前姓钱勒，爱德华·皮克曼（见原文 264 页注 2）之妻，虔诚的天主教徒。

进展情况，这是身为天才不得不付出的代价。这些话全都出于我的宽宏大量，同时也淋漓尽致地展现了我令人作呕的伪善。不过千万别告诉他。让他尽情地暴跳如雷吧，这是他活该：一切根源恐怕全在侯爵夫人[1]。她过得好吗？我给她写过明信片，要她关注《初恋》中的某个部分——如果你见到她，一定要提醒她。这本译著献给帕特里西娅·西比尔·德·本德恩夫人，这么做没错吧？[2] 我希望她来埃克斯和我待上五六天。[……] 希斯案你可能没听说过，引人入胜，同时又令人恐惧，带有一种公共知识分子德雷福斯式的性质。假如我们是美国人，一定会天天将此事挂在嘴上，不顾其他——这些人物（问题是国务院官员会用什么或不用什么称呼阿尔杰·希斯，但瑞蒙德对此了如指掌，你也一样）在过去十年里的格林威治村系列小说[3]中都已描写过——我是说真的——只是名字稍加伪装罢了，这些小说构成非官方证据的一部分。美国人所害怕和迷恋的一切都尽在其中：心理分析、共产主义，以及曾被我的一位叔叔称作“性变态”的内容，还有新政，等等。有人——比如戴安娜——可以就此写出一部杰作，因为它如此具有戏剧性，像艺术一样，

[1] 以赛亚·伯林曾警告过谢利·摩根，不要与艾耶尔产生风流恋情。
[2] 1956 年译文重印时（加了插图，但拿掉了《罗亭》），献词也去掉了。
[3] 莱昂内尔·特里林 1947 年的小说《旅途中》描写了一个以惠特克·钱伯斯为原型的角色，即希斯的主要控告人，许多读者认为其他角色的原型是阿尔杰·希斯和他妻子，尽管特里林否认了这一点。

人物和表演都充满梦幻。达夫也会很喜欢的，因为它包含爱、荣誉、背叛及其他。现在已是凌晨两点半，我必须停笔了。下周我准备离开，打算去纽约探望一下那位自诩学问高人一等的波西米亚人：拜访尼古拉斯·纳博科夫，我（几乎只有我）和他的新太太相处友好。在那儿我遇到一个叫玛丽·麦卡锡[1]的异常伶牙俐齿的女孩，典型的爱尔兰人，是康诺利的朋友，满嘴恶毒的流言蜚语，无一人能够幸免。尤其是针对艾耶尔教授——所有英国教师都喜欢到处散播别人的坏话——称他人是倒霉的失败者，傲慢自大，对美国人充满敌意，令自己人失望，诸如此类。但是，我可以证明希特维尔[2]的巨大成功[3]：我去参加了"波士顿之夜"[4]聚会，整个过程都很壮观。最令我难忘的是，奥斯伯特清秀的脸庞带着冰封而和蔼的微笑向过分热情的女主人告别的时刻——我敢说他们因表演《徒有其表》[5]而获得了1200美元——突然
96 一个看起来特别甜美可爱的女士发话说："再见，希特维尔

[1] 玛丽·泰蕾兹·麦卡锡（1912—1989），小说家、评论家和自由主义政治活动家，曾为埃德蒙·威尔逊的第三任妻子。

[2] 伯林此处原文为：succés fou。

[3] 英国诗人伊迪斯·路易莎·希特维尔（1887—1964）和她的弟弟（弗朗西斯）·奥斯伯特·萨谢弗雷尔·希特维尔爵士（1892—1968）在1948年10月至1949年3月间进行了一次非常成功的美国之旅，并作了演讲和诗歌朗诵。

[4] 伯林此处原文为：Boston Abend。

[5] 希特维尔巡回演讲朗诵的亮点为1月19日在纽约现代艺术博物馆的一场表演，伊迪斯·希特维尔以诗《徒有其表》助兴，威廉·沃尔顿配乐伴奏，每张门票35美元，销售一空。

爵士。您如此垂爱大众，真是太感谢您了。”我这会儿简直是在喋喋不休且语无伦次，必须停笔了。对于卡恩夫人[1]的去世，我感到遗憾，非常遗憾。我特别喜欢她，可怜的宁[2]一定吓坏了。她目前在伦敦吗？我写过信给她，但我还想跟她说我是多么发自内心地感到难过。我格外喜欢卡恩夫人的独立直率、不轻易上当受骗的直觉以及想象力。

哦，亲爱的，哦，亲爱的，我必须上床睡觉了。但我还是要问一句——绝对真诚并无比当真[3]——你和瑞蒙德何以不在7月23日左右来埃克斯呢？或者稍晚一点也行？那将多么令人开心愉快。我想侯爵夫人的继承人[4]快要降生了（希望如此），一定要提醒她关于屠格涅夫的书。你见过迪克先生吗？你可曾见过我的胖伙伴普里查德，花了5000美元现在也被保释出来了。他被指控选举舞弊，可我绝对相信他清白无辜——我喜爱他，所以我这么想。西里尔也这么想吗？你呢？还有瑞蒙德呢？我尚未见到他，目前他处于艰难时刻，但是他大抵是我认识的最快乐、最友善、最精明、最

[1] 阿德莱德（“艾迪”）·卡恩（1875—1949），婚前姓沃尔弗，为富有的金融家和艺术赞助人奥托·赫尔曼·卡恩之遗孀，5月15日死于伦敦。

[2] 玛格丽特·多萝西（“宁”）·莱恩（1901—1995），婚前姓卡恩，记者约翰·巴里·莱恩之妻；同其父亲奥托一样，也是一位艺术赞助商，尤其是音乐。她去世时，伯林为她写了“包罗万象的好奇心”的讣文，并将她描述成：“温柔、谦逊、彬彬有礼，幽默感极强，性格可爱，极具魅力，对友情的禀赋无限广阔。”《独立报》1995年2月10日第16版。

[3] 伯林此处原文为：au plus grand sérieux。

[4] 安格尔西夫妇1949年7月生了一个女儿；他们的第二个孩子是儿子，成为继承人。

富有同情心的美国人。然而他有一点——一点点——布思比的性格特点。但是，尽管经于世故，他与乔·艾尔索普一样，为伦敦上流社会所震惊，又同亨利·詹姆斯一样——对他们在他耳边所说的关于彼此的一些可怕的蜚短流长、众所周知的风流韵事，以及各种聚会上对他人冷酷无情的嘲弄感到震惊——我不知道他对埃默拉尔德是怎么看的——奇怪，在此我并不感到自在，尤其身处哈佛大学，这里所有的杰出人士都喜欢在背后疯狂诋毁他人，每天都得接受精神分析治疗，就像去看牙医一样每天要出去折腾一个小时。在我看来似乎严重得多，如同柏林与维也纳相抗衡一样。向瑞蒙德和你的孩子们问好。8 月你们会在哪里？请务必来信。

以赛亚

[……]

在哈佛大学的最后几星期里，伯林一直忙着给学生考试。溃疡虽然好了，却又开始受坐骨神经痛之苦，他写道："高温天气已经到来，整骨疗师在忙活着，我感到好多了，但是在对数量奇多的学生测试结束后，却感到异常疲惫。这些我自己教的学生居然把我说过的话以奇奇怪怪的方式奉还给我，真是令人羞辱的经历。这一状况对抚慰个人自尊心来说，无
97 疑极好，却严重动摇了一个人对人类理性的基本信任。"[1]

[1] 致罗兰·博登—穆勒，6 月 22 日。

致罗兰·博登—穆勒

1949 年 6 月 24 日［手写明信片］

洛厄尔楼

谢谢你的来信。它是那么精彩绝伦、给人莫大安慰。详尽细致的笔触，让人顿感愉悦。它既使人内心平和，又令人肃然起敬，在让人内心安宁的同时，又创造了一种新的生活模式，是一封脚踏实地、特别靠谱的来信。长话短说，最近我一直在阅读现代美国哲学，与柯南特校长有过一次意想不到的令人满意的交谈。尽管说话有点紧张，他在揭露和声讨伪宗教虚伪的道德高标及荣耀光环方面，却是个了不起的斗士。[……]

伯林 [……]

伯林在美国的最后活动之一，是于 6 月 28 日在曼荷莲女子学院联合国问题研究所第二届年会上发表演讲，题为“民主、共产主义与个人”。一起发言的还有埃莉诺·罗斯福[1]、亚历山大·卡多冈爵士和阿巴·埃班[2]。同意发表演讲时，伯

[1]（安娜）· 埃莉诺 · 罗斯福（1884—1962），婚前姓罗斯福，富兰克林 · 德拉诺 · 罗斯福的遗孀，自联合国成立以来一直活跃于联合国，1945 年以及 1949—1952 年，为美国驻联合国代表。

[2] 阿巴 · 埃班（1915—2002），婚前姓奥布里 · 所罗门，出生于南非，以色列外交官和政治家，1946—1947 年担任犹太事务局的政治官员，1947 年担任犹太事务局与联合国巴勒斯坦特别委员会的联络官，1947 年担任犹太事务局驻联合国代表团成员，1948—1959 年为以色列驻联合国代表，1950—1959 年担任以色列驻美国大使，1958—1966 年担任魏茨曼科学研究所所长，自 1959 年起为以色列议会成员，1959—1974 年担任多个部长职务；精通数国语言，是一位杰出的演说家。

林强调了注意保护苏联信息提供者的重要性，因为他们很可能因此受到迫害：“我必须再次恳求您千万不要让我发言的任何内容以我的名字刊登出来，因为对苏联的许多人来说将引发严重后果，一旦我认为我说的话存在可能在哪里被刊登出来的风险，我肯定会拒绝发言。”[1] 听完他这番话，曼荷莲女子学院负责与他联系的伊丽莎白·格林[2]“随后解释道，宣传事关学院利益，并且让我觉得拒绝与新闻界打交道是粗鲁无礼的错误行为。经过我个人方面再三犹豫和格林小姐的反复劝说之后，我答应见《纽约时报》的记者”[3]。在以赛亚·伯林的住所里，他与一位记者进行了简短交谈，其结果刊登于第二天的《纽约时报》，标题为“论战中的马克思主义研究：曼荷莲女子学院联
98 合国问题研究所称俄国革命是一个重大事件”[4]：

> 今天，哈佛大学俄国研究中心的一位研究人员称，俄国革命“可谓20世纪最具影响力的事件”。
>
> 研究员以赛亚·伯林博士认为，俄国革命对当今思

[1] 致伊丽莎白·格林（见下注），6月22日。如伯林6月30日对乔治·凯南的解释：“我拒绝让媒体引用我的讲演，这种做法是有点像法西斯野兽般蛮横无理。但因为这个演讲是关于任何民主与‘他们’之间的临时妥协的确不大可能存在。我想一旦允许他们引用，可怜的帕斯捷尔纳克等人将最终难逃被枪毙的下场。”

[2] 伊丽莎白·奥尔登·格林（1908—1992），1942—1967年担任曼荷莲女子学院通讯社主任，1948—1974年担任曼荷莲女子学院英语教授。

[3] 致曼荷莲女子学院政治学副教授露丝·劳森，6月30日。

[4] 这篇文章6月29日刊登于城市版第20页，但后来几期未再持续报道，是由《纽约时报》的波士顿记者约翰·H. 芬顿（1906—1973）撰写的。

维的影响不亚于一个世纪前的法国大革命。他在曼荷莲女子学院联合国问题研究所第二届年会上发表了讲话。以赛亚·伯林博士说，俄国革命对考察共产党人“狂热的马克思主义信仰”，并弄清他们在俄国革命时的信仰以及“如今依然信仰的东西”，“不仅对俄国人民，而且对反对他们的人也一样”，都具有极其重要的意义。

伯林曾经担任英国驻莫斯科大使馆的一秘，上一次离开俄国是在1945年。他认为，马克思主义理论产生了“深远的影响，即便对非马克思主义者也概莫能外”。

对马克思理论的“夸大和歪曲之词”，伯林博士说，“激发了人们的想象力”，而禁止对其开展研究则无异于“贴上禁果的标签”。

致《纽约时报》主编[1]

1949年6月30日

马萨诸塞州坎布里奇

贵报在6月29日刊登了一篇题为“论战中的马克思主义研究”，副标题为“曼荷莲女子学院联合国问题研究所称俄国革命是一个重大事件”的报道。贵报记者约翰·H.芬顿对我观点的阐述向人们传达了这样一个清晰的印象，即我

[1]“关于对待马克思主义的态度：伯林博士详述他在曼荷莲女子学院的言论”，刊登于《纽约时报》1949年7月8日第18版。

的主要目的就是让我的听众牢记学习马克思主义，特别是不要禁止此类研究的重要性。我想指出，首先，关于这个话题，我的任何言论均未在任何联合国问题研究所我所作的演说中出现过，因为按照我的要求，这是不予公开发表的内容，为的是不连累信息提供者，他们中的一些人来自铁幕之后。

贵报记者所写的报道基于一次私下面谈，是我根据他的请求，对他问题的回答。他问我，总体而言，是否支持马克思主义研究。我回答，十月革命显然是一次重大事件，尽管在某些方面是一场灾难；它是由迷信马克思主义的人发动的；如同19世纪曾对追随者和反对者都产生巨大影响、如今快要淘汰的其他学说一样，它值得人们认真研究；马克思作为经济史之父和社会历史研究新视角创始人的重要意义，
99 远超过他作为革命理论家的；我认为，只要那些负责任的人保持一种富于批判性的态度来思考马克思主义中的诸多错误和曲解，没有理由禁止人们研究他的观点。

更重要的是，我记得我坚持认为，这个学科的研究者必须始终保持客观，善于分析，绝不说教；假如要反驳马克思主义，那也首先必须理解马克思主义，对此我认为既有可行性也值得去做。

贵报记者的报道及其所附的标题，显然给人这样一种印象，即我在联合国问题研究所的演讲，主要内容为提倡搞马克思主义研究。任何听过这次演讲的人都能够证明，我实际

的演讲强调了任何形式的民主信仰都与马克思主义学说之间存在不相容性；而我对贵报记者所提问题的回答，主要意在强调有必要以一种尖锐批判的方式，对待即使在今天仍趋于被狂热的马克思主义信仰者，包括正统的共产主义者，以及被他们扫地出门的背叛者们囫囵吞下的学说。我觉得我在这个问题上的立场没有得到正确表达，因此，恳请您公开发表此信，我当不胜感激。

以赛亚·伯林

英国牛津大学新学院研究员兼导师

致约瑟夫·艾尔索普

1949 年 7 月 1 日［手写明信片］

洛厄尔楼

我亲爱的约瑟夫：

总之，要跟你说的话有很多，关于我们的胖伙伴，还有那个快乐无比的周末，我得立刻写信给你母亲[1]，以及在曼荷莲女子学院发生的令人厌烦的事件：不过，其中也不乏有趣之处。此事的确令人恼火。因为拗不过纠缠不休的女宣传主管，我与《纽约时报》的一个记者见了面，对他说，马克思是一个重要但快要淘汰的 19 世纪预言家，其作为政治领袖的重要性远不及他作为经济学家和社会历史学家。随后便

[1] 见原文第 101 页注 1。

出现了一篇文章，把人生生变成软弱无能、撇着内八字、跟
不上趟的落伍者（如西里尔·康诺利所言），拙劣地在虚假
客观的外表下，试图隐藏他的真实意图！而且，这个人还被
说成“上一次”在苏联的污水坑出现是在1945年——我想，
不如说此人差不多自1918年以来就一直住在那里吧！我感
觉余生将活在对诸如哈佛大学教务长等人不断否认[1]我是某
种模糊暧昧的阴险之人的处境中。我已经给斯格蒂·雷斯
100 顿[2]写了一封短信，让他狠狠敲打某人的头：我还要告诉乔
治或奇普。尽管此事没有必要无限放大，但此刻我的确感到
怒不可遏。[……]

致科琳·艾尔索普[3]

1949年7月5日［副本］

洛厄尔楼

亲爱的艾尔索普夫人：

[……]差不多一离开您，我的厄运便接踵而至。与施

[1] 伯林此处原文为：Démentis。

[2] 詹姆斯·巴雷特（“斯格蒂”）·雷斯顿（1909—1995），出生于苏格兰，记者；1945—1948年为《纽约时报》的国家通讯员，1948—1953年担任外交记者，1953—1964年担任总编辑和专栏记者；之后担任多项编辑职务，并成为著名专栏记者。

[3] 乔·艾尔索普的母亲科琳·道格拉斯·艾尔索普（1886—1971），婚前姓罗宾逊，后姓科尔，是前总统西奥多·罗斯福的侄女，埃莉诺·罗斯福和艾丽丝·朗沃思的表妹。

莱辛格夫妇一同驱车前往曼荷莲女子学院的旅途愉快怡人，一路平安无事，只是在哪条路最便捷等问题上他们发生了一些小口角。然后是罗斯福夫人晚上的演讲——她不愧是最伟大的道德财富之一，就连这个在道德标准上远非怪异的国度也引以为傲。倒不是她提出了什么新鲜观点或发表了什么重要言论，而是她的高贵、正直和美德，足以消除敌意并融化身边的一切。我觉得她真的做到了，几乎仅靠她只身一人，单枪匹马，便使这里的人敢于用批判的态度看待苏联问题，而不惧怕被谴责为法西斯野兽——一种反苏联但“进步的”态度，这种机会是她和维辛斯基[1]就公民自由问题所引发的争论而给予成千上万名女教师和情操高尚但头脑糊涂的人的。要不是因为她，这些人很可能会成为担心“新法西斯主义”倾向的亨利·华莱士之流。这一点在我看来的确至关重要且十分令人欣慰。

在曼荷莲女子学院，有人问我是否可以让媒体记下我说的话。我说不行，因为当时我对苏联持批评态度，假如我的名字见诸报刊，曾与我畅所欲言的莫斯科的无辜朋友们将很可能面临被枪毙的下场。记者们是否准备好了为此遭受良心的谴责？似乎没有。但是，宣传对曼荷莲女子学院很重要，

[1] 安德烈·雅奴阿列维奇·维辛斯基（1883—1954），苏联法学家（在20世纪30年代莫斯科几个摆样子的公审案中担任检察长）和外交官，1947—1954年担任苏联常驻联合国代表，1949—1953年担任外交部长；在联合国大会上以及在埃莉诺·罗斯福担任联合国人权委员会主席期间，埃莉诺与他有过冲突。

于是又问我是否可以在我的居室里私下秘密会见《纽约时报》的记者？这种建议不多见，但我同意了，于是便有了一场非同寻常的采访。其间我说马克思的思想，与其他影响力巨大但快要被淘汰的维多利亚时代的学说一样，值得人们认真研究；逼着它转入地下只会让它像禁果一样更加诱人；相关学者应该持尖锐批判的态度而不是鼓吹和说教；这种人除了作为吹鼓手外，在受人尊敬的学术机构中从来就没有立足之地，诸如此类。这些话第二天以不可思议的形式出版了，我俨然成为美国大学中日益广泛的马克思主义信仰的支持者，坚决捍卫俄国革命和其他恐怖事件的急先锋。我愤愤不
101 平地写了一封信给《纽约时报》——不知他们是否会公开刊登——以洗清我身上这些可怕的污点。从此我将改变对《纽约时报》的看法，如同在房间某个地方，地毯突然滑动将人绊倒似的感觉。我在辛辛那提[1]看到了这则可怕的通告，在那里我尽力安慰一个即将被审判的朋友，当时我对自己遭人“诬陷”正感到满腔怒火，担心我对他身陷困境不能表现出足够的同情心。最后，我丢了那顶漂亮的褐色伦敦旧毡帽，四处寻找也没找到，此事不知怎的似乎成为这一连串厄运的最后一击——接着是飞机飞不了，因发动机损坏迫降在西弗吉尼亚州，原有安排泡了汤。我不断地发电报，产生了复杂

[1] 在7月5日审判开始之前，伯林曾飞往辛辛那提（大概是6月29日），与小爱德（华）·普里查德共餐。

而出乎意料的后果，最后终于在一个不可思议的时刻到达波士顿，悲催至极，但从某种神秘离奇的角度来看，并不完全让人有受挫之感。

但我不该继续让您承受我生活中所有这些污浊之事了。再次为我现在看似遥远、曾经享有的福佑感谢您——我想自己很快就会恢复过来，但此刻，刚刚被人拔了一颗牙齿（任何事都可能发生——我几乎不在乎），加上其他诸如此类的事情，我不是非常愉快。但我从来不会忧郁很久，唉，都是因为我的性格不够深沉。再说一次，非常高兴见到您和您的先生［……］。

您永远的

以赛亚·伯林

致玛丽埃塔·特利

1949年7月7日凌晨两点三十分［手稿］

洛厄尔楼

亲爱的玛丽埃塔：

唉，所有的美好都结束了。我真的非常喜爱哈佛大学，这里除了文人雅士，还有一股道德活力，不断为我加油注力——我舍不得离开待过的地方，尽管开始去时有点拖拖拉拉，并且有那么点不情不愿。很奇怪，我觉得那是要经历的痛苦。我从来都没觉得它好，从来不想永远待在这里；但是有人提供资助毕竟是件愉快之事，对地方当局我也颇有

好感。不仅如此，在向怀特海[1]夫人辞行后——半夜十二点
102 三十分，圆月当空，异常美丽，我还在楼前院子里的榆树下与柯南特校长愉快地见了一面，并且就物理学的原理问题和他交谈了一个半小时。本想拉他到自助餐厅喝杯奶昔的，未能如愿。这里的青年学子并不像在英国那样受宠。他们不太精明，充满了成长中的困惑烦恼，但有着更强的接受能力，旺盛的求知欲望，心胸更加开放，对探索各类新鲜的观点、思想和知识有更浓厚的兴趣。想到一周得上十六个小时的课程，的确让人有点扫兴。尽管如此，我还是喜欢这里各种按部就班的规矩、惯例和约束，至少我嘴巴上会这么说。虽然

[1] 伊夫林·艾达·莫德·赖斯·怀特海（1865—1950），婚前姓韦德，阿尔弗雷德·诺斯·怀特海（见原文第106页注3）的遗孀，他曾称赞她敏锐的审美悟性。爱尔兰血统，在法国接受教育；伯特兰·罗素在与她丈夫共事期间爱恋上她。伯林与她认识时——通过她继女的丈夫迈伦·吉尔默（见原文第136页注2）介绍——她已不再活跃，但仍保持对人的浓厚兴趣。伯林后来回忆起与她长时间精彩的对话，将她形容为个性极强，在家中飞扬跋扈的人，一个充满了“掠夺性”的歇斯底里之人，但与此同时又极度善良，观察力敏锐。“她真诚对待友情，使之日久弥深［……］。她喜欢与伯林长谈至深夜。喜欢人们依赖她，尤其乐意与遭受各种不幸的人交友结伴。这中间包括穷人、犹太人和黑人。”见A. N. 怀特海的传记作者维克多·洛厄1965年11月9日与伯林交谈记录（约翰·霍普金斯大学，维克多·洛厄书信文集，手稿284，2.8号盒）。她钦佩慷慨大方，有豪侠气度和胆识魄力的人，对英国人少有兴趣，包括其丈夫家人。更容易对男人产生同情之心而不是女人，因此招致一些女性厌恶，其中包括玛丽安·法兰克福特。伯林曾经在给洛厄的信中说：“我认为，总体而言，怀特海夫人讨厌女人，却很喜欢菲利克斯·法兰克福特，他是怀特海的知心好友，特别令他喜欢。我觉得法兰克福特夫人向来疑心重，对人冷漠，好冷嘲热讽，唯我独尊，对怀特海不够尊敬。在她眼中，怀特海夫人是个贪慕虚荣，自我中心，对怀特海带有强烈占有欲的人，尖酸恶毒，盛气凌人，等等。所有这些，在一定程度上用来形容她自己也颇为合适。”（1965年12月23的信；出处同上）

尚未见到科恩博士[1]（很遗憾对吧？），理性的生活却无疑令我备感舒适。非常喜欢你的来信：它让我突然渴望回去，去看看那些小剧目中角色们正在轮番上演的生活百态——我突然想到，为何不让奥利弗·弗兰克斯先生（我非常喜欢他）也去见见他们？他不是希望见到达夫和戴安娜吗？如果你们正在迪奇利庄园[2]尽情玩乐，进行最后狂欢的话，叫上戴维·塞西尔，他们关系很好。他喜欢带着奥利弗·弗兰克斯先生，年轻的托利派人士，所有年轻人都和他十分投缘。为了我们大家共同的利益，应该让他多出来走走。我也给帕米拉·贝瑞[3]写了信，让她这么做——不过她可能做不到，因为两人不认识。或许戴维可以带他出来走走。我开始认为，戴维是个了不起的人。

天啊！我的房间真是脏乱不堪——雪茄烟灰、行李、散落四处的手稿。这明显反映出我生活状态的混乱无序，不允许任何一位心理分析师来厘清。我发现，自己总是给去过的每个地方都添加上浪漫色彩：莫斯科、迪奇利、哈佛、华盛顿。每一处都是一个传奇世界，以各自传统为背景；里面的人物笼罩着虚幻的光辉，在其间灵活应变，令人叹为观止。

[1] 阿尔弗雷德·爱因斯坦·科恩（1879—1957），杰出的心脏病学家，菲利克斯·法兰克福特的朋友，战争期间经菲利克斯·法兰克福特介绍，伯林与其认识。
[2] 当时特利夫妇准备把迪奇利庄园卖掉，移居美国。
[3] 帕米拉·玛格丽特·伊丽莎白·贝瑞夫人（1914—1982），婚前姓史密斯，伯肯海德伯爵一世之女；报刊编辑迈克·贝瑞（1954 年受封哈特威尔男爵）的妻子，社会名流。

我是不是像霍金森[1]卡通漫画中呆笨的乡下女子？有时候我真的认为自己就是那样的。[……] 唉，夏季将尽[2]，我肯定
103 自己无法去迪奇利了。你和罗尼什么时候走？在我见到你们之前不会就离开吧？我希望你们能等到 8 月，这样我就可以为你们送别。8 月 7 日之后，你可以在新学院联系到我。如果那时你们已经到达巴黎，我会在回国的途中去看望你们。有时候，我觉得自己的想法过于愚蠢和轻率——因为我想像西比尔一样，左右逢源，三头六臂，鱼和熊掌兼得，什么也不落下；像罗斯福先生一样，在生活的激流中恣意弄潮。罗斯福女士很了不起，她是当今美国最伟大的道德典范，我在曼荷莲学院听过她的演讲：风趣生动地讲述她如何将佛朗哥排除在联合国组织之外。我相信，单凭她的个人影响力，就足以让美国的自由主义者成为反苏战士。这是一个巨大的成就。我为《大西洋月刊》写了一篇关于丘吉尔的文章，热情洋溢。现在觉得有点过头了。不过这无关紧要。我该停笔了，信纸用完了。致你和罗尼最真挚的问候。

以赛亚

务必回信——请寄到“伊丽莎白女王”号或普罗旺斯埃

[1] 美国漫画画家海伦·霍金森（1893—1949）擅长描绘此类女性卡通形象；在这封信发出的几个月后，她死于一场发生在华盛顿特区的空难事故。
[2] 伯林此处原文为：fin de la saison。

克斯的艾尔瓦雷内酒店。

致艾丽丝·詹姆斯

1949年7月16日［手稿］

库纳德白星航运公司

"伊丽莎白女王"号客轮

亲爱的艾丽丝：

首先我要说，收到你的来信[1]真是太开心了。本想早点给你回信，无奈心境和周遭环境都不许可。我的生活总体而言忙乱而无序，这点想必你也清楚。然而，此次离开比来时更令人焦头烂额。天哪！我突然之间意识到诸多事情尚未完成：答应别人的书评尚未完稿；即将在新英格兰进行的演讲还未着手准备；还有所有其他本不应该应承，却最终应承下来的种种事情。这点一方面要归因于我几乎病态的弱点，无法张口说"不"；另一方面还因为内心有这么一种信念：要么强迫自己尽可能做得更多，要么干脆什么都不做，只需坐在扶手椅上与朋友们谈天说地，快乐度日。你的来信着实让我兴奋不已。我曾一度怀疑，你和比利会觉得我不可忍受。然而友谊的证明令人愉悦无比。我满怀感激，并且保证，只要有空，会常从牛津给你写信——我多么希望你能尽快前来英国，这样我就可以在正常而安宁的境况下从容与你会

[1] 信上日期为6月22日。

面，而非如我前几周在美国度过的日子，忙得昏天黑地，日夜颠倒。前些日子，我去曼荷莲女子学院做了个演讲，并接受了一次采访。不料采访中我的话被《纽约时报》歪曲引用，在我看来，是将我变成了一个三心二意的同路人，胆小怕事，立场不定，不敢公开宣布自己拥护马克思主义。于是
104 我写了封信，声明我是非马克思主义者。随后，在信件发表后，我却为自己公开宣称与稳健的大多数团结一心而感到羞愧难当。的确，我是反对共产主义，但是在持不同政见者被不分青红皂白活活烧死的时候，急着去宣称自己效忠于行刑者，未必是世界上最勇敢的事情，何况其审讯过程令人无法苟同。那封信是哈佛大学教务长[1]建议我写的（我曾经对他说起我对《纽约时报》感到多么气愤），内容听上去像在辩解。我把这些向哈里·莱文也说了，他用毫不留情的方式指出，为了避免被人们视为怯懦，或许我得承受更多的怯懦行为。我认为他说得很对。但我并不感激，因为他屡次触到我的痛处。艾琳娜[2]感到很不安，表现得格外亲切友善。但是我为自己的摇摆不定懊恼了几天。实际上这一切全都微不

[1] 保罗·巴克似乎与情报界过从甚密，或许他曾暗示伯林，联邦调查局可能会对伯林宣称的观点产生怀疑。6 月 30 日伯林在写给乔治·凯南的信中，提到他担心自己会被美国国务院或联邦调查局雇员误解。在其于 7 月 18 日写给父母的信中也写道："《纽约时报》发表了我的辟谣信，有人认为此举未免怯懦，但考虑到联邦调查局等因素，我认为是必要的。"
[2] 艾琳娜·莱文（1913—2006），婚前姓扎鲁德纳亚，其夫为哈里·莱文；俄语老师、评论家和翻译家。

足道，根本没人关注《纽约时报》的报道和我写的信。我感觉像个十足的傻子。我不能再这样跟你絮叨下去了，我要另外告诉你两个插曲，以纪念我的离开。一个温馨怡人，另一个则可气又可笑。第一个插曲发生在我最后一次向挚爱的怀特海夫人告别之后。怀特海夫人与我交往甚深，我觉得她很了不起。我从她家出来时还早（对她而言），晚上十一点半。凝望着那些曾让我感到无比快乐的（如你注意到的）建筑，穿过庭院，信步回家，内心充满了感伤。就在这时，我遇见了柯南特校长。他从我的对面走路回家。见到我，他停了下来，对我即将离开客套了几句。两人愉快地聊了几分钟后，他就罗素最后一本哲学著作[1]中的一些观点问了些问题。他喜欢这本书，而我并不喜欢。我谈了些关于物理学的论点，他进行了反驳。接着两人又将话题转到逻辑学，再到伦理学，谈到为什么人不应该谋害他不喜欢的人。就这样，一小时十五分钟很快就过去了。我们意犹未尽地各自回家，他是睡觉，而我则要通宵打包。柯南特校长让我深受触动：他对抽象问题保持着无穷的好奇心，没有架子，完全不受行政工作或者是公众人物形象的侵蚀。我不曾想到这次交谈会如此别开生面，而机缘巧合，居然会有这样一个交谈，其本身就奇妙无比。他单调、乏味，不是很有想象力，操一口难听的美国农民腔调。但为人热心，非常可爱和实在，做事专注，

[1] 可能指《人类的知识——其范围与限度》（伦敦，1948）。

令人感动。有点孩子气，给人感觉很亲切。我很喜欢他，与他交谈感觉十分轻松自在。对大学校长来说最大的危险——
105 品格高尚的伪善[1]、崇高的腐败、八面玲珑的圆滑、惺惺作态的虚情假意[2]，所有这些都不曾触动到他。莫里斯显然不是太喜欢他；菲利克斯·法兰克福特认为他不如他的宿敌洛厄尔先生[3]；哈里·莱文在我告诉他那晚的谈话之后说，对柯南特校长心生怜悯之心。但是我一点都不赞成他们的态度。柯南特校长看起来是个很真诚、率直的人，我十分钦佩他。他说他理解不了怀特海[4]的哲学思想，认为威廉·詹姆斯[5]和休谟[6]的更好、更伟大。我同意他的观点。怀揣着对午夜怀德纳图书馆的美好记忆，我离开了那里，深受触动，兴高采烈，满怀大学生离开校园时的真挚情感。之后，我去华盛顿向大家告别，却意外得知我的朋友普里查德因选举舞弊被判处两年监禁[7]，我深感悲伤。个人认为这是极度的审

[1] 在 1664 年首次演出的莫里哀所作同名讽刺喜剧中，伪君子答尔丢夫是伪善的化身。
[2] 伯林此处原文为：fausse bohomie。
[3]（艾博特）·劳伦斯·洛厄尔（1856—1943），1909—1933 年任哈佛大学校长。
[4] 阿尔弗雷德·诺斯·怀特海（1861—1947），英国数学家和逻辑学家（与伯特兰·罗素合著《数学原理》），后来对更广博的哲学命题进行了阐释，特别是在移居美国之后。1924 年至 1937 年在哈佛大学任哲学教授。
[5] 威廉·詹姆斯（1842—1910），小说家亨利·詹姆斯的兄长，也是伯林的朋友威廉（“比利”）·詹姆斯的父亲。哲学家、心理学家，对实用主义哲学尤感兴趣。
[6] 大卫·休谟（1711—1776），苏格兰哲学家和历史学家，伯林曾想出版一本关于他的书籍［《伯林书信集》（卷一），原文第 253 页注 3］。
[7] 普里查德于 7 月 14 日被判决，被拘留了一晚后获得保释，等待上诉。

判不公。离开华盛顿后，我去了纽约，柯密特·罗斯福夫人[1]盛情邀请我住下来。我本来也想这么做，却不料发生了令人啼笑皆非的小插曲。抵达纽约两小时后我的钱包被偷了，天知道是在哪儿，护照、离境许可证、库纳德航运公司的船票，还有大约12英镑以及许多证件都丢掉了。此次经历实在是飞来横祸，就在那一瞬间我深刻体会到什么是苏联人所说的身无护照的流浪者、没有根的世界主义者。三十六个小时后就要开船，我精神恍惚，什么罗斯福夫人或是其他人统统抛到脑后，径直向英国领事馆飞奔而去。一个处于困境中的英国人，这类人最不受待见。幸好一个叫弗朗西斯·伊文斯[2]的总领事是我的老熟人，因此所有事情得以妥善解决。领事馆官员与华盛顿方面通了电话，在酷热的天气里来回奔波。我总归是可以离开了。我必须向罗斯福夫人解释，我也的确给她发了电报为我的"临阵脱逃"表示惋惜。这件事的经过真像是一场噩梦。丢失的东西尚未找到，某些国际罪犯肯定会利用我的护照。我可能很快就会被误认为是罪犯而遭逮捕。如果你看到报道称我已经被捕，并且被关进了布里克斯顿监狱，你会明白其中的真相，即便无能为力救

[1] 玛丽·洛厄（"波莉"）·罗斯福（生于1918年），婚前姓加迪斯，是柯密特·布拉克（"金"）·罗斯福（1916—2000）的夫人。其夫是西奥多·罗斯福总统的孙子，亦是中央情报局特工。
[2] 弗朗西斯·爱德华·伊文斯爵士（1897—1983），外交官，1944—1950年在纽约担任总领事，1952—1954年任驻以色列大使，1954—1957年任驻阿根廷大使。

我出来也不要紧。此刻四周安宁且平静，回首这一切感觉极
106 佳。船上几乎没有熟人，与我同桌的是个天主教牧师，人很好，德国人，很自由，很左翼，来自辛辛那提市。会再给你写信，同时也再次感谢你们在我深陷窘境，举目无亲时给予的帮助。将最美好的祝愿送给你和比利。

你的

以赛亚·伯林

致玛丽埃塔·特利

1949 年 7 月 16 日［手稿］

库纳德白星航运公司

“伊丽莎白女王”号客轮

亲爱的玛丽埃塔：

此刻我正沉浸于忧思之中，我现在乘坐的客轮在外观上像极了“玛丽女王”号，但是不得不感叹物是人非，周围的人是完全不同了。或许休息、睡觉、安宁、紧绷的神经、每况愈下的身体和上了年纪等这些还算可以，但不管怎样，反差实在是太大了，令人伤心难过。我认识的这些人，你将会了解，不是一般的招人嫌，而是格外令人生厌。我对他们唯恐避之不及。第一件事是关于希斯的案子。发生在华盛顿（原文如此）马萨诸塞州坎布里奇（有很多杰出人物），在我向大家做最后告别之后。他可能确实有罪（天哪，他的朋友甚至对那些有此猜测的人都充满憎恨），但我感觉他是在缺

乏确凿证据的情况下被判刑。还有我可怜的朋友普里查德，他的遭遇就像一场噩梦。他或许确实给肯塔基州波旁郡塞过选票。但就算他真的这么做了，也不过像那些顽皮的男生一样，为了展示他们不是故作正经、新政中自命不凡的文化人。法官说他们的这种行为破坏了民主基础，此话从某种意义上而言可谓完全正确。可怜的普里查德因这样一件微不足道的琐事而惨遭打击，可真正的罪犯[1]却安然逃脱。我着实为此事感到惋惜和愤愤不平，担心他会自杀，尽管我去看望时（定罪之前）他发誓不会。他是我认识的最好的人之一，也是最乐天、最热情、最富想象力、勇敢无畏并且政治上绝对可靠的人，道德上也无懈可击。虽然他像小男生一样，傻乎乎地干过蠢事（我想，不过是在那个结果早已确定的郡投了两三张伪造选票[2]）。说完这件令人伤心的事情，我要告诉你一件滑稽事来放松一下。在客轮起航前的二十四小时，我在麦迪逊大道的公交车上丢了钱包（千万要像远离黑死病一样远离公交车！一时心血来潮的经济意识让我误上了公交车），或者是被人偷了。钱包里有我的护照、库纳德航运公司船票、离境许可证、12英镑以及各类证件。这次的损失实在惨重，是艾登先生拒绝带我去波茨坦以来发生的最糟糕的事件。悲伤、震惊、绝望，五味杂陈。我飞奔到英国领事

[1] 伯林指的是凡克，他被无罪释放。之后普里查德供认他本人、凡克和另外一人都有罪。
[2] 实际发现的伪造选票为254张。

馆。大约有十分钟时间他们像对待处于困境中的英籍人士一样对我，给了一堆我怀疑只能到英格兰的文件，根本到不了
107 我计划中的普罗旺斯埃克斯。就在那时，一张熟悉的面孔出现了，是亲爱的老里德—亚当[1]（别管名字对不对），他是商务领事，1943 年那段美好的日子里在英国使馆任职，被我一些身居要职的朋友看不起。但此刻他是我的朋友、伙伴，更是一个保护者。我顿时松了一口气，感激的泪水夺眶而出。取代一张张文件的是一本有效期为一年的护照。情况基本好转。这时总领事弗朗西斯·伊文斯风度翩翩地走进来。他以为我是来看望他的，并跟我回忆起那段旧时光，在外交部与形形色色的乔克、杰克、德里克、约翰·拉塞尔等同事在一起的日子。[2] 领事馆的职员们个个面带敬畏之情，洗耳恭听。待我把面临的困境一说，我的护照有效期被延长至五年，所有的繁文缛节一概省去。我体会到斯坦利[3]先生说的至理名言：人脉决定一切，千真万确。接着，整个领事馆的人都通过电话被叫过来，就像《荣归主颂》中所言，我得

[1] 兰德尔·里德—亚当（原文如此）（1912—1982），英国领事，1947—1949 年担任英国驻纽约领事，1949—1952 年担任商务总领事；早在战时，里德—亚当任职于华盛顿经济作战部时就与伯林认识。
[2] 伯林的这些战时同事可能指外交官约翰·（乔克）·贝尔福（原文第 442 页注 2）；约翰·（杰克）·奥吉尔维·伦尼（1914—1981），后（1968）成为军情五处负责人；弗雷德里克·罗伯特·霍耶·米勒（1900—1989），1961 年受封因茨伊拉男爵一世；再就是约翰·里奥谢思利·拉塞尔（1914—1984）。
[3] 奥利弗·弗雷德里克·乔治·斯坦利（1896—1950），德比公爵十七世之子，国会议员，英国保守党资深成员，在工党执政前，曾数次担任内阁职务。

到了无上的荣耀。我像丘吉尔先生一样被介绍给所有人，随后带着亲切和蔼但又不无距离感的微笑离开了那里，与那些因为与哈利法克斯爵士和奥利弗·弗兰克斯先生是老相识而显得尊贵的人没有两样，他们有时不得已也利用过领事馆偏离常规的便利。接下来便真的一帆风顺了。但是没有你和罗尼，没有朱迪和艾琳，也没有和蔼可亲的罗斯柴尔德、卡茨[1]、帕金斯[2]——更没有卡特可夫博士！那么船上都有谁呢？有来自克利夫兰市的西尔弗拉比[3]，声如洪钟，强壮如牛，是最极端的犹太复国主义煽动者，共和党人，魏茨曼博士的反对者，本质上的恐怖主义者，一只没有眼泪的鳄鱼。还有更坏的约翰尼斯·斯蒂尔[4]，一个软弱无能、献媚虚伪的家伙，贪污腐败的德国人。即便在一个体面坚定的共产党人眼中，他也太道德败坏了。他认识我——1941 年他与罗尼共同作战时曾收到过我的信。更坏的是（实际并非如此）

[1] 或许指弥尔顿·卡茨（见原文第 445 页注 3），当时任哈佛大学法学教授，美国驻欧洲的特派副代表，相当于大使级（负责实施马歇尔计划）。

[2] 麦洛·伦道夫·帕金斯（1900—1972），政府官员，曾在亨利·华莱士担任农业部长期间及战时经济委员会为其工作；之后担任了外国投资顾问。他和妻子——婚前姓萨隆·基德（1902—1976），在华盛顿建成了小有名气的杜鹃花公园，缅怀两个在战争中牺牲的儿子。

[3] 阿巴·西莱尔·西尔弗（1893—1963），出生于立陶宛，改革派拉比，犹太复国主义领袖；1917—1963 年任克利夫兰以色列犹太教堂拉比，1945—1947 年担任美国犹太人事务所主席；对联合国通过巴勒斯坦分治决议起到重大作用；此外，他还是一名出色的演说家和高产作家。

[4] 赫伯特·约翰尼斯·斯蒂尔（1908—1988）的职业名字，美国政治话题电台评论员，1946 年美国劳工党国会候选人（得到亨利·华莱士和共产党的支持）。

109 雅各布·马利克[1]先生，苏联驻联合国大使。我正巧与他坐在一起，是个健壮、快活的粗野之人，我大胆地用俄语（错误百出）向他打招呼。之后他和他的夫人就不见了，此刻正在他们的船舱里用餐。乘务长不明白这是怎么回事，用猜疑的眼神看着我。其他的同行旅客都很可爱。帕西夫人，显然不是她的本名（可能是帕西上校[2]的夫人），是一个来自奥特伊的有钱寡妇；一个来自密歇根州的花商，78 岁高龄，说话粗鲁，开玩笑没个深浅，令来自俄亥俄州克利夫兰的罗斯先生和夫人目瞪口呆；罗斯先生是个商人，来自科罗拉多，之前从未出过国门。其夫人十分友善，介绍大家互相认识，开始时她对我有点怀疑，直到西尔弗拉比向她介绍了我的“背景”才释然。上帝助我！他们准备用三周时间去欧洲观光，问题是，他们应该去比利时、荷兰、卢森堡（他们不知道梅斯塔夫人阁下[3]）还是瑞士呢？阿尔卑斯山脉会比洛基山脉更美不胜收吗？最后要说到的是来自辛辛那提的拉特克主教[4]，人很好，准备去接 400 名德国牧师到美国。他知

[1] 雅各布·亚历山大洛维奇·马利克（原文如此）（1906—1980），苏联外交家、政治家，1946—1948 年担任外交部副部长，1948—1952 年担任驻联合国大使，1953—1960 年担任驻英国大使；伯林乘“玛丽女王”号出国旅行期间与他同船。
[2]“帕西上校”是安德烈·德瓦维瑞在战争时期的代号。他是自由法国军事情报机构的主要成员。
[3] 珀尔·里德·梅斯塔（1889—1975），婚前姓斯格温，美国女政治家，哈里·杜鲁门的忠实拥护者，1949—1953 年任驻卢森堡大使。她是欧文·伯林 1950 年的音乐剧《称我夫人》中女主角的原型。
[4] 无从查证，可能指 Rathke（“拉特克”）。

道斯佩尔曼[1]，认为旅行比向托马斯[2]学习更有趣。（他说这话时，我们俩手挽手行走在甲板边上，把J. 斯蒂尔吓得再不见了踪影。）罗斯先生讨厌罗斯福，准备将选票投给塔夫特[3]（不要错怪他，他很有才干，是很优秀的美国人）。他对这种将更多的难民引入美国的做法不是很赞成。虽说也是西尔弗拉比圣会的成员，但他反难民的态度十分坚决。不过倒乐意接受100名牧师，不论他们是天主教徒还是新教徒。他的夫人为其仇外心理表示担心，向我保证他们是亲英的、亲以色列的、亲杜鲁门的，诸如此类；并向主教说，他们认为罗马教会很不错。除此之外还有一位保罗·纳兹·罗森斯坦—罗丹博士[4]，接替卡特可夫，但比他差远了。他告诉我，凯恩斯[5]和芭芭拉·沃德[6]都称他为罗西。他对后者的性生

[1] 弗朗西斯·约瑟夫·斯佩尔曼（1889—1967），1939—1967年任纽约天主教大主教，1946年任红衣主教。

[2] 大概指基督教神学家托马斯·阿奎那（见原文第418页注1）。

[3] 罗伯特·阿方索·塔夫特（1889—1953），律师，1939—1953年任俄亥俄州的参议员，1940年落选，1948年和1952年被推举为共和党总统候选人。

[4] 保罗·纳兹·罗森斯坦—罗丹（1902—1985），经济学家，出生于波兰，1930年移居伦敦；1947年之前都在伦敦大学和伦敦政经学院任教。1947—1953年在世界银行经济部担任副主任，1953—1959年任麻省理工学院客座教授，1959—1968年任教授。

[5] 经济学家约翰·梅纳德·凯恩斯（1883—1946），1942年受封蒂尔顿凯恩斯男爵。

[6] 芭芭拉·玛丽·沃德（1914—1981），1950年嫁给罗伯特·杰克逊，1976年受封罗兹华斯的杰克森男爵夫人，经济学家、新闻记者、作家，1939—1950年担任《经济学人》副主编（之后为外国新闻编辑），1946—1950年任英国广播公司主管，1957—1968年哈佛大学访问学者。

活表示担忧，坚持认为她过的是无性的生活。你还记得冈波斯先生[1]吗？罗森斯坦—罗丹博士与他很像，但更加友善。110 他甚至愿意将我的行李带到他那里。与斯坦利先生的弟弟[2]一样，偶尔喜欢把英国称为“祖国”。你什么时候离开呢？希望在我跟你告别前别走。我会在大约8月9日或7日或8日回国，前提是我的护照等证件不再被偷，还有坏蛋们没有滥用我丢失的证件，害我被关进布里克斯顿监狱。我会给迪奇利庄园打电话，要求去往那里。我迫不及待地想告诉你关于哈佛大学以及午夜时分与柯南特博士在校园古榆树下的交谈（此事最感人也最有趣）。现在我得去找行李员，我的手提箱开裂了。西尔弗拉比过来请我去玩金罗美牌。真怀念“玛丽女王”号客轮。朱迪状态很好，乔的父亲口无遮拦，说乔不和那个女孩结婚真是太傻了。朱迪·科普隆[3]小姐是个傻子。联邦调查局真是太强大了。

爱你的

以赛亚

[1] 可能指久洛·冈波斯·德·贾克法（1886—1936），1932—1936年任匈牙利总理，有法西斯倾向。

[2] 可能指爱德华·蒙塔古·卡文迪许·斯坦利（1894—1938），德比伯爵十七世的儿子，奥利弗·斯坦利的弟弟，保守党政治家，1938年任自治领事务大臣（跟随其兄进入内阁）。

[3] 朱迪斯（“朱迪”）·科普隆（生于1922年），后姓索科洛夫，司法部分析员，苏联特工，1949年和1950年分别因间谍和阴谋活动被判罪。但两项罪名均因技术性问题而被推翻，部分原因是因为FBI进行了非法电话窃听。

致阿瑟·施莱辛格

1949 年 7 月 18 日［手稿］

库纳德白星航运公司

“伊丽莎白女王”号

亲爱的阿瑟：

船上的日子安静、祥和。不过在这里我遇到了一群精明却不太和善的匈牙利经济学家——1937 年我在牛津某人的家里曾与他们见过一次。此外我还遇到了嘉宝小姐[1]和俄国的雅各布·马利克先生。别急，让我一一道来。首先，我来介绍一下雅各布·马利克先生。他金色头发，块头很大，言行粗俗，典型的后李维诺夫式的人物[2]。他与我同坐一桌，当时我正与克利夫兰夫妇在桌子的另一头交谈。其间，我不得不中断交谈，转向马利克先生话中有话地提醒他——我听到了他和他妻子的所有谈话内容，他最好意识到这点——这一举动明显是为他着想，可他看起来不太高兴。他正态度殷勤地大讲特讲美国社会追求财富的不择手段；将 19 世纪俄国的资本主义剥削制度与推行于欧洲诸国，发挥类似作用的马歇尔计划作对比；他用“有趣的”一词推荐约翰尼斯·斯

[1] 葛丽泰·嘉宝（婚前姓葛丽泰·路维萨·古斯塔夫森）(1905—1990)，瑞典女演员。

[2] 马克西姆·马克西莫维奇·李维诺夫（1876—1951），原名米尔·杰诺克·莫西维克·瓦拉克—芬克尔斯坦，有时也被称作马克斯·瓦拉赫，1930—1939 年任苏联外交部长，1941—1943 年任副部长，1941—1943 年任苏联驻美大使，在使苏联走向国际社会方面起到了重要作用。

蒂尔的作品，而约翰尼斯·斯蒂尔本人也恰巧在船上，他显然跟我们俩都熟悉。(1941 年，J. 斯蒂尔曾经是我的一个客户，那时他的真面目尚未大白于天下。之前我一直躲着他，但是我猜想今晚玩宾戈游戏时会与他碰面。）晚餐时，
111 马利克先生不见了踪影。很明显，他们认为这艘船上危机四伏——密探无处不在，原始的英国情报策略。你不妨跟奇普说说，我实在没有精力给他写信，让他下次与马利克先生见面时向他打听我的情况。我敢保证，很快就会有一份报告送往莫斯科。在船上，在整个“伊丽莎白女王”号毫无征兆的噩梦旅程中，除了吃饭和睡觉，便是回想你对我的热心帮助，对你的感激之情，纵然用万语千言也难以言表［……］至于嘉宝小姐，上帝！真是无知。由于种种偶然，在派对上我与她相邻而坐。她的愚蠢与她难以置信的美貌不相上下。她费尽心机、语调缓慢、毫无新意地讲述 1925 年发生在爱尔兰人、苏格兰人身上的奇闻逸事。这些故事老套乏味，与“朱莱卡·多卜生”[1]一样毫无精彩亮点。她的职业陪伴乔治·施里[2]是白俄罗斯人，讲的故事也和她讲的一样，但更不合时宜，还爱喝酒。现在我总算知道，嘉宝小姐为什么要用口红（有些人认为她应该用）；为什么嘉宝小姐喜欢切斯

[1] 麦克斯·比尔博姆于 1911 年创作的同名讽刺小说中的女主人公，她的美貌使一代牛津大学学生愿意为她自杀。

[2] 乔治·施里（1901—1964），企业家，担任女演员嘉宝的职业陪伴和经纪人长达二十年之久；他的妻子是时装设计师瓦伦蒂娜·施里。

特菲尔德牌香烟胜过骆驼牌香烟（或恰好相反），因为她也说不出有何区别，但也许其中的确有什么不同吧。她发出清脆的“哦哈哈”的怪笑——听起来令人毛骨悚然。马戏团的约翰·瑞林·诺斯[1]先生不失时机地当着我的面邀请嘉宝小姐乘坐专车到巴黎，本来是给大象乘坐的，再适宜没有了。不过她是我这代人崇拜的偶像，这点我看得出来。请一定给我回信，保重身体，并代我向玛丽安[2]问好。

以赛亚

这封信非常荒诞，为此献上真诚的歉意！ 112

[1] 约翰·瑞林·诺斯（1903—1985），马戏团主瑞林兄弟的侄子，分别在1937—1943年以及1947—1956年任瑞林兄弟和巴纳姆—贝利马戏团总裁（该团有“马戏之王”美称）。

[2] 玛丽安（此处为Marian，原文如此）·施莱辛格（生于1912年），婚前姓坎农，画家兼作家，阿瑟·施莱辛格的第一任妻子。

1949—1951：新学院与全灵学院

我许下太多的承诺，追求过多的享乐，各种享乐与责任常常相互冲突，让我深陷其中纠结不已。[1]

四十二岁还一事无成，却已耷拉着松弛的肌肉，真
113 可怕！[2]

[1] 致休·特雷弗—罗珀，1950 年 9 月 6 日。
[2] 致詹妮弗·哈特，1951 年 8 月。

到了瑟堡后，伯林在巴黎逗留了两天，然后才前往普罗旺斯埃克斯参加音乐节[1]，他和帕特里西娅·德·本德恩都是罗兰·博登—穆勒邀请的客人。

致约瑟夫·艾尔索普

1949年8月1日［手稿］

普罗旺斯埃克斯

亲爱的乔：

那么，现在情况如何？我指的是普里奇的近况如何？我想给他写信，可是没有他的任何消息，又无从写起。他是不是在劫难逃？他还活着吗？他还在斗争吗？请告诉我［……］巴黎不热，是个令人愉快的城市。我在巴黎遇到阿历克斯·德·罗斯柴尔德[2]，她准备去萨尔茨堡：我蠢蠢欲动想跟她去，但又觉得那地方纳粹信徒太多，最后还是决定做我该做的事，到离卢塞恩不远的布尔根施托克追随[3]魏茨曼总统及其侍从随行几日，在那儿我除了被洗脑，耳边常伴魏茨曼夫人刺耳的话语外，就没什么别的可做，不过我的任务倒是更清晰了：比如参加沃克夫

[1] 始于1948年，该音乐节最初只演奏莫扎特的歌剧。音乐节的最初保留剧目是《女人心》；1949年新推出《唐璜》，伯林认为这个歌剧“非常真实”，“就像牛津的生活”。致埃利奥特·菲尔金，1949年7月（应为8月）8日。

[2] 阿历克斯·赫米内·珍尼特·德·罗斯柴尔德（婚前姓沙伊·德·科隆娜）（1911—1982），盖伊·德·罗斯柴尔德的第一任妻子（1937—1956）。

[3] 伯林此处原文为：auprès du。

妇举办的晚宴[1]。中午我和苏珊·玛丽[2]、比尔[3]一起用餐，他们准备飞伦敦，再飞迪奇利去参加特利最后一次，也是最盛大的告别舞会。没有人会不喜欢特利夫妇，许多人还特别喜爱他们，这次告别舞会想必非常精彩。我的旧相好帕特里西娅·德·本德恩夫人未受到邀请，还写信向我抱怨。在我看来，苏珊·玛丽好像有点悲伤。或者我判断错了？她很关心普里奇，并请求把他的消息转达给大使夫人[4]。比尔说司法部门的朋友告诉他凡克案已基本结案[5]，但爱德华的案情还没有定性，全是因为阿德里的缘故吗？[6]天哪！真希望你能告诉我该怎么做。他的近况似乎让伦敦的朋友们个个情绪低落：显然，我有道义与责任恢复他
115 的名誉，我必须做点什么。此外这里还有一个可怕的传闻，说

[1] 可能指约翰·沃克（1906—1995）和他的妻子玛格丽特（格温德伦·玛丽）（1905—1987）。1939—1956 年任约翰·沃克任华盛顿国家艺术馆馆长，1956—1969 年任董事，玛格丽特（格温德伦·玛丽）（婚前姓德拉蒙德）是第珀斯伯爵十六世的女儿。
[2] 苏珊·玛丽的第二个儿子马上就出生了（第一个儿子是她和达夫·库珀的私生子）。
[3] 小威廉·S. 帕顿（1909—1960），1944—1955 年就职于巴黎美国使馆，1955—1958 年就职于巴黎世界银行；肺气肿长期折磨着他，并最终夺走了他的生命。
[4] 可能指伊万杰琳·布鲁斯（婚前姓贝尔），新任美国大使戴维·布鲁斯的妻子（原文第 145 页注 3），爱德华·普里查德曾与之相恋。
[5] 联邦调查局提供的笔迹证据，指证凡克伪造了大部分选票，对此辩方提出异议，陪审团也不予以采纳。
[6] 菲利普·彭德尔顿·阿德里（生于 1914 年），一直是普里查德的法律合伙人，后来由于政治上与私人间的矛盾，他们终止了法律合伙关系；在诉普里查德一案中，他主动给联邦调查局提供重要信息。但是伯林这里可能是指阿德里的父亲威廉·布莱肯里奇·阿德里法官（1887—1967），尽管（或许由于）阿德里在选票舞弊调查一案中扮演的角色，普里查德曾向他承认自己的罪行（辩护律师认为普里查德和他的谈话应予以保密，但被驳回），阿德里在审判中提供的这个不利证据是对普里查德定罪的关键因素。

鲍拉博士在哈佛大学的讲座从来就不受欢迎：我应该彻底阻止这一流言蜚语。我要百分之百地忠诚于鲍拉博士，不惜代价地[1]捍卫其名誉，并坚决打倒日益强盛的敌人。天哪！华盛顿似乎正在准备宣布一个令人诧异的任命？这个克拉克[2]是谁？难道他不是那种很无知的人吗？（这是格尔德夫人对贝文先生的看法，我开始认同这一观点。）《纽约先驱论坛报》[3]对此所持的观点很明智。（传闻该报准备出售？这简直是胡说八道。说实在的，阿瑟不负责任的插手导致恶性循环，他必须停止干预。）这里的音乐会棒极了，我的哈佛学生成群结队地拥去听音乐会。这里太热，没法写东西。博登—穆勒先生正和莉莉·帕斯特雷伯爵夫人[4]追忆孟德斯鸠[5]。他——我指博登—穆勒——正在吹嘘他与亨利（"齐普思"）·恰农[6]的相遇：1918年，在巴黎丽兹大酒店亨

[1] 伯林此处原文为：coûte que coûte。
[2] 托马斯·坎贝尔（"汤姆"）·克拉克（1899—1977），1945—1949年任美国司法部长，1949—1967年任最高法院的陪审法官。杜鲁门后来认可伯林的评价，称克拉克是"鸡婆的傻儿子，是他见到过的最愚蠢的人"。墨尔·米勒，《直言不讳》（纽约，1974），第226页。
[3] 共和党的《纽约先驱论坛报》，1924年创刊。1947年其出版商欧格登·米尔斯·里德去世，之后《纽约先驱论坛报》开始走下坡路，但他的家人仍继续发行该报纸，直到1958年被收购。
[4] 莉莉·帕斯特雷伯爵夫人（婚前姓都伯乐·德·圣·兰伯特）（1891—1974），富有的艺术赞助商，是这次音乐节的创办人之一。
[5] 孟德斯鸠—费赞萨克·罗伯特伯爵（1855—1921），法国象征主义诗人、唯美主义者、社会活动家、批评家、艺术赞助商，据说普鲁斯特《追忆逝水年华》中的查琉斯男爵就是从他那儿获得灵感的。
[6] 亨利（"齐普思"）·恰农（1897—1958），出生于美国，1935—1958年任右翼保守党参议员；狂热的绥靖主义者，鼓吹欧洲贵族制，因其日记（死后出版）而出名。

利（"齐普思"）主动上前与他说话，当时两人尚不认识。我得给三个刚去世的朋友之妻写吊唁信。昨晚和朱迪在一起，很开心，可惜你在纽约无法抽身。一定给我写信：说实在，没有互动我就不想写，对方有兴趣我才有动力。说也奇怪，在哈佛我从不浪费时间，我恪守清教传统，不浪费一分一秒；但是，居然还没写完一本书，真是怪哉。得抓紧写了。

以赛亚

伯林乘了一夜火车抵达日内瓦，和埃利奥特·菲尔金同
116 住一间，伯林给出席洛桑会议[1]的以色列代表团发表演说，之后前往离卢塞恩（卢塞恩正在举办另一个音乐节）不远的布尔根施托克拜访哈伊姆·魏茨曼和薇拉·魏茨曼。

致罗兰·博登—穆勒

星期二［1949年8月8日，手稿］

布尔根施托克酒店[2]

亲爱的罗兰：

谢谢你的来信，我读得很开心。你的信让我想起在埃

[1] 该会议由联合国巴勒斯坦事务调解委员会召集，与会代表来自以色列、埃及、黎巴嫩、叙利亚、外约旦和巴勒斯坦的难民，会议从1949年的4月一直持续到10月，会议试图解决1948年阿以战争以来未解决的争端，主要包括边界争端、耶路撒冷的地位、难民的遣返、他们的土地和财产处理和以色列提出的战争赔偿。调解以失败告终。

[2] 布尔根施托克一直以来是卢塞恩湖畔奢华的度假区，伯林住在皇宫大酒店。

克斯—迪克斯十天的日子[1]——我作为以色列总统的随行人员，这十天在我现在看来犹如田园诗般的美好。我本打算今天离开这儿，但意志不坚定，经不住引诱，准备逗留到星期四，因为周四有个音乐会，让我痴迷的钢琴家埃德温·费歇尔[2]将弹奏贝多芬的第三协奏曲；另外，保罗·克雷兹基（应该是克莱茨基）[3]（他是个有才华的波兰人，但他在英国并不出名）将有一场试演，我虽然从未听说过他的名字，但他很吸引我。总统先生身体有些不适，因此没能出席这场户外音乐会，音乐会指挥赫伯特·冯·卡拉扬[4]并不是“彻头彻尾的”纳粹，这也好。日内瓦很热，我特别提醒你不要搭乘法国列车的坐卧两用车厢，坐卧两用车厢令人难以忍受，很脏，到处是煤灰，挤满了女人和孩子，比硬座车厢更糟。而且也不要搭乘去马赛的汽车，在酷热下该车站只留下一个行李搬运工，而且搬运工离车站还较远。我就像《魔笛》中的王子，以耐心、悲怜、坚忍克服了所有这些困难，到达日内瓦时已筋疲力尽，我没有直接前往洛桑，在菲尔金公寓里借住了一宿，收听萨尔茨堡电台播放的《费德里奥》。福特

[1] 伯林此处原文为：Journèes，也许是指约翰·里德对俄国革命的见证与叙述——《震撼世界的十天》。

[2] 埃德温·费歇尔（1886—1960），瑞士钢琴家和指挥家。

[3] 保罗·克雷兹基（克莱茨基）（1900—1973），荷兰小提琴手、指挥家和作曲家。

[4] 赫伯特·冯·卡拉扬（1908—1989），奥地利指挥家，1933 年后与纳粹党有染，因而受牵连；1955—1989 年任柏林爱乐乐团音乐总监。

文格勒[1]和弗拉格斯塔小姐[2]拖着长音在演唱，他们把《费德里奥》演唱成一种可怕的被拉长的瓦格纳印度橡胶的风格，韵律紊乱优美，呈现典型日耳曼式的、非浪漫的、温润的演唱风格，但我不喜欢，和莫扎特、格卢克或贝多芬风格完全不同，却类似韦伯—舒曼—瓦格纳式软绵绵的风格，我很不喜欢这种风格。第二天我继续赶路到了洛桑，在那我以大叔的姿态与来自圣地（巴勒斯坦）的外交官谈话，但他们能接受。我说他们这个小国家没有绅士风度，虽令人畏惧，却不讨人喜欢，除非他们推行公民自由与公正的政策。在那儿我还遇见新上任的美方调解人保罗・波特先生（前任调
117 解人[3]生病退休了)，保罗・波特先生[4]是我们新政的坚定支

[1] 威廉・福特文格勒（1886—1954），德国指挥家；1922—1934 年以及 1952—1954 年任柏林爱乐乐团音乐总监；战后，经常在萨尔茨堡音乐节上指挥《费德里奥》。

[2] 柯尔斯滕・玛弗里・弗拉格斯塔（1895—1962），挪威歌剧女高音，尤以演唱瓦格纳歌剧作品而出名。“Froken”在挪威语中意为“Miss”（小姐）。

[3] 马克・福斯特・埃思里奇（1896—1981），报业巨头和政府官员，肯塔基州路易斯维尔《信使报》（1936—1963）的发行人，美国国务院巴尔干政治形势的调查员，联合国巴勒斯坦和解委员会的美方代表（1949）（其他代表来自法国和土耳其），福特基金的理事会成员（1954—1967）。他后来回忆自己与联合国巴勒斯坦和解委员会的短暂经历：“美方代表已指定人选，他善于判断形势，所以他成天饮酒作乐。我在最后时刻被召来。[……] 我顾虑重重，迟疑不决，最后杜鲁门发脾气了，他说，‘听着，我明天就可以让成千上万的杂种发动战争，但不能找到一个狗娘养的去帮我调停局势？’[……] 我花了一天的时间培训，了解巴勒斯坦几千年的历史。[……] 双方都没有和平意愿 [……] 最后我不得不要求辞职，并推荐保罗・波特 [……]；但他也无能为力，没人能推进和平事业。”马克・福斯特・埃思里奇口述的历史访谈，杜鲁门总统博物馆和图书馆网站，http://www.trumanlibrary.org/oralhist/ethridge.htm，2008 年 1 月 10 日查询结果。

[4] 保罗・阿尔德曼特・波特（1904—1975），记者、律师、政府官员，1947 年任驻希腊的美国经济代表团成员，1949 年任联合国巴勒斯坦和解委员会的美方代表。

持者，他对我谦恭有礼，这大大提升了我在以色列人眼中的威望。以色列人的问题不仅源于他们潜意识的信仰（他们的信仰来自他们的历史经历），即美德总是被抛弃，只有强硬才奏效，而且还在于他们的排外主义与对外界舆论的置若罔闻，此外他们对其联合国同事的话偏听偏信，并捧为国际舆论，而他们的联合国同事通常都是些愤世嫉俗的家伙，每天就热衷于互相吹捧。我尽了最大的努力，他们只表示愿意授予我特拉维夫的范西塔特男爵[1]这一地位显赫、可以世袭的称号。之后我前往卢塞恩。魏茨曼博士主要精力都投入解决化学研究所[2]的大小事上。不过，我跟他详细讲解博登—穆勒学说，他似乎完全赞同。在整个阐述过程中，他说的一个关键词就是“没教养！！”，这直接触及他们所有人的痛处。我想我已经说服他开创一个新传统，即给议会做年度演讲，一个面向全国、面向世界[3]的演讲，演讲得正式且隆重，并借此机会大张旗鼓地向公众宣扬正义事业。我周四晚上离开之前，有必要在相关问题上跟踪他的想法。毫无疑问，他很善于接受新思想，并认同后伯纳多特犬儒主义者造成很可怕的影响，他们的恶劣影响有多大还有待观望。［……］代我

[1] 罗伯特·吉尔伯特·范西塔特（1881—1957），德纳姆的范西塔特男爵一世，外交部的常务秘书（1930—1938），1938—1941 年任对外秘书处的首席外交参赞。
[2] 丹尼尔·西弗研究所，由魏茨曼创建于 1934 年，该研究所迅速扩张。1949 年 11 月，该研究所更名为魏茨曼科学研究所。
[3] 伯林此处原文为：Urbiet orbi（致罗马城，致全世界）。古罗马的俗套话，现用于某些教皇书信中。

问赛勒姆夫妇[1]好：我发现自己成了哈尔本夫人的好朋友，她认识赛勒姆，还说赛勒姆是土耳其人。

爱你的

118 伯林

伯林终于回到家，回到急切盼他归来的父母身边，并继续他在哈佛大学时就已着手的学术研究。但他的坐骨神经痛不见好转。

致玛丽埃塔·特利

[1949年8月中旬，手稿]

霍里克罗夫特大道49号

最亲爱的玛丽埃塔：

当鲍勃·布思比听说我坐骨神经痛时，说："疼痛会过去的，但疼痛发作期他的生活将会变得更糟糕。"实际上，我觉得自己就像歌剧中的凯鲁比诺[2]，狂吃暴饮的日子已过去了——不过也许还没过去。让我更加困惑的是，你说我是那种充满恐惧、极度焦虑、劳累过度、胆小忧郁、性喜内省的

[1] 拉斐尔·赛勒姆（1898—1963），数学家，主攻傅里叶级数，出身于萨洛尼卡的西班牙裔犹太家庭，在巴黎求学，擅长法律、科学和工程学。在银行上班的同时，研究数学，作为爱好，1940年获数学博士学位，1940年移民美国，1941—1955年在麻省理工学院教数学，1950—1955年任麻省理工学院教授与卡昂大学数学教授（在美国与法国间穿梭），1955—1963年任巴黎大学文理学院教授。他的妻子原名艾德里安娜·金泰利·迪·朱塞佩（1903—1976）。
[2] 莫扎特歌剧《费加罗的婚礼》中的人物。

偏执狂吗？如果不是，我为什么会遭受如此折磨？这难道是我活该受罪？是否有某种奇怪的东西在作祟？或者你是不是会告诉我，一个可怕的恶魔正潜伏在我潜意识的深处，而且这种弗洛伊德式的潜意识压抑是不会轻易消失的。可怕的想法。所有表面看起来单纯的生活都是假象，其背后隐藏着不知怎样的恐怖。或者我真的工作过度，劳累过度了吗？会有人相信吗？无论如何感谢你曾邀请我到迪奇利庄园，用鲜美的牛奶和饼干招待我。我大概 8 月 25 日回牛津，如果我能抽空离开几日，希望能在你那小住，我将不胜感激。但愿指派给我的（原文如此，的确）暑期班别让我忙得抽不开身。可以的话，我回来后会给你打电话。我为苏珊·玛丽感到高兴：我担心这孩子会很瘦小，瘦得就像一个拒绝酒色的新英格兰清教徒，或者瘦得像耽溺酒色的放荡之徒，令人不忍目睹。我将饶有兴趣地坐以观望。

问罗尼好，并再次感谢你！

以赛亚

致保罗·布鲁克斯[1]

1949 年 8 月 19 日

新学院［应为霍里克罗夫特大道 49 号？］

亲爱的布鲁克斯先生：

感谢您的来电，这封电报费了好些时日，跋山涉水，跨

[1] 保罗·布鲁克斯（1909—1998），出版商、环保主义者和作家，1943—1967 年任霍顿米夫林出版社的主编（见原文第 135 页注 2）。

越欧洲大陆最后才抵达我这儿。阿瑟·施莱辛格转达给您的信息是完全正确的，感谢他把信转交给您——对我真是
119 太好了。我计划写一本书，这本书将基于我今年在哈佛春季和夏季学期的讲座，我的讲座是有关1825年以来的俄国激进思想家的。1825年十二月党人起义[1]爆发，以1881年沙皇亚历山大二世[2]被暗杀而告终。我选择这一时期的理由是，这些令人感兴趣的人物就生活在这个时期，他们作为历史事件的先驱往往比当今的实干家更令人着迷。因此我打算写系列章节，每章一个中心人物，如批评家别林斯基[3]、大出版商亚历山大·赫尔岑[4]、变革鼓吹者米哈伊尔·巴枯

[1] 1825年12月14日，一群受西方影响、具有自由主义思想的军官在圣彼得堡发动一场起义，但失败了。这是俄国的第一次革命暴动，起义意在推翻俄罗斯的专制政府，组建君主立宪政府。

[2] 亚历山大二世（1818—1881）于1855年继承其父尼古拉之位，成为沙皇。总体而言他是个改良主义者，1861年解放农奴。他被革命极端分子暗杀。

[3] 维萨里昂·格里戈里耶维奇·别林斯基（1811—1848），激进的记者、报纸编辑、杂文家、文学批评家，他认为传播正义与道德的文学有助于改良社会。他1847年的“致果戈理之信”成了俄国自由主义思想的宣言（并因此在美国成为禁书）。

[4] 亚历山大·伊万诺维奇·赫尔岑（Gertsen是德文名字Herzen的俄语音译，在德语中Herz指“心”，他是非婚生儿子，该名是其母取的）（1812—1870），社会思想家和作家，1847年后一直以作家身份生活在西欧；政论家、出版商（在伦敦），致力于揭穿俄国专制政府施行的种种不公行径，很有影响力；他很有见识，具有人道关怀，致力于个人自由事业，反对教条与极端主义，尤其极权主义暴行——那些为追求遥不可及的乌托邦理想而施行的极权主义暴行，是伯林崇拜的知识分子之一。

宁[1]、拉夫罗夫[2]、彼得拉什夫斯基[3]和他的朋友们（陀思妥耶夫斯基曾参与他们的密谋）以及一些小有影响力的人，如屠格涅夫、激进记者尼古拉·加夫里诺维奇·车尔尼雪夫斯基[4]和皮萨列夫[5]等。人物介绍前将有一章引言，介绍俄国18世纪末期和19世纪的激进主义传统，最后一章总结这些人物的重要性，以及他们对历史进程的影响，并最终导致俄国革命的爆发。除了E. H. 卡尔的《米哈伊尔·巴枯宁》[6] 120
以外，有关这些革命先驱的英文文献或其他任何外文文献都

[1] 米哈伊尔·亚历山德罗维奇·巴枯宁（1814—1876），很有号召力的革命者，他人生的大部分时光都不在俄国，在思想上是卡尔·马克思的死对头：“他道德淡漠，是个不负责任的空谈家，他对人道的热爱很空洞，像罗伯斯庇尔一样他生来就是要蹚过腥风血海。”（“赫尔岑和巴枯宁论个人自由”，《俄国思想家》第2版，第129页）。

[2] 彼得·拉夫洛维奇·拉夫罗夫（1823—1900），别名米尔托夫（Mirtov），卡尔·马克思的朋友，数学老师、杂文家与评论家，他认为俄国的知识精英有发动斗争，争取社会公正的道德义务，是俄国民粹运动的重要人物。

[3] 米哈伊尔·瓦西里耶维奇·布塔什维奇·彼得拉什夫斯基（1821—1866），公务员、自由主义（虽然也许并不革命）编辑和作家，负责讨论组（组员包括陀思妥耶夫斯基），探讨社会主义思想，阅读文学禁书。1849年他因此被指控，并被判处死刑，缓期执行，被流放到西伯利亚。

[4] 尼古拉·加夫里诺维奇·车尔尼雪夫斯基（1828—1889），编辑、文学批评家和作家，19世纪中期的最重要的激进分子，坚持通过革命实现社会主义社会。1863年他在监狱完成小说《要做什么》，之后被判劳役刑，流放到西伯利亚。他的小说影响了许多人，其中包括列宁，列宁在1902年以同名标题发表了革命小册子。（见《俄国思想家》第2版，第255—264页）

[5] 德米特里·伊万诺维奇·皮萨列夫（1840—1868），激进的社会思想家和文学批评家，对列宁很有影响力。

[6] 根据伯林，“一个伟大的革命者的生平，要有趣、信息量大、极具可读性”（“无政府主义之父”，评E. H. 卡尔的《米哈伊尔·巴枯宁》，《观察家》，1937年12月31日，第1186页）。尽管该书有缺陷，却是“一部具有独创性的重要作品[……]一部真正的杰作”（致理查德·卡恩，1952年12月12日）。

极为欠缺，这是个很奇怪的现象，因为我提到的这些人物的生平与著作，在我看来，即使是撇开他们的历史角色，就他们本身而言，也比同时代的欧美政论作家有趣得多。当然，苏联已有大量关于这些早期英雄烈士的文献，但除了书目信息外，主要就是经官方美化的传记，几乎没有价值。

这本书大概有八九章。我初步计划不超过15万字，具体章节与字数我还不确定。我计划把第一章引言作为独立文章投稿《大西洋月刊》，将其余的部分章节，如对别林斯基、赫尔岑等的特别介绍，要么投稿各种学术期刊，要么作为《俄国激进言论翻译选集》[1]的序言，目前哈佛和其他研究机构的俄国领域专家正在讨论这一翻译计划。无论如何，到1952年我会写完这本书，题目就定《俄国激进思想与激进思想家研究》，或与此相似的题目。长期以来该话题一直吸引着我，如果一切顺利，我准备写第二卷，内容有关1917年之后的俄国思想家。如果您对出版这本书感兴趣，并给我些建议，我将无比感激，您的任何想法[2]我都会很感兴趣

[1] 该项目主要是翻译（7卷）“大量的19世纪政治思想家的作品［……］并由有造诣的学者做介绍、加注等”（致N. V. 莱尔索诺夫斯基的信，1949年4月5日）。这一项目显然是伯林提议的，他的提议得到了许多学者和出版社的支持；其中包括哈佛大学出版社，但最终这一计划因无商业意义而流产。

[2] 霍顿米夫林出版社的销售总经理哈德威克·莫塞利8月29日曾跟布鲁克斯评论道：“以赛亚的信可把我吓坏了。该书没有任何市场，也没什么影响力。我想我们都该躺在床上，用被子盖住脑袋。”（《霍顿米夫林出版公司来往书信》，霍顿）9月8日布鲁克斯给伯林回了封相当婉转的信，建议写长些，最好写到1917年，而不是一篇篇独立的文章，独立的文章会被认为是“商业陷阱”，这本书总

的。[……]

您的

以赛亚·伯林 121

致亚历山大·萨克斯[1]

1949年8月19日［副本］

无地点

亲爱的亚历山大：

[……] 真希望我们之前能见面，并一起探讨所有这些事情[2]，包括洛克菲勒的处境。我的确没有经历过他们的不幸遭遇，但是随着一个人身份的加码，来自各方的反馈基本都是含糊、不确定的。人们应该鼓励他们去推动哈佛、牛津等高等教育机构中有能力的学者去认真研究俄国的历史与制度，而不是过于关注更宏大的希望、人道主义，以及那些通常愚蠢、无价值的东西。如果你能促进他们去关注19世纪俄国社会思想的翻译计划，你将是真正做了件大好事，这个

体而言流产了，但伯林还是从中摘取出许多篇章，收入《俄国思想家》。尽管莫塞利不看好该书，这部文集自1978年出版后就不断重印。汤姆·斯托帕德由此获得灵感而创作了三部剧《乌托邦的海滨》（伦敦，2002），2008年又以修订版的形式在企鹅经典系列丛书中发行。

[1] 亚历山大·萨克斯（1893—1973），原姓Sacks（立陶宛语），美国政府与商业机构的经济顾问。

[2] 普里查德案件和伯林致《纽约时报》的信，内容有关他在霍利约克山的讲话，他在其他信件中指出霍利约克山讲话“不够有勇气”，不过又指出：“当巴别塔一片混乱时，尽可能清晰地表达个人的想法，并让人一字不差地录音下来，这会有错吗？”

翻译计划正是我最想做的，而且卡波维奇[1]和莫斯利[2]这两位教授（分别来自哈佛大学和哥伦比亚大学）正在开展此项工作。此外，如果我能来并组织牛津现有的俄国研究专家，比如萨姆纳或奥博伦斯基[3]、科诺瓦洛夫、小赛顿—华生[4]，甚至包括贝劳福[5]和我自己，参与发表系列专著计划，那么我们需要的就是钱，这能让我们的学生和其他人放手去鼓动那些懒洋洋的人在规定时间内出版专著，并承诺他们各种好

[1] 迈克尔·卡波维奇（1888—1959），出生于俄罗斯，1946—1954年任哈佛大学历史学教授，1954—1957年任哈佛大学斯拉夫语言与文学科特—雨果—赖辛格讲席教授。据伯林说，他是“一个非常博学、善良的俄国人，大约60岁左右，是前社会主义革命党人，属于1917年的自由党派，是个好人等”（致其母亲的信，1949年1月28日）。
[2] 菲利普·爱德华·莫斯利（1905—1972），1946—1972年任哥伦比亚大学国际关系学教授；1946—1955年任哥伦比亚大学俄国问题研究所国际关系学教授，1951—1955年任所长；1955—1963年任兼职教授；1952—1961年任东欧基金会主席；1955—1963年任外交部课题负责人；后（1963—1972）任哥伦比亚大学国际关系学阿德莱·尤因·史蒂文森讲席教授。
[3] 德米特里·德米特里耶维奇·奥博伦斯基（1918—2001），历史学家，出生于俄罗斯；剑桥大学三一学院研究员，1942—1948年任剑桥大学讲师，1946—1948年从事斯拉夫研究；1949—1961年任牛津大学高级讲师，讲授俄国和巴尔干中世纪历史；1950—1985年任基督教会学院研究员；后（1961—1985）任牛津大学俄罗斯和巴尔干历史学教授。
[4]（乔治）·休·尼古拉斯·赛顿—华生（1916—1984），R. W. 赛顿—华生教授之子，1946—1951年任牛津大学学院研究员、政治学讲师，1951—1983年任伦敦大学斯拉夫与东欧研究所俄国历史学教授。
[5] 麦克斯·贝劳福（1913—1999），1981年成为伍尔弗科特的贝劳福男爵；1946—1956年任牛津大学比较研究所纳菲尔德基金高级讲师；1947—1957年成为研究员，获纳菲尔德基金资助；1957—1974年任牛津大学政府与公共管理学格拉斯通讲席教授；1957—1974年任全灵学院研究员；后（1974—1979）任大学学院白金汉郡校区校长。

处。这可是做了件大好事，因为这将让许多不为人知的研究浮出水面。让牛津的教授们主动去要钱，这不是牛津的习惯，实际上有时稍稍需要强迫他们，他们才会着手启动该项目。不过，这些也许你还不是很明白，对你而言还不够有说服力，只能等我们找个机会面谈。要么你来我这儿，要么我 122
去你那儿——你已经很久没访问欧洲了，你该来趟牛津？来时通知我，我会安排好高级别的接待。谢谢你的来信，期待你能写信谈谈对此事的看法。

您的

9月初，伯林根据医生的建议开始卧床。

致罗兰·博登—穆勒

1949年9月5日

霍里克罗夫特大道

亲爱的罗兰：

收到你的来信，我特别开心，你的信对陷于不幸处境的我是个慰藉。我很遗憾地告诉你，从布尔根施托克一回到家，我就落入医生的掌控，医生要求我卧床一个月，尽可能少动，因为根据拍片诊断，我的坐骨神经痛是因为坐骨突出，如果选择不动手术的话，只能卧床静养。我周围的人都很关心我的病，我倒不怎么在乎。在东游西逛后，平卧在床，而且还能工作，能指挥别人做我想做的事，这种单调的生活毫无疑问对我是有好处的，不过还是有点无聊。因此收到你的来信，真是无比开心。

我的布尔根施托克之行总之是很成功的，我想我曾在信上和你提及。我的东道主夫妇现在很悲观。魏茨曼博士又给我来信了，他同意我的观点，觉得有必要重申道德，但又怀疑他的追随者是否会支持他，他为此既沮丧又苦恼。实际上，我可以想象如果我自命不凡地告诉他们，我觉得他们该怎么做，那我的努力只会遭来辱骂。在埃克斯音乐节和《唐璜》一事上，我和《观察家报》[1]有点小争执，《观察家报》提议刊登我的其他文章，但由于要求删减而且发表的时间要等很久，所以我想也许我最好还是选择英国广播公司，因为英国广播公司对我最友善。他们叫我做客第三套节目，所以我为他们录制了两个谈话节目，一个有关《唐璜》[2]，另一个
123 有关英美关系的困境[3]，这两次谈话都刊登在《听众》杂志上。他们给我付的报酬都远远高于其他人。第三套节目简直

[1]“《观察家报》向我约稿，可他们最后又取消，因为他们手头又有了其他人写的其他文章——此时我已写了‘论英美关系’，英国广播公司有人发现了这篇文章，并咨询我可否播出；这篇文章很短。”迈克尔·伊格纳季耶夫采访伯林录音之二十一。

[2] 8 月 30 日录制，原带被意外毁坏了，所以 1950 年 1 月 26 日伯林在牛津的活动录音棚里重新录制谈话，并在这一天播出（以“唐璜在普罗旺斯埃克斯城”为题，在英国广播公司第三套节目中播出）。谈话的文本张贴于伯林网上图书馆，网址为 http://berlin.wolf.ox.ac.uk/lists/nachlass/dongiovanni.pdf。

[3]“英美关系的困境”在 9 月 21 日播出，1949 年 9 月 29 日刊登在《听众》上；该文也列在书后的附录中，原文第 743—748 页。

就是人类文明活动的奇迹。这套节目不仅可与美国的媲美，而且与法国和意大利的相关节目也不相上下。该节目的确非常棒，我困在床上如饥似渴地收听这一档节目。

[……] 我的朋友克莱丽莎·丘吉尔给我写了封令人沮丧的信，说萨尔茨堡这个城市充斥着半死不活的奥地利腐朽贵族气息与执迷不悟的纳粹主义，各大报纸相互较量，争着刊登准纳粹主义的文章。这我倒不吃惊，我再也不会访问那座城市。翁蒂娜[1]近来比较疏远浣熊[2]，浣熊似乎对她不怎么好，不过你不必知道这些事。这里最近有不少谣言，如罗琳·帕吉特和迈克尔·达夫[3]的特殊婚姻，迈克尔·特利[4]与安妮·卡文迪许[5]非同寻常的订婚。[……]

罗尼·特利要去美国了，为此他特别沮丧。我确信对于一个五十岁的人来说，而且无论他是谁，这个年纪去美国简直就是件蠢事，因为在这个年龄一个人是不可能完全适应新环境的。

[1] 指怀孕的帕特里西娅·德·本德恩。在德国神话故事中，翁蒂娜（Ondine）是美丽的水泽仙女。一旦怀上凡人的孩子，她便将不再长生不老，并失去幸福。

[2] 帕特里西娅的法国裔古巴情人雅克·（杰米）·桑切斯·阿布鲁（1923—1990），战争期间是麻省理工学院的学生，当时帕特里西娅在马萨诸塞州的坎布里奇；罗莎莉亚·阿布鲁的孙子，罗莎莉亚·阿布鲁在其哈瓦那的宅地放养各种猴子与猩猩，举世闻名。

[3] 两人都是双性恋。

[4] 迈克尔·兰伯特·特利（1921—1999），罗尼·特利和他的第一任妻子南希·兰卡斯特所生的儿子（原文第602页注5）。

[5] 安妮·伊夫林·比阿特丽丝·卡文迪许（生于1927年），德文郡公爵十世的女儿。

这儿的政府确实令他很不爽[1]，但是他应该更聪明些，而不是因一时的恼怒反而害惨自己。

现在我必须做点正事，得花三周的时间来充充电，以弥补自己可怕的贫瘠，我越来越意识到自己的不足。显然人们都有陷入死胡同的时候，不过我不相信我会陷入艾迪·萨克威尔—韦斯特[2]的境地，他刚刚皈依天主教。

我想，哈罗德·尼科尔森[3]会承认他对此感到震惊。不过，等我们见面后再探讨这事——翁蒂娜也说她很想见你，她心情似乎不太好。毫无疑问，当她坐在窗前，或倚靠在长满杂草的岩石上时，太需要一个骑着白马的爵士出现。

希望尽快见面[4]

你永远的

124 以赛亚

[1] 工党政府向外资信托基金征收苛刻的所得税，由此导致经济困难，迫使特利卖掉迪奇利庄园，并移居美国。

[2] 爱德华（“艾迪”）·萨克威尔—韦斯特（1901—1965），1962 年受封萨克威尔男爵五世；音乐家、文学与音乐批评家、翻译家、作家；年轻时是英国国教高教会派教徒，后来放弃宗教整整二十五年；后于 1949 年皈依罗马天主教。

[3] 哈罗德·乔治·尼科尔森（1886—1968），外交官、作家（尤其是传记作家）、专栏作家、播音员、政客、日记作者。

[4] 伯林此处原文为：À bientôt。罗兰·博登—穆勒正计划到牛津访学。

致菲利克斯·法兰克福特

1949 年 9 月 12 日

霍里克罗夫特大道

亲爱的菲利克斯：

您的来信已收到：祝贺您有了新同事，可怜的弗朗西斯·比德尔[1]，您应该明白我的意思。现在可怜的拉特利奇[2]也走了，我猜下一个会是斯蒂尔曼[3]？您更希望谁继任，他？莫里斯·恩斯特[4]？还是杜勒斯[5]本人？您得原谅我莽撞的四方游荡，不过眼下我非常满意自己最自然的居所——床铺。医生给我看病，宣告我的脊柱歪了，必须严格禁止一切活动。医生说虽然这对我来说不易，但必须卧床静养，四周。我现在挺开心的，时间充裕，休息充裕，读了很多书，还有英国广播公司的第三套节目陪伴。该节目非常有品位，相当棒。西尔维斯特[6]经常来探望我，给我带来欢乐：他告

[1] 弗朗西斯·贝弗利·比德尔（1886—1968），律师，1941—1945 年任美国司法部长，1945—1946 年任国际军事法庭（纽伦堡）美方成员，1950—1953 年任美国人民争取民主行动组织的全国总会主席。比德尔之前曾反对克拉克接替他的司法部长职位。

[2] 威利·布朗特·拉特利奇（1894—1949），美国联邦最高法院陪审法官。

[3] 乔治·罗伊·斯蒂尔曼（1900—1999），1946—1952 年任总统助理。

[4] 莫里斯·利奥波德·恩斯特（1888—1976），律师（专攻公民自由）和作家，活跃于美国公民自由协会，该协会是在他的努力下创立的。

[5] 约翰·福斯特·杜勒斯（1888—1959），律师和活跃的共和党党员，1946、1947、1950 年任美国驻联合国的代表，1953—1959 年任国务卿。

[6] 西尔维斯特·格威特·盖茨（1901—1972），律师和银行家，伯林的老朋友，他在哈佛法学院求学期间与法兰克福特共事过。

诉我普里查德在这时很痛苦，鲜有冷静的时候，他行为怪异，经常喝得醉醺醺的，成天生活在天旋地转中，这和玛丽·汉德—丘吉尔—？[1]的描绘差不多，我想他大约处于恋爱的第三阶段，而不是她所猜测的第一阶段。有谣言传到我的病床前——勒尼德·汉德[2]法官在我未能出席的晚宴上和拉德克里夫勋爵[3]度过一段快乐时光；约瑟夫·路易斯[4]对爱德华的机会还比较乐观，不像其他人对此都不看好，我应该想到的。那个可怕的故事就像埃尔默·赖斯[5]的戏剧，除了排犹主义[6]，还将发生什么呢？至于我本人，正在稳步推进我的反法西斯事业：我刚录制完一档节目，在节目中我断
125 言，让美国人烦恼的事情之一就是英国总是三心二意，很不可靠，因为英国总觉得英国与美国的联姻并非一定终身——

[1] 玛丽·德尔松·汉德（1905—2004），勒尼德·汉德（见下一个注释）之女，先是嫁给美国作家温斯顿·丘吉尔的儿子约翰·丘吉尔，后又嫁给诺里斯·达雷尔，伯林显然不记得诺里斯·达雷尔的名字。

[2]（比林斯）·勒尼德·汉德（1872—1961），美国律师，1924—1951 年任美国巡回法庭的法官。

[3] 西里尔·约翰·拉德克里夫（1899—1977），1949 年成为拉德克里夫男爵，1962 年受封成为子爵一世；律师、法官和公务员，1949—1964 年任上诉法庭常任高级法官。

[4] 小约瑟夫·路易斯·劳尔（1911—1992），法兰克福特的前律师助理，自由主义律师，尤其致力于公民权利与自由，1947 年和埃莉诺·罗斯福共同创建了美国人争取民主行动组织，1952—1955 年任副主席，1955—1957 年任主席，1951—1963 年任全美汽车工人联合会的法律顾问，1966—1987 年是普里奇上诉案中的主要律师。

[5] 埃尔默·利奥波德·赖斯（1892—1967），婚前姓赖岑斯坦，剧作家、小说家和导演。

[6] 伯林此处原文为：Judenfrei。

英国将来随时会同西欧私奔，一去不返，甚至还可能在幕后干些风流韵事等诸如此类，但是猜疑根本不是事实，只会让像比尔·艾略特[1]和我这样的实用政治倡导者[2]恼怒。这是极其拙劣的美国第五纵队式的流言蜚语。我担心这同样会让拉斯基和埃克尔斯先生[3]恼火，如果他们了解这一点，就更别提格罗特[4]、欣韦尔[5]、E. H. 卡尔、温特顿伯爵[6]、斯塔福·克里普斯爵士[7]、托马斯·巴洛夫[8]、R. 克罗斯曼、内维

[1] 威廉·扬德尔·艾略特（1896—1979），历史学家、诗人和总统参赞，1942—1963 年任哈佛大学历史学和政治学勒罗伊·B. 威廉斯讲席教授，1950—1960 年任哈佛暑期学校校长，1951—1953 年任国防动员办公室副主任，1953—1957 年任国家安全委员会策划理事会委员，1958—1963 年任国务院参赞。

[2] 伯林此处原文为：Realpolitiker。

[3] 戴维·麦克亚当·埃克尔斯（1904—1999），1964 年受封埃克尔斯子爵，1943—1962 年任保守党议员，1951—1954 年任劳资部部长，1954—1957、1959—1962 年任教育部部长，1957—1959 年任贸易理事会主席。

[4] 杰弗里·格罗特（1907—1972），1968 年受封黑丁雷的格罗特男爵，1938—1956 年任《经济学人》杂志编辑，1956—1960 年任教育部（英国）中央顾问团主席。

[5] 伊曼纽尔（“曼尼”）·欣韦尔（1884—1986），1970 年受封伊辛顿的欣韦尔男爵，工党政治家，1945—1957 年任能源部部长，1947—1950 年任战时国务卿，1950—1951 年任国防部长。

[6] 爱德华·特纳（1883—1962），温特顿（爱尔兰头衔）伯爵六世，1952 年受封锡林格力的特纳男爵，一度是工联主义政治家和内阁成员，1904—1951 年任议员。

[7]（理查德）·斯塔福·克里普斯爵士（1889—1952），律师和工党政治家，1940—1942 年任驻苏联大使，1947—1950 年任财政部长。

[8] 托马斯·巴洛夫（1905—1985），1968 年受封汉普斯特的巴洛夫男爵，出生于匈牙利，经济学家，1940—1955 年就职于牛津统计学院，1945—1973 年任巴利奥学院研究员，1955—1960 年为牛津特聘讲师；任工党的经济参赞多年，活动于政府内外。

尔·巴特勒爵士[1]、波利特先生[2]和其他的民族主义者了。我担心的不是他们会耳闻这些流言，而是他们很快会读到刊登在今天早上（9月12日）《泰晤士报》上埃克尔斯的信[3]（您也关注一下这封信），这信完全展示了埃克尔斯的文字能力，行文流畅，很有代表性。这将成为他日后背叛行为最有力的托词，他的理由是英国本可以自救，他已告之英国该如何行事，但是英国没有按他说的去做，如此一来他就没责任了——更不用说他也是新学院里来自温彻斯特公学的校友！

以下是对您提问的回答：

[……] 以色列。以色列的问题是，这个小国家没有绅士风度，（但有）其他的优点，比如勇敢、足智多谋、高效率、强大，不过有点像1919年的匈牙利[4]或波兰——大胆
126 无畏，一旦被触犯就雷霆大发：危险：值得尊重，不过有点

[1] 内维尔·蒙塔古·巴特勒爵士（1893—1973），外交官，1940—1941年任驻华盛顿使馆的公使，1941年任英国外交部驻北美办事处主任，1947—1951年任驻巴西大使，1952—1954年任驻荷兰大使。

[2] 哈利·波利特（1890—1960），1929—1960年任英国共产党总书记，1956—1960年任主席。

[3] 埃克尔斯称英国面临着选择，是和美国还是和西欧结成经济联盟；他认为"那些倾向于美国的人，没有意识到如果英国撤出欧洲大陆，整个欧洲将很快被苏联或德国控制。我觉得应该是被德国人控制"；英国从欧洲分离出去，"势必将世界分成大洋洲和亚欧大陆两个阵营，双方将通过战争来决定最终的控制权，战争将不可避免"（《泰晤士报》1949年9月12日第5版）。

[4] 匈牙利一整年来处于经济解体、政治动荡和流血冲突中。匈牙利先后由各党联盟和米格拉斯·霍尔蒂领导的右翼政府所统治。各党联盟是苏联境外的第一个共产主义政府，主要受社会民主党控制。

不太友善。我不是说以色列本不该如此表现，就像她现在这样还挺好；不过，伯纳多特被暗杀后，他们并没有表现出义愤填膺与抗议，哪怕是装腔作势也没有。应持的态度是，因为我们不希望恐怖分子咬住我们的命脉，所以我们在意，可是实际上当600万人被屠杀，多一个非犹太人或少一个非犹太人并没有多大区别，更何况伯纳多特还是一个被英国踢开的奴才。从某种角度而言，也许人们不能完全指责他们，每次他们刚表现好，却因此立刻就受到惩罚，只要他们蔑视一切、炫耀自己，他们就做得很好。不过，如果他们还记得是什么导致了德国的下场，他们应该知道在哪儿刹车。我相信本—古里安心里很明了。不过，我对任何党派的年轻人都不了解。我父母回来时就像中了邪似的[1]。至于我（您的第四个问题），我在卢塞恩见到哈伊姆·魏茨曼博士和薇拉·魏茨曼医生[2]，他的境况令人难过。他一辈子都嫁给权力，如今却被极其残忍地剥夺了权力，他充满怨恨与痛苦。他能嗅到在雷霍沃特研究所正在酝酿阴谋反对他，他表现得简直就像斯大林或恐怖的伊凡（伊凡大帝）。如果可能的话，他甚至会砍下别人的头：一直以来，他就没有得到公正的对待。他的处境荒唐可笑。他要么是个实干家，要么就是一个一事

[1] 伯林此处原文为：bezaubert。

[2] 伯林此处原文为：Dottore 和 Dottoressa，指男女 Doctors（该英文词既指“博士”，又指“医生”，在此一语双关——译注）：哈伊姆·魏茨曼是著名的化学家，薇拉·魏茨曼是个优秀的儿科医生。

无成的人，他既不像马萨里克[1]，也不像杰弗逊[2]。温斯顿至少还有保守党可玩玩，哈伊姆甚至连这也没有。他讨厌右翼也讨厌左翼，因为他们不是右翼，就是左翼；他讨厌现政府，因为他不在现政府。没有他，这个国家就不会成立，至少目前如此，但这并没让他获得过多的满足感。他的健康有了很大改善，但视力不好，走起路来就像九十岁的老人，他的谈话还是那么引人入胜，不过他独自走过了那段充满烈火与忙碌的日子，走过那充满机会与成就的时代，但这一切如今却走向悲剧性的毁灭，让他痛苦不已。他对人没太多同情心[3]，但弗里堡大学[4]授予的荣誉学位，瑞士联邦总统[5]的访问，却能让他像孩子般欢喜。魏茨曼太太的身心较少受损，不过她也惧怕以色列：她不是非常犹太化，她是俄罗斯人，并且在以色列也没什么朋友。她施魔法般地把哈伊姆和他的追随者拉开距离，这些距离对他的地位与工作都是必要的，她这么做是对的，也许初衷是出于势利——但是现在他们却为之付出代价，落到无人问津的悲哀境地，他们还留下一个

[1] 托马斯·加里格·马萨里克（1830—1937），捷克斯洛伐克开国总统，哲学家和社会思想家。
[2] 托马斯·杰弗逊（1743—1826），第三届美国总统，多才多能的政治哲学家。
[3] 伯林此处原文为：en rapport。
[4] 瑞士弗里堡大学，1899 年魏茨曼在那获得博士学位。
[5] 伯林此处原文为：Bundesprasident。

不受欢迎的儿子[1]。幸好还有一个小孙子[2]给他们带来天伦之乐，但尽管如此，那些高大健壮的、穿戴制服的以色列侍从保镖、“大人物”的地位，以及得到合法承认的蓝白旗等，如今都成了令人心碎的景象。两个老人住在瑞士的酒店里，害怕这种平静与寂寞。虽然理论上讲很荣耀，他就像一只生 127
病的老狮子，总在房间里不断地来回踱步，我努力使他们开心，告诉他们没什么特别的事情可伤心的，但最终还是听任自己离开，内心带着羞愧与不可告人的解脱感。[……]

厄尔尼。他的状态很奇怪，就像被牙医打了气体麻醉剂似的，还在傻呵呵地乐着。我们的老朋友艾登曾尝试写过一首讽刺短诗，大意是，唯一不操心危机的人就是政府官员——艾德礼视察巡洋舰和飞行特技表演，贝文傻笑着说所有这一切都是为了有个好结果，克里普斯正品尝着日复一日施加给同事的苦果——以色列大臣埃利亚斯博士[3]认为，贝文会突然扮演一个好爸爸[4]角色，应付以色列，一会儿显示宽容，一会儿又常常表现健忘，他这样迟早会断送自己的职业生涯。有这种可能。无疑，政治家就是这样一边压制

[1] 本杰明（1907—1980）是魏茨曼夫妇的大儿子。他们的小儿子迈克尔死于1942年的军事作战中，他当时正在皇家空军服役；他与他的父母关系不好，但本杰明与父母相处得更糟。

[2] 戴维·魏茨曼（生于1949年），是本杰明和梅迪的儿子。

[3] 莫德凯·埃利亚斯（1892—1930），律师，1949—1950年任以色列驻英国大使。

[4] 伯林此处原文为：doing a bon papa。

一切，一边又在谈判，而我们的老朋友们理应这么做。很奇怪的是，赫尔姆[1]这个最出色的犹太非婚生子，在外交部的中东会议[2]上为以色列说话，他的影响使得大会倒向德斯蒙德·莫顿[3]的观点，他的观点很有建设性，很明智。然而，像可怜的威廉·斯特兰爵士[4]这样的一个平常人，这样一个大好人却被视为敌对分子，尤其是以色列总统在勒戈波特对他说的一席话之后："威廉爵士，你知道吗？你都对我们做了什么？你让别人来谋杀我们，这就是你所做的一切。"

但是，您的第二个问题正在门外不耐烦地跺着脚。（您说我这人太刻板[5]）——我想，罗斯福夫人战胜红衣主教[6]，梵蒂冈显得很沮丧。她干得真漂亮，而且效果很好。我觉得本杰明应该接管以色列—罗马事务，我可以想象耶路撒冷—梵蒂冈轴心会迅速地将矛头指向英国外交部和内阁。至于全灵学院，局势相当微妙。我可以肯定萨姆纳不会第一个采取

[1]（亚历山大）·洛克斯·赫尔姆，外交官，1949—1951 年任驻以色列公使，1951—1954 年任驻土耳其外交官，1955—1956 年任苏丹总督。

[2] 1949 年 7 月在伦敦召开的一次会议，会议旨在促进驻中东的资深外交官间的交流。

[3] 德斯蒙德·约翰·福基纳·莫顿爵士（1891—1971），1940—1946 年任总理的私人助理，1949 年任联合国中东经济调查使团的副主席。

[4] 威廉·斯特兰爵士（1893—1978），1954 年受封斯特兰第一男爵，外交官，1949—1953 年任外交部常任秘书。

[5] 伯林此处原文为：Buchstablich。

[6] 1949 年 7 月，埃莉诺·罗斯福对罗马天主教会很不客气，利用其报业联盟的报纸专栏"我的日子"批判国家资助天主教学校的非宗教事务。红衣主教则以人身攻击加以反击。

行动，我也不会。但我迟早会轻轻拉动麦凯先生精心构架的哈佛连线。不易觉察的涟漪将穿越大洋并隐约地扰乱汉弗莱在美国的敏感直觉天线——即使如此，什么事也不会发生。而我呢，就像简·奥斯丁笔下的女主人公静静地坐着，继续神经质地闲聊，等着人来牵我的手——求婚——可是求婚 128
者就没有出现，于是我心情黯淡，日渐消瘦直到时日来临，等着领新学院的养老金。我就是这么看的，而且看不到希望，因为除了福斯特就没人能干涉，而福斯特是不可能干涉的，因为没人把他当回事。罗斯[1]日益变得不可思议，让人难以忍受。他正忙着几件事情：(1) 他给《泰晤士报》[2]写信，认为对穷人的教育很欠缺，因为大部分穷人野蛮得不可救药，因为无知，他们行为恶劣，他对此很了解，是因为他自己就来自贫苦阶层，认为钱最好直接拨给牛津，而且称反对观点为“愚蠢的大陆理论”。(2) 他说他必须给工党投反对票，因为他们阻止他成为伙伴，而且他所关心的就是保住他的钱，他不在乎别人怎么看。全疯了，真令人忧心忡忡。

[1] (阿尔弗雷德)·莱斯利·罗斯 * (1903—1997)，历史学家和诗人，是伯林在全灵学院多年的同事。

[2] “牛津大学新学院的一个同事告诉我，他三分之二的学生不该进这所大学 [……] 他们没达到这个水准，花在他们身上的钱财与资源大部分都浪费了 [……] 我们的整个教育体系的指导思想应是质量与选择，而不是花大笔钱不分对象地投入教育那些不可塑造之徒。”(《泰晤士报》1949 年 8 月 16 日第 9 版) 罗斯后续写了几封信阐述他在《泰晤士报》9 月 6 日和 16 日提出的观点。

萨姆纳总说他应该成为钦定教授，因为我们除了传播知识，还必须创造知识。至少，他在写书。我不愿意在此再重复哈佛大学历史系对他的评价。

[……] 已故的梅纳德的内心坦白[1]，在布鲁姆斯伯里文化圈和国王学院引起了很大的骚动，因为梅纳德承认他早年对布鲁姆斯伯里的信仰不是认真的，如果真信仰那就好了。人们认为这种做法是在优雅地向平庸之辈兜售自己，但本质还是在兜售自己——或者也可以说是一种和平的妥协——不过，无论如何这都是一种绥靖主义。[……]

爱您的

沙耶

伯林关于英美关系的观点公之于众后，引起强烈的反响。10月5日的《标准晚报》刊出一篇名为“伯林先生”的专栏文章[2]，专门曝光这位“尖锐的大学教师”的“似是而非的论点”。该文作者指出伯林观点涉及：

政治宣传，呼吁英国公众应迅速认可英美两国间的

[1] 见约翰·梅纳德·凯恩斯的“我的早年信仰”（1938），在其去世后以《回忆录两篇》出版（伦敦，1949）：该坦白见第98页及其以下。
[2] 在第4页。

> 联姻关系。
>
> 他想象美国已认定了这一婚姻安排，但英国人却不承认该婚约，这让美国很受挫，很生气。所以在二十几分钟的节目里，伯林先生大部分时间都在试图说服他的听众，对英美双方而言，这一联姻都是很理想的，而且也是不可避免的。
>
> 那么伯林先生为什么对英美联姻如此感兴趣呢？他未婚，还是个单身汉，也许这就是为什么他满脑子想的都是结婚。 129

这个作者一方面认同伯林的观点——放弃与西欧或东方结盟，但另一方面又谴责伯林：

> 竟然没有提出第三种选择：大不列颠应相信英帝国自己的实力和资源，英帝国应独自闯过难关。
>
> 为什么伯林对这一引人注目的简单信念视而不见呢？答案很简单。他不是该帝国的子民。他对英帝国的极度蔑视正好说明了他对帝国辉煌的无知。我们不可能期望他去赏识英帝国的传统价值。
>
> 因此，伯林先生试图引诱英国放弃他并不了解的信仰，转而选择他还没体验过的生活。

其他批评家则在伯林言论中挑别的刺。

致《听众》杂志编辑[1]

牛津

（编辑）先生：

就贵杂志的通讯员罗德尼·霍华德·希尔顿先生[2]提出的论点——有必要加大东西方贸易，我显然没有异议。实际上，在制定各自规划的时候，美国和马歇尔计划的欧洲策划者一样，都认为将来有可能会增加东西方贸易。这一预测也许过于乐观，但是人们肯定可以看到，到 1952 年（各国）将实现经济独立；希尔顿先生认为，“加大东西方贸易会损害英国的利益，甚至威胁英国的自由”这一观点是荒谬的，并极力加以批驳；对此谬论，我也不予支持。但是根本上，这还不是对“面向东方”的通常理解。“面向东方”通常指其他国家，如波罗的海共和国（1938—1939）、捷克斯洛伐克（1945—1948）及今天的芬兰，对苏联的政治同情观与政治同情度（已故的希特勒先生常称之为“忠诚”，比如捷克，事实证明，在 1938 年就表现得不忠诚）。有观点认为，一个国家能在忠诚于他国的同时，还能保全本国绝对的公民自由；但就一个国家而言，不管“忠诚”有怎样的内在美

[1]“英美关系的困境”，《听众》，1949 年 10 月 20 日，第 681 页。

[2] 罗德尼·霍华德·希尔顿（1916—2002），1946—1963 年任伯明翰大学中东历史讲师和高级讲师，1963—1968 年任伯明翰大学中东社会史教授。他认为（《听众》，10 月 6 日）与东欧集团的贸易有很多潜在好处，不会带来很多政治附带条件，只会在经济上更依赖美国。

德，这种情况（在忠诚于他国的同时，还能保全本国绝对的公民自由）在近代历史上几乎是不可信的。

“许多历史先例”让希尔顿先生更担心美国的经济渗透，而不是苏联的现行做法。（但是）苏联一个接一个的先例远远胜于美国最不友善的言论。到目前为止，马歇尔援助计划带来的影响并没有对英国民主造成威胁。威胁英国劳工社会利益的不是与美国的经济合作，而是资源匮乏，导致资源匮 130
乏的经济原因众所周知。而且，与美国的经济合作不管有多密切也不会影响对东欧的扩张，或帝国内部贸易，或西欧贸易，除非美国的资本家完全操控美国的政策，并致力于将大不列颠岛变成其殖民地。对此我们并没有足够的证据。

您的，诸如此类

以赛亚·伯林

致约瑟夫·艾尔索普

1949 年 10 月 21 日

新学院

亲爱的乔：

希望你收到我的友好来信后，能给我回信，我的短信就是想刺激你做些回应。我本人真没什么东西好跟你说的。

我在广播上发表了措辞激烈的亲美言论，演讲稿刊登在 9 月 25 日的《听众》杂志上，题目叫“英美关系的困境”。我本该发给你一份，不过也许你已经有了。我在演讲中提到美国和英国的联姻，说美国对此姻缘未必满意，但又觉得这婚姻是两国间的不解之缘；我还提到英国根本就不承认自己已婚，认为即使结婚也可以离婚。我还说英国以私奔、一去不回相威胁，美国则认为英国名不正言不顺地在东欧厮混一阵子后，最终又会回到美国身边，到时肯定还有一大笔医生的账单等着他们去结算，这让务实的美国人特别恼怒。我的文章甚是夸大其词地表达了类似言论。这激怒了英国国内的孤立主义者，他们纷纷发表言论反击，比弗布鲁克勋爵[1]也在 10 月 5 日的《标准晚报》头版头条刊登了篇骇人听闻的文章“伯林先生”，对我进行令人恐怖的猛烈抨击。他在文章中对我展开威斯布鲁克 · 佩格勒[2]式的批判，指出我根本不配给英国民众提出这样的建议（这些我就不寄给你了，担心会让你觉得可笑）。这篇文章同时也激发了人们对我的广泛同情与慰问，一段时间以来我发现自己处在聚光灯之下，极不自在。我的同事们既激动又惊恐——更确切地说，那感觉就好比一个人曾一度是荒淫无度的统治者的宠臣，结果这段骇人听闻的秘史突然被揭发——我的名声从巅峰坠
131 入低谷，不知你是否明白我的意思。另一方面，有关丘吉

[1] 伯林在 10 月 9 日跟艾尔索普评论道：“这极具赫斯特新闻的轰动性，涉及隐私，而且位于皮带之下。但是比弗布鲁克勋爵知道皮带在哪儿吗？”
[2] 威斯布鲁克 · 詹姆斯 · 佩格勒（1894—1969），苏联记者、专栏作家、右翼评论家，批评富兰克林 · 德拉诺 · 罗斯福、埃莉诺 · 罗斯福等人。

尔的那篇文章[1]也在我的左翼朋友中招来非议。左翼、右翼都轰炸我，我这一处境特别奇怪。自从我的文章“美国学生与英国学生之比较”刊登在《时代与潮流》[2]杂志上（我不会寄给你，文章虽然发表了，可我却害怕被人读），我在牛津的地位和重返美国都将受到严重的冲击，这是毫无疑问的。

你真得给我写几行字，告诉我你的近况。我渴望安慰。在我看来，我们的统治者就像走在钢丝上的杂技演员，钢丝下张着大网，安全极了。他们知道如果不慎摔倒，他们不过也就掉到大网上（美国），最多丢脸而已，但绝不会有生命危险。他们本能地意识到，如果仅从个人私利的角度而言，人们不会让他们彻底砸到地面。这让他们丧失了强烈的危机感，否则他们会疯癫的。他们就像欠债的儿子，知道父母虽然焦虑、愤怒，但一定会替自己偿还债务，他们明白尽管要忍受各方羞辱，但不至于去坐牢。因此，他们没有手枪，没有自杀的想法，没有不顾一切的补救手段。艾德礼、克里普斯等心态都相对平和，这在商业环境下有优势，但不会产生引人注目的英雄主义和天才的创意。无论在哪儿都没人接受我的

[1] 这篇文章在美国发表，刊登在《大西洋月刊》9月版；9月19日，麦伦·吉尔摩报道：“你有关丘吉尔的文章很成功，获得认可，人人都在读，到处都在议论。”10月中旬该文章在英国的《康希尔杂志》登出。
[2] 政治与文学杂志，创办于1920年，创办者朗达夫人是个坚定的女性主义者。该杂志的发行量从来就不大，而且总在赔钱，1977年停办。

这一见解，我就藏着掖着。在我心里我早就将之兜售给美国，现在正耐心地等待事态的发展。也许我是错的，但我不这么认为。制定英国外交政策的两个核心（集团）似乎不愿意向美国屈服，而且还激烈地否认；人们还猜测英国不会和苏联发生战争。我开始认为中国[1]的共产主义事实上正开始走向令人畏惧的方向，但是我还没有能力思考这个国家，因此我也许无权对中国发表任何政治见解。一定告诉我你的看法，帮我结了这个账单。

我的私人生活很平静。上课，课余写书（两本）；我感觉自己的心态老了，而且更有责任感，任何与此相悖的行为都不符合我这个年龄，是越轨行为。因此，我不会出席德文郡女公爵为她女儿订婚而举办的社交聚会，我不想和迪奇利庄园[2]的新主人见面，我想他是朱迪的朋友，他在各方面都表现得像个傻里傻气的学监。

你什么时候来欧洲？来吧，到这清清静静地住一周，远
132 离科尔法克斯和 B.［应为：P.？］贝里，我很少见到她们。一个月来我一直处于这种状态中，目前还没有什么理由能结束这一状态。伦敦离这很远。奇怪得很，感觉自己有点像可怜的普里查德，不过我不会在新学院俄语教授的选举中做手

[1] 旷日持久的内战结束后，新政权中华人民共和国于 1949 年 10 月 1 日成立共产党政府。

[2] 西摩·威廉·阿瑟·约翰·埃杰顿（1921—1999），威尔顿伯爵七世，他在迪奇利庄园居住的时间不长，1953 年又将迪奇利庄园卖了。

脚，也就不会落到像普里查德那样被揭发的下场。

普里查德近况如何？我还没给他写信呢。我必须写，我必须写。

你永远的　　　　　　　　　　　　　　　［……］

以赛亚

致阿瑟·施莱辛格

1949 年 10 月 21 日

新学院

亲爱的阿瑟：

非常感谢你的两封来信，很精彩，两封信几乎同时收到。卧床三周之后——多好的机会，有生以来第一次可以彻底放开工作——一个人若是没能拥有妻子，他至少可以享受母亲不离不弃、无微不至的照顾与保护——我突然发现自己处在最令人惊恐的聚光灯下。你知道，我的亲美思想溢于言表，我在英国广播公司第三套节目中发表了一个激昂的演说，指出英美间的姻缘是不解之缘，并暗示该联姻不可避免，而且对双方都很理想，等等。这引起了比弗布鲁克勋爵本人对我的极度愤怒。1949 年他曾主动提出让我入主议会，但我拒绝了，自那以后他就对我怀恨在心。《标准晚报》头版头条标题醒目的“伯林先生”对我从头到脚地进行可怕的轰炸。文章说我是牛津大学的老师，擅长编故事，但“不是帝国的臣民”，我担心“不是帝国的臣民”只是委婉语，其真正含义会更加令人不安（你猜测得到“不是帝国的臣民”的内涵）。（该文章我怀疑是你的朋友温特尔先生[1]写的，他曾被指控多项罪行，从贪污腐败到反犹主义；而且我曾英勇相助，使得他最后能在奥利弗·弗兰克斯男爵的手下做事！你会斥责他吗？）接着，《听众》杂志也刊登了封读者来信，直接冲我而来。几乎与此同时，有关丘吉尔的那篇文章也遭到左翼的狂轰滥炸。这就是我的处境，受到左右夹击，左右翼都把我看成亲美叛徒，说我有着不可告人的目的。我也不知中了什么邪，不断地想发表有关英美局势的言论，但这些言论越来越短命，往往只是昙花一现。现在我已经不写了，
133 尽量让自己去做些更重要的事。

你的书[2]已收到，不过到目前为止我只读了其中针对我的那段文字，你指出我得为非共产主义左翼（NCL）[3]这一不祥的运动负责任。我必须说，该脚注揭开了美国政府内部着实令人惊恐的秘密运动，华莱士先生把该秘密运动的

[1] 查尔斯·维尔·温特尔（1917—1999），《标准晚报》的记者（1946—1952 年任政论文稿编辑），1954—1957 年任副主编，1959—1976 年和 1978—1980 年任主编；1952—1954 年任《星期日快讯》助理编辑，1957—1959 年任总编辑。阿瑟·施莱辛格指责他反犹排犹，温特尔抗议：“说我是反犹主义者显然是绝对荒谬可笑的。‘不是帝国的臣民’这一词语版权归比弗布鲁克，那篇长篇大论的文章几乎是他一字一句口述出来的，这个词指任何反对他帝国政策的人。”［牛津大学博德莱安图书馆伯林夫人 278，文件夹 5，施莱辛格 12 月 11 日写给伯林的信件中随函附上该引文］

[2]《生命中枢：自由政治》（波士顿，1949）。

[3] 非共产主义左翼，参见原文第 168 页的注释：“在非共产主义左翼运动史中，牛津大学优秀教师以赛亚·伯林发挥了关键的作用。”

操纵者想象成我。这一调查可以说是基于我对哈里曼先生[1]的影响而展开的，该调查几乎可以得出任何结论。你的意思是非共产主义左翼在某种意义上是一种运动，难道战战兢兢的业余外邦人兄弟会（OTAG）就不是运动？尽管查尔斯·泰耶尔[2]、奇普和我过去常拿“非共产主义左翼”开玩笑，但我不敢相信，“非共产主义左翼”从来就不仅仅只是一个儿戏的华盛顿词汇，马奎斯·威廉·柴尔斯[3]对该词就相当严肃认真（另一方面，也有人认为正是语言创造了实体逻各斯[4]，这是个社会逻辑学猜想，它与索罗金的逻各斯非常近似）。现在，我得读完你的书——法国大革命期间，曾有位女教师，她对街上的暴动脏乱与滑稽的红色帽子讨厌至极，殊不知她其实已卷入法国大革命，但她自己却没有意识到。我得看看在此书中自己是否也和法国大革命中的那位女教师一样，虽然已经卷入大运动中，而我本人还不知情自己或他人已参与其中？同时，我还得设法

[1]（威廉）·阿维里尔·哈里曼（1891—1986），商人、外交官、民主党政治家，1943—1946年任美国驻苏联大使，1946年任美国驻英国大使，1946—1948年任商务部部长，1948—1950年任欧洲复兴计划美方协调员，1950—1952年任总统特别助理，1955—1959年任纽约州州长。

[2] 查尔斯·惠勒·塞耶（1910—1969），作家、外交官，1947—1949年任美国之音国际部主任，埃维斯·波伦的亲兄弟。

[3] 马奎斯·威廉·柴尔斯（1903—1990），记者、作家，1944—1954年任联合专题报道辛迪加专栏作家，1954—1962年任《圣路易斯邮报》特约通讯员。

[4] 影射神圣的逻各斯，即上帝，对基督徒而言，上帝已化身为耶稣（“上帝已化为肉身，居住在我们中间”，《约翰福音》1：14）。

弄到维莱克先生[1]的书，我得说我赞同麦克·邦迪[2]在《记
者》[3]上对该书所作的评论——相对而言，他对维莱克先生
的书所作的评价很中肯，他对亲爱的比尔[4]的作品高度赞
134 美，但我不太认可，对我而言，比尔的作品晦涩难懂。

这里的一切都特别平静。我的生活包括向鲍拉博士解释为什么大学里的终身制官员仍视他为保守势力的不倒台柱，他即将上任[5]这一事实吓死了这些终身制官员，他们特别向我吐露了他们的担忧。我有成千上万件事得感谢你：谢谢你把我介绍给米夫林出版公司[6]，我终于可以做点事了；谢谢你首先促使系主任巴克支持我；不过最该感谢的还是你完全

[1] 彼得·罗伯特·埃德温·维莱克（1916—2006），诗人、政治思想家、俄国历史研究专家，1946—1947 年任史密斯学院历史学教授，1948—1987 年任教于蒙特霍利约克学院；他的书指《再论保守主义：反叛之反叛，1915—1949》（纽约，1949）。

[2] 麦克乔治（“麦克”）·邦迪（1919—1996），1948—1949 年任外交关系顾问委员会、政治分析家，1949—1951 年任哈佛大学访问讲师，1951—1954 年任政治学副教授，1954—1961 年任政治学教授，1953—1961 年任艺术与科学系系主任，1961—1966 年任总统国家安全事务的特别助理，1966—1979 年任福特基金会主席。在他的评论（“回归梅特涅”，《记者》，1949 年 10 月 11 日，第 38 页）中，他指出维莱克企图复兴梅特涅的政治哲学，他对此提出质疑。

[3]《记者》，美国新闻杂志，持自由主义观点，由马克斯·阿什科利编辑和出版，半月刊，在 1949—1968 年间发行。

[4] 塞缪尔·哈钦森·比尔（1911—2009），1947—1948 年任哈佛大学助理教授，1948—1953 年任副教授，1953—1971 年任政治学副教授（之后任政治学伊顿讲席教授）。在《理性之城》（坎布里奇，马萨诸塞州，1949），比尔将 A. N. 怀特海的形而上学体系作为其自由主义哲学的基础。邦迪对《理性之城》的评论，《记者》，1949 年 9 月 13 日，第 17—18 页。

[5] 鲍拉即将担任牛津大学校长（1951—1954）。

[6] 一家波士顿出版公司，专门出版教材。

改变了我在马萨诸塞州坎布里奇的生活，现在在我看来那是段快乐的田园生活。相比之下，鲍拉博士的生活有点惨，他虽然嘴上从不提，但只要一想到哈里·莱文及其嘴脸，他有时仍会咬牙切齿；不过，我不能继续谈论这个话题——否则我和麦克利什[1]就没区别了。

我让贝蒂·艾克罗伊德[2]去拜访你，她简直就是一个奇才。我很好奇你是否会喜欢她。她是典型的英国人，在牛津长大，满脑子道德，很正直，极有条理，她还是欧洲经济合作组织钢铁委员会主席，在奥利弗·弗兰克斯男爵眼中她太严厉，非常像乔治·艾略特笔下的某个人物。她与众不同，我个人认为她很优秀。你应该看到她是个道德坚定的人，在她面前，1947 年巴黎的那些法国和比利时实业家，显得鬼鬼祟祟，低级粗俗。（有一次，因 S. 克里普斯男爵对法国人的看法不够诚实坦白，贝蒂·艾克罗伊德三天拒绝和他说话——她是弗罗伦斯·南丁格尔式的人物。）显然，她是个未来女性，她和玛丽·麦卡锡截然不同。你和帕森斯[3]共进

[1] 阿奇博尔德·麦克利什（1892—1982），诗人、自由主义政治活动家、哈佛大学修辞与演讲博伊尔斯顿讲席教授（1949—1962）。

[2]（多萝西）·伊丽莎白（“贝蒂”）·艾克罗伊德（1910—1987），1940—1970 年任公务员，1949—1950 年任联邦基金研究员，1950—1951 年任欧洲经济合作组织钢铁与能源部主任，1952—1955 年任欧洲煤炭钢铁委员会最高权力机构的英方代表。

[3] 塔尔科特·帕森斯（1902—1979），1944—1973 年任哈佛大学社会学教授，1946—1956 年任社会关系系主席。

午餐，我对此很感兴趣；我很欣赏你（对那些社会学家）的非难[1]（忠诚的乔治·费歇尔[2]将你的文章寄给我），我只能说——我也没法多说——我绝不可能超越你。我想知道他们的辩词，他们是如何为自己辩解？如果有我们未曾想到的辩词，一定告诉我。[……]

一个叫巴林顿·莫尔[3]的家伙写了本书，我给他写了封
135 很长的批评信。我担心自己做得不对：这个可怜的人回信说，如果其他人没有提出截然不同的见解，我的评判会让他很纠结，而且还说我不能称他的书为论文，因为他好多年前就已经动笔了。将来，我要么不写书评，要写就极尽恭维之词，能让人一眼看透，但不会让人难堪。

我自己的计划进展缓慢。总之，我挺想调到全灵学院，我可以肯定一年之内就可能调到全灵学院，而且希望很大。如果成功，我会时常回到哈佛。不过一年时间很漫长，而且

[1] 施莱辛格在《党派评论》（1949 年 8 月第 8 期，第 16 页）发表文章“数据士兵”，对社会学家进行非难，其中也隐射克拉克洪，评论《美国士兵》四卷中的前两卷；《美国士兵》是“第二次世界大战的社会心理研究”系列丛书之一。

[2] 乔治·尤里·费歇尔（1923—2005），记者路易斯·费歇尔之子；1947—1961 年任哈佛大学俄国研究中心副教授，1953—1958 年任布兰代斯大学助理教授，1958—1960 年任历史学副教授；后在哥伦比亚康奈尔和纽约城市大学任教。

[3] 巴林顿·莫尔（小）（1913—2005），1948—1979 年任哈佛大学俄国研究中心的政治社会学家、高级研究员（自 1951 年）；“课堂上孤独、尖锐、苛刻”（本杰明·L. 温特劳布写的讣告文，《哈佛深红报》2005 年 10 月 28 日 A.10 版）。《苏联政治：权力的困境》（马萨诸塞州坎布里奇，1950）出版前，他曾将手稿给伯林，征求伯林的意见。

萨姆纳是个胆小怕事、优柔寡断的家伙。所以我必须尽早把调动搞定。目前我还不能明确告之系主任巴克。不过，我会尽量以这样或那样的方式让它慢慢沸腾。（在他面前，你一定得常提到我，或许还是最好不提。）

乔和奇普吵架了？这是真的吗？或者这只是常让朋友们厌倦的那类冲突而已？普里查德有消息吗？我还没给他写信，但给菲尔写了信，叫他从我的账户中（让他代为掌管）取钱，而不是从你那儿拿钱去帮我捐款，[1] 上诉会有结果吗？

迈伦·吉尔默[2] 给我写了封信，写得太棒了！他的信提出了些真正的原则问题，我必须认真思考后才能回复。众所周知，做学术的人如此反复斟酌、如此拖延，并不招人喜欢。不过我会尽快给他回复。我的确非常敬重他。我在他面前，相形见绌，我不得不重新审视我的信仰与处事方式的道德前提，就像十五年前经常自我反省的斯蒂芬·斯彭德。别告诉他这事，否则他会以为我视他为牧师或倾听忏悔的神父，而实际并非完全如此。不过，我可以肯定他总觉得自己有许多疑虑和缺点，但实际上他对自己

[1] 代表伯林向为普里查德设立的专项基金会捐款，普里查德处于经济困境中，该基金为普里查德的法律诉讼筹款。

[2] 迈伦·派珀·吉尔默*（1910—1978），文艺复兴研究学者，1942—1954 年任哈佛大学历史学副教授，1954—1974 年任教授；娶谢拉·德恩为妻。

的看法是不对的；他的妻子[1]对他的评判很正确，说他如岩石般坚定，在革命中我会坚定不移地追随他。能有这么一个人让我不离不弃，再也没有什么比这感觉更好的了。他愈迟疑不决，透过他的犹豫，他的原则就愈加不可抗拒。他的确是个非常卓越的人。不过，他目前（革命前）的
136 任务就是去营救斯图尔特·休斯[2]——这应是他的全部工作——并且阻止罗伯特·沃尔夫[3]诋毁莫斯利。让他自己指引自己吧。[……]

问罗斯福夫人好。

你永远的

以赛亚

（原谅我这封愚蠢的来信：下回我一定尽量严肃些，见闻广博些，道德更坚定些。再过些时日，牛津很快就会被灰暗寒冷笼罩——不过到冬天时我会再次现身。）

[1] 谢拉·吉尔默（婚前姓德恩）（1917—1995），诺斯的英国继女，诺斯是阿尔弗雷德·诺斯（A. N.）和伊夫林·怀特海的儿子。

[2]（亨利）·斯图尔特·休斯（1916—1999），有文化、高智商的历史学家，1948—1952 年任哈佛大学俄国研究中心历史学副教授、副主任，1957—1975 年任教授（自 1969 年任历史学与政治学格尼讲席教授），1952—1957 年任斯坦福大学历史学副教授、教授；左翼政治活动家，1948 年他对总统候选人亨利·华莱士的支持毁了他在哈佛大学的事业。

[3] 罗伯特·李·沃尔夫（1915—1980），1947—1950 年任威斯康星大学历史学助理教授、副教授，1950—1955 年任哈佛大学历史学副教授，1955—1965 年任教授，1965—1980 年任历史学库利奇讲席教授。

致《听众》[1] 杂志编辑

牛津

（编辑）先生：

罗德尼·霍华德·希尔顿先生认为[2]，如果不接受以下观点，是绝对不可能真正推动东西方贸易的：(1) 即使苏联曾是威胁的话，苏联也极少对致力于公民自由的社会构成威胁；(2) 美国的政策在当下的的确确造成这样的威胁。我会相信 (1)，是因为苏联威胁论常常成为推行反动政策的借口；我会相信 (2)，是因为这是事实。我对希尔顿先生的最新回应中，就希尔顿先生提到的 (1)，我已说明了 (1) 并非实情及我的依据，而且现实中正确的主张有时会被传播者歪曲以达到其不可告人的目的。但我们不能因为别人的歪曲就否定这些主张或因此得出错误的结论。我认为东西方贸易并不取绝于 (1) 提到的现实，对此我已说明理由，但希尔顿先生却没有。

至于 (2)，人们从希尔顿先生的信中猜测不到托马斯·杜威先生[3] 在 1948 年总统竞选中会败北，而事实是他的确是落选了！他的朋友们也没能掌权。希尔顿先生还提

[1] “英美关系的困境”，《听众》，1949 年 11 月 10 日，第 813 页；在这封信后，编辑告示停办通信栏。

[2] 在他的回应中（《听众》，10 月 29 日，第 723 页），希尔顿列出了经济独裁的种种危害，称“资本家没有控制美国政策”这一言论“有点天真”，同时指出美国限制公民自由，比如对马克思主义者和他们的律师。

[3] 托马斯·埃德蒙·杜威（1902—1971），共和党 1944 年与 1948 年的总统候选人。

到，法国政界担心他们对法国施加金融压力。即使法国的担心成为现实，但在美国政府的制衡制度下，这种事情会受到
137 抵制。希尔顿先生坚定地选择忽略美国政府的政治色彩。至于纽约对几个共产党人的判决，我没有任何理由相信这会对英国司法进程有任何影响。如果说这些人是因为他们的观点，而不是因为他们的行为而被判刑，这一做法显然是错误的（在审判中律师们遭到指责，是因为他们对法庭极端蔑视，而不是希尔顿先生提到的原因）。在我们国家，我们可以自由地谴责这一做法，并避免类似情况的发生（正如我希望我们应该做到的）。现阶段，虽然这个国家能比美国更有力地执行这种自由，但是无论是英国与大部分欧洲国家间，还是美国与大部分欧洲国家间都没有可比性，而且希尔顿先生也没看出这些欧洲国家会对公民自由造成任何威胁，然而这样的判决在这些欧洲国家是不容抗议的，而且无论是希尔顿先生的信还是我的信都不可能公开发表。此时此刻，希尔顿先生不可能真的认为东欧国家比美国有更大的公民自由（即这个国家所理解的公民自由），甚至认为即使在相对自由民主的美国，也谈不上什么真正的公民自由。针对最后一点，我是不认可的，美国总统也不会赞同。

您的，诸如此类

以赛亚·伯林

伯林生活的混乱状态此时引起大西洋两岸朋友的关注：

以赛亚似乎已从腰椎病痛中康复，现在能够站立行走了。不过他总是生病。他的病主要源于他从不躺在床上睡觉，而且一人干五个人的工作。到头来，就连原本特别宽容的自然之神也开始表示不满，狠狠给了他一击。他的房间特别奇怪。房间视野挺好，可以看到新学院的花园，可是地上却堆满了一摞摞的书、留声机、电话记录、炊具、一包包的食物、未开封的信件、电话……我觉得奇怪，他竟能在这个房间里过得好好的，不过这倒挺适合他的。他教学工作很繁重，似乎总在晚上授课，这个时间对他也许很好，但对那些可怜的受害者，他们会怎么想呢？[1]

音乐给伯林带来快乐，让他的注意力暂时从学术中转移。

致谢利·安格尔西

1949年12月3日

新学院

最亲爱的谢利：

真为你高兴：你不仅康复，而且这个月还打算去南方。至于我，得等到15号左右才能摆脱这潮湿、阴郁的沼泽地。

[1] 莫里斯·鲍拉致艾丽丝·詹姆斯，1949年10月5日［牛津大学瓦德汉姆学院档案］。

138 《罗恩格林》这个曲子我实在没兴趣，我真的讨厌这个作曲家，我对他的厌恶甚至超过那些一度沉迷于瓦格纳音乐、之后又远离瓦格纳的音乐迷。我想我可以听听《鬼船》（如果演奏得好的话），甚至《唐怀瑟》，但就是不愿意听《罗恩格林》，尤其是现在（不知你是否明白我的意思），到处都可听到对《罗恩格林》的尖锐批评声。尽管这些批评都是与音乐无关的成见，尽管我期待《罗恩格林》会很精彩，但目前还是没兴趣。你要在伦敦待多久？15日之前，信就寄到这，15日之后请寄霍里克罗夫特大道49号，或者给我来电话。这段时间我们这儿正在上演《伊菲姬尼在陶里德》，演出很精彩，真有些出乎意料：歌唱家不能表演，制片人不能制作，不过演出仍然好极了。格卢克[1]是一个优秀的作曲家，我不明白为什么像《阿米德》这样的歌剧不经常上演：哈伍德伯爵[2]的光临让我们甚感荣幸，哈伍德伯爵不仅风度翩翩，而且待

[1] 克里斯托弗·维利巴尔德·冯·格卢克（1714—1787），德国作曲家，创作许多歌剧，其中包括《阿米德》（1777）和《伊菲姬尼在陶里德》（1779）。格卢克的最后一部歌剧在牛津市政厅上演，《泰晤士报》评论道：“多年前牛津大学歌剧俱乐部上演格卢克的另一部歌剧《伊菲姬尼》，上演其姊妹篇是非常合适的选择，因为只有业余爱好者才会尝试去演。”“牛津大学歌剧俱乐部，《伊菲姬尼在陶里德》”，《泰晤士报》1949年12月1日第2版。
[2] 乔治·亨利·休伯特·拉塞尔斯（生于1923年），哈伍德伯爵，1950—1953年任《歌剧》杂志的编辑，1951—1953年任皇家歌剧院院长，1953—1960年任管理人员；之后在音乐界和足球界担任许多职务；9月29日和玛丽亚·多纳塔（“玛丽安”）·施泰因（生于1926年）结婚［婚前在奥地利的原名叫特丽萨·潘帕拉慕斯·施泰因，音乐会钢琴演奏家、歌剧歌唱家，与哈伍德伯爵离婚后，嫁给杰里米·索普］，伯爵夫人。

人和蔼可亲。伯爵夫人虽然亲切友善，但我就是不喜欢她，这是否不公平？还有什么其他音乐，你打算去听听？我对音乐如饥似渴。除了音乐，鲍拉博士还能满足我哪些饥渴呢？

爱你的

以赛亚

不久，伯林的美国朋友又有新问题来骚扰他。他关于美国大学知识分子的文章[1]从11月12日起在英国期刊《时代与潮流》上连续三周连载登出；《时代》杂志试图为美国读者总结[2]伯林的观点。阿瑟·施莱辛格马上回应，他很震惊，并对伯林严加指责[3]。 139

致阿瑟·施莱辛格

1949年12月21日

新学院

我亲爱的阿瑟：

非常感谢你的来信和珍贵的随函附件。我很容易一感动就

[1]“随行随记”专栏，《时代与潮流》杂志，1949年11月12、19、26日；“美国大学的知识分子生活”，见书后附录（原文第749—760页）。
[2] 所谓的总结，主要是对伯林的三篇文章中的批判性文字进行引用。刊登在12月12日的《时代》杂志（但是该本杂志在12月12日之前就已在市场销售了）。
[3]“我只读了你刊登在《时代与潮流》杂志上系列文章的第一篇。我很遗憾地说，你的文章在我看来就像英国游客写的游记。实际上《时代》周刊的总结比原稿还更有见解。你的文章指出我们做学问太强调社会结果，我认为我们的本科生的确如此，但我们的教师肯定不是这样。”阿瑟·施莱辛格致伯林，1949年12月11日。

后悔，一旦发现被人误解后，就会写一封冗长的信，急急忙忙地发表（你是知道的），迫不及待地在朋友与公众面前为自己辩解，等等。但是基于以往痛苦经历的教训，这回我克制自己不这么做。显然，《时代》周刊上的文章让我惊恐万分。你应该记得我写的文章总会惹来极度的蔑视——文章只要一刊出，它就会变得虚伪、粗俗、肤浅，突然间变得圆滑，令人难堪，更绝的是，它从此便不再传达我希望表达的意思；而且如果我为之辩护，我这一行为就被认为离经叛道，而诋毁我的人的言论却永远是绝对正确，而且不容辩驳。我在广播电台的演讲播出后，就发生了这些事。做完节目，我马上就意识到自己的讲话有点过了，我低估了英国的态度，凌辱了我们的爱国者，并过度赞赏美国，总之我没能清楚说明那些复杂的、起决定性的微妙差别。显而易见，如果一个人果真是这副嘴脸，那他压根就不可能有政治立场，尤其不会急于公开言论，除非有纯粹的私人目的。现在我对刊登在《时代与潮流》杂志上的文章非常不满（即使不能说在道义上感到愤怒）：我不觉得自己说错了什么，不过显然你发现我在公开指责康诺利、奥斯伯特·希特维尔，甚至是斯蒂文斯[1]时，居高临下，自视不凡，愤世嫉俗，语气浅薄。（一想到有人认为我和戈雷尔[2]没什么不同，

[1] 可能指美国现代主义诗人华莱士·斯蒂文斯（1879—1955）。
[2] 杰弗里·埃德加·戈雷尔（1905—1985），（业余）英国人类学家和社会学家，玛格丽特·米德的学生，在美国旅居与工作多年，著有《美国人：民族性格研究》（伦敦，1948；在纽约以《美国人民》出版，1948），之后与人（约翰·里克

我就想发火——戈雷尔曾对美国的种种冷嘲热讽，极其令人反感，我曾言辞激烈地批判他。）我的确认为不仅美国学生，而且美国大学的政策制定者都过度重视道德，显然相对于中西部大学，这种现象在哈佛大学、普林斯顿大学和耶鲁大学（我敢断定）、哥伦比亚大学（也许）不会那么严重，但是在我待过的院系——俄国社会学系与哲学系，在教授职称评审中（不是指院系，而是指教授评选委员会的投票人），这种现象就特别明显，至少相对于牛津和剑桥而言，虽然我们也有这种倾向。不过，我主要是针对学生而言，而且我敢说，我对他们的道德主义也有些夸大其词，可是《时代》杂志似乎只抽出了所有的批评言论，把 140
意义深远的部分全给删除，这对我而言太可怕，简直就像噩梦。

我知道，这种对道德活力的强调加上断章取义的文字，自然让人联想到善良的老实人[1]这一类型的人物形象：没有识别力，做事不严谨，不善协调，缺乏文明的方法，不善保持内心的镇定自若，缺乏所有其他必备的品质，而这些品质能确保欧洲人活得有意义，如果我的文章传递了这一形象，我深感惭愧。但是是这样的吗？我这么做了吗？我要说的是，美国学生总体而言除了拥有其优秀的、更富同

曼）合著《大俄罗斯人民：心理研究》（伦敦，1949），书中指出俄国人习惯于用襁褓把婴儿束缚得紧紧的，这种做法对俄罗斯民族性格的形成有关键性的影响。1950 年，他回到英国，专注于对英国人民族性格的分析。

[1] 在讽刺小说《老实人》中，伏尔泰通过描写一个天真的主人公在世故社会中的迷失与不幸遭遇来讽刺法国的宗教和政治体制。

情心的（在我看来）“俄国人的”品质之外，实际上还有很多其他优点值得赞赏，他们的想象力更具原创性、更加自由开阔，他们才智非凡，更能吃苦耐劳，更能产生像E. 威尔逊这样伟大的、有独创性的批评家。相对而言，我们的精致文化则培养出了德斯蒙德·麦卡锡[1]和我的好朋友戴维·塞西尔，他们就知识而言，我觉得可以与威尔逊匹敌，甚至抵得过哈佛的英语教师，因为哈佛的英语教师随时都得面对各式各样的指控（但愿鲍拉博士〈和我的其他同事〉永远别听到这话，他非常憎恶这一切。〈这会成为你握在手中的撒手锏，我没法低估这一撒手锏的影响与效果〉）。我想我在论文中过度强调道德偏见对学术活动带来的危害，过度嘲弄美国对相关学科（与改良世界的技术浪潮相关的学科）的偏好，也许我利用美国学生作为典型进行说教劝诫有点过了，不过，相信我，相对于牛津大学而言，美国的高等教育——我不是特指哈佛大学〈尽管在我的文章中，尤其是《时代》上的节选，似乎指向哈佛大学〉——却是普遍存在着道德偏见。我不是指教授们为了达到道德标准而在学科上弄虚作假（虽然我敢说，有一些人确实如此，如像政治学这样的“社会”学科和哲学），而是指人们的政治历史对他们的当下关系过于重要了——休斯们、莱文们、

[1] 德斯蒙德·麦卡锡（1877—1952），批评家、作家，戴维·塞西尔的岳父。

修斯克[1]们，还有威尔逊本人，更别提麦克利什等，甚至还有你自己，都和我过去一样，深受谁在什么时间、以什么方式曾是你的同路人或不是你的同路人的影响。这种道德关注搞乱了一切，让问题复杂化。而在我们这儿就不存在这种问题，没有这些问题的困扰我们会显得有些沉闷单调，不那么引人关注——再相信我——但我们也可能更加快乐。我不是指知识分子过分关注政治背景——这个非内在本质性的东西；我的意思是，政治背景是美国知识分子生活中的一个核心因素，而且此时此地就有这么一个突出的群体。政治背景的关注源于大学教师被当成道德教师，也在某种程度上导致大学教师成了承担责任的少数群体，如麦克利什，或者那些会写政论文章的人（相对而言，H. G. 威尔 141
斯[2]让人感觉就不擅长写政论文章）如多斯·帕索斯[3]，就有眉有眼地将时代的堕落归罪到大学教师身上。我不是指这种道德至上对写作和各种学术活动的高标准要求是件坏事，相反，它是有益的，除非导致故弄玄虚，如19世纪70年代的俄国等。但道德至上并不适用于混乱的地方：那儿

[1] 卡尔·埃米尔·修斯克（生于1915年），文化史学家、社会学家，1946—1950年任卫斯理安大学历史学助理教授，1950—1955年任副教授，1955—1960年任教授，1960—1969年任伯克利大学历史学教授，1969—1980年任普林斯顿大学历史学教授。
[2] 赫伯特·乔治·威尔斯（1866—1946），英国小说家、社会思想家。
[3] 约翰·罗德里戈·多斯·帕索斯（1896—1970），美国小说家、杂文家、戏剧家，他早期的社会主义信仰给他灵感，并写出其最好的作品。

没有一个勇敢的自由传统，没有广受尊敬的烈士和圣人，内部充满了争吵，人们各奔其道——前方、后方、侧面，大家既没有目标，也不懂得探索目标的意义与价值，哪怕是通过缓慢且代价昂贵的方式。我文章指的不是这种道德至上，而是指那些更普通的道德模式，那些更高贵的年轻人关注的普通［模式］[1]。〈什么模式？在哪儿？有着弗洛伊德式波西米亚人奇怪的痕迹。〉美国不是没有模式，而是其模式非常奇怪，不过最终结果是一样的。显然，我肯定在平常谈话中曾上百次谈到这些，你阻止我了吗？或者我提到过吗？无论如何我感觉就好像被《纽约时报》头版头条示众——我希望什么也没发生，希望能重回 1939 年的时光。

此外，倡导献身学术与提高学术水平对我是有益的，我现在就在这浪费时间，写的说的全是关于共产主义、比德尔·史密斯[2]、老旧的俄国音乐、政治理论、英美关系、米尔斯基王子[3]、认识论、条件句的逻辑和其他只有上帝知道

[1] 括号内是伯林的原话。他应该指“高贵的年轻人所关心的那些普通模式”。
[2] 沃尔特·比德尔·史密斯上将（1895—1961），1946—1949 年任美国驻苏联大使，1950—1953 年任中央情报局局长，1953—1954 年任美国副国务卿；有关伯林对他的评价见原文第 147 页注 2。
[3] 德米特里·彼得洛维奇·斯维雅托波尔克·米尔斯基王子（1890—1939），笔名 D. S. 米尔斯基，俄国贵族文学评论家，20 世纪 20 年代执教于伦敦大学，之后信仰共产主义并回到苏联，但最终被送进古拉格集中营。伯林正做“俄国文学：伟大的世纪”这一课题，这是伯林对米尔斯基的《俄国文学史》所做的书评（《民族》，1950 年 2 月 25 日，第 180—183、207—208 页）。

的东西，包括《大不列颠百科全书：当代文化》[1]，尤其是沉迷于新闻以抗议学术界新闻，这就好比有人召集听证会以抗议虚设听证会的做法。我觉得自己就像某个阶段的乔，情绪灰暗，总在自责。

我尤其觉得自己像个无赖。毕竟我比任何人都享受在哈佛的日子，在那儿我拥有无比温馨的友谊。经历了那些事后，牛津就像一张灰色的毯子笼罩着我。我真的非常遗憾我 1950 年来不了（我私下打算回全灵学院〈这确实是秘密，至少目前得对英国那边保密〉，这样我就可以再回到哈佛大学——除非我放弃 1950 年的哈佛之旅，否则我的计划 143
就无法实现）。麦凯、巴克、布林顿[2]、唐纳德·威廉斯[3]或任何其他人读了我在《时代》上发表的文章后，虽然我相信他们不会拒绝我回哈佛，但感觉他们会认为我是个不懂感恩，甚至还有些阴险恶毒的客人。〈我的父亲是个诚信的商人，他非常严厉，经常引用《圣经·创世记》中的 [ ] [4] 这句话。这话说得真好。〉因为柯南特和巴克等肯定会读《时代》

[1]“历史视角下的 1949 年”[1950 年的大不列颠年度书籍（芝加哥 / 多伦多 / 伦敦，1950）xxii—xxvii.] 向伯林约稿，伯林因此写了篇文章“文化趋势”。

[2]（克莱伦斯）·克莱恩·布林顿（1898—1968），最早研究知识产权的历史学家，1932—1968 年任哈佛大学古代史和现代史麦克林讲席教授。

[3] 唐纳德·卡里·威廉斯（1899—1983），1939—1967 年任哈佛大学哲学教授，1947—1954 年任哲学系主席。

[4] 伯林在这留一个空格，是为了注明出处，可能是《创世记》（44：4）：“你们为什么以恶报善呢？”

等杂志，现在我必须把这三篇文章全寄给他们，不管结果是好是坏，否则的话，天知道他们会以为我都写了些什么。天哪，我是不是把这件事当成天大的灾难了？至少，我得给柯南特、巴克和麦凯写封信，告诉他们我热爱并尊敬哈佛（我确实如此），而且我的文章表达了我的真实想法，并觉得他们是公正的。我总觉得我必须说点什么。〈我的表白是不是有些奉承巴结的味道？我不应说我爱哈佛——实际上我不能确定我爱过任何大学，尽管全灵学院离我的心最近——我也不该说我敬仰哈佛：在那儿我只是特别开心，这信有点类似 E. M. 福斯特某部小说中心烦意乱的女家庭教师写的信："我该说我爱他们吗？这一表达是不是过头了？或者干脆什么也不说？只是低头俯首？向人低头总是安全的，不是吗？或只是点点头。"我只想点点头：我希望我能像玛丽·帕金斯那样自信沉着，而不是像可怜的 W. 詹姆斯夫人和珀克[1]那样患社交焦虑症。〉今天下午《时代与潮流》给我打了个电话，说他们的《校友简报》准备登出我的第二篇文章。我拒绝了，因为我不想成为美国教育界道德问题论战的焦点，不过，如果你能告诉我人们是否真的受到伤害，我将非常感激。如果确实造成伤害，我会很忧虑的，〈而且无能为力〉，

[1] 埃利奥特·帕金斯（1901—1985），1937—1969 年在哈佛教历史，1940—1963 年是洛厄尔楼的主人；他的第二任英国妻子玛丽·弗兰西斯（1904—1994）是菲利普·贝克·威尔布里厄姆爵士的女儿。

尽管如此，我还是应该知道。我牛津的社会—民主党同事很为我担心：有关丘吉尔的那篇文章不像是亲劳工党的；我有关英美关系的广播讲话（不仅激怒了比弗布鲁克），激怒了克罗斯曼和一些比较温和的社会党人；《时代与潮流》杂志上的文章被贴上政治反动的标签；最后，丘吉尔先生认为我可能不喜欢他本人（尽管他给我发来电报[1]和圣诞的问候——再一次妥协），伦道夫[2]还调查我。显而易见，要想生存，一个人的观点得简单，而且还得脸皮厚。我已下定决 144
心不发表言论，也不要脸皮。虽然我不会再给《时代》、《时代与潮流》或《校友简报》撰稿，但如果我不想给人留下高傲、喋喋不休、存心不良的印象，我就得在其他领域做点事情。一定给我些建议，有情况一定告诉我。

[……] 比弗布鲁克勋爵从未提出让我担任主编，他只让我做专栏作家，对此我恐怕拒绝得太快了。〈比如没有问问专栏作家能赚多少钱。他说："远离牛津那些陈腐的大学教师，我把你安置在克拉里奇的邸宅；你可以尽情地花钱、喝酒，并拥有女人；你可以在我的住所里接待朋友，这是只有少数人才拥有的特权。"因此他有点像滑稽哑剧中的魔鬼；一

[1] 日期是 1949 年 12 月 4 日，电报上写着"读了你在美国发表的文章，我非常开心。祝圣诞快乐、新年快乐！温斯顿·丘吉尔"。

[2] 伦道夫·弗雷德里克·爱德华·斯宾塞·丘吉尔（1911—1968），作家、记者和保守党政治家，温斯顿·丘吉尔的独生子。

想到我能站在阿灵顿宫[1]的房顶上，能饱览地球上所有的王国，我就忍不住乐得笑出声来。我太享受这个谈话了。我和卢斯[2]就曾经历过类似尴尬的事——奇普可以跟你详述此事。然而，我觉得自己并非是那种遇到麻烦就依赖这些大亨的小人物：怪异。〉奇普一直在这儿，而且很开心。他并不否认乔讲述的基本是事实；我清楚他、布鲁斯[3]和哈里曼在理论上是正确的，但我可以肯定，在实际中凯南是对的：英国不可能真正加入欧盟——在经济上这将使英国的生活水平下降一半，对此人们根本就没有心理准备——与美国结盟的观点也许令人讨厌，但很现实；也许人们憎恨美国的影响，但美国的影响不可能避免；法国人和意大利人就不同，几乎可以忽略不计，对我们的普通百姓而言，他们什么也不是，可我们的普通百姓就是更喜欢他们，仅仅因为他们距离我们更遥远。奇普似乎还不错，声望挺高，他和巴黎的大使夫人相处较融洽，但还没到一拍即合的地步。[4]我们一起分析你喜欢她的原因，并得出结论是因为这能让你觉得很荣耀，至少在你的

[1] 比弗布鲁克伦敦西区公寓所在地。
[2] 亨利·罗宾逊·卢斯（1898—1967），共和党的编辑和出版商，创办了杂志《时代》（1923 年与布里顿·哈登合伙创办）和《生活》（1936），1964 年之前一直担任这两本杂志的主编。
[3] 戴维·柯克帕特里克·艾斯特·布鲁斯（1898—1977），美国外交官与政客，1947—1948 年任商务部部长助理，1949—1952 年任驻法国大使，1957—1959 年任驻德国大使，1952—1953 年任副国务卿，后（1961—1969）任驻英国大使。
[4] 伊万杰琳·布鲁斯。

心里和感受上是这样的。很惭愧，尚未拜读你的大作，奇普
说这是一部天才之作、及时之作。到目前为止，我只读过那
个重要的注脚[1]，那是该书中我读过的唯一的句子，但我非常
欣赏这本书，并准备（毫不犹豫地抛开那些令人厌烦的公开
争执）马上拜读。顺便说一句，其他书我也还没读，包括莫
顿·怀特[2]的书，我得为该书写书评，准备刊登在《心灵》
期刊上。他是个善良、聪明的人。莱文对怀特很反感，这反 145
而让怀特更出名。怀特说他是我唯一没有藐视过的人。真的
吗？多不公正！多不属实啊！再回到我们刚才讨论的话题。
我对你和其他任何人都充满了敬佩、爱慕和热情。可是我的
言辞似乎总辜负了我的本意。人生太艰难了。我觉得自己就
是个简单、快乐的话匣子，只讨厌那些吹毛求疵、一本正经、
难相处的恶毒人。这会是一个假象？它隐藏得很深，没人能
觉察到，就像人们在广播里听到的声音。在牛津，鲍拉博士
说我是彻头彻尾的美国合作主义者，而他是一个隐秘的抵制
者。他存心不良却显得很亲切友善；他在写书，写得不是很
好，我将其书中的片段大声读给他的朋友们听，假装这是摘
自他们的作品，结果当然总是遭到质疑，他们的震惊反应却

[1] 原文第 134 页注 2。

[2] 莫顿·加布里埃尔·怀特*（生于 1917 年），哲学家和历史学家，1948—1950 年任哈佛大学哲学助理教授，1950—1953 年任副教授，1953—1970 年任教授；他著有《美国的社会思想：对形式主义的反叛》（纽约，1949）。伯林对该书的评论最终发表在《心灵》第 6 期（1952），第 405—409 页。

也合情合理。这一实验在高傲的肯尼斯·克拉克[1]身上特别有效。哦，天哪！也许有人会说我这么做（对我的老朋友、对我人生最有影响力的人——确实如此）不公平，缺乏善意。我从来就没把事情做好。现在，我必须坐下来，寄几份《时代与潮流》给哈佛大学校长和亲爱的老麦凯。如果你即刻给我回信，你也许能阻止我（太迟了！杂志已寄出！）我总是仓促行事；显然，我写的每一个字，无论是已印刷成铅字的，还是手写的总是不断地给我带来麻烦。我保证1950年将会是安静的一年。屡遭打击与陷害使得我胡思乱想：尽管乔始终保持出奇的沉默，但他对我笨嘴笨舌的反击策略一定耿耿于怀。（就在这个时候，我收到一个包裹。亲爱的乔，对他我从无微辞，我应多和他保持同一阵线。）我需要消除疑虑，逐步建立信心，增进感情，但不是以事实为代价，所以一定告诉我赤裸裸的事实。你什么时候来欧洲？我要相应地计划我的生活。如果你不阻止我，我将带着负疚感为阿什科利[2]写篇充满怀旧和赞誉之辞的文章，题名为"哈佛时光"[3]。这听起来并不怎么像无聊的威胁。我的处境糟透了。你得马上动

[1] 肯尼斯·麦肯齐·克拉克（1903—1983），1969年受封克拉克男爵，艺术史学家，1946—1950年和1961—1962年任牛津大学美术史莱德讲席教授，1953—1960年任艺术委员会主席。
[2] 马克斯·阿什科利（1898—1978），生于意大利，作家、编辑，1949—1968年任《记者》杂志的出版商和编辑。
[3] 伯林此处原文为：Horae Harvardianae。

笔给我写点东西。甚至连佩里·米勒[1]也写信来指责我，他
不久前以身体健康为由和我毁约，结果被友善的拉斯基揭穿
(一个奇怪的角色互换)[2],说他撒了个〈大大的〉白色（善意
的）谎言。〈牛津夫人[3]曾经说过，白得足够冰镇圣诞蛋糕。〉
拉斯基非常友善。我至今还很看重他的善意。你瞧我是多么
谦卑。给我写信吧。〈代我问候玛丽安［原文如此］、埃琳
娜·莱文。(哈里已寄给我一份选印本，有关国外对美国文学 146
的评价，非常谨慎。我也必须寄份《时代与潮流》给他吗?
不。不。不。）我该给怀特夫妇[4]写封信。我一直想专心研
究俄国革命知识分子的（学术）道德史，我觉得当代美国的
学术状况更像我心目中英雄的生活状况，而英国人没有看到
这一点。为什么到我这儿就成了戈雷尔主义了呢？我希望为
吉尔默先生唱赞歌，颂扬他比我身边的任何人，甚至比老山
姆·比尔都高尚：老山姆·比尔是一个大家熟知的19世纪农
耕理想主义者。为什么《纽约时报》会认为我对比德尔·史
密斯[5]所写的书评（《纽约时报》周日版，任何一天）太亲苏

[1] 佩里·吉尔伯特·艾迪·米勒（1905—1963），研究知识产权的历史学家，1946—1963年任哈佛大学美国文学教授，自1960年起任美国文学鲍威尔·M.卡伯特讲席教授。

[2] 拉斯基是一个著名的幻想曲作曲家。

[3] 安妮·玛丽·塞莉斯廷（1916—1998），婚前姓帕勒里特，牛津的阿斯奎斯伯爵二世的妻子（自1947年）。

[4] 莫顿·怀特和他的妻子露西娅（1909—1996），婚前姓佩里。

[5]“现实感，关于俄罗斯”，评沃尔特·比德尔·史密斯的《我在莫斯科的三年岁月》，《纽约时报书评》，1950年1月8日，第1、25页。

联呢？你也可以写点东西，分析分析这位可怜、苦恼的旧世界的自由主义朋友。你什么时候来呢？〉

以赛亚

附言：顺便问一句，你是否真的考虑到牛津做一年哈姆斯沃思讲席教授？如果有打算，告诉我；我会让贝劳福去敲定此事。一定来。

致迈伦·吉尔默

1949 年 12 月 26 日，节礼日［手稿］

新学院

亲爱的迈伦：

我还欠你一封信，也不知欠多久了，内心隐隐约约一直有种愧疚感、负罪感（我几乎向来如此），觉得自己没有能力面对道德、学术和个人的责任，这些无法逃避的责任各式各样，非理性能说清道明，有时令人消极怠工：长期以来我反对道德至上，反对根除对真理、快乐等无意识的追求，而倾向于支持清教式的，或伤感或黑格尔式的社会责任，现在我开始有些不安，我的抗议与反对莫非是源于我内心对该领域中存在问题的着魔与困扰：我看到一幅令人恐怖的画面（可能是戈雷尔先生画的，或是米德夫人[1]或克莱德·K.

[1] 玛格丽特·莎米拉·米德（1901—1978），美国文化人类学家（尽管她结过三

K. 画的)：我退缩，我努力摆脱，我驱逐幻影。可是［它］并没有完全消失，唉！

天哪！自我回来后，我每做一件事情都让我麻烦缠身。在航行前我的护照丢了，我可以肯定这一定深含弗洛伊德式的寓意：我给阿瑟写了封让人胸口怦怦跳的书信，我现在还处于那一状态中。我很抱歉让你承担这一后果；这是友谊的代价，我是无法解除的。继续听我唠叨我遭遇的种种倒霉事吧：回来后，我写了一篇有关《唐璜》（正在埃克斯上演） 147
的田园诗般的文章，并一口气完成各报纸杂志的约稿任务（已积压很久了）。我写了篇（我猜别人是这么认为的）狂热亲美的文章，并在广播电台播出，遭到比弗布鲁克勋爵和一些共产党人士的鞭笞。我的麻烦是，一旦我借用某一隐喻（尤其是具有喜剧色彩的隐喻）展开论述，我就一发不可收拾：我刻意地驾驭着文字。有关丘吉尔的文章充满了夸张的模式：一旦出现一个类比，我就禁不住玩起类比游戏，我知道这样做轻率，甚至危险；并且我马上就会觉得愧疚：

这就点类似在摆弄克罗齐式[1]（或叫帕累托[2]等类似的名称）的超结构。如此摆弄，构架清晰，行文流畅，文字风

次婚，但仍沿用婚前姓氏）。

[1] 贝内德托·克罗齐（1866—1952），意大利理想主义哲学家和政治家，他的作品主要包括历史哲学和美学哲学。

[2] 维尔弗雷多·费德里科·达马索·帕累托（1848—1923），意大利经济学家和社会学家。

趣引人入胜，避开乏味的事实堆砌，尽管事实至关重要，但仅仅罗列事实是不可能结构对称，文字幽默的：除非像通俗杂志文章那样以幽默诙谐的风格写作，也许这并不重要：也许我得吸取教训，再无趣的事实——所有那些我们这些优秀人物想当然的事实，尤其是那些社会经济学领域的“炉渣”，成熟的时代思潮根本不屑对这些“炉渣”加以探究与检验——也必须加以阐述。噢，天哪！我又跑题了，让我继续吧。这些隐喻真的非常致命，并惹麻烦；不仅仅是隐喻，而且类比也一样。我试图以类比来解释世界，就好比品茶，如果你理解我的意思的话。我不是采用归纳、演绎或推理，而是借用各种最近似的类比加以阐述，如果一个人的脑子里有这种类比思维，类比论证就会有说明力。糟糕的是，缺乏类比思维，解读就会跑偏了。因此，欧洲对美国，18世纪对19世纪，演员的服装反映心理变化，直觉敏锐的政治家兼收并蓄，直觉迟钝的政治家催眠，等等。这些使得丘吉尔那篇文章特别有趣，不过也有些肤浅。这个老人自己也不确定该如何评价这文章，大概有四分之三的满意度，圣诞节时还给我发了封很有意思的电报。不过，我的那些社会党人朋友们——他们是我最亲爱的朋友——虽然颇为震惊，但他们却找不出任何可指责为错误或恶毒的东西，只是感到震惊罢了。我从一个类比致命地滑向另一个：《听众》杂志上的文章（该文章遭到比弗布鲁克勋爵的批评与攻击，阿瑟已给你看过他的批判文章）痴迷于不解之缘的婚姻这一比喻。我现

在仍然觉得这一比喻是正确的，该比喻之所以吸引我是因为
这个比喻幽默诙谐，而不是因为貌似真实。当然，当然，这
个时候应该严肃，一本正经地论述自己的观点，严肃与诙谐
终究是不相容的。严肃并不等于一本正经，枯燥乏味，诙
谐也不等于轻浮、讥讽，等等。尽管如此，事情却没完没
了。我刚放下《听众》引来的讽刺与攻击，就觉得自己该做
点什么以防卷入美国的学术界生活：它在某种程度上让我想 148
起我的精神家园，即19世纪充满自我批评精神的俄国知识
分子——相对而言英国学术界更市侩庸俗，美国知识分子
反而更接近19世纪俄国知识分子，而且美国学生也不像英
国学生那么庸俗。（我为什么在文中不这么论述呢？毫无疑
问，因为这个类比模式阻止了我！这个理想化模式就像牛顿
式的完美天体[1]在无限平面上不停地滚动着，直到外力迫使
它停止滚动。）此外还有一点也令我惊恐不安：大篇幅的心
理分析似乎过头了：也许这是个媒介问题：比如法兰克福特
夫人，她的直觉与惊人的洞察力到目前为止还无人能及，她
发现1934年和1939年的牛津就像错综复杂的路易十四宫
廷，充斥着怨恨与优雅，到处歌舞升平却危机四伏。而在我
看来，相对哈佛而言，牛津更肤浅、更简单、更作乐，更不
令人称许，更不关注事情的道德核心，更冷漠，更浮于表

[1] 艾萨克·牛顿（1642—1727）的第一运动定律指出：一切物体总保持匀速直线运动状态或静止状态，只有外力才能迫使它改变这种状态。

面，更缺少洞察力，更少关注我最所关心的问题。我这观点在你看来是不是很疯狂、很愚蠢？即便你不了解牛津？我的另一个麻烦是，我总是发现自己不愿与之为伍的人站在我这一边，即不该支持我的人出面支持我。《听众》杂志上有关英美关系的文章，虽获得令人尊敬的罗德学者的认可和保守党富人们的赞赏，但工党显然在喝倒彩。有关丘吉尔的文章，你可以想象，我怀疑有人会利用它做竞选宣传。《时代与潮流》上的文章深受勒恩德·汉德和格林威尔·克拉克[1]的赞赏（我敢肯定），却招致社会民主党的憎恨。显然，阿瑟认为我是第二个戈雷尔，没有什么人比成为第二个戈雷尔更令我憎恨的，我无论如何都不愿成为第二个戈雷尔，我严正抗议戈雷尔对美国的可怕歪曲。显然，就公共事务而言，我从一个错误的立场滑向另一个错误的立场：错误的立场就是缺乏诚意，甚至缺乏必要的深度，而且不能预料这个世界的客观关系和一个人在其中的处境。道德是什么？道德就是从这个舞台彻底撤出，因为处于这一舞台就得接受没有任何差别[2]的大立场，并且还得大伙打成一片，忽视细节，不掺杂个人情感，就像丘吉尔先生和霍姆斯法官[3]以及所有伟大

[1] 格林威尔·克拉克（1882—1967），美国律师，活跃于公共事务，并有一定的影响力；“论哈佛社团 1931—1950”。

[2] 伯林此处原文为：non-nuancé。

[3] 小奥利弗·温德尔·霍姆斯（1841—1935），1902—1932 年任美国最高法院陪审法官。

的人物那样。这个我接受，一旦完成（因为承诺已无法收回，否则就是毁约）当前的义务（再次回归旧道德，它反对个人在世人认可的自由世界里自发地实现自我），我就再倒退回尽管枯燥无趣却让人心满意足的学院主义。我感觉这样做是正确的。1950 年将是平静的一年，没有媒体或公众的关
注。每天都有忠实的朋友将《时代》杂志剪辑发给我，哈佛 149
大学以前的学生还给我写了三封信，对我的“勇气”称赞有加（因为我让许多好人皱眉蹙额），所有这些都令我不寒而栗。所以，我得回归私人空间，公平地评价包括社会学，专注于事实。这就是我新年的决心。我目前的计划就是想方设法调回全灵学院，在那儿我带的学生不会太多：这样，正如原先所希望的，如果美国那边需要的话，我就能经常回到美国。这个谈判非常微妙，需要时间，可能得到 1950 年底才有结果。所以，1951 年开始新生活。我想知道（并且已让阿瑟告诉我）我是否伤害了那些不该伤害的人（我不是特别在乎是否伤害了某些人，如克莱德·K.，但是很奇怪，我很担心伤害英克尔斯[1]和帕森斯）？如果是这样的话，那我也爱莫能助。如果人们反感我的思想观念，那我倒不在乎（我能希望哈里·莱文按我的意愿评价我吗？那是绝对不可能的。

[1] 亚历克斯·英克尔斯（生于 1920 年），社会学家，苏联问题专家，1948—1957 年任哈佛大学讲师，讲授社会关系，1957—1971 年任哈佛大学社会学教授，之后（1971—1990）任斯坦福大学社会学教授。

我就是这样），我只在乎自己是否让人觉得忘恩负义，或对人有无粗俗的冒犯行为；毕竟，在哈佛我有不少真正的朋友，每天都开开心心，其乐无穷，哈佛让我焕然一新，我对哈佛一往情深。不过，如果我的文章引起人们对我的憎恨，我真的很遗憾：我并不想伤害任何人。如果历史就是亚西比德（不是亚历山大，在《大西洋月刊》中竟把亚西比德错写成亚历山大，我愚蠢至极，竟没发现）遭遇过的事（亚里士多德“论历史与诗歌的异同”）[1]，我觉得自己相信这一点。单纯解释罗马或现代阿尔巴尼亚的经济形势和政治机器是无意义的，这些要有意义就必须在某个阶段至少指出罗马或现代阿尔巴尼亚的经济形势和政治机器对人产生什么影响。这里的人不是指笼统的大众，而是指一个普通人，正是普通百姓的行为、情感和想法，给像历史学家之类的研究者指明了研究方向。随着研究越来越受到非个人因素的制约，比如不涉及具体人名的丰收史与农副产品价格史根本就不涉及个人的命运与情感，这种研究就越来越不像历史，反而越来越接近地理，或科学社会学、经济历史之类的学科。当然，我并不是指拿破仑的意图及其对梅特涅和贝多芬产生这样或那样的影响在某种程度上就是研究目标，不是说得分析其背景——1810 年奥地利农民的平均收入——不过，说到底（可怕的

[1] 诗歌适宜表现普遍性的事情，而历史却倾向于记载具体事件。[……] 具体事件指——例如——亚西比德做过或遭遇过的事。亚里士多德，《诗学》9.4，451b11。

字眼）历史毕竟是类比性科学，而不是行为科学，它试图表达人的感受——包括我（历史学家）和你（读者）——及分析如果我们生活在那个时代，什么力量会把我们卷入其中，历史不能免去研究动机、目标、失败、理想的结果、邪恶与美德带来的不幸与辉煌、成功与失败，而理想的社会学就能 150
以纯粹行为学的方式写作，包括随意的方式。当一件事情发生后，什么事还会接踵而至：歉收、通货膨胀、毁灭性的战争、营养不良、技术落后等，如果能够从中找到适当的规律加以总结借鉴的话，那会很有意义并很实用。原则上，历史并不是那种如果—那么推断式的随意科学：你不拒绝能生动描绘人物与困境的文字，那些需要类比性证据的东西——类似于你脑中基于个人经验的图式——称为历史，历史不是指那些需要归纳数据（不是以你“理解”的人物性格和实验室的数据为参照）的东西。这些是不是非常难理解？我再一次担心自己站错队。我有点像故弄玄虚的直觉主义者和玄学家，反对诚实严谨、讲究经验与科学的进步人士。显然，我应该表现愤怒，我应该解释自己漠视或否定经验主义者（我应该和经验主义者结盟）所发现的真理源泉或与之相关的东西是一回事，而自己坚持还有一个十字转门又是另一回事，这个十字转门还未被这样或那样的科学检测技术所发现或认可，这个十字转门不是知识，而是神秘主义或骗人的鬼话。（这我应该否定。然而，所有树立十字转门的尝试不管多具有启发性，最终都以教条主义和否认事实而告终。真理源于观察。在古代，亚里士多德做了最深入细致的观察，在《尼各马可伦理学》中，他指出“判断就在观察中”[1]，也就是说，只有通过观察实际的形势，你才能在具体或一般中区分什么是什么，然后才能揭示真理，而且不用担心会背离原则。一旦什么都以原则来衡量一切，那么谬论必然就由此而生，因为有些形势并没有普遍性。）不过，我不应该像这样长篇大论地向你灌输令人混乱的方法论。我必须结束这个多语症，乔伊斯先生[2]曾称之为饶舌，温德姆·刘易斯[3]曾指责施泰因小姐[4]饶舌。我觉得自己很对不起怀特海夫人，以前我很喜欢她，并常常拜访她，我现在更喜欢她。我生病时她给我发了封亲切感人的电报[5]，当然，我不能不接受她的建议（而实际上经过整整八个月的修养，我的坐骨神经痛好多了），不过我至少应该回个电报。但是我只是躺在床上，慵懒倦怠，没有思维，也没想给她发电报。拖三四天，我的感
151 觉就更迟钝，甚至觉得发电报也毫无意义，所以至今没给她发一个字。我保证我会给她回信。而且有人告诉我得用张大

[1] 他在《尼各马可伦理学》[2.9（109b23），4.5（1126b4）] 两次提到这句话。讨论的问题是：“一个人什么时候会背离正道而遭到指责呢？”亚里士多德评论道：“很难定义什么样的错误及多大的错误会引起指责与批判，实际上我们察觉到的东西都很难定义，这样的问题得取决于具体的形势，我们的判断基于洞察本身。”

[2] 詹姆斯·奥古斯丁·艾洛伊休斯·乔伊斯（1882—1941），爱尔兰小说家、短篇小说家与诗人。

[3] 珀西·温德姆·刘易斯（1882—1957），艺术家和作家。

[4] 格特鲁德·施泰因（1874—1946），美国作家。

[5] 日期是 9 月 26 日：“亲爱的以赛亚，获悉你生病了，我很难过，一定要做手术。”

纸，字写得大大的。我会这么做的，不过得有时间。我不希望别人大声朗读我的信，即使是最值得信赖的人（不管他多么谨慎、多有理解力，还是多么愚钝、多么缺乏警觉性），都会成为障碍。因此，你能不能告诉她我心里一直惦记着她，告诉她我们在美国欢聚的夜晚比其他任何活动都让我想念（我真的很想念），而且我会给她写信，并向她道歉，她的建议明智、体贴周到，却未得到我的回应，不过我想正式的电报读起来太无趣：我该写信，我还得感谢你给我带来她的消息。

猛然想起你面对福利国家与自由（像教会这样的社会机构所给予的自由，教会能让你避免受到最好的新政父权政府的管理）的两难抉择，我不能就此搁笔。我也不知道答案。对我而言，主要是少些信仰，而多些经验主义。也就是说，一个人得尽可能地依据形势的是非曲直对具体情况做出判断，而不是投身什么运动去寻找通则。只有从具体的错误中解放出来，才能从有缺陷的补救与纠正中解放出来，诸如此类。我觉得这有点类似 19 世纪末期的那种不负责任的激进主义，不过这是我个人的看法。问题是，一方面要保留“贵族”、“自由党”一贯的权利和自由，而另一方面又要保证孩子们能喝到牛奶，并消除贫困，这如何能做到呢？我们必须把票投给少数派，如果少数派变成多数派，这也是致命的。我们必须为三个共产党教授的权利对抗 19 人。显然，人们会把票投给罗斯福和杜鲁门，因为首当其冲得避免让争论一发不可收拾。这指的是，借用某人在某次会议上说的话，你拒绝做正确的事情，是因为你担心，如果深入推进某件事的话，你（或其他人）是否有足够勇气（或力量）去叫停。寻找永恒的通则就是懦弱与虚荣的表现，甚至对实用主义者而言也是如此；而我觉得一个人得有勇气去为还未得到证实的、还不明朗的观念而奋斗献身，而不是以绝对的信仰来支撑自己。我怀疑这个出路是否太安逸了？

深爱你的

以赛亚·伯林

152 天哪，这信怎么写成这样！我深深致歉。

致莫顿·怀特

1949 年 12 月 29 日

新学院

亲爱的莫顿：

[……] 躺在床上百无聊赖，成天沉迷于读那些无聊的新闻，很快便产生恶果。[……] 虽然我仍坚持我在论文中阐述的观点，但是《时代》上的节选，甚至是原稿，现在在我看来似乎有点信口开河。同时，从阿瑟的不可避免的反应中，我推断我的文章可能——不管是真还是假——伤害了很多好人，而这些人都是我心怀感激，或（相当）敬佩，或（相当）喜欢，或既敬佩又喜欢的人。我因此焦虑万分，我这人能将芝麻大的小事，有时甚至将只是想象的事无

限扩大，让自己辗转反侧、忧心忡忡。我觉得我必须做的第一件事就是写一份反映我真实想法的文章，寄给那些有可能因《时代》上的节选对我下定论的人（在我看来），所以我把文章发给阿瑟、校长和教务长等，我还附上简短的注释（注释表面上是关于其他话题，但实际上是解释我给他们写信的原因）与有点虚伪的附言。我在信中指出，他们可能已经读过《时代》上的节选，他们最好也看看原文——然后觉得自己不必卑躬屈膝，我又坚定地宣布我坚持文章中的观点，希望大家不要对它产生误解，但我也没有说明文章“真正的含义”是什么，其实人们继续误读的可能性太大了。之后，《校友简报》希望我准许他们刊登该系列的第二篇文章。我已经受够了！一想到可能再度成为矛盾的焦点，我就害怕，于是我断然拒绝，而且不做任何解释。如果这又引起什么风波的话，一定告诉我——我倒不是为了采取应对措施，而是我对自己行为的任何后果总是担惊受怕。现在在我看来，这些文章有点夸张，至少夸大了本是站得住脚的观点，而且夸大得有点怪异（foreign）（我的打字员真的太尖锐了，我的本意是 fanciful）。不过当下我并不幻想公众的接受与认可。无论如何，这没什么大不了。真糟糕，你的朋友们竟认为我破坏他人名声，在我看来，这说明对于同一个词，说话人和听话人的理解多么截然不同，就好比听到自己录制的声音甚是震惊，震惊之余才意识到这就是外界听到的声音，而且人们可能根据该声音来构建你的形象。当然我认为，除了几例特别的例外（这些例外没有一个是哲学家），我觉得每个人都非常善良，都具有知识分子的坦率与忠诚，这一看法对我的影响持久且深远。一定把源头（他是谁）透露给我，我绝不会向任何人泄密；如果我一直很喜欢他，我会找个机会向他说明我的想法。而现在，我谁
153 都怀疑，这更糟糕！所以一定告诉我，把我从悬念中解放出来。以前曾有人和我说过类似事情，而我却固执不信，就好比一个人拒绝接受有关桌子的公共标准，反而认为只有他自己和伯克利大主教能看到真相，而其他人看到的全是各种各样的假象。我原来的同事普里查德教授[1]有一个不凡的见解，他认为我们认为自己看到物体，但实际上没有看到，尽管这些物体确实存在，并和我们认为自己肉眼看到的一样，而实际上，该物体却并非我们肉眼所见。

这让我想起我收到你们校长的一封信（看在上帝的分上，一定保密），信是有关哲学系的，他就选择正教授卡尔纳普[2]还是选择副教授塞拉斯[3]或齐索姆[4]一事再一次征求我的意见。我看了所有的资料，我猜你和哲学系仍然倾向于卡尔纳

[1] 哈罗德·阿瑟·普里查德（1871—1947），牛津大学道德哲学怀特讲席教授。
[2] 鲁道夫·卡尔纳普（1891—1970），维也纳学派的领头人，1936—1952 年任芝加哥大学哲学教授，1954—1962 年任旧金山加州大学哲学教授。
[3] 威尔弗里德·史多克·塞拉斯（1912—1989），1946—1951 年任明尼苏达大学哲学助理教授，1951—1959 年任教授，1959—1961 年任耶鲁大学哲学教授，1963—1989 年任匹兹堡大学特聘哲学教授和哲学科学研究教授。
[4] 罗德里克·弥尔顿·齐索姆（1916—1999），1947—1987 年在布朗大学教哲学（自 1972 年任人文学科安德烈·W. 梅隆讲席教授）。

普，不过如果他没通过的话——上次就遭到强烈反对——我推测出局的是塞拉斯，而不是C. 内尔森·古德曼[1]。我理应推荐塞拉斯，因为1936年他在牛津时，把他所有作品的选印本都寄给我，说来惭愧我从未公开承认过。我虽然不了解他最大的优势是什么，但是他显然比齐索姆更开明，在学术上更率直。显然，在我看来，齐索姆是受到迪莫斯[2]和怀尔德[3]的鼓动，这是其行为的主要动因。没有比莫尔—布罗德—普莱斯[4]相继发展而来的视域理论更枯燥无味的，他们如今都已完全摒弃该理论，我不相信这个理论会有生命力。有些人不用剃刀——奥卡姆剃刀、罗素剃刀等[5]——而是搬出枯树，大力鼓吹着那些早已废弃过时的书本理论，再没有比这更疯狂的了。且别提虚无的形而上学，仅这一点就足以让我反对齐索姆。〈我的打字员最近喜欢上命题函数，真令人痛恨：天

[1] 亨利·内尔森·古德曼（1906—1998），1946—1951年任宾夕法尼亚大学哲学副教授，1951—1964年任教授；之后（1968—1977）任哈佛大学哲学教授。
[2] 拉斐尔·迪莫斯（1892—1968），出生于希腊，哈佛大学自然宗教、道德哲学、公民政体奥尔福德讲席教授。
[3] 约翰·丹尼尔·怀尔德（1902—1972），1946—1961年任哈佛大学哲学教授。
[4] 乔治·爱德华·莫尔（1873—1958），1925—1939年任剑桥大学哲学教授；查理·邓巴·布罗德（1887—1971），1933—1953年任剑桥大学道德哲学奈特布里奇讲席教授；亨利·哈勃雷·普莱斯（1899—1984），1935—1959年任牛津大学逻辑学怀克汉姆讲席教授。
[5] 化繁为简得益于英国方济会修士和著名的经院哲学哲学家威廉·奥卡姆（约1285—约1347），他以“奥卡姆剃刀定律”闻名，其原理为“如无必要，勿增实体”。罗素将其发展成其哲学的主要特征。

知道我原先都说了什么。〉[1] 你能不能尽快告诉我该怎么表态，
154 我该如何看待这事——如果可能的话，通过航空邮件，因为我不能让柯南特等太久，我必须写一封深思熟虑的信。一想到这信会被传开就让我恐惧。柯南特最友善，只字不提《时代》上的文章，也许他没读过。我把登在《时代与潮流》上的原文发给他，文章一发出去，我就后悔，真是小题大做。哦，天哪！我为什么没有像刘易斯[2] 那样坚忍不拔的性格，他不慌不忙，不急不躁，不仅自己镇定自若，而且只要他在，周围的人也会沉着冷静，他从来不去想象，也不在乎他人的看法，其实，他人的看法通常是自己想象出来的，但在我看来却拥有无比强大的迈农式的现实性[3]。

我最近在读莫里斯·科恩[4] 的自传，一个鲜为人知的期刊邀我为其写书评，我读得几近着迷。这本书的确令人心动，既让人同情又不完全卑鄙可耻，但令人尴尬地反证了高尚的外来自由主义思想。他对哲学天真幼稚的狂热与注重特别感人，至少让我特别同情怜悯他。在哲学上，他一方面表现出良好的直

[1] 这些地方打字员留下了许多空白，伯林只好用手写填入。

[2] 克莱伦斯·欧文·刘易斯（1883—1964），实用主义哲学家，自 1920 年任教于哈佛大学，1946—1953 年任哲学埃德加—皮尔斯讲席教授。

[3] 亚历克修斯·迈农（1853—1920），奥地利哲学家，他提出现实中根本就不存在的东西，却存在于人的想象思维中。

[4] 莫里斯·拉斐尔·科恩（1880—1947），生于俄国，逻辑学家和哲学家，1912—1938 年任纽约城市大学哲学教授；自传《一个梦想者之旅》（波士顿，1949）。如果有评论，我们没有找到该文献。

觉，另一方面又像一个外来皈依者那样狂热地捍卫那些过时淘汰的理念。或者我的看法并不正确？我经常认为自己正确，但科恩可能会智慧地补充一句，别人也觉得自己正确。

我必须停笔了，不过就卡尔纳普及其他事宜，请你一定尽快回复。现在看来卡尔纳普肯定错了，这真让我忧虑，因为卡尔纳普看似卓有成效的导向，在我看来将导致学科松懈。一旦他放手，就会不可收拾，因为他依赖机械齿轮，几乎不用耳朵操控，如果你明白我的意思的话。〈如果不谈句法，你说什么并不重要——大泛滥了——在技巧上不会允许太大的变动，但在实际意义上却有极大的空间。〉不过也许我又错了。我必须坐下来，认真读你的书，然后写书评。

再提醒你马上写信

你永远的

以赛亚・伯林 155

致罗兰・博登—穆勒

1949 年 12 月 29 日

新学院

亲爱的罗兰：

我早该给你写信，谢谢你的来信和你的友好帮助 [1]。期

[1] 显然，罗兰・博登—穆勒帮伯林把他给普里查德的捐款转交给菲利普・格雷厄姆（这可能违反外汇管制条例）。

末的忙碌不堪描绘：讲稿还没准备，论文还没写，突然间，交稿的期限全到了，还必须应付始料未及的风言风语，再接着校园里又悄然掀起一个阴谋。我们的院长[1]想把图书馆正面的——你也许已注意到——安妮女皇和摄政时期风格的窗户改造成仿哥特式的风格，因为财务主管在图书馆的石墙后面发现一些古代的花窗格。当时我正在美国，我那些绵羊般温顺的同事投票支持他，使他获得三四百英镑，并得以装上了这扇标志性窗户[2]。这扇窗现在高高地嵌在墙上，丑陋、俗气、丢脸。原本平静友好的大学，突然间成了闹哄哄的、神经质的疯人院。原本亲切友好、超然洒脱、但个性强硬的院长，突然间犹如冷酷无情的拿破仑，甚至像历史上的暴君——从古希腊暴君到希特勒和墨索里尼，此外还带有像路德维希二世[3]对建筑的狂热——醉心于在自己的王国里大兴土木，希望给后世留下标志性的建筑。我的同事分化成两个对立的阵营，作为二级院长的我不得不代表我的同事，要求恢复新学院员工被暴君剥夺的民主权利。你可能觉得我有点夸张，不过这学期最后几周的阴谋与反阴谋让我忙得晕头转向。因此我没给你回信，你的信给我带来很多快乐，我很喜欢和你在一起，约翰·斯帕

[1] 阿利克·哈尔福德·史密斯。

[2] 这个不协调的哥特式窗户还留在墙上，提醒人们院长们的建筑野心。

[3] 路德维希·弗里德里希·威廉斯，巴伐利亚国王路德维希二世（1845—1986），热衷于建造各种城堡，其中包括巴伐利亚的新天鹅城堡。

洛[1]也和我一样，他告诉我见到你之后他很开心。我问他对特纳看法，他首先想到的是牛津著名的威廉·特纳[2]，因此不是你指的特纳，你提到的特纳肯定不是威廉？他接受了你的建议，他的房间比任何时候都整洁。我很想念全灵 156
学院，在那儿我不需要给本科生上课，我能较为自由地到处跑。调回全灵学院的计划虽然进展缓慢，但我觉得非常有希望。调回全灵学院，收入会少些，但我会有更多的闲暇时间，心境会更平和。至于回到美国，应邀去做点事总是令人愉快的，哈佛邀请我在夏季学期[3]和秋季学期去讲学。在我看来，暑期班简直就是地狱：酷热难耐，一周连续四天授课，钱又少得可怜。幸运的是，暑期我得在牛津负责监考事宜，我可以以此作为冠冕堂皇的借口谢绝邀请。至于秋季学期，那时全灵学院将面临危机，在这种情况下我最好哪儿都别去。不知他们是否能在 1951 年或 1952 年邀请我？［……］

［……］帕特里西娅好像挺好的，虽然我已有很长时间没见到她——她躲到乡下去过圣诞节，无疑她准备到那生

[1] 约翰·汉柏里·安格斯·斯帕洛*（1906—1992），古典文化研究者和律师，1929—1952 年任全灵学院的研究员，之后（1952—1977）任院长。

[2] 威廉·特纳（1789—1862），风景画画家，主要画水彩画，被戏称为“牛津的”特纳，以区别于更著名的艺术家约瑟夫·马洛德·威廉·特纳（1775—1851）。

[3] 哈佛大学暑期班，始于 1871 年，每年于 6—8 月间为不同年龄段的美国和国际学生开设各种短期课程，通常为期 8 周。

孩子——预产期在2月份。我母亲担心她从此消失，开始与她和好，这一切挺滑稽可笑的。英国选举即将开始，天知道会是什么结果。实际上，我不太相信保守党会当选。前天晚上我去参加奥利弗·利特尔顿[1]举办的晚宴，这个宴会有点像保守党的影子内阁会议。我不明白他们为什么邀请我，那些人我全不认识，我之所以去是因为那天我一个人在伦敦，我的父母都不在家，又没有其他什么特别的地方可去。出席当晚宴会的有：温斯顿和C.夫人、奥利弗·斯坦利、奥利弗·利特尔顿和他的妻子[2]（他们是东道主）、索尔兹伯里勋爵及其夫人[3]、彭布罗克夫人[4]、一个叫安德烈·史葛的人和他的妻子[5]和出于特别原因而出席的我。宴会上温斯顿指出我们需要的是更多的选择——也许其中的许多选择不理想，但毕竟还有选择。他的这一见解博得众人的喝彩。利特尔顿说安卡斯特勋爵[6]在他的家

[1] 奥利弗·利特尔顿（1893—1972），1954年受封钱多斯子爵一世，商人，1940—1954年任保守党议员，1951—1954年任殖民事务大臣。

[2] 原为莫伊拉·戈多尔芬·奥斯本夫人（1892—1976），利兹公爵十世的女儿。

[3] 伊丽莎白·维尔·加斯科因—塞西尔（1897—1982），索尔兹伯里侯爵，理查德·卡文迪许勋爵的女儿。

[4] 比阿特丽丝·埃莉诺·赫伯特（1883—1973），彭布罗克伯爵夫人，伯爵十五世的妻子，亚历山大·帕吉特勋爵的女儿。

[5]（克劳德）·安德烈·（蒙塔古—道格拉斯）—斯科特上校（1906—1971），近卫军，原为维多利亚·多丽丝·雷切尔·海格夫人（1908—1993），海格伯爵一世的女儿（休·特雷弗—罗珀未来的妻子，山德拉的姐妹，原文第602页注3）。

[6] 吉尔伯特·希思科特—德拉蒙德—威洛比（1867—1951），安卡斯特伯爵二世。

乡发表了一场精彩的演讲，提出“任何〈你看，我的秘书
心思细腻，特意留了个空格：可恶〉荒谬的政策都不该存 157
在”。温斯顿对此发表看法，他认为安卡斯特勋爵“内心知道事情的根源”，于是一味地高谈阔论以引人注目。他显然对我没有印象，不过我和他的妻子较熟，出乎意料地，几周后我就收到他的圣诞贺电〈和一张圣诞卡，上面有他临摹的圣维克多山，其画作很粗糙，不过我得承认他很大胆：你不会知道吧，他和塞尚生活在同一个地球上！〉，感谢我登载在《大西洋月刊》上的文章。我只希望这篇文章不要被利用做竞选宣传。我希望我能祝愿工党当选，不过在公立学校未成年人的道德问题上，工党令我非常失望，因为艾德礼先生也持同一论调。无疑，他比任何一任的首相都有道德优越性，但政绩并不突出。人总喜欢将自己理想化，成为别人追随的楷模。工党政府的理想市民没有一点吸引力。我决定除非在真正的危机时刻，绝不发表任何政治观点，而且我必须根据自己的意愿投票，而不是根据理性来投票。[……] 我的院长还常常乐此不疲地谈起你对我们珍藏室里的青瓷碗有莫大的兴趣——如果你能和他探讨类似话题，他会非常开心。他是一个好人，有好奇心和独创性，但基本不在乎别人的感受，此刻我感觉自己孤零零地被夹在他和他的同事们之间。我真该撰写一部牛津回忆录——同事间发生了那么多滑稽的事情，比如离奇的迫害、同事们对彼此荒诞不经的看法——书名就叫《透过学院的

窗户》，不过我还没准备好。也许有一天会写的。一定给我写信。

你永远的

以赛亚·伯林

[……]

致约瑟夫·艾尔索普

1949年12月29日

新学院

亲爱的乔：

[……] 我得出一个结论，我所做的一切往往被错误的人出于错误的原因所喜欢，并将我置于与我心愿相悖的处境。由此我吸取教训，那就是我必须停止对公共事务发表言论，除了在我的牛津花园里，其他任何地方都不再发表任何言论。我成了院长和同事们间的缓冲器，并试图说服院长去花6000英镑把高雅的安妮女皇和摄政时期风格的窗户换成奇丑无比的仿哥特式窗户，这样做既无意义也没有充分理由。我把这看成我的分内事。我在那些天才之间牵线搭桥，否则他们将彼此厮杀，如果我对
158 这些大事发表意见，他们就不会相互攻击。在下一轮的投票中，我一定要根据自己的意愿，而不是根据理性来投票。

我见到奇普了，他看上去挺好。我读过你评论他的那篇

文章[1]。如果你说的没错的话，我相信乔治·凯南和你是正确的，奇普和哈里曼是错误的。我没有机会和奇普讨论此事，但感觉英美与斯堪的纳维亚结盟是有坚实基础的。西方联盟与大西洋公约是临时拼凑的，它们可能会起作用，但不会坚实可靠，不可能促进欧洲的发展。我希望你能来这儿，我们一起探讨这个话题。[……] 普里查德的案子进展如何？我收到他的信，充满情谊，令我深受感动。我不知如何回复是好。一定给我写信，让我了解案件的进展。每个月我有两次机会和美国学生打交道，这个时候我就特别想念与向往美国，美国学生在道德上优越于我们的学生。你知道那种向往是不可抗拒的。于是为逃避现实，我沉浸于俄国的19 世纪。我为《外交事务》[2] 写篇文章，不过，文章很怪异。《外交事务》由阿姆斯特朗当家，阿姆斯特朗可是所有人中最优秀的，他有可能拒绝刊登这篇文章，因为这篇文章太复杂，对 20 世纪政治思想的论述也比较模糊。如果汉姆·阿姆斯特朗拒收，我不知该如何处理这篇文章，也许我会毁了它。不过在任何情况下我都会复制一份发给你，如果文章被拒，该如何处理，我想听听你的意见。马上给我写信吧，告

[1] 约瑟夫和斯图尔特·艾尔索普，"退后两步"刊登在《华盛顿邮报》的"就事论事"专栏，1949 年 12 月 7 日第 15 版。艾尔索普家族支持乔治·凯南的提议：建立更亲密的英美联盟。但他的这一提议遭到法国政府，以及驻巴黎的资深美国外交官（戴维·布鲁斯和奇普·波伦）和阿维里尔·哈里曼的激烈反对。
[2] 原文第 168 页注 2。

诉我你什么时候来，哪个周末方便。

你永远的

以赛亚

〈他说，法官很喜欢《时代与潮流》上的文章，不过我们都知道他很保守的。〉

致艾丽丝·詹姆斯

1949 年 12 月 31 日

新学院

亲爱的艾丽丝：

希望你能原谅我没有亲笔给你写信，最近我又感到身体不适——我不知道自己为什么要受此惩罚。我并没有犯什么
159 罪——用靠垫支撑着写信很疼。

非常感谢你的来信，那些热情洋溢的信件让我重新感受到人与人之间的友爱，而这正是牛津平静、刻板、彬彬有礼却从容的生活所欠缺的，我为自己能拥有这一切而感到非常幸福。牛津的生活方式有一些好处；它能让个人获得较大限度的自由，但几乎没有社交活动，大部分社区的社交活动都比牛津丰富（比如，哈佛的社交活动也比牛津丰富），但为那些特别独立、特别有个性的人提供了一个不受干扰的环境。不过，我可不愿意让一个无助或弱小的人生活在这里，因为这里没人帮助你。你爱做什么，爱怎么生活，你可

以随心所欲，我有时也忍受不了这种生活。尽管人们彼此间非常礼貌客气，但都不希望过多了解别人，否则会令人惊恐不已。有些人已在牛津生活多年，他们已经形成自己的生活模式并建立了永久的友谊，对他们而言，生活在牛津当然没问题。我自己的生活也很平静，还算令人满意，但是我同情生活在这里的外来人。我很想知道美国人在牛津的生活情形（法国人在牛津逗留的时间一般不超过一学期，至多两学期，意大利人的情形也如此。这里对他们而言太冷漠太无聊）——我对美国学生的印象很好，我想其他人也如此（我怀疑，对俄罗斯人可能就不同了）。他们满腔热情，带着求知和探索未知的渴望来到这里，而他们的英国导师对他们虽然不冷漠，但比冷淡更糟糕的是，当学生们热衷为自己辩护时，英国导师却往往会温和地来上几句嘲讽，这比法国式的直接反对更能打击他们的热情与积极性。我不忍看着这些发生，有时试着做点事情帮助他们，不过我的时间有限，而且学生很多，投入需要花时间，实际上我能做的非常有限。实际上他们很讨人喜欢，我喜欢他们的天真、热情与执着，没有得出结论前，他们总在质疑，并不遗余力地寻找答案：上帝是存在还是不存在；战争不可避免还是只是场阴谋；知识百分之百有益，还是知识破坏创造美好生活的创造力——（也许是出于隔代遗传的性格），我更倾向于支持美国学生的这种辩论，而不喜欢平衡论、怀疑论、超脱的智慧、温和的嘲讽，我不喜欢牛津考究的文明价值理念，其中还混杂着厌世、自信与坚定，牛津就是这么个世俗与超凡脱俗和平共存的地方〈以一种奇怪的方式结合在一起。不过，如果你想了解我对人们根深蒂固的观念的否定与怀疑，你可以读读《时
160 代》杂志新年版上的一篇文章，巴利奥学院有位名叫威利[1]的罗德学者（我不认识他）在该杂志上义愤填膺地攻击我与之截然不同的观点。不过我没有反击，希望能有机会邀请他一起喝喝茶，我期待我能成为他的好朋友。〉[……]

爱你的

以赛亚·伯林

〈[……] 你瞧，打字员似乎听不懂我说的话。我也可以自己写，不过就是字迹难看潦草。我可以肯定这封信里的字句都不是我的原话，而是她听到的，或她觉得她听到的，或觉得我应该这么表达。人际交往的问题仍然很令人困扰，谁能比已故的叔叔亨利·J. 更了解你。不过一方面人们乐于读打字稿，另一方面又怀疑打字稿和原稿有出入，这又是一个新的症结所在。这是马蒂亚森[2]未曾想到的：不过哈里·莱

[1] 理查德·阿瑟·威利（生于 1928 年），曾就读于鲍登学院和哈佛法学院。1949—1951 年为巴利奥学院罗德学者（之后成为美国律师）。《时代》周刊刊登了伯林文章的节选，为此他写了封措辞激烈的信件（《时代》，1950 年 1 月 2 日），重申美国价值观，反对“牛津人普遍想逃离当代现实世界的愿望”，但是同期杂志上另一封信却赞同伯林的观点。伯林想和他一起喝茶的愿望从来就没有实现。

[2] 弗朗西斯·奥托·马蒂亚森（1902—1950），文学批评家和文学史学家，

文写了本书——《汉普蒂·邓普蒂：或者谁是主人，你还是文字》[1]，我觉得这本书非常有智慧，你觉得呢？［……］

伯林〉

致理查德·施瓦茨[2]

1949 年 12 月 31 日［副本］

新学院

亲爱的施瓦茨先生：

非常感谢您针对《时代》上的选摘而写的信，它实际上没能完整地概述我写的东西。我已经要了三本《时代与潮流》，准备寄给您，以便您做出判断。这些文章首先不是针对哈佛的，我非常希望哈佛人不要这么认为，尽管我担心至少有部分人会这么看。现在回头想想，也许我之前的言论缺 161
乏深思熟虑，太肤浅，就像一个漫不经心的欧洲游客信口开

1942—1950 年任哈佛大学英语教授，社会党人、基督徒、同性恋，跳窗自杀。

[1]“我使用某个词，”汉普蒂·邓普蒂用轻蔑的口吻道，“这个词表达了我想表达的意思——不多也不少。”“问题是，”艾丽丝问道，“你是否能让一个词表达许多不同的含义。”汉普蒂·邓普蒂回答：“问题在于谁是主人——就这么简单。”刘易斯·卡罗尔［查尔斯·勒特威奇·道奇森］，《透过镜子，艾丽丝发现了什么》（伦敦，1872）第六章，《汉普蒂·邓普蒂》，第 124 页。

[2]《时代》周刊对伯林的文章进行概括后登出，理查德·S. 施瓦茨于 12 月 9 日在芝加哥写了封信赞同伯林的观点，他认为在开拓边疆的时代，那时的生活需要社区的每一个成员为了大家的福利从事务实的工作，人们从而形成一种“纯粹、心照不宣并影响深远”的责任意识，关爱他人成为一种义务。“论边疆”只有好奇而不务实是“一种罪恶，［……］苏格拉底在这样的边疆一天也不愿意待”。早期移民的后代仍然坚守这些价值观。

河批评其他地区的文化，其设定的标准很草率，甚至无法应用于他自己的文化，真正让人丢脸的是他自己而不是被他批判的对象。

特别感谢您的来信，因为我可以确定您说的都是正确的。恶劣的边疆生活无疑需要务实的（这里漏了一个或几个词），因此社会群体间依旧不团结，彼此间相互惧怕，但同一群体内部内充满温情，精神生活丰富，并能接纳友谊，发挥社会力量，这些社会群体当然不可能存在我所探讨的现象。英国或法国的大学处处受保护，这些大学严谨又敏感，相比较而言，我发现哈佛美国学生的激情、认真和开放，从某种意义而言，更有价值，更有发现真理、创造美和激励人心的潜能。它至少深深地吸引了我，我与哈佛人建立了温馨的友谊，希望能持久。目前美国还比较粗野与混乱，主要是因为美国总体而言还没达到一定程度的和谐——我不是指种族和谐而是指文化和谐——文化上的不和谐导致人们树立起厚厚的墙，对心理安全的关注成了人文学科领域最引人注目的发展；科学在没有什么既定约束的社会中才能得到繁荣发展。美国有这种可能性，不过我感觉在人口密集、举止文雅的地区，如北欧和西欧就没有这种可能。我怀疑我们这一代人是否能看到这一切，不过可以肯定的是，如果没有对生活的极度渴望（无论以何种形式），如果没有对道德和真理的坚持，这一切就不可能发生。社会上的邪恶势力往往会打压人们对生活、道德和真理的追求，即使没有社会邪恶，在旧文明更加枯竭的氛围中也会招致挫败。你提到的边疆精神将在暴风过后消失殆尽，暴风尽管时常造成破坏力，但是其破坏不尽的是道德推动，英国人在17世纪和19世纪就曾拥有这种推动，并且主要的天才之作就在那时产生。再次感谢您的来信，我的三篇文章仓促成稿，欠思考，你的来信很富启发，教会了我很多我之前没意识到的东西，特别感谢您的点拨。

还得谢谢您的圣诞祝福。我也祝愿您新年万事顺意。这里的香烟短缺，如果稀缺，我会可怜兮兮地向您发出求救信号，谢谢您的善意：我的确抽烟，简直就是个烟囱。 162

致玛丽安·法兰克福特

1950年1月5日

新学院

亲爱的玛丽安：

[……] 就我本人而言，我的生活非常平静，不过常有猝不及防的言语中伤，突然会成为新闻焦点，每每新闻风暴横扫过后，脆弱的肌肤表层会偶尔擦伤。[……] 实际上，我不可能停止发表言论和评判他人，如果我不言不语，生活将即刻变得毫无意义，继续保持缄默没有任何意义；另一方面，我的言论又总是让人不爽，且别说痛苦，尽管我之前说的没错，但我总是急于讨好，急不可耐地去修复，之后自尊与捍卫真理又纠缠着我，我就在撤回伤害言论与捍卫真理间

痛苦地摇摆。这显然很难做到，我因此晕头转向，很无助。于是马上又回归私人生活，假装我什么也没做过，假装什么也没说过，除了说些毫无恶意的、平淡无奇的话，并坚决拒绝美国期刊——从纽约的各种周刊到《哈佛校友简报》——再版我的文章，那会将我置于令人色变的拉斯基式风暴的中心。我有点言不由衷地坚持我啥也没说过，没什么值得出版。[牛津已故的 A. C. 克拉克教授[1]是拉丁语学者，八十岁那年当有人谴责他的言论荒谬，他很平淡地回应（我妒忌他的淡定）："我不记得我曾经说过什么。"]

在这种时刻，在潮湿阴冷的天气里，坐在牛津的同事们中间是一件很令人知足的事情，同事们丝毫不知外面的世界，在牛津这个修道院的庇护下，他们甚至认为这些外在的纷扰与个人无多大关系，如果长期忽略它，自然就会消解，因为这些只发生在舞台上，因有观众的关注才存在，如果无人围观，则自动消失。我真的不希望伤害感情，但这世界有太多人不能容我，我总不能因为担心他们与外界会做出怎样令人不可捉摸的反应，就总踮着脚尖走路，压低声音说话。牛津孤立主义的氛围，显然很适合我。突然间，美国离我很远很远，在某种程度上伦敦离我也很远。〈莫里斯对我身处困境很开心：他对别人说他和我在哈佛都不开心——说实在

[1] 艾伯特・柯蒂斯・克拉克（1859—1937），1913—1934 年任牛津大学拉丁语科珀斯・克里斯蒂讲席教授。

的，这话不对，但我并没有极力否定，只是在他背后稍作点评。现在，他认为我们俩都已在哈佛自断退路、自拆桥梁等等，但是我却希望 1951 年左右能重新回到哈佛。我想知道 163
哈佛是否真的生气了，或者那只是我的想象，想象自己的言论让人们义愤填膺，而实际上压根就没有人注意到我都说了些什么。[……] 我突然觉得自己很无聊，其实除了希斯、贝文等，哪里都没有发生什么真正的坏事。突然间，所有的事情都不再显得那严重、那么险恶。遵照老博士（杜鲁门总统称哈伊姆·魏茨曼老博士）这个大人物的命令，我打算春天去趟以色列，那会很有戏剧性，什么都会让我开心，但不再让我感动。我参加了弗兰克·帕克南的圣诞派对，看到达西·S. J. 教皇[1]、维克托·戈兰茨[2]和 V. 博纳姆·卡特夫人几个凑在一块，他们似乎聊得不投机，于是我凑了进去，感觉有点像伊夫林·沃[3]早期作品的情形，我意识到相对于 1932—1934—1936 等年间工党政府无论是竞选成功还是失败都很糟糕，但到 1945 年，工党就不是那么举足轻重了。我不担心战争；我认为美国政府总体而言是世界上最好

[1] 马丁·西里尔·达西（1888—1976），1932—1945 年任牛津大学坎皮恩学院院长，1945—1950 年任耶稣会英国教区的大主教。
[2] 维克托·戈兰茨（1893—1967），出版商，1944—1952 年任耶路撒冷希伯来大学董事。
[3] （阿瑟）·伊夫林·圣约翰·沃（1903—1966），小说家，他的早期作品嘲弄英国上层社会，后期作品较严肃，尤其反映他对天主教的皈依。

的政府；我绝不会造反[1]。显然，你清楚皮肉下哪里会有骨头？有裂缝？有艾尔索普式的厄运？一定写信告诉我，你什么时候来欧洲？

沙耶

[……]〉

致马克斯·阿什科利

1950 年 1 月 5 日［副本］

新学院

亲爱的阿什科利：

非常感谢你的来信，很喜欢读你的信。我希望我能采纳你的建议，将我零星的想法发表在《记者》的小品栏上，让人们牢记。但我多次被咬伤，并因此特别有顾忌。我近来发表的文章引起激烈的反响，并因此声名狼藉。现在无论如何我得缄口苦修。如果有什么东西我不希望看到的，那就是成为当代的拉斯基。因此我必须保持缄默一段时间——我希望
164 我的沉默能颇有成效——在我再度鼓起勇气对任何人任何事发表任何意见前，我无论如何一定得沉默一段时间。因此，你一定会觉得我躲在牛津这个昏暗神秘的小岛修道院里，专注于最繁琐、最无关世事的学术研究，而我那些口齿伶俐的同辈和前辈正到处发声。无论如何这就是我目前的状态，这

[1] 伯林此处原文为：unrevolté。

种不良情绪需要一段时间才会慢慢消散。

最近我越来越喜欢读《记者》杂志，它的内容新颖独特，我是《记者》的忠实读者。如果有什么我敢斗胆批评的，那就是：（今年）最后一期涉及欧洲一体化问题的讨论，但无论是弗莱维厄斯[1]还是海伦·希尔·米勒[2]都几乎没有涉及英国孤立主义立场背后的原因，而且他们也没有说明一体化对大陆国家会有什么好处，对英国会有什么损失。我认为利益和损失都很大，值得从经济角度展开详细论述。海伦·希尔·米勒觉得我们现政府的孤立主义与早期罗斯福新政的孤立主义有些类似，这一比较值得继续深入。由此可得出结论，那就是，任何政策制定者必然希望尽可能将无法预测的外界冲击减少到最低限度，因此除非这个计划涉及世界范围，否则就得采取隔绝的形式——在一个国家实行社会主义，如斯大林。社会主义、计划和孤立主义的外交政策间的联系，在我看来是一个值得研究的课题。

另外，还得精确评估，加入欧洲经济一体化后，我们的生活水平是否真的会如我们的财政部所坚信的那样将下降一半。这似乎也值得探讨。就这两个话题发表见解，我觉得我

[1] 弗莱维厄斯（可能是阿什科利本人的笔名），“有无英国”，《记者》，1949 年 12 月 20 日。

[2] 海伦·希尔·米勒（1899—1995），美国记者和作家，1943—1950 年任《经济学人》驻华盛顿记者，1950—1952 年任《新闻周刊》驻华盛顿记者，1958—1962 年任《新共和》特约编辑；她的文章是“孤立主义的新前哨”，《记者》，1949 年 11 月 20 日。

还欠缺这一能力，不过，你是不是可以邀请些高水准的政治—经济学领域的专家参与探讨？在我看来，这将是1950年最中心的话题，尤其是民族主义和国际主义的内在冲突这一话题，可以这么说，社会主义就是冲突尖端上的焦点。[……]

祝你拥有一个非凡的1950年

165 你诚挚的

致凯·格雷厄姆

1950年1月11日［副本］

新学院

最亲爱的凯：

一直以来我也很懈怠。首先，我得向你坦白你的礼物给我带来无比的快乐。目前的现实是，《新政治家》和其他刊物严禁我们抱怨生活的严酷，禁止我们把英国写成一个荒废破败的地方，但你寄来的火腿却让我想起了在“二十一号”餐厅那个刻骨铭心的夜晚。因为爱德华失约，这让我第一次行为失检，暴饮暴食，这导致了我目前身体健康的衰退，其他美食的接踵而至让我感到难堪，但无疑很快乐，其中混杂着负疚与贪婪。这种感受让我想起爱德华，我过去常常在他身上看到这种矛盾，一段时间以来爱德华在接受减食疗法，当有人给他端上牛排时，他怎么也压制不住内心的狂喜。一个人真的不该过于依赖物质享受，但我的人生已经到了得面临选择公寓等事宜的时刻——这是我在牛津很快就要面对的问题——我的行为就像是个十足的疑病症患者，一些小问题会让我纠结不已，如离浴室有多远，或从公寓到教学大楼的路上是否有树荫，想到我一周内有一天可能会生病（我经常如此），我还得考虑有没有可能召唤到护理工，等等。我甚至期待生病，那种期待的喜悦无法抑制。我拿定主意我只有躺在床上才快乐。我记得哈利法克斯勋爵曾经告诉我，每天晚上十点以后他的人生从来没快乐过——你懂的。他的感受和我站着的感受完全一样。坐着挺舒服，但是无论是站着还是走路都绝对是地狱。最后连稍微活动一下都忍受不了，简直成了废物，比乔还糟。（别告诉他！）[……]

我对自己有了两个新发现：

(1) 无论做什么我都没时间。这很奇怪。在我的人生中我从不觉得自己有足够的时间做我想做的事。无论我做什么，我都备感压力，因为所有这些事情我都不能拒绝。在我的人生中，我可以说从没有悠闲的时刻，哪怕一天、两天或三天的空闲也没有，因此也不可能让自己好好放松。每个假期都被手头的或即将要做的工作搅得不得安宁。我只有在火烧眉毛、十万火急的状态下才会完成一项工作，整个过程心急如焚，之后还得为出版后的反响担惊受怕。我不明白为什么会这样。我似乎没做成什么事，然而在过去二十五年左右的时间里我东奔西走，一刻也没清闲过。因此我的不安情绪

可能源于我性格的其他方面——绝对的放荡和绝对的掉以
166 轻心。

（2）我不能承受自己行为所带来的后果。我认为是正确的事情我就会说出口，压根就没考虑过这些言论会造成什么影响。一旦有不良反应，我就匆忙带上满满一罐药膏去抚慰受伤的心灵，而不是高傲地置若罔闻。我的这一举动完全毁坏了原文的力量，而且使得我自己尊严扫地、备受质疑。文章在《纽约时报》上发表后的情形就是如此，之后有关教育的文章在《时代与潮流》、《时代》上刊登后，又重蹈覆辙。毫无疑问，这一切都源于我迫不及待地想讨好他人。

此时此刻我必须停止这种巴克曼式[1]的忏悔，转而关心你的计划。你什么时候来欧洲？想必你的瑞士寄宿学校的校园氛围还一层不变吧，该有点时代气息了。你为什么不在美丽的仲夏，比如7月下旬或8月初来英国呢？毕竟我不会考虑1950年（在犯了这些无法弥补的错误之后）去美国，能在牛津见到你将是一件最令人愉快的事情，这对我们俩都是快乐且有意义的经历。我保证给你介绍些令你惊讶的人物。我觉得你不见得非要和艾利斯顿夫妇[2]同行不可，不过如果你必须这么做，你就和他们一块来吧。另一方面，你可以跟

[1] 富兰克林·纳撒尼尔·丹尼尔·巴克曼（1878—1961），是自相矛盾的基督教福音派教徒，他创立了重整道德运动，他认为德行善举需要私下忏悔和当众忏悔。
[2] 赫伯特·艾利斯顿和他的（第二任）妻子，原名乔安妮·肖。

大法官和玛丽安一起来，无论从哪个角度而言同他们结伴都比较好，目前我还不能跟你解释为什么。你认真考虑考虑，然后告诉我。

希斯案进展如何？有没有新情况？人们是不是对该案件失去兴趣了？朱尼尔近况如何？他给我写了封很长、很友善的信，因为不了解他的诉讼有何进展，我没能给他回信。一定给我透露些消息，这样我好给他回信。

我对美国的外交政策有种莫名的崇尚，目前正因此而受到非难，在我看来，美国的外交政策能坚守阵线反对缺德的将军和实业家等，不会奉行我们政府（部分人）的极端孤立主义或其他政府赤裸裸的帝国主义。这里的左翼势力将所有美国人等同于所有其他美洲人，认为杜鲁门是杜威式的人物。我与他们有细微差别，我的看法与罗德学者们相同（除了那些在《时代》上炮轰我的人外，因为我那篇倒霉的文章直接针对他们），不过大家却认为我这是为自己的亲美行为诡辩。显然，一个人压根儿就不能有政治立场，除非该政治立场和善、简单，并被涂上亮丽的色彩。细微差别总是讨人嫌，其差别之细微是不可能说清楚的。在人们看来，细微的差别就是混乱，就是矫揉造作、似是而非，人们往往避而不谈，细微差异毫无价值，与重大的道德问题不相称，重大的道德问题需要四处游说。我永远都不理解或不相信这些，因 167
此根本就不会对这些话题发表观点。相反，我要回归1939年之前在牛津的归隐生活。你认为呢？或者那样不对，正如你和 N. O. 布朗[1] 过去一直坚持的，一个人是不是根本就不该与他的敌人有任何关系？

夏天一定来欧洲。

致汉密尔顿·费希·阿姆斯特朗

1950 年 2 月 1 日

新学院

亲爱的汉姆：

您可能很奇怪，我竟敢给您写信。我感觉如此谦卑和愧疚，从来没有人向您这么照顾和理解我，我觉得自己不配。尽管我确实有各种各样的小病痛，但我有意隐瞒生活中失控的混乱一定让您非常恼怒，对此我真诚地向您道歉。而且这好像还不够，我还有很多其他不是需要赔罪。我几乎处处犯错，这您也看到了。那篇文章[2] 非常长，这我绝不否认。句子不雅，风格晦涩难懂，语法含糊。对该话题的论述完全不像您和您的读者所期待

[1] 诺曼·奥利弗·布朗（1913—2002），美国哲学家和历史学家，在牛津受过非正统的教育，伯林以前的学生；1946—1962 年在康涅狄格州卫斯理安大学教古典文学（助理教授，之后是希腊语锡尼讲席教授），后任教于罗彻斯特大学和加利福尼亚大学（圣克鲁斯）；年轻时是马克思主义者，后来更多地受到弗洛伊德的影响。

[2] 阿姆斯特朗（致伯林的信，1949 年 8 月 31 日）曾建议伯林写篇文章追述 20 世纪上半叶政治思想的发展，并投到《外交事务》以纪念 20 世纪正好走过一半：类似的话题可能还包括国家的社会职责、民族主义的是与非、世界机构的概念。伯林错过了 11 月版的最后期限，所以他的文章直到 1950 年 4 月版才刊出。“20 世纪的政治思想”，《外交事务》第三期，第 28 页。这篇文章后来成为伯林广为人知的《自由四论》（伦敦，1969）中的第一篇，后在《论自由》中重印。

的：您也许会抱怨，这文章太抽象、太庞杂、太含糊、太玄学。文章对近五十年的事件与观点，既没有逐一论述，也没有展开详细清晰、富有条理的分析。这显然不符合你们杂志的要求。文章在清晰与含糊间摇摆；总之这是卡莱尔式[1]的怪物，您完全有正当的理由拒稿。我请求您不要因个人情感而阻止您拒收稿件。不过，假设您发现我的文章有某种内在价值，但是因冗长、庞杂等原因最终让您决定不予采纳，这对我而言在当前仍是过高的评价。总之，您会发现我现在懊悔不已，一点也不敢狂妄自大。

我有一件更糟的事得向您忏悔（这有点像俄罗斯审判法 168
庭上的话语，在被告看来，公诉人的指控总是源源不断）。我很认真地读了您的第一封信，实际上我完全同意信中的观点。您可能会发现信中的主要观点已融入我那庞大而无用的白色（或确切地说是粉色，因为所用的纸张实际上是粉色）大象中，但是等我读完您的信，我意识到自己这篇文章毫无价值。尽管如此，我不能修改，因为如果我修改了，只会让自己精神忧郁，并彻底绝望，所以我刻意避免再读您的信（但可能性不大），等包裹一寄出，我会马上重读您的信，等读到您信中卓越智慧的建议，我会懊悔莫及的。

我很想改变自己的性格，能做到荣辱不惊，能将那些正在发生的烦恼视为过眼云烟，能依旧志得意满、以自我为本位，甚

[1] 托马斯·卡莱尔（1795—1881），苏格兰杂文作家和历史学家，以其特别迂回复杂的写作风格著称。

至孤芳自赏，就像我敬重的前领袖哈利法克斯勋爵那样；但我一点也不像他，经历了那么多事情，我总是自我折磨，我真不知无辜谦恭的您为什么要受此牵连。总之，这封信无论从哪个角度来讲都是来请求您原谅的。无论您做什么我都会默默接受并坚信是正确的。如果您一时又考虑付之铅印，那么将第一部分——历史哲学部分——删掉，会不会让您稍稍满意些？为了保护作者的最后一点自尊心，我希望这个庞然大物能完整无恙。不过如果您想砍掉某些部分，尽管砍，只是请让我知道哪些肢体被砍掉。

也许您会原谅我的不良记录，在这个夏天来看我，您应该不会取消您的欧洲之旅吧？我可以这么说，您肯定再也不会见到迪奇利，所以也许您会考虑在这住一宿，虽然不是很舒适，但戴维·塞西尔和我会想方设法把您招待好。

祝万事顺利，您真不该对我如此信任，再次感谢您。

您永远的

169 以赛亚·伯林

致罗兰·博登—穆勒

1950 年 3 月 2 日

新学院

亲爱的罗兰：

[……] 我们的选举[1]产生了一个很奇怪的结果，这你

[1] 工党政府任期满后，1950 年 2 月 23 日举行选区的第一次选举，选举结果完全改变了 1945 年以来的局面。工党原来在议会中占多数席位，现在只剩下 5 席。

很快就会看到。新的工党政府虽然仍是左翼，在本质上比过去更右翼了，想必这不会持续很久。下议院议员的生活令人不堪忍受。他们离开议会的最长时间只有六分钟，就是摇表决铃的时间，否则他们就面临仓促投票的威胁或被对手击败。这就意味着保守党党员不能以任何借口离开，除非他能带走一个工党党员——这样的搭档也许会产生意想不到的友谊。我还拿不定主意该支持哪个党派。工党的外交政策似乎不切实际，因为任何计划都必须以不同程度的孤立主义为前提，目的是为了尽量减少可能受外敌侵袭的领域。另一方面又很难断言保守党在国内会善待穷人和少数裔。我所渴望的是能有罗斯福和新政——甚至杜鲁门让我为之投票——可是没人为我提供这个机会，所以只能退回私人空间。

托马斯·比彻姆爵士[1]指挥了一场非常精彩的音乐会[2]，但是有太多的爱德华式的唧唧喳喳，这是特别为布拉德福德听众准备的，而不是演奏给我那些高雅的同事听的。鲍拉博士很在状态，能把敌人和朋友都一样有效地吼跑。我们的朋友艾尔索普来拜访我们，他把我们折腾得筋疲力尽，他也被自己的社交欲望给折腾得身心疲惫。哈佛的佩里·米勒教授从荷兰飞到英国看望他，住在拉斯基那儿。实际上，我们

[1] 托马斯·比彻姆爵士（1879—1961），指挥家。
[2] 2 月 9 日皇家交响乐团在多尼亚剧院举办音乐会，演出的主要作品包括莫扎特的《布拉格交响曲》和《七号小夜曲》。

每天都有不寻常的访客，我现在才意识到这是英国热情好客的生活方式之一，而相对而言，伦敦正处于低谷。科尔法克斯夫人[1]躺在床上，处于弥留之际，她的床边围满了朋友，楼下的餐厅正进行着晚宴，而她本人却没能出席。客人们分成两人一组上楼坐在她的床边，笼罩在死亡的氛围中。我喜欢她，我对那些不气馁的、有社会影响力的人物充满敬意，
170 显然，爱德华式的人物是我们最后的宝库。在重病打击下仍不放弃，这种强大的不屈不挠有着丘吉尔式的精神；媒体一直在报道她没能安详闭目，这种消息可能有伤风化，但实际并不伤风化。它有一种奇怪的光彩，亨利·詹姆斯会很欣赏的。

我必须停笔了，我得主持大厅里的晚宴，然后还得代替汉密尔顿·阿姆斯特朗为那些好奇得目瞪口呆的本科生读文章，这些学生是全学院最笨的学生，总喜欢被动地听老师为他们大声朗读文章。[……]

你永远的

以赛亚

[1] 癌症正在消耗她的生命，但是靠着坚强的意志力，她仍坚持社交生活。贝弗利·尼古拉斯很崇敬“这个个子矮小、干瘪瘦弱的女人，她毅力惊人，只要还有最后一个客人，她就拒绝离开人生这个舞厅”。柯尔斯蒂·麦克劳德，《渴望友谊：西比尔·科尔法克斯和她的社交圈》（伦敦，1991），第 172 页。

致埃德加·温德[1]

1950年3月15日

新学院

亲爱的温德：

原谅我口述这封信，明天一大早我就要出发去圣地（巴勒斯坦）。魏茨曼博士，那个老怪物、我的朋友和迫害者在那里召唤我，让我无法抗拒。他给我写了30封信，说他被下等人包围着，很孤独、苍老又多病。毫无疑问这些都是实情，他写信时，可能觉得特别想见到我。就像所有的大人物一样，等我到了他身边，他会非常惊讶，显然早就忘记了一切。我受到热情接待，有时甚至被接见，但总体而言我的来访理由变得模糊不清。但是如果我没去，这种感伤就会变成愤怒[2]，空气里都充斥着咒骂。所以我必须去，应我的恶魔的召唤，乘着令人难受的小船，以巨大的代价穿过暴风雨，却没有什么特别的目的。任何事情在最后时刻都是一片混乱，我没法亲笔写信，只能口授了。

我非常能理解你的感受和急于逃离那个软绵易捏的金笼子[3]的强烈欲望，这个金笼子败坏了这种高贵金属的名声。

[1] 埃德加·温德（1900—1971），1942—1944年任芝加哥大学艺术教授，1944—1948年任威廉·阿伦·尼尔逊研究教授，1948—1955年任史密斯学院的哲学教授和艺术教授，1955—1967年任牛津大学艺术史教授。

[2] 伯林此处原文为：saeva indignatio。

[3] 温德曾经承认，七年来被史密斯学院的年轻姑娘们包围着，史密斯学院对他已没有吸引力了，他希望能在牛津谋个职位。

这里的形势很特别；我获得纯艺术教授职位，离开牛津一段时间，出于某种原因我的任职被终止了，而且很长一段时间没有任何消息，毫无疑问，这与 1949 年的费用恐慌有关。不过同时受影响的还有斯莱德讲席教授职位（请原谅我这么具体，不过我对你的祝福也是非常具体的），这一职位
171 本来是由肯尼斯·克拉克担任的，他的辞职理由令人惊讶：他不希望继续授课不是出于其他特别的原因，而是因为他无话可说。显然，斯莱德讲席教授的报酬很低——而且到牛津的访学只有一或两周——不过名声很好听。但申请该职位却要求和其他教授职位的申请程序一样复杂，选举委员会真的很恶劣——罗杰·弗莱[1]没有通过，我猜反对的源头就是莫德林学院院长（那个并非不为人知的博厄斯[2]，俗话说二流货色是压制不了的，这就是针对他说的）和那些小人物。不过，如果你在学术年假期间能获得这个职位倒也是件好事，而且塞兹内克[3]也在这儿。这将创造实实在在的文艺复兴，也许会产生好的结果。我让瓦德汉姆学院院长给你提供具体

[1] 罗杰·艾略特·弗莱（1866—1934），艺术家和艺术批评家，布鲁姆斯伯里文化圈成员，1910 年和 1927 年他在牛津获得斯莱德讲席教授职位，他的教学得到了认可。
[2] 托马斯·谢里尔·罗斯·博厄斯（1898—1974），1937—1947 年任伦敦大学艺术史教授，考陶尔德艺术学院院长，1947—1968 年任莫德林学院院长，1958—1960 年任牛津大学校长；伯林和他的朋友对他评价不高。
[3] 让·约瑟夫·塞兹内克（1905—1983），1947—1950 年任哈佛大学法语与西班牙语史密斯讲席教授，1950—1972 年任牛津大学法国文学马歇尔·福煦讲席教授。

细节。[……]

你的

以赛亚·伯林

伯林在以色列度过了复活节。他拜访了哈伊姆·魏茨曼和薇拉·魏茨曼，途中还顺道去看望巴黎的朋友，之后就从马赛乘船前往海法，并在海上航行了很长时间。

致玛丽和门德尔·伯林

[1950 年 3 月 22 日？，手稿]

[寄自] 新学院

亲爱的爸爸妈妈：

我一切都好。在巴黎我还是一如既往的快乐。我甚至不觉得太累。一到巴黎，就和波伦夫妇、哈里曼、盖伊·德·罗斯柴尔德[1]和海特[2]（受海特邀请）共进晚餐。周日则跟库珀和上流社会人物（西尔维斯特·盖茨和维克多·R. 很友善，带来不少惊喜）共进午餐。晚上在盖伊·德·罗斯柴尔德家用餐：被邀请的客人还有金斯伯格先

[1] 盖伊·爱德华·阿尔方斯·保罗·德·罗斯柴尔德（1909—2007），法国银行家；战争期间，伯林在美国结识他。

[2] 威廉·古迪纳夫·海特（1905—1995），外交官，1953—1957 年任驻苏联大使，1958—1976 年任新学院院长。他的妻子原名艾里斯·玛丽·霍尔（1911—2004）。

172 生及其夫人[1]、使馆的[2]胡德男爵[3]、鲍里斯·苏瓦林先生[4]、俄罗斯知识分子[5]，以及爱德华·德·罗斯柴尔德男爵夫人[6]。这些人都很友善迷人。周一在海特家与奥利弗男爵和哈维夫人[7]共进午餐。他们都是魏茨曼的老朋友。[……] 船舱很舒适，船很新很漂亮。船上全是美国辛顿苑的房客[8]。大伙**立刻**讲起了意第绪语，就除了三个正式用语讲英文：我很荣幸被安排在船长的桌上进餐。我的邻座是个体面人家。这个家庭来自丹麦，科恩[9]是丹麦外交部的高官，特别英俊高贵；他

[1] 可能指维克托·德·金斯伯格（约 1906—1976），俄亚银行所有者的儿子，第二次世界大战期间任同盟国间谍，战争结束后任联合国的外交官；和伊迪丝·海因莱因结婚。
[2] 伯林此处原文为：de l'Ambassade。
[3] 塞缪尔·胡德（1910—1981），胡德子爵六世，外交官、顾问，1948—1951 年任巴黎英国使馆的参事。
[4] 鲍里斯·康斯坦丁诺维奇·利维谢兹（1895—1984）的笔名，政治活动家，生于乌克兰，俄国革命期间是布尔什维克，法国共产党的创立人之一，不久激烈反对斯大林（之后一直如此），后来成为温和的社会党人。
[5] 伯林此处原文为：intellectual russe。
[6] 杰曼·艾丽丝·哈尔朋（1884—1975），爱德华·阿尔方斯·詹姆斯·德·罗斯柴尔德男爵（1868—1949）的遗孀，盖伊·德·罗斯柴尔德的母亲。
[7] 奥利弗·查尔斯·哈维男爵（1893—1968），1954 年受封塔斯伯格的哈维男爵一世，外交官，1948—1954 年任英国驻巴黎大使；他的妻子原名叫莫德·安诺拉·威廉斯—温（1893—1970）。
[8] 显然，伯林家人曾在伯恩茅斯树林路的辛顿苑私人犹太膳宿酒店住过，并对其房客记忆深刻。亦见《伯林书信集》（卷一），原文第 316 页。
[9] 乔治·艾耶·科恩（1887—1956），丹麦外交部知名的国际法顾问，第二次世界大战前积极阐释中立的道德立场；1948 年任红十字会议（斯德哥尔摩）的丹麦代表，1949 年任外交会议（日内瓦）的丹麦代表，此次会议通过了《日内瓦公约》。他的妻子（来自一个著名的希伯来家庭）是巴伐利亚州基钦根的艾尔弗里德·维尔岑·班伯格。安妮·玛格瑞特和艾米丽是他最小的女儿，她们后来定居以色列。

的妻子清纯友善，是来自纽伦堡（或者富尔特）的班贝克人；还有两个可爱的女儿，长得像丹麦人（很小，大概十三岁或十四岁！），小姑娘佩戴着六芒星形[1]，六芒星形垂吊着，就像小小的十字架。周围是喧闹的犹太贫民，我们则是“英美犹太人”这种“上等人”的尊贵而势利的小岛。船长是布达佩斯犹太人，曾是弗朗茨·约瑟夫[2]手下的海员，打扮像个英国人，观点见解也不像犹太人。那很正常。有人试图向我套近乎，她不是玛拉[3]的朋友，就是玛拉的亲戚［起初我还以为是他的妻子！或弟媳！我想应该都不是。我对她很友善。(她) 1934 年离开苏联。我猜应是那些太太中某个人的亲戚。巴黎的犹太移民非常友好。此刻她在和来自萨洛尼卡的商人跳舞，而那个丹麦家庭则在看电影］，在船上我有不少点头之交。我向乘务长点点头，像个要人，有些傲慢。你处在我这角色，你会觉得很有意思。我拐弯抹角地提到魏茨曼博士，这让人刮目相看，感觉成为赫列斯达可夫[4]是件很容易的事情。我犹如置身于肖洛姆·阿来赫姆[5]的世界：犹太人在彼 173

[1] 摩根·戴维（“戴维王的盾牌”）的意第绪语，象征犹太教的六芒星形标志。
[2] 弗朗茨·约瑟夫（1830—1916），1867—1916 年任奥匈帝国的统治者。
[3] 显然是伯林家的熟人，来自里加或彼得格勒，定居巴黎。
[4] 尼古拉·果戈理 1836 年的戏剧《钦差大臣》中的主角，该人物不诚实，喜欢吹牛以抬高自己的地位。
[5] 肖洛姆·阿来赫姆［原文如此］是肖洛姆·雅科夫·拉宾诺维茨（1859—1916）的笔名，乌克兰作家，在纽约度过余生，以写作意第绪语悲喜剧而出名，其悲喜剧反映东欧犹太人的生活。

此拍照而且感觉**甚好**。（“Ich hob nehmen a aeroplan, ober Sie muz fahren in a Iddische Schif: Sie Muz und sie muz, und jetzt is ir nit gut, A Meshugaas; Idischer schiff! Finf teg und finf necht vet Sie krechtzen etc.”[1]）这就是我的旅伴，但过分[2]热情友好。奥利弗·哈维男爵不能完全欣赏这一品位，而那个丹麦犹太人甚是天真，想知道是不是所有的以色列人都讲意第绪语。船员与官员在公众场合讲希伯来语（就像黎巴嫩人讲法语），私下里却说德语。上层德裔犹太人都是 Yekke[3]，无论做什么效率都很高。船长拒绝对丹麦人的妻子讲德语（他的母语），却和我讲英语。所以我们是五个人讲着蹩脚的英语，而不是一个人在说蹩脚的德语，这种景象一定会让伯林夫人感到开心。大海平静得就像一片玻璃，没有一点涟漪。明天我们将在那不勒斯停留三小时，以便接纳乘客和匈牙利犹太女英雄的灵柩[4]（她空降到匈牙利后被捕，于

[1] 伯林的意第绪语不够标准，准确的应是：“Ikh hob gevolt nemen an aeroplan, ober zi muz forn in a yidishe shif: zi muz un zi muz, un itst iz ir nit gut, A meshugas; yidishe shif! Finf teg un finf nekht vet zi krekhtsn etc.”（我要乘飞机，但她坚持要搭乘犹太船只，她不停地唠叨。现在她觉得不舒服，简直疯了，犹太船只！五天五夜她会不停地抱怨，等等。）
[2] 伯林此处原文为：ohn a Sof。
[3] 意第绪语中“Yekke”是对移民到以色列的德裔犹太人的贬义称呼，意指极端的正式、守时和礼貌。
[4] 汉娜·泽尼斯（1921—1944），匈牙利的复国主义者和诗人，1939 年定居以色列；1943 年加入英国军队，主动要求回到匈牙利与游击队员建立联系；空降到南斯拉夫，但穿越到匈牙利后不久就被捕；虽受严刑拷打，但绝不泄密，后被行刑队处决。她的遗体安葬在赫茨尔山。

1943年或1944年被处决)，我准备在那不勒斯把信寄出。我们将在周日抵达那不勒斯，灵柩登船前会举行官方交接仪式，我相信一定很庄严、很感人。波伦先生正在罗马（开会)，如果佩尔尼科夫[1]没能遵守诺言，他就得掏腰包为我付卧铺车厢：所以我应该没问题。晒了两天太阳，我看上去挺好的，而且开始适当地干些事，比如读读哲学以尽我最后的职责。床很软，早餐由一个维也纳乘务员服侍，就在床上用餐，这个维也纳乘务员不懂枕头的希伯来文。无论如何还剩一个，不过在枕头下垫个救生圈垫非常舒适。船上的救生演习不是胡闹："凶手就在我们中间"[2]不允许乱来。[……]

爱你们的

沙耶 174

致玛丽和门德尔·伯林

[1950年4月初，手稿]

以色列雷霍沃特魏茨曼公馆

亲爱的父母大人：

我想你们不会很快收到这封信：信从以色列寄出得花很

[1]（奥西普）·亚历山大·约瑟夫·佩尔尼科夫（1894—1952)，法国公民，生于俄国，作家和旅行家（曾帮助德国人逃脱纳粹的迫害)；名声不太好，他曾主动提出帮伯林安排行程。

[2] 可能指 Die Mörder sind unter uns（《凶手就在我们中间》)，是第二次世界大战后（1946）的第一部德国电影。

长时间（我猜这和审查制度有关，以色列确实需要严格的审查制度，我对此并无怨言，不过你们显然会担心——怎么一直没有来信等，一直没有收到信可能会让你们觉得很奇怪）。有太多话要说：这个国家在任何方面都是非凡的，当然也有些许失误[1]，但考虑到其面临的障碍，这些疏忽又微乎其微[……]。在海法，我遇见魏茨曼博士的保镖阿依少校[2]，之后便匆匆赶往雷霍沃特。我受到热烈欢迎。不过我没时间具体描述在这儿和特拉维夫见到的人物（威斯戈尔先生[3]的坐骑在门口等着——载我去参观科学院——我必须马上出发。中午在特拉维夫和阿齐瓦·帕思茨[4]一起用餐，等回到宾馆我再和你们聊伊扎克和伊达），午餐很丰盛。明天得跟纳比·塞缪尔和哈达萨[5]共进午餐。魏茨曼夫人威胁说，如果

[1] 伯林此处原文为：Schlamperei。

[2] 雷夫—塞伦（少校）戴维·阿依（1912—1968），据乔治·威登菲尔德回忆，阿依的老婆兼秘书是魏茨曼公馆的管家，阿依非常不讨人喜欢，尤其因为他孔雀般的高傲与虚荣。不过他有魏茨曼夫人作靠山，魏茨曼夫人下令，他可以享受高于本—古里安侍从武官级别的待遇。《追忆我的好朋友》（伦敦，1995），第 215 页。

[3] 梅耶·伍尔夫·威斯戈尔（原文如此）（1894—1977），出生于波兰，美国记者、编辑、剧院总监、复国主义活动家、天才基金发起人，1940—1949 年任哈伊姆·魏茨曼在美国的私人代表，1944—1949 年在筹建魏茨曼科学院中扮演重要角色，1949—1966 年任魏茨曼科学院执行委员会主席，1952—1959 年任代理主管，1966—1969 年任院长，1970—1977 年任名誉院长；魏茨曼书信与文稿的主要编辑之一。

[4] 阿齐瓦·帕思茨（1912—1983），在牛津受教育，在特拉维夫做律师，是伯林多年的好朋友。“Akiba”是其希伯来名字的音译。

[5] 埃德温·赫伯特（“纳比”）·塞缪尔（1898—1978），1963 年受封塞缪尔子爵二世，巴勒斯坦政府的前管理人员，1945—1948 年任巴勒斯坦广电部部长，1954—1969 年任耶路撒冷希伯来大学英国研究所高级讲师；他的妻子原名哈达萨·格拉索夫斯基。

我和他们一起用餐，将把我驱逐出以色列，因为她没有收到邀请——不过我觉得我必须去。伊扎克真的病了，可怜的人，他患上里德利氏综合征——心脏的某块肌肉损坏无力——已经卧床五个月了，伊达把护士辞了，因为她觉得自己比护士做得更好，雇用护士每天得花费 7 英镑。第一个理由倒是实情，不过另一事实就是她每小时进去询问伊扎克的病情，这无形中制造了痛苦的气氛，对伊扎克的神经没有任何好处，不利于伊扎克抵抗疾病。他当然很焦虑，工作、生活费等都让他忧虑不安。[……] 我想父亲可以认真考虑来特拉维夫或耶路撒冷住上一周，就住在宾馆里，住宾馆可以让伊达不至于因骄傲而为钱发狂，还可以和马克斯[1] 探讨计划[2]。我认为计划可以顺利执 175
行。用伊扎克的钱建房子，六七年可以还清。我猜你们应该乐意洽谈此事——我真的觉得你们今年应该再来一趟。在这里见面又会有不同的印象。[……]

星期二我要出席专门为我而举办的宴会，有许多精英出席。我见到了沃特[3]，我觉得他把外交部管理得井然有序，但是德裔犹太人代表团[4] 却缺乏生气，令人感觉压抑，所以那

[1] 马克斯·科恩，伯林的第二个堂弟，出生于波兰，是个建筑师，他早年定居以色列，成为萨姆诺夫家族的密友。

[2] 萨姆诺夫家族和伯林的父母好像有一合作计划，准备在以色列建地产，用于出租。

[3] 沃特·乔治·伊坦（1910—2001），[在德国] 原名埃廷豪森，伯林在圣保罗学院和牛津大学的同事。1949—1959 年任以色列外交部的第一任部长。

[4]“德裔犹太人代表团”（见原文第 174 页注 3）。

些有想象力、有精力且不安分的人自然会造反。我和本—古里安谈了很久，我认为以色列整个国家管理得很成功。

爱你们的

（希伯来语签名）

致阿瑟·施莱辛格

1950 年 4 月 20 日

新学院

亲爱的阿瑟：

［……］我结束了在以色列不同寻常的访问，接着又在巴黎与天使般的埃维斯[1]一起度过了愉快的一周。以色列之行既感人又滑稽，我得亲口向你讲述。我不愿意留在以色列，很多人对此表示怀疑，以色列官方主动挽留我在那儿工作，出于礼貌我没有断然拒绝，我的态度不够明朗，以至于外交部不止一人好奇我将接谁的班。于是有人奉承我，有人隐约惧怕我。由于我没有任何企图，这一切显得特别可笑。等我见到你，我再和你详述。不过这仍然是个非共左派国家，在我看来是目前唯一的、典型的非共左派国家。那里的大好人，即亲苏联的左翼社会党人，也是最愚蠢的。亲苏联的左翼社会党诞生于 1917 年之前的俄国，1917 年之后的

[1] 埃维斯·霍华德·波伦＊（1912—1981），婚前姓泰耶尔，奇普·波伦的妻子（奇普·波伦当时是美国驻巴黎使馆的副手）。

俄国对他们没有任何影响。令人抓狂的天真和政治上的单纯败坏了政治哲学这门学科的名声——这些人的理论并没有错——能增进人们对其倡导者的喜爱，但不是尊敬。[……]

从特拉维夫乘飞机回来，这个旅程把我折腾得筋疲力尽。这架以色列飞机让人感觉摇摇欲坠，飞机的发动机似乎
随时会坠入地中海，一路险情不断。这飞机是在阿拉伯战争 176
期间从美国走私到以色列的，飞行员真的很勇敢，但飞行技能实在不敢恭维。天哪，这真是一个非同寻常的国家。乔很快就会从铁幕之后回到这里；他采访铁托[1]，如果当时他采访铁托时我在现场，我会了解到更多信息。我好奇到底谁先退缩。我认认真真写这封信，却没写什么内容，等给你回信时再叙，期待你给我写封长信。

你永远的

以赛亚

致埃维斯·波伦

1950 年 4 月 24 日［手稿］

寄自新学院

最亲爱的埃维斯：

我的内心充满了无尽的感激和美好的回忆。你热情招

[1] 原名叫乔西夫·布罗兹（1892—1980），第二次世界大战期间南斯拉夫共产主义游击队的领导人，1945—1953 年任南斯拉夫外交部长，1953—1980 年任总统。

待我这么长时间，简直就像天使。我长期以来备受折磨，陷入复杂混乱、无休无止、浪费生命的鲁比·戈德伯格式[1]的模式中，即采用最复杂繁琐的方法绕弯迂回地得出最显而易见的结果，我的人生总是这样；我总是处于半自责的焦虑状态，猜想与担心人们的各种反应，我总是认为每个人都很敏感，而且信息灵通，一个人的言行，甚至所思所想无论在何时何地都会为人所知，并遭人仇恨，因此我总在挣扎，总在想象自己的罪行偶尔还造成流血事件，我的人生几乎都浪费在试图抹去这些完全虚幻的几滴坏血上（敌意）。这些毫无意义的想象令我身心疲惫。在这一背景下，你对我无比耐心仁慈，甚至像迁就孩子一样迁就我。对此我感激不尽。[……]

我收到本·科恩的信[2]，他措辞犀利地指出我在《外交事务》上发表的文章令人沮丧，他对那篇文章的评价极低，他想知道我是如何评判霍姆斯、布兰代斯[3]及其他三流思想家的。我坚信他是错的，我是正确的（像我这样很容易自

[1] 鲁本·卢修斯（“鲁比”）·戈德伯格（1883—1970），美国漫画家，其最著名的漫画，如有关 W. 希思·鲁宾逊的漫画，主要表现人们用复杂的装置绕着弯子解决简单的问题，很可笑。

[2] 抗议我提出的观点，即“20 世纪的政治思想主要是共产主义和俄罗斯的，任何其他政治思想，如罗斯福的政治思想基本上属于 19 世纪的模式［……］，而且在 19 世纪的自由主义与 20 世纪的极权主义间，人们很难取舍”（1950 年 4 月 7 日）。

[3] 路易斯·丹比兹·布兰代斯（1856—1941），1916—1939 年任美国联邦最高法院大法官。

责的人，看法这么坚定是很少见的）。我必须马上回信，使 177
用高雅华丽的词句，就像麦考利 [1] 或阿克顿男爵 [2] 那样。另一方面，菲尔·格雷厄姆在广告经理人面前引用我的文字，他给我写了封信，全是些羞辱性的恭维。无疑，我的未来将是巴比特 [3] 的宠儿和他们眼中的反动派，是左翼鄙视的对象，左翼认为我应该像拉斯基、勒纳 [4] 等，显然我和他们不一样［……］。

以赛亚　　　　　　　　　　　　　　　　［……］

致菲利普·格雷厄姆

1950 年 4 月 28 日

新学院

亲爱的菲尔：

感谢你的来信。相对你的文体风格和唯美内容，我更欣赏你的排版。我很自豪，竟能在广告商大会上被广

[1] 托马斯·巴宾顿·麦考利（1800—1899），麦考莱男爵一世，辉格党政治家、历史学家、杂文家和诗人，他对自己的判断总是很自信坚定。
[2] 约翰·埃默里克·爱德华·达尔伯格—阿克顿（1834—1902），阿克顿男爵一世，致力于讲真话的历史学家，持自由主义的政治观与天主教信仰。
[3] 辛克莱·路易斯 1922 年的小说《巴比特》中与作品同名的主人公，该人物是典型的中产阶级物质享乐主义者，心胸狭隘，自命不凡。
[4] 麦斯威尔·艾伦·（马克斯）·勒纳（1902—1992），出生于俄国，美国记者、编辑和学者，1943—1948 年任 PM 的编辑部主任，1949—1992 年任《纽约时报》特约专栏作家，1949—1973 年任布兰代斯大学美国文明史教授；是个很有影响力的左翼自由主义者，对斯大林很狂热。

而告之，而不是被广告商推广。这确实意味着我已亲临大会现场。我觉得自己无懈可击，以至于我现在喜欢给报纸写信解释我为什么不打算为报纸写稿，以及为什么不向报纸投稿（我与《纽约时报》间此刻未公开的通信比公开的通信有意思多了）。无疑你会认为这体现了我典型的神秘风格。不过自从你野蛮敌视我的早期作品[1]后，我就从来没有把你视为我的读者。我建议你关注 B.V. 科恩的观点，他认为我的文风充满生机活力，虽然他的文字哀怨，但就我文中为什么没有提到凯恩斯、布兰代斯、莫里斯·科恩和诺斯洛普（！），他的文字却奇妙地使人读出他就该问题的真实看法。事情就是这样，所以你现在知道我为什么从不给《华盛顿邮报》投稿的原因了吧。我的文章高傲且花哨，不适合《华盛顿邮报》左右逢源的陈词滥调。我对我们可怜的朋友[2]甚感歉意。我想尽
178 快找些渠道，了解他的命运。我在巴黎遇到一个叫作宾斯托克[3]的电影投资人（这人在我看来不够善良），在一

[1] 据推测，伯林曾投稿《华盛顿邮报》，但被拒绝了。

[2] 爱德（华）· 普里查德 4 月 4 日的上诉失败。他和他的律师团决定向最高法院继续上诉。然而最高法院的许多法官都没法审案，因为他们都和普里查德有关系，以至于没法达到法定人数；所以维持低一级法院给他的定罪。7 月 14 日他在肯塔基法院的上诉又失败。普里查德在肯塔基州阿什兰的联邦惩教所开始了两年期的服刑。

[3] 可能是亚伯拉罕 · 劳伦斯 · 宾斯托克（1904—1980），律师，常驻纽约，与电影界联系紧密。

本正经的晚宴（所有的晚宴都索然无趣）过程中，他滔滔不绝地指责普里查德、菲利克斯等人，我被迫打断他，因为我认为背信弃义总体而言让人丧失良知，而不仅仅只是毫无意义的出风头而已。

老伙伴，好好照顾自己，死亡人数正在危险地上升。拉斯基、马蒂亚森、布鲁姆[1]已经死了，在我们中活着的人很快就会越来越少。

你的

以赛亚

致汉密尔顿·费希·阿姆斯特朗

1950年5月27日

新学院

亲爱的汉姆：

[……] 至于那篇文章，奇普给我的反馈特别奇怪：他说他非常严肃认真地和乔治·凯南探讨我的文章，他们认为我的文章还得继续展开（!），还应该用大量篇幅说明共产主义为什么不能持久，为什么违背人性，等等，并严肃批判共产主义及共产主义将继续存在的断言。不过，这等于重新写篇文章。如果我受此启发，在文末滔滔论述如何驱邪，

[1] 哈罗德·拉斯基死于3月24日，4月1日马蒂亚森自杀。莱昂·布鲁姆(1872—1950)，法国第一个社会党总理，3月30日去世。

我能想象出你的表情。此外，我认为即使是最好、最有价值的阐述与分析也没有必要宣传，我想我已经很清楚地表达了我的立场。显然，不是人人都持这种观点的，据说，哈佛大学的 W. Y. 埃利奥特教授就认为极权主义在我的笔下并不会令人讨厌，而且我的文章可能促使那些立场不坚定的兄弟们转而肯定与支持极权主义。但是比尔·埃利奥特的评价不是很公平，我不是特别希望和他在哈佛展开论战，他的论点并没有给我留下什么印象。乔治·凯南多半会认为这对我而言是很严重的问题。如果你见到他，或许可以问问他的真实看法。我琢磨着给他写封信，但是这一切都只是道听途说，我决定等见到他再说[1]。[……]

我的粉丝给我写了封很奇怪的信：本·科恩写信斥责
179 我，埋怨我对福尔摩斯先生、布兰代斯、凯恩斯，甚至诺斯洛普、莫里斯·科恩及类似人物不够公正，而且认为我的麻烦有点夸大其词；阿什科利也给我写了封信，他认为我应该给《记者》写篇文章（我喜欢阿什科利，但绝不喜欢《记者》，不过你能不能不要告诉他），而不是尽情指责美国有卢斯先生这样的人物。接着，我又收到了卢斯先生、布兰德男爵[2]的来信，你因此可以想象我的内疚；令我惊奇的是，

[1] 针对 4 月 26 日的信件（不过可能是秘书弄错了，应是 5 月 26 日），凯南给伯林写了篇深思熟虑的长信，伯林直到 1951 年 2 月 13 日才回信（原文第 213—220 页）。
[2] 罗伯特·亨利·布兰德（1878—1963），伊登布兰德男爵一世，商人、历史学家、公务员，1901—1932、1937—1963 年任全灵学院研究员。

我突然有许多令人意想不到的支持者，我纳闷自己处在哪个位置、正在做什么。我终于明白，我不会加入任何党派，虽然我可能继续付党费，但那也只是为了避免成为自命不凡的中立派。[……]

你的

以赛亚·伯林

伯林翻译的《初恋》终于在1950年5月出版，但是他的主要信件往来仍然围绕着《外交事务》上刊登的文章。亨利·卢斯写信表达了他“深切的祝贺”；尽管他不同意伯林在文章结尾的呼吁——少一些信仰，多一点怀疑主义，这个结尾在他看来与文章主要内容没有联系，但是卢斯仍然认为这篇文章“相当出色”[1]。伯林回了封信，向卢斯表达了深深的谢意，只是在附言中涉及学术争论：

也许我应该解释一下我为怀疑主义辩护当然不是为了怀疑主义本身，更大程度上是为了自我反省，对任何事物，不管高尚与否，都不加批判，不加审视地全盘接受，在这一过程中，太多的东西会遭到践踏，而且几乎不允许在理论与复杂多样的个体间有分歧——我可以肯

[1] 卢斯致伯林，1950年4月26日。

定这些分歧是不可逾越的（幸运地，我说出来了）。[1]

来往信件继续着。

致亨利·罗宾逊·卢斯

1950 年 6 月 1 日

新学院

亲爱的卢斯先生：

感谢您 5 月 20 日的来信[2]。冒着让您厌烦的危险，我得进一步自我申辩。我认为人的本质并不神秘，如果说神秘
180 的话，那只是指某些本质的东西还尚未发现，不仅现在而且将来，并且无论在任何情况下都不能被一般人所理解——也许在某种意义上您的理解和帕斯卡[3]或陀思妥耶夫斯基或 T. S. 艾略特先生一样。相反地，我认为我们没有理由不相信，如果一个人有一定的天分，并能持之以恒投入足够的关注、耐心与感悟力——无疑还包括谦卑，但不包括以偏概全，仓促断论——就能揭开最复杂的谜。只是我认为这谜是特别为某一特定的人在特定的时间以特定的方式揭开的，而不是像某些社会学家或某些人认为的，是为了人类，或为整

[1] 伯林致卢斯，1950 年 5 月 4 日。

[2] 结尾是这样的："神秘促使理性得以无限开发，我们能这样说吗？但实际上，只有信仰能辨别这种诱发的本质？"

[3] 布莱斯·帕斯卡（1623—1962），法国数学家、物理学家和宗教思想家。

个文化。这些人在他们自己的领域将科学技术胡乱运用。但我觉得这种天分是自然的，而不是超自然的。

我希望您能原谅我唠唠叨叨讲了这么多，但我觉得这个问题攸关，而且值得进行自我申辩。

请不必非得接受我的观点，如果可能的话，我很希望我能拜访您，时间与地点由您决定。我用词不讲究，为此我再次道歉——相对您优美的语言，我的文字回报太蹩脚。

您诚挚的

以赛亚·伯林

致薇拉·魏茨曼

1950 年 6 月 1 日［手稿］

新学院

亲爱的魏茨曼夫人：

这次我是一收到信就马上回，我知道您觉得我表现不够好。也许您是对的，但是我这个人在性情上只能习惯一种生活方式。从以色列回来后，我就因劳累病倒了，这我是早就预料到的（一年内我会累病六次）。回来后就赶着完成牛津春季学期遗留下来的无止境的工作，接着一个学术性团体[1]又委托我写一篇流芳百世的哲学论文（结果是一篇短

[1]“论逻辑转化”，《亚里士多德学会论文集》第 50 期（1949—1950），收录在《概念与范畴》中。

命的垃圾文章)。一旦我专心做一件事,我就如俄罗斯人所说的“停不下来”[1],我没法有序地计划、安排和分派各项工作,我不是德国人,也不是夏利特,无疑我挺受罪的。因此我常常不回信(要回的话也是匆匆忙忙,胡写一气),可是没回信又让我焦虑。接着又不得已卧床休息。单身汉无规律的生活带来一身的病痛——胃溃疡、坐骨神经痛等其他疾病——我的母亲为我的生活方式伤透了心,可是这一切显然没法改变。现在秘书每周来一次,做口述记录。如果我可以
181 给您口述信件,我可能会更经常给您写信。但这最后一封信我一定得亲笔写,尽管在给350个学生[2]上课、考试后,我已筋疲力尽。天哪!我本无意把这信写成长篇大论的伤心故事。魏茨曼先生的身体不好,我非常难过。这里有很多自相矛盾的传言。不久前格斯特纳一家[3]来拜访我,他们不知该把孩子送到哪儿接受教育,为此他们挺焦虑的,另一方面他们在讲述的时候又让人觉得很乐观。当然,如果你们在布尔根施托克,我就会从沃韦带上我的父母去拜访你们。但是我不能写信,因为我写起信来要么洋洋洒洒,无所不谈(那未免太可怕,我过去常这么干,但现在已经很久没这么做了),

[1] 伯林此处原文为:Запоем。

[2] 参见(关于考试)“作为一个责任重大、枯燥繁琐、令人焦虑和头晕的体力活,考试可谓独一无二”(致埃德蒙·威尔逊,1950年7月16日)。

[3] 西格蒙德·格斯特纳(1897—1956),他父亲和其出生于瑞士的妻子海伦(“汉妮”,婚前姓朗)共同创立了一家复印公司;他们都是著名的犹太复国主义者,西格蒙德任该复印公司主席和总经理。

要么干巴巴的三言两语。你的心情不好，我很难过。现在只要我一人独自在新学院的房间里，我就很忧郁，静等着老鼠出窝东咬西啃，每天晚上它们都这么干——我养的猫很懒，而且仁慈，就像以色列的法官，和老鼠和平相处，并拒绝吃老鼠。如果你们在瑞士，你们情绪低落的话我还可以尽力让你们开心；也许您可以让少校告诉我你们在什么时间会到什么地方。8 月份，只要你们不觉得接见我很累，只要你们不忙，我就会来看望你们。我会无限期地等下去，你们爱怎样接待我，就怎样接待。我非常仰慕魏茨曼博士和您，我什么都能适应。

充满爱意与温情的

以赛亚

致宾夕法尼亚州布林莫尔学院[1]校长

1950 年 6 月 13 日

新学院

亲爱的校长：

我现在有时间来协调我的各项安排，我想我很乐意接受您的邀请，我可以在 1952 年冬季到贵校作玛

[1] 布林莫尔学院，在费城附近，成立于 1885 年，为女性提供高等教育，其教育水准至少与为男性提供的教育基本相当。凯瑟琳 · 伊丽莎白 · 麦克布莱德(1904—1976)，1942—1970 年任该校校长。

丽·弗莱克斯纳系列讲座[1]，不知这个时间是否合适。1951年的秋季学期（9月到圣诞），我会在哈佛大学访学，我可以于1952年1月访问贵校，然后3月再起航回国。至于讲座题目，您能否在18世纪末至19世纪初的
182 政治思想中选一个话题。我想讲解决社会和政治问题的基本方法，比如，唯一神教、从《百科全书》[2]到法国革命的启蒙运动（理性与感性）、专制—反动（迈斯特[3]及其同盟）、浪漫主义、科学社会主义（圣西门[4]和他的追随者），或者马克思主义。这些思想在我看来是五花八门的现代思想的蓝本（在我看来，这些奠基者的思想比他们的后辈英雄，现代的追随者的思想更清晰、更有生命力、更激动人心）。我的讲座虽然主要讲述历史思想，但与当下的不满情绪有直接关系。我不知道我该如何命名这个讲座——该讲座将成为我的专著的一部分，我的著作涉及1789—1870年的欧洲思想史，我必须在某个时

[1] 六个系列讲座，为期六周，还有研讨会，专门邀请“人文领域优秀的学者”主讲（引自凯瑟琳·麦克布莱德致伯林的信，4月12日）。

[2]《百科全书（科学、艺术、技术的综合词典）》（巴黎，1751—1780），计划全面概述人类知识，当时重要的知识分子都为之撰稿，是启蒙运动的宣言，间接削弱了传统的政治与宗教思想。

[3] 约瑟夫·玛丽，迈斯特伯爵（1753—1821），出生于萨瓦，法国人后裔，律师、外交官、有影响力的反革命派，他倡导重建封建君主与教皇的绝对权威。

[4] 鲁弗鲁瓦的（克劳德）·亨利，圣西门伯爵（1760—1825），穷困的法国贵族，拥护新技术，倡导精英改良（日益工业化的）社会，他的追随者将他的思想发展成社会主义。

候完成该著作，它是《牛津欧洲史》的一部分。不过讲座题目可能还需再斟酌，也许很简单，比如“六种（无论几种）政治理论”，或者选择更吸引眼球的题目。无论如何，如果这个话题合适的话，我就着手开始准备具体讲座内容。

您让我步著名大师的后尘，继续探讨他们的研究话题，无疑对我是莫大的荣幸。显然，我不应该反对参与专题讨论会，这种非正式的教学应是进行该系列讲座的学者义不容辞的义务。如果出于某种原因，我建议的讲座话题不是您期待的，您尽管拒绝，不过，我一直在考虑19世纪初期及其之前的政治思想，让我换其他话题恐怕比较难；但是，如果有其他话题您觉得更合适，也没有理由非要把我的想法强加于您。如果运气好，您接受我的建议，无疑我将从这次讲座中获益匪浅。

您诚挚的

以赛亚·伯林

7月1日，伯林调回全灵学院的努力取得了满意的结果：他获得了全灵学院的罗伯森研究员职位（初聘五年）。虽然全 183
灵学院给他安排了寝室，但他暂时还是选择继续住在新学院舒适的宿舍里，在新学院他还有一些教学任务（但已大幅度缩减了）。

致埃里克·罗伯森·多兹[1]
1950年7月27日

新学院

亲爱的多兹教授：

应人文学院董事会的邀请，我再度受聘牛津大学公共基金讲师职位[2]，自此我的身份发生了些许变化。我觉得我应向董事会汇报这些变更，以便董事会做出合适的安排。今年的7月1日我入选为全灵学院研究员，因此就不再担任新学院的研究员与导师。全灵学院聘我为研究员是为了让我专心从事研究，研究涉及以下内容：

(1) 撰写一本论1789—1870年这一时期社会思潮的书，作为牛津欧洲史系列丛书的一卷，将由牛津大学出版社出版。

(2) 研究俄国革命的前因，准备写成三或四卷，涉及19世纪初到1917年间俄国与欧洲的思想、人物、社会、文化因素，这些因素最终导致1917年爆发俄国革命。

(3) 准备撰写一本论伯克利哲学的书，这本书将作为系列丛书之一，由本·罗杰斯·艾耶尔教授编辑出版。

(4) 整理过去四年中我在政治系和哲学系等做的有关政治哲学与普通哲学的讲座材料。1952年春季我准备到布林

[1] 埃里克·罗伯森·多兹（1893—1979），1936—1960年任牛津大学希腊语钦定教授。

[2] 牛津大学公共基金讲师职位是由牛津大学和讲师所在学院共同资助，它要求在学院从事教学、独立科研和参与整个大学的活动，比如上课和负责学生考试。

莫尔学院访学六周，并就“各类政治理论”为题作玛丽·弗莱克斯纳系列讲座。所有这些都将由牛津大学出版。

同时全灵学院已允许我一周授课八个小时，我因此成了 184
新学院的哲学讲师，得以继续在人文学院为本科生讲授哲学、政治学、经济学，一周最多授课五或六个小时。

显然，我的研究兴趣（尤其是19世纪思潮史和俄国社会思潮与实践的研究）发生了巨大的转向。基于此，我的研究兴趣应该是更接近社会学领域，而不是人文学科。对此我自己也不是完全明确，但是我接到戴维·沃西克先生[1]的来信，他觉得我的研究领域倾向于社会学，基于以上的讨论，我也倾向于认同他的观点。当然，我打算继续从事哲学教学，不仅包括政治哲学，而且包括逻辑知识理论，并准备同时在新学院和学校开设课程，这通常属于人文学科的范畴。到目前为止，我的教学与讲座主要局限于人文学科领域，今年6月与7月我分别在《心灵》[2]和《亚里士多德学会论文集》发表文章，我不会放弃这个领域的研究与教学。与此同时，我还在美国与英国的专业期刊就政治哲学和相关联的俄罗斯话题发表文章与长篇评论，我在这方面的研究得到

[1]（乔治）·戴维·诺曼·沃西克（1916—2001），1940—1960年任牛津大学统计学研究所经济学家，1945—1965年任牛津大学莫德林学院研究员与导师，1955—1957年任高级导师。

[2]“经验的命题与假设陈述”，《心灵》第59期（1950），《概念与范畴》收录了这篇文章。

了全灵学院研究基金的支助，我准备继续大幅度拓展这方面的研究。但是我接着要上的课程与准备开的讲座，如逻辑知识理论、政治哲学等，在这所大学都属于哲学学科范畴，并不属于社会学；学校缩减了我指导的学生人数，这让我腾出许多时间从事我的研究，而我的研究课题通常又不属于哲学学科范畴，这就是我面临的问题。因此，如果允许我继续保留牛津大学公共基金讲师职位，我不知道我是人文学科讲师还是哲学、政治学、经济学讲师。在我看来，沃西克先生的建议貌似有理，但这属于行政问题，对此我并不专业。

我正在和哈佛大学商议相关的教学安排，我准备偶尔到哈佛大学讲授哲学与俄国思想史，当然我至少每六个学期中有四个学期，或每三个学期中有两个学期（可能性更大）还
185 是会继续在牛津大学授课、开讲座与居住，因此哈佛的安排不会妨碍我履行牛津大学公共基金讲师的职责。

如果您觉得合适，请将我以上的想法转达给人文学院董事会，并告知你们最后的结论，我将无比感激。我会同时把这封信也转发沃西克先生，也许他和社会学董事会希望探讨一下这个问题。

您诚挚的

以赛亚·伯林

这段时间伯林的生活发生了巨变：他和詹妮弗·哈

特[1]——他的朋友兼同事赫伯特·哈特的妻子——开始了一段恋情（他的第一次性关系），伯林全身心投入这段恋情。7月中旬，菲利克斯和玛丽安·法兰克福特到牛津访问，这是伯林期待已久的，但由于伯林在恋爱，他们的来访并没有得到伯林的充分重视。学生考试一结束，伯林就和父母一起到瑞士度假。

致玛丽安·法兰克福特

1950 年 8 月 17 日［手稿］

瑞士沃韦大酒店

但信寄自牛津新学院，从牛津寄信可以

节省外币。我突然变得小气吝啬

亲爱的玛丽安：

没能和你在牛津见面，这让我无比沮丧。这主要是由于我逃避现实，脱离社交界，等等。但是，我总感觉好像从来就没有见过你：或者像做梦，但具体清晰的细节记不清了，以至于觉得这个记忆有些不真实。我特别喜欢我的第一个茶会，我指的是你出席的茶会：茶会后，一切都还风和日丽，突然风云突变。我必须承认我生活在噩梦中，这是我从

[1] 詹妮弗·玛格丽特·哈特*（1914—2005），婚前姓威廉斯，1934 年他们首次相遇，之后就成了挚友。伯林得喉炎，在新学院的宿舍里卧床休息，詹妮弗·哈特前来探望，他们由此发生恋情。后来伯林和詹妮弗·哈特都说是对方主动在先。两人都强调这段恋情在他们人生中的重要性。

未体验过的：我一直在生病。我正在反省这排山倒海的系列事件，它彻底击垮了我。在您来访期间，我一直在注射青霉素。每天从上午九点半到下午五点半，我都在学院工作，回到家还继续工作到凌晨三点：每次见到您就像见到绿洲，就像一个情感麻木、身心疲惫的游子见到绿洲一样。天哪！在牛津那个月我觉得特别漫长特别没有意义，简直就像经历
186 了一场噩梦：您和古德哈特[1]一家相聚的时候，我真的不想见您，而当你和莫里斯会面时，我对一切都失去了兴趣；我渴望同时见到你们（我指你和菲利克斯），然后和你单独见面，接着再单独见菲利克斯，然后大家再聚在一起，之后又是一个人长时间的独处：我刻意让自己承受无边的孤独，重新把自己关闭在自己的私人空间，与世隔绝。既已如此，为什么就不能坐下来聊聊天？或只是坐在那眺望窗外的风景呢？我却悲哀地提议去散步，这是有寓意的（您应该知道我讨厌散步）——不像您，我认为沮丧悲伤不是存在的本质，是可以避免的，我相信人有很大的可塑性，我对此很乐观，也许这种乐观中有些许幼稚。我认为灾难肆虐是有具体原因的，人会悲伤与愤怒是有具体原因的。不过这次，除了牛津大学我不能责怪任何人或任何事。指责没有意义。我想

[1] 阿瑟·莱曼·古德哈特（1891—1978），1931—1951 年任牛津大学法学教授，1951—1953 年任牛津大学大学学院院长；他的妻子原名是塞西莉·艾格尼丝·麦凯·卡特（1896—1985）。

我自己心烦意乱也是一个方面的原因。不过感谢上帝，这一秘密除了相关当事人，基本无人知晓。仅此一次不为人知。那么我现在为什么要吹嘘呢？因为我决定全面分析我这段沮丧经历的原因：没啥不幸的，没啥可指责的，也没啥是不可救药的（但我猜你会认为一切已无可挽回），但至少在我看来，非同寻常，特别令人抓狂。我很想见你：在伦敦我做不到，因为我寸步不离新学院，学院一放假就在我亲爱的母亲的呵护下离开了伦敦，当时的我半死不活的：生活在这个荒唐的国家，犹如1914年之前人们的精神还未被击垮之前，我充满了你无法想象的中产阶级的乐观、快乐的迟钝、爱德华七世时代的粗俗和笃定的自信安逸，什么都那么微不足道，但乐观自信，19世纪这种普通快乐的生活一去不复返，对此我甚是遗憾与哀叹——这会儿我感觉好多了。除了我父母，我谁都不见，我读了很多书和瑞士报纸，并读了乔对朝鲜战事的报道[1]。真令人难以置信，我居然以此战事为消遣，似乎有点大逆不道（我认为今、明两年都不会发生大规模战争。虽然苏联正一点一点地给美国放血，苏联的策略阴险狡诈而且危险，但是即使如此也不会爆发大战）。在巴黎，达夫·库珀对我说杜鲁门是他崇拜的英雄，认为杜鲁门在关键问题的决策上几乎没有犯过错，以我在瑞士的心境，我几乎

[1] 6月25日，共产主义国家北朝鲜入侵南朝鲜。杜鲁门派美军援助南朝鲜，但是到了8月，南朝鲜几乎失守。艾尔索普和许多外国记者在朝鲜报道战事。

相信他的看法——杜鲁门的行为完全得当：我想到了两个世界（不完全是菲利普渲染的乔克·贝尔福的两个世界，您还记得1946年的某个傍晚菲利普在乔的家里大谈特谈这两个世界吗？），一个世界充斥着与人为善的小人物、瑞士官
187 员、杜鲁门、舍托克、奈尔斯[1]、柯南特、艾德礼和少数令人敬重的普通人，另一个世界则充斥着刀光剑影和丘吉尔、铁托、本—古里安、乔大叔［斯大林］、布力特[2]、德·戴高乐[3]及他们手下优秀的达·芬奇们、沃邦们、沙赫特们及莫内们[4]。当我想到这两个世界，我把第一世界平面二维的、文句不通的散文与第二世界毋庸置疑的诗意文采进行比较，我并没有尼采式的愤怒！我知道我不能和第一个世界同呼吸，他们会认为我不喜欢他们，认为我会传播谣言找他们清算：然而我会投票给他们，为他们服务，而且我宁愿为他们耗尽生命也不愿像英雄那样轰轰烈烈地死去。为什么呢？

[1] 戴维·K.奈尔斯（约1890—1952），美国政治顾问，1942—1951年任总统的行政助理；据说杜鲁门对犹太复国事业的支持是受他的影响。

[2] 威廉·克里斯蒂安·布力特（1891—1967），1933—1936年任美国驻苏联大使，1936—1941年任美国驻法国大使。

[3] 查尔斯·安德烈·约瑟夫·玛里·德·戴高乐（1890—1970），1940—1944年流亡的法国将军和法国自由政府领导人，1944—1946年任省级政府领导人，1958—1959年任法国总理，1959—1969年任总统。

[4] 塞巴斯蒂安·勒·普雷斯特·塞涅·德·沃邦（1890—1970），法国路易十四优秀的军事家，擅于（堡垒的）攻打与防御。耶马尔·贺拉斯·格里利·沙赫特（1877—1970），德国国家银行战前行长，他擅于理财，为德国重整军备提供大量资金。让·奥马尔·玛里·加布里埃尔·莫内（1888—1979）是欧洲共同体的主要驱动力量。

因为不择手段的践踏在我看来比微不足道和平庸无才更可怕。因为个人权利比辉煌的成就更重要，因为自由，甚至是被动的宽容，也比开赴战场的壮观队伍更重要。我相信您压根就不赞同我的观点。你支持殉道者和少数群体，显然是因为他们与这世界上某些危险的价值理念作战，如果这些危险的价值理念占上风，那将毁灭全人类。因为你（在我想来，与莫里斯一样）憎恨那些高高在上的群体：成功的政治家、军人等，因为他们成功、精明，并到处受到追捧与喝彩，他们蔑视秩序与权威，而秩序与权威能防止人们自我膨胀，保持坦率真诚，展示真情实感（不是虚情假意，也不是冷酷无情）并讲真话。在我看来（虽不是百分之百肯定，但我自以为确定还是很自信），设立一些公共安全机构，一些当权部门，宣传一些被认可的思想观念，接纳一些信条、思想家、理论家，甚至在一定程度上允许伪造个人经历，一定程度上允许虚设某些公共标准，并允许人们对此保持最低限度的忠诚，还是有必要的，否则很多人都会碰壁。我的这些观点是不是含糊不清，一派胡言？这些当然是瑞士式的思想。我不再拿这些来烦您。我希望 1951 年能和您一起庆祝圣诞：有可能实现吗？我可以去美国吗？我不能再重蹈 1940 年的覆辙，即使没人觉得我做错什么。但是如果 1951 年 9 月英国局势很紧张，不过（我认为）不会发生战争，而且我完成我与哈佛的合同（当然菲利克斯会说“无论你在哪里，你都会受制于皇家政府”。至少这一回波士顿不会比伦敦**更安全**。

和1940年一样，你一定能回到英国）。不过您怎么看？这
188 些猜想很无聊。如果真发生战争，我个人没有问题——我喜欢做别人让我做的事情——不过我要把我父母安置在安全的地方。但此刻没有必要讨论这些话题。星期天我准备去伯尔尼拜访以色列总统魏茨曼博士阁下[1]：他在卢塞恩旧病复发，正住在医院。到那里他们会叫我不要愚蠢地浪费精力去教那些英国学生，他们会鼓动我放弃教书去为以色列服务。魏茨曼博士当然就是我的校长，等我到那儿，我就好比直接进入校长的书房，我做好了面对某类“音乐”的准备。据说他很忧伤，他不仅在政治上被冷落，化学界的同行们也越来越忽视他，每次只要他离开雷霍沃特，只要这个老男孩一离开，他们便不再向他汇报科研进展，他们认为他不懂这些东西。这确实令人同情。在这种情况下，我觉得将来我得为他写传记，为这个巨人辩护，是他为那些忘恩负义的侏儒注入了活力。您一定得和菲利克斯一起去以色列走走。以色列很独特，无法用言语描述：又是我的瑞士式的情感。因为以色列有点类似1910年的世界，充斥着各种思潮和斗争，清一色的社会主义理想主义者、对资本主义拥护者的围困和神圣的利己主义[2]（为类似法西斯的团伙与“头目”所追捧），整个环境完全不一样，一个人只有以19世纪视角才能明白这一

[1] 伯林此处原文为：go auprès le Président d'Israël。
[2]“神圣的利己主义”这一政策导致意大利在第一次世界大战时加盟协约国。

切。以美国的视角则更明白易懂，美国在我看来也属于 19 世纪，尽管本·科恩对我的这一观点会非常愤怒。所以一定来趟以色列，明年复活节，我会和您一起去，您会很开心，我和大法官也会很开心。不必取道英国——直接从那不勒斯或瑟堡过来，一定来——您绝不会后悔的。笔从手中滑落，我的手已没有知觉了。再见，我感觉在这比在牛津离您更近。我好傻！没有一点西尔维斯特的作风。

爱您的

沙耶

在去意大利度假的途中，伯林先到伯尔尼探望哈伊姆·魏茨曼。在那儿，他从父亲那得知伊扎克·萨姆诺夫的死讯。

致门德尔·伯林

8 月 25 日［1950 年，手稿］

伯尔尼贝尔维尤西佳皇家酒店

亲爱的爸爸：

刚读了您的来信，得知伊扎克·萨姆诺夫去世了——之前我刚在霍里克罗夫特大道 49 号给你写了封信，因此信是真情实感的自然流露。

现在： 189

(1) 您应该告诉妈妈。她很早就有预感，在真正的危机面前，她很坚强，而且表现镇定，令人赞叹——如果是伊达本人，可能就是另一回事了——不过伊扎克不一样，虽然伊扎克和我们家没有血缘关系、没有爱的纽带，但还是得告诉她。

（2）在这种事情上，速度是关键：我的意思是，我们越早为伊达做点事情越好。不仅伊达而且我们的以色列朋友们都在看着我们，看我们到底是心地善良还是铁石心肠。这个世界很小，伊达会受到公众舆论的影响。我认为我们应表现得热心积极，马上请她回伦敦。我们没有保姆，可能会比较困难，但至少她可以在我们附近的公寓住下。不过显然他们——甚至哈勒维夫妇[1]——都期待我们家有人能马上到耶路撒冷帮忙：母亲的腿伤还没恢复[2]，而您也不能离开她；至于我，也许该我去，但这不过是感情用事的姿态，实际上这会儿我在那儿什么忙也帮不上。在我看来，我们该做的就是尽早发电报给伊达邀请她来伦敦，迅速做出反应的积极态度，其重要性如何高估也不为过。

（3）您应该给哈勒维夫妇发电报，叫他们去说服伊达马上来伦敦。

（4）也许您应该为她买好机票，让她在未来的半个月内飞伦敦。总之，您必须马上行动，而且得主动热情。我可以

[1] 伊扎克·萨姆诺夫的姐姐丽芙卡（1892—1971）和她的丈夫埃拉扎尔·哈勒维（1897—1976）。
[2] 玛丽·伯林在度假的时候把脚弄伤了。

向您担保，对耶路撒冷那些有钱有地位的远亲而言，他们虽然对此不是很感兴趣，但是如果将来您不想别人因此永远指责我们的话，您这一行动很重要。当然，我也可以发电报建议伊达来伦敦；但是如果您不支持，这也不可行。我不知您是否能在，比如28日（星期一）发电报到雅典娜[1]（或从办公室给我打电话），我再给耶路撒冷发电报。如果您星期一之前没有收到这封信，我猜星期一午夜或星期二早八点之前可能会收到，之后我会去米兰，在那儿我有一段时间无法与外界联系[2]。

目前我还什么都不了解，我发电报，不仅仅是为了表达我的悲伤，我得给出具体的建议：叫伊达来伦敦。如果我先于您发电报，人们会觉得我善解人意，而不是您——只有您知道我是因为您的缘故才表示关切慰问的，但是我是绝不会先于您发电报的。[……] 请别认为我太草率或太激动，您真的无法想象耶路撒冷的人们是如何解读这一切的。那儿的人们容易激动，心眼小又愚蠢，所以我要和您协调一下发电报的时间：您先从伦敦发电报，并告诉我发了什么内容，然 190
后我从日内瓦[3]发电报，否则您与我在该持的态度上会有很

[1] 伯林将在日内瓦下榻的住所。
[2] 伯林此处原文为：hors de communication。
[3] 原文是日内瓦的德文拼写Genf。伯林准备到那儿“再次拜访两个上了年纪的俄国革命者，两人都是八十五岁。男的留着胡须，像个圣徒。女的有点胡子，像韦伯夫人，非常纯洁高贵，有18世纪的气质”。致詹妮弗·哈特，[8月] 23日。

大差距。到星期一才能知道这些，您在欧洲找不到我，星期一我会在“圣山”露面、发电报。[……]

爱您的

以赛亚

致薇拉·魏茨曼

1950年8月29日［手稿］

日内瓦拉特尼膳宿酒店

亲爱的魏茨曼夫人：

洛桑　我在火车上给您写信，平常字就写得难看，随着火车开动出了洛桑，肯定就更难辨认了，让无辜的收信人受罪。一如既往地向您道谢，向您说明我的时间弥足珍贵——这些您都知道。但是我们的俄罗斯谈话却是我最喜欢、最期待、记忆最深刻的。（火车在开动，现在减速了，不过只要一加速，您就可以从我写的字中看出。）我绝不可能和任何人这般谈话，包括我的父母（因为他们毕竟是父母大人）和英国的任何人。（没法再写了！——等到了沃韦——到了蒙特勒等地再继续写。）

沃韦　（到站停两分钟[1]）在我看来，俄罗斯比任何地方都有想象力、诗意和亲切感——每当谈起俄罗斯，我就感觉自己的性格发生奇妙的变化，一切都变得易于表达，整个世

[1] 伯林此处原文为：2 minutes d’arrêt。

界都变得更光明、更美丽——我们的俄罗斯谈话是我最深刻、最愉悦的记忆（火车开动了！），我因此将终生对你感激不尽。笔没墨水了！不过我会继续写。

蒙特勒 我希望我乐此不疲的话题对您不是负担，当然，我很喜欢与您和魏茨曼博士相处，但是我总担心（这里人来人往、各种语言——都是干扰）也许在某些时候我的来访会给你们带来不便，比如魏茨曼博士身体不适的时候，我真的不希望让你们厌烦，如果我的来访时机对你们而言哪怕有一丁点不方便，尽管告诉我，我会把这看成是亲密友谊的标志。我总是对你们依依不舍，我希望雷霍沃特不是离我那么遥远。我祝福瑞士的当前局势，我对瑞士的看法和梅迪[1] 191
的差不多，觉得瑞士缺乏个性、不够华丽，日内瓦全是日耳曼化的法国人，苏黎世都是非希特勒式的德国人。所以得再次向您致谢，非常非常感谢您。

圣莫里斯 乔治[2]向我提及魏茨曼博士的书信及您的建议，让我写点东西[3]，我受宠若惊，既兴奋又惴惴不安。我的第一个反应就是我应该欣然接受这个任务，这是可以让我垂名青史的唯一机会（这是我的真实想法）。另一方面，我自以为很了解您和总统本人，但是我对你们早年的经历——

[1] 梅迪·魏茨曼（1913—2002），婚前姓米妮·波梅兰兹，魏茨曼儿子本杰明的妻子。
[2] 1949 年 9 月，乔治·威登菲尔德离开他新成立的出版公司一年，到魏茨曼身边担任他的内阁大臣首席顾问。
[3] 薇拉·魏茨曼倾向于让伯林为魏茨曼写传记；这一次她好像建议伯林为魏茨曼的书信集作序。

所处的环境、历史背景——足够了解吗？尤其是，我还不是真正的专家，只是一个业余选手，一个害怕与憎恨挑剔批判的懦夫，我敢在万分挑剔的世人以及犹太人——以色列人（他们更吹毛求疵）——面前妄作点评吗？一般而言，一个人怎能没有自知之明，怎能在公众面前大书特书让自己感激不尽并热爱敬重的人呢？但是，您这个建议着实让我兴奋；我试试吧。我会想方设法从牛津和哈佛偷点时间。我可能写不出来，如果是这样的话，我会告诉您和乔治——不过我想先读读那些书信——我想这也许是个错误的决定，不过我愿意冒险。我喜欢以某种方式和你们保持联系。如果可能的话，我将在巴黎与您和魏茨曼博士探讨这事（在马蒂尼）。我东拉西扯，希望不会让他厌烦。请转达我对魏茨曼博士的问候与祝福。我想到 9 月 25 日 [1] 魏茨曼博士一定又会健康如初的。

以赛亚

致玛丽和门德尔·伯林

1950 年 8 月 31 日［手稿］

［意大利］圣玛格丽塔—利古雷
米兰梅尔大酒店

亲爱的爸爸、妈妈：

这里简直就是天堂：天不热，海风怡人。霍夫曼斯塔尔

[1] 9 月 25 日伯林计划去巴黎拜访魏茨曼博士（结果，几天后就见到了魏茨曼博士）。

夫妇带我到这，他们明天就动身去巴黎。我们上周三晚上抵达，会逗留到明天（星期五），之后我准备乘火车[1]前往奥拉。[……]

现在再来谈谈伊达。毋庸置疑，在以色列，“他们”一定期待我们有人去以色列，表表姿态。显然，这没什么实际意义：哈勒维家、雅各·萨姆诺夫[2]和成千上万的来自德国的犹太[3]熟人更需要实质性的帮助，但是只要有猜疑、自卑情结、什么富有的伦敦人与贫穷的以色列人之类的言论，那么无论我们行动还是不行动，都会被视为**冷漠**的表现。比如，我可以从意大利写封信，但他们会说，既然有时间在意 192
大利玩乐，为什么不能飞到以色列？只要二十四小时就能做一个姿态，一个道义支持，以示温暖与家庭的亲情？如果我不这么想，你们会非常焦虑，也许我该去——就一天。但是，你们显然还会焦虑，这完全没有必要，没有什么特别要说的话。但是，如果你们“非得”去处理房子事宜，9 月中旬去比较合适。我要到 10 月 5 日后才会回到伦敦，也许你们可以一起去或者老爸独自一人去——老爸，何不一箭双雕呢？不过，还是你们自己决定吧。我喜欢当机立断，迅速行动。从日内瓦乘船去，我会来看你们。很奇怪，我并不像妈

[1] 伯林此处原文为：go per treno。
[2] 雅各·萨姆诺夫是伊扎克·萨姆诺夫和丽芙卡·哈勒维的兄弟。
[3] 见原文第 174 页注 3。

妈，有什么隔阂感。伊扎克在母亲的人生中就没有占据什么位置：这曾深深伤害了伊扎克和伊达。因此伊达很焦虑，要我自始至终给伊扎克应有的尊重——这其实不代表什么，我真的无法尊重他的判断力，不像伊达，他的诚实正直等优点在我看来是缺乏个性、缺乏主动的表现。我惊异于自己的反应如此冷漠，得到伊扎克的死讯，我情绪低落了一两个小时（我在伯尔尼收到信）：那天傍晚我告诉奥瑟曼夫妇[1]，他们认为伊达最终会从沉痛中走出来。这是扎马克的看法，奇怪的是，现实的安妮却不这么认为。相对伊扎克，我更在乎我的朋友布兰奇[2]和里德利[3]，甚至查尔斯·亨德森[4]：可笑。母亲是正确的，我们家族在乎的是血缘关系，如果我听说雷巴[5]在莫斯科去世，我会更难过。我必须给伊达写信，是的，她会很固执，不肯离开以色列，不肯离开那套公寓等。打电话到以色列能打通吗？我想应该可以。如果你没去以色

[1] 扎马克·奥瑟曼显然是门德尔·伯林的商业伙伴，与伯林家族的一个远亲表妹安妮·施内尔森结婚，移民以色列前他们住在伦敦。

[2] 盖伊·罗斯特伦·布兰奇（1913—1940），伯林在牛津的朋友，在不列颠战役中阵亡。

[3] 杰斯帕·莫里斯·亚历山大（“泡泡”）·里德利（1913—1943），伯林在牛津的好朋友，在意大利战场阵亡；克里西达·伯纳姆·卡特的丈夫（见原文第 315 页注 8）。

[4] 查尔斯·高登·亨德森（1900—1933），1929—1933 年任牛津大学圣体学院的研究员与讲师，伯林当时还本科在读。在罗马度蜜月时和伯林成了好朋友，他们的友谊一直持续到他死于胸膜炎。

[5] 列奥·伯林（1897—1955），门德尔的弟弟之一，莫斯科大学营养学教授。1945 年伯林曾秘密访问他。他后来被拘留并死亡，具体见原文第 357 页注 2。

列，一定要写信说明为什么没去，否则会引起不满（我提醒你们），这显然不合理，但肯定会引起不满。不是因为这很重要，但是你仍然得告诉他们妈妈的脚摔伤了，告诉他们办公室里没人，告诉他们你们反对我飞以色列，等等，这样就不会招来闲话与不满。不过当然，你得避免让人觉得你在找借口，避免让人觉你心有不安[1]。至少再发一份电报——电报和信的作用不一样——催促伊达来伦敦，甚至把机票寄给她，正如我之前建议的。相信我，人不能表现得太理性。

爱你们的

沙耶 193

莫里斯·鲍拉在奥拉附近租了栋16世纪的布鲁尼拉城堡，作为他们在意大利度假的基地。

致艾丽丝·詹姆斯

1950年9月3日［手稿］

意大利奥拉马萨卡雷拉

布鲁尼拉城堡[2]

亲爱的艾丽丝：

我曾无数次想给你写信，但总是有干扰，不是工作就是生病，不是什么重病——我很遗憾地听说你的身体也不太

[1]“找借口者自责”，也就是说，借口总是意味着内疚。

[2] 该城堡坐落在山巅，风景优美，现在是自然历史博物馆。

好——我不敢断言我是不是得了某种严重的温热病，但是这个夏天一定得去体检。我接了许多没有必要的任务，如写短文、评论等，但是我发誓6月份一定结束所有这些事情，这消耗了我太多的精力——我在这些小事情上投入的心血远远高于那些看似更重要的事情。这个学期太忙，接着又是期末出卷、监考、改卷。各种令人不胜烦恼的小毛病，如窦炎、喉炎等接踵而至，让我卧床不起，没法思考，也没法给任何人写信。之后我父母把我带到沃韦：安静平和，如瑞士般缺乏活力。完全是1914年前的世界，平淡无奇，但整洁舒适而且安全。其他人可能会嘲笑这种非英雄主义的优点，但经历了牛津的7月梦魇，我喜欢这里的一切。之后我就到伯尔尼和日内瓦与朋友们聚会，最后才到这个人间天堂，同时在一起的还有其他三位大学老师[1]和莫里斯·鲍拉。这个城堡的房东是沃特菲尔德夫人[2]，她住在佛罗伦萨，我们并不认识她；我们只是这里的房客。城堡环境优美，坐落在卡雷拉大理石山丘间，奥拉村就在城堡的下面，奥拉村离莱里奇（雪莱在此溺水身亡）约15英里。城堡很大、很凉快，有许多当地女佣，很不错。在这里，人们可以在大海里游泳，在

[1] 马库斯·迪克、詹姆斯·乔尔（见原文第203页注3）和戴维·皮尔斯（见原文第501页注2）。

[2] 莉娜·沃特菲尔德，婚前姓达夫·戈登，来自一个知识女性的家庭，1917年协助建立佛罗伦萨英国学院，1921—1939年任《观察家报》的意大利记者，1946—1950年任《凯姆斯利报》的外国记者；她和她的后任丈夫画家奥布里在战前翻修了布鲁尼拉城堡，并住在那儿。

山间散步，可以读书、聊天，甚至偶尔还能静心思考。我们的朋友都是牛津大学的老师，他们比莫里斯和我都年轻，他们温和、勤奋、有同情心而且阳光快乐。更重要的是，这儿没人对你提要求。莫里斯状态很好，他精力充沛，每天都是高强度地游泳、频繁地日光浴，即使是长水疱或其他什么小病都不能减退他的热情。他精力过人，成了这里的中心人物，给大家带来活力。围绕着他这个光彩夺目的天体，我们就好比行星以各自的速度围绕着他运转，从各个角度反射着中心的光芒。这种生活方式平和快乐，并且收获颇丰。 194

这种有规律的生活对神经和身心都颇为有益。我是我们当中最没有进取心的：当我的朋友们驱车去远方或到卢卡城垛远足时，我却留在城堡阅读在牛津绝不可能有时间阅读的书籍。和人们普遍的看法正好相反，做大学教师很不容易[1]，要能吃苦耐劳。月底我可能会去拜访伯纳德·贝伦森[2]，他给我写了好几封信，我还从没有见过他[3]。他打算

[1] “事实是，我发现大学老师的生活意味着无休止的辛苦操劳，完全不同于一般修道院的戒律。传道授业——无止境地喂养那些知识饥渴的学生——很快就让人筋疲力尽，其工作强度远远超过公务员或办公室一成不变的工作。而且人文学科新见频出，变动巨大。尽管如此，我还是全身心地投入这种生活，因为变换工作已为时过晚。”致薇拉·魏茨曼，1949 年 12 月 30 日。

[2] 伯纳德·贝伦森 *（1865—1959），出生于立陶宛的苏联艺术史学家，定居意大利。意大利文艺复兴研究领域的权威与关键人物。

[3] 1929 年伯林与贝伦森首次在牛津开往伦敦的三等车厢上相遇结识，但他们俩似乎都不记得了，当时“伯林一路谈笑风生，贝伦森很开心［……］”。肯尼斯·克拉克，《树林的另一面》（伦敦，1974），第 170 页。

来瓦隆布罗萨[1]，我决定前往和他见面，莫里斯对此不高兴，实际上他禁止我去，出于某种原因他不喜欢贝伦森。但即使会惹他生气，我还是决定去；如果以游玩的借口前往，也许会好些。我很希望能一次多结识几个名人。虽然匆匆见面通常会有点令人失望，但人们的希望总是如此之高——不过我希望将来只要某个名字出现，我的脑海里就能浮现这个人的音容笑貌。下学期我将离开新学院（我听说德克[2]在历史决赛中获二等奖，这多少对他是个鼓励，会使事情好转，我真为贝尔·罗斯福[3]高兴），并调入全灵学院，在那儿我的学生不多，但写作任务极为艰巨。我无法用言语向你描述我有多惧怕这些任务。你知道的，我总是没头没脑地说了一大通，因为人往往误以为话音一落，责任即止，也不会为这一时的表现而尴尬——只要我在任何地方读到自己写的信或文字，我就有一种奇怪的冲动，想要撕毁它——所以一想到写文章，尤其是写书，就让我觉得特别恐怖。没有外在的约束力，我就没有写书的意志力，因此我得努力将自己置于无法逃脱责任的境地，心甘情愿地、心知肚明地接受全灵学院研

[1] 贝伦森的避暑去处卡萨—阿尔—多诺，坐落在佛罗伦萨东南 20 英里处的高山与树林间，毗邻原先的瓦隆布罗萨（来自拉丁文，意指“绿荫葱葱的山谷”）修道院。
[2] 德克·罗斯福（1925—1953），1946—1950 年就读于新学院历史系，据说死于自杀。
[3] 贝尔·怀亚特·罗斯福（1892—1968），婚前姓威拉德，是罗斯福总统的儿子柯密特的遗孀；小柯密特和德克·罗斯福（见前注）。

究基金的束缚。（听起来多么忘恩负义！）这能让我写些东西，让同僚们挑剔。这就好比宣誓加入修道院，一方面敬慕修道院的制度，可另一方面又觉得自己做不到。无论如何，木已成舟。我自愿选择做奴隶。然而，如果想到我的书[1]虽 195
然一度受到好评，但很快就被束之高搁，被人遗忘——想到这一切也发生在最令人敬慕的当代学者身上——所有这些虚荣浮华，所有这些忙乱都显得特别没有意义。以色列总统和总理也是这么认为的，他们甚至策划让我到中东从政，这个策划对我是莫大的荣幸，但显然不无荒谬——他们说出版社出版了成千上万的书，全是垃圾，他们问我写书是否是为了躲在牛津这个遥远的、不起任何作用的城市里让自己“免疫”，若出于该目的，那太荒唐了。莫里斯在催促我，他说我们必须去火车站接一个朋友，然后去买些邮票和防晒霜。所以我必须快点收笔。根据目前的计划，1951 年秋季我将在坎布里奇讲学，1952 年 2 月到布林莫尔学院举办玛丽·弗莱克斯纳系列讲座。（讲座内容得出版，恐怖！自找的折磨！）尽管亚洲局部地区发生战争，但我认为战争不会蔓延，除非柏林爆发争端（即使真的有争端，只要杜鲁门总统对此局势发布清楚声明，并说明该局势与苏联无关，那也可避免战争），我还是比较“乐观的”，这让许多人很愤怒。如果 1951 年秋季还有战争的谣传，就躲在坎布里奇或者牛

[1] 当时，他只写了《马克思传》，并翻译了屠格涅夫的《初恋》。

津，这算懦弱胆小吗？无论如何照目前情况我仍计划前往。[……]

你的

以赛亚·B.

致休·特雷弗—罗珀[1]

1950年9月6日［手稿］

布鲁尼拉城堡

亲爱的休：

我的人生管理得糟糕透顶，我总是自欺欺人，其结果是我在最近的一连串风波中狼狈至极（一连串风波？显然是存在的）。了解一下我此刻的状态：此刻特别平静。我的朋友们都出海了。我没去，一个人待着，心平气和。但是且慢，我模模糊糊记得29日上午十点我得出席全灵学院的监考会议。我是刚入选的。有人质疑我对学院的纪律不够重视。我不希望被忽略。我必须参加。有件更可怕的事情，我伤害了我的朋友波伦先生，那个生活在巴黎的美国人。我和他因为多种联系而牵扯上。我必须安抚安抚他。我还必须拜访重

[1] 休·雷德沃尔德·特雷弗—罗珀（1914—2003），后（1979）受封格兰顿达克男爵，历史学家，1946—1957年任牛津大学基督教堂学院学者，1957—1980年任牛津现代史钦定教授及奥里尔学院研究员，后（1980—1987）任剑桥彼得学院院长。特雷弗—罗珀是伯纳德·贝伦森家的常客，他们经常通信。见《牛津来信：休·特雷弗—罗珀致伯纳德·贝伦森书信集》，理查德·达文波特—海因斯编（伦敦，2006）。

病中的魏茨曼博士，他是失意的以色列总统[1]、恰克式的人物[2]，目前手中无权，但迟早要成为历史人物，我将给这个历史人物的书信集作序。他 26 日离开疗养院，因此我必须在 26 日之前赶到巴黎（这是刚获知的，我策划罗马之行时还不知情）。我已答应出席锡耶纳音乐周[3]乔麦利和津加雷利[4]的作品演奏会，这对你可能不重要，但对我则不同样，有一个人会千里迢迢从英国赶来和我一起听音乐会，我不能失信于他，时间是 20—22 日。我已答应我的朋友迪克一起自驾到巴黎，无疑这方便了我，而且我也不能让他失望，不能让他独自一人驾车到巴黎。我许下太多承诺，追求过多的快乐，各种享乐与责任常常相互冲突，让我深陷其中纠结不已。我如何才能见贝伦森一面？我真的很想去见他，而且很希望和你一起去。[……] 也许这有难度，不好安排；而且一想到要见贝伦森先生，我就异常紧张。我可以想象有一大群人，闹闹哄哄唧唧喳喳，没有什么比这更令我不安的。我 196

[1] 伯林此处原文为：President de l'Etat d'Israel。

[2] 恰克（1787—1828），祖鲁独裁者，通过外交、社会变革和军事改革，使原先一个无名小国变成非洲南部最强大的国家。

[3] 锡耶纳音乐周创办于 1939 年，向广大观众介绍历史上被低估的作曲家，从引荐鲜为人知的维瓦尔第开始，第 7 周即 9 月 16 日至 22 日，主要介绍 18 世纪那波里（那不勒斯）乐派的作曲家。

[4] 尼科洛·乔麦利（1714—1774），生于那不勒斯附近，创作歌剧和宗教音乐。尼古拉·安东尼奥·津加雷利（1752—1837），多产的那不勒斯乐派作曲家，早年创作歌剧，后来主要写圣乐；1804—1811 年任罗马西斯廷教堂的唱诗班指挥，1813—1816 年任那不勒斯音乐学校的校长，1816—1837 年任那不勒斯天主教堂的唱诗班指挥。

只喜欢一对一的谈话，你可能即刻会联想到是因为我聊着聊着很快就忘乎所以，不是的！不是的！这貌似有理，但绝对错误。不管是什么原因，我得为我的无能道歉，并卑躬屈膝。所以，如果你给瓦隆布罗萨的贝伦森写信，一定用灰暗的颜色描绘我——既软弱又糊涂；但是我仍然渴望见到他们。写信告诉我 X 小姐[1]的地址，也许在最后一刻太阳将照耀到我们，我会出其不意地出现在你们面前。不过还是别指望我，你还是根据你自己的时间怎么方便就怎么安排；原谅我。很抱歉，爱尔兰的气候如此恶劣[2]，为什么要选择 8 月来不列颠群岛？明年夏天我会找些更好的事由请你来。不过此刻你是不会相信我的。

爱你的

197 以赛亚 [……]

尽管面对种种实际困难，伯林最终还是出席了锡耶纳音乐节，之后还到瓦隆布罗萨拜访伯纳德·贝伦森。

[1] 伯林把休·特雷弗—罗珀的信弄丢了，休·特雷弗—罗珀的信上有伊丽莎白（“尼基”）·玛丽阿诺的名字（1887—1968）。1919 年她任贝伦森的图书管理员，并成为贝伦森生活中不可或缺的人物。伊丽莎白（“尼基”）·玛丽阿诺以她的求知欲、知识素养、高效率、个人魅力与宽容赢得人们的喜爱与赞赏。1945 年，贝伦森的妻子去世后，她为贝伦森朗读书信、陪他旅行、帮他操持家务，以女主人的身份帮他招待客人。

[2] 休·特雷弗—罗珀给伯林写信时，住在戈尔韦城一处湿地的房子里，那里正日夜下着雨，刮着风。“混合着泥炭与天主教会古老的气息，一成不变”，为转移注意力，他正在读詹姆斯一世时期的喜剧（8 月 13 日来信）。

致伯纳德·贝伦森

1950 年 9 月 24 日［手稿］

布鲁尼拉城堡

亲爱的贝伦森先生：

在拜访期间，您给我带来无限的快乐，真不知该如何感谢您。我们的破车行驶在寒冷幽暗、美丽阴森的环境中，一路惊险，路途漫漫似无尽头，很像布兰德斯[1]曾分析过的一个无名德国诗人的浪漫经历。从我们到达的那一刻直到我们依依不舍地离开，我自始至终都沉浸在快乐中，而且快乐与日俱增。请允许我这么说，您出手慷慨大方，让我们饱览各种美景，结识各式人物，接触各种思想，生活丰富多彩。当我们离开的时候，满脑子闪现的全是这些美景、人物等。回头想想，我感觉我的话太多了，可能让您听得疲倦（我经常给人这种感觉，并为此后悔，可当时我是意识不到的）。我的同伴也这么认为，如果是这样的话，希望能得到您的原谅，请别拒绝再给我一次机会，我一定表现得沉稳正经些。不过，我恐怕是太尽兴，我太陶醉了以至于兴奋过度。如果是这样，我得再一次请求您的原谅，这可能与我闭塞与排外的牛津生活有关。玛丽阿诺夫人似乎欢迎我再来，说真的，没有比这

[1] 基奥尔格·莫里斯·科恩·布兰德斯（1842—1927），丹麦负有盛名的文学批评家，主张现实主义文学。他的《19 世纪文学的主要流派》的第二卷《德国浪漫主义学派》（1873）的英译本（伦敦，1902）是伯林 1965 年的浪漫主义讲座的资料来源之一。

让我更欢喜的了。我每年都要前往圣地，如果明年春天在去圣地的途中，能允许我顺道来拜访您，我将无比感激。如果休·特雷弗—罗珀和您在一块，请代我问他好。

您诚挚的

以赛亚·伯林

致罗兰·博登—穆勒

1950年11月3日

新学院

亲爱的罗兰：

收到你的这封信与收到上封信一样开心。你一定要原谅
198 我偶尔才回一封信。不过我的生活就是这样时断时续，没有规律。无论如何魏赫姆先生终于迎娶到他的风流寡妇[1]，我为他高兴。非常感谢你在葡萄牙提的建议。

离开沃韦之后，我就前往米兰，经过两天的可怕路途，终于到达圣玛格丽塔。我不知为什么要走这么久。我和霍夫曼斯塔尔一家同行，天气不太好，他们很累，我也筋疲力尽；圣玛格丽塔这个城市既丑陋又粗俗，而且物价昂贵，没有吸引力，很不讨人喜欢[2]。离开圣玛格丽塔，我直奔城堡，

[1] 安妮·芭芭拉·丹尼斯·鲍威尔（1920—2004）和菲利普·汤因比离婚后，理查德·魏赫姆娶她为妻（见原文第408页注5）。

[2] 显然，这一看法并不持久。伯林在1956年结婚后，经常到菲诺港或者帕拉吉（他和他的妻子还在那里盖了栋房子）度暑假，而菲诺港和帕拉吉都离圣玛格丽塔很近。

那天晚上你听到我在商议城堡一事。鲍拉博士已经先期到达，并已接手安排我们的食宿。城堡很壮观，地处优势，卡雷拉群山的美景尽收眼底。城堡内的家具较少，晚上只有寥寥几盏灯。硬邦邦的凳子、破旧的扶手椅、昏暗的灯光，景象有点凄凉。水暖设备很差，根本就没有自来水，在我看来自来水还不如古老但毕竟可靠的传统取水方式呢！城堡里的用人倒是勤劳肯干，食物也充足，每个房间都结实而且宽敞。显然我们在这儿挺开心的。精力充沛的瓦德汉姆学院院长载着我们千里迢迢到海边，晒日光浴，我半推半就，更愿 199
意像个老妇人一样坐在阴凉处，看着年轻人在阳光下嬉戏。

[……] 我不喜欢锡耶纳，那些危险的街道、极度的中世纪精神让我非常沮丧。我们到过的最令人愉悦的城市是卢卡，我希望能在那儿度过一整天。城墙很壮观，那儿没有游客，罗马式的风格与玛丽·路易丝的改造[1]融合在一起让人特别开心愉悦，物别有司汤达笔下描绘的魅力[2]。比萨很奇怪，市中心古色古香，但其他城区一点也不吸引人。佛罗伦萨洗礼堂门的装饰的确非常辉煌。我抵挡不住好奇心，专程到瓦隆布罗萨拜访贝伦森。他的行为和你说的一样，他的品行有时让

[1] 玛丽亚·露易莎（1782—1824），1817—1824 为卢卡公爵夫人，西班牙查尔斯四世的女儿，她使这个城市大改观。但是伯林可能把她和拿破仑的遗孀玛丽·路易丝（她从 1814 年到 1847 年去世为止被封为帕尔马的公爵夫人）这两个人搞混了。

[2] 马里—亨利·贝尔（1783—1842），法国小说家，笔名司汤达，他的后半生主要在意大利度过，他对意大利的描写充满了赞美。

人质疑，虽已86岁，但仍卓尔不群。他思维清晰，双眼锐利有神，言语刻薄。他什么都阅读，或者让别人读给他听，总喜欢人们和他谈论弗洛伊德（他鄙视弗洛伊德[1]）。人们很难喜欢他，甚至很难尊敬他，但奇怪的是，一个人竟能如此自爱。他觉得他自己很失败，事实上在某些方面他确实很失败。当他谈论当代与过去时，他身上有类似歌德式的冷酷嘲讽与尖锐。他是我所见过的最强硬的人，多愁善感，但又坚硬冷酷；但是，当他提到他是立陶宛犹太贵族的后裔时，又可见他身上可悲的弱点。这就好比一个人说自己是北牛津贵族或诺丁山贵族的后裔一样——这不是一个真实的概念。他在中年时最势利，现在多少会收敛些，如今八十六岁高龄，他尽可以诚实坦白地对人对事进行评价。他觉得所有一切——历史、艺术、宗教、政治——都与他有关，这种自闭的自我中心主义着实吓我一跳。不过，当他告诉我他最喜欢认识那些刚败下阵来的人们——战败的将军、下台的总理、被揭穿的骗子等——他认为那才真正有趣。当他谈论起他自己时，我觉得他很真实，没有丝毫的装腔作势。我离开时，有点紧张不安，但还希望能再次见到他。八十岁后，他显得消瘦憔悴，浑身只见骨头，可能有时会让人有点排斥，但他并不迟钝。有谁曾非常喜欢他吗？也许就是可怜的科尔法克斯夫

[1] 1938年伯林曾与心理分析学家西蒙·弗洛伊德（1856—1939）见面［《伯林书信集》（卷一），原文第67页注7］。

人[1]，她在我和贝伦森用餐的那天晚上去世了。尽管她傻、大惊小怪、势利眼，本性还是很善良、和蔼可亲的，我真为她 200
的离世感到遗憾。

现在我准备着手做我的俄罗斯课题。我觉得这比哲学更容易、更令人乐观。我和西蒙子爵[2]，那个著名的前政治家，就全灵学院的候选人问题大吵了一架。他一口气就制定了九项不同的行动方案，的确厉害，我从中发现了他在世俗社会成功的秘诀与20世纪30年代英国政治的本质。我似乎有些尖刻记恨。我还是就此停笔吧。[……]

伯林

致莫顿·加布里埃尔·怀特

[1950年11月]

[牛津]

亲爱的莫顿：

[……] 德雷本[3]眼下正在牛津，他给人的印象总是充

[1] 西比尔·科尔法克斯是贝伦森的朋友，常与贝伦森通信，她于9月22日早晨去世。

[2] 约翰·奥斯布鲁克·西蒙（1873—1954），斯塔克波尔·艾利多的西蒙子爵一世，律师和自由主义政治家，1940—1945年任大法官，全灵学院研究员。

[3] 伯顿·斯宾塞·德雷本（1927—1999），美国哲学家，1950—1951年任牛津大学莫德林学院富布莱特研究员（在J. L. 奥斯丁手下做研究），1952—1955年任哈佛大学初级研究员，1955年任芝加哥大学老师，1956—1961年任哈佛大学哲学助理教授，后（1981—1990）任哈佛大学哲学埃德加—皮尔斯讲席教授。

满好奇，想必你可以想象得到。他充满了天真的热情，把他自己看作奎因[1]的预言家，如果不再是奎因的施洗者的话。他到各个社团和各阶层演说，努力证实自己。他的观点是尽管我们可以嘲笑美国的逻辑机器，但实际上我们愚昧无知，没有资格去鄙视它，我们需要实实在在地“行走其上”。他说这些时情绪激昂，信念坚定。他的演说方式乏味无趣，甚至滑稽，但有其独特的吸引力，特别能让人消除敌意。他的技巧就是挺立着他五英尺二英寸的身躯，激昂地发表着他的长篇演说，演讲中他时不时地提到自己只是奎因微不足道的诠释者，并不时地问听众“我说的对吗？”或者“我说的是对还是错？”，显得既天真无邪又刺耳。就我的观察，他在这儿不会遇到障碍，甚至像赖尔[2]这样自负的人也似乎不在乎他这些言论。[……] 再过四周他可能就会赢得人心。我预测他会非常成功，百花授粉等。等你来时，他应该已是绽放的仙人掌。

这里人们还在无休无止地探讨你提出的综合与分析、逻
201 辑与非逻辑、情感表现与非描述性等话题，这些话题实际上已成了大伙思考的中心。突然间，维特根斯坦的影响变得很强大（人们突然开始质疑任何宽泛的陈述，厌恶句法，努

[1] 威拉德·范·奥尔曼·奎因（1908—2000），1941—1948 年任哈佛大学哲学副教授，1948—1956 年任教授，1956—1978 年任哲学埃德加—皮尔斯讲席教授。
[2] 吉伯特·赖尔（1900—1976），1945—1968 年任牛津大学形而上学哲学韦恩弗利特讲席教授，1947—1971 年任《心灵》编辑。

力分析错综复杂的单句，不像普罗克汝斯忒斯[1]那样动辄发火，不再强求一致，等等)，在具体分析前一定得进行一番详细说明，这成了我的同事们目前最具特色的哲学习惯。我敢肯定你一定觉得这和你志趣相投。麻烦的是，这些人将没完没了地发表文章，尽管斯特劳森[2]最近在《心灵》和《亚里士多德学会论文集》[3]上刊登的文章看上去像是小杰作。有一个忙得不可开交的聪明人叫乔治·保罗[4]，想找个安静的地方歇歇，于是打算1月到缅因州鲍登学院——其实纽约城市学院已经给他提供一个职位，但是他觉得很累，想安静安静。不过，如果你能把他请到哈佛，不要求他指导论文(如果要他指导论文，我怀疑他不会去)，只是上上课，你会发现他不同寻常。他兼具维特根斯坦和威斯登[5]等人的长老派特点，他对乔治·爱德华·莫尔的看法和你一致。他这

[1] 迫切希望能符合已有的绝对标准。在希腊神话中，普罗克汝斯忒斯折磨或杀害受害者，要么将其腿锯断，要么强行拉长其肢体以适应其床铺。

[2] 彼得·弗雷德里克·斯特劳森（1919—2006），1948—1968年任牛津大学大学学院哲学研究员与讲师，1949—1955年任校内财务主管，后（1968—1987）任牛津大学形而上学哲学韦恩弗利特讲席教授，牛津莫德林学院研究员。

[3]“论所指”（《心灵》第59期）和“真理”（《亚里士多德学会论文集》第24期），两篇文章都在1950年7月发表。

[4] 乔治·安德鲁·保罗（1912—1962），1945—1962年任牛津大学大学学院哲学研究员与讲师，1955—1962年任校内财务主管和园艺大师，1951年任缅因州鲍登学院访问教授，在科尼斯顿湖航船事故中死亡。

[5]（阿瑟）·约翰·特伦斯·迪本·威斯登（1904—1993），1934—1952年任剑桥道德学讲师，1952—1968年任哲学教授（自1935年任剑桥三一学院研究员），后（1968—1972）任俄勒冈（大学）哲学教授。

人有点怪，但很聪明，我很想知道你怎么评价他。我完全同意你的观点，当今心灵史或思想文化史[1]的研究肤浅且多如牛毛，这与哲学这口深邃的井之间存在着惊人的差异。实际上，我感觉自己就是懦夫，我想放弃哲学，加入那些知识分子的行列。哲学很难，难得令人畏惧，年龄大了哲学显得更难。我认为一个人需要非凡的能力，抛开所有不相关的兴趣与各种各样的爱好才能研究好哲学，而令人悲哀的是，我的兴趣爱好广泛，这让我疲惫不堪，我的写作效率永远也赶不上你。你兼具有哲学家和心理学家[2]的能力，是个有教养的学者，令人妒忌。我迟早会在《心灵》上发表我这一见解。

我今晚得和德雷本一起用餐（这把我带回尘世），我要告诉他不该在大街上强迫人们听他谈论著名哲学家，并当场要求人们回答“阶级是否存在？如果存在，又是以什么样的方式存在？”等问题。他很吸引我：他的甜蜜，他的热情，他的粗俗，他的没教养，他那张乡下人的脸，等等，他的脸总让我想
202 起俄罗斯村庄或波兰村庄里的狂热分子。但是，我必须去（还因为他的思维是典型的犹太人的思维，他的行为完全像1890年由前《塔木德经》研究学者转变而来的社会党人）。

［……］我真的非常高兴你终于要来牛津了，无疑你会比任何到过牛津的美国学者能更好地看明白这里发生的事情，

[1] 伯林此处原文为：Geistesgeschichte。
[2] 伯林此处原文为：φ and ψ，是哲学与心理学的缩写形式（希腊语的首字母）。

这里有很多东西值得给你做样本，到这后，你不会后悔的。

你永远的

以赛亚·B.

伯林在这些信件中均未提及一件事，这件事在当时让他愤怒不已，而且终生难忘，但从长远看，此事对他还是有益的。一个叫罗伯特·基[1]的记者为《图片邮报》[2]写了篇关于牛津的冗长报道。詹姆斯·乔尔[3]安排他去采访伯林。该文章[4]开篇就描绘了一个“非常重要的大学教师”（文章虽没提及其姓名，但人们一看就知道是指谁）：“肥胖、活跃、四十多岁，长期伏案研究这个奇妙荒谬的世界，并乐在其中［……］牛津最健谈的人。”雪上加霜的是，伯林这张不敢恭维的照片下的说明文字只提到他健谈，而其他老师的照片下却提到他们的著作。詹姆斯·乔尔似乎向罗伯特·基透露过，伯林最痛恨“肮脏虚伪”的行为[5]。虽然之前伯林从未为体重焦虑过，但这件事似乎让他意识到肥胖可能对健康与学术

[1] 罗伯特·基（生于1919年），记者、作家、节目主持人，1948—1951年就职于《图片邮报》杂志，1956—1967年就职于《观察家》，1957—1962年就职于英国广播公司电视台。

[2] 该杂志首先在英国开始进行图片新闻报道。

[3] 詹姆斯·比雅斯·乔尔（1918—1994），1946—1950年任新学院政治学研究员与导师，1951—1967年任圣安东尼学院研究员，1967—1981年任伦敦大学世界史斯蒂文森讲席教授。

[4]“不朽的牛津”，《图片邮报》，1950年11月25日，第13—21页。

[5] 罗伯特·基致伯林，1950年11月24日。

写作不利。无论如何，几个月后，在医生的坚持下，他开始减肥。

致哈曼·格莱斯伍德[1]

1950年11月25日［手稿］

新学院

亲爱的格莱斯伍德：

卡琳小姐[2]可真是个难得的好朋友！可是，天哪！虽然你的建议是善意的，但绝对是一场误会。我绝不可能去 203 点评瓦格纳：他的音乐最有表现力的时刻往往让我觉得无聊透顶，我非常讨厌他，压根就不想了解有关他的音乐及其音乐演奏会，凡是和他有关的东西我都躲得远远的或者充满敌意，我不想对他发表任何、哪怕是没有价值的评论。这些也许令人悲哀地说明我自己的一大缺陷——我在音乐方面有令人难以理解的聋点，我绝不是自傲——不过无论如何这确实让我没有资格点评《尼伯龙根的指环》。不过，如果你想要一个非音乐人士点评瓦格纳，E. M. 福斯特先

[1] 哈曼·约瑟夫·杰拉德·格莱斯伍德（1906—1971），1948—1952年任英国广播公司第三套节目负责人，1952—1955年任《说话》节目总监，1955—1964年任总经理的首席助理。安娜·卡琳曾建议伯林就瓦格纳歌剧《尼伯龙根的指环》的思想做一精彩的演讲，格莱斯伍德希望伯林将此作为给“第三套节目的精彩圣诞贺礼”（1950年11月3日的信）。

[2] 安娜（“尼乌塔”）·卡琳*（1896—1984），生于俄罗斯，电台节目制作人，英国广播公司第三套节目骨干人物。

生是不是可以尝试？他曾在美国做过非常有趣的演讲，在演讲中，他说瓦格纳是“音乐中的普契尼”[1]——他作品中的引用传达了他对瓦格纳的喜爱——也许他对《尼伯龙根的指环》有许多精彩独到的见解；或者你们还可以从已故的（乔治）·伯纳德·萧[2]的音乐评论中去找对瓦格纳的评价。除了“完美的瓦格纳”，与瓦格纳有关联的人还有很多，福特文格勒无疑是世界上瓦格纳作品最优秀的指挥家，斯卡拉管弦乐团是演奏瓦格纳作品（仅次于柏林）的最好的乐团。我希望我能表现出应有的激动——如果你谈论的是《特洛伊人》[3]……

你永远的

以赛亚·伯林

[1]“当英国幽默大师比奇科默说，‘瓦格纳是音乐中的普契尼’，他似乎话中有话。除了嘲笑陈旧的模式，对大歌剧也有入木三分的剖析，揭露《布伦希尔德》和《蝴蝶夫人》刻板老套，拘泥于一成不变的恶作剧。”出自 1947 年 E. M. 福斯特在哈佛学术报告会上的演讲“音乐与批评”，后以“对存在的理性批评”为题发表于《地平线》（1948 年 12 月），并收入《对民主的两声欢呼》（伦敦和纽约，1951），第 110 页。找不到“海滨流浪汉”（J. B. 莫顿）引用伯林这句话出处的资料，似乎是戈登·贝克尔斯杜撰出来的（《每日快报》1929 年 3 月 5 日第 8 版）。

[2]（乔治）·伯纳德·萧（1856—1950），出生于爱尔兰，剧作家、杂文家、批评家和社会党人，从他的音乐评论中可见他对瓦格纳的喜爱与赞赏，尤其是“完美的瓦格纳：评《尼伯龙根的指环》”（伦敦，1898）。

[3] 赫克托·柏辽兹的歌剧基于维吉尔的《埃涅阿斯纪》而创作，该歌剧创作于 1856—1858 年，但直到 1890 年才正式上演；1957 年该歌剧在皇家歌剧院（伯林担任总监期间）上演，获得巨大成功，伯林当时对此热情高涨。

致以色列总理的私人秘书

（于英国）

1950 年 12 月 8 日［手稿］

新学院

亲爱的先生，请原谅我没有用希伯来文，而是用我更流利的语言给您写信。[1]

我写这封信不是想对你们纠缠不休。可以肯定，总理并不希望受到打搅[2]，但是，如果他（或者您）想在这个城市做点事情，
204 想在公开场合或私底下见见某人、看看什么，或想吃点什么，或想读哪本书，或者任何其他事情，您（或他）一定要告诉我，我会尽全力去做。此外，本—古里安先生前天晚上的登门拜访[3]对我而言是莫大的荣幸与快乐。他是我一生中见过的唯一内心丰富的政治家，其内心世界与其政绩（不管有多辉煌）截然不同，它是那么难能可贵，不同凡响，我对此肃然起敬。如果您能代我把我的感受转告本—古里安先生，我将无比感激。总之，我很乐意能有机会为你们效劳，如果不需要，我会有些遗憾，却不会吃惊。如果我能为您和您的同事尽点微薄之力，请一定告诉我。

祝安

以赛亚·伯林[4]

[1] 伯林此处原文为希伯来文。

[2] 本—古里安 12 月 4 日到达英国，进行为期一个星期的私人访问。

[3] 具体情况，见下一封信。

[4] 伯林此处原文为希伯来文。

致菲利克斯·法兰克福特

1951 年 1 月 10 日［手稿］

新学院

亲爱的菲利克斯：

非常感谢你送给我的雪茄——这最受欢迎。这儿有许多关于重量级人物的新闻。莫里斯获得爵士头衔[1]，这在我看来是件好事：他很开心，这是他实至名归的荣誉，对他是一个补偿。他现在心态很好，尽管之前《观察家》[2]对他进行恶意骇人的人身攻击。[……］他坦然面对这个攻击，对其置若罔闻。你不知道此事吧！我认为那只是小恶意，因而没有慰问他。但是，在牛津同情心是普遍存在的，敌对者们则利用这个机会表态，说他们反对这种人身攻击。[……］

本—古里安的神秘现身是我人生中最快乐的时刻之一。他来看望我，而拒绝接见伦敦的有头有脸的人物，他只谈论印度的神秘主义，尤其是印度寓言中大象的角色，偶尔也谈谈柏拉图，但闭口不谈政治，当我给他倒了杯波特葡萄酒，他问什么是波特葡萄酒？我解释说这是瑞创—锡安葡萄酒的

[1] 1951 年的新年荣誉榜包括鲍拉的爵士头衔（2 月 14 日授予）。

[2] 一个笔名叫潘登尼斯的人在“茶余饭后”闲话专栏写道：“他强壮结实、诙谐、喜怒无常、聪明，他的谈话似乎告诉聪明的年轻人，恶意可以是一种勇气，说长道短可以是一门艺术。[……］这种可能性简直令人眼花缭乱。他也许最不善于判断现实生活中较严肃的问题，如在反纳粹德国人准备抵制希特勒的问题上，而他的强项则在于培养了他这个版本的新人——18 世纪文人与流氓恶棍的结合体。”《观察家》，1951 年 1 月 7 日，第 5 页。

变体，类似瑞创—锡安葡萄酒[1]，他喝了好几大杯之后，开
205 始兴奋起来，大肆批判我的生活方式。他是个严格意义上的农民领袖，是我认识的政客中唯一内心丰富、情感真实的人。以色列的报纸报道了他对我的拜访。我还见到了索尔兹伯里勋爵，我们讨论了（认识论中的）基本原则。他去逛书店，后面跟着保镖，还跟着一群犹太大学生向他打探“消息”，他则装聋装傻，为此犹太媒体指责他冷漠，之后他乘飞机到里维埃拉，但没接见任何人。他的来访让我很开心。又到凌晨3点了，我必须睡觉了，明天要跟哈特和我母亲（她的脚已完全康复）去看电影，问玛丽安好。

伯林

致罗兰·博登—穆勒

1951年1月18日

新学院

亲爱的罗兰：

首先得感谢你的慷慨大方，今天上午刚收到你的礼物篮，里面有火腿、糖果、无花果等；我得承认这些礼物大大改善了我的生活。我依稀记得你说过还有雪茄——我似乎有

[1] 瑞创—锡安（richon-le-Zion）葡萄园（在雷霍沃特附近），埃德蒙·德·罗斯柴尔德男爵于1882年创立，在写这封信的时候该葡萄园主要生产甜味的烈性葡萄酒。

点贪婪；圣诞期间我确实收到一个神秘包裹，并且得付1英镑的税，我很乐意支付，可是由于那天我不在家，新学院的临时门房简直就是个白痴，竟然说没我这个人，于是邮递员又把包裹拿走了，我猜它被扔到英国邮政局的某个角落里永远地丢失了。一想到邮局的小职员有可能坐在那儿抽着飘着清香的精致波士顿雪茄，就让我非常懊恼。我当然投诉了，他们答应调查，不过如果你那边也同时投诉，他们可能会更重视，找到的希望会更大。一想到如此令人心怡的礼物丢了，我简直快疯了。

这里人们隐约预感到战争会爆发但毫无动作。没有歇斯底里，也没有积极的行动，下决心不与中国开战。可是如果中美间真的发生战争，也不知道该做什么。对中国发动战争是最白痴的行为。即使是五角大楼也对麦克阿瑟[1]有点失望。目前（英国）国内的头条新闻是瓦德汉姆学院院长获得
爵士头衔。总体上英国媒体对此反应友好，但《曼彻斯特卫 206
报》对此事件略表吃惊，《观察家》则登出了一篇最最恶毒无礼的文章，这种针对个人的恶毒攻击在英国报界是史无前例的。文章指责我那快乐的老朋友在误导学生，给学生灌输

[1] 道格拉斯·麦克阿瑟（1880—1964），有争议的美国将军，1945—1951年任日本战场的盟军最高指挥（负责战后对日本的占领），1950—1951年在朝鲜战争中任联合国军队的总指挥，他主张把战争扩大到中国；杜鲁门不赞同麦克阿瑟的主张，麦克阿瑟不顾杜鲁门的反对，还擅自煽动媒体，未经授权就对中国发出最后通牒。最终麦克阿瑟于1951年4月被解除职务。

恶意是勇气，说长道短是艺术。文章标题“精明的研究员受封爵士”非常抢眼，对鲍拉博士的外貌与性格极尽攻击，说他集18世纪文人与流氓于一身。文章指出，他首次访美，在社交上大获成功，特别强调“首次”和“社交”，而他的书则枯燥乏味且浅薄。文章最后还指出，他在处理重大事件上表现最拙劣，如他对参与反希特勒的德国反纳粹人士的态度特别恶劣。即使这些都没错，但文章的风格是佩格勒式的，不像任何英国报纸的风格。文章字里行间充满了尖酸恶意和刻骨仇恨。我很好奇戴维·阿斯特[1]为什么对他如此仇恨。

关于纳粹的那段文字让人误以为他缺乏反纳粹精神，这完全不符合事实。因为在1936年那些过去的岁月里，在牛津他常常和拉斯基动怒到捶桌子的地步，他的愤怒简直让人难以置信。实际上，这些争吵是源于一个叫冯·特罗特[2]

[1]（弗兰西斯）·戴维·兰霍恩·阿斯特（1912—2001），其父是阿斯特子爵二世，其母南希是美国人，是下议院的第一位女议员（1919—1945），1948—1975年任《观察家》的编辑。

[2] 亚当·冯·特罗特·楚·索茨（1909—1944），德国律师，1930年代初期，他在巴利奥学院做罗德学者时，与伯林成了好朋友。1944年7月他因参与刺杀希特勒的策划，而被纳粹绞死。意识到冯·特罗特并不同情纳粹，伯林开始质疑他强烈的爱国主义，并就此与冯·特罗特的英国朋友发生争执［见《伯林书信集》（卷一），原文第717—719页和索引］。针对《观察家》的攻击，伯林后来解释道：［1939年末］太平洋事务研究所在纽约举办会议。美国是中立国。冯·特罗特作为德国代表出席。［……］他肯定去了美国国务院［……］，而且还与一个叫梅瑟·史密斯的德国问题专家见面。他对梅瑟·史密斯说，“我们需要亚眠城的和平”，也就是说需要停战（这是占领波兰之后、热战之前）——停战的目的据称是为了密谋。［……］梅瑟·史密斯［……］曾对法兰克福特说：“他没问题吧？”法兰克福特给他牛津的好朋友莫里斯·鲍拉写了封信——幸好不是写给

的德国伯爵，冯·特罗特因参与一个众所周知的秘密策划，1944年被希特勒绞死。冯·特罗特是一个民族主义者，这个英俊、复杂的年轻人野心勃勃，他玩火，冒大风险，并失败了。但是，冯·特罗特并不是民主主义者，并不是所有事情都站在我们这一边。这就是鲍拉博士对他的评价，其中也有一些善意直白的反德情绪，这在我们看来是他一贯的作风（他从来就如此）。但是戴维·阿斯特却是特罗特最好的朋友，并且爱冒险，他有些神经质、昏头昏脑，而且复杂难懂，没有政治责任感，他不快乐，总有些人或事让他憎恨。他是个典型的可怜的美国富二代，成天被一群马屁精围着，使得他的报纸出奇地缺乏判断力。他读本科时，还经常到鲍拉博士家做客。尽管如此，他对鲍拉博士的攻击报复却是最猛烈粗暴的，甚至让鲍拉博士的众多敌人也自叹不如。他对鲍拉博士的指控丧失公正，语言粗俗恶心。尽管如此，鲍拉博士仍很享受他的爵士封号，这弥补了人们对他的攻击，他 207

我——信中说道，“他这么做对吗？”莫里斯·鲍拉从来就不喜欢他，尽管他表面上装出喜欢他的样子。莫里斯·鲍拉回信道：“我们有些人质疑他的立场。”这封信被英国审查机构拦截，并入了档。所以，当冯·特罗特现身瑞典——我不知是什么时候，1943年——并试图与英国情报局联系——他确实联系上了——外交部却下令不能和他接触。戴维·阿斯特因此把他后来的死归罪于莫里斯·鲍拉，并视莫里斯·鲍拉为刽子手，戴维·阿斯特确实说了类似的话。莫里斯·鲍拉在他的自传中提到他犯了个错误，有些话不该说，但是［……］我认为人们没有什么特别的理由怀疑他。［……］无论如何，戴维·阿斯特从没原谅过他：他说如果莫里斯·鲍拉没有写那封信，所有事都可能已经成功了。迈克尔·伊格纳季耶夫采访伯林录音之十。

被授予爵士封号，我真诚地为他感到欣慰。人如果渴望爵士封号，就应该让他拥有，没有别人会因此而变得贫穷。但卡多冈的英国功绩勋章才真是荒谬，不管功绩勋章还包括什么，但至少应与某种文化贡献有关，只授予最优秀的人和德高望重的知识分子，应该授予凯恩斯，但是为什么却授予一个外交部官员。虽然他能力很强，多年来他脚踏实地，尽职尽责，无怨无悔，在范西塔特因亲德被解职后，接管外交部，但他为什么被认为能与罗素与费希尔并驾齐驱呢？当今的政府有着小资产阶级的特性，令人心酸绝望，无药可救。

我的学院随大流拒绝将荣誉研究员头衔授予德高望重的财政大臣盖茨凯尔[1]。我们以绝对优势的票数否决了达夫·库珀，以同样绝对优势的票数选中阿兰·帕特里克·赫伯特[2]，所以你可见事态的发展。

我还要告诉你些什么呢？我在伦敦和布莱顿过圣诞，在那里我收到斯帕洛"致以赛亚·伯林爵士"的一封异常激愤的信：他正为鲍拉博士获得荣誉这事窝着一肚子火，而且说他这天无论给谁写信，都要发泄自己的愤怒。他说准备写信祝贺鲍拉博士受封男爵（由于情报出错），说男爵头衔相

[1] 休·托德·内勒·盖茨凯尔（1906—1963），1947—1950 年任燃料与电力部部长，1950—1951 年任财政大臣，1955—1963 年任工党领袖。

[2] 阿兰·帕特里克·赫伯特爵士（1890—1971），律师、作家、《笨拙周报》撰稿人，1935—1950 年任牛津大学无党派的下院议员（婚姻诉讼法的提案人）。

对于微不足道的爵士头衔尊贵多了，爵士头衔如今全是授予什么汤姆、迪克、哈利的。或者他会这样写："我猜他们授予你这个爵位，你可能甚至看都不看一眼，就像荣获英帝国勋章的军官，但是我想他们可能希望获得爵士封号。"不过，我怀疑，他最后什么都没写。

我呢，正在写书，一半在新学院完成，一半在全灵学院完成，正着手探究托尔斯泰独特的历史理论的源头，研究法国的反革命哲学家，并为俄罗斯著作写书评，我会打起精神写一本严肃的著作。我迟早是要做的，但肯定得承受很多 208
的痛苦与折磨，想到将要面临那么多的折磨，我已经开始痛苦了。

谈到圣地，《生活》[1]杂志已经委托伊夫林·沃和克里斯托弗·赛克斯[2]写关于圣地存在的争议。以我对伊夫林·沃的了解，他的文章将充满自命不凡的天主教情绪，目空一切地反对德雷福斯的护卫者，文字刻薄，后果会很可怕，其文章将臭名昭著。之后他可能会继续出本小说，小说对犹太人的恶意将令人震惊，犹太世俗社会的理想主义、善意、粗俗与丑陋（既有俄罗斯、波兰、中东式的某些美德，但更多的是俄罗斯、波兰、中东式的邪恶）都将为伊夫林·沃的魔

[1] 美国杂志，创刊于 1883 年，最初的定位是休闲娱乐杂志，1936 年亨利·卢斯将其改版为图片新闻杂志，杂志名声较好。战后十年中是最受欢迎的杂志。

[2] 克里斯托弗·休·赛克斯（1907—1986），作家，1948 年任英国广播公司第三套节目的副总监，1949—1968 年在专题报道部工作。

鬼工厂所利用。小说一出版，就会在英国和美国引起轩然大波，俄罗斯一定会头版头条刊登，这会给哈里·莱文带来巨大的痛苦。我不是说这一定会发生，但是伊夫林·沃是莫拉斯式[1]的人物，是个狂热、极端、粗暴、易怒的神经质作家，在许多方面完全不像英国人。他比英国任何一个反动分子都更像法国的宗教狂热分子，奇怪的是，他的势利却属于欧洲大陆式的势利：夸张、粗俗、社交频频失误，让英国人印象深刻。[……]

我要为《大英百科全书》[2]撰写1950年的章节，却发现除了一本关于忒奥克里托斯[3]的诗歌值得一写外，没有其他什么有价值的书、剧本、音乐和学术著作。如果从值得纪念这个角度而言，1950年是最糟最差的一年。这封令人伤感的信就此收笔吧。请给我写信，告诉我你的健康状况和想法。

你永远的

以赛亚

[1] 查尔斯（—玛丽—弗蒂乌斯）·莫拉斯（1868—1952），法国记者、作家和政治活动家，保守分子、君主制主义者，反民主派、强烈的民族主义者、反犹主义者、不可知论者，支持各种形式的权威（包括天主教会），1944年因支持贝当将军与德军合作而被判处终身监禁。

[2] “1950：年度政治—文化趋势综述”，见1951年《大不列颠年鉴》（芝加哥 / 多伦多 / 伦敦，1951）。

[3] 忒奥克里托斯（约前310—约前250），希腊行吟诗人。该诗集由A. S. F. 高主编。

〈雪茄收到了！交点税很值：非常非常感谢〉 209

致埃德加·温德

[1951 年 2 月初？，手稿]

新学院

亲爱的温德：

我真的、真的得向你道歉。当时我正在意大利，和莫里斯·鲍拉爵士（当时只是个普通先生）及其他四个人[1]一起住在一个外表壮观但住在里头却极不舒适的城堡里。由于倦怠与不适感，渐渐地我对娱乐、运动及人际交往失去了欲望。我最终摆脱了这种奇怪的抑郁，驱车一个半小时到佛罗伦萨观光，回到家已筋疲力尽。我本是打算给你写信的，我也的确写了，但就是不知所云。这封信琐碎絮叨、含糊其词、写得乱七八糟，一想到这信万一在陌生人的手中传递，为陌生人所读，就把我吓坏了。所以我一回到家，就向塞兹内克要你的地址。他把你的地址给我，但又不知被我遗忘在哪个角落；我又向他要，他再一次把地址给我；但是我始终认为无论我写什么都不值得你读，我一边努力工作，一边为把我们的夏季安排弄得一团糟而万分懊恼——我是个低效无能的朋友，很差劲。因此这信拖了一天又一天，从一个深夜拖延到另一个深夜。现在是凌晨一点；我已不在乎写的内容

[1] 四人中包括鲍拉。

是否琐碎无聊、空洞无物，我只有强烈的交流欲望；此外，你信中附的文章[1]优雅真挚、令人耳目一新，而且卓越超群，无人能敌，是真正的经典，你得相信我说的每个字都是发自肺腑，你这篇文章充满活力与激情，把我从牛津这个泥塘里拔出来舒展四肢，使我终于对牛津的生活忍无可忍。你近况如何？你一定创造力旺盛，否则不可能写出这样短小精悍的作品。究竟是谁称呼弗莱迪“这个可怜人的罗素”，相信我这绝不是我说的。不是因为我不擅长戏言，而是因为抛开字面的意思（《数学原理》是非常非常昂贵的）这一称号不符实情也不公道。——相对弗莱迪，可以说乔德[2]更令人震惊。但我发现这一涟漪与波动迅速穿越社交界以至于人们往往弄错了传闻的源头。我已说过，我担心的不仅仅是这句戏言[3]，对我的老朋友而言，还有比这更伤人的事。你近况如何？我是不是已问过你了？你在忙于撰写鸿篇巨制吗？我希望如此。我想写点东西，但总受到干扰，显而易见，有时
210 出于无聊，常常做些无意义的小事——为 E. H. 卡尔教授论

[1] 温德想必在信中附上了他近期的一篇文章，文章的节选刊登在芝加哥大学昙花一现的评论季刊中：“诺亚方舟：米开朗基罗的象征主义研究”，《尺度》第1卷第四期（秋季，1950）。文章全文（没有副标题）收录在他的《米开朗基罗的宗教象征主义：西斯廷天顶》一书中，伊丽莎白·西尔斯主编（牛津，2000）。
[2] 西里尔·埃德温·米钦森·乔德（1891—1953），1930—1953 年任伦敦大学伯克贝克学院哲学系主任，以在广播节目中讲哲学而出名。
[3] 伯林此处原文为：jeux。

俄国革命[1]的作品（黑格尔式的鸿篇巨作）写书评。这本书让我反感，但很吸引舒罗奇卡[2]，他越来越注重现实政治和世界历史[3]。我还写其他书评，写论德·迈斯特[4]的小论文，更有意思的是探究托尔斯泰历史哲学[5]的渊源——托尔斯泰在1861年曾在布鲁塞尔和蒲鲁东[6]有过一次奇特的面谈；等等。

我发现我越来越仰慕托尔斯泰。他的观点常常令人不快；他的作品以最荒谬最冒犯的方式走向一个不同寻常的结局。但是，他总是那么聪明，既激昂又严肃，性格犀利犹如一把切面包的大刀，他同时代理论家们的荒谬言论在他的笔

[1] “苏联的萌芽时期”，评爱德华·哈雷特·卡尔的《苏俄历史》第1卷：《布尔什维克革命，1917—1923》，《星期日泰晤士报》1950年12月10日第3版。

[2] 指亚历山大（Shurochka是对亚历山大的昵称）·雅科夫列维奇·哈尔彭（约1879—1956），生于俄国，律师。战争期间，伯林在纽约俄国左翼移民圈与其结识，那时哈尔彭为英国情报局工作。他的妻子莎乐美（1888—1982）活跃于革命前圣彼得堡和战时巴黎的文学与艺术界。战后哈尔彭夫妇定居伦敦，埃德加·温德的好朋友安娜·卡琳是他们的房客。见伯林的“亚历山大和莎乐美·哈尔彭”，出自米哈伊尔·帕克霍姆夫斯基编辑的《俄国文化界犹太人在国外：文章、出版刊物、备忘录和论文集卷一，1919—1939》（耶路撒冷，1992）——俄国专辑只有俄文本。

[3] 伯林此处原文为：realpolitisch & welthistorisch。

[4] 见原文第646页注1。

[5] 见原文第245页注3。

[6] 皮埃尔—约瑟夫·蒲鲁东（1809—1865），法国激进的政治思想家，他倡导非暴力的经济与社会改革。自诩为无政府主义者、反犹主义者、种族主义者和男性至上主义者，他既反对资本主义也反对共产主义，支持分权制的自由社会主义。他影响了许多人，其中包括卡尔·马克思、米哈伊尔·巴枯宁和托尔斯泰。托尔斯泰在中年开始信奉基督教无政府主义，这与他在1861年3月认识蒲鲁东有关，蒲鲁东当时被流放到布鲁塞尔。

下显得特别愚蠢荒唐。他对 19 世纪社会的戏仿作品非常出
色，他的问题总是涉及现实，给出的答案总是别出心裁：既
简单明了[1]，又深刻奥妙。人们一方面否定他的答案，认为
愚蠢等，但另一方面又给不出正确答案。有人称陀思妥耶夫
斯基是冷酷天才，但是实质上托尔斯泰更冷酷。他并没有强
迫人们去思考令人感到恐怖的事，或暴力曝光秘而不宣的骸
骨来羞辱世人，但他展示了人的愚蠢无知，他毁灭性地剥夺
了人的意义与尊严，这其实更残酷。人们可以拒绝读陀思妥
耶夫斯基，然后摆脱噩梦；但是托尔斯泰平静的语气、智慧
但无情的嘲讽语调，他的刚硬、他的不动声色、他对素材
得心应手的处理——其作品虽不夸张也不涉及暴力，却传
达出他对人对事的深刻理解——所有这些，在根本上更具杀
伤力。所有关于他的“仁慈”或“深情”的言论，在我看来
全是胡言乱语。他狠心无情、思维清晰、冷静心细；他彻底
摧毁了所有逃跑的通道，而那些酷爱戏剧性、善于分析的作
211 家——陀思妥耶夫斯基、普鲁斯特[2]——总是会留出一个逃
生通道。你至少可以说司汤达笔下的人物没啥新意，他们都
是“熟悉的魔鬼”[3]。托尔斯泰则避开直白地描写恶魔行径，
而是将之渗透到字里行间。19 世纪 80 年代的法国人称托尔

[1] 伯林此处原文为：simpliste。

[2]（瓦伦丁—路易—乔治—尤金—）马塞尔·普鲁斯特（1871—1922），法国小说家。

[3] 伯林此处原文为：âmes damnées。

斯泰为虚无主义者，俄国人奋起抗议，英国人也强烈抗议，但是这抗议却是错误的。他没有留下恒久的东西，他彻底抛弃基督教信仰，因此我想知道是什么导致了这一切（相比较而言，马克思和列宁是多么乐观的理想主义者，而列宁对托尔斯泰的看法是多么荒唐幼稚[1]）——但是我为什么拿托尔斯泰来烦你（他是个真正的隐喻大师，天哪，人们几乎不可能把他的作品翻译成罗素体的语言风格。如果罗素想批判他沉迷于野蛮人的玄学——不科学——其实野蛮人还是有些东西值得为之辩护的）——3 月底或 4 月初我会在罗马逗留几天[2]；每年这个季节我都要去趟以色列，但是我答应外交部在罗马做一个讲座。[……]

你永远的

以赛亚·伯林

1950 年［5 月］[3]26 日，乔治·凯南就伯林对“20 世纪的政治思想”的评论给伯林写了封信，伯林还是没有回复。

[1] 列宁在多篇文章中很欣赏托尔斯泰的文学天才和他的社会变革意识，但批判他的其他思想（比如他的反战主义和宗教信仰），其中最著名的当属“列夫·托尔斯泰，俄国革命的一面镜子”，《无产者》，1908 年 9 月 24 日。

[2] 1950 年 6 月 28 日，外交部的理查德·兰福德·斯佩格特邀请伯林参与对意大利的访问活动，访问团由“合适人选组成，并将与精心挑选的团体和个人交流，目的是为了促进西欧团结，摧毁共产主义信仰，并澄清民主与极权斗争中的问题”。外交部选择了几个意大利城市，伯林同意了。但伯林后来改变了行程的日期，可能所有或大部分的会面都被取消了。

[3] 见原文第 179 页注 3。

在信中，凯南指出伯林的结论“简单，甚至肤浅”。凯南长篇大论阐述“现代极权主义的缺点与谬误”，他认为极权主义利用人类的弱点来控制人类，但极权主义本身却因其操控者的弱点而有缺陷，因为“人唯一无法控制的就是他自己的本性”。其结果是，“在这个社会中，人们以为没有问题，从而不需解决问题，但实际上这只是假象”。从长远来看，铺天盖地的极权主义信仰与行径似乎有可能让位于迟钝的、习惯性的顺从：“人们只是默认，但并不相信。”凯南比伯林更乐观，他相信极权主义终将自行灭亡。

除了这个学术性结论，凯南还表达了对极权主义的极度厌恶：

> 212 我的确相信极权主义者的这一行为就是原罪，它利用了人心里最无助的一面。这一领域是人类不应该去开发与利用的。我相信弥尔顿深知这一亵渎上帝的好奇心是人类堕落及失去乐园的原因。当一个人的最后一丝尊严被摧毁后，作为一个人他就等于被谋杀了。因此，利用人的弱点只是另一种形式的对人的生命最冷血和最肆意的践踏，这是精心算计的结果，而并非出于激情。[……] 文明在某种程度上似乎取决于人们自觉意识到一旦利用人类道德中的致命弱点（阿喀琉斯之踵），便不仅羞辱了别人，也羞辱了自己，并因此自觉摒弃这一行为；文明还取决于对理性力量的坚定信念——也许还

得无视显而易见的现实——坚信长此以往，每个人经过教育都能超越自身。这也许是超级的自欺欺人。如果真是如此，我相信这种自欺欺人是不可或缺的，是人类进步必须要付出的代价。无论如何，这就是为什么我们坚信质疑至关重要，而我们的疑问可以而且应该通过理性方式解决。

伯林终于回信[1]。

致乔治·凯南

1951年2月13日［副本］

牛津大学新学院

亲爱的乔治：

你的来信很精彩，我却久久没有回信，对不住你。学期末时收到你的来信，当时教学和期末考把我折腾得筋疲力尽，脑子几乎没法吸收任何信息，但即便如此，你的信还是深深地触动我。我把你的信带到意大利，反反复复地读，我不断地拖延回信，希望能写点东西值得你阅读，但是这一天始终没有到来。我多次回信，但是总觉得写得琐碎空洞，或像俄罗斯人所说的乱七八糟[2]——句子写得匆忙仓促、东拉

[1]《论自由》也刊登了他的信。
[2] 伯林此处原文为：suetlivo。

西扯，不切主题，写的文字与你的文字相差十万八千里；但是我又无法容忍自己（只因为你的来信让我激动无比）仅仅因为我不确定自己该说到什么程度而不回信。如果我的信在内容和结构上杂乱无章，对你极不公平，请你一定得原谅我。不过，我会尽我最大的努力。如果我在浪费你的时间，请你原谅。

首先，我得说你谈到了该话题的核心，而这正好是我没能涉及的，也许是因为我不愿意面对这个基本的道德问题，其实任何东西最终都得回到这一基本道德问题上。但是，一
213 旦被迫面对这一问题，我意识到像我这样避开不谈是胆小懦弱的表现。其实，我对此是深信不疑的。我甚至认为一个人的道德观，即一个人信奉的一切，取决于对该问题的态度。请允许我这么说，我认为你对该问题的论述清晰深刻。

让我说说我的看法吧。你说（我在引用你的话）每个人都有自己的阿喀琉斯之踵，即软肋。阿喀琉斯之踵会让一个人成为英雄或殉道者，也会让一个人成为废物。另外，你认为（如果我的理解没错的话）不管禁止什么或放任什么，但有一种行为是十恶不赦的，它足以毁灭这个世界，那就是有计划、有目的地诱骗人们去做些令人发指的行径，其实如果他们知道自己在做什么，而且知道可能会有什么后果的话，也会因厌恶痛恨这一行为而退缩。你认为西方文明就是建立在诱骗之上。康德的道德体系就基于此（我不了解天主教徒，但是新教徒、犹太人、穆斯林和品德崇高的无神论

者都相信这一观点），人终归“毁于自己”也是基于此（对于这一神秘说法，人们只是口头上赞成，但很少尝试去分析它）：一个人无论他选择面有多窄，无论他怎样受到不可控的环境因素的制约，每个人都具有选择做什么、成为什么人的能力；人们热爱和敬重的也正是这种动机层面的自主性。我们所思所为涉及的范畴与概念有善与恶、正直与奸诈，不羞辱他人、不利用他人，以及一连串的理念，如诚实、动机纯正、勇气、真理、感悟力、同情心、正义感；而另一方面，如残忍、虚假、邪恶、冷酷无情、丧尽天良、腐败、冷漠、空虚——我们以此评价自己和他人，以此评判各种行为。如果人类不能自由地选择与追求，所有这些都变得毫无意义——人类有能力通过有意识的选择去追求自己的目标，仅此便能使崇高成其为崇高，牺牲成其为牺牲。

这一伦理在19世纪，尤其是浪漫主义时期特别盛行，但在基督教与犹太教的经典中却没有清晰论述，而对非基督教世界则几乎没有产生影响。该伦理体系建立在这一观点之上，即当一个人与这个世界相抗衡，并不计后果地献身于某一理念，即使人们认为他的理念错误，会产生灾难性的结果，但他仍勇往直前，这是不同寻常的，很了不起。我们敬佩这种纯正的动机，当一个人为了证明他对某种信仰的坚定不移，无论人们认为他的信仰是如何错误或疯狂，他仍义无
反顾地抛开所有物质考虑、个人声誉等，执意前行，我们认 214
为这是很了不起的，或者无论从哪种角度而言都是令人钦佩

的，他也许会遭到抵抗，但绝不会受到鄙视。我并不是说我们崇尚的是轰轰烈烈的自我牺牲，或赞同孤注一掷、不假思索的狂热，而不崇尚中庸和开明的利己主义。显然不是；但我们的确认为这一行为感人至深，即使其方向错误。我们自然而然地钦佩这一行为。我们至少能领会所有挑战与反抗行为所具有的壮美，这些壮美在这些人身上特别明显——卡莱尔、尼采、列昂季耶夫[1]以及普通意义上的法西斯主义者。我们认为其中只有部分人是这类人的荣耀，这一部分人既不会被动地被自然或历史的力量推得太远，也不会为了美化自己，为了炫耀自己的重要性而走得太远。我们只把这类人视为有理想的人，即那些一旦接受了某种责任，就目标明确，敢于冒风险，甚至会孤注一掷的人，他们会有意识地、勇敢地追求他们认为善的东西，即那些他们觉得值得为之而活的东西，甚至在不得已时为之牺牲生命。

所有这些好像都是陈词滥调，但是如果这是正确的，显然这最终否定了功利主义，这使得黑格尔和马克思成为我们文明的背叛者。在《卡拉马佐夫兄弟》著名的章节[2]中，当伊凡·卡拉马佐夫拒绝以牺牲一个无辜孩子的痛苦代价来

[1] 康斯坦丁·列昂季耶夫（1831—1891），保守的俄国哲学家，他倡导和东方结盟以抵抗西方的自由主义。

[2] 陀思妥耶夫斯基，《卡拉马佐夫兄弟》，企鹅经典系列丛书，戴维·马格沙克（哈蒙兹沃思，1958）译，第5册，第四章：卷一，第287页："和谐需要付出的代价太高，我们不能为入场付出如此大的代价，因此我匆匆归还入场券。"

获得全世界的幸福快乐时，那些利己主义者，甚至是最文明、最人道的人又会对他说什么呢？毕竟，从某种意义而言，抛弃这么多的人生乐趣是不理性的，仅仅是为了避免付出如此小的代价——一个无辜受害者的死——不管这死有多可怕，毕竟为一个生命而牺牲这么多人的幸福会怎样呢？然而，当伊凡说他宁愿退还入场券，陀思妥耶夫斯基的读者不会认为这个行为冷酷、疯狂或不负责任；即使边沁[1]或黑格尔能改变一个人，使其支持宗教法庭庭长[2]，但仍不能排除他心中的疑虑。

伊凡·卡拉马佐夫不可能完全被忘却。他代表了我们所有人。我把这看成你的观点和你乐观主义的根基。我认为你想说的是（或者是，如果我有足够的智慧和深度，我自己本该说的是），无论是功利主义的天堂，还是永恒和谐的天国，都不能让我们接受将人类当作工具加以利用的这一做法—— 215
改造教唆他们，使他们行动起来，而实际上他们的行动既不是自发的，也不是出于个人的意愿（个人的意愿虽然愚蠢或者无法无天，但至少是他们自己的意愿），只有我们这些操纵者才了解他们行为背后的原因，操纵者肆意地欺骗别人以

[1] 杰里米·边沁（1748—1832），英国哲学家和社会改革家，他认为社会政策应遵循有用原则，因此，倡议“多数人的最大幸福”。

[2] 在伊凡·卡拉马佐夫的一个故事中，宗教法庭庭长认为大部分人没有能力自由选择，只有极少数人有这个能力，这些少数人能为大多数人作决定，并要求少数人对他们绝对服从，为了大多数人的幸福，有时甚至得牺牲反抗者。

达到自己的目的。纳粹和苏联的行径让人惊骇，不仅仅是因为其残忍及所带来的痛苦。尽管这些行径恶劣，但这种事在历史上是层出不穷的，是不可避免的，无视这一点那是十足的乌托邦主义——纳粹的行径让人惊骇的绝不仅仅是这些！真正让人恶心反胃、无法用言语形容的是，看到有一小撮人暗中摆布人们，使人们在不知不觉中按照他们的意愿行事，从而使得人们不再是自由人，甚至不再是人。

在历史进程中，当敌我军队互相残杀，我们也许会为之失色，从而变成反战主义者。但是，当我们读到纳粹将孩子们和成年男女装到列车上准备运往毒气室，却告诉他们准备带他们到更加幸福快乐的乐园时，我们不寒而栗。虽然这种欺骗实际上可以减缓受害者的痛苦，但为什么却让我们恐惧万分呢（我指的是，看到受害者在刽子手的微笑中快乐地走向死亡）？无疑这是因为我们不能容忍人被剥夺了人的最后权利——了解真相的权利，这一权利至少让人们拥有一个有罪之人面对毁灭的自由，人们可以根据自己的性情，表现得或恐惧或勇敢，作为人，人们至少有选择的权利。真正令人忍无可忍的是人被剥夺了选择的权利，被阴谋家随心所欲地摆布与控制，在狱卒和受害者间设立不平等的道德框框来贬损他们的人格，狱卒清楚他们自己的所作所为及背后的原因，他们随心所欲地摆布这些受害者。换言之，他们通过彻底剥夺人们的思想，使人们成为物体，而不再是有思想、有动机、有内在价值的主体。

除此之外，还有什么让我们对这种肆无忌惮感到恐惧呢？为什么我们会认为将他人变成牵线木偶，玩弄于指尖，即使无恶意，也是野蛮的呢？（比如陀思妥耶夫斯基的《叔叔的梦想》[1]，莫斯科艺术剧院过去常常上演该剧，演出相当精彩，让人感到社会的残酷。）毕竟有人会认为，受害者自己宁可选择不承担任何责任：奴隶在被奴役状态下更快乐。显然，我们痛恨践踏自由，不仅仅是因为它否认了人的行动 216
自由；更加令人震惊的是，剥夺人的自由就是对圣灵犯罪。只要善还在，只要人还能自由选择，能公平地追求个人的目标，其他东西都可容忍，哪怕经历些苦难，都是可以容忍的。只有当人们失去自由，人们的灵魂才会被摧毁。只有当人们不再有自由选择的愿望，人们才因此丧失道德，在他们眼中他们的行为才因此失去任何意义（就善与恶而言）；这就是我们所说的摧毁人的自尊，或用你的话说，使人一文不值。这是最可怕的，因为在这种环境下，任何动机都没有价值：没有什么值得做或不该做的，也没有任何存在的理由。我们敬佩堂吉诃德，如果我们真的敬佩他，那是因为他的愿望很单纯，就是做他认为善的事，他让人怜悯，是因为他疯狂，因为他的行为荒唐可笑。

对黑格尔和马克思而言（或许包括边沁，尽管把他与黑

[1]《叔叔的梦想》，中篇小说，小说的主要内容就是关于人们如何摆布一个昏头昏脑的老人的故事。

格尔、马克思相提并论会吓坏他)，堂吉诃德不仅荒谬而且不道德。道德包括善事。善举就是那些会满足人的天性的东西。只有善举会满足人的天性，人的天性是历史潮流的一部分，不管乐意与否，人总是被历史潮流卷着走的。就某种终极意义而言，失败证明了对历史的误解，证明选择了注定要毁灭的人生，而不是选择注定会成功的人生。但是，选择注定要毁灭的人生是“不理性的”，由于道德是理性的选择；选择的人生如果失败了，那就是不道德。成功就是善，就是道德，失败不仅不幸，而且邪恶，这一信条是功利主义与黑格尔、马克思式的“历史主义”最令人恐怖的核心。因为，从长远来看，只要能让人最幸福，或只要符合历史的神秘设计的东西就是最好的话，那真就没有“退票”的理由。如果这个新苏联人归根到底可能比他的前人更快乐，或者无论我们喜欢他与否，历史迟早会产生像他这样的人，只要存在这种可能性，那么反对他将只是愚蠢的浪漫主义，是“主观”的、“理想化”的，最终是不负责任的行为。我们最多只能说俄罗斯人的实践是错误的，这种类型的人物虽然符合历史的要求，或者在某个历史阶段必然出现，但是苏联的做法并非是生产这种人物的最好模式。显然，我们激烈反对的当然不是这些事实问题，而是这样一种理念，即在任何情况下，一个人出于某种目的有权以不正当手段影响与塑造其他人的性格与灵魂。其实，如果人们了解这些目的，了解自己被利用，他们一定会起来反抗。

在此我们如此详细区分事实判断和价值判断，以否定对人类的无度干预与操纵，不管真实的历史规律是什么，我们都得否定这种干预与操纵。我们还可以深入否定这些理念，即“历史”以某种神秘的方式“授予”我们干这干那的“权 217
利”，即某些人或某些群体在道德上有权要求我们服从，因为他们在某种意义上是执行“历史”的，或在某种重要意义上是“世界历史的”[1] 命令。他们是历史精挑细选出来的工具，是历史的良药或祸害——（他们）非同凡响，不可抵挡，踏着未来的浪潮前进，我们这些卑微人物的对错观是不客观的，缺乏理性根据，对他们没有约束。许多德国人和（我敢断言），当今的许多俄罗斯人会觉得，成熟的做法是认清时务，认同那些震惊世界的巨大历史事件，并参与其中，扮演一个人在历史上应有的角色，而不再一味地颂扬或指责或沉溺于［ ］[2] 道德说教：那种认为必须如此鼓吹历史的观点，是令人骇然的德国做法，是出于道德选择的压力。

这一信条如果走向极端，那么所有教育都将被废除，因为我们没有征得孩子们的同意，就把他们送到学校接受教育，或以其他的方式影响他们，难道我们不是在干预他们，难道我们不是无视他们的意愿，把他们像捏泥团一样加以“塑造”？显然，我们得这样回答，所有的“塑造”当然都是有害的，如果人在出生时有选择能力和了解这个世界的手

[1] 伯林此处原文为：welthistorisch。
[2] 这个词打字员没听到，省略了。

段，那么这种“塑造”将是有罪的；但由于他们没有这个能力和手段，我们暂时控制他们，否则，我们担心自然界或其他人会让他们经受更多的痛苦。这种“暂时的控制”是有害的，却是必需的，得一直持续到他们发展了选择能力才停止。这种控制的目的不是在于灌输与教诲，与之相反，其目的在于发展自主判断与自主选择的能力。即使是必需的，这种“暂时的控制”仍然存有弊端。

共产主义者和法西斯主义者认为，为了孩子、为了民族，这种“教育”是必需的，而且得长期贯彻执行，国家的衰亡与个人的不成熟息息相关。这一类比似是而非，因为国家不是个人，更不是孩子；再者，通过承诺把个人培养成熟，他们的行为掩饰了他们的职业；也就是说，他们在撒谎，而且在大多数情况下，他们清楚自己在撒谎。相对教育无助儿童这个不得已而为之的弊端而言，这种行为如果大规模化就会成为祸害，这种祸害的根源要么是功利主义，要么又回到隐喻。功利主义歪曲了我们的道德观，隐喻错误地定义我们所说的善与恶，歪曲世界的本质与事实本身。因为我们这群志同道合者，更关心的是人的自由，而不是人的幸福。我们宁愿人们做出错误选择，而不愿意人们压根就没有选择；因为我们相信只有人拥有自主选择的权利，人才可能选择幸福或选择不幸福，无论在什么意
218 义上，无论哪种选择都是值得拥有的。“值得拥有”这一概念的先决条件就是有各种结果供选择。可是根据个人的喜好随意破坏这种自由让我们不寒而栗，这比有失公正的伤害更为恶

劣。不公的伤害至少还有可能让人们知道这不公正，让人还有可能做出自由判断，自由判断能让人对非正义行径做出谴责。

你指出，那些以这种方式破坏别人生活的人最终也会毁了自己，这整个邪恶体制也将注定要瓦解。从长远来看，我可以肯定你是正确的，明目张胆的犬儒主义是不可能持久的，因为一方面剥削别人，另一方面却不愿被别人剥削，这对人类而言是很难持久的。在这样一个充满仇恨和缺乏信任（这不能持久）的社会中，需要太多的自制力和惊人的约束力，因为我们的社会缺乏强大的道德力量或普遍的狂热使这个体制持续运转。但是，这体制可能还将运作很长一段时间，才会被摧毁，而且我相信这种来自内部的侵蚀力量不会以你（更希望）预测的速度推翻这个体制。我觉得我们应该避免成为反向马克思主义者。马克思和黑格尔以其毕生的精力研究经济腐蚀，所以好像革命总是一触即发，但马克思和黑格尔没有等到这一天就死了。如果列宁没有震惊历史，发动十月革命，也许还得等上几个世纪。如果没有暴力革命，仅靠道德力量就足以埋葬苏联的掘墓人吗？我对此表示质疑。不过蛀虫终将会吃了他们，这点我和你一样深信不疑。然而，你说这种邪恶是一种孤立现象，这巨大的灾难是为了试探人类，与世界其他地区没有任何关联，我不赞同，我认为这不是一种极端和扭曲的现象，这是人类思想中特别典型的思维，我们自己的国家也是难以豁免的。

因为这一观点，E. H. 卡尔在去年6月的《泰晤士报文

学副刊》上发表文章[1]猛烈抨击我。这让我比原先更坚信我
的观点是正确的，因为他写的东西就是我试图分析的明显症
状之一，他肯定地认为我的文章攻击他所有的主张。他的
最后一部论俄国革命的作品特别泄露了整个内幕。在该作品
中，反对派和受害者都不允许在法庭上作证——逆历史潮
流，弱小的流浪贫民得到历史足够的关照，反对派和受害者
被清除掉，仅仅身为反对派和受害者[2]他们就活该如此。只
有胜利者才有权说话；其余的人——帕斯卡、皮埃尔·别
祖霍夫[3]、契诃夫笔下的人物、所有“德国化”[4]的批判者和
219 受害者，或“白人的负担”[5]的批判者和受害者，或“美国
世纪”[6]的批判者和受害者,或“普通百姓的自由之战”[7]的
批评者和受害者——都是历史的尘土、历史的多余人[8]，这

[1]“新怀疑主义”（未署名），《泰晤士报文学副刊》，1950年6月9日，第357页。
[2] 伯林此处原文为：eoipso。
[3] 托尔斯泰的小说《战争与和平》（1865—1869）中的主要人物之一。
[4]“德国化”，指文化意义或种族意义上的“德国化”。
[5]“白人的负担”，鲁德亚德·吉卜林写于1899年的一首诗，该诗叙述美国对菲律宾的占领。“白人的负担”后用来命名这一理论，即发达国家艰巨且义不容辞的义务就是推行帝国主义（尤其是在发展中国家传播与推行西方的价值观念与生活方式）。
[6] 亨利·卢斯1941年杜撰的术语，暗指美国在20世纪对世界政治与经济的支配地位。
[7] 1942年5月，亨利·华莱士做了措辞激烈的反纳粹演讲，该演讲稿刊登在《普通人的世纪》（纽约，1943）。在演讲中，亨利·华莱士提到“为普通百姓的自由而战”，并呼吁打赢这场战争以迈向“普通百姓的世纪”。
[8]“多余人”，这一人物类型常见于19世纪的俄国文学中。屠格涅夫1850年的中篇小说《多余人日记》使得“多余人”这一术语为人所熟知。见1850年3月23日词条。“多余人”也是陀思妥耶夫斯基《地下室手记》中的流行语。

些人错过了历史的巴士，这些可怜的小人物还不及易卜生笔下的反叛者，易卜生笔下的反叛者[1]都是潜在的卡提利那和独裁者。可以肯定，历史上从没有哪个时期像这个年代这样对暴徒如此顶礼膜拜：弱者成为受害者，而恶人却受到颂扬。看看E. H. 卡尔、凯斯特勒、詹姆斯·伯纳姆[2]、拉斯基，不是无处不在吗？不过我不该继续浪费你的时间。

我得再说一遍，你对这些问题的见解深深地打动了我，你的文字在我们内心激起了前所未有的恐惧，尤其是当我们读到有关苏联境内的新闻时。我很钦佩和崇敬你的洞察力与你提出的顾虑。这些品质目前在我看来是不同寻常的。除了这些，我没有什么好说的。

你永远的

致阿瑟·施莱辛格

[1951年2月18—24日]

[牛津]

亲爱的阿瑟：

收到你的来信很开心——想到我们俩对彼此国家的批

[1] 亨利·易卜生（1828—1906）剧本中的中心人物经常反抗社会习俗。他的处女剧作《卡提利那》（1850）讲述罗马贵族卢修斯·塞尔吉乌斯·卡提利那的人生故事。卡提利那（约前110—前62）曾试图推翻罗马共和体制。
[2] 詹姆斯·伯纳姆（1905—1987），美国政治理论家，20世纪30年代为托派共产主义者，但到冷战时期成为咄咄逼人的反共产主义者。

判，我得说这种漂亮的对称让我有一种奇怪的满足感。我们俩对彼此国家的感情都不够深[1]，这在我们看来（其他人可不这么认为），赋予了我们自由批判的权利。你对艾奇逊的看法显然是正确的[2]，他让自己的政策和其他任何政策很尴尬。所有的弱点现在全部暴露出来，之前他的好性格和退缩
220 的本性隐藏了这些弱点。让我承认上帝最终居然选中李普曼作为工具这一事实，对我而言是悲哀的。李普曼长期以来一直保持沉思默想，他应该特别痛苦。

这里谈及的冥冥之力真的变得好奇怪，它突然选中（乔治）· 道格拉斯 · 霍华德 · 科尔[3]为英国孤立主义的吹鼓手，我每周都和他一起授课，讲黑格尔和马克思。他会这么做真是既怪异又令人悲哀。你应该读读 2 月 3 日的《新政治家》[4]，上面刊登着他的信条。总体而言，科尔善良，待人真

[1] 施莱辛格在《纽约邮报》上发表了几篇揭露英国黑暗面的文章，这些文章“伤害了英国朋友，英国朋友愤愤不平，纷纷写信表示他们的反感与愤怒”（2 月 2 日的来信）。

[2] 施莱辛格曾报道，在近期的选举中艾奇逊受到各种攻击，这些攻击破坏了他“独立、智慧的外交部长”形象；用李普曼的话说，他在“用政策换时间”。他的远东政策可能会导致与中国交战。出处同上。

[3]（乔治）· 道格拉斯 · 霍华德 · 科尔（1889—1959），社会主义理论家和作家，1944—1957 年任牛津大学社会与政治理论齐切利讲席教授（之后伯林获得这一职位）和全灵学院研究员，1939—1946、1948—1950 年任费边社主席，1952—1959 年任社长，1957—1959 年任纳菲尔德学院研究员。

[4] 文章中，科尔批判美国在朝鲜的军事行动，并宣布：“假如英国被美国拖入与中国的交战，我将站在中国这边。”“社会党人所见”，《新政治家与民族》，1951 年 2 月 3 日，第 121 页。

诚但不成熟，有些孩子气，他厌恶任何形式的工业主义和物质主义，极端痛恨美国，（但）他的女儿[1]就住在美国，并嫁给纽约人。他是目前为止最激进的孤立主义者，他说他憎恨俄罗斯，但认为俄罗斯在三百年内将有所作为，而美国人永远都不可能。他是威廉·莫里斯[2]、科贝特[3]的忠实追随者，他很怀念中世纪，认为自己缺心眼［原文如此］；全灵学院里没人当他是伟人，对他只有客套的礼貌。他依然英俊潇洒，依旧充满浩然正气，等等，但书评家认为他的书并没有对哪个学科做出贡献，只是实用而已——就好比电话号码簿或年鉴那样只是实用——书评家只是机械地比较他的书与其新出的冗长著作间的相似性与差异性。他觉得自己是个相当老式过时的人物，他讨厌外国人，尤其是难民，他简直就是当今（美国？）[4]典型的平民，他不像英国人。他的理想主义和赫钦斯校长[5]的理想主义是同一类型的，都有点疯狂并

[1] 珍妮特·伊丽莎白·玛格丽特·科尔（生于1921年），1945年嫁给美国军方经济学家威廉·亚伯拉罕，第二年定居美国。

[2] 威廉·莫里斯（1834—1896），设计师、诗人、翻译家、出版商，拉斐尔前派兄弟会与工艺美术运动的开创者之一。英国首批社会党人之一。

[3] 威廉·科贝特（1763—1835），政治上的激进分子和记者，1942年科尔曾为其写传记。

[4] 打字员留下的空格。

[5] 罗伯特·梅纳德·赫钦斯（1899—1977），教育理论家，1929—1945年任芝加哥大学校长，1945—1951年任名誉校长；反对专业知识教育和职业教育，反对体育活动，担心这种活动会分散学习注意力（他禁止芝加哥大学参加校际足球赛），他认为大学应以世界各国的经典为教材，通过广泛的自由教育，培养有责任感的公民。

自成一格[1]。他给《新政治家》写了篇文章，突然就出名了，许多粉丝纷纷给他写信，追捧他——尽管他主张的事业不为人们所理解，但他力排众议独自一人为之摇旗呐喊。他在牛津发表演讲，他的演讲让大家的喉咙堵得慌；不喜欢他是不可能的，但很难把他当回事。在某种意义上，他非常幼稚：
221 无论从哪个角度看都是二流的、庸俗的、缺乏深度的。有些人总是令人同情，他们坚守着过时的、高贵的理想主义，当他们再次出现在舞台上，感动人们的不是他们的言论，而是他们唤起了人们对过去凄惨岁月的悲悯记忆。

我和他曾有过一次严肃的谈话，我问他，他和其他人，比如说保罗·富尔[2]、贝克上校[3]和其他封建王朝的怪胎有何不同。保罗·富尔在1938年时宣布他厌恶张伯伦政府，并因此不愿参与捷克内部事务引发的战争。科尔说，如果我将共产党等同于纳粹，我也许是正确的，但他不这么想。显然，他和他的妻子[4]以及他的连襟J. P. 波斯特盖特[5]认为，

[1] 伯林此处原文应为：sui generis。
[2] 保罗·富尔（1878—1960），法国社会党政治家，与绥靖政策、维希政权有紧密关系。
[3] 约瑟夫·贝克上校（1894—1944），1932—1939年任波兰外交部长，他试图和纳粹德国和苏联都保持友好关系。
[4] 玛格丽特·伊莎贝尔·科尔（1893—1980），约翰·珀西瓦尔·波斯特盖特教授的女儿，社会主义作家、传记作家和政治分析家，她和她的丈夫合写了不少书，包括系列侦探小说，小说中有大量社评。
[5] 伯林可能是指科尔的兄弟雷蒙德·威廉·波斯特盖特（1896—1971），作家、社会党人、葡萄酒专家，1951—1971年任《美食指南》的编辑。约翰·珀西瓦尔·波斯特盖特（1853—1926）是他们的父亲，他曾是剑桥大学三一学院的研究员和利物浦大学的拉丁文教授。

共产党是左翼的。我手头有一本《哲学问题》[1]（1951 年第三期），在此期刊中他被批判得体无完肤，《新政治家》也对他横加指责。面对批评与排斥，如果是（巴西尔）· 金斯利 · 马丁[2]他可能更开心，但科尔可能会反击。我们等着瞧。他很像我们的马蒂亚森，他和马蒂亚森一样快乐、一样傻，也一样不擅于与他人融洽相处，如 E. H. 卡尔，但他不像马蒂亚森那么神经质。[……]

我在英国的《星期日泰晤士报》[3]上对这本书进行评论后，收到卡尔的一封来信，来信很奇怪，一方面表示感谢，另一方面又抗议。他这人真奇怪！在某种意义上，他很清楚自己的行为哪里出错，也不为之辩护——其决心就好比一个立场坚定的人，他很清楚其中的问题，但因极度痛恨他的反对者而不愿意在公众面前承认自己的任何错误，但愿意私下里，如在我面前，承认错误。我发现拉尔夫 · 帕克[4]的情况也类似，拉尔夫 · 帕克是伦敦《泰晤士报》的驻莫斯科记者，现在是《每日工人报》和一些埃及报纸的记者，拉尔夫 · 帕克和我谈话时很理智，而且很有批判意识，基于对最近一次的自由交谈的记忆，他不久就出了本书，以布卡的

[1] 即 *Voprosy filosofii*，一种莫斯科的期刊。

[2]（巴西尔）· 金斯利 · 马丁（1897—1969），1930—1960 年任《新政治家》（《新政治家与民族》，1931—1957）的编辑。

[3] 见原文第 211 页注 1。

[4]（阿瑟）· 拉尔夫 · 帕克（1907—1964），记者、作家和苏联辩护人，1942—1947 年任《泰晤士报》和其他报纸、期刊的驻莫斯科记者。

方式[1]将英国大使馆的外交官逐一加以批判（就除我之外），222 仅此就足以连累我。卡尔虽然在《泰晤士报文学副刊》上攻击我，但各种迹象表明他并不希望与我断交：他写信向我道歉，并登门拜访，向我示好，坚持说他并不介意我不友善的书评，但感谢那些公开反对我并为他辩护的人，如多伊彻[2]，但同时又发誓他永远是我的朋友。显然，他与陀思妥耶夫斯基笔下的人物有些类似。但是，我得停笔了，继续干令人极度厌烦的事——工作，写一篇会议论文，伦敦即将举办一个史学会议。

我收到［埃利奥特］·帕金斯的来信，邀请我住进洛厄尔楼，并担保我住那会更舒适，尤其是早餐会令我很满意。他的信仍是那么咄咄逼人，处处设防，但用意是友善的。普林斯顿的厄尔[3]也给我来了封信，邀请我去普林斯顿，并以不用上课来诱惑我，等等。显然，鉴于之前的合约，这些都不能予以考虑。因此今年秋天，我想

[1] 安娜贝尔·布卡（约 1925—1998），1945—1948 年任美国驻莫斯科使馆外交官；嫁给一个俄罗斯歌剧歌唱家后辞职，不久就出了本书《美国外交官真相》（莫斯科，1949），使馆认为她这是间谍行为。

[2] 艾萨克·多伊彻（1907—1967），出生于波兰，作家、讲师和播音员，1942—1947 年任职于《观察家》，1942—1949 年任职于《经济学人》；伯林特别讨厌他，一方面是因为他的马克思主义观点，但更重要的是因为他的人品：“我极度反感他的所有言论，厌恶的程度甚至有点夸张，我觉得他似是而非、不诚实，他的某些品行让我作呕。”致威廉·菲利普斯，1959 年 10 月 8 日。

[3] 爱德华·米德·厄尔（1894—1954），历史学家，研究美国军队在外交关系中的角色，1934—1954 年任普林斯顿大学高等研究院的教授。

大概9月，我会到美国，你会像以前一样，经常发现我出现在你家门口。你关于华盛顿政策的言论证实了我还没敢质疑的东西。艾奇逊，我的信就是以艾奇逊开头的，如果不打算首尾呼应、重复同一话题（我得就此打住），现在是本学期的第六周，是出现不易觉察的下意识行为的著名时段。牛津的那些教师尤其如此，他们对牛津的学生成天重复同样的话题，那些不幸的学生们都忘记了谁是谁，他们在学什么，他们什么时候来的，为什么他们自己、其他人或其他任何东西是这样的。因此你瞧，我的状态不对，不适合发表言论，就以对玛丽安的热烈祝福收尾吧。[……]

你永远的

以赛亚 [……]

莫里斯·鲍拉向艾丽丝·詹姆斯描绘了这段时间里伯林的生活：

伯林已经去巴勒斯坦三周了。他对年老的魏茨曼博士感情深厚，只要魏茨曼博士召唤他，他肯定去。这个老人很孤单，伯林的出现给他带来莫大的安慰，他们彼此都以对方而甚感荣耀。10月份伯林会到美国，到时你可以见到他。他似乎日夜都在写讲座稿，或是口授讲稿，那些美丽的女秘书则忙着记录，每个讲座都是长篇

223 大论，忙得她们脚步踉跄，气都喘不过来。[1]

伯林在以色列度过了复活节的大部分时间，这次他在魏茨曼那儿只作了简短逗留。哈伊姆·魏茨曼的健康日益恶化，一直卧床不起，直到去世。在以色列，伯林遇见当时和未来的政治领袖本—古里安，还见到了一些亲戚与朋友。

致沃特·伊坦

[1951 年 4 月 10 日？，手稿去向不明，此为打字稿] [2]

[以色列]

这封信写得很匆忙，因为一小时后船要起航。昨天，我试图从耶路撒冷打电话给你，向你道别，而且对你的情报与研究部门有些建议，并想问问你是否需要这些建议。但是你的秘书说，你没时间接电话，或者让我一小时后再打。为了心安，我没有其他选择，只能写信来骚扰你。我在内坦亚 [3] 做了第一个讲座，上周二又应政治处的要求，为政治处 [4] 做

[1] 莫里斯·鲍拉致艾丽丝·詹姆斯，1951 年 3 月 31 日［牛津大学瓦德汉姆学院档案室］。

[2] 在该打字稿的页末，记录着信件副本准备寄给萨·哈舒茨、列奥·科恩博士、罗文·希洛先生和阿耶·利费弗先生，他们是通常要转发的人：萨·哈舒茨是原先的部长先生，摩西·夏里特是现任的部长先生，列奥·科恩是部长顾问，罗文·希洛是当时政治处处长，阿耶·利费弗是外交部的高级官员。

[3] 以色列外交部外交官培训，邀请伯林给前来接受培训的外交官做系列讲座。

[4] 政治处是以色列情报机构下面的一个情报部门。1951 年 3 月重组后，该部门从外交部转出，归总理办公室领导。

了个讲座，其间他们问了许多问题，我的建议就是源于这个讲座和他们的提问。我认为内坦亚和外交部的年轻人都很聪明、很值得鼓励。我觉得向你提建议最合适，除了你，我想不出还有谁更适合，因为你现在和 W. 斯特兰奇爵士不相上下，如果是在 1946—1947 年间，我通常会把类似的信寄给 W. 斯特兰奇爵士。如果我的建议不对，请你原谅。我的建议也可能毫不相干，没有任何用处，因为我既不知道“设立”该部门的具体性质及具体背景。如果我的建议无用，就把它扔到塞西尔·罗斯[1]所说的废纸篓里[2]，或者干脆忽视它。我的一个目的是试图影射英国所犯的错误，英国在过去十年中为之付出惨重代价，而这些错误是完全可以避免的。我就从假设开始吧，这个假设并非对每个人都一目了然。我坚信就切实可行的角度而言，政策的制定者、执行者，甚至是研究者应该都一样重要。策划团队如果把那些做实际工作的人排除在外，他们就有可能引起憎恨或者被大部分人忽略。如果研究者只是闭门研究政策，将没有任何斗志，在决策时几乎起不到任何作用。

（伦敦）外交部研究室是从外交部图书馆和查塔姆研究所（英国皇家国际事务研究所）发展而来的，现在成了苦劳 224

[1] 塞西尔·罗斯（1899—1970），牛津大学高级讲师，1939—1964 年从事犹太研究。

[2] 伯林此处原文为：Wagger Pagger Bagger（牛津俚语）。

力云集的地下室，遭人鄙视、忽略，被远远地隔离开，让人觉得不够安全、不再是一流的。他们（研究室的研究员们）变得越来越学术化，与现实的距离越来越远。英国外交部在中东问题上犯了许多重大错误，这主要发生在1936年到1950年间，某些错误得归咎于他们没能充分利用人力资源。那些外交官傲慢无礼、偏见狭隘且愚昧无知，而研究人员则觉得他们的研究成果被束之高阁，研究人员被禁止出国亲自实地调研一手研究对象，他们的研究与现实脱节，甚至像比利这样相对聪明的人，其见解也变得荒诞不经，因为几年前官方就不允许他访问中东，除非他接受那些高高在上的大人物的荒谬言论，否则没人听他的言论。因此我认为如果以下建议能被采纳，将会是件好事：

如果您能把政策研究员与外交部的情报员送到国外，到各个大使馆至少工作六个月，通过与使馆其他工作人员的交往，通过从事日常的外交事务，他们就能写出有远见的调查报告。最重要的是，在国外期间，不要限制他们只从事"机密"工作，而是让他们做些日常的领事工作。建议选择一些友好的中立国家。就敌对国家而言，如果是邻国也可以考虑，也许能透过密闭的国门探听点消息。1940年至1950年间，英国与美国在这方面采取了截然不同的政策，其结果完全不同，现在还有所体现，我可以就此专门为你写本书。尽管有民心等问题，由于官员、研究员、记者和政客在华盛顿有了更多的接触，英美关系较以往有了惊人的改善。这确实产生了巨大的不同，英国因此收益很大。

（此外），还应允许这些研究员和情报收集人员自由地和外交部行政部门的初级员工自由地换岗，以免他们会觉得自己永远居于洞穴——研究室的底层。一旦他们觉得自己降级到研究室，“正规”员工会斜眼看他们，他们会觉得自己受到压迫，觉得自己就是灰姑娘。他们做的研究会越来越学究化，并不再关心政治。他们会开始养成恶习，关注的都是些无关紧要的信息，他们的思考会落后于时代，完全脱离日常现实问题，等等；而这些正是他们承担的工作。如果经费允许，应该给他们配备真正有才干的助手——可能的话，最好挑选一些做事勤快、有条不紊的女性协助研究，负责卡片索引编辑等资料整理工作，且这些人对本该有的职位升迁丝毫无求。但是对研究员而言，必须时不时地让他们担任些行政管理职务，虽然这可能会引起行政混乱，但这有利于创造更好的团队精神、更强的现实感以及更亲密的雇佣关系。对即将卸任的外交官，如果他们有任何迫切要求（也许这一点早就做到了，记住，我什么都不知道，得小心谨慎不涉及类似的组织问题），应直接满足他们，而不是［仅仅］[1] 通过其他渠道。 225

外交部的图书馆和档案室是异常专业的部门，被英国外交部、美国国务院、法国外交部等造就得十分高调完美。我可以肯定，你若探听他们的管理为何如此完美，他们是不会

[1] 打字稿省略了几个无法辨认的字。

介意的。他们的组织通过保持政策的持续性或保持变动的透明性，在政策和日常电报上的确减少了大幅开支：如果有变动，每个人得知道有什么变动，而且变动有多大。至少可以做前后比较。如果档案得到妥善保管（也许已经得到妥善保管？这是常态吗？我感觉不是这样。不过我很可能说得不对），就连历史学家也会赞美您。不要低估历史学家对国内外舆论的影响——建国之初的以色列外交史，除了在以色列极有价值外，将在很长一段时间成为盟友和敌人的重要资料。如果以色列的资料得以扩散的话，那么英美言论就不会被散布，人们就会采纳以色列的言论。

总之，你们应该允许，实际上是强迫你们的研究员出国，并做一些“固定的工作”，有计划地在日常工作中[1]和行政人员打成一片，不应只是研究他们自己办公室里的档案，而应研究那些容易获得、容易筛选的实实在在的课题。我还有好多好多话要说（你很了解我，你是能想象得到的），而且能说个没完没了……但是我觉得甚至这个建议可能也只是个纯属多余的笑柄。如果是这样，我道歉在先，并请求你置若罔闻。[……]

你的

沙耶

[1] 伯林此处原文为：enroutinee。

4月10日，伯林和他寡居的姨妈伊达从海法乘船到尼斯，与伯林父母会合。伯林回到牛津后不久，汉弗莱·萨姆纳突然离世（4月25日，得病不久就辞世了），汉弗莱·萨姆纳的离世使得全灵学院需要推举一个新院长。

致玛丽和门德尔·伯林

星期日［1951年4月29日，手稿］

伯克郡桑宁代尔的提特拉克斯农庄

亲爱的爸爸妈妈：

我住在西蒙·马科斯爵士[1]宫殿般的“农庄”[2]里。有人邀我度周末，为了躲避我就说我会在这待一天一夜：星期六 226
我宴请了柯南特，参加了萨姆纳的葬礼，和我的老朋友哈利法克斯勋爵及布兰德勋爵聊天，之后又同莫里斯·鲍拉爵士、阿瑟·索尔特等谈话。我俨然也是一副爵士派头。阴谋笼罩着全灵学院：罗斯？[3]（上天不容）[4]斯帕洛？雅各布博士？我想甚至我也能获得五六张选票，情况就是这样，选

[1] 西蒙·马科斯爵士（1888—1964），1961年受封马科斯男爵一世，玛莎百货公司董事长，执着的犹太复国主义者。“他的脸长得像猫头鹰，两只棕色的眼睛炯炯有神，似乎能喷出火花”和“对以色列外交官而言［……］他是英国最重要的人物”。《英伦制造的犹太人》（伦敦，2004），第56、58页。

[2] 根据安东尼·布兰德的描述：“提特拉克斯农庄一点不像农庄，甚至连猫狗都没有。但是农庄很长，一直连接到雷诺阿，农庄内有镀金的法国家具和中央暖气系统。”《英伦制造的犹太人》（伦敦，2004），第54页。

[3] 此时正在美国巡回演讲。

[4] 伯林此处原文为：khas v’shalom，意指上天禁止（字面意义是“同情与和平”）。

票非常分散。这个院长选举有点像教皇选举大会，每个角落都聚集着红衣主教。明天我将在革新俱乐部就此事发表谈话。我真不希望讨论这话题，不过萨姆纳不在场，这让我放松多了。晚宴时我可以自由地乱叫，他经常阻止我这么做，我也阻止他。这个选举将是激烈的，将充满敌意与仇恨（一些人肯定是选不上的，比如里斯[1]）。[……]

致爱德华·米德·厄尔

1951 年 5 月 6 日

新学院

亲爱的厄尔：

您恐怕已经听说汉弗莱·萨姆纳于 4 月 24 日[2]在拉德克利夫医院突然离世的噩耗了吧，他的离世让我们悲痛不已。众所周知，他体质差，却不顾体弱，全心全意、尽职尽责地投入没完没了的工作中，他的确将生命献给了学院和俄罗斯研究事业，无疑他新近出版的有关俄罗斯的两本书[3]让他筋疲力尽，他实际上是过劳死的。导致他死亡的直接原因，显然是不久前阑尾炎手术留下的粘连发生病变，与溃疡没有关

[1]（摩根）·戈伦韦·里斯（1909—1979），记者和作家，1931—1946 年任全灵学院研究员，1951—1954 年任校财务主管，1953—1957 年任阿伯里斯特威斯威尔士大学学院院长。亦见《伯林书信集》（卷一），第 713—714 页。
[2] 实际上是 4 月 25 日。
[3]《彼得大帝和奥斯曼帝国》（牛津，1949）和《彼得大帝和俄罗斯的崛起》（伦敦，1950）。

系。他在这里进行了紧急手术，手术几天后就去世了。他最后的遗言还在关心学院两个初级研究员的福利，他急于为他们做点实事，而且还给他们捎去口信说他没有忘记他们的需求。这是他的典型风格，他的整个人生特别感人，他的突然离世令人唏嘘，在某种程度上是个悲剧。我觉得他的人生并没有多大乐趣，他的人生几乎都耗在各种职责上。《泰晤士报》上的讣告主要是由历史学钦定教授加尔布雷思[1]写的。227
该讣告写得还比较公正，但没给他应得的荣誉，没有对他的特别贡献、他的高贵品质（他从不干卑鄙勾当）、他把控混乱学术局面的能力致以足够的敬意。我不否认我对学院的未来忧心忡忡。您可以想象得到，目前整个学院都投入新一轮选举的准备工作中，而到目前为止还没有合适的候选人[2]。从某种意义上说，比阿特丽丝·萨姆纳[3]是最悲伤的，她很优秀，而且很善良，她比她的哥哥更享受在新学院的生活，现在她哥哥死了，她在这里的生活也戛然而止。就我本人而言，我很感谢已故院长，他鼓励我从事俄罗斯研究，如果没有他的帮助，我也不可能回到全灵学院。可是现在他正静静地躺在坟墓里，我们必须考虑找一个合格的接班人。[……]

[1] 维维安·亨特·加尔布雷思（1889—1976），1847—1857年任牛津大学现代史钦定教授。

[2] 伯林已被列为候选人。

[3] 比阿特丽丝·玛丽·萨姆纳（1888—1972），汉弗莱·萨姆纳的妹妹，和汉弗莱·萨姆纳一起住在院长住宅内，担任女主人的角色。

再次感谢您邀请我到高等研究院[1]访学。[……] 我很想去，而且也打算去，尽管我还不能特别确定是1月还是3月哪个时间更合适。我想可能3月会更可行，因为到时我在布林莫尔学院的讲座将结束；只要有任务等着我，我就非常焦虑，会玩命工作，整天心神恍惚，闭门不出。一旦卸下重担，我就会开开心心地来，在一两周之内让我做什么都行。[……] 我不希望在（普林斯顿）大学讲学，这会增添我的负担。[……] 我在美国有太多的事情要做，但不希望重复1949年的忙碌，当时一回到欧洲，筋疲力尽的我就病倒了，生病卧床了五周。

柯南特校长和柯南特夫人[2]目前正在新学院，他们的来访让我们很开心。我和他见了一面。但是由于正好碰上汉弗莱·萨姆纳去世，整个全灵学院都沉浸在悲痛中，人们就在这种氛围中招待他。我想他可能会认为我们都有点过于追求安逸，我指的不是私人生活，而是对教育与社会问题的关注，他可能认为我们不像美国大学的学者那么关心教育与社会问题，喜欢把自己视为精英，只为一些精湛的演出擦亮小提琴，而忽略离我们不远处的世界正在熊熊燃烧的烟火。在这一点上，他并非完全正确。无论如何，他的真诚正直与亲

[1] 伯林希望在1952年初能对普林斯顿大学高等研究院做短期访问（在美国，该研究院与全灵学院实力相当）。
[2] 格蕾斯·赛耶（“帕蒂”）·柯南特（1898—1985），婚前姓理查兹。

切友好给那些见过他的人留下了深刻的印象。[……]

半个月前，我在巴黎和奇普·波伦进行了一番精彩的谈话。你们那儿对俄罗斯问题的见解比我们更敏锐，更富于想象力。关于中国我们也是一样视而不见。 228

您永远的

以赛亚·伯林

4月29日，维特根斯坦去世，英国广播公司邀请吉伯特·赖尔谈维特根斯坦哲学；安娜·卡琳为是否请伊丽莎白·安斯康姆[1]对维特根斯坦的性格进行评论而犹豫不决。

致安娜·卡琳

1951年5月9日

新学院

最亲爱的安娜：

[……] 维特根斯坦的至交——安斯康姆小姐、她的丈夫吉奇[2]和其他一些人——正在考虑建个社团，以便人们可

[1]（格特鲁德）·伊丽莎白·玛格丽特·安斯康姆（彼得·吉奇夫人）（1919—2001），哲学家，1946—1964年任牛津大学萨默维尔学院研究员，1964—1970年任研究员，后（1970—1986）任剑桥大学哲学教授；翻译与编辑维特根斯坦后期的著作，尤其是《哲学研究》。

[2] 彼得·托马斯·吉奇（生于1916年），哲学家，1951—1961年在伯明翰大学讲授哲学，1961—1966年任逻辑学高级讲师，后（1966—1981）任利兹大学逻辑学教授。

以像路德维希那样生活与思考。他们原来还打算邀请路德维希本人，可现在他已死了。他们最终还是决定组建这个社团，这个社团将充斥着做作的神经症、拒绝洗漱等，总之你都能想象得到——大家不是正常说话，而是故意口齿不清、结结巴巴地说话，这令人难以忍受，完全颠覆天主教主义和所有其他美妙怡人的品质。总之，我认为赖尔是评论维特根斯坦哲学最合适的人选，但是没有必要请嘉宾评论维特根斯坦个人。知道他的人不多，这个话题很棘手，没有人对他特别了解，谁都不敢在公众面前评论他。这种评论可能会沦为无聊的低级趣味。他那疯癫的独臂钢琴家兄弟保罗[1]也许是最好的人选。我想愿意来评论他而且能做得最好的当属布雷思维特夫人[2]，但是如果她出面评价维特根斯坦，将令人极为尴尬与战栗。我的建议是不做评价。[……]

你永远的

229 沙耶[3]

[1] 保罗·维特根斯坦（1887—1961），音乐会的钢琴伴奏家，哲学家维特根斯坦的哥哥，在第一次世界大战时失去他的右手臂，但他继续演奏特别创作的作品。1946 年成为美国公民。

[2] 玛格丽特·玛丽·布雷思维特（1910—1986），婚前姓玛斯特曼，剑桥大学哲学家 R. B. 布雷思维特的妻子，作家、哲学家，维特根斯坦以前的学生，当时维特根斯坦正根据自己的思想致力于创立意义的计算理论；自 1956 年起任剑桥大学语言研究所所长，之后（1965—1975）创立剑桥大学露西·卡文迪许大学学会并任副会长。

[3] 伯林此处原文为：Шая。

致阿瑟·施莱辛格

1951年5月18日

新学院

亲爱的阿瑟：

非常感谢你的来信，读你的信是一种享受。

怀特教授如期赶来赴宴[1]，我感觉不好，觉得我们没有尽全力好好招待他，尽管我常和他见面，也许他有时还是有点孤单。尽管我很喜欢他，而且很了解他，但我担心他内心永远都有所保留，只是偶尔兴奋才有所流露，但总体而言是紧锁心扉。我想，这里的哲学家想必让他挺钦佩的，他多少消除了对他们的不好印象。我可怜的朋友欧文·辛格[2]在牛津特别受折磨，欧文·辛格对他们的坏印象不可避免地影响了怀特。

此刻参加午宴的人都兴高采烈。我想，可怕的灾难很快就会降临。

乔来了，他的鼻子比以往任何时候都伸得长，全是关于

[1] 莫顿·怀特在伯林离开期间曾获古根海姆基金到牛津访学。伯林一回到全灵学院，就举办午宴特别宴请柯南特夫妇，在此午宴上，怀特认识了“哈特夫人，新学院一位哲学教师的妻子。他们两人都很讨人喜欢［……］当时还有一个寻求庇护的德国原子物理学家哈尔班，据说他的太太是个百万富婆，是‘牛津的财富代表’”，是哈特的妻子告诉我的。怀特4月26日致妻子露西娅的信，援引《哲学家的故事》（宾夕法尼亚，帕克大学，1999），第204页。

[2] 欧文·辛格（生于1925年），哈佛大学毕业之后，1949—1950年在牛津继续深造，1953—1956年任康奈尔大学哲学导师，1956—1959年任密歇根大学哲学助理教授，1959—1969年任麻省理工学院哲学助理教授（1969年起任教授）。

波斯帝国[1]令人沮丧的黑色消息，这回大家无法对此置若罔闻。乔一直以来都在批判外交部的各式人物。我不敢说他的批评有什么效果，但至少我认为该骂。乔对威廉·斯特兰爵士的评价极低，乔的评价也许是公正的，尽管威廉·斯特兰是个好人。乔的行为有点像哈佛的鲍拉博士，也就是说，以狂热的爱国主义抵御人们对美国政策——包括麦克阿瑟——的攻击。我仍像以前一样认真地与他辩论，但是不可否认经过六个小时的黑对黑，我开始变得萎靡不振，甚至开始打哈欠，想上床睡觉，这让乔生气，他不许在座的人撤退，甚至指出即使是我以礼物贿赂他们离开也不许走。虽然他清楚自己待得太久，开始不受欢迎，但他就是不能也不愿意上床睡觉。我得说他非常冥顽不化，尤其是当他谈到让麦
230 克阿瑟当总统比让塔夫特做总统会有多好时，因为他认为麦克阿瑟是一个聪明人，他的政策明智——简而言之，在麦克阿瑟看来，虽然战争不可取，但也并非都特别有害。但是，受奇普（我在巴黎见到奇普）的影响，我也许对乔不够公正，正如你预料的，奇普比他通情达理多了。乔让人真正喜欢的是，尽管他脸上似乎刻写着经历了许多个人不幸，但他绝不是不近人情的记者或公众人物。

[1] 3 月份，伊朗议会投票通过将英伊石油公司收归国有。英国为该公司的大股东，此举即刻引发了骚乱（阿巴丹危机），造成英国与伊朗间的长期争议，最终在英美情报机构的筹划下，于 1953 年恢复了伊朗国王的王位。

最近莫里斯爵士特别开心、特别和蔼——真奇怪，一个爵士头衔就能招惹这么多是非！伊夫林·沃也极度渴望得到爵士头衔，正考虑送莫里斯爵士一匹马作为他被纳入爵士阶层的标志，庆贺他获得这个不道德门面的局部胜利，以发泄他个人在这件事上的神经官能症。你可以想象，这里有太多的笑话。如果我告诉你，在7月的某一天或者任何时候，本来要举办晚宴庆贺“年度最矮爵士”，但我费了很大的努力阻止了这个庆贺活动，请你一定得机智谨慎，不要轻易相信；或者当有人说[原文如此]“爵士有一千只眼”时（这首诗[1]由莫里斯爵士本人从19世纪80年代译的俄文版译入，该诗被公认为是最美的英诗之一，莫里斯爵士压根就不知道他译的是译文版，但是该作品已从他出版的作品中删除，该事少提为妙，怨恨必须终结），请你也一定得皱皱眉头，别轻信了。

A. L. 罗斯与莫里森[2]联手必定非同寻常。罗斯匆忙从美国赶回来观望萨姆纳死后留下的局势。全灵学院陷于一片混乱之中，天知道会有什么结果。罗斯得面对这一事实，即他的支持率非常低，他在最黑暗的梦魇中也想象不到自己的支持率会如此之低——我们的高级研究员西蒙勋爵决定在下

[1]“黑夜有一千只眼”，维多利亚诗人威廉·弗朗西斯·鲍迪伦的诗作，出自《云雀的翅膀》（牛津，1890）。[英文中knight（爵士）与night（黑夜）谐音。——译注]

[2] 塞缪尔·艾略特·莫里森（1887—1976），1941—1955年任哈佛大学美国历史乔纳森·特朗布尔讲席教授，研究第二次世界大战期间的美国海军史。

周二乘“伊丽莎白女王”号离开牛津前，把这事委婉地告诉他。自从“满洲危机”[1] 以来，西蒙对当院长一点也不感兴趣；但是我们得做什么呢？我看好诗人的儿子爱德华·爱丁顿·布里吉斯爵士 [2]，他是行政事务部负责人，是英国最有影响力的人，反对他的人最少。他这个人冷漠、固执呆板，是个官僚主义者 [3]，但是他很安全可靠。他当选院长将不会引起任何人的注意，全灵学院将还会一如既往地运作。
231 阿瑟·索尔特爵士会把选票投给他。哈利法克斯伯爵会为他祈福。他六十岁了，还能再干十年；总之如果他想当院长，他一定能当成。其他的候选人——雅各布教授，一位辛辣儒雅的辩护律师，是我的一个老朋友。约翰·斯帕洛和其他两个人在我看来机会更小。各家报纸在胡乱猜测，而且错得一塌糊涂，这让我们觉得好笑。我加入一个社团，社团内有一个叫普拉门内兹 [4] 的黑山人［原文如此］和一个叫乔

[1] 1931 年 9 月，日本所有的中国东北的铁路被部分炸毁，这给了日本入侵中国东北的借口，日本的入侵没有遭到中国人抵抗，日本因此建立傀儡政府伪满洲国。日本的这一行为受到国际社会的谴责。国际联盟拒绝承认满洲国，日本因此在 1933 年退出国际联盟。

[2] 爱德华·爱丁顿·布里吉斯（1892—1969），1957 年受封布里吉斯男爵一世，前任桂冠诗人罗伯特·布里吉斯的儿子，公务员，1920—1937、1954—1968 年任全灵学院研究员，1945—1956 年任财政部常务秘书、行政事务部负责人。

[3] 伯林此处原文为：a ronde de cuir（字面意义指皮垫子）。

[4] 约翰·佩特罗夫·普拉门内兹（1912—1975），出生时是黑山人，1936—1951、1967—1975 年任全灵学院研究员，1950—1967 年任牛津大学讲师，讲授社会学与政治学理论，1951—1967 年任纳菲尔德学院研究员，后（1967—1975）继伯林之后成为齐切利讲席教授，讲授社会学与政治学理论；《个人印象》中有关于他的回忆。

罗威茨[1]的罗马律师；还有一个叫萨瓦帕利·拉达克里希南爵士[2]的驻莫斯科的印度大使，他也是牛津的教授，他召集外籍人组建施压集团，并获得科尔的支持，其理由是支持我们中的一个人就能很快击败学院，这是科尔最乐意看到的。但是，到目前为止，没有人认识到这一策略的吸引力。

请再次让唐纳德·麦凯放心，我会到哈佛访学。我压根就没想放弃与哈佛已有的联系，而选择普林斯顿高等研究院。我只是忍不住炫耀一下普林斯顿的诱惑力，毫无疑问这多少与我的虚荣心有关，意在提高我的身价。实际上，我目前正为房租与［埃利奥特］·帕金斯讨价还价（上次免房租，但这回我的要求更大胆，要求他将房子配备得更奢华些），9月份我会见到你，除非意料之外的事情出现。

尼古拉斯下周抵达，我猜，他的来访将一如既往地搅乱我们的生活，他会把乔保持长期不变的东西搅得乱七八糟。我非常期待他的来访。最初的两天总是令人兴奋开心的，两天后我们彼此会把对方折腾得筋疲力尽，在接着的两周内我们开始反唇相讥，并乐在其中。等这一切结束，我便将清楚，旧世界是真的终结了。

[1] 赫伯特·菲利克斯·乔罗威茨（1890—1954），1948—1954年任全灵学院研究员，牛津大学民法钦定教授，专门研究罗马法。

[2] 萨瓦帕利·拉达克里希南爵士（1888—1975），1939—1952年任全灵学院研究员，1936—1952年任牛津大学斯伯丁讲席教授，讲授东方宗教与伦理，1949—1952年任印度驻苏联大使，1951—1962年任印度副总统，后（1962—1967）任总统。

我认为那个“将要消失的老兵”[1]不会带来任何威胁。如果我的观点错了，一定告知。

（真切地）问候玛丽安

你永远的

232 以赛亚

全灵学院院长的选举正按照历史悠久的程序按部就班地进行着。选举要求全体一致同意，也就是说，在召开官方与非官方的评议会期间，所有的选举大战都已事先进行，评议会期间会不时地对当选可能性很大的候选人进行摸底调查，为公开宣布竞选的候选人四处游说，另外还得不断统计每个竞争对手获得的选票。从一开始伯林就是院长的候选人之一。在5月19日左右的评议会上伯林获得了几票，其他的候选人——斯帕洛、雅各布、肯尼斯·惠尔[2]也获得了一些票数。但最后的舆论似乎倒向爱德华·布里吉斯。年轻一代的同事支持伯林，他们被称为“激进分子”，他们在戈伦韦·里斯和约翰·库珀[3]

[1] 1951年4月19日，麦克阿瑟将军在国会做告别演说，其演讲引用了军营歌谣：“老兵永远不会死，他们只是消失了。”尽管麦克阿瑟已提出辞职，但他的民众支持率当时还相当高，他有可能成为1952年总统大选的共和党候选人。

[2] 肯尼斯·克林顿·惠尔（1907—1979），澳大利亚人，1944—1957（和1973—1979）年任全灵学院研究员，1944—1958年任纳菲尔德（基金）研究员，1944—1957年任牛津大学政府与公共管理格莱斯顿讲席教授，1956—1972年任埃克塞特学院院长，之后（1972—1979）任利物浦大学名誉校长。

[3] 约翰·菲利普斯·库珀（1920—1978），历史学家，1948—1952年任全灵学院研究员，1952—1978年任三一学院研究员与导师。

的领导下继续为伯林拉票。几天后副院长（阿尔弗雷德）·莱斯利·罗斯中断其在美国的巡回讲座赶回全灵学院，但他本人并没有参加竞选院长。5月底，布里吉斯在选举中乎意料地遇到强劲对手，并退出了竞选。罗斯推荐威廉·贝克特爵士[1]接替布里吉斯的候选人资格；他的参选使选民产生了分歧。那些不愿意接受贝克特（普遍认为，贝克特的当选有可能让罗斯操纵整个学院）的人转而支持伯林。“激进分子”们四方奔波、积极拉票，伯林始终没有获得多数票，但伯林的参选实际上却阻止了贝克特的当选。罗斯不得已到新学院登门拜访伯林，试图说服伯林退出选举，遭伯林拒绝。选举几次陷入僵局，最终，在谈判（6月9日—10日）的最后一个周末，伯林退出竞选，最后双方妥协，候选人休伯特·亨德森爵士[2]当选。

致克里斯托弗·考克斯

1951年6月12日，星期二［手稿］

新学院

亲爱的斯托弗：

非常[3]感谢你的来信——不可否认，过去的三周是我人

[1]（威廉）·埃里克·贝克特爵士（1896—1966），律师，1945—1953年任外交部的法律顾问（因健康问题被迫辞职）。
[2] 休伯特·道格拉斯·亨德森爵士（1890—1952），经济学家，1934—1952年任全灵学院研究员，1945—1951年任牛津大学政治经济学德拉蒙德讲席教授；《个人印象》中有关于他的回忆。
[3] 用两道下划线强调。

生中最艰难、最令人不快的日子，主要是他们杜绝我们与外界的任何正常交往，把我置于在我看来是一个绝对错误的位
233 置。实际上，我从来就不认为自己是合适的人选，并说服自己按兵不动，不申请、不行动，我一直被别人推着走，任他们四处活动，既不提建议也不接受他们的建议[1]。我敢说那只是一个假象，我多半觉得自始至终只有自己孤身一人，如果我能更坚决些、更坦诚些，我就没有必要让步。最后，我唯一采取的行动，就是不顾那些经常登门拜访的年轻人（他们善良，但不够聪明）的愚蠢建议，决定退出选举，从而最终促成了好结果，避免了在我看来是不好的前景，这一行为的高尚动机打动了对手的大部分人。所有人都被感动，就除了一个人，也许我的判断错了，他也许也被感动了。我从一开始就跟朋友写信说——无论如何我都不会反对理查德·佩尔斯[2]——我和他一直保持友好通信，这也让我很开心。总体而言，他提出的要求完全被忽略。也许如果我一心一意帮他，他会获得更好的选举结果，也许也不一定。因为他身体

[1] 5 月 5 日伯林在给他母亲的信中写道：“我的‘参选’完全是戈伦韦式的胡闹：什么时候优雅地退出，这才是问题的关键。”

[2] 理查德·佩尔斯（1902—1958），1924—1945、1954—1958 年任全灵学院研究员，1945—1954 年任爱丁堡大学历史教授；多年来备受进行性肌肉萎缩症折磨，他曾向伯林承认，全灵学院院长一职是他想在牛津大学担任的唯一职务，尽管如此，“我不相信学院会选择像我这样病恹恹的人，除非他们特别没有人选”，他认为伯林会成为“最讨人喜欢的院长”（1951 年 5 月 24 日来信），《个人印象》中有关于他的回忆。

虚弱，人们反对他；即使他身体健康，还是有人坚决反对他。现在我特别轻松，令我惊讶的是，我一点也不感到失落。显然，我从来就不是特别想当院长，而其他人当院长的愿望很强烈，让别人当院长更无可非议。所以继续竞选是错误的。无论如何，我特别高兴收到你的来信：改天再与你详谈。

你的

沙耶

致安娜·卡琳

1951 年 7 月 27 日［手写明信片］

全灵学院

倘若情况允许，我周一会给你打电话，但和雅斯贝尔斯[1]没有关系——他说的基本都是废话，他外表光鲜，但内心近乎空虚污秽，他在大陆玄学家眼中甚至是伪学家；荣
格[2]只是个骗子、一个纳粹分子，但是雅斯贝尔斯甚至还不 234
及荣格，一无是处，是个耻辱：如果你需要一个贤人，桑塔

[1] 卡尔·西奥多·雅斯贝尔斯（1883—1969），德国精神分析医师和存在主义哲学家，持续关注德国阴魂不散的纳粹主义，1948 年从海德堡大学调到巴塞尔大学。

[2] 卡尔·古斯塔夫·荣格（1875—1961），瑞士心理学家和精神分析医师，分析心理学的先驱，曾与弗洛伊德是朋友，但友谊短暂，之后两人成了竞争对手，他对纳粹主义的态度引发争议。

亚纳[1]或恩斯特·罗伯特·柯蒂斯[2]会是更好的选择。

你永远的

伯林

致罗兰·博登—穆勒

1951年7月28日

全灵学院

亲爱的罗兰：

这么长时间杳无音信，得向你道歉，这主要是因为在过去的两个月里全灵学院院长选举起起落落，这让大家身心疲惫。我无法用言语向你描绘这场选举。可怜的汉弗莱·萨姆纳突然离世，几经周折我们最终选出了他的接班人。斯帕洛也参加了竞选，但未能选上，他拜托我转达对你的问候。

等我见到你，我希望能详细地向你讲述这富有戏剧性的选举——相信我，发生了很多无法想象的事情，这些事情使得外界同时发生的更为重大的事件顿时黯然失色。由于学院的竞选，人们情绪亢奋紧张，以至于伯吉斯和麦克莱恩[3]也被

[1] 乔治·桑塔亚纳（1863—1952），原名豪尔赫·奥古斯丁·尼古拉斯·鲁伊斯·德·桑塔亚纳，西班牙裔美籍哲学家和作家。

[2] 恩斯特·罗伯特·柯蒂斯（1886—1956），德国学者，研究欧洲文学（尤其是中世纪文学），自1929年起任教于波恩大学。

[3] 在全灵学院院长选举期间，伯林参加了帕米拉·贝瑞夫人5月29日举办的晚宴。出席的贵宾中有约翰·贝杰曼、伊丽莎白·卡文迪许夫人（这是他们俩初次见面，从此他们结下了终身的友谊）、安东尼·布伦特。伯林的朋友盖伊·弗朗

人们忽略以致忘记了。竞争对手彼此相互伤害，个性人品得到惊人的展示，紧张的情绪有时令人无法承受。不过这些都已过去了，一切又恢复了平静，至少在表面上平静了。我们当选的院长很快就病倒[1]，他被送到私人疗养院疗养，由于选举的紧张与压力，他病倒也是在所难免。他可能正在恢复中。

这个大学里每个学生对选举的每一个进展都了如指掌[2]。莫里斯·鲍拉爵士从中获得许多乐趣。我则俯卧在地 235
上，筋疲力尽，不过正逐渐恢复。我已搬到全灵学院的新宿舍，宿舍比以前的好，这令我有些意外，门少了些，更安静，之前的宿舍像是法国闹剧的舞台布景。房间里暂时没有装电话，没电话挺好的。[……]

[……] 我现在的地址是全灵学院，我现在乐观平和。一切都很平静，等到明年，一切会更好。

你永远的

以赛亚

西斯·德·芒西·伯吉斯（1911—1963）接到邀请，但没有露面，令人意想不到的是，他是个苏联间谍，后来人们才知道，他于5月25日和他的间谍伙伴唐纳德·麦克莱恩一起叛逃到苏联。

[1] 6月20日，在庆典仪式上，有心脏病史的当选院长亨德森在多尼亚剧院心脏病再次发作。

[2] 比如休·特雷弗—罗珀致伯纳德·贝伦森的信，该信特别有意思，出自《牛津来信》（见原文第196页注1），第67—71页。（阿尔弗雷德）·莱斯利·罗斯随后出版的书——在内容上不如他写于同期但没出版的书丰富（《罗斯选集》，埃克塞特大学）——最引人注目的也许就是对伯林的描述，在他看来，伯林并不是一个“无足轻重的年轻学者”。《我那个时代的全灵学院》（伦敦，1993），第157页。

致迈伦·吉尔默

1951 年 8 月 10 日

全灵学院

亲爱的迈伦：

非常感谢你的来信。结束原有的生活，不管这生活有多单调枯燥，而开始新生活，不管这生活有多开心刺激，对我而言，是何等的艰难与痛苦，无法用言语描述。因此我对于回到哈佛，既期待又恐惧——只要是面对新环境、新经历，无论这环境与经历有多熟悉，我的心态几乎总是如此。我的时间似乎都投在振作精神干活上，结果总是不太理想，在为无足轻重的事耗尽大量的感情精力之后，开始稍事休息调整。我还是不要谈我自己了。

非常感谢你为我操心洛厄尔楼的住房事宜——我觉得布吕宁博士的房间[1]不错，如果我能住那，就很知足了。在英美历史学家会上我和埃利奥特·帕金斯简短说了几句话，纳米尔[2]就在他旁边站着。我很遗憾地告诉你。在这次会议上，我以飞快的速度朗读了我的一篇论德·迈斯特的论

[1] 海因里希·阿洛伊修斯·玛利亚·伊丽莎白·布吕宁（1885—1970），德国经济学家，中间党政治家，1930—1932 年任总理，1931—1932 年任外交部长；由于他拯救德国经济的措施不得人心，兴登堡总统迫使他辞职，1934 年逃离德国，1939—1952 年任哈佛大学政治学教授，1952—1955 年任科隆大学政治学教授。

[2] 刘易斯·伯恩斯坦·纳米尔（1888—1960），1931—1953 年任曼彻斯特大学现代历史教授；《个人印象》中有关于他的回忆。

文[1]。首次宣读该论文是在剑桥（英国），当时我被告之宣读时间有四十五分钟，五点十五分开始宣读，六点到六点半为讨论时间，根据会议传统六点半结束会议。我宣读了一小时三十五分钟，结束时几乎没人跟我客套，人们纷纷离开座位，迫不及待地冲出会议室。这一次，我想我得砍掉些内容，并且读得更快些，我几乎以最快的速度，读了一小时十 236
分钟，会议主席布洛根[2]在剑桥就已听过这篇论文，觉得超级无聊，不停地将写着“时间”（每个字母都超大）的纸条推到我面前。这让我惊慌失措，结果每页我就读两句话，没有任何连贯性——我自己都不知道在读什么，听众就更听不懂了。纳米尔向我抱怨说听不见，其他人几乎根本什么也不愿提。但是伯克可以告诉你这令人沮丧崩溃的经历。[……]我同意玛利亚[3]的观点，伯克聪明又讨人喜欢。1949年我离开纽约之前见到他，但是由于那天我的护照丢了，我有点心烦意乱。之后在牛津又见到他，我们打算一起去巴黎拜访赫尔岑的女儿。赫尔岑的女儿是加布里埃尔·莫诺夫人[4]，住在凡尔赛。不可否认，她最特别的地方就是她已经一百零一

[1] 见原文第211页和第646页注1。
[2] 丹尼斯·威廉斯·布洛根（1900—1974），1939—1968年任剑桥大学政治学教授。
[3] 马丁·爱德华·玛利亚（1924—2004），历史学家和苏联专家，自1951年起执教于哈佛大学，1954—1958年任历史学助理教授，1958—1964年任加州大学伯克利分校历史学助理教授，1964—1991年任历史学教授。
[4] 奥尔佳·赫尔岑（1850—1953），是亚历山大·赫尔岑的小女儿，她被玛维莎·冯·梅森巴格收养，1873年嫁给法国历史学家加布里埃尔·莫诺（1844—1951）。

岁了。但我担心成行——我指的是我不太可能去。马里尔秋天会来哈佛吗？根据他的话推测，我猜他会来。我希望他一切都很好，哈佛应该留住他这个俄罗斯专家，尽管他还有许多东西需要学习。我不是特别清楚他的想法，不过，无论他的想法如何，我都支持。也许你可以告诉我他的想法。

你永远的

以赛亚

致艾丽丝·詹姆斯

1951 年 8 月 14 日

全灵学院

亲爱的艾丽丝：

我早该给你写信，但是，你知道，由于诸多原因，信给耽搁了，其中之一就是我的字很丑很难看懂，而我的秘书又突然辞职了。想到要么让我的朋友受尽折磨去辨认猜测我的字，要么就让朋友们把我的信束之高阁，我就不想写。其二呢，是全灵学院的竞选，前任院长，著名的历史学家汉弗莱·萨姆纳的突然辞世带来一场危机，就连特罗洛普[1]也想象不到。人的激情欲望在学术风范的虚饰下勉强隐藏，如今
237 突然大爆发；老朋友翻脸，三四周来同事们彼此间不说一句

[1] 安东尼·特罗洛普（1815—1882），小说《院长》（1855）使他在文学上初获成功。

话，不愿对看一眼。指控与反指控阴沉了整片天空。最没希望的候选人却获得最多的票数，荒谬！最终，几个最有人气的候选人戏剧性地败北（其中有几个认为他们的当选是确定无疑的），最后我们杰出的经济学教授休伯特·亨德森爵士当选。他很谦虚、令人尊敬，当选院长对他而言也是出乎意料的，不过他会当好这个院长。莫里斯为各个参选的派别做了三首选举小诗，诗写得很精彩，但不能发表[1]。整个大学似乎都在议论这个选举。甚至连本科生都很了解，他们不仅知道大家如何投票，而且清楚每个人本打算把票投给谁，但最后又改变主意，之后又对此易辙作了那些解释。这就好比已经知晓结果、没有任何秘密的游戏，这游戏让人身心疲惫、令人厌恶，但游戏还在继续着。在当时真不可能提笔写信，我很高兴现在一切都过去了。

现在我已从新学院搬到全灵学院的宿舍，这是我住过的最好的宿舍。我准备搭乘“毛里塔尼亚”号去美国，我将于9月初到达纽约。我和埃利奥特·帕金斯在伦敦匆匆见了一面。他声称我10月后就能搬进洛厄尔楼布吕宁博士舒适的房间。我目前的计划是从纽约直接前往缅因州，我不打算去坎布里奇，准备在缅因州和罗兰·博登—穆勒相聚十天左右，然后再回到斯巴达式纪律严明、条件简陋的洛厄尔

[1] 现在以“竞选歌”出版，收录在莫里斯·鲍拉的《古钟楼里的新蝙蝠》或《松散的瓦片》，亨利·哈代与詹妮弗·霍姆斯编辑（牛津，2005）。

楼。这学期我真渴望能过上清静、几乎不用社交的生活，但是即使人在缅因州，如果我不想履行对莫洛夫人[1]、法兰克福特夫妇、罗尼·特利和在那儿的其他人的义务，我就得采取措施。我的行为模式一定有问题，这问题已经持续了四十多年，隐藏得很深，因为我做任何事，从来就没有按时完成过，而且我做的每一件事似乎都没做好：（如果）再多一些时间、再认真一些、再多一点耐心与计划，事情可能就会做得更好。我总是有忙不完的事情，我总是很迟上床睡觉。我每做一件事，事情还没做多久，但为了避免彻底的失败，我就得中断，这在我看来就好比在最关键、最重要的时刻拆毁一个精致的编织物一样。所以我总是向前猛冲，但到处碰壁，就好比一个美国学生，总在为考试而焦虑，总是在评论别人或被别人评论；我几乎没能过上一段平和的日子，得不到哪怕一丁点的宁静，而日子若要继续，心平气和是必不可少的。我从来就不觉得无聊——要做的事太多，而不是
238 太少。我什么都不懂，什么也没写成，想说的话也没说，想说些什么也不再记得。不久就会有人发现我的行为是多么空洞，人们会认为我虚张声势，然后游戏结束。接着又有许多当务之急的事情出现，我就这样持续快速运转，直到我一头撞到某些本来完全可以避开的障碍物，然后停了很长时间才

[1] 伊丽莎白·里弗·莫洛（1873—1955），婚前姓卡特，诗人，查尔斯·林德伯格和伯林的朋友与前同事奥布里·摩根的岳母。

回过神来，之后又以更快的速度转开。这在某种意义上就是讽刺。我突然以此来骚扰你，还得向你道歉，但在我看来，这夸张是有事实基础的。牛津的这个夏天特别安静，我也比较快乐，我告诫自己，下学期一定要控制与约束自己，让自己的生活计划井然有序、轻松体面。不过我猜，比我伟大的人物——托尔斯泰以及诗人们——也曾如此告诫过自己，但是我有他们的闲心，却没有他们的智慧，这对我而言是个悲惨的命运，像我这样尽情享乐肯定是可耻的。

我得停笔了，我只希望你能闯过这个鬼门关，早日康复，并对你与比利致以我最真挚的问候。想到9月份能见到你（希望如此），我就特别开心。

你永远的

以赛亚·B.

致汉密尔顿·费希·阿姆斯特朗

1951年8月16日［手稿］

全灵学院

亲爱的汉姆：

我一直在犹豫是否在10月前去纽约，因为我只有匆匆几个小时。9月初，我果真到了纽约，不过我直接去缅因州，然后再去哈佛，由于总是担心工作做不好，我像个中学生似的“努力学习”，不断延迟去纽约的行程，直到我或多或少有了自信，我才骑上我那始终看上去充满危险的坐

骑——一贯如此。我斗胆将我的文章[1]塞进信封。情况是这
样的：好几个月以前阿什科利不止一次写信批评我为你和
《纽约时报》、《大西洋月刊》写文章，但从未为他的杂志写
过文章，我得承认，我对他的《记者》评价不高，不过他本
人我是非常喜欢的。无论如何，受此威逼，我坐下来，写了
篇文章，并寄给他，同时解释说，我的文章可能对他的杂志
而言太长（他批评《外交事务》上的文章太冗长，全是些老
239 生常谈，如果是他，他会把这些统统删掉，等等），但我宁
愿文章被拒收或不发表，也不愿意砍掉部分章节或做修改。
他回了封信，对我的文章赞赏了一番，并寄给我一只漂亮的
圣诞火鸡，之后他就生病了，很长一段时间都没有音信。我
利用这个机会（很惭愧），写信告诉他（并非完全诚实）我
想要回这篇文章再补充些内容，这无疑将更不适合他的刊
物。他把稿件退还我，我手写添加了一两行，他让我 10 月
份再把稿子寄给他。无论发生什么，我下定决心绝不寄给
他。我不希望这篇文章出现在《记者》上；我已履行了对阿
什科利的义务。我宁愿这篇文章在你的杂志上发表，如果你
不要，就由《纽约时报》发表，如果他们也不要，那就不发
表。因为三四个月没有处理这篇文章（尽管他向我担保文章

[1]“最高统帅斯大林及其治理艺术”，《外交事务》第 30 期（1952），以笔名“O. 尤迪思”发表，在《苏联的心灵》中重印，标题为“人为辩证法”（伯林自己的标题），《外交事务》上的标题为副标题。

计划8月发表），阿什科利也就不敢再向我提要求了。

第二个问题更棘手。由于我与苏联有联系（我希望能继续），由于我曾拜访过不少无辜的苏联文人，我因此始终遵守一个原则，即不直接用我的真名发表任何与苏联有关的文章，否则可能给我曾访问过的文人带来大麻烦。我没有必要扩大麻烦。因此，如果我打算发表有关乔［斯大林］大叔的文章，就必须匿名或以笔名发表。理论上，作者的真实身份就只能保密，不能出现乔治·凯南类似的情况[1]。我为“伪辩证法”捏造了个假名约翰·O. 尤迪思，这个名字在希腊语里意指“无名小卒”，这名字会让你想起该词在《奥德赛》中的双关含义，在小说中奥德赛用这个词迷惑欺骗了独眼怪物。此外这名字听起来还有点像是立陶宛人或捷克人或斯洛维尼亚人的名字：让这篇文章的作者有眉有眼的。阿什科利和那个机密打字员也许知道这个秘密，此外就没人知情。他当然得正直诚实，这篇文章在哪儿或如何发表，对此不管他有何想法，他都必须深深地锁在他的心里。你曾匿名发表过文章吗？如果没有，我当然完全理解，因为此举可能累及许多人，显然我宁愿选择该文章彻底被禁。被禁也不愿意妥协让步——我真的没有选择。我只给一个人看过这篇文章，尼

[1] 1947年7月，“苏联行为的根源”以笔名“X”发表在《外交事务》上（以匿名发表是该期刊的惯例），该文为苏联“遏制论”辩护，但是很快地，人们就知道作者是乔治·凯南，而且该文出自他在1946年2月2日发给（美国）国务院的“长电报”，“长电报”曾轰动一时。

古拉斯·纳博科夫请求我让他刊登在他的《证据》[1] 上——这是巴黎的一个反苏联刊物。如果你确实想要这篇文章，那么请允许我让人把英文版翻译成德文、法文等，我将不胜感激。当然我本人是不会向任何人公开宣读这篇文章的，我的作者身份必须尽可能保密。不过我可以给纳博科夫一份复
240 印件，前提是他得庄严承诺不在任何地方发表（直到您回复），把它当作一封不知来源的信，只用于非正式场合的讨论，提供些零散的想法。我为这些絮絮叨叨——这些古怪的条件——乏味的老生常谈等等道歉。希望你能喜欢它，你知道我对自己写的任何东西都没有好感：如果你不想与这篇文章有任何瓜葛，请忘记这封信。[……]

你永远的

以赛亚·伯林

致詹妮弗·哈特

[1951 年 8 月，手稿]

[全灵学院]

[……] 这里静悄悄的，除了少数几个帮佣，几乎没有任何人。我的父母刚离开，他们真的很好。他们的个人习性

[1]《证据》(*Preuves*)，是一份反共产主义的刊物，弗朗索瓦·邦迪于 1951 年 3 月创办于巴黎。与文化自由代表大会（由中央情报局暗中支助）紧密合作，尼古拉斯·纳博科夫是秘书长。

让我感到温暖舒适。他们很黏我，但他们尽量不打扰我。他们的离开既让我伤感又使我松了口气，不过我很害怕有一天看到他们死去。我敢说我的很多特性都可以从这里找到原因。惠尔时不时地从我的窗下走过，他突然变得像个澳大利亚人，他非常抵制这个复杂的世界：他和丹巴宾 [1] 在草地上走来走去，我很开心自己不像他们。罗斯不在，这也让人很开心。斯帕洛突然登门，与我父母不期而遇，我父母很喜欢他。我喜欢深夜时分到灯火通明的无人之地溜达，突然发现龙尼格的身影 [2]，就是他，绝对不会错，半夜三更蹲在牛津大学图书馆的门口：他朝我猛冲过来，解释说他要到某地出席一个翻译董事会的面试，他有西装、有衬衫，但是他的鞋不配。他（问）我的鞋是几码？他的朋友穿的至少是 9 码：好像是所有的人就只有一双鞋。我的鞋不只一双，但都是 11 码（而他穿 7 码），他该怎么办呢？我给他一双 8/3^{d} 码的鞋，就走开了。他冲着我直嚷嚷："我知道我像马克思，可我连一卷的《资本论》也写不出来。而你也不是恩格斯：你会剃胡子吗？你认识要价便宜、善良仁慈的理发师吗？我要把整个胡子都剃掉吗？或像黎塞留那样留一小撮胡子？"显然，我生活的牛津与别人的牛津完全不同。为了让肚子小

[1] 托马斯·詹姆斯·丹巴宾（1911—1955），1937—1955 年任全灵学院研究员，1950—1955 年任学院财务主管，1945—1955 年任牛津大学古典考古学高级讲师；和惠尔一样，也是澳大利亚人。
[2] 一个流浪汉似的、离经叛道的知识分子。

一圈，我正在忍饥挨饿。[1] 我原本有三四圈的下巴明显少了
241 一圈。我瞒着父母，偷偷服伦敦江湖医生开的药片，这些药
片无疑对心脏有害，但我（必须吃这些药），因为我非常绝
望：如果我要工作，我就不能总挺着个大肚子，总是处于半
梦半醒、萎靡不振的状态。这些头痛、痔疮、突然的困乏、
溃疡、坐骨神经痛发生在那些有所成就的人身上还可理解，
是身心疲倦付出的代价。四十二岁还一事无成，却已耷拉着
松弛的肌肉，真可怕！我因此有了不同寻常的想法，通过节
242 食改善健康，并积极执行。[……]

[1]“医生告诉我，如果我不想痛苦地死去，我就必须减肥。”致罗兰·博登—穆勒，8 月 23 日。

1951—1952：哈佛大学与布林莫尔学院

面对黑压压的听众，我扯着嗓子，高谈阔论些毫无意义的东西；讲座前惊慌失措，讲座中情绪激昂，讲座后又惭愧万分[1]。 243

[1] 致玛丽安·法兰克福特，1952 年 2 月 23 日。

8 月 28 日伯林乘“毛里塔尼亚”号客轮前往纽约。

致埃德蒙·威尔逊

1951 年 9 月 1 日［手稿］

“毛里塔尼亚”号

亲爱的威尔逊：

我满怀内疚给你回信，不是因为我这么久才给你回信；我似乎总得花很长时间平衡各种事情，以照顾别人的各种情绪。我花在这上面的时间比花在做任何事情上的时间都多，这也许是中欧人典型的特性，不像俄罗斯人的性格。我这种行为和“多余人”[1] 一样纯属多余，只是名称不同而已（俄罗斯人认为他们非常清楚善与恶的区别，所以他们不需要那种复杂的思考）。你写信告诉我；你寄了张漂亮的圣诞贺卡给我，一定合我心意；你把你的继子 [2] 送到新学院。（天知道他是怎么想的，他和我，还有一群怪人一起吃饭：当时在场的有醉醺醺的考古学家——一个患有嗜酒狂症的古怪学者，满脑子都是盲目浪漫的爱国主义和极端无聊乏味的无稽之谈——还有戴维·塞西尔，无论他在文学研究上有何欠缺，但他却特别善于平息事端——我不知道他是如何评价我们的，不过，如果哪天有人告诉我说他认为我们全是神经

[1] 伯林此处原文为：a Lishni Chelovek，见原文第 220 页注 2。
[2] 亨利·H. M. 桑顿（生于 1932 年），银行家。

病，我也不会责备他。）你为我做了这么多事，我却连信都不给你回。虽然我常常提笔给你写信，但是总觉得除非我有话说，否则写信没意义：而我从来就没什么可说。一批难缠的俄罗斯学生老来骚扰我，他们要我给列夫·托尔斯泰写封信（托尔斯泰会见第 9000 个学生代表团，在我看来，像是比尔博姆的漫画）。他们的纠缠没完没了，以至于我每一次坐下来给你回信（想到西尔维斯特也曾渴望给你写信，但终究没写，这让我多少有些安慰。西尔维斯特是个绝对踏实的人，他有着法国人特有的清晰思维，他很清楚自己需要什么），给托尔斯泰写信这一荒谬的想法就总是突然跳出来。给托尔斯泰的信不能废话空话连篇，于是我终于开始思考托尔斯泰，并重读《战争与和平》的结尾，那段关于历史的收场白虽然“枯燥”但非常著名，而我一点也不觉得这结尾枯燥，反而觉得很有道理，比任何人都写得好，体现了作者惊人的判断力。我就此洋洋洒洒写了篇文章[1]，我准备将该文放在某个未命名的系列里出版，该系列到目前为止只出了一本书——《牛津斯拉夫论文集或研究》。如果你需要的话，我会寄给你。也许等你读到它，你会觉得废 245

[1]“列夫·托尔斯泰的历史怀疑主义”，《牛津斯拉夫论文集》第 2 期（1951），增添新内容（其中的一篇文章是献给杰斯帕·里德利）后重印，改名为“刺猬与狐狸：论托尔斯泰的历史观”（伦敦和纽约，1953），《俄国思想家》和《对人类的适当研究》也有转载。伯林后来宣称原稿是在两天之内一气呵成的。（迈克尔·伊格纳季耶夫采访伯林录音之二十四）

话连篇：可是在我撰写的时候，我觉得我是有话说的，现在我仍然这么认为。该文的中心主题来源于阿尔齐洛科斯[1]的一个诗句——孤立的一句话——我记得我在科德角曾在你面前引用过这句话，该诗句是："狐狸知道很多；但刺猬只通晓和专注一件大事。"我猜，这句话的意思是狐狸有许多计谋，但刺猬不会被猎人捕获，仅此一项本事就足以抵过狐狸的所有花招。也许把作家分成狐狸（莎士比亚、歌德、亚里士多德和其他的先知）和眼中只有重大事件、看问题不完整的刺猬（柏拉图、帕斯卡、普鲁斯特、陀思妥耶夫斯基、亨利·詹姆斯等）这两类不是很恰当，无论如何，这并不比"天真幼稚对多愁善感"等其他类似的评价和二分法更糟糕。我认为托尔斯泰在本质与天分上是对刺猬笃信不疑、并希望将自己活体解剖的狐狸。因此人人都知道他内心分裂。在某种程度上，我试图根据约瑟夫·德·迈斯特的观点，而不是从司汤达或卢梭（据说，卢梭激发了司汤达的创作灵感）角度来解读托尔斯泰这个人。约瑟夫·德·迈斯特是个尼采型的伪天主教徒式的人物，他其实很风趣。不过我现在不准备继续唠叨此事。我于这个月17日左右搬进哈佛大学的洛厄尔楼。我把你的地址丢了，圣诞节时不知落在哪儿，如果还有机会见到你，我会很开心

[1] 古希腊诗人（约前680—前645）。

的。我想问些事，比如斯彭德的传记[1]，我不觉得（显然是我的个人之见）他的传记写得不好，只是觉得不够吸引人罢了；说到伯吉斯和麦克莱恩，我还想问问有关那些英国诗人——“塔中的男孩”（康诺利是这么称呼他们的）——不可思议的行为。[2] 我写的简直就是天书，乱七八糟的，请见谅。

你永远的

以赛亚·伯林

西尔维斯特非常急切地向你表达他对你的爱与敬重，他从没对其他人如此表白过。我觉得他很令人敬佩，他的这一方式不太像英国人。

致玛丽和门德尔·伯林

1951 年 9 月 4 日［手稿］

“毛里塔尼亚”号

亲爱的爸妈：

几天的日光浴与美食让我焕然一新，太棒了！我晒得

[1]《世界中的世界》（伦敦，1951）。

[2] 在他叛变之前，伯吉斯和斯蒂芬·斯彭德在一起时，伯吉斯曾试图打电话给维斯坦·休·奥登。奥登在伯吉斯叛变的几天后就前往他意大利的度假别墅。奥登起初否认接到伯吉斯的电话，他最终回到美国，而没有回英国（英国的迈克尔·伊格纳季耶夫急于采访他）。由于斯彭德的诗作“塔”见于《诗集》（伦敦，1933），西里尔·康诺利将奥登这一流派的诗人称为“塔中的男孩”。

很黑（皮肤不再是“红色”，而成了“棕色”。作为抑郁病症老患者[1]，我得补充一句，除非不是很健康，否则不
246 需晒成棕色）。这艘船上的食物鲜美，服务也很到位。我来分析分析原因：(1) 因为这艘船不大，服务因此较好。(2) 这艘船行驶得非常平稳，比“玛丽女王”号或“伊丽莎白女王”号平稳五倍。那些乘坐过“卡罗尼亚”号的人说也比“卡罗尼亚”号平稳。昨天海上吹起一阵狂风——不是风暴，在船上却感觉不到摇晃。因此如果可能，我建议你们以后都搭乘“毛里塔尼亚”号，不要坐“玛丽女王”号（而且认识的朋友不多，因此休息的时间比较多）。船走了一天多，不过仅仅食物的质量就让你觉得很值得。我做了不少事，没什么好抱怨的：我一天内吃了2磅的牛肉，在太阳底下晒了30个小时，还理了发，完成了我的最后几篇英国评论。[……]

爱你们的

沙耶

伯林去哈佛大学报到前，先到罗兰·博登—穆勒在缅因州海岸的乡间别墅和他住了几天。这一年剩下的几个月伯林将在哈佛做访问教授，再一次开课，讲俄国知识分子与社会史。

[1] 伯林此处原文为：malade imaginaire。

致玛丽和门德尔·伯林

1951 年 9 月 7 日［手稿］

缅因州卡姆登雪松岩

由罗兰·博登—穆勒转交

亲爱的爸妈：

一切都很顺利。整个航行愉快而平静。我下午四点半抵达纽约。第一个来迎接我的人是我的朋友乔治·费歇尔，有人迎接总令人感觉特好，让人在异地他乡充满信心，即使在家乡有人接你，也是如此：让人为你送行总是有点悲伤，有人接总是令人愉快的。我的行李等好长时间都到齐，爸爸知道行李从自动扶梯出来不知有多慢，你得跑前跑后取回行李，等你收齐了，你还得排着长长的队等着海关检查；这些就花了好几个小时，其中一个箱子等了半小时才出现。最后那个箱子终于出现，约瑟夫[1]也赶到了，他还是一如既往地迟到和致歉。检查员终于来了。麻烦也接踵而至：其中一把钥匙（书箱的钥匙）坏了（为什么？），因此箱子要被强行打开。来了个人，不到十秒就打开箱子，然后用铁皮条五秒钟就封钉好。强行开箱，并麻利地封好，这和英国的做法很不一样。这些书要缴纳关税吗？是宗教机构的吗？不是？是教育机构的吗？不是？那么缴 50 美元关税。我要求见相关官员。我争辩了二十五分钟，他们

[1] 约瑟夫·科恩（1904—1986），出生于德国，科学家，多年来任哈伊姆·魏茨曼的私人助理和西弗研究所事务的美国代表，魏茨曼科学院欧洲委员会的执行副会长。

247 终于免除了关税。又问，我的书都是什么语种的？外文？我说有法文、德文等。什么叫“等”？真烦人。除了强行开锁外，其他都顺利过关。我已给伦敦的丘纳德写信，要他们赔我一把新锁，因为钥匙是在他们的船上弄坏的。看看他们会怎么说[1]。[……] 这个假期太爽了，凉爽的天气，法国厨师烹饪的美食。[哎呀，我的体重和在伦敦时一样——13.5 英石，我只能到哈佛后再吃得清淡些，在那儿诱惑会少些。不过我不吃面包和糖，其他来者不拒。我在这真的很开心，后天会给你们写信，给你们列一个生僻词汇表，这些词汇出现在科伯一篇关于格罗斯爸[2]的文章里的。该文发表在 8 月 30 日的《纽约客》上，诸如 moom-pichchehs（摘月人）、moving pictures（移动的影像），还有像 Miss Futchin-Tellekeh（算命小姐）等词。]

致罗兰 · 博登—穆勒

星期二晚上九点［邮戳日期 1951 年 9 月 19 日，手稿］

洛厄尔楼牧师的房间

亲爱的罗兰：

首先，我想上面的地址会让你开心。我在这儿布道式的

[1] 伯林此处原文为：Oovidim。

[2] 剧作家与幽默家阿瑟 · 格罗斯（1900—1975）写了许多故事，其故事的主人公有贝拉 · 格罗斯和她的父母——格罗斯妈与格罗斯爸。格罗斯的故事充斥着布朗克斯的生活与习语。在“布朗克斯的妥协”（《纽约客》，1951 年 9 月 1 日，第 5—8 页）这篇文章中，一些表达法如“moom-pichchehs”、“Miss Futchin-Tellekeh”吸引了伯林的注意。“-keh”在意第绪语中是阴性后缀。

讲学不会太久，尽管我的黑色礼帽的确让一些来来往往的本
科生私下里充满崇敬地议论我，毕恭毕敬地给我让路，如果
不是这顶黑色礼帽，他们也许不会那么做。我的旅程安全又
舒适，全程都有苹果和我特别喜爱的无花果（一大批无花果
很快就会运到——嚼着无花果我有一种奇异的乐趣，好比一
位来自东方的游客，独自一人在原始之地旅游，远古的习俗
把他和外面的世界隔离开——无疑有种返璞归真的感觉）。
尽管一个醉醺醺的士兵不停地讲着波兰笑话，使同船的游客
时不时哄堂大笑；他的脚有点瘸；他很年轻，成了船上的偶
像；但是我憎恶他耍酒疯，我的脑袋越埋越低，几乎就贴到
书上了，实际上由于极度的尴尬我什么也读不进去。随着船
越来越接近波士顿，这个士兵又是唱歌，又是讽刺奚落，跌
跌撞撞，不是自己摔倒，就是撞到咯咯笑的女孩们身上，甚
至还大肆诋毁欧洲，我在想一个人的世界有多珍贵呀！一个
人的行为与喜好有多么重要啊！我非常感谢你为我带来的那
一小圈柔和的光——换个环境我会窒息——并心潮澎湃地下
定决心，即使整个世界都与我背道而驰，我也要勇敢地挥舞
着旗帜，倡导文明的价值观与文明的人际交往。在这个国
家，在我的熟人中，只有你从来都不妥协。你应该获得维多
利亚十字勋章。和你在一起，让我觉得快乐舒适，而且在道 248
德上也熏陶了我，对此我不胜感激[1]。（十四小时后，我将体

[1] 伯林此处原文为：reconnaissant。

验）你的生活方式，我不知道我还能用哪些词来尽情赞美，昨晚（现在是星期三的上午十一点）我对你和你所做的一切充满了近乎无可挑剔的吹捧与奉承：部分是因为我确实这么认为；部分是因为我的周围突然间冒出那么多野蛮人。不过，有一个很友好的野蛮人到我的卧舱询问我是否住得习惯舒适，然后他百无聊赖地坐下来和我聊起发生在他的研究室里的麻烦与阴谋诡计。我深明事理地点着头，其实我并不是很理解，就好比马赛托[1]不太了解三一学院一样。（你的信刚收到，谢谢你信中的附件[2]和乔伊娜医生的地址[3]，我把水泵[4]弄坏，深感歉意，等等。）他一直聊到凌晨一点四十分才离开，我累得摊在床上。埃德蒙·威尔逊先生给我打来电话，邀请我吃晚饭，乔·艾尔索普也打电话给我，他的表现很勇敢。可怜的费尔班教授[5]，一个令人敬重的自由主义者，与我和你的女参议员[6]（如果曾有这么个人的话）一样奉行

[1] 罗兰·博登—穆勒的另一位客人。
[2]“附件”是一封信，伯林不小心把该信落在雪松岩。
[3]（詹姆斯）·克雷格·乔伊娜医生（1893—1978），一个纽约外科医生，伯林向罗兰·博登—穆勒要他的地址，也许伯林想了解有关其坐骨神经痛的问题。
[4] 出发前，伯林冲洗抽水马桶时用力过度，把水泵弄坏了，水不停地流了好几个小时。
[5] 约翰·金·费尔班（1907—1991），历史学家，中国研究的开创性专家，1946—1959 年任哈佛大学历史教授，1959—1977 年任历史学弗拉西斯·里·希金森讲席教授，1955—1973 年任东亚研究中心主任；他的妻子威尔玛是小阿瑟·施莱辛格的第一任妻子玛丽安·坎农·施莱辛格的妹妹。
[6] 玛格丽特·迈德琳·翠丝·史密斯（1897—1995），1940—1949 年任温和的共和党国会议员，1949—1973 年任缅因州参议员，是当选两院议员的首位女性；

中间路线，前共产党员路易斯·布登兹先生[1]在反美调查委员会[2]上指控他是共产党员。乔·艾尔索普是蒋介石的支持者，他强烈反对费尔班先生和他的倒蒋派，艾尔索普在他的专栏中写道，他相信这一指控毫无根据（言外之意就是布登兹在撒谎），并为被指控的倒蒋主义者辩护（我没有读过这个专栏，但是中间派和公正派都这么告诉我的）随即《先驱论坛报》——你的朋友海克斯齐先生[3]的“老板”——写了篇社论表明自己与艾尔索普对麦卡伦[4]委员会及其法律顾问的狂轰滥炸没有关系，并公开指责可怜的乔的反布登兹言论。249
随即参议员莱曼[5]试图把艾尔索普的文章“写进”《国会议事录》，但是（我从没听过类似的事件，你听说过吗？）遭到一群参议员的阻止，他们以对麦卡伦失礼为由，投票否决了

她 1950 年 6 月的演讲“良知宣言”是共和党内最早反对参议员麦卡锡策略的公开言论之一。

[1] 路易斯·弗兰西斯·布登兹（1891—1972），美国记者与作家，前共产主义社会活动家和苏联间谍，1945 年转身反对共产主义，协助联邦调查局，在许多共产主义案件审查中充当鉴定人；1946—1956 年任福德汉姆大学经济学教授。

[2] 调查反美活动的众议院情报委员会，拥有审查权，1938 年成立，1946 年成为常务委员会，1969 年更名为国家安全委员会。

[3] 奥古斯特·海克斯齐，1948—1956 年供职于纽约《先驱论坛报》，1956—1967 年任 20 世纪基金会会长，之后（1962—1964）任肯尼迪总统的特别艺术顾问。

[4] 帕特里克·安东尼（“派特”）·麦卡伦（1876—1954），1933—1954 年任内华达州参议员，坚定的反共主义者；1949—1953 年任参议院司法委员会主席，1950—1953 年任参议院内部安全小组委员会主席（SISS；麦卡伦委员会），该委员会被授予巨大的权力，调查在美的所谓的颠覆活动。

[5] 赫伯特·亨利·莱曼（原文如此）（1878—1963），主要的自由派政治家，1943—1946 年任联合国善后救济总署（UNNRRA）署长，纽约民主党参议员。

这一建议；没有一个人站起来支持莱曼。我是不是让你太激动了？我是不是准确地猜到你的情绪？噢，天哪！不过现在你确实该给海克斯齐先生写封信：你问问他——如果可能的话——为什么他的报纸要攻击艾尔索普；再写信问问你的参议员，为什么拒绝将一个基本上是右翼的可敬记者在某共和党报上的专栏文章收录到《国会议事录》？这一切很令人忧虑，我觉得比 1949 年的局势更糟糕。我真希望我此刻身在牛津或缅因州，对这些赤裸裸的现实一无所知。当然我很乐意参加 10 月 6 日晚上七点的晚宴，但总体而言，我不想去听音乐会[1]，甚至不想发表什么评论；我想回到我的书堆中，就像一个不谙世故的学者，我渴望这么做，但这是永远都不可能的。到目前为止我还真没见到什么人，只见到布灵登男孩[2]和法兰克福特夫妇，他们都不是当权派。法兰克福特夫人一点也不粗俗：我的朋友，《华盛顿邮报》的出版商菲利普·格雷厄姆，在哈佛给商人做演讲，这在这个时代是很时兴的，他含着泪求我千万不要去听他的演讲。我威胁他，说无论他如何祈求，我都照去不误，他竟崩溃了，非常焦躁、

[1] 10 月 6 日，波士顿交响乐团（指挥是查尔斯·芒奇），准备举办音乐会纪念瑟奇·库塞维斯基，他在 6 月刚刚去世。伯林一直很抵触这个音乐会的节目单：莫扎特的“共济会哀乐”、斯特劳斯的“死与净化”和柴可夫斯基的“第六交响曲”。
[2] 布灵登男孩是布灵登俱乐部的成员，布灵登俱乐部是牛津内一个（以伊顿公学校友为主）饮酒俱乐部；布灵登男孩在这指马库斯·迪克，马库斯·迪克是一个嗜酒的温彻斯特学院校友，1951 年 7 月他与塞西莉亚·雷切尔·巴克斯顿（1927—1995）结婚，1951—1952 年以英联邦研究员身份在哈佛访学一年。

痛苦，完全慌了手脚，一点也不像一个大商人。我得停笔了，我必须表现得像个真正的男人，我必须进那个牢笼，到员工俱乐部吃午饭，嘴上说着“很高兴见到你”。我必须、必须、必须去，但我真的不想去。再次谢谢你给予我一片绿洲——也许当我赞美说“舒适并快乐”时，我其实指的是“陶醉与快乐”？——没有其他的东西。阿姆利男爵[1]认为你的健康没问题，我听了很开心。我很向往那瀑布[2]，但我受不了多萝西·汤普森[3]的粗俗，1941年我们在哈佛见过面。

您永远的

以赛亚 250

致玛丽和门德尔·伯林

星期四［邮戳日期1951年9月21日，手稿］

马萨诸塞州坎布里奇洛厄尔楼J11号

亲爱的爸妈：

我终于平安地在洛厄尔楼J11号（就是信头的地址）安

[1] 巴斯尔·威廉·肖尔托·麦肯兹（1900—1983）和阿姆利男爵，继伯林之后，拜访罗兰·博登—穆勒，阿姆利男爵是老年病医生，他对罗兰·博登—穆勒的健康很有信心。

[2] 可能指佛蒙特瀑布，罗兰·博登—穆勒准备去探望路易斯·德·罗斯柴尔德，路易斯·德·罗斯柴尔德住在佛蒙特，但是罗兰·博登—穆勒可能无法成行，因为他必须去拜访多萝西·汤普森。

[3] 多萝西·汤普森（1894—1961），记者和播音员，1941—1958年任签约的政治评论员与专栏作家。

顿[1]下来。一切都很好。在缅因州的假日真爽：美食、宁静、充分的休息、工作，等等。现在又得开始忙得团团转了，但我下定决心，绝不超负荷运转。该拜访的人我都拜访了，一切都已安排妥当。我已与我的一些朋友见了面，今晚我得同法兰克福特夫妇一起吃晚饭，明天要安装收音机，等等。大家都很友好，大伙见到我就像见到老朋友一样。经过1949年的社交破冰，我想我现在能做到不让别人浪费我的时间，减少社交，投入工作。[……] 我的新房间比1949年住的房间（父亲来过）宽敞多了——大概有两倍大，屋内的家具还挺多的，沙发、扶手椅、三张木头椅子，等等，够我过体面的生活。等前任帝国总理[2]布吕宁“老狐狸”[3]——在我眼中他是一个特别邪恶的家伙——10月1日回科隆，我有可能搬到他的豪宅里。尽管他很邪恶，但能住他的房间，我就知足了[4]。我吃得很好，还有特殊待遇——早餐直接送到我房间，这个待遇的确很特殊。《犹太纪事报》的校样[5]已经寄到了，法兰克福特快速浏览了一遍，说还行。《外交

[1] 伯林此处原文为：installé。
[2] 伯林此处原文为：ex-Reichskanzler。
[3] 伯林此处原文为：der Alte Fuchs。
[4] 伯林此处原文为：Dayenu，逾越节的一首歌名，表达收到礼物后的感激之情。
[5] “犹太人的奴役与解放”的校样（《犹太纪事报》，1951年9月21日、9月28日和10月12日），1951年伯林访问以色列后写了这篇文章。人们为纪念耶路撒冷的希伯来大学成立二十五周年，准备出一卷书：《希伯来大学的花环：二十周年专题论文集》（伦敦，1952）。该书由诺尔曼·本特威奇编辑。为此伯林受委托，并写了这篇文章。该文在伯林去世后在《观念的力量》中重印。

事务》上的（匿名）文章还需花点时间修改，因为编辑要确凿具体的“信息”。我们拭目以待[1]［……］还有什么可以告诉你们呢？我现在工作状态很好：不累、不胖、不懒散，渴望读书，渴望写点东西。还能有比这状态更好的吗？我很少有这种状态。但是，如果我得在这儿生活一辈子，我会很沮丧，而且啥也做不了。［……］

非常爱你们，再见！

沙耶 251

致拉尔夫·埃德蒙·特纳[2]

1951年10月12日［副本］

洛厄尔楼

亲爱的特纳教授：

［……］关于元史学，当我发现这个术语源于我和我的同事阿兰·布洛克的一篇文章[3]时，我想您已经读过该文章——我有点吃惊——我想我该深感荣幸。我对此很质疑，但阿兰·布洛克非常肯定地告诉我，在牛津的一个学术会议上（他和我都出席）我用到这个术语。也许吧，我想这

[1] 伯林此处原文为：Oovidim。

[2] 拉尔夫·埃德蒙·特纳（1893—1964），美国文化史学家，1944—1946年任耶鲁大学历史教授。

[3] 阿兰·布洛克，“历史学家的目标：史学与元史学”，《今日历史》第1卷第2期（1951年2月），第5页。

个词该是“methistory”（元史学）[1],但是我的希腊文不好，显然，我也不再记得我当时用这个词具体指称什么。就我目前的记忆而言，我们当时在学术会议上讨论的是，历史学是不是也像其他学科一样，如物理学、神学或常识，有其特有的概念或分类；我们试图分析历史学家的中心词“因为”和“所以”的用法，并区分历史学家对这些词的用法与数学家、科学家与玄学家对该词的用法有何不同。我们最后得出什么结论，我记不清了，但我记得我坚持历史学家对该词的使用与普通人没什么区别。也就是说，历史学家对人的行为与事物所做出的假设都只是些常识性的假设，历史学家不同于物理学家、心理学家等，物理学家、心理学家等在使用类似词语时有其特殊意义。鉴于任何称为科学的学科只在严格界定的领域里使用这些关键词（或概念，或分类，其实最终都是一回事，在这里我们讨论的是因果关系词，但是像“证据”、“可能性”、“真理”等概念，其情形也与因果关系词差不多），史学，如果我正确的话，不是一门科学。于是就有了这些问题：(1) 为什么称有些史学为“科学的”史学，而有些史学却“不科学”？如此区分是因为某些史学某种意义上与自然科学一样需要采集证据——如古文书学、考古学等——或是出于其他原因？ (2) 是否专门史（如经济

[1] 因为在希腊语中，“meta”在送气元音前变成“meth”，就像“met[a]”+“hod[os]”就变成“meth-od”。

史、法学史等）使用的概念更狭义，更类似自然科学的概念？专门史采用的概念排除了普通历史和常识模糊涉及的大杂烩内涵。再者，显然还有那些更常见的问题，如历史学家使用的概念是宽泛的，还是“预先假定”其特殊的内涵？
（这一特殊内涵类似社会学定律，但却是模糊或还未经证实
的定律，因此可能更类似更为严谨的某些特殊科学定律。） 252
或者这种宽泛的“概念图式”（如那些占据人类各时期的概念图式——目的论相对机械因果关系，或是进化论观点相对静态无秩序的观点）是否有点类似于科林伍德[1]所说的“绝对的假定”？在这些领域，这样的概念有不同的内涵，应该使用另一个、或许更恰当的术语……如此等等。您瞧，就是这类问题。

那么，在那个令人遗憾的时间点，对历史学家有意无意采用的方法的探讨，我想，就是我曾经提到的“元史学”吧。在历史哲学领域，有些程式化的图式或模式用于分析历史事件如何彼此契合。通过分析（分析工作较不起眼，但却意义深远）那些一直在从事研究的历史学家们如何在他们的思维与著作中提出历史命题，可以判断历史学家们在什么情况下需要延续另一个历史命题，什么时候需要提出截然不同的命题；通过分析历史学家们在辩论时所依据的逻辑与真理

[1] 罗宾·乔治·科林伍德（1889—1943），哲学家、罗马史学家。至于“绝对的假定”，见“论形而上学”（牛津，1940），尤其是第5章。

的标准，可以区分历史学家的方法与实验心理学家、古文字学家或有机化学家等采用的武器有何不同。您瞧，这些长篇大论都是您自己招惹的，几乎相当于一个讲座。我向您道歉，衷心致歉。

至于我们的历史学家对历史“诱因”的质疑，我同意你的观点。没有必要深入研究汤因比设想的理论，汤因比设想的理论有时很令人兴奋，但终究不是很严肃，但是否认因果模式（不管他们知道与否）实际上存在于所有的历史“证据”中，是迂腐学究、无生气，甚至轻率的表现。纳米尔曾对我说，“历史感”就是知道为什么某些事情本不该发生；这在我看来是个很好的见解，它假设了一个理论框架（且用这个华而不实的词汇），这个理论框架自动剔除一些隐含的历史后果，将其归结为“不可能”，而且历史学家（非元历史学家）不一定非得说明背后的原因，但尽管如此，感兴趣的学者还是可以仔细研究并有可能找出原因，因为他们对人们如何思考那些经久不衰的话题，或他们觉得自己应该怎样思考那些经久不衰的话题饶有兴趣。

希望我讲得还算清楚。如果含糊不清，我再次道歉。我对这个话题一直很感兴趣。英国血统的哲学家对该话题格外不感冒，谈论得非常少，如果一大堆形而上学的德国人拥入他们害怕涉及的领域，并扬起大片尘土以至于人们抱怨看不清方向时，他们就会质疑所有这些探讨，认为这些讨论含糊

不清，缺乏科学性，有点江湖骗术的味道。真没有必要这样。哲学家虽然只是偶尔读历史，但相对物理学或数学，他 253
们对历史更了解，对物理学或数学知之甚少。因此，讨论历史更能发挥他们的作用。[……]

您永远的

以赛亚·伯林

致玛丽和门德尔·伯林

1951 年 10 月 21 日［手稿］

洛厄尔楼

亲爱的爸妈：

如果我的信写得很短，原谅我。我全身心扑在工作上，让我用长篇大论写日常琐事[1]真的不太可能。不过我当然会经常给你们写信。我挺好的，痔疮没有复发的迹象，我想这得归功于血液循环的改善。这是少食油腻食物、减轻体重的结果（我现在 178 磅，我想体重就减到这，我或多或少该正常饮食了）——十年来，我第一次感觉这么良好。我现在意识到午饭、晚饭吃得太饱——无论是在家还是在外——对我都是致命的：生病、中断工作、早上昏昏欲睡，等等；在这我感觉好多了。显然我不能吃面包、土豆、糖果。我的生活现在很正常：晚上十二点上床，上午九点吃早餐。没有什么

[1] 伯林此处原文为：Bytovyy Zapiski。

需要汇报的，没有认识新朋友，不仅如此还避免见老朋友，否则我就没有时间工作。每周四节课，再加上准备布林莫尔学院的讲座，这些几乎占据了我所有的时间。我把哈佛当作修道院，只要有可能我就钻进图书馆。[……] 我讲的课由私人秘书记录下来，所以应该是存档了。我拒绝给任何协会等做演讲，做自己的事情我更快乐。等我一完成布林莫尔学院这本书，我就准备着手写一本大部头的书（别林斯基等）的第一卷，目前我正在收集相关资料。[……]

爱你们的

沙耶

致汉密尔顿·费希·阿姆斯特朗

1951 年 10 月 30 日

洛厄尔楼

亲爱的汉姆：

请原谅我拖了这么久，不过尤迪思先生一直以来身体不太好，劳累过度了。他下周六会来纽约，不过只稍作停留——只逗留四五个小时——这么短的时间做不了什么事。不过在我的高压下，他会在半个月内（我猜）完成他的任
254 务，你很快就会拿到文章。目前他对社交出奇地反感。不过无论如何，等他事情做完（无论如何也得到 12 月中旬），他可能会恢复社交兴趣。当然，我会及时向你通报这个极度令人不满的人的最新情况。

收到你的电报[1]前，文章已写好。我注意到，你的沟通风格坚定而执着，这种风格并不令人陌生，这是一个长期受气但豁达宽容的耐心编辑在长期与一个特别急躁、马虎低效的作者打交道的过程中形成的。这个作者最终还是响应并致歉了，尽管拖拖拉拉（这使得双方都恼火，对大家都无益），但最终还是交了稿，这一切只有最大度的编辑才能包容。[……]

致汉密尔顿·费希·阿姆斯特朗

1951 年 11 月 20 日

洛厄尔楼

亲爱的汉姆：

非常感谢你的来信。我发现上周日的《纽约时报》刊登了一篇阿兰·约翰·珀西瓦尔·泰勒先生的文章，他对乔·斯大林大叔有不同的看法，[2]不过尤迪思先生仍坚持他的观点。我想署名问题最好还是按原计划。时间会泄露一切的。这世上至少有 12 个人知道这篇文章的真实作者，然而，对文章涉及的这个国家的可能受害者而言，

[1] 日期是 11 月 1 日；电报上写道："很高兴你准备对尤迪思博士施压，这样我们 11 月中旬就可以收到我们渴望已久的终稿。你的采访高效，而且很受欢迎。谢谢你。"

[2]"政治家斯大林：档案回顾"，《纽约时报》1951 年 11 月 18 日第 9 版，第 53—57、59—60 页。副标题为："仔细研究俄罗斯的外交政策发现他是一个强硬而神经质的人，没有真本领"。

不暴露作者真名在我看来是很现实的。只要真名没有暴露，质疑的空间还在，他们的生命（我愿意这么想）就不会（或少）受到威胁。深入考虑这个问题，我就想彻底阻止发表该文，理由是你不应该自己冒最小的风险，而将其他人置于如此危险的境地。（从来就没有这么多的人从这么少的人那儿获得这么多的东西，而且时间这么久。这句话不是出自尤迪思先生的手稿，你可以算幸运的了。）我尽量驱散这个想法，尤迪思先生就是我隔着现实的薄纱，我掩耳盗铃地把我所有再明显不过的特征藏在这层薄纱后面。

自从尤迪思先生上次寄给你那封信后，他想起了一桩事情，就只有一桩事，就是后来补充的那一点（关于伪辩
255 证法的存活概率）是否有必要从潦草的稿件中删除。也许该提到，这很像长期的全民军事动员，发动普通苏联民众入伍并参与军队的各方面工作——（在这方面）德国人和俄罗斯人最典型——如果举国上下完全军事化，平民百姓严阵以待，那么这种状态能持续这么久一点也不奇怪，同样地，我们还不能想当然地认为其内在的恶一定会颠覆这个政权（就像我们的朋友 X 先生[1]，他就坚信内在的恶必定会颠覆政权）。前几天有人告诉我有人和那两个苏联飞行

[1] 乔治·凯南（见原文第 38 页注 7）。

员[1]中一个谈话——那个没有返回苏联的飞行员，他们的谈话给我留下深刻的印象。有人问他，为什么他的同伴执意回苏联（我记不清他们的名字，我想一个叫皮罗戈夫，但我不知道他是留下的那位，还是回苏联的那位）。他回答说，人们带着他们在弗吉尼亚转一圈之后，就把他们安置在纽约的一套公寓里，并给他们一大笔钱，却不让他们做任何事。那个最终回国的飞行员发现这种生活比苏联劳改营的生活更让他无法忍受。这也许有些夸张，但却有一定的道理。显然在我们这个国家，那些与“逃兵”打交道的人也发现了同样的问题——如何组织他们做些机械、刻板、耗时的事，以防他们觉得百无聊赖。

如果你认真思考军队生活这个类比，我能请你——你现在已经非常熟悉尤迪思先生和他那可怕的写作风格与语法——写一两句话（吗）（作为论据，用于文章某个部分）？其大意是，当前局势突然变得很紧张，该体制极有可能走些难以预测的弯路，在这种形势下问官员和受他们

[1] 1948 年 10 月，苏联空军的两个飞行员阿纳托·巴索夫（大概生于 1917 年）和彼特·阿法那西维奇·皮罗戈夫驾驶飞机降落在奥地利的美军基地，批判苏联当局政权，并提出他们要去美国。这让美国政府有点为难，但稍后美国还是接纳了他们。皮罗戈夫将他的叛逃经历写成书，并定居弗吉尼亚州（这个飞行员是通过“美国之音”了解了弗吉尼亚州，并为该州所吸引），可是几个月后巴索夫就后悔自己的叛逃行为，并联系苏联使馆，希望能回到苏联。在皮罗戈夫的警告下，美国政府即刻以签证违法为由将他驱逐出境，并遣送到奥地利，让他自己选择是否从奥地利回到苏联，1949 年 8 月，他真的回苏联了。

控制的广大民众还能忍受多久这样的问题是错误的。一旦军队生活条件与纪律得以执行贯彻，只要民众没有受到生命威胁或伤害，在那些更追求安逸的国家看来，民众似乎就能无限期地忍下去；农民阶级受到严格控制，他们的生命遭到随意践踏，但他们几乎就没想过要反抗或闹暴动；18 世纪或 19 世纪的俄罗斯农民在军队中服役几十年、忍受几十年，但就是没有发生过大暴动。不到一个世纪前的
256 农奴解放对农奴的心理影响，也不像人们通常想象的或像文明人所希望的那么大。在高压统治下，无论管理如何低效，无论付出多大的生命与财产的代价，一切仍旧按部就班，人们仍旧逆来顺受；相对于另一种体制（在该体制中，最终的责任全落在敢于摸索、忧心忡忡的人物身上）而言，在高压统治下民众闹分裂的可能性更小。因此斯大林先生（我希望你能保留“先生”这个字眼）被接替后，苏联爆发起义暴动的可能性比他当政时（尽管他的统治压抑、专制、残暴）会更大。不过我也许已在文章中提到这一点。如果我的文章已讲到这一点，我又在这重复了一遍，我得向你道歉。

我渴望见到你。如果走得开，我计划 11 月 10 日左右会来度周末，如果走不开，可能会和宁·莱恩一起度周末。我一定会提早通知你，我更愿意和你一起吃顿饭，基本就我们俩，这似乎有点偏执。我特别向往舒适安逸与私人的生活，事情越简单、越少，也就越好。

你永远的

以赛亚·伯林

你知道“grammar”（语法）与“glamour”（魅力）是同一个词吗？“grammar”是从“grimoire”演变而来的。如果需要进一步的解释，我见到你时再和你解释。

致塞缪尔·H. 保罗夫人[1]

1951年11月20日

洛厄尔楼

亲爱的保罗夫人：

谢谢你11月12日的来信。我还不确定我的讲座用什么题目最好，或许就叫“浪漫主义时期的政治思想”，如果你觉得还行的话，可以加上“1760—1830”。我一直在找一个标题能表达我真正想谈的内容；比如一个特别时期，在这个时期，出现了现代政治学和社会学观点，各种相斥思想都有了经典的阐述，而当今的争论仍在纠结那些早年就已清晰界定的旧概念。我想避开像“源头”、“基础”之类的词语，因为这会让我致力于谈论像马基雅维利、霍布斯、洛克等。他们也许是这些思想的源头，但我认为他们实际上是这些思想的先驱，而且就表达方式而言，这些概念显然也

[1] 布林莫尔学院院长凯瑟琳·麦克布莱德的助手。

已完全过时了〈因此我想了一个替代标题“现代政治思想的兴起与形成”〉。如果您想到的标题更简练，我将不胜感激。〈也许第一个作标题，第二个作副标题。我把标题的决
257 定权就留给您吧。〉至于独立的讲座话题，我有如下建议：(1)“自然概念与政治科学”（爱尔维修和霍尔巴赫）[1]；(2)“政治自由与伦理法则”（康德和卢梭）；(3)“自由主义与浪漫主义”（费希特[2]和约翰·斯图尔特·密尔）；(4)“个人自由与历史进程”（赫尔德[3]和黑格尔）；(5)“社会体制与黄金时代”（圣西门及其追随者）；(6)“反革命”（迈斯特和格雷斯）[4]。

希望这些讲座您觉得合适。如果您还有补充或想换题，尤其是如果这些题目在您看来太苍白，我可以试着再换题。

非常感谢您为我母亲到美国的访问所做的准备，但是她是否来美国还不确定。

您诚挚的

以赛亚·伯林

[1] 克劳德·阿德里恩·爱尔维修（1715—1771），法国功利主义哲学家；保罗·亨利·瑟利·霍尔巴赫男爵（1723—1789），哲学家，激烈反对宗教，生于德国，但在法国长大。两人都是《百科全书》撰稿人。

[2] 约翰·戈特利布·费希特（1762—1814），德国理想主义哲学家和民族主义者。

[3] 约翰·戈特弗里德·赫尔德（1744—1803），德国浪漫主义哲学家、诗人、批评家、倡导和平的民族主义者。

[4] 约翰·约瑟夫·冯·格雷斯（1776—1848），德国作家和政治社会活动家，早年信奉共和主义，后信奉自由民族主义，坚决反对拿破仑。

致克莱丽莎·丘吉尔

[1951 年 11 月？日，手稿]

洛厄尔楼

亲爱的克莱丽莎：

好久不见，我突然变得很怀旧，很想念过去的黄金岁
月。特别想见你：你好吗？你在做什么？你是否颇为知足？
繁忙的工作与禁食让我介于沮丧与麻木的中间状态，医生的
威胁总让我万分惊恐，我不得不禁食。相比第一次，我在哈
佛的第二次访学从某种意义上说让我更开心——同样的脸
孔，同样的亲切友好，学生们满脸都是对知识的渴望，依旧
那么感动我，但是气候也依然很干燥，生活依旧单调、缺乏
活力——如果不是时刻想着可以回去，我简直没法坚持下去，
也写不了任何东西，因为中央空调恒定的温度令人沮丧，并
抽干了所有的想象力与情感。到处都很干燥、乏味。决定来
哈佛这个修道院后，我真的来了；我拒绝去华盛顿，哪怕一
次也不去；但去了趟纽约，只为了去听托斯卡尼尼指挥的音
乐会。在我眼中，他是当今世界上最伟大的指挥家。在其演
出的最后阶段，所有马戏团团长那种意大利式的丰富表现力
不见了，只留下不加任何渲染的、超验的美妙品质，就好比
诗人在他们充满嘲讽的对位创作的最后阶段露出骨骼，达到
了 X 光通透的效果，并获得了终极真理与绝对的客观，丝毫 258
没有艺术家入侵的痕迹。他的表演就像神话学历史学家构想
的自然进程或历史进程：步入了一个不可阻挡的阶段，所有

的批评声都安静了，完全征服了人们的感官、爱好及对事物的苛求。我不能再继续我的热烈赞美。一定给我写信。我一个人太孤单了，孤单闭塞很痛苦的。我听说乔治·威登菲尔德准备和简·西弗[1]结婚，这个婚姻很不合适。如果你告诉我他在恋爱，我不相信，也不在乎——无论发生什么，这都是一个中欧喜剧。据说朱迪·蒙塔古准备嫁给一个粗俗的美国人[2]。我第一次（也是唯一的一次）见到他，就不喜欢他。我还单身，这也引来不少猜疑：快和伯吉斯差不多了[3]。你还好吗？你有新朋友吗？这个新政府让你兴奋否？［……］你当真爱上嘉宝小姐？我觉得她做作，难应付，当然她很漂亮、健康、正常，但举止像个男人，很平凡。我的判断有错吗？我需要你的来信与鼓励。

深爱你的

以赛亚

[1] 乔治·威登菲尔德与泰迪·西弗（他的兄弟伊斯雷尔和西蒙·马科斯是马科斯和斯宾塞公司的联合总经理）的女儿简·西弗（生于 1931 年）恋爱不久即于 1952 年 1 月结婚，两人的婚姻 1954 年破裂。

[2] 雷·利文斯顿·墨菲（1923—1953），作家、艺术收藏家。“在其早逝后，他的母亲悲伤至极，并搬到他纽约的房子里，屋里堆满了她儿子快速升值的艺术收藏品，深居简出。”“其纽约的房子是他最后居住的私宅，位于公园道，坐落在高楼大厦之间。”（《泰晤士报》1985 年 11 月 6 日第 16 版）

[3] 许多人怀疑伯林是同性恋，玛丽埃塔·特利可能是其中的质疑者之一，她曾怀疑她的一个朋友（应指伯林）是同性恋，因为“他只对一个女孩感兴趣，而那女孩在性生活上放荡不羁”；她应该知道伯林对帕特里西娅·德·本德恩的感情，但可能不知道伯林已向詹妮弗·哈特表示了他的爱慕之情。卡洛琳·西博姆，《无憾》（纽约，1997），第 318 页。

致安娜·卡琳

1951 年 12 月 11 日[1]

洛厄尔楼

亲爱的 N：

匆匆去信，算是对你来信半正式的回复吧。你对我在电台做讲话节目的日期[2]满腹牢骚，情况是这样的。我现在正处于歇斯底里的忙乱状态，每天都在准备讲座的初稿，这是事实。而且可以肯定，终稿一定要等到 2 月 11 日讲座前才能出炉。在 3 月下旬讲座结束时，显然，我不需要马上提交稿件出版。尽管我有充足的材料——有上帝的保佑和打印这封信的女士的帮助；相对于上帝的保佑，我更依赖打字小妹的帮助——能保证 259
讲座顺利进行，但是这些材料凌乱不堪，没有任何参考文献。仅没有参考文献这一点就不能证实与支持其中的结论，但实际上我本人已经核实过了。你很容易注意到，在观众面前滔滔不绝地做讲座是一回事，而将文字印刷出版，即使是在像《听众》这样的杂志上发表，却是完全不同的另一回事。我大概于 4 月底回到英国。我会带回以下材料：(1) 讲座的初稿，部分是打印稿，部分还是我的手写稿；(2) 可能还有一份讲座的录音脚

[1] 安娜·卡琳评注："格莱斯伍德先生 / 我想你应该读读这封信（包括附言），NK"。

[2] 伯林已经同意在第三套节目中重复他将在布林莫尔学院做的玛丽·弗莱克斯纳讲座（也同意《听众》发表他在第三套节目中的讲话）。最初的计划是伯林一从美国回来就做该节目。

本；[1]（3）各处收集的旧文献，这些还不完整，也许与原文也不相符，还需要通过大量布伦特式的研究[2]进行增补，这样才能做到客观、真实、可靠。因此，我至少需要三个月的时间去整理这些原始资料，然后才能将稿件交付牛津出版社。（我论文的核心主要来源于我演讲过程中真正讲到的内容，而不是这个演讲该讲的内容。）如果我 5 月份开始工作，恐怕 8 月前（如果 8 月能交稿的话）还没法交稿。1953 年之前我没打算把稿件交给这里（美国）的出版社，尽管我的稿件在 1952 年之前，如 1952 年 11 月，就能整理完毕。另一方面，如果顺利的话，到 8 月底或 9 月初，我的文稿将基本整理就绪，那么广播讲话稿将在此基础上进行压缩，并基本成形。我知道你在删减、压缩、突出讲话内容方面能创造奇迹，但是 4 月底前我没法整理好讲稿交到你神奇的手中，而 4 月底无论如何都有点迟了。而且该文稿中针对某些话题的陈述，我不敢担保其出处的精确性，其背后数量巨大的参考文献只能依赖于仁慈的学者自己。至于吹毛求疵的对手，那就不敢去想了。我想无论你还是英国广播公司都不愿意在《听众》上刊登这样的文章。你可能会问我，在建议 5 月交稿的时候，为什么

[1] 但始终没有找到录音文字——如果曾经存在的话。

[2] 指安东尼·弗雷德里克·布伦特（1907—1983）采用的深入研究与广泛研究。安东尼·弗雷德里克·布伦特是个艺术史学家，普桑研究的权威，前共产党间谍；1945—1952 年任国王画像的鉴定专家，1947—1974 年任科陶德艺术学院院长；皇后画像的鉴定专家。

以前就没有考虑到这些。对此我的回答是——总是和以前一样——错误，完全是我的错，我估错了写书及文献标注所需的时间。我不否认到5月份我能拿出某种纯理论的即兴讲稿，但是那也不能在《听众》上发表[1]，这不是《听众》想要的那种稿件。主要是由于5月初我的讲稿压缩版可能出不来，我 260
怀着无限的内疚，并以死不悔改的奥勃洛摩夫式的本性[2]，请求延期到10月或是11月，并向你神圣地承诺9月一定将可任意删减的文稿交到你手中。这样稿件可以有很大的改进；如果有扎实的研究（尽管未必在文中出现）支撑，稿件也会写得更好；如果把混乱不堪的初稿交给你［而实际上你是可以拿到完整通顺的终稿（尽管写得不好，尽管枯燥无味）］，会让我惭愧万分，也会让你不开心。无论如何4月底之前我不会回国。还能剩下多少时间准备稿子呢！想象一下9月份最后阶段的狂赶与匆忙（总会出许多差错，接着又道歉），9月份肯定还不能做到悠闲自得、平心静气、修身养性。请一定代我向哈曼·格莱斯伍德等致以我最谦卑的歉意——我知道这个借口只能在万不得已时用一次。

在这种不愉快的状态下，我以我剩下的最后一点力气向

[1] 电台讲座的内容没有在《听众》上发表（或者可能登在其他地方）：《听众》的编辑因伯林文章太长，没有刊登。

[2] 伊万·冈察洛夫的小说《奥勃洛摩夫》（1859）中与小说名同名的男主人公奥勃洛摩夫成天做着白日梦，他几乎一生都待在他的房间里，总是穿着睡衣，躺在床上，完全失去了决策与行动的能力，一辈子一事无成。

你问好。

你永远的

沙耶

附言：〈如果你打算把信给别人看，一定要删减一些内容。〉提到温德[1]的候选事宜，我会给卡恩[2]写信，告诉他我觉得温德非常优秀，他不仅才华横溢，而且特别乐观豁达。不过我听说布伦特，可能还有博斯，对莱兰兹[3]和院长[4]有决定性的影响力，莱兰兹和院长有可能受他们的影响阻止温德入选。情况是这样的吗？还有其他什么事我能尽点力？我对这个事情真的很热衷。国王学院如果把这个岗位给目前提到的其他人，国王学院将因此蒙羞。

哈佛大学的讲座一结束，伯林就到华盛顿和纽约休假。

261 但是全灵学院传来了令他震惊的消息。

[1] 埃德加·温德，剑桥大学国王学院一研究岗位的候选人；伯林正在为他疏通关系，为他拉票。

[2] 理查德·费迪南德·卡恩（1905—1989），后（1965）受封卡恩男爵，1930—1989 年任剑桥大学国王学院研究员，1946—1951 年任大学财务主管，1951—1972 年任剑桥大学经济学教授。

[3] 乔治·汉弗莱·沃尔弗斯坦（“达迪”）·莱兰兹（1902—1999），文学研究学者，剧院导演与演员，1927—1999 年任剑桥大学国王学院研究员，1935—1962 年任剑桥大学英语文学讲师。

[4] 约翰·崔西德·谢泼德爵士（1881—1968），古典学家，1933—1954 年任剑桥大学国王学院院长。

致玛丽和门德尔·伯林

1952年1月2日［手稿］

洛厄尔楼

亲爱的妈妈爸爸：

我现在人在纽约，住在塞缪（尔）·伯尔曼[1]的公寓里。我的假期很快就结束了。我在坎布里奇努力工作到12月24日：完成了讲座［……］到布林莫尔学院宣读了一篇哲学论文[2]（又回到乱哄哄的热闹场面），获得意想不到的成功，准备将来发表（我预测我的小论文集将比长篇著作更有价值）。从那儿我直接去华盛顿和菲利克斯相聚（火车上碰到科莱克[3]，之后又碰到托斯科·费维尔[4]。他们不无调侃地告诉我，威登菲尔德已经屈服了，正准备和泰迪·西弗[5]的女儿结婚。我猜，钱就是钱，即使是英镑）。那儿令人陶醉，两

[1] 塞缪（尔）·纳桑·伯尔曼*（1893—1973），美国剧作家。

[2] 1951年12月美国哲学协会在布林莫尔学院召开大会，在莫顿·怀特主持的学术报告会上，伯林朗读了论文“综合先验命题”，对威尔弗里德·塞拉斯做出回应。

[3] 西奥多（“泰迪”）·科莱克*（1911—2007），以色列独立前在哈加纳和犹太事务局工作，独立后供职于以色列外交部，1952—1965年任总理办公室主任。

[4] 托斯科·拉斐尔·费维尔（1907—1985），原名拉斐尔·约瑟夫·费威尔，是坚定的犹太复国主义者伯特霍尔德·费威尔（哈伊姆·魏茨曼的朋友）的儿子，记者、播音员、作家、编辑、社会学家；接她的好朋友乔治·奥韦尔的班，1945—1950年任《论坛报》的文学编辑；文化自由大会成员，1953年协助创办《文汇》。

[5]（约瑟夫）·爱德华（“泰迪”）·西弗（1905—1982），马科斯和斯宾塞公司的总经理助理（1946—1963），后（1963—1972）接他哥哥伊斯雷尔的班，任联合总经理和董事会主席（1967—1972）。

人都让我转达对菲利克斯的问候。我还偷偷溜去拜访文森[1]（认识他，我有点惭愧），他比以前胖多了，很妒忌我的“苗条”[2]（我尽量拍张照片给你们看看），文森夫妇对我非常热情，用俄罗斯美食招待我，这对我备受嫉妒并努力保持的体形可不利。我见到了波伦，还遇到艾奇逊，他很友好，但也很像你我[3]：我总是希望政治家都能像温斯顿和魏茨曼一样有良知，或者像贝文，有自己的核心价值——只有这样政治家才能领导别人。艾奇逊，虽然正直诚实、绅士、智慧、高
262 尚、文明等，但只是一个有着英国背景、受过良好教育的律师，他还需要有自己的坚定信念。杜鲁门的所有地方主义行为后就有这么个信念支撑着，他对自己内心的价值观念特别坚定执着，但是温斯顿的手段[4]却让他们所有人害怕恐慌，大家就像年迈老鹰面前的小鸡，所有人都揣着口袋，以

[1] 安德烈·文森（约 1899—1971），出生于俄罗斯，但加入美国国籍；作家，《华盛顿邮报》和《读者文摘》的国际通讯员。他的妻子阿茜娅（1911—1983），婚前叫鲁宾斯坦，担任《美术报》的责任编辑多年。

[2] 据有点强壮的莫里斯·鲍拉说，伯林回到牛津时，他“瘦得吓人”。1952 年 4 月 27 日致艾丽丝·詹姆斯的信［牛津大学瓦德汉姆学院档案室］。

[3] 参见：“我感觉斯蒂文森和艾登一样都很友好，尽管斯蒂文森比艾登待人更友好。搞政治需要这样的人，他们爱政治，他们热衷于斗争，他们的某些品质让他们在私生活中很无趣，但在公共事务上却特别擅长，并让人信赖。我相信无论斯蒂文森还是艾登都对政治不感兴趣。如果一个人对政治不感兴趣就做不好。而罗斯福、杜鲁门、丘吉尔，甚至麦卡锡和墨索里尼，无论他们做什么，他们都乐在其中，根据具体情况，其结果可能有益，也可能令人反感，但总能达到预期效果。”致亨利·布兰登，1955 年 5 月 2 日。

[4] 1951 年 10 月 25 日的大选使英国政府又回到保守党执政，温斯顿·丘吉尔再次当选首相。1952 年 1 月 5 日他到达美国参加在美国与加拿大举行的会谈。

防这个老男孩在他们沉浸于辉煌与荣耀而忘乎所以的时刻偷走或骗走他们的东西。很可笑。我见到了弗兰克斯，他很焦虑但很友好；以及摩根夫妇[1]，他们俩都很友好，她很真实、很可爱；还有格雷厄姆夫人。之后我回到纽约（见到普里查德，也是个可怜人，刚刚从监狱里释放出来[2]，令人怜悯，他对所有的朋友都很友善，法兰克福特等人也迫切地展示对他的友爱）。今晚我去看歌剧。[……]

[……] 斯帕洛给我写了封信，信的内容涉及全灵学院，信中暗示亨德森由于心脏问题可能辞职，因此我们的局势又将再度混乱——斯帕洛暗示我应该回去加入这场即将开始的混战。我回信说我不准备像上次那样参与竞选——我真的不想当院长——这对我是个莫大的精神负担。弗莱克斯纳系列讲座不能中途突然放弃，如果出现可怕的危机，倒不妨通知我，如果必须匆忙赶回，我会给予考虑，但如果可以避免，我就不会回国。现在我真的不想再次经历那样的梦魇。我唯一要做的就是预防一些可怕的傻瓜或敌人当选。为避免这类事件发生，我可能会提早一点回英国。希望没有这个必要，现在什么都还没公开，罗斯恐怕已经开始搞阴谋活动了。我宁愿远离这个即将到

[1] 奥布里·尼尔·摩根（1904—1985），出生于威尔士，1942—1945 年任英国情报处副主任，1948—1952 年任英国驻华盛顿大使（奥利弗·弗兰克斯爵士）的私人助理；他的妻子康斯坦丝·卡特·摩根（1913—1995）是前美国驻莫斯科大使德怀特·莫罗的女儿。他们夫妇俩均为伯林战时的同事。
[2] 1950 年 12 月杜鲁门总统将普里查德改判为已服刑期，他从监狱中释放。自那以后他就想方设法找路子谋生。

来的阴谋，不过我觉得自己恐怕还是脱不了身。

爱你们的

沙耶

致戴维·塞西尔

1952 年 1 月 3 日［手稿］

洛厄尔楼

亲爱的戴维：

我一直，一直，一直想着给你写信，可是不能，因为（正如我过去常常告诉你的）这个国家使人变得干巴巴了无情趣：完全没有了想象空间，让人任何事，哪怕像写信这样的小事都做不了，只能偶尔像机关枪扫射般的胡乱收集些杂文。我收藏了些笑话与闲言碎语寄给莫里斯，因为如果我不这么做，他会受到伤害。而且我也能收到他逗趣的回信，挺
263 好的，不过我们只是彼此很熟，还谈不上亲密。这里很难有隐私。我在哈佛待了四个月：首先和博登—穆勒先生处了半个月，这半个月温文尔雅、无所事事却轻松愉快：听了许多 1908 年未成年德国人的忠诚故事及有钱人家年轻人的故事。然后就到哈佛。没有上一次感觉好，可能是因为这是第二次到哈佛访学，也可能是我有太多的工作要做：先是给哈佛讲课，接下去又要给布林莫尔学院做讲座。每个人都很友好亲切，但是相对牛津（恨之深，爱之切），任何事都显得古板无趣。就像英国的剑桥：女东道主依旧很热情，但她

那狄更斯—马丁·翟述伟式的喜剧[1]不再像1949年那样令人兴奋。另一方面我也做了许多事情：大部分时间就好像生活在修道院，清心寡欲、埋头工作。有一对夫妇——皮克曼夫妇——你真的会喜欢他们。海斯特·皮克曼，年纪大概六十岁，和任何地方的知性女性一样优秀；她的丈夫[2]很富有也很友好。否则我想你会比莫里斯更觉得这是一片沙漠。佩里·米勒[3]夫妇缺乏人生的甜蜜[4]，我［?］：这是个适合工作的好地方。我只交了一个新朋友，一个叫拉斐尔·萨勒姆的法国人，我猜他来自萨洛尼卡。他一年有一半的时间在巴黎，做银行家和音乐赞助人；另一半的时间则在麻省理工学院（很美的名字）任数学教授。他和他的意大利妻子都给人莫大的慰藉——不喝酒、法国化、超文明、收藏艺术品、愤世嫉俗，却恰到好处，他们和这个面团状的混沌环境形成鲜明的对比。我比以前更觉得自己好像是被流放到美国。我沉浸于忘我的工作，并完成了两篇论文和六个讲座，这些将成为我准备写的书（关于政治思想）的核心内容。圣诞前我离开坎布里奇，前往纽约，突然发现我又回到这个世界。第一个让我回到现实世界的就是朱迪的未婚

[1] 查尔斯·狄更斯的小说《马丁·翟述伟》（1843—1944）内有一章节故事场景设在美国，旨在讽刺美国人的态度与行为。
[2] 爱德华·莫特利·皮克曼（1886—1959），律师、历史学家、赞助人。
[3] 佩里·米勒的妻子是伊丽莎白，婚前姓威廉斯。
[4] 伯林此处原文为：douceur de vivre。

夫，一个叫墨菲的人，高大、笨重而且粗野，他写了不少关于李尔（爱德华）和蒙巴顿的著作，收藏贝克福迪安纳的作品。他很神经质、令人尴尬、很难相处，也许挺友好，但我觉得他总制造麻烦，经常会毫无意义地哈哈大笑，显然他读了不少书、很有钱，是个难以控制的人，一个内心矛盾的大个子，很难对付——如他们所言："挣脱束缚的野兽。"他不是我喜欢的那类人，我猜他应该也不是朱迪喜欢的类型。我们走着瞧吧。朱迪认为，她最好先嫁给他，然后再离婚，这总比压根没结婚好；或者如果需要的话，就同居。乔马上松了口气，但很生气，说了很多那个可怜人的坏话。我一直在研究乔这个人，现在我的感觉是（我想知道我的感觉是否正确）他非常高尚，大胆无畏，在德雷福斯案等事件中表现得相当优秀、人性化，但对人性一点都不了解，根本不懂政治。他对社会恶习的批判很精彩，但是他的政治分析很学术
264 化，全是高谈阔论，完全错误，罗尼·特利更懂他。讲到罗尼·特利，他在纽约并不开心，他宁愿生活在伦敦，保守党政府让他难受，（所以）他不愿留在英国。他和澳大利亚的比彻姆伯爵[1]很相像，但境况没他那么糟；他那些当政的狐朋狗友给他的打击很大，他一直没能从中恢复过来，他只是

[1] 威廉·利根（1872—1983），比彻姆伯爵七世，1899—1901 年任新南威尔士州的州长，很有管理能力，但遭到当地居民的憎恨，才干得不到发挥，最终成了自由主义政治家，和罗尼·特利一样都是双性恋（虽然伯林可能无意指出，也不了解两人间的这个共同点）。

个有钱人，但没有任何影响力。玛丽埃塔说英国的乡村生活比什么都好，但是她还是更喜欢这儿。她正在跟一个法国人学希腊语，他们授课的用语却是法语（我没法想象他们双方在上课时的语言有多滑稽），圣诞节我在他们那儿住了两天，这两天特别愉快。罗尼怀疑你的嫂子[1]并非那么喜欢美国，我觉得他的判断是正确的：他并没有被完全蒙骗。他喜欢朱迪的男朋友，因为他难对付、有钱、收藏绘画作品，跟不上朱迪的敏捷思维，如果你听懂我的画外音的话。我没有见到奥登，只是见到伊舍伍德[2]，他温文尔雅、彬彬有礼，与周围环境格格不入。他具有 E. M. 福斯特的感伤情怀和老处女般存心不良的眼睛。这让我想起：我曾居高临下地批评戴维 · 加内特[3]母亲的翻译作品[4]，我担心戴维 · 加内特对我非常生气。他给《观察家》[5]的信，如果你读过，就是典型的礼貌的愤怒。他们登出我的回信了吗[6]？他们没告诉我。昨晚我见到约翰 · 福斯特，他还是老样子，我不知

[1] 可能是索尔兹伯里夫人。
[2] 克里斯托弗 · 威廉 ·（布拉德肖）—伊舍伍德（1904—1986），英国小说家、戏剧家，定居美国。
[3] 戴维 · 加内特（1892—1981），作家，布鲁姆斯伯里文化圈成员。
[4] 见“论翻译屠格涅夫”，评伊凡 · 谢尔盖耶维奇 · 屠格涅夫的《烟》、《前夜》、《处女地》、《父与子》、《贵族之家》，康斯坦丝 · 加内特译，《观察家》，1951 年 11 月 11 日，第 7 页；见原文第 7 页注 6。
[5] 伯林对其母亲的翻译方法做了些批评，在信中，戴维 · 加内特质疑伯林的某些论断。
[6] 他们没有登出伯林的回信，其回信在杂志社的办公室弄丢了。见伯林致戴维 · 阿斯特的信（第 473—476 页），1955 年 1 月 27 日。

道我为什么会认为熟悉的脸在异地就会不一样了呢。还有伊妮德·琼斯[1]，他们认为她不是一流的作家（黛安娜仍这么称呼她“我的新朋友琼斯夫人”）。黛安娜认为你岳父[2]的私生活，相对于他的谈话与作品，简直就是一个谜，没人知道。[……] 艾奇逊和艾登在巴黎发生争执，艾奇逊说如果当时美国在某方面支持我们，我们现在就不至于面临毁灭；而艾登的观点是，他听到那些愚蠢至极的官员还在说要带领我们攻入波斯花园[3]，他怎能支持这些白痴呢？等等。与此同时，伟大的美国人民很崇拜温斯顿，他的声音是宇宙上唯一的声音，近乎神圣，能指引人们解决当今世界上的所有
265 问题。温斯顿显然对美国民众比对其他地方的民众更有影响力，华盛顿因此很恐慌。温斯顿拒绝公布日程表，这也让他们特着急：该如何对媒体发布公告？在现实生活中出现对托尔斯泰的戏仿让人觉得很滑稽可笑。政治家——艾奇逊——私下里是个诚实正直、友善的脸孔，现在却痛苦地扭动着手臂与身体，一副绝望、迷惘、软弱的模样，和托尔斯泰小说中的“重要人物”简直一模一样：如今贝文式的农民智慧不再有了。我认为温斯顿就是拿破仑，而杜鲁门就是库图

[1]（伊妮德·阿尔吉林）·琼斯夫人（1889—1981），小说家和戏剧家伊妮德·拜格诺德，嫁给路透社的罗德里克·琼斯爵士。

[2] 德斯蒙德·麦卡锡。

[3] 在1951年的阿巴丹危机中（见原文第230页注3），美国开始意识到留住伊朗作为反共同盟，比捍卫英国的利益更重要。

佐夫[1]。天哪，托尔斯泰会多恨罗斯福呀！我得说，去华盛顿住上两天，目睹舞台幕布[2]后的骚动、暴怒、焦虑与胡闹是非常“有趣”的。我很喜欢列文夫人[3]，她很快乐。乔做好了最坏的打算，你也许很肯定结果会不错，他在政治上就是一头驴，最高贵、最高尚、最勇敢的驴，但终究是一头驴。还有一头比这更糟糕的驴——阿奇·麦克利什，在某种意义上他很空虚，是民主的最后一个银喇叭。我见到埃德蒙·威尔逊，他的状态不好——酗酒等——但是他说他准备写篇关于马尔罗的文章。埃德蒙·威尔逊认为有两个T. S. 艾略特：大家常遇见的T. S. 艾略特，其本质就是个恶棍（他用的就是这个词），而受人敬重的艾略特很欣赏这个恶棍艾略特。我不是特别明白他的话，只是模模糊糊好像懂点。[……] 斯帕洛寄了封密信给我，是有关全灵学院的。他估计休伯特爵士不会当院长，而且他有确凿的证据证明罗斯在搞阴谋，他想在亨德森去世前认定一个候选人。因此他要求我回国，或参加选举，或做朋友，或者作为局外的观察

[1] 米哈伊尔·伊拉里奥诺维奇·戈列尼谢夫—库图佐夫陆军元帅亲王（1745—1813），在拿破仑试图入侵俄国期间，任俄军总司令，该人物形象曾在托尔斯泰的小说《战争与和平》中出现。
[2] 伯林此处原文为：coulisses。
[3] 多萝西娅·列文（1785—1857），婚前姓德·本肯多夫，1812—1834年任俄国驻伦敦大使，克里斯托弗·列文伯爵（后成了王子）的夫人。由于她在伦敦社交界扮演的角色，及其个人与欧洲政要的亲密关系，她在伦敦及后来在巴黎扮演了重要的外交角色，对欧洲四十五年来的外交内幕非常了解。

员。我自己很清楚除非整个学院发起运动高呼“大将军，大将军”[1]（这是不可能的），否则我绝不会去竞选。我不能扔掉布林莫尔学院的讲座不管（这个讲座对莫尔学院是件大事，他们很重视），匆忙赶回去为他人出谋献策。我最好远离事端。对于莫里斯在这方面的建议我不能当真，我担心，他要我回国，主要是因为他觉得我留在美国没什么必要。他的观点是“他在美国干嘛？纯粹是浪费时间，等等”。我最害怕收到我那些“激进的”朋友脏兮兮的来信祈求我“站出来”竞选。我该怎么回答呢？我想沉默和保持距离就是最好的回答。他们爱干什么，随他们去。罗斯如果举荐布里吉
266 斯不成，他会推举任何人（但绝不会推举斯帕洛）——哈德逊[2]——任何唯命是从的雇佣文人，并到处为他们游说拉票。但是对罗斯会做什么，我并不在乎——亚历山大·萨克斯（A. S.）的那些同伴们在其他方面令人厌烦，但并不是特别疯狂——但是阿尔弗雷德·莱斯利·罗斯却是偏执狂，报复心强，喜欢操纵一切，可能会有危害。我希望你能——通过可靠的信息源头，不是通过罗斯，也不是通过达

[1] 在罗马共和国，部将对凯旋的将军高呼“imperator”（在那时只是“将军”的意思）；在当时，如果要为凯旋的将军举办凯旋仪式，这是其中的一个先决条件。

[2] 亨利·文森特（“哈利”）·哈德逊（1906—1999），1928—1935 年任全灵学院研究员，1946—1950 年任《星期日泰晤士报》助理编辑，1950—1961 年任编辑，后（1961—1971）任迪奇雷学院院长。

米特[1]，而是通过那些值得人敬重的普通人——把底细摸清，并告诉我是否真的必须风风火火地在风雪中飞三天回到全灵学院，还是冷静，平静地在这儿继续工作？或者不能？今天下午我遇到艾登夫人[2]，她对人比安东尼更友善。

我必须尽快结束这封信，因为我马上要去看歌剧。除了牵挂全灵学院和担心我的讲座缺乏内涵与深度外，我真的挺好：体重轻了30磅，感觉更年轻、更舒服。我准备给大英百科全书专门就1951年写篇文章，宗教在我看来似乎是个流行话题：这一年人们谈论得最多的就是罗伯逊[3]。如今最时髦的就是艾略特—奥登—巴特菲尔德[4]—莫里斯—格雷厄姆·格林[5]—伊芙琳·W.—尼布尔式的宗教倾向，它利用文学化的宗教作为最新的手段来揭示最令人不快的现实（而揭露现实的阴暗在过去一直是马克思主义者和心理分析学家的

[1] 迈克尔·安东尼·爱德利·达米特（生于1923），哲学家，1950—1979年任全灵学院研究员，后（1979—1992）任牛津大学逻辑学威克汉姆讲席教授。

[2] 比阿特丽丝·海伦·艾登（1905—1957），婚前姓贝克特，安东尼·艾登的第一任妻子，1946年她离开安东尼去纽约生活。

[3] 伯林指的是罗宾逊吗？约翰·阿瑟·托马斯·罗宾逊（1919—1983），1951—1959年任剑桥大学克莱尔学院的研究员与院长，1953—1954年任剑桥大学三一学院的助教，1954—1959年任讲师，1950年出版《最后的上帝》，1963年出版《对上帝诚实》。

[4] 赫伯特·巴特菲尔德（1900—1997），1944—1963年任剑桥大学现代史教授（1963—1968年为钦定教授），1955—1968年任彼得学院的院长；他引起热议的《基督教与历史》出版于1949年。

[5]（亨利）·格雷厄姆·格林（1904—1991），小说家，他的天主教信仰对他的小说创作有很大的影响。

专利)：在这一背景下，我认为世界之所以丑陋阴暗有两种可能性，一是在于人类不信上帝这一传统看法，这一观点在某种程度上是事实，但不常见；更常见的是另一种可能，即丑陋、混乱、悲剧必须存在——而且越丑陋、越阴暗、越晦涩就越有必要（这是一般意义上的道德和审美意识所排斥的），因为这是奥古斯丁—加尔文主义，典型的“因为荒谬，所以我信”[1]的神秘信条所需要的，即在地狱之火与折磨的另一端总是天堂之光与救赎；（在我看来）用宗教的天堂与救赎来解读马克思主义或注重心灵的浪漫主义是极为肤浅的。人们会误解我的看法吗？我预料有人会的。我在这儿见到了伊丽莎白[2]，之后她就乘飞机走了，她还是一如既往地清醒明智、快乐、迷人。她喜欢这个国家，对她而言美国是生
267 命的源泉，而欧洲则是一堆炭渣：我懂她指的是什么，但我不赞同她的看法。她永远都不会放弃美国，由于她年轻时的强烈渴望，她将永远都不会觉得满足（就像朱迪·蒙塔古），只有纽约和好莱坞（不，我把好莱坞划掉）能让她尽享这种生活——巴尔扎克[3]笔下浮华且虚幻的灯红酒绿的生活——能解其饥渴。葛丽泰·嘉宝说和你在一起真好：你们常见面

[1] 源出拉丁文“Credo quia absurdum est”（因为荒谬，所以我信），这句话经常用于讽刺人们过度依赖信仰，而无视某些宗教信仰中的理性因素。
[2] 可能指伊丽莎白·鲍恩。
[3] 奥诺雷·德·巴尔扎克（1799—1850），小说家、剧作家，他以批判现实主义的手法描写美国社会。

吗？我觉得她很无趣，令人尴尬，我和她相处的时间从不超过25分钟。艾登先生有没有再向克莱丽莎求婚？克莱丽莎还好吗？她是不是也和嘉宝在恋爱？她说希望回到牛津与你我见面。最后一点，这里有一个叫玛丽·麦卡锡（想不到还有人与你的岳母[1]同姓同名）的作家，她聪明，既美丽又庸俗，而且文笔恶毒，她希望能获得富布莱特项目[2]的资助到牛津讲授19世纪欧洲小说。她为《纽约客》写故事，风格油腔滑调，把纽约知识分子批得体无完肤，她就乐于折磨纽约的知识分子；是威尔逊的第三任妻子。她很风趣聪明，值得和她聊文学，她的批判有点恶毒，有时会让我们所有人完全沉浸在小说世界里：还有可能来一两段艳遇。我很支持（她到牛津访学），能让我们有一个学期的悸动感觉：得由你的下属为她提交申请吗？她说是的。离开牛津后，她想去希腊。一定把她请来。她对弗莱迪和凯斯特勒的评论令人反感，但同时也很有趣。你能不能和我多聊聊她？《地平线》[3]刊登了她的一篇小说。我想：请她来，我们并不用花

[1] 玛丽·约瑟法（“莫莉”）（婚前姓沃伦·康沃尔）·麦卡锡（1882—1953），作家，德斯蒙德·麦卡锡的妻子，雷切尔·塞西尔的母亲。

[2] 富布莱特资助项目始于1948年，主要资助美国学者及其他国家的学者到英国开讲座、求学或做研究。

[3] 这是个很有影响力的文学月刊，由西里尔·康诺利创办于1939年，该杂志由斯蒂芬·斯彭德和彼得·瓦特森公司发行，在发行期间（1949年1月—12月），西里尔·康诺利担任该杂志编辑。

钱，像这样的人是很有潜力的。特里林[1]也想来访学。请一定一定给我写信。问雷切尔[2]好。

以赛亚

致玛丽安·法兰克福特

1952年1月3日［手稿］

寄自洛厄尔楼

亲爱的玛丽安：

这四天，我在你家过得特别开心。一方面是因为你一直舍不得我启程：无疑还有部分原因是我饿得出奇——相对以前，
268 今年有过之而无不及——每次吃饭我都胃口大开。我发现你和菲利克斯都很健康，心态特别平和，而善良的艾奇逊先生缺的正是这种宁静平和，我真为他难过。我只见那些我想见的人：每一刻我都很开心，我最喜欢和你们独处的每个夜晚，虽然你因我没看清怀特海夫人的真实性格而对我有看法：认为我是透过望远镜在观察远处模糊不清的侏儒，并由此得出不真实的看法，这些看法有些正确，有些不正确，但总体上看不透真实的主体：我的确常常如此：我喜欢圆形的装饰图案：而且我会坚

[1] 莱昂内尔·特里林（1905—1975），美国文学批评家，在哥伦比亚大学教英文（自1932年起），1948—1974年任全职教授（1965—1970年任文学与批评乔治·爱德华·伍德伯里讲席教授），1971—1972年任全灵学院访问教授。

[2] 戴维·塞西尔的妻子，婚前名雷切尔·玛丽·维罗妮卡·麦卡锡（1909—1982），是德斯蒙德·麦卡锡的女儿。

持自己的臆测：我就是通过这一感觉去了解人的，而不是通过对他们一点一滴的印象；我喜欢三维模型，而且我特别不擅于对瞬息万变的生活做出迅速的判断：但是我随时准备在事实面前不断地修正我的模型：但是吸引我的是长远的东西，而不是短期的表现：是性格而不是情绪，不是吗？你觉得呢？无论如何我们和麦克利什夫妇的关系处理得很好：如果需要的话，我想用阿斯特博士交换怀特海夫人：我想我们得在对福斯特的看法上做出妥协和退让。如果你对阿瑟·施莱辛格的看法做出让步，我就会接受你有关芭芭拉·瓦德的评价，等等。但是我不相信我对格雷厄姆夫妇，或摩根夫妇，或沃克夫妇，或弗兰克斯夫妇的判断基本是错误的：我死抱那些定型的黏土模型不放是否令人绝望？那些黏土模型原则上并不能反映生活和性格中的众多细小的微粒。如果是这样，我注定是错误的，而你则绝对正确。不过除非某些突变证实了我的错误，否则我还会坚持我一贯的幻想。我希望普里查德不要来为我送行（无论是在邓巴顿大道还是在火车站）：他本意并不想来送我，但他实际上总会到场：他根本意识不到自己不必到场，他人高马大，却不够聪明，因此他站在那儿就像个农民，局促不安，他会突然“接话”（借用 E. M. 福斯特的话 [1]），但总接不上话，反而打断了别人的谈话：第一次我觉得自己真的有点情绪：但是他堵塞

[1]“只有在写作时充满激情，文章与激情才显崇高，人类的爱情才会达到最高点。”E. M. 福斯特，《霍华德庄园》（伦敦，1910）第 22 章，第 227 页。

了所有的可能性，即使是最平常的话语。如果可能，我2月份来拜访你们。

沙耶

今天我打电话给朱迪·M.，没有任何迹象；我也没追问。毕竟即便出了什么问题，她也不会随意就告诉我：不会马上告诉我。

致门德尔·伯林

1952年1月4日［手稿］

洛厄尔楼

亲爱的爸爸：

［……］如果亨德森真的辞去全灵学院院长一职，我的
269 伙伴们就会命令我马上回国，回国的目的不是为了去接替他的岗位（这是不可能的，而且无论如何我也不想当这个院长），而是去阻止罗斯提名的某些候选人：我可能是反罗斯党的领袖。但是我怎么能失信于布林莫尔学院呢，为这个讲座，他们已做了大量宣传！（顺便说一下，2月5日我将搬到布林莫尔学院，现在还住在哈佛）。但是，我知道全灵学院会不断地发电报来骚扰我，催我马上回去：如果我没有回去，他们还会骂我懦夫。因此，这整个假期是不可能安宁的。不过，还是让我们继续假设一切都平静发展吧。我很健康，体重仍保持170磅；仍旧很快乐（只要全灵学院不要像

牙疼似的老来折磨人)，准备给 T. S. 艾略特[1] 回封信，他给我写了封激愤不平的信，信中说“有人”把我发在《犹太纪事报》上的文章发给他，他认为我在文中诬陷他。我现在工作很卖力，因此没能经常写信。您的担心是荒谬的。

爱您的

以赛亚

致戴维·塞西尔

1952 年 1 月 5 日［手稿］

洛厄尔楼

亲爱的戴维：

你总是正确的。我一天内做了一个讲座，之后又花了六小时向秘书口述讲稿，一整天下来，我已经筋疲力尽，几乎没有思维了，所以只能继续机械地口述，而没办法给你写信，那种写给朋友的信，甚至连只言片语也写不出来。所以我口述，秘书记录，完成了一封给莫里斯的信——与莫里斯的信件往来已成格式化了——驾轻就熟、轻率随意，就像用无线电波传送的简报——“新闻短讯”，有点刺耳。此外，以同样的方式我还给托尼[2] 等写了信，但因为是至交，就没有

[1] 见原文第 277—278 页。

[2] 可能指安东尼·安德鲁斯（1910—1990），1933—1946 年任剑桥大学彭布罗克学院研究员，1946—1977 年任新学院研究员，1953—1977 年任牛津大学古代史威克姆讲席教授。

给你和斯图尔特写信。哈佛的工作和这枯燥无味的生活快让我发狂，我强迫自己到纽约和华盛顿走走，我非常喜欢纽约和华盛顿，这是前所未有的。现在全灵学院这片阴云令人厌烦：我可以肯定，即使我能够从讲座中抽身回国，也不会有什么好结果。斯图尔特给我的回信很严肃：指出我的本能反应就是尽可能地远离这个局势，并宣布不参与其中；但是，抵制罗斯是我的职责，等等。他说的都对，他也理解我。他说我可以团结（其他没人可以做到）那些“激进党人”和其他无派系的人形成一个阵营，这个阵营至少可以阻止阿尔弗雷德·莱斯利·罗斯，否则罗斯自尊心和报复心[1]很强，他完全有可能做出最恶劣的越轨行为。就这点而言他是正确的，
270 虽然这听起来有点偏执，但如果我勉强能早点回来，中断我在这儿的工作回国（无论如何我认为这是不可能的），并明白表态参与竞选或在背后做一些工作，这种越轨行为就不会发生。因此，我祈祷并希望他们能说服休伯特推迟到 4 月或 6 月再辞职，到那时我已回到全灵学院。一定和斯图尔特谈一谈：他对全灵学院有独到的眼光。我还想知道你能否给些建议，虽然不能让我躲开这些骚乱，但能让我不必中途突然回国，不必违背神圣的诺言，我可以肯定即使我毁约回国，也没有什么意义。通过逐步唤起常识，通过反对罗斯的闪电战术和其无聊的诚实美德，人们也能得到些合情合理的结果。但是如

[1] 伯林此处原文为：revanche。

果我只是匆匆赶回来一个多星期（如果有人借我钱，我可能会回来），我的作用不大。而且我没有给个合情合理的借口就突然离开，使他们举棋难定，不知讲座是继续还是取消，这可太荒唐了（我的演讲有点像福特演讲[1]，一个人不能在讲座前的三个星期突然说不能来了，原因是得赶回家参与某些责无旁贷的密谋）——如果休伯特能推迟到4月辞职就好了。一定告诉我该怎么做。我毁约肯定是不对的，最好不再想那些我无能为力的事情；但是那些年轻人的指责声又会常常扰乱我的平静。

以赛亚

致门德尔·伯林

1952年1月15日［手稿］

［洛厄尔楼］

亲爱的爸爸：

［……］至于艾略特，让他介意的是，我在一段文字里将他与凯斯特勒[2]相提并论，说犹太人的内心充满恐惧，并死抱教条不放；而且我还说尽管某些人不讨人喜欢、言行冒失、好斗，但是无论如何，无论是艾略特还是柏拉图都没权利将他们“隔离在城市边界之外”。我已在他自己的文章中找到了一段极具挑

[1] 理查德·佩尔斯受邀到福特讲堂做英国史的讲座，他把福特演讲看作“一个英国历史学家能获得的最高荣誉［……］”。《乔治三世国王与政客：牛津大学福特讲堂演讲系列1951—1952》（牛津，1953），V（前言）。

[2] 见原文第278页。

衅的文字，准备给他写封很礼貌的信，原谅他的言行。[……]

爱您的

271 沙耶

致戴维·塞西尔

邮戳日期1952年1月［1］9日［手稿］

洛厄尔楼

亲爱的戴维：

我焦虑不安。全灵学院的困境让我夜不成寐。我想当院长吗？不，我并不在乎当不当院长，相反地，没做院长我会更加开心：这不是适合我做的事。如果非要我做院长，我也会接受，但我绝不会为之而争斗，无论如何我当院长是不可能的。但是一想到像罗斯之类的人物当选，我就恶心，这比我个人的抱负更令我焦虑，我想我真的得放下这里的工作。我一点也不讨厌罗斯，但也绝不喜欢，但是他当院长会有很多麻烦。学院里的那帮同事——46个选民都是缺乏主见、轻易盲从的傻瓜——谁都无法预测会发生什么。柯蒂斯[1]、萨尔特、福尔斯[2]和罗斯都在发出尖锐刺耳的声音。在斯帕洛对罗斯的公开角逐中，我当然是个狂热

[1] 莱昂内尔·乔治·柯蒂斯（1872—1955），公务员、历史学家，1921—1955年任全灵学院研究员。

[2] 西里尔·边沁·福尔斯（1888—1971），1939—1953年任《泰晤士报》的军事记者，1946—1953年任牛津大学战争史齐切利讲席教授，全灵学院研究员。

的斯帕洛支持者。虽然斯帕洛当选有些不现实，但他无论如何有必要去尝试尝试。他的忠实的崇拜者与追随者莱昂内尔·巴特勒[1]正在那个过时小船的甲板上点起熊熊燃烧的火炬，那么让这一切发生吧。(斯帕洛之后的候选人）就是惠尔，或者也可能是费伯[2]。斯图尔特认为我应该回国阻止灾难的发生：毫不吹牛地说，我猜我在某种意义上是反贝克特之战的最后关键人物。莫里斯认为只要斯帕洛正式决定参选，我就应该支持斯帕洛，我同意了，也已给他写信表明我的立场。如果 1 月 19 日他们没有接受罗斯的建议（罗斯建议亨德森辞职并马上选举），而批准亨德森离职，从而推迟选举日期，那么我 4 月或 5 月就会回来，为斯帕洛说话。他当院长，情形可想而知：难相处，动则发怒，不公正。无论是布里吉斯还是弗兰克斯当选，我倒不在意。莫里斯坚决反对弗兰克斯，但千万别将这话告诉他或任何人。他反对的观点很不靠谱，如果奥利弗当选，我倒很乐意。我得直接写信这么告诉布兰德，布兰德支持奥利弗，只是这么做背叛了斯帕洛，我真不想和他吵架。当然，我希望能远离这些事端，我的弗莱克斯纳系列讲座的

[1] 莱昂内尔·哈利·巴特勒（1923—1981），1946—1957 年任全灵学院研究员，1955—1973 年任圣安德鲁大学中世纪史教授，后（1973—1981）任伦敦皇家霍洛威学院院长。

[2] 杰弗里·卡斯特·费伯（1889—1961），律师和出版商，1919—1961 年任全灵学院研究员，1923—1951 年任房地产会计。

稿子还没厘清，还有很多事情得做，一边搞阴谋，一边还得与对手同住一楼，这真是折磨。如果我觉得是因为自己不在学院而使他阴谋得逞，那我内心永远都会受到煎熬。[……]

今天中午朱迪·蒙塔古和我约好一起吃午饭，但她没有露面：据说她和她的那个高大粗野的未婚夫吹了。乔和我这周日聚会，到时会有更具体详实的信息。乔真出色，他的文章一篇接一篇，透过这些文章，可以听到他那洪亮的好嗓子
272 一边在为伟大的老男孩温斯顿高唱赞歌，一边在诅咒艾奇逊和杜鲁门的丑陋行径，指责他们没有向温斯顿靠拢，没有和我们结成“统一的”联盟，带着我们穿越沼泽与高山。温斯顿与弗兰克斯的照片很荒唐可笑，我期待 2 月份与弗兰克斯夫妇的会面。在私人生活的禁忌领域，他视我为专家，授权我指点迷津，几乎把我看成 19 世纪 90 年代的颓废派文人。我喜欢他这么看我，可以快乐地生活在他身边。现在我要对你说：给我写信。

以赛亚

全灵学院接受了亨德森的辞职，阿尔弗雷德·莱斯利·罗斯作为候选人，参与即将到来的院长选举，并开始拉选票；甚至连伯林也没能躲开他的游说。

致阿尔弗雷德·莱斯利·罗斯
1952年1月20日［手稿］

洛厄尔楼

亲爱的莱斯利：

非常感谢你的来信，你的信亲切坦诚、完全合乎情理并绝对公正：我听到些令人不安的传闻，说可怜的休伯特出现健康问题。这对全灵学院来说——对你也一样——意味着又要经历一次选举，真可怕，我希望这一次不要像上次那样紧张激烈。首先我得说，我很理解你的处境，我知道这对你来说犹如晴空砸下的一个繁重而吃力不讨好的任务。人人都知道你真正想做的就是写作，没人比我更敬仰你在这方面所持的态度与实践。实际上，我现在焦头烂额，正忙于准备布林莫尔学院的讲座，讲座时间定在2月，等讲座结束后我还得整理讲座内容并准备发表，预计大概明年才能公开发表。你绝对正确（正如亲爱的莱福特[1]必然提到的），写文章是我们的义务。我真的非常感激你充满激情地和我讨论全灵学院的目标，谢谢你为我返回全灵学院所做的努力。我认为如果没有你的宽宏大量与催促，汉弗莱就不会极力支持我。我也没有忘记我们俩在我新学院宿舍里的谈话，就谁当院长的问题，我们俩谁都没能说服对方：但是，当我谈起

[1] 罗伯特·亨利·莱福特牧师（1883—1953），1921—1950年任新学院研究员，牛津大学《圣经》解经爱尔兰讲席教授。

我们的个人友谊，我是发自肺腑的：那个场景令我深受感动，我说的每句话都是认真的，无论发生什么，我永远真心喜欢你。我相信你也喜欢我，这让我很开心：天哪！二十五年来如果一个人身边断断续续总有一个像你这样优秀独特的人（如果你允许我这么说的话），那么这个人一定会与之建立热烈并永久的友谊。你暗示有些
273 人想破坏这种友谊：这个学院里爱传闲话的人很多（这是不可避免的，有时还能发挥些作用），事情一定会被传播、扭曲、放大，甚至被添油加醋。如果我听信别人说的话，我将对人际关系没有一点信心，我想我比你更信任人际关系。对我而言，全灵学院比任何地方都重要，而我认为，对我们而言，你是其形象与理念不可分割的一部分。如果你当选院长，显然在对你的喜爱的基础上我将对你多一份忠诚：我想其他人也是一样的。我觉得，全灵学院对我们所有人的生活与生命都有很大的影响；在我这儿还得加上我对你的私人情感。我非常高兴有机会向你表白。在这过渡期你承担了很多重任，办事效率高，为学院做出无私的奉献，给我们树立了一个很好的榜样。无论结果如何，你都是全灵学院过去、现在和未来一个重要人物。

回到眼下的事来。显然，我理解你身上的压力和你“站出来参选”的动机。上回，作为候选人，你一点都不做作——比我还自然——你支持贝克特，尽管我没追随你，这

说明你希望实现学院公意[1]，值得赞赏。这一次我真的无意参与角逐。学院永远是正确的[2]——我们必须接受这一点，否则的话，生活将令人忍无可忍——一定必须在教堂全票通过，我们必须接受学院的决定，我很敬佩你，当亨德森当选时，你到场支持，如果当时学院选择贝克特，正如我告诉你的，我当时也会到场：真的，我完全接受学院的决定。

我在这埋头写作，让我如释重负（怀德纳图书馆太棒了！）。然而，这个时候没在全灵学院又很令人遗憾。我虽然讨厌那些喧嚣紧张的气氛、那些眼神和那些庸人，可是当危机出现时，哪里局势最紧迫，我们就应该在哪里，而不是像个局外人，站得远远的，不当回事。但是我现在必须留在这儿，等有人通知我选举日期时，也就是说我已明确不到场参加投票时，我就按你的建议写信告之西蒙。学院的同事们会做什么？学院将再次寻求和平，选择令大家开心的渔翁[3]吗？你和约翰都不能容忍傻瓜与庸人当选。他对人吹毛求疵，而你对人生要求很高——刀光剑影、大胆无畏——认为没有理由去将就那些烦人的“激进党人”或阴郁的雇佣文人，或容忍部下——学院需要一个英雄院长吗？或者学院将再次选择

[1] 公共意志（公意）是卢梭提出的一个术语，公共意志是代表大多数人在事前具有充分的了解、理性判断与公共精神，在没有相互交换意见的情况下，却达成互相一致（正确）的决议。

[2] 伯林此处原文为：Il Cllegio ［h］a sempre ragione。

[3] 伯林此处原文为：the tertius gaudens，令众人开心的第三方，这个术语是社会学家格奥尔格·齐美尔提出的，意指因鹬蚌相争而从中得利的渔翁。

保障与妥协？我暗地里庆幸自己躲开这一切：我一直认为自上次选举以来，你的表现最漂亮。我致以我个人最诚挚的祝福。

爱你的

274 以赛亚

附言：我仍然开心地记得你评价惠尔的隽语——“我们的亚当斯”[1]。我想我和你一样，都很敬重与爱戴威廉·亚当斯：我也非常喜欢惠尔，认为他是个智慧之人。

致戴维·塞西尔

1952年1月29日［手稿］

寄自布林莫尔学院

亲爱的戴维：

我无法用言语向你描述你的信如何深深地、久久地打动我。我只读了一遍，就不再读了，因为我仅此瞬间就被你信中的真情与理解深深触动[2]，尽管我知道信中有许多诚挚的恭维，但我相信其中的每一个字，现在还深信不疑。你对我的评价完全正确，你比任何人都理解我。我深信你的建议

[1]（威廉）·乔治·斯图尔特·亚当斯（1874—1966），牛津大学格莱斯顿讲席教授，1912—1933年主讲政治理论与制度，1933—1945年任全灵学院院长，《伯林书信集》（卷一）（1928—1946），原文第703页。

[2] 伯林此处原文为：ému。

完全正确，我会接受你的建议。我不是指你对我能力的评价完全正确：考虑到你对我的友谊与你的善意，你对我的评价还是太高了。你的确了解我在这种时刻表现出的弱点：我希望我在才智与道德上能分别达到佩特[1]与莫尔[2]的膝盖的水平，不知你是否明白我的意思。但是你在这一点上是正确的，那就是认为我是个大器晚成的人（我的一个中学老师曾这么评价我）。我是个晚熟的人，起步迟，很难改变生活方式。而我现在处在一个关键期——机不可失，时不再来——你说得很对。目前我正在写书，有关政治思想的，该书还存在很多问题与错误——伤感、含糊、（文体）晦涩难懂，没有棱角，没有学术性，废话空话连篇，像没有调味的生面团，没有尖锐的见解，偶尔闪现几句我觉得自己曾经说过和想说的话。尽管如此，我仍会坚持。我不知道布林莫尔学院的讲座效果会怎样，但是肯定最终要出本书，除非我生病或死了。这本书不会写得太好，肯定不如我的俄罗斯研究做得好。但是我必须让血液不断地循环，我接受这个讲座任务，是因为讲座的内容将成为我这本书的基础——我已经口授了 15 万字，我猜大概有这么多字。我更希望能获得牛津的科尔讲席教授这一职位，也许这本书有助于我申请到该讲席，我这是实话实说。至于全灵学院，显然，我真的不想当

[1] 沃尔特·霍雷肖·佩特（1839—1894），文学与艺术批评家、杂文家与小说家。
[2] 乔治·爱德华·莫尔，哲学家，布鲁姆斯伯里文化圈的成员。

院长，而且也不可能。我不是过分谦虚，我想我做院长不会比他们那些人差，但是我宁愿不干。如果有人提出一定要我做这个院长，我可能会出于虚荣心接受这一职务，但我可以肯定，从短期看，至少对我而言，这个选择肯定是个错误（我是多么的偏执与荒谬！）——真正让我害怕的只有一件事情，那就是罗斯当选。我觉得这不是不可能。长期以
275 来，他对他们露骨的阿谀奉迎会奏效的。至于斯帕洛，他们有些人真的害怕斯帕洛当选，并且恨他恨得荒唐，但是他们就是恨他，因为他非常固执刚愎，一旦涉及他的个人利益，他就丧失判断力，他会把他们全赶到罗斯的怀抱。惠尔当选会让我松口气（当然斯帕洛也一样），或者任何人都行。我同意，其实谁当院长并没太大区别：好与坏，学院照样运作，我继续写我的文章，继续过我的生活。但是，如果罗斯当院长我还能这样继续在全灵学院工作生活吗？我能吗？首先我的存在会不会让他发疯，其次他当选又会不会让我发狂？我可以肯定，他并不恨我，但我却是一根刺。我不可能对他亲切友好，他需要的那种亲切友好，我做不到他需要的那种傻里傻气、那种嘻嘻哈哈——老牛津骚货、雅各布、英国荣耀等等。正是这些让我恐惧。奎因顿[1]

[1] 安东尼·梅瑞狄斯·奎因顿（生于1925年），奎因顿伯爵，哲学家，1949—1955年任全灵学院研究员，1955—1978年任新学院研究员，后（1978—1987）任三一学院院长。

写信告诉我，那些初级研究员会提防着，保证不让罗斯当选院长。奎因顿信中说罗斯参选院长真荒谬，他的谎言很快就会不攻自破，等等。但是他们都还嫩点，在政治上一点都不老到精明。上次罗斯推出根本就没希望的贝克特就做得非常漂亮，如果不是我干预（好像听起来又有点偏执），贝克特恐怕就选上了。现在我甚至有点后悔干预贝克特当选。贝克特现在已毫无价值，人们因此才倾向莱斯利。如果我知道不可能阻止莱斯利当选，我会忘记全灵学院的一切，全身心投入自己的工作中。事实上，在强大的意志下，我一口气工作三四个小时，可是工作一停就开始焦虑。斯图尔特·汉普希尔，亲爱的呆子斯图尔特给我写了封危言耸听的信，我觉得他说的不是没有根据：他很善于观察，却不是精明的政客（他自认为是），所以我也大惊小怪地给戈伦韦等人发电报，等电报一发出去我就觉得自己简直就是个傻瓜。我去纽约住了一晚，晚餐时，我的两侧坐着利利亚·威斯敏斯特[1]和芭芭拉·阿加[2]，对面坐着塞西尔·比顿[3]和芭芭·梅特卡

[1] 利利亚（Leolia）[原文如此]·玛丽·格罗夫纳（1902—1993），赛森比男爵一世的女儿，威斯敏斯特公爵二世的妻子（1930—1947），后（1969 年）嫁给马丁·林赛爵士。
[2] 芭芭拉·阿加（1898—1981），埃德温·鲁琴斯爵士和戴维·华莱士（1944 年死于希腊战场，伯林在牛津的朋友）的前继母的女儿，1945 年嫁给塞巴斯蒂安·阿加（1897—1980），塞巴斯蒂安·阿加生于美国，是报纸编辑、历史学家和作家。
[3] 塞西尔·沃尔特·哈代·比顿（1904—1980），摄影师和设计师。

夫[1]，我的心情才稍稍好转。你一定觉得我很傻。你说你已经给我写了封罗伊式的信，我真的感激不尽。因为，正如我前面说的，我相信你信中的每一个字，我发誓一定听你的建议。长期以来，就没有人给予我如此无私的建议（你懂我的意思，我不是指“冷漠”）或如此理解我，一个人总是知道什么时候会突然铃声大作。作为回报，我如实告诉你我情绪的起起落落，很可笑，我可是从未对任何人透露过。如果罗斯没有当选院长，我马上就能卸下心中沉重的负担，马上恢复自由与快乐。现实是，我现在无所适从。如果突然回国，我想我能阻止他当选，而帮助惠尔当选，当然不会是
276 斯帕洛。（我觉得，那些恨他的人真是恨之入骨呀！在上次被提名者中，只有他是公认的一无是处、冷酷无情等。）然而，我显然不会回全灵学院。如果我是个真正意义上的行动者，做事自然就轰轰烈烈，我肯定大张旗鼓地打道回府。但即便现在回国也为时已晚，我感觉自己就像对抗希特勒的布吕宁博士[2]：我没有布吕歇尔[3]的能力，说服不了全灵学院换候选人。任何未雨绸缪都会让我感激不尽，都能让我心绪平静。所以一定四处打探打探。如果有“坏”消息，请让其他

[1] 亚历山大·纳德拉（“芭芭”）·梅特卡夫夫人（1904—1995），凯德尔斯顿的柯曾侯爵一世的女儿，爱德华·达德利（“甜嗓子”）·梅特卡夫少校的妻子（1925—1955），奥斯瓦尔德·莫斯利爵士的嫂子与原情妇。

[2] 布吕宁试图阻止希特勒夺权，希特勒当时正忙于大范围地建立政治联盟。

[3] 威佩尔特·冯·布吕歇尔（1883—1963），1935—1944 年任德国驻芬兰大使，多年来成功地说服芬兰放弃苏联，并与德国结盟。

人——汉普或戈伦韦——打电话到哈佛。（虽然我2月8日离开哈佛到布林莫尔学院，但我会把我在布林莫尔学院的地址与电话留给他们：他们会转达的。）我想我也许能临时给点建议，在最后的关键时刻，任何措施都可能挽救局势。在我看来，他们——我全灵学院的那些朋友，似乎都是纸板或纸张糊起来的，一点风就能把他们吹倒。我觉得我自己也不是那么坚强，但是我想我不像他们那么容易败下阵来——我特别像戈伦韦扮演的歌剧人物帕帕基诺[1]——摩诺史塔托斯·罗斯能轻而易举地吓倒他们。我是不是把这看成大难了呢？在我的价值表上，这其实不算是灾难，真的不是，这你是知道的。但我必须阻止他。我已经给费伯和布兰德写信，告诉他们我对（阿尔弗雷德）·莱斯利·罗斯的看法，我的信语气温和，但态度坚决。罗斯给我写了封信，拉选票来了——想不到吧！——我回信称赞我与他的私人交往，几乎不提他想当院长的野心；但是他清楚我不会支持他。我想他会选择惠尔，或者威尔伯福斯[2]，或者任何人，但绝不会选斯帕洛（或我）。如果他真的可能造成威胁，他们——我的同盟者必须退出竞选，并立刻转向支持一个稳妥的平庸

[1] 莫扎特歌剧《魔笛》中的捕鸟人，他长相滑稽，并与残忍的摩诺史塔托斯展开斗争，因此转移了摩诺史塔托斯对女主人公帕米娜的骚扰。

[2] 理查德·欧姆·威尔伯福斯（1907—2003），后（1946年）受封男爵，律师，后（1961—1964）任高等法院法官，1964—1982年任非常任上诉法官，1932—1990年任全灵学院研究员。

人物。他们意识到这一点了吗？或者他们犹豫不决、意见不统一——还没能像绅士般发言吗？真正合适的人——你、我和休伯特——就别提那些政客，才会让学院发生翻天覆地的变化；但我们却不是为学院的政治而生。我现在最大的愿望就是学院不要选罗斯当院长。十天后我和奥登约好一起吃午饭，奥登这人有点古怪。不过，你现在明白为什么得给我写信了吧。

深爱你的

以赛亚

真的无比感谢你的来信，你的信让我刻骨铭心。

伯林发表在《犹太纪事报》上的文章“犹太人的奴役与解放”引起了 T. S. 艾略特的抗议，为此他给伯林写了如下这封信：

有人把你发表在《犹太纪事报》上的四篇文章寄给我，不知这是不是你的建议。我兴致勃勃又满怀敬意地拜读了这四篇文章。我写信给你，只为一个原因，不是
277 为了谢你，而是有关你的第四篇文章。你在这篇文章中
把我和阿瑟·凯斯特勒相提并论，总之，我不知道你这么做是否恰当，但是你对我的论断，在我看来，好像并不符合我就该话题散落在各处的只言片语。的确，我不赞同让世界各地的犹太人全部撤回到以色列，即便以色列有足够的空间容纳全世界的犹太人。我的确不会持

这一观点。我认为，如果西欧和美国的犹太人全部撤离这些国家，那将极为令人遗憾。让我特别在意的是，你似乎在我的字里行间读出了些言外之意，令我颇为吃惊，是在10月12日那一期，第8页第4栏开头的那段文字中。你的文字似乎在暗示我，要么在某处曾大肆贬损犹太人，要么就是可以从我的某段文字中推断出我的以上观点。这太容易误导读者。显然，我自己都不知道我希望将某些人——即使我曾经有过这个观点——“隔离于城邦之外”。

在我看来，犹太问题不是种族问题，而是宗教问题，这点很容易为人们所忽略。这是个截然不同的问题，我尚不知是否有解决的办法。[1]

伯林坚持自己的观点。

致 T. S. 艾略特

1952 年 1 月 30 日［手稿］

寄自布林莫尔学院

亲爱的艾略特：

［……］那么，让我们来谈谈那些文章的内容。我正身处北安普敦的茫茫荒原[2]，由于遗失了收到的唯一那期报纸，手头

[1] 1951 年 11 月 28 日的来信。
[2] 其间，伯林住在埃德加·温德位于马萨诸塞州北安普敦的家中。

空空。但对于文章中我说过的话，自以为记忆犹新。关于把阿瑟·凯斯特勒和你形容为“心中充满恐惧，并被教条牢牢束缚”的人，或是其他诸如此类的偏颇话语，我必须继续向你们道歉（但不会持续太久）。此刻，我承认这是一些毫无根据和狂妄自大的断言。我不知道这些事情的真相究竟如何，就采用这种草率和信口开河的方式将某种心态、内心或精神强加于他人，无疑让我显得无礼和不负责任。待之后这些文章合编成集，在耶路撒冷大学出版时（原计划如此），我会设法删除这段文字及所
278 有人名[1]。你是如此宽容，没有重提这无心之失，而我却只能用轻率和大意为借口替自己辩解。众所周知，公开发表的言论很自然会引发外界的评论和种种推断。但此刻我已意识到，在那段文字里，将你和阿瑟·凯斯特勒的名字相提并论，的确犯了诋毁他人的大错。我正试图对此进行补救。其实，如果你希望我能够这么做，我会给《犹太纪事报》[2]写信，将我希望陈述的观点公之于众。我很乐意这么做，且不会有丝毫不快。

然而，我并不赞同你驳斥的实质内容。虽然我列举了犹太人许多令人讨厌的性格特点，这些是人们普遍认为他们所

[1] 以下内容摘自《犹太纪事报》。方括号中的内容为伯林在其出版的《希伯来大学的加兰》中的删除部分：“胆怯的思想家，在宗教和政治的教条中寻求精神的救赎。他们的内心充满恐惧，[如同 T. S. 艾略特和阿瑟·凯斯特勒一般]，或许希望通过消除此类成分含糊不清的人等以获得条理清晰的架构。在这方面，他们就像生活在拥有极权主义体系的新世纪中的孩童。这个时代试图制定人类生活的秩序，对人类进行清晰的分类，使其各归其所。”

[2] 伯林似乎并未这么做。

持有的，部分犹太人也的确如此。但是，毫无疑问，我绝对无意暗示你来这么说他们。如果我传递给你那样的印象，我同样必须予以更正。这次，我会将你的名字与柏拉图并举，以规避表述不当的风险[1]。毕竟，柏拉图不可能希望对犹太人进行种族隔离或迫使其背井离乡。尽管我不认为柏拉图会与圣保罗或斯宾诺莎友好相处。不过那恐怕无关紧要。此刻，我想该稍作解释，说说我是如何得到你在“犹太人问题”上所持态度给我的印象。除了你在信中提到的以诗歌和散文形式“散落在各处的只言片语”，留在我脑海里挥之不去的是一段话。想必你能猜到，这段话可以在弗吉尼亚大学你做的关于《拜异教神》的演讲中找到踪迹（1934 年美国版第 20 页）。如果没有记错内容的话（我抄下了参考文献，但此刻文章不在手头），你在演讲过程中讨论了传统社会的种种好处，提出社会族群不该太过混杂，并提出，一旦你所赞成的社会形态要得以维护，“种族和宗教因素将使数量众多的具有自由思想的犹太人成为不受欢迎的人”的观点。在我看来，至少在这一问题上，似乎很明显你是将犹太人视为一个种族，而不只是宗教团体。因为反对“数量众多”的理由之一很明显是来自“种族”与宗教。此外，“自由思想” 279
一词很少用来形容某个宗教群体。在我看来，“具有自由思

[1] 关于《犹太纪事报》，见原文第 283 页注 2。在《希伯来大学的加兰》一书中，伯林以莫拉斯代替了艾略特；而在《观念的力量》中，重新使用了艾略特，与莫拉斯并列。

想的罗马天主教徒”、“具有自由思想的浸礼会基督徒”，或“具有自由思想的穆斯林教徒”等说法，可谓毫无意义的呓语（原谅我陷入哲学层面的“话语分析”[1],就像对一个补鞋匠来说，最熟悉的莫过于皮革，唉，看来我得继续致歉了）。但是，“思想自由的法国人”或“思想自由的黑人”等表述，听起来却颇为自然得体。这让我认为，相较于“天主教徒”，你对“犹太人”这个词的使用更类似于“法国人”。对我而言，这一用法十分自然、贴切。因为我同样认为，虽然犹太人是一个宗教群体，但绝不仅如此。可究竟该如何对犹太群体定性，在我看来，又是十分困难，甚至无法清晰表述。你在信件里说道，对你而言“犹太问题绝不是一个种族问题，而是宗教问题”。我由此推断，不论你是否将犹太人视为一个种族，事实上，犹太人的问题就是其作为宗教团体的问题。但愿我的推断正确无误。然而，在20世纪30年代初期，犹太人因为“种族原因”而非宗教因素，遭受希特勒及其同伙的残暴压迫，而且不仅发生在德国。于是，这个话题开始引起前所未有的广泛讨论，诸如犹太人是否一个种族？如果是，是否应该将其驱逐、监禁、折磨等，成为讨论的焦点。对此，在欧洲及其他地区引起了严重的分歧。由于你提出“种族原因”恰逢其时，所以我只能认为，你对这些词的使用是为了与那个时期最普遍的用法保持一致，同时你认为

[1] 伯林此处原文为：Sprache-analyse。

在信仰相对统一的基督教社会中，如果掺杂大量拥有“自由思想”的犹太人是不可取的（我并不清楚你是否对像南斯拉夫等地区的穆斯林团体也是这个看法）。当然，无论是过去还是现在，我都不认为你会在任何情况下倡导野蛮、残暴的方式，将其运用在反对任何人身上。当你在信中提到你并不赞同犹太人从西欧或美洲向以色列大规模移民，我无疑是相信你的。但是，如果不是大错特错的话，我是否可以认为，你至少在 1934 年持以下观点，即大量具有“自由思想的犹太人”使信仰大致相同的盎格鲁—撒克逊基督教团体的生活变得复杂和糟糕，并为此感到遗憾。若非如此，情况也许将大大改善。你赞同通过人道主义的手段和劝说，而非高压政治，将他们的犹太邻居（至少是其中的一大部分）隔离于“城邦之外”，这将对基督教群体的生活更有裨益。如果我对你那时观点的解读并不正确，我深感抱歉；倘若真是如此，我很乐意立刻进行公开（或私下的）更正；如果我的解读在实质内容上并没有错，但你如今已经改变了观点，或进行了修正，我会乐于接受批评并改正；你若指责我不该如此鲁 280
莽、轻率地根据你在 1934 年提出的观点妄下结论，推断你当下的态度，那么我将做出相应的悔悟。等这些文章作为论文集的一个章节进行重印时，我十分渴望能根据你的答复对其进行修改。然而，难道我真的变成是非不分、不讲公正、马虎草率或愚钝失察了吗？或许吧。我本不该指名道姓，公开发表凯斯特勒和你的那段话，我会删除。

希望你能够原谅我用如此长篇大论来回复你幽默谦恭的书信，这令我当之不起。但是，除了这个对我有着固有吸引力（重要意义）的话题之外，我真诚地希望没有歪曲任何人的观点，尤其是我深表赞赏和尊敬的人，不管对他们的政治观点我存有怎样的分歧。如果你能谅解我的说辞（这是我的最后一次道歉），那我就更是对其心生欢喜了。

你无比真诚的

以赛亚·伯林

附言：对于这冗长且不断重复的长篇大论，我深感抱歉。没有再通读一遍，因为我想读了也不会有任何改进——我希望自己能写得更好，至少更加简洁。以赛亚·伯林。

艾略特回了一封内容详细的信：

> [……] 唯一真正让我忧虑的是你四篇文章的最后一篇。里面有一段话列举了一些对于犹太人较为极端的偏见。在这样的语境下，（我似乎感觉）可能会引导读者做出以下臆断：我在为曾经发表这种言论而感到愧疚，或者说可以从我的文章中得到我认同此类偏见的合理推断。我相信你不会误认为我持有这些观点，但我担心你的读者可能会做这样的猜想。我想在我的办公室里应该有那份《犹太纪事报》，如果找到了那篇文章，我会将存有疑问争

议的那段话寄给你，这样你就可以自行判断我是否持有这种主张。我很庆幸没有给出版社的编辑写信，因为我熟悉并且尊重写了误导内容的作者，我更愿意亲自与他沟通。

至于我和凯斯特勒所持观点相类似的问题，由于我没有凯斯特勒相关观点的第一手资料，所以对将我们两人相提并论甚感惊讶，且认为这中间一定存在某些误解。

然而，你的信还是对我不无裨益。你中肯地指出了一句话，那是我曾在弗吉尼亚大学演讲时说过的，该演讲稿以《拜异教神》为题发表。实际上，那篇文章我并不满意，几年前，已通知出版商停止刊印。特别是，那篇文章中写到有关哈代和劳伦斯时（以及对我的一些朋友的口吻）太过尖锐和歪曲，近乎谩骂，而非评论。（对于哈代的描写，我并不全然后悔，但觉得自己应该对劳伦斯的部分进行修改。）这么说并非为自己辩解，而是为自己的信口开 281
河感到懊悔。但这些对我们谈及的那句话并无直接影响。除此之外，文章主要解释了一些我认为正确的观点，但表述方式却容易引起误解。故意引起争端并非好事，有意说一些容易招致误解的话语同样极不可取。

如果我有先见之明，能够意识到后来在德国即将发生的事件，事实上当时已经开始，你（完全正当）所批驳的那句话就绝不会出现在那个时期。抑或，倘若我想表达同样的内容，我会备加小心，以确保所说内容不会引起任何误读。我依然无法理解为什么“种族”这个词会出现在我的句子里，因为我所要强调的是作为修饰语的“自由思想”。

“种族”对我而言仅仅是一个生物学概念，它的社会学概念是“文化”，而后者才是我的兴趣所在。“犹太人”是不是一个种族存在争议，但毫无疑问的是，犹太教意指一种文化。我不认为“种族”这个词毫无意义，我也不信服于生物学家所持有的观点——血型分布与种族无关，因此种族无足轻重。如今似乎出现了诸如澳大利亚原住民、斯里兰卡土著人、印度托达人，或是达罗毗荼人部落等“劣等种族”，但在我看来，所谓的“种族低劣性”或“种族优越感”，很大程度上属于**在普遍条件下哪类种族发展得更好**的问题。曾几何时，相较于英国人，爱尔兰人更为文明开化。所以，种族问题和犹太人没有关系。但是，粗野之心总是倾向于将社会学现实转化为虚构的生物学假象，就像纳粹党人所做的那样。而且，我怀疑关于种族优越感的论断会被俄国人效仿，因为他们坚信由于共产主义最初在俄国得以实现（以其实现的方式），这暗示了莫斯科人民（即便其领导人来自俄国的其他地方）具有高人一等的优越性。

在最近出版的《关于文化定义的札记》一书中，我强调的是，恰当的社会学概念不是“种族”，而是“文化”；某种“文化”总是随着某一特定的宗教得以发展。倘若离开宗教，该文化便无法得到合理延续。犹太教信仰能否继续生存？从基督教观点来看，犹太教信仰已经终结，因为它在天主教信仰中得到了延续。从理论上说，唯一恰当且完美的方式就是所有的犹太教徒都成为基督徒。但问题在于，这种设想本该在很早以前就实现了，但部分是由于犹太教徒的执拗，更大程度上*则要归咎于自称为基督徒的人，因为他们的无礼，这个构想未能实现。当前局势更为艰难，这不仅仅是由于早前的设想没能发生，还因为众多身处欧洲和美洲的犹太人已经失去了他们的犹太教信仰，同时又尚未皈依基督教派。但对于那些失去信仰的犹太人，他们仍然与其文化紧密相连，这是因为文化是肉体，信仰是灵魂。（如奥尔德斯·赫胥黎所言）当我们与弱者相遇之时，我们必须呵护他们。

我们不愿放弃犹太教文化，它的消逝会是世界的一大损失。犹太教徒与非犹太基督徒的宗教融合本该发生，而在此一体化的过程中，这两股宗教力量应各自贡献己之精华，创造和谐共同的新型文化。 282

相比文化而言，我们更容易丧失我们的信仰。信仰存在于我们的脑海与心灵，而文化却深入我们的骨髓。有一种幻想，非犹太基督徒（外邦人）和犹太人都摒弃他们的信仰走到一起。但这种摒弃行为对于犹太人而言更为致命。因为非犹太基督徒仍然生活在一个与信仰存有丝丝联系的世界当中，虽然这些信仰一点点被摒弃。犹太人在这个被外邦人摒弃的世界中更加容易与他们的

“文化”源泉相隔绝，而外邦人不同，依然生活在他们原本的世界中，不管这个世界如何退化。这就是我的形容词“自由思想的”所隐含的意思。

在各自都拒绝接受他们祖先的世界里，外邦人和犹太人之间的相互认同存在可能性。但我认为这是一种较低层次的文化认同，两者共同的文化将是一个低劣的文化。唯有当犹太人通过坚持他们的宗教信仰来维持自己的文化（我不明白为何在一个西方文明社会不应该有犹太社区），抑或他们完全被同化——确认唯一真正的同化为接受基督教，这才会提供更多的可能性。

也许写到此处可以停笔了。但我更乐意继续这一谈话，虽然两人都有各自的事务缠身。[……]

*或许是主要原因！这种比例划分并不十分合适。[1]

伯林没有回复，艾略特随后又来了一封信：

我不想烦扰你，但因为找到了我们谈及的那篇文章，我还是想把相关的段落寄给你[2]。对我而言，与柏拉图

[1] 1952年2月9日的信。

[2] “一位美国智者曾经宣称，犹太人之所以是奇特的民族，只是因为他们和其他普通人一样，不过比普通人更像普通人罢了。此话隐藏着一个残酷的现实。毫无疑问谁也不喜欢被模仿，看到自己的个性特点被犹太人夸张到离奇甚至几近讽刺画的地步。但是，不管犹太人的行为多么让人愤怒，通过暴力来阻止这些行为未免干涉了人类最基本的自由。的确，疑神疑鬼，吹毛求疵，无动于衷，过分敏感，缺乏自重或是粗俗卖弄，有时奴颜婢膝，有时又神经质地咄咄逼人，抑或是缺乏道德感和审

并列并不能让我得到任何好处！他与这一具体问题毫不相关。正如我所言，我的确认为读者们会很自然地推断出：我曾经在某个时候提出这些责难，或者想当然地认为我赞同这些观点。下一句话可以从两个方面分析解释：第一重意思是，我之所以反对犹太人，是因为他们如同类人猿和鹦鹉只会模仿；第二重意思是，我反对他们，是因为他们丝毫也不懂得模仿。

当然，这里存在两个突出问题：

1. 你是否正确理解了我的意思？

2. 你是否给他人留下了言不由衷的印象？[1] 283

致安娜·卡琳

1952年2月3日

洛厄尔楼

亲爱的N：

匆匆去信，最近我感到内心混乱，意志消沉，忧郁恐惧，并非因为全灵学院在运转惨淡不久之后峰回路转，而是因为所居漂亮住房的主人布吕宁博士从科隆大学突然回来，

美标准，也不具备任何形式的心灵鉴赏力，这种种恶习毫无疑问都是有失体面并让人追悔莫及的。但这并不是罪行，柏拉图和艾略特以及他们的跟随者都没有权利仅仅因为这一点，就将犹太人置于城邦之外。如果犹太人继续要因为自己类人猿和鹦鹉式的模仿行为令周围邻居反感而受难，他们至少会选择自个这么做。”《犹太纪事报》1951年10月12日第8版；参见《观念的力量》，第183—184页。

[1] 1952年3月2日的信。

这使得我不得不紧急搬离此处，恰如二十年前布吕宁博士自己被冯·巴本[1]逼着紧急搬离一样。（你一定记得普鲁士首相曾在电话中对冯·巴本说，“我想我只会屈服于暴力”，冯·巴本回答，“我会非常乐意如你所愿”。）因此，我匆忙打包我的行李，布林莫尔学院的系列讲座前所未有的糟糕，整个世界黑暗惨淡，几无希望。在落魄之中，你的《车前草》[2]如同镇定剂一般给我慰藉，真是太感激了，我被打动得几乎热泪盈眶。我无法评论凯南的书[3]，因为我压根儿就没读过。要一两个月才能读完，因为对美国过去七年的外交政策一无所知。要到暑假我才能有所行动，到那时，我敢肯定就太晚了（希望如此）。至于尤迪思（伯林笔名——译注）的作品，随你怎么处置吧，你可以大声朗读，伴随着迈克尔·蒂皮特[4]轻缓、忧郁、略带“内向”气息的音乐。或者让海勒[5]先生苦心思考，将其视作与我们时代不相和谐的表现。总之，做你自己喜欢做的，但千万不可暴露我的身

[1] 弗朗茨·约瑟夫·赫尔曼·迈克尔·玛丽亚·冯·巴本（1879—1969），德国陆军军官、外交家、政治家，1932 年继布吕宁成为德国总理（因扶持希特勒上台而成为有影响力人物）。
[2] 伯林此处原文为：Podorozhnik。《车前草》为安娜·阿赫玛托娃于 1921 年出版的一本诗集。
[3]《美国外交》（1900—1950）（芝加哥，1951）。
[4] 迈克尔·坎普·蒂皮特（1905—1998），作曲家。
[5] 埃里希·海勒（1911—1990），德国文学与哲学研究学者，生于苏台德区（位于捷克斯洛伐克西北部），后加入英国国籍，移居至美国；1950—1959 年任威尔士大学德语教授（斯温西），1960—1967 年就职于美国西北大学。

份（不然在莫斯科导致的后果真的会很悲惨），会遭到卡尔的攻击。即便如此，我也不会太介意，但我真的不想引起我无法做出回应的争议。你最好亲自与《外交事务》商谈关于版权的事，郑重请求编者得到作者的许可，切不可暴露你知道作者是谁，即便在这个国家至少有上百人了解这个事实。我现在得动身前往牛津大学校长口中所称的“女子”学校，发表我的“金玉良言”。希望到时能录音并提供给你。[……]

我与超凡脱俗、令我感激不尽的埃德加·温德共度了美好的一周。他将书房让给我用了八天，并在我忙于准备前两个讲座时精心照顾我。我一定竭尽全力为他安排好在剑桥的工作。我已经写信给［理查德］·卡恩，知道这个暑期他 284
会与诺埃尔在一起——我还能做什么呢？

你永远的朋友

沙耶[1]

致埃德加·温德

［1952 年 2 月初，手稿］

布林莫尔学院

亲爱的埃德加：

你对人一贯彬彬有礼，友好善良。但即便如此，一定也

[1] 伯林此处原文为：Щая。

会心生疑惑，像我这样本性并非鲁莽，感情也算丰富的人，怎么却不懂在受到你弥足珍贵、无与伦比的款待之后，写信表示感谢。我只能把原因归咎于我生活“自然”秩序的紊乱。我去了纽约，做了讲座，过后又回到坎布里奇，可谓一片混乱。布吕宁博士的归来让我措手不及，只能搬离房间蜷缩在阁楼上，却发现那里既没有纸张也没有墨汁，这让我沮丧万分。我无法去想赫尔德但又不能不想。我必须料理好我在哈佛的事务：完成考试工作，与同事道别，不止这些，还有六场讲座，如同达摩克利斯的六把利剑，所有这些让我处在大难临头的氛围当中。它们不仅仅只是威胁，而是确确实实即将来临。因此我成天就忙着打包，整理，再打包，如同无头苍蝇般把自己弄得头晕眼花。自从和你道别之后，我一事无成，没有做一丁点有意义的事：就是看看书，或者回想住在你那里时做过的事情。但有一种莫名的不安全感，一种不知余日能有多少却无力行动之感，让我断了所有念想。我感觉自己像托尔斯泰笔下的人物，不停发问：为什么我是现在这个样子？我所做的事情有意义吗？为什么人们表里不一，明**知道**自己不是某类人却要装出属于某类人？可是难道真的有**其他**“真正”重要的事情吗？为什么我要站在讲台上，带着模糊颤抖的声音说一些话，而这些话在场的人并不想听，只是因为以下几个原因坐在底下：(1) 出于习惯；(2) 仅仅为了消磨晚上时间；(3) 心怀恶意，希望演讲者出点差错；(4) 抑或只是一种缺乏理性的冲动行为？[1] 诸如此类。自从来这里以后，这种事情大幅增加。奈姆[2] 待人友善，行为真诚。曼宁夫人（婚前姓塔夫特）[3] 热情好客。（写到这里奈姆教授进来了，我赶紧上前欢迎“以示尊重”，这里时兴这么做。但麦克布莱德小姐是个女版柯南特：质量上乘天然的美国木材是这个国家能够提供的最好的 285
材料，实用，而非仅为享受，但它类同于木材和皮革，而不是贵重金属，也不是塑料。）[……]

你的

以赛亚

致安娜·卡琳

1952 年 2 月 13 日

布林莫尔学院

亲爱的尼乌塔[4]：

我“有尊严并和平地”被安顿在布林莫尔学院（如同达拉第[5] 曾经承诺里维埃拉的意大利人，只要他们在 1939 年

[1] 伯林此处原文为：acte gratuit。

[2] 弥尔顿·查尔斯·奈姆（1903—1991），布林莫尔学院哲学教授（兼哲学系主任）（1946—1972）。

[3] 海伦·赫伦·曼宁（1891—1987），美国总统威廉·霍华德·塔夫脱之女，1917—1944 年任布林莫尔学院院长（1919—1920、1929—1930 年任代理校长），1941—1957 年任历史学教授。

[4] 伯林此处原文为：Nyuta。——译注

[5] 爱德华·达拉第（1884—1970），1933、1934、1938—1940 年任法国首相。

抵制墨索里尼便将得以生存。但他们没有抵制，他们不在乎尊严，至于和平，他们也不把战争与和平画等号）。[……]

说点其他的：我做了玛丽·弗莱克斯纳系列讲座的第一讲[1]——简直像一场噩梦，持续了65分钟，既没有照准备好的稿子说，手头一些零散笔记也没怎么用上。我自觉糟糕透顶，但也有些人出于礼节并不同意（他们真是太仁慈也太容易被感动）[……]〈不过待在这里真的很好——一种纯净的瑞士般的宁静气氛，远离一切，包括长相平平、缺乏真实感，包裹着玻璃纸的女人，她们在图书馆桌旁不停轻声交谈。我看到修道院的神父在指责我。[……]〉

以赛亚·伯林

以赛亚·伯林在布林莫尔学院的讲座给听众留下了不凡印象，他在当地的秘书之一莱利亚·布洛德森[2]，在给朋友的信中对此做了生动记录：

> 上周末，曼宁夫人打电话给我，并且兴致勃勃地询问我是否可以协助国际关系处，帮忙以赛亚·伯林处理其信件。[……] 她认为最重要的事情就是能够理解他 [……] 她顺便提到他的前任秘书因身体累垮，不会

[1]“自然概念与政治科学”，2月11日。

[2] 莱利亚·布洛德森（1912—2006），当时是一名研究生，通过兼任秘书一职来贴补自己的收入，后来成为布林莫尔学院儿童指导中心的首席临床心理学家。

> 再回来了。我说那我试试吧。随即，便接到他的电话。他说话带牛津口音，口齿不清，不能发r音，delivery一词说得飞快，如同快节奏的急口歌。[……] 我们安排在星期二上午十一点钟碰面，周一晚上我去听了他有关费希特的讲座，令我大为惊愕。他匆忙鞠躬，在讲台后面站定，把自己的眼睛盯牢在稍稍偏右、观众头顶上方的某一个点上，然后像拔掉塞子一般倾泻而出，开始演讲。足足一个小时里，他几乎没有任何停顿，语速快得惊人，滔滔不绝。显然是一场精彩绝伦的演讲，然而我能听懂的却微乎其微。他始终没有改变目光凝视的方向，而且不停地来回摇晃，幅度之大让人感觉随时有可 286
> 能摔倒。他的右手手心向上紧握在左手里，在整个讲座过程中，他两只手上下用力摆动，仿佛在试图甩掉什么东西一样。真是令人难以置信。自始至终，他的话如同汹涌的潮水，每句话总是能漂亮收尾，但就是没有停顿，只有一些怪异的转折词，例如："呃，显而易见，康德的自由思想在某种程度上与费希特所持有的观点大为不同，可是！"讲座结束时，我已筋疲力尽，但听众群情振奋，备受鼓舞，此情此景我敢肯定自己之前从未目睹和耳闻。很遗憾，面对面交流几乎完全不可能。[1]

[1] 伯林把演讲经历描述给安娜·卡琳："这些都是即席演讲，不借助任何笔记。假如我看着笔记讲，螺旋桨会停止转动，机器会立刻崩溃——因为我每分钟的语速是243字，而且说的与书稿、草稿和专门准备的笔记完全不同，

“可是！”星期二，我手提打字机，满心绝望地来到他所在的院长办公室，接下来的事却令我大跌眼镜。我直接在打字机上敲入他的口述信件内容，因为打字机的噪声使然，他不得不稍作停顿。他很高兴看到内容写上去，或者划掉，并乐于在所有信件上签名。他的信妙语连珠，偶尔哀婉动人。他常常表现出害羞无助的模样，彬彬有礼，总是主动认错。星期四，我再次到他办公室，没过一会儿他被叫去接电话。我开始读他放在书桌上的《列夫·托尔斯泰的历史怀疑论》重印本，并立刻被深深吸引；他接完电话回来时，我问能否借阅几天。“尽管拿去，拿去，”他满口答应着，一边手忙脚乱地翻找文件。“我放在这里就是送人的，拿去吧，送给你。”我欣然接受。读完之后，我彻底折服。此人即便不是真正的伟人，但至少与伟人相差无几，这一印象从此铭刻在我心中。[1]

实际上这些我都没有用上。”（1952 年 2 月 26 日）后来他又对其自传作者解释道：“我让自己专注于某个静止的点，然后充分发挥。[……] 我每次演讲总是以同样的形式呈现。先是准备了五十页的笔记，然后扔掉 [……]。再把这些笔记压缩成十页、一页、半页，最后剩一些标题。[……] 为了避免陷入失语症，我干脆不看笔记，而只是让自己像机械钟表一样上足发条，直到演讲结束。那种大功告成的轻松感真是无与伦比。”迈克尔·伊格纳季耶夫采访伯林录音之六。

[1] 致西玛·Z. 布恩，邮戳日期为 1952 年 3 月 2 日［莱利亚·布洛德森］。

致赫伯特·哈特

1952 年 2 月 15 日［手写明信片］

布林莫尔学院

噢，我真是太高兴了！[1] 真是天大的喜讯，无条件的大好事。如同康德的善意说[2]，上帝有眼，终于让这件事在牛津发生：我感觉像费希尔夫人[3] 一样，喜不自胜，手舞足蹈如同希特勒得知巴黎投降的消息一般：这些是笨拙 287
的 A. 赫胥黎[4] 认为我身上具有的。但机器中的幽灵[5] 却正以更加高贵、时尚的方式弹冠相庆。你的首要任务是评论艾萨克·胡斯克[6] 教授的遗作，由弥尔顿·查尔斯·奈姆主编，刊登在《心灵》杂志上，主要围绕亚里士多德、热尔索尼德（终于！）以及凯尔森与施塔姆勒。关于

[1] 赫伯特·哈特刚刚当选为牛津大学法学教授。

[2] 康德的善意说，在《道德形而上学原理》正文的第一句话中提到。

[3] 莱迪丝·费希尔（1875—1956），婚前姓伊尔伯特，历史学家和经济学家，H. A. L. 费希尔的妻子。

[4] 奥尔德斯·伦纳德·赫胥黎（1894—1963），小说家和散文家，以赛亚·伯林不喜欢其笔下人物“龌龊恶心”的形象［《伯林书信集》卷一，原文第 172 页］。

[5] 该（轻蔑）评语为吉伯特·赖尔在其《心灵的概念》（伦敦，1949）中所用，针对勒内·笛卡尔“身心二元论”所描述的心灵。

[6] 艾萨克·胡斯克（1876—1939），哲学家、翻译家及犹太历史学家，1922—1939 年担任宾夕法尼亚大学哲学教授。他去世后才出版的《哲学文集：古代、中世纪和现代》，由弥尔顿·查尔斯·奈姆与列奥·斯特劳斯主编出版（牛津，1952），收入的论文主要围绕亚里士多德、法国出生的犹太哲学家和数学家热尔索尼德（莱维·本·热尔松，1288—1344），以及奥地利法学家汉斯·凯尔森（1881—1973）（1945—1952 年在伯克利加州大学任政治科学教授）以及奉行德国新康德主义的法律哲学家鲁道夫·施塔姆勒（1856—1938）的法律哲学。

最后这位我有许多问题要请教你。代我向詹妮弗·哈特问好。

以赛亚

* 你的教授就职演说谈了什么话题？是“从简·奥斯丁到约翰·兰索·奥斯丁”吗？[1] 我仿佛身临其境，大学学院历历在目：“分类学家与分析师：所有的橱柜都已打扫清洁并储存充足”。不过我还是希望能够参加。

致卡尔·波普尔[2]

1952年2月19日

布林莫尔学院

亲爱的卡尔：

收到你的来信与邀请函[3]，不胜感激。很荣幸受邀，为由你发起创办的系列讲座打头炮。希望我能对与这一活动同名的英雄[4]抱以更大的热情——在这位个子矮小的人身上，有一些真正令人讨厌的地方：他态度冷漠，有时又荒唐古怪地

[1] 约翰·奥斯丁（1790—1859），英国法学家，他与语言哲学家约翰·兰索·奥斯丁一道（哈特的牛津大学同事）深深影响了哈特的创作。

[2] 卡尔·瑞蒙德·波普尔（1902—1994），生于奥地利，哲学家，1949—1969年任伦敦政治经济学院逻辑与科学方法教授。

[3] 以赛亚·伯林于1953年作了首场奥古斯特·孔德纪念基金讲座。

[4]（伊斯特·玛丽）·奥古斯特·弗朗索瓦·泽维尔·孔德（1798—1857），法国实证主义哲学家、社会学先驱、“人道教”创立者。

充满热情，热情得既让人难堪又令人感动；他既嫉妒又迂腐，既偏执又富有洞察力，既博学又盲目；最要命的是荒谬至极，不可救药，甚至比赫伯特·斯宾塞[1]更有过之而无不 288
及。殊不知，我们早已过了那种要出名就得荒谬的年代。马克思、泰纳[2]、米什莱[3]、密尔、勒南[4]以及赫尔岑与叔本华[5]——更不用说科学家与小说家了——他们讲述的东西都生动有趣得多，听众无不专心致志，洗耳恭听。不过，所有这些都是轻浮琐碎、不着边际的题外话，我这人就这样，动不动就会话题走偏。

如前所言，我对收到邀请深感荣幸，很愿意接受。[……]

你永远的

以赛亚·伯林

[1] 赫伯特·斯宾塞（1820—1903），哲学家和自由政治思想家，社会进化学说的倡导者，“适者生存”之说的提出者。

[2] 伊波利特·阿道夫·泰纳（1828—1893），法国文艺评论家、历史学家和实证主义社会思想家，环境与历史决定论者，法国自然主义的发展进程中有影响的人物。

[3] 儒勒·米什莱（1798—1874），法国历史学家。

[4] 欧内斯特·勒南（1823—1892），法国历史学家（主要研究宗教史）。其1882年的演讲“何谓民族？”与以赛亚·伯林对T. S. 艾略特关于种族与宗教观点的回应直接相关。

[5] 阿瑟·叔本华（1788—1860），德国哲学家。

致玛丽及门德尔·伯林

1951 年 2 月 21 日［应为 1952 年，手稿］

布林莫尔学院

亲爱的爸、妈：

［……］这里一切都好：我已经完成了两场讲座[1]，接下来还有四场。费城的女主人们很友善，就像 19 世纪美好的里加生活。全灵学院那里我感觉一切都还顺利。我写了一封信支持斯帕洛，这封信必须写。虽然我们仍不时争吵，但他是我的老朋友，对我的支持深表感激；他应该比罗斯更容易当选，很多人不会想到这点。罗斯将无奈地败选，过上一段潦倒暗淡的日子。即便如此，这一切已无法改变，而罗斯即使选上，也必将是一个糟糕透顶的院长。亨德森恐怕已奄奄一息或已经去世[2]；我绝不可能当选，即便选上，我也会讨厌那份工作：我意识到了这点，于是完成了一本书的初稿，这可是一件大事。我将用 6 到 8 个月的时间加以润色，预计将于 1953 年[3]在美国出版。［……］

爱你们的

289 以赛亚

[1] 第二场讲座在 2 月 18 日举行，题目是“政治自由与伦理法则：康德与卢梭”。

[2] 亨德森于 2 月 22 日去世。

[3] 幸存下来的章节（与前四场讲座相关）最终在 2006 年以《浪漫时代的政治思想》的书名出版。

致艾丽丝·詹姆斯

1952年2月22日［手稿］

布林莫尔学院

亲爱的艾丽丝：

［……］难以向［你］述说布林莫尔学院对我多么友善：这里安详、平静，周围的人个个彬彬有礼。他们允许我做自己喜欢的事——安安静静地工作——安安静静地浪费时间，这里是安宁甜美的绿洲；而我，原以为自己是一个讨厌寂寞，近乎神经质地逃避寂寞的人，却发现十分享受这份令人愉悦的安宁，这种美妙的感觉无以言表。除了每周讲座的烦恼——在偌大的礼堂里也让我烦恼——我无比快乐。哈佛大学在各个方面都没得说的，但这次不同，可能是因为这些讲座令我疲于奔命，我真是被折腾得筋疲力尽。我将永远感激当地的女士们，她们的捧场使我得以很快恢复精神，干劲十足。她们温柔善良，彬彬有礼，改天我一定要夸夸她们。我的卧室棒极了：两张宽大的铜床，是凯里·托马斯小姐[1]在大约1900年时从印度进口的。房间里四处摆放着范德比尔特—古尔德[2]时期精致奇妙的东方

[1]（玛莎）·凯里·托马斯（1857—1935），妇女教育的先驱者，创办了布林莫尔学院并担任院长（1885—1894），1894—1922年任布林莫尔学院英文系主任及英语教授。她居住的院长宅邸是维多利亚时期的房子，经过大规模扩建，设计与装修十分考虑细节，花费昂贵。设计者为洛克伍德·德·福雷，他尤其钟爱东方的工艺品。

[2] 科尼利厄斯·范德比尔特（1794—1877）与杰（逊）·古尔德（1836—1892），19世纪60年代至70年代的铁路巨头与竞争对手。

工艺品——可谓高大上版的纽波特[1]——还有用电不限的暖气系统，如T. S. 艾略特在给我的一封古怪的信里提到的，他对在我现在的房间待过的经历记忆犹新——“夜间热风一阵又一阵袭来，持续了整整一夜”。[2] 但我喜欢这里的一切。[……]

爱你的

以赛亚　　　　[……]

致玛丽安·法兰克福特

[1952年] 2月23日 [手稿]

布林莫尔学院

亲爱的M. F.：

感谢你的来信。很高兴你喜欢安南。他这人没多少实质内涵，但不乏识别能力。他是布鲁姆斯伯里文化传统的（官方）继承者，同时也是该传统的纪念者，这是他们希望的。（这点罗伊显然无法办到。罗伊没能成功当选经济学教授，来填补这周垂死或已经去世的休伯特·亨德森的空缺；
290 我觉得是院长一职过度辛劳把他累垮了。他心肠太好，来者不拒。真让人伤心。）布林莫尔学院之行大获成功，这里平

[1] 罗德岛的一个度假胜地，是19世纪末20世纪初美国当时最富有的家庭最喜欢的去处，富人们在那里兴建了许多豪华公寓。
[2] 在他2月9日的信中有一条附言：“夜间热风一阵又一阵袭来。”

和安宁，人与人之间相处温文尔雅。我常常连续数小时甚至连续数日一人独处，却感觉每一刻的独处都无比享受，这是我过去想不到的。当然，讲课是件烦人的事，面对黑压压的听众，我扯着嗓子，高谈阔论些毫无意义的东西；课前惊慌失措，课中情绪激昂，课后又惭愧万分。但其他日子全都美妙异常：我工作，阅读，独自散步，偶尔与同事们一同进餐，大部分时间独自一人吃饭，在干净、卫生、打扫清洁并储存充足、同时洋溢着这个学校特有的神经质的女权主义者的氛围内：由战战兢兢的年轻学生端上饭菜。他们急切地想讨好我，偶尔还能跟我聊聊讲座的题目。这一切全都让我受用无比：我没交新朋友，而且很感激没有人打扰。一点不错，此次的哈佛之行不算失败，诸事顺利，只是我有太多的工作需要去做，感到疲惫和抑郁罢了。[……] 这一次我的确感到哈佛的气氛更加紧张，仇恨再度加深，年轻人也不像 1949 年那样渴求知识，招人喜欢。那时的学生里有不少第二次世界大战的老兵，他们那种既像大人同时又不知所措的样子特别打动人，我很喜欢那时的学生。此外，我不能确定自己表现如何，我的讲座是否给人们带来了益处，我是否有用；但我同时又是忧郁寡欢的。离家三个多星期，很自然就会让人产生这样的思绪：自有记忆以来，我就一直被极度的深渊感所困扰。我对快乐和舒适的追求，是抵抗这种恐惧的永久性防御手段。这就是为什么我在布林莫尔学院的这些日子——孤身一人却不感孤独——对我而言是那样的喜出望外：显然我已经达到最低限度的自给自足。[……] 在我看来，芭芭拉·沃德并不是个非常重要或有趣的人。她长着一张大众面孔，十分真诚、善良，又有能力，但确实长着一张大众脸庞。[……] 我初次遇见她时，对她以礼相待，就如同对待某个官员，谈不上任何私交。她为《经济学人》杂志供稿，干得很好，还为《纽约时报》撰写各类文章，内容涉及自由和民主，民主与解放，西方传统和人文精神，我们珍惜的价值观与人类自由，民主与自由，来自东方的挑战，西方的宿命，自由者的联合，联合起来的人们的自由，等等。这些话题在我看来蹩脚不堪。她身上充满女学生一样的清新脱俗气息，富有感染力。乐于为他人叫好，脚踏实地，是个好姑娘，还是正能量价值观的传播者，明快开朗。但作为一个人，我觉得应该还有些其他东西，隐藏在某个地方，但就是看不见。可能当她富有光泽和流线形的愉快笑容消逝的时候，还有她闪闪发光的两眼，明确无误地显示此人缺乏真正的幽默感；当这些全都消逝时，**某些东西**就会浮现出来。我并不是讨厌她，但就像人们对用来包裹物品的玻璃纸不感兴趣一样，她让人想起来感觉无滋无味，不男不女。除非有人真的相信原则，或是拥有布鲁姆斯伯里式的对于真品的热情：倘若真是如此，我想人们又会不喜欢她了。你觉得
291 她像什么？一个天主教徒？一个女人？甚至是一个聪明的旁观者？我是不是太暴力了？但我就是无法忍受平庸的中上阶层，在你这位女门徒身上充斥着可怕的米尼弗式的性格

特点[1]；但阿尔弗雷德·爱因斯坦·科恩[2]博士可能会喜欢她——漂亮，有钱，不苛求——而且像天主教徒所言，追求自由解放。[……]

爱你的

以赛亚·伯林

致艾丽丝·詹姆斯

1952年3月13日［手稿］

新泽西州普林斯顿

亲爱的艾丽丝：

[……] 约翰·斯帕洛以绝对多数票当选全灵学院院长。现在的问题是如何与心怀怨恨的罗斯先生相处。对此事，我恐怕他绝不会忘记，也永远不会原谅。唉，生活总是充满本不该存在的重重困难。我也一样，就连无关紧要的琐事也无法摆脱，并且老是发现自己被一些不相干的罗网缠绕其中，难以自拔。再会[3]，代我问比利好。

以赛亚

[1] 米尼弗夫人，英国中上阶层女性，是扬·斯特拉瑟1937—1939年在《泰晤士报》专栏中刊登的连载小说（最后以书的形式出版）中的人物。1942年与1950年各上映了一部由影星格里尔·加森饰演米尼弗夫人的电影，这是改变美国对参加第二次世界大战态度的第一部影片。

[2] A. E. 科恩博士。

[3] 伯林此处原文为：a bientot。

莱利亚·布洛德森对伯林离开布林莫尔学院的感受五味杂陈：

最后一次与以赛亚共事是一个周一［……］最后一次的经历总是令人难以忘怀。口授持续了一个半小时。整个过程中，他一动不动正对着我站在我面前，这样当然是为了让我听得更加清楚。之后不知怎么回事，信写到一半，他忽然发现身边的大玻璃窗顶部有个洞，而且一道裂痕横穿整个窗玻璃。他惊呼一声，用手指摸了摸裂缝。我喃喃地说了句看来有人对他射击，他用恍然大悟的表情看着我，说："不错，肯定是！的确看起来像个弹孔，对吧？"在兴奋地默默注视了"弹孔"一阵后，他继续口授，而我当然也继续打字。忽然我听到他一声喊，"噢，天哪！"我抬头一看，只见他的袖子挂在玻璃上怎么也拔不下来。他靠在窗玻璃边，裂缝夹住了他的袖子，而被夹的地方他两只手都够不着。我站起身去帮他，在这过程中，他一再对我强调："这种事从未发生过——真的从来没有发生过！"最后我终于帮他把袖子拔出来，其间我不断叫他站直以免弄破衣服，而他也同样担心、焦急地提醒我小心，不要割破手指。最后总
292 算衣服、手指和人员全都安然无恙，得以幸存。说实话，不管他如何否认，此类事发生在他身上，根本就是人们意料中的事。

我越来越喜欢他，这种感觉颇为奇特。结束秘书工作我不会感到遗憾，但他的离开却令我依依不舍。在他身上，有一种与常人不同的温文尔雅和非同寻常的魅力，让人在几乎不知不觉中越来越喜欢他。那的确是一种十分独特的经历。[1] 293

[1] 致西玛 · Z. 布恩，邮戳日期为 1952 年 3 月 17 日［莱利亚 · 布洛德森］。

1952—1953：全灵学院

我不记得是谁曾经形容过：研究是一种令人愤恨的惰性状态。[1]

一个了不起的人，我看不出他是如何错过了机会，
295 我的意思是，就这么困在全灵学院了。[2]

[1] 致凯瑟琳·麦克布莱德，1953 年 1 月 22 日。
[2] 托德—AO 的迈克尔·托德，“城中絮语”，《纽约客》，1955 年 1 月 15 日，第 20 页。

离开布林莫尔学院之后，伯林开始一轮迅速的社交访问。他本来准备于3月29日乘“玛丽女王”号出发，不过纽约的一场托斯卡尼尼音乐会对他却是不可抵抗的诱惑。他向父母（他们认为儿子乘坐的任何一班飞机都会坠毁）隐瞒了他计划的最新变动，乘飞机到了巴黎，在那儿他将与他们会合，然后一起赴尼斯与意大利度假。

致艾丽丝·詹姆斯

1952年4月2日［手稿］

巴黎

亲爱的艾丽丝：

你一定要原谅我之前没有给你写信，告诉你我是多么享受逗留在坎布里奇与你和比利度过的时光：虽然我置身旋涡之中，虽然我怀有如此信念、意图和信条，然而在我看来似乎是无用无益、四处碰壁、急促忙乱、管理失当、精疲力竭而又仍然产出不足的生活里，仍有一片甜蜜而宁静的绿洲。我总是想安定下来，能连续数月不被干扰地做点实实在在的事情。也许等这次回到牛津，我真可以这么做了，无论如何我都要试试。你知道我对自己所做的一切评价不高。对于我所做的这些不足的事，我想别人一定也和我一样看得很清楚（我听到罗兰这样尖锐地批评过，“你不要对自己想得太多”），所以你和比利对我以及我的事是如此宽厚，令我如此开心，远比我能用言语表达的要更值得珍惜。我相信你知道我最喜欢到你们家，而且在你们家里感觉最好：那可是当我考虑去不去哈佛时，头脑中出现的明亮画面之一。我喜欢我在那里逗留的几天：抱歉，从某种意义上说，我没有单独离开你们，那位有魅力而又跟不上潮流的、古怪而博学的雅各布森[1]出现在最后一刻；可是后来我没有把事情处置好。托
297 斯卡尼尼非常好，很值得等待：也许你听到的曲目[2]是独一无二地高贵、广阔、深刻，然而，这位老人显然不太高兴，可能只有他能意识到细节上出了问题。很高兴我为这场音乐会等待了，这是他一生的高潮，在某种意义上也是我的高潮。真的，其重要性是有象征意义的［……］向比利与你致以我所有的爱，一定要写信给我，寄到全灵学院来。

你永远的

以赛亚

[1] 罗曼·雅各布森（1896—1982），出生于俄罗斯的语言学家及文学史家；1949—1967 年任哈佛大学斯拉夫语言及文学 S. H. 克洛斯讲席教授（1960—1967 年任斯拉夫语言、文学与语言学 S. H. 克洛斯讲席教授）。

[2] 3 月 29 日，在托斯卡尼尼 85 岁生日的四天之后，他在卡内基音乐厅举行广播音乐会，指挥美国全国广播公司管弦乐队演奏贝多芬的第一与第九交响曲。伯林向拉米·亚历山大做了更为详细的描述："他以新的'宁静'风格指挥第九交响曲，不算惊人，但异常高贵、辽阔、动人——事实上是我所听过的这部作品的最好演绎。托斯卡尼尼本人显然很愤怒，这场演出是录音的，因为他的确对早先的录音不太满意。我去看过排练，所以意识到他在排练中注入心血的点睛之处，却在演出中被乐队模糊处理了。这一点，只有看过排练的人才会注意到，显然指挥却认为这毁掉了演出；已经 85 岁高龄的他不指望能再录一次了，我想：他的理想不能完美地实现，这令他发疯。然而，在对此并不了解的观众看来，这是一场完美无瑕而瑰丽壮美的演奏。［……］我很高兴还来得及听到意大利文艺复兴运动那最后的濒死的声音。"4 月 11 日的信。

计划的尼斯与意大利之行没能实现：灾难降临到伯林父母身上，他们对飞行的恐惧证明是有道理的。

致薇拉·魏茨曼

[1952年] 4月10日，逾越节 [手稿]

寄自全灵学院

亲爱的魏茨曼太太：

从美国写信真可怕。我遇到了一些事，使得这完全不可能了。在英格兰，在欧洲，甚至在以色列，日积月累的经验并不会立即就传输出去；而是形成一种内在的沉积层，在我内在的理智与情感之中演化，使得某种创造性活动成为可能。在美国我则像一根开口的管子、一道走廊，什么也留不住，一切奔涌而进随之又奔流而出，在每天黄昏即将结束的时候，我筋疲力尽，我付出，却没有吸收。所以我无法在美国那里写信，除非是谈论公事，或是给家人写内容最空洞的陈词滥调。我一回到旧世界，那儿的人类立刻又有了脸孔，而不仅仅只是膝盖：我缓慢地开始做出反应，开始思考，有了某种程度的感知能力。我以前从未那样地在哈佛工作，一整天，或是每晚都占用一点时间。我要做的事情太多，我讨厌工作，所以不开心。我能在美国工作，没有什么让我分心，这里的人们对真正的快乐所知甚少，只知道参加活动。我很难过地听说魏茨曼博士今年初冬状况不好，我想过给他写信，可是又想到你们会收到雪片般的电报、短讯与来信，一一回复会非常麻烦，于是我就放弃了这个念头。我没有每天往纽约打电话，不了解情况如何，我什么也没有做，是约瑟夫回来告诉了我。他就像一座桥梁，是其他人之间的联系纽带。我们在某种程度上都是，不过他尤其是以此为主要的生活方式的。当一个人并不在那里的时候，他似乎不存在，而当一个人在那儿，他就也在那儿，至少对我而言是如此。他是来自不那么机械的世界的一张悲伤甜蜜、充满同情的面孔；他是忧郁而不修边幅[1]的象征。但是我现在觉得自
298 己老了，更喜欢衰朽的旧世界，而不是经过改进、充满了我生活中必需的新鲜玩意儿的新世界。简单而言，就是如此。离开美国时我松了一口气，对于这个国家我无话可说。我对美国人很同情，就像同情十七岁的男孩；但是他们的疾病和他们的药方在我看来似乎一样粗糙和幼稚：我不能住那儿。在巴黎的四天里，我所感受到的人性的感觉，要比我在美国待上七个月所感受到的都多（美国的图书馆有我要的书，提供我生活费以及娱乐费用，这就是全部了[2]）。我见过哈维夫妇，他们关切地询问您还有总统的情况（虽然他们胆怯退缩，像您跟我说过的那样），还见了雷蒙德·阿伦[3]，杰出的法国政治记者，是我见过的最聪明、悲伤、狡黠、富有同情

[1] 伯林此处原文为：Schlamperei。
[2] 伯林此处原文为：C’est tout。
[3] 雷蒙德·阿伦（1905—1983），法国社会学家、哲学家、政治科学家、作家、记者，1947—1983 年任《费加罗报》专栏作家，1956—1968 年任巴黎大学社会学教授。

心而又现实主义的理想幻灭者，犹太人——100% 的犹太人+100% 法国人。只有犹太人才能像他那样超脱，有着不妥协的、微妙的、安静的才智，他是最令人印象深刻的政治观察家（右翼——几乎是个戴高乐主义者，不过戴高乐肯定是要把反犹派吸收进他的政党的是吧？）。我在那儿见到了泰迪·科莱克，劝说他和我一起搭乘法航回伦敦。我打算去尼斯，之后——谁知道呢？——绕过别的地方到雷霍沃特短暂逗留，看望您。可是我突然接到消息，我母亲在我们家的地板滑倒，肩膀脱臼；父亲肺充血发高烧；他们告诉我“不要担心”，可事实上我知道自己必须马上飞往伦敦，带上抗生素[1]。于是泰迪·K. 和我登上了法航的朗格多克飞机，半小时后飞机在试图起飞时起火。[……] 我们都跳出机舱，夫人们有点歇斯底里。我记得在纽约打碎过一面镜子，我的行李是 13 件。航空公司为我们提供香槟，我拒绝喝，宁愿保持愤怒。我瞒过亲爱的父母，他们正双双卧病在床，我没有告诉他们飞机出事了，现在只好打电话说我得迟些时候才回去。我笨拙地撒了谎，虽然谁也骗不了。我乘坐另一架飞机，比原定计划迟了一个半小时抵达伦敦。在撒哈拉待了七个月，我筋疲力尽了，倒头便睡。没有什么比在美国生病更凄凉的了；孤独感比以往任何时候都更强烈。此外，我在那里还因为单身而产生生理上的抑郁，部分是想象，部分是

[1] 伯林此处原文为：aueromycine（原文如此）。

现实。（这是另一个我没有写信的原因，每次我坐下来提起笔，我感到彻底的空虚：没有什么可写，而写一些废话又令我羞愧。在欧洲日子就好过多了，请原谅我。）在巴黎我还见到了尼古拉斯·纳博科夫，我的朋友，俄罗斯作曲家，我希望您很快会见到他。他令人愉快，是旧式自由派知识分子的最后声音，波西米亚人，随和，非常聪明，有心，有灵魂，有理智，一生都是犹太人的奴仆[1]。一定要请他喝茶，面对面聊天，您会享受他的陪伴。他温暖，快乐，聪明，有
299 同情心，充满活力，他会把书寄去给您。现在我必须重新承担责任，做父母的男陪护（我的生活依然无望而心满意足地——围绕着他们），但我很快会给您写信的。如果有可能我会不请自来，今年夏天，只要一天就好，给您与魏茨曼博士我无尽的爱：认识你们是我生命中最重要而且也是唯一的要素。

以赛亚

附言：我见到了爱因斯坦[2]，他是个天才，不过肯定也

[1] 伯林此处原文为：Judenknecht。
[2] 艾伯特·爱因斯坦（1879—1955），物理学家。伯林在普林斯顿高等研究学院逗留三天并拜访了爱因斯坦，他在那里担任教授，两人彼此都没有留下深刻印象。在回复菲利克斯·法兰克福特引见伯林的信中，爱因斯坦如此评论：“此人聪明绝顶，是上帝那宏大而基本上没有什么吸引力的剧场中的观众。”1952 年 3 月 12 日法兰克福特转交给伯林的信，另附他那封引见信的副本［牛津大学博德莱安图书馆伯林夫人 253，文件夹 87］。

是傻瓜，就像孩子般不近人情。[……]

致塞姆·伯尔曼

1952年4月11日

全灵学院

最亲爱的塞姆：

我有一个无比忧郁的故事要对你讲，这全是因为和加森·卡宁先生[1]与露丝·戈登[2]二人的非法关系所致；我一直不知道为什么不让我去看他们，不让我和他们交往，不过我意识到那样是错的、邪恶的，而且在某种程度上是被禁止的。这件事，还有我对我那可怜而又对我充满信任的父母的欺骗，我对他们说我是乘坐“玛丽女王”号来的，而事实上你知道，我当时正和你与威尔逊一起吃了一顿极其烦恼的午餐——这些一定预兆了我的厄运。在最残酷的打击降临之前，上帝一直在诱使我变得没有感情。于是我先飞到巴黎，表面看起来很平静，没有事故发生，即使是在纽芬兰岛甘德的停留，也没有不适之处，虽然那不是个可以吸引人长久逗留的地方。我觉得吃惊，西方世界没有把那里辟为政治犯的流放地，那里恰恰具备所需要素，遥远，[……] 的样子[3]，

[1] 加森·卡宁（1912—1999），美国剧作家、电影编剧、导演。
[2] 露丝·戈登·琼斯（1896—1985）的艺名，美国女演员、剧作家、电影编剧，1942年与加森·卡宁结婚。
[3] 括号表示这个词打字员没有听清因而省略了。

气候令人反感而又有益健康，有当地人吸引流放犯人中比较认真的那一部分人的注意力，有诱人逃跑的一切因素。我见到丽莲·海尔曼小姐，她在以最好的19世纪俄国革命文体撰写辉煌的回忆录；还有几封才气横溢的来信，是普里查德写的，
300 乔治·巴克将越来越有价值的包裹——虽然艾薇[1]不断抗议——寄给关在那里的高尚的激进分子。不过，还是让我接着往下说吧。

纳博科夫在巴黎和我见面，带我去了我那体面的住所，有那么一段时间一切顺利。戴安娜夫人不在家，尽管我对她很忠诚，她不在家还是让我大为放松，享受到更广泛的行动自由。我和巴克夫妇一起吃午餐，他们很好，去了马德里，理想主义的、政治敏感的、不太自信的乔治心里不是没有疑虑。我见过极其聪明的雷蒙德·阿伦先生，一个聪明、忧郁、尖锐得令人害怕的小个子男人，他理所当然地反对被人形容成法国的李普曼，并视其为不应得的侮辱。虽然他和特里林先生在某些显著方面相似，但和特里林不同的是，他不和我探讨礼拜仪式的问题，只是给我他不向人公布的私密电话，并告诉我，尽管从表面上看他似乎是戴高乐将军的支持者，但当危机来临时他和你我一样都不会持这样的立场（这话开始和《纽约客》那里开头几段相似了；我照管好自己，恢复我本来的样子）。结束了那一切之后，我正准备前往尼斯开始

[1] 乔治·巴克的第二任妻子伊夫林（“艾薇”）（1905—1971），婚前姓威尔。

一次舒心的家庭旅行，但接到爸爸的电话（他很少花钱赶这种无意义的时尚），告诉我母亲在给我的书打包时肩膀脱臼，父亲在开车送我母亲去医院给肩膀复位时，发了高烧。如果可以，想让我尽快带一些抗生素回去。这真是非常可怕的打击。我立即弄到少量的抗生素，告诉父母我取消了一切安排，第二天将乘坐“金色箭头”列车[1]回去。此时一切已经深陷于我的骗局之中了，我买了周一法航的机票，一夜无眠，满脑子都是我无人照料的父母的形象，两人都在被各自的病痛折磨。第二天我迅速地登上飞机，而它在徒劳地滑行、提速、沿着地面嗞嗞移动并疾驰之后，几乎倾覆并爆炸起火。这是如此不真实的场面，与我之前所经历的一切是如此不同，我一点都没有感到焦虑，只有吃惊，没想到自己会置身于如此戏剧化与非现实（抱歉我用了这样的字眼）的情境之中。所有人同时站起身，并安慰其他人不要害怕，有一两个女人吓得惊慌失措。我对飞机一无所知，只是后来得知，油箱距离火焰仅数英寸，随时可能引起爆炸，女人的歇斯底里完全是有理由的。不过，我不知道这事，因此才在这样的情况下显 301
得满不在乎，而这一切越来越像小说了。我认为火焰至少要过五分钟才烧到我这里，所以还是有足够时间逃生的，不仅

[1] 部分是普尔曼式豪华车厢的列车，每天在伦敦与多佛之间通过跨海轮渡往返一趟；往返于加来与巴黎之间的同类列车法语名称“Flêche d’Or”（黄金翅膀）意思与其相似。

可以优雅地走开，而且可以保住我那件新买的昂贵的美国大衣，我的注意力全在它上面了。于是，我表现出赏心悦目的英式镇定风范，不过那是建立在无知和愚蠢之上的。实际上并没有人员伤亡。与我同机的乘客惊慌不已，特别是一位美国黑人，他浑身发抖，直至喝了一肚子香槟，然后就不容置疑地醉倒了，以最尴尬的姿态成为派对的生命与灵魂。机场给我们提供的香槟不好，而我更愿意保持清醒，继续愤怒。此时我自然会担忧父母可能开始担心我延迟回去的原因，我给他们打了电话，告诉他们一个真相完全扭曲的版本，虽然这连一只猫都骗不了。那天晚些时候我抵达伦敦，带着宝贵的药品，发现父母的状况比我担忧的要好许多，然而尼斯和佛罗伦萨之行显然是不现实的了，于是现在我坐在这里，主要操心的是不让他们来照顾我——他们觉得我面色苍白，缺乏应有的健康，而我努力表现得像一个训练有素的护士，却挫败于母亲那不可控制的精力与父亲那不可动摇的常识与对现实的理解。在他们面前，我不仅被当作一个十七岁的孩子，而且还要像一个十七岁的孩子，一个非常没有责任感的、不成熟的、发育未全的、容易受骗的十七岁孩子。我越早回到牛津越好。

很高兴地告诉你，罗斯先生虽然对其他所有人都很生气，但还是认为我太纯洁超脱，所以一点都不会关心政治现实——被人们一致认为我是无用的天使，让我觉得新鲜，不过此时此地我很乐意接受这样的定位。你会来伦敦和牛津，而不是去尼斯和佛罗伦萨吗？当然这是两回事，即便如此，这还是会让你分心。这样也许能让你轻松一些，尤其是如果你没有和我同住在一个屋顶之下（詹姆斯一家，我的剑桥朋友，告诉我自从我离开后，他们现在睡得更多了）；一定要来，要是来牛津照顾我就好了，不要让我每天每时犯那些愚蠢的错误。我的父母认为，由于我受到的是备受呵护的教育，所以才会任性而热情地犯下那些错误——这种放荡与挥霍，唯有婚姻才能治愈。我现在得抓紧时间，吃些专门预备的、健康的食物，这样我的脸色不会那样苍白。我没有时间写信或是做别的了，成天被我那生病的双亲照顾，这可是全职工作，真的。再见，一定要来。[……]

先知以赛亚[1] 302

致威廉·詹姆斯

1952年4月14日［手写明信片］

寄自全灵学院

亲爱的比利：

很高兴收到你的来信，得知艾丽丝已经从我导致的灾难中恢复过来了：我，也是一个人，睡觉。我同意：不曾相识，对你的亨利叔叔[2]而言是幸运的，对我则不然；否则，

[1] 伯林此处原文为：Yishayohu Hanovi。
[2] 威廉·詹姆斯曾如此评论："知道吗？幸好你和亲爱的老叔叔不认识，否则你们永远不会上床睡觉。"（4月7日的信）

出于某种你不易认为、或是你不足以认为我所具有的内在的谦逊与畏惧，我本会保持沉默？你说“不可能”。然而面对天才，我胆战心惊，缚手缚脚。我不相信软与硬的对立。所谓的硬心肠，也就是说，在可衡量的领域，事实收集者和严格的核实者比许多显然是糊里糊涂而满怀热情的傻瓜更容易被欺骗。我只相信枯燥与柔情的对立。托尔斯泰的心肠是软是硬？他所使用的方法显然硬如燧石，而他的信条却非常非常柔软。然而肯定（当我说“肯定”，我是要霸道一点，因为在这种情况下没有什么是可以肯定的）不容置疑（也就是说，可以怀疑，但对说这话的人来说不可以）的是，他的文风干燥清澈，但又一点也不干巴巴就事论事。所以，我对硬与软的怀疑是不充分的。我过得非常枯燥：我到了巴黎之后，父母都生病了，所以我取消了去尼斯和佛罗伦萨的计划飞回家。飞机着火，场面生动、有趣，不过我得承认这有点“过”了——很可怕。法国航空太无情了，我更喜欢将来能有更柔软、更多情的旅行。

爱你的

以赛亚

伯林继续遭遇不幸事件：他父母重新安排了一次机会，出门度假（伯恩茅斯取代尼斯成为度假地），伯林与詹妮弗·哈特在其父母家里的不轨幽会被怀疑有入室盗贼的邻居撞破。回到牛津后，伯林又郁闷地发现他所依赖的私人电话被取消了。

致道格拉斯·维尔[1]

[1952年4月23日收到，手稿]

全灵学院

亲爱的维尔：

希望你原谅我，如果我像过去一样，以个人名义向你恳求。事情与我的电话有关，看起来是件小事，在我生活中却至关重要。我用私人电话已近二十年——先是在全灵学院， 303
后来在新学院也是。我搬回全灵学院时，曾经申请把电话线迁入我在全灵的住房，根据我在1938年与1948年的经历，满以为这大不了只是例行程序的事。不料想，今年4月我从美国一回来就恐惧地发现电话线已经被完全切断，而且没有希望可以很快恢复。除了没有日常生活的便利设施之外，加上事实上在全灵学院我比在多数学院要与世隔绝得多（我住四楼）——虽然这也不无好处，可是如果我需要医生（我是经常需要医生的），却发现自己距离最近的医院很远，这就糟糕了——我唯一依赖的只有电话。这主要是由于在战时的活动中，我发现自己与各类人一直保持联系，既有工作关系，也有私人关系，有伦敦的，也有国外的，他们中有人为我提供了额外的收入，而没有这些收入，正如我去年夏天已经明确表示过的，我是没法回到全灵学院任职的；他们中有一些人（如英国广播公司，或是芝加哥大不列颠百科全

[1] 道格拉斯·维尔（1891—1973），1930—1958年任牛津大学教务主任。

书，或是我们在巴黎的代表，华盛顿使馆，波士顿与纽约的编辑）已经习惯就各种奇怪的事情来咨询我——但愿我这么说听起来不至于荒唐而自负，或是被人视为我不专心学术。但是事实上，鉴于在这个国家有关俄国资料的稀缺，即使我只是为了研究目的而寻找合法的出国途径，这些国际关系也对我至关重要。现在我没有私人电话，门房如果要叫我接电话，需要走很长一段路，爬好几层楼梯才到我的房间。晚上十点门房就休息了，我不能奢望他们能够等着为我传消息而不睡觉；所以，即使从门房那边引一条分机线给我——听说这样也要等上三个星期——美国那边也是联系不上我的，因为拨打越洋电话无疑很贵，他们难得会给我打一次电话。我已经过了二十年能够方便使用电话的生活，突然这样被迫与世隔绝，对我极为不便（还没算上这种状况对我收入的影响）。尽管我很明白，（电信局的福塞斯先生跟我说了）安装电话的名额是多么紧张，可是转移一条已有的用户线路一定没有那么难吧？（当地主管部门）告诉我并提醒我，有一条没有被占用的线路，难处在于规定，不在于实质上的可行性；福塞斯告诉我应该跟你谈这件事，他也会跟你说这事。我昨天见到校长，把这件令我很绝望的事告诉他了。他善意地答应为我提供一份贫困证明[1]，福塞斯说这份证明用得上。可是在我跟你说明我的情况之前，我还没有催促校长办这件

[1] 伯林此处原文为：testimonium paupertatis。

事。我相信如果有必要，英国广播公司、外交部，甚至是英格兰银行（为了我的美元收入）这样的机构会支持我的申请，如果需要它们的支持。但是，我极其不愿动用这样的私人关系，除非你认为有必要这么做——同时我恳请你不要将我视作过分强人所难：继续一项已有的服务不会这么难的，即使是在如今的英国；而且在我而言这件事对我的生活方式至关重要。不管怎样，唉，改变我的习惯已经太迟了。我也尽力不把此事看成对我的不公，而是将它归咎于如今的困难形势以及造成的心理后果。我希望你身体健康，抱歉给你添麻烦了。要不是因为这件事对我太重要，我绝不会想到这么做。 304

你永远的

以赛亚·伯林

又过了一个月——需要采取最高级别的行动来解决这个大危机了。

为了在他全灵学院的房间安装电话，使朋友可以联系到他，以赛亚竭尽全力，最后惊动了邮政总局局长，基蒂·盖尔斯的父亲德拉·沃勋爵[1]；然而，他又使这一切行动的目的完全落空，他在电话上安装了一台非常

[1] 厄尔布朗·爱德华·邓唐纳德·布拉西·萨克威尔（1900—1976），德拉·沃伯爵九世，1951—1955 年任邮政总局局长。他的女儿凯瑟琳·帕米拉（“基蒂”）·萨克威尔夫人（生于 1926 年）与《时代》周刊记者弗兰克·盖尔斯结婚。

复杂的机器，免得让它响起来，因为他发现电话铃声打扰了他的社交沉思。[1]

致欧文·辛格

1952年5月16日

全灵学院

亲爱的欧文：

[……] 原谅我长话短说，因为我要溺死了，像经常发生的那样。这一次我的麻烦更大了，因为没有电话，我不能享受自由并且免受烦扰，像修士一样远离尘世静修，相反，这意味着我所有的访客都在错误的时间到访，一个接着一个，我一直在赴不存在的约见，又不能去赴已安排好的其他约见，还有你可以想象到的各种可怕事情。我身体很好，安心工作，很开心，单单只是努力读书是很痛苦的，在某种程度上也有点难为情，我一直在给自己鼓劲，尽量不要用到它。

校长气势正盛，他快乐幸福，大权在握，一副智慧模样。当他穿上长袍，庄严地走过牛津校园，看起来很魁
305 梧——他的快乐很有感染力。学校里调换了学院院长，看起来终于步入正轨，我们走过繁荣，而这一切会被证明是短暂的，结局将是个可怕的灾难。在另一方面也许不是。

[1] 休·特雷弗—罗珀致伯纳德·贝伦森，1953年2月5日，《牛津来信》（见原文第196页注1）。

从巴黎起飞却着了火的飞机上逃生之后，我相信我不幸的额度暂时用完了，我在准备步入无害的老年，在古老的围墙之内，温和地成熟，适宜地衰老。这样你一定会懂得我，一定会来看我。

很高兴你喜欢怀特海夫人。我想没有人会比她更好，我也不会更崇拜其他人，或是与其他人在一起更感到开心。我希望她在这里，我希望你也在，我希望没有空间距离［空间？］。向约瑟芬[1]问好。

你的

以赛亚

致塞姆·伯尔曼

1952年6月4日

全灵学院

亲爱的塞姆：

［……］既然全灵学院的竞选风暴已经结束，既然风波时期终于了结，一场奇怪的黄金和平降临到这个地方。已故院长萨姆纳先生对我的年轻同事们有令人不安的影响力，他令人愉快而充满责任感，总是要检验他的年轻同事的能力，以发现他们是否的确在以符合要求的勤勉程度工作。不是他真的想知道，或是他真的怀疑他们好逸恶劳，或是暗中捣

[1] 欧文·辛格的妻子约瑟芬（生于1928年），婚前姓菲斯克。

乱，而是由于他天生的神经质，工作是他能够找到的容易谈论的唯一话题。结果，他自己也没有意识到，他在这些不幸的人之中营造了一种温和持续的恐怖统治。现在，在好院长斯帕洛的领导之下，他恰好和你提到的那些人一样，天生就是属于牛津圈子的，年轻同事们几乎不敢相信他们有这样的好运。他们就像从黑暗的地牢里释放出来，突然来到日光之下。他们就像探测迄今仍然未知的沼泽地，先是高兴，当发现土地是坚实而有益的，却为此更加震惊。你要想象一下，一群刚获释的人在阳光下满怀喜悦地眨眼，不敢相信这新的统治，新的统治已经建立［……］自由显然将永远统治［……］

你的，深爱着你的

306 以赛亚

门德尔·伯林的健康问题继续存在，伯林整个夏天为此忙碌。在 7 月底伯林还是在普罗旺斯埃克斯的音乐节期间度了一周的假期，艾琳·哈尔本开车送他去。就在这个星期，他们之间的友谊发展成一种更为强烈的情感关系。

致艾丽丝·詹姆斯

1952 年 8 月 7 日［手稿］

全灵学院

亲爱的艾丽丝：

你一定要原谅我，这么久没有给你写信，不过我度过了很困扰的夏天。而且我也不喜欢寄明信片，虽然我给罗兰寄过，因为如果我不这么做，他会觉得自己被忘记了，被抛弃了，而且觉得自己又老又沉闷，等等，而且他是以慎重而明确的语言这样告诉我的。我的困扰完全因为我可怜的父亲，他现在病了几个月，事实上自从我离开美国以来，我就必须照顾他，一直到现在。你知道，我4月初就离开美国了，在托斯卡尼尼演奏会之后：那是一场壮美、动人、独特的演出，我为了观看而推迟离开，一点都不觉得后悔；第二天我飞往巴黎，感觉很舒服。在巴黎我接到消息，得知父亲状况不太好，于是在行囊里装满了抗生素，飞往伦敦，我乘坐的飞机起了火，非常骇人的场景发生了。这是一家法国航空的班机——叫它“机会航空”更合适，就连女人和孩子们都成不了求生的借口。我们很快就从飞机上下来了，我们落地了。我们听到急躁的指令，要我们“回到各自的座位上”[1]，没有人肯听。我看见有微弱的火焰沿着我身边舷窗向上蹿，心想至少需要十分钟时间火才会烧到我这里，因此没有理由慌张。然而，我错误估计了情势：法国人把备用汽油放在螺旋桨后面；而螺旋桨，没错，在几分钟之前就断裂了，正在距离几码之外静静地燃烧；人们尖叫着逃离飞机，我别的没想，只想到如何才能保住我钟爱的“阿贝克隆比和费奇”新大衣，以及一台

[1] 伯林此处原文为：regagner vos places。

特别小巧的无线收音机，我带给父母的礼物。所以我错误地表现平静，就像想象中某位 18 世纪[1]超脱的人生旁观者那样。可是还没等我出飞机，像吉本那样对这燃烧的飞机残骸进行思考，就听到喇叭在冲着我尖叫：告诉你了，别傻站着，飞机随时会爆炸，快跑。也就是在那时，我这才
307 发现其他乘客已经成为远处的小黑点，而我只是孤单一人，超然冷漠。我跑起来，觉得荒谬，就我一个人，跑过其间的大约半英里地，或是我估计差不多半英里地。最终飞机没有爆炸，所以我还是傻傻地待在那里。不管怎样我的大衣在，我的小收音机也在。机场供应我们难喝的香槟，我冷冷地拒绝了，宁愿保持愤怒。一小时后我们起飞，换了另一架飞机，这一次真的害怕了：每个人的上唇僵硬，但时不时会抽搐一下［……］。一抵达伦敦，我就获知父亲的轻度胸膜炎已经康复，但是这导致了他身上多处出现不同程度的肿胀，所以他被留在门诊病房治疗。我往返于伦敦和牛津之间，不过 6 月是温暖而令人愉悦的时节。全灵学院的新任院长很成功，能力极强，处事公正，同时又很有趣。他那失败的竞争对手表现愚蠢，像马伏里奥[2]，他不和那些投他反对票的人说话，对我极其有礼，对我的大多数

[1] 伯林此处原文为：dix huitième。

[2] 在莎士比亚的《第十二夜》中，当马伏里奥发现自己受骗，他威胁说：“我会向你们所有人复仇。”（参见原文第 384 页）

同事极其无礼，我不知道哪一方对此更介意。他不和可怜的塞兹内克说话，但他来看我，和我柔声说话，告诉我我是唯一一个能够理解他那黑暗而备受折磨的心灵的人。像往常一样，我试图营造缓和局面（我实在不喜欢因受伤的虚荣心而非关乎原则的缘故导致的争执），在他面前把他呈现成一个不善交际的孤独天才，一半像希斯克利夫[1]，一半像卡莱尔，不在意面粉制造业中产阶级的投票权，因为他们没法理解他那清冷高远的鸿鹄之志。可是，他认为自己至少也是伯里克利[2]或是马洛[3]，或是二者的结合体；于是我的外交手段被无可救药的真正的自大挫败了。我鼓励他来看我，虽然我的同事们目前打算放逐这个可怜沮丧的未来的暴君，像一位政变失败的暴怒的拉美将军，我的所为令我显得立场摇摆。可是我认为，如果他没有人可以说话，他会真的发疯杀人，于是，我以如此乐于妥协、处事圆通、十分现实而又中庸的心灵来试图安抚他。然而，这是一桩乏味而荒唐的事务，我希望有人在某个地方给他一个小王位：没有什么比自告奋勇为偏狂者当减震器更令人筋疲力尽的了。菲利普·霍费尔适时出现，然后是埃德加·温德；

[1] 艾米莉·勃朗特写于1847年的小说《呼啸山庄》中沉思忧郁、饱受折磨的主人公。

[2] 伯里克利（约前495—前429），雅典将军、政治家、演讲家，领导该城邦三十多年时间。

[3] 克里斯托弗·马洛（1564—？93），诗人、戏剧家，也许是同性恋者，和罗斯一样。

由于一连串的不幸事件，我错过了勒尼德·汉德一家。我
308 去参加了布鲁塞尔的斯拉夫语委员会议[1]，和斯巴克[2]度过了一个漫长的夜晚，（与杰布·格莱德温一样）我认为在欧洲政治方面他的看法比我遇到的任何人都更为高明：不论他们公开发表什么言论，他们都希望让德国继续分裂，并且不急于重新武装德国。但是，双方都极其渴望自己无须为此负责，不管怎么说，这只是他们的观点给我的印象。然后，我父亲的病情再次有点恶化了，我急忙赶回伦敦：接下来两个星期，我心情焦虑，几乎住在诊所里陪护。他挺了过来，但是治疗只成功了一半，我担心他可能又会“不行了”。外科医生和其他医生们说他们出了错，我父亲的病并不要紧，也不致命，可是我的生活因而停滞不前。在事情平息期间，我去了普罗旺斯的埃克斯地区，同行的旅伴令我很快乐：老朋友，还有我的女主人盖伊·德·罗斯柴尔德夫人，这位出生于法兰克福的尊贵夫人，优雅雍容，多愁善感，文雅有礼，我可以和她叙旧，感觉很好。音乐糟糕，法国人总是屈服于他们最终因经济原因导致的

[1] 在 6 月中旬，由巴黎大学斯拉夫语研究院组织，被伯林（在 1952 年 6 月 14 日致罗兰·博登—穆勒的信中）描述为“毫无用处却精彩有趣”。在《斯拉夫研究评论》第 29 期（1952），欧文·伯林被列为出席此次会议的英国代表。
[2] 保罗—亨利·斯巴克（1899—1972），比利时社会主义政治家，促进欧洲更加一体化的主要推动者；1938—1949 年间四次担任比利时首相，1949—1951 年任欧盟委员会顾问会议主席，1950—1955 年任欧洲运动国际议会主席，1957—1961 年任北约秘书长。

狂躁，四流的德国演唱者，五流的德国管弦乐队，没有尽量利用俗丽至极的舞台布景来弥补不足。在《费加罗》中，由毕加索[1]时尚的弟子们把他们老师狂野的原始风格混搭以陈旧夸张的沙龙感觉，产生了荒诞的效果。当地的（以及巴黎的）评论家谈论着这不可超越的完美。法兰西是评论家们大胆公开、毫不羞愧地撒谎的唯一国度：[2] 在这里，每个人都知道他们的动机既不是为了艺术，也不是为了道德，而是为了交际；在这里，音乐至少在我看来是被一群无足轻重的、与任何艺术品位都毫无瓜葛的时髦人士所支配的。我想，艺术，出于经济上的原因，注定要与时尚联系在一起：在社会主义或是共产主义社会，时尚不是属于一群富有而势利的品位仲裁者，而是属于更差劲的官僚阶层，他们虽然没有那么腐败，可是却一成不变地一窍不通，顽固得多，也更难与其斗争。像莫扎特或是雨果·沃尔夫[3] 所经历的苦难，促成了比肖斯塔科维奇[4] 的作品还要丰富的

[1] 巴勃罗·迭戈·荷塞·弗朗西斯科·德·保拉·胡安·内波穆切诺·马里亚·德·洛·瑞米迪奥斯·克里斯平·克里斯皮尼安诺·德·拉·桑提斯马·特立尼达·鲁兹·伊·毕加索（1881—1973），西班牙画家、雕塑家，与乔治·布拉克一起创立了立体主义艺术流派。

[2]《泰晤士报》音乐评论家不受如此压制：“《费加罗》的构思就完全错误了［……］，罗斯鲍德先生不是一个启发灵感的指挥［……］呆板的演唱。”《泰晤士报》1952 年 8 月 4 日第 9 版

[3] 雨果·沃尔夫（1860—1903），奥地利作曲家，主要为德国男声合唱团作曲。

[4] 德米特里·德米特里耶维奇·肖斯塔科维奇（1906—1975），俄罗斯作曲家，在斯大林统治时期的苏联不时禁演他的作品。

艺术成果；不论怎样，这会产生一种反应，使得像舒伯特或是贝多芬有可能做他们想做的事，而不是粉碎了一切自
309 由的可能。然而令人忧伤的是，巴黎的琐碎浅薄、沉闷世俗、肤浅无情（你不要告诉罗兰，但这是顽皮的[1]德·贝克夫人[2]，他极要好的朋友忍不住告诉我的），此刻倒空了法国的艺术内涵：普伦克是个好作曲家，米约也是，但年轻一代很糟糕。如果不会出现激动人心的人物，我宁愿选择更年轻一些的辛苦严肃的美国人——科普兰、赛欣斯，还有他们的门生——他们虽然不会令人激动，但是值得尊敬，至少不欺世。或者选择那些沉闷的抒情风格——年轻些的英国人的安静而沉闷的诉说——伦诺克斯·伯克利、罗斯索恩[3]——模仿前人，表现力弱，没有天分，不过不会令人反感——好过那些巴黎人，虽然他们既有天分又有技巧，然而却有一种令人厌恶的堕落感[4]。我的天哪！19世纪末那些更加愚蠢迟钝的俄罗斯人，是否就是这样批评德

[1] 伯林此处原文为：méchante。
[2] 雷内·德·贝克—瑞米（1899—1987），婚前姓兰伯特，1938年她与鲍尔·贝克—瑞米离婚后，部分时间住在美国；她是法国德·罗斯柴尔德家族成员之一、比利时银行家的女儿，汉西·兰伯特的小姑子（见原文第384页注I）。
[3] 伯林列举的作曲家分别是：弗朗西斯·让·马塞尔·普伦克（1899—1963），达赖厄斯·米约（1892—1974），艾伦·科普兰（1900—1990），罗杰·亨廷顿·赛欣斯（1896—1985），伦诺克斯·兰德尔·弗兰西斯·伯克利（1903—1989），阿兰·罗斯索恩（1905—1971）。
[4] 伯林此处原文为：pourriture。

彪西、拉威尔或是福莱[1]的？但愿不是这样。可是我无法避免某种道德态度。我更喜欢可怕的德国精神，与法国人的绵软、脂粉气、令人震惊的虚假、欺骗性以及粗制滥造相比，她是那么残忍而沉重。抱歉我一股脑儿跟你说了这一切。在文学方面马尔罗还是一位杰出的作家：萨特[2]和科非常有才华，非常有意思，但是在政治上和个人方面使人反感。我好奇哈里·莱文会怎么看。我想，他可能会陶醉于这样的精湛技巧，像所有聪明、认真、心愿未遂而又有创造力的人那样，他过度高估一切创造性的、有想象力的艺术，迷恋生命的真谛——无论它是如何空洞甚至虚假——甚于批判评论和理智主义，无论它是多么真实。这样的他甜蜜而动人，但这也令他的眼光发生偏差。我想，这一切我已经说得够了。很高兴得知你的孩子在华盛顿病情好转。没有谁，尤其是现在，能够比我更能体会到家中有人生病会让家庭如何阴云密布：我正身处阴云之中。想写书，然而却被生病的亲人所牵系，这是奇特的体验。不过我真的很坚强，由于缺乏想象或是别的什么特质，当下我深受一切虚构事由的困扰，可是没有留下看得见的伤痕：过去的

[1] 更早一代的法国作曲家：（阿希尔）·克劳德·德彪西（1862—1918），（约瑟夫）—莫里斯·拉威尔（1875—1937），加布里埃尔·于尔班·福莱（1845—1924）。

[2] 让—保罗·夏尔·艾马尔·萨特（1905—1980），法国哲学家（创立存在主义理论）、戏剧家、小说家、批评家，共产主义的同情者。

灾难记忆，甚至是经历过的屈辱萦绕我心，这几乎令我感到愉快。这一切需要一种超脱而与生俱来的特质——这样的景象，看起来就像自然而然地发生了，让我得以清除它
310 此时所引发的灵感与恐惧，不知道对于你或是对于比利是怎样的情形。你们可有不能触碰的过往？可有你们不可打开的窗口？知道或是不知道你开窗后会看到什么？在我生命里还没有这样的事（真有意思，因为你知道我是最糟糕的懦夫了，相信我，但不要相信这一点）：只要那是过去的事，我就很乐意看看，看着“既有的”生命中的自然事物而不为所动，包括外在的世界，以及现在或将来是内在世界，由于时间或距离而逐渐发展成为外在世界。正如有的记忆曾经如此私密，而现在却只是历史资料而已。这非自然吗？奇怪吗？我不知道。

与此同时，牛津仍在继续向前。莫里斯和我的两个朋友一起动身去阿马尔菲，我8月在伦敦，这个时节“伦敦没有人”。正如魏茨曼博士曾经跟我说过，“没有人”意味着有1000万人口的伦敦只住了990万人：“伦敦8月是座空城”说的就是这个意思。天在下雨，我刚买了9月托斯卡尼尼将在此地举行的音乐会的票：迪克一家我想会很快回来。他是个诚实人，有点粗鲁、实在、直接，既有能力也沉闷无趣，留着一绺奇怪的长发，穿天鹅绒外套，看起来很好玩。她，我不知道。她具有吸引所有中欧人的英国女人的特点：冷静，坚定，倔强，固执己见，孤立主义者，褊狭。此外，还

很神经质。我不是很能接受。对于托尔斯泰而言，她太难以形容了。她太中产阶级，这是指中产阶级冷酷的一面而非温暖的一面：太清醒，太实际[1]，不像法国女人，她们懂得如何生活，如何利用一切，不过有点狭隘，以自我为中心，贪婪。我的看法不公平吗？不是真实的吗？过一年左右我会向你报告的。我几乎不了解她，不过在她面前我不太自在：有丝丝冷气，细微的，像铅笔那样粗细，在我看来似乎总是在隐隐进逼。如果我错了，我得归咎于你：这话我没有告诉其他人。等我父亲病一好，我就再次自由了，会再写信。向比利和你诚挚问好，请原谅我这封信口开河、不值一读的荒唐来信。

你的

以赛亚

致罗兰·博登—穆勒

1952 年 8 月 8 日［手稿］

全灵学院

亲爱的罗兰：

谢谢你的来信，我太高兴了。由于父亲的缘故，我正在经历极其困难的一段时间：我挚爱他。你记得我计划的意大利之行被取消了，因为他突然患上某种肺部疾病，我只得带 311
着“抗生素”赶回去。他的肺部疾病倒是及时痊愈了，但

[1] 伯林此处原文为：terre à terre。

是开始全身出问题。接着，他患上“溃疡”——你曾经以你一贯的坦率，尖锐警告过的身体失调导致的凹陷型并发症——和你童年时那位德国公主的状况一样。经过许多反复，医生决定手术，不过是一个简单普通的常规手术。手术由一位名医[1]来做，他是这方面的专家。我可怜的父亲接着发现自己无法小便，挨过痛苦的九天之后，他无奈地得知这是他的特殊心理抵制作用于身体器官所致。于是在濒临绝望之际，他又一次接受了手术，这次是前列腺。由一位更为出色的医生[2]主刀，他的妻子快要死了，他的手因而不太灵巧熟练。终于可以小便了；可以止住了，现在他可以轻松地控制小便了。原谅我让你承受这一切，这令我往返养老院的路程有了具体意义——可怕的伦敦医院——我不得不这么做，我无法工作，或是真正地思考，或是做任何事。我母亲很英勇，但帮不上什么忙。事情还没有了结，我想他还要动手术，他七十岁了，比较强健，可他天性像个孩子，心理比我年轻得多，我必须让他振作，消除他的恐惧挫败感，每当有不幸发生他就产生了卡波雷托[3]式的崩溃。医生们坦率表示他们对父亲的治疗有误：怪他们自己的愚蠢，也怪运

[1] 也许是斯蒂芬·艾森海默（1907—1995），治疗肛门溃疡的专家，此时在伦敦圣马克医院。

[2] 几乎可以肯定是埃里克·威廉·里奇斯（1897—1987），泌尿科专家，后（1961—1962）任爱尔兰皇家外科学院副院长。

[3] 斯洛文尼亚的卡波雷托，在1917年是意大利军队与奥地利—德国军队交战并被决定性地打败的战场所在地。

气不好。我在父亲病情的相对平稳期抽身离开一周去埃克
斯，很不错的旅行，一场同人国际[1]的盛典。本杰明·布里
顿＋彼得·皮尔斯[2]，显然是一家的[3]，他们出场了，他带着
某种情感歌唱，深切地与自己的美妙嗓音恋爱，都让别人觉
得不好意思了。《唐·乔万尼》比1949年时更糟，嗓子没
有那么好了；罗斯鲍德先生[4]变得更为古怪。《费加罗》更
差劲，来自维也纳的丑陋的瓦格纳式夫人们，来自威斯巴登
歌剧院的一个无名小个子[5]唱凯鲁比诺，克拉夫先生[6]制作 312
舞台布景，他是一位来自西班牙的毕加索＋艳丽时髦派的
画家。你可以想象一下两尊庞大的阿兹特克神像，丑陋而又
吓人，在《费加罗》第三幕伯爵夫人唱美丽的咏叹调时左右
包抄。唱唐·乔万尼的不再是我们那位浪漫的意大利人[7]了

[1] 此处英文为“Homintern”，鲍拉发明的名称，将其与“共产国际”（Comintern）作比，指同性恋者（Homosexuals）。

[2]（爱德华）·本杰明·布里顿（1913—1976），后受封奥尔德伯勒的布里顿男爵（1976），作曲家。彼得·内维尔·卢亚德·皮尔斯（1910—1986），男高音歌手。

[3] 伯林此处原文为：ménage，即“夫妇”之意。

[4] 汉斯·罗斯鲍德（1895—1962），奥地利指挥，1945—1948年于慕尼黑爱乐乐团，1948—1962年于德国西南无线交响乐团，担任首席指挥。1952年在普罗旺斯的埃克斯，他指挥了《唐·乔万尼》和《费加罗的婚礼》。莱奥妮·雷萨内克分别演唱唐娜·埃尔韦拉与伯爵夫人，海因茨·裘力斯·雷弗斯分别演唱唐·乔万尼与伯爵；在《费加罗》中，加茨耶拉·休蒂扮演苏珊娜，米歇尔·鲁扮演费加罗。

[5] 吉塞拉·丽兹（生于1922年），德国女中音歌手。

[6] 安东尼·克拉夫（1913—2005），加泰罗尼亚画家，西班牙内战后定居法国；他因为该剧设计舞台布景而赢得名声，对他的事业起了重要的推动作用。

[7] 勒那托·卡普奇（1923—1998），男中音，在他成功的舞台事业的初期，在埃克斯1949年上演的该剧中唱唐·乔万尼。

（现在他在大都会的演唱很糟糕，在邪恶的宾先生[1]手下），而是一位大个子的瑞士呆子[2]，嗓子不错，可是举止气质是典型的瑞士式的。他们都很优秀，但是不适合诠释唐·乔万尼。《曼彻斯特卫报》让我写写演出，但我想为了仁善一点我还是别写了。由格卢克上演《伊菲姬尼在陶里德》是勇气之举[3]：没有空想浪漫的女性在旁分心，俄瑞斯忒斯与皮拉得斯这情谊深厚的一对，让聚集在这里的同性恋者们[4]感动得落泪。但是演出很没有意思，纽威小姐[5]的演唱很热忱，没有什么18世纪的感觉。大主教宅邸[6]看起来很迷人；天气很好，阿历克斯·德·罗斯柴尔德很有魅力也很可亲，像玛莎琳[7]那样。我见到赛勒姆夫妇，和他们在一起非常愉快——尤其是和他一起——不过也是和她一起。他们的别墅真的无与伦比，视野棒极了；今年不要帕特里西娅，不要滑

[1] 鲁道夫·弗朗茨·约瑟夫·宾（1902—1997），生于奥地利（虽然后来加入英国国籍），1950—1972年任纽约大都会歌剧院总经理。

[2] 海因茨·裘力斯·雷弗斯（1917—1988），生于德国的中低音男歌手，加入瑞士籍，后来又加入美国籍；1940—1952年在苏黎世歌剧院，1952年在埃克斯上演的该剧中扮演费加罗与唐·乔万尼。

[3] 卡洛·玛丽亚·朱利尼担任《伊菲姬尼在陶里德》的指挥。

[4] 伯林此处原文为：Tanti Quanti。

[5] 纽威·帕特里西娅（生于1919年），美国女高音歌唱家，扮演伊菲姬尼；1951—1966年在纽约城市歌剧院，在《音乐之声》的百老汇最初演出版本中扮演院长嬷嬷（1959—1963）。

[6] 伯林此处原文为：archéveché，应为archevêché之误。

[7] 指理查德·施特劳斯1911年的歌剧《玫瑰骑士》中的主人公。

头；但是亲爱的阿格尼丝·摩根[1]、阿历克斯·德·罗斯柴尔德与正好也露面的牛津的哈尔本夫人都非常地、理所当然地喜欢她。她是一个非常好的女人，尽责地遵从你的指示。你见到她时请替我向她问好。管弦乐队的演出，来自斯图加特的德国人，有的成员非常像党卫军和冲锋队[2]：奇怪，他们演奏《彼得鲁什卡》，毫无意义的、德国式的、小碎步式的快节奏；对他们而言，这是完全不可理解的音乐。为了特德·威克斯我不会对此议论太多，我不知道那什么时候会出现。[3] 我得停笔了，要照顾父亲。我还有许多事情要做，一直如此。关于德国人和欧洲你说对了一千次[4]：再次召集 313
这可怕的力量，是一个非常严重的失误，美国式的失误，它会恰好在我们头顶上爆发。艾森豪威尔对史蒂文森[5]，这样

[1] 阿格尼丝·摩根（1905—1996），1947—1975 年任哈佛福格艺术博物馆绘画馆馆长（其中，1951—1964 年任助理主任，1964—1968 年任副主任，1969—1971 年任主任）。

[2] 伯林此处原文为：S.S.& S.A.，分别是 Schutzstaffel（“党卫军”），纳粹党的安全与军事组织；Sturmabteilung（“冲锋队”），纳粹党内穿棕色衬衫的准军事部队。

[3] 从没有出现。

[4] 罗兰·博登—穆勒 9 月 15 日的信中写道：“我认为杜勒斯是个威胁。他怎么能希望波兰和捷克叛乱，以此取悦我们，然而我们甚至识别不出它们与德国的边境，可是我们又给德国装备了武器，而德国又乐于进攻这两个国家？请回答我这个问题。”

[5] 德怀特·戴维·艾森豪威尔（1890—1969），1950—1962 年任欧洲盟军最高统帅，1953—1961 年任美国总统；伯林写这封信时，他是共和党的总统候选人。阿德莱·尤因·史蒂文森（1900—1965），美国律师、民主党政治家，1949—1953 年任伊利诺伊州州长，1952 年和 1956 年的总统候选人。

的对抗，还可能更糟吗？除非换上尼克松[1]！

你的

以赛亚

附言：我在俱乐部见到格莱德温，我们那的俱乐部8月份关闭了，把我们移交到这家。他很好，很亲切，聪明，我想各方面都没问题。在道德与政治上他是外交部最好的人，我也很喜欢他［……］

伯林的朋友克莱丽莎·丘吉尔之前告诉他，安东尼·艾登想和她结婚。8月8日她寄给伯林的信说她接受了艾登的求婚，并且，不论这有多么令人吃惊，她将会结婚。订婚消息的正式发布是在8月12日，婚礼两天后举行。

致克莱丽莎·丘吉尔

星期二［邮戳日期1952年8月12日，手稿］

霍里克罗夫特大道49号

最亲爱的克莱丽莎：

我等到（大致）镇定下来才拿起笔，现在让我说，我认

[1] 理查德·米尔豪斯·尼克松（1913—1994），1947—1951年任共和党众议员，1951—1953年任参议员；伯林写这封信时，他是艾森豪威尔的竞选伙伴，1953—1961年任美国副总统，后（1969—1974）任美国总统。

为这件事从各方面考虑都是极好的决定。我一直（除了偶尔的一些感到担忧和恐慌的时候[1]——不过这些都是很久以前的事了，不会再发生）深深地爱你，因此希望你得到巨大而无尽的幸福，拥有一切的快乐、荣耀与显赫，就像丁托列托所画的《天堂》[2]；而且我看不出你能有什么原因不拥有这一切。除了对你的爱，我热切地嫉妒着你的客观性，尤其是你面对哪怕是最细微的欺骗与妥协也依然高贵而不屈的骄傲与轻蔑，因此当你提到朋友们甚至是熟人时，我会产生内心的羞耻感与不适宜感，Z 教授[3]是一个最滑稽的例子。我对他 314
持反对意见，他配不上你（奇怪的感觉，你过去也常对我有似乎同样的客观看法：所以你责备我，在你看来我似乎有违某种清晰而一致的做人原则）。你的婚事一定有助于创造出一个你为之而生的黄金世界。我想见你，可是并不常见你，也许是因为有时候我太惭愧，无法在内心阴暗的时候见你，也不敢暴露我无尽的欠缺。现在，我担心你将不可避免地

[1] 1945 年他们的友谊受到短暂威胁。伯林说："当时我在莫斯科，她给我写了一封信［……］，信中说，'我刚认识你的时候，你是一个单纯而真诚的牛津大学老师，极好的一个人；现在社会让你头脑发热，你完全变了——你不能再这样下去了；你不属于这个世界，你会被它吞噬；这样的世界对我们这样的人而言没有问题，可是对你这样的人不合适'。"（迈克尔·伊格纳季耶夫采访伯林录音之十二）伯林对她的来信反应愤怒。

[2] 充满人物的巨幅油画《天堂》（1587—1590）是威尼斯文艺复兴画家丁托列托（雅各布·罗布斯蒂）最伟大的作品，这幅巨作占据了威尼斯总督府的议会大厅。

[3] 罗伯特·查尔斯（"罗宾"）·扎纳（1913—1974），1952—1974 年，牛津东方宗教与伦理学斯伯丁讲席教授；当克莱丽莎·丘吉尔 1940 年在牛津学习哲学时，他是牛津基督教会学院的研究讲师。

（做我们可以做的事）驶离我的生活，像个公主，像一只天鹅。我觉得自己就像《悠闲时光》中的舒伯特[1]，这部音乐喜剧你不大可能看过。但是，请让我们偶尔一起在圣詹姆斯公园散散步、怀怀旧，几乎就像女王母亲和杰斯帕·里德利[2]。如此更好，不过你不要太辛苦自己，听说你要去葡萄牙，一个极浪漫的国家，那里一半是田园风情，一半是18世纪风格，受非洲影响，它的哥特式建筑带有异国情调，既赏心悦目又不拘谨刻板。葡萄牙回来之后，你得花点时间安顿下来；在乡下找所房子（更让我遗憾的是，我得说我从来没有在你的别墅住过，住在那里一定很好），那样你会很忙碌。毫无疑问，我会对一些事情充分感到内疚，特别是在听说其他关系更疏远的人见了你，而我却没有见你的时候。但是我会忍受这些，我指的是内疚的痛楚。所有的婚姻不可避免都需要排除与删减，更多的是由于一件又一件事情自然地发生，而非刻意安排。可是你还是不要彻底抛弃我，只有积极持续地维护，关系才能得以保持。我非常伤感，像伊夫

[1] 威尼斯轻歌剧的英文名，该剧讲述奥地利作曲家弗朗茨·舒伯特（1797—1828）传说中的爱情生活，使用其创作的音乐，1922年在伦敦上演，一直很受欢迎。在该剧结尾舒伯特独身一人，与他的音乐为伴，他的朋友和他爱的女孩都与别人结了婚。

[2] 杰斯帕·尼古拉斯·里德利爵士（1887—1951），银行家，伯林的朋友杰斯帕·里德利的父亲，是他的密友伊丽莎白王太后（生于1900年，伊丽莎白·安吉拉·玛格丽特·博斯莱恩，1923—1936年为约克女公爵，1936—1952年为乔治六世的王后，1952—2002年为王太后）的艺术品收藏顾问。

林·沃小说里那个可怕的假保姆[1]。记得我第一次见到你的情景，在麦尔斯庄园[2]，大约是1937年或1938年，本[3]、回力镖以及克里西达[4]的执着、严肃和紧张，导致你极度的害 315 羞和对自由文化的敌意；我记得和霍纳夫人[5]相处失败，与你的母亲[6]就散步问题谈话；然后是牛津令人吃惊的“小学期”[7]；接着我止步了。我无法继续，我只能一次又一次地希望你过上幸福快乐的生活，像一出法国大革命之前的那种非常旧式的芭蕾舞剧中的女皇，只不过她们在舞台上不怎么动，所以你的高贵（我坚持认为这份高贵不可避免：这不是富裕，是高贵）会让你觉得更舒适愉快，而且我也希望皇帝一切都好（我早已把小板斧[8]埋起来了：他对此不太知情，

[1] 在伊夫林·沃的《故园风雨后》中，保姆霍金斯是安抚其他人物的稳定力量。
[2] 位于萨默塞特郡的麦尔斯庄园，自16世纪中期为霍纳家族所有。
[3] 可能是（莱昂内尔）·本（尼迪克特）·尼科尔森（1914—1978），哈罗德·尼科尔森与维塔·萨克威尔—韦斯特的儿子，1933—1936年为巴利奥学院本科生，伯林的好友之一，艺术史学家，1939—1947年任国王影院的监察员，1947—1978年任《伯林顿杂志》编辑。
[4]（海伦·劳拉）·克里西达·里德利（1917—1998），莫里斯爵士与维奥莱特·伯纳姆·卡特的女儿，1939年与杰斯帕·里德利结婚直至他1944年亡故；后来成为考古学家。
[5]（弗朗西斯·简）·霍纳夫人（1854—1940），婚前姓格雷厄姆，伯林的朋友牛津勋爵（维奥莱特·伯纳姆·卡特的兄弟雷蒙德·阿斯奎斯是其女婿）的外祖母。
[6] 格温德琳·特丽萨·玛丽（“古尼”）·（斯宾塞）·丘吉尔（1885—1941），婚前姓珀蒂，阿宾顿伯爵七世的女儿。
[7] 伯林此处原文为：petite saison。克莱丽莎·丘吉尔在战争初期在牛津学了一段时间的哲学。
[8] 艾登曾经拒绝让伯林作为口译员参加1945年的波茨坦会议，致使伯林不快。

这也好），你一定不要嘲笑我的“宽宏大量”；也不要对他的极其幸运不满。这封短笺将与其他人的来信一起寄给你，它的含义也会被其他人的来信修正而不再突兀——就让它和别人的来信一起消失吧，不要回复了。不要太快就和我去散步，我会说许多很令你愉快而又说得过头的事，这样你就会怀着令人难以置信的好心情回去喝茶或是吃晚餐。上帝保佑你，让你一切如愿。

深爱你的

以赛亚

致 S. H. 伯格曼[1]

1952 年 8 月 27 日［打字稿］

全灵学院

亲爱的伯格曼教授：

［……］现在我必须开始着手做一件肯定更让我自己痛苦而且难为情的事，也就是回复您这封非常仁慈慷慨的来信，询问我是否考虑在贵校教授哲学。如果我说我非常焦虑地、其间也很痛苦地考虑了这个问题，请您一定相信我。我一生都是犹太复国主义者，也就是说我相信犹太人民唯一可

[1] 塞缪尔·雨果·伯格曼（1883—1975），生于捷克的哲学家、高产作家和翻译家；1928—1955 年耶路撒冷希伯来大学哲学系的创立者和中坚力量，1935 年起任教授，1935—1938 年任首席神父。他在 5 月 11 日给伯林的希伯来文信中提到莱昂·罗斯的辞职以及他即将退休，建议伯林接受希伯来大学的职位。

能拥有的共同未来就在以色列，而且只在以色列。我个人以为，每次我拜访以色列，不仅是出于职责，而是回家。在道德上，也许也在精神上，我想，在耶路撒冷我应该感到愉快，学生们反应积极，在耶路撒冷所做的任何讲座都是为自己的祖国提供的独特帮助，无论这样的帮助多么微小，它产 316
生认同感，并让我由此产生道德满足感，而最重要的是，在这富有创造力的独特时刻与犹太人休戚相关的情感……这一切很吸引我，我甚至连试图拒绝都不应该。然而，从另一方面我有更严肃的考虑。事实上，我已经不再是牛津的哲学老师，我已是全灵学院的研究员，试图做点关于俄国革命的社会与知识分子的课题。这是我在哈佛讲学的内容，做这方面的研究我需要有俄文藏书的图书馆，这（实际上）在伦敦、巴黎以及美国之外就没有别的地方有了。除非或是直到我完成了，或是至少尽我最大努力试图完成我现在所从事的题目，否则我会觉得自己在社会中毫无用处，游手好闲。没有研究条件——那些书与期刊——以及在牛津特别安静的环境，我不能工作，唉。如果我现在放弃这些，应你慷慨的邀请——对此我深深地真心地感动，并导致我一场道德危机——而去您那里，我想，以我对自身性格的了解，我会因为没有完成工作而太有负罪感了，因而也什么事情都做不成。因此，不是因为其他原因，我不得不很遗憾悲伤地拒绝您的邀请。您可能怀有的对我的看法，让我的心充满了快乐，也充满了羞愧：与我应为之而生的以色列公众的任何联系［原文如此］，让我感到快乐——与骄傲——去做我觉得自己能做的事；而我所处的情形使我无法直接参加以色列建设者们的事业，又令我感到羞愧。您一定能够理解我的困境，以及我艰难做出如此决定的原因。所以，我个人应该要感谢您的来信，并恳请您代我转告您的同事们——无论是哪位与此相关的人——他们认为可以把这份荣誉给我，对此我深深感激，也请转告他们，我此时不得不谢绝这份荣誉并感到深深的遗憾。除了到贵校工作之外，如果还有什么我能为贵校做的事，我会非常高兴能得到这样的机会。

敬启

以赛亚·伯林

致莫里斯·鲍拉

［1952 年］8 月 27 日［手稿］

西南区蓓尔美尔街革新俱乐部

亲爱的莫里斯：

和你通话之后我立即去找《英雄诗篇》[1] 了，可是霍里克罗夫特大道 48 号并不存在。我联系了邮局，他们也稀里糊
317 涂。因此我忠诚地买了一本。原稿几天后送到。即使没有题献的这本，也透露出题献的内容了。我曾经，现在也是，极

[1] 鲍拉最新出版的书《英雄诗篇》（1952，伦敦），题献是“致以赛亚·伯林”。

为感动，而且像个孩子一样充满感激。你知道，我觉得自己以及自己所做的事并不出色，友谊对我意义更重大——超过了其他一切；任何友谊的证明都让我振作了一点，而你给予的这份伟大而慷慨的礼物就像一笔巨大的遗产，而且它的可靠性很有保证，而我最需要的也最缺乏的就是这个。我真的感动得无法形容，你知道我体验到的不仅仅是对你的爱与崇拜，虽然这样的情感足够真切；我的整个生活方式以及人生态度都因你而改变了。也许这么说是陈词滥调，可是你的确“解放”了我。不论你是否有此目的，不论我该不该是一个戴着枷锁的讨厌的人，这是另一回事。无论怎样，我很明白什么是自由、慷慨、生命，以及对快乐的热爱，温暖，什么是在智力上对一本正经的人的反抗、反艾略特、反庄严、反巴利奥，什么可以使人不仅成为一个实事求是的人，而且成为一个有意识的、全心全意的非道德阵营的一员。最重要的是，你带给我的影响使我因此卸下重担[1]。说我对此感激，那只是荒谬的轻描淡写。我带着俄罗斯人的情感与习惯来到英格兰，在其上又盖上一件结实、狭窄、整齐的英国制服，我想，要不是有你对我的拯救，我该会长成一个持有英式态度的可笑的漫画式人物。我从不曾认为你知道仅仅是你的存在就给我力量，让我得到解放，可是如果我对任何人有任何意义——

[1] 伯林此处原文为：seisachtheia。希腊语，意为“卸下重担”，即禁止抵押土地有助解放的法律。

如果我一点都不像卡恩或是平托教授[1]，这份责任在于你。我想我也要感谢斯蒂芬·斯彭德而不是别人。我一直渴望跟你说这些，但是直说也不可能，虽然我试过跟别人表达这样的想法；即使现在我也没有开始说我想说以及必须说的话，可能永远也不能说的话。[……] 我觉得很荣耀，很高兴，也为此受到公开的祝贺，很自豪，我感到飘飘然，很开心，于是人也更和善，更能干，更善于写自己了。但愿我能够把我想表达的意思说出来了，但所有的语言都只是无叶的枯枝：我不能再说下去了，你何时回来？我想告诉你艾登太太的事。向鲍勃·布［思比］问好。再次感谢你。

以赛亚

附言：我还想跟你说说英雄诗人与浪漫诗人，如果你能
318 忍受的话。

致约瑟夫·艾尔索普

1952 年 10 月 4 日

全灵学院

亲爱的乔：

非常感谢你的精彩来信，我太喜欢读了。你要原谅我不

[1] 薇薇安·德·索拉·平托（1895—1969），1938—1961 年任诺丁汉大学英语教授。

能以同样的精彩回复你。是的，当人有话要说、想说的时候，却只是依赖通信，这样的想法是彻底错误的，会导致刻意的、像霍姆斯—拉斯基的正式书信体[1]——或是我在大西洋时读到的那些信那样——尴尬的例子。

我度过了一个痛苦的夏天，因为父亲的病，还有就是为英国广播公司工作，现在我只是刚刚开始看见一点模糊的曙光，可是我被全灵学院的试卷和博士论文所围困，我还是宁愿看书而不愿写书，我是个懦夫，我依然是懦夫。我的书明年初春将交稿了。托斯卡尼尼的来访[2]深深感动了我，尤其是当他在萨瓦与查理·卓别林[3]会面时所表现出的快乐，他把他当作一个神秘地获得了逼真感的玩具，他也精彩地描述了他与杜鲁门总统的会面没有成功的原因，他的音乐会是一场独一无二的胜利，就像伏尔泰[4]重返巴黎，每个人都站起

[1]《霍姆斯—拉斯基通信录》:《霍姆斯法官与小哈罗德·拉斯基通信录，1916—1935》，马克·德·沃尔夫·豪编（马萨诸塞坎布里奇，1953）。

[2] 在这次访问中，托斯卡尼尼在伦敦的节日音乐厅指挥了两场音乐会。9月29日是勃拉姆斯的《悲剧的序曲》以及他最早的两部交响曲：勃拉姆斯第三与第四交响曲，他的《海顿主旋律变奏曲》是10月1日晚的演出剧目。《泰晤士报》的评论呼应了伯林的看法："托斯卡尼尼属于英雄世界，而不是凡人世界。"（1952年10月2日第9版）

[3] 查尔斯·斯宾塞（"查理"）·卓别林（1889—1977），演员、电影制作人。他9月23日抵达伦敦（二十一年来第一次），筹备他的新片《舞台春秋》于10月16日举行的首映礼（伯林获邀出席）；虽然自从1934年起他就住在美国，但他的左翼政治观点使他无法返美，后来他定居瑞士。

[4] 弗朗索瓦—玛莉·阿鲁埃（1694—1778）的笔名，法国启蒙运动思想家、作家，因他的激进政治观点和宗教观点而被驱逐出巴黎，流放多年。他于1778年去世之前不久重返巴黎，并受到大众热烈的欢迎。

来，气氛很紧张，充满伤感与崇敬，直到那个可怕的时刻，在勃拉姆斯第四交响曲演奏到最后一个乐章时，几个男孩，也许是托［马斯］·比彻姆爵士雇来的，在音乐厅顶楼放起鞭炮。管弦乐队几乎停止演奏了，但托斯卡尼尼显然没有听见。与此同时，查理·卓别林一定会成为所有潜在的或显露的反美情绪的关注中心。我不怀疑我们该授予他荣誉学位什么的。你真的认为史蒂文森会当选吗？他说的笑话很棒，真的有趣，当然在美国许多人会投票反对任何可以令你我感
319 到开心的人。有趣的是，看到人们认为他和艾克具有同等而又不易辨别的优点（卢·道格拉斯巧妙地犹豫不定，其他许多人也是如此）。我也许是错的，但是我想艾克会更反动、更愚蠢一点，无论他是多么善良和诚恳。不过，但愿我是错的。

艾登太太我还没见到，确实要等到我给她送结婚礼物的时候了。我收到她给我的善意的来信，但是我觉得自己总的说来是失去而非得到一个朋友，尽管我时不时还是可以和她散散步，那是奇怪的行为，即使我可以解释，而且的确等你来了我也该解释一下，如果你愿意听。艾登先生仅和几个人相处自如愉快，其中包括吉姆·托马斯[1]和卢·道格拉斯，你我不在其中，但是等见到你我会跟你详说的。

昨晚我和我们的老朋友帕米拉·贝瑞夫人共进晚餐，那

[1] 詹姆斯·珀登·刘易斯·托马斯（1903—1960），1955 年受封基尔肯宁子爵一世，保守党下院议员，1945—1951 年任保守党主席，1951—1956 年任第一海军大臣。

儿还有校长和海德准将[1]。他们对彼此极粗鲁，我有十年都没有听到这样的言语了（比伦道夫还恶劣得多），和你见面时，我不会引述他们的话，如果你重复他们的话，我也不会添油加醋。所以，等你来了，克制一点、耐心一点地问我吧（你几时来？最好像以往一样直接到牛津，那样会带给我强烈的快乐）。贝瑞夫人一直在桌子底下踢我，大声恳求我阻止他们这可怕的决斗——双方都很冷酷暴戾——可是每当我试图这么做而且即将成功时，她偏偏又火上浇下一大桶油。最后的结果是她最喜欢的：老 P. E. 史密斯的吉卜赛血液[2]，以及对怀特俱乐部[3]沮丧的渴望。但那是我长久以来度过的最不愉快的夜晚。校长在积分上赢了，而且他所付出的要好于他所得到的，他没有发脾气，很令人钦佩。莫里斯爵士离开房间后，准将继续发飙，我告诉他徒劳无益地侮辱了世界上最伟大的人道主义者；不管你怎么说，刺穿糙皮厚肉还是有必要的，如果这么形容不算十分精确。虽然我如你一样喜欢准将，但在我们见面之前我们还是闭嘴不说吧。[……]

你永远的

以赛亚 320

[1] 安东尼·亨利·海德（1906—1983），1960 年受封海德子爵，保守党下院议员，1951—1956 年任陆军大臣。

[2] 帕米拉·贝瑞的父亲是弗雷德里克·埃德温·史密斯（1872—1930），伯肯海德伯爵一世，吉卜赛人的孙子，一位才华横溢、充满魅力并享乐至上的专业律师，反对爱尔兰自治的下院议员、首席检察官，生性好斗。

[3] 一家历史悠久的高级专属俱乐部，有赌博、自我放纵及保守主义传统。

致莫顿·怀特

1952年10月4日

全灵学院

亲爱的莫顿：

谢谢你的来信——我度过了一个悲伤的夏天，我父亲生病了，我还得为英国广播公司录制长达六个小时的讲话[1]，上帝知道他们为什么要这样，这是我的错，不怪他们，我的语无伦次让听者目瞪口呆了。与你不同，我一头扑进了德国浪漫主义的泥沼，这不是说我对其怀有热情，而是我对空洞而清澈的真实逻辑学，或是维特根斯坦重水式哲学毫无留恋。[……]

[……] 我想我们可以写一本关于历史哲学的书，我想我们必须做的是就这个题目互相通信，我不确定我们之间关于这个题目的通信是否会成为一本更好的书？无论怎样可以一试。当然，还没有人做过这样的事，小说有书信体的，哲学家们已经回应了第一项与第二项异议，然而选择一个题目写正式体的书信，书名比如说可以是"历史哲学通信"，或是与此类似的书名，据我所知似乎还未有人涉足，只有洛斯·戈兹沃西·迪金森[2]的《约翰中国佬信札》,写信人是一

[1]"我录了两次，每次三个半小时：一次三个讲座，另一次也是三个讲座[……]，我两点开始，五点半结束，不停地说。"迈克尔·伊格纳季耶夫采访伯林录音之二十三。

[2] 洛斯·戈兹沃西·迪金森（1862—1932），历史学家与反战主义者。他所著的《约翰中国佬信札》（1901）是对西方政治体制的批评，书中的写信人是一个虚构的中国人。

个虚构人物，还有狄德罗的那些东西之类。我真的看不出为什么不这么做，把你所想付诸行动。我可以在这个春天准备着手了。

[……] 关于鲍拉爵士的书[1]：我不是要为它辩护，我还没有读，既然他已经把他上一本书题献给我，我身处这个位置不宜作评论。你说的都对，可是这没有办法。对此话题我宁愿把我的看法付诸纸笔。我很喜欢他，私心里对他充满感激与忠诚，但是他本人已经意识到人们对他的书有一种贬损态度，虽然我觉得并不是表现得很明确。等我们见面再详谈。

你永远的

以赛亚 321

致罗兰·博登—穆勒

1952 年 10 月 7 日

全灵学院

亲爱的罗兰：

我现在可以看得到一点日光了。我已经回到牛津，学院在院长的带领下运转很好，虽说不是一点内部争端都没有。你对造访詹姆斯们的欢快描述我觉得有趣，尤其是艾丽丝对

[1]《浪漫想象》（伦敦，1950），在该书首章莫顿·怀特全面指责了哲学的混乱与软弱。

音乐的评论，这让我直接想到了我们这个季节的盛事[1]，即托斯卡尼尼的两场音乐会。他的确是世界上最伟大的人，我对他的崇拜之情超过了对其他所有人。他的经理来了，通过他我拿到了第二场音乐会的票，在那里我看到A. 卡多冈爵士坐在特德男爵[2]旁边，就在我头上的包厢里。这场音乐会的确在某种程度上再现了旧世界社交场合的壮观景象，就像一场歌剧的首演之夜。无疑在场的许多人只是趋炎附势，他们什么也听不见，而且实际上是反对音乐的。然而，正是这类人受到吸引，才会让这场盛大而昂贵的音乐会场面充满浮华，而没有这样的浮华，根本也不会有这样的音乐会，所以浮华是重要的，因而归根到底我还是赞成的。他在两场音乐会中指挥了勃拉姆斯的四部交响曲，虽然我不是太喜欢勃拉姆斯，但这几乎是我参加过的最宏大的音乐盛会，差不多比我在纽约去过的都要好。在某种程度上，贝多芬和莫扎特是本色的，音乐本身就足以令人迷醉愉悦，而指挥起了很大的作用，使作品超越了这些作品在演奏中自然就会产生的本质的快乐。而勃拉姆斯不同，他从原本不好的素材中提取出如此澄明美丽的声音，这是天才才具有的特质。他的出场让人感动，而更令人为之动容的是，因为憎恨自己的形象，他从

[1] 伯林此处原文为：comble。
[2] 阿瑟·威廉·特德（1890—1967），特德男爵一世，皇家空军元帅，1950—1967年任剑桥大学名誉校长。

来不用镜子剃须，有人见到他坐在床边晃着双腿，手里拿着吉列剃刀——荒谬而又可怜。不论怎样，音乐会很成功。我请阿历克斯·德·罗斯柴尔德专程从巴黎过来听，在我看来她有点忧郁，这也许没什么好吃惊的，因为她的丈夫很难共处。[……] 托斯卡尼尼很满意伦敦管弦乐队，演出很优雅。他八十六岁了，你知道的，他不愿让抽泣伴随他离世，他要的是轰隆声响，因此，他打算只要活着、身体健康，就在明年春季和夏季把美国广播公司的管弦乐队带来，进行成 322
功的欧洲巡演。我真觉得自己该弄个活动房车，一个城镇一个城镇地追随着他，以这种方式向这位最伟大的人文学家、我所景仰和爱慕的19世纪欧洲的最伟大的幸存者，做最后的告别。他说他愿意去任何付钱的国家演出——他不爱法国，他也不太喜欢英格兰，不过如果它们付钱，他就会来。他不打算去的国家只有西班牙和德国。除了表示最热烈的赞同，我又能做什么呢？

我的父亲好转了，我可以怀着乐观的心情让他留在伦敦，而我就回牛津审阅全灵学院博士生的试卷，我的上帝，这真是一项令人厌倦的工作。在考试环境中，即便是才华横溢的人也会变得如此沉闷、如此陈词滥调而令人难以忍受，这真令人惊叹。[……]

与此同时，我还在为老朋友艾登太太寻找一份结婚礼物。这是一桩奇怪的婚事，有空我会以合适的方式或是非常不合适的方式，写信跟你谈谈。她，我指的是新娘，曾经告诉我，她不反对艾登先生和他养的猫狗说话，英国人都这么做，但他还对花园里种的草莓和覆盆子说话，叫它们“亲爱的”、“我的宝贝”，询问它们何时才会从土里钻出来，这让她觉得有点难堪。所以，当她写信告诉我她订婚了，我有点吃惊。你知道，他是一个好人，很无趣，但是确实有责任感，而且她又告诉我，他的爱国主义几乎令他失去人性了。不过，这些事你可不能外传，尤其因为它们的来源如此特殊。她是个古怪的女孩，很独立，很直接，十足常见的丘吉尔式独立个性，她独自住在一间公寓里的时间可算太久了，我不知道她有何生活来源。我怀疑她爱着他，而他，我想他只是对自己说：和爱上的第一个女孩结婚吧。她爱他，我想，而不是在爱着他，如果你明白我的意思，也就是说她可怜他，认为他显而易见地在社交方面悲惨地存在缺憾，她决心尽自己所能帮助他。

我不该给你写这样的信，你毕竟是美国公民——这很不合适——你知道在这种情况下会发生什么。我知道你和其他许多人都担心艾克只能成为塔夫特以及右翼共和党的囚犯。我对他的看法更加悲观，一直如此。我也许是错的，可是我认为他本人就很反动，不需要引入邪恶的右翼影响，我觉得他就像所有的元帅，有可能头脑简单，甚至思想崇高却思维退化，除非我知道有什么相反例子的存在。

不过我得睡觉去了，现在是凌晨两点十五分，而我要到三点才睡得着，因为在对口述录音机口述给你的信之前，我

都在忙着做一件让我整晚都睡不着的事。我在给英国广播公 323
司录制每次长达五十分钟的长篇讲座，很痛苦——我没有念稿，因为觉得大声朗读文稿听起来会很闷——结果我只能歇斯底里地对着设备咆哮，说出许多我原本没有打算说的话，连着八个小时——如果这些讲话是连续播出的——整个 11 月和 12 月我会害怕得发抖，担忧我的同事们还有其他许多人，唉，每周听我连着说两个小时，如果你愿意听的话。哪怕伯里克利、狄摩西尼[1]、西塞罗[2]或温斯顿也不能在那么长的时间里真正让人们保持注意力。然而，这可是英国广播公司的业务，想到这点我脸红了。英国广播公司现在吵闹得很，他们没有署长，第三套节目的主任空缺，而后者是欧洲最文明的机构。总决策是卡多冈，他是董事局主席，据说坚持对言论保持某种程度的审查。这也许是对他的诽谤，但英国广播公司内部确实不合，他们就像许多可亲但是很神经质的太太们，总是冲进对方的办公室，报告有关任免、承诺以及虔诚决心的最新消息。这比牛津还糟糕，甚至似乎比全灵学院的选举还糟，英国广播公司的气氛很刺激，我很庆幸自己只属于一个机构，而不是两个。我们的危机结束了，很好地结束了。

[1] 狄摩西尼（前 384—前 322），雅典政治家、著名演讲家。
[2] 马库斯 · 图留斯 · 西塞罗（前 106—前 43），罗马律师、政治家、哲学家，以其雄辩术而著名。

等我下周从伦敦回来，我会好好亲笔给你写封信。与此同时，请你保持健康，不要让自己太累，不要过于担忧未来世界，虽然它无疑会很糟糕，但是却从不曾真的像我想象的那样糟糕。请一定替我向艾丽丝·B.[1] 问好，我收到她的亲切来信，却还没有给她回信。

如果你能给我寄一些美味的无花果就太感谢了，但这不是必需的。佛特南那里没有卖，似乎别的地方也要到 12 月末才有。

献上我全部的爱

你永远的

以赛亚

以伯林在布林莫尔学院的讲座为基础录制的节目即将播出，《广播时报》刊文，意图吸引潜在听众的兴趣：探讨“如此艰深的主题”的讲话节目，不是照着脚本宣读，这是非同

324 寻常的，不过“伯林先生［……］以其对抽象概念流畅而机智的阐释而著名。他作为讨论学家的名声已经远在牛津校园之外”[2]。伯林先生不太满意这一评价。

[1] 几乎可以肯定是艾丽丝·艾瑟尔·比特（约 1885—1958），婚前姓理查森，麻省理工学院的物理学教授弗兰西斯·比特的英国籍妻子，曾与盎格鲁—僧伽罗裔艺术史学家及哲学家阿南达·肯提什·库马拉斯瓦米结婚（还是神秘学学者阿莱斯特·克劳利的情妇）；曾用名拉坦·德维，印第安歌曲的流行歌手。

[2]《广播时报》1952 年 10 月 24 日第 1 版，安娜·卡琳为“难以置信的粗俗用词”道歉，她对此没法控制（邮戳日期为 10 月 23 日的明信片）。

致安娜·卡琳

星期日［1952 年 10 月 26 日，手稿］

全灵学院

亲爱的尼乌塔：

我得说《广播时报》第 1 版有关我的按语让我不快：我无法假装对我的哲学家们所犯的粗俗无礼的错误无动于衷（爱尔维修并非瑞士裔，我在演讲中这么说的，也从没有谁名叫黑格尔·格奥尔格，等等），他们使我受的触动甚于有关我的花边文字对我的冲击：但愿这些评论中最有轻视意味的部分全是真的，正如一切令人不悦的东西却总被证实是正确的，虽然我不会因此而喜欢它。我无法理解怎么允许这样的东西登出来。《广播时报》毕竟没有这样议论过阿兰·普莱斯—琼斯[1]、艾迪·萨克威尔—韦斯特、戴维·塞西尔、塞西尔·戴·刘易斯或是斯蒂芬·斯彭德。虽然我也许只是一个快活饶舌的知识普及者[2]，可是这不是我被英国广播公司聘来担任的工作。当然，如果有那么一刻我认为会发生这样的事情，我绝不应该同意进行广播讲话。而现在我恳求你把可以清理的评论尽可能清理掉，不要重复关于我的事，除非十分有必要，不要给《听众》压力，因为这封短信，他们完全没有想到

[1] 阿兰·普莱斯—琼斯（1908—2000），文学与戏剧评论家、作家、记者，1948—1959 年任《泰晤士报文学副刊》编辑。

[2] 伯林此处原文为：vulgarisateur。

我是合理的：《听众》应该关注更严肃的人群。你不能认为我是小题大做，既然我被《图片邮报》当成话题，至少我可以拒绝配合。并且，我想表明，只要现行体制盛行，而像你这样的人不能决定在《广播时报》上刊登什么样的东西，那么我希望与英国广播公司及其附属机构没有任何瓜葛。

我还想表明的是，我不责怪你或是哈曼·格莱斯伍德，或是我所认识的其他任何人：关于此事我已经给你造成了太多麻烦，我的处事总是不够周到，我应该感谢你无尽的耐心、鼓励和帮助。英国广播公司的其他人对我也极其客气仁厚。可是，唉，我现在无颜面对我的同事们了，所以我必须
325 趁早收手，和英国广播公司断绝关系。（我这么说仿佛自己就是英国广播公司的永久雇员似的，如果这样听起来很傲慢无礼，很对不起。）你的第一本能反应就是安抚我的情绪，我恳请你，这次不要这么做。事已至此，我感到受伤，虽然不可否认，因为这样的小事我的反应似乎既没来由也显得愚蠢，可是，我还是感到受伤。

还有一件事：关于费希特和黑格尔可能还是需要更正一下——报道中似乎有些毫无意义的段落——如果确实如此，我会尽快让你知道。星期二怎么样？那天可能会派一辆广播车[1]：眼下我宁愿不进那神圣的大门了。再次为你所做

[1] 一种户外使用的广播车，车里录制的讲话可以部分重录。

的一切表示深深的感激，下一次我们要聊聊私事，到时候我的小创伤也该愈合了：不过我还是不愿再次冒险如此曝光自己。

你永远的

以赛亚

不要为这件事烦心，我只是忍不住写信抱怨，而你什么责任也没有。所以，我还是要先向你道歉。

10月29日晚上九点三十分，第三套节目的广播表中列入题为“以赛亚·伯林论自由及其背叛”的节目，在“歌曲中的美国历史”和“贝多芬”两个节目间播出。伯林预先录制好的六个讲话，每周播出一讲，很快成为许多人必听的一个节目。而伯林尚不确定自己的讲话是否受人欢迎。

致厄休拉·尼布尔

1952年10月30日

全灵学院

亲爱的厄休拉：

[……] 牛津的哲学界正处于一种欣欣向荣的盛况中，不知道盛况会持续多久，年轻人非常犀利，每个小时都有人发现崭新而重要的真理，严苛老式的机械实证主义被维特根斯坦的追随者所倡导的充满想象力的浪漫主义永远放逐

了。哲学与文学似乎再次神秘地靠拢，总之一次小小的文艺复兴正在发生，很快，很快，我料想会发生一次同样细微的衰退。

我有点担心我亲爱的老朋友斯蒂芬·斯彭德必须要做的事。在我看来，他现在已经很久都写不出好诗了。他写评论，出席会议，他很活跃也到处跑。他为新哥特反动作家提供犀利的思想素材，他也更穷了。他想去雅典当拜伦讲席
326 教授，但那个职位给了别人。所以现在他受邀去了辛辛那提[1]，去六个月或是更长的时间，我想那是个好主意。现在他似乎在逆大潮而行，所以最好置身世外某处。玛丽·麦卡锡在她的《校园林荫路》[2]一书中营造出来的氛围，精准得令人感到恐怖，她不是很有想象力，但是很有分析天分，她的描述令人抑郁，没法让我安心，因为担忧亲爱的斯蒂芬会发生什么事。你知道吗？尽管与维斯坦关系复杂，而后者对他也深感为难，斯彭德是一个很好的人，品格高尚，犀利、讽刺而又坦率，与他交谈总是能获得神奇的回报——对我总是如此。所以，如果你不认识他，一定要抓住他，莱因霍尔德肯定也会喜欢他的，不过也许你已经讨厌他了。不管怎样，我会问问他，如果可以，等他到纽约后不久，我会让他和你联系。

[1] 1953 年任辛辛那提大学诗歌艾利斯顿讲席教授。
[2]《校园林荫路》，玛丽·麦卡锡对大学校园生活的讽刺之作，1952 年出版。

此时，我正痛苦地为英国广播公司录制一个小时长的即兴讲话，像在布林莫尔学院做过的那种，据说这种方式具有听众所需要的奇妙的自然特质，而阅读文字版就不会产生这样的体验——高贵的谎言。这些讲话很好，可是没有人会乐意听上一个小时这么久，不论是谁说，不论是关于什么话题——不管他是狄摩西尼还是温斯顿，就是艾克（艾森豪威尔）本人也没法在这么长的时间里抓住听众。我回头看了文字稿，发现讲的话不合规范，不合文法，感情用事，更不要说［不］合理性了，整体效果很难堪。播出后我是不会收听的，不过我期待来自各方的愤怒回应，而对于它们，我将傲然不睬。至少我不用把文稿付诸印刷，而且也不让《听众》这么做。所以你肯定会发现我现在激动不安，嫉妒那些可以写出论述道德与政治的力作的人，比如莱因霍尔德，这是因为他们真正了解他们自己的思想，或是在某种程度上有所了解，而我二者都不是。

再有，我听说在纽约有一场洛克菲勒资助的会议，集中了法律和政治方面的思想家共同探讨采用何种手段来刺激新观点的产生[1]。那场面一定很有喜感，众多严肃而有声望的政界和学界人士，十分认真地坐下来，考虑如何激励害羞的

[1] 1952 年 10 月 31 日至 11 月 2 日，“法律与政治哲学第一届会议”，由洛克菲勒基金会召集，地点设在纽约哈里曼阿登豪斯酒店，会议旨在为法律体制提供哲学与社会学输入，以使律师获得政治领导才能。

327 天才进行自我表达。听说会议出席者并不像骗子——那些我不认识的律师们除外——马博特[1]会去，他很沉闷，不过，他称得上是牛津“鼎盛时期”出色的老导师，我想他是“靠得住的”；赫伯特·哈特已经成为法学教授，你认识他吗？他是“我们的”同代人，约瑟夫[2]最喜爱的门生［……］他人不错、严肃，总之是个好人，是我们委员会中最好的一个。最后是迈克尔·奥克肖特[3]，拉斯基在伦敦的继任者，人们深深怀疑这是长久以来被怀疑有极端倾向的机构对右翼有意做出的姿态表示，我根本看不懂他，他有点像是新伯克式的唯美派散文家，八面玲珑，口才出色，具有适合于各种用途的非凡魅力，然而，我却无法从他所说的话中提炼出任何事实真相。不过我也许错了，因为我是在过于死板的传统中长大的，也许玄学派物理学家就是像他那样说话，也许那就是他们所要表述的东西。

我在看书，很遗憾地告诉你，黑格尔很不讨人喜欢，基本是个夸夸其谈的作者，不过他依然是天才，我认为是他发明了思维发展的概念。不过我不会拿这些来烦你的，我确定

[1] 约翰·戴维·马博特（1898—1988），哲学家，1924—1963 年任圣约翰学院研究员，1930—1956 年任导师，1956—1963 年任高级导师，1963—1969 年任校长。
[2] 霍勒斯·威廉·布林德利·约瑟夫（1867—1943），哲学家，1891—1932 年任新学院研究员，1932—1943 年任编外研究员。
[3] 迈克尔·约瑟夫·奥克肖特（1901—1990），1949—1950 年任纳菲尔德学院研究员，1951—1969 年任伦敦经济学院（LSE）政治科学教授。

了——我希望自己很久以前就这么确定了——我唯一真正崇拜的人就是托斯卡尼尼，他结合了自律性和自发性，基本上比任何人都更加体现出某种绝对的使命感。在米兰有位女士来到他的面前说：“大师，您真伟大。”他竟然发自内心地厉声回答她：没有伟大的指挥，只有伟大的作曲，虽然他比其他人略好一点，但是也就仅此而已了，言毕，他昂首阔步愤然离去。每每想到这个情景，我就感到愉快。这一切是真实的，不是单纯的表演或是暴露癖。简而言之，我希望自己生活在 19 世纪，那个时代有宏大而简单的事业，像意大利自由，像俄国农民，这样的事可以让我把全部的情感倾注给某一方，而不是纠结于现在这样的黑白模式。不过，莱因霍尔德的所有著述都意在显示：这是错觉。我确信这是，然而我还是不能让自己相信他，并且沉迷于对维多利亚时代的强烈怀旧情感之中。

我不该絮絮叨叨说这么多，一定要给我写信，告诉我你喜欢的任何事，我会很感激的。

向你和莱因霍尔德献上我深深的爱

你永远的

以赛亚 328

数月以来哈伊姆·魏茨曼逐渐走向死亡，11 月 9 日，他的生命终于结束。

致依里亚胡・伊拉特[1]

1952年11月12日［原稿去向不明，此为打字稿］

全灵学院

亲爱的依里亚胡：

我真的不知道该如何开口，你了解我与已故总统的私人关系，而且我也了解他对于你是多么重要。在我心中他是一个超人的形象，随着时间的流逝只会日渐高大而不是渺小，就像任何一位我们视为传奇的历史伟人那样。他超越了劳合・乔治[2]，超越了罗斯福，对我而言也许不及温斯顿，但是至少差不太多，而且和亨利四世[3]、克伦威尔[4]，或是与他们相当的人一样了不起。他所有的错，你我都很清楚，将会被遗忘，一定是的。能够建立一个国家的人，他们的数量，他们的记忆，要比那些道德更高尚但是个性更渺小的人，来得更加辉煌。他确实是德国浪漫主义哲学家们喜欢称之为"世界一历史的个人"。不过我不能一直这样说个没完。我先是被这条消息震惊了，立即匆忙给伦敦《泰晤士报》发去

[1] 依里亚胡・伊拉特（1903—1990），婚前姓爱普斯坦，外交官，1945—1948年任华盛顿巴勒斯坦犹太事务局政治部主任，1948—1950年任以色列驻美大使，1952—1959年任以色列驻英大使。

[2] 戴维・劳合・乔治（1863—1945），1945年受封劳合・乔治伯爵一世，自由党政治家、社会改革家，1916—1922年任首相。

[3] 亨利四世（1553—1610），1572—1610年为纳瓦拉国王，1589—1610年为法国国王，宗教宽容与社会福利的推行者。

[4] 奥利弗・克伦威尔（1599—1658），英国内战时期获胜的议会军队的领导者，1653—1658年任护国公。

一封短信，因为我以为（我的看法不值一提）其他人无法奉献出具有足够价值的东西——这不是说我就能说什么有价值的东西。然后我读到正式讣告[1]，内容单薄，还有一封来自布罗德特斯基[2]的信，内容更简单。《泰晤士报》今天上午来电话，说我的短信有点太长了，如果我愿意删减，他们会刊登[3]。所以一旦拿到稿子我会尽快着手修改。接着我立即想到，我应该出门看望薇拉，然后立即又想到这么做没有必要。她身边会被马克斯夫妇、纳桑男爵[4]，以及所有其他人包围，不需要我。所以我给她写了信。我在《泰晤士报》上 329
所发的文中并没有真的说出我全部的想法；我曾允诺为《大西洋月刊》写篇文章，现在我想该动笔了，虽然我真是没有什么时间，即便对我而言。无疑，这纯粹是由于低效率和杂乱无序，不过你了解我现在的生活。我就好比是写给也门犹太人的著名书信中的迈蒙尼德[5]，却没有他的天分和借口。

然而，在这个事件的阴影下，我不能继续履行我那些琐屑的义务了。我确实好奇谁会写信，写出最好的信，我相

[1]《泰晤士报》11 月 10 日第 5 版，由多人合写。

[2]《泰晤士报》11 月 11 日第 8 版，赛利格 · 布罗德特斯基（1888—1954），1924—1948 年任利兹大学数学教授，1939—1949 年任职不列颠犹太人代表委员会，1949—1951 年任耶路撒冷希伯来大学校长。

[3] 伯林的追加讣告于 11 月 17 日发表在《泰晤士报》第 8 版。

[4] 哈里 · 路易斯 · 纳桑（1889—1963），纳桑男爵一世，诉状律师、民航部长。

[5] 迈蒙尼德（约 1138—1204），有影响的拉比，哲学家、内科医生，主要在埃及居住，整理犹太法律；当时也门犹太人向他求教，他教他们如何应对穆斯林的迫害。

信能写那封信的英国人是卡普兰德；令人难过的是，可怜的卡普兰德也已经去世了[1]，今天我正好要去参加一个为他举行的纪念仪式[2]，他似乎没有什么亲戚，作为这里为数不多——也许这么说夸张了一点，不过是不像你想象得那么多——真正认识并喜欢他的人中的一个，我也许还得去火葬场。他真的原本会为我们逝世的朋友写出一篇卓越的文字的，此刻这件事令我感到非常萧索，无疑我很快就会开始收集那些回忆的碎片，大师的那些奇特的传奇、警句与格言，这一切终将逐渐聚集成为准神话。我肯定会因为没有参加葬礼而受到责备，但我准备好面对责备了。如果以另外一种方式来纪念他，我想我可以做得更多。

此外，如果你能帮一个忙我将不胜感激：伦敦肯定会有一场纪念活动，我想参加，我父母也想去。届时会有许多人，如果需要入场券，请给我三张，我将非常感激。除了官方的那些人——而且肯定会有许多那样的人——我想我应该是为数不多的真正私底下了解他的人之中的一个，因而道义上我有这样的权利，否则我不会向你提出这样的要求。[……] 你的确承诺过这学期要来牛津看我，不过现在也许是你太忙。如果不是这样，我会坚持要你践行诺言的——

[1] 卡普兰德 11 月 6 日去世。

[2] 指 11 月 12 日在全灵学院举行的葬礼。另一场纪念仪式于 11 月 18 日在圣约翰伍德犹太教堂举行，伯林也参加了。

[……] 要不就等到这一切结束之后？虽然我不太清楚你需要什么，当哀悼结束，它就结束了，你可以开始正常的生活。这里没有什么特别重要的人需要见的（我以为），但是这个镇子很美，你可以换换环境，这里宁静平和，让人远离日常事务。逝世的总统总是拒绝来这里，理由是这地方“教堂味太浓”。我已经不再这么觉得了——虽然很久以前我也是这么觉得的。所以你一定要来。

你永远的

以赛亚 330

在 11 月 4 日美国总统大选中，艾森豪威尔不容置疑地击败了史蒂文森。自由党担心会有最坏结果。

致阿瑟·施莱辛格

1952 年 11 月 25 日［手稿］

寄自全灵学院

亲爱的阿瑟：

乔的错误是多么奇妙啊。他先是预测史蒂文森赢（十分确定），然后他投了艾森豪威尔的票，发誓 J. F. 杜勒斯绝对当不了国务卿，等等。然而人们依然听他说话，把他当成传神谕者。因为他是他，所以我爱他：周末我和他一起度过；在言语间哼哼哈哈，谈论“俄罗斯能量的大小”，如此种种，最后我还是像一直以来那样的爱他。对于你们的

选举我感到郁闷，杜勒斯很像是绥靖派的：他在1940年对威斯特里克[1]表示欢迎，此举强有力地冲击了我的想象，从此我就这么看他了。他不比张伯伦派更糟，可是好不了多少：1952年够不好的了（1932年与1942年等年份也是如此）——你认为现在既安静又萧条而且腐朽，我也是这么看的。刚和R. 迈金斯[2]一起吃了午餐，你得和他认识，真的。他渴望见你，而且我已经告诉他，通过菲尔或奇普，或是华盛顿随便哪一个人，都可以很容易就找到你。他不算迷人，但他发表常识就像奶牛分泌乳汁；艾克的老朋友，来自阿尔及尔，中间偏右，不过极为清醒、睿智、可靠，理解我说的一切。他很真实，讲究实际，也不像奥［利弗·弗兰克斯］男爵那样严苛而实用；但是也足够讲求实用了：这称得上是战前的实用吧，那时候奢侈品还比较普遍，而实用反而是种奢侈。他同情地询问普里奇的情况（告诉他！），这很重要。牛津生活如常，全灵学院各派之间继续冷战，罗斯比以前更像马伏里奥了。我很高兴R. B. 穆勒终于找到愿意回应他的通信人了。我尽力了，可结果呢？人（只能在道德上）更加不屈。

[1] 格哈特·阿罗伊斯·威斯特里克（1889—1957），德国商务参赞、企业律师，1940年在美国期间是高级纳粹与商业间谍，直至其活动暴露。
[2] 罗杰·梅勒·迈金斯爵士（1904—1996），后（1964年）受封谢菲尔德男爵一世，外交官，1953—1956年任英国驻美大使（接替奥利弗·弗兰克斯），1956—1959年任财政部联合常务部长。

现在我有一系列棘手问题想请教你。

(1) 亲爱的玛丽·简·班顿[1]，我欠她一笔钱：她帮我打
印讲稿并寄给我。我想如果你不从我这里借钱，就无法给她
付钱了。我的朋友哈尔本太太，你在牛津见过她的丈夫[2]，她
比他人更好（也更好看），现在就住在纽约卡莱尔酒店，她 331
会付钱给你。所以无论怎样请拜访她，请你自己去喝茶。你
会发现她很有魅力，时尚整洁，非常非常令人愉快［……］

(2) 关于哈佛的事我该怎么办？我本来要给波比·沃尔夫写一封言辞糊涂的长信，说说这件事，这次我不太想在国外待上超过规定的四个月时间：奥本海默[3]很友善地邀请去他们学院一年；我不会去一年的，而是去比较悠闲的四个月，写书，不上课，而且他那里比哈佛的报酬更优（一个月1000），当然很有吸引力。可是我还是不想切断我和哈佛的联系，不想像个听差，如果我离开超过四五个月的时间，我年迈的父母因此会很忧郁。1953年我不想离开英格兰，自从我完成了政治学——布林莫尔那本书——我想可以开始写俄罗斯那本了。

[1] 伯林在美国的秘书之一。

[2] 汉斯·亨利希·哈尔本*（1908—1964），原姓冯·哈尔本，生于奥地利（后加入法国国籍），核物理学家，对核裂变研发起了重要作用，1946—1955年在牛津大学克拉伦登实验室工作。

[3]（朱利叶斯）·罗伯特·奥本海默（1904—1967），物理学家，1943—1945年任洛斯阿拉莫斯科学实验室主任，1947—1966年任普林斯顿高等研究院院长、物理学教授。

如果能得到你的帮助和建议，我将不胜感激。在英格兰，无论是政治、文学、艺术或是知识方面，我们不是在倒退，而是停滞不前。没有去以色列参加魏茨曼的葬礼，我感到内疚：她的遗孀保持冷淡的沉默，这不是好兆头。我给《泰晤士报》写了一封感情充沛而真挚的信（我敢说写得比 F. F. 那封[1]好），而且，我觉得应该——虽然不是那么迫切地——要写成尼古拉斯 · N. 称为死亡通知的、投给《大西洋月刊》的那种形式（他希望我为《见证》写一篇那样的文字，可是我不能研究利用朋友和老师的尸骨，从而像新兴工业一样制造出成批那样的文章）：我不能以某种方式“做”关于丘吉尔的文章，对魏茨曼也一样。我觉得这样像丰泰内利、博叙埃、孔多塞[2]这些职业悼文生产者——我能想象 H. T. 莱文会如何评价我的狂妄自大。我正试着让他受邀去牛津做讲座。对我而言——这是纯粹的快乐，时间会说明的。

替我向玛丽安衷心问好

以赛亚

虽然约翰 · 斯帕洛安稳地坐上了全灵学院院长的职位，

[1] 法兰克福特的信发表在 11 月 12 日的《纽约时报》上。

[2] 法国人，以为死者写悼文而闻名：贝纳德 · 德 · 博维尔 · 德 · 丰泰内利（1657—1757），哲学家、作家、科学家；雅克—贝尼涅 · 博叙埃（1743—1794），主教、神学家、演讲家；马里耶 · 让 · 安托万 · 尼古拉 · 卡里塔特（1743—1794），孔多塞侯爵，哲学家、数学家。

而伯林则焦虑地要防止他自满情绪抬头。 332

致约翰·斯帕洛

1952年11月26日［副本］

全灵学院

我亲爱的院长：

我写这封信不是为了表示站在学院一边，也不是为了某个委员会或整个最高领导机构。我所做的，就是写下我对学院某种需求的思考。我们现在已经得到任命，在第一个七年制的四十九名研究员里，有十二位教授，五位高级研究员，三位研究员，本年度经过选举还会增加两人。就教授们而言，我认为我们都为大学尽职尽责了，而且超额完成了职责。另一方面，我感到在大学教学之外，在学术上，我们应该比现在做得更多。

学术研究的重要性，在过去的二十五年里，显得日益重要了。在我最初任职的时候，学术研究当然也很受尊重，可那时人们认为大学研究的主要方向在于教学；有人——比如邓达斯[1]或是马斯特曼[2]——认为这样就足够了；其他人如

[1] 罗伯特·汉密尔顿·邓达斯（1884—1960），古典文学艺术学者，1910—1957年为牛津大学基督学院研究学者与导师。

[2] 约翰·塞西尔·马斯特曼（1891—1977），历史学家，1919—1946年任牛津大学基督学院研究学者，1946—1961年任伍斯特学院院长，1957—1958年任牛津大学校长。

罗伊·哈罗德或是比兹雷[1]则认为研究更重要——这场战争在基督学院历时经年。当然，那时候的大学导师甚至教授们，并不都是注定要视研究为重中之重，或是把它当作他们职能中很重要的方面。自那时起，这一切就改变了；我想这是永远改变了，不过不管是不是如此，这样的变化都是非常伟大的。如今每个学院都很重视研究的呼声，如果导师们没有能证明他们在做研究，多少都会被看轻。每一个学院都拿出相应手段，试图助研究员们一臂之力，而新学院却是引人注目的例外。我认为这是往好的方面发展，而有些人所担忧的乏味而无用的学术成果并没有出现。所以，围绕这一新的重点，我们必须尽职，尽我们全力，为了学科的进步而努力。同样的义务似乎也落在了其他致力于学术的学院的肩上，比如纳菲尔德学院和圣安东尼学院。有时候，即使人们也许会认为我冒失，我还是打算就这个话题和这些学院的院长们聊一聊。

我想建议：（1）我们应该调查了解新增研究员的具体遴选方法，不一定是在我们自己当中产生，而是可以来自其他
333 地方，就像亨德森院长、麦卡锡[2]、普拉门内兹以及丹巴宾那样的情况。我心里有几个名字，但现阶段也许这些名字无

[1] 约翰·戴维森·比兹雷（1885—1970），1925—1956 年任牛津大学古典考古学与艺术教授。

[2] 打字错误，应该是卡利·埃尔默·麦卡特尼（1895—1978），1936—1965 年任全灵学院研究员，1951—1957 年任爱丁堡大学国际关系学蒙塔古·伯顿讲席教授。

须提及。至于这样的候选人可以归入研究员的哪个等级，显然取决于他们的年龄、地位和我们的需求。在过去的五年里，在我心中这个领域已经有四五个新增研究员的人选，都符合关于研究员资格的各个等级的现行法定条件。(2) 另一种促进学术的方式可以是为大学现有研究员提供研究条件，尤其是人文学科的学院研究员。几个学科以及亚学科的有关记录都表明，大学教师如果开始著述，或是要着手某些学术项目，他们就迫切需要学术年假之类的安排。一些富裕的学院当然可以给他们的教师提供这样的年假，但是许多学院太穷了。我想，如能以如下方式帮助其他学院，对他们将有实际的助益。如果我们认为某一个人值得以这样的方式资助，我们可以建议他保留先有的研究员职位，为他提供一笔资金(时间一年，第二年可续，如果有特例可以延至第三年，数额以足够支付他的教学工作量为宜)，提供给该学者教师休息室的成员资格，以及其他我们拥有而他也可能需要的设施，例如房间、免费晚餐，等等。在某些情况下还可以给他一笔小额经费，如有工作需要可以出国，而且我们可以确认他们将在“年假”结束时离开。我深信，这么做虽然远不能满足日益增多的需求，但是可以引进有趣而且能激励我们的人才，而且也会受到大学的广泛欢迎。我想纳菲尔德学院和圣安东尼学院也可以这么做，也许可以设计合作方案，引导学者选择最合适他们的环境。我已经就此与校长和教务主任谈过此事，他们举出例证支持这个看法，也非常乐于让你也着手施行。我想我们不需要把这一做法扩大到牛津以外，因为剑桥也给他们自己人提供这样的条件，其他各地学校给他们的导师完成各自工作的时间又比牛津更宽裕。当然，来自地方的教授如果住在牛津，完成他们的著述，无须履行授课或是做讲座的责任，是很不错的，但这在我看来很奢侈，而我的方案是满足迫切的或是近乎迫切的需求。

我提出这个建议的主要动机，是为了促进科研的发展，以及提高学院的学术质量，因为在我看来这需要关注；不能
334 否认这样的行动肯定会赢得大学及整个学术圈的善意，其中也包括大学教育资助委员会，我想这可是好事。当然，关于如何增加学院数目，以及如何安排学院收入，还有其他的提议，例如为其他级别的研究员提供住所，选举杰出的政治家或是其他公众人物，等等，而我这个提案无疑需要与其他提案进行权衡。因为这一方案有其价值，所以我向你提出来，如果你能想一想，也许再和一两个你认为合适的人谈谈它，我会很感激的。我还没有和什么人谈过这个想法。

你永远的

致罗兰·博登—穆勒

1952 年 12 月 2 日

全灵学院

我亲爱的罗兰：

好吧，你已经完成此事，选出了你们的总统，树上也开

始逐渐结出一个个果实。我有理由郁闷吗？不知道。乔·艾尔索普当然已经在这里了，虽然他的确情操高尚、勇敢无畏，他的政治预言并不总是正确，他确信史蒂文森一定赢。他给我来信，说我可以把我在牛津闲逛时找到的闲钱替他押给史蒂文森。即使是在艾森豪威尔当选之后（我想乔投了他的票，虽然承认这一点令他难为情，但勇气发挥了作用，他也像一个男人一样挺身直面这个局面，并像在布拉格审判中的某人那样坦承一切），他还是认为杜勒斯不可能担任国务卿。就在杜勒斯被任命的前夜，他做出了相反的预测，所以我现在知道要如何看待合格的政治预言家所做的预测了。温思罗普·阿尔德里奇[1]任驻伦敦大使会是什么样？我从来没有见过他，只是听人提过他的名字，他给我的大致印象是一个平庸愚蠢、中庸保守、相对没有攻击性的人，还不错，很笨，道德高尚，热切而普通。是真的吗？你肯定认识他，告诉我。

非常感谢你的无花果。包裹三天前寄到，拖了很长时间。之前你询问我是否已经寄达，我不想告诉你，因为我相信它最终一定会寄到的，如果跟你强调它没有寄到，就显得我心无感激，不太妥当。现在它们已平安到达，很好吃，很多，与我在 1951 年那些难忘的日子里吃过的不同，这回分 335

[1] 温思罗普·威廉斯·阿尔德里奇（1885—1974），美国律师、银行家，1953—1957 年任驻英大使。

量又多，满载着更多热情。而且我这里还买不到。非常感谢你。

那么哈尔本太太会在你那里逗留了，我很喜欢她，她教养极佳，很有魅力：超凡脱俗地住在去牛津的半途中，这样她不属于那里，并且以一种梦游姿态应对牛津。不过她的房子陈设迷人，适于让人超脱于牛津这儿有时比较沉闷的常规事务之外。关于她的丈夫，那是另外一个故事了，我现在不会在信里跟你谈他，等我们见面我会告诉你关于他的故事，那简直就像托马斯·曼[1]或是类似的作家写的20世纪20年代末的德国小说[2]。

全灵学院在平静运转，院长人很随意——这既有好处又有坏处——好处是当我本人不喜欢的提案递交给他时，他就极端讽刺地、很巧妙地一笑置之，坏处则是当我本人非常重视的提案交给他时，却发现他的对待方式也是一样。他是一个优秀的人，很高兴能够有他来当我们的院长。[……] 我很犹豫为难，满怀疑虑，不知道是否要回哈佛，何时回去。我想他们希望我在1953年底过去，而与此同时我还接到普林斯顿大学奥本海默的来信，邀请我去一年。当然，从某个方面来看普林斯顿更有吸引力，因为他们给我的报酬和哈佛一样多，而且根本不用工作，总之我可以做我自己的事，虽

[1]（保罗）·托马斯·曼（1875—1955），德国小说家、社会批评家。
[2] 伯林此处原文为：Nouvelle。

然普林斯顿实际上更靠近纽约，它却更僻静。可是另一方面，我与哈佛有准君子协议，每两三年得去那里一次，哈佛他们显然会看到普林斯顿的优势，而这无可避免地会让他们不悦，而我真是不想断绝和他们的关系，总之我不想走得太远，不愿表现得太坏、太自私、只关注自身利益。可是，当我想到自己在哈佛的经历，我想我是喜欢上课的，也为哈佛做了不少事，得到了慷慨的报酬，然而那却使我相对没有什么时间用在自己的研究课题上，也许这只能怪我爱好交际的天性，但那已经是既成事实，我真觉得我无法突然令自己彻底改观。当然，我可以拒绝更多的活动，更长时间地坐在自己的房间里，在我的人生里这也一直是可以做到的，然而这不能从根本上解决我的问题。我不是一个持之以恒的工作者，如果我只有一个小时，而之后又会被不可避免地打断， 336
我是无法利用这段时间做任何事的。我只能连续两周、三周、四周、五周或是六周，每天六七个小时认真工作，然后又是长时间的无所事事。我是个慢热的人，很难从根本上改变，又处于这种环境条件之下，要定期上课，做讲座，而我又是一个紧张的缺乏安全感的说话者，往往所耗精力超出所值，加上学生们在不合适的时间到访，打断我完成某件事所需的连续时间。所以，在普林斯顿长期的空闲时间对我来说很要紧；而在哈佛一半教学一半做课题相比就没有这么好。然而我喜欢去哈佛，我不希望中止合作，我不想让他们太生气，所以我必须语无伦次地向处理这些事的人——哈佛的沃尔夫教授——说出我的理由、犹豫及疑虑，询问他的意见，现在我正在等待他的回复。我真不想在1953年去。我的第一本书大约会在3月之前完稿，在出国之前我需要六七个月时间写更大的一个题目，理想的方案是我在1953年时还待在英格兰，仅为了休闲享乐去欧洲做些短途旅行。也许我可以在秋季学期去哈佛，也许紧接着春季去普林斯顿，就像在布林莫尔学院那样，可是那样我可怜的父母年事已高，他们很想我，我真无法离开他们七个月，让他们陷入极其恐惧与忧郁之中。所以，我打算圣诞节带他们到纽约，或是做些类似的安排。于是就产生了他们的费用如何支付的问题。如果他们今年可以多付我一点钱，我想整个计划会更可行。可是，我不知道自己为何要让你为此承担压力，忘记这件事吧，让我们想想别的。我会就此问题继续进行令人疲惫的通信，并且以某种方式解决它。如果没有比这更严重的问题，我的生活还是非常愉快的。

[……] 与此同时，以色列总统、我亲爱的老友，去世了，我给《泰晤士报》写了一封篇幅不长的、关于他的信，因为我认为其他人不会这么做，而且事实上也没有人这么做。他们把信的末尾打印错了——信是我手写的，字迹难认，最末说他在我所认识的人中是最崇高也是最智慧的，他们却说他在我所认识的人中是最高尚也是最好的。当然，他根本就不是一个好人，不是通常人们认为的那种好。他是有报复心的，也太有野心，太政治化，是太高调的公众人物，

所以他既不友好也非善良。他是一个伟人，这是不同的概
念，我把他比作加富尔[1]，也许还能比作帕内尔[2]，当然我指 337
的是帕内尔对他的追随者的态度，他们对他既仰慕又仇恨，他不可缺少，同时又倨傲无礼几乎让人发疯，很像魏茨曼与他的下属之间复杂而仇视的关系。然而，我不想给《泰晤士报》写信更正这一错误，想象一下吧，如果《泰晤士报》在个人专栏印出一行说明："伯林先生希望大家知道，魏茨曼博士在他所认识的人中不是最好的。"那会是什么结果，所以这件事就到此为止吧。

我收到赛勒姆可爱的来信，他说他春天会来牛津，我非常希望他来，我会很高兴在牛津或是任何地方见到他。

布拉格审判[3]太可怕了：你知道我并不是没有预料到这样的事，在我看来这像是日常惯例，而被告名单之奇特前所未有，俄罗斯人在1936年、1937年、1938年定的名单也是一样荒谬，可那时候我不知道，因为我不认识所涉及的

[1] 卡米洛·本索·迪·加富尔伯爵（1810—1861），改良派记者与政治家，皮德蒙特首相，后任他帮助创立的意大利新王国的首相。

[2] 查尔斯·斯图尔特·帕内尔（1846—1891），爱尔兰政治领袖，他对爱尔兰地方自治的支持改变了威斯敏斯特区的政治格局。

[3] 11月20日布拉格审判开始，前捷克共产党总书记鲁道夫·斯克兰斯基以及其他十三名杰出人物被控"托洛茨基—铁托主义—犹太复国主义—资产阶级—民族主义叛徒，捷克斯洛伐克人民公敌"（《泰晤士报》1952年11月22日第5版），以及与西方秘密机构（所示特工名单上包括一些最令人惊讶的人）合谋；十四名被告中有11名犹太人。所有被告被判有罪，数罪并罚。斯克兰斯基以及另外十个人被执行死刑，剩余三人被判终身监禁。西方媒体嘲笑这些指控，指责其为反犹主义，并指出这场审判的动机是想打动莫斯科。

人，而在布拉格审判的这个名录上，声名赫赫的罪犯们之间的联系过于绝妙了，不可能是真的。这张名单上有约翰·福斯特·杜勒斯、亚历山大·沃斯[1]，后者实际上是《新政治家》的通讯员、共产主义者；诺埃尔·考沃德[2]，整个审判一直称他为“间谍杰伯”，齐利阿库斯[3]、克罗斯曼受命于艾伦·杜勒斯[4]，与以色列左翼社会主义团体中亲共成员携手并肩：所有这些人都和铁托一起致力于颠覆自由的捷克斯洛伐克，我想还有埃尔莎·马克斯韦尔[5]、罗尼·特利、比利·詹姆斯，还有你和我。齐利阿库斯做了一个精彩声明，说他当时拜访了斯大林和莫洛托夫[6]，真诚地希望他们通过
338 与他联系就不会遇到麻烦。我为可怜的捷克斯洛伐克犹太人感到难过，其他受欢迎的民主团体会成为这次清洗的无辜受

[1] 亚历山大·沃斯（1901—1969），记者、作家，1941—1946 年任《星期日泰晤士报》与英国广播公司驻莫斯科通讯员；1946—1948 年任《曼彻斯特卫报》驻莫斯科通讯员；1949—1953 年任《新政治家》驻巴黎通讯员；1949—1953 年任《纽约民族》驻巴黎通讯员；布拉格审判中有一个被告承认在 1947 年与他接触。

[2] 诺埃尔·皮尔斯·考沃德（1899—1973），演员、剧作家、作家、流行音乐作曲家，在战时为情报机构服务。

[3] 科尼·齐利阿库斯（1894—1967），有芬兰、瑞典、苏格兰及美国血统，1945—1950、1955—1967 年任左翼工党下院议员；支持铁托，反对斯大林，布拉格审判中有几名被告据称和他有过接触。

[4] 艾伦·威尔逊·杜勒斯（1893—1969），约翰·福斯特·杜勒斯的弟弟，美国律师，1951—1953 年任美国中央情报局副局长，1953—1961 年任局长。

[5] 埃尔莎·马克斯韦尔（1883—1963），美国最著名的派对主人，以“顶级女主人”著称。

[6] 维亚切斯拉夫·米哈伊洛维奇·莫洛托夫（1890—1986），苏联政治领袖、外交官，被视为斯大林的代理，1939—1949、1953—1956 年任外交部长。

害者，可是我知道，在一个决定镇压一切思想与意识形态，并以僵化和铁腕的手段统治所有人的国家，犹太人固有的政治活跃性、对辩论的热爱以及说话的欲望，是没有存在空间的。想到我在莫斯科认识的人的命运，我禁不住微微颤抖。

我能跟你怎样说英格兰的事呢？我的朋友，新婚的艾登太太，收到伊夫林·沃写来的言辞激烈的信[1]，信中他告诉她，与可怜的艾登先生结婚，她实际上就是通奸背叛者（根据她从罗马教派接受的教育）。她在婚礼当天的早晨收到这封信，虽然她知道伊夫林·沃疯了，虽然他也不是她最好的朋友，然而我得说，在结婚的当天收到这样一封有点疯狂的、来自著名人物的绝交信，是令人震惊的。后来没有发生什么，她没有回复，但是她的整个家族自然被激怒了。于是，伦道夫等到一个适当的时机，趁着怀特俱乐部里贵族们以及伊夫林·沃很仰慕尊敬的其他人在场，而沃又希望得到他们的好感——伦道夫在酒吧里走近他，（从在南斯拉夫

[1] 伯林的叙述带有误导。伊夫林·沃，狂热的天主教皈依者，给克莱丽莎·丘吉尔（他坦承自己爱她）写了一封信，日期是8月13日，在她宣布订婚和举行婚礼之间的一天："我为失去一位深爱的朋友而难过，希望我们下次见面我可以更和善［……］。我能否为你的婚事望弥撒？或者，我这样做是否可以？给你我的爱，你的，伊夫林。"紧接着9月2日在怀特俱乐部，他与伦道夫·丘吉尔相遇，而后者并非艾登的敬仰者，之后，沃（如他9月6日所承认的，出于"头脑狂热发昏"）再次写信，解释说他之前写的信意在询问她是否离开了天主教，艾登前一次的婚姻是否可能是秘密结束的；现在沃已经接受她不再是天主教徒的事实，并且哀叹："你是否曾经想过因为你的舍弃，正导致你孤独的苦难？"但是沃在信的最后还是这样落款："永远爱你的"。《伊夫林·沃书信集》，马克·艾默里编（伦敦，1980），第378、381、382页。

当突击队员起，他们就是老朋友了）看起来很无辜地对他说了类似这样的一番话——“有趣，英格兰的最古老的天主教家族赞同并且理解我堂妹的婚事，反而是阶层更低、道德水平堪疑、不久之前才皈依天主教的人在维护教派的地位”，或是诸如此类的话语，这显然打败了伊夫林，他溃逃了，至少对他不利的传言是这么说的。[……] 我听说柯芬园的卡拉斯夫人[1]，还有次高音女歌手斯蒂葛娜妮[2]，唱《诺玛》很
339 好听，C. 夫人的手势，有点黎凡特式，当 [此处略去数字] 她斥责正直的罗马执政官离开了她时，她的手势很像雅典女房东在驱赶酒醉的房客。她的歌喉沙哑而绝妙，音乐十分完美。我在大都会听过一遍这出歌剧，而这次演出好得多。贝利尼[3]，他是一个了不起的作曲家，我希望有更多他的作品上演。《泰晤士报》痛苦的霍斯先生[4]，谈及过时的歌剧以及

[1] 玛丽亚·梅内吉尼·卡拉斯（1923—1977），婚前姓玛丽亚·安娜·苏菲亚·塞西莉亚·卡罗戈洛普洛斯，美国出生的希腊裔歌剧女高音，11 月 2 日至 20 日在伦敦英国皇家歌剧院首演，演出五场《诺玛》（之后不久她戏剧性地在事业中期减掉体重）。

[2] 艾碧·斯蒂葛娜妮（1904—1974），意大利次高音女歌手，扮演阿黛尔吉莎。

[3] 文琴佐·萨尔瓦托·卡梅洛·弗朗切斯科·贝利尼（1801—1835），意大利美声歌剧作曲家。

[4] 弗兰克·斯图尔特·霍斯（1891—1974），1938—1971 年任皇家歌剧院讲师，1943—1960 年任《泰晤士报》音乐评论家。在他关于歌剧《诺玛》的音乐评论中赞扬了歌唱家们（包括扮演了一个小角色的琼·萨瑟兰），但是批评这出“冗长的歌剧”是“一节有关乏味枯燥的音乐剧作的案例课”，因其“使用了拨奏低音乐器、难以对付的管乐、摩擦弦乐伴奏，还有瓦格纳所创、永远不变的琶音和弦，早就过时了”，他的结论是，贝利尼的作品是“一部花了半个世纪才写完的歌剧，其形式只能是荒诞的代名词”（《泰晤士报》1952 年 11 月 10 日第 2 版）。

前瓦格纳时代使用拨奏乐的、令人疲倦的意大利美声歌剧，这就像以精彩的大仲马[1]或是亚历山大·索特[2]为参照，来批判莎士比亚笔下那些荒唐角色，认为后者令人乏味不当。我还是不要说下去了，我得做些工作，必须抓紧干。没有谁比我更不喜欢工作，也没有人需要做得更多。

深深地爱你

你永远的

〈给你许多的爱〉

以赛亚

致艾丽丝·詹姆斯

1952年12月9日

全灵学院

总的来说，用打字机写信更好；我不相信手写书信所具有的亲密与直接，可以补偿因此加诸我朋友们的惊人折磨。现在我有了一台口述录音机，这个玩具令我着迷，作为吸引人的“小玩意儿”，它令我所有孩子气的本能得以施展。在某种意义上，我讨厌我们这个时代，强烈怀念20世纪30年

[1] 亚历山大·大仲马（1802—1870），原名亚历山大·仲马·戴维·德·拉·帕伊德里，法国小说家与剧作家，因其小说《三个火枪手》（1844）和《基督山伯爵》（1845—1846）而著名。

[2] 这位看来不知名的绅士可能是伯林打字员所创造出来的人物，他一直在与产生重复和变形的词语的听写打字系统做斗争。可能是沃尔特·司各特爵士之误。

代。本来更希望自己出生于一百年前，在巴黎参加（抽着雪茄的）乔治·桑[1]的晚宴，在那里会见到肖邦、梅里美、缪塞、海涅、蒲鲁东、德拉克洛瓦、屠格涅夫、贝利尼、内
340 瓦尔、雨果，还有年轻的福楼拜，衰老的圣伯夫和帕格尼尼[2]，他们疯狂地说着话——更不要说所有其他的俄罗斯人、德国人、意大利人、匈牙利人，还有革命者，等等，唉，一个英国人也没有。而从另一方面来看，现代的小物件，唱机，打不碎的温度计，不会熄灭的打火机，可以转换房间、旋转房子、同时演奏第七交响曲、播放新闻的按钮，这一切令我目眩神迷，这也许就像是典型的19世纪早期的人们沉迷于科学构想和乌托邦，像发疯的俄罗斯乡绅们，他们曾经发明一种马车，一旦启动，可以演奏军队进行曲、磨咖啡，还能做别的事，比如打开卷着的澳大拉西亚地图——不

[1] 法国小说家杜蒂凡男爵夫人（1804—1976）的笔名，婚前姓阿曼汀—露西勒—奥洛尔·杜平。

[2] 伯林提及的这些未及加注的客人们是：弗雷德里克·弗朗索瓦（原名弗里德里克·弗朗西斯泽克）·肖邦（1810—1849），波兰钢琴家和作曲家；普罗斯佩·梅里美（1803—1870），法国考古学家、剧作家、短篇小说家；阿尔弗雷德·路易斯·查尔斯·德·缪塞（1810—1857），法国剧作家、小说家与诗人；克里斯蒂安·约翰·海因里希（原名查姆·哈里）·海涅（1797—1856），德国抒情诗人、记者、散文作家；费迪南德·维克托·尤金·德拉克洛瓦（1798—1863），法国浪漫主义画家；格拉尔德·德·内瓦尔，格拉尔德·拉布吕尼（1808—1855）的笔名，法国浪漫主义诗人；维克托—（玛丽）·雨果（1802—1885），法国小说家、剧作家、诗人；古斯塔夫·福楼拜（1821—1880），法国小说家；查尔斯·奥古斯丁·圣伯夫（1804—1869），法国文学批评家；尼可罗·帕格尼尼（1782—1840），意大利小提琴演奏家、作曲家。

过这样的马车从来就不灵，最终总是坏了。然而，我还是认为（希望你不要介意我的无稽漫谈）威纳博士[1]和控制论确实标志着我们历史发展中一个重要而不幸的阶段，而汤因比以为原子能是“第三次工业革命”的标志，这也是极其错误的。原子弹非常非常强大，但也仅此而已，已经有两百种炸弹可以造成同样程度的破坏了。原子能可以取代煤炭，这是会造成一定的改变；但这就像是已经在进行中的事，只不过程度上更强一些。如果神职人员与公务员们被机械记忆和机械智力所取代——而战争再次爆发，这样的取代就一定会发生，而即使没有战争（尽管有如此种种现状，我还是认为战争不会很快再次爆发），这样的取代也有可能发生——这将给我们的生活带来彻底的混乱，将改变所有人的职业，使人们需要接受不同的教育，感知和思维方式都会不同，那才是真正的变化，而所有关于“原子时代”的议论只是目光短浅的庸俗之见。[……]

全灵学院逐渐平静，伤口尚未完全愈合，而新的肌肤似乎已经在生长覆盖它们了。冷战状态还会或多或少继续，对这一切塞兹内克非常享受。[……]

生活在流逝，在追求小享乐、躲避小痛苦、履行小责任等的时候。我为无线电台录制了六个讲座，每次长度不少于一个小时，这是可怕的经历，要求我痛苦地对着机器嘶吼，

[1] 诺伯特·威纳（1894—1964），美国数学家，创立控制学。

没有文字稿，没有笔记，看起来就像是歇斯底里的发热，在
341 雷鸣般的掌声间隙，伸展在我面前成堆无序的标志符号被放下来，免得我要痛苦而混乱地重读一遍。我觉得正像是一个在尼亚加拉大瀑布上行走的人，不敢往左右两边看，只希望能走过去，抑或更像是个跳伞者，焦虑不安地读着笔记，知道如果一拉绳子，世界也许就会结束，一切都可能会发生。不过，这一切都结束了，荒唐的粉丝来信以及一切。莉迪亚·凯恩斯[1]写来一封很棒的信，她说如果是说俄语，“你的磕磕巴巴听来既舒服又妥当”，我与T. S. 艾略特的通信，和同事的一点小争议，主张社会信贷说的怪人一如往常的动人胡扯，还有这类精彩的来信：**“我是一个求知若渴的学生，主修哲学与高等理科。我要说真话，虽然这样会伤人。你说话的噗噗声和停顿让我受不了，你是我听过的最激动的演讲者，你说话最好先慢后快。不要见怪。”**另外，还有我最喜欢收到的信，一般是这样开头的，“我有一千五百页的手稿，相信您一定会……”一位有爱心的女士给我寄来一双手织的红袜子，因为她认为我得在一所古老大学里，在摇曳不定的烛光下，呕心沥血地写文稿。[……]

社交生活继续提出令人为难的要求，而本学期我对此处理得很好，实际上我已经可以婉拒和伦敦令人敬畏的达官显

[1] 莉迪亚·凯恩斯（1892—1981），婚前名莉迪亚·洛波科娃，俄罗斯芭蕾舞舞蹈家，约翰·梅纳德·凯恩斯的遗孀。

要一起吃饭（餐后还有非常高雅的纸牌游戏，人们严谨、可敬，心里想着下一个是什么，气氛因为善意而变得生硬）。我选择与好友吃饭，小说家伊丽莎白·鲍恩。她是一个奇妙的女性，我崇拜她的文笔，而她的魅力、谦恭、整个人的气派令人最为印象深刻。我已经认识她许多年，对她很忠诚。她一点恶意都没有，很机智、聪明，富有想象力和吸引力，虽然她绝非美丽，看起来就像是一匹高贵而聪明的马，可我真的很仰慕这一切，而且认为这比符合规范的美丽更加令人愉悦。[……] 她既高贵、令人振奋，相处起来又很舒服，假如你明白我的意思。

[……] 所以你看，我们的生命就像被安排在特罗洛普笔下那样的小单元里，不过我希望所有的生命都是这样，世界上没有大的东西，而只是由微小分子构成，每一个小分子都是有智慧的体验碎片，没有大的生命存在，只有诸多小世界的集合，以及孤立生命存在的结合，每个个体都很重要；每个个体都不应追求遥远的目标，索要任何终极的理由。正如俄国革命者赫尔岑曾经说过："歌手唱的那首歌有什么目
的？那就是歌啊。"[1] 如果你要得到终极的理由，这是因为你 342
听不到那首歌，或者不喜欢唱歌。"人生的目的是什么？怎

[1] 赫尔岑的自问自答所隐含的含义实际上就是，这首歌的目的在于听者从中得到的快乐：见伯林翻译赫尔岑的《彼岸书》（见原文第 408 页注 1），第 35 页。

么，就是你我啊。”[1] 等等。绝妙的小文字来自《彼岸书》，哈佛有人[2] 正在把它翻译成英文。[……]

以赛亚·伯林

伯林的广播讲座吸引了广泛的公众关注，其中包括12月6日《泰晤士报》上史无前例刊发的头条重要文章[3]，形容伯林“20世纪的暴君们在18世纪对无限制自由的激情中发现他们的知识源头”的观点，是“不应被屏蔽的、对公众健康有益的冲击”，文章最后说，“20世纪需要的不是新的政治信念（已经有太多了），而是赖以质疑政治的坚实基础”。这个话题在报纸的通信专栏中再次被论及。

致《泰晤士报》[4] 的编辑

伦敦西南1区革新俱乐部

先生：

贵报12月12日那期刊登了J. W. 琼斯先生[5] 的来信，

[1] 这也在某种程度上曲解了赫尔岑的原文。因为赫尔岑的生命观是“目的的实现”而非“得到别的东西的手段”；而这一目的一部分是“你和我”，一部分是“一切存在事物的现有状态”。出处同上，第36页。

[2] 乔治·西格尔（见原文第407页注3）。

[3]《自由的命运》（1952年12月6日第7版）

[4]《自由的命运》，《泰晤士报》1952年12月16日第9版。

[5] 埃德加·W. 琼斯的来信（1952年12月12日第9版）赞扬罗素是真正的“优秀民主人士”，批评伯林“企图把18世纪思想压缩成黑格尔的紧身衣”。

信中琼斯先生责备了我们所有人——您本人，卡梅尔兹教授[1]，您提及的现代学者，还有我——因为我们错误地表述了卢梭的自由观。另外，我还被指责粗暴对待罗素及其同龄人的思想，给它们穿上了“黑格尔的紧身衣”。我不能确定我的（未正式出版的）言论在哪一点上犯了这样的重罪：不过我得承认，我怀疑琼斯先生对卢梭的理解能力（如果这样可以），甚于琼斯先生怀疑的我对卢梭的理解能力。因为琼斯先生的卢梭是个温和包容的民主主义者，赞同迁就通融，妥协让步，与您、我还有麦基先生[2]是一致的，与善良的英国自由主义者几乎没有差别。能够相信卢梭是这样一个人的人，肯定能相信几乎任何一切了。

卢梭说过许多话，其中有些是互相对立的；而在其后 343
的两个世纪里，虽然每次社会政治运动几乎都是互相对抗的，但同样都能合理声称是继承了他的理论。他们都“粗暴地”对待他，而在他们之中有人并没有利用黑格尔的理论。有罗伯斯庇尔[3]的卢梭，有费希特的卢梭，有伯纳

[1] 埃米尔·莱昂·卡梅尔兹（1878—1953），比利时诗人、翻译家、评论家，1931—1947年任伦敦大学比利时研究学院教授；著文支持这篇重要文章（12月9日第9版）。
[2] 詹姆斯·艾弗·麦基（1900—1960），1938—1960年任布雷齐诺斯学院哲学研究员与导师，1956—1960年任副校长；他的评论也发表了（12月9日第9版）。
[3] 马克西米连·弗朗索瓦·玛丽·伊西多尔·德·罗伯斯庇尔（1758—1794），律师，领导法国大革命以及其后的恐怖统治，卢梭哲学的忠诚崇拜者。

德[1]的卢梭，还有蒲鲁东和托尔斯泰的卢梭，巴比特教授[2]的卢梭，T. H. 格林教授[3]与鲍桑葵教授[4]的卢梭。就在我们这个时代，G. D. H. 科尔教授说的是这么一回事，而德·茹弗内尔先生[5]和普拉门内兹先生说的又是另一回事。

然而，即便具备如此的透彻性、协调性、洞察力，卢梭思想的全部语境以及他无与伦比的影响力还是把我们难倒了。二百年过去了，给您写信的琼斯先生又把它简化为自由主义无伤大雅的陈腐之见。可是他又声称自己了解卢梭"真正的意思"，而不仅是知道他说过什么。您的读者见多识广，完全不需要提供文本来支持这个论题。

您忠诚的

以赛亚·伯林

埃德加·W. 琼斯随后再次写信抗议伯林不仅误读了他，也误读了卢梭，来信12月18日发表；伯林没有回应。

[1] 路易斯·加布里埃尔·安布瓦斯（1754—1840），伯纳德子爵，法国社会政治哲学家，革命的反对者。
[2] 欧文·巴比特（1865—1933），1912—1933年任哈佛大学法国文学教授。
[3] 托马斯·希尔·格林（1836—1882），理想主义哲学家。
[4] 伯纳德·鲍桑葵（1848—1923），新黑格尔派哲学家、政治思想家。
[5] 伯纳德·德·茹弗内尔（1903—1987），法国哲学家、政治经济学家。

致罗兰·博登—穆勒

1952 年 12 月 25 日［手稿］

全灵学院

亲爱的罗兰：

圣诞快乐。新年快乐。我希望你健康，比不健康的我更健康。不过，这是另一个话题了。如果我明年去美国，你说要为我父母提供帮助，非常感谢你：你真好，这为你那颗非常美丽的心灵又增添了光彩（它的光芒已经足够：你应该拿一部分给那些心灵冻结的，或是生来心灵狭小坚硬而又封闭的人分享），如果我可以带着父母去美国多好，可是恐怕我不能做这样的梦，我父母也不会同意在这样的条件下去美国。也许这很愚蠢，可事情就是这样。我会另外安排。你对可怜的魏茨曼太太不公平，我和在巴黎的她通过话，她筋疲力尽，表现很好。她勉强[1]去了纽约，因为她向我那位可 344
怜的老友承诺会去——本来定下这个约定是为了庆祝他的生日——为他的研究机构筹钱。棕榈滩不可能；她的势利[2]是很不同的一种。至于莱恩太太：当然她是势利的（如果是像普鲁斯特所坚称的，势利就是一个人的体面程度，除了圣人、机器、死人，谁又不势利呢？），但是和我单独在一起的时候，她是坦率的，对人一点也不虚伪；她也拥有一颗善

[1] 伯林此处原文为：a contre coeur。

[2] 伯林此处原文为：snobbisme，是 snobisme 之误。

良的心，偷偷做好事：被我碰巧发现了。我很高兴时不时见到莫莫[1]（或是毛毛），因为她是尼斯湖怪：形如木炭，不像人类，如果是与她不时相聚，这本身是非同寻常而且令人兴奋的。R. 太太是人，她无法解释地爱上了她那可怕的丈夫，而他的品位和观点很吓人。麦克阿瑟这方面无疑更甚之：但是在我看来，她的品德远远超过了她的缺点。我们的品位都不同，是啊，为什么不呢？希伯来有段古老的祷文，庆祝上帝带来了各种不同的生物。至于我、沃尔夫教授，以及我男子气概的缺乏[2]，我以为（尊敬之至，请让我像公众演讲者在宴会上那样说），你大错而特错了。我一点都不介意做一个或是被认为是一个缺乏男子气概的人：雄性不是我喜欢的品质。[……] 我接下来会和鲍拉“搞清楚”这件事，他讨厌为了任何目的去美国的人。还有我挚爱的斯帕洛，可他既轻率又执拗，同时还有点暴躁易怒。然而，我是没有男子气概的，而且还将继续如此：我尽力符合你的严苛理想，可是这样很难。对于是与非你有着非黑即白的极端看法，尤其是在公共生活方面，你是时尚社会中的卡尔文[3]：我知道你已经不得不纵容我的不足，对此我很感激。你的责备与谴责越

[1] 莫德·艾米莉（“莫莫”）·马利奥特（1897—1960），婚前姓凯恩，宁·莱恩的姐妹，与约翰·查尔斯·欧克斯·马利奥特少将（1895—1978）结婚。
[2] 罗兰·博登—穆勒痛斥伯林（12 月 17 日的信），说他缺乏男子气概，因为他在哈佛与普林斯顿之间犹豫不决。
[3] 约翰·卡尔文（1509—1564），原名让·沙文，法国严厉的新教派神学家。

是严厉，我就越怀疑我应该支持或反对谁：恐怕我这是又没有男子气概了。但我希望你是对的，而我是错的：我总是这么看自己。对我做的事，对我这个人，总是没有自信，把我武断的言语倾注给了无尽的疑虑、犹豫，以及强烈的自我怀疑：我喋喋不休地宣讲自由、选择与行动的好处，而自己却逃离它们，一直一直如此。向你的仆人们问好。

爱你的

以赛亚 [……] 345

致迈伦·吉尔默

1952 年 12 月 27 日［手稿，未完成，未寄出］

全灵学院

亲爱的迈伦：

我本该很久以前就给你写信了。现在我是这么做了，但你不会读到这封信。我本意是想寄给你的，我常这么打算，春天时我一直找谢拉[1]打听你的地址，没有目的。然后你给我写信，说到托尔斯泰等（你就是这个意思吗？可是我不能否认，收到并读到这样的词句是莫大的享受），还有全灵学院不稳定的执政状况，它像一艘船，在新船长带领下，执行新的航行命令，开始缓慢地朝着海上进发了。船上有不凡人物，有奇特的怪人：A. L. 罗斯就像马伏里奥，不跟发言反

[1] 谢拉·吉尔默，迈伦·吉尔默的妻子。

对他的人说话，对我却很殷勤，可他状态最好的时候也在含糊低语着："我永不原谅，我永不原谅，永不，永不，**永不！**""这些傻瓜，笨蛋，弱智，九、十、十一等的生物，承受不住他们的权利——哈！我不会和他们说话：他们一定回头，哈！"等等。浑身绑着十字袜带[1]的可怜人。奇怪，这样反而好过典型英国人的死硬态度、寡欲坚忍、伪君子的外表、狂怒的内心。我同情那些情绪外露的人，无论这样有多么令人不快，后果有多么令人难堪。这件事就像是一出经典，被挫败的野心家，恶人对着好人发出嘶嘶的威胁之声，一切就像是旧世界黑白分明的史诗剧作：罗斯捻着他的髭须，如此邪恶，如此频繁地发出嘶嘶声，人们没法相信他是真的。然而这是真的。他的回忆录的第二卷写完了，充满了诽谤——关于牛津——即将出版。[2]所以我们继续吧。

致玛丽安·法兰克福特

1952年12月28日［手稿］

全灵学院

亲爱的玛丽安：

新年快乐！乔一直给我写信，当解释到为什么没有来信时，他说是因为要努力写出在道德与智慧方面能够通过我的

[1] 这个典故也与马伏里奥有关，他被人捉弄如此打扮，因此受苦并被人讥笑。
[2]《牛津的康沃尔郡人》一直到1965年才最终出版。

标准的信。我不太确定对此我是否高兴：我相信随心随性的产物，伴随着各种打趣玩笑；而经过挑剔选择所准备的东西，是冷漠的，其结果也不会令人满意。我就有这样的体会，比如我给莫里斯爵士打电话，表面上是为了聊天，而且那就是聊天，可是我得准备个计划："有什么新闻？"他会急速地问；而你必须准备好计划，否则就不妙了。而这电话也得速速打完，这样的情况即使现在也还一样，哪怕是在他 346
发生了可怕事故之后。[1] 他去希腊讲学，说他筋疲力尽了，雅典的天堂小镇，快活的诗人们，他在那里受人爱慕，诸如此类。他乘坐查尔斯·皮克 [2] 的车，一辆大型货车撞到他，碎裂的挡风玻璃伤了他的脸，他昏迷了（我想），听见他的同伴猜测他已经死了。他最后的意识活动（显然）是在想，如果自己死了，A. H. 史密斯还可以当校长：他现在就是这样的牛津风格，劲道十足。我们真的"全都"在担心：我感到焦虑，不舒服，直到一个熟悉的声音低沉地从牛津传到伦敦（我可怜的妈妈听到他说他身体不好，感到吃惊，表明她没怎么看日报或是周报，因为上面的显要位置都刊登了鲍拉校长遭遇车祸的消息，真是羞愧），告诉我他才回来：头上有三个洞，鼻子扭曲成奇怪的形状（你可以尽情地想象），总体而言是末世的感觉。

[1] 关于这次事故的叙述，见收入《莫里斯·鲍拉：一场庆祝》一书中弗朗西斯·金的《请你解开纽扣》，休·劳埃德—琼斯编（伦敦，1974）。
[2] 查尔斯·布林斯利·彭伯顿·皮克（1897—1958），外交官，1951—1957 年任英国驻雅典大使。

然而，就是在那时以及在他感觉好一点的早晨（我想他现在没有大碍了，但他对医生怀有深深的恐惧，对此我无法认同），他的思想也不太虔诚：他快乐地说着八卦，生气勃勃，一个死了大半的人，居然比我认识的所有人都更有活力。我想他真的在恢复：不是依赖科技。至于我？和以往一样，我感到惭愧。惭愧自己做了太多广播节目，太大众化了。惭愧自己写得不够，写了太多垃圾，又避开真正的酸苹果不去啃。惭愧自己不能在哈佛和普林斯顿之间做出选择，两边都仁慈邀请我差不多在同一个季节过去，前者有教学工作给我承担，后者没有：我自然而然地想把这份纠结转嫁给他人（没有自得，只有如何协调的焦虑，甚至不是为了讨好，只是为了对付过去），结果是小题大做。两边都没有人知道我要去哪里：就像两场晚宴，两边都没有完全应承下来，尴尬，社交冲突，胡言乱语，四处道歉，不通处世之道，对每个人都或多或少做了有损尊严的事。我想我会在秋天去哈佛，春天隐居在普林斯顿（奥本海默博士：上帝，多么令人恐惧的人啊，他令人不适、很不快乐，如我们在20年代应该会说的那句，“没有绝对的幸福”，在如今这是聪明的套话，有人这么告诉我）。我会很高兴回来，然而这有点太快了：四处奔走（从比拉[1]到波斯特[2]，你看到校长可

[1] 威廉明妮（“比拉”）·哈罗德（1911—2005），罗伊·哈罗德的妻子。
[2] 也许指的是艾米丽·波斯特（1873—1960），婚前姓普莱斯，美国作家与专栏作家，礼仪与高尚品位的评判专家。

以用来当笑话说的素材了，是吧？）

什么？我为什么一直对没完成的工作、没写的书、没有充分探索过的图书馆等，充满着渴望、期待和负罪感？我知道可以坐下来，在某种意义上，踏踏实实地、无忧无虑地进行工作，不狂热不绝望，而是平和、冷静而扎实地，就像人们书中读到的那些学者与作家那样——那就是我退居全灵学院的隐士小屋的全部意义。但是，如果人永远处于这样的零 347
零碎碎东奔西走的状态，生活就成了碎片，什么都无法摆脱，其中既有尘屑，也有光彩夺目的宝石。如果人无法凝固下来，获得足够的某种重力，那么，如果他是天才，他就会像是肖邦那样的悲剧诗人，或是像我的朋友，俄罗斯作家帕斯捷尔纳克[1]或是缪塞。这种状况从来都成就不了最了不起的天才，因为那显然需要更无情的性格，可是这样的状况已经能够令他们成为人物了。如果这个人是个人才，那么他会像是尼古拉斯·纳博科夫。可这一切对于一个牛津教师、布林莫尔学院的讲师，又有何用？于是，我踩着麻木的步伐，羞愧而自怜地答应为《特德周报》写一篇魏茨曼博士的悼文。我是如此喜欢他，他有着我所缺乏与钦佩的一切品质，然而当我写完这篇小悼文，此时想起他，一时间想到的

[1] 鲍里斯·莱奥尼多维奇·帕斯捷尔纳克*（1890—1960），俄罗斯诗人、小说家、翻译家，犹太人血统；伯林 1945 年在佩里德尔基诺作家聚居区和莫斯科见到他，帕斯捷尔纳克把小说《日瓦戈医生》的部分初稿托付给他。

全是他的坏处。这糟糕吗？那些坏处就像凸版黑体字一样显现出来。他的残忍无情，无所顾忌，冷酷的愤世嫉俗，他对艺术毫无兴趣，他对人类的态度完全取决于他们潜在的有用程度，真的，但对他自己就不是这样，不过依然如此。他对人很盲目，误解他们的感受，他相信几乎每个人都是腐败的。而他的这一切缺点当然无法抹杀他的高贵、天赋、坚如磐石的特质、纯粹的能力——“富有、高龄而有智慧”的品质。可是，我还是想说真话，也许我有点矫枉过正了。对温斯顿，我想那是因为他还活着，无疑对于已经逝世的魏茨曼，我更应该这么做。我十分爱慕他，离开他时总是心情愉快，感到自己也变高大起来，一切物体看起来都更加宏大、更值得。他的书[1]相当可怕，而他在我所充分了解的人中是最崇高而伟大的——他的确建立了一个国家，完成了一桩令人难以置信的事业，像摩西一样对他的同胞既恨又爱，像摩西一样经常希望他们死去，在他自己造就的沙漠之中度过了生命的最后一年，痛苦而愤怒地，把一切化为尘土：除了他的妻子。而那也是一种奇怪的关系。然而我是不能公开发表这一切的。这是寻常的痛苦，普鲁斯特式的悲剧，微小而苦痛惊人的琐事，相互交错打结的人际关系的结果，迫害，负罪，他根本不知道的微观调节所导致的彻底毁灭。[……]

348 以赛亚

[1] 魏茨曼 1949 年出版的自传《审判与错误》。

致赫伯特·艾利斯顿

1952 年 12 月 30 日［副本］

无地点

亲爱的赫伯特：

[……]《泰晤士报》的那篇文章[1]，总的来说我没有什么可抱怨的，他们告诉我，是由报社一位名叫厄特利的没有眼光的记者[2]执笔，他是虔诚的高教会新保守派，曾帮托曼[3]写书，于是也有意无意地把我列入了托曼一系。我很尊重托曼的书，可是认为它在某一两个方面是错的，虽然总体结构很正确。不管怎样，我不赞同“赖以质疑政治的坚实基础”这句话，虽然我同意前半句所指出的“太多的政治信仰”。我当然认为对共产主义的回击不是一种反信仰，它同样狂热而好战，因为必须以魔鬼的武器来与魔鬼斗争。首先，如果我们一直强调重申我们在寻找一个信仰、必须找到一个信仰、没有这个信仰我们会输，等等，就很有可能创立一个信仰。这让我想起大约在 1940 年或是

[1] 见原文第 343 页注 3。

[2] 托马斯·埃德温（“彼得”）·厄特利（1921—1988），1948—1954 年任《泰晤士报》记者，保守派理论家。

[3] 雅各布·莱伯·托曼（1916—1980），波兰裔以色列历史学家，1944—1947 年任不列颠犹太人代表理事会巴勒斯坦委员会秘书长，1949—1960 年任耶路撒冷希伯来大学讲师，1960—1980 年任现代史教授。他的书《极权主义民主的起源》当时刚出版不久。

1941 年我读过默蒂默·艾德勒[1]写的一篇特别傻的文章，文中说美国年轻一代缺乏信仰，没有把握，只能踉跄挣扎前行，他们需要一套非常坚定、确凿无疑的处理原则，据此原则依照简单逻辑——类似耶稣会诡辩那种——即可推出行为规则。“不要挣扎——抓住一样东西——对于你这样身处如此环境的人来说，干燥的土地比无底深海要好。”对一个溺水者这样说，没有益处。如果你确实拥有干燥或是坚实的东西，比如圆杆、木筏，或是一块干燥的土地，你必须想办法把溺水者的注意力吸引到你这里。如果你掌握真理，你就一定得传授它或是证明它，而不是说：“某处一定有真理；我们需要的是不可辩驳的原则；我们需要的是比对方更强大的东西。”如果我们拥有它，我们会使用它；否则要么我们要么他们就会输。如果我们没有，我们就是没有，四处张望，在现有的模型——天主教、新教、民主、社会主义、自由主义、存在主义等——之中寻找应对腐蚀性疑虑及毁灭性极权主义的有效解药，是徒劳无益的。如果你的确没有真正相信什么，我猜想我们可能会输掉这场
349 战役——疑惑本身肯定不是解决问题的方案，也无法赖以为生，不过几乎很少有人确切地处于疑惑的状态——真正

[1] 默蒂默·杰罗姆·艾德勒（1902—2000），反实用主义哲学家、教育家，1932—1942 年任芝加哥大学法律哲学副教授，1942—1952 年任教授，1952 年创建哲学研究学院；普及推广了他与罗伯特·赫钦斯一致赞成的观点，即在世俗经典中可以发现永恒真理。

的怀疑论者和愤世嫉俗者是很少的，从来如此。就是你的中国人也一定有一套非常坚定的世俗信仰——一种生活方式——即使那不是宗教也不狂热。可是，我刊登在《外交事务》[1]上的文章，以及在我所做的这些广播讲座之下涌动的潜流，都只是试图追寻当代影响在历史上更为单纯的本源，而并未宣讲如此系统性的疑虑。即便我因此受到了1950年E. H. 卡尔在《泰晤士报文学副刊》上对我的攻击，在1952年又得到厄特利先生在这家报社的另一份报纸上的充分赞扬，可这更像是一种谨慎的经验主义，像波普尔先生在《开放社会及其敌人》一书[2]的结尾所提出的信条。我甚至发现自己与邪恶的哈耶克[3]有某种共鸣，虽然我认为他大错特错了，他以为政治自由不可分解地与私人经济体捆系在一起。我认为，我所为之辩护的实际上过去被称为自由主义，即在某个社会中，最多数的人可以尽最大自由追求最多数量的目的，而这些目的受到的批评尽可能少，而且支撑这些目的的热忱无须得到某些伪理性或超自然的论证的支持，以证明这些目的具有普世的正确性。事实上，每个人都有其目的与价值，他们为之而生，并且时

[1] 见原文第168页注2。
[2] 伦敦，1945年。
[3] 弗里德里希·奥格斯·冯·哈耶克（1899—1992），奥地利裔经济学家与社会哲学家，1931—1950年任伦敦（政治经济学院）经济科学与统计学图克讲席教授，1952—1962年任芝加哥大学社会与道德科学教授。

时准备为之而死。在危机年代，当许多人看来正为着我们所排斥的目的活着或是死去，最好能先确认我们准备为之而斗争的到底是什么，而我认为，假装因为对方需要的是一个完全相同的东西，并简要概括为共产主义的口号，所以哪怕我们并没有这样的目的，我们也必须如此，对方假装他们的目的可以科学地呈现，虽然这实际上只是毫无意义的词语——我们的目的就也必须是一个，捆绑成一个整体，像他们的目的一样，具有同样坚定与明确的、可呈现的、伪数学的正确性——这样做毫无益处。目的是不可呈现的，它们只是被人拥有，一个健康的社会有许多目的，时时互相冲突，这需要协调机制，等等，而非虚假的论证来辨别不可辨别的它们。我本人不相信共同原则，因为它们过于残酷地、过于频繁地对现实环境中的现实人类施压。总的来说，我尽可能相信每个个体有其内在质量，可我不明白，为什么不可以怀着热忱和奉献精神相信我们所相信的各种目的，像共产主义者
350 相信他们的目的那样；相信这样一个社会结构，在那里允许大量相容［或是相斥］的信仰存在，比如像瑞士人或是英国人相信那些既允许共同崇拜、又鼓励差别与异类存在的基本原则。无疑，人们会因此失去某些东西，一统国家，一统信仰——一体化组织所具有的能量与动力，但获得了更多灵活性、冒险精神，当然还有幸福。人们相应地失去了这些，因为敌人的威胁令他们毛骨悚然，他们因此被催眠——被催眠或是被激怒了——从而进入了与他们自身相似的心智结构，

就像这里的人们认为在美国正在发生的事情那样，《麦卡伦法》[1] 等所造成的局面，虽然我一直试着说服他们，但这种情况与另一方并不相同。

原谅我在你面前滔滔不绝说了这么多陈词滥调，我这么做只想表明我的态度和《泰晤士报》的态度不同，《泰晤士报》的态度像是强硬的现实主义与对这个世界的权力、回报及价值的基督教怀疑论的奇特混合。我更喜欢这样的看法，好过把受到钟爱的［原文如此］——不过这对我来说梵蒂冈味道太浓了——权宜之计当成一切都在分崩离析的罪孽深重的腐败世界中的唯一工具。我相信 J. S. 密尔在他论述自由的文章中，还有俄国革命者赫尔岑的著作《彼岸书》中所描述的社会，在那里自由甚至比幸福更重要，人们不会为了终极目的而接受超自然或是科学的约束，而是满足于他们自身就是终极（这才是永恒的真理）。在这样的社会里，人们谨防（1）遥远的目的，遥不可及的目标，使人有正当理由为了让上百万的人获得幸福而屠杀成千上万的人，而产生的结果却是成千上万甚至上百万的人被冠冕堂皇的理由屠杀，而受惠者却一无所获；（2）所有的目的相对是［或不是］很近、可以实现以及有特殊性；而总的原则被回避，以免人们

[1]《国内安全法》（1950）要求共产主义组织向司法部长登记，以备调查那些宣称从事“非美国”活动的组织，并引入严厉职权以应对外侨与颠覆分子，1952 年的《移民与国籍法》加强了对美国移民的控制。参议院麦卡伦支持这两项法案，而杜鲁门对这两项法案的否决都被国会驳回了。

被献祭给某种共同原则，而这共同原则已经失去了其原来可能具有的合理性；(3) 依照常识行事，人们根据本能不行使暴力，因为他们已经被信条、幻想所迷惑，或是在道德上解剖了自身，以求获得足够的内在力量与动力，等等，于是走向了反面。在战时我们在某种程度上都这么做了，不过我们对此有清楚的记忆，并希望和平。如果在战争结束时，我们的信念只是与对方相反，一样的非理性、暴虐，我看不出击
351 败另一方有何意义。不过这绝对不会发生，这通常只是和平主义者的口号，对真实而非迫在眼前的危险的不变的夸张。

我明年 9 月会在美国，1954 年春季肯定也在，我希望见到你。毁掉这封信。它很混乱，是口述的，当时我才过完圣诞节，经历了大雾天及其他坏天气，头脑昏昏沉沉。

你永远的

致丹尼斯·保罗[1]

1952 年 12 月 30 日［副本］

无地点

我亲爱的保罗：

［……］你对我讲座的看法让我很有兴趣，我服罪。

[1] 丹尼斯·艾里克·保罗（1925—2006），新学院的哲学、政治学和经济学学生（因而可能是伯林的学生），1951—1952 年与伊丽莎白·安斯康姆一起翻译维特根斯坦的《哲学探索》，1952—1955 年任煤炭委员员会统计员；之后，在中学、诺丁汉教育学院以及以私人教师身份教授自然科学与数学。

(1) 有关我本人的是非观我没有说明到位，而回答说我不知道，不算是充分回答了这个问题；当然，对公众发表言论时，谦虚谨慎也许只是怯懦与懒散的借口（这样的话听起来真是既令人不快又道貌岸然）；(2) 以德·迈斯特结尾，离题了，他连伪装的自由的朋友都不能算是，反而是公开的敌人，没有理由可以让他加入阵营，除非是因为我对他感兴趣，决心拉他进来。无疑最终这一切都会归结到马克思。可是，也许让大怪兽的庞大阴影在地平线上隐约出现，会比让它住进动物园要更好一点。现在说到你的观点了，你说我给人留下的大致印象是，认为共产主义和法西斯主义都是邪恶的，而且这么说还不够，还要让人们对此感到满意——可我们的不满又当如何？我想你的批评很中肯，也许我应该说点什么，可是说什么呢？比如，我是否应该说计划经济本身就威胁了政治自由？还是说并非如此？我确实试图说明，我所赞同的自由的概念指的就是19世纪初为反对德国品牌，英法自由主义者与激进派所主张的概念，这是一个消极的概念，你称之为自由伸展臂肘的空间，它意味着大范围不干涉，它不是人们追求的唯一目的，终极需求互相冲突，当不干涉的要求与其他目的——保障、幸福、固定生活模式的要求、平等、博爱、自我表达、秩序等——相碰撞时，是没有明确的解决方案的，只能妥协、平衡、调整，以及运用波普尔主义，等等。简而言之，我们所发现的真理将不那么戏剧化，而且有可能相当沉闷枯燥。对于我们这样的一个国家， 352

自由带来的威胁是什么？显然有许多威胁，可这些威胁看起来都比与共产主义或是法西斯主义的漫画式威胁形象要更弱一点，因此那些威胁不过表现为在我们较为温和的国内争端中各方无正当理由的言语冲突，在我们国家，或是法国、意大利，甚至是美国，是否有任何本土形式的危险，对我们尤其构成了威胁，而且其形态不低于［原文如此］在德国、俄罗斯、中国所发生的事？我应该说什么？拥有实现最低满意度的生活水平的物质手段的人数还不够多吗？太多的社会不公吗？自由的定义是否取决于你最珍视、最害怕失去或是已经在减少的活动方式？这些看起来似乎和我的主旨无关，我的主旨是区分一批思想家，他们既不是自由的公开敌人——正式的反动者——也不是我所理解的意义上的自由的真正朋友，像汤姆·佩因[1]、戈德温[2]、康斯坦[3]、托克维尔、J. S. 密尔，等等。而那些伪朋友，貌似自由的支持者，人们认为也许他们在捍卫自由，可他们宣扬的信条却在对立阵营生长出太多的种子。其中一些信条人们今天依然支持，可是却没有意识到它们的后果。当然，在我解释这些信条时，需要理性明确的是，卢梭、爱尔维修、圣西门等人本身并非法西斯主

[1] 托马斯·佩因（1737—1809），政治激进派、社会思想家、自然神论者，（移民美国并）支持美国与法国的革命，他支持自由主义的著述对美国的建立起了主要作用。
[2] 威廉·戈德温（1756—1836），激进的政治思想家、记者、小说家，他支持自由的主张，有无政府主义倾向。
[3] 亨利—本杰明·康斯坦·德·瑞贝克（1767—1830），瑞士裔自由主义政治思想家，法国国民议会议员。

义者或是共产主义者，但他们所说的，温和的自由主义者认为他们现在是认同的，然而他们这些主张有可怕的后果，如果人们还想继续相信这些前提，他们务必在某种程度上修正这些主张，使其不至于产生这样的后果，否则就得接受不同的前提。可是我认为，告诉人们应该相信什么前提或是信条，不是我的职责。虽然如此，我又该如何烦扰他们？我所关注的主要是讲述关于那些依然对我们有强烈影响的思想的故事，以及这些思想在其他语境中如何了，这样就能激活某一种子。但我想我的确避开了关键问题，我本该说点别的，希望你会告诉我该说什么。

我希望《U 逻辑》[1] 很快能出版。不要问安斯康姆小姐可否让我看你的译稿，你不该误解我的意思，我不想向她要求给我特殊的待遇。在我看来她总是过于骄傲，太狂热了，
哪怕是以个人身份给予最低限度的关心，可能促成这种［原 353
文如此］令人发现彼此之间真实存在着不可磨灭的好意的关系，对她来说都不可能。所以，我请你不要用与我有关的事打扰她。如果书出版了，我会迫不及待一读为快的。如果不会出版，我愿意私底下看看，如果那么做有违你的原则，而且注定如此，那就还是不要这么做了。

你永远的

[1] 即维特根斯坦的《哲学探索》，1952 年出版（德语书名为 *Philosophische Untersuchungen*）。

致雅各布·托曼

1952年12月30日［副本］

无地点

亲爱的托曼博士：

［……］现在我必须坐下来完成写书这项令人沮丧的任务了，天知道，马克思的可怕阴影笼罩了全部，我不知道是否应该把他放进去还是排除在外，而卢梭依然令我感到糊涂费解，你我都认为他在某种意义上是极权主义之父，为什么我们会这么想？因为共同意志是专制的。他实际上说了什么？他说的是，排除利己与局部利益的必要性，每个人可以从集体和全局的视角扪心自问，怎么做才正确；这样的观点臆想了共同利益或是某种行动路线的存在，优于其他的路线，对全社会更有益，而这，虽然不是很清晰，但显然在某种意义上是合理的；他的理论说到这里尚无问题。人们也许会问，如何知道哪一条路线是最佳的？合理的回答是：卢梭提出的消灭利己与局部的利益观，至少在某些形势下是实用的建议，有某种价值。典型的例子就是，英国议会成员拥有的传统认为正确的心智结构与公开代表地区或是经济利益的美国参议员们的对比。说到这里也还算有理。再者，议会中的每个人只要他乐意，就有权表达他的观点。任何压迫会自动打破社会契约，毁掉了共同意志、主权等，所以自由似乎得到了保证。然而一旦达成决议，异议会产生，而这，我想，是所有民主议会的惯例，

自贵格会议到列宁的地区中央委员会与政治局都是如此。我们抱怨什么？很简单，(1) 卢梭认为有关政治的绝对客观正确的答案是可以找到的，找到答案的方式是有保证的，而他的方法就是正确的；反对这条真理就是错误的，最坏的情况就是疯狂失控，因此对此应当无视，这一切主张是错的吗？ (2) 神秘的集体自我[1]与有机隐喻拖着他跑向了 354
国家的、教会的或是任何什么的神话学。这就是全部？这是否更应该受到抱怨？我不太肯定。太令人困惑了。从绝对自由如何精确地转化为绝对必要性，我还不甚明了——黑格尔懂，我不懂，我想我还得再读读他的书，如果你有想法，希望能告诉我。[……]

[……]《新政治家》的表现很可笑，他们有两个工作人员被控为约翰·福斯特·杜勒斯以及所有法西斯野兽们密谋策划。而两人的立场也很奇怪，他们若即若离地谴责布拉格审判，而为了保持平衡，像以往一样，也批评了可怕的美国人。可是我认为，由于共产主义者时不时表现出对政治同情者显而易见的仇恨与轻蔑，他们有点动摇了。我担心最后他们会攥紧下一根稻草，并且只要有一点机会，他们就会振作精神，重新举起支持苏联的旗帜；而当下我想他们会发表一篇批评文章，因为这样就能保护他们，就不会被指控怀有

[1] 伯林此处原文为：soi commun。

偏见，刊登那些突然受到对莫斯科怀疑与来自加拉赫先生[1]对如此脆弱的同道提出反谴责的压力的共产主义者的来信。所以你一定要给他们寄你的文章，说说领袖戴上塔布什帽之后，继续跟随他是如何困难，但也还是有可能的，而西方的共产主义者是多么温和，尤其是《新政治家》的那种。在法国，萨特这样的人更是如此[2]，直截了当地强硬相信极权主义必将胜利，不认同黑格尔的历史进程无关紧要，它总是"令人不快的"。我想，只是在想让简单、直接、实际、可靠的人来执行命令的念头的驱使之下，才有了布拉格审判，结果抓出来的却是思想的浅尝者、知识分子、查检文本的人、潜在的西方人士，等等，而反犹主义只是这一切的意外副产品，虽然它在中欧非常受欢迎。这样就多了一个优势，如果有一点疑虑，就能扭转局面。主观与客观的辩证逻辑真的很吸引人（机械辩证等也是）。这是多么迎合了人类教条主义的一面啊。要是没有丘吉尔先生或是约翰·福斯特·杜勒斯，他们主观上反对苏联，客观上又是他们的热情支持者？为什么不呢？人必须能够沿着这样的路线方针构建一个非常有效的仿拟。

355 你永远的

[1] 威廉·加拉赫（1881—1965），曾是克莱德河码头工人，1935—1950 年任共产党下院议员。

[2] 伯林此处原文为：such。也许这又是一个听写技术故障，是"萨特"的重复，听着像是"such"，伯林想说的名字被遮盖了（也许是"克罗齐"）。

致琼·罗宾逊[1]

1953年1月7日

全灵学院

亲爱的琼：

我之前就应该把你写的令人开心的幽默文章[2]寄还给你，可是我生病卧床了，病情虽不严重但也不好玩。你的文章让我开心，当然也让我疑惑。[……] 在经济学方面，我比所有有权在这方面愚蠢的人都更愚蠢，当然任何一个牛津教师或是任何一个公开谈论任何话题的人都可以对此无知，而我是真的无知：这不是虚伪的谦虚。每当面对有关经济学的讨论，我觉得自己的感受或多或少就像一位足球莽汉在读康德哲学时的感受。总是这样，我一直对此很羞愧，这差不多是个情结了，所以我绝不是可以评判马克思—凯恩斯—马歇尔模式[3]的那个人——可是在我看来这非常有意思，也有很大启发——对于那些懂行的人而言，意义还要大得多。[……]

[1] 琼·维奥莱特·罗宾逊（1903—1983），婚前姓莫里斯，经济学家，1949—1965年任剑桥经济学高级讲师，后（1965—1971）任教授。

[2] 三篇文章的草稿，文章风格轻快，讨论的却是严肃话题，“你相信吗？”，“剑桥经济学家在牛津所做的一次讲座”（内容关于博弈论与时间），还有“凯恩斯主义者致马克思主义者的一封公开信”；这些文章最后收入《论重读马克思》出版（剑桥，1953）。

[3] 第一篇文章指出马克思、凯恩斯以及剑桥经济学家阿尔弗雷德·马歇尔（1842—1924）所持经济假说的共同之处。

我认为在大约1910年之前，马克思的确给黑暗的地方播撒了一点光明，而之后就纯粹是意识形态的忠诚以及炸毁旧世界的欲望，使人们希望从马克思那里找到权威的说法，以支持他人或是他们自己的理论。殊不知，这些理念他们的表述要明确得多，而大体上马克思自己却只是模糊提到，或者根本从未提及。他的经济学我不敢冒昧评价。其他理论已经发挥作用，全面进入我们的体系，改变了所有人的观点和风格，在他目前为止一直忠诚坚持的领域，产生密布的乌云，并对着几乎所有容易与不容易的问题吐出他嘴里的烟雾；而坚持他的信条的诱惑，来自（1）无法挽回地被他带坏了；（2）对政治纪律的渴望——不要介意我们所说的，只要我们一直在说；（3）喜爱精巧的棍棒，借此可以用各种不可忍受的对手最不喜欢的方式来打击他们；（4）聪明机巧与青年时期政治理想的忠诚的混合，人们喜欢用已经投入了许多心血的语言来说他们所说的东西；（5）最常见也最恐怖的，逃入一个无法穿越的狂野丛林，那里什
356 么也没有，没有人可以够得着你，你能随心所欲地喊叫跳跃；（6）愚蠢；（7）无知；（8）先入之见地相信真理必须是令人不快的、粗陋表达的，并且自动地与敌人的敌人结盟，尤其是当他们看起来就像马克思主义者一样可怕，除了利用他们的实际效用，在内心对他们毫无尊重或爱；（9）这一切或是其中部分的混合。说了这些，我自然要向你道歉。我想你的文章一定会发表，即使无法使你对马克思主义者

不这么慷慨。[……]

你永远的

以赛亚·伯林

致伯顿·德雷本

1953年1月22日

全灵学院

亲爱的伯顿：

[……] 我在读哈耶克写的一本奇书[1]，所有人都视他为反动者，在某种程度上他确实就是，然而他限制把科学类比无差别地运用到它们合适的范畴，在我看来，是有所夸张，但不失公正，只是在原则上他对这种方法的特殊运用有所夸张而已。可以说，哈耶克和波普尔是两个反动的自由主义者，披着某种羊皮。我对双方阵营的叛徒都抱有根深蒂固的同情，隐蔽的反动进步人士与隐蔽的进步反动人士。我喜欢这两个阵营［也即类型？］的人，甚于双方的官方标准代表者。这一点我想也许有时会激怒你或是像你这样的人，你们应该相信的是可靠的路线，正确的、自由的、好的，反对那些迂回盘绕的路线，而我总是发现自己置身其中。[……]

[1] 冯·哈耶克，《科学的反革命：理性滥用之研究》（伊利诺伊格伦科，1952）。

[……] 你是否被苏联那边关于犹太人的消息[1]所震惊了？我没有太震惊，我已经大致预见到这样的事情发生。人们有时会对我不满，因为我应该更相信俄罗斯人一点，而我没有，而且现
357 在也不该如此自得地说：那里只能发生这样的事，而我预见到了，我还会如此预见。可是这真的很可怕：这只说明了真理需要付出多么大的代价来获得，需要戳破如此大量的谬见与幻觉，要让这么多人付出苦痛的代价，而事实——我们谈论它，就像谈论科学哲学一样若无其事——才能获得人类深刻的理解。[……]

你永远的

以赛亚·伯林

致凯瑟琳·麦克布莱德

1953 年 1 月 22 日

全灵学院

亲爱的麦克布莱德小姐：

[……] 在英格兰的迷雾之中，我们现在就活在其

[1] 1 月 14 日，《泰晤士报》报道苏联指控许多（主要是犹太裔）医生谋杀了日丹诺夫以及另外一位苏联领导人，他们还与西方情报组织勾结，预谋杀害更多苏联高级官员。这些被告据称“认罪”，伯林的叔叔列奥·伯林，莫斯科大学膳食学教授，1952 年因被控犹太民族主义而被送到西伯利亚拘禁营，12 月他被带回莫斯科，被控是英国间谍团伙成员，成员中大概包括以赛亚·伯林和门德尔·伯林，被折磨的列奥试图自杀，最后被逼供做假认罪；伯林当时不知道此事。斯大林 3 月 5 日的去世令事情发生了戏剧化的逆转：4 月 6 日，新政权宣布医生们无罪，并指控安全机构成员编造证据。列奥·伯林直到 1954 年 2 月才被释放；次年他在街上见到折磨审问他的人，心脏病突发而死。

中——今夜我的大多数有车有家的同事痛苦地回到学校，因为每隔 100 码他们就会碰上前面的其他车，他们都回到了学校阴暗的小卧室里，这是为他们应对这种紧急情况而预备的，这总比恐怖的英格兰大雾[1]所带来的极度不适要好——被这样的浓雾包裹着的我回到我正常而迟钝的状态中（我不记得是谁曾经形容过：研究是一种令人愤恨的惰性状态）。每当我做讲座，与玛丽·弗莱克斯纳所赞助的、在伦敦电台播出的、实质上相似的讲座，面对整齐的多功能工作台与软木墙面，而不是 100 张面孔，我就会常想到布林莫尔——恐怕我总体而言更喜欢那一种，虽然它令我恐惧。这些讲座给我带来了最非凡的人给我写来的数量极其惊人的信，他们似乎听了我的讲座，心中似乎充满难以言喻的感受，以及对历史与政治话题的思考，以最惊人的方式喷薄而出，其中有些信件我认为自己有责任回复。[……]

现在让我再次感谢你的礼物[2]，感谢你的关心以及存在，无论是以个人方式还是以团体方式。（向整个学院致以我的爱。）

你真诚的

以赛亚·伯林 358

[1] 这是一个尤为多雾的冬季的最糟的一个星期；英格兰大部分受到影响，在许多区域能见度只有甚至不到五米。

[2] 圣诞节蛋糕。

致谢利·安格尔西

1953 年 1 月 23 日［手稿］

全灵学院

最亲爱的谢利：

唉！我似乎总是注定要为快乐的事情做周密考虑，活在打算计议之中，建筑城堡，结果却让它们坍塌了。因为什么？甚至不是因为认真声称的工作任务，或是学院事务，或是其他阻碍幸福的体面的障碍：而是因为老年病的苦痛。因为痛风我在伦敦躺倒了，痛苦的、光荣的，在我而言这却是滑稽可笑的，我不应享此殊荣。我的快乐生活，我挥霍虚度的光阴，我酒醉的长夜与昏昏沉沉的早晨，都哪里去了？现在，由于某种奇怪而折磨人的疾病——局部纤维炎症——更像是胸膜炎或是疟疾：长久的、具有穿透性的、震颤的疼痛，从我心脏直到后背肋骨——微弱、紧绷、尖锐、连续、持久，就像长笛的高音。不过，我不该一直说自己的病症，虽然这是我此时最强烈的感觉，我的世界中心。所以还是说点别的吧，O. 弗兰克斯爵士来拜访过我，他现在不断获得慷慨的聘用邀约 [1]，比英格兰任何一个人都要多，他就像个美女，没法拒绝或是接受她的追求者中的任何一个（当然这

[1] 可供讨论的选择包括：英国铁路公司与英国石油公司主席、《泰晤士报》主编、财政部高级职位、哈罗公学校长、英国广播公司总裁、劳埃德银行主席（弗兰克斯接受了这个职位）。

种情形对你比对我来说更为熟悉)，他来寻求建议。他今晚要和我一起吃饭，可是我只能推迟了，因为我得卧床休息，他是个怪人，冷漠但是动人，很有人情味：非常聪明，非常可敬，非常细致周到，像一台完美的机器，可是又很害羞，甚至谦逊，充满感性，老式的感觉，没有几个朋友（否则他怎么会来找我)。但在他的内心，一层薄薄的冰壳流动在情感的河水之上，不热不冷，不激情，但也不乏味；也许像一个善良的、受过良好训练的、在宗教家庭长大的、有效率的、单纯的、热切的、来自美国中西部大宅的年轻人？他真的有点让我着迷，我真的无法为他做什么，可他认为我能，我和他长时间地谈心，印象深刻。喜欢他，其他人没这么喜欢他。[……]

向亨利与你致深切的爱

以赛亚 359

致琼·罗宾逊

1953年1月23日

全灵学院

亲爱的琼：

谢谢你的来信。是的，一定要给乔治·威登菲尔德写信[……]。他是一个很精明的出版商，我不知道你是否有出版事务代理人，不过我想如果你把文章给他，也许他能帮你，我想他基本上是诚实的——我很喜欢他。有人认为他太圆滑，像中欧人，可奇怪的是，我蛮喜欢他身上这种特质，他充满活力、想象力，即使在我看来他对假货的爱好不可救药，我依然更喜欢这样的他，超过那些可靠严肃的美德，因为后者我现在见得有点过多了。无论怎样，有他在我就更高兴，他是很快活，令人舒服，也许不是个可靠的人，不过他本质上还是有同情心的。虽然我这么说，但你对他的感觉还是得你自己体会。

如果马克思主义是马克思主义者的鸦片[1]，我想那么自由主义就是自由主义者的鸦片，逻辑实证主义是逻辑实证主义者的鸦片，如此等等。这么绕圈子如何才能停下来？虚假的托利神秘主义当然不能终止它，它成就了保守党的美妙之处，即保守党不是英国体制的政党，它就不算是一个体制。我想，我们现在说的类似这样的句子的最初原文，来自剑桥的维特根斯坦[2]，可是没有什么比宗教化的维特根斯坦主义更可怕了，你应该比我更清楚这一点。人要如何才能避免知识对话产生的情感后果？这是个非常有趣的问题，我想，对话的焦点，是如何发生转移，在何种条件下转移，又伴随产生了何种结果？一种模式被另一种模式取代，而所有事实维持不变，与此同时，系统内部客体之间关系的改变，不如作为整体的系统与其他一些与之有关却不可被清晰理解的事物

[1]《论重读马克思》的卷首引语。

[2] 原文是“不能说话时，沉默也是好的”：路德维希·维特根斯坦，《逻辑哲学论》（伦敦，1922），第 7 命题（书中的最末一句）。

之间所存在的某种晦涩的类比关系的改变。我喜欢和你讨论这个话题——我的意思是，特定信念的改变，怎么不如世界观改变得多，事情是如何变得更加清晰，又是如何变得更加模糊？（很奇怪，年轻时非常明白的许多事，比如像布莱德利的哲学[1]或是类似的东西，现在似乎变得晦涩难懂了，人为什么会越老越愚钝，我想知道）[……]

你永远的

以赛亚·伯林 360

致罗兰·博登—穆勒

1953年2月12日

全灵学院

亲爱的罗兰：

[……] 意大利语教授的妻子登特列夫伯爵夫人[2]，刚引进了一名意大利厨子还有她的母亲：没有人能诱使他们离开房子，自从报纸宣布我们全都将被14日的大洪水冲走[3]，他

[1] 弗朗西斯·赫伯特·布莱德利（1846—1924），受黑格尔影响的哲学家，1870—1924年任默顿学院研究员。

[2] 杰索菲娜（“尼娜”）·帕瑟林·登特列夫伯爵夫人（约生于1906年），婚前姓法拉利·奥赛，亚历桑德罗·帕瑟林·登特列夫（1902—1985）的妻子，1946—1957年任牛津大学意大利研究塞利那讲席教授。

[3] 1月31日晚大潮与强烈的北风冲击大部分英格兰东岸海防线，造成大范围洪水。超过250人死亡，3万人离开家园。2月13日还有一场更大的春季海潮，这一次天气较为平静，匆忙重建的海防挺住了潮水；牛津从来就没有处于危险状况。

们只有三天时间准备最后的获胜王牌，因而更想和他们的意大利朋友在一起，而不是在这个陌生而可怕的国家，到处是麻木冷漠的人们，毫不关心自己的灵魂和即将到来的审判。也许我们都会被大水冲走，在这种情形下我们需要一艘方舟，校长莫里斯·鲍拉爵士会建造一艘卓越的诺亚号，并用他那极其洪亮的声音命令我们上船，每个学院两个研究员，北牛津两位夫人，每个民族两个代表，我们这个美妙世界的横切面上的各种宗教团体，具有各种社会与个人习性特征的群体，也各选两个代表；我相信他会乐于照管我们。我可以准确地看到他会心满意足地把哪些教授扔进洪水之中。也许有一天，当你感到抑郁与厌烦，你会问你自己，根据这些原则，你会如何在剑桥与牛津之间选择。[……]

哈佛将如何挺住麦卡锡所策划的攻击[1]？我确实认为此时他们被柯南特抛弃[2]会很辛苦，而且船长们也不该如此敏捷地跳下驾驶台。我能预见自己被不是太友好的人凶残地审查，拷问我对某些激进问题的看法。我最不善于回答问题并发布足够真实而且勇敢的声明。我认为，如果没有无限多的先决条件，就没有真理，我会陷入空谈，然后又收回说过的

[1] 罗伯特·戈勒姆·戴维斯（原文第 393 页注 2），在史密斯学院教英文，他最近向反美活动调查委员会（HCUA）承认，20 世纪 30 年代末期他在哈佛任教时，属于哈佛的一个共产党支部；由于他指认的名字中有人还在哈佛，HCUA 或是麦卡锡主持的参议院委员会的调查似乎不可避免了。
[2] 柯南特已经受命担任美国驻西德高级专员。

话，然后胡说，而后陷入更糟的空谈，最后困惑地离开。我希望自己是个一统的人，有清晰的是非观，不管何事何人，不论可能一直存在的错误，我都能稳步前进，像托斯卡尼 361
尼。这就是为什么我视他为英雄——彻底的差异产生极大的吸引。[……]

你永远的

爱你的

以赛亚

致莫顿·怀特

1953年3月4日

全灵学院

亲爱的莫顿：

[……] 我收到一封简单而又棒极了的邀请函，来自一个最好称之为浮士德博士[1]的男人，召唤我参加伦敦的福特基金会会议[2]，和一些不可思议的黑衣人物一起——T. S. 艾

[1] 克拉伦斯·亨利·福斯特（1901—1975），福音教派牧师，1941—1947年任芝加哥大学英文教授（1941—1946年任系主任），1948—1951年任斯坦福大学人文学与科学系系主任，1951—1957年任教育促进基金会主席，1957—1975年任福特基金会副主席。

[2] 不是福特基金会的正式活动，而是时任基金会副经理的罗伯特·赫钦斯提出的半私人性质的倡议，赫钦斯在普林斯顿大学也组织了一次类似的聚会。伦敦会议在5月初进行，由教育促进基金会（1951年成立的独立机构，由福特基金会出资）赞助，会议讨论“当代教育与哲学多样性的关系问题”（1953年4月9日福斯特的来信）。

略特、汤因比、卡尔·巴斯[1]、雅斯贝尔斯，还有海森堡[2]、玻尔[3]、陶尼、C. S. 刘易斯[4]、阿瑟·基斯[5]（我肯定他已经去世了），我们将讨论（如果我同意，可是我怎么可能同意呢？）教育哲学，但在我们开始讨论教育哲学之前，我们必须先讨论教育目的的本质，也就是说，幸福的生活，那也就是说，人的本质，也就是我们置身其中的宇宙的本质，总之就是释放我们的话题。[……] 我看不出在我到了哈佛，我怎样才能避开调查，我做的题目似乎陷入了调查范围，有关我的一切都可以吸引麦卡锡参议院的探究。[……]

至于布朗劳斯基[6]，我从来没有见过他，你说的关于他的一切显然很正确，他这些事做的比美国的同行要好，虽然
362 就我所知结果什么也没能实现，不知为何，但是听他的无线广播，阅读他发表在《观察家报》上面的文章，我感觉他是

[1] 卡尔·巴斯（1886—1968），瑞士神学家，1935—1962 年任巴塞尔大学神学教授。

[2] 沃纳·海森堡（1901—1976），德国物理学家，1946—1958 年任哥廷根大学麦克斯·普兰克物理学院教授及院长。

[3] 尼尔斯·亨利克·戴维·玻尔（1885—1962），丹麦物理学家，1916—1962 年任哥本哈根大学理论物理教授。（1941 年玻尔与他的前学生海森堡的会面，是迈克尔·弗莱恩 1998 年的剧作《哥本哈根》的主题。）

[4] 克利夫·史戴普·刘易斯（1898—1963），作家、评论家、基督教辩惑学家，1925—1954 年任莫德林学院研究员与导师，1954—1963 年任剑桥大学中世纪与文艺复兴时期英文教授。

[5] 阿瑟·基斯爵士（1866—1955），生理学家与人类学家，1917—1923 年任英国皇家科学研究所生理学福勒里安讲席教授，1930—1933 年任阿伯丁大学校长。

[6] 雅各布·布朗劳斯基（1908—1974），波兰裔数学家、科学家、广播员，颇受欢迎的文学与科普作家，1950—1959 年任国家煤炭委员会煤炭研究机构主任。

一个公共诡辩论者，比乔德更好，但还是一个诡辩论者，准备在任何一个集市上与任何人辩论任何问题。不过，我不认为他会造成什么伤害，他也不会对任何行业增光，至少不能增添足够的荣耀。也许人总是对自己同领域的半吊子涉猎者怀有太多的恶意，不过我觉得人总是很容易怀疑他真正喜欢并非常爱慕的东西，而他就是这么做的。我因而对他不是很热切，我确信他年轻时被桑蒂莱纳[1]抓住，在某方面后者也是同类，虽然聪明得多，作为人类也更有趣。他是剑桥人，恰好与我同龄，也许这就是我为什么如此强烈地感到他在某些方面令我不快而且又与我如此相像。

至于那位年轻的牛津学者，我会考虑的。我会给你一些名字，虽然这些名字最好不要来自我，好像我是要赶走他们似的。你可以考虑奎因顿，安东尼·奎因顿，德雷本能告诉你有关他的情况，他是他的朋友。他非常勤奋、努力，现在娶了布林莫尔学院的美国妻子[2]，他是一个优秀的导师，一个可靠的、有条不紊的哲学家，读完了芬兰人的、波兰人的、德国人的、奥地利人的、美国人的、英国人的和以色列人的等全部著述。[……]

[1] 佐治奥·迪亚兹·德·桑蒂莱纳（1902—1974），意大利史学家与科学哲学家，1942—1948 年任麻省理工学院科学史助理教授，1948—1954 年任科学史与哲学副教授，1954—1967 年任教授。

[2] 安东尼·奎因顿刚和玛塞尔·薇格尔（生于 1930 年）结婚，她是布林莫尔学院的毕业生，翻译家、雕塑家。

我们有个智力超常的人，天主教逻辑学家，名叫麦吉尼斯[1]，他的领域很窄，但他是个哲学家［……］，非常注重细节，很努力，对他研究的东西非常了解。［……］

（我现在已经彻底决定了。）有一个非常讨人喜欢的人，也叫卢卡斯[2]，在某些方面你会更喜欢他。他来自温彻斯特学院与巴利奥学院，接受过数学家的训练，用六个月时间学了完美的希腊语，从柏拉图和亚里士多德的角度来看是一个值得尊敬的学者，魏斯曼对他评价很高，在某种角度上我也是如此看他的。他有一点糊涂，聪明、有趣、真挚，有想象力，一个非常可爱的人，带有强烈的半吊子特质，有点艾肯[3]的味道，但是他比其他人更讨人喜欢，人也更好，拥有更丰富的英国文化背景，如果你明白我的意思；而且他的数学也很有用处。［……］

363 当然这儿还有一个美国人，我认为比他们都好，叫罗尔斯[4]，可是我想他已经被康奈尔大学预定了，他就是从那里

[1] 伯纳德·弗朗西斯（“布赖恩”）·麦吉尼斯（生于1927年），1953—1954年任女王学院初级研究员，1954—1988年任哲学研究员与导师。

[2] 约翰·伦道夫·卢卡斯（1929年出生），哲学家，1953—1956年任默顿学院初级研究员，1960—1996年任研究员与导师，1956—1959年任剑桥圣体学院研究员与助理导师。

[3] 亨利·戴维·艾肯（1912—1982），1946—1954年任哈佛大学哲学副教授，1954—1965年任教授。

[4] 约翰·波德莱·罗尔斯（1921—2002），政治哲学家，在普林斯顿读书（不是康奈尔，请原谅伯林说错了），在普林斯顿和康奈尔（1953—1959）教哲学，1952—1953年任牛津基督教堂学院富布莱特研究员，1960—1962年任麻省理工哲学教授，1975—1979年任哈佛大学哲学约翰·考尔斯讲席教授，1979—1991

来的。[……]

你永远的

以赛亚

在复活节假期，伯林和父母在蒙特卡洛和尼斯度假，接着继续旅行，取道佛罗伦萨与莫里斯·鲍拉在罗马回合，然后才回家。

5月12日伯林在伦敦政治经济学院做了关于奥古斯特·孔德的开幕纪念讲座，题为“以历史为托词”[1]。不幸的是，迈克尔·奥克肖特，伯林的介绍人，并不是他的崇拜者。

> 他以一种能想象得到的极尽讽刺、敌意的方式介绍我，他说“我们的讲台上站着的是帕格尼尼”——类似的话；他以这种风格，我的意思是他不断嘲讽我，使用了许多讽刺挖苦的话，说了大约十二分钟，名副其实的报复。

年任詹姆斯·布莱恩特·柯南特大学教授。罗德似乎参加了伯林与斯图尔特·汉普希尔在1953年3月主持的题为“自由主义的道德预设（孔多塞、康德、密尔、莫尔）”的研讨会（并留下印象），这个研讨会实际的讨论议题要比报纸上所发布更广，也谈及卢梭、赫尔岑与凯恩斯。托马斯·珀格：《约翰·罗尔斯：生活与公正理论》（牛津，2007）。

[1] 以《历史必然性》的书名出版（伦敦，1954），后来以《自由四论》书名重印（原文第168页注2），这次讲座的缩略版录制后于1953年7月15日在第三套节目播出。

这让我窘迫不安：我本来就紧张，手上拿着四十页讲稿，没法开始，说到一半我完全慌神了，我看到波普尔、罗宾斯[1]，各种各样的人，哈耶克——这些人都坐在那里，我开始读每页上的句子，整个讲座最后以惨败告终[2]。

致卡尔·波普尔

[1953年5月] 13日 [手稿]

全灵学院

亲爱的卡尔：

[……] 我为我的讲座感到羞愧；讲座人通常要么脱稿说要么照稿念：可到了中途我试图既说又念（并且念着每页上没法连贯的句子，恐怕是这样），然后陷入混乱。本来手稿上确实包含了比我实际上说得更多的论述内容，不过我会

364 继续修改它，以便出版，比如通过解释重要的抽象概念是如何应用在历史与社会学中，而且这样的做法必须避免，不能使其具象化并作为托词被个人所利用。如果我连累了你，真的很抱歉，因为我相信是你让我得到邀请的。我会给金斯伯

[1] 莱昂内尔·查尔斯·罗宾斯（1898—1984），1959年受封罗宾斯男爵，1929—1961年任伦敦政治经济学院经济学教授。

[2] 迈克尔·伊格纳季耶夫采访伯林录音之二十三。奥克肖特的介绍词的文字稿保存了下来，虽然比伯林记忆中的要短，但确实有讽刺意味："听他讲话你会禁不住想到你正面对着当今一位伟大的知识界乐器演奏家，思想界的帕格尼尼。"[伦敦政治经济学院档案，奥克肖特1/3]

格[1]写信，给他寄手稿，这样我就不至于对社会学说了太多粗鲁而不公的话，虽然我很不喜欢它。我还是充满了负罪感：不觉得自己很像帕格尼尼，你记得海涅[2]是怎么描绘他的吗？

你的

以赛亚·伯林

致莫顿·怀特

1953年5月17日［手稿］

全灵学院

亲爱的莫顿：

原谅我的匆忙，我总是如以往一般受着不必要的困扰，这一次是我为伦敦政治经济学院做的一次主题奇特的讲座所导致的后果，主题既令人困惑又很无知。"以历史为托词"。这招来了社会学家们的怨恨。我知道我被视为目空一切的牛津蒙昧主义者，对建立社会学这一乏味而有意义的宏伟大厦付出耐心，可敬、勤奋、经验主义的工作者们，发出了一些愚蠢而倨傲的猛烈抨击。不要紧。［……］维特根斯坦的

[1] 莫里斯·金斯伯格（1889—1970），1929—1954年任伦敦政治经济学院社会学马丁·怀特讲席教授。

[2] 海涅在他的剧作中富有想象力地再现了帕格尼尼和他的演奏（《佛罗伦萨之夜》，1836）。

书[1]当然是最新的大新闻。赖尔含糊地表示希望我写书评，加上另外一两篇别的书评。我们会看到的。弗莱迪吐露出要对该书、对整个崇拜信奉维氏的文学圈[2]痛下杀手的意思。安斯康姆小姐公开表示因为自己的误译她备受折磨（“我必须被枪决我必须被痛打，因为我把X译成了Y”，等等）。[……]

你的以赛亚

致阿瑟·施莱辛格

1953年5月30日

全灵学院

亲爱的阿瑟：

难以置信，没有什么可写的。这里一切都像往常一样，比马萨诸塞坎布里奇那边更平常。校长继续他辉煌的伯里克利式统治，对己对人都显得高尚而满意。罗马之行很成功。

366 我是一周后到的，见到他和我的朋友斯图尔特·汉普希尔一起在罗马游荡，十分满足，言行无拘无束，这只有在他离开牛津校区才会发生。很奇怪，随着他离开权力中心牛津，他的重要性就降低了，而随着他越往南走，走得越远，他的

[1] 伊丽莎白·安斯康姆翻译的维特根斯坦的《哲学探索》（牛津，1953），刚刚与德语原版一起出版。

[2] 伯林此处原文为：cènacle。

满足感、他作为一个人的综合满意度、快乐、幸福感，以及人生的提升，都达到了更高水平。我在佛罗伦萨见到老贝伦森，我得说他仍然令我印象深刻。我知道对他的负面评价，说他是狡猾的老狐狸、骗子，说他势利、虚假、无情，等等。可是从另一方面看，他又是一个非常聪明的人，有强大活跃的智力，能够真正地激发我，令我迅速而聪敏地思考一个又一个论题，许多与他名气相当甚至名气更大，也比他年轻的人，在我看来似乎还做不到这一点。有他在场，人会表达得更好，发表更有益的见解，这一点他也比大多数人做得更好。无疑这种迎合能力部分地成就了他的名望。我在那里过得很愉快。我离开后，收到他寄来的一封体现他典型风格的信，告诉我他发现我身上有一种有异于我们这个时代的潜质，他个人感觉他与我是同龄人，我如果在他这个年龄会是什么样子？这样的揣测真的很奇特。

[……] 哈里·莱文要在我们这里做讲座[1]。[……] 对于哈佛的事，他非常清醒，很聪明，你将任命一些可怕的生意人，而且他们有可能把你卖给非利士人，或是更糟，他对此表达了极度的担忧——而且他哀叹，没有杰出的支持公民自由的共和党人把你从生不如死的命运中拯救出来。

美国的局面从我这个角度看不算真的可怕。我猜在你那

[1] 伯林在信中对此如是评论："这是关于 19 世纪的社会小说，我所记得的就是它有趣地提及了沉溺于虚情假意的悲观主义的人。"

边看来也不可怕——除非麦卡锡必须如此——而杜勒斯确实看着像是西蒙和霍尔[1]的混合体，只是我想他比他们还更弱一点，他的狡猾更无意义，他甚至更缺乏个人魅力。同时，每个人的表现都符合他们的性格——乔伊特勋爵[2]写了一本显然很糟糕的、关于希斯的书[3]，他的动机不是为钱，我想应该是由于他认为一个英国律师必须致力谴责美国的一切，
367 并将其视为英式公正的失败产物。丽贝卡·韦斯特[4]的确为这本书写了一篇很了不起的评论，虽然她无疑是个可怕的女人。她来看我，显然是编了某种借口，说了一通关于沙因和科恩[5]的蠢话。我想她是真的相信，在每一张床、每一张椅

[1] 塞缪尔·约翰·格尼·霍尔子爵（1880—1959），1944 年受封坦普尔伍德子爵一世，保守派政治家；1935 年意大利入侵阿比西尼亚（埃塞俄比亚的旧称）时任外交大臣，但在他与法国首相皮埃尔·拉瓦尔达成有利于意大利的协议之后因公众愤怒而辞职；1940—1944 年任驻西班牙大使。

[2] 威廉·艾廉·乔伊特（1885—1957），1951 年受封乔伊特伯爵一世，律师、工党政治家，1945—1951 年任大法官。

[3]《阿尔杰·希斯奇案》（伦敦，1953）。由于事实错误，第一版不得不被收回；作者对共产主义的幼稚看法遭到广泛嘲笑。

[4] 丽贝卡·韦斯特（名字取自易卜生的剧中女主人公），这个名字经常被西西利·伊莎贝尔·安德鲁斯（1892—1983）当作职业名与个人名使用，她婚前姓费尔菲尔德，作家、评论家、记者，早期信奉社会主义，后来成为激烈的反共产主义者。

[5] 罗伊·马库斯·科恩（1927—1986），律师，麦卡锡参议员在常设调查专门委员会听证会上的首席顾问，以其对证人的攻击性诘问而著名，他的亲密朋友，也许还是情人，（杰拉德）·戴维·沙因（1927—1996），是麦卡锡团队中的一位不收报酬的顾问。1953 年他们在欧洲巡游十七天，在九个城市短暂逗留，宣称是为了在美国国际信息管理局的图书馆追踪有共产主义倾向的作品，同时也抓住一切机会骚扰可疑的共产党同情者（虽然似乎没有人——包括主要参与者——对此完全有把握）。他们的“奇怪旅程”（《泰晤士报》1953 年 4 月 29 日第 7 版）遭到欧洲媒体的大肆讥笑。

子的下面都藏着共产党人，因此我们必须时时处处防范。我没法不想到，这与威尔斯最近一次与左翼的布德伯格男爵夫人[1]的浪漫关系有关[2]，韦斯特小姐因为她而被抛弃了。我告诉她我对她发表在《星期日泰晤士报》上的文章[3]的看法，可是她毫无反应，虽然她个人对我还算客气，可是很明显她病了，疯了。玛丽·麦卡锡发表在《听众》上的文章完全一样[4]，她所说的更有才华、更机智、更优雅、对双方的讽刺更深刻，然而我觉得总体效果却有一点悲伤。[……]

与此同时，我和一群人度过了奇妙的时光，聚会是福特

[1] 玛利亚·伊格纳提芙娜（“莫拉”）·布德伯格男爵夫人（1892—1974），婚前姓扎卡里夫斯卡亚，第一次婚姻嫁给了伊万·本肯多夫，因其与罗伯特·布鲁斯·洛克哈特、马克西姆·高尔基以及 H. G. 威尔斯的关系而著名；翻译家，不懈地创造她的个人神话，永远的幸存者（为此或许还偶尔充当间谍）。

[2] H. G. 威尔斯有无数次的婚外情：和丽贝卡·韦斯特的关系从 1913 年开始保持了十年，生有一子，但莫拉·布德伯格并非她的继任。

[3]《星期日泰晤士报》发表了丽贝卡·韦斯特的“政治迫害背后的真相”四篇系列长文，论述美国的共产主义威胁：(1)“希斯案件隐藏了更为严重的问题：美国公务员泄露战争秘密”（1953 年 3 月 22 日第 4 版）；(2)“令人吃惊的卡普兰先生：美国官员缄默令人警觉”（1953 年 3 月 29 日第 4 版）；(3)“可怕的老师”（1953 年 4 月 5 日第 2 版）；(4)“煽动家麦卡锡：而美国最严重的危险在别处”（1953 年 4 月 12 日第 4 版）。最后一篇文章的典型评论是：“没有人指控［麦卡锡］残害与谋杀的罪名，反而是美国共产党犯了这些罪。”他的观点招致自由主义者的批评，但是当文章在《美国新闻》与《世界报道》上再次发表时，得到了积极反响。

[4]“对美国新闻自由的威胁”（《听众》，1953 年 5 月 14 日，第 791—792 页），文中玛丽·麦卡锡批评了美国媒体独立思维的缺失以及对陈旧观念的程式化重复：“今天美国新闻自由面临的最大威胁不是麦卡锡参议员［……］，而是统治我们今天新闻界的对读者的概念化想象”，被居高临下的编辑们抚慰的“假设的傻瓜”。

基金会组织的，地点在格罗夫纳大厦，目的是讨论如何利用他们的百万财富改善人们的生活。你知道我对这类问题的看法，然而我认为，不论怎样，没有出席一两次我被特别召唤参加的这类聚会，当面或是背后把我的想法告诉相关成员，我就不该到处批评这些企业。必须说，这真是一场惊人的噩梦，他们聚在一起，年已八十九岁、快满九十岁的阿瑟·基
368 斯爵士用颤抖的声音谈论伟大的查尔斯·达尔文，他是一个可亲的老小伙儿，出色的生物学家，唯一的错处就是太老了。他旁边坐着理查德·利文斯顿爵士，最后一位口才非凡的人文学科与维多利亚时代民主的演讲者。他所说的是一如既往的动听废话。然后是波兰尼教授[1]，他曾经是一位优秀的物理化学家，现在成了一个通才式思想涉猎者，一个聪明而又糊涂的怪人，不是傻瓜，但令人害怕地想与权贵处好关系，是职业的反共极端暴力分子，赴美签证被拒，理由是他与赤色分子联系。这是一出了不起的喜剧——不过他不这么认为——总的来说，他是聚会中最聪明的一个，也是最不可靠的一个。他的旁边坐着的是尼尔斯·玻尔教授。他是个圣人，道德最高尚，伟人，天才，成就卓越的物理学家，在整个会议进程中，一直用令人放心的温柔甜蜜的低音说着十足的胡话。他是我见过的最好的人，一直以令人毫不设防的方式为

[1] 迈克尔·波兰尼（1891—1976），出生于布达佩斯，化学家、科学哲学家，1933—1948 年任曼彻斯特大学物理化学教授，1948—1958 年任社会研究教授。

重复自己所说的话而道歉，可是如果他所重复哪怕只是陈旧的命题，也比什么都没说要好。他说的只是一个零后面跟着无数个零，事实上他已经深陷老态龙钟的速语症，他说话令人怜悯。他认为我们必须谈论的是细小而具体的论题，例如真理、思想、人类。他旁边坐的是海森堡教授，差点就为德国人制造了原子弹，是个非常聪明的有意思的人，显然准备为任何主人服务，海森堡不胡扯，不过他为了适应氛围，就泛泛地说诗歌的真理比科学的真理更为重要。[……] 他旁边是奥尔特加·加塞特[1]，来自里斯本的西班牙哲人，认为他需要有一个大团队来研究穆斯林清教主义，那是近五十年来的重要发展，通常一本由他著述的历史巨作需要有福特基金会的支持。对此无人反对，不过这似乎与其他人的方向不太一致。然后还有古德哈特，他认为整个会议都是瞎扯，但是无力地默许了一切。还有巴特菲尔德，他很可爱，人很好，不太确定这样的场合是否适合他参加，大致与我一样担忧，不过他还是认为这样的会议对基督教还是有好处的。还有科 369
林·克拉克[2]，去过澳大利亚的统计学家，现在回到牛津。他是狂热的天主教徒，他想要的不是奖学金，不是学问，不是

[1] 何塞·奥尔特加·加塞特（1883—1955），西班牙哲学家、散文家，他的思想与海德格尔和萨特有点相似。

[2] 科林·格兰特·克拉克（1905—1989），经济学家、统计学家，1938—1952 年任昆士兰政府顾问，1953—1969 年任牛津农业经济学研究院院长，后（1964—1966）成为教皇人口委员会的世俗成员，该委员会推出了被广泛阅读的《人类生活》。

讨论，而是宣传，不是向成百上千的人宣传，是向亿万人宣传，他想要的是学校、无线电台、大型报纸、一个庞大的组织，宣讲两千年来我们已经通过一切可能的公共传播方式获得的理念。他坚持要求这些，雄辩而真诚地，而且赫钦斯显然喜欢他的想法。陶尼也在，当他说到"当宣传从门口进来，真理就从窗口飞出去了，她掐断了她的脖子，很少有人想念她"，那是会议中最好的发言。他旁边坐的是默蒂默·艾德勒，他是我见过的最可怕的人。我可以看得出赫钦斯是人们会喜欢的有趣类型，他有魅力、机智、疯狂、独立，他是个人物，无论他的观点如何。可是艾德勒是个极其可怕的小人物，他的疯狂和胡言乱语中混杂着拙劣[1]，一种可怕而卑鄙的狡诈，他的言行总体而言像个政客型的哲学家，一种我以前没有遇见过的哲学混混。(你真得毁了这封信。) 有五天上午他们坐在一起，我没有全部参加，最后他们认为建立一个学院是不错的主意，学院不设在美国，因为那里有《麦卡伦法》，用三四个月的时间召集各方圣贤，讨论关于人类、真理等的理念。依靠一个强大的书记处的协助——像共产党那样的——可以辩证地处理思想。我试图旁敲侧击地指出，如果你们召集到人，让他们没有特别的事情可做，无论他们多么智慧，多么优秀，他们很快就会失去自尊和对彼此的尊重，沦入可耻堕落的境地。不过这种观点没有人同意，赫钦斯后

[1] 伯林此处原文为：bassesse。

来告诉我，控制有自己的事情可做且可能会做事的人，这个想法是他的耶鲁人类关系学院的创立基础，他已经召集优秀的生理学家、物理学家、艺术史学家、形而上学家、哲学家、神学家，他们彼此谈什么不谈什么？——他们不谈——他们写了什么书吗？他们都写了，他打算不再做这样的事了。我离开了，真正感到了一种虚情假意的悲观情绪[1]。[……]

爱你

你永远的

以赛亚 370

〈附言：[……] 克莱丽莎 · 艾登。她大约 10 号到了波士顿，我想。她说，因为安东尼的缘故，她有十天时间不能与外人接触，不过之后就一定要去见她。你认识她吗？她是一个大个子，金发，是个有点吓人的女孩，个性很强、俊美、坚定，十足上流社会的直截了当。至少我是这么认为的。我喜欢她，你知道，很喜欢。她在保守派中不是很受认可，因为她在他们面前显得尖刻而且骄傲：她很真实直接，有种犀利而令人无法忍受的幽默，她喜欢过尼克 · 纳博科夫，后来又不喜欢了；她爱着她的丈夫（我想），她的克莱

[1] 在给艾丽丝 · 詹姆斯的信中他又说道："整个会议的氛围很奇怪，就仿佛是和维多利亚早期的乌托邦空想家谈话，他们相信一切可以通过甜菜来治愈，或者他们必须永远坚持 3742 这个数字。"1953 年 6 月 6 日。

门汀伯母[1]觉得她反叛、不好相处。温斯顿最喜欢她，因为她是他唯一的侄女，我不知道她将如何与这样一个波士顿社交圈相处，后者将不可避免地试图控制她。[……]

以赛亚〉

致莫顿·怀特

1953年5月30日

全灵学院

亲爱的莫顿：

非常感谢你5月24日的来信。我会简短回复，因为我像以往一样，处于全面的无序而非常忙碌的状态。我感到人所拥有的时间太少了，人们意图生产更多的黄金、钢铁、原子能，等等，他们应该专注研究的是如何制造时间，在这所大学里时间尤其稀缺，它的碎片甚至无法像在哈佛那样便捷地收集起来。必须有人写篇论文，探讨如何制造和分配时间。[……]

关于内尔森·古德曼，他在牛津的学期一结束我就向你报告。我知道——在这个奇特的宇宙，每一种解药［即特征］都被贴上标签，无法使用概括性术语——他比有限延伸的体系所标示的他所具有的品质更好。他建造的奇妙的世界就像

[1] 温斯顿·丘吉尔的妻子，克莱门汀·奥格维（斯宾塞）—丘吉尔（1885—1977），婚前姓霍兹尔，1965年成为斯宾塞—丘吉尔男爵夫人。

是二维国[1]，说他没有力图为整个世界制定法律，而只是为其中一小部分制定了法律，那不是借口，那是行为学家以及像拉美特利[2]那样的人才会说的话。而且这么说也帮不了他们。

我会很快写信的。

你永远的

I. 伯林 371

致维奥莱特·伯纳姆·卡特

1953 年 6 月 3 日［手稿］

全灵学院

亲爱的维奥莱特：

我知道荣誉本应为虚荣的小玩具，人际关系更为重要；然而无论它们多么应得，多么不足，无论延误了多久，它们一定是令人愉悦的：我向你致以最热烈的祝贺[3]。总的来说，我认为，也许我的悲观与无根据的想法是荒唐的，我们正缓慢而确定地被一种维多利亚早期的平庸给压制，它充满了乏味的美德与激进的反高级趣味的情绪；当然，这是牛津这里的、虽然优秀但看来又令人忧郁的年轻新同事们的格调：如

[1]《神奇的二维国》，1884 年的中篇小说，作者“A. 四边形”（埃德温·艾勃特·艾勃特），小说通过描绘了一个二维世界讥讽了维多利亚时期的社会结构。

[2] 朱利安·奥弗雷·德·拉美特利（1709—1751），内科医生，法国启蒙运动哲学家、唯物论者，认为人是机器，支持无神论，支持感官愉悦并因此而死。

[3] 维奥莱特·伯纳姆·卡特刚刚获封不列颠帝国女爵士。

果你原谅我这么说——不过写信比说话要容易——你之为你，你之所为，你所代表的一切，是对此持续、高尚而有效的抗议，是对这里（以及美国）下降水准的抵制，对此我想表达深深的真诚敬意。对于我自己深怀的感觉，我很难为情，我不会再继续下去了，为了不再继续如此，我还是要抓住这个机会说出我的感受，不管它有多糟。无论如何你都不要考虑承认这一点，因为我确信你会被更有价值的称赞所淹没：你会的，我希望，原谅我说了这么多语无伦次的话。

我真心期待可以尽快见到你。

你永远的

以赛亚

附言：我提议把我写的关于托尔斯泰的小书题献给泡泡[1]。克里西达[2]认为这个想法不坏。

致艾丽丝·詹姆斯

1953年6月6日

全灵学院

亲爱的艾丽丝：

我应该几个月前就给你写信了，真的应该写了，可是我

[1]《刺猬与狐狸》题献是“纪念杰斯帕·里德利”。

[2] 维奥莱特·伯纳姆·卡特的女儿，克里西达·里德利。

处于一种相对比较困难的忙碌时期。不仅仅是我生活中的折磨与混乱——那些比以前少了一点——而是因为健康问题，先是我父亲，而后是我母亲，然后又是我父亲。他是一个很好的人，精神上情感上都比我年轻得多，可是一旦生病 372
就颇为无助。夏天他的情况很糟，手术两次，虽然这个病没有复发，他自那时起身体就不大好，需要以各种方式支撑他，照顾他。春天我和父母一起去了蒙特卡洛，然后又去尼斯。接着我自己去罗马一周，在那里我见到状态极佳的莫里斯［……］，我和他一起一周，其间和一位有魅力的夫人一起喝茶，她是玛切萨·奥利高[1]，我起初以为她只是一个有业余成就的爱好文学的夫人，但是当我看完她写的有关拜伦的书，我突然意识到她几乎就是一个重量级的评论家。她对我很好，其他人对我也很好。卡埃塔尼亲王夫人[2]，比德尔夫人的同父异母妹妹，她主编文学评论期刊，我想你知道刊名是《黑暗商店街道》，时尚的罗马社交界（可怕的圈子，我从没有见过哪里的贵族阶层像罗马的那样卑劣，一无是

[1] 艾丽丝·玛格丽特·奥利高（1902—1988），婚前姓卡亭，玛切萨·安东尼奥·奥利高的英裔美国妻子，传记作家，她写了关于拜伦的书《最后的爱慕》（讲述他与特雷萨·朱琪奥莉伯爵夫人的恋情）（伦敦与纽约，1949）。
[2] 玛格丽特·卡埃塔尼亲王夫人（1880—1963），婚前姓查宾，美国文学出版商，意大利作曲家罗弗雷多·卡埃塔尼亲王的妻子，凯瑟琳·加里森·比德尔（1890—1977）是她同父异母的妹妹，婚前姓查宾，诗人。罗马卡埃塔尼宫坐落在“黑暗商店街道”上，该地名暗含卡埃塔尼亲王夫人在1948—1960年间出资并编辑出版一年发行两次的国际原创语言文学作品评论刊物，她特别热衷于发现新的年轻作者。

处，无所事事）对此不是很赞成；可当我去喝茶时，我发现她非常有魅力，我也许错了，不过我喜欢和她一起度过一两个小时，很喜欢。我想她也许是一个小小［一丁点儿］的骗子，一个小小的才女，不过她真诚热情的性格与帮助年轻作家的愿望——我觉得这不是坏事——弥补了这一点不足。显然，她做了许多事，令她很快乐，也令年轻作家们快乐，她的大宅里洋溢着快乐、自然、仁慈的气氛。当我看到书籍与期刊散落各处，显示出它们被翻开并被阅读，我立刻就感觉很好，整洁空旷才会令我抑郁。

莫里斯走后，我一个人度过了幸福的一周，我在城里游荡，心满意足。我想罗马是世界上我最喜欢的城市。佛罗伦萨是一个有电车的 19 世纪城市，它内在的东西很美，而从它内部往外看就没有那么美了。我在那里拜访了伯纳德·贝伦森，我得说，他才气纵横，活力四射，他提出的无数想法，他那毫不减退的活跃智力，值得惊叹。他说他赞成勤奋，但是不相信在三餐之间工作有何益处。他又讲述了
373 他在纽约度过的非凡童年，再次抨击了在那个遥远年代欺压他的人。我收到他的来信，邀请我夏天去和他一起住两周，可我想那不可能。必须说的是，尽管对他的宣传不利，尽管罗兰认为他是没有良心的伪君子、江湖骗子，等等，但我喜欢并钦佩他。和他在一起，用他的话来说，的确是对人生的提升。

离开意大利之后，我在回程的路上放慢脚步，经巴黎，

见了罗兰，接着去英格兰，发现巴黎与伦敦的美国大使馆都因为麦卡锡的迫害[1]而情绪低落。你得来欧洲，才会意识到这一切对保守派美国人造成了怎样的影响，那些富人认为他是他们安全的保护人，他们的想法是多么错误，而他实际上是拉斯普京[2]那样的激进分子，对他们，对顽固不化的激进派，对所有可敬的人，都是真正的威胁。回到英格兰，我觉得父母的状况好多了，虽然我抵达不久之后父亲再次病倒，需要护理恢复，对此我必须说我母亲做得很好，虽然这把她累坏了。我真不知道离开他们该怎么办，我的离开让他们心情很糟糕。我最初的想法是，如果我秋天去哈佛一个学期，我母亲可以过来和我一起过圣诞节，然后春季去普林斯顿。可是，在我看来现在很明显父亲不能一个人留在英格兰，他们要么就一起去，要么就都不能去，如果都不能去，只要他们在欧洲某处——预计是在里维埃拉——过圣诞节，我就得飞回来，如果我必须如此，我就会如此。[……]

我回到牛津，哈利与艾琳娜·莱文的到来所造成的突如其来的强烈震击让我有点抑郁。经过精心谋划与谈判，我

[1] 作为参议院政府工作委员会及常设调查专门委员会主席，麦卡锡在 1953 年达到权力顶峰，他通过进行秘密以及公开的听证会的深度计划进行反共政治迫害，胁迫证人，威胁监禁任何拒绝提供潜在共产党同情者姓名的人。但是驻欧洲的外交官们情绪低落的原因，似乎特别缘于沙因和科恩的带有侮辱性质的可笑做法。

[2] 格里高利·叶菲莫维奇·拉斯普京（1869—1916），俄国神秘主义者，据称是信仰疗法术士，对沙皇尼古拉二世以及（尤其是）亚历山大沙皇皇后的影响力导致了他的被刺，他部分地败坏了罗曼诺夫王朝的名声，因而促成了俄国革命。

促成玛格丽特夫人学院邀请他做了“邓尼克讲座”[1]——他不知道我实际上是唯一促成他受邀的人，而且他最好也别知道这一点了。我怕这样会减少他以为是个人胜利而无疑会产生的快乐。来听讲座的人不多，但听众中包括著名人士。戴维·塞西尔主持讲座，整个演讲绝对是杰作，仿佛精心打磨的精美宝石，经瑞士制表匠的高超工艺，巧妙精确地彼此拼
374 接在一起。讲座刚好一个小时，哈利所说的最后一个字的余音，恰好与四点的报时钟声敲到第三下同时，在钟声的最后一响他优雅地鞠躬。整场讲座他彬彬有礼，老派，说着“请允许我”、“如果你愿意”这样的话语，无疑他认为这符合我们的气氛。这是一场最精彩的烟火表演，我想没有别人能做得到，其后我们就陷入黑暗，如塞兹内克指出的，这是所有烟火表演之后不可避免的结局。然而这是一个杰作，我很崇拜它，讲座的主题是“19 世纪的社会小说”。我希望我也能做这样的讲座，在这样一个小领域取得如此大的成果。艾琳娜一直都很有魅力，我崇拜并尊敬哈利，愿意为他做事，为他辩护，感到与他团结一致，但是没法喜欢他。艾琳娜我很喜欢，会一直喜欢下去，她像凯恩斯夫人，某种程度上是自然之子，某种程度上又有点像个调情者，利用她的单纯与天真做武器，而这两种特质我都一样喜欢。

[1] 富有声望的菲利普·莫里斯·邓尼克讲座，当时在玛格丽特夫人学院一年举行一次；早前的演讲者包括爱因斯坦与艾伯特·史怀哲。

莱文夫妇走后是加冕典礼，尽管我更为激进的朋友和同事反对，我还是去伦敦，坐在《每日电讯报》临着皮卡迪利大街的办公室窗前，那里可以看到返回的游行队伍。其余部分可以在电视上看到，场面真令人难忘。参加加冕礼的演员们舞姿翩翩，精彩绝伦，令人叹为观止。索尔兹伯里勋爵激动万分，满怀真挚的宗教感情，我真的非常喜欢他，当他严肃地挺身站立，手持出鞘长剑，活像中世纪无比忠诚的武士。整个过程中女王似乎处在奇特缓慢的恍惚之中，身穿拜占庭长袍，不像舞台上的女演员，也不像一个有意识的严肃的人，而是处于一种迷蒙的宗教状态——我肯定她的教母和她的家庭教养使她酷似年轻的维多利亚。整个加冕礼显然更像是维多利亚的加冕礼，而不是伊丽莎白的加冕礼。我们开启的不是新伊丽莎白时代，而是新维多利亚时代。从道德上说确实如此，有时令我感到像是年老放荡的摄政王，周围是新时代严肃、热忱、清醒、情操高尚的青年男女。汤加女王[1]正是杂志上画的样子，体型壮硕、棕色皮肤、欢天
喜地。她坐得笔直，发间扎着英国国旗，挥动着两根细树 375

[1] 萨洛特·图普女王（1900—1965），体型巨大的王位继承人（超过六英尺三英寸），自 1918 年起统治汤加。“她在加冕游行中冒雨前进，因为她坚持让马车敞篷，这样可以亲近伦敦人群。这个小插曲，加上她散发友善的高贵性格，使她成为庆典中最突出的海外客人。她在不列颠很受欢迎，6 月出生的孩子在受洗后取名夏洛特，以示对她的纪念，一匹赛马也取了她的名字，她还成为流行歌曲的主题。”《泰晤士报》1965 年 12 月 16 日第 12 版。

枝。她的对面坐着某国——我想是文莱[1]——的苏丹，神情不爽，他显然不喜欢和这么个大块头坐在一辆马车上。莫里斯以校长身份去了威斯敏斯特大教堂，在《泰晤士报》上登载的仪式场面的照片中，他的姿态更为威严。英国人自己都被他们表现出来的忠诚给震惊了。这无疑会给外国来客，例如法国人，带回这样的印象：即便在英国较为贫困的地区，按理说那里的人们更加支持共产主义，对社会更加不满，可那里遍布的英国国旗甚至比权贵居住的地方还要多。那些觉得庆祝加冕盛典很幼稚，或是内心隐藏着激进的共和思想，因而许诺不会庆祝而实际上又在悄悄庆祝的人，也为数众多。最令我快乐的时刻，是当温斯顿出现在一辆马车上，伸出他硕大的手指做出 V 字，优雅地为民众祈福，当他突然看见招待我的主人——迈克尔·贝瑞[2]——《每日电讯报》大楼所有者金洛斯勋爵的儿子——温斯顿脸上面对公众的快乐笑容立刻变成私底下的皱眉示意，就像是在某种公开活动中陡然而止，因为见到一张带着揶揄表情的熟人面孔正从意想不到的角落里看着自己。他像蜗牛一样缩回马车，收回他的手，对他的妻子嘟哝抱怨，生气地把头埋在肩膀里，这样

[1] 游行队列中有七位苏丹，伯林弄混了两位。文莱苏丹奥马尔·阿里·赛福丁·萨多尔·卡艾利·魏迪恩（1914—1986），坐在后面那辆马车里；和萨洛特女王同乘一辆马车的是吉兰丹州苏丹易卜拉欣·佩特拉·伊卜尼·马胡姆·苏丹·穆罕默德四世（1897—1960）。
[2]（威廉）·迈克尔·贝瑞（1879—1954），1941 年受封金洛斯子爵一世，1928—1954 年任《每日电讯报》主编。

持续了五分钟，而后他又探出头，再次伸出手指，重新露出容光焕发的神情。人们不会想到，这个清醒持重、缺乏想象力、本质上又比较沉闷的国家，可以因为这样一场黑暗神秘的拜占庭式庆典而如此举国欢腾，这似乎与缄默内敛、温和平庸、追求品位而又拘谨矜持的英国性格很不一致，我总是因此感到惊奇。

加冕礼之前我去和我的朋友艾登太太一起吃晚饭，她很快就要去波士顿了。我想等她到了那里，也许可以对她做点什么。她抵达之后的前十天不希望被人打扰，之后我想她会愿意出去走走。让我告诉你关于她的事：我十六岁起就认识她了，那时她还是一个非常害羞的女继承人，信奉天主教，我在麦尔斯庄园见到她，当时她被非常非常虔诚的天主教徒、年轻的牛津勋爵视为可能的结婚对象。然而这事后来没有结果，她渐渐偏离了她的信仰，成为一个反叛的年轻女人，令她的母亲、充满魅力的、温柔而古怪的格温德伦·塞 376
西尔夫人[1]很不高兴（她是家族中的天主教徒，她父亲是杰克·丘吉尔[2]，我想他是普通的圣公会信徒）。后来她母亲悲剧式地去世，她因而十分自责，认为她令母亲的最后时光痛苦，我认为这么说不公平，但是可以理解。然后，在战争中

[1] 伯林混淆了格温德琳·珀蒂与格温德伦·（加斯科涅）·塞西尔夫人（1860—1945），她父亲、保守派政治家索尔兹伯里的传记作者。

[2] 约翰·斯特兰奇（“杰克”）·（斯宾塞）—丘吉尔（1880—1947），温斯顿·丘吉尔的弟弟（或是同母异父的弟弟，他们的母亲詹尼·杰洛拉莫有多次婚外情）。

她做了许多特殊工作，染上了某种神秘的疾病，卧床两年，在那段时间里我至少去看过她一次，在1942年我休假从美国回来的时候。她很浪漫，躺在床上的样子很好看，痛苦地想摆脱她这场连医生都无法诊断的神秘疾病，然后，就像她突然病倒那样，她突然就站起来了，从科尔达爵士[1]那里得到一份工作，爵士是丘吉尔家族所有需要帮助的成员的恩人。她独居一间公寓，孤独古怪地独自生活，有点落魄，因为英国上层社会不太喜欢她那种程度的独立。我并非说她是隐士，她偶尔出门，不过显然有自己的生活，不富裕，得为了养活自己而工作。后来艾登先生向她求婚，经过长时间的考虑和保密，她同意了，但还是不常出门，没有告诉任何人她订婚的消息，像某位神秘的哈里发[2]那样，常常趁着人们还不知道他们要结婚，在她面前无所顾忌地聊天，从而得知人们对她丈夫的真实看法。这不公平，但是从她的角度来看却很有意思。我真心喜欢她，许多年了。她不随和，是个金发碧眼的大个儿俊美女孩，如果是在与如今非常不同的、更富有、更宏大，也更沉重的气氛里，她会是一个很好的爱德华时代的女主人。现代的生活节奏一点都不适合她。她很真诚实在，很直接，想什么就说什么，一点也不无知，她的脾

[1] 亚历山大·科尔达爵士（1893—1956），匈牙利原名桑多·拉斯洛·科尔纳，电影制作人，定居英格兰，1932年成立伦敦电影公司，重振了奄奄一息的英国电影业。
[2] 在《一千零一夜》中，描述了哈伦·赖世德哈里发在巴格达街上微服私访。

气很大，我认为，从某种意义来看很不讨人喜欢。我很喜欢她，可每当我去看她，总得是我先找话说，和她在一起一两个小时之后，虽然这令人愉快，因为和她说话很有趣，她的见解又很独特，而且一针见血，倘若她还是什么话题也不“贡献”，我也会感到筋疲力尽。不知道和艾登先生结婚时她是否爱他，我怀疑。但现在她是爱他的，这一点看起来很清楚。她之于他是很好的妻子，她经历了许多——而他的疾病[1]使她心力交瘁。我不知道你是否会喜欢她。我对她很忠 377
心，戴维·塞西尔也是，我想莫里斯也很喜欢她。她不算太难相处，只是天生不喜欢有人陪伴，不喜欢时尚，对这些弃之如敝屣，毫不依附它们。男人们都喜欢她，女人喜欢她的就很少了。不过，如果你对此不反感，也许你到波士顿的时候可以去拜访一下她。[……]

至于我，我得走了，去拿美国签证，这次我去之前有点发抖（我9月10日动身）。在英国读到的关于美国的新闻很令人困扰，我无法完全不相信它。我觉得麦卡锡真可怕，绝不相信给他足够的行动自由有何意义——给他足够的自由，他可以吊死任何人。也许我对关于玛丽埃塔·特利的传言反应过激，可是我相信说那些话的不止她一人。总统不采取行动吗？我不怀疑任何人，每个可敬的人都在问自己，在美国，他是个好人

[1] 1953年4月艾登由于胆囊问题在伦敦做了两次手术，6月又在波士顿做了一次手术，修补之前手术导致的威胁生命的损伤。

吗？我对此没有怀疑，我从不怀疑；可敬的、急切地想做好事的人，但确实能力有限，行动迟缓。我真觉得杜勒斯是西蒙和霍尔的结合体，我错了吗？你不能告诉我比这更糟糕的事了，不过他们在这个国家还是有他们的崇拜者。[……]

现在，像我以往生活一样，已经过了凌晨两点，我得上床睡觉了。明天是可怕的一天，不过每天都是可怕的。替我向比利诚挚问好，并祈祷你也接受。

爱你，你永远的

以赛亚　　[……]

致林肯·舒斯特[1]

1953年6月13日［原稿去向不明，此为打字稿］

全灵学院

亲爱的林肯·舒斯特先生：

[……] 您对《刺猬与狐狸》评价如此之高，我当然非常高兴，但愿它不会给您带来灾难性的经济损失。同时，我在原稿基础上又补充了两部分，已在牛津的《斯拉夫研究》上发表，希望新增章节不会破坏其余部分。新增内容探讨了托尔斯泰与德·迈斯特对“不可阻挡”与“不可避免”等概念的理解，我把德·迈斯特也放在这个框架之内，这样他在

[1] 马克斯·林肯·舒斯特（1897—1970），出生于奥地利，西蒙舒斯特出版社的联合创办人（另一位是理查德·西蒙）（伯林《刺猬与狐狸》的美国出版商）。

副标题中的位置就理所应当了，否则看起来会有点奇怪。除了你我，世上还有其他人认为托尔斯泰长篇大论的后记和离 378
题的哲学评论不是对小说情节冗长的打断与干扰吗？不是典型的俄罗斯业余爱好者所写的简单粗糙的怪异哲学片段吗？说到我，我是越来越糟了。的确，就历史而言，我认为自己几乎是托尔斯泰的信徒，并且在考虑为此另写一篇文章，打算作为大约今年10月或11月在史密斯学院[1]讲座时的文稿[……]，内容关于人们对不可阻挡与不可避免的理解：在人们看来，不可阻挡与不可避免就意味着他们生活中有许多部分事实上是无法通过他们有意识的决定来改变的。当人们认为他们的生活中或是环境中有各种非延展性因素，这通常是因为他们模糊地承认这一部分的体验没有法则可以控制，或者，如果有，他们对此也并不知晓或是无法知晓，而不是与此相反的臆想，即他们所说的不可避免，意思就是，存在某种法则，即在自然科学中存在法则。我的论证意在指出这样的类比是错的，事实上人们不仅以意识的形式尝试并构建关于“科学”原理的历史哲学，而且在分析这些原理的时候，把它们当作某些听起来相似但实际上运用到科学中非常不同的概念。在这方面，我反动地紧随托尔斯泰，甚至是可怕人物哈耶克，而不是我们当代所谓的进步或是科学的思想。我

[1]“现实感”，1953年10月9日，史密斯学院，首场伊丽莎白·卡特·莫洛系列讲座，也是《现实感》一书的书名篇。

无法不这么想，在我看来这是对的，我想在什么地方把它写下来，即使它在形式上显得混乱而且不合情理。不过我不会拿这些来烦您的，虽然您也许会允许我给您寄一份讲座的选印本，等时间成熟，有幸出版的话。[……]

我在佛罗伦萨见到了伯纳德·贝伦森，必须说这次见面极好，对我是很大的激励。在我面前他八十八岁或是八十九岁的高龄仿佛比我四十三岁的年龄更显轻松——唉，我得说几天前我就应该是四十四岁了。[……] 让我高兴的是，他也讨厌历史图式，在我为伦敦政治经济学院就同源主题所做的内容有点空洞的一场讲座中，我引用了他在《谣言与思考》[1] 中的一句话作为开场白。他说历史必然性这一概念是
379 类似摩洛神的东西，使人们以为抵制历史既无用而且在某方面还不道德。我想我事实上的确认为这种历史主义——认为让步于我们时代的力量是成熟而速成的选择——在知识与道德层面上都是坊间最可悲的信条。不过，我还是不要拿我个人这些古怪的念头来烦您了。

您真诚的

以赛亚·伯林

[1] 伯林题为“历史必然性”的讲座引用了贝伦森关于“历史偶然观”的看法作为开场，他的观点“使我远离了我年轻时如饥似渴汲取的、关于事件的必然性的信条，而摩洛神至今依然在吞噬着我们。‘历史必然性’，我越来越不相信这些更加可疑的、确乎危险的信条，它们趋向于使我们同意无论发生什么都是不可抗拒的，而反抗是鲁莽的”。伯纳德·贝伦森，《谣言与思考：1941—1944》（伦敦，1952），第116页（日期为1943年1月11日的条目），转引自《论自由》，第94页。

致丹尼斯·戈切尔[1]

1953年6月16日

全灵学院

亲爱的戈切尔先生：

谢谢您6月14日的来信以及信中对我关于德·迈斯特的讲话第一部分的善意评价。很抱歉，在您看来我的讲话似乎对埃兹拉·庞德[2]不太公正——无疑，像庞德这样非凡的作家的作品，总是会被人做出许多解读，而我所提及的内容，也许让您感到我没有公平地看待您在他的作品中发现的某些东西。我只能恳切地说，我不是读过庞德作品的优秀学生，我读过一两篇社会或是经济学的论文，在战争时期我来纽约的途中读过，我确实看过他在战时演讲的广播稿，他为此后来受到美国的谴责。无疑我对他的理解与对其他作家或是思想家的都不会相同，但是给我留下强烈印象的是，庞德先生为之辩护的意大利体制，他对自由主义者、民族主义者、犹太人（以及那些信仰曾被托洛茨基[3]形容为“康德

[1] 丹尼斯·约翰·戈切尔（1925—1998），英国演员与诗人，1953年成为埃兹拉·庞德的秘书，在为把庞德从精神疗养院释放出来的运动中起了主要作用。

[2] 埃兹拉·韦斯顿·卢米斯·庞德（1885—1972），美国现代主义诗人与评论家，一生中的大部分时间在欧洲度过，编辑T. S. 艾略特的《荒原》，反犹轴心宣传者，墨索里尼的崇拜者；因为叛国罪名被送回美国，他以精神疾病申诉，1946—1958年被关入精神病疗养院。

[3] 原文第453页注1。《恐怖主义与共产主义》（彼得格勒，1920）——英译本《为恐怖主义辩护》第63页（伦敦，1920）——托洛茨基写道：“至于我们，我们从来不在意康德对‘圣洁的人类生活’所发的祭司般的、素食贵格会教徒式的喋喋不休的议论。”

的、自由主义的、贵格会教徒的、素食主义者的胡说”的人）的攻击，其强烈程度的确到了言语所能表达的极致。他反对自由主义的原则，而这些原则早在法国大革命之前与之后，就已经被认为它们严格定义了个人权利并反对任何人对其采取干预——无论是国家还是教会或是任何其他机构，除非是因为非常特殊而例外的理由——这些原则自那时起，已经被相信它们的人们所宣告。他还赞成与迈斯特相对立的观点。莫拉斯先生说过，我们不能问他，不过我有理由确信，无论他是否这么说过，如果有人问过他，他会承认或者确切地宣称他与埃兹拉·庞德有共同点，尤其在我提到的那段时期，即1930年之后。我不想提供在那个时期之前他
380 的观点，而他的行为也并未有力证明他对个人自由有任何热情——他去德国，尽管他与纳粹争执——而在这一点上，无论他们的经济体制如何，民主体制的公民都在某种程度上与无法提供这类自由的极权国家的公民保持着很大差异。庞德的反犹主义，我想对此谁也无法否认，也许这并无关系，人显然有权利按照自己的意愿不喜欢个人或是某一个群体，只要不会因此推理得出剥夺对方某些基本权利的需要。至于庞德是否想对犹太人那么做，我不知道，而且我必须承认我不太在意。他思想中某个成分的存在，当然并不一定就会得出令我认为是对他总的社会与政治观的公平结论。他是否是严格意义上的美国叛国者，我也认为这没有什么关系；重要的事实是，他在极权体制与民主体制之间的战争中，选择公开

为极权体制辩护，无论是以什么理由。他当然有权这么做，但是人不能既想吃蛋糕又要留着看，他既不能被认为是捍卫了最低限度的自由价值，因为他所在国家的民主体制保留了这样的自由价值，而同时又为了一个公认不具备这样的自由价值的极权国家而攻击它。这就是我的论点。恐怕我的表述还很不充分，如果您真心希望我改变对庞德先生的看法（不是因为我的观点对此事有什么重要，或是我在这方面值得打扰），如果您能给我更为有力的证据支持您对他言行的解释，我将不胜感激。如果我对庞德先生不公，我一定会感到极为后悔，而且对此会无保留地承认，目前我看不到有这样的情况。

你真诚的

以赛亚·伯林

致塞姆·伯尔曼

1953 年 7 月 16 日［手稿］

全灵学院

最亲爱的塞姆：

我耳朵疼，头疼，右手食指关节剧痛，但我不痛苦。我处于荒谬的兴奋之中，努力要写点什么——没完没了地涂改——但还是没有到可以出版的阶段，而这在我只不过是一个漫长夜晚的羞愧、懊悔、求死以及抹掉整个过去的欲望——我的以及所有人的过去。我收到你那位令人景仰的妻 381

弟[1]的来信［……］，告诉我那家“密室”出版社[2]的舒斯特眷印了我对他那封古怪讨厌的来信的回复，内容有关我写托尔斯泰的一篇小文章（他打算出版，相信外面套着很大的封皮），并把它寄给他的4000位亲密的朋友。我相信我的回复（我一个字都不记得了）也不太真诚，令人讨厌——也许还骇人，而且滑稽。哦，上帝。也许在美国说什么或是发表什么都不太要紧——在人来人往的沙漠之中，它就像一颗沙砾，消失在数十亿的沙砾之中。［……］卢斯太太[3]，我甚至连想到她都无法忍受：不知何故我很难忍受她。我大致认识亨利·卢斯，不是很喜欢他，但如果见到他，我会有点兴趣和他聊天，他的报纸我现在真不喜欢，《生活》我从来不读，《时代》我每周都读，恐惧而着迷地读，已经成了习惯，就像是一种可怕的毒品，没法戒掉它。可是卢斯太太——在她的卧室里有一张希恩主教[4]的照片，“致亲爱的克莱尔［原文如此］，金色的箭从上帝的弓中射出，主与你同在，富尔

[1] 贾沙·海菲茨（1901—1987），出生于立陶宛的小提琴家，他的姐姐是伯尔曼的妻子。

[2] 舒斯特的信函纸抬头印着“西蒙与舒斯特的密室”，典故来自他的公司出版过的系列悬疑小说《密室》，有一部著名的广播剧据此系列改编。

[3]（安）·克莱尔·布思·卢斯（1903—1987），亨利·卢斯的妻子；编辑、剧作家、政治家、记者、外交官，1943—1947年任共和党国会女议员，1953—1956年任美国驻意大利大使，1946年皈依天主教。

[4] 富尔顿·约翰·希恩（1895—1979），电视布道者，1951—1965年任纽约助理主教，后（1966—1969）任罗切斯特主教；克莱尔·布思·卢斯因为他而皈依天主教。

顿·J. S.”，这太过分了，这就是她过于甜蜜的性格——混合着糖分、真挚、政治性、提炼过的粗俗、毫无幽默感的无情、商业化的虚情假意的宗教精神，我实在是咽不下。这副样子，我想我会恶心。但是不要把这话传出去：我必须克制我的批评能力，我父母一直这么告诉我。9 月 16 日左右你会在哪里？

爱你的

以赛亚

致克莱丽莎·艾登

邮戳日期 1953 年 7 月 16 日［手稿］

全灵学院

最亲爱的克莱丽莎：

非常感谢你的来信。我也收到了款待你的主人们的信——其中某位写的。詹姆斯太太足足写了 12 张信纸，叙述你是多么了不起——你是如何应对困境，等等——她是人们称之为可爱生物的那种类型。我承认，我没有期待你会很喜欢任何一个坎布里奇人：施莱辛格夫妇我喜欢，两个都喜欢；但对你来说，他是个太聪明的年轻记者，也不整洁，毫无品位。她聪明得多，各方面看都更好。我喜欢
阿瑟，喜欢他金子般的心灵，爱，快乐，等等，但只有他 382
爱慕的玛丽埃塔觉得合适的时候，我才给他写信：他爱任何美丽的面孔，越是乏味无趣越好，比如戴维·布鲁斯太

太[1]，他们之间有过小故事：约翰·裘力斯[2]柔情似水，有维多利亚式的轻浮味道，最适合美国人。当然，他认为你很棒，但又觉得你像斯芬克斯，谜一样难懂：你过得开心吗？他不知道。我很高兴地向你报告，他认为你最后过得还是很开心的。詹姆斯太太是位友善、好玩而又势利的夫人——从狄更斯笔下走出来的列奥·汉特夫人[3]，她在起居室里圈起一群狮子，又不知道该如何处理它们；它们阴郁地互相推搡，她很快就失去了理智。

[……] 我们这里还有克罗尔舞会[4]，场面非常盛大。人们告诉我，参加者分为（1）真正认识主人的，例如约翰·福斯特，西蒙·马科斯爵士，哈尔本太太，富裕的证券经纪人，巴黎罗斯柴尔德家族的亲戚，等等，他们理所应当是该去的；（2）倾巢而出的整个上层社会，第二天他们赧然解释说划清界限是很难的一件事——一旦开始划线，划到哪里才能停止呢？……不过他们感觉“不好”，因为这

[1] 伊万杰琳·布鲁斯。
[2] 约翰·裘力斯·库珀（生于1929年），1954年受封诺维奇子爵二世，戴安娜与达夫·库珀之子，作家、播音员。
[3] 在《匹克威克传》（1837）中，查尔斯·狄更斯刻画了列奥·汉特夫人（《将逝之蛙颂》），通过这个人物嘲讽了作为社交方式的猎狮活动。
[4] 7月8日的舞会主人（《泰晤士报》7月6日上发布通知，告知来宾“要佩戴装饰”）为查尔斯·克罗尔（1904—1979），商业大亨，1953年因收购企业首获巨大成功（私底下他是一个慈善家，艺术品与古董家具的收藏者），以及他的法裔妻子，原名弗朗辛·雷切尔·哈尔朋（约1920—1993）。

不像赫尔顿的派对[1]，在克罗尔舞会上，他们被正式介绍给女主人（我从没有见过她，她如此说弗莱迪·艾耶尔＋比尔·迪金，“我不会不喜欢这些小知识分子”）[2]，然后再被邀请与更多的社交关系见面——不容商量，令人尴尬——不像赫尔顿夫妇，他们不知道有谁来，有谁不来，有可能会为了免除这些麻烦以及为了安全考虑而删繁就简。利利亚[3]打理一切，费了一些劲打发那些无耻询问她拿了多少报酬的人；我次晚见证了这一切，在来自瑞蒙德的些许压力之下，我去 383
了奥地利大使馆，打算陪露西·兰伯特（汉西·兰伯特的女儿）[4]，她讨厌跳舞，喜欢音乐，人们觉得她和我很像。我像一株巨大的仙人掌一样安坐，与利利亚和弗雷德·沃纳[5]聊了一整晚，他们觉得我过得不好。当我问利利亚，克罗尔

[1] 6月9日伯林致罗兰·博登—穆勒的信中写道：“我得去赴晚宴［……］，恐怕他们会邀请可怕的《图片邮报》老板赫尔顿夫妇。我暗自发过誓，如果可以避免，我不会见他们，如果不得不见，就不跟他们说话，不知我能否下定决心。他们一直邀请我参加他们的盛大派对，可如果是令我羞于共处一室的人，我就哪儿也不去了。我对这对夫妇就是这样的感觉。”爱德华·乔治·沃瑞斯·赫尔顿（1906—1988），1938—1957年为《图片邮报》创办人及所有人，他的俄罗斯裔妻子原名尼卡·尤里维奇（生于1916年）。

[2] 伯林此处原文为：ces petits intellectuels ne me déplaisent pas。

[3] 利利亚，威斯敏斯特公爵夫人。

[4] 露西·兰伯特（生于1933年，1965年与艾兰·卡皮莱尔斯结婚），是乔安娜（“汉西”）·兰伯特男爵夫人（1899—1960）的女儿。男爵夫人婚前姓冯·瑞宁豪斯，奥地利裔，比利时银行家亨利·兰伯特的遗孀。伯林战时在美国与汉西·兰伯特见过，战后她回到布鲁塞尔。

[5] 弗里德里克·阿奇博尔德（“弗雷德”）·沃纳（1918—1995），外交官（莫斯科，1950—1951），此时他的职业生涯由于早年与盖伊·伯吉斯的友谊而遭到毁灭，后（1972—1975）任驻日本大使。

夫妇大功告成了没有，利利亚认为还没有：他们至少还需要三场派对；就像疗养院的医生告诉一个富有的病人，治疗对他效果已经很好，但是他还需要再来三次，否则前功尽弃。这是最有乐趣的部分，一群爱德华时代的粗俗而滑稽的暴发户。利利亚抱怨说克罗尔太太没有逐一查问提议邀请的客人，只是把马利奥特夫人的名字划去了，因为在巴黎马利奥特夫人怠慢了她。除了是为了要展示那些渴望享乐的人们构成的景象，以及受到了依据道德原则——或是至少依据某种规则，那真是普鲁斯特式的情景[1]——解释他们行为的某种模糊的必要性的驱使之外，我不知道我为什么要一直跟你说这些。我已经确知自己是斯旺先生[2]，如果我造访戴维与雷切尔，跟他们说我要死了，他们会表现出混杂着真诚的关切与赶去赴古尔芒戴公爵夫妇晚宴的迫切感。不是这样吗？

[……]

爱你的

以赛亚

[1] 伯林致罗兰·博登—穆勒的信中又写道："首先出场的新贵们总是如此好笑，我喜欢听对此巴尔扎克式的细节叙述，更像巴尔扎克，而非普鲁斯特，我得说。克罗尔先生给了克罗尔太太 3000 英镑，让她不要举行这个派对，长期而言这样更省钱一点，因为他害怕失败。凌晨四点，克罗尔太太向丈夫敬香槟致意，说派对还是很成功的——肯特公爵夫人以及贵族成员都来了——他极为真诚地说：'可是罗斯柴尔德家的人没来。'" 1953 年 7 月 28 日。

[2] 在马塞尔·普鲁斯特的小说《追忆逝水年华》中，古尔芒戴公爵与公爵夫人赶着去赴晚宴，查尔斯·斯旺对他们说自己要死了，他们也不太在意。

致罗兰·博登—穆勒

1953 年 8 月 26 日［手稿］

伦敦西南 1 区圣詹姆斯街布鲁克斯俱乐部

亲爱的罗兰：

谢谢你的来信。一切都定下来了，我 10 日动身，把我的书分别包好寄出，以免在纽约海关那里出现痛苦的情景， 384
哪怕莫尔[1]已经派了他的下属来接我。我父亲——但愿我可以认为他的医生错了——也许患上了白血病。当然，这绝对不能让他知道，但我知道，我母亲也知道；这件事是一场可怕的噩梦。父亲现在的医生能力很强，叫哈尔曼[2]，他的诊所在哈莱街，他说不需要血液专科医生了，症状确凿无疑。父亲会日渐衰弱，不知道自己身患绝症，我不想往下说了——可我还得待在哈佛，等着哪天一封电报叫我回去。如果我不来哈佛肯定会让父亲更担心，所以我必须来，否则也许我会打破与哈佛的"君子协定"。《新共和》不幸错误地转述了[3]我对可恶的迈克尔·斯特雷特说的关于女诗人阿赫玛托娃的话。[……] 为什么富有而神经质的美国

[1] 伯林的朋友，(庞森比)·莫尔·科洛思维特（1907—1989），外交官，1952—1958 年任英国驻联合国副代表，1958—1963 年任驻黎巴嫩大使，1963—1966 年任驻瑞典大使。

[2] 约翰·毕肖普·哈尔曼（1907—1994），1938—1972 年任圣托马斯医院内科会诊医生，1947—1972 年任职皇家马斯登医院；工党政治家哈丽特·哈尔曼的父亲。

[3] "致我们的读者"，署名 M. S.，《新共和》，1953 年 8 月 24 日，第 23 页。

人表现得比他们最糟的欧洲同类还要糟糕？抱歉我这封信充满了暴躁与阴郁的情绪。为什么人们必须懂得不要去拜罗伊特，不要去见希特勒早年忠诚的朋友威妮弗雷德·瓦格纳[1]？我后悔在1947年去了萨尔茨堡，但1953年的拜罗伊特就肯定更糟吗？我这封信就以如此阴郁而义愤填膺的语调结束吧。致以问候，我很快就会见到你了：你愿意19日还是26日？

爱你的

以赛亚

迈克尔·斯特雷特的粗俗文章[2]以及它可能会对阿赫玛
385 托娃造成的威胁，使得伯林写了一轮疯狂的书信。

[1] 威妮弗雷德·瓦格纳（1897—1980），理查德·瓦格纳之子齐格弗里德的英国裔遗孀，1930—1945年间主办拜罗伊特音乐节，直至由于与希特勒的亲密友谊而被封杀（她的儿子接管了音乐节）。

[2] 迈克尔·斯特雷特虚构了伯林拜访阿赫玛托娃的故事，部分内容如下："灯光昏暗，墙壁泛黄，家具老旧丑陋，然而伯林却惊奇地看到其中一面墙上挂着后印象主义的杰作，莫迪里安尼的一幅动人的年轻女子画像。'多美的画啊！'喝茶时他说。'画中人是谁？''是我！'老妇人愉快地叹道，'当时我还年轻，战前在欧洲时画的。''谁的作品？'他天真地问。她微笑了：'他是多好的一个男孩啊！英俊，黑色的卷发，只有一件旧毛衣可穿——他太穷了！他画完这幅画，用它和我换了一块面包和一瓶酒。我没有再见到他。莫迪……莫迪……莫迪里安尼是他的名字，'阿赫玛托娃沉思着说。'亚美迪［原文如此］·莫迪里安尼！我一直想知道那个可怜的男孩后来怎么样了！'"引自上文（见原文第385页注3）。

致阿瑟·施莱辛格

1953年8月27日

全灵学院

亲爱的阿瑟：

迈克尔·斯特雷特的事很严重。玛格丽特公主的桃色事件[1]不过只是一次成功的恶作剧，而《纽约时报》也为此一直在道歉（至今已有四封来信，不是我要他们这么做的，每封信都说他们感到被英国上层社会的活泼的年轻人如此捉弄是多么屈辱的一件事）；然而，关于俄罗斯女诗人的事非常糟糕。我在达汀顿宅与迈克尔·斯特雷特会面（他母亲[2]付的钱），当时我在那里做一场讲座，有关音乐的一切[3]。我从来就不喜欢他，知道他把你提到的关于我的那个故事到处说，我一直把他看作初级水平的阿奇·麦克［利什］，不过我想他更不诚实。他宣称他专门过来，为了和我见上一刻钟的面，我们在讲座结束后一起吃饭——这无法避免——他

[1] 马克·伯纳姆·卡特，常因其与皇室关系密切而成为笑柄，当《纽约时报》与他接触，了解关于玛格丽特公主［玛格丽特·（罗斯）公主（1930—2002），乔治六世的小女儿］的八卦消息，他告诉对方几位他朋友的名字，从而使自己的名字没有见诸报端。文章因此也暗示伯林（一位政治哲学家，以“世界上最聪明的人”而著称，并因此备受困扰）也是公主的圈中人，事实上伯林很少见到她。查尔斯·赫西，“聚光灯下的玛格丽特公主”，《纽约时报》，1953年8月2日，第13页和第30页，此处所述相关内容在第13页。
[2] 多萝西·佩因·惠特尼（1887—1968），富有的美国慈善家、社会活动家，她的第一任丈夫维拉德·斯特雷特1918年去世；她与第二任丈夫伦纳德·埃尔姆赫斯特一起把德文郡的达汀顿宅改装为教育与艺术中心。
[3] 8月2日伯林在达汀顿国际学生暑期班做讲座，题为“俄罗斯音乐的起点”。

谈及他在苏联的经历，我说到我的，我提醒他曾经与伯吉斯的亲密友谊，对此他不太喜欢。斯大林的故事在我那个年纪是很受欢迎的莫斯科逸闻，我当然也就告诉他了：关于莫迪里安尼黑色卷发以及一瓶酒这些难以置信的粗俗言论，纯粹只是斯特雷特最令人震惊的杜撰［他的名字在我看来是众所周知的“因为不亮就叫它黑暗树丛”[1]，名不副实的最佳例子——“诚实”是他的名字（其名字 Straight 一词在英文里有“诚实”之意——译注），但他的本性绝非“诚实”］。整个事情很可怕，所有认识阿赫玛托娃的人都把我看作没有教养的撒谎人，对此我的确罪有应得（唉，我像俄罗斯人那样捶打着自己的胸膛），因为我确实和咱们的朋友迈克尔聊天了。他和戴维·阿斯特两人代表了神经质、扭
386 曲、可怜的富家子这类人物，在前纳粹时期德国这样的人比比皆是，现在则是在纽约可以见到最多这类人。为什么（不要因此对我生气）这样的事情只在美国发生？在英国就是最低级的记者也不会写这样的文章。然而这不是重点——阿赫玛托娃夫人与我在列宁格勒的会面之后她是如何想的——如果她看了这令人作呕的垃圾文章，对此我不堪设想。但是当然，她的人身安全才是最要紧的。所以我给迈克尔·斯特

[1] 伯林此处原文为：lucus a non lucendo。这个短语无法充分翻译，它是拉丁词语“lucus”的双关，“lucus”意为“黑暗树丛”，“lucere”意为“发光”；这是词源学似非而是的例子：某个名字似乎暗示了名字主人实际本性与之相反。

雷特写信（见随函副本），请他公开辟谣。你认为这是一个好主意吗？我觉得还是不要再进一步翻腾此事为好，但俄罗斯移民刊物会把这个故事传过去的，如果我可以，最好的办法就是抹掉它。如果他的文章还没有发表，我把信寄给《新领导人》[1] 可好？或者别的哪里？等我到了坎布里奇，我会大胆地与 W. H. 张伯伦联系，坚定地加入法西斯野兽协会。我似乎定然要变成一个惠特克 · 钱伯斯 [2] 了，丽贝卡 · 韦斯特的密友。我会给迈克尔 · 斯特雷特寄一封信，和你收到的那封附件一样，如果你觉得不好，就发电报到伦敦汉普斯特 0912 号，我会重新教导他。我为什么会在美国蹚进这毫无必要的热水里？你肯定看出了我的动机就是不愿到你那幸福的彼岸，是吗？然而，什么都比不上无畏的勇气，我将于 15 日抵达纽约，书分别包装寄到坎布里奇，不能让 1951 年在纽约海关的情景重现，我受不了。我收到凯的来信，她要和菲利普一起来，可是等他们到了我也已经离开，希望这样也好。我很高兴只认识你、奇普和菲利克斯而不是其他人。

你永远的

以赛亚

[1]《新领导人》是自由派的政治文化杂志，1924—2006 年发行（之后只有网络版）。

[2] 惠特克（原名杰伊 · 薇薇安）· 钱伯斯（1901—1961），美国作家、编辑，曾是共产党特工，后来成为同等程度的激烈的反共者；1939—1948 年任职《时代》周刊。1948 年他向反美活动调查委员会作证，指认他所认识的共产党间谍，最终导致阿尔杰 · 希斯的垮台。

〈对于此事以及一切事，我肯定会冷静下来，但目前我觉得这是发生过的最可怕的事。〉

致迈克尔·斯特雷特

1953 年 8 月 27 日［副本寄给阿瑟·施莱辛格］

全灵学院

我亲爱的迈克尔：

387 我收到《新共和》8 月 24 日那期的剪报，看见以你的姓名缩写署名的一篇报道，内容关于俄罗斯女诗人安娜·阿赫玛托娃，并意指内容来源是我。我对这个新闻几乎一无所知；而且你的行为可能会导致什么样的后果，我不知道要从哪里开始对你说起。

首先，关于事实。我的确在比较倒运的时候，在达汀顿，在这个月初，告诉你我在苏联（不是如你所说的在莫斯科）见到了阿赫玛托娃夫人，我告诉了你一则逸事，斯大林的女儿如何帮助恢复阿赫玛托娃夫人的名誉——这则逸事在你的叙述版本中被歪曲了，但重点是，我是把它当作时下流传的逸事告诉你的，而不是一个我有充分证据证实过的真实事件。我也确实告诉过你，我见到一幅莫迪里安尼所画的阿赫玛托娃夫人的画像，挂在她房间的墙上；我还补充说，她似乎不知道自从她 1914 年在巴黎见到这位画家以来，他已经成名。就我所知，关于他，她没有说得更多，而根据我的记忆，我也没有跟你说得更多。黑色的卷发、紧身套衫——

那瓶酒和那块面包——你描述的场景中的其余部分，从何而来？

我有几点要阐明，而最后一点是最令人痛苦而且最为不详的，不过其余各点已经够糟了。

1. 在我与各种各样的美国记者长期以来的愉快交往中，我以为我对美国新闻界已经有足够的了解，认为即便报道内容准确无误，在私人场合的私人谈话是不会被报道的，更不能提供了消息来源人的名字，也没有以正式方式获得消息来源的许可；尤其这还是老熟人之间的聊天，而不是访谈者与他的采访题材的对话。我从来没有见过这样的事情以这样的形式在这种情况下发生，我认识的人也没有遇到过这种情况。你知道有这样的实例吗？

2. 熟识阿赫玛托娃夫人的人中仍有健在者，如果他们读到你对我与她的谈话的叙述，他们会认为我是一个撒谎者，一个粗俗不堪的人，一个无法形容的可悲的小市民，他们说得对。如果他们据此当面羞辱我，我也无言以对，只是我并没有说过在你的报道中所说的话；但是我几乎无法指望他们相信我。人们对印刷文字的信任远远超过他们理应信任的程度。总有一天有人会给阿赫玛托娃夫人看这些文字，这是我实在无法设想的事情。阿赫玛托娃夫人除了是一位天才女诗人，她还是非凡的女性，有非凡的感受力，多年来她就像一位殉难者；我确实不该告诉你我见过她，免得发生如今这样的事情：可是我必须说，听我说过此事的人中，其中也

有美国记者，每个人都理解局势，而且都能克制不让其见诸
388 报端，因为他们通人情。你的叙述与阿赫玛托娃夫人可能会说的话毫无关系，就像已故的伍尔夫夫人[1]不会像女流氓那样说话一样。我无法向你描述我的名字出现在同一段落，令我感到多么无地自容。这一切足以令人极为痛苦了，但是重点还不在这里，更可怕的在另一个层面。

3. 你一定比大多数人都了解，在苏联，与外国人［尤其是英国与美国的官员（“间谍与阴谋破坏者”）］的任何接触，对苏联公民而言，尤其是那些被怀疑是异端或是对共产主义的忠诚度不足的人，是极其危险的。在外媒上刊登有关这类会面的报道，尤其是为了强调反苏立场（虽然完全有理由如此），几乎就可以肯定这会威胁到相关苏联人士的安全。你知道，阿赫玛托娃夫人已经经历了太多磨难——在短暂地恢复身份之后，她又因为已故的日丹诺夫而遭到公开谴责。她的情形只比以前更危险。而你的故事使事情更糟，我觉得我们两人手上都沾着鲜血。我不否认我负有责任，虽然我的确没有想到你会把我对你说的付诸报端。可是，我想，我还是应该意识到不该对你说这些，而且对此我难辞其咎。但我依然要把你当作一个了解共产党以及苏联局势的人，因而向你恳求——作为一个人，不是作为一个记者——尽你所能

[1]（艾德琳）· 弗吉尼亚 · 伍尔夫（1882—1941），婚前姓斯蒂芬，短篇小说家、散文家、文学评论家。

减少已经发生的事情所造成的后果。相信我，我没有夸大事态。也许要身在苏联，人才会意识到在西方媒体上面这些随意的小文章会对苏联公民造成怎样的后果。你的报道可能会被潜伏在美国的卧底发回苏联，而且有可能被俄罗斯海外移民的刊物转载，并且最后传回莫斯科。我当然介意这篇文章令我处于现在这种位置——我为所发生的事情备感屈辱——但是我希望你会相信我，阿赫玛托娃夫人的安全更让我担心；如果一个生命因此被置于危险境地，无论这是多么无心的过失，人都有责任尽其所能弥补自己的行为造成的后果。我不太清楚要做什么，但我必须说最佳方案就是你在下一期刊登一封信，我已经另页附上了。[……]

衷心希望我已经告知你此事的严重性，以及我们双方对此都负有责任。

你真诚的 389

致《新共和》[1] 编辑

[1953 年 8 月 27 日]

牛津

在贵刊 8 月 24 日那期，您讲述了一则关于俄罗斯女诗人安娜·阿赫玛托娃的故事，您认为这个故事来源于我。我不认可您以这一方式所陈述的事实。我听说过阿赫玛托娃夫

[1]“阿赫玛托娃夫人”，《新共和》，1953 年 9 月 14 日，第 22—23 页。

人和斯大林的故事，但那只是无心的流言；我知道阿赫玛托娃夫人拥有一幅莫迪里安尼为她所作的画像，但你的报道中所写的夫人是如何叙述有关莫迪里安尼的内容，我从来没有听说过。我不在意这个报道的可靠性，但仅想明确表示我并非它的来源，报道中的大部分内容，我与您的读者一样，并不知悉。

390 以赛亚·伯林

1953：哈佛大学

每次我离开英格兰来到这座好客而令人发疯的城市，总是陷入个人危机，我不知道这是怎样的奇怪命运。[1] 391

[1] 致约翰·斯帕洛，1953年11月21日。

9月，伯林动身前往美国。他乘坐“伊丽莎白女王”号，与罗尼和玛丽埃塔·特利结伴同行；这是他在哈佛担任访问讲师的第三个学期，其后他将去普林斯顿逗留一段时间，进行研究工作。伯林的第一项任务就是10月9日在史密斯学院做讲座[1]，在那里他的朋友埃德加·温德深陷学术争论之中。

致安娜·卡琳

1953年10月15日

洛厄尔楼

亲爱的安：

[……] 我刚刚去了史密斯学院，在那儿政府与埃德加之间正在进行一场秘而不宣的战争，政府希望人们在召开委员会之前作证，而埃德加是对立一方非常有影响力、微妙的、可怕的领导者。作为前政府职员，我当然只能站在政府一边，被迫像瑞士人那样永久中立地去看望铁幕另一边的人。

[……] 史密斯学院正围绕一位名叫戈勒姆·戴维斯[2]

[1] 对此伯林写信向父母汇报：“我去了史密斯学院，做了一场讲座（报酬400美元），反响很好。他们为我举行了一场盛大的晚宴，我知道在宴会结束的时候，自己会不可避免地被安置坐在一张扶手椅上，其他客人则围坐成半圆，我将经历一场记者会。如果我必须如此，我就这么做吧：于是我说了三个小时，谈及英格兰、俄罗斯、我自己，等等。”1953年10月13日。

[2] 罗伯特·戈勒姆·戴维斯（1908—1998），文学评论家，在哈佛教授英文多年，现在史密斯学院任教，1957—1976年任哥伦比亚大学英文教授。

的英语教授展开激烈争论，此人明显曾经是共产党——看起来就像是某类神经质的受害人——他给麦卡锡作证，使各种各样的人陷入麻烦。你可以想象，他的可怕行为在认为他应该这么说与认为他不该这么说的人，认为他应该做什么与不该做什么的人之间，造成了可怕的争议；有人认为他与他指名的人共谋，有人认为他没有，等等。然而，我不禁想到19世纪90年代发生过的一件事，是我的朋友罗曼·雅各布森告诉我的（他也应该去英格兰）。在19世纪90年代，俄国警察逮捕了一位居住在瑞士的著名革命者德拉孔曼诺夫[1]的秘书；秘书不愿牵连他的共犯，于是他们就找来他的父亲——一位拥护君主主义的乡村黑衣神父——他们告诉这位父亲，他的儿子要被处死——事实上并非如此——请他对儿子施加教诲。神父说，如果让他单独见儿子一面，他会试试。当父亲单独面对自己的儿子时，他靠近儿子，用阴森森的声音说："我的儿子，我知道你已经是被诅咒的邪恶一方，393 犯下了可怕可憎的罪行，上帝会因此惩罚你，你罪有应得；你会被公正地绞死。但是，如果你再犯下犹大叛徒的罪，背叛你的朋友，你一定会下地狱，我将在我的讲坛上公开诅咒你。"说完这些他走了。后来，当他们问他是否劝说成功时，

[1] 米哈伊尔·彼得洛维奇·德拉孔曼诺夫（1841—1895），乌克兰学者、历史学家、乌克兰独立运动支持者，曾为基辅大学教授，被迫流亡并居住在日内瓦，后来由于从事政治活动的原因去了比利时。

他说："我尽力了，他很顽固。"

我想通过这个故事告诉你，它深深打动了我，也在某种程度上触动了史密斯学院的院长[1]——埃德加听了这个故事欣喜若狂，要我允诺把它讲给对立一方的领袖听。这对我来说需要非凡的勇气，还需要借助有关 E. M. 福斯特的回忆[2]。我勇敢地这么做了。[……]

你永远的

以赛亚

致莫里斯·鲍拉

1953 年 10 月 16 日［副本］

洛厄尔楼

我亲爱的莫里斯：

让我先说说当地新闻吧。

莱文回来了，理论上说他成熟了，但实际上还是总冲着新的管理层发出激烈的嘶嘶声响。他对我很礼貌，几乎可算是热情了。他提及我的可怜朋友纳博科夫，称他是"隐蔽

[1] 本杰明·弗莱彻·赖特（1900—1976），1945—1949 年任哈佛大学政府学教授，1949—1959 年任史密斯学院院长。

[2]"［如］果要我在背叛国家与背叛朋友之间选择，我希望我能有勇气背叛国家。" E. M. 福斯特，"我的信念"（原文第 16 页注 3），第 78 页。

詹姆斯太太很担心艾登太太在波士顿留下的坏印象，因为人们觉得她很不和蔼。

我还没有去纽约或是华盛顿，打算到最后才去，我住得很好，一下子就住进了洛厄尔楼[1]六个房间的公寓——没有见什么人——在怀德纳图书馆做研究很开心，这里有许多很棒的俄文书，别的地方没有。

当我没有在想我父亲的时候，我很满足——就像俄国激进主义者19世纪初被流放到彼尔姆与维亚特卡[2]，反而是塞翁失马。

问候所有人

396 你永远的

伯林自1952年起在纳菲尔德学院兼任外聘研究员[3]。但纳菲尔德高级研究员的来信[4]令他大吃一惊：学院执行委员会的“绝大多数成员”希望他担任即将在1954年10月出现

[1] “除了有个装着胚胎的瓶子让我不敢看，还有几只猴子标本之外，我这五个房间的公寓还是非常宽敞舒适的，比我以前住过的都好得多。”致莫顿·怀特，10月21日。

[2] 彼尔姆与维亚特卡（现称基洛夫），靠近乌拉尔山脉的城市，俄罗斯国内流放地，1835年亚历山大·赫尔岑被流放维亚特卡。

[3] “纳菲尔德学院起初既有自己本来的研究员，也有外聘研究员，意即你是另一个学院的研究员，但是可以成为他们的外聘研究员——在他们还在发展培养本院研究员的同时。我就是其中一个，因为我是科尔的朋友。”迈克尔·伊格纳季耶夫采访伯林录音之二十八。

[4] 1953年11月2日，玛杰里·佩勒姆来信，随信附上院长的收入明细表，向伯林保证学院正以“极大的善意和热情的欢迎”等待他的到来。

的国际间谍”；称新任校长[1]是“雷德·克洛格[2]干劲十足的朋友”。

新校长上周一在这里吃了晚餐——我没有和他谈话，但是近距离观察了他。他看起来就像一张修饰过的罗德学者的标准照，用玻璃纸包着放在冰箱里。他像是一位19世纪90年代的、热切的、维多利亚式的、年轻的主教，在贫困的传教区完成了了不起的工作回来，精力充沛地担任牧师一职。他没有幽默感——非常虔诚——充满使命感。他是一个很不错的人，单纯，在公民自由方面我想他的立场也是对的；不太聪明；他的地方主义观念极强[3]。他的妻子就像是一位活 394
泼的教区牧师之妻。他与玛丽·帕金斯不是一派。年轻的阿瑟已经嗅到各方对他起了杀心，雷电将至。他信奉教学——不喜做研究——相信国王与臣民之间的直接关系，也就是说，学生可以越过院系的繁文缛节和层层官僚直接找他。邦迪狂热地爱慕他。今年将会有许多麻烦事。

[1] 纳桑·马什·皮由兹（1907—2001），1944—1953年任劳伦斯学院院长，1953—1971年任哈佛大学校长；麦卡锡参议员（其影响力以劳伦斯学院所在的威斯康星州为根基）的坚定支持者，麦卡锡曾如此评价皮由兹被任命为哈佛校长一事：“哈佛之失即是威斯康星之得。”（《时代》，1953年7月13日，第15页）他的妻子原名安妮·伍德沃德（1914—2004）。

[2] 弗雷德里克·布雷纳德（“雷德”）·克洛格牧师（1909—1958），1940—1958年任哈佛与拉德克里夫美国新教圣公会附属教堂牧师。

[3] 在致莫顿·怀特的信中，伯林评论皮由兹“也许会洗清哈佛危险思想的污名，但在这一过程中，也平缓地降低了哈佛的水准，但是这样的降低将是非常缓慢而渐进的——要过十年才会感到变化——到那时他也许已经去了更为广阔的天地了”。1953年10月21日的信。

空缺的院长一职的候选人。

致玛杰里·佩勒姆[1]

1953年11月7日[2]［打字稿］

洛厄尔楼

亲爱的佩勒姆小姐：

首先我必须为没能及时回信而道歉：我人不在牛津，去新英格兰讲学了，三天前才收到您的来信。如您可以想见的，来信内容令我深受感动。我在纳菲尔德学院的同事对我如此信任，而我所做的工作又如此之少，实在是受之有愧，唯有对此表示深切持久、诚惶诚恐的感激。

执行委员会希望提交院长与研究员们表决的议案，令我非常意外而震惊，我还没有完全从中清醒过来，还不能做出

[1] 玛杰里·佩勒姆（1895—1982），1939—1963年任纳菲尔德学院的行政研究员，1939—1948年任牛津大学殖民地管理学高级讲师。伯林认为她是“歇斯底里的老白痴”：［致莫里斯·鲍拉的信，1953年］11月28日。

[2] 同一日期有两个版本的信件。被弃用的第一版（副本仍在）虽然与第二版大部分都相同，但内容显然更为消极：“我希望，我能保证经过认真考虑，在您提到的日期之前给您明确答复，但恐怕我不能这么做。［……］首先，如果有任何其他候选人是由反对我的一方支持的，我不应期待我的名字在该职位的候选人名单之列，我就不要参选了，当然，我很希望这样，可以在全灵保持自由与无拘无束，不再想这个晋升机会。但是我还是停止了这种想法，我想，纳菲尔德的研究员也许比我更有智慧，我不该如此轻易就放弃这样的荣誉、机会与责任。［……］我的管理经验实际上微不足道。［……］我个人的兴趣在于历史与意识形态，而不是当代或社会义务。［……］也许纳菲尔德勋爵并不赞成我［原文第400页注2］，即使在政治上或许我也不该令他吃惊。［……］我还想时不时去巴黎，有时是美国的图书馆查阅俄文书籍。”

明确的决定。面对如此重大的荣誉与责任，我从最初的震惊中恢复过来之后，开始认真思考您所说的话，学院即将步入一个关键的十年——筹资修建图书馆、餐厅、大楼的迫切需要令我得出结论，与学院其他研究员相比，我也许不是那么适合这样的重任。我也不知道我是否能够在如此短的时间内
397 妥当地离开全灵学院，尤其在我为了专门从事研究而重新回到全灵之后；不知道院长的职责是否能给我留出时间写书，而我现在又感到确切无疑的道德义务在驱使我完成这些书。此外，我还没有考虑到自己是否适合这个位置，这一点在别人眼中会比在我自身看来更加明确——但我不会让我的疑虑与踌躇对您造成压力。在我看来，这个职位需要承担的一切需要非常慎重的考虑。必须承认，我对纳菲尔德学院院长的责任与需要解决的问题并不是很清晰——他的责任范围，学院拥有的、处理学院资源或是学院变革的自由度。我这么说的意思，并非是在我心里已经有了特定的计划，并且询问它是否可行；而是想更笼统地询问相关规则的严格程度如何——在理论或是实际操作层面，学院对理事会或是纳菲尔德受托人[1]的依赖程度如何，它的捐款如何专款专用，等等。我深感羞愧，承认我对这一切一无所知——我必须了解相关事实，即使看不到相关文件。但我担心自己对这些非常

[1] 纳菲尔德是牛津大学首个在建立之初就不完全独立的学院，在牛津大学七日理事会的指导下开始运作。

基本的因素毫不知晓。同时也无法通过往来信件就能有效了解这一切——也感到不能让您或是其他研究员承担此事——我指的是为我开设函授课程讲授纳菲尔德学院的管理入门知识。但我也同样感到在我清楚地掌握这些事实之前，我是无法做出决定，乃至平息我心中无数疑惑的。这些问题肯定只有通过私下讨论才有望解决。遗憾的是，我必须在美国待到差不多 12 月底，然后初春要去普林斯顿。但如果您与学院还是觉得此事值得一试，我会在明年春季学期的第一二周去牛津——那时我们可以谈论此事。我非常理解，您更需要在下次院长与研究员的会议前得到一个明确的答复；我也希望自己能够给出这样的答复，但是我不能。如果你们认为此事不宜推迟到 1 月，必须要在圣诞节前定下来，我当然也会理解你们这么做的原因。可是我越是考虑此事，就越是认为自己在清楚了解这样的机会与责任之前，是不能贸然接受的——因此亲自造访必不可少。如果在此期间，您认为在院长与研究员面前尝试提到我的名字是合适而有益的，既没有让学院也没有让我本人受到民意的考验，我不会反对。我只希望我所要求的没有给学院带来太多不便——如果有，我在现阶段就收回这样的要求会比较合适。如果不是这样，我会
安排在 1 月中旬之后留在牛津两周；到时会提醒您我有各种 398
各样的不足。不过目前我必须说的是——并请您代为转告执行委员会的其他成员或是任何相关人士——无论结果如何，他们采取的这一行动比我此生遇到的任何其他事件都更令我

充满自豪与快乐。为此，我会永远感激他们。

您真诚的

以赛亚・伯林

致玛丽与门德尔・伯林

星期五［邮戳日期 1953 年 11 月 8 日，手稿］

洛厄尔楼

亲爱的爸爸妈妈：

纳菲尔德学院如何？年薪 1800 镑 +400 镑（非税）津贴，税后收入大约 1400 镑？ 1954 年秋季开始。一栋房子，无税费；退休年龄六十五岁；职责，每个学期在牛津六周（可以一次离开大约七周；甚至去美国）。

利：(1) 身份。很体面：我的前任包括哈罗德・巴特勒爵士、亨利・克雷爵士[1]、勒弗戴先生[2]。管理与行政职责：我不介意，也做得不错；与政界和商界人士打交道，对我来说不会要命。校区在通往卡法克斯交叉路口与伍斯特学院的路上，有个大门门口可乘坐卡法克斯与车站之间的 1 路巴士；其他的大门朝着乔治街，靠近那里的电器商店。如果可以，我会请意大利夫妇来照顾我。

[1] 亨利・克雷爵士（1883—1954），经济学家，1944—1949 年任纳菲尔德学院院长。

[2] 亚历山大・勒弗戴（1888—1962），经济学家，1946—1949 年任纳菲尔德学院研究员，1950—1954 年任院长。

(2) 不再有下金蛋的道德义务。

(3) 人生有了明确的职业。

弊：失去了自由。失去了全灵学院美丽的房间，美好的生活，有了高处不胜寒的孤独，虽然只是一个卑微的高处；当教授赚的钱也一样多；地位一样，也许甚至还更低一点；要做二十年的讲座，这会让我疯了。

纳菲尔德的同事们：索然无味，沉闷，刻板；但现实——经济学家、地方政府学专家、套中人[1]，期待我能够让他们更有人情味、更文雅一点。

我会写封拖延回复的信，跟他们说我在1月底会去见他们（圣诞节不好，谁都不在），也就是在从尼斯回家的路上。[……]

以赛亚

我会就此难题请教戴维、汉普希尔、A. H. 史密斯（我
要尊重他的意见）、鲍拉、斯帕洛、哈特（虽然对他的意见 399
没有那么尊重，莫里斯会有点妒忌；斯帕洛会真心因为失去我而不悦的，因为我给全灵带来了名望；哈特心眼太小）。

你们认为这个分析正确吗？我还应该问问谁？如此足矣。

[1] 伯林此处原文为：люди в футляре（lyudi v phutlyare），即藏身于硬壳之下，典出契诃夫短篇小说《套中人》。

伯林适时向那些可能会对他面对的难题给出有益建议的人寄出大量信件（也给那些不太可能这么做的人写信了）。在其中一些信中，他附上了如下担任纳菲尔德院长的利弊对比分析表。[1]

赞同的理由

1. 我私底下蛮喜欢行政管理的日常工作，而且表现得不像我看起来那样糟。

2. 我也许希望在更好也更有意思的领域做点真正的事，这样要比现在被追逐的状态好，我也可以不用做那么多的伪研究。

3. 足够的薪水、住房等，可以去哈佛等，但这些并非必不可少。

4. 免于定期下那些即使不是金蛋，至少也得是体面的铜蛋的道德义务。

5. 从事研究的时间基本一样，如果不用承担其他学院工作，例如授课、做讲座等。

6. 无论如何，无论在哪里，我都会完成我向全灵学院承诺要完成的项目。

7. 在纳菲尔德研究的课题也许比较乏味，但它们大多

[1] 伯林还指出了纳菲尔德学院管理的关键问题。在这方面他如此总结：我认为大多数人会本能地认为这不该是我要做的事，可我还是克制不住做了。[牛津大学博德莱安图书馆伯林夫人 317，文件夹 113]

数是真实的；那里的人们也是，有种诚实与可敬的氛围。

8. 我想在我的人生中尝试组织并建立一些东西，而且内心暗暗期望能把它做好，而这个职位为我提供了这样的机会。

反对的理由

1. 可怕的同事们，不会很快改观。

2. 需要为建新图书馆、餐厅等项目筹资，这方面我不擅长。

3. 与纳菲尔德爵士[1]这样令人难堪的人，还有各种商界政界人士的关系，他们绝不会喜欢我。

4. 校园环境不美。

5. 受牛津束缚，不能在假期一次离开四五周去美国查资料，基本失去自由。

6. 靠不真实的权威，管理一个荒唐的、满是由外聘研究员、企业家及其他赞助人组成的不真实的学院，也许根本无法实现自主权与行动自由。

7. 我离开全灵也许是个错误。 400

8. 愚蠢地在余生中失去在精致环境中的自由与舒适的生活——为了什么？

[1] 威廉·理查德·莫里斯（1877—1963），纳菲尔德子爵一世，汽车生产商、慈善家，1919—1952 年任莫里斯汽车有限公司主席。纳菲尔德学院由他出资建立，以他的名字命名，并建在他拥有的土地上。

致戴维·塞西尔

1953 年 11 月 8 日［副本］

洛厄尔楼

亲爱的戴维：

原谅我用打字稿，不过这样我的信更容易读些，一直以来我都非常感谢你的来信——在我最需要安慰的时候，它们总能如此安抚我。我真的不知道自己为什么一直要来这里，几乎只要我一到达，我就感到了忧郁，而且会一直持续到离开。我可以见到哈尔本的房子[1]，清晰得如同就在我眼前，而在各种混杂的风格与物品之中，可怜的艾琳不太知道哪儿错了，或者究竟有没有错。

还有其他许多事我想写——伊丽莎白在此地[2]的影响——即将到来的维奥莱特·伯纳姆·卡特节[3]，以及这里的女主人们对此事的反应；它非常具有维多利亚时代风格，

[1] 哈尔本夫妇最近已经搬到了海丁顿宅，这是一座庞大的 18 世纪的宅邸，位于牛津郊外的旧海丁顿，房子周围有很大的空地。戴维·塞西尔给伯林写信，说曾经是“十足的 18 世纪英式房子”现在变成了“1925 年的慕尼黑——全是棕色赤裸‘人’体的木制品 + 墙上塞尚的几幅涂鸦。不是很好看。然而可怜的艾琳已经意识到什么了，她紧张地看着我，我撒谎说这样很好。与此同时，弗兰克斯住进了哈尔本夫妇原来的房子，注意看，它从慕尼黑式住宅变回了爱德华时代中产阶级的英式住宅。”信件没有日期。

[2] 1952 年丧偶的伊丽莎白开始定期在美国巡回演讲，担任特聘作家，试图维持（最终没有成功）她在爱尔兰的家——鲍恩宅邸。

[3]“我累坏了，心力交瘁，为维奥莱特夫人准备假期——我已经组织了为期一周的自由式庆祝活动——维奥莱特·伯纳姆·卡特节——在马萨诸塞坎布里奇。”（致乔治·威登菲尔德的信，1953 年 11 月 17 日）伯林与雷蒙德·伯纳姆·卡特还一起为维奥莱特夫人组织了一场盛大的派对。

非常值得向你形容一番。这是真正的地方情感与道德观念的最后希望之所在，与我们的生活完全不同，不过我必须跟你说说我的危机，每当我来到大洋彼岸，它们就会令我头脑欲裂。

我不知道消息是否已经传到你那里了，纳菲尔德学院突然决定把它自己交给我——当然还必须经过那里的理事会同意，但如果他们只提名我一人，我想，只要我同意，就会得到这个职位。这首先看起来就很疯狂，我随信附上了一张利弊对比表，我也给斯图尔特，也许还有莫里斯各寄去了一份。

在你开口之前，让我先说几句——全灵学院已经越来越沉闷无趣了。需要就学院政策的每一个小条款与斯帕洛进行漫长而神经质的争论，既令人筋疲力尽也沮丧厌烦。我很愿意住在一栋房子里，而不是一个房间；让一对夫妇来料理我的生活，周末可以举行招待活动，年薪是1800英镑，加上400英镑的招待费用；数额不大，但过得去。

我私底下为自己是如此一个研究员而感到难堪，既有下 401
金蛋或是铜蛋的道德责任，又相信无论在哪里生活，所浪费的时间都大体相当。我对行政以及文件工作不反感，内心还觉得蛮享受，也许是因为这样能逃避更痛苦的工作——例如写书——战时我在华盛顿做得也不差。

我于1938年转到新学院，以为那样就不用承担在全灵学院要完成的写书义务，但在那里并没有比后来在全灵学院多写或少写。无论在哪儿，我肯定可以写完我承诺要写的书——没有写完我会很惭愧的，我不会因工作的变换而停笔。另外，纳菲尔德学院是林赛与科尔的孩子——它乏味单调，是伦敦某个社交会社虚假的模仿——我觉得它的一切都怪异冷漠。我还担心，他们之所以需要我，是因为他们觉得自己太乏味了，想变得更牛津化一点，总体上也更有人情味一点。那里就像一个女子学院，等等。我不用多说了。我不知道我可以在何种程度上让它朝着什么方向运转，但不管怎样我想试试，放弃我在全灵的美丽房间以及大权在握的生活，是否显得荒唐？

如果向我提供这个职位的是圣安东尼学院[1]，因为比尔·迪金要退休，在某个方面我会更倾向于纳菲尔德，因为圣安东尼在我看来就像是（看在上帝的分上不要告诉任何人）一个由好朋友组成的俱乐部，我会非常害怕那里太舒适也太虚假，而纳菲尔德的乏味与阴郁的现实氛围会让我觉得有严肃感与正当理由；因此请写信告诉我你对此是如何想的。

我考虑给史密斯写信——直到最后时刻我才敢给斯帕洛写信；他会暴怒的，如果我真接受了这份工作，他永远也不会理解我的动机，这事与当时你接受了剑桥职位那次有点类似。

虽然我想自己不会很快结婚，但也不确定自己是否准备

[1] 那时，全灵、纳菲尔德、圣安东尼是牛津仅有的三个不收本科生的学院。

永远住在一间学院宿舍里。

我想给他们写信，把事情搁一搁，说我1月会回来与他们谈论此事——我甚至比我所希望的还更有责任感。我可以拒绝这个职位；也许如果我得知自己被正式任命，或者确认自己被否决了，我会一样感到如释重负；选择是地狱；然而最终我还是得做出选择，义无反顾。我远没有那么肯定自己想继续当二十年的教授，讲授政治理论，即使我得到实际的承诺，所以快点给我写信吧，我将不胜感激。原谅我如此匆忙地写了信并寄出——我必须下周内答复，所以请寄航空信回复我——不论回复有多短。 402

一千次地向你道歉，因为要你为此烦心，可是你比别人都了解我，迄今为止你的判断也是最有价值、最有智慧，也是最好的。这么说是因为过去我总是发现事实就是如此。我会问斯图尔特，可是他满脑子都是空想；莫里斯会率性给出回复。现在也没有必要询问斯帕洛（不管怎样我还没有给他写信），我还有谁可以问呢？詹姆斯会吓坏的——我会问问比尔·迪金，也许还有惠尔，但我还是要再次对你说，我对你的信任远远超过了对所有其他人，也超过了对我自己的信任，因为如你常说的，我们的态度完全相似，价值尺度也是，因为我对你的感受与结论的信任，超过了我对所认识的所有其他人的信任。

一如既往的

伯林开始收到来自牛津的建议。

致莫里斯·鲍拉

1953 年 11 月 19 日

洛厄尔楼

亲爱的莫里斯：

非常感谢你的来信[1]。它超过任何其他单一因素，包括我本人的直觉，帮助我做出有关纳菲尔德的决定，我确信你从各方面来说都是正确的，你的判断也是决定性的。

这封信是我匆忙之中写的，我明天还要写更多封信；同时，我给佩勒姆小姐也写了信，对她说我无法明确答复接受与否，但是 1 月份会去与他们面谈此事，然后我又给她写了信，打算和给你写的这封一起寄出去的。我在信里说，如果事实与资源与我设想的一致，我愿意接受这个邀请[2]，但还是希望在最后敲定之前可以先和他们谈谈，所以在他们下一次的会议上，我想应该是 11 月 25 日，他们会把我当成一个有意向但是尚未最后确定的候选人，几乎可以确定接受职位了，但又尚未说定。我想这样很好。

同时我必须咬酸苹果了，给斯帕洛写信。我之前只随

[1] 鲍拉从牛津的小道消息听说了纳菲尔德学院对伯林的邀请，在 11 月 11 日给伯林写了信，第二天收到伯林回信后又给伯林去信。鲍拉对局势进行了条理清晰、颇具洞察的分析，直率评价相关人物，自我贬低了他本人与纳菲尔德勋爵有技巧的交往，最后强烈敦促伯林接受这个邀请。

[2]“我［……］已经做出决定，我愿意接受执行委员会的提议，但还是无法彻底确定，因为我真的对学院与院长一职所具有的执行权力深深而又羞愧地一无所知；如果你们接受我的提议，并允许我在 1 月底回来与学院成员讨论此事，我将不胜感激。”致玛杰里·佩勒姆，1953 年 11 月 16 日。

意地给他寄了一张明信片。他是我所知道的唯一一位能在
信里大吵大闹的人；可能得和他这样一位非常擅长吵架的
人长久共事，就是我想离开全灵学院的原因之一。我同意 403
你的意见，我们反对他的敌人是绝对正确的，孟提斯[1]与
公司的胜利也令我很遗憾。约翰肯定会指责我犯了叛变罪，
但是我比其他任何人都对他的入职帮助更大，无论是在起
初、在最后（在中间唠唠叨叨过），他不会有太多抱怨，如
果他对我抱怨，如果你某天可以向他指出这一点，我会很感
激你。

纳菲尔德勋爵那边我当然会需要你的帮助，其他人的关系我有把握可以处理得来；史密斯还没有来信，但我很高兴他支持我——一定要告诉他立刻给我写信。斯图尔特起初不同意——然后改变了主意。奎因顿从某处了解了这一切，悲伤地给我来信，求我别走，我希望最后他也被吸纳进纳菲尔德，他是一位很好的老师，也许会成为一位政治学专家，在我看来他似乎天生就是纳菲尔德人。

你的

以赛亚

[1] 查尔斯·蒙哥马利·孟提斯（1921—1995），律师、出版商，1948—1988 年任全灵学院研究员，1953 年加盟费伯出版社，1954 年任主任，后（1977—1980）任社长。

致约翰·斯帕洛

1953年11月21日［手稿］

洛厄尔楼

我亲爱的老朋友！[1]

唉，又到了这么称呼你的时候了：每次我离开英格兰来到这座好客而令人发疯的城市，总是陷入个人危机，我不知道这是怎样的奇怪命运。1949年，是新学院英语研究员一职，令我与戴维·塞西尔的友谊承受了所谓的“巨大压力”；1951年到全灵学院，最终所有相关方面都获得更愉快、更荣耀，也更为人称道的结果。而现在，我突然收到来自纳菲尔德学院高级研究员佩勒姆小姐的来信，邀请我担任他们的院长，并说他们几乎一致同意在七日理事会上提名我担任这个职位。我大约在两周前收到这封信，自那时起我想了许多。我天生的本能是坚定拒绝这个邀请并且不再想它。从表面看，它有什么可以诱惑我的？无趣的学院，靠近车站，归属当地政府，行政管理的琐事，一所自认为是学术贫民窟的学院，伦敦政治经济学院与谢菲尔德大学的混合体，
404 一个男性研究员宁愿选择去别的学院也不会去那里，一所纠缠着商人、银行家、赫伯特·莫里森们、公务员，来自英

[1] 正如伯林在1962年给斯帕洛的信中承认的那样，“这样的称呼方式总是意味着一场危机”。

联邦自治领地与商学院的阴郁的研究生、熏橡木[1]、邓禄普橡胶垫，被牛津的其他学院看轻，它自己的创立者视其为一群赤色分子[2]因而厌恶它，有可能隔绝了我与我乐意视为同等者之间的交往，剥夺了我的自由，可爱的宿舍、独立、身份——这一切都背离了我对我曾亲切称为“老学院”所怀有的真实感情——我为什么要考虑此事？然而，在第二天冷静下来之后，我想：如果这职位夺去了我许多的闲暇，使我无法完成我向全灵许诺要写的书，那么我不会考虑接受它，事情就此终结。可确实如此吗？各种各样的考量浮上表面，没有一个是决定性的，但是它们累加起来的结果却很强烈。

(1) 我强烈地感到作为一只被期待能够下不是金蛋也得是铅弹或是铜蛋的鹅是多么难堪。如果我的力作在1955年没有完成，另外两本也拿不出来，我不太可能被赶走，但是我对人们对研究员的看法与期待非常敏感——太敏感了——它们让我惊惧：我1948年［应为1938年］去新学院就是为了避免这样的情况（虽然我写了一本书，也在学术刊物上发表了文章），如果我的新兴趣与新学院的普通教学研究职位能够和谐一致，我也不会回去。它不至于让我没法生活、

[1] 被氨熏蒸过的橡木（促其老化）变黑；20世纪早期这种方法很流行；诺埃尔·考沃德1935年以此命名他的短剧，象征令人窒息的体面可敬，不过伯林也许联想到的是20世纪40年代的简朴的实用家具。
[2] 纳菲尔德勋爵，社会保守党，本来希望建立一所工程学院，但是牛津大学更希望它是社会研究中心，对此勋爵并不赞同。不过纳菲尔德学院还是继承到其创立者的大部分实质财产。

工作、享受人生：但我非常介意此事。还有在道义上与法律上我都需要做讲座以及教学，即使不需要，我时不时也会这么做。

(2) 我可以不用成天待在学院的宿舍里，房门洞开，鉴于我的性格，这不可避免。我不大可能结婚。我想要一个有前门的房子，有能力留客人住下来，而不是让他们全挤在一间屋里。

(3) 我内心有改善人类的欲望，虽然我强烈反对其他人所具有的如此欲望。我希望促进学术。如果我可以改革纳菲尔德，扔掉朽木，提升水平，拓展“社会研究”的内涵，把历史、各种各样的历史——科学、艺术、俄罗斯等——都吸纳进来（这是典型的轭式搭配，什么的典型？谁的典型？请你帮我确认），我想试试。

(4) 很奇怪，我不是一个不可救药的官僚：这点令紧张的神经平静下来——对我来说是这样——这与写作的痛苦相反，现在我把写作与社交活动对立，而这只会让我的负罪感更为加深。

(5) 全灵学院，它的人数，人们之间发生的冲突，有点太容易让我动情：我太介意孟提斯这类事情，太介意了，因
405 而做不成什么事。我想，我比你要介意得多，你更了解自己的心智，值得称道而令人嫉妒地独立而意志坚强（这正是你能够理所应当地成为院长的理由）。

这一切使我没有作出决定：我想如果没有时间给我写

书（比如惠尔就这么想），或者，如果纳菲尔德及其院长的权力与经济力量无法实行最低限度愿望的变革，那我就不去了。所以，我需要知道相关事实才能决定。如果这些威胁可以克服，那么我也许会接受的，尽管那里沉闷，有熏橡木，是个荒唐的地方。所以我给佩勒姆写信：表达感激之情，对她说我会在1月中旬回牛津，像美国人那样优雅地说："探探路"，通过面谈了解事实。我尚未表态，而对提名我的人——诚实的杰克·巴特沃斯[1]——我写的信则热情洋溢得多。接着我收到我们智慧的老校长的来信：他是良好判断力与同情心的典范，你知道，在这样的时候他的反应令人钦佩。接受吧，他说，接受接受接受。然后是另一封信——第二天，还是一个意思，更强烈、更温暖、更亲切。然后是戴维·塞西尔的来信，意见一样，不过比较温和谨慎一点。还有斯图尔特，先是反对，然后同意。只有奎因顿反对（他是听说此事的）。由于某种原因我没有在第一周给你写信——因为我看错了选举日期，觉得不应为此打扰你，而莫尔斯[2]

[1] 约翰·布莱斯多克（"杰克"）·巴特沃斯（1918—2003），巴特沃斯男爵，1946—1963年任新学院研究员（1956—1963年任财务主管），1953—1958年任纳菲尔德学院研究员，后（1963—1985）任沃里克大学的创始校长。
[2]（克里斯多夫）·杰里米·莫尔斯（生于1928年），银行家，1953年经选拔获得全灵学院奖研金（1953—1968年以及自1983年起任研究员），后（1977—1993）任劳埃德银行主席。（科林·德克斯特小说中的侦探以他的名字命名，与莫尔斯同时获得选举研究基金的是P. S. 刘易斯。）

与霍洛威[1]的事情还没有平息。也许还有更强烈、更深层次的原因（虽然我这么说也许太自以为是），我担心你也会反对，因此在我充分考量、权衡利弊之前，太早告诉你会让我觉得很惭愧很苦恼。可是我必须咬酸苹果了，我渴望得到你的意见，你是我的挚友、冷静而智慧的评判者、院长。如果［我］是纳菲尔德学院的院长，理论上或是按照规定，我能否成为领取50镑年薪的前研究员[2]？像布鲁克[3]担任学监时那样？我不太确定那样行不行：我是多么希望能够如此啊！尽管需要进行过于激烈[4]的选举（不过我觉得自己说话口气就像费伯。停。）我想我宁愿当纳菲尔德的院长，也不要当主席。无论怎样我会在1月回来谈判，我告诉纳菲尔德，如果他们不能等，他们应该另选他人，这样我也就内心释
406 然了。

你如何看？对我而言，让我对自己最感吃惊的不是想当院长的野心——纳菲尔德毕竟是一个古怪的地方，去那里当

[1] 约翰·霍洛威（1920—1990），哲学家，后来成为文学评论家与诗人；1946—1960年任全灵学院研究员，1949—1954年任阿伯丁大学英文讲师，1954—1966年于剑桥任教，1955—1982年任剑桥女王学院研究员，后（1972—1982）任剑桥现代英语教授。他申请研究员职务（失败）引起全灵学院的派系争吵。

[2] 金额为50英镑一年的研究基金，提供给曾经担任全灵学院研究员的人。

[3] 维克托·约翰·奈特·布鲁克（1887—1974），1938—1959年任全灵学院研究员（自1953年起担任牧师），1930—1952年任牛津圣凯瑟琳学院协会（原为不属于学院的研究学者组成）学监（即会长）。

[4] 伯林此处原文为：emotionné，应该是émotionné。

院长地位还不及我目前的身份——而是我隐藏在内心的推动变革的热切本性，我之前对此几乎一无所知。唉，我不知道自己真正想要什么：永远也不会知道。我甚至想寻求当教授，这样可以不用被迫写书：当然，我会写的（像卡尔·马克思那样）。一定要给我写信［……］

爱你的

以赛亚

致理查德·魏赫姆

1953年12月3日

洛厄尔楼

亲爱的理查德：

请原谅，现在已是深夜，我累极了，但觉得应该及时回复你的来信中有关赫尔岑[1]的问题，就简略地给你回封信吧。

希望我知道想说什么。我知道莫拉的译本[2]很糟糕——我看了她翻译的前二十至二十五页，还不是那么坏——但我

[1] 在魏赫姆近期未注明日期的来信中，说到莫拉·布德伯格翻译的赫尔岑的《彼岸书》（威登菲尔德与尼克尔森文库，由伯林、斯图尔特·汉普希尔与魏赫姆编辑）"不可读"，如果伯林可以担保译文的准确性，魏赫姆想去除书中文体风格的缺陷。

[2] 莫拉·布德伯格作为译者的声望不高，根据她的传记作者妮娜·波波罗纳所著《莫拉：布德伯格男爵夫人的危险人生》（纽约，2005），第285页。她的译稿需要其他译者的修改。

严重低估了自己改完她全部译稿所需要的时间。恐怕还不只是修改文体与习语的问题，因为在前二十五页就有非常严重的错误，无疑后面会有更多——我不相信她是自己翻译的，显然是转手外包给了某个不具资质的寄生翻译枪手公司。

现在这儿有一位名叫乔治·西格尔[1]的人，他的译文可读性要好得多，没有硬伤，只需要修改一些文体与习语。他愿意——我想，不收我们的稿酬，你认为我可不可以悲观地无视莫拉的译本，把付给她的稿费就当作白扔了，出版西格尔先生的译本，不提其他任何事情或人物？这是大胆的策略，会让莫拉和她的朋友很苦恼，但在目前这种情况下，除非我们有时间改完她的全部译稿，而这得到4月或是5月才能完成，我想走另一条路更妥些。这样是不是太肆无忌惮了
407 点？可怜的西格尔，他是为他的博士论文做的翻译，并不知道要如何处理自己的译稿，他的翻译比莫拉好得太多，虽然在某些地方还有点粗俗、不够完美。[2]

[1] 乔治·西格尔（1924—2000），在哈佛教授俄罗斯文学，后来在布兰代斯大学与马萨诸塞大学教书。

[2] 结果魏赫姆的结论是，西格尔的译本也需要太多的修改才能取代莫拉·布德伯格的译本。于是伯林修改了后者，最后悲哀地对马丁·玛利亚评论说（1955年4月30日）：“至于《彼岸书》，最后实际上是我翻译的。我很想在书的封面上写上‘由布德伯格男爵夫人自俄文翻译并由伯林先生译为英文’，但是我不敢。”伯林在为亚历山大·赫尔岑的《彼岸书》写的导语中把翻译归于莫拉·布德伯格名下，理查德·魏赫姆所译《俄国人与社会主义》（伦敦，1956），收入《观念的力量》一书中。

告诉我你的想法。希望我知道《刺猬》怎么了[1]。听说诺埃尔·安南对它评价很友好，不过我还没有见到他的广播稿。《泰晤士报文学副刊》刊发的重要文章虽然仁慈而善意，实际上却没有什么识别力，乔德式的技巧；威尔顿[2]与伍尔夫的事很有意思，不过伍尔夫在书里是怎么说我的？[3]我对这些都不了解，真可怕。置身如此单调的环境之中，我被迫变得自我中心了。纳菲尔德如何了？你应该听说了。我打算在1月中下旬回去，到时见你。（我可否在伦敦逗留？）

菲利普[4]写信告诉我他的父亲打算在《观察家报》上为我写书评[5]。哦，上帝，我真的不要再如此在意此事了。想

[1] 伯林的小集子《刺猬与狐狸》11月已在伦敦出版（美国版在1954年发行）。大多数的评论反应热情，其中包括安南在第三套广播节目中所做的评论（“刺猬与狐狸”，《听众》，1953年12月3日，第943—944页）。伯林误以为《泰晤士报文学副刊》（11月20日，第743页）上的重要文章（“狐狸与刺猬”）是编辑阿兰·帕西—琼斯所写，而事实上作者是E. H. 卡尔。
[2] 托马斯·杜沃（“哈利”）·威尔顿（1896—1958），1923—1958年任莫德林学院研究员与哲学导师；他的书《政治词汇》（伦敦，1953）遭到伦纳德·伍尔夫的严厉批评（“词语与政治”，《新政治家与民族》，1953年9月26日，第351页）。魏赫姆向伯林抱怨（来信未注明日期），虽然该书糟得无法形容，伍尔夫选择批评的恰恰是书中的几个出色论点。
[3]《政治原则：共有心理研究》（伦敦，1953），《洪水之后》第三卷，书中（第243—244页）赞同地引用了伯林“20世纪的政治思想”。
[4]（西奥多）·菲利普·汤因比（1916—1981），阿诺德·汤因比之子，小说家、批评家、记者，1950—1981年任职《观察家报》；他的前妻安妮与魏赫姆结婚。
[5] 完全支持的态度：阿诺德·汤因比，“人与超人”，《观察家报》1953年12月6日第8版。

到 T. S. 艾略特会喜欢由一个叫柯克的人[1]写的关于保守思想的书（我想奥克肖特也会喜欢它的），真是不错。这是我最近读过的关于一切论题的最廉价、最虚假的书了——聪明、沾沾自喜、空洞、不怀好意。费伯出版它是做了件愚蠢的事。这只是开始，我想，现在是孟提斯的统治新时代了。

你永远的

408 以赛亚

致安东尼·奎因顿

1953 年 12 月 7 日［副本］

洛厄尔楼

我亲爱的托尼：

［……］这里哲学系的精神分裂症状比［精神病院，更甚？］牛津现在任何一处都严重得多，想象一下，一顿小心翼翼的午餐，一起吃的人有迪莫斯教授，温和的柏拉图主义者，有点虚伪，已经多年没有什么创见了；他人很好，对自己没有想法也很不在意，永远都在和我谈论丘吉尔与英国政治。

他旁边坐着唐纳德·C. 威廉斯教授，系主任，很聪明，很机敏，会犯错，因为比他级别更高的管理者非常鄙视他，他很郁闷；笃信 19 世纪的唯物主义；对普遍的错误判断有

[1] 罗素·柯克（1918—1994），美国保守主义政治思想家、社会理论家、超自然小说作家；他在自己攻读圣安德鲁斯大学博士所写学位论文的基础上修改出版的书《保守主义的心灵：从伯克到桑塔亚纳》（芝加哥，1953）产生了一定影响。

着奇怪的看法，就总体气氛而言，他适合任何地方，除了哈佛；他写信给报社支持麦卡锡，尽管如此，即使是最左翼的、对他最为激愤的同事也还是无法抵制他，因为在他的人际关系中体现出他性格的美好之处，看起来与他疯狂的政治观无关。

然后是亨利·艾肯教授，聪明、迷糊、善感、微醉、友善，不失狡黠；清楚了解哲学上的对与错，但既不能清楚说明，又不能论证出来，这一点与我相类；伦理学专著成果等数不胜数。（莫顿·怀特这学期不在普林斯顿。）

接下来你可以想象一下约翰·怀尔德教授，他研究方向从黑格尔、费希特、克尔凯郭尔[1]、海德格尔[2]、柏拉图、亚里士多德到基督教哲学，最近又在摸索辩证唯物主义。舆论对他的看法介乎精神不太正常到江湖骗子之间；我倾向于前者的观点——我想他是一个糊涂的好人，毫无价值，迄今为止，除了性格可爱之外（他也写了一本关于贝克莱的书——顺便提一句）。

谢菲尔[3]不再工作了，但是可以在怀德纳图书馆顶层找到他；沃尔夫森[4]也在那里，他与门房安排好，他每天早晨七点

[1] 索伦·艾比·克尔凯郭尔（1813—1955），丹麦哲学家与神学家。

[2] 马丁·海德格尔（1889—1976），德国哲学家，主要关注存在的本质。

[3] 亨利·莫里斯·谢菲尔（1883—1964），乌克兰裔逻辑学家，1938—1952 年任哈佛哲学教授（后成为荣誉退休教授）。

[4] 哈里·奥斯特里恩·沃尔夫森（1887—1974），立陶宛裔学者（尤以其关于早期犹太哲学家费罗的著述而闻名），1925—1974 年任哈佛希伯来文学与哲学纳桑·利陶尔讲席教授。

409 三十分到，工作到午餐；然后从下午两点到七点，晚餐后，他就去影院看电影，开始一刻钟他就睡着了。他完成了几部著作，研究彻底毁掉了奥古斯丁的费罗尼克哲学；书中没有一句是有立场的，全都是从别人那里搬过来的。他的这项工作是通往斯宾诺莎[1]的先导，你知道，这些斯宾诺莎已经写了——他现在做的就是渐渐地走向斯宾诺莎，从各个方向最后汇聚到浩瀚的海洋，那是人类思想的顶点。他是一个好人，非常热切地想和我分享他的思想发现，无论是在白天还是黑夜；请他留下来过夜不是明智的做法，因为他总是希望在早晨五点自己醒来，不需要闹钟，这令好客的主人备感压力。被弄醒后（他醒得很不易），他就翻开放在肚皮上的书，继续读到上午九点。

这里还有谁？弗思教授[2]刚到，认识论的世界领军人物。很好的人，不是非常好，像三十年前非常正派体面的人物，普莱斯会喜欢他。

还有麦丽登教授[3]，真诚、热情，是该学科的布洛克。

还有谁？史蒂文森[4]在这里——我叫他“斯蒂夫”，好

[1] 巴鲁·德·斯宾诺莎（1632—1677），荷兰理性主义哲学家（镜片磨工）。
[2] 罗德里克·弗思（1917—1987），1945—1953年在斯沃斯莫学院教哲学，1953—1958年任哈佛哲学副教授，1958—1987年任教授。
[3] 希拉姆·詹姆斯·麦丽登（1919—2000），伯特兰·罗素的学生，自1947年起在加州大学（伯克利分校）教哲学，20世纪50年代在哈佛任哲学助理教授。
[4] 查尔斯·莱斯利·史蒂文森（1908—1979），哲学家，以其情感论最为著名；1946—1977年任密歇根大学哲学副教授，后任教授；1953—1954年任哈佛访问讲师。伯林提到的书是《伦理学与语言》（纽黑文 / 伦敦，1945）。

人；没有他的书聪明，但个性非常非常好。（我指的是书。）

还有亨佩尔[1]，非常令人喜欢的一个人；世界上最好的人之一，可以发现的卡尔纳普的最可靠的拥护者。

就是这些了——你会看到，这儿在思想上并非完全和谐，这些人之间的讨论也并没有带来多少启示。甚至我们做得更好，我能说的就是这些了。

对于通识教育家我无话可说——你知道伟大的哲学家莱茵兰德[2]和巴格比[3]吗？他们是天才。

还有奥拉夫森[4]。我还想算上赫伯特·里德爵士[5]，因为 410
他也是哲学家，但他已经很有智慧地避开了。此外还有一位

[1] 卡尔·古斯塔（“彼得”）·亨佩尔（1905—1997），德裔科学哲学家，他的大部分事业生涯里是逻辑实证主义者；1940—1948 年任纽约大学女王学院哲学助理教授，1948—1955 年任耶鲁大学哲学副教授，1953—1954 年任哈佛大学访问讲师，1955—1973 年任普林斯顿哲学斯图尔特讲席教授。

[2] 菲利普·汉密尔顿·莱茵兰德（1908—1987），1952—1955 年在哈佛教授哲学与通识课程，1956—1961 年任斯坦福大学人文学与科学学院院长。

[3] 亨利·巴格比（1915—1999），哲学家、教育家，强调自然世界的体验与哲学思想著作的重要性；1948—1954 年在哈佛任教，1957—1977 年在蒙大拿大学任教。

[4] 弗雷德里克·阿兰·奥拉夫森（生于 1924 年），加拿大裔哲学家，1950—1951 年在普林斯顿任教，1952—1954 年在哈佛任教，1954—1960 年在瓦瑟学院任教，后（1960—1964）任约翰·霍普金斯大学哲学副教授，1964—1971 年任哈佛教育与哲学教授，1971—1991 年任加州大学（圣迭戈分校）哲学教授。

[5] 赫伯特·爱德华·里德爵士（1893—1968），诗人，艺术、文学、文化与政治方面的作家；1947 年（与罗兰·潘洛斯）共同创建了当代艺术学院，1953—1954 年任哈佛大学诗歌查尔斯·诺顿讲席教授。

令人钦佩的人，名叫齐夫[1]，他在康奈尔和马尔科姆[2]在一起时就见过维特根斯坦[3]。他是这里最聪明的年轻人，你会很喜欢和他说话。他对斯图尔特的哲学评价很低，认为他是狭窄观念与过时词汇的囚犯。这就是三十岁以上的男人们的命运。俄国革命者特卡切夫[4]不是曾经说过，二十五岁以上的人就该死了，否则美好世界如何接踵而来？有道理。

纳菲尔德怎么样了？——我忧心忡忡，痛苦不堪。

你永远的

致詹妮弗·哈特

1953 年 12 月 10 日［副本］

洛厄尔楼

亲爱的詹妮弗：

我不知道要怎么看纳菲尔德这件事。每次想到要接受它，我就不由得退缩。一方面在全灵学院的老宿舍里再住

[1]（罗伯特）· 保罗 · 齐夫（1920—2003），艺术家、哲学家，在康奈尔大学学习，1953—1959 年在哈佛任教（1954—1959 年任助理教授），1959—1964 年任宾夕法尼亚大学助理教授（后任副教授）；后来成为威斯康星、伊利诺伊与北卡罗来纳大学教授。

[2] 诺曼 · 阿德里安 · 马尔科姆（1911—1990），美国哲学家，曾是维特根斯坦的学生，也是朋友；1947—1978 年在康奈尔大学教哲学（1964—1978 年任哲学苏珊 · 林 · 塞奇讲席教授）。

[3] 参见：“啊，你曾经清楚地见到雪莱吗 / 他是否停下来与你交谈［……］？”罗伯特 · 勃朗宁，“纪念”，出自《男人与女人》（伦敦，1855）。

[4] 特卡切夫，彼得 · 尼基丁（1844—1886），俄国记者，激进主义者，认为革命需要有奉献精神的革命者来鼓舞农民，他的观点影响了列宁。

二十年的恐惧感对我而言很强烈——全灵太情绪化了，我现在真的很厌倦它。然而斯帕洛很正确：如果我希望靠近车站，那么监狱距离车站比纳菲尔德更近，为什么我不申请当那里的总管呢？

如果我拿到科尔的教授职位[1]，也许我有可能得到，我真的愿意年复一年地讲授政治理论？我喜欢知识史，喜欢思想史，尤其喜欢与那些思想联系在一起的人，他们彼此交换思想，给思想特殊的味道，然而政治理论与真正的哲学，即关于主体存在的错觉，相关支持的理据与反对的理据，如普 411
拉门内兹或是赫伯特所认为的那样，我想我对这些不太确定。同时，如果我接受院长一职，我相信自己不能为学院筹到钱，那么整件事将遭遇可怕的惨败。

你说我不应该接受一所公寓或是小楼，我想巴特沃斯是这么叫它，它在学院里面，因为周围环境实在太可怕了，可是你也不会推荐北牛津的，对吧？那么我究竟该怎么办？接受它，或是不接受？我收到伊恩·利特尔[2]的来信，告诉我接受它是我职责之所在；几乎与此同时莫里斯也来信，意见

[1]（乔治）·道格拉斯·霍华德·科尔是首位牛津大学社会与政治理论齐切利讲席教授。

[2] 伊恩·马尔科姆·利特尔（生于 1918 年），经济学家，1948—1950 年任全灵学院研究员，1950—1952 年任三一学院研究员，1952—1976 年任纳菲尔德学院研究员，1953—1955 年任财政部经济处副主任，后（1971—1976）任牛津大学欠发达国家经济学教授。

一样；唯一坚决反对的人是詹姆斯，还有这里的许多人[1]。惠尔起初写信反对，叫我不要接受，因为这是一份全职工作，浪费时间，我又给他去信，跟他解释全灵人对我的干扰远甚于我去纳菲尔德那边将受到的干扰，结果他的态度逆转，说他们不会给切斯特[2]这个机会，他会成为我忠诚而自由的同事。我怎么办？［……］

你永远的

伯林对纳菲尔德的反复考量被他收到的消息打断了，是他一直在担心害怕着的事。

致罗兰·博登—穆勒

1953 年 12 月 11 日［电报］

马萨诸塞州波士顿

412 父病危，明日飞伦敦。以赛亚

[1] 艾琳·哈尔本也写信反对。

[2]（丹尼尔）·诺曼·切斯特（1907—1986），公共管理专家，1945—1954 年任纳菲尔德学院研究员，1954—1978 年任院长。

伯林书信集

Enlightening:
Letters 1946—1960

卷二

启蒙岁月：1946—1960（下）

[英国] 以赛亚·伯林 ____ 著
亨利·哈代　詹妮弗·霍姆斯 ____ 编
陈小慰　叶长缨　张慧仁　余梅娴 ____ 译
陈小慰 ____ 统校

译林出版社

图书在版编目（CIP）数据

伯林书信集（卷二），启蒙岁月：1946—1960/（英）以赛亚·伯林（Isaiah Berlin）著；（英）亨利·哈代（Henry Hardy），（英）詹妮弗·霍姆斯（Jennifer Holmes）编；陈小慰等译．—南京：译林出版社，2019.4（2023.12重印）
（伯林文集）
书名原文：Enlightening: Letters 1946—1960
ISBN 978-7-5447-7504-5

Ⅰ.①伯… Ⅱ.①以… ②亨… ③詹… ④陈… Ⅲ.①伯林（Berlin, Isaiah 1909—1997）—书信集 Ⅳ.①B561.59

中国版本图书馆 CIP 数据核字（2018）第 206188 号

For more information about Isaiah Berlin visit https://isaiah-berlin.wolfson.ox.ac.uk/

伯林书信集（卷二），启蒙岁月：1946—1960　［英国］以赛亚·伯林／著　陈小慰等／译

责任编辑　陶泽慧
装帧设计　韦　枫
校　　对　蒋　燕
责任印制　董　虎

原文出版　Chatto & Windus, 2009
出版发行　译林出版社
地　　址　南京市湖南路 1 号 A 楼
邮　　箱　yilin@yilin.com
网　　址　www.yilin.com
市场热线　025-86633278
排　　版　南京展望文化发展有限公司
印　　刷　徐州绪权印刷有限公司
开　　本　850 毫米 × 1168 毫米　1/32
印　　张　49.125
插　　页　8
版　　次　2019 年 4 月第 1 版
印　　次　2023 年 12 月第 2 次印刷
书　　号　ISBN 978-7-5447-7504-5
定　　价　188.00 元

1953—1955：全灵学院

很显然，一切都将不同了[1]。 413

[1] 致塞姆·伯尔曼，1953 年 12 月 26 日。

伯林飞回英国，12月13日星期天一早到达，与父亲在医院度过了“愉快的两天”[1]。他们讨论了纳菲尔德的邀请，门德尔·伯林对此态度坚决：“不行，不行，不行，无论如何都不要接受，它根本不适合你。”[2]“星期一晚9点”，他们最后一次“像以往一样平静地分别”。

致罗兰·博登—穆勒

1953年12月15日［电报］

伦敦

父亲今天安详去世　以赛亚

门德尔去世之后的一周，是犹太传统的哀悼期。然后伯林开始尝试接受他已经改变了的人生景观。

致威廉与艾丽丝·詹姆斯

1953年12月23日［邮戳日期1954年1月1日，手写明信片］

全灵学院

亲爱的比利与艾丽丝：

非常感谢你们的电报与比利的来信。我星期天早上到

[1] 致安娜·卡琳，1954年1月13日。
[2] 迈克尔·伊格纳季耶夫采访伯林录音之二十八。

达，父亲不仅神志清醒，而且思维敏捷，不觉得痛苦：他不知道他的病是致命的，但知道自己病得厉害——可是不知道是什么原因。他对离开人世的理解就像孩子对圣诞老人的理解：他也信也不信，来回摇摆。我和他度过了美好的两天，他星期二清晨在睡梦中去世，15 号。虽然很久以前我就知道这是不可避免的了，但这并没有因此减轻我的悲痛。你们说得非常非常对，我生命中很大的一部分，自从我记事起就在那儿存在着的根，没有了。太多的爱，亲密，奉献，我想，总得偿还。此刻我没有感觉，没有什么事情令我有反应，我四处奔波，处理经济事务，照顾母亲，等等。幸好我还有日常机械的事务要处理。[1] 摆在眼前的未来还不确定，
也许我春天会和母亲一起回去，或者不带上她，或者不回： 415
这取决于许多因素，我要到新年才考虑它们。同时我想说你们的爱对我来说多么重要——无论在哪里，无论怎样。我想我会好起来的，人们都是这样。现在他的字迹是最困扰我的东西，但这会过去的。

致以我深深的问候

以赛亚

[1] 他在伯林致塞姆·伯尔曼的信中写道："我的父亲突然去世（医生都没有想到），他们告诉我，他是安详地离开的，时间是 15 日早晨六点。我母亲已经尽可能接受了这件事；葬礼非常隆重，朋友们都感人地聚在一起。我的感觉很奇怪：毫无知觉，似乎什么也不在意，如果明天宣战了，我也不会有强烈反应；无疑当我全面恢复知觉时，情况会更糟。很显然，一切都将不同了。"1953 年 12 月 26 日。

致伦纳德·伍尔夫

1953 年 12 月 29 日

全灵学院

亲爱的伍尔夫先生：

非常感谢你关于我在《星期日泰晤士报》上所发的小文章[1] 所说的话语。我确切记得曾经在战前去您在塔维斯托克广场的房子——或者就在战争刚刚开始的时候——并且，在我已经在美国为政府服务的时候，又再次收到您的邀请——我当时当然非常高兴得到这个拜访机会——虽然在我看来这还远远不足以对天才的伍尔夫夫人表示敬意。我一共见过她三次[2]，那是我此生其他任何体验所无法比拟的——我认为她是我此生见过的最美丽、最圣洁的人，如今依然这么认为。然而，当然，我从来就没有与她认识，然而这些见面实际上永远改变了我对事物与人的想法。相信有许多人也这么认为，这样的告白您也许已经听得太多。

谢谢您对我混乱无章的文字所作的慷慨评价——非常感

[1] 伯林所发文章“年度图书”是关于弗吉尼亚·伍尔夫的《作家日记》，《星期日泰晤士报》1953 年 12 月 20 日第 6 版。

[2] 也许四次：伯林多次提及 1933 年在新学院的晚宴与弗吉尼亚·伍尔夫相遇[《伯林书信集》（卷一），原文第 68—71 页]，1934 年在伊丽莎白·鲍恩的宅邸[《伯林书信集》（卷一），原文第 85 页]，在伍尔夫的家，还有在本·尼科尔森在布鲁姆斯伯里的公寓（后两次也许是在 1938 年；迈克尔·伊格纳季耶夫采访伯林录音之九）。

谢您寄来的新作，我会很有兴趣阅读，我想您对自由与奴役的看法一定与我极为相通——您所写的一切都是如此。如果您来伦敦，能与您见面是我莫大的荣幸与机遇。我时时会在这里，直到一月底，到时候我或是去牛津，或是再次去美国待上两三个月——我父亲两周前去世，因此产生的诸多责任让我留在这里。请您保重，不要过于操劳。

您真诚的

以赛亚·伯林 416

致莫顿·怀特

1954年1月5日

全灵学院

亲爱的莫顿：

我没有太早离开，因为在我到达两天之后，父亲在睡梦中安详去世。我不会跟你详述细节——这太可怕了，由于我的家人之间关系特别紧密，父亲去世的影响无法估量。此时我所能做的就是照顾母亲，做生意上的安排，处理父亲的产业，这些目前还不会立即毁了我们的一切。我发现自己成了公司经理，但是既不理解其业务，也对自己的资产没有把握，而且对此很难预测。只要是遗嘱验证以及相似的细节要执行，我就不能真正离开，也不能让母亲独自一人。无疑，我可以劝她去耶路撒冷与她的姐妹在一起，但我觉得目前最好和她在一起，因为没有别的孩子了（我是说没有别的亲

戚，而非那些没有血缘关系的孩子们）。

我也还没有决定纳菲尔德的事。在某种意义上它依然对我有诱惑，但是我此时所有的想法都抗拒它，理由是：(1) 它会占用我太多的时间，让我根本没有办法写书；(2) 他们所关注的中心是半实践性质的政治—经济学——这对我而言太遥远，我对此也不太有共鸣，强迫他们脱离他们的正当目标，违背他们虔诚的创立者以及最初创办学院的人们的初衷，虽然我内心想要这么做，实际上他们也希望如此，但这需要一个远比我所可能成为的要强硬得多、更有精力、对管理与指导这样一个机构更有热忱的人。我认为自己脸皮薄，受不了批评；如果我是那样的人，也许我就不该管任何人，除了通常麻烦的繁文缛节和行政事务之外，这些我倒是不介意，私底下还蛮喜欢。所以也许我最好等待牛津的教授职位，虽然我极有可能得不到它，[1] 因为选举委员会非常古怪。[……]

我真的无法对纳菲尔德下决心，我在等待某种突如其来的神秘念头与感觉，这样，在某个美好的早晨，我会醒过来，意识到自己已经做出决定——人们告诉我如此神秘而非理性的过程会发生，根据我近期出版的小册子的评论者们所
417 说，我实际上就站在这些黑暗力量一边，也许我应该相信他

[1] 然而，伯林悄悄告诉父母，G. D. H. 科尔已经“实质上对他承诺了”（1953 年 11 月 30 日）。

们。此时我还在与支持纳菲尔德、反对纳菲尔德，以及其他所有人心烦意乱地谈判，其间赶到伦敦城打理看不懂的会计账目。我不知道我的生活是否还会回到以前习惯的轨道上。这是一个非凡的时刻，我从被人照顾提升到了照顾者的身份，有点不喜欢这样的转变。

向露西娅致以我的问候，快点给我写信吧。

你永远的

以赛亚

致梅耶·夏皮罗

1953 年 1 月 5 日 [应为 1954 年]

全灵学院

亲爱的梅耶：

[……] 现在，关于“狐狸”等，我希望你是对的。我想我的确夸大了托尔斯泰与迈斯特的成就。我认为他们都非常尖锐，比你所想的更为尖锐，但也许没有我想的那么细致认真。你是对的，如果你发现我有种过度炫耀冰冷、尖锐、强硬特质的趋势，反对模糊的理想主义、共同的情感与讨喜，因为我对后者的憎恨甚至超过了对知识或是道德邪恶的憎恨，认为它们毁掉标准也压抑争议——相比之下，耶稣会士还要好些，它们坚持罪恶的观点，但至少让他们的武器保持锃亮，让话题值得争论，也不会偏离知识标准，好过那些更柔和的妥协者，他们让整个事业陷入沼泽，淹没一

切，使人无法说话，无法思考。在细节上，托尔斯泰的讽刺与德·迈斯特非常相似，射向自由主义知识分子的箭，将其无法用经验观察或理性论证支撑的希望与乐观主义轻蔑扫除，宣告非理性信仰。你认为德·迈斯特不相信伟人，我觉得不是这样，他的确相信中世纪的伟人，也相信摩西与教会创始人，等等。在这方面他与托尔斯泰无太大差别——无疑存在着有机法则，它们是他们的表达，与黑格尔的论述方式不同。我不相信的是德·迈斯特的理性主义。他当然论
418 及了“科学”，但是在他而言科学就是圣托马斯[1]所教授的“科学”，他把圣托马斯与牛顿[2]相提并论（如果我没有记错[3]），并说圣托马斯之于牛顿，就好比是山鹰之于蒙戈尔费埃的热气球[4]。虽然他公开引用了圣托马斯与亚里士多德的话，但在我看来这只是表面文章而已——他实际上是奥古斯丁派[5]——并不那么相信理性神学，就像不相信神秘的灵感、圣灵、《旧约》中的英雄、鲜血，等等，当他说到可以

[1] 圣托马斯·阿奎那（1225—1274），意大利托钵修会修士、烦琐哲学家、神学家。

[2] 艾萨克·牛顿爵士（1642—1727），数学家、物理学家、自然哲学家，经常被认为是现代科学的奠基人。

[3] 伯林记错了。当谈论亚洲品位更喜爱奇迹而非科学时，迈斯特认为“原始的科学”是“直觉的时代。被束缚的山鹰要的是一个蒙戈尔费埃的热气球来把它送上天空吗？不，它只想挣脱它的锁链”。《圣彼得斯堡对话》（1821），第二对话：《迈斯特全集》（里昂 / 巴黎，1884—1887），iv，第 78—79 页。

[4] 蒙戈尔费埃兄弟，约瑟夫—米歇尔（1740—1810）和（雅克）—埃蒂安纳（1745—1799）：1783 年演示了他们的热气球。

[5] 指圣奥古斯丁·希波（354—430），基督教神学家、哲学家。

应用到历史中的自然科学，这只是对那些抽象原理偏好者如法国理性主义者或是卢梭们的嘲讽而已。当然上帝向他显灵了，通过动物学而不是笛卡尔逻辑，但那是一个充满混乱与杀戮战场的世界，不是一个明了易懂的系统——他因而对培根猛烈攻击，还为培根写了一本书，你知道的[1]。当然，托尔斯泰本会反对迈斯特对法国革命的解释，但他自己对所发生事件的叙述与迈斯特对孔狄亚克的戏谑非常相似。[2]这无须太当回事，它是一个有意识的仿拟，但是很好地说明了他的意图。（“科学”、“物理学”等词汇的使用不该迷惑了人们：迈斯特向亚历山大一世建议[3]阻止科学，驱逐科学家，他们是颠覆性的政治傻瓜。在他看来，科学是神学 + 教会授权的任何一种第二事业，仅此而已。）托尔斯泰，在我看来，当然常有奇怪而错误的观点，但要看清它们错在哪里，他提出问题的真正答案是什么，却并非易事。所以，他在知识上的优越性就超过了他那个时代的科学呓语。你提到了米

[1] 弗兰西斯·培根（1561—1626），圣艾尔班斯子爵，律师、政治家、散文家、自然哲学家，提出并发展了科学方法论；德·迈斯特著有《培根哲学研究》一书，在他死后于 1836 年出版。

[2] “迈斯特通过否定 18 世纪对语言起源的思考来获得莫大的快乐。他说，卢梭很困惑，不知道人类如何最早开始使用语言，但全知的孔狄亚克知道这个问题以及所有问题的答案：语言显然产生于劳动的分工。这样一代人说 BA，另一代人加上 BE；亚述人发明了主格，米堤亚人发明了所有格。”《扭曲的人性之材》，第 141 页，引自《迈斯特全集》，iv，第 88 页。

[3] “这个国家的伟大一步就是阻止科学的统治，把教会的权威当作主权的同盟，直到科学可以安全地渗透进社会之中。”《俄罗斯四章》（1811），《迈斯特全集》，viii，第 344 页。

什莱，你引用的他的话很有意思，我为此非常感激你，但托尔斯泰当然会反对它的，如你所说的那样，不仅因为它是对人们的浪漫描述，虽然程度更深，因为米什莱想要弄明白，人们（或是“人类”）永远都以英雄的方式来与自然斗争，把它的形式强加于盲目的必要性之上，为了真理、解放、人
419 的价值等而奋斗，我想所有这些观点来自德国人。托尔斯泰当然要对此提出反对，他认为英雄不是普罗米修斯——不论是个人还是社会。但谦逊的圣贤不会让自己的理智意志与神秘进程相对立，而这在战争中或是在和平时期几乎就是神圣的，并且在后来公开成为基督教的信仰——但我想，他是以某种非计算、非分析的方式来理解它并认同它的。米什莱骄傲地反对无生命的自然，勇敢宣称人的价值、民主，爱国等（这更像是赫尔岑），在托尔斯泰看来依然是自由主义者的胡说，这表明了思维的谬误，人类或是人们的总体欲望，包括优于非个人进程——或是个人进程，如果你也把上帝包括在内——的是非标准，需要极其谦恭、一个领悟启示的时刻。托尔斯泰摇摆于直接反理性主义的观点与全知理性存在可以吸纳一切微小动机的假说之间，在这二者中他都反对的是英雄主义、意志——无论是个人还是集体的——的尖锐主张，这当然就是米什莱的核心理论。我也许还是夸大了，你也许是对的。不管怎样，我相信你有道理，虽然如你所看到的，我会反驳。我想真正会令你不快的是，你在我身上感受到的、揭穿应用于人类事务的科学理性主义的热情，这一点

我承认。我的确认为社会学理论上说是不可行的，那是构建于错误类比之上的疯狂梦想。对此我打算写一篇文章，会在发表之前寄给你，如果可以的话。我想在这方面你我会有真正的分歧，但是你对这个论题的看法比其他任何人的更令我珍视。我在史密斯学院的演讲用了这篇“文章”，我想没有人真正理解它，也不会喜欢它。让我什么时候把它寄给你吧。

3 月你会在哪里？已经在欧洲了吗？请告知。

致以诚挚问候。你永远的

以赛亚

致玛丽·费希尔[1]

1954 年 1 月 13 日［手稿］

伦敦西南 1 区蓓尔美尔街革新俱乐部

寄自全灵学院，我已返回此处

亲爱的玛丽：

我确实知道父亲患上白血病：不可治疗的绝症。迄今为止没有发现治疗方法，只能听天由命。医生春天时发现的，
4 月告诉我母亲，她 6 月告诉我。你可以想象，从 6 月到 9 420
月，我贿赂父亲那位不是很优秀的常规医生，让他告诉父亲

[1] 玛丽·利蒂希亚·萨默维尔·费希尔（1913—2005），赫伯特·阿尔伯特·劳伦斯与莱迪丝·费希尔的女儿，伯林长期的朋友；1955 年与约翰·班纳特结婚，1945—1956 年任职于英国殖民部，后（1965—1980）任圣希尔达学院院长。

他得了贫血——一个无害的词，症状相类——从而劝说他去专业医生那里治疗。专业医生（我很不喜欢——后来发现他是帕肯汉姆夫人[1]的打高尔夫球的弟弟）说，如果是慢性的，我父亲可以活几年。我本不想去美国，但认为这已经是几年前的安排，如果我不去，父亲会被吓坏的，现在我还是认为这么做是对的。我痛苦地离开，心里既感到负罪又如释重负，因为不用面对被骗的父亲——两三个月里，他显然日渐衰弱。然后我收到母亲以她的“不用担心”的口吻发来的电报，我飞了回去，看见父亲很不舒服——住在医院——不是很痛苦，但是显然疑惑自己能否活下来：很明显，他不知道自己得了致命疾病。他去世了，他们告诉我是在睡梦中，希望那是真的。就这样了。我非常喜欢他，今后一切都将不同了（原谅我一直说个没完，但你比几乎任何友人都更了解我们家人亲密无间的关系）——我发现很难调整自己。很奇怪，我想保护父亲——他如此天真，年轻，内心优雅，衣着讲究，不知生死为何物。现在我周围都是律师、会计、公司经理，我出于礼貌去伦敦城，看股票行情表、会计账簿，想着非常无关的事情。[……] 你会在牛津吗？如果你能来看我，我会很感激的。

致以深切的爱

以赛亚

[1]（伊丽莎白）· 帕肯汉姆夫人（1906—2002），婚前姓哈曼，1961 年成为朗福德伯爵夫人。

致诺埃尔·安南

1954 年 1 月 13 日 [手稿]

寄自全灵学院

亲爱的诺埃尔：

这封信充满了延绵不绝的感激之情，不仅是因为你所做的，而且还因为你所能做的。我想见到你。怎么办？何时？你可以在任何乐意的时候来牛津，这学期我将会也必须得平静地度过，我会欢迎你，无论你何时来。你说吧？任何一天，只要我不在伦敦（在周末几天）。我很痛苦，我深深依恋着父亲，他天真、有朝气、优雅、令人愉快、斯文、温和而完全诚实、内心单纯，我爱他的社交圈，我把他视如兄弟。他没有朋友，也不需要，紧密地与他的小家庭生活在一起，不需要理解任何实际意义上的人生，害羞，头脑清醒而又厚道。他不知道有种病叫白血病，没有受太多的苦就去世 421
了，虽然不太舒服，但也对此一无所知。整件事是如此让人伤感，非同寻常：我将永远不会恢复过来，一切都将不同了。它令我身处奇怪而重要的位置，而现在我不太想待在那儿。不过我不会一直跟你说这事的。我时不时得进伦敦城，像皮埃尔·别［祖霍夫］，什么也不懂。但我的情况与他不同，我得不到启示。你对《刺猬》[1] 所做的一切评论对我来说都太精

[1] 安南形容《刺猬与狐狸》是“长久以来以英文写作的对托尔斯泰思想的最重要研究”，它的作者具有“超越所有其他思想史学家的天赋，使思想也令人兴奋起来”（“刺猬与狐狸”，第三套节目，1953 年 11 月 17 日；《听众》，1953 年 12

彩了，我将永远在我的祈祷里提到你的名字。不要在意波斯坦[1]与巴洛夫，后者与任何真理或公正相距甚远，用西西里克莫拉组织[2]的行话来说就是：与帮派在一起，反对它。我真心喜欢他。波斯坦是个无望的马克思主义知识分子，虽然如此，他与18世纪90年代那些曾为拿破仑服务、在王朝复辟中没有受到迫害而幸存下来的人一脉相承，聪明而心怀恶意。如果认为他应用了一些“强硬的”唯物主义标准，幻灭、愤世嫉俗、不再乐观也不再革命，以此作为唯一可以筛分真实的方法，从而使他优于当代混乱的思想与语言，我还是赞成的——可以被“科学”处理的谷粒，从愚蠢的细谷糠中筛选出来。然而进步已经发生，老式的“科学主义”无效，就像在1890年密尔提出的[方法][3]一样。即使后来20世纪30年代的经验主义也比淹没了更早的经验主义的堕落的理想主义更好。他是个聪明而不怀好意的人，欺骗与获胜的欲望有损他的才智品格，像卡尔，像所有强硬的专业人士，他们在其间发挥作用，但他们所说的既非发自内心，也非发自头脑。你的赞扬在我看来（不过我自己也是个丑陋的偏见持有者）有倾向性：你对我的评价没有错，不论是好是坏，我确实

月3日，第943—944页）。

[1] 迈克尔·莫西·波斯坦（1899—1981），比萨拉比亚裔（当时属于俄罗斯），1938—1965年任剑桥经济史教授。

[2] 伯林似乎混淆了克莫拉（在那不勒斯与坎帕尼亚区）与西西里黑手党，二者很相似。

[3] 钻洞：可推测的恢复。

试图描画出这些人的看法[1]，为色彩本身而感到愉悦。我试图发现并说出他们的世界在他们眼中是什么样子，低估实际论证是否有效的重要性，因为政治或是文化的态度与信仰在我看来并不具有逻辑性，而更像是艺术作品。这是蒙昧主义、浪漫主义、奥克肖特式的，除非认定所有人都在谈论同样的事，有效的论证就可以在这些事物中引导人走向真理。而这在我看来似乎只是盲目，18 世纪教条的错误表征，是什么使有道德的人杀了另一些有道德人，而目的只是为了一些实际上实现不了什么结果的原则。就像学生在辩论中说的话，事实上他们指的只是某些不同的东西， 422
而至于那是什么，人只有通过倾听人们说话，看他们的表情、生活、手势，并试图理解，才能收集到一些相关信息。为什么这是蒙昧主义？如果人的关系就像数学一样可以推导或可以描述，它就可以被推导描述。但今天没有人，的确没有人，相信这一点。很抱歉，我可怕的标题误导了评论者（所有人，除了你），让他们相信了神话——关于动物的幽默文章——如此认真地相信了。我不是太在意泰勒的评论[2]，他也一样不懂，他的评论相当于怀特俱乐部的粗

[1] 伯林此处原文为：anschauung。
[2] A. J. P 泰勒赞扬了伯林对托尔斯泰有争议的历史观所作的令人信服的解释，但是他的评论也带有讽刺："一场知识分子的烟火表演"，在结论中，泰勒说"句子越来越长，思想越飞越高，以文学评论开始的一篇文章，结尾成了阿波罗式的隐晦预言"（"关于托尔斯泰的思考"，《新政治家》，1953 年 12 月 12 日，第 768 页）。

糠——一卷扔到桌上的面包——他就像是一个手持弹弓或是香蕉皮的顽童，无论从哪方面说都不够严肃，他是最不严肃的，因为他自视为一个高尚而愤怒的、无法继续保持沉默的激进主义者。卡尔试图彬彬有礼[1]，但是他太平庸了，并且低俗地政治化，缺乏深刻理解。我喜欢他，但他一样是个不可救药的平庸俗人。雷克斯·沃纳写的文章我认为很有意思[2]，如果是别人写的，我应该会很喜欢，很敏锐、无礼、随意，很不错。我只是不喜欢它：无意义地想知道如果芭芭拉[3]因为我从来没有邀请过她，而对我很（明确地表示）生气，沃纳也许是因为这个才写的评论。（我无法邀请啊！对我来说她太性感了，太像一块巧克力了。斯图尔特喜欢，但是当他被人点破时，他又局促不安，难为情。）当然，我想得到的是百分之百的赞扬，一点批评的味道都没有：只有最高程度的赞赏才让我满足；如果是批评或嘲笑而导致的痛苦折磨，甚至愚蠢的赞扬，也会令我毫无必

[1] 卡尔认为《刺猬与狐狸》（他错写成了《狐狸与刺猬》）是一篇“才华横溢的文章”，是“探寻性的深刻文章”，然后他质疑了伯林分类方面的一些问题（“狐狸与刺猬”，《泰晤士报文学副刊》，1953 年 11 月 20 日，第 743 页）。

[2] 雷克斯·欧内斯特·沃纳（1905—1986），诗人、小说家、翻译家、评论家；他对“刺猬与狐狸”的总体评价是赞成的，认为伯林语言风格的特点是“无数次有力的戳刺，方向精准正确”（“托尔斯泰与历史”，《观察家》，1954 年 1 月 1 日，第 20 页）。

[3] 1949 年雷克斯·沃纳曾经与（芭芭拉·朱迪斯）·罗斯柴尔德夫人（1911—1989）结婚，芭芭拉婚前姓哈钦森，是维克托·罗斯柴尔德的前妻；他们离婚后，非常有性魅力的芭芭拉又与尼克·吉卡结婚。

要地感到非常难受。不过，这一切都结束了，至少在这个国家。我在道义上欠你的情永远也偿还不了。除了你本人，没有人说过什么话可以让我记得并因此获益（听起来很自大，也许是吧）——所以我必须回头考虑纳菲尔德了。我不知该怎么办。我想，有人问我，由于克罗尔先生与太太——或者是据说——请了亲爱的威斯敏斯特公爵夫人为他们办派对，他们希望我介绍“甜蜜的生活[1]与文化”，引
领他们进入牛津古老文明的内心，等等——这在我看来更 423
像是要扰乱我的内心。我尊敬他们，甚至也尊敬他们的目的，但由于他们的专业兴趣在于当代事务——距离我甚远，对此我也颇为抗拒——掌管他们的财产是个好主意吗？他们都是愿望受挫的公务员或政治家，然而，以这样的客观条件我能做什么？我在拿破仑式的牛津校长与全灵学院铁腕校长之间犹豫不决，上帝知道什么才是解决方案——除了经科尔的建议更改过的，剩余其他就都看上帝怎么说了。
[……]

爱你的

以赛亚

伯林回复了许多封哀悼信，但并未全部回复。

[1] 伯林此处原文为：douceur de vivire。

致维奥莱特·伯纳姆·卡特

1954 年 1 月 23 日［手稿］

全灵学院

最亲爱的维奥莱特：

如您所能想见，您的上一封信[1]令我非常痛苦，我立即回信了（信在伦敦搁了五天没有寄出，我们这里一切都比较混乱，我是在母亲的信件中偶然见到它的，应该是今天在我逗留伦敦的几个小时里被放错地方了）。我实在忍不住不回。之前没有联系您是因为我没有办法，如果我之前没有意识到因为我的行为把您吓坏了，现在可不能这样了。让我解释吧。有关我父亲的消息并不意外：我茫然地乘坐飞机回家；那是非常颠簸的一趟航班，越是颠簸我越是不在意，因为一种痛苦会令另一种痛苦麻木，而两者的撞击反而产生解脱感。父亲出乎医生预料去世之后，虽然我之前已经做了一切可能的心理准备，还是感到非常木然，无法正常思考与行动。每次连续两三个小时忙着处理必要的常规事务后，我就会感到麻痹，一种我从未有过的感觉，糟糕透顶，没有感觉，比失去了什么更坏——最深的根系，自记事起就始终记得的维系。整整一个星期我完全没有与外界联络：没有和

[1] 维奥莱特·B. C. 在 12 月 18 日写信表示哀悼，随后又写信（这封信没有保存下来），担心自己会如她在第二封信中所说的，“让你感觉我贸然干扰，想分担你非常私人的苦痛”（1954 年 1 月 25 日）。

亲朋通电话，也没有上街，表现出令我自己都深感吃惊的东方式消极无为。然后我缓了过来，发现我只能承受最随意、最轻松、最无意义而又最空洞的社交方式。我去了一两次布鲁克斯俱乐部[1]，愉快地闲聊，见了一些人，陷入我的 424
牛津危机（他们请我担任纳菲尔德学院院长，而我认为自己不能接受，归根结底，按照最令我受伤的说法，是出于势利的原因。在那些善良、高尚、优秀无比的人们中间，我无法呼吸——但那是另一个远没有那么痛苦的故事了），口述了上百万封感谢信，对人们来信哀悼表示感激；举办宗教仪式，几个小时连续与纳菲尔德的研究员面谈；在全灵吃晚餐（那里没有人知道我的情况，人们只是低声谈论——议论得也不多），我痛苦地担心自己必须与他人进行严肃谈话，或是与人谈及的话题会触碰到我意识中被灼伤的部分。这很奇怪：我听说戴安娜·库珀[2]受到批评，因为她需要人们跟她没完没了地讲笑话和小故事，听不得严肃悲伤的字眼。我从来没有到那么压抑的歇斯底里的程度，但是我理解她的感觉：我知道那会是什么样子。我惊奇于自己的神经反应——我的反应，因为我一直以来认为自己温和、稳健、不动感情，缺少能够从事艺术或是宗教事业或是疯狂的情感。如果

[1] 一家伦敦私人俱乐部，1764 年建立，主要由辉格党人组成，与主要由托利党人组成的怀特俱乐部相近；伯林自 1950 年起就是其会员。
[2] 她的丈夫，达夫·库珀（诺维奇子爵一世）1 月 1 日去世。

我可以自我挽救，免于神经崩溃，那是因为我绝望地浮在肤浅的表层，如我之前所说的那样，轻浮地聊天，有点像发烧症状，只和公共机构的人见面——全灵的研究员鲍勃·布兰德，俱乐部里的人——周围没有我可以亲密或是严肃谈话的人。无论是怎样的来信，我只能用迅速而接近正式的口吻回复。真正的回复不可能——现在我做不到。我收到的最感人的一封信来自雷切尔·塞西尔，在她来信的前一天她母亲去世了——我甚至连回她一个字表示感谢都做不到。我知道克制，参加派对的念头——就像是借酒浇愁——太令人反感了；但我联系或者尝试联系了最轻松、最不可靠的社交人士——愤世嫉俗的美国朋友——寻找不会触碰到受损表面的场合，只要有他们的存在我就有一种现实感，可以得体地与他们说话（如我想做的那样），他们的个性是现实世界的一部分。我并不总能成功，但我尽力了。您的来信非常好，您说到您与父亲的关系——即使如此不同于我与父亲的关系，他羞怯、疏远，比我幼稚许多，在某种意义上只能算活了一半——不被理解，令人感动地对几乎一切一无所知，只在意自己的家庭。您的话语是唯一可靠而有洞察力的，让我感到现实的尖锐痛楚；此时，因为它们传达了精准、真实、卓越、想象力、深刻的洞察力以及人际关系的现实，让我闭上双眼，漂浮在相对没有痛苦的表面。看到了吗？这不是我所喜欢的、为之自豪的、急于描绘的东西；的确，甚至正好相反，在我悲痛之中头脑清醒而痛苦的间隙，我鄙视我自己，

因为承受力如此之弱，如此缺乏男子气概，无法处理生活中 425
的具体细节（我每天去伦敦城，热切地与律师、会计师与银行家见面——只是与核心生活相关的事务），但事情就是这样。我渴望去见您，想打电话或是问问我是否可以去，但接着我又（当然是公平地）想到，在真诚、私密、令人想真挚倾诉[1]的环境之中，我会无法与我如此尊敬的您故作轻松地交谈。我想要找些无聊的事做，斯帕洛、学院事务、零碎无用的事情，而且我才刚刚再次浮出水面。我无法相信这是我，一个如此实际的人，无趣、缺乏诗意、充满理智而又坦率的人，会因为一件无论多么痛苦却是意料之中的事情而如此崩溃，但事实就是如此——我崩溃了。美国来信到了——亲爱的詹姆斯夫妇和霍费尔夫妇[2]——他们的信中充满了善意与同情，还说了不少八卦消息——爱——但是缺乏深度，内在空洞，这令他们的信像气球一样既不动人也偏离主题。我依照惯例给他们回信，真诚，但除了肉体上的努力，别无其他。而您的来信非常非常不同：我一直推迟回复，因为知道它应得到怎样的回复——而我因为自己做不到而鄙视自己——它应该得到适当的回复，至少在我的愿望中是如此，配得上您和您的友谊。但是我却表现出不可饶恕的，虽然是可以理解的（但愿）的自私，表现出明显的怠慢。如果令您

[1] 伯林此处原文为：aveux。
[2] 菲利普·霍费尔与他的妻子，原名弗朗西丝·路易丝·赫克歇尔（1908—1978）。

有瞬间的疑虑或是任何误解，我会感到很难过。即使如此，我也不知道这些互无连贯的句子——我不是一个善于写信的人，我用交谈的口气写信，不循常规，杂乱无章，甚至不负责任——是否能传达我依然紊乱的头脑中的想法。

我在恢复中，但是除了用正式套语来描述我的状况，我无法以其他方式写信或者说话。我会在星期二（或是星期三）回伦敦，到时候可以去看您吗？如果是星期三，下午五点三十分左右可否？如果是星期二，那就在晚餐之后。或者星期五（我晚上必须与母亲一起，她对这很在乎）一起喝茶更好？时间取决于我在城里与律师的安排——“地产”状况很混乱——我正在整理。等这个星期过了一半，纳菲尔德危机解决了，我就“好了”；我会尽最大诚意向您赔礼道歉，亲自。我觉得自己还是没有真正做出解释，只是一直说个没完，我应该恬淡、英式、克制，像娜塔丽·里德利[1]那样，克制自己并表现出最本色的高贵、悲伤、庄严（现在去见她会是一种不同寻常的体验）、简单，令我琐碎的本性相形见绌。但我做不到，我还完全没有准备好重新开始稳定下来——生活、朋友、工作，对我
426 来说最为重要的一切，直到最后一刻。但是我乐意去您那里，如果可以，如果您宁愿我不要来，我会理解的，但也会不高兴

[1]（娜塔丽·路易丝）·里德利夫人（1887—1968），亚历山大·康斯坦丁诺维奇·本肯多夫伯爵之女，1903—1917 年任俄国驻伦敦大使，杰斯帕·里德利爵士的遗孀，曾是维奥莱特·伯纳姆·卡特女儿克里西达的婆婆。

（我发现人所能遭受的额外的不快乐是没有极限的，唉），所以我会等您寄到牛津的信，并请求您的原谅。

您的

以赛亚（致以问候与感激）

维奥莱特·伯纳姆电报回复：

一千次感谢你亲切的来信，完全理解［……］[1]

致玛杰里·佩勒姆

1954 年 1 月 26 日［原稿去向不明，此为打字稿］

全灵学院

亲爱的佩勒姆小姐：

我很少如此不情愿地，或是经过如此焦虑的思考，来写这样的信，但我感到我不能再要求拖延更久了，那样便妄用了学院的耐心与好意，而在这方面我已经超越了我应有的或是本该遵守的极限。非常遗憾，但我确定，我必须予以谢绝。拒绝的原因就是我们上次见面时我对您提到的那些。首先，也是最重要的理由是，我这个人，我所感兴趣的领域，令我始终感到我不足以接近或代表我所认为的纳菲尔德真实而恰当的核心目标。其次，在我看来这还不是太要紧，我没

[1] 日期 1 月 25 日，同日有信寄到。

有时间完成我自己的工作。我不够谦虚，没有把这个理由放在首位，但我不能否认这也是一个决定因素。[1] 学院集体以及研究员个人对我表现出来的仁慈与关心，我从未在其他地方遇到过，这自然更进一步吸引我接受这份邀约，它几乎战胜了我的顾虑，因而做出这个决定对我来说更加艰难。然而，最终我的顾虑——希望您能相信，我发自良心对您说
427 出这些理由——占了上风。我的确试图清楚准确地向那些善意地允许我征求他们意见的研究员们解释过了，也向院长解释了。我意识到，在这些谈话过程中，我发现在其他学院管理机构中肯定不会找到如此高水平的智慧与慷慨可以令我安心。如此理想的人际环境，要拒绝在其中工作的机会，这一决定因此也变得愈发艰难。然而我还是相信，接受这份工作是错误的。我不想再重复我已经如此多次、如此诚恳地对您说过的话，无论是在信中还是在交谈中——这个提议比我生命中所有提议的意义都更为重大。它成为我最大的骄傲之源，也是痛苦之源，我想再次感谢您与学院，感谢你们的信任与宽容。我对自己的决定，以及因此浪费了学院——集体以及个人的——如此多的时间深感遗憾；只能恳请减轻我的

[1] 在致诺曼·切斯特（成为纳菲尔德的下任院长）的信中，伯林指出："我会告诉她的理由［……］是唯一真实且决定性的，我不足以确认自己与我认为的纳菲尔德合适的核心目标一致，可以诚实并充分地代表它。［……］我自己的兴趣中心恰恰——也许只是恰恰——与纳菲尔德的中心相距太远，无法令我在道德上坦然接受这个职位。我想做自己的工作——但是我不够谦虚，没有把这个理由放在首位。"（日期未注明）

罪过，因为我是经过了缓慢而痛苦的阶段才最终做出这个决定的；我愿意表示我对学院的关切，只要是有助于学院活动的事，但凡力所能及，我一定全力以赴，尤其是学生工作，只要您或是你们中有人认为那样有用。特别感谢您的上一封信，但愿我可以认为我开始值得获此殊荣了。

您真诚的

以赛亚·伯林

致塞姆·伯尔曼

1954 年 1 月 29 日

全灵学院

最亲爱的塞姆：

我牢牢把控住自己。我拒绝了纳菲尔德，并且满怀感情地让他们放心，我会是他们的兄弟、叔父、类似父亲或是丈夫。我不能照顾没有生气的学者们，而猪鬃毛[1]的诱惑又在召唤着我。你必须来与我一起分享我们肯定会赚到的数百万，这是浪漫的生意，与俄罗斯绵延起伏的山峦与中国广袤的平原连在一起，那里似乎游荡着某种特别的动物——我在英格兰或是美国见到的唯一的猪的品种是没有鬃毛的，只有丝缎般的软毛，显然对我所从事的生意无用。刺猬如何？我打算与公司的顾问谈谈，提出这样的可能性。很高兴得

[1] 门德尔·伯林是木材与猪鬃毛的贸易商。

知你会在2月中旬或是之前来这里，我在伦敦与牛津有空陪
428 你，时间没有限制。马克西·比尔博姆爵士对我的兴趣[1]令我深感荣幸，但是书的风格是如此转弯抹角、笨拙、遍布着粗糙硬刺般的从句，这会让那位擅写清晰而且真正优美文字的大师感到生气。

至于伯纳德·贝伦森，我相信他在遭受迫害恐怖症的折磨，全是因为他没有同情心，然而这也是他长寿的原因。[威尔逊]·埃德蒙在这里棒极了。他参加伦敦的许多派对，宣称都喜欢。他是最温和的人，极其勇敢地克制了他的仇英心理。他在牛津很厌烦我为他找来的几位学者，他们对他印象深刻，可他认为他们可怕至极。我相信——他只喜欢两位最令人反感的同事——A. J. P. 泰勒，他为我的书写了一篇据称是批判性的书评——这是我应得的——自那时起就一直向我道歉，而我对此并不在意。他是一个无足轻重的人，但威尔逊喜欢他。我更令人讨厌的同事是C. 罗斯，希伯来学者，你会比威尔逊更能理解他的恐怖。我想把他们两人都介绍给你，只为让你体验一下威尔逊那绝妙的脱俗感。[……]

你永远的〈致以爱、希望，并在某个特殊的状态下〉

以赛亚

[1] S. N. 伯尔曼为比尔博姆写的传记在1960年出版，他去拉帕洛拜访过比尔博姆。

致阿瑟·施莱辛格

1954 年 1 月 29 日

全灵学院

亲爱的阿瑟：

非常感谢你的来信，也请你代我感谢玛丽安的来信。我会立即给她另外写一封信的。此信只是为了告诉你我还活着。父亲的去世确实令我心碎，我感到自己仿佛站在万丈悬崖边缘，身处可怕的前线，孤立无援：然而我会继续活下去。(唯一的个人问题就是我的孤独老母。这个问题还真的不好解决。)

目前我的时间都用来试图安排某种计划，使我母亲能够或多或少有可靠的收入——我对生意一点不懂，我肯定自己对于哲学的兴趣几乎完全就是出于对永远和生意联系在一起的恐惧——在那方面，我从父亲身上继承到的唯一品质，就是我不愿记账本，和他不愿赚钱一样。我不理解复式记账，不理解为什么欠我父亲的钱要写在他的欠款一栏，反之亦然，他们告诉我这样做账才会收支平衡，但这就像过去一样令我费解。然而，我对猪鬃毛是越来越了解了，虽然还没有
产生成为猪鬃毛之王的欲望。我与律师以及会计师的冲突非 429
常奇怪，非同凡响，如果你在，会觉得很有意思的。(我越是幼稚，我的问题就越愚蠢，我的行为就显得越邪恶与煞费苦心。) [……]

我感到非常无趣，筋疲力尽，没有什么可写，所以我最

好就这么收尾了。我不算忧郁，我缓慢而良好地运转，在某种意义上活得很正常，然而我感到一切不会再回到从前那样了。我的母亲是一个非常有办法的人，她对此接受得相对泰然。关于犹太宗教可说的不少，它规定在亲人去世后的一周里，你必须坐在家中，不能出门，你的朋友们来拜访你，很像约伯那样。这意味着在你与生活之间，有一周时间被冻结了，人们登门拜访，无疑这样令人感到社交疲惫，但在这个时候，比起无事可做，只是一味试图打理自己的情绪，同时又没有机构体系外化你的感受，这样要好得多。为此实用目的而组织起来的宗教所建造的安全栏杆，让人在遇到这样的大事件的时候可以有得依靠，太令人称赞了。

[……] 你的朋友芭考尔小姐[1]给我发来电报，大意是她要来，但是在这种情况下我没法见她，我给她留了电话短信，但很有可能她没有收到。我很高兴她记得我，但是不太想见到她。如果我与她不用见面就能够保持温暖与亲近的熟识关系，我会非常乐于支持这样的安排。[……]

你永远的

以赛亚

[1] 劳伦・芭考尔，贝蒂・琼・珀斯克（生于1924年）的艺名，亨弗莱・鲍嘉（1945—1957）的妻子，女演员，忠诚的民主党。

附言：[……] 威尔逊动身去以色列了——如果我们全都说他不会喜欢，他反而会喜欢的；无论怎样这比特雷弗—罗珀好多了，他显然无法忍受——没有公爵，没有国王，大规模的流氓，单调的民主，只有一两件小小的暴行推动生活
继续。向阿伦特小姐[1]致意。我非常倾慕她的思想，也倾慕 430
同在一个房间里的她+波克诺[2]+拉扎斯菲尔德[3]。巴枯宁说得没有错，他慷慨总结的“所有人”的欲望，只有德国人必须被排除在外。[4] [……]

[1] 汉娜·阿伦特（1906—1975），德裔犹太人，政治理论家，自 1941 年在美国居住，1946—1948 年任肖肯出版社主编，1949—1952 年任犹太文化重建委员会执行理事，任美国多所大学的访问教授。她的《极权主义的起源》1951 年出版。伯林在战时见过她，她很快就在他“最讨厌”的名单上占据显要位置。后来伯林回忆，“我在 1942 年初次见到她时，她狂热的犹太民族主义——现在她已经转变为它的反面——我记得，对我来说太过火了”（致伯纳德·克里克的信，[1963 年] 11 月 4 日），伯林总结说，“对于犹太人这个题目，她的精神有点不太正常”（1963 年 7 月 19 日致塞姆·伯尔曼的信），以及“在她的意识形态著作中，我跟不上她沉溺于形而上学的自由联想，除了觉得她的假设不够准确，而结论又咽不下之外”（致威廉·菲利普的信，1963 年 5 月 7 日）。

[2] 弗兰茨·卡罗卢斯·理查德·波克诺（1900—1957），奥地利裔作家，曾为共产党活动家，后来成为激烈的反共主义者，苏联问题专家，极权主义的权威；1946—1949 年任马尔堡大学历史学教授；参加文化自由大会。

[3] 可能是保罗·费利克斯·拉扎斯菲尔德（1901—1976），奥地利裔社会学家，1940—1967 年任哥伦比亚大学社会学教授。

[4] 也许指的是巴枯宁《国家制度与无政府状态》一书中的段落，在《俄国思想家》第 2 版，第 126 页及大概第 466 页以下：巴枯宁暗示，所有人都希望自由，除了德国人，他们想当奴隶。但是有关德国人的类似评论在巴枯宁的许多著述中都可以找到（如果“所有人”是引自巴枯宁，我们没有找到）。

致罗兰·博登—穆勒

邮戳日期 1954 年 2 月 22 日［手稿］

全灵学院

亲爱的罗兰：

我的生活在慢慢地回归正常，但非常缓慢。父亲去世的直接影响是令我陷入了狂乱的常规日程之中。他的葬礼，重建我母亲的正常生活，牛津—纳菲尔德，我父亲的地产，等等。我坐下来，写了 100 封感谢信，回复我收到的哀悼信。你当然说得对，人可以写给熟人半机械化的短信，而给朋友写一个词都办不到。我把来信分类：正式来信，半正式的，可以口述打字回信的，不可以这样的。我给艾丽丝·詹姆斯写信毫无困难，我甚至给奥利维亚回信了，因为她的信里流动着单纯真挚的感情，不需要考虑回复。不过我在最初的几周完全没有能力好好写一封信——就某件事——他们、我，以及一个对我似乎完全不同的世界——哪怕阿瑟抱怨自己就像是一个中学生。我也能回复，但玛丽安的来信我至今无法回复感谢，信太好太好了。我父亲去世时并不知道自己患上了白血病或是别的病，他也许怀疑什么，他告诉（那位不太好的）医生，说他认为我回来得“很及时”，这听起来有不祥的预感。但是，我想他不认为自己会死得那么快，那位愚蠢的医生也不这么想，在父亲死去之前的八个小时，他发现了可的松（这使他更糟了）与手术。他去世时是一个人，我希望没有痛苦，在昏迷中，如我希望的那样。我的母

亲立刻回归了她的宗教——犹太教在丧亲时的仪式值得称道——它让葬礼之后的一整个星期都有事做。母亲见了许多来吊唁的人，虽然许多人我并不认识：吊唁信（犹太葬礼上没有鲜花——你知道吗？），短暂的吊唁拜访[1]，这些令她 431
感到高兴。然而她生活的中心失去了，父亲一生都被她欺负，而现在她却没有什么事可做了，除了担忧我的健康以及地产。我的律师是莫尔可敬的朋友狄基；[2] 我父亲的两位经理时而可怕时而挑衅，他们想从我这里把业务买走，但他们像荷兰人，出价太低——我的会计说的。不过他们感到没人能夺去我那一箱箱的猪鬃毛（！），于是要敲诈我；不过他们又想到，如果我抗议过多，我诚实而无辜的境况会引起注意，这在伦敦城对他们没什么好处。于是他们忍下这口气，平息了下来。我不理解他们对我说的事，感觉就像是一位足球运动员要学康德哲学；周围有不少聪明人献计献策，但我需要的是一个有行动力的人，要么替我欺负我那些潜在的客户，让他们按照公平的第三方代理制定的正常价格来购买我的货，要么就自己买下我的全部股份。于是我继续过下去。我一回到牛津，纳菲尔德就变得很荒诞，我不能告诉你为什么，但我觉得荒诞。那些阴沉而可敬的社会福利工作者、愿望受挫的公务员，把我看成是一个腐朽的贵妇，住在一所大

[1] 伯林此处原文为：petites visites de condolléance。
[2]（亚历山大·休）·哈蒙·马西·狄基（1907—1987），伯林此时的诉状律师。

房子里，懂一点“优雅生活”与“甜蜜人生”。[1] 我看了一眼就逃走了。果戈理[2] 写过一出剧《婚事》，未来的新娘在婚礼开始前一秒从窗口逃跑了。纳菲尔德现在用一种近乎侮辱的方式来看我，认为我像一位从圣坛前逃走的无情的调情者，几乎犯了违背承诺的罪。与此同时，我一定是在布赖恩·厄克哈特[3]面前对纳菲尔德学院与圣安东尼学院作了比较——纳菲尔德乏味而实在的价值，它处于中产阶级下层却诚实的劳动者——而圣安东尼，则好比一个18世纪的[4]希腊古城科林斯庭院——他又把话全部传给了詹姆斯·乔尔，后者很愤怒，责备我在他的学院传播庞贝式奢侈与尼禄式荒淫夜晚的恶意谎言。布赖恩太不谨慎了，莫尔据称也传了同样的话，但我从来没有跟他说过纳菲尔德或是圣安东尼的事，没有跟他比较二者的吸引力。我拒绝了纳菲尔德，大大松了一口气。相比之下，全灵学院似乎对我更好：斯帕洛对此满不在乎，我觉得奇怪。父亲在世时，我觉得自己真的被保护起来，不用体验日常生活的艰辛，只需对自己负责，在某种含糊的意义上我是被照顾者而不是照顾者。现在我身处前线——要负责确保母亲的收入——这个异常而乏味的位置

[1] 伯林此处原文为：douceur de vivre。

[2] 尼古拉·瓦西里耶维奇·果戈理（1809—1952），乌克兰裔俄罗斯小说家、剧作家、短篇小说家，他的第二部喜剧《婚事》1842年出版。

[3] 布赖恩·爱德华·厄克哈特（生于1919年），一开始就在联合国工作，后（1974—1986）任联合国副秘书长。

[4] 伯林此处原文为：Ottocento。

令我沮丧。我在牛津多少是为了逃避它，并且打算，如果我有钱在牛津拿到一所公寓，可以让母亲住几周，就不用去伦敦“面对生活”。但我们会看着办。我肯定，没有什么会和以前一样了，更多的会是遗憾。我对家庭无意识的投入——虽然对此我常怀不满——太多了。[……] 我真的深感痛苦， 432
但只是在某个层面，不会令我止步不前。目前除了诸事无心之外想到某人某事的激动，如与某人见面，某一首乐曲，某一本书，某一封信，现在在我看来都是无法理解的。也许我会恢复食欲。我一到就会给你打电话，当然，请代我向玛丽安·施莱辛格问好，也向阿瑟问好。

致以我的问候

以赛亚

[……]

一次伯林去伦敦打理生意，艾琳·哈尔本开车送他回牛津。他利用这个机会向她表达了对她的感情。虽然她没有立即答应，但他们开始秘密见面。

伯林在美国最重要的一项职责就是为哥伦比亚大学两百年校庆做一次庆祝演讲[1]。“我答应在3月24日出席，我拿到了签证，也注射了疫苗，订了客舱，还订了机票，如果客轮

[1] 关于“哲学与政府镇压”（后来在1996年收入《现实感》出版）。

不合适就坐飞机。”[1] 然而最后“我突然在临行前四天意识到我不可能成行，理由有几个：主要是我母亲的状况实在不好。[……] 当我母亲的痛苦——直到上周她才流露出来——她催促我去，然后就崩溃了。与我的公共责任相冲突时，我想后者必须让位于前者，除非这么做真的会导致后者很大的不幸”[2]。门德尔·伯林的去世造成的复杂生意局面也成为伯林对外解释取消行程的原因，而他与艾琳日益亲近的关系却不能公开。

致阿瑟·施莱辛格

1954 年 3 月 17 日

全灵学院

亲爱的阿瑟：

我依然处于父亲去世造成的奇怪压力之下，它让我的整个生活一下子变得缺乏真实感——伦敦的房子就像是租来的，我根本无法适应过来。牛津更像是我的家。[……] 我不得不宣布，今年春天根本没办法去美国了，为此我感到非常负罪。原因是我母亲的状况，她说以她的现状，她不能去美国见陌生人，显然也不能独自一人留在家里。之前她像堂
433 吉诃德似的不切实际地催促我去美国，我做了一切安排，拿

[1] 致莫顿·怀特，1954 年 3 月 15 日。
[2] 致罗兰·博登—穆勒，1954 年 3 月 16 日。

到签证，注射了疫苗，预定客舱，打算在纽约逗留，等等。然后我感觉到她状况不好，我意识到一旦真去了美国，会是一个可怕的错误，于是我不得不给哥伦比亚大学哲学系的古特曼教授[1]低声下气地发去电报，向他解释，虽然他两度推迟了我那傲慢自大的两百周年校庆演讲，到头来我却不能成行。对此我真的感觉很不好——你知道的，我是多么容易感到负疚——而且人要信守诺言，那天比尔教授向我尖锐地指出这点。当时我们在全灵学院吃晚餐，安德烈·莫洛亚先生[2]突然作为塞兹内克邀请来的客人出现，于是我表现得义愤填膺，因为想起温斯顿这么评论过他："我们认为我们有了一个朋友，结果发现只是来了一个顾客。"这是在1941年，他在美国恶劣地攻击我们——你记得亨利·伯恩斯坦在他两边脸各揍一拳，并说"这拳是为法国人打的，那拳是为了犹太人"吗？[3]不管怎样，当时我骑着道德的高头

[1] 詹姆斯·古特曼（1897—1988年），自1920年起在哥伦比亚大学教授哲学，1948—1962年任哲学教授。

[2] 安德烈·莫洛亚（1885—1967），原名埃米尔·威廉·赫尔佐格，法国传记作家、小说家、文学家。1941年他在美国做关于法国的困境与永久的光荣的演讲，演讲被播出，为马歇尔·贝当辩护而闻名，但他也表示对英国有很深的依恋：他后来宣称与英国的亲密联系在法国派系斗争中破裂了，尤其是因为由某位敌人［亨利·伯恩斯坦］发动的一场运动。安德烈·莫洛亚，《回忆录1885—1967》(1948)，丹佛·林德利英译（伦敦，1970），第285页。

[3] 亨利·（莱昂—古斯塔夫—查尔斯）·伯恩斯坦（1876—1953），法国戏剧家，他的戏剧经常涉及（并遭遇）反犹主义。伯恩斯坦进行了一场反对莫洛亚的长期运动，因为后者放弃自己原先的犹太名字，并且没有谴责维希政府与它的反犹法案。

大马，拒绝与莫洛亚握手，而比尔指出，我没有去哥伦比亚大学演讲也是同类的恶行。我对此不能完全同意。母亲的情绪真的很低落，在过去的几周里情况更严重了，部分是因为我父亲的地产问题还没有解决，而我茫然地游走在可憎的世界中，见的都是猪鬃毛交易商、商人、银行家、会计、金融家、诉讼律师与出庭律师，还有来自日内瓦的瑞士骗子，我父亲在那里似乎有一个小公司，还有其他极为乏味的人物，比政界与学界最低级的人还要低级，相信我。他们每个人的行为都让我相信，我被所有人骗了，也许是这样，但是我可以看出，这一切无法避免。

威尔逊预言我一定很快会成为猪鬃毛大王，看来他的预言肯定不能实现了。所以，看到母亲的悲伤状态，看到她见我提起可能不回美国，因此不会留下她孤身一人而大大松口气，我就打消疑虑，给古特曼教授发去电报，也给西蒙斯教
434 授[1]、莫斯利教授、霍利优克山女子学院的劳森小姐、普林斯顿的各人等一一去电，我准备用发酸的黄油来抚平哥伦比亚大学权威们狂怒的胸怀，为他们提供文稿、录音或是任何什么，虽然恐怕这些是一样的无用而想当然。我在考虑 4 月带母亲去罗马，但即使这也无法确定。我会好好给玛丽安写封长信，讨论严肃话题，真正意义上的信，这种信更难写，

[1] 厄内斯特・约瑟夫・西蒙斯（1903—1972），1946—1959 年任哥伦比亚大学斯拉夫语与俄罗斯文学教授；美国俄罗斯领域研究的先驱。

也更难令人满意，不像现在这种信，我可以一直叨叨个没完。但现在我真的不太能面对认真的问题，只能活在虚假的根基上，你应该明白我的意思。

我为哥伦比亚大学写的讲演稿，《特德周报》现在来要了，这个讲稿有点古怪，提出哲学家具有颠覆性而且必须如此颠覆，应该以一种高雅的方式在知识分子的迫害者手中放上充裕的武器。然而，讲演稿写得很复杂，句子太长，结构不清，没有什么用处，除非是被具有哈里·莱文那样水准的反知识分子利用，如果真有那样的人；不过没有。我的论题是，只有一流的哲学家值得存在，二流的、三流的、四流的、五流的、六流的作曲家、诗人、历史学家等各类学者都是名副其实的人物，他们能够发挥作用，但二流的、三流的、四流的哲学家却是障碍，令人讨厌，是威胁，我不知道唐纳德·威廉斯对此会作何回应。我觉得这有点像是我的好朋友阿奇·麦克利什关于“不负责任的人”的说法，并试图从我的论题中去除自命不凡的成分，但这不容易。如菲利普·汤因比在他并不怎么样的新书[1]中所评论的那样，我是“自命不凡的门面”的一员，一直都非常不喜欢无政府主

[1] 书中汤因比回忆伯林与杰斯帕·里德利“发展了‘自命不凡的门面’这一概念，描绘了他们骄傲而自嘲的形象，还有另外几个人还在滑铁卢广场一起跪下，捍卫他们挑剔的生活方式，反对非道德的、无约束的、凶猛的攻击者”。《分开的朋友：1930 年代的埃斯蒙德·罗米利与杰斯帕·里德利》（伦敦，1954），第 77 页。

义者，这也是我为什么一直讨厌波西米亚人，喜欢有秩序的人，即使他们有点平庸，有点势利，认识他们有点不大体面。

另外，我感觉比起墨索里尼之类，麦卡锡（这只是换个话题）更像是比弗布鲁克或是诺斯克利夫[1]，他的终极目标既不是权力荣耀也不是金钱，而是一种令人厌恶的享受。他实际上是施虐狂，喜欢折磨那些令他产生自卑感的知识分子，他做这一切是为了一种丑恶的享受，在战争中保持他的头脑冷静，使用他全部的机智，只为欣赏毁灭与玷污了
435 体面可敬的价值观等一切时的那幅景象；而这与沉迷于思想、无情地追逐权力等完全不同，但人们，包括他的朋友与敌人，对他的心态还没有理解。得克萨斯百万富翁理所当然地支持他，因为他们觉得他是他们对抗一切形式文明与优雅的合适代表，一个街头流浪儿组成的阵线的合适领袖，而休伊·朗[2]从来都不算是这样，因为他的观点中毕竟还掺杂着某种原始的社会意识形态。然而，麦卡锡也有变态的平民主义元素，他反对一切妄自尊大的人，自视高趣味的文化，等等。我可以看到对某些人，在私底下，他也许甚至流露出开

[1] 阿尔弗雷德·查尔斯·威廉·汉姆斯沃斯（1865—1922），诺斯克利夫子爵一世，报纸所有人。

[2] 休伊·皮尔斯·朗（1893—1935），美国律师、民主党政治家，1928—1932年任路易斯安那州州长，1932—1935年任参议员；路易斯安那州实质上的独裁者，利用含糊的方式实现激进的社会改革。

心而惬意的模样。[……]

对了，你会收到从我的银行转来的大约200英镑，是还欠你的钱，我想是在哈佛合作店时候的事了。我得结束这封可怜的短信，明天和我的会计师去牛津了，由于你们对中国产品的严格抵制，现在紧接着又是对以中国猪鬃毛做成的英国刷子（目前我除了这个话题别的都不知道，顺便补充一句，我对此话题有着非常深入的了解）采取严禁政策，我正处于所谓失去市场的处境，不可抗拒地随着无法停止的自动扶梯堕入我的经济危机。真可怕，这封信就此结束吧。

你永远的

以赛亚

致莫顿·怀特

1954年3月22日

全灵学院

亲爱的莫顿：

我又读了你2月27日的来信——上次写信时我充满了对哥伦比亚大学的负罪感，认为这不是我可能做到的事情。此刻我依然充满了可怕的疑虑，也看不出我可能做别的什么。父亲去世对母亲造成的延后反应令她深受折磨，完全没有谁能照顾她。然而，各个被我侵害的机构所表现出来的不祥的沉默让我惊恐。我就像一个写信向他们解释无法再见到某个人的原因，却收不到任何回复的人。太纠结了。对纳菲

尔德也是一样的感觉，我没法无视它而不感到内心的难堪。我开始觉得自己像是奥［本海默］博士（卡夫卡笔下绝妙的人物），他无法走过任何走廊，靠近任何住房，因为害怕那些他自己关上的，或是认为自己关上的现实中的或想象中
436 的门。

我完全理解你对弗格森先生[1]的看法，这让我想起对19世纪40年代俄国评论家的生活与行为的最好记录，当时上演的情景与此相似。例如，我最喜欢的别林斯基，他当然只是一个略微左倾的激进主义者，当他面对一位真正的反动者时，如果对方表示，那些写信攻击俄国政体的人应该受到审查，别林斯基就多半会发脾气，质问对方原因；当得知在一个文明国家对公众如此侮辱不该不受处罚，他会大发雷霆，表示即使在更文明的国家，提倡这种观点的人也得上断头台。如此种种，这就是所谓“不在眼前”[2]原则，这不仅适用于用人。我非常了解你所指的感觉，我就是对布尔什维主义毫无共鸣的人，比你更甚，对各种浪漫主义观点持有强烈得多的“不良”倾向，但是当我在那恶名昭著的福特基金会的聚会上面对艾德勒与赫钦斯时，我为布尔什维克的行为

[1] 弗朗西斯·弗格森（1904—1986），文学评论家、比较文学教授，1952—1973年任罗格斯大学比较文学教授。莫顿·怀特抱怨说，在一次晚宴上，弗格森“对逻辑实证主义发动了暴躁的攻击，虽然我不是实证主义者，但是也很生气”。莫顿·怀特，《一位哲学家的故事》（原文第230页注1），第226页。
[2] 伯林此处原文为：pas devant eux。

进行了最激烈而惊人的辩护，这让桌上的人都非常困惑，而在我这却是我唯一能做的事。我发现我是左翼运动中最极右的，哲学上如此，政治上也如此，因而被理所当然地看作如此，虽然正统左翼运动成员对此怀疑；但是，当我面对那些显然不在这一阵营而又想攻击它的人，我只有像在战时那样筑墙防卫，并且选择百分之百的立场。我们绝对赞成这一点。这时候的让步是可耻的，是对支持某种正式的、道德的借口的真相的压抑。联合阵线这个概念总是让我很喜欢，即使我知道早晚它会被那些真正的狂热分子摧毁，他们在阵线成立之初就已经憎恨它了。至于O. 董事，我总认为他最后会没事的。他是一个聪明人，虽然因为敏感，会产生各种准宗教的忧思，以及各种想象得到的温和知性的多愁善感，但是最后他知道哪里没有敌人，虽然他不会对比他更自由的人为他强调了这一点而心怀感激，但最后他会结盟，站在街垒
的正确一边。这一点使他最终让人可以忍受，在我看来，仅 437
凭聪明，甚至是才华，与如此程度的忧虑与恐惧本身是不足以与他对话的。情况就是如此，他是一个相当高贵的人。我给他写信，告诉他我不会去，等等，我希望他已经原谅我了。我建议我明年不请自来，虽然即使是那时，我想我也很不确定。

很高兴你如此喜欢詹姆斯·乔尔——他可爱、敏感、忠诚，很容易被逗乐。他的烦恼是自我怀疑，对自己选择的领域有某种厌倦感，这一点对人的危害是巨大的。除了在扎实

自律的工作中进行某种程度的道德净化，我们还有什么办法能够把自己从这腐败的世界中拯救出来？我突然严肃地问了这样一个问题。我确实陷入了对19世纪俄罗斯怀旧的愉悦中了；但是，詹姆斯没有那样一个地方——对比同时期俄国的情况，19世纪的德国很可怕。他本质上是恨哲学的——是的，一个思想的世界，完全与他没有共鸣——但是他知道虚假与真实的差别，因此在受到攻击时有保持忠诚的情结，是绝对可靠的盟友——无论发生任何冲突。他也很有教养。我无法告诉你“我们的”与“非我们的”之间有多么清晰的分界——我仰慕与敌人建立关系并跨越边界——我总是为此付出代价，但是无论何时我都不会停止这么做。然而，这么做的快乐来自我不知道界限在哪里，也不知道自己在做什么。至少我是这么告诉自己的。

一定告诉我你的近况，哥伦比亚大学那边是否真的很生气。一定要告诉内格尔[1]，只要我可以去，我一定会去的。[……]

你永远的

以赛亚

[1] 欧内斯特·内格尔（1901—1985），出生于捷克，1946—1955年任哥伦比亚大学哲学教授，1955—1966年任哲学约翰·杜威讲席教授，后（1967—1970）任大学教授。

致约翰·斯帕洛

1954 年 3 月 23 日

全灵学院

我亲爱的约翰：

那个老男孩[1]，是的，当然说的是他。你是要告诉我吗？[2] 当得知我们的朋友也会出现，为什么要拒绝我们热切的朋友帕［米拉］·贝［瑞］夫人？为什么当我告诉他事实上我不会利用某种安排好让我们碰面的邀请，甚至连我们的朋友也感到很好，甚至有时发自内心地觉得如释重负？因为我制约了他的风格，而他知道，我对此毫无办法。亲爱的老斯图尔特，你 438 知道是谁[3]教导他崇尚活力的。老斯图尔特和他在一起要比你我更好，他就像是陪衬，对他内心的伤感感同身受。在校长面前你体验到羞惭。我怎么会忘记我与老男孩一起拜访卓越精致而美丽的俄罗斯老诗人维亚切斯拉夫·伊万诺夫[4]，我可以与他用俄语谈论伟大的勃洛克[5]本人，还有莫姆森，[6]他曾是他的

[1] 即莫里斯·鲍拉。

[2] 伯林此处原文为：A qui vous le dites?

[3] 也许是勒内·艾耶尔（原文第 737 页注 5），汉普希尔与她保持长期关系（他们最后结婚了）。

[4] 维亚切斯拉夫·伊万诺维奇·伊万诺夫（1866—1949），俄罗斯诗人、剧作家，影响了象征主义者以及阿克梅派运动；大部分时间生活在俄罗斯以外的国家，尤其在罗马。

[5] 亚历山大·勃洛克（1880—1921），抒情诗人，俄罗斯象征主义运动的领袖。

[6]（克里斯蒂安·马提亚）·西奥多·莫姆森（1817—1903），德国古典主义者、法学家、罗马史学家。

学生，还有许多我知道但是老男孩也许不知道的东西，我还是说了。于是我坐在那儿，老男孩以他可怕的法语咆哮着无意义的话语——关于索福克勒斯，关于俄罗斯、罗马，关于最令人羞愧、最惊人的一切，而这位卓越、文雅、非常敏锐、精益求精的老罗马天主教诗人显然很喜欢。我扪心自问，如果精致的、羞怯的、不会出错的品位是我崇拜的朋友真正喜欢的东西，它有什么用？就是这些东西使他到达那个境界，成为如今他这样的一个人。这值得吗？他不敢问他自己。但是他知道我们会问，因而夜不成寐。你准备好迎合它吗？打算多久？我准备好了，充分地，打算长久这样。但这是为什么？爱？习惯？感激？你能否回答？真正的关系是不可能的，如西尔维斯特·[盖茨] 所发现的；除了在这儿那儿，此时彼时，挑逗的一瞥，但很快就被恼怒地压抑，以讨好新出的笨拙而无耻的"公共面" 政策。老莫里斯，我们（尤其是你）所认识的，被他理所应当地倾倒与温暖的那一个，本来对 S. N. H. 汉 [普希尔] 根本毫无用处；的确，老男孩强烈反对我把他——斯图尔特——引入他的生活；"好男孩，但是乏味，自命不凡；卑劣的哲学家；你可能觉得很好，但我本人无法忍受"，这是原话。可他还是跟温和的朋友们一起进来了。他们都很好，但就像维克托·罗 [斯柴尔德] 那样，表现出的症状为静寂沉沦、自我截除、放弃屈服，以及自我表现之前的安定、快乐及胆大妄为。这让我吃惊，在所有人当中，我居然会为更加粗俗而大胆的性格的逝去深感哀叹——在某种程度上它更接近自然的生

活[1]——但这种奥利金[2]式的行为是可怕的屈服。说够了。

以赛亚　　[……] 439

致阿兰·普莱斯—琼斯

1954 年 4 月 1 日

全灵学院

亲爱的阿兰：

[……] 你读过《幸运的吉姆》[3]这本书吗？它令我阴郁，简直没法说。无疑这是一本对某种生活状态的现实主义与天才的描述，但我无法忍受它的基调、内容，以及它强有力地向我呈现出的形象。这是纯粹的逃避现实吗？我想。小说被所有人广泛赞扬，称其为杰作，可与伊夫林的早期小说相媲美。极尽赞美之词，我觉得它令人反感，只能按照固定剂量摄入，每个星期看一点，当我突然意识到可以有另一种生活方式的选择，结果却对现有的生活方式更加无限地甘心顺从了。如果需要什么来治愈一个人成为社会党人的欲望，它对我的影响力，就好比去年我去以色列拜访詹姆斯·乔尔。

你永远的

以赛亚

[1] 伯林此处原文为希腊文，意思是生命有形的一面。

[2] 奥利金（185—约 284），基督教神学家，受柏拉图理想主义影响，因回避物质世界而著名。

[3]《幸运的吉姆》（伦敦，1954），首部获奖小说，以一所地方大学为背景，作者金斯利·威廉·艾米斯。

在去尼斯度假途中，伯林与他母亲去了日内瓦，在那里，伯林后来回忆：

> 我和艾琳进行了长时间的谈话，她在巴黎自己的家中。我们通了一个小时的电话，我们常常这样。在我抵达尼斯时，我收到她寄来的信，信中说她的丈夫在另一部话机听到了我们的对话［……］，他从未发那么大的火；然后他威胁——如果她继续如此——他会和她离婚，带走孩子，他用一切可能的方法来威胁她，并说她将再也见不到我，大致如此；遗憾的是，她很爱孩子，而且毕竟结婚了，我们不能再见面了。［……］之后我在尼斯躺了两天，一生从未如此痛苦——我完全瘫倒了[1]。

致艾丽丝·詹姆斯

1954年4月21日

尼斯的鲁尔酒店

亲爱的艾丽丝：

我渴望见到你与比利。我真的没办法好好给你写信，很难形容我的生活糟到何种地步，因为要安排父亲无比复杂的

440 事情而跌跌撞撞，为了支撑母亲——倒并非是因为她缺乏道

[1] 迈克尔·伊格纳季耶夫采访伯林录音之十四。提到的孩子彼得·弗朗西斯·哈尔本（生于1946年），后来成为出版商，菲利普·亚历山大·哈尔本（1950年生），后来成为细胞生物学家，专攻糖尿病（日内瓦的医学教授）。

德耐力与生活信仰——而是要应付所有可怕的琐碎事情，生活中的一次骤停突然打乱了我的世界，所有人都很友善，对我伸出援手，但是商业—金融—法律世界却令我感到十分讨厌，远比我想象中的还要可憎。我害怕在银行家办公室的庄严会面，需要保护母亲的利息免受各种力量与影响的损害——有时候它们远非高尚。整个学期痛苦地过去了，然后我感到我必须带母亲外出去过复活节，于是我们来到这里。不知道有多久了，我父母一直都来这里度假，他们的父母和祖父母自从 1870 年左右就开始这么做了，我不知道这样是否可以忍受——所有的记忆——对我母亲来说。恰恰相反，这样似乎给她安慰。同样的酒店、饭店、咖啡店、侍者、电梯工，温暖而熟悉，这一切都起了作用。我为之羞愧的事，是没有去哥伦比亚大学——但我不能离开母亲——我看见，当我离开去全灵学院五六天，回来时她看起来就有点忧郁。如果我一个月不在她身边，去美国——她不会和我一起去，因为这样需要去见人，也不会那么快乐，这一点我理解——会令她深感忧郁。所以我低声下气写信，谦卑地恳求所有人原谅，留在伦敦。只有莫里斯觉得高兴（但他不知道这一点——只有他真正留下了哈佛的伤疤）。令我惊恐的是，我一直收到霍利优克山女子学院寄来的报纸剪报，我应该在那里做一次“普林顿讲座”（我不太知道那是什么）；或是来自当地报纸，上面还登着我一张很丑的照片，看着像是一位黑人浸礼会牧师，图片文字是“伯林先生明天将做普林顿讲

座”，旁边还有把它寄给我的阿瑟·施莱辛格潦草写就的责备我的话语，“你怎么不告诉他们？”但我真的，真的！我写了信，也发了电报！我还能做什么？他们如此生气，什么回复都没有给我，哪怕是敌意的回复也没有。我有许多事情要做：讲演，带学生，完成一本书，200 封安慰信，一些来自我最亲爱的朋友——在美国，我只是最近才给亲爱的罗兰写了信。因为他每周都写信，以信为生，靠信生存，除了与朋友交谈，收到朋友的消息，他没有什么别的快乐来源。我给他写了两三次信，现在有两三个月没有写信了，他自己的来信是政治箴言、评论与社会批注的杂烩：格莱德温、勒内等（我想他现在知道我承受不了勒内·德·[贝克]），我的
441 确亲眼见到了“格莱德温”，在韦弗利夫人[1]为艾登夫妇举行的派对上，韦弗利爵士是一个强有力的支柱，但是他很自大，难以置信地令人厌烦。韦弗利夫人的哥哥是古怪的波士顿的博德利先生[2]，我飞奔去那里见艾登太太，与我们未来的首相进行了一场不是很舒服的交谈，他是一个我无法忍受

[1] 韦弗利子爵夫人（1896—1974），婚前姓阿瓦·博德利，政界女主人，她的第二任丈夫约翰·安德森爵士（1882—1958），1952 年受封韦弗利子爵一世，公务员，后来是独立政治家，1943—1945 年任英国财政大臣（安德森家庭防空洞以其命名），任多个组织的主席，包括皇家歌剧院与皇家芭蕾舞团。

[2] 罗纳德·维克托·科特内·博德利（1892—1970），军人，以阿拉伯世界为题材的作家：“韦弗利夫人的哥哥是一个非常阴暗的当地人物，叫博德利先生，没有人赞成他；所有人都很不喜欢他，他与一位富有而单纯的波士顿女人结婚，后者一生都在逃避财富猎取者，结果却落入了他的控制之中。”致戴维·塞西尔，1953 年 12 月 5 日。

但值得钦佩的人（我想他也受不了我；虽然克莱丽莎对此否认；但这样的感觉是相互的），他是一个类似格莱德温的不错的人，但是冷若冰霜。他的前任，哈维，被认为是稍稍糊涂一点，但是我更喜欢他们夫妇得多。哈维有礼貌、诚实、反德国，他的妻子是个热情的人。这让我想到：英国驻马德里大使是我的一位迷人的朋友，叫约翰·贝尔福爵士[1]，文质彬彬，行为古怪，充满诗意，曾经担任华盛顿公使（归属哈利法克斯与因弗查佩尔）[2]，然后是驻布宜诺斯艾利斯大使，他的妻子弗朗西斯很迷人。我必须感谢他因为我父亲的事给我写信，请告诉我（信寄全灵学院——我25日离开）你什么时候会在马德里，我会请他和你联系。他常常心不在焉，比如会丢失鞋子，在他的外交部办公室，或者忘了他的领带——能够背诵许多俄罗斯（现代）诗歌——所以你也许可以给他寄一张卡片，但如果你告知具体时间，我会通知他。[……]

爱你的

以赛亚

[1] 约翰（“乔克”）·贝尔福爵士（1894—1983），外交官，1943—1945年任英国驻莫斯科公使，1945—1948年任驻美公使，1948—1951年任驻阿根廷共和国大使，1951—1954年任驻西班牙大使。贝尔福夫人是弗朗西斯·霍普·多萝西（1904—1999），婚前姓凡·米林根。

[2] 阿奇博尔德·约翰·科尔·克拉克·科尔（1882—1951），1946年受封因弗查佩尔男爵一世，性情乖僻，1942—1946年任英国驻莫斯科大使，1946—1948年任驻华盛顿大使。

致艾丽丝·詹姆斯

1954 年 4 月 24 日［手稿］

尼斯的鲁尔酒店

亲爱的艾丽丝：

谢谢你随信寄来的托斯卡尼尼的报道，他的音乐生涯如此结束，令我难以承受[1]，你知道我多么仰慕他，视他（以及加埃塔诺·萨尔维米尼）[2] 为意大利复兴运动与 19 世纪人类自由理想的骄傲、高尚、不屈不挠的最后代表。我刚刚去
442 看过尼斯的公墓，那里有很棒的加里波第[3] 纪念碑，他在此地出生——辞藻华丽的“指引人类方向的骑士”[4]，但我还是很感动。我告诉《泰晤士报》的编辑[5]，当他登出也许由某位受雇的音乐评论者写的托斯卡尼尼的讣告时，他必须至少让我写开头或是结束的那段，指出托斯卡尼尼不只是一个伟大的指挥，他还是自律与自发结合一体的象征，我们时代道德最高尚也最激励人心的英雄，超过爱因斯坦，在我心中他甚至超过了超人温斯顿。［……］你会住在里斯本哪里？在

[1] 托斯卡尼尼最后一次音乐会于 1954 年 4 月 4 日在卡内基音乐厅举行；艾丽丝·詹姆斯寄来的附件可能是杂志剪辑，暗示他被迫退休，或是报道他在音乐会中经历了一次记忆中断。

[2] 加埃塔诺·萨尔维米尼（1873—1957），反法西斯意大利历史学家与政治家。

[3] 朱塞佩·加里波第（1807—1882），意大利革命民族主义者（生于尼斯），在意大利统一中起了重要作用。

[4] 伯林此处原文为：premier chevalier de l’humanité。

[5] 威廉·约翰·哈利爵士（1901—1987），1944—1952 年任英国广播公司总监，1952—1967 年任《泰晤士报》编辑。

阿维兹[1]，与拥有非凡画作的百岁百万富豪古本江[2]一起？我爱1940年与1941年的里斯本；贝莱姆、科英布拉，凌晨，在埃斯托里尔到辛特拉的那条路上（那个时间我很少醒着），18世纪温和的驴子驮着一篮一篮的鲜花水果。尼斯到处是丁香花和康乃馨。我母亲相对还好，你到6月一定要在牛津或是伦敦见见她。[……]

向比利与你致以问候——以赛亚

致路易斯·芬克尔斯坦[3]

1954年4月28日

全灵学院

亲爱的芬克尔斯坦博士：

谢谢您4月8日的来信，我是在法国收到的。首先让我感谢您对我的书所做的慷慨评论，回想您的评论，我觉得过奖了。然而，不可否认如果我写书，想要的不是公正而是赞美，无论后者有多么不公正。所以我心满意足。

[1] 里斯本的一流酒店之一。
[2] 卡洛斯特·萨尔基斯·古本江（1869—1955），美裔巨富、石油业先驱、艺术品收藏家、慈善家，自1942年起居住在阿维兹酒店的一间套房里。
[3] 路易斯·芬克尔斯坦（1895—1991），犹太学者、保守派犹太教领袖，1951—1972年任纽约犹太神学院院长。他在4月8日给伯林写信，提议为对抗在美国大众教育中“古人的体验与智慧”的缺失，举办一期暑期班，集中优秀学生，精心挑选授课教师，讨论“一方面与哲学前景，另一方面与当下社会热点相关的专门问题，避免纯理论与拘泥细节上的争论”：伯林会是这个项目主任的理想人选。

现在说到您信中的真正议题了。您知道，我当然赞同
您对这一问题的总体看法。其危险是（在美国尤为突出，
但在英国也一样存在），通过大规模的填鸭式讲座，标准
443 化与机械化的一代人将随之产生，而这种趋势只有通过与
具有足够创新能力与气质的老师进行某种程度的面对面接
触才能有所控制，因为后者本身不可能是现在盛行的大规
模制造与大规模信息分布的不良过程的产物，因而您所设
想的会议是很好的模式。您如此赞赏我，让我承担如此重
任，令我深深感动，然而即便是出于世界上最美好的愿
望、最深的共鸣，以及暑期班意欲实现的全部目的，我还
是无法相信自己是适合人选。我不是一个好的负责人，也
不善于引导讨论，我要么说得太多，要么就像块石头那样
沉默。在过去我已经做过类似的事了，显然很不成功，因
此，请你相信，我说这些并非故作谦虚，它们只是我从以
往经验中收获的教训，虽然对此我并不感到羞愧。我并不
认为没能拥有这种知识霸权的天赋令人羞愧——虽然它是
事实。[……]

您非常真诚的

以赛亚·伯林

伯林一回到牛津，就向母亲报告他最新私人生活的进展：“我收到来自我的一位‘无名’夫人的来信，请我不要愤怒、悲伤或是怨恨，不管她能不能见我——我像石头一样沉默：

就我而言，永远如此。一旦迫不得已，我可以非常坚强。”[1]接着，伯林回忆，他

> 接到艾琳的电话，她几乎说不出话来，发出的声音像是咽喉被扼住了，她解释说时任《泰晤士报文学副刊》编辑的阿兰·普莱斯—琼斯、艾琳家的重要朋友，要来和他们一起住——我在这些事发生前曾邀请他们一起来喝酒——他们依然会带他一起来喝酒，因为汉斯·哈尔本，她的丈夫，认为如果让别人知道我们关系紧张，他在牛津的事业会受影响。[……] 于是我举行了派对，有10个人来到我在全灵学院的房间。他们出现了；她就像一只待宰的羔羊，我从未见过有谁如此苍白、闷闷不乐、伤心痛苦。我没有和她说话，她也没有和我说话。我和他交谈，谦恭有礼，我的意思是我们关系尚好，有来有去。我并不介意，我和他聊天，这不是他的错，嫉妒是完全可以理解的感情。我想他没有完全做错——从我的角度来看，此事的确令人遗憾。接下来几天什么也没有发生，我非常难过。然后她再次给我来电话，说：“我没法这样下去，我们必须见面。”于是我们开始私下见面，一切恢复原样。[2]

444

[1] 致玛丽·伯林，当时正在以色列，1954年4月28日。
[2] 迈克尔·伊格纳季耶夫采访伯林录音之十四。到了5月2日，伯林向玛丽报告他的私生活，“我很平静也很快乐”。

致莫顿·怀特

1954 年 6 月 3 日

全灵学院

亲爱的莫顿：

非常感谢你关于“项目”的来信。[1] 你的提议在我看来非常好，我相信吉尔帕特里克先生 [2] 对我们会比卡茨先生 [3] 更有利。我们一人 5000 美元似乎可以支付两人分别在两个国家工作两个月的费用，虽然我很难承诺明年与后年可以在美国待两个月；然而我们还是可以想想办法。

至于“研究助手”，不知道我们是否需要。需要助手的唯一目的就是，他们可以研读我们可能会感到好奇的、虽然浩如烟海然而也一样重要的德语与法语作者的著述，并做好摘要。比如我对狄尔泰就很崇拜，我在读他的书，我也崇拜韦伯 [4]，还有 19 世纪的各种玄学家，他们也许有些模糊却能激发灵感的东西。由某个助手阅读外文，只是为了告诉我

[1] 伯林与莫顿·怀特打算寻求资助（1 万美元），一起写一本关于哲学史的书，他们就此已经讨论了五年；向洛克菲勒与福特基金会的申请均告失败。

[2] 查德本·吉尔帕特里克（1914—1989），1947—1949 年任职于 CIA，1949—1975 年任洛克菲勒基金会副主任。

[3] 弥尔顿·卡茨（1907—1995），1950—1951 年任美国大使与经济合作管理局欧洲特别代表，1951—1954 年任福特基金会副主任，1954—1978 年任哈佛国际法研究中心主任以及法学亨利·L. 斯蒂姆森讲席教授。

[4] 威廉·狄尔泰（1833—1911），德国认识论学家、文化哲学家；马克西（米利安）·卡尔·埃米尔·韦伯（1864—1920），德国社会学家、政治经济学家。两人都有关于历史主义与历史方法论的著述。

们去哪里查找什么，以及在那些作者的大量论著的某些章节里讨论了什么，我不知道没有这样的助手能否对我们一样有益。我想，这样既不意味着要做许多工作，也不意味着花费更多，也不会真正使我们在很大程度上免于亲自阅读大量资料，但我想还是需要另外有人在我们的指导下帮忙做一些初步的研究，因此我想这方面得花一点钱——在美国做这事要比在我这边更好。

我这个学期[1]在上有关这个题目的课，有一些颇为激烈的观点，也许经过与你讨论以及我内心的神秘思考过程之后可以调整一下。不管怎样我想试试，看其效果如何。我的提议是，在暑假用我伦敦那台了不起的口述录音机录下我的话，它有塑料磁带，我可以寄到国外。它是“爱迪风录音专
家”VP 型，如果你那边能弄到同样的一台——它是非常有 445
趣而且好用，看起来又很优雅可爱的玩具——我们可以用它做很多事，肯定比听写打字或是书写都要容易得多。磁带是很小的东西，可以放进专门的信封，你在纽约很容易就能买到 VP 型号的，有点贵，要 350 美元。不知道能不能租用。无论怎样，我打算给你寄一份计划书，有关我们在 7 月份将要讨论的内容，我们该怎么写呢？只是像其他人那样，即各自的章节合在一起——你写一个初稿，给我看，我也写个初稿，给你看，如此等等，有些章节是你的，有些是我的，像

[1] 1954 年的春季学期伯林讲授“历史主义”。

科恩和奈格尔那样[1]？或者，你觉得我们最早提出的通信方式是否更有意义？我认为没有必要把这变成一系列真正的书信，我的意思是以“亲爱的莫顿”与“亲爱的以赛亚”开头，而只是文献，我寄文章给你，你反对，然后我又回应你的反对，反之亦然，像笛卡尔和他的同时代人做的那样，只是这里有两个笛卡尔，不是一个。有些真正的灵光闪现就是那样得来的，没有埃德曼那样[2]或是桑塔亚纳那样的装腔作势。不管怎样，我7月准备写一份计划书草案给你，指出我们将解决的问题，然后我们明年可以见面，真正开始着手（除非你想今年秋天过来，我也一样欢迎）。[……]

我现在要去上课了，主题是为什么物理学家可以是教条主义者（除了没有人会这么叫他们之外），而历史学家或评论家却不能是这样的人，我得走了。

致以深切问候

你永远的

以赛亚

伯林与艾琳·哈尔本的关系再次遭遇危机：

[1]《逻辑与科学方法概论》（纽约，1934），奈格尔与莫里斯·科恩合著。

[2] 欧文·埃德曼（1896—1954），自1918年起在哥伦比亚大学教授哲学（1935—1950年任教授，1950—1954年任哲学约翰逊讲席教授）。

到了有一天［……］我们本来打算在全灵学院对面商业街的杂货店会面——［……］准备在那儿上车，去别的地方。我刚刚上完十点的课，十一点要走［……］突然看见哈尔本教授，那时正与他的妻子在街角、杂货店的对面说着话。于是，我浑浑噩噩地向他们鞠躬，走进店里，买了我不需要的东西，返回，再次脱帽致意，一言不发回到全灵。接着哈尔本打来电话问我：是否介意去他们家一下，因为他想和我谈谈？我同意了，于是
我叫了出租车，来到我现在住的地方，那时还是他们的 446
家，［……］我开口道："听我说，我知道你完全正确，正义在你这边，她与你结婚，你爱她，我无话可说。对于你的妻子和家庭你有至高无上的权利。"他说："是这样，情况比较棘手，我们谈谈吧。"我说："好吧，听我说，我完全理解你的立场，你无须说明了。我只想对你说一件事，让我给你个建议：你会看到，这个建议并非毫无偏颇；我是出于某种关注而对你说，但我一定要对你说。如果你把一个人关在监狱里，最终囚犯出去的愿望要比监狱看守关住囚犯的愿望更为强烈。最终不可能有好的结局。如果你不让她见我，这件事不会无限期就这么拖下去，早晚会有崩溃的一天，即使我什么也不做。我想你心理上也不会有如愿的感觉——你也许意识到我这么说是出于某种动机，但这也是真话，因此如果你解除禁令，从家庭生活的角度考虑，也从你自己的角度考虑，

这样会轻松一点。”［……］然后他开始东扯西拉，两人之后的谈话相当友好。后来他说：“你和艾琳在花园里散散步好吗？她有话对你说。”于是我和可怜的艾琳出去散步，她情况非常不好，不知道这种情形会继续多久，但是她为他难过，因为他对于整件事感到非常痛苦，毕竟“他真的是一个很好的人”，在某些方面也很有吸引力，她不是不喜欢他，他是她孩子的父亲，她也不知道我们该怎么办。我把对她丈夫说过的话告诉她，接着他冲进花园，给我一张纸条，上面写着：“我接受你的建议，你可以一周见她一次。”好，这以后，她每星期四会来全灵学院喝茶。我们在其他时候也见面，但多少合法了些。[1]

致罗兰·博登—穆勒

1954年6月21日

全灵学院

亲爱的罗兰：

你一定要原谅我，这么久没有给你写信，而且现在这封信又是如此冷漠的打字稿。现在是凌晨一点，我非常疲倦，为什么？我自己不能说。我的生命都浪费在小事情上了。我今天做了一些具体工作，但每次我花三个小时完成一项工作

[1] 迈克尔·伊格纳季耶夫采访伯林录音之十四。

后，在我看来它却毫无价值，比别人在任何方面做的任何事都要差许多。

我这学期的时间照常用于做讲座、教书，接待合不来的古怪访客，例如圣母大学的校长[1]——他是一位身体强壮的牧师，虽然也很斯文，认为一切都非常有趣——还有普拉切 447
克博士[2]，疯疯癫癫，但是令人愉快，物理学家，来自普林斯顿研究机构，他告诉我奥本海默案件[3]的最新消息。我不知道那个可怜人做了什么错事，除了一件事之外：他没有在1943年向警方揭发那些要求他提供信息的人，却在1947年对调查委员会说了有关一切，当他们问他为什么告诉他们一个荒诞无稽的故事，他非常单纯而可怜巴巴地说："我是个白痴。"我觉得除非是在极端情况下，任何人都没有责任做个自愿的告密者——虽然如果你问我是否存在一个通用原则，即人永远也不该向警方告发自己的朋友，或者人总是应该告发他们，如果认为他们在颠覆他宣誓支持的秩序——我

[1] 西奥多·马丁（"特德"）·赫斯伯格（生于1917年），天主教牧师，1952—1987年任圣母大学校长，有影响的坦率直言的教育与社会改革家，1957—1972年任职民权委员会（1969—1972年任主席），后为激烈的越战反对者。

[2] 乔治·普拉切克（1905—1955），捷克物理学家，曾与汉斯·哈尔本与尼尔斯·玻尔一起合作曼哈顿项目；1948—1955年任职于普林斯顿高等研究院。

[3] 1953年奥本海默的左翼同情者，共产党朋友以及同事的言论被引述作为证据指证他危害安全，艾森豪威尔要求他辞职。奥本海默要求举行正式听证会，在等待听证会期间，他的安全特许暂缓（在原子能委员会工作必须获得安全特许）。在1954年6月的听证会上，虽然许多顶级科学家为他作证，奥本海默在职业生涯中所招致的有权势的敌人们还是成功地永久吊销了他的安全特许权。

会这样回答，没有通用的原则，人应该听从自己的良心，在不同形势下做自己认为正确的事。不管怎样我给奥本海默写了一封友好的信，表达了我对他所处困境的同情，我把名字和地址写在信封背后，这样信封就不需要当局用蒸汽熏过打开检查是谁写的。我想希斯的罪名不算不公——虽然很可能是被冤枉的——但我看不到他有多少证据，我也的确认为他的案子看起来缺少真实性。我对奥本海默的看法则相反。

夏季学期飞逝而过，没有什么戏剧性事件发生，我去了巴黎看莫斯科芭蕾舞团的演出，由于爆发了奠边府之战[1]，他们没有跳舞，于是我和罗斯柴尔德他们去了朗香，那里很闷，但是很美。马利奥特夫人在那里有个专门的阳台可以俯瞰凯旋门，可以目睹戴高乐主义者的革命活动[2]，我们满怀期待，但是什么也没有发生，因为警察大规模出动了。我下午五点也在那一带游荡，只看见大卡车运来大批士兵与警
448 察，就像 1848 年。那个场面历史意义重大，险恶而又奇特。
我得说我的确讨厌当权者，自从 1945 年在莫斯科以来，我已经没有怎么见过残暴当局出现的轰动场面了，这里的情况不像莫斯科那么糟，但开始类似了。[……]

[1] 1954 年 5 月 7 日，法国军队在印度支那奠边府彻底战败，被越南民族主义者与共产党的军队（越盟）包围了 56 天，这标志着法国在东南亚的殖民统治事实上被终结，并导致越南的分裂。

[2] 戴高乐将军计划 5 月 9 日在凯旋门无名战士墓前敬献花圈，作为他个人对欧洲战争结束的周年纪念。戴高乐支持者的游行在预料之中，因为奠边府战役的失败在法国引起广泛的愤怒。

演出[1]更像是一场鸡尾酒派对，而非剧院表演，之后我们去参加阿加太太的派对，玛格丽特公主适时出现了，她和我聊天，说一些活泼但不太有意思的话题。我没什么兴致，想从她身边走开，据此我可以得知自己不是个真正势利的人。第二天她在牛津出现，参加圣希尔达学院的某个开幕仪式，发现自己与瓦德汉姆学院院长和新学院的院长坐同一张桌子，她向他们打听我是否也来自牛津；你可以想象这个故事会怎么传播开来，到你收到这封信的时候，它已经对我造成了什么样的损害。可是我能怎么办呢？我想做的只有对阿历克斯好一点，我认为面对王室成员时拒绝与他们交谈是很不礼貌的，而且不管怎么说，她好玩，快乐而又亲切。尽管如此，我想我还是不适合经常和王室接触。

我还去看了皇家军队阅兵，坐在芳婷小姐[2]旁边，她很迷人，非常单纯亲切；我另一边坐着塞西尔·比顿和阿兰·普莱斯—琼斯，一切就非常愉快和谐地度过了。然后我回来，非常勤奋地工作了两周，弥补我那可悲的趣味爱好。汉普希尔非常震惊，认为在这样的环境中见这些人是可怕的事，我很喜欢拿社交生活的快乐以及它们必然导致的可怕“玷污”来逗他取乐。

[1] 6 月 1 日，业余演员在伦敦斯卡拉剧院慈善演出埃德加·华莱士的《飞蛙》，伯林不太情愿地和阿历克斯·德·罗斯柴尔德一起去看了。

[2] 玛歌·芳婷（1919—1991），婚前姓玛格丽特（“佩吉”）·胡卡姆，（当时是）萨德勒斯·威尔斯芭蕾舞团芭蕾舞主演，1955 年与罗伯托·德·阿里亚斯结婚。

[……] 詹姆斯夫妇要来这里，我打算让他们参加牛津大学的校庆午餐，这是一桩盛事，为庆贺在那天拿到荣誉学位的人而举行，所以他们会见到平常见不到的为数众多的名人，体验到一种幸福的眩晕感——至少亲爱的艾丽丝会有如此感受——我希望活动是一整天。校长会让他们留下来，请他们一起吃一两次晚餐，相信整个过程会圆满成功。罗斯要带阿斯特夫人[1]来，她是全英格兰最可厌的女人，乏味、粗鲁，干涉不列颠政治但多年来只造成了灾难性后果，因而难辞其咎。温斯顿拒绝认识她是正确的。我的客人是伊丽莎
449 白·鲍恩，我朋友安东尼·兰博德[2]的夫人，他现在是艾登先生的私人助理（他很有趣），塞西尔夫妇、哈尔本夫妇，可能还有哈考特夫人[3]，这样我就回报了他们多次热情的邀请。她的丈夫将会成为财政顾问以及世界银行成员之类，自9月份起在华盛顿，这是一个很好的选择——他是一个谦虚、明智的好人，与一个叫贝蒂·夏普[4]的结了婚。

[1] 南希·韦切·阿斯特（1879—1964），婚前姓兰霍恩，阿斯特子爵夫人；沃尔多夫·阿斯特即阿斯特子爵二世的遗孀，美国出生，说话尖刻，1919—1945年任联合主义党下院议员，首位在下院取得席位的女性。

[2]（霍勒斯）·安东尼·克劳德·兰博德爵士（1911—1983），外交官，后（1965—1967）任驻泰国大使和（1967—1970）驻奥地利大使。他的第一任妻子是菲丽西蒂·安（1917—1984），婚前姓贝利。

[3] 伊丽莎白·索尼亚（“贝蒂”）·哈考特（1910—1959），哈考特子爵夫人，婚前姓斯纳格，威廉·爱德华·哈考特（1908—1979）的妻子，哈考特子爵二世，商人银行家，1954—1957年任华盛顿英国大使馆经济部长，联合国国际复兴开发银行英国执行经理，以及国际货币基金组织执行经理。

[4] 威廉·萨克雷1847—1848年的小说《名利场》中的人物，一个设法挤进上流

好了，我得停笔了，等詹姆斯夫妇离开以后我再给你写信。那时我可以描绘他们的牛津之行；与别的事情相比，我更乐意做这件事。

我不知道孟戴斯·法郎士[1]在巴黎能持续多久，他是极聪明的人，虽然他说我说的话人们一个字都听不懂，我之所以得到名誉，完全是因为没人能听懂我说的话，就以为我一定说了什么真理——我祝他健康。

我昨天收到威廉·海特从莫斯科来的信，请我去他那里逗留一段时间，我想这个夏天不行，因为母亲等缘故。否则我很想去，看看在过去大约七年里那儿发生了什么，我感到他们也许控制有所松动，不是因为他们更开明了，而是因为花这么多时间压制如此之多的文学界人士，而文学又没有它被认为应该具有的那种影响力，所以这么做是浪费时间。（我想知道南希·米特福德小姐[2]对此要怎么解释。）[……]

祝你一切如愿，爱你的

以赛亚

社会的机会主义者。

[1] 皮埃尔·孟戴斯·法郎士（1907—1982），紧随着奠边府战役的失败，前任法国政府垮台，他在1954年6月成为法国总理，在他简短的执政期间（到1955年2月），他开始解除法国在印度支那以及北非的殖民统治。

[2] 南希·（弗里曼）·米特福德（1904—1973），瑞迪丝戴尔男爵二世之女，小说家，战后居住巴黎，与彼得·洛德结婚（但分居）。

8 月初，伯林与盖伊和阿历克斯·德·罗斯柴尔德一起在他们位于诺曼底的养马场度周末，见到了哈尔本夫妇，他们住在附近的多维尔赌场。[1] 这种局面对三人造成很大伤害："哈尔本博士看见她坐在多维尔的海滩上读一封来信，读完把信纸撕碎撒在沙滩上，而他认定信是我写的——的确是——
450 于是他去海边，花了一个小时把碎片拼起来。"[2]

致玛丽安·法兰克福特

1954 年 8 月 13 日［手稿］

彭莱维克的卢克斯养马场

亲爱的玛丽安：

我之前就该给您写信，当然，您说得很对。菲利克斯（我也非常无礼地没有给他回信）说，在一个人的父亲去世之后，最真实的就是，一切都不同了。[……] 我还是慢慢从谷底爬了上来，我母亲也是，我想，经济上我们"不会有问题"，我的生活可以重新启动。然而事实并非如此。此前我过得就像一个大学生（如果我要写自传——我永远不会写——它的题目会是"迟来的觉醒"），在牛津度过每个学期，回伦敦我父母家过假期。现在我得去看望母亲，显然

[1] 伯林后来对他母亲说："不，哈尔本博士并没有生吃了我，他不太高兴，但没有流露出来。"1954 年 8 月 21 日。
[2] 迈克尔·伊格纳季耶夫采访伯林录音之十四。

要比以前去得更多。所以我来来回回，无法承受。她小心翼翼，努力不让自己令人厌烦，不干扰我，所以反倒令我压力倍增。她表现很好；如果她自私一点，暴躁一点，不满一点，我想自己反而会更心安。我的心灵是自由的，周围的人始终充满善意，我“社交圈”的朋友竭尽全力要为我找到新娘，但又掩盖不住地缺乏相关技巧。这一切很好玩，我不是很在意。本周末，我在盖伊·罗斯柴尔德他们家，吃的是真正的臭黄油，很骄傲地告诉你，我没法吃。我粗鲁但又绝望地把自己锁在小卧室里，读一点俄国19世纪的回忆录。我决定既不写英语也不说英语，而是说着夹杂着英语的俄语。我唯一喜欢的风景就是人，我对他们着迷，就像其他人对鸟类着迷那样。现在我得停笔了，一两天后我在意大利会再写信的。

伯林

艾琳开车送伯林去巴黎，在那里伯林参加了一连串的社交活动，之后乘火车去了意大利。他去了佩鲁贾，之后与牛津朋友们会合，在科尔托纳度过一周，他对此地给予了热情赞叹。

科尔托纳很小，只有一条主街，两个咖啡馆；但如果人就是我的风景，那么这就是个理想之地。生活在这里流动，令人难以置信，可以治疗焦虑和太多的内心独

白。[1]想象一个小小而绝妙的露天市场，有一间小咖啡馆，四处是小摊、交易、各类生物、乞丐，热情洋溢的黑皮肤中年太太，不时有类似歌剧人物的吉卜赛人，好看的女孩，有着最浪漫精致的外表，肩并肩吃着冰激凌的牧师，还有孩子，等等。即使丑八怪与残疾人也不低人一等，一点也不粗野，总是这样的一幕生活剧（“相互影响，相互作用”）。此时一位气宇轩昂的老者，长长的白胡子，叼着烟斗，衣衫褴褛，极其高贵，轻快地走近我的咖啡馆——周围的人们有着晶亮的小眼睛，他们看着这一切，议论着，把一切分解，又从一切中提炼一切。事物就是这样；离它越远，就越能分享到公平的份
451 额，获得稳定。我们北方由于麻木而导致了悲哀与可怕的形象遍布各处。[……] 在我而言，这里比佛罗伦萨、威尼斯、锡耶纳好上千倍。当然，人可以在一个社交密度稀薄的地方建立自己的存在，只要他狂热地投入一份事业，与世隔绝，利用坚硬的外壳，或是充分地自我专注或自我陶醉。但我觉得还是生活在一个充满人，充满各自目的的环境中更容易生存，他们生气勃勃，总是会给予回应，永远都会微笑，会皱眉，不会因为自身的重量而沉没，也不会因为没有重量而飞走——像在这儿。全灵学院是我在英格兰所能找到的最好的一个地方，但

[1] 伯林此处原文为：dialoghi interni。

关键必须是不受约束的小社会。[1]

伯林接着取道厄比诺与拉文纳去威尼斯，中断回家的旅程，在拉斐尔与阿德瑞娜·赛勒姆靠近普罗旺斯埃克斯的家度周末。

致莫顿·怀特

1954 年 10 月 4 日［原稿遗失，此为打字稿］

全灵学院

亲爱的莫顿：

［……］你列出了我们打算讨论的题目。[2] 对此我想补充，在我看来，最重要的就是历史理解的本质。当说到一位历史学家很了解或是不了解某个时期，这意思就是他们是好的历史学家还是不好的历史学家，是深刻还是肤浅，他们的叙述可信还是不可信。你的术语“历史解释”部分涵盖了这一点，但也许不完全涵盖。我在牛津做了有关这个题目的讲座，我所阐释的观点得到了很有趣的反应，与官方的实证主义观点有所不同，这样的反应来自那些听我讲座的历史学家

[1] 致艾琳·哈尔本，1954 年 8 月 24 日。

[2] 莫顿·怀特建议讨论的题目包括“历史知识的本质，历史与社会科学的关系，历史研究中价值判断的作用，历史解释与成因的本质，历史语言的地位，历史与自然科学的异同，对某一文化、时期或是事件的充分历史描述的本质”。引自《一位哲学家的故事》中的一封信（原文第 230 页注 1），第 228 页。

们，尤其是其中一位卓越的拉丁文教授——刚刚退休的——艾德瓦德·弗伦克尔[1]。他向我解释，当维拉莫维茨[2]请他写莫姆森生平时，他为什么婉言拒绝了，他同时还教了我关于德国历史主义的许多东西。他每次讲座都来听，对有关这个题目的一切饶有兴致。人类研究的逻辑的本质，总体而言，
452 比如重建古典，历史与文学文本的技术修复，比如古文书学者所利用的历史想象力与所使用的推论的精确标准的关系，在我看来都与我们的研究非常相关。[……]

在我看来，英国与美国还没有谁对这个题目做过特别具有启发性的研究，法国也没有，泰纳或是布洛克[3]也不是，倒是狄尔泰被错误地指控为一个混日子的形而上学派与黑格尔派，但他只是一个经验主义的、有想象力的、实践的历史学家，是一个天才，尤其是他的历史普遍原理，不仅比汤因比优越，而且也比怀特海优越。似乎有关这个话题高度睿智的见解我们已经谈论了许多，然而，一切我们都要讨论，如果我们的计划成功，那时我们就会再次见面。

你永远的

以赛亚·B.

[1] 艾德瓦德·弗伦克尔（1888—1970），德国裔，1935—1953 年任牛津圣体学院拉丁文教授。

[2] 恩诺·弗里德里希·维夏德·乌尔里希·冯·维拉莫维茨—莫伦多夫（1848—1931），德国古典语文学家，莫姆森的女婿。

[3] 马克·里奥普德·本杰明·布洛克（1886—1944），法国中世纪历史学家与撰史人，被纳粹枪决；他的书《历史学家的手艺》1949 年在他去世后出版。

伯林在伦敦大学的大学学院做了诺斯克利夫系列讲座[1]之后不久，因气管炎病倒，在汉普斯特过了一个多星期，由母亲照料，读了几部爱情小说；回到牛津时已经快到学期末了。伯林的朋友们已经习惯了他由于古怪的生活方式而导致的经常性健康问题："以赛亚差不多两周前像以往一样病倒了，从那时起就没有见到他。他从来不睡觉，最后就扛不住了。"[2]

致艾琳娜·莱文

1954 年 11 月 30 日

全灵学院

亲爱的艾琳娜：

[……] 不用说，我早应该在许多个月之前就给你写这封信了，在意大利，我想是在那里收到了你关于托洛茨基[3] 453

[1] 1954 年伯林做了四次诺斯克利夫讲座，每周一次，从 10 月 8 日开始，总标题是"辉煌十年：俄国文学与社会批评，1838—1848"，在伦敦大学的大学学院。讲座在 1955 年初由英国广播公司第三套节目播出，1955—1956 年发表在《文汇》上，并以"辉煌十年"为题收入《俄国思想家》。第二讲与第三讲的最初录音直接用于播出，但 1954 年 12 月 16 日伯林不得不重录第一讲与第四讲，他向艾琳（其时她正在国外滑雪度假）承认，他插入了与主题无关的赫尔岑与巴枯宁的反德情感，因为他想念她，也痛恨汉斯·哈尔本。
[2] 莫里斯·鲍拉致艾丽丝·詹姆斯，1954 年 12 月 11 日［牛津，瓦德汉姆学院档案］。
[3] 莱昂·托洛茨基（1879—1940），原名列夫·达维多维奇·布隆斯坦，乌克兰裔布尔什维克革命者，一度被认为是列宁的接班人，最后在与斯大林及其盟友的斗争中失去权力；1929 年被驱逐出俄国，余生在流亡中度过，去过土耳其、法国、挪威和墨西哥，在墨西哥被暗杀。艾琳娜·莱文请伯林给她为哈佛大学出版社翻译的《托洛茨基流亡日记：1935》写序，该书最终在 1958 年出版。

的来信。我很快就给汤姆·威尔逊[1]去信，因为我认为他应该立即知道，并打算第二天就给你写信；然后我就生病了，接着我出门旅行，好几次想提笔给你写信，用俄语写，但我的俄语写作很糟糕，所有的信都出错了。而后我回来了，可又有太多事情要做，我必须在伦敦做几场公开讲座（关于俄罗斯文学），这实际上使我沦为彻底的歇斯底里而又愚钝麻木的状态，什么别的事情也做不了——如此种种。然而我还是要请求你的宽恕，因为我的确需要宽恕，请原谅我，现在让我说说托洛茨基吧。

我被你引述的片段深深吸引；然而，列夫·达维多维奇不适合我。我不喜欢他，我想是因为以下这些显而易见的原因：他太冷冰冰了，〈？可是我说什么？〉[2]，太执迷了。在我看来，19 世纪的俄罗斯人最了不起的地方，就是尽管他们痴迷国外的信条，相信真理确实存在，真理可以被发现，而人必须为真理受苦，人可以得到真理，而在发现真理之后，人可以为了在地球上实现真理而奉献出自己的生命；但他们的情感与想象力是如此活泼（这与他们比较软弱无力的社会与政治的现实感刚好相反），所以，到了关键时候，他们不会像推土机那样行动，至少在 19 世纪他们不提倡那么

[1] 托马斯·詹姆斯·威尔逊（1902—1969），1947—1967 年任哈佛大学出版社经理。
[2] 伯林此处原文为：?Chto zhe ya skazal?，写在打字员留下的空白处。

做，像真正的西方教条主义者。康德说过，“扭曲的人性之材，建造不出笔直的物品”[1]，这在我看来是 19 世纪之后整个俄罗斯的核心座右铭，它既适用于俄罗斯，也适用于非俄罗斯民族，当然也适用于乔治王朝时期的人，东波兰人、犹太人（犹太复国主义，比如，就是一个有关人的俄罗斯运动，有着特定的俄罗斯理想主义，虽然它起源于西方并试图使其符合 19 世纪西方自由民族主义风格）。赫尔岑绝对代表了知识分子式迷恋西方思想，但又在以任何抽象名义对人类的活体解剖面前发生的情感退缩的这一切——理论上坚持所有信条、命题及定理，加上［没］有能力在真理与现实确 454
切出现时不看见它们，不说出他的所见，而且还是以最活灵活现的方式，需要时还尽可能使用最深刻、最具怀疑与建设性的语言。这种讽刺性的认识，根本就［没］有能力出于任何方面的利益压抑真理——它迎合了人自身的特有构想与偏见，因为事实上它就是人理解世界的方式，无论人应该如何理解世界——这一切都被更严格的革命者理所应当地视为可怕的自我放纵，更严格的革命者认为，应该为了一个压倒一切的目标而压制随意以及个别的事实，而个别情感事实等在

[1] 引自伊曼纽尔·康德，原文是“Idee zu einer allgemeinen Geschichte in weltbürgerlicher”（1784），参见《康德全集》（柏林，1900—　）第 8 卷，第 23 页。当伯林在《扭曲的人性之材》一书中引用这句话时，他补充了一句更具文学色彩的译文，最后校订版是：“人性这根曲木，绝然造不出任何笔直的东西。”

某种意义上是琐屑的实体，如有需要，可以被视作根本不存在。我不想开始一场关于19世纪教条主义者与经验主义者的冗长演讲，不过我的观点是，在我看来托洛茨基实际上沉迷于几个狂热的马克思主义概念；虽然他聪明、活跃、有想象力，虽然他以自己的方式应用并缩小了这些概念，但他还是一块干巴巴的饼干，一个像戴高乐或是罗伯斯庇尔或是孔德那样的狂热者，无论他们拥有的是哪一种人的品质，他们的确把他们自身的品质供奉在了过度简化了的原则的祭坛之上。当你把托洛茨基与赫尔岑进行比较，我完全理解你的意思——革命的历史以及他自传的片段确然具有某种反讽式的幽默。与赫尔岑的著述相比，无疑也体现出托洛茨基的才华与天赋；然而二者是完全相反的两极。托洛茨基没有灵魂，也没有人性，他过度简化问题的罕见能量，我想是某种革命领袖的伟大天赋之一，你可以借此投下一道强烈光柱，照射在中心道路上，这样自动就令其他一切黑暗下来，于是你的更虚弱、更胆怯的追随者得以从纯粹的力量与简单的中心事物汲取力量——这样做的代价是没有对人们的兴趣，自大地鄙视他们中的大多数，缺乏真正的人的关系，所以说，无论他们如何客观、精彩、伟大、重要、严肃，这样的人我觉得不好。

我想列宁也有点这个味道，虽然不像托洛茨基那样明显，虽然埃德蒙·威尔逊出于爱与仰慕试图使他成为一个人——我想在这方面他这么做对托洛茨基并不公正。托

洛茨基没能保护自己免受斯大林的迫害，部分原因就在于他无视周围人的社会组织的更微小、更细致的元素，无视几乎就是希特勒式的推动力，在由人组成的巨毯中拓路前行，无视周围环境，直至深陷其中，最终被毁灭（或是取得胜利，也许）。我最近听了一篇多伊彻写的关于托洛茨基在阿拉木图的文章[1]。除了打猎之类——对于习惯久坐的社会民主党人似乎可悲而势利地感到骄傲——他与在西伯利亚的许多人通信频繁，谈及斯大林将走左倾路线，违背中央委员会的意愿，那么我们就要以全部力量支持他，否则 455
我们就要反对他。多伊彻对这一切的理解极为认真，然而它那惊人的非现实性才是超乎常规的。托洛茨基端坐中亚，他的往来信件受到苏联人民内务委员会［即 NKVD］的审查，而给其他一样弱势而靠不住的布尔什维克写信，依然用 1910 年的语言，也就是这个小集团与那个小集团联合就可以对抗党内的第三派势力的那个时代，在那个时代中，究竟应该寻求加入哪个阵营，对某个小集团而言仍然至关重要，它关系到能否参加下一届代表大会，等等，而这在［原文缺失］苏联政府之前就已经成为毫无价值的胡扯。他是在说什么？像多伊彻这样的人，认为确切了解托氏那天对他的追随者们说这些话十分重要，他们是如何看

[1] 托洛茨基被流放国内，1928 年在阿拉木图待了一年（现在属哈萨克斯坦，之前是福尼基）。

待整件事情的重要性的？整件事在我看来像是对更早期的马克思主义繁琐哲学——那是很不好的东西——的奇特讽刺，现在用以作为对显而易见的现实的逃避，他们生活在想象中的世界，充满异端邪说与伪异端邪说，以及早期基督教神学家的次等异端邪说及其裂变产物，而这些不再对应于“现实世界”中的任何事物。而托洛茨基及其跟随者对此并不承认，1910 年的微妙手段已经停止发挥哪怕是肤浅的作用了。这一切只是可悲而可憎的景象，当系统出错，他们的车厢滑出了他们只能顺其前行的狭窄轨道，盲目而残忍的偏执者就会遭到天谴。不过，也许我对这一切的评论都不公正，我想是这样，而这也是为什么我不适合讨论托洛茨基、他的问题以及他的处境。我的确讨厌有责任感的、一致的、宽宏大量的教条主义拷问者，他们把人类打造成整齐划一的形态，真的很讨厌。托洛茨基几乎就是这类人的一个夸张典型，因此我不适合理解他并书写关于他的文字。人要么就是丹东革命党人，要么就是罗伯斯庇尔派，我很清楚自己是前者，无法真正与后者坐在同一张桌旁。这一切不是我必须说的，我没有告诉威尔逊先生，但这的确令我对 20 世纪在政治上有影响并且成功的人非常没有认同感——从列宁到凯末尔[1]，以及之后所有这样的人。

[1] 土耳其之父穆斯塔法·凯末尔（1881—1938），土耳其世俗共和国的建立者，1923—1938 年任土耳其总统。

我更喜欢丘吉尔与魏茨曼，他们明显是19世纪的人，由于某种历史巧合而幸存下来。

我是否清楚表达了自己的意见？我猜没有。我一直在阅读并重读赫尔岑，在我而言，他的一切都是对的，包括人际关系。我又读了一遍《包法利夫人》，这似乎是一个狂人的痴迷之作，作者几乎是歇斯底里地站在狂人的一边。我一直为它而激动，只能深深吸入《安娜·卡列尼 456
娜》作为解药，使我保持平衡[1]。我之所以不喜欢福楼拜，在某种意义上是因为他的小说与托洛茨基令人讨厌的因素没有什么不同——狂热、执迷，放进铸模里导致的强烈变形。

不过我真的得停笔了。你好吗？我希望很快能去美国，但是不会。

你永远的

以赛亚

噢，如果我可以用俄文写作多好——一切会更好也更真实。[2]

[1]《包法利夫人》（1857），法国小说家古斯塔夫·福楼拜（1821—1980）的小说，与托尔斯泰的《安娜·卡列尼娜》（1873—1877）虽有不同，但是都描述了走上歧途的妻子的悲剧命运。

[2] 伯林此处原文为：Ax，еслиб[ы] я только мог цисатъ по русски—все было бы лучще и более authentic。

致罗兰·博登—穆勒

1954 年 12 月 3 日

全灵学院

我亲爱的罗兰：

抱歉我这么久没有写信，可这是由于一系列的原因所致。你猜得没有错，就是因为全灵学院。真好似神经官能症一般，花了那么多时间，开了那么多次会，朋友争吵个没完，雇用写手所写的毫无价值的旧论文读了又读，最后的高潮会议就此情况做出决定，谁也不选[1]——你可以想象这对候选人和他们的同事来说有多么痛苦。无论何时只要选了任何一人，那些没有当选的，如果他们心胸宽广，会认为他们是被比他们优秀的人给打败了。如果他们气量不够，他们会把落选归咎于嫉妒、阴谋、偏见、无能，等等。而如果谁也没有选上，他们只能认为——事实也的确如此——设定的标准就是为了让谁也得不到，这样对于各方都十分痛苦。然而，既然已经做出了这个勇敢的决定，值得钦佩的约翰·斯帕洛以及我们这个小团伙的其余人只能对学院咆哮怒吼，他们决定表现出骄傲而消极的态度。

这之后我在伦敦有几场有关俄罗斯的讲座，好极了，地点在伦敦大学的大学学院古老的解剖系阶梯讲堂，四周是可怕的长着大嘴的骷髅，我站在那儿就像尸体，在弧光灯下即

[1] 与以往很不同，全灵学院 1954 年的奖研金无人获选。

将被解剖，沿着陡直梯级的一排排硬座椅上，坐着非同寻常的观众，心血来潮的路人、学生，只在这样的场合见到而别的时候从来见不到的神秘的老夫人，一两个老朋友，最后一 457
讲韦弗利子爵与夫人都来了——我并不真心欢迎他们——他们是来助兴的。夫人对讲座非常称赞，她说话的声音和她波士顿的哥哥在类似场合的说话声音完全一样。不过，讲座现在也结束了，感谢上帝，除了媒体上发表了一两篇讽刺小文章，我轻松逃脱了。这些讲座明年会通过英国广播公司广播，估计到那时会遭受更为激烈的攻击。

之后我回到牛津，试图弥补失去的时间，但紧接着我病得很厉害，出于仁善还像个疯子似的在其他一些大学做讲座，又被安排在没有暖气的、肮脏的公寓房间睡觉。随即去伦敦听海菲茨的音乐会[1]，安抚一下自己，第二天严重的支气管炎发作，我躺倒了，在伦敦待了一周。对此很享受，但医生禁止我从事任何费力的事，因为我发了高烧，服用的磺胺退烧药没有怎么起作用。现在我回到全灵，有点虚弱，不过已经在恢复中。

[……] 我的时间大部分浪费在了“生意”细节上面了，目的是为了让母亲能够有一份过得去的收入，而事实证明这远非起初看起来那样容易。我父亲的去世实际上使我们母子

[1] 贾沙·海菲茨 11 月 18 日至 21 日在伦敦节日音乐厅演奏，伯林也许听的是第一场，由托马斯·比彻姆指挥。

变穷了，收支平衡完全不是个抽象问题。我无法认真看待这样的事，我从来就不能非常严肃地思考钱的问题，从来没有非常想拥有钱或是需要钱。可是此时我像所有人一样在意钱；虽然我还是无法面对为了3000美元而在春天去芝加哥的前景，宁愿选择朴素而贫穷的生活。

芭蕾舞团来了[1]，我为他们举行了午餐派对（非常昂贵），但他们个个都很迷人，不仅有你认识的弗莱迪·艾什顿[2]，还有罗伯特·欧文[3]，他没来吃午餐，去看赛马了，还赢了350镑——我不能因为有人如此成功就责备他——但是来的人有芳婷小姐和别廖索娃小姐[4]，我愉快地与后者用俄语交谈，还有埃尔文小姐[5]，你记得在波士顿的时候给她送过花，可她不太记得了。当时吵闹得厉害，因为晚上同时有两场为了芭蕾舞团
458 举行的派对，可怜的舞蹈家们不知道该去哪一个，只得倾听戴维·塞西尔与我向他们提供的严格的道德建议——这对马萨诸塞州的坎布里奇很值得——我指的是其后引起的反响。

[1] 1954年11月萨德勒斯·威尔斯芭蕾舞团巡演期间来牛津一站演出。
[2] 弗里德里克·威廉·马伦达亚内·艾什顿（1904—1998），1933—1970年任皇家芭蕾舞团首席舞编，1963—1970年任总监。
[3] 罗伯特·奥古斯丁·欧文（1913—1991），1949—1958年任皇家芭蕾舞团指挥，1958—1989年任纽约城市芭蕾舞团音乐总监。
[4] 斯维特拉娜·别廖索娃（1932—1998），立陶宛裔女芭蕾舞演员，1950—1952年为萨德勒斯·威尔斯剧院芭蕾舞团演员，1952—1975年为萨德勒斯·威尔斯芭蕾舞团演员，1959年与马苏德·可汗结婚。
[5] 维奥莱塔·埃尔文（生于1925年），原姓普罗霍罗娃，后来姓温伯格，再后来姓萨瓦雷塞，俄罗斯芭蕾舞女演员，1946—1956年为萨德勒斯·威尔斯芭蕾舞团演员。

此刻罗伯特·梅耶爵士[1]——你的老朋友——来问我事情，占用了我一个半小时。然后艾琳来了，继续翻译《刺猬与狐狸》[2]，她似乎对此非常入迷，这让我觉得很荣幸，但是我不知道有哪位足够鲁莽的出版商会出版它。[……]

我将与母亲一起度过一个有点忧郁的圣诞节，她在担心她的收入——不是没有理由——觉得她永远也无法出国度假了。父亲的生意似乎拖欠了没完没了的债务，所以我们真的甚至比六个月前所想象的境况还要不如。我想我得开始为《特德周报》或是类似的刊物写点文章了。

上周我在埃尔兹伯里与吉米·罗斯柴尔德一起吃晚餐——不是上周，是三周之前，在我生病之前——在那里遇见杰曼［德·罗斯柴尔德］，她似乎打扮得有点太过年轻了，和她的女婿毕亚第高斯基一起[3]。他是一个有意思的人，一个可怕的撒谎者，她似乎有点太仰慕他了，而她自己又疯狂地想学习新文化；她显然比丈夫在世时更享受生活得多。[……]

我朋友维克托·罗斯柴尔德的姐姐，莱恩太太[4]，现在

[1] 罗伯特·梅耶爵士（1879—1985），德裔商人、慈善家、音乐赞助人，罗伯特·梅耶儿童音乐会创立者。

[2] 艾琳·哈尔本自愿提出为伯林把《刺猬与狐狸》译成法文，每天下午她来到伯林在全灵的宿舍从事翻译。她的译本最终收入法文版《俄国思想家》（巴黎，1984）出版发行。

[3] 格雷戈尔·毕亚第高斯基（1903—1976），俄罗斯裔大提琴手，与爱德华·德·罗斯柴尔德男爵的女儿杰奎琳结婚。

[4] 米利亚姆·路易莎·莱恩（1907—2005），婚前姓罗斯柴尔德，昆虫学家，自然资源保护者。

定居在埃尔斯菲尔德庄园，约翰·巴肯[1]曾经住在那儿，这让我很高兴，因为这样我有了另一处房子，有个可以工作的房间，可以免受电话等的打扰。房子在斯坦顿—哈考特[2]，上面的阁楼基本没有装修，只有一张你和艾琳一起给我的长餐桌，一张地毯，戈德斯米德夫人[3]好心地给我一些布帘，我觉得自己太穷了，现在没有钱再添置什么。[……]

爱你的

459 以赛亚

致 E. H. 卡尔

1954 年 12 月 3 日 [手稿]

全灵学院

亲爱的特德：

谢谢你让我看到评论[4]。我没有异议，直到第 3 页。（这

[1] 约翰·巴肯（1875—1940），特威兹穆尔男爵一世，小说家、政治家（苏格兰联合主义），1935—1940 年任加拿大总督。

[2] “我在牛津附近美丽的乡间，约翰·福斯特租下来的房子里租了两间用人卧室——这是全灵学院的房产，17 世纪的驿馆，约翰·福斯特的女性友人认为我的承租权价格不好，[……] 然而，我需要一个安静的小天地（比如伦敦那样的），避开繁忙的牛津的干扰，我打算无论怎样也要租下这些房间。”致菲利克斯·法兰克福特的信，1953 年 8 月 7 日。

[3] 可能是（罗斯玛丽·玛格丽特）·德阿维格多—戈德斯米德夫人（1910—1997），亨利·约瑟夫（“哈利”）·德阿维格多—戈德斯米德爵士（1909—1976）的妻子，银行家、贵重金属交易人、保守派政治家（1955—1974 年任下院议员）。

[4] 卡尔关于《历史必然性》的书评稿，以“历史与道德”为题发表（文中显然包含了一些伯林的评论），《泰晤士报文学副刊》，1954 年 12 月 17 日，第 821 页。

很自然！因为你温和的批评从那里开始。）

1. 我当然不否认历史成因。的确，拙作在第30页通过展示人类自由的领域是如何有限，积极地赞扬了以人道的社会行为替代盲目的迫害行为的人。我唯一的要点是，如果仅有因果关系——那根本就别无选择，多小的选择都没有——那么我们就无法像现在这样思考并谈话。“非人性”的因素改变了自由的领域，即可供选择的种类；但是，如果它们阻碍了一切，而所有选择都是幻觉，那么我们必须以完全不同的方式思考。如果情况如此，我们不能也不会如此，这意味着像有的人那样假装认真对待决定论，是自我欺骗，是凌乱的思维或是虚伪。我没有梦想要否认历史成因，或是否认冷静判断的必要性，否定只发生在所有成因都是“非人性的”并且在道德上中立，而个人的作用又很渺小的情况之下；或者由于人们对此无法控制而只能这么做。然而，我认为它们就在那些引发变化（或是导致没有变化）的主要成因之中，并因此负有责任。我想要说的就是，个人行为无法完全被分解成非人性的各种影响，可以被分解的只能占90%。

2. 我的确攻击了过于自负的“历史主义者”，但巴特菲尔德也这么做了。我也反对他的观点：拒绝道德责任的方式之一是谦恭的相对主义——我们都是盲目的、虚弱的、有罪的孩子。人怎么能被责备，我们是痛苦的稻草吗？这在我看来是另一种借口，站不住脚。你能否考虑提提这一点？

3. 你的最后一句：我是否曾经说过最好的历史的主要

关注点在于道德化？不，不！我只是说把道德判断排除在外就像写政治或宗教宣传册子一样夸张不实。历史不是道德哲学的分支，它也不是不存在的社会学的分支。我这是在挑刺吗？你的信确实非常公正而且慷慨，除了最后几句。

你的

460 以赛亚

致艾丽丝·詹姆斯

1954年12月7日

全灵学院

亲爱的艾丽丝：

你一定要原谅我使用机械手段与你联络，但我对我的讲话录音机很着迷，没法拒绝利用任何机会使用它所带来的快乐。[……]

感谢上帝，我在伦敦所做的有关俄罗斯的讲座结束了；我恨所有的讲座，但在这种缺乏热情的状况下所做的讲座尤其讨厌——不能说我很在意《星期日泰晤士报》上的短文[1]，就是约翰·芬利应该已经寄给你的那篇——不管我怎

[1] “当报告厅里的这位法里内利最后的华彩句结束，人们向他报以热烈的掌声，这更像是在歌剧院而不是高尔大街上的解剖系阶梯讲堂，那里的椅子硬得让人坐在上面如同苦修，同时来访者一入场，迎面欢迎他们的就是一排蹲伏的骷髅。[……] 诺斯克利夫讲座被现场录音以供英国广播公司播出，虽然听众们无法亲眼看到伯林先生那特别专注的凝视的目光，他怀着个人的热爱，重建了赫尔岑的困境。他们也不会看到他的头向后一仰，就像海狮寻找高高抛出的鲭鱼；不过听

么认为它动机友善，在我看来还是有点粗俗而且不够恰当，但我这样有点过度敏感了。无论怎样，《星期日泰晤士报》的编辑因为想到我不是十分喜欢它而有点不安，有人一定告诉他了，我写了一篇关于阿德莱·史蒂文森所做的葛德金讲座的非常谦恭的评论[1]——我很喜欢他的讲座——我的评论在《星期日泰晤士报》的显著位置刊登，还有一个非常巨大的标题，令我非常突出地“呼唤美国成就伟大”——我不反对这么做，但这似乎不是我担任的角色所应该做的，应该是温斯顿·丘吉尔先生去做这件事更为合适。我想任何一位欧洲政治家都不会不同意史蒂文森先生的情感，在我们这里几乎被认为是自明之理，在美国的某些阶层却被视为勇敢大胆的悖论，真是令人惋惜的差异，我说错了吗？说到温斯顿·丘吉尔爵士，他接受格雷厄姆·萨瑟兰为他画的肖像[2]

众会再次学习到，在审慎的学术框架之内，如何在私人谈话中保持机智与高雅谦恭的礼仪。”《星期日泰晤士报》1954 年 11 月 14 日第 3 版。雅趣专栏当时由伊恩·弗莱明主持，但是根据伯林所述（致阿瑟·施莱辛格，1955 年 1 月 12 日），这一篇是约翰·罗素所写（原文第 471 页注 1）。

[1] “呼唤美国成就伟大”，阿德莱·史蒂文森的《伟大的召唤》（纽约，1954）的评论。史蒂文森 1954 年 3 月在哈佛所做题为“不安的世界”的三次埃德温·L. 葛德金讲座的讲稿出版印刷版（《星期日泰晤士报》1954 年 12 月 5 日第 6 版）。

[2] 为庆祝丘吉尔 1954 年 11 月 30 日的八十岁生日，英国议会请格雷厄姆·薇薇安·萨瑟兰（1903—1980）——画家与设计师——为他画了肖像。丘吉尔很讨厌那张画像，因为它精确地描绘出他的高龄与衰退的精力（丘吉尔夫人后来毁掉了它）。在赠送仪式上，丘吉尔的评论模棱两可：“画像是现代艺术的杰出范例，它结合了力量与坦诚。”（演讲由英国广播公司生活频道于 1954 年 11 月 30 日播出，副本保留在英国广播公司档案馆。）

461 时所做的演讲非常精彩——刺耳但是直中要害——是我所听过的演讲中最引人入胜的。我在收音机上听到，整个仪式非常愉快融洽，今天没有谁能像温斯顿·丘吉尔爵士与托马斯·比彻姆爵士这样享受生活了。当人们听他们说话，即使他们是在胡说，或者不妨说当托马斯爵士指挥，温斯顿爵士说话，那也像是在听首席老歌手的演唱，卡鲁索或是泰特拉齐尼[1]——无疑，他们的嗓音比我所听到的当代嗓音都要出色得多，无论唱片如何破损陈旧，这一点都无可置疑，从同样满溢着气韵与激情的丰饶角中，喷涌出的是这些八十岁高龄的名家的绝世才华。我对19世纪的热爱偏颇程度的确惊人——我几乎喜欢一切令我想起19世纪的事物，而令我想到当今时代的事物我一样也不喜欢，这不对，可我就是情不自禁。

说回我的私人生活。莫里斯很好，塞西尔夫妇也好，约翰·斯帕洛也好，我们都很好。我得过支气管炎，卧床近十天，幸好是在伦敦，因为全灵学院是容不下哪怕一丁点紊乱与失调的地方，他们侦察性质地探望过一两次，其他时间我就像是被抛弃在撒哈拉沙漠一样了。但话说回来，在伦敦家里舒服地躺着，没有过分的痛苦，于我是一种幸福，我读书，甚至做了一点思考。这比我在牛津做得更多。[……]

[1] 恩里科·卡鲁索（1873—1921），男高音；露意莎·泰特拉齐尼（1871—1940），女高音；二人都是世界著名的意大利歌剧歌唱家。

我为耶路撒冷的一家报纸写了一篇关于魏茨曼博士的小短文[1]——由于我不再回避二分法——我还提到，有种很荒唐的说法，认为世界上有两类政治家，一类是非人性的、过度简单化的、整体统一的、狂热的、略带神秘的政治家，像戴高乐、加里波第与希特勒，他们中有些人好，有些人坏；与他们相反的是微妙的、拥有丰富特质的、无限敏感的、多面的政治家，像加富尔[2]、已故的罗斯福、劳埃德·乔治以及我的老朋友魏茨曼。我确实应该停止写文章，停止不着边际地想象，玩游戏，我得坐下来写一本书。所以 12 月 15 日我会再去伦敦，把自己关起来，让母亲严密看管我，一直到 1 月 15 日，到那时我应该可以写不少了，因为我总是间歇性地做事。事情开始着手之后，为了完成它我就会疯狂地继续做下去，就像上山时走得很快的人那样，不是因为那么做轻松，而是为了让痛苦持续的时间尽可能短一点。我恨讲座，我恨写作，事实上我认为我恨所有的工作，只能靠着惊人的努力逼着自己去做。我生性懈怠，可以任由事物从我眼前飘浮而过，手指都不会动一动去碰碰它们，只会不时发出小声 462
的愤怒呼喊，我自己也知道那样不会阻止事情的发展进程。

[1] “领路人”，《耶路撒冷邮报》1954 年 11 月 2 日第 5—6 版；以“领导才能分析”为题再次发表于《犹太前线报》，第 21 卷，第 12 号（1954 年 12 月），第 13—17 页，以“哈伊姆·魏茨曼的领导才能”为题收入《观念的力量》。
[2] 卡米洛·本索，迪·加富尔伯爵（1810—1861），在意大利统一进程中的领袖人物，1852—1859、1860—1861 年任皮德蒙特—撒丁岛首相。

为了证明我有时候还是做了一些事的，我给你寄去一份讲稿——七十页左右——确实，即使是我，也无法在伦敦政治经济学院一次性地讲完《历史必然性》。你不需要读它——如我所说，我只是寄给你，证明我并非完全无所事事，部分原因也是为了让我自己相信这一点。

我很高兴你喜欢汉普希尔——他是一个严肃而理想主义的年轻人——错误地认为自己非常强硬而现实主义，令我想起了19世纪年轻的俄国知识分子，他们相信科学与进步，相信只要消灭牧师、国王、士兵等，几乎就能自动令世界重生了。

至于罗兰，我完全理解你的意思。他和你一样都令我沮丧，我命中注定与这样的人[1]站在一起，在某种意义上我很在意此事——我不得不原谅年年月月都在增长的、对那种生活方式以及那种人格的尖锐而厌恶的感情。我生来就是一个平息者，我在尝试并调整自己接受我几乎无意识就抗拒的事情，然而，我发现情感的质地——我想这才是我们最不喜欢的——有时候几乎是无法忍受的。亲爱的罗兰！我收到他的来信，抱怨他很孤独，我想他是真实的；他是一个精明、友善、无畏而任性的人；真正斯文有礼，一点也不势利，说得太多。当我在坎登与他一起时，几乎要受不了他了，当然那是在相处三天之后，我永远不会再做那样的事了。但是我喜

[1] 同性恋者。

欢他，尊敬他，也气恼他，没法真正与他亲近，其中理由你会明白；他很忠诚、柔情、善解人意，有值得称道的独立性，我投他一票；但帕克·坡[1]与亨利·麦金亨尼[2]对我来说就太过分了。我之为我，我所相信的，我所景仰的，都与之相违；我试过理解，我试图这样想，我应该包容，有同情心，了解他人的价值观，了解其他的生活方式，但是我不能，我猜这与遗传、家庭教育以及没有上过英国私立学校有关，而且我坚定而头脑清醒，信奉 19 世纪的人的价值观。

[……]

我渴望去伦敦，把自己埋藏在你去过的我的小房间，继续写我的书。学期开始便意味着可怕的浪费，我无法安定下来做任何事，太多人来来去去，甚至我在马萨诸塞州坎布里
奇的生活还更安宁一点，虽然在那里日程也一样满满当当。 463
在母亲的房子里我可以被锁起来，母亲是保护人。我最后的一次社交活动是在明天，我要去和安东尼·海德及他的妻子[3]一起吃午餐（他是陆军大臣，她很迷人），约翰·贝

[1] 帕克·巴林顿·坡（1914—1991），1949 年与富有的（年龄也比他大得多的）女骑师伊丽莎白（“潘西”）·爱尔兰（1897—1978）结婚，她是佐治亚州圆石山庄园的主人。

[2] 亨利·普拉玛·麦金亨尼（1910—1986），富有的美国艺术收藏家（他家族的财产来自他爱尔兰祖父发明的煤气表），1939—1964 年任费城艺术博物馆馆长；单身，因在费城以及在爱尔兰丹尼戈尔的城堡非常好客而著名。

[3] 多萝西娅·路易丝（“多特”）·海德夫人（1907—1987），婚前姓阿什利—库珀，沙夫茨伯里伯爵九世的女儿，海德子爵夫人。

杰曼[1]还有伊丽莎白·卡文迪许[2](戴维·塞西尔的外甥女，我怀疑你是否在维奥莱特·伯纳姆·卡特的派对上注意到她)，之后我会去意大利使馆参加派对，布罗西奥[3]要离开伦敦去华盛顿了，他是个有魅力的人，一位来自都灵的律师，很有原则，很谦逊、聪明，在莫斯科度过了获益匪浅的四年，之后不再参加社交活动，勤奋工作。我真的不仅可以下这样的决心，而且我可以坚持这样的决心。洛克菲勒信托基金有个人来找我[4]，问我是否需要钱，我说不需要，今年不要，我不想离开这里，只想一个人待着。除非我在接下来的两三年里写完至少两本书，否则我会感到无地自容的。这些就是我的新年决心，我把它寄给你，也捎上我对你和比利的问候，如果我母亲也在这里，她也会和我一样问候你们的。

致以问候，你的

以赛亚

[1] 约翰·贝杰曼（1906—1984），诗人、评论家，后（1972—1984）成为桂冠诗人。

[2] 伊丽莎白·乔治安娜·艾丽丝·卡文迪许夫人（生于1926年），德文郡公爵十世的女儿，1951—2002年为玛格丽特公主的候补女侍官。

[3] 马尼洛·布罗西奥（1897—1980），意大利律师、政治家、外交官，1947—1951年任驻苏联大使，1952—1954年任驻英国大使，1955—1961年任驻美国大使，后（1964—1971）任北约秘书长。

[4] 也许关于这次会面的叙述有点虚幻，洛克菲勒基金刚刚拒绝了伯林与莫顿·怀特的资助申请。

致维奥莱特·伯纳姆·卡特

[1954年12月16日，手稿]

全灵学院[1]

最亲爱的维奥莱特：

我拿到了一本《新政治家》，读了那篇文章[2]，真无耻。我并非要介意来自某个群体的攻击——这只是来自某个根本就不认识你的人的充满激昂的阶级意识的恶意——有教养的恶意与无知的恶意之间有明显差异，但是利用你的名字、声望来展示他积蓄已久的憎恨[3]，对抗身份、魅力、讲究细节等所 464
有文明的特质，这就是古老的战争了，从卢梭起就已经开始，在文明人与优越者和他们的敌人之间，不仅仅只是野蛮人，还有邪恶与充满怨恨的受害者，社会体制的受害者，各种道德与情感上的残疾人，有时候是像卡莱尔、D. H. 劳伦斯[4]，或是 A. J. P. 泰勒那样肆无忌惮的炮轰者，有时候是来自卑劣龌龊的角落猛击，匿名的恶毒文字（《新政治家与民族》[5]对

[1] 也许信件是从汉普斯特发出的。

[2]《新政治家》刊登了一篇介绍维奥莱特的文章，配有维奇的漫画，题为“最后的阿斯奎斯人”，文中维奥莱特（她被称为“薇夫人”）遭到温和的嘲笑，说她是“统治阶级中有充分意识的一个——无人可以统治”，她“从应许之地被流放，始终不屈不挠地为了那些不知道什么对自己才好的人做好事”（《新政治家与民族》，1955年1月8日，第45页）。

[3] 伯林此处原文为：ressentiment。

[4] 戴维·赫伯特·劳伦斯（1885—1930），小说家、诗人。

[5]《新政治家与民族》（包含《周末评论》），1934—1957年《新政治家》的正式名称。

盖茨凯尔做过的那样，原因也相同，因为他是整洁而体面的温彻斯特中学校友的一分子）。当我遭遇这样的事情时，这样的事一再发生，令我吃惊，因为我自认是如此温和无害的人，我对此很介意，即使我知道这很快就会被人忘记，而且也不会被全世界的人读到（而我们总以为它一定会被全世界的人读到），不会在某次可怕的犯罪中被逮个正着。在我读到弗吉尼亚·伍尔夫的日记，读到她说自己在意哪怕只是最低限度的批评时，我为什么感到深深的释然与共鸣的原因正是如此——她看起来是那么倨傲孤高——你的感受如何，我不知道；我希望你可以凭借足够的轻蔑来自卫；如果人把旗帜举得足够高，而不是把所有时间用来安抚所有人，例如休·沃尔波尔[1]这个可怜的人，品行卑下的人必定是要投掷污泥的，而品行卑下就是我对《新政治家》的印象。我现在特别高兴，我从来没有为这家激进的杂志写过一个字，以后也不会，只要它继续现有的管理方式；我读它就如同我读《时代》周刊：既羞愧又恐惧的着迷，就仿佛人无法摆脱挥之不去而又难听的旋律——不过这个话题说得够了。我很羞愧，你的哥哥[2]去世我没有给你写信，但是我有某种过于夸张的恐惧，害怕涉及难以理解的人际关系时无法沟通，就像我不能回复你写的关

[1] 休·西摩·沃尔波尔爵士（1884—1941），小说家；有关他的回忆见《伯林书信集》卷一，原文第 193—195 页。
[2] 维奥莱特·伯纳姆·卡特的哥哥，毕晓普斯顿的（西里尔）·阿斯奎斯勋爵（1890—1954），1951 年起任上诉法院常任高级法官，8 月去世。

于我父亲一事的那封很好的信——我感到自己呆滞了，什么也说不出来。虽然我年纪一把，我的确不能成功地处理看不见而又触碰不到的事——也许有一天我可以有这个能力；目前我是过于脆弱了。我可不可以来看你，在1月初的某个晚上？克里西达好吗？

致以我的问候

以赛亚 465

致汉密尔顿·费希·阿姆斯特朗

1954年12月23日

全灵学院

亲爱的汉姆：

首先向您与克里斯塔[1]致以圣诞节及其他的问候与最美好的祝愿，谢谢您的来信。我躺在床上，因为生了各种病，没有一种是致命的，但是累加在一起就不太舒服了，我现在心智迟钝，神情忧郁。然而，并非是因为这个原因，令我很不情愿地蒙住耳朵不听您的紧急呼叫，因为没有什么比让步顺从更令我喜欢了——但愿它能作为我在牛津"本职"工作的借口就好了。但这一次我的确不能让步。

我相信民族性格，尤其是为了交谈，我最喜欢的19世

[1] 阿姆斯特朗的第三任德裔妻子，婚前名为克里斯塔·冯·蒂佩尔斯基希（生于1917年），翻译家、作家、摄影家。

纪的俄国人是赫尔岑。（如果您想要，我可以用一整天的时间为您写篇文章，关于他精彩的“致老战友的信”，信中他向巴枯宁解释为什么暴力革命会毁了糟糕的旧世界，再建立一个更糟的世界——或者这是否对您来说太古老了？赫尔岑这篇是我所知的关于社会主义未来的最好的文章，1868 年写的，完全没有人读过。）回到刚才的话题，亲爱的老赫尔岑总是极其机智、迷人而又缺乏公正地猛烈抨击着德国人，巴枯宁也是，他们对法国人、英国人，当然还有俄国人的态度也很有趣，这类讽刺文章很有娱乐性，令人难忘，我最喜欢。（“当一个英国人或是美国人说‘我是英国人’或‘我是美国人’时，他的意思是‘我是一个自由人’。而当一个德国人说‘我是德国人’，他的意思是‘我的皇帝比你们所有的国王都更有权力，德国官员现在正在绞死我，很快就要把你们都绞死了’。”[1]）这是巴枯宁说的，很典型。

然而，我不知道苏联现在发生了什么——是否存在一个“新苏联人”，是否屠格涅夫笔下有同情心的、懦弱而内省的男人与强健热情的女人生存了下来，还是没能生存下来。我不知道新苏联人已经被清洗得如此彻底了，他依然或多或少

[1] 来自巴枯宁的“Gosudarstvennost’ i anarkhiya”（1873），《巴枯宁档案》，阿瑟·勒宁编（莱顿，1961—1981），第 3 卷，第 159、358 页；米哈依尔·巴枯宁，《国家制度和无政府状态》，马歇尔·沙茨英译并编辑（剑桥，1990），第 192 页。另见《俄国思想家》第 2 版，第 126 页及第 431 页以上，伯林这里漏了一个关键短语：关于德国人的意思，开始一句应该是“我是个奴隶，但是我的皇帝［……］”。

受阻滞，虽然强度不像以前，因为一切似乎都消退了一点，虽然多伊彻发表在《泰晤士报》上的关于过度成熟的旧政权的文章[1]在我看来只是聪明的废话。[……]

你永远的

以赛亚

466

此时，由于很难与在国外与家人滑雪度假的艾琳联络，伯林感到强烈的紧张情绪，他的健康状况也加剧了他的焦虑：

> 我昨天去看医生，没完没了的X光、验血之类，最后是心电图：抖动的线条令人发笑。医生认为我的心外膜——就是放我心脏的那个袋子——感染了病毒；这是会康复的，不是慢性或是冠状动脉或是别的什么问题，经过两周的“绝对静养”，然后再做一次心电图，如果一切正常，就可以回牛津了；如果不是，就再休息两周，等等。总之一句话就是“不要拿心开玩笑”[2]——我有任何情感“焦虑”吗？没有，当然没有，好吧，这只是一种无法解释的病毒，就像肺炎病毒，人必须等着它消亡。[3]

[1]“俄国思想的酝酿”，《泰晤士报》1954年11月18日第16、17和18版。
[2] 伯林此处原文为：on ne badine pas avec le coeur。
[3] 致艾琳·哈尔本，1954年12月31日。

在伯林被迫休养的这段时间，他读的书以及他对艾琳情感投入的思考，使他从哲学层面对其进行了重新评价。

> 我在读所有人的书，讨厌的萨特，他的小说过于低俗黑暗，但是他很聪明，他的道德哲学我想我能相信四分之三。弗莱迪在战争结束时发表在《地平线》上的一篇文章[1]，主要内容是萨特的含混逻辑与他对性的态度证明他是虚伪的，我被他骗了，真是傻瓜。萨特是最有想象力、最大胆，也是最重要的[2]。实际上，萨特的理论指出，所有生活与道德的理论——科学的、形而上学的、神学的——都是人类要接受既成事实[3]所做的努力，假装事态的偶然性与混乱性可以某种整齐的、舒适的、

[1] A. J. 艾耶尔的“小说家—哲学家：让—保罗·萨特”，《地平线》，第 12 卷，第 67 号（1945 年 7 月），第 12—26 页，第 68 号（1945 年 8 月），第 101—110 页。

[2] 在致莫顿·怀特的信中，伯林如此评论：“对于萨特与他们的朋友，应该说的是，关于行为的道德许可——暴行、个人作为自治存在所拥有的自由这一概念、对立于遵守权威或是沿着不是个人所寻求的河流而漂流等问题，首先所有理论与所有的合理化本身都是恶性谬误，是人类发明的借口，使他们不必为他们的选择负责——因为原则上说是找不到理由的——这一切在我看来很有独创性，也很重要，当然在 17 世纪以来会找得到这些思想，但是被专业哲学家相对冷落，因为他们关注自然科学。当他们真正谈到道德等问题时，他们从过于琐屑而平庸的世界中选择例子，没有分析核心的以及令敏感与优越的人感到痛苦的问题。然而，康德的确研究了令他的同龄人感到痛苦的问题。黑格尔也研究了，孔德与 J. S. 密尔也研究了。但是在 19 世纪 80 年代以后，即使包括威廉·詹姆斯与杜威在内，我想没有人像萨特这样，至少试图进行过此类研究。因此必须要为他记上一笔。”来自关于莫顿·怀特的手稿《分析的时代：20 世纪的哲学家》（纽约，1955）的评论，1955 年 1 月 11 日寄出。

[3] 伯林此处原文为：s’arranger。

容易的方式来解释，以说明“最终”一切都会好起来，而我们无法阻止自己所做的事像风中无力的羽毛，必须“牺牲”，必须与我们的本能抗争，以某种宏大的抽象概念的名义——国家、上帝、人类、家庭、职责等。然而 467
这些都是幻象；道德不能指引世界到任何地方；世界就是如此，不好不坏，只有事件、人、物，对它们我们只能做自己力所能及的事。除了生理弱点等之外，我们是自由的，如果我们提出以激情作为借口，激情就不成为激情，因为我们可以控制它。如果我们控制不了，则是因为我们选择不这么做，如果我们向牧师或朋友寻求建议，这是因为我们在某种程度上知道他们可能会说什么，我们本身就是因为这样的原因而选择他们的，自由地做出选择的就是我们自己。我们就是我们想要自己成为的人，马克思、弗洛伊德都企图把我们当作受到外力作用的具体客体。我们知道不是这样，我们选择，我们负责，我们投入，而当我们不这么做的时候，当我们任自己游荡或是盲目地被他人管理，我们知道我们选择了消极。如果我们愿意，我们可以这样，但是这依然是我们来承担责任，如果有人问其中原因，这个问题也是由我们来回答。我们不需要为我们的行为给出理由，但是我们不能给出虚假的理由，例如心理堕落或常规的胡扯；或者，如果我们给出了理由，我们就是在掩饰什么，在欺骗自己或是别人。我们仍然可以这么做，也可以不这

么做，但这样没有价值，不高贵、卑劣，或者至少有人会认为这也是谎言。当然这是真的，我们是我们所感知的、所做的、所打算的、所想要的我们。[1]

致阿瑟·施莱辛格

1955 年 1 月 12 日

［寄自］全灵学院

亲爱的阿瑟：

一定给我写信。我已经卧床三周了，生了各种病——有些病很正常，几乎是怡人的，像支气管炎、鼻窦炎、流感等，不是很痛苦，使我完全处于静养状态，我喜欢这样。然而，我的医生[2]相信充分使用所有现代技术工具是有益的，于是从各个方向给我做了 X 光，把所有可能的测量机器都用到我身上，坚持说我的心电图表有神秘偏离——这说明出现了一种叫作“心包”的古怪状况——我被送去伦敦伟大的专科医生[3]那里，而他认为不是这样，心电图的偏离是由于我奇特的有机组织的非正常运转导致，也就是说，我实际上是一个轻度但已明确成形的怪物。所以在别的病例中可能意味

[1] 致艾琳·哈尔本，1955 年 1 月 3 日。

[2] 雅各布·斯诺曼医生（1871？—1959），伯林的全科医生，汉普斯特的著名家庭医生。

[3] 约翰·帕金森爵士（1885—1976），心脏病学专家，伦敦医院与国立心科医院的长期内科会诊医生，1951—1955 年任不列颠心脏病学协会主席。

着严重问题，而在我什么事也没有。〈第二位专家[1]说得有点不详：他说我的神经处于可怕的状态，我的心脏是个谜——所以哈佛今年没让我去是幸运的。〉有关我的争议继续，我 468
躺在床上，被告知要“绝对静养”，而你可以想象，这是非常难受的事——我喜欢不动，但不是休息。也就是说，我喜欢打电话聊天，口述信件，读书，进行私底下的激辩——我不喜欢人们踮着脚尖，轻手轻脚——而这一切正在发生，我只能接收到一定数量的琐碎闲话。例如，我相信在《新政治家》的办公室有一场真正的争吵。你一定已经注意到了，《观察家报》说金斯利·马丁要走，《新政治家》迫使其登载了一篇非常惹眼的否认书[2]，而这一点显示他们所说的一定是真的[3]。于是，显然就是真的，据说约翰·弗里曼[4]要接替他，不过我不知道他又是谁，只知道他是一个狂热的左翼社会主

[1] 也许是列奥·劳医生（约 1905—1964），此时参与伯林的治疗，在 3 月 18 日惊奇地注意到伯林的康复：“我又看了你的心电图，变化是非凡的［……］。显然之前的心电图形是病原性的。”
[2] 伯林此处原文为：démenti。
[3] 不是真的。金斯利·马丁没有从《新政治家》退休，他一直在那里工作到 1960 年。
[4] 约翰·贺拉斯·弗里曼（生于 1915 年），工党政治家、政治记者、编辑与播音员，1945—1955 年任下院议员，1947—1951 年任供应部政务次官（由于提议引入全国医疗服务收费而与安奈林·贝文与哈罗德·威尔逊一起辞职），1951—1958 年任《新政治家》助理主编，1958—1960 年任副主编，1961—1965 年任主编，1959—1962 年任英国广播公司电视“面对面”节目采访人，后（1965—1968）任印度不列颠高级专员，1969—1971 年任驻华盛顿英国大使。

义者，一个贝文派[1]，几乎对一切都持激烈而愚蠢的观点。他的正直毋庸置疑，然而他的判断力令人吃惊，要任命他的原因是他将要与某人的妻子[2]结婚，在这种情形之下，他离开政界是明智之举（看在上帝的分上，提到此事时千万不要提到我，这显然是诽谤性的、可遭人起诉的，也许还完全是错误的——我是从《观察家》那边听说的，那是与他们敌对的竞争媒体）。在这种情形下离开，他一定两手空空，必须有份工作，因此《新政治家》似乎是最好的选择。老金斯利·马丁的离开会使我很遗憾，因为他虽然糊涂，也不太诚实，是一位友善老派的、愚蠢的记者，荒唐、不负责任、狂躁，但在某种意义上还是有人情味的，而弗里曼从各方面来看都是一个毫无幽默感的怪物，一个枯燥乏味的三流狂热分子。我想克罗斯曼与公司还是处于一贯的立场。[……] J. B. 普利斯特利[3]是多么可怕的一个人啊。我的担心部分是因为我读到《观察家报》或是《星期日泰晤士报》——我想应该是《星期日泰晤士报》——的一篇他写的关于詹姆斯·乔伊斯的真诚而又平庸的文章[4]，乔伊斯因为不是像他那样写作而受到责难，

[1] 左翼工党下院议员中跟随安奈林·贝文（1897—1960）的小派系，负责建立全国医疗服务体系，反对政府开支从社会改革转入国防。

[2] 弗里曼结婚四次，但他一直到第二任妻子去世七年之后才在1957年结第三次婚。

[3] 约翰·波因顿·普利斯特利（1894—1984），多产并且受欢迎的记者，小说家、剧作家、散文家。

[4] J. B. 普利斯特利，“患了红色雅司病的精美宝石”（原文如此），詹姆斯·乔伊斯的《都柏林人》书评，《星期日泰晤士报》1955年1月2日第5版。

他还在文中尖锐地提及哈里·莱文。这表明如果我因为哈里而 469
感到在意，我该多么鄙视普利斯特利，而且我也的确如此。我对他的看法还有一部分是因为怀疑他将在《新政治家》上发文攻击我最新的蒙昧主义文章[1]，我寄了一份给你——糟糕的伦敦政治经济学院的演讲稿。或者，如果他不攻击我，克罗斯曼也会。我是这么判断的，虽然他的文字我一句都没有读过，我还是认定，我对已故的阿克顿勋爵有种亲切感，最后我会变成赫尔岑与阿克顿的丑陋复合体，外加少许激进的实证主义与存在主义。还有什么比这听起来更虚假，更伪先锋派，也更可怕——哦，我还忘了加上一点尼布尔，虽然其本身没有问题，却可让这一组合更为腐化堕落。不管怎么说，此时我觉得自己横穿在乔德与汤因比之间，所以你可以明白我下沉得有多么深，多么抑郁。我认为菲利普·汤因比既愚蠢又可怕——虽然我个人很喜欢他——模糊地说，我还是认为他比他那可怕的父亲要更优秀，当然他父亲也是一个很好的人，但他的新书[2]荒谬至极。我希望特雷弗—罗珀动用他兵器库里最邪恶的武器来迫害他[3]。

[1]《历史必然性》。
[2] 阿诺德·汤因比的《历史研究》，第7—10卷，1954年由牛津大学出版社出版。
[3] 在为《历史研究》的第7—10卷所写的书评（“检验汤因比的体系”，《星期日泰晤士报》1954年10月17日第5版）中，特雷弗—罗珀谴责汤因比“对历史的可怕歪曲”，在致伯纳德·贝伦森的信（1954年9月8日；《牛津来信》，第152页）中，他形容汤因比的宣言是“彻底的垃圾”。特雷弗—罗珀后来又攻击汤因比的书是“宗教杂烩，而汤因比自己就是先知与弥赛亚”［“阿诺德·汤因比的黄金时代”，《文汇》，第8卷，第6号（1957年6月），第14—28页，在第27页］，对汤因比的声誉造成很大损害。

不过，这些暴戾之气宣泄得也够了。一定要给我写信，安慰我。随函附上与往常一样的文件[1]，它带来的收益会让你的心永远记住我的。向玛丽安致以我的问候，我还欠她一封信。阿奇好吗？[2] 乔（他得为我们保守党迄今为止最深的罅隙负责）[3]呢？你会很高兴见到我对前总督[4]的吹捧使他的书在面世第二天卖出了四百本。之后销售又下降了。所以你可以雇我加盟下一次活动。

你永远的

附言：你1月3日来信刚刚收到，它是我快乐的源泉。[……] 确实，《星期日泰晤士报》发表了一则有关我在大学学院解剖系阶梯教室所做的一系列庄严演讲的八
470 卦文章，是个讨厌的伪美学家写的，我很了解他，他叫约翰·罗素[5]，觉得把我形容成法里内利[6]对我是非常慷慨仁

[1] 也许是经济类文件：施莱辛格是伯林在美国许多生意的代理。

[2] 阿奇博尔德·麦克利什。

[3] 乔·艾尔索普来自中国台湾的报告报道了关于中国共产党政府与国民党政府之间的军事冲突（意味着有可能产生更广泛的冲突，也许美国与苏联之间会爆发核战），报告始终强调要抵制共产党威胁，但保守党也要兼顾即将到来的英国大选（1955年5月举行）。

[4] 见原文第461页注2。

[5] 约翰·罗素（1919—2008），艺术批评家，1949—1974年任职于《星期日泰晤士报》。

[6] 法里内利是卡洛·柏劳斯奇（1705—1782）的艺名，著名的意大利男高音歌唱家。

慈的行为。我的确没有表示抗议，但是编辑[1]知道了我的看法，他不久前成为我学院的研究员，于是我对史蒂文森新书的谦虚评论得到了颂扬，我想，实际上这是对我的补偿。不管怎样，我对所发生的事情就是这么理解的，对此并没有正式交易。至于南斯拉夫大使[2]，唉，那也是真的。一个名叫弗兰克［即迈克］·托德[3]的怪物拜访了我——我对他一无所知，听说他是一个夜总会经理，我感到很兴奋——他告诉我他动用了六万南斯拉夫军队拍摄他的《战争与和平》，舍伍德[4]在写剧本——他没有让我当他的历史顾问——的确我自那以后就没有再见过他，但是他的确暗示了我可以发财，因为这部了不起的电影会赚几十上百亿，使用前人从未使用过的技术，成百上千万的学生会乘车去看，所有的电影明星会乐于在其中扮演角色，仅仅是作为向最伟大的作家以及所有最伟大的主题致意的宗教行为，等等。他想从我这里得到的不过就是几页纸，传达这不朽

[1] 亨利·哈德逊。

[2] 弗拉基米尔·韦莱比特（1907—2004），1953—1956 年任南斯拉夫驻伦敦大使。

[3] 迈克尔（“迈克”）·托德（1907—1958），原名埃夫隆·赫西·戈尔德伯根，戏剧与电影制作人，参与开发高分辨率的宽银幕电影制式（托德—A［美国］O［光学］系统），并为此寻找适合的电影。候选项目包括《战争与和平》、《白鲸记》、《霸王铁金刚》与《理查三世》；他没有能够获得与俄罗斯的合作，托德最后拍摄了《环游世界八十天》，获得巨大成功。

[4] 罗伯特·埃米特·舍伍德（1896—1955），美国剧作家；他战前写的剧本经常描述徒劳无益的战争，但是他支持美国加入第二次世界大战，并曾为富兰克林·德拉诺·罗斯福的演讲撰稿人。

之作的“意义”。我对此有点迟疑——他的来访令我很［此处字缺］——他走进房间，身穿市民常穿的驼毛大衣，手持巨大的雪茄，真的是20世纪20年代美国戏剧界的范儿，我告诉他我不太确定那个意义是否会合适，例如托尔斯泰很反对新经济政策，不在乎官方安全——不像托德显然在他身上相信的那样，相信共性的人的存在，等等。这有点打击了他，但他还是告诉我他会再来，还贿赂了我一根帕克托勒斯河[1]的金条。自那以后我又收到几封亲切的电报，但是没有新的主显神迹。我没有见到汉普希尔，我会向他仔细询问你的新消息。如果你准备谈平庸，你应该来**这里**，无论如何都要来这里！

〈我在伦敦政治经济学院蹩脚的演讲遭遇令人震惊的媒
471 体评论[2]，可怕的多伊彻在《观察家报》上大肆嘲笑，卡尔在《泰晤士报文学副刊》上极尽挖苦，《观察家》的基督教新柏克派则恶意攻击——我死了，被埋起来了。〉

[1] 小亚细亚（现在土耳其）的一条河，河沙可以淘出黄金。
[2] 令伯林（他的性格本来就过度敏感）畏缩的评论围绕他的《历史必然性》，包括：艾萨克·多伊彻的“决定论者”，《观察家报》1955年1月16日第8版；E. H. 卡尔，“历史与道德”，《泰晤士报文学副刊》，1954年12月17日，第821页；亨利·费尔利（原文第511页注1），“伯林先生的反决定论”，《观察家》，1955年1月14日，第48页。

致约翰·莱曼[1]

1955 年 1 月 12 日

［寄自］全灵学院

亲爱的约翰：

［……］如果我们现在还都［活着］，有篇文章，我乐于在您的杂志上发表，讲述在 1945 年，在非常浪漫的情形之下，我对列宁格勒一位女诗人的拜访[2]——整个场景在我的经历中尤为独特，在我的记忆中历历在目。不论怎样我会把它写下来，但我不想在她还在世的时候发表。我 1945 年见到她，她当时六十一岁[3]，心脏不好，无法活得很久，唉。阿赫玛托娃是她的名字，当她去世了，我们就都知道了。如果您为我保留这个承诺，我向你承诺我会履行诺言；英国广播公司或是别的什么都不会从我这里得到它。［丹·达文？］[4]会保留他在某个时候重印一本俄罗斯文章的权利。这的确是一个值得拥有的故事，不是因为我，而是因为我拜访时的那非凡的环境氛围，事实上她是一个天才的女诗人，因为她

[1] 约翰·弗雷德里克·莱曼（1907—1987），文学编辑，1946—1952 年任约翰·莱曼公司总裁，1954—1961 年任《伦敦杂志》创办主编，小说家罗莎蒙德·莱曼的哥哥。

[2] 这篇文章直到 1980 年才写出来，题为“1945 年与 1956 年与俄国作家的会面”，收入《个人印象》。

[3] 实际上是五十六岁。

[4] 丹尼尔·马库斯·达文（1913—1990），爱尔兰血统的新西兰人，学术出版人与作者，1945—1978 年任职牛津大学出版社。伯林与他通信谈及一本关于俄罗斯主题的书。

的［文学］与所持个人观点，自从1917年就没有见到任何一个来自西方世界的人。我考虑过在《纽约客》上发表，那边一定也会接受。但如果您想要我在《伦敦杂志》上发，我会的。[……]

致阿兰·普莱斯—琼斯

1955年1月20日

［寄自］全灵学院

亲爱的阿兰：

[……] 孔多塞[1]，欧洲所有自由主义与激进主义思想之父，当然应该有一篇好好评论他思想的文章，那会成为心智
472 思考的完美依据。它令我感动得落泪，别人也许会觉得它太陈旧，也不够强硬。给您推荐哪个审阅人合适呢？斯蒂芬·斯彭德吗（无论他自己知道与否，他认同孔的观点）？我想还是作罢吧。但伦敦大学学院罗马史教授A.莫米利亚诺[2]是个很好的审稿人。他很有趣、出色，深谙通史和编史，对自己的专业领域也极有造诣。当然瓦德汉姆学院院长

[1] 伯林想要《泰晤士报文学副刊》关于孔多塞的《人类精神进步史表纲要》的一篇书评文章，该书由琼·巴拉克洛翻译，斯图尔特·汉普希尔为其写导读（伦敦，[1955]），威登菲尔德与尼克尔森“思想文库”第三卷，由汉普希尔、魏赫姆与伯林编辑。
[2] 阿纳尔多·但丁·莫米利亚诺（1908—1987），意大利裔，1951—1975年任伦敦大学学院古代史教授。

不是很喜欢他，但这……如果他不愿审稿，还有文图里[1]，我想您在热那亚大学是会碰到文图里的。要是他们都不行，退而求之，科尔也是可以的，最不济还有科班[2]，或者你自己也可以找人。无论如何，我恳请您一定不要让这个18世纪的伟大人物夹在左派马克思主义分子的尖刀与右翼伯克主义的罾网之间而被人遗忘，这两大阵营正向我发起最猛烈的攻势。难道我是世上唯一一个约翰·斯图尔特·密尔的拥护者吗？就只有我和罗素两个人吗？您还能想到其他什么人吗？

盼您一切都好，望有空相聚。

您永远的

以赛亚

〈您不是真的要离开《泰晤士报文学副刊》[3]吧？要真是如此，我想让您考虑下詹姆斯·乔尔的感受。〉

[1] 弗朗科·文图里（1914—1994），意大利启蒙运动历史学家，持自由主义、社会主义及俄国民粹主义观点，1947—1950年任俄国文化参事，1951—1954年任卡利亚里大学历史学教授，1955—1958年在热那亚大学任教，1958—1984年在图灵大学任教。
[2] 阿尔弗雷德·科班（1901—1968），1953—1968年任伦敦大学大学学院法国史教授。
[3] 普莱斯—琼斯在《泰晤士报文学副刊》任职直到1959年。

致戴维·阿斯特

1955 年 1 月 27 日［副本］

全灵学院

我亲爱的戴维：

您一定得原谅我后面那封信，如果您觉得它是在浪费您的时间，这极有可能——扔了它吧，再也别考虑那个题目了。它与我最近与《观察家报》的纠葛有关。我每次与贵刊打交道，似乎总有奇特的噩运接踵而至。多年前，在 1948 年，您和威廉·克拉克[1]向我约稿，文成后您又不愿刊登，所以最后这篇文章登上了《听众》杂志，令我卷入了与比弗
473 布鲁克那糟糕的纷争中。我真的一直不理解为什么文章被贵刊拒绝，但我并未想得太多。两年后加内特夫人翻译的屠格涅夫小说再版，贵刊的罗斯先生[2]邀我写书评，我在美国[3]写了书评。然而后来您却刊登了戴维·加内特的一封情绪激烈但言辞委婉的来信，在信中为他母亲辩护，他（也非全是无端指责）认为我似乎摆出屈尊俯就的样子。我接到阿利

[1] 威廉·唐纳森·克拉克（1916—1985），1946—1949 年任《大英百科全书》伦敦编辑，1950—1955 年任《观察家报》外交通讯员，1955—1956 年任首相外交事务顾问；战时伯林在美国的同事。

[2] 艾略特·约瑟夫·贝恩（“吉姆”）·罗斯（1909—1999），1948—1951 年任《观察家报》文学编辑，1951—1962 年任苏黎世国际新闻学会会长，后（1973—1999）任企鹅出版社社长。

[3] 原文第 265 页注 5。

斯泰尔·巴肯[1]的华盛顿来电，说要是我想就此谈谈，他可以电传我的回复；所以我费了一大番功夫，花了不少钱（当时我手头还不太宽裕）去电回复，但我的回复既未刊登在《观察家报》上，也未有回应——几个月后我收到贵刊基尔马丁先生[2]一封客气的来信，向我解释电报在办公室丢失，他们非常抱歉等，对此我都可以接受（现在仍是如此）。我提起这些事是为了说明最近这件事似乎也延续了那些不怀好意的、冷冰冰的机构一贯的灾难性模式，我无法理解他们到底意在何方。基尔马丁对我总是小心翼翼、非常客气，还总想让我为那些我认为不合时宜的书写评论。大约十天前他向我致电，告诉我艾萨克·多伊彻将发表对我最新作品《历史必然性》的评论，据说评论“批判性”十足，他问我是否想予以回应？我回答说，我认为原则上作者不该回应评论者；即便他误读事实，极度曲解观点；我认为多伊彻的文章肯定是来者不善的，因为我论文的核心观点直接针对他视如至宝的理念。我还说，如果他想挑起争论——对此我当然不反对——我不想牵涉其中，但如果他邀请了其他人，比如在这个问题上可能会支持我而不是多伊彻的波普尔博士，那我

[1] 阿利斯泰尔·弗朗西斯·巴肯（1918—1976），小说家约翰·巴肯（特威兹穆尔男爵一世）之子，1948—1951 年任《经济学人》助理编辑，1951—1955 年任《观察家报》驻华盛顿通讯员，1955—1958 年任该报外交及国防通讯员，后（1972—1976）任牛津大学国际关系学蒙塔古·伯顿讲席教授。

[2] 特伦斯·凯文·基尔马丁（1912—1991），1952—1986 年任《观察家报》文学编辑。

就太欢迎他这么做了，我还会再向他推荐一两个人。评论如期刊登，我必须承认它比我所能想象的还要恶劣。我必须马上向你坦白，我对多伊彻厌恶至极。我认为他即便在自己拥护的马克思主义框架内也不是一个诚实的人；无论是作为一个普通人还是作家，我认为他都不可信赖，我认为他的《斯大林》[1]一书纯属欺骗，在我看来他对苏联的态度过于冷
474 漠——我认为他对俄国的看法与一些德国人一样，认为希特勒非常伟大，直到他铸成大错，例如在1938年攻打苏联，等等，因此出卖了德国的未来。在我看来，多伊彻对布尔什维克的态度就是这样；他是一个缺乏自信的布尔什维克，也根本不是任何一种自由价值的拥护者——我还认为，与E. H. 卡尔相比，他是个狡猾、不诚实和卑鄙的人。我与卡尔有过争执，但他是一个可亲的人，是个体面的公众人物。尽管如此，评论如期而至，我获得了好些华而不实的称赞，在我看来不过是对我的观点的嘲讽和曲解，还把一些根本不属于我的观点，甚至在我看来无人持有的观点都强加在我的头上。[2]不过，我坚持自己的初衷，保持所谓的高贵的沉默。作者出书，评论者评书，而作者隐忍以对，就是这个

[1]《斯大林：政治传记》（伦敦，1949）。

[2] 以赛亚·伯林向特伦斯·基尔马丁严厉谴责了多伊彻："他用列宁［……］那种老掉牙的方法将对手所没有的观点强加到对方身上，再得意扬扬地将对方击倒。［……］他编造了一两条歪曲的事实归咎于我，但任何一个牛津大学哲学、政治学和经济学专业的大二学生都能引经据典，证明多伊彻不学无术。"1月27日。

道理。

但我的朋友理查德·魏赫姆决定替我奋起还击，“重新集结”。他致信《观察家报》，并未将信展示于我，并收到贵刊戴维先生[1]的回信，信中解释道：(1) 信太长，(2) 多伊彻或许会回信反击，会使事情变得麻烦，(3) 读者不得不对多伊彻的评论和我的书有所了解，而他们可能根本没了解过，(4) 这是个公众不太感兴趣的话题。当然，他还提到他不会刊登该信，不过他提议将这封信寄给多伊彻，这完全没有必要，因为在多伊彻眼里，真理比其他任何事都更无趣。(我认为，他今天发表的那篇关于苏联的文章[2]，对事实的篡改程度甚至超越任何苏联专家。对此他一点儿也不羞愧。) 有一点我无法理解：如果您刊登戴维·加内特对我的攻击，即便您不刊登我的回复，您也可刊登比尔·燕卜逊[3]和其他人对评论的批判，如果刊登名人来信是贵刊的一贯做法——而且理查德是个非常体面的评论家和哲学家——那这样保护多伊彻是为何？此事当然不是说一点余地也没有，因为基尔马丁征求了我对这个问题的回复。总的来说，我希望顺其自然——对多伊彻和我的评论越少越好，争辩会不太光

[1] 查尔斯·伯特兰姆·戴维（1897—1985），1944—1973 年任职于《观察家报》，曾先后担任评论员、读者来信编辑和副主编（据戴维·阿斯特 1985 年 5 月 26 日《观察家报》第 6 版“查尔斯·戴维的多面一生”一文所述）；电影迷、英法诗歌评论家，鲁道夫·斯坦纳创立的人智学运动的坚定追随者。

[2] 原文第 466 页注 3。

[3] 文学评论家、诗人威廉·燕卜逊（1906—1984）。

475 彩，因为多伊彻的评论根本没有什么可以站得住脚，大都是些粗陋的历史错误（我指的是他将观点归咎于斯宾诺莎和托尔斯泰，这稍加引经据典便可毫不费力地加以驳斥），滥用老套的马克思列宁主义思想。所以我非常乐意看到这起风波平息。但您若有空告诉我这到底是贵刊一贯的政策还只是些特例，我将不胜感激——我并非有意改变我对贵刊的态度，我长期阅读、钦佩贵刊，也会继续阅读贵刊，最重要的是，我并不希望因此心怀不满、愤愤不平；如果您认为整件事该随风而逝，那就这么办吧。如果您不这么看，向我略作解释我将非常感激——可以的话不妨来电［……］。要是您太忙，就什么都别做，我便能心领神会。我并非怒不可遏，但我不得不承认我现在完全不知所措。

谨上

以赛亚·伯林等待艾琳·哈尔本脱离婚姻牢笼的耐心终得回报。汉斯·哈尔本获得去巴黎工作的机会时，艾琳拒绝一同前行：他们的婚姻走到了尽头。“有一天，我正站在全灵学院宿舍中［……］，这时电话响了；电话那头是艾琳，她说，‘一切都结束了。他走了。我们已经分道扬镳。结束了。我再也忍不了了。你能来看看我吗？’”[1]

[1] 迈克尔·伊格纳季耶夫采访伯林录音之十四。

致汉密尔顿·费希·阿姆斯特朗

1955 年 2 月 5 日

［寄自］全灵学院

亲爱的汉姆：

非常感谢您 1 月 11 日的贴心致函——我身处这骇人的不安中，在奢侈与邋遢不可思议地混杂在一起的全灵学院，您觉得我还能写出如此振奋、愉快的回信实在是有些乌托邦了。我正舒舒服服地窝在我母亲伦敦家中的床上，我会在这每周都待上四五天，直到康复。待我康复恐怕还要花些时日，在此之前我无法，唉，思考、写作，或像我一贯那样缠着朋友不放。因此一切变得有些遥远，我又一次将注意力放在那些您向我描绘的诱人的可能性上，我总是对此难以接受，有些活必须得干，有些想法必须提出，普遍命题演变发展，其中至少一半错误，还有可能反道而行，像扎了针的气球一样瘪下来，留下的只有屈辱的碎片，看来我过去说的 476
话，尤其是那些在当时对我而言意义非凡、极富深度的话是正确的。[……]

祝您和克里斯塔一切顺利，献上我最衷心的祝愿。我喜欢待在床上什么也不做。毫无疑问，这也是俄国人的一种国民性。你还记得《奥勃洛莫夫》[1] 的精彩开头吗，主人公两臂放在毯子里面，无法下决心是该将手从毯子下伸出来感受

[1] 原文第 261 页注 1。

外面的温度，哪怕只有短短一分钟，还是就躺着不动会更舒适、更安全些呢？这是我此刻正在思考的问题——您看这离您如此念念不忘却又无法从我这个撰稿人身上实现的宏伟蓝图有多远。

再次献上我的祝福

您永远的

以赛亚

致玛丽·比斯[1]

1955年2月17日［副本］

全灵学院

亲爱的比斯小姐：

非常感谢您2月14日的来信。希望您不会对我关于赫尔岑的演说太失望，今晚英国广播公司对此进行了报道，恐怕我的节奏有些快，但这是我唯一掌握的说话方式。通过我的演讲您一定能看出，我不遗余力地纪念亚历山大·赫尔岑老人，坚信他是19世纪最杰出、最伟大的人物之一。要是让我选择全世界最想见的人，那一定是他。要知道，我对

[1] 玛丽·比斯（1880—1971），洛桑一位福音派新教牧师之女，与赫尔岑一家结交甚好，并告知他们以赛亚·伯林即将举办关于亚历山大·赫尔岑的诺斯克利夫讲座，她于2月14日致信以赛亚·伯林希望能找到办法让更多海外听众理解伯林的高语速演讲。（当时断电造成赫尔岑家族无法收听广播，后伯林将讲稿寄给他们。）

他人格的钦佩，对他作品的热爱，超过了现在英国的任何人。既然我提议写一本关于赫尔岑青年时代和他在俄国的朋友的书，我希望有一天能为他建立一座纪念碑。当然，除了他的作品外，迄今为止并没有这样一座纪念碑存在。

我希望赫尔岑家族成员能对我的演说感到满意，但我担心第三套节目的接收信号和我的语速可能会让他们吃不消。
我的确曾经想拜访纳塔莉亚·赫尔岑夫人[1]，她住在巴黎附 477
近，但她两年前的离世让我未能遂愿——她享年一百零二岁还是一百零三岁？大概如此——对此我也很钦佩。[……]今年春天3月时我可能会亲自去一趟沃韦，您告诉我赫尔岑的曾孙塞吉·赫尔岑先生[2]在雀巢公司工作，如果您觉得他愿意见我，我会非常乐意去拜访他，同他聊聊，当然不仅仅只谈他的曾祖父。哪怕只是和赫尔岑家族有一点联系——E. H. 卡尔告诉我，他曾在20世纪20年代与当时赫尔岑两位在世的女儿纳塔莉亚女士和塔提安娜女士［即奥尔佳］打过交道——我都会感到兴奋和愉悦。感谢您的来信。

谨上

以赛亚·伯林

[1] 以赛亚·伯林混淆了赫尔岑的几位女儿，此处误指为其未婚的大女儿纳塔莉亚（“塔拉”）(1844—1936)，他实际指的是小女儿奥尔佳（加布里埃尔·莫诺女士），逝于1953年。

[2] 塞吉·赫尔岑（1913—2003），瑞士及比利时食品化学家、登山家；纳塔莉亚·赫尔岑和奥尔佳·赫尔岑的兄弟亚历山大（“萨莎”）之子。

以赛亚对自己未来作品产量的展望反映出希望战胜了经验。

致全灵学院院长

1955 年 2 月 17 日

[全灵学院]

亲爱的院长先生：

我在此申请再次参选 1955—1960 年度研究员席位——“罗伯特森”——1950 年夏我曾获选该席位。之后我主要研究两大领域：俄国社会和思想史以及欧洲政治思想。在前一个领域，我发表了关于托尔斯泰历史观[1]起源与内容的两份互为联系的研究，以及一份赫尔岑与巴枯宁政治观点的研究[2]；并准备将我在伦敦大学的大学学院所作的诺斯克利夫基金会[3]的讲座（后来部分讲座内容由英国广播公司播出）概要发表在一份英语期刊上（后汇集成书），主题为 19 世纪三四十年代俄国激进思想。论文将于今年发表；若有出版价值，该书将于 1956 年出版。此外，A. I. 赫尔岑的《彼
478 岸书》[4]的英文译本也即将问世；我还为英美学术期刊撰写

[1] 原文第 245 页注 3。
[2] “赫尔岑与巴枯宁论个体自由”，厄内斯特·约瑟夫·西蒙斯（编辑），《俄国、苏联思想的持续与变迁》（马萨诸塞州坎布里奇，1955），第 473—499 页；重印于《俄国思想家》。
[3] 原文第 453 页注 2。
[4] 原文第 408 页注 1。

短评和评论，为两部百科全书[1]编撰文章；并正在起稿关于批评家别林斯基[2]的书中的九章——首部有关俄国革命先驱发展史的书；该书最后一部分将于1956—1957年完成。在其他的研究领域中，我在伦敦政治经济学院的赞助下就历史必然性[3]发表了一篇论文（奥古斯特·孔德纪念讲座）[4]；根据我在布林莫尔学院的讲座我完成了《浪漫主义时代的政治观念》的第二稿，该讲座后由英国广播公司播出。我原定去年年底完成此书，却因身体抱恙而打乱计划。我希望今年6月前能将书稿交给牛津大学出版社。我完成的一篇有关历史方法的文章[5]（原为在美国史密斯学院发表的首次伊丽莎白·莫洛讲座）即将面世，而有关俄国作家V.奥多耶夫斯基亲王[6]的文章也将完稿。

若我能再次当选，我计划在未来五年全力完成有关俄国激进分子和革命者历史研究的第一卷，并希望至少再完成另一卷。至于欧洲政治思想的研究，我将为《牛津欧洲

[1] 第一篇收录文章请参见原文第209页注4；第二篇收录文章为“1951：年度文化潮流调查”，收录在《大英百科全书1952年年鉴》（芝加哥／多伦多／伦敦，1952）第22—31卷。

[2] 即便这些章节已成文，它们也未能保存下来。事实上，这本书和原计划的后续几部都未完成，但以赛亚·伯林的确在该领域撰写了很多文章。

[3] 原文第364页注2。

[4] 原文第63页注1。

[5] 原文第379页注1。

[6] 此次并未出版，尽管以赛亚·伯林用相同的材料为尼尔·康维尔的《V. F. 奥多耶夫斯基的生活、时代及环境：1804—1869》（伦敦，1986）撰写序言，第9—10页。

史》[1]“1789—1848 欧洲思想史一卷”收集材料，该系列丛书编辑委以我该任，我还将在该领域及相关领域继续其他工作。我在校担任大学讲师、新学院哲学讲师并三次担任学院研究员考试主考。我还指导了一些本科毕业论文，曾三次担任哲学学士课程主考，一次担任人文学科课程期末考主考（今年夏天我还将担任哲学、政治学和经济学课程结业考主考），并在伦敦大学及剑桥大学评审博士论文。根据原先给学院的计划，我已两次前往哈佛大学和其他美国大学任教、授课，若我再次当选，我计划拉长这类安排的时间周期，缩短每次的逗留时间；同时在可行范围内尽量减少考试的工作量，但其他学院和大学任务可不做变动。

谨上

479 以赛亚·伯林

在以赛亚·伯林 1955 年 2 月 18 日牛津大学日记中，一条记录极不寻常：伯林并未写下预约备忘，而是记录下了赴约（在牛津植物园）后发生的事。该纪录如下：

中午。天气很冷。

求婚时间：十一点五十分

[1] 以赛亚·伯林于 1950 年签署该书合同。1959 年，他意识到自己几乎不可能为此动笔，遂说服牛津大学出版社解约。

接受求婚时间：十一点五十五分

理论上，在艾琳取得再婚自由之前，以赛亚·伯林私生活的这一重大变革还是要保密的，这场变革使他当年的余下计划随之改变。以赛亚·伯林利用健康状况不佳这个方便的借口从原定的春季以色列之行中抽出身来，改为与玛丽在瑞士疗养一周，随后又小心翼翼地与艾琳在意大利度假[1]。 480

致塞姆·伯尔曼

1955 年 2 月 20 日［副本］

全灵学院

亲爱的塞姆：

（戈德斯米德夫人这么称呼你，我觉得自己没理由不照着做——我认为她在这方面的品位无懈可击）［……］

说到我的病，天晓得那是什么。纤维织炎、支气管炎、

[1] 耶路撒冷希伯来大学校长本雅明·马札（原文第 686 页注 3）于 1955 年 1 月 23 日邀请以赛亚·伯林在年内做奥德·温盖特纪念系列演讲——两三场宗教或哲学题材英文讲座。2 月 2 日，以赛亚·伯林接受邀请，尽管“我现在状态不太好，医生也不确定我能否出行，但总体乐观”；他提议举行“关于《两种自由概念》的讲座，探讨哲学问题，即 19 世纪初政治观历史框架之内欧洲对立的自由概念”或“《历史的逻辑》讲座，主要讨论历史学家事实上如何从数据得出推论，以及对立于自然或社会科学的、历史真相与可靠性的构成”。但 2 月 18 日他取消约定：“遵医嘱，我无法在今年春天动身前往以色列。医生对此态度非常坚决，不容商量。他们告诉我，我的病并不‘危险’但我需要‘绝对静养’，因此我被送往瑞士。”

鼻窦炎，各种炎症同时向我袭来，使我那可怜的老心脏——我这样称这可怜的器官——境况糟糕。因此，我辗转于牛津、伦敦两地之间，高高兴兴地取消预约，偶尔晚上与母亲静静交谈。她根本不相信我得了病，但也借此对我过去、现在和未来的罪恶生活斥责了一番。结果就是，按原计划，我春天不用去以色列，但得去瑞士，糟糕的是可能还得一个人去——我讨厌那地方——好让我“静养”，因为医生诊断我“长期性精神紧张”。我精神烦躁，与我交谈是件危险的事，跟我作对就更不得了。

[……] 我爱打长途电话，你一到拉帕洛就得给我打电话（电话费让托德先生出，他好像准备承担所有费用）。他跟我说要是去好莱坞看他的电影制作新方法会是什么感觉——自印刷术以来的最伟大发明——至少像印刷术一样会大大改变世界——非常值得一听。《纽约客》的报道[1]不合事实。他到下午才来拜访我，只待了四十分钟。另一方面，他来的时候穿着一件松松垮垮、土里土气的黄色骆驼毛外套

[1]“几周前我前往牛津拜访哲学家以赛亚·伯林，即那本有关托尔斯泰的书《刺猬与狐狸》的作者。我告诉他我对电影［《战争与和平》］的构想，他说这听起来很棒。他说上午十一点和下午四点时可以接受几分钟的采访。我们还在闲聊个不停。真是笑声不断！我告诉他，他才是主持人，我不是，而他告诉我，我才是哲学家，他不是。一个了不起的人，我看不出他是如何错过了机会，我的意思是，就这么困在全灵学院了。”摘录自 1955 年 1 月 15 日迈克·托德《纽约客》第 20 页“城中絮语”。1955 年 1 月 23 日弗雷德·劳寄给以赛亚·伯林的明信片写道：“你应该要小心与你聊天的人，以后离托德先生远一点。”

摇摇摆摆地走进来，像喜剧舞台上的美国制作人一样，叼
着根巨大无比的雪茄，实在值得一看。连全灵学院的门卫
都被打动了。我们没有什么实质性的交谈，也没有很多欢声
笑语。当他谈到他母亲、祖父和拉比等时，我挤出一个缺乏
生气的笑容，肯定没有更夸张的狂笑。有意思的是，我们的
财务关系从未明朗。谁也没提到钱的事，但这不言而喻，贯
穿整个谈话。这段《纽约客》的采访后被《曼彻斯特卫报》
和《牛津邮报》转载[1]，没给我带来什么好处。再说，钱就
是钱，我没法告诉你我一年下来能够赚多少钱。我现在心无 481
旁骛——看上去所有大学老师只关心钱——要是动用你我各
自的资产，我们也许会生意兴隆，你和那个意大利电影公
司[2]，我和迈克·托德，把我们价钱越抬越高，抬到一个可
观的水平。我们应该稍后在意大利找一家阴森凶险的旅馆谈
谈这事。

在拉帕洛记得给我写信，或打电话到牛津或伦敦。我很想和你聊聊——当然主要谈钱的事。

你永远的

[1]“困在全灵”，刊登于《曼彻斯特卫报》1955 年 2 月 7 日第 6 版未署名专栏“伦敦来信”；“一位伟人”，刊登于 1955 年 2 月 11 日《牛津邮报》广播、电视专栏，署名“W”。报道此事的报纸不止这两家。

[2] 塞姆·伯尔曼拒绝一家意大利电影公司的提议为潜在的竞争对手影片《战争与和平》编剧。

附言：我虽然可能身体不大好却很开心，平常我身体很好但一点也不开心。你怎么样？

致丹尼斯·佩吉[1]

1955 年 3 月 17 日［副本］

全灵学院

机密

亲爱的丹尼斯：

［……］现在，关于 E. H. 卡尔，我必须马上向你承认我从前也曾不得不做过这样的事，当时剑桥大学国王学院也提供了一个极为类似的研究员职位［……］。我认为我对卡尔的观点并没有从此改变。在我的印象里，简而言之，他是个卓越、有趣的人，但事业不顺[2]。我想，他在外交部任职期间，智力才干胜过周围人，社会地位却低于他们，因而吃了不少苦头。出于反叛心理，他辞职并成为历史、政治题材政论家和作家。我认为他的文笔非常棒，学术造诣一流，这是我经过思考后说的话，我知道自己在说些什么。他的研究新颖、审慎；他发现新的事实；他在自己的

[1] 丹尼斯·莱昂内尔·佩吉（1908—1978），1932—1950 年任牛津大学基督学院研究学者、助教，1955—1973 年任剑桥大学古希腊钦定讲座教授（1950—1960 年任剑桥大学三一学院研究员），1959—1973 年任剑桥大学耶稣学院院长。三一学院正考虑为 E. H. 卡尔提供研究员职位，佩吉为此寻求以赛亚·伯林的建议。

[2] 伯林此处原文为：raté。

特定领域是名副其实的权威。他关于陀思妥耶夫斯基和卡
尔·马克思的最初几本书[1]属中等偏上[2]；他的第一部显著
作品有关巴枯宁的生活[3]，成为传记典范。关于此书的有趣
之处是，它依然是从外交部的视角写的：他口气傲慢、嘲 482
讽一切（他那本有趣且可读性很强的小说《浪漫主义的放
逐》[4]也是这个风格，这本书现在可以买到企鹅版的，写的
是俄国革命家赫尔岑的个人烦恼），确切地说，完全像个好
外交官被要求就保加利亚某个无名宗派的所作所为写一份
报告时会做的那样，尽量做到全面准确，但让自己跟调查
对象保持无比遥远的距离，写作的时候带着屈尊俯就又有
点盛气凌人的态度，目的是既取悦他在外交部的同事又为
他们提供信息。他先写了《二十年危机》[5]，总体上有力地抨
击了汤因比、齐默恩[6]和自由主义，以摧毁一切的方式支持
权力政治，采取强硬立场——预测德国会赢，我们必须团
结它——然后他写了《和平条件》[7]，在后来的战争时期及战
争刚结束时期，该书影响巨大，加上他发表在《泰晤士报》

[1]《陀思妥耶夫斯基（1882—1881）：新传》（纽约，1931）；《卡尔·马克思：狂热研究》（伦敦，1914）。

[2] 原文为 β++，指优质二等（β 是希腊字母表中的第二个字母）。

[3]《米哈伊尔·巴枯宁》（伦敦，1937）。

[4]《浪漫主义的放逐：19 世纪肖像画廊》（伦敦，1933）。

[5]《二十年危机，1919—1939：国际关系研究绪论》（伦敦，1939）。

[6] 齐默恩，自由国际主义者，积极支持国际联盟。

[7]《和平条件》（伦敦，1942）。

的重要文章及其关于《苏维埃影响》[1]的系列讲座，他确立了坚决同反共产主义抗争的强硬立场；认为无论我们会如何看待苏联——沉溺于道德情感中纯属浪费时间，因为不论我们有何感受，该发生的事总会发生——我们都必须接受这些现实，并且平心静气地研究它们。至于他的《俄国革命史》，[2]在某种意义上也是一部极富学术价值的重要著作，写得非常精彩，明晰易懂，整理汇编了大量纪实材料，所有期刊报纸都称赞该书实际上是英国最近出现的唯一一部极富历史及学术价值的重要著作（我的同事 A. L. 罗斯并不为此感到高兴），某种程度上他们的称赞是正确的。这一重要观点的唯一不当之处是，它不那么像一部历史著作，而更像一份非常精彩的、基于官方文件写成的政府报告。这并不仅仅是因为他使用了托洛茨基及苏维埃的官方证据，而是因为除了那些材料，他坚决拒绝参考敌对一方——白军及所有左倾分子——提供的材料，理由是他们毕竟被打败了，历史只记录已经发生的事，不记录可能会发生的事，在这种意义上，历史是成功者的历史，人们想了解的是胜利者的想法和行动。可以说，第一卷只不过以它自己的方式全面地、极富启迪性地评述了列宁的著作；当然，后面
483 几卷讲的是苏联的外交政策及经济发展，同第一卷大为不

[1]《苏维埃对西方世界的影响》（伦敦，1946）。
[2]《布尔什维克革命，1917—1923》（伦敦，1950—1953）。

同。不管怎样，他那四卷著作就像那种写得极好的官方报告，充满智慧，写得极为精彩，工作量巨大，从单一视角提供了一幅连贯一致的画像。卡尔是个十足的黑格尔信徒或马克思主义者，认为历史是一条宽广的高速公路[1]，历史的车轮沿着主线庄严地滚滚前行，他有计划、有步骤地忽视那些羊肠小道，因为这些小路只会通向沼泽地，永远不会通往大城市。毫无疑问，该书是部杰作，从这种意义上讲，任何一个研究该题材的人都会把它看作迄今为止耸立在他人生路上的最伟大的丰碑；此外毫无疑问的是，尽管有狭隘之处——我是指他对胜利者所持的不偏不倚的态度或对他们过度热情，或使用材料时仿佛它们总是精确地记录了所发生的一切，并且有计划、有步骤地忽视那些反抗和叛乱，忽视受害方提供的证据（我敢说这些话也可用在李维[2]身上）——他值得大力支持。他比我们大学里的大部分历史学家和政治学专家聪明多了、优秀多了，虽然他的脾气可能更坏些；当他住在牛津附近的阿普顿时，穷困潦倒，通过为《泰晤士报文学副刊》写评论勉强维持生计，渴望能做正事。我觉得他那时的待遇太差了，政治经济学院［即，伦敦政治经济学院？］犯了错，拒绝了他的研究

[1] 伯林此处原文为：autostrada。
[2] 蒂托·李维（前 59—公元 17），他的罗马史从罗马建城一直写到奥古斯都皇帝统治时期。

员席位申请，国王学院也犯了错，不给他研究员席位；我想为他做一切可能做的事，当他现在任教的巴利奥学院终于给他讲师席位时，他在经济上更有保障了，但那是来得过迟且不够公正的行为。如果说对他有什么批评，可以说，也是在最高层次的，比如说他是个怎样的历史学家，他产生了怎样的政治影响，他又是怎样使用证据的，等等。无法否认的是，这整件事成了一大现象，我感觉我现在就像当年的莫尔，别人请他审阅维特根斯坦申请剑桥硕士学位的论文《逻辑哲学论》，他说："我觉得这是一部天才的著作，但即使我这样说错了，它也完全达到了剑桥大学文学硕士学位论文的标准。"我对卡尔的感受大概也是这样的。我不同意他的所有观点，我憎恶他的历史研究法，我在出版物或讲座中抨击他，我和他一起开课，但我非常钦佩他，甚至喜爱他。我想，如果他真的有需要，你把上面谈到的研究经费给他就太好的。但是，如果可能的话，请一定从
484 安南·诺埃尔处拿到我的信件原件。我想它跟我说的一切并不矛盾。如有矛盾之处，我会觉得好玩，并于下次到剑桥时告诉你。

你永远的

伯林原来计划先同母亲在卢加诺象征性地待上几天，然后同艾琳在意大利会合。但最终，甚至这样的计划也放弃了。相反，伯林和艾琳在法国南部一起快乐地度过

了几个星期，他们在假期结束时经历了一次值得纪念的邂逅：

> 我在尼斯、葛哈斯以及诸如此类的城市度过了非常快乐的时光，然后去阿维尼翁附近参加聚会，在那儿同时碰到了毕加索和科克托[1]。毕加索卓越不凡，虽然他宣扬共产主义，一派胡言；给人的第一感觉却是个天才。他平静、幸福、充满力量、浑身散发出高贵气质，让人倾倒。科克托则只不过是我们时代最伟大的妓女，有魅力、有天赋、有影响力、能够创造气氛、有着这种女人该有的活泼（你难道没看到这点吗，以你的阅历？），但在画家面前显得小气、局促。毕加索非常有趣，他说每次有人邀请他去莫斯科，他就建议说他也许可以在那儿办一次他的个人画展，结果邀请总是应声而止。他完全独立，他的共产主义实际上跟什么都无关，和他待在一起是件惬意的事。他在本质上属于有仁爱精神的那类人，如卡萨尔斯[2]、托斯卡尼尼，以及爱因斯坦，尽管他傻乎乎的。[3]

[1] 让·莫里斯·尤金·克莱门特·科克托（1889—1963），法国先锋派诗人、剧作家、设计师、电影制作人。
[2] 保罗·查尔斯·萨尔瓦多（“帕布罗”）·卡萨尔斯·伊·迪非罗（1876—1973），西班牙大提琴家、指挥、作曲家，在佛朗哥当政时期自愿流放他乡。
[3] 致阿瑟·施莱辛格，1955 年 5 月 2 日。

致莫顿·怀特

1955 年 5 月 2 日

全灵学院［实际是霍里考夫特大道 49 号］

亲爱的莫顿：

如果我的信比平时简短得多，请你原谅。这是因为：(1) 我今天[1] 刚从国外回来，发现约有 900 封信在等着我，有些纯属商业信件，同我母亲的收入等有关系，我不得不花三四个小时处理这些信。(2) 我正努力完成我们那个苛刻的老板[2] 要我写的那册书，正在加班加点做——马库斯·迪克帮了不少忙，奇怪的是，他增加了而非减少了我的工作
485 量——我之前欣慰地想到我可以让他做那些刻板的常规工作，我自己则没什么事了；当然，实际情况却截然相反，我把他的每一句话都划掉了，但即便如此，文章看起来还是会很怪。(3) 我觉得很虚弱，假期过后总是这样，因此我不打算处理很多私事。我不太赞成取名为《哲学的再联合》[3]——对我来讲它有些过于时髦了。我不认为取个有特殊意义的名字，书就会经久不衰，我本人倾向于取特别简单的书名。（非常奇怪的是，在这类事上奥斯丁喜欢格言警句，

[1] 伯林其实已经回到英国一星期或更长时间了，当然也许他没待在汉普斯特。

[2] 维克托·韦布赖特（1903—1978），担任《世界文学 1945—1966 之新美国图书馆》的主编，伯林和怀特各自为他的《哲学家导师》系列写一册书。伯林那本名为《启蒙时代：18 世纪哲学家》（波士顿 / 纽约，1956），怀特那本名为《分析的时代》（原文第 467 页注 4）。

[3] 莫顿·怀特最后给该书取的书名是《论哲学的再联合》（剑桥，1956）。

比如他在牛津做的“理性与感性”讲座[1]，或者诸如此类的名字，我不赞同取这种名字，太一本正经了，我想。）我会给它取名为《哲学随笔》，或某个类似的特别浅显的书名，不顾出版商的所有建议。非常遗憾的是，我给自己的书取名为《刺猬与狐狸》。我希望我没取这样的书名。[2]

我从未放弃我们合写那本书的想法。远非如此。我建议我们8月份碰头。[……]

至于詹姆斯、阿瑟、斯图尔特、西德尼·胡克[3]等人——我不想介入——我想事情会自己解决的。我认为詹
姆斯或斯图尔特永远不会成为阿瑟的好朋友，而我对他的感 486
情恰巧同你对他的感情完全一样。[4]他确实会说蠢话，但是（他曾在别人给我的某封信中无比尴尬地读到了那样的话）他性格非常好，非常善良、非常友好、心灵高贵，是我身处逆境时能想到的最可信赖的朋友。我不知道成熟的含义，但我同意说跟他在一起永远是件乐事，总的来说，我最喜欢

[1] 其实是“感觉与可感物”。
[2] 这可能是真的。但这个巧妙的书名大大促成了该书在商业运作方面的成功，加强了它对知识界的影响，这一点不容置疑。该文首次发表时题目为《列夫·托尔斯泰的历史怀疑论》，有些不好记。
[3] 怀特之前告诉伯林说阿瑟·施莱辛格不喜欢斯图尔特·汉普希尔，并说他对詹姆斯·乔尔最初的好感降低了，因为他收到了玛丽·麦卡锡的信，信上说乔尔批评施莱辛格是个反动分子。怀特认为乔尔实际上批评的是西德尼·胡克（1902—1989），他1939—1972年在纽约任哲学教授，曾是个马克思主义者，后来强烈反对共产主义。出自1955年4月7日的来信。
[4] 怀特写道：“阿瑟是个成熟、理智、满足的人，和他在一起总是快乐的——即便他谈的是尼布尔式的堕落。”出处同上。

他，对他也最热情。这一切都是因为他心眼好，或者说他首先是个有心之人。我真的准备只去芝加哥[1]，因为时间是一个月，不会超过一个月，如果哈佛愿意让我只待上一个月而不是更长时间，我很愿意去。因此，如果你认为这件事有其意义必须跟别人说，请尽管告诉他们。

请原谅我这封内容干巴空洞的信。我满脑子想的都是关于历史的更深一层的思考，当我们见面时，也许在我们见面前，我会告诉你我的那些想法。让所有基金会见鬼去吧。[2]

我现在问自己两个问题：(1) 对历史力量的信任是否主要由这样一种渴望引起：姑且这么说吧，渴望某些力量让自己内心的憧憬变得合乎情理、得到肯定并成为现实，这些力量如此强大，尽管存在种种阻碍，它们和你们必须赢；而不是由我在讲座[3]中提及的那些原因引起？(2) 世界上的每个个体都有自由意志且在所有情况下都可以有至少两个可能的选择（如：做或不做某事），这个命题是否同以下命题（正确与否并不重要）在逻辑上一致：不论个体采取何种行动，数量足够大的一群人的行为，是可以预测的，虽然会有一定的误差，因此，不论个体采取何种行动，总是可以说，某个特定人群中有超过 70% 的人会如此这般行动，不论这 70% 是由怎样的人构成，不论

[1] 1955 年 11 月担任亚历山大・怀特访问教授。
[2] 怀特和伯林计划合写一部关于历史哲学的著作，但没能从某个基金会得到财政支持。
[3]《历史必然性》讲座。

这些人的“自由”行动会怎样互相影响？如果后者是对的，[1]显然马克思主义及其他各种形式的绝对决定论同形而上学的自由意志中最最绝对的形式可以共处，不会有什么争议，因此责任正确与否的问题不会受到以下问题的影响：在具体情况下，国家或其他组织有可能采取何种行动的问题——利益的范围变得大为不同，相互间既没有关系也不会有冲突。

我本人并不相信所有这些。我只是在向你请教。有点像
我并不知道谁或会有多少人阻止这位疯子挖出这位夫人的眼 487
睛，但我保证不会少于三个人会试着这么做，如果有二十人在场——这是否与代表所有了二十个人的自由意志相一致？不包括那位疯子？

你永远的

以赛亚

致弗兰克·威斯纳[2]

1955 年 5 月 4 日［副本］

全灵学院

亲爱的弗兰克：

［……］我当然是没有什么看法的。我希望此时可以坚

[1] 应为：如果对第二个问题作肯定回答。

[2] 弗兰克·加德纳·威斯纳（1910—1965），1947—1962 年任职中央情报局（1952—1958 年担任国家保密局局长，负责秘密的全球反共行动），是位于华盛顿的乔治城中的一员，与伯林的许多朋友关系很近；1956 年精神崩溃，最终自杀。

持对你说，当我如此轻率地提到马林科夫[1]与贝利亚[2]之间的温暖友谊，虽然这份友谊显然已经过时，但他们的友谊是真挚的，如果没有马林科夫的暗中支持，那些人是无法铲除贝利亚的，而他们的下一步就是除掉马林科夫，他现在是他们的囚犯。不过这一切只是神话的想象，[一星？] 半点的证据也没有，只有像克兰克肖[3]或是多伊彻这样的人才会说这些。克兰克肖是一位勤奋工作的记者，他手里虽然没有稻草，还是忙着每周制作砖头，我很同情他，因为他真的没有信息素材，而且也不可能知道该怎么办。多伊彻是一位十足的江湖骗子，在我看来他所说的话没有一个字真实可信。在过去三年中，没有谁像他那样做出那么多错误的预测，很难理解——或者不如说，令人震惊——他怎么敢摆出专家的姿态。虽是如此，我还是不要再论人是非了。因此，我认为采用多伊彻的方法是无用的——只需思考不同的人所选择的政治“方向”，X 对立于 Y，而 Y 又对立于 Z，而 Z 的政治方

[1] 格奥尔基・马克西米利安诺维奇・马林科夫（1902—1988），斯大林的亲密合作者，在日丹诺夫死后显然的继承人，1953—1955 年任内阁会议主席（即总理），1955 年 2 月被赫鲁晓夫的支持者布尔加宁元帅取代。

[2] 拉夫连季・巴夫洛维奇・贝利亚（1899—1953），格鲁吉亚人，1938—1946 年任人民内务委员会首脑，斯大林最亲密的支持者之一，1941—1953 年任副总理；成功与马林科夫结盟，对抗日丹诺夫及他的追随者，但后来日益增长的反犹主义（他的许多支持者是犹太人），以及赫鲁晓夫的野心，导致了他的垮台，并被控策划阴谋而遭处决。

[3] 爱德华・克兰克肖（1909—1984），1947—1968 年任《观察家报》苏联事务通讯记者。

向我们已知，根据这些事实就可以尝试演绎出 X 的政治方向。我想这种演绎法在 20 世纪 20 年代的确可行，当时多伊彻是共产国际成员，那时左倾与右倾是有实际意义的，很能说明问题，加上在俄罗斯以及国外的共产党圈子中，大量 488
《塔木德经》式的诡辩很受重视，所以你偏离了拉德克[1]那边，或是又受到普列奥布拉仁斯基[2]的牵引回来了一点，而这样的改变真的很重要；但是这一切到了 1932 年就不再是现实情况了。在我看来，试图把这一特定技巧运用到不断裂变的当代问题中，结果只能是胡说而没有别的。于是贝利亚是“自由派”，马林科夫因此清洗了他，马林科夫就是“反自由派”，而清洗马林科夫的那些人又成了“自由派”，如此理论以及任何这一形式的推理，我看就是胡扯。从这一点出发，我认为关于此事的事实是：(1) 经济与军事；(2) 个人的竞争对手，而这点我们早已经知道了。

我依然坚持我长久以来的观点，不论政治局内部有何分歧，或者不论现在的革命委员会局面如何，它们都不可能真正是因意识形态方面的问题而导致的结果，甚至个人因素也非主因，它们始终与清晰的战略以及战术问题有关。在斯大林去世之后，马林科夫的确尝试过某种“更柔和”的政策，

[1] 卡尔·伯恩加多维奇·拉德克（1885—约 1939），原姓索贝尔索恩，杰出的波兰犹太人革命者；1937 年在斯大林的大清洗中因叛国罪名被监禁。

[2] 耶夫根尼·阿历克谢耶维奇·普列奥布拉仁斯基（1886—1937），布尔什维克领袖，在清洗中被枪决。

在生活消费品以及对外采用更为中听的话语等方面——此举确实至少导致了内部危机，或者加剧了危机，我认为这种观点是有道理的；然而他认为，法国没能同意德国重装军备，是在他们本国共产党以及俄罗斯既有威胁又表现“怀柔”态度的联合施压的掩饰之下，这个想法并不成熟；而那些始终坚持没有必要“安抚”西方或是改善本国公民生活的人，理由或者是相反的政策将被证明无法忍受并会失败，或者认为怀柔政策会成功——它将获得巨大回报，并恢复在过去四年里被斯大林与莫洛托夫迅速摧毁的善意。威廉·海特一直从莫斯科给我写信，说如果我今年夏天来莫斯科，他和奇普会保证让我度过有趣的时光，如果我能去，我想我会更适合解答你的问题，我也许不能去，所以我蒙昧无知的状态还将继续：我没有读到《经济学人》2月12日的文章[1]，但我认为它的灵感应该来自多伊彻，如果是这样，它就毫无价值。令人远为吃惊得多的是伦敦《泰晤士报》上刊登的文章[2]，宣称马林科夫的自毁显然是真诚而高贵的、为公众所知的正直品质——可做其他政治家的示范。撇开这些歧见不谈，让我回到中心命题：我认为个人权势与经济利益之争不可区分；我
489 这么说的意思是，我认为，就像其他的组织一样，人们因为

[1]“马林科夫的垮台”，《经济学人》，1955年2月12日，第511—513页。
[2] 也许是社论“变化”，《泰晤士报》1955年2月9日第9版。

路线方针而获得认同，但无疑赫鲁晓夫[1]总是代表了最高的强硬程度，对民众最残暴的镇压与欺凌，尤其是在乌克兰；任何现有政策的失败随之而来的总是它们的倡议者的危险处境，除非他们本人就是专政独裁者；赫鲁晓夫的“农庄镇”[2]政策的失败，使他身处一个奇怪的位置，或者是他本人退出，或者通过成功地——至少是官方地——让别人对此承担责任，以巩固他的地位，而他恰恰就选择了后一种方式。我还是有这种感觉，可是我无法给你证据，我认为是由于经济危机，而不只是因为独立于社会与经济形势之外的权力之争，加速了马林科夫的垮台；我无法相信这存在任何可能：以马林科夫的能力，只因为政治局成员不喜欢他或者希望他那一派下台，就可以出人意料地让他出局，而没有因为真正起火而引发的足够的危机感和急迫感——大喊大叫是可以让火燃烧起来，但还需足够的火焰才能产生足够的浓烟。这一次起的火也许就是由于农业危机某种程度的加剧，而自从 1945 年以来，农业危机就以种种形式逐渐蔓延了，加上阻止德国重装军备的失败，无力影响西方共产党的政治决定，我想还有对亚洲战争的真实担忧，某种程度上无法控制的棘手的中国，

[1] 尼基塔·谢尔盖耶维奇·赫鲁晓夫（1894—1971），1938—1949 年任乌克兰共产党第一书记，1949—1953 年任苏联共产党中央委员会书记，1953—1964 年任第一书记，1958—1964 年任苏联内阁会议主席（总理）；此时是苏共冉冉上升的政治新星。

[2] 伯林此处原文为：agrogorod。集体农庄的聚集群，这样的聚集群是赫鲁晓夫自 1949 年以来的主要农业政策，但是遭到马林科夫的反对。

潜在的中东盟友又感情不深，这一切构成了一幅很有威胁的图景，急需一个强有力的舵手。奇怪的是，有如此深厚的党内管理经验的马林科夫，可以任由他人谋划并打败自己，这显然本该是他的所为才对，而且这还是在目前非常不稳定的结盟状态之下，没有人确知谁是下一个继任者，会形成什么样的力量组合，这一切也许只是一触即发、迅速完成的事件，一个足够强大的党内大佬，赫鲁晓夫一直都是，尤其是如果他获得了军队首脑的仁慈支持（我想，军队没有独立的重量，但是却能给某个权力集团的总重量加上一码），他就能够证明自己的权威，至少在一段时间内。无论怎么说，我还是坚持我对苏联政策的老看法，苏联路线政策依据伪辩证法而行，走的是人为的“之”字形曲折路线——（1）要求人们保持警惕，（2）允许他们有一定的政策灵活度，而在民主国家这是
490 通过各方自由力量的普遍相互作用实现的。不过，在斯大林时代，是斯大林本人控制辩证法机器，根据他的意愿时而左转时而右转，显现出非凡的时间感；在他去世之后，我觉得这种转折更加不可控制了，各种施压派别确实存在，它们支持各类战术，其结果依然是“之”字形曲折路线——“软”与“硬”，生活资料与生产资料，联合阵线与激烈的共产党阴谋集团，和平共存与严厉批判——不过每次从软到硬或是从硬到软的转变过程中，有人就会掉脑袋，被消灭的人数一次比一次多，这不是来自上面的命令，而是因为他们在统治集团施行的方案彻底失败。我不明白为什么需要如此频繁的生

理消灭——如果能够确定原则，让显赫的领导者公开道歉，然后他们无须被处决，这总体而言是继续施政的更方便的方法，也让所有国外的同志们不那么难受。然而，可以辩称斯大林之所以必须铲除他的竞争对手，部分是由于他的个人性格与习惯，部分也是因为当时普遍存在浓厚的意识形态氛围，更有可能产生阴谋，而政权的一体化性质尚未被老布尔什维克卫兵适当掌握，需要密谋应对有些人，或者至少要与他们进行颠覆性质的对话；然而，当下的意识形态水平已经如此之低，那里根本没有足够多的意识形态分歧可以构成任何意识形态不忠的核心力量——其他形式的不忠诚可以用不同方法处理；可以镇压与铲除比国家领导人级别低得多的人。所以我的总体看法是，存在经济危机，存在个人权力之争，而事实上二者交织在一起；在冷战或是半冷战的条件之下——对此俄罗斯人也许并不真正负有责任，但是他们把自己视为不可避免的受害者，无疑这是因为“历史逻辑”而不可避免如此，但还是受害者——强硬方针最终会取得胜利，像消费品、对外国使用更温和的语言、其他新的怀柔形式或是“自由主义”，所有这些让步总是会输给因对抗面临的斗争而绷紧每一块肌肉的必要性。我还认为，如果他的健康状况坚持得住，赫鲁晓夫或是别的与他相似的人会执政比较长的时间——他们是冷面无情、善于管理的强硬的镇压者、有丰富的产业经验，而非党务专家、宣传家，或是其他优秀的意识形态专家。说完这些，我现在有信心期待明天早上赫鲁晓夫

就被铲除了，因为我的预言经常如此应验，但是那么做应该要有其价值。我很遗憾形势如此混乱，未能建立明确而有连贯性的模式。不过这些都是我此刻的一些不经意的想法——记住我现在至少有三个月因病不能工作了。[……]

491 你永远的

伯林订婚的消息开始在牛津传开。詹妮弗·哈特专门回忆起这一情景："在全灵学院的四方院，校庆午餐之后的可怕时刻——我想是斯图尔特·汉普希尔［……］——走到我们跟前说，'哎，你们听到最新的消息吗？以赛亚要结婚了。'他曾经试图与我联系告诉我；我有段时间没有见到他了［……］我不知道他是否真的对她有兴趣。"[1] 此事虽然需要慎重低调，伯林还是无法对他的美国朋友长期保持完全的沉默。

致约瑟芬·辛格

1955年8月9日

全灵学院

亲爱的乔：

[……] 你会在欧洲待一年，这消息真是太好了。我不知道你会有多喜欢住在法国。我仰慕法国人，很高兴在他们的国家逗留；我认为他们每一张脸孔看上去都很聪明，充满

[1] 迈克尔·伊格纳季耶夫采访伯林录音之六。

活力，有个性，人类就该是这个样子——事实上，他们比别的任何人都更像小说或是文学作品中所描述的人类，然而我觉得绝不可能生活在他们之中，他们太被动，太沉默，极少流露感情。[……]

自从我们上次联络之后，我发生了许多事，在各方面——关于那些我打算等见到你再告诉你。[……] 我试着写书评，写书，试着从哲学、政治学和经济学（牛津大学本科课程）的考试中恢复过来，但比起我打算在与你见面长谈时要告诉你的事，这一切都不算什么。我真的有事要告诉你，说来话长，所以请让你做好思想准备，听我对你说为什么会有这样一段相对长时间的沉默（似乎这在过去没有过），同时向你倾诉我的非凡传奇。[……]

你永远的

以赛亚

致 T. S. 艾略特

1955 年 8 月 9 日

全灵学院

亲爱的艾略特：

谢谢你给我寄来的《政治文学》[1]，我很感兴趣，也获益

[1]《政治文学》（伦敦，1955），艾略特 1955 年 4 月在保守党文学午餐会上演讲稿的出版印刷版。艾略特寄给伯林的那本没有找到。

匪浅，你认为只有在“前政治时代”里，人类关于政治与
492 社会事务思考的长期影响才能够实现，我认为你说得很正确（我这么说的意思也许只是表示对你的赞同）。至于你在第 11 页友善地提到了我，又在扉页描述了此事，我很高兴，当人得到超出自己应得的褒奖时，总是会很高兴。这肯定比严格的公正更受欢迎，但如果感受到了奔放的狂潮，像我在公开演讲或是在电台演讲的时候给人感觉的那样，我为其感到遗憾，因为他们的心情一定很不舒服。“势不可挡”吗？我问自己。这一定是你在读《罗慕拉》，书中的第三章，希腊陌生人选择解释理发师引自尤维纳利斯的句子[1]——这是对希腊人的讽刺——他把这当作褒扬；他引用了一整篇，最后一句是“总是要滔滔不绝——比伊西亚斯还要势不可挡”。我很肯定会是如此，因为你所放弃的权利，你的博学，你的智慧，都远远超过我可能达到的程度。不是因为达到你那样的境界需要付出许多，而是因为我已尽我所能奉献，真诚地回报。满怀谦卑与景仰，我把它献给你。

你真诚的

以赛亚·伯林

[1] 原文为：“Ingenium velox, audacia perdita, sermo promptus, et Isaeo torrentior”（[希腊人是] 机智的，肆无忌惮，总是要滔滔不绝——比伊西亚斯还要势不可挡）。尤维纳利斯，《讽刺 3》，第 73—74 行；引自乔治·艾略特的小说（莱比锡，1863），第 1 卷，第 42 页。伊西亚斯是亚述雄辩家。

艾略特9月7日回信：

亲爱的伯林：

我刚从国外回来，才读到你8月9日的来信，它令我十分快乐。我早已相信，你在学术上、深度上与口才上比我优越。我现在还认为你的恭维艺术也超过了我。

回报以我的谦卑

你真诚的

T. S. 艾略特

伯林承认被打败了："我收到了 T. S. 艾略特有趣的来信，信中他嘲讽地提到了我，而他坚持说［……］这是一种恭维。我不知道如何回复，因此他赢了。"[1]

致艾丽丝·詹姆斯

1955 年 8 月 12 日［手稿］

霍里克罗夫特大道 49 号

亲爱的艾丽丝：

我必须给你写信，然而我不能，因为我的生活中发生了 493
许多事，我不敢将它们都托付给一页冰冷的信纸，更不要说是寄给像你与比利这样亲密的、善解人意的、智慧的、善良

[1] 致格申克龙，1955 年 8 月 9 日。

到极致的朋友。我不知道你是否听到谣言了——谣言似乎有很多——不过我是打算在明年结婚，与你见过的哈尔本太太。我默默地爱着她已经很久了，因为担心会打扰了我眼中的一个完整家庭，一栋建筑，一种人生——不一定幸福，但依然还是一种人生，他人确然无权干涉它，哪怕只是最低的程度。接着各种各样的事情发生了，她与丈夫的婚姻开始崩溃，我依然退缩，深感折磨，但无法相信我有权更进一步，即使他们的破裂不是我造成的。然后我父亲去世，我说了太多的话，于是事件发生了（除了语言别无其他，但正如亨利·詹姆斯最后一次——也是第一次指出的那样——语言更重要，比行为更强烈，或者说能够更强烈）。没有发生任何“行为”，但他们已准备就绪在巴黎离婚（他们都是法国人）[1]。和平分手，法国那里就像是美国，不会有共同被告、遗弃或是道德败坏这样的事。她 11 月会去美国，我自然欣喜若狂，觉得自己太幸运了，无法想象我的心经过了多年来漫长的吞噬（我第一次见到她是在 1941 年），还能得到如此幸福，似乎哈尔本博士现在对此也不太介意了，等我们见面我会告诉你一切。我母亲似乎很高兴，艾琳的母亲也是（她父亲已经去世了）。在奥利维亚·[康斯特布尔] 亲切地来看望我母亲的时候，我已经跟她说了一些。母亲的脚摔了，打了石膏，在巴黎卧床休息，她人没事，就是觉得沮丧，正像**电池**一样积蓄着能量。

[1] 虽然是在奥地利出生，但汉斯·哈尔本在战时被给予法国国籍。

我22日去罗马参加历史学科国际大会，9月20日回来，11月3日动身去纽约，直接经由霍利优克山去芝加哥，在纽约一天都不停，12月16日或17日回纽约，逗留三个星期，在此期间我肯定要去坎布里奇看你。噢，我不能再接着说了，此事尚未正式对外公开，不要对外说。我不能想象如果在有64人参加的阿尔德里奇[1]家的晚宴上，辛西娅·杰布[2]以她最高的花腔女高音开始喊："噢！多么让人开心的消息啊！让我祝贺……""嘘，嘘，嘘"，我轻轻发声。"啊？"她沮丧地说，"没戏啦？"——我会是什么样的感觉。我希望比利健康，你所说的令我担忧。向他致以问候，我会再次写信，这个消息目前还是个秘密（奥利维亚知道，我告诉了罗兰，当他与哈太太一起的时候——不得已），我心醉神迷，太幸福了，致以我的问候。

以赛亚

494

致维克托·戈兰茨

1955年8月20日［副本］

全灵学院

亲爱的维克托：

但愿我知道自己对死刑的看法。[3]我更倾向于反对它而非

[1] 温思罗普·阿尔德里奇与他的妻子，婚前名哈丽特·克罗克·亚历山大（1888—1972）。
[2] 辛西娅·杰布（1898—1990），婚前姓诺伯，格莱德温·杰布的妻子，1960年她的丈夫受封格莱德温男爵后，她成为格莱德温夫人。
[3] 戈兰茨主持新组织的国家废除死刑运动，邀请伯林加入名誉委员会。

支持它，如果它被废除，我想我会松口气的。但与此同时，我又不是强烈赞同完全扭转此事的运动。我处于奇怪而矛盾的位置，打算为此做点什么，又不想加入委员会，当残暴的谋杀犯被处决时，我不会觉得义愤，虽然我宁愿不要这样。鉴于我的立场如此，我认为我最好不要加入了。但是非常感谢你想到了我。

你永远的

伯林8月23日与艾琳在波尔多会合；接着，他们驱车穿过法国南部，拜访亲友，然后继续往意大利罗马一路而去。

致塞姆·伯尔曼

[1955年8月29日，手稿]

拉帕洛的爱克赛西尔宫与库萨尔酒店

我亲爱的塞姆：

我可不敢拜访马克西·比尔博姆，我今天离开。并非完全孤身一人，可是怎么跟你说呢？毫无疑问，乔治与艾薇·[巴克]（尽管他们反复发誓，我对他们一个字也没有吐露）已经告诉你一切。通过依赖威斯戈尔信息服务（数量而非质量；真的，假的，关键在于数量与种类），我期待能在这里见到你，告诉你我未来的计划，此前长期而隐秘的焦虑时期，尤其是在我困扰生活中的幸福时刻的冗长细节。我

不能说我订婚了——当事人中有一方依然处于已婚状态，这有点文法不通；而我希望时间与行动将会冲刷掉这样的痕迹；但此时我只能沉迷于大量的詹姆斯式遁词，这一点也不像我联想到的你与怀特希尔博士[1]活泼轻快的风格。你在哪里［何时］？罗马之行（威斯戈尔——两千位历史学家，不过他们与此无关）之后，我9月20日返回伦敦，11月15日去芝加哥——你呢？你呢？［……］

以赛亚 495

致玛丽·伯林

1955年9月2日［手稿］

罗马

亲爱的妈妈：

你的两封来信很受欢迎，也很让我高兴——我非常感激。整个法国与意大利之行十分快乐——陶醉。艾琳很好很开心——所以你可以想见我也一样，外加有那首迷人的小曲[2]。我今天与威斯戈尔一起吃了午餐，艾琳觉得他很有

[1] 也许是沃尔特·缪尔·怀特希尔（1905—1978），历史学家，1946—1973年任波士顿图书馆主任及馆员，1951—1972年任职于哈佛考古与人种学皮博迪博物馆（1952—1956年任洛厄尔大楼奥尔斯顿·伯尔高级导师）。

[2] 伯林此处原文为：chastoushka。俄罗斯小调，经常是幽默风格的，也许玛丽在她的来信中附了一首。

魅力——两极相逢[1]。我该给钱恩[2]打电话了——大会[3]开始了，我像其他与会者[4]一样佩戴一枚小徽章——我感到非常快乐、健康、一切顺利，除此之外，真没什么可说的。[……] 意大利是如此神圣的地方，我的人生发生了如此奇妙的转变——当我想起我早些时候在这里度过的假期，与鲍拉爵士[5]或是汉普希尔一起，感觉不适、不完美、不尽兴、神经质、不舒服[6]。我很幸运，再次得到如此美妙的平衡与和谐，感谢我的星运，岁首节[7]我要去某个地方的犹太教堂感谢主。艾琳叫我了，我得过去了，向你致以最深的爱，你是如此理解我，亲爱的妈妈——

以赛亚

随着大会临近尾声，伯林与艾琳前往那不勒斯与阿马尔

[1] 伯林此处原文为：les extrèmes se touchent。

[2] 恩斯特·鲍里斯·钱恩（1906—1979），德裔生化学家，马克斯·贝劳福的妻舅，积极的犹太复国主义者，伯林父母熟悉他；1945 年与亚历山大·弗莱明爵士和霍华德·福罗瑞爵士因他们研发的盘尼西林而一起分享诺贝尔生理学 / 医学奖，1948—1964 年任罗马高等卫生学院国际化学微生物学研究中心主任，后（1961—1973）任伦敦（帝国理工）生物化学教授。

[3] 第十届历史学科国际大会，1955 年 9 月 4 日—11 日在罗马召开。也许这里伯林指的是大会开幕之前的聚会。

[4] 伯林此处原文为：Congressisti。

[5] 家庭笑话，源于玛丽·伯林不太好的英文？

[6] 伯林此处原文为：неуютность（Neuyutnost）。

[7] 伯林此处原文为希伯来文，指的是为期两天的犹太国历新年，在犹太历的 1 月即提市黎月初，通常是在公历 9 月到 10 月之间，公历 1955 年的 9 月 17 日—18 日。

菲，在米兰度过岁首节，然后返回英格兰。

致谢拉·索科洛夫·格兰特

1955年9月21日

全灵学院

亲爱的谢拉：

[……] 你很有把握地谈到新英俄关系的开始。我刚去 496
过罗马，那里与会者中有二十五位苏联历史学家[1]，一本正经的样子，我毫不怀疑这一切只是一种策略，并没有打算真正改变态度。不过，即使俄国人可能认为他们是在博弈，这么做的后果很可能事实上还是会缓解紧张关系，不论这是不是他们的目的；也许历史的诡诈的确存在。所以我也并非不抱有希望。我可以确定的是，如一位老意大利激进派告诉我的，在意大利，炸弹救了我们。不用期待会有一个关于它的协议，因为如果有这样一个协议，它还是会被撕毁，有人会

[1] 伯林如此描述："他们急切地想附和每一个人，不分场合，不管什么问题，始终如此。为首的是一个形象丑怪的女人，潘克拉托娃教授，你知道，她编写了全部的苏联教材——而在她面前，是一群蜷缩猥琐但令人不设防的、讨人喜欢的而又受了惊吓的苏联学者，确实博学，时不时灵光一闪，他们很高兴身在罗马，害怕开口，也害怕沉默太久，担心他们会被指责令同事难堪，任由资本主义的历史学家随心所欲占了上风"（致唐纳德·特雷德戈德，9月23日）；是"旧式知识阶层的悲伤残留，试图在宣读机械地口述打字出来的论文时努力做到还算连贯的演讲"（致菲利普·莫斯利，9月23日）。在一场"非常愉快的"苏联与英国代表团的正式会议上，伯林作为口译（致玛丽·伯林，9月11日）："有很大的良好愿望，非常有趣；某种意义上，他们因为可以对我们友善而感到松了一口气；另一方面，他们享受扮演新角色：友善的盟友——一切都被原谅被忘却了。"

把我们炸上天，而如果没有这样一个协议，那么双方都会心存疑惧，各方都极其紧张，因紧张而和平。最好保持怀疑态度活在世上，这样强过理想主义，以及忠诚导致的许多战争和可怕的毁灭[1]。

我听说戈伦韦申请签证赴莫斯科被拒[2]。是吗？如果是这样，为什么？你相信盖伊·伯吉斯当了二十年的苏联间谍[3]吗？我相信。想到这点我发抖了。（我没有对他说过什么，从没有，我甚至有过模糊的怀疑。可有人告诉过他什么机密？难以置信。）我现在对整件事都十分恐惧，无论怎样我还从未有过这样的恐惧。怎么会有如此像正常人类的一个人，却一直从事系统性的欺骗？不过，有谁会丧失理智到了会告诉他重要情报的地步？不过我认为他看过许多外交部的重要电报。但是我得停止这些费神的思考了，上床睡觉，因为旅行贯穿欧洲，我很累了。法国像以往一样，派了最聪明的以及最有同情心的人来参加大会，来开会的斯拉夫人最和蔼也最傻。你几时来牛津？

你的

497 沙耶

[1] 伯林之前在信中告诉亨利·布兰登他对冷战的立场："我认为我还是一个遏制政策的支持者，实际上的凯南派。" 1955 年 5 月 2 日。
[2] 此时里斯看起来是在写一本关于盖伊·伯吉斯的书——这本书没有写成。
[3] 1955 年 9 月 19 日，《人民》刊登了前苏联间谍、在澳大利亚投向对方阵营的弗拉基米尔·米哈伊洛维奇·佩特罗夫披露的内幕，盖伊·伯吉斯与唐纳德·麦克莱恩是在剑桥大学招募的长期苏联间谍。

致佐治奥·德·桑蒂莱纳

1955年9月21日［副本］

全灵学院

亲爱的佐治奥：

不过我确实在考虑来美国。11月12日到12月15日之间我会在芝加哥，之后有三周左右时间在纽约逗留，在那里一切事情都好办，通信也更有效，有力、有收获、有不朽的价值。我开始着急了。如你所说，怀特的书根本不是你的类型[1]，任何书都不是你的类型，可以说文艺复兴自成一体。我还得告诉你一个消息，虽然这很痛苦，也有违我的原则：我已经完成了我那本沉闷的有关18世纪的书，现在它在纽约，在那些非凡卓越的人的手里。它也很无趣，只是有关洛克、休谟、伯克利的陈腐段落，以及来自伏尔泰的一些装饰 498
性的东西[2]，好为这本书增添一点趣味，等等；封面上的画像看起来隐约有点像伏尔泰，后面还有一位戴着佩鲁基假发的自大家伙，看起来也许像也许不像，可以是任何一个人，很难看。整本书好比一个噩梦。[3]［……］

[1] 德·桑蒂莱纳在写的《冒险的时代：文艺复兴时期的哲学家》（纽约，1956），与莫顿·怀特的《分析的时代》、伯林的《启蒙的时代》同为一个系列。

[2] 伯林此处原文为：garniture。

[3] 该系列持续获得成功。到了1956年5月14日，维克托·韦布赖特向他报告："你的书在纽约港务局汽车总站的沃尔格林杂货店上卖得和小说一样快，买书的大多是往返新泽西上班的人。你有力地证明了你所启发的以及你个人所显示的思维方式。"

你列的书单很棒，还有摘要，我相信是合适的。为什么某一文艺复兴的观点应该如此？我本该以为越是疯狂就越好。让平衡一边去吧，这一次就来一个狂热的模式。看起来南意大利产生了多么令人烦躁的反偶像态度[1]啊！布鲁诺[2]、康帕内拉[3]、皮科[4]（最好的）、克罗齐（最糟的）等。如果把帕拉切尔苏斯[5]、皮科和布鲁诺这样的人收入书中，那么还需要加入许多配套的阐释。因为读者并不知道这些先生们出现在书中的意义是什么，而且你当然不会希望把整本书变成给刚从俄亥俄州来的大二学生看的入门教材。说真的，文艺复兴只是贝诺佐·戈佐利[6]所画的仪仗队伍，或是丁托列托的《天堂》中所绘的唱诗班舞蹈的盛大场景。不过我得要等你给我一些你书中的有关内容，我才会有比较具体的想法，然后我几周不看它，最后就会冒出一些稀奇古怪的念头。于

[1] 一种对社会与艺术的反偶像态度，以恶作剧与嘲讽为特点，在1880—1900年间盛行。

[2] 乔达诺（原名菲力珀）·布鲁诺（1548—1600），意大利哲学家与宇宙论者，因为异端学说，尤其是他的宇宙无限论而被火刑处死。

[3] 托马索（原名乔万尼·多米尼克）·康帕内拉（1568—1639），意大利哲学家、神学家、占星学家，一生中的多数时间因为他的离奇古怪与非正统的观点而被监禁。

[4] 乔瓦尼·皮科·德拉·米兰多拉（1463—1494），意大利赞成折中主义的哲学家，拒绝占星学，认为这违背了人的自由意志。

[5] 帕拉切尔苏斯，原名菲吕帕·提奥弗拉斯特斯·奥瑞欧勒斯·邦姆巴斯特斯·冯·霍恩海姆（1493—1541），瑞士内科医生、炼金术士、占星学家，把中东的医疗技术引入西欧。

[6] 贝诺佐·戈佐利（约1421—1497），佛罗伦萨文艺复兴画家，创作色彩绚丽、细节丰富的系列壁画，假托《礼拜基督降生的三贤人仪仗》展现15世纪各种当代人物而著名。

是也许你最初觉得可疑的原有想法，与我的白痴建议一对比，你就再次受到启发也许就觉得它们肯定行得通了，这大约会是我这些建议的作用。[……]

你永远的

致《新政治家与民族》主编[1]

罗马

先生：

499 霍布斯鲍姆先生[2]非常愤怒，因为特雷弗—罗珀先生（在贵刊8月20日那期）说，与卡尔·马克思相比，雅各·布克哈特[3]是一位更好的历史学家，也是更好的预言家。然而，他的论证在我看来什么也没有确定。今天，没有哪个受过教育的人，会出于善意或是恶意（或者二者兼有）寻求否定马克思主义对各种形式的历史著作的影响力，特雷弗—罗珀先生更不会这么做。然而，布克哈特的意大利文

[1]“历史人物马克思”，《新政治家与民族》，1955年9月24日，第366页。

[2] 埃里克·约翰·欧内斯特·霍布斯鲍姆（生于1917年），马克思主义历史学家，1949—1955年任剑桥大学国王学院研究员，1947—1959年任伦敦大学伯贝克学院历史学讲师，1959—1970年任高级讲师，后（1970—1982）任伦敦大学伯贝克学院经济与社会史教授。在给《新政治家》的来信（“历史人物马克思”）中，他评论特雷弗—罗珀关于《雅各·布克哈特书信集》（亚历山大·德鲁翻译并编辑）的评论文章（“浮士德式的历史学家”，《新政治家》，1955年8月4日，第164—165页）。

[3] 雅各·布克哈特（1818—1997），瑞士文化与艺术历史学家，以他的《意大利文艺复兴文明》（1860）而尤为知名。

艺复兴的杰作深刻影响了对欧洲过去一千年文明的研究方法，这是不争的事实；而且它还有力矫正了许多狂热信条的偏执追随者对事实的片面阐释。特雷弗—罗珀先生正确地指出，布克哈特的预言有惊人的原创性与精确性，而马克思的预言却被历史事件证明是错误的。对此，霍布斯鲍姆先生无话可说，只能提出海涅也曾成功地预测过未来。所以，关于这个问题在对方阵营还有不止一个人，比如还有迈斯特和托尔斯泰。然而这些断言都不科学，马克思和恩格斯的确如此。检验真正科学的一个标准是看其所具有的正确预言的能力。在这方面，如特雷弗—罗珀先生所关注并指出的那样，马克思（以及其他过去一百年来宏大的历史宇宙哲学的创立者）背负着失败的不良名声。至于《路易·拿破仑的雾月十八日》[1]，难道霍布斯鲍姆先生会相信这篇有趣的一时之作[2]原本会凭借它自身的价值而得以传世——如果作者不是卡尔·马克思？一位天才之所以被人记住，不会是因为他的次要著述轻率地被看作远远优于他的主要成就。

以赛亚·伯林

[1] 马克思的《路易·拿破仑的雾月十八日》，写于未来的拿破仑皇帝三世开始掌权的1851—1852年间。

[2] 伯林此处原文为：pièce d'occasion。

致莫顿·怀特

1955 年 10 月 17 日

全灵学院

亲爱的莫顿：

你问我对伯顿·德雷本[1]的看法，在我看来，他的优点出类拔萃；他心智敏捷，思维清晰、有序、连贯，他无私地 500
爱着真理，超过了我所见过的任何人。

除了具有这些品质之外，他还可以非常敏锐地判断哲学家著述与口述的材料之中何为重要、何为琐屑；几年前他来牛津时，虽然这所大学以及这里的哲学家们在他看来既陌生又奇怪，他还是在短短数周之内对形势进行了完美而正确的评估。起初，牛津的哲学家们不大知道在他所表现出来的热忱与诚意的背后是什么，不太清楚他是不是一位非常清醒的阐释者，是否有他自己的创见。一切不久就清晰明了：他就是为他的研究课题而生的，而且可以在任何层面就此进行讨论，给予他的对话者知识的启发与收益。所以，我们的一流哲学家们、教授们如赖尔、奥斯丁，以及年轻一些的——汉普希尔、沃诺克[2]、皮尔斯[3]以及

[1] 在 10 月 7 日的来信中，莫顿·怀特要求“为伯顿·德雷本做强有力的证明”，他希望哈佛能够把他“从芝加哥大学营救［……］过来”。

[2] 杰弗里·詹姆斯·沃诺克（1923—1995），1950—1952 年任布雷齐诺斯学院哲学讲师、研究员，1952—1971 年任莫德林学院哲学研究员与导师，后（1971—1988）任赫特福德学院院长，1981—1985 年任牛津大学校长。

[3] 戴维·弗朗西斯·皮尔斯（1921—2009），1950—1960 年任圣体学院哲学研究员与导师。

其他人——都与他私交甚笃，也很钦佩他的才学。研究生与本科生也都聚集在他的周围，既被他温暖与正直的品质吸引，也因为他总是有什么可以告诉他们——［因为］他总能传递有益的信息。他在我看来是一个有奉献精神的哲学家，生来就是一个老师，当然这里任何一个学院都会愿意聘请他当导师；他的水平似乎比我们的大多数哲学家高出许多，在这样一个哲学在这所大学达到前所未有的繁荣的时期，我没有必要说他是哲学天才。在我看来，他具有吸收与理解在他这个时代最新颖也最重要的哲学学说（尤其是在逻辑与相关数学方面）的能力，而这，从教学角度与创造哲学得以繁荣的氛围来看，都是更为重要的。我无法想象他的存在不能给哪个哲学领域带来益处。你还没有告诉我与他相关的职位是什么；但如果那是一个教学职位，我可以更加诚心诚意地推荐他，超过我自己带过的任何一个学生。〈而且我们当然都知道，他是一个非常非常好的人，是忠诚而慷慨的同事。〉

你真诚的

501 以赛亚·伯林

1955—1956：芝加哥与纽约

活在一种不断上涨的情感浪潮之中，如此强烈又如此平静真实，对我来说是一种前所未有的奢侈。[1]

所有人都这么热心、善良、友好、真诚且亲切，但要生活在他们中间却又是多么艰难！[2] 503

[1] 致玛丽·伯林，1955 年 11 月 16 日。
[2] 出处同上。

1955年11月3日，以赛亚·伯林乘坐“伊丽莎白女王”号再次前往美国。此次目的地为芝加哥大学，途经曼荷莲学院。他将在那里担任五星期的亚历山大·怀特客座教授。

致玛丽·伯林

上午十一点 [1955 年 11 月 3 日？，手写明信片]

南安普敦

我离家的时候，您看上去非常难过——我现在离开的确让人挂心，甚至叫人讨厌——但毕竟不是一件伤心事。等您腿脚好些的时候，我觉得您应该出去散下心，12 月时可以去巴黎或意大利的拉帕洛（不要去圣雷莫）度个假。我想起去年的 11 月 3 日，我在牛津的状态，神经极度紧张，对任何事都把握不定、茫然无措，成天等待着巴克莱和塞尔泽[1]的消息以填补生活空虚——因为对自己的未来悲观失望，情感上仍不合时宜地牵挂着——我得说，1955 年是我人生中最成功的一年。[……]

爱您的

以赛亚

[……]

[1] 克里福特·亨利·巴克莱（1907—1992），商人、会计、教育捐助人。在处理门德尔·伯林不动产方面为伯林及其母亲提供理财咨询；莫里斯（迈歇尔）·塞尔泽（1913—1990），1944 年在他父亲夏埃去世后子承父业，继续与门德尔在猪鬃生意方面合作。

致玛丽·伯林

星期一午夜及星期二早晨［1955年11月8日，纽约邮戳，手稿］

“伊丽莎白女王”号邮轮

亲爱的妈妈：

旅途很愉快，虽然其中一天有点小风浪，不过我感觉没什么。知道我在船上认识了哪些人吗？有些是战时同僚，比如小提琴家米尔斯坦[1]，他邀请我与他同坐一桌，信口聊天。我们谈到了苏俄，还唱了许多歌。他来自敖德萨，小提琴拉得非常之好。和所有的演奏家一样，他相当自我，但在我俄罗斯式的插科打诨之下，他逐渐放下架子，变得平易近人。我们现在已经成为好朋友。男爵夫人[2]非常和善，她似乎更了解我了，还希望我能告诉艾琳她现在一天比一天好——她现在十分依赖她的挪威籍女佣，幸好这位女佣不仅人好也很听话。甘斯伯格夫人和那几位丧偶的女王一样——英国安妮女王[3]或是俄 505
国沙皇安娜一世[4]，既精明又无知，既善良又害怕民众，很容

[1] 纳桑·米洛诺维奇·米尔斯坦（1903—1992），小提琴家，出生于乌克兰。

[2] 伊冯娜·德·甘斯伯格男爵夫人（1882—1969），艾琳·哈尔本的母亲，婚前姓德奇·德·拉·默尔，是皮埃尔·德·甘斯伯格男爵的遗孀。

[3] 安妮女王（1665—1714），1702—1714年在位。多年受萨拉·丘吉尔·马尔伯勒公爵夫人的影响（早在1708年她成为遗孀之前），后受阿比盖尔·希尔，也就是之后的马萨姆男爵夫人的影响。

[4] 安娜一世（1693—1740），1730—1740年在位的俄国女沙皇，伊凡五世之女，彼得大帝的侄女。1711年，她婚后不久丈夫就因病去世，遂成为独裁统治者，受到众多德国人，尤其是恩斯特·约翰·冯·比龙的追捧，有人认为后者是她的情人。

易受身边心腹宠儿的影响。我和未来丈母娘的关系非常之好。艾琳或许会告诉您她往船上打了两次电话。我在船上工作状况还好，就是不够勤奋，有一两位看上去还算聪明的美国太太见到我后，邀我共进晚餐。她们热情似火，让人厌烦；过分体贴客气，叫人疲惫不堪。男爵夫人邀请了众多犹太血统的欧洲富豪，向他们“宣布了那个消息”。真是太轻率了。

最深切的爱

以赛亚

我们停泊在纽约港。再过一小时我会去纽约把信寄出。

致玛丽·伯林

1955 年 11 月 16 日［手稿］

芝加哥大学

亲爱的妈妈：

谢谢您的来信。很高兴伊拉特也写信给我了——他**真是**个好人。在船上，我与未来丈母娘[1]相处甚好，她为人和蔼，一切顺利。我在这儿的日子宁静安逸却也颇乏味无聊。酒店环境舒适，食物也不错，但这个城市我感觉太丑陋了。每天过得极有规律，波澜不惊。这回我可以设法逃避社交生活：没有人认识我，等到他们“发现”并开始邀请时，我已

[1] 伯林此处原文为：belle-mère。

经要离开了。和往常一样，讲座[1]前我总是有点紧张，并非因为讲座特别重要，而是一旦我不这么神经兮兮，讲座就会搞砸，达不到预想的“效果”——但我现在还是比从前好太多了。健康状况很好，就是有点无聊，手头没有任何要写的活儿。艾琳给我写了许多美妙的信件，它们是我的精神食粮。今晚我要去城里碧丽辉煌的歌剧院[2]看戏，明天会去听音乐会（讲座开始前去听——这样可以缓解紧张情绪）。酒店里住的全都是有钱的犹太贵妇，她们与约瑟夫夫人[3]以及克里福特·巴克莱的朋友没什么两样，包括甘斯伯格男爵夫人。我在这里简直**活不下去**：到处都是意第绪语，在高架铁路的各个车站随处可见“大卫星”酒[4]的广告。可是，这 506
种文化非常糟糕，它褊狭、粗俗、愚昧不化[5]——一切我都无法忍受，**所有人**都像戈登先生的父亲和他的朋友[6]一样。没有可以呼吸的空气。所以我很高兴逃往我更喜欢的纽约和华盛顿。可我为什么要跟您唠叨这些废话呢？我连以色列的

[1] 讲座题为“哲学的浪漫主义变革”。讲稿已无下落。
[2] 芝加哥抒情剧院（1956 年更名为芝加哥抒情歌剧院），成立于 1954 年。通过聘用其他美国歌剧大公司旗下未受重用的欧洲（尤其是意大利）歌唱家，一时获得巨大成功。玛丽亚·卡拉斯就是 1954—1955 年间这家剧院炙手可热的明星之一。
[3] 据推测，应是（海伦·露易丝）·约瑟夫夫人（1930—2003），婚前姓古根海姆，美国籍。她是保守党政治家基思·约瑟夫爵士的第一任妻子。
[4] 伯林此处原文为：Mogen Dovid，是意第绪语“大卫星”（Star of David）的发音。这是一种香甜的犹太酒，按犹太教规酿成。
[5] 伯林此处原文为：prost。
[6] 伯林家族的朋友。

事件都不那么关心了——因为我正在幸福地恋爱着。这是一种极其惊人的情感，它与我和帕特里西娅长期的纠缠不同，当时我们的关系狂热却可鄙，同时还歇斯底里；也不同于我和小詹（詹妮弗）的恋情，虽然我们相处和谐，但注定不会有任何结果。这使我们充满紧张感，茫然无措。活在一种不断上涨的情感浪潮之中，如此强烈又如此平静真实，对我来说是一种前所未有的奢侈：唯愿这一切能够持久[1]——不过我深信它一定能够持久。因此，所有关于讲座的紧张感、孤单感等，现在全都被这无边无际弥漫全身心的幸福感给驱逐得一干二净——这种不可思议的情况在未曾经历过的人眼里根本无法想象。菲利普[2]说他想做我们婚礼的见证人，但婚礼时他可能身在美国。听到您的脚伤好些了我很高兴——我相信不仅您的这边脚能完全治愈，另一边脚通过按摩和电疗法，也定会逐渐好转。打字员来了，我得停笔了，像平时一样，我得口述回信，给威斯康星大学、爱荷华大学、俄亥俄大学还有密歇根大学，答复他们我下周能否到访他们学校。

[1] 伯林此处原文为：pourvu que ça dure。多年后，伯林在一篇关于苏联共产主义解体的文章中或许再次想到了这句话，并加以引用了。他写道："在庆祝自己的一个儿子成为法国国王，三个儿子分别被立为西班牙、荷兰、威斯特伐利亚国王，一个女儿被立为托斯卡尼女大公时，波拿巴夫人（指拿破仑一世母亲）说'唯愿这一切能够持久'。""俄国知识分子的生存现状"，《苏联的心灵》，原文第166页。

[2] 菲利普·德·甘斯伯格男爵（1904—1986），艾琳·哈尔本的哥哥，法国抵抗运动时的英雄。

所有人都这么热心、善良、友好、真诚且亲切，但要生活在他们中间却又是多么艰难！再见——很快会再给您写信。

最深情的爱

以赛亚

致玛丽・伯林

1955 年 11 月 20 日，星期日［手稿］

芝加哥大学

最最亲爱的妈妈：

我心情很好。今天是星期天（因为太忙，已经有一两天没给您写信了），并非忙于社交，它才真正最让我精疲力竭，也不是忙于工作，这些讲座其实也是一种社交活动。上周四，我开了第一场讲座，听众非常之多——原本以为只有 125 名，结果来了 400 名。我不喜欢声嘶力竭地喊叫——但我想，如果是男高音歌唱家的话，应该会喜欢听众多些。我自觉讲座一般般，不过下一场一定会更好。我认识了一个 507
来自德文斯克[1]的犹太人，名叫戈达德・利伯森[2]，他非常有趣。我们是那天很晚的时候才认识的，他人很好，带我

[1] 伯林此处原文为：stammt aus Dvinsk。（德文斯克现名陶格夫匹尔斯，位于拉脱维亚境内。）

[2] 戈达德・利伯森（1911—1977），出生于英国，是一位作曲家和极具影响力的音乐制作人。1956—1971 年及 1973—1975 年担任哥伦比亚唱片公司总裁。在引进密纹唱片和音乐剧原声唱片方面做出突出贡献，并促进了古典音乐包括杰出歌剧作曲家完整歌剧唱片的制作。

去了歌剧院。芝加哥是个富饶之地，聚集了众多杰出的意大利歌唱家，包括泰巴尔迪[1]、卡拉斯等——卡拉斯已经跑了，因为有人要她交出 8000 美元而她不愿交——在演出结束后，几位官员来到化妆间［说了些诸如“我们代表贝雷尔森法官、莱维法官以及华盛顿·科恩法官（好的！）之类的话”］，试图拦住她，但她立马远走高飞，逃往加拿大了[2]。今晚我会同阿德莱·史蒂文森一起吃饭，之后住在他家（不要告诉别人，因为他们（1）可能会嫉妒，（2）可能会一传十，十传百，添油加醋。若是登上《标准晚报》就糟了）。他是特利和施莱辛格的朋友，他们曾给他写信介绍过我。相处就知道了[3]。不过我敢肯定他是个好人，也很绅士。只是在犹太问题[4]上有点理想化。处处就了解了。我相信会度过一个愉快的夜晚。没见到施内尔森[5]，不知道他住在哪里，毫无办法。我接到了来自华盛顿的电话（详细介绍了 12 月 16—20 日的娱乐项目），还有波士顿的电话（不错，是康

[1] 雷纳塔·艾西莉亚·克罗泰尔德·泰巴尔迪（1922—2004），意大利著名歌剧演员、女高音歌唱家。当时正旅居美国。伯林太晚到芝加哥，错过了 1955 年她在抒情剧院的演出。

[2] 1955 年 11 月 17 日，卡拉斯结束了《蝴蝶夫人》最后的演出，正准备离开抒情歌剧院，一位执法官给她送来了一张传票，因艾迪·巴格兹声称是她的经纪人，要求她支付其收入的一部分。卡拉斯愤怒的回应引起全世界的关注。

[3] 伯林此处原文为：Oovidim。

[4] 伯林此处原文为：nashikh delakh。

[5] 据推测，应该是梅纳赫姆·门德尔·施内尔森（1902—1994），第七任犹太教仪式派拉比（哈西德犹太教哈巴德派领袖）。他于 1941 年开始在纽约生活，是伯林的远房亲戚。

斯特布尔小姐打来的，她觉得我和艾琳最好选择入住**酒店**，这样谁也不得罪，还能享有更多自由）。我之所以不喜欢芝加哥，是因为大学里那些聪明的犹太人太过精明，“愚昧不化”；但我**觉得**到目前为止我把自己的态度掩藏得很好——不过话说回来，其中有两人还不错，善良正派。我不喜欢那些潜在的德美同盟会会员[1]，你懂我的意思，我指的是那些大鼻子的犹太人，他们反对犹太复国主义，常拿犹太人开玩笑，但本质上既胆怯又好斗。拉斯基就是这种人。罗斯福和福斯特喜欢这类人，但我和父亲都不喜欢。这完全与对心灵的“触动”有关，所以我才会欣赏戴维·塞西尔，会爱上艾琳，很大程度上都是因为他们优雅心灵对我的吸引[2]，以
508
及他们超凡脱俗[3]的魅力。伊萨克·利维牧师[4]来信，说他愿为我们主持婚礼。艾琳在上封信里还谈到犹太人会堂，我不确定婚礼彩棚[5]是要放在丹宁顿公园路[6]还是在霍里克罗夫特。不过这无关紧要。我得去洗澡了（是的，没错！），

[1] 德美同盟会（1897 年成立时为立陶宛、波兰和俄国犹太人总工会），是一个提倡社会主义、反犹太复国主义的政治组织。战后，该组织的影响力在美国胜过在欧洲。

[2] 伯林此处原文为：Drang nach schone[n] Seelen。

[3] 伯林此处原文为：poshlost'（лощдостъ'），斯拉夫字形后面的角分符号属多余。

[4] 伊萨克（“哈利”）· 利维（1910—2005），英国随军牧师（曾参加英国军队解放伯根—贝尔森集中营），坚定的犹太复国主义者，1946—1965 年任汉普斯特德犹太会堂执行牧师职务。

[5] 伯林此处原文为：Chupah，指犹太人举行婚礼时的彩棚。

[6] 即汉普斯特德犹太会堂所在地。

淋个浴，然后穿戴整齐去和一位教授吃午饭。在床上吃早饭对人身体状况的作用真是太不寻常了：我一点都不觉得累。[……]

深爱您的

以赛亚

致艾丽丝·詹姆斯

感恩节前的星期三［1955 年 11 月 23 日，手稿］

芝加哥大学

亲爱的艾丽丝：

我目前所在的这座城市十分奇特：富人与穷人之间距离遥远，社会差别巨大，这里的人坚忍、快乐、迷人、有些野蛮，同时又十分热情善良。所有这一切都与美国的东海岸有着天壤之别——我终于知道人们总说波士顿甚至纽约深受欧洲影响是什么意思了。这所大学正在经历一场危机：倔强、可爱、固执却又卓尔不凡的赫钦斯[1]离开了这所大学。它就像被魔鬼恋人抛弃的女性一样，惶恐茫然，不知未来何去何从。我班上的学生都很认真，充满活力，也很可爱。我的同事都很友善。和平时一样，在这个国度中，我没有不喜欢的

[1] 罗伯特·赫钦斯在芝加哥大学担任校长二十二年后，于 1951 年辞职。他的校长生涯充满争议。辞职后他担任了福特基金会副主席。

人，即使是那些其他教授提醒我要多加提防之人[1]。我全都喜欢，甚至包括总是不怀好意的哲学教授麦肯伊[2]，他对哈佛的哲学家来说简直就是一场噩梦。昨晚我和极具魅力的冯·西姆森[3]一同进餐，他是一位艺术史学家。我喜欢的德国人不多，但他和他的妻子都讨厌瓦格纳而且富有同情心。我去过歌剧院了，就是那家卡拉斯夫人所在的剧院，她因为不愿支付一些不知是否真的存在的债务而几近被抓，却成功逃脱，闹得沸沸扬扬[4]——这事儿本身就像一场轻喜剧。我还见到了阿德莱·史蒂文森先生。你看到了吧，我“游览”了各种名胜，此刻心境比当初在坎布里奇的时候要平和淡然 509
得多，不用说部分是出于个人的“内在”原因：我已爱到无法自拔，深切思念艾琳，每天给她写信，迫不及待与之见面。要到 1 月底，她和丈夫离婚的问题才能解决，在此之前，我们必须耐心等待。奥利维亚非常热情地写信给我，主动提出要“为我们”举办一个聚会：我欣然接受了。我计划在此待到 12 日，到时艾琳也会抵达纽约见她母亲。我们待

[1]“从学术上说，这是一个很有趣的地方。莫蒂［莫顿·怀特］曾担心我会落入强盗群中，这种担心可以说毫无根据。这些所谓的‘怪物’其实都是非常绅士、有教养又很有趣的人，这里的学生也很出色。”致查德本·吉尔帕特里克的信，1955 年 11 月 23 日。

[2] 理查德·彼得·麦肯伊（1900—1985），1947—1974 年任芝加哥大学希腊语与哲学查尔斯·F. 格雷杰出贡献教授。

[3] 奥托·格奥尔格·冯·西姆森（1912—1993），德国人，艺术史学家，1945—1957 年在芝加哥大学任教（1951—1957 年任教授）。

[4] 伯林不可能亲眼见到这一幕，因为他当时正在做讲座。

在一起的时间不会很长——生活总是充满不如意事——她必须回到位于阿尔卑斯山区小镇梅杰夫的孩子身边。（他们尚不知道我未来的角色，这些小家伙将怎样接受这件事呢？）我则回到牛津。12月27日到29日，你会在坎布里奇吗？我的脑海里时刻都浮现着你的影子。这一段我很少参加社交活动——不知道奥利维亚什么时候为我们举办聚会——我应该让她邀请所有人参加——我是指那些教授跟学生们——否则我得一个个单独去拜访他们。其他人她可以随意邀请。我得起床去学校上课了，每次上新课或做新演讲前我都会焦虑紧张——很傻吧，但我确实如此。代我向比利问好，无比幸福的同时，又要遭受离别的痛苦煎熬，这种感觉真是奇妙。单独见面时有好多话要跟你说，我决心已定，非这么做不可。不论迟早。

致以问候

以赛亚

《观察家》[1]上刊登了一篇关于英国当权者权力的通讯报

[1] 在前克格勃（苏联国家安全委员会）特工弗拉基米尔·彼得罗爆出盖伊·伯吉斯与唐纳德·麦克莱恩一直暗中充当苏联特工的消息后，英国政府做出回应，就两位外交官的背叛发表（9月23日）了一份报告（备受批评）。但与此同时，亨利·费尔利（原文第511页注1）也借此机会阐释了自己有关“当权者”影响力的理论——“权力在整个社会及官方体系中的运用”（《观察家》，1955年9月23日，第380页）。他在文章中列举维奥莱特·伯纳姆·卡特夫人作为当权者“女神”代表，将外交部作为其权力基础，暗示维奥莱特对媒体施加了影响，使

道，引起一位老朋友[1]的抱怨。 510

致维奥莱特·伯纳姆·卡特

1955 年 11 月 26 日［手稿］

芝加哥大学

最亲爱的维奥莱特：

首先，我要衷心感谢你的来信，祝福我即将举行婚礼。如果你不介意听这个冗长而又纯属个人的传奇故事，等我 1 月份回来时，我将讲述与你。一切本应好好保密到年底的，却不料

舆论偏向伯吉斯与麦克莱恩。接下去一周（9 月 30），《观察家》来信专栏抗议声不断。维奥莱特指出，她 1952 年 6 月 21 日给《泰晤士报》的来信只是针对媒体对麦克莱恩家庭的骚扰，以及对外交部的不实言论。约翰·斯帕洛则为外交部人员招聘过程辩解，因为他自己也参与其中。费尔利坚守阵地。8 月 7 日，维奥莱特进一步声明自己的清白，抗议费尔利的无端指控。其他记者也参与到这场争论当中，戴维·阿斯特与伦道夫·丘吉尔大力支持维奥莱特。而罗伯特·布思比却将此次辩论卷进新的旋涡：斯帕洛院长会针对费尔利先生的文章，发表这样一封充满攻击性的来信，我毫不惊讶［……］。全灵学院在第二次世界大战前十年本来就是当权者的大本营；在那张灾难性的餐桌上，他们那些人不知给这个国家带来了多少损失。布思比后来又就此做了详细解释，并断言：全灵学院的研究员们，包括兰格博士、哈利法克斯勋爵、杰弗里·道森先生、约翰·西蒙爵士、莱昂内尔·柯蒂斯先生、唐纳德·萨默维尔爵士、R. H. 布兰德在内——他们全都是公认的“当权派”成员。我无法评论，因为我不知道他们到底站在现在这个巨大争议问题的哪一边，但不难想象埃默里先生必须采取的绝望而又善后的措施。（《观察家》，1955 年 10 月 21 日，第 528 页）

[1]“我收到一封来自维奥莱特·伯纳姆·卡特的荒谬来信——之前她曾来信祝贺你我——她在这封信中说，除了她的孩子外，她爱我胜过任何一个人——不是没有可能，她是一个奇特怪异、超乎常人、大脑绝顶聪明的怪物，看来我很受 60 多岁的老太太喜欢——同时又指责我，说我对鲍勃·布思比说，全灵学院是绥靖派的支持者，诸如此类——与她之前在《观察家》中所说的自相矛盾。”致艾琳·哈尔本，1955 年 11 月 28 日。

在巴黎被提前“泄露”了——先是未来丈母娘伊冯娜·德·甘斯伯格男爵夫人告诉了她的亲戚，接着她的亲戚告诉了戴安娜·库珀，她又告诉了其他人……你可以想象出来的。至少我对马克说了很多，我会很开心、很兴奋并期待着对你诉说。我对你忠心耿耿，假如我们能够见面，我又有勇气不经意地提起，我会很乐意把自己的一切对你坦白——不过整个事情充满离奇色彩，它使我的生活发生了如此奇妙的变化，所以我希望能够在一个安宁而又私密的环境里讲述这些——我深深地感谢你的精彩文笔与动人来信（尽管你直截了当，但我知道你是完全发自内心的自然流露）。真的很爱你。

至于布思比等事件，我有点受伤——尽管你的第一封来信有止血消痛之效——因为你居然认为我在向你的批评者提供帮助与安慰，并为此对我横加指责。**当然**，我对费尔利[1]（他曾经也攻击过我）、马格里奇[2]、柯姆·布洛根[3]之流[4]同样深恶痛绝；希望再也不要与他们同处一室。我从没见过他

[1] 亨利·琼斯·费尔利（1924—1990），记者兼作家，1950—1954 年任《泰晤士报》政治领袖专栏作家，1954—1956 年任《观察家》政治专栏作家，1965 年定居美国。见原书第 471 页注 8 他对《历史必然性》的评论。

[2]（托马斯）·马尔科姆·马格里奇（1930—1990），记者兼作家，1950—1952 年任英国《每日电讯》副总编，1953—1957 年任《笨拙周报》总编；在一封激烈声讨当权者的来信中对维奥莱特的理解力表示质疑（《观察家》，1955 年 10 月 14 日，第 456 页）。

[3] 柯姆·布洛根（1902—1977），记者；与费尔利持同一立场，指责维奥莱特妄自尊大，顽固不化，自以为是，毫无自知之明（《观察家》，1955 年 10 月 14 日，第 498 页），但第二周便承认自己在辩论中存在事实性错误。

[4] 伯林此处原文为：hoc genus omne。

们也不希望见［此处字迹难以辨认］：因为整个“战役”本身就极端卑鄙无耻。对于鲍勃，我跟你一样有颗宽容的心。约翰·斯帕洛也是如此（他是他曾经的好友）——他是个可爱的流氓。我与他见面是在阿瓦·韦弗利夫人家的午餐会上，当时在场的还有我的同事约翰·福斯特。我说（在我回忆中，当时鲍勃大为震惊，我也暗中希望自己表现得好些）“我觉得自己不应该跟你握手”，并告诉他我的想法绝对
正确。不错，一些绥靖派作家，包括哈利法克斯、西蒙、道 511
森[1]、兰格[2]等，他们的确都曾在全灵学院待过，并声名在外。他们交往的朋友来宾也都拥有相同的观点，用 1930 年代绥靖派的姿态高谈阔论，然而，倘若认为这场唇枪舌战是在反绥靖派的艾默里与他们之间进行，这种观点就大错特错了。艾默里虽然反对绥靖政策，可我却从未在牛津大学全灵学院听到他对绥靖派大声咆哮——只要听听这群研究员在谈论什么，就会明白所谓的绥靖是怎么回事了——在这层意义上，全灵学院就好比这群人的聚会场所和俱乐部。正因为如此，他的来信才会引起众怒，尤其是他提到布兰德——鲍勃说他希望布兰德没有看到这封信。这就是所有事情的经过。无关鸽子或鸽舍——平生以来第一次使用这个比喻，当然这

[1] 杰弗里·道森（1874—1944），原姓罗宾逊，历史学家，1898—1906、1911—1944 年任全灵学院研究员，1912—1919、1923—1941 年任《泰晤士报》主编。
[2] 科兹莫·戈登·兰格（1864—1945），1942 年受封兰格男爵一世，1889—1993、1897—1928 年任全灵学院研究员，1928—1942 年任坎特伯雷大主教。

并不等于说他的信对全灵学院有多大益处。约翰·福斯特、阿瓦、南希·米特福德、马尔科姆（应为阿兰？）·布洛克、克莱丽莎·艾登，或许还有其他人都在场——他们是我的证人。约翰·F. 一定记得最清楚，因为在和鲍勃的玩笑中，我曾将他牵扯进来——因为他既是同事，又是研究员[1]——当然他所说的是所谓的“严重误导”，你可以在时机适当的时候告诉他。我再重复一遍：我或许证实了 20 世纪 30 年代的全灵学院是有权势的绥靖派聚集的中心——当然不是代表全灵学院——但我并未暗示我同意他对约翰·斯帕洛及全灵学院的攻击——对此约翰并不在意。我想，实际上他还邀请了鲍勃前来（其实是责备他与马格里奇联合），亲眼看看“全灵学院当权派”是怎么回事，对此鲍勃小心地拒绝了。情况就是这样。我认为你和约翰·斯帕洛在《观察家》中的表现得体大度，也很高兴听到鲍勃不失体面地拜倒在你脚下，虽然此传言着实令人难以信服！我喜欢他，但他的信，就像我告诉约翰·斯帕洛的，源于对西蒙的憎恨。西蒙 1940 年[2]毁掉了自己的政治前途——可以理解但又难以谅解。

致以问候

你的

以赛亚

[1] 原文 fellow 一词在英文中既指“同事”，也指“研究员”——译注。
[2] 1941 年，一项议会调查显示，原本为迅速耀升的政治明星的布思比犯有不正当经济行为罪，布思比迫于压力，辞去粮食部政务次官一职。

附言：鲍勃竭尽全力，想通过把我胡乱牵扯进这个事件来拯救他自己——他知道你是我的朋友——但我真的很无辜：相关的鸽子都死了或飞走了，而我则被指控说提到飞舞的鸽舍，我真是越想越气恼——全灵学院向来充满着强烈的反纳粹情绪。 512

致玛丽·伯林

1955 年 11 月 28 日［手稿］

芝加哥大学

亲爱的妈妈：

时间在不断流逝，感谢上帝，虽然我很好很忙，但也颇感无聊。不是特别严重，只是觉得**纯粹**在浪费时间。我认识了一些新朋友，却没有结交到永久的好友：这样更好，我拥有的朋友已经足够多了——太多了。讲座进行得非常顺利，听众似乎没什么不满意的[1]。前两天晚上，鬼使神差，我去拜访了弗雷德·劳的一个朋友，是 1914 年在纽约认识的：芝加哥犹太人，典型的中下层阶级，为人热心，举止粗俗，说话吵吵嚷嚷，夹杂着一半的意第绪语——犹太复国主义者，反英亲俄，愚昧无知，面目狰狞丑恶——**粗俗**无比。

[1] 在给艾琳的信中，他直言不讳得多：我刚做完讲座，必须承认，是一次巨大的成功。有人告诉我原定的 300 人可能会分散，因为同时还有两场音乐会与一场公共集会，不想却来了 450 人，只能在此地最大的讲堂被拒之门外——这种捧场真是令我羞愧。（1955 年 11 月 21 日）

很遗憾我**无法**接受。我表现良好，反倒是他们因我而感到尴尬——我太目中无人了——说话时而奉承献媚，时而咄咄逼人。他们人很好，慷慨大度，言行自然。然而这却像太过丰盛的犹太食物，令我厌恶作呕。不提了。第二天晚上，我去观看了奥伊斯特拉赫[1]的表演（在《时代》周刊上，他曾自嘲自己的名字等于害怕！[2]），太棒了，首先他长得像壮实的俄罗斯犹太人，其次，他的琴声清新明快，既热情奔放，又甜美悠扬，就像一个专心做鞋的制鞋匠一般简单淳朴。绝非虚言，他比海菲茨、梅纽因[3]，甚至斯特恩[4]更为出色。观众是清一色的犹太人。跟我一同前往的还有一位哲学家，犹太复国主义者[5]，我们看得非常开心。除了体重增加到200磅外，我一切都好。我每天都会收到艾琳甜蜜的来信，我也每天给她写。真想见她啊，至少可以这么说。我给利维回信了，还收到巴克莱措辞优美的来信（回复我的去信），没说太多内容。波士顿及华盛顿为了接待“我们”，正在做诸多

[1] 戴维·费多罗维奇·奥伊斯特拉赫（1908—1974），俄罗斯犹太人小提琴家，出生在奥德赛（乌克兰）。

[2]“他半开玩笑地追溯自己名字的来历，将其视为由意第绪语的惊叹词 oi 与俄语词 strakh（害怕）这两个词的结合。”（《时代》，1955 年 11 月 28 日，第 42 页）

[3] 耶胡迪·梅纽因（1916—1999），后（1993）成为梅纽因男爵，美国小提琴家，俄罗斯犹太人后裔。

[4] 艾萨克·斯特恩（1920—2001），美国小提琴家（出生于乌克兰，父母均为俄罗斯犹太人）。

[5] 伯顿·德雷本。

安排，仿佛我们是准备到访那里的名人：波士顿有詹姆斯夫人及奥利维亚·康斯特布尔（她们俩在给我的信中都向你问好），华盛顿有法兰克福特、艾尔索普、哈考特夫人等。我很好，安于现状，没有过度工作，营养充足，有一点无聊，其他就没什么可说的了。艾琳希望在犹太教堂举行婚礼。太棒了，我感觉自己非常幸运和幸福，终于抵达了人生的目的地。再见——很快会再给您写信。

爱您的

以赛亚　　［……］ 513

致艾丽丝·詹姆斯

1955 年 11 月 30 日［手稿］

芝加哥大学

亲爱的艾丽丝：

非常感谢你的来信与甜蜜的问候。很高兴得知比利身体状况好多了，看来服用些“灵丹妙药”的确非常必要，我亲爱的父亲曾因服用链霉素饱受折磨，但 1952 年他终于从疾病中恢复了健康，之后的致命大病与先前那场并无关联。真心希望比利不要太过心情忧郁，也不要觉得我们来就一定要撑着起床来迎接我们，没有必要。我会与艾琳一道上门拜访他的——我知道他喜欢她——让他们俩单独、专门和长时间地交谈，我们谈我们的，让他们说他们的画家［……］哦，真是一种奇怪的感觉，令人惊叹又让人无比喜悦。在经历了

四十六年——此话或许有点夸张，两岁的幼儿很难称之为单身——应该说在经历了二十七年似乎理所当然的孤独寂寞后，居然如此刻骨铭心、如此幸福地爱上一个人。我很高兴莫里斯赞同我们——艾琳很喜欢他。如今，我对她充满了渴望——我在这里并非真的无聊，成天担心自己的讲座——但这确实是个奇怪之地，在长期以来遭受赫钦斯充满动荡的统治之后，如今这个地方人们情感枯竭，他们不知道自己的未来去向何方，但这里充满活力，学生悟性很高，整体极佳。见到你时，我会一一对你讲述。现在我要独自一人去看话剧[1]了，希望不久后不再孤身一人。向你和比利表达我深深的问候——你对我来说很重要，极其重要——艾琳也很爱你，我真不知道如何回复比利的那些精彩来信——水准太高——我简直无从下笔。

致以问候

以赛亚

致约翰·斯帕洛

1955 年 12 月 2 日

芝加哥大学

亲爱的约翰：

［……］从我之前的信中你应该得知，我参加了一场晚

[1] 见多尼采蒂的《爱情灵药》。

宴和一位老朋友[1]的讲座。记得早些时候他来美国时，我曾经听他为中西部地区的英国史专家发表演说，给我留下了很好的印象。可是，有关伊丽莎白时代[2]的讲座却有点构思不
当。大会堂里全都是学者听众，他背对一块天鹅绒窗帘，侃 514
侃而谈。首先由一位当地历史学家代表发言，他彬彬有礼又妙趣横生地介绍了罗斯，接着罗斯便做了这样一场讲座。讲座内容可以给英格兰切尔腾纳姆和巴斯夫人午餐俱乐部带来欢乐，或许也包括这里的美国夫人们。可坐在我两旁的同事很快就怒火中烧，远未等他讲完，这种情绪便升至沸点。

他身体有点弓，腼腆害羞，但喜欢逗乐子。讲座中穿插着关于珠宝对夫人们吸引力的小玩笑，以及这一爱好给她们丈夫的钱袋子必然带来的可怕侵害。这在整个伊丽莎白时代，不论是过去还是现在都概莫能外。他在讲座中带我们出游，参观了一两处村舍，带着奉承吹捧的口气提到几位当地教授，其中一两次还专门提到我，全然不顾就坐在前排的我正对他怒目而视。他称我是一所著名大学的杰出名人之一，他有幸来自那所学校到此地访问，并且还是一座曾经被一些美国游客称作废墟收藏馆的建筑物的杰出居民。在讲座当中，他甚至模仿想象中的中西部女性的口音问道：“我说，

[1] A. L. 罗斯。

[2] 罗斯经常在美国举办讲座，主要关于当时伊丽莎白时代的英格兰，并于1950年出版了《伊丽莎白统治下的英格兰》三卷本的首卷。

这些废墟可还有人居住？”（简直让我尴尬得无地自容。）

后来，他又用手抓着我说：“亲爱的，我必须要向你承认，这是伽玛，绝对是伽玛。”真是难堪透顶，而当着愤怒的当地教授的面，我又不好与他争辩。他这人真是不同寻常。次日早晨他找上门，问我为什么这些知识分子那么讨厌他。

目前他正在南部几所大学巡回讲学。就算他的书很好，并且在纽约报刊的评论专栏反响不凡，他对我们国家也可谓毫无益处。下次见面时，如果有时间，我会更加生动地跟你讲讲，与一些文雅体面的美国教授坐在前排听他讲座是什么样的感觉，真是看也没法看，听也没法听。（他曾向这所大学写信，谋求教职。真是可怕。）

他问我：“讲座怎么样？”我敷衍但又如实地回答，“我是可以一直听下去的”，就因为它的怪异。到讲座临近结束时，我的确已不再尴尬，心里在想如果是你会怎么做。它并不无聊，就好比恐怖剧并不无聊一样。

你永久的朋友

以赛亚

在芝加哥的那段时间里，伯林非常想念艾琳。12 月 10 日，两人见了面。但他们没有多少单独相处的时间。伯林的美国朋友们筹备了一系列的社交活动，来认识他的

515 新娘。

致玛丽·伯林

1955 年 12 月 10 日 [海底电报]

芝加哥

我们极其幸福。深爱您的以赛亚。

致玛丽·伯林

1955 年 12 月 21 日 [手稿]

纽约

最亲爱的妈妈：

很抱歉一整个星期都没给您写信。我很好，过得特别开心。我们在纽约度过了几天愉快的日子（甘斯伯格夫人很喜欢我），上周五又去了华盛顿，真是凯旋之旅。第一天晚上，与哈考特夫妇一起安静地度过：在车站碰到两个讲意第绪语的人（纠缠不休的犹太人！）[1]，当时我忙着跟他们解释哪里能叫到一位行李员，跟到俄罗斯东正教主教处。那番景象真是奇妙。接着便是在五月花酒店的生活，套房十分昂贵，但至少温馨舒适。午饭是和菲利克斯一块吃的，有艾琳在，我们都很高兴。玛丽安因为关节炎常年卧病在床，她或许**能够**下床，但明显**不情愿**，只想像海涅那样，一个人永远在房间里待着。菲利克斯很热心，他不明白我为何花这么长时间追求我的新娘。要是他，一定会速战速决（他说）——他给我

[1] 伯林此处原文为：Назойливый еврей。

看了鲍拉的一封非常可爱的来信，温暖、贴心，信中还谈到我和我的幸福。即便他知道别人可能看到这封信，他本可以不写的。与八十三岁高龄的主人一起喝茶，同聚华盛顿[1]，这一习惯1942年以来没有改变过——虽不无势利色彩却是令我愉快的古老生活规则。晚餐极为丰盛，参加的有开心友善的乔·艾尔索普、卡伯特·洛奇[2]、朗沃思夫人、艾尔索普夫人（梅雷）、斯图尔特·艾尔索普及夫人[3]、格雷厄姆夫妇[4]（在公开场合中我对他表示“和解”）、菲利克斯、乔尼·沃克夫妇等等。星期天和埃班共进早餐，午餐和一些美国政府官员一起，有艾伦·杜勒斯和他的手下人员。之后见了弗朗西斯·比德尔及其夫人；与一个叫布里斯夫人[5]的社交女主人（纳博科夫称她为那个布里斯女人）[6]共进晚
516 餐并一起去听了音乐会。星期一拜访了法兰克福特夫人，向

[1] 伯林此处原文为：tout Washington。
[2] 小亨利·卡伯特·洛奇（1902—1985），1947—1953年间任马萨诸塞州共和党参议员，1953—1960年任美国驻联合国大使，1960年，与理查德·尼克松一起竞选总统失败。
[3] 斯图尔特·乔汉纳·奥利弗·艾尔索普（1914—1974），报纸专栏作家、编辑，1945—1958年曾与其兄乔撰写“就事论事”辛迪加专栏。他的英国妻子婚前名为帕特里西娅·巴纳德·（蒂什）·汉琪（生于1926年）。
[4] 由于1952年3月发生的一次“可怕争吵”，伯林和菲尔·格雷厄姆一度非常疏远：“他对我态度非常粗鲁，从那之后我再也没和他说过话。他写过一封道歉信，我没回。”致艾琳·哈尔本的信，1955年12月23日。
[5] 米尔德丽·布里斯（1875—1969），婚前姓巴恩斯，华盛顿几个社交女主人之一，其丈夫为外交家，艺术品收藏家罗伯特·伍兹·布里斯；1949年，布里斯夫妇将他们的房子敦巴顿橡树园赠予哈佛大学。
[6] 伯林此处原文为：Blissukha。该词后缀“-ukha”含贬义。

其道别，午餐是与**我们**《星期日泰晤士报》的亨利·布兰登[1]（原姓布兰代斯）和其他一些美国官员一起吃的。我的讲座[2]，李普曼和菲利克斯分坐两头。啊，忘记说了，周日晚6点，我拜访了罗杰·迈金斯爵士，因为我们无法在周一与其共进午餐，于是他就带着印度大使及爱尔兰大使来参加我的讲座——真是太够朋友了！讲座大获成功，之后我和所有朋友共进晚餐——这是压轴大戏——因为周二上午我就要离开。晚上十二点我还去见了拉特曼医生[3]，他是海菲茨的朋友，他为我放了犹太宗教音乐唱片，并说我的讲座就像拉比的训示一般。我会按照卢巴维奇法定人数要求参加爸爸的周年忌日仪式！[4]

爱您的

以赛亚

[1]（奥斯卡）·亨利·布兰登（1916—1993），居后来的捷克斯洛伐克，1939—1983年任《星期日泰晤士报》记者（从1949年开始驻华盛顿）。

[2] 伯林在12月19日做了关于“当代哲学革命”的演讲，地点大概是在华盛顿当代艺术中心。

[3] 伊斯多尔·拉特曼（1894—1971），放射科医生，生于俄国。1932—1963年间在哥伦比亚的儿童医院工作（1954年之前同时兼做私人开业医生），是一个充满激情的音乐爱好者，对历史和哲学感兴趣，成立了托斯卡尼尼趣闻基金。1955年8月11日，伯林曾写信给他：“在看到你之前，我拒绝任何人给我做心电图。如今，我感觉自己在这点上是治好了［……］自从1945年你给我看过病之后，我就不再相信其他任何人了。”

[4] 门德尔·伯林逝于1953年12月13日，1955年他的周年忌日（按犹太月历）为12月24日。法定人数指规定的祷告人数，至少必须有10人。卢巴维奇小城（位于特伯斯克和斯摩棱斯克之间），作为恰巴教派基地已有一个多世纪。这一教派对神圣的人类知识极为推崇，学者们十分重视宗教经典，热衷于祷告和奉行由最初的哈西德派传人的宗教戒规条律。对其远房侄子卢巴维奇的拉比及其信徒，伯林通常保持谨慎距离。

致玛丽·伯林

1956 年 1 月 1 日［海底电报］

纽约

9 号将乘坐“玛丽女王”号到达。抱歉好久没有写信，生活充实并特别快乐，深爱您的以赛亚。

致玛丽安·法兰克福特

1956 年 1 月 4 日［手稿］

纽约卡莱尔酒店

最亲爱的玛丽安：

船都快开了我才来给您写信——还有半个小时就要开船——而且完全不是写信的环境。为什么会这么拖延呢？除去最近经历的一些大变革，我的生活依旧混乱不堪。不想见的人，我越见越多，这不仅惹恼了艾琳，也让我丢脸；同时，由于懒惰、害羞、对社交生活的宿命论以及“与人交往”得益甚少的可能——比我过去所预想的少得多，也许事实上更少，所有这些，导致想见的人却无法去见（说来也
517 怪，比如我至今没能给汉德夫妇打电话）[1]。“与人交往”这个词是一个中国的逻辑学家去年说起的。他问我，“一天当中你与多少人交往？”下次来我不会再这样穷追不放，急着

[1] 勒尼德·汉德法官及其妻子，婚前名为弗朗西丝·阿米莉·芬克（1876—1963）。

四处见人（我对自己说，好像我不了解自己），而是选择安静地待着。我很高兴你喜欢艾琳，她非常喜欢华盛顿，但不太喜欢马萨诸塞州的坎布里奇和怀特太太。我十分不明智地拜访了伯林海姆先生[1]，那是一个重大失策。他直接怀疑我是对他的年龄感兴趣，并对此十分恼火，带着火气说他不希望自己像怪兽一样被瞪着看。噢，上帝，我得马上去赶船了。如果再误了船，它将成为我生命中登峰造极的荒唐之事。我觉得莫里斯的信[2]写得非常精彩，你极力支持他、赞同他是对的，这在这里很容易理解，但不论在哪里也都理由充足。我喜欢（在纽约——与人交往）玛丽安·莫尔小姐[3]、奥登和塞姆·伯尔曼。埃德曼·威尔逊似乎很幸福，更冷静也更可爱。婚姻确实拓宽并抚慰了（至少是他的）狂躁的心胸。他**喜欢**以色列——喜欢其中的每一个人——我想主要原因是我说过他并非如此。我新结交的朋友，有法国人、意大利人、俄罗斯人，都特别友好，但是有一个瘦瘦的人老盯着我看，而伯林海姆先生则认为肯定我也盯着他看。马上就要回到沉闷的牛津，我应该高兴才是，可为什么所有优秀的美国人——C. C. 伯林海姆、汉德等，都喜欢古德哈特？有哪个地方可以没有歧视，大家遵守公共的价值观标

[1] 查尔斯·卡普·伯林海姆（1858—1959）律师、城市改革者，在一些重大司法案件中具有影响力，20 世纪 30 年代纽约政府防腐斗争中的主要力量。
[2] 见原文第 516 页。
[3] 玛丽安·莫尔（1887—1972），美国诗人和批评家。

准？显然是不可能的。我希望一年内我会回来，结婚生子，和妻子、孩子一起向您报告一年来的婚姻生活。天哪，我感到这一切是那么不真实：我想这一切都将按部就班进行。我想开始这一重大人生进程应该是没有错的，真真实实，毫无戏剧感。就好比打开一扇窗，无论如何，我很快就会知道那里有什么了，或者仍将不知？

爱您的

518 以赛亚

1956—1957：婚姻与盛名

[……] 闻所未闻的奇迹——人世罕见——充满妙不可言的巧合与运气，然后是心想事成的喜悦。[1]

[……] 在不配得到的回报面前，确实有惭愧这回事 [……] [2] 519

[1] 致艾琳·哈尔本，1955 年 8 月 10 日。
[2] 致查尔斯·韦伯斯特，1957 年 7 月 7 日。

致玛丽·伯林

1956 年 1 月 30 日［手稿］

全灵学院

最亲爱的妈妈：

［……］您关于“孩子们”的信[1]是一份道德天才证明，我对此**深怀**感激。您说得**很**对，它将改变我的生活和行为。我已打电报给伊达。我已经同伊拉特谈好了，他会在 7 日下午两点四十五分到霍里考夫特，然后带我们去犹太教堂，三点整举行婚礼。《标准晚报》不断打电话给我，迄今为止我还没透露任何消息。您当然什么也不知道。利维会在 6 日星期一下午五点三十分到我们这儿。

非常非常爱您

伯林和艾琳·哈尔本于 2 月 7 日在汉普斯特德犹太会堂结婚。

致威廉及艾丽丝·詹姆斯

1956 年 2 月 8 日［电报］

牛津

已顺利结婚以赛亚艾琳

他还另发了 21 封类似的电报给其他朋友。

[1] 未找到该信。

致罗兰·博登—穆勒

1956年2月13日［手写明信片］

海丁顿宅

最亲爱的罗兰：

我忍不住用这个陌生的——从某种意义上而言——新地址写信给你。毫无疑问，我比以前任何时候都更幸福，幸福这个概念被大大地扩大了。然而我因为感冒卧床了，经历了如此大的压力后这是不可避免的——快乐，但还是筋疲力尽。我看，太频繁结婚可不行。婚礼“静悄悄”地举行，就像《泰晤士报》报道的那样。[1] 参加的人有：利维牧师先生，我母亲，我姨妈，也就是我母亲的姐姐，我的证婚人——以色列大使，艾琳的证婚人——维克托·罗斯柴尔德，她儿子迈克尔，[2] 他根本不管弗洛伊德等人会怎样说，强烈要求参加（我不知道玛丽埃塔对此有何看法），还有一位老夫人，我母亲的朋友，没法不让她参加。就这些
人。《汉普斯特—海格特快报》[3] 的标题是“一场安安静静 521

[1]《泰晤士报》1956年2月8日第10版（“婚礼于昨日静悄悄地举行”［……］）。
[2] 迈克尔·朱尔斯·斯特劳斯（生于1936年），艾琳·哈尔本和她第一任丈夫安德烈·斯特劳斯的儿子。详见原文第792页艾琳·哈尔本词条。
[3] 该报头版报道说，“一场安安静静的婚礼”秘而不宣地举行，并引用了伯林的话说他们“于1941年在大西洋上”会面，提到了艾琳高超的高尔夫球技并这样描述她的外表：“外披貂皮大衣，内穿海军服，头戴黑色带面纱的室内便帽，黑色船形高跟浅帮鞋扣得紧紧的，鞋扣闪闪发亮。”“一场秘密的婚礼”，《汉普斯特—海格特快报》1956年2月10日第1版。

的婚礼”。《标准晚报》登了一条乏味的八卦新闻，[1] 事先曾通过中间人慎重地让我“过目指正”。目前就差在《泰晤士报》上正式刊登启事了。我们在丽兹酒店待了两个晚上，然后到了这儿，一切顺利，但愿走好运。[2] 继子女们看上去都非常可爱，小彼得想他的父亲，但他巧妙地瞒着。请写信给我们。

爱你的

以赛亚

从 1954 年末起，伯林在英国皇家歌剧院（及萨德勒斯·威尔斯信托基金）董事会任职，负责管辖英国皇家歌剧院的两个下属公司：历史悠久的萨德勒斯·威尔斯芭蕾舞团，以及 1946 年组建的柯芬园歌剧公司。他在歌剧方面的渊博知识使他成为一名极具影响力的顾问。

[1]《伦敦人日记》栏目，在 2 月 6 日第 4 版的报道中说伯林是个“才华横溢的健谈者，非常擅长讲故事，有着神奇的模仿天赋”。

[2] 几天后，1956 年 2 月 21 日，伯林告诉阿瑟·施莱辛格说他“沉浸在巨大的幸福中”。1956 年 3 月 15 日，莫里斯·鲍拉在给艾丽丝·詹姆斯的信中写道：“年轻的伯林夫妇已经迁入他们位于海丁顿的迷人新居，他们正在为房子进行全面装修，以适合伯林的口味，并抹去旧的痕迹。”他们在一起非常快乐，见到他们是件很愉快的事。目前的问题是以赛亚几乎不下山到牛津来，甚至比以前还更难得见到他了。

致戴维·韦伯斯特[1]

1956年3月2日

海丁顿宅

亲爱的韦伯斯特：

非常抱歉我未能参加上一次的董事会会议，尤其是我对1957年8月上演的歌剧感到有些担忧。[2]很高兴看到《特里斯坦》有可能取代《鲍里斯》，因为在我看来同时上《指环》 522
及《名歌手》，相比意大利歌剧，瓦格纳和德国歌剧的分量已经有点过重了。当然这纯属音乐偏好问题。更让我担忧的是关于《奥伯伦》及《特洛伊人》的提议。这两部作品我碰巧都看过两遍。《奥伯伦》（我是战前在萨尔茨堡看的，由沃尔特[3]指挥）需要非常昂贵奢华的制作——你熟知的韦伯

[1] 戴维·拉姆斯登·韦伯斯特（1903—1941），1946—1970年担任英国皇家歌剧院总管。

[2] 伯林要谈及的歌剧（之前未提及的）和作曲家是（注明了首演日期）：《鲍里斯·戈杜诺夫》（1874，莫捷斯特·穆索尔斯基）；《特里斯坦与伊索尔德》（1865）、《指环四联歌剧》（《尼伯龙根的指环》，1876，创作于1854—1974年）及《纽伦堡的名歌手》（1868）都是理查德·瓦格纳的作品；《奥伯伦》（1826，卡尔·玛丽亚·冯·韦伯）；《特洛伊人》（1863—1890）及赫克托·柏辽兹的作品《浮士德的天谴》（1846）；《沃采克》（1925，阿尔班·贝尔格）；《胡格诺教徒》（1836，吉亚克莫·迈耶贝尔）；《姆岑斯克地区的麦克白夫人》（1934，德米特里·肖斯塔科维奇）；管弦乐康塔塔《亚特兰蒂斯》（1962，创作于1927—1946年，曼努埃尔·德·法雅）；莫扎特创作的《魔笛》（1791）和《费加罗的婚礼》（1786）；还有《诺玛》（1831，文琴佐·贝利尼）；《拉美莫尔的露琪亚》（1835，加埃塔诺·多尼采蒂）。

[3] 布鲁诺·沃尔特（1876—1962），原名布鲁诺·沃尔特·施莱辛格，生于德国，指挥家、作曲家。

剧本，充满奇思妙想，但是，我应该想到，虽然它特别为柯芬园而创作，但在音乐方面并不特别出色，不值得我们为它投入那么多的金钱和精力。我们真能找到一位歌唱家，唱好“大海啊，力量的巨人”？[1] 如今喜欢看表演胜过听音乐的巴黎人自然喜欢此剧，但我认为不论从经济还是从艺术的角度，它都同我们的传统相背。至于《特洛伊人》，我在格拉斯哥及牛津看过。我是个疯狂的柏辽兹迷，这两个歌剧里有非常美妙的东西，布景上的花费不大——它们是静止的伪古典作品——即使像牛津的做法那样把它们合并，戏剧动作表演也几乎为零；有许多冗长的段落[2]；除了爱情二重唱及水手之歌，其他的咏叹调单调乏味；而且我非常怀疑紧接其后的舞台剧是否会大受欢迎，并因此怀疑，在我们目前手头非常紧张的情况下，上演如此恢宏的音乐剧是否合适。我完全赞同上演柏辽兹，并且认为《浮士德的天谴》——可以作为一出歌剧——对我们来讲再适合不过了。我们有义务上演天才作品，如《沃采克》，哪怕它们不是很受欢迎。说到这点，我建议上演《阿米德》（我指的是格卢克的），这部作品有着经久不衰的美丽和高贵——至少和《伊菲姬尼在陶里德》一样好——而且还得给它配上富有想象力的、昂贵的舞台布

[1] 伯林此处原文为：“Ozean，Du Ungeheurer”。《奥伯伦》中最知名的女高音咏叹调。

[2] 伯林此处原文为：tremendous longueurs。

景和美丽的嗓音。如果我们屈尊上演迈耶贝尔[1]的作品，我想观众一定会兴奋无比，我也会很高兴的。当然，《胡格诺教徒》，以 *Gli Ughemotti* 为名大概 1926 年在柯芬园上演，（我好像记得）是比彻姆指挥，取得了巨大成功。《泰晤士报》也许会像他们对贝利尼一样对迈耶贝尔苛责，这没有关系。说实话，我认为同无关痛痒的赞扬相比，活泼生动的反面意见更有利于剧院的发展。我想，即便是肖斯塔科维奇的《姆岑斯克地区的麦克白夫人》或法雅尚未出版的《亚特兰蒂斯》也不可能拿满分吧？

看完《魔笛》后，格林德堡，也许还有那些维也纳人，还鲜活地存在人们的记忆中，我免不了杞人忧天，怀疑上演《费加罗》是否明智，但我不会坚持自己的意见。我认为
《魔笛》不够好，夜女王和萨拉斯特罗唱得太差，但在华丽 523
炫目方面又无人能及。纽约大都会歌剧院上演的《魔笛》好像也失败了，但这个消息并不能给我们带来安慰。

我不是剧院小组委员会的成员，不想浪费董事会所有成员的时间长时间讨论具体歌剧曲目的可行性；但我极希望什么时候有机会同你和库贝里克先生[2]商量此事。（我希望你

[1] 吉亚克莫・迈耶贝尔（1791—1864），原名雅各布・利伯门・比尔，出生于德国的歌剧（通常是气势恢宏的传奇剧）作曲家。
[2] 拉法埃尔・杰罗尼姆・库贝里克（1914—1996），捷克指挥家，曾担任以下交响乐团的音乐总监：1941—1948 年捷克爱乐乐团，1950—1953 年芝加哥交响乐团，1955—1958 年柯芬园歌剧公司。

和我一起在布鲁克斯俱乐部共进午餐，3 月 22 日或 23 日如何？如果那两天或其他某天你能来，我会很高兴的。）

很遗憾卡拉斯不想在《诺玛》里演唱，我热切希望我们拥有《露西娅》的布景。倘若没有，我们就不可能上演罗西尼或贝利尼的歌剧了是吗？对于《茶花女》这个歌剧而言，卡拉斯是否太皇后气了点？

你永远的

以赛亚·伯林

3 月底伯林和艾琳去了以色列，这其实是他们的蜜月之旅。这是艾琳第一次去以色列，而伯林则急切地想知道，自 1951 年来这儿发生了什么变化。他们同薇拉·魏茨曼一起在雷霍沃特待了几天，然后他们周游以色列，最后到达耶路撒冷。在耶路撒冷，伯林发表了“两场主题非常抽象的演讲，演讲同耶路撒冷当时的局势扯不上任何关系”[1]。访亲问友占用了他们的大量时间，但伯林还是不失时机地向当权者表达了自己的政见。[2]

[1] 伯林致泰迪·科莱克，1956 年 3 月 13 日。它们指 1956 年奥特·温盖特纪念讲座（伯林因爽约前一年演讲而补的讲座），讲座分别于 1956 年 4 月 10 日及 11 日在希伯来大学法学院举行，演讲题目是“政治思想的两个概念”。

[2]“我想向您本人或摩西［达扬］提一两个具体的建议。我已经同一两个要人交谈过了，我希望能得到准许，同您本人或其他人谈论此事，我并不奢望同 B. G. 本人谈。但如果他愿意见我的话我当然会很高兴的。这儿的局势极其混乱，且在我看来非常不稳定。”（出处同上）

致薇拉·魏茨曼

1956年4月16日［手稿］

佛罗伦萨潘西恩—本西斯塔

最亲爱的魏茨曼太太：

我不知道艾琳写了什么——她不让我看——但我肯定她写的都是事实，而且，以她通常的做法，只是轻描淡写。对我们来讲，这是个感人而且令人难忘的真正蜜月。我出神地[1]看着以色列，特别是您的房子——尽管现实残酷危险[2]， 524
对我来讲，整件事就像是个生动美丽的梦。我生活在两个层面：一方面我想了解政治和社会现实，去认识种种冲突、战争的危险甚至毁灭，以及在以色列国内外存在的阿拉伯问题（阿拉伯问题取代了犹太问题，至少这点令人欣慰）；另一方面，令人难以置信的是，我又为业已成形的新犹太社会所深深吸引并为此陶醉。我做不到完全融入——我一直希望我能做到，就像一个有天主教倾向的人[3]，虽然没有加入教会，但是终身都愿意为天主教辩护，甚至让自己的孩子受洗成为

[1] 伯林此处原文为：зачарованными глазами。

[2] 以色列边界地区当时正遭受来自埃及支持的阿拉伯游击队（巴勒斯坦游击队）的持续攻击。1955年，从苏联集团进口了武器后，埃及的实力增强了，在纳赛尔上校的指挥下开始了摧毁以色列的战斗。在伯林逗留期间，以色列遭到来自埃及占领的加沙地带的炮击。伯林对他的母亲说，以色列人“并不神经兮兮或者恐慌［……］而是坚定且令人尊敬。他们把希望寄托在法国、最后是美国身上，他们已经认定英国人毫无用处、无知且没能力领导任何人”。来自佛罗伦萨的明信片，1956年4月15日。

[3] 伯林此处原文为：Catholisant。

天主教徒。最快乐的日子是在雷霍沃特度过的，身心舒畅。在耶路撒冷时老想着讲座所以过得不好——完全没必要，因为担心并不能使讲座更精彩。希伯来大学——至少它的德语—加利西亚语系——在我看来正如阿哈德·哈姆[1]说的是自由的奴隶：迂腐的德语同《塔木德经》共存并不是件令人赏心悦目的事。

德国学者[2]——沙龙饭店，以及海法的膳宿公寓，都不属于本土，在以色列之外，茫然、纯正[3]又透着怨气的德式建筑[4]——实用、文明却十分贫穷。特拉维夫混乱但自由。里哈维亚区的人怀念苏黎世、斯图加特、富尔特。这整件事让我比任何时候都更亲东欧犹太人了。我希望哈马舍尔德先生[5]也这样想。我担心他那干净、整洁、清醒的瑞典灵魂不会对以色列人所创造的美妙生活抱有好感。我尽力忘记自己是个犹太人，是个犹太复国主义者，但我还是认为它是现存的道德上最好的社会。啰啰唆唆写了一大篇关于以色列的

[1] 阿哈德·哈姆，阿谢·赫施·金斯伯格（1856—1927）的笔名，出生于乌克兰的作家，犹太复国主义思想的领军人物；他在 1891 年的一篇文章中这样描写法国革命后解放了的犹太人的生活：“**在表面自由的面纱下精神上的奴隶**。”出自《自由的奴隶》，作者阿哈德·哈姆，《阿哈德·哈姆选集》（费城，1912），莱昂·西蒙译，第 171—194 页，本引言出自第 177 页。

[2] 伯林此处原文为：Gelehrte。

[3] 伯林此处原文为：echt-Deusch。

[4] 伯林此处原文为：Немецкая Слобода。

[5] 达格·耶马尔·阿格尼·卡尔·哈马舍尔德（1905—1961），1953—1961 年任联合国秘书长；当时正在中东考察已经生效的停战协定的遵守情况。

话，事实上只是想告诉您我们爱您——热忱地谢您——并希望在夏天见到您。

爱您的

以赛亚

向吉尔伯特先生 [1] 表达我最由衷的祝福，我非常喜欢、敬佩他。 525

1956 年 2 月，在莫斯科的一次记者招待会上，盖伊·伯吉斯和唐纳德·麦克莱恩承认为苏联从事间谍活动。很快，《人民报》[2] 以《揭露伯吉斯的真面目》为总标题刊登了一系列报道，令伯林和他的许多朋友震惊不已。那位承认是伯吉斯密友的匿名作者声称要揭露这个叛国者的堕落生活和长期从事间谍活动的真相。这些追求轰动效应的报道很明显是根据戈伦韦·里斯的一篇报道（没有了他惯有的优雅文风）写的，它们指控国家安全部门无能，认为那些对伯吉斯委以重任的人无知，他的同性恋朋友也许受到苏联特工敲诈，并肯定其他间谍还在活动。伯林和他的朋友们不难看出，一名被

[1] 皮埃尔—艾提娜·吉尔伯特（公开表示亲以色列），1953—1959 年任法国驻以色列大使。

[2]《伯吉斯的真面目！》（1956 年 3 月 18 日第 3 版）；《他把敲诈信放在自己的房间》（1956 年 3 月 11 日第 3 版）；《他把他的性描写书放在欧内斯特·贝文的保险箱》（1956 年 3 月 25 日第 3 版）；《他的告别晚会以互扔酒瓶结束》（1956 年 4 月 1 日第 3 版）；以及《邪恶的合同》（1956 年 4 月 8 日第 10 版）。

简称为“X”的所谓共产国际特工（在第二篇报道中）是安东尼·布伦特，提及的伯吉斯同伙的名字中有维克托·罗斯柴尔德。

第三篇报道不符事实地描述了伯林和伯吉斯1940年的美国之行。在指控伯吉斯被约瑟夫·鲍尔爵士[1]负责的一个组织吸收为成员后，文章紧接着写道：

> 他还至少吸纳了一位朋友，他是当时牛津最杰出的历史学家之一。他一点都没想到盖伊是个苏联特工。[……] 1940年他们一起被派出，负责一项秘密任务。他们一起到了美国。那位朋友准备继续前往莫斯科。盖伊则被命令留在华盛顿。但是他们还没开始执行任务，便收到了陆军部发出的电报。电报说，“伯吉斯必须返回伦敦”，“你的助手可听任其便”[2]。

伯林写信给里斯，当然是抗议；里斯回了两封信，[3]首先为自己的行为辩护，然后要求（伯林）证明他公开出版的一些关于1940年美国之行的细节描述正确无误。

[1]（乔治）·约瑟夫·鲍尔爵士（1885—1961），情报官员、保守党负责人及商人，1940—1942年任国防（安全）部副主席。

[2] 关于这些事件的更详细的报道，见《伯林书信集》（卷一），原文第311—335页。

[3] 两封信分别写于1956年3月19日（伯林没有回复）及4月24日。

致戈伦韦·里斯

1956 年 4 月 27 日［副本］

海丁顿宅

亲爱的戈伦韦：

相信我，你错了。就我所知，在我读到你刊登在《人民报》的文章之前，我从来没见过约瑟夫·鲍尔爵士这个名 526
字。所以我很肯定我不可能告诉过你盖伊·B. 是否为他工作。即使现在关于他是谁或他过去怎样我依然一无所知。

在你的文章中，你声称盖伊“吸纳”我加入了 J. 鲍尔爵士的组织。我可以向你保证我没有参加，而且从未听说过他，我没有加入盖伊为之工作的任何一个组织；从未有人送我去哪个地方执行什么秘密任务；我也不是盖伊的助手；从未有人给我发过报道中所引用的电报——给我和盖伊的电报是分开的。我不知他的电报从何处发来；我的来自外交部，因为我为外交部工作，但电报没提及他；就我所知（但这儿我不再仅从个人直接得知的信息发言），他并没有因为那个未能成行的美国之行而加入任何情报组织，相反地，这件事使得他被他所在的不知什么部解雇，然后有人把他弄到英国广播公司，并认为他没有以前那么危险了。然而，1940 年 7 月后我就同他失去联系了[1]，

[1] 只是暂时失去联系。伯林后来回顾了战后同伯吉斯的几次午餐，包括 1947—1948 年间同伯吉斯和安东尼·布伦特在革新俱乐部“唇枪舌剑的数次会面”，当时他们就犹太复国运动进行讨论。迈克尔·伊格纳季耶夫采访伯林录音之七。

最后一点是根据道听途说写的。即使现在，哪怕加上你的猜测，我也不明白那则新闻说的是什么。但是，我只想就你的信进行回复，并且说明牵涉到我的部分是失实的。在其他方面，我同意西尔维斯特的观点。[1]

你的

致莫顿·怀特

1956 年 5 月 8 日

海丁顿宅

亲爱的莫顿：

可怕的是，不论一个人是否值得赞扬，没有什么能像赞扬那样让人兴奋得血脉偾张；我迫不及待地回你的信（稍微想想就发现这是件令人害羞却毋庸置疑的事实）。假如你是向我请教抽象理论中的某个纯客观看法，回信就不会这么快了。

首先，谈到《历史必然性》，你确实过奖了。[2] 我承
527 认我们俩都很出色，我们把枯燥的分析同对有趣问题的兴趣结合起来了，这种结合非常独特（如果莫尔同意这个说

[1] 里斯收到了许多愤怒的来信，写信者过去曾是他的朋友但现在纷纷与他断交。伯林尤其抗议把外交部描绘成同性恋者及同情共产主义者的肮脏之地，并且担心维克托·罗斯柴尔德或许会因此受牵连拖累。

[2] 在评论《历史必然性》时，尽管在某些方面同伯林存在分歧，莫顿·怀特认为它“精彩且发人深思”。莫顿·怀特，《美国观点》杂志，第 16 期（1956 年夏季刊），第 191—196 页，见第 196 页。

法），我们值得彼此的热情和关怀。但我还是认为，说我是牛津分析运动中一个真正有影响力的人物是否太过了一些，想想还有会熟背《伦理学原理》[1]的人呢。也许你更应该说我是他们的朋友及盟友，虽然我总是或多或少地坚持自己的独立立场，而且总是带着怀疑的态度看实证主义的一些极端形式。但是，要对文本做改变很难，就让它那样好了。其他人在其他地方对我的非常可怕且不公正的攻击（比如，E. H. 卡尔发于上星期的《泰晤士报文学副刊》的文章）[2]抵消了你那篇优美文章中我觉得我不配的过度赞扬。我琢磨我的俄罗斯血统是否同我的“多才多艺”有关——对历史哲学感兴趣——很可能是这样，你看得比我更清楚。

[……]

我妻子和我向你致以深切的问候。

你永远的

以赛亚

附言：我正在阅读（因为想读你的文章）梅耶撰写的

[1] 乔治·爱德华·莫尔的《伦理学原理》（剑桥，1903）。

[2] 在其对厄内斯特·约瑟夫·西蒙斯编（马萨诸塞坎布里奇，1955）的《俄国与苏联思想之续与变》一书所作的评论中，卡尔认为伯林的“赫尔岑和巴枯宁论个人自由”是“书中即便不令人信服却是写得最好的一篇”，并对伯林关于亚历山大·赫尔岑的描述持异议。爱德华·哈雷特·卡尔，“俄国的延续”，《泰晤士报文学副刊》，1956 年 4 月 20 日，第 229 页。

关于弗洛伊德和莱昂纳多的文章。[1] 它非常精彩，有时还令人忍俊不禁。当他忽然说埃里克·马克拉根爵士 [2] 指出弗洛伊德说的兀鹫其实是指风筝时，非常好笑。他在整篇文章中都很严肃，对自己说的一切充满激情且深信不疑，他思想活跃、前后一致、真诚，鄙视常理；我们阅读他时感受到的敬佩和乐趣在这儿得到了增强。对于那种文章中的话，我一个字儿也不信。也许这仅仅是我缺乏文化修养的庸俗表现。为了科学，我们希望如此，为了我们的合作，我们可不希望
528 这样。

致欧文·克里斯托 [3]

1956 年 5 月 15 日

海丁顿宅

亲爱的克里斯托：

你非常正确。我的愤怒被夸大了——大过了“罪”该所得 [4]——但是，你的确猜中了，我极度沮丧。你列的所有事

[1] 梅耶·沙皮诺，“弗洛伊德和莱昂纳多：艺术历史研究”，《观念的历史》，1956 年第 17 期，第 147—178 页。

[2] 埃里克·罗伯特·达尔林普尔·马克拉根爵士（1879—1971），1924—1945 年担任维多利亚—阿尔伯特博物馆馆长兼秘书。

[3] 欧文·克里斯托（生于 1920 年），1947—1952 年任《评论家》主编；同斯蒂芬·斯彭德共同创办《文汇》并于 1953—1958 年任该杂志编辑，1959—1960 年任《记者》编辑。

[4] 刊登伯林的诺斯克利夫系列讲座稿（以“辉煌十年”为题）时，《文汇》给每篇文章增加了小标题，给最后一篇文章加的标题是“赫尔岑和宗教法庭庭长们”，

实无比正确，我的手稿只有一个大标题，毫无疑问，小标题肯定很有必要。我对最前面的两个小标题想不起来，对另外那个［那些］小标题毫无印象，对校样中出现的这个小标题也视而不见。（当斯蒂芬向我指出这点时我非常震惊，即使现在我也觉得这件事不可思议：一个人读校样时怎么会看不到那些很醒目的话——我将牢记这件事，以证明即便可靠的证人作了最郑重的声明，个人记忆也是不可信的。）然而，我还是希望你当时能用线画出来或用其他什么方式以吸引注意力，我不是指责你的疏忽，实际上到目前为止，我只是对整件事感到痛心。

至于冷战宣传，你不该为此受到伤害。我的观点是，我写的关于赫尔岑的文章当然在某种程度上弥漫着反对极权主义，尤其是反对共产主义的情绪。我还发现我经常大段地引用赫尔岑，以解释他本人思想中的这个特别方面，也许我引用时过于强调了这方面；我无法不这么做，因为我太高兴了，经常在赫尔岑本人的文章中发现类似的观点，可是，那当然让 E. H. 卡尔之类的人非常愤怒，这我倒无所谓，你知道的。但是，如果有人指责我有意把赫尔岑看作反对共产主义的典型，看作思想武器的一

见《文汇》第 6 卷第 5 期（1956 年 5 月），第 20—34 页。显然伯林写过信给克里斯托，表示了愤怒的抗议。但克里斯托毫无愧意，（在 1956 年 5 月 9 日给伯林的信中）指出伯林在读校样时并没有去更改小标题，极力否认那些小标题试图把文章变成冷战宣传。

个总兵工厂，我想我没法否认。“宗教法庭庭长们”让我联想到的确实不仅仅是正统的思想或观念，而是有思想的拷问者——我想这也是它传达给一般英国读者的信息。因此，在我看来，用这个小标题强调并着重指出了文章中确实谈到的东西，但也正因为这个原因，我觉得把它宣扬成文章的主旨会令人不快，因为实际上它并不是文章的主旨，这也是我生气的原因。我还是认为小标题仅仅说明了那点，而且我敢说它的解释绝不只有一个可能。但是如果
529 你认为这样做对你不公，把你放在了你认为你自己并不认同的那类人中，并且觉得我对你喜欢宣传的指责是冤枉的，那么我将毫无保留地去除任何你感觉不适或者不喜欢的含义。我非常喜欢并尊重你所写的任何东西，如果我伤害了你的感情我会觉得非常抱歉。不论什么时候只要我看到《文汇》封面上的“宗教法庭庭长们”我都会感到一阵刺痛，而且确实觉得这些字眼令人想到冷战。你认为那样很荒谬。也许确实如此——那样的话你就把我的话纯粹当成我的自说自话好了，没有其他任何意思。我将继续遭受折磨，但迄今为止我并不认为这是由于我自己的过错造成的。[……]

你永远的

以赛亚·伯林

刘易斯·纳米尔致信感谢伯林送给他一份《历史必然

性》，但这封信被公众曲解，让纳米尔感到尴尬。[1]

致刘易斯·纳米尔

1956 年 5 月 25 日

海丁顿宅

亲爱的刘易斯：

我被你的信深深感动了，你写信给《星期日泰晤士报》的行为同样深深打动了我。首先我肯定地告诉你你没有得罪我，这整件事是由于我们的朋友 E. H. 卡尔及你的朋友斯坦利·莫里森[2]在传播过程中节外生出的惊人且恐怕不无恶意

[1] 在 1955 年 2 月 10 日致伯林的信中纳米尔写道："你真聪明，能理解自己所写的一切。"一年后，《星期日泰晤士报》的阿迪库斯专栏（1956 年 5 月 6 日第 3 版，题名为"牛津酸物"）报道说，纳米尔获得牛津大学荣誉学位的快乐"并没有让他锋利的笔尖变钝。最近一位博学的牛津大学老师送给纳米尔爵士一份他自己最近作品的复印稿。'你一定很聪明，'纳米尔爵士回答道，'居然能理解你写的那种书。'"纳米尔在 5 月 8 日致信伯林："看到上个星期天阿迪库斯专栏上的评论让我非常难过［……］，不久前我听斯坦利·莫里森"说你把我的信给泰迪·卡尔看并说我的话让你生气。［……］显然你不相信我的诚意：我确实是真诚的［……］当我承认自己的不足时人们为什么不相信我呢？我不擅长抽象思维［……］你把这当作粗鲁的讽刺，并且把表示敬意的话这样传播，对我是不公平的。纳米尔把信寄给了《星期日泰晤士报》（刊登在 5 月 13 日第 2 版），否认"不恰当、粗鲁的讽刺"这些说法，并解释道："一个朋友寄给我一篇哲学类的文章。哲学对我来讲太难了。我以前读哲学著作最多读到第二页。但我敬佩我朋友的思想，他那么彬彬有礼地把自己的文章寄给我，我吃力地把整篇文章都读了。我发现这是一篇好文章，虽然我并不能总是明白他那些抽象的东西。我非常简洁明了地写道'你真聪明，能理解自己所写的一切'——在给一位我珍惜的朋友的信里我写了这样一句真诚的话，我是认真的。"

[2] 斯坦利·阿瑟·莫里森（1889—1967），印刷专家、出版史学家及目录学家，1930—1960 年任《泰晤士报》编辑，1945—1947 年任《泰晤士报文学副刊》编辑，1956—1957 年任牛津大学詹姆斯·P. R. 里尔目录学讲师。

的想象。当我刚收到你称赞我的小文章的信时，我很高兴你
530 说我很聪明能理解自己所写的东西：我承认，我无法确定，你话中有多少讽刺的成分，或者你是否有讽刺的意思。但即便你有讽刺的意思，在我看来也是在友谊许可的范围内。我当然没有向卡尔，或者其他任何人抱怨过此事，尽管我把这作为你措辞糟糕的例子，向一两个人重复过此话（也许真的把信给卡尔看过，他在我收到信的那天下午刚好来看我）。你的信让我感到好玩、愉快，你记得吗，我以同样快乐的心情给你回信，请求你不要把时间浪费在形而上学的玄妙上，因为你自己有那么重要的事情要做。这在你看来是我受到伤害的反应；然后那句话被篡改成愚蠢透顶的话在《星期日泰晤士报》上登了出来（我不知道是通过谁好心的努力）。如果不是你写信给我的话，我不可能读到，因为那个周末我没有读任何一份《星期日泰晤士报》，我刚从耶路撒冷和佛罗伦萨回来，有一大堆信件要处理。你所做的所写的一切都表明你无比慷慨大度，让我非常感动。如果你感到不快，即使是最轻微的不适[1]，也让我觉得抱歉，但同时我也很高兴我是这样一封信的起因和对象（而且来自你本人。我确实非常高兴收到你的信。）[……]

你永远的

以赛亚

[1] 伯林此处原文为：gêne。

得不到戴维·韦伯斯特的正常答复，伯林感到生气，考虑是否离开皇家歌剧院董事会。

致加勒特·莫尔[1]

1956 年 6 月 1 日

海丁顿宅

亲爱的加勒特：

也许毫无来由，但关于柯芬园，我感到非常灰心失望，我作为董事会的一员完全无法有所作为，无论如何，我考虑在俄罗斯剧院芭蕾舞团[2]演出后辞职，这是我能想象的最后一场辉煌壮观的盛事。我确实觉得我最好立刻辞职，把位置让给更“善于表达自己个性”的人去反对韦伯斯特，在我看来他满足于在平庸中获利。实际上，我觉得不论对你还是其他人，我都是不可依靠的。我高兴地看到你现在是皇家歌剧 531
院小组委员会的主席。《特洛伊人》和《耶奴发》[3]一定要上演吗？《耶奴发》没什么，只是库贝里克必须有个女高音声部，但是我觉得《特洛伊人》不值得重演，它有许多美妙的

[1]（查尔斯）·加勒特·庞森比·莫尔（1910—1989），德罗希达伯爵十一世，1945—1970 年任《金融时报》总裁，1951—1958 年任皇家歌剧院董事会秘书，1958—1974 年任主席；因写短笺（他的短笺被戏称为德罗希达式电报）痛斥雇员、同事及评论家而广为人知。他的妻子婚前叫琼·埃莉诺·卡尔（1903—1989）。

[2] 俄罗斯剧院芭蕾舞团预计于 1956 年 10 月在皇家歌剧院演出几个星期；尽管有各种危机，但这次来访大获成功。

[3] 莱奥什·亚纳切克 1904 年的歌剧。

音乐，但是戏剧动作太少，所以它不可能解决我们的收支失衡问题，而且派珀[1]那灰暗的布景，让人想起20世纪30年代大萧条时期，也不能进一步减少我们的赤字。相信我，罗西尼的一部轻快歌剧（不论别人对你说了什么，别认为没有好嗓音——我去年在阿姆斯特丹看的《意大利女郎在阿尔及尔》[2]唱得就很好，它是最难唱的），加上梅塞尔的布景[3]，花费不多，但是不论对我们还是对英国的艺术都极有好处。因此，重演维瓦尔第的歌剧可以引起国际关注，但再演《特洛伊人》却不能。尽管如此，我想你一定已经同韦伯斯特及罗宾斯[4]等人讨论过此事了，我的这些建议也许既不可行又愚蠢。因此，我不再说了，静静地怀念那些每月举行的会议，到时候毫无痛苦地退出。我觉得无论如何应该有人为可怜的斯图尔特·威尔逊[5]的观点说点什么，虽然当时我觉得他疯了。不要学阿瓦夫人把这封信给任何人看，请销毁。

你和琼什么时候到这来看望我们？星期天待在我们的花园就像在天堂一样，甚至可以玩槌球游戏。6月23日或24

[1] 约翰·埃格顿·克里斯玛斯·派珀（1903—1992），画家、作家及歌剧和芭蕾舞剧布景设计师。

[2] 罗西尼的《意大利女郎在阿尔及尔》，1813年首次上演。

[3] 奥利弗·希拉里·萨柏恩·梅塞尔（1904—1978），画家、舞台及电影高级设计师。

[4] 莱昂内尔·罗宾斯1955—1981年为皇家歌剧院院长。

[5]（詹姆斯）·斯图尔特·威尔逊爵士（1889—1966），歌唱家及音乐总监，1950—1955年任皇家歌剧院副总经理。

日怎么样？或者7月8日左右？我们会非常高兴的。

你永远的

以赛亚

致加勒特·莫尔

1956年6月12日［手稿］

海丁顿宅

亲爱的加勒特：

我对你的来信表示深深的感激，同时，我深感惭愧，让你提笔写信给我。我应该自己对付这种危机，尤其当它们并不是什么大不了的事的时候。我仔细思考了你那些明智的话，认为你很巧妙地阐述了这些话题：(1) 坚持使用英语，保持歌剧相同的水准；(2) 组建一个能在没有外援的情况下演出的常驻公司是可行的。关于董事们对管理者干预的度的问题我同意你说的一切，特别是那些住在六十英里外，又经 532
常出国的人，他们可能根本就不高兴去那儿。我已经从那个忧郁状态走出来，当时还激动地给淳朴的你写了一封神经质的信，现在我清醒、谦虚多了，我想我可能错了：也许一个常驻的巡回演出团是可能的；也许用英语唱歌剧本质上没那么可怕，当然有这个要求的观众比人们预想的要少；也许我关于《特洛伊人》的说法并不全对，因为在目前的音乐气氛下，柏辽兹引起观众足够的兴趣也是有可能的。我并不是真的完全相信这些，但我没有足够的道德勇气去固执地

坚持相反的意见。无论如何，我还是个新人，我应该再等至少一年，然后再做出结论说我很没用，没做任何贡献，对我来讲，这是我申请辞职的唯一理由。我想你这封令人敬佩的信是教我要谦卑，这点我接受。我想，我真正生气的是，我给韦伯斯特的信（不是指那二分之一页的毫无价值的即兴建议）好像到了聋子或瞎子的手里：他随随便便打发我。我的观点也许可笑或令人讨厌，但是如果口头或文字回复下也许更有礼貌。因此我确实仅仅因为赌气而想辞职，这太蠢了。

我目前打算继续参加会议，并往好处想，控制自己的情感，不要再骚扰你或别人了。我已经邀请韦伯斯特（单独）共进午餐，我并不期望他回复。我希望自己可以像哈利法克斯勋爵或圣人那样，不在乎受到怠慢。但我在乎。

我现在必须出发去参加我们的奥登—科克托音乐节了，《泰晤士报》为此特地派了一群摄影师前来。科克托的礼服据说是巴尔曼[1]制作的，他的剑，你知道吗，是卡蒂埃做的。我不知道这所古老的大学究竟打算做什么。

鲍勃·布兰德理所当然地拒绝参加这些名声不好的庆祝活动，但哈利法克斯觉得这非常好玩，将同科克托一起照相。

我们建议的那两个星期天你们都没空，我们觉得很遗憾：那么7月的某一天怎样？再次感谢你的信，替我问

[1] 皮埃尔·亚历山大·克劳狄斯·巴尔曼（1914—1982），法国时装设计师。

候琼。

你永远的

以赛亚

没过几天加勒特·莫尔让伯林成为皇家剧院小组委员会的一员，给伯林提供了表达个人意见的渠道。 533

致谢拉·索科洛夫·格兰特

1956 年 6 月 21 日

海丁顿宅

亲爱的谢拉：

关于公用电话间的环境我感到非常遗憾，无疑你的故事是生活中可怕的真相之一。我没有关于戈伦韦的进一步消息，除了有人——我想是奥斯伯特·兰卡斯特[1]——告诉我说他打算把那些文章[2]以书的形式出版，由西里尔·康诺利作序；即便如此这听起来也太糟了，不可能是真的。他的行为歇斯底里、令人恐惧，我还是觉得无法理解。我想，这样说是对的：他的文章除了影响他自己的命运外[3]，其他影响

[1] 奥斯伯特·兰卡斯特（1908—1986），漫画家、舞台设计师及剧作家。

[2] 见原文第 526 页注 1。

[3] 除了被他的许多朋友疏远，里斯正面临一场免除其威尔士大学学院（位于阿伯里斯特威斯）院长职务的运动；这场运动最终成功了，里斯被迫于 1957 年 3 月辞职。

非常有限，既没有获得他自己坚持说他会得到的好处——这是不可能的——也没吓坏我。同时关于亚当的这一切如何理解？戴维·阿斯特的信[1]当然很容易让人误解（但是《标准晚报》[2]上的那篇文章——你读了吗？——非常可怕、糟糕透顶），但是一个人谈及自己所深信的事时，他的品位不可能不糟糕——我们不会像亚当那样勇敢地死去，关于他的真面目必须讲清楚，以便让那些受到不公平指控的人免受责备——因为戴维·阿斯特的所有指控都不祥地没有提及具体的人（我模糊地、非常模糊地觉得，我也算一个），我们就不管它了，我想。说亚当不得不捏造伪报告以取得纳粹的欢心并掩饰自己的真正活动，这样说好像很有道理，但在我看来他的那些报告完全准确无误。无论如何，不管它了。让他以一个心地纯洁的民主人士、一个有着严格准则的男人形象，而不是一个野心勃勃的、迷人的、自我浪漫的、让人觉得愉悦的、对高级阴谋热心且政治上模棱两可的人物形象载入历史吧。问题是是否只要有好长相、魅力、爱国心和勇气就足够了；我想你以前差不多是这样想的，现在还这样想吗？

[1] 亚当·冯·特罗特呈给德国政府的关于他 1939 年英国之行的正式报告于 1956 年 3 月被刊出，增加了他是个纳粹间谍的嫌疑。他的密友戴维·阿斯特在一篇题为《冯·特罗特的使命：一个反纳粹的故事》的文章中公开反对这种看法，《曼彻斯特卫报》1956 年 7 月 4 日第 6 版。
[2] 罗伯特·J. 爱德华兹的文章《克莱夫登的间谍……》发表于《标准晚报》1956 年 6 月 19 日第 5 版，认为特罗特是个纳粹间谍。

哎呀，我们 29 日周五那天不在这儿，而是在格莱德堡，30 日及下月 1 日也在那——我想不是在格莱德堡就是在布莱顿。我们去伦敦的可能性很小。6 日我们要去参加一个聚会，也许 5 日晚上会到伦敦。或许你可在 6 日大概十点半左 534
右打电话到我母亲家或者丽兹酒店——请忍住后面那个词在你心里自然引起的惊叹——我妻子是那里的董事之一，因此我们获得了很大的折扣。就写到这吧。我盼着见到你并把我的妻子介绍给你。我刚刚读到你解释前一封信的信——第二封信躺在伦敦几个月没有打开、没有人注意到，我刚从母亲那儿收到。谢谢你的来信。

你永远的、非常爱你的

沙耶

致约瑟夫·艾尔索普

1956 年 7 月 27 日

海丁顿宅

最亲爱的乔：

如果我此刻没给你写信请你原谅，因为我们明天要去莫斯科[1]，你可以想象这会儿我们家里整理东西的混乱程度。

[1] 这封信应该是在纳赛尔 7 月 26 日把苏伊士运河国有化前口述的，伯林没提及此事；但伯林和艾琳直到 7 月 29 日才（经哥本哈根、赫尔辛基及列宁格勒）前往莫斯科。

我完全理解你说的关于以色列的道德风气。[1] 你完全可以想象，由于19世纪俄罗斯知识分子充满向往地谈论此事，我把它理想化了，当我在以色列真正感受到它时，撇开其他那些明显的原因和理由不谈，令我大跌眼镜。你太慷慨了，没有提及它的许多缺点：他们对本国的阿拉伯少数民族及阿拉伯难民的态度既愚蠢又不道德。当然，我接受菲尔·D.[2] 告诉我的埃班的观点，重要的是保住面子，也就是说，给以色列足够的武器，那样纳赛尔 [3] 就不会进攻以色列；英国会说没有必要打预防性战争，因为他们未来照样强大。[……]
我在想，关于杜勒斯拒绝大坝项目 [4] 的后果，你说得是否正
535 确——当然，纳赛尔可能被迫去找苏联人，但是他和他的朋友们自己都意识到了那样做的后果——因而会很勉强的。如果他们真那样做了，我想他们会很快垮台：“混乱”会接踵而至，但是我必须说我并不害怕那样。〈除非来一场真正的战争，

[1] 艾尔索普给伯林寄了一篇他就要正式发表的文章的复印稿，文章的目的是鼓励以色列人，标题为“以色列人将永存”，《星期六晚邮报》1956 年 9 月 8 日第 38—39 版及第 60、64、69 版。
[2] 身份不详（除非打字员听错他提及的菲尔·G.［格雷厄姆］）。
[3] 贾迈勒·阿卜杜勒·纳赛尔（1918—1970），1954—1956 年任埃及总理，1956—1958 年任埃及总统，1958—1970 年任阿拉伯联合共和国总统（1967—1970 年兼任总理）；阿拉伯民族主义者、社会主义者及反殖民主义者，1952 年发动政变罢黜了法鲁克国王。1955 年威胁要摧毁以色列并开始从捷克进口武器。
[4] 因美、英政府及世界银行同意巨额贷款，在尼罗河上建阿斯旺大坝的协商取得了很大进展，但因为埃及同苏联集团的关系日益紧密，美国在 6 月 20 日突然撤回报价，英国也一样，世界银行的贷款计划也失败了。为了给大坝项目另外筹集资金，纳赛尔后来把苏伊士运河国有化。

我不相信会有第二个中国局面出现。但也许你是对的，虽然我禁不住想那些亲纳赛尔信徒就像J. 西蒙爵士，1935年时他担心墨索里尼的垮台会导致在意大利出现“共产主义，甚至更糟”。为什么不能像现在的波斯呢？[1] 这完全没有可能吗？〉

你谈到了“轻轻打击”以及削弱纳赛尔的力量，我不敢肯定像纳赛尔那样的人你是否可能削弱他的力量，就如你不可能削弱莫萨德克[2]的力量。我本应该想到唯一明智的政策是继续给阿拉伯人和犹太人提供有限的援助，无视那些令人毛骨悚然的威胁；本应负责我们中东政策的伊夫林·沙克布勒[3]感到很泄气，已决定请假一年。它接下来的负责人是我以前的学生阿奇·罗斯[4]，一个好心肠但头脑迟钝的温彻斯特公学毕业生，讲话经常很不得体，常说错话；以及我们的老朋友比雷，一个相当有魅力且对这个特殊话题无比狂热的人。因此，像你一样，我对它的前景很不看好。[……]

你永远的

以赛亚

[1] 伊朗国王掌权至1979年，其间对西方列强友好。

[2] 穆罕默德·莫萨德克（1882—1967），反殖民主义者，1951—1953年任伊朗总理，支持英国开发的伊朗石油工业国有化，他的垮台主要是由于中央情报局的秘密行动。

[3]（查尔斯·阿瑟）·伊夫林·沙克布勒（1909—1994），外交官，1954—1956年任外交部助理副国务卿。

[4] 阿奇博尔德·戴维·马尼斯蒂·罗斯（1911—1996），1930—1934年在新学院学古典学课程，后成为一名外交官，1956—1960年任外交部助理副国务卿。

随着斯大林逝世，赫鲁晓夫上台成为苏联的领导人，苏联出现了内部控制放松的迹象。1956 年 2 月赫鲁晓夫肆意破坏斯大林的名声，4 月他首次访问英国（包括新学院，伯林在那儿与他会面）。奇普·波伦正作为美国大使驻莫斯科，英国大使是威廉·海特，这对伯林来说时机正合适，去看看苏联是否真有了变化，也正好让艾琳看看她祖先住过的地方。7 月末，他们飞往哥本哈根，然后到赫尔辛基，再坐火车前往列宁格勒和莫斯科，开始几天同海特夫妇一起住在英国大
537 使馆。

致玛丽·伯林

邮戳日期 8 月 13 日［1956 年，手稿］

莫斯科英国大使馆

亲爱的妈妈：

一切都太美妙了：列宁格勒——要说的太多了，现在先不细说——我碰到一个我七岁时就认识的人，在这里我看望了善良的海特夫妇，今晚艾维达[1]和我在印度接待室同谢皮洛夫[2]会面——从十一年前起，这里就都变了（主要是变好

[1] 艾维达·优素福（1905—1995），1955—1958 年任以色列驻苏联大使。
[2] 新近任命的苏联外交部长，德米特里·特罗菲莫维奇·谢皮洛夫（1905—1995），宣传家、共产主义理论家，1948—1949 年任苏共中央委员会宣传发动部主任，1952—1956 年任《真理报》主编，1956—1957 年任苏联外交部长；曾受安德烈·日丹诺夫保护，那时是赫鲁晓夫的支持者，促成了苏联同埃及日益紧密的关系。

了）。我想在某个早上我们这里10—11点的时候（你们那里是8—9点）给你们打个电话。艾琳既兴奋又高兴，她是极其细心的观察家，对人对事的观察很敏锐。彼尔姆[1]歌剧公司表演的《卡门》[2]很糟糕，可能这周来自萨拉托夫的歌唱家带来的柴可夫斯基会好点。这儿有许多我的美国学生，他们来自哈佛和其他大学，波伦夫妇很可爱，尚不知道我们什么时候离开，很快会再写信，到目前为止还没能告诉你关于任何人的消息，也没想见谁，跟1945年比，我见到的人少了，少多了，也不忙着找人。我说明我们都很好，我太喜欢鱼子酱、俄式薄煎饼、酸奶油肉丸[3]了，艾琳几乎也一样。

深爱您的

以赛亚

在印度大使馆的接待室，伯林遇到了臭名昭著的斯大林追随者卡冈诺维奇[4]：

一个身躯庞大、结实，脖颈粗壮，脸部粗糙的犹太

[1] 公司的名称，彼尔姆斯卡雅［歌剧院］（彼尔姆歌剧院）。彼尔姆是位于乌拉尔山脉脚下的一个城市（自1995年起同牛津结成友好城市）。

[2] 比才1875年上演的歌剧。

[3] 伯林此处原文为：bitki v. smetane。

[4] 拉扎尔·莫伊谢耶维奇·卡冈诺维奇（1893—1991），乌克兰犹太政治家、行政官员，斯大林最忠实的追随者，冷酷无情，他的影响在斯大林去世后减弱，1952—1957年任苏联部长会议第一副主席（及政治局委员）。

流氓或者美国工会的领导、兄弟会会员——你知道，就是那个国际工人兄弟会——看上去气势汹汹，满脸横肉，脖子粗大，穿着苏联制服，你想象得出，就是那种紧身短上衣。他问我："你是做什么的？"

我说："教哲学。"

"唯心主义者还是唯物主义者？"

我说："在西方这些区分已经变得很模糊了。"

"好啦，好啦！他убегайте，别跑题！"他嘟囔着

538 这类的话。"唯物主义者还是唯心主义者？"

我说："这个……"

他打断我，说："在你的大学他们都读什么？康德吗？"

"是。"

"唯心主义者。"

"黑格尔？"

我回答："读一点。"

"唯心主义者。还有呢？"

我说："休谟。"

"他不是哲学家，是历史学家。还有呢？"

天晓得我说了什么。"密尔。"

"斯图尔特·密尔？他不是哲学家，是个经济学家。我现在知道你是谁了，你就是个正在日益滋长的经验主义者之一——ползающий эмприст。"

那正是那个月的《共产党人》里面用的词，这是一本关于逻辑实证主义的党刊，他肯定是从那儿读到的——ползающий эмпирист。

我答道："好吧，我希望我是。"

卡冈诺维奇提出要召集众多苏联哲学家同他辩论，"类似中世纪的辩论"，伯林好不容易拒绝了。[1]

致玛丽·伯林

1956 年 8 月 17 日［手稿］

莫斯科英国大使馆

最亲爱的妈妈：

我们非常开心。艾琳去看弗拉基米尔和苏兹达尔[2]了，我留在家里没去，那样我明天可以去看一位诗人[3]，与其看建筑物，我更喜欢看人。列宁格勒犹太教堂及亚斯纳亚—

[1] 迈克尔·伊格纳季耶夫采访伯林录音之二十五。俄语短语为"Ne ubegaite"及"polzayushchii empirist［有可能是'empirik'］"。

[2] 弗拉基米尔，莫斯科东 120 英里的历史城市，俄国中世纪首都之一。邻近的苏兹达尔镇以风景优美及建筑丰富多样闻名，特别是数量众多的教堂。

[3] 据推测伯林此行拜访了住在佩里德尔基诺的鲍里斯·帕斯捷尔纳克，他对此的描述是"同苏联作家见面"（见《个人印象》，第 227—231 页），其间帕斯捷尔纳克把《日瓦戈医生》的手稿托付给伯林。威廉·海特回忆了它对伯林的影响："以赛亚已经把它全部读完了，彻夜阅读，读到结尾时满眼是泪［……］很明显它给他留下了深刻的印象。"迈克尔·伊格纳季耶夫采访伯林录音之七。

波良纳[1]之行令人难忘。你还记得有个从安德烈亚伯尔[2]来
539 的叫埃佩尔的男人吗？我没见到也没联系上什么亲戚，但我知道 L. 一年多前去世了，正常死亡，[3]没听到珍[4]或里欧姆[5]的任何消息，只知道他们的兄弟 M.[6]不想见我。埃弗拉姆·哈勒维[7]在这里，可能会见到 Z.。[8]改天给你打电话时再详细说。我计划 31 日跟美国女大使埃维斯·波伦及她的女儿[9]搭乘火车离开，途经柏林或维也纳，还没确定：我们

[1] 亚斯纳亚—波良纳（意为“明媚的林中空地”），托尔斯泰的故乡，在莫斯科以南 100 英里，他出生、成长并安葬于此。伯林可能参观了战后重修的托尔斯泰庄园里的纪念馆。

[2] 安德烈亚伯尔是里加上游的一个伐木小镇，伯林的父母在 1915—1916 年曾住在这。

[3] 伯林后来详细地描述了此事：雷巴［列奥·伯林］两年前辞世，他的名字出现在《莫斯科晚报》（此处原文为 Vechernyaya moskva）的官方版面，说明他在政治方面没犯错，但我觉得在斯大林统治的最后几年他们也遇上了麻烦，否则他们就可以见我了。参见伯林 1956 年［9 月 6 日］致玛丽的信。同时参见原文第 357 页注 2。

[4] 伊芙吉尼亚（“詹尼”）·兰德博格（约 1890—1954），婚前姓伯林，伯林的姑姑，伊扎克·萨德（原姓伊沙克·兰德博格）的前妻。

[5] 所罗门·伯林（1893—1978），伯林依然健在的两位叔叔之一。

[6] 塞缪尔（“穆利亚”）·伯林（1897—1988），工程师，列奥的孪生兄弟。

[7] 埃弗拉姆·哈勒维（生于 1940 年），埃拉扎尔和丽芙卡·哈勒维的儿子，因此是伯林的远亲；在伦敦出生并接受教育；1948 年移居到以色列，学习法律；1957—1961 年担任《月度调查》（为以色列军队办的教育类杂志）编辑、作者；然后加入摩萨德（1998—2002 年担任局长）；作为以色列全国学生联盟的秘书长，他的公开身份是协助筹划将于莫斯科举行的国际青年节，但他的主要目的是同苏联的犹太年轻人建立联系（一般是不可能的）。

[8] 伯林的姨妈祖尔玛·朱穆斯基（1888—1978），婚前姓沃什诺克，住在莫斯科，玛丽·伯林及伊达·萨姆诺夫的姐妹。

[9] 也许是埃维斯·泰耶尔·波伦（生于 1940 年），后来成为一名军备控制专家及外交官，或者是她的妹妹塞莉斯廷·艾伦·波伦（生于 1950 年），后来成为一名记者。在他们此行的最后阶段，伯林夫妇成了美国大使馆波伦家的客人。

一到“西方”我就会给你打个电话。这里留给我太多印象，生活没以前艰难了。我跟谢皮洛夫和卡冈诺维奇聊了。后者看起来像马帕伊[1]的成员。以色列总理[2]很有魅力。我在这待这么久的主要原因是，我在那家大图书馆[3]发现了非常好的书，谁也不知道我什么时候会再来，所以我就趁着太阳出来赶快晒稻草（实际上正下着倾盆大雨[4]），能读多少读多少。海特夫妇很好，他跟艾琳一起去了弗拉基米尔，她则留下来陪我。好了，我没法继续写了，我们什么时候聊聊更好。我大概会在9月2日的时候到达波托菲诺，到了伦敦后及4日后住在卢加诺公园酒店我都会给您打电话。我很好：正在广见世面。

爱您的

以赛亚

伯林在莫斯科逗留期间还是设法见了他的一个亲戚。某天一大早，他和甩掉“尾巴”的埃弗拉姆·哈勒维成功见到了伯林的姨妈祖尔玛·朱穆斯基，苏联当局似乎并没有发现此事；但这位摩萨德未来的领导人由于逃脱监视这项“罪 540

[1] 马帕伊（Mapai，Mifleget Polalei Eretz Yisraeld 的希伯来首字母组合词，意为“阿里茨—以色列工人党”），是以色列建国以来直到20世纪60年代以色列的主要政党，以色列工党的前身。

[2] 指艾维达·优素福。

[3] 苏联 V. I. 列宁国家图书馆（自1992年起称为俄国国家图书馆）。

[4] 伯林此处原文为：kak iz vedra。

名”，后来他要离开苏联时遭到非难及拖延。

等伯林和艾琳离开苏联去意大利度假（波托菲诺以及邻近的帕拉吉村庄），伯林立刻感到可以更自由地评论他所见到的一切了：

在某种程度上控制有所松动，可以找人，等等，但并非对我而言，唉。比如说，不允许同A. 夫人[1]见面，还有其他人，只能见那些经过当局批准的。[……] 一个人若是在苏联待的时间超过两星期，他的观念和价值观都会发生彻底改变：离开这里就像从梦中醒来，这儿跟现实世界脱节。没有实质性的变化，只是之前的“专制”局势被合法化了。[2]

关于苏联领导人：

苏联的政府机构是我见过的最恐怖的组织，由一伙强硬派组成。他们就像16世纪和17世纪的罗马教堂一样，严厉苛刻、不通情理，要让他们容忍仁慈的文明人

[1] 安娜·阿赫玛托娃通过帕斯捷尔纳克告诉伯林说，她不想见他，因为她怕刚从监狱释放不久的儿子列夫·古米廖夫会有麻烦，但他们通了一次电话。

[2] 伯林此处原文为：proizvolnaya，意为“专制的”；1956年9月伯林从波托菲诺寄给安娜·卡琳的明信片。

还需要时日：统治者与被统治者之间存在巨大的鸿沟。[1]

苏联解放的步子如此缓慢带来一个直接问题。伯林为保证《日瓦戈医生》的顺利出版而焦虑不安，此外还有一个危险：帕斯捷尔纳克会因苏联境外人们的轻率和热情而招惹麻烦。

致哈米什·汉密尔顿

1956年10月5日［副本］

［巴黎］

亲爱的杰米：

那天吃午餐时我在巴黎的英国大使馆看到我们的老朋友莫拉，我给她讲了一个故事，我觉得你可能也会感兴趣：伟大的苏联诗人帕斯捷尔纳克写了一部小说，自认是部天才的作品，但他认为在苏联出版这部作品基本上不可能。他是一个十分，甚至是过分严肃的人，写完这部小说后他觉得他最想做的事就是出版这部作品了，他准备为此牺牲财产、自由等，而不愿让其埋没。541
自然地，他的家人认为这样做极不明智，但他还是继续详尽细致地筹划这件事，并且激动地认定这是他所

[1] 1956年9月7日伯林从波托菲诺寄给罗兰·博登—穆勒的明信片。伯林关于苏联印象的详述参见《苏联的心灵》中的“在苏联的四个星期”。

做的最伟大的事。我尚未读到此书[1]，所以不好加以评论。与此同时，一名代表费尔特里内利米兰公司的意大利人[2]在莫斯科拜访了他，目的似乎是为了得到一份俄文手稿，他把手稿随身带回了米兰。这使莫斯科忙乱不安了一阵，他们做了许多努力让他追回手稿，但他固执并成功地拒绝了。所以手稿大概在费尔特里内利手里，另外他还拥有把它译成意大利文及其他语言的所有权——那种合同的条款是他付给诗人50%，剩下的归他自己，也许不是什么条款，但无论如何，版权归他所有。

刚跟莫拉讲完此事并且请她跟你转达，因为她会在我之前到达英国（我此刻正在巴黎口授这封信），我就收到了马克·伯纳姆·卡特就此事的询问，目前我已就此事写信回复他了，一同寄出了，并说莫拉可能会跟你讲这整件事。要出版这部小说，即使真的可行——在苏联本土出版肯定不可能了——也是个棘手的难题。唯一值得咨询的人——我的意思是，从道德上讲有资格的

[1] 见原文第539页注3。

[2] 塞吉奥·德安姬罗（生于1922年），意大利共产党记者，当时正在莫斯科电台工作，并负责为吉安贾科莫·费尔特里内利（1926—1972），即米兰吉安贾科莫—费尔特里内利出版社共产党创始人（1954）物色新秀，他在1956年5月说服帕斯捷尔纳克将《日瓦戈医生》在苏联境外公开出版，因为在苏联还没有出版商愿意接受它。

人——是诗人的两个妹妹[1]，她们俩住在牛津，也许可以就此事表态。也许我自己会拿到一份手稿——我是说俄文的——但我还不确定。我个人认为最好再等一段时间，也许我们可以授予诗人一项荣誉学位，先带他到英国，然后再宣布出版这部小说，因为此举会使他在当权者面前彻底毁掉自己。但是，所有这些最好是面谈，不要写下来。我确信，出版这部小说的英文版，不管是由你、马克或者其他人出，都会引起极大的轰动，因为一方面，不管怎样他的名字已众所周知，另一方面，出版一部显然跟当局者唱反调的小说是一件大事，它完全不同于苏联在过去三十年里出版的任何东西。我个人对此没什么兴趣——我不会去翻译它，因为工作量太庞大了——但是，鉴于费尔特里内利有这部小说的手稿，我觉得关于诗人的这些事实即使被人知道也不会造成什么损害，要不然的话，特别是自我前次的苏联之行后，我比以往任
何时候都觉得，尽管有所谓的新的自由，你只要以一种 542
当局不喜欢的方式对那里居民的行为表示兴趣，你就可能连累他们。如果你给费尔特里内利写信他可能告诉你细节。如果他非常谨慎，请再写信给我，因为我想我可

[1] 约瑟芬·(佐治菲娜)·列昂尼多夫娜·帕斯捷尔纳克（1900—1993），哲学家（同她的第二个表兄弗雷德里克·帕斯捷尔纳克结婚）；莉迪亚·伊丽莎白·列昂尼多夫娜·帕斯捷尔纳克·史莱特（1902—1989，艾略特·史莱特的前妻），生化学家，她哥哥的诗的译者。

能会设法在某时某地得到手稿，这个当然我不敢保证。暂时别跟任何人提起此事，当然马克除外。

爱你的

以赛亚·伯林（代签）

致彼得·施泰因[1]

1956年10月5日［副本］[2]

［巴黎］

亲爱的施泰因教授：

希望您原谅我这么迟才给您回信，您的信跑遍了整个意大利对我穷追不舍，我现在到了巴黎才追上我。我再过三四天就会到英格兰，希望到时能给您更详细的答复。我尚未见到已经发表的我自己关于孟德斯鸠的讲座[3]——过去这两个月我一直在国外，而它应该是在这期间出版的。所以我并不知道第292页写了什么，但是我能记起来的

[1] 彼得·冈维尔·施泰因（生于1926年），1956—1968任阿伯丁大学法学教授，后（1968—1993）任剑桥大学民法学教授。他曾于9月11日写信给伯林，请求伯林澄清他关于孟德斯鸠讲座中的某一点。

[2] 几乎可以肯定此信是10月1日在巴黎口授，10月5日在牛津打印出来后签名的。

[3] 查尔斯—路易斯·德·瑟肯达，布雷德·孟德斯鸠男爵（1689—1755），法国政治思想家。1955年10月19日伯林给英国社会科学院做的关于他的讲座以“孟德斯鸠”为题发表在《英国社会科学院公报》，1955年第41期，第267—296页，第292页提到的事见伯林的《反潮流》第156—157页。

是，我想说——可能说得比较隐晦，说得不好——的确存在不相一致的两种思维，它们在孟德斯鸠身上都能找到——主要通过保护个体自由免受专制干涉这个愿望而联结。如你所说，第一种是指为了实用的目的同时发展保守与激进的法律；第二种实际上是指因袭已经成为法典的法律法规，由于没法依照惯例或者个人对平等的理解，或者其他相关因素，把它运用于具体的场合，因此人们期望法官们带着最严谨的忠诚去演绎它，把它用于实践，也就是说，依照这些不由他们自己控制的准则，把已经明确表述的成文法规用到具体的场合中——以防有人通过腐败等错综复杂的手段任意篡改法律。要求法官们尽可能机械并不带个人感情地执行任务的观念，在我看来是不符合公正的实用观念的，这种观念跟比如重农主义的观念更为接近，因此，法律仅仅是自然界发现的客观规律的 543
文字表现，而不是霍姆斯学派及其弟子继承的既相对又灵活的法律概念。很明显，法律不能既被当作严格的教条来彻底执行或废除，又被当作可以适应各种状况并且可以应对不同文化、环境的条文。这在我看来这是个真正的矛盾，这个矛盾经常被压倒一切的两种动机掩盖了，即，防止专制权力、独裁、教条主义、歧视、封建迷信，以及为了个人、部门等的利益滥用职权。然而矛盾依旧存在。

稿子不在身边，我不清楚自己是否说过这些，但这确实

是我想表达的。希望我回答了您想要我回答的问题。有何不清楚处尽管联系我。

您真诚的

以赛亚·伯林

7月26日埃及将苏伊士运河国有化后，8月份召开了一次国际会议，会议提出建立一个苏伊士运河国际管理系统以解决危机；这一切在9月初都被纳赛尔否决了。英国、法国和美国当然继续施压，想成立一个苏伊士运河使用国协会。私底下英国与法国政府也在为可能发生的军事行动做准备。最重要的进展是10月22日至24日在巴黎附近的塞夫勒召开了一系列会议，英国、法国及以色列政府（以色列希望恢复经由埃拉特直达海上）达成一项秘密协议，这项协议之后很久才公之于众，内容是以色列须在西奈与埃及军队开战，而英国与法国随后将进行干涉，表面理由为保护运河；这场战役有两个目的：收回运河并让纳赛尔下台。这项计划又名“火枪手行动”，几天后开始实施。

下一封信写于苏伊士运河危机的几个不同阶段。如果按照时间顺序，它可以解释伯林的不同反应（尽管他自己一直不知道这场军事行动背后相互勾结串通的阴谋）。为了便于阅
544 读，这封信分成两个主要部分。

致阿瑟·施莱辛格

〈1 日口授〉1956 年 10 月 5 日〈寄出，1956 年 10 月 19 日不知放置何处〉[1]

全灵学院

亲爱的阿瑟：

我本应在一离开苏联时就写信给你，但是悠闲地坐在意大利的海滨，有波伦一家、汤米·汤普森[2]作伴，还有纳博科夫来访，然后破例在巴黎有无比繁重的工作任务——我想，你肯定了解这种滋味，因为这方面你像我，在长时间的享乐及休闲后，赶紧坐下来工作——出于内疚和极度惭愧——目前是在巴黎（巴黎这儿很好。）

先问些生活琐事吧。亲爱的玛丽——或是玛丽埃塔？——被阿德莱[3]抛弃了，这儿是这么传的，当然传话者不是什么善良之人，是不是真的？罗尼昨晚同我们一起吃晚饭，但是，我自然不想问他。阿德莱是不是像我想的那样，真的有机会赢？你是不是还坚持你对他的看法？你和那

[1] 这封信的时间应该是：(1) 伯林 10 月 1 日口授此信的第一部分，10 月 5 日回到牛津时签名（伯林把打字员的 1 日改成了 5 日）；(2) 10 月 19 日伯林在第一部分后补充了一些手写的段落，这部分不知放哪去了；(3) 这封信的其余部分（第 553—559 页）是在重新找到了此信的第一部分后口授的；(4) 整封信最后的手写评论部分是签名后补上去的。

[2] 卢埃林·E.（“汤米”）·汤普森（1904—1972），美国外交官，1955—1957 年任驻奥地利大使，1957—1962 年及 1966—1969 年任驻苏联大使。

[3] 正好相反：玛丽埃塔·特利与阿德莱·史蒂文森间的政治联系，在 1956 年总统选举期间发展到高峰，后来两人很快恋爱了。

个〈我想说的是谁呢[1]〉认为苏伊士该怎么办？在这点上奇普完全赞同杜勒斯[2]，但我得控制住反埃及的自然冲动，坚定地告诉自己说反对埃及的战争随时会结束，而且这样做并不明智，可是，“削弱纳赛尔的势力”的观点是非常可笑的乌托邦思想——除非以某种方式把他根除，否则我们会有很多麻烦。我不得不责备罗兰[3]，他说以色列犹太人是一群残暴、忘恩负义、爱挑衅之徒，他们背叛了阿拉伯人后占领了国土，是一群野蛮人的集合，完全不像“我们认识的正常的犹太人”，肯定让魏茨曼博士的最后几年痛苦不堪。在这个问题上我没有像乔那样感到狂喜，我宁愿同本—古里安度过
545 一个晚上，而不愿在任何一个夜晚同德·贝克夫人待在一起〈大都是在 10 月 5 日写的，到了 11 月 5 日我宁可谴责以色列、暗杀本—古里安，也不愿生艾登的气〉，但你不必同罗兰讲。我相信玛丽安（原文如此）会同意的。目前，我还不能说我的首相表现非常出色而苏联人则愚蠢之极。[4] 我还是认为糟糕的中东局势不是由于大家都恨以色列造成的，虽

[1] 也许是指“正义之神”，即菲利克斯·法兰克福特。

[2] 杜勒斯，他在阿斯旺大坝基金方面的改弦易辙，很大程度上导致了这场危机，目前他支持“苏伊士运河使用国协会”，反对诉诸武力。

[3]“苏伊士非常烦人：而且完全处理不当：但纳赛尔是个愚蠢的墨索里尼，而不仅仅是个煽动民族主义的人（比如说，克利须那·梅农或者本—古里安，当然，他现在的表现非常好！）——至于以色列人［……］，总的来说，我认为他们是在我认识的犹太人中最安静、道德高尚、举止得体、没有挑衅倾向的一群人。”1956 年 9 月 7 日伯林给罗兰·博登—穆勒的明信片中写道。

[4] 苏联是完全支持埃及的，当然参与了国际社会解决危机的努力。

然恨以色列是真的——就像战前那个小协约国[1]恨匈牙利是真的，但是那不是决定命运的因素——但事实是那些生产石油的国家很富裕，只会挥霍，不知道如何使钱发挥更大成效，而阿拉伯人呢，总的来讲，因为贫穷而气恼，政治方面有可能被气急败坏的人引导到任何一个方向去。在中东实现某种程度的社会主义，或者大规模的新政式的统一体，在我看来是唯一的解决方案。现在才这么做也许太迟了，但是所有其他措施好像仅起到预防作用，没法长久。如果纳赛尔被暗杀了，好处大于坏处。但他是不会被暗杀的。坏人从不会被暗杀，只有对别人无害的葡萄牙国王们或者芝加哥市长们[2]才会被暗杀。

这些是只有乔才会有的高大上的想法，我还是谈谈苏联吧。我听说雅各布森兴高采烈地回来了。的确，如果你是作为一位官方的客人或者代表团的一位成员，你确实会碰到可以同你自由交谈的人，而且为了强调新的好时代同旧的恐怖主义时期不同，他们会告诉你一些淫秽的故事，带着恐怖神情公开谈论过去的受害者，告诉你说有许多事他们现在可以同你讲，但在1945年或1950年是不能讲的，这一切都是

[1] 20世纪20年代捷克斯洛伐克、罗马尼亚、南斯拉夫组成的（法国支持的）反匈牙利联盟。

[2] 卡洛斯·费尔南多·路易斯·玛丽亚·维克托·米格尔·拉斐尔·加布里埃尔·贡萨加·哈维尔·弗朗西斯科·德·阿西斯·何塞·西姆昂·德·布拉干萨（1863—1908），葡萄牙国王卡洛斯一世（1889—1908年在位），被暗杀，安东·（托尼）·约瑟夫·瑟马克（1873—1933）1931年至1933年任芝加哥民主党市长，也被暗杀。

真的，但也不无添油加醋。西方世界文化联系协会给苏联所有学术界发去函件，说懂外语的人赶快把外语复习好，很快会同外国建立联系，希望他们能同外国人交谈。我碰到了几个收到函件的人，他们信任我，告诉了我这些事。但这些人，虽然外国人不是他们自己选的，很明显交谈之后必须写小汇报。不是情报信息类的汇报，或者说特别恶意的，但它们终归是汇报，所以这些联系有人为的因素在里面。我参观了哲学研究院，我之前从未遇见过对自己学科的单调乏味如此明显感到厌烦的人。他们信奉它，也许就像中世纪的人信
546 奉神学那样，对每个人来讲这是必修课，必须死记硬背，但没有人真正接受它，只是有些人信奉它的方式比其他人来得更有技巧罢了，但是，除了一些狂热或愚蠢之徒，没有人真正认真地对待它。在苏联没有充满生机活力的马克思主义，尽管禁令被废除了，可以不提斯大林了。物理学家和科学家们，他们的工资比女芭蕾舞演员还高，大都公开鄙视它。每个能这样做的人都这么做，不能这么做的人便暗中破坏。[1]

[下转 553 页]

10 月 29 日以色列军队入侵西奈，向苏伊士运河挺进。第二天英法给以色列及埃及下最后通牒，要求他们在十二小时内

[1] 此观点在“在苏联的四个星期”及“苏俄文化”中有详尽的阐述（均收录于《苏联的心灵》）。

撤出运河地区，允许英法暂时占领这里。埃及拒绝了这个最后通牒。10 月 31 日英法开始军事行动，轰炸埃及机场，击沉了一艘埃及轮船。英国宣布同埃及发生了武力冲突，这在上院引起了骚动，遭到国际谴责，并导致了整个英国的严重分歧。

致克莱丽莎·艾登

1956 年 11 月 1 日［手稿］

海丁顿宅

亲爱的克莱丽莎：

此刻大学生正在繁华的商业大街举行抗议政府的游行，大学老师们愤怒得说不出话，《曼彻斯特卫报》[1] 宣称我们的道义已经永远地随风而逝了，《观察家报》当然会带着它特有的道貌岸然和歇斯底里说教，甚至比《新政治家》杂志还令人作呕，而我写这封信是想说——我要向首相表达我所有的敬意及同情。在我看来他非常勇敢非常爱国而且——我应该这样认为——绝对合法。我想，我是有偏见的，我偏袒以色列，但毫无疑问，以色列至少在技术层面，做出了侵略行为。毫无疑问它遭到了挑衅、过度的挑衅：这么做完全为了自卫，但还是违背了法定的准则。若在原地等待、观望形势，以一个人必须耐心、明智为理由逃避责任，同良心妥协，对

[1] 1956 年 11 月 1 日第 8 版的社论说，进攻埃及是“重大的灾难。它不论从道义上、军事上、政治上讲——都是一个错误”。

这个令人痛苦的两难境地坐视不管，然后按照国内外的舆论
547 行事，不能明确预见到后果的事不做，那样做容易得多。也许人们会认为我言辞浮华（我的观点为什么要引起别人的兴趣呢?），我还是想说我确实努力抛开了个人的偏见：在我看来，安东尼（如果我可以这样称呼他）的行为表现出了巨大的道德光辉：他不管结果如何，在他认为事关国家的重要利益时甘愿拿自己的名声去冒险。我认为他的政策从本质上讲是绝对正确的。不论别人怎么看他的判断，在他的品德受到最严峻考验的情况下，他表现出了如此的勇气、诚实、意志，我相信，他将拯救英国。你得原谅我的倾诉：在我这一生中我还从未用这样的词写信给你或者别人。但我有强烈的感受，在这个乏味的小镇上我是个孤独的人，他们都是好人，但是他们极不愿意去看清事实，而是看重遵循准则——我没法控制自己不写信给你，送上我的爱、忠诚、好意及你觉得需要的一切——至于骄傲、勇气和快乐，你拥有的已经足够多了。

非常爱你的

以赛亚

附言：盖茨凯尔真可怕！[1] 即便是美国人都不会喜欢他

[1] 反对党领导人 10 月 31 日在上院严厉谴责政府的行动是“无可救药的愚蠢”，承诺采用一切可能的立宪手段反对它，并提交了要求立法机构公开谴责的动议（《泰晤士报》1956 年 11 月 1 日第 10 版）。

刚刚的发言。我不是个社会主义者，不必受忠诚与鄙视的冲突折磨，我为此感到高兴。他本质上是个非常愚蠢的家伙。如果我们一定要有来自温彻斯特学院的，我宁可有扬格[1]。他也许会错但他遵循原则、不会变节（恕我用这个词——记住我毕竟是个大学老师。）

附附言：不必回信

英法伞兵部队11月5日开始了重夺运河地区的激烈的地面行动，并于第二天获得成功，恰逢艾森豪威尔再次当选总统。然而，美国政府早先并不支持在苏伊士运河动武，加上
英法事先没有咨询美国的意见，11月4日苏联入侵匈牙利[2] 548
（美国强烈谴责这种用武力干涉别国的行为），并可能为了埃及的利益进行干涉，所有这一切使得艾登希望美国支持英国的期望落了空。美国政府在政治、经济方面对英国政府施加压力，迫使英国政府同意停火，从11月6日半夜十二点起生效。然后由联合国分遣队代替英法部队。

[1] 肯尼斯·吉尔摩·扬格（1908—1976），1945—1959年任工党下院议员，1947—1950年任内政部政务次官，1950—1951年任国务大臣；分别于1953—1955年和1958—1959年任英国皇家国际问题研究所副主席，1959—1971年任所长。

[2] 1956年10月底匈牙利的学生游行导致了大范围的暴力行为及苏联控制的共产党政府的垮台。纳吉·伊姆雷领导的新政府承诺进行改革，暴力活动渐渐平息。刚开始时苏联决定不干预，但10月31日匈牙利宣布保持中立并退出华沙公约后，苏联改变了这个决定。11月4日苏联用地面部队、坦克、大炮、空军进攻布达佩斯。战争一直持续到11月10日苏联重新掌握政权。

致迈克尔·斯特劳斯

1956年11月8日

海丁顿宅

亲爱的迈克尔：

你正在学习俄罗斯文学，我感到高兴；[1] 你的母亲正跟帕斯捷尔纳克太太学习俄语；看来我给全家人带来了强烈的俄罗斯情结。[……]

但是此刻世界一片混乱。我希望我知道应该思考什么。不用说，英国政府犯了一个大错误。但是我没打算在抗议这件事的信上签名，已经有350位大学老师及2000名本科生签名了。我没有感到道义上的愤怒。我觉得他们当时面临一个可怕的两难处境。一旦以色列进攻——不论受到多严重的挑衅，当时确实是严重挑衅，攻打了别人就是打了，受到挑衅只不过是挑衅，我想他们是否不得不为此付出代价——〈虽然我想你可以争辩说如果X国坚持说它正跟Y国处于战争状态并下定决心全面结束战争，如果X国进攻，它并没有破坏和平〉——那他们怎么办？艾登说联合国没有效率的话大有深意。但如果英国想要的是纳赛尔下台，假设以色列靠自己赢了，不是靠两个势力更强的国家打垮他，那会使他像个烈士或者英雄——有点像阿比西尼亚皇

[1] 斯特劳斯作为哈佛的本科生最近开始学习俄罗斯文学及艺术史。

帝[1]，他的垮台就会更引人注目。我认为即使从某种程度上说阿拉伯石油是非常必需的，纳赛尔对英法又是那样的态度，艾登也不能让自己处于帮纳赛尔的位置，虽然从技术层面讲他属于被侵犯的一方，而以色列是入侵者。如果他只不过顺从地在联合国投票以谴责入侵行为并帮助受害者，他会发现他在同时反对埃及和以色列，那比已经发生的事
还更荒谬。他当然不怎么爱以色列，这个国家的诞生是违 549
背他意愿的，想想他毕竟是阿拉伯联盟最早的创建者，这个联盟的成员现在却恩将仇报。明显的，他把纳赛尔看作阿拉伯的墨索里尼，除非压制他，否则他很容易成为一个大穆斯林帝国的侵略性强的领导人，这个帝国从摩洛哥一直延伸到波斯湾，对所有欧洲人充满深深的敌意，并给苏联渗透提供肥沃的土壤。有了希特勒及墨索里尼的教训，他想从一开始就防止这种事的发生，他深信美国人看不到这些，因此不会帮助反对纳赛尔，因为也许美国人嫉妒英国人，或者同情前殖民地国家人，仅仅因为他们之前受过剥削或者压迫，他们就认为这些人品德高尚。当然还有许多其他原因——被阿拉伯人激怒，不喜欢杜勒斯，想向原苏伊士集团证明自己，这个集团以前曾嘲笑他软弱，还有

[1] 海尔·塞拉西一世（1892—1975），原名塔法里·马康南，1930—1974 年为埃塞俄比亚（旧称阿比西尼亚）皇帝，1936—1941 年意大利占领了他的国家，被迫流亡。他 1930 年向国际联盟呼吁的行为为他赢得了国际社会的同情（但没得到实质性的帮助）。

来自法国人的压力，法国人把以色列看作反对纳赛尔的唯一同盟，他们认为纳赛尔给摩洛哥、阿尔及利亚的［暴民］提供武器并鼓动他们，这是对的，但他最根本的动机是想把事情消灭在萌芽状态，不让纳赛尔的势力壮大。联合国没完没了的会谈形成了无作为的气氛，美国人义愤填膺但没法作为、不愿作为，很像20世纪30年代时英国很气愤但没做任何事去阻止希特勒或者墨索里尼。我想关于他的最鲜明记忆是1936年德国人重新占领莱茵兰后，假设法国决定向德国进军，英国会发出类似的痛苦声音，指责法国藐视联盟的章程，“不顾法律而自行用武力报复”。毫无疑问，如果他想要的是纳赛尔下台——他们迫切希望这样一个结果，他可以采取完全不同的行动。比如说，首先，他发出的最后通牒可以是七十二小时，而不是十二小时；那样的话，可以比较肯定地说，以色列在反对埃及的战争中就会取得胜利，当然以色列自己会付出更大的代价——那样会比英法打败埃及更让埃及人觉得受到侮辱。（我以前是不是讲过这些？我总是重复自己的话，我在此表示歉意。）其次，如果他那样做了，他可以告诉联合国说他们必须采取行动；如果他们不愿或者不能采取行动，那么他会采取行动，但不要一直等到他们明显流露出他们的软弱无能以后。他背着美国、背着英帝国做了那样的事是很幼稚愚蠢的行为，我能理解美国人的愤怒。要说政府的行为合法很难，可以从道德、政治方面为政府辩护，只要你认为如果

以色列的战争在短时间内不加以控制的话——联合国在集结部队时——会在整个中东燃起战火，给蓄意破坏提供机会，破坏的规模大到让欧洲或者至少英国的经济陷入混乱， 550
并且给苏联无限的机会不断制造麻烦。一个类似的例子发生在远东，没有其他政权去干涉中国内战及中日战争，任其自然发展，结果为反西方的共产主义最终侵入创造了肥沃的土壤。噢，讲这些很像李普曼的文章，我不再说了。

这里的人们心态很怪。在法国，除了一两个新闻记者及孟戴斯·法郎士的朋友，大家都团结在政府的周围，而且特别亲以色列，但这儿大多数人大概都反对艾登的所作所为。实际上，根据最近的盖洛普民意测验，48% 的人反对政府的所作所为，40% 的人赞成，剩下的人不置可否。媒体上正在进行大战，一方是新学院院长莫里斯·鲍拉，及其他学院院长，所有的社会主义者、自由党党员及你能想起的空想家们，我们所有的朋友，等等；另一方是斯帕洛、哈罗德、吉尔伯特·穆雷、柯尔、巴利奥学院院长[1]、大学学院院长[2]，及其他一两个此类人。

我保持高度沉默，没有在任何一封赞成或反对的信上签名，也没有在任何赞成或者反对的论坛露面，因为我觉得在这件事上我不可能没有偏见。

[1] 戴维·柯尔爵士。
[2] 阿瑟·古德哈特。

本—古里安咆哮着宣称他不会让任何外国部队，不论是什么部队，出现在他的部队驻守的地方。我担心他会为此付出代价。〈停止打字：感谢上帝他改变了主意。〉[1] 他是个非常顽固、脾气暴躁、自吹自擂的家伙，他心目中的英雄是铁托和温斯顿，他相信为反抗而反抗，他会独自一人反对所有歌利亚人：他取得了辉煌的胜利，他先是胜了陷于一片混战中的阿拉伯国家，现在他又打赢埃及（速度快、规模大），征服了比自己大两倍的领土，他可不乐意妥协。另一方面，我认为美国和英国都不想这样，他们会极力保持“公正”，会强迫他退出，他肯定会反抗。苏联人目前更是把他当作一号敌人，中东的一个小麻烦，令人恐惧，必须不顾一切代价把他消灭。让我们的外交部反感的是，由于法国支持他，他变成了英国和法国在中东地区令人讨厌的形象代表，没有人喜欢他，阿拉伯人和苏联人都讨厌他。没人会羡慕这种处境。我希望我知道结局究竟如何。

他是个有魅力的、浪漫的、脾气暴躁的、热情的、盲目
551 的、自我陶醉的人，他宁可狂热地为英雄主义献身，也不愿苟活、温和地庸庸碌碌地统治一个安宁的国家。这就是我为什么觉得悲观的原因。再说我是个可怕的失败主义者，也许这一切都不会发生，一切都会安顿下来，本—古里安能够同埃及人直接达成某种协议，慢慢地融入中东。但我对此表示

[1] 11 月 8 日联合国部队占领运河地区后，以色列部队开始撤出西奈。

怀疑。

目前匈牙利占据了大家的注意力，你的朋友兰金夫妇，或者一个叫兰金的，[1]紧跟在来自巴利奥学院的奥克肖特[2]之后，已经带着一些医疗用品到达了匈牙利，又回来了，现在被基督教堂学院拒之门外。匈牙利成了一个充满浪漫色彩的事业，所有年轻人都想奔向那儿，为自由而死，虽然再清楚不过的事是，既然苏联已经粉碎了所有的反叛，他们也就没有任何用处了。但是他们总觉得要做点什么，可怕的事正在发生，一个人不能苟且偷安，一个人非得做点疯狂英勇的事，才能容忍那些邪恶。这种本能非常好，很像在我那个年代西班牙内战时人们的感受。在哈佛人们对此是怎么看的呢？

暂时回到中东问题（我的确觉得我的信越来越像纯政治演讲了）：最大的错误是，特别在美国，人们认为有些人，因为他们穷，生活在底层，受到压抑、剥削，是农民且需要教会的帮助，因此便是好人，他们的事业是好事业，他们当中不可能产生压迫者及法西斯。认为某个民族的人天生就更

[1] 伊恩·尼尔·兰金（生于 1932 年），1953—1957 年在基督教堂学院学习 PPE 课程。他对匈牙利局势的描写《学生领导的匈牙利反叛》，发表在 1956 年 11 月 4 日《观察家报》第 7 版。他的弟弟阿利克·迈克尔·兰金（1935—1999），1955—1956 年在基督教堂学院学习 PPE 课程。两人都成了商人。

[2] 罗伯特·诺埃尔·沃丁顿·奥克肖特（生于 1933 年），当时的林肯学院院长沃尔特·奥克肖特之子，1953—1957 在巴利奥学院学习古典文学，1957—1963 年任职于《金融时报》，记者、作者、工人合作组织专家。

善良、更道德、更高尚，站在这个民族的立场去反对另一个民族，是非常错误的。直到并且除非（我是严肃的）人们能够内心足够快乐地安排生活，所谓的国家权利、国家荣耀、传统的抱负、历史权利及其他一切同人们最基本的需要：生命、自由、食物、住所、安全、言论自由等的满足都没有关系，除非那样，否则可怕的事会继续发生。我必须走了——隔壁你母亲叫我别再说话，她想睡觉了，她说除非我立刻停下来，否则她要头疼了。[……]

你听到以下内容也许会觉得好玩：雅各布[1]和戴维·普
552 莱斯—琼斯[2]都想去匈牙利当志愿者，我对他们说：别太把自己当回事，大学生就是大学生而已，人不必在每个转折点都问自己是否在此处实现了自己的目标，否则就应该转向别处，我们应该继续我们自己正在做的事，不必觉得这个世界的安全、幸福取决于我们的立场，或者觉得我们有什么特别的使命。[……]

祝好

你永远的

以赛亚

[1]（纳撒尼尔·查尔斯）·雅各布·罗斯柴尔德（生于1936年），1990年成为罗斯柴尔德男爵四世，银行家。

[2] 戴维·尤金·亨利·普莱斯—琼斯（生于1936年），阿兰·普莱斯—琼斯的儿子；记者、作家，1959—1961年任《金融时报》的文学编辑。

致阿瑟·施莱辛格

[1956 年 11 月上旬 / 中旬；接前面原书第 547 页]

写到这里时我的信突然中断了，发生了许多事：不论在公众领域，还是在私人领域。我回到了英格兰，发现我的文件及书籍一片混乱，一大堆的事要做，对“新”生活感到〈困惑并觉得有了新的职责〉。从这封信最开始的日期可以看出[1]，我正打算手写几句亲密的话结束这封信，信不知放哪去了，刚刚找到。信丢后我卧床了两个多星期，不得不取消作为一名英国代表去印度参加联合国教科文组织大会的访问计划[2]，本来会有三个世上最可爱的男人陪同我前往——戴维·埃克尔斯爵士、肯尼斯·克拉克爵士、查尔斯·达尔文爵士[3]——理由是我身体太差，不能打预防针（这是真的），可是，我刚非常内疚非常惭愧地辞掉访问计划，病就好了，可见我的病很大程度上是心理的原因。然后就爆发了可怕的政治危机。

我希望我了解自己的想法。在我的大学，动乱达到了高峰，350 名同事〈比如说莫里斯、汉普希尔等〉写信给政府表示了强烈的抗议，另有以斯帕洛、贝劳福和古德哈特为首

[1] 1956 年 10 月 19 日。

[2] 伯林已经同意加入英国代表团参加于 1956 年 11 月 5 日开始的在印度新德里举行的联合国大会。

[3] 查尔斯·高尔顿·达尔文爵士（1887—1962），内科医生，1938—1949 年任国家物理实验室主任。

的（后者用的是非常温和的李普曼式的语气）30 人支持此事。我恐怖地发现我对自己知之甚少。当有人从伦敦打来电话说以色列越过了边界时，我的心顿时被最不祥的凶兆及可怕的惊愕占据了。我私下里有点喜欢本—古里安，但他是个不受任何约束的狂热之徒，他给人印象最深的是 1940 年在英国，他宁可被逼得走投无路、陷入困境，宁可为荣耀而
553 死，也不惜蔑视来自全世界的风暴，强烈反对一切人和事，就这样改写了犹太人许多个世纪以来的屈辱历史。在一个实施新政的国家，这些可不是一个积极的民主政治家必须具备的好品德。事实上，我春季在以色列时，一个独眼的（从任何意义解释都行）参谋长[1]对我悄悄说过类似的话，他们都是业余的考古学家，他说他们想要在西奈取得一场小胜利，承诺不去开罗，那样绝对会打倒纳赛尔，这是每个人都想要的结局。我徒劳地反对这种毛奇式[2]的“一场规模不大、冒失好玩的小战役”的概念，因为不说别的，不论他们在战场上取得哪种胜利，他们肯定要在会议桌上输掉，因为联合国是坚持正义、坚决抵制这种入侵行为的。当然，他们会说，如果你的邻国一直都在威胁恐吓你，而且这种威胁听起来毛

[1] 摩西·达扬（1915—1981），以色列士兵、政治家，1955—1958 年任以色列国防部队参谋长（1956 年在西奈的部队由他个人指挥），在第二次世界大战中失去一只眼睛后戴着眼罩。

[2] 格拉芙·赫尔穆特·卡尔·贝恩哈特·冯·毛奇（1800—1891），格拉芙·冯·毛奇，普鲁士（后来叫德意志）陆军元帅及重要的军事理论家，他认为战争是人类生活的一个必要部分。

骨悚然，他声称他同你处于战争状态，他要派武装部队杀你的居民，发誓说他们要杀尽每一个男人、女人和小孩，怎么能同这种人和平共处，怎么能说进攻他们是一种战争行为，而不是战争中的防卫行为呢？我发现我49%赞成，但51%反对他们的行为。战争是战争，受到挑衅而做出的侵略行为还是属于侵略行为。我还是这样觉得。然而，当我听到这个消息时，我可以说是忧心忡忡。我必须说我从未想过我们的政府会做出这样的事。另一方面，我不像其他所有同事那样，在道德方面觉得震惊。我肯定是愤世嫉俗，要不然就是非常偏袒以色列，所以我同那些道德高尚的好人反应不同，我是一直希望结识他们的。我只是从实用的角度计算了结果：在我看来，如果以色列单枪匹马来做这件事，即使它会遭受更严重的人员伤亡，并遭到其他阿拉伯国家进攻，也会取得想要的结果，也就是纳赛尔下台——然而我们的干涉把他变成了一个阿比西尼亚的烈士及皇帝，不可能有这个结果了。我觉得不同英国或美国商量是很疯狂的行为。另一方面，我知道如果我们什么也不做，仅仅是举止庄严得体，向联合国抱怨，讨论谁是侵略者以及他们的侵略程度，那么，不论以色列是输还是赢，在这出剧结束时英国会失去在中东的重要地位，不但会丢掉运河而且会丢掉石油，艾登说石油是我们的生命线，我认为他是对的。我一星期前见了格莱德温·杰伯，他说如果我们要对埃及或以色列的侵略做出反应，那么我们必须同时对埃及及以色列都充满敌意，这很难

554 做到。为什么艾登那样做了呢？为什么索尔兹伯里和麦克米兰[1]及其他内阁成员（据说其他成员中没有蒙克顿[2]和巴特勒[3]）会决定那样做呢？我认为有以下历史原因。对情感易受影响的政治家来讲，他们的生命中总有几年性格形成时期，那几年确定了他们未来的思维模式。在艾登及索尔兹伯里的生命中，那几年当然是20世纪30年代中晚期，墨索里尼，而非希特勒的幽灵，徘徊在他们周围。很明显，艾登认为在阿比西尼亚战争期间，如果有人藐视国际联盟，阻止墨索里尼，如果有人不顾国际联盟怎么说，在莱茵兰阻止希特勒，那样就会赢得和平。不那样做是懦弱愚蠢的。索尔兹伯里也这么认为，并说过类似的话。我敢说麦克米兰也一样。此外，确实是艾登的虚荣心在作怪，他创建了阿拉伯联盟，纳赛尔却恩将仇报——张伯伦回来后说希特勒，“他对我撒了谎”，他的感受同张伯伦是一样的——他一年多前对保守党许诺说我们的中东政策仰赖于纳赛尔的稳固友谊，条件是

[1]（莫里斯）·哈罗德·麦克米兰（1894—1986），1984年受封为斯托克顿伯爵，出版商，保守党政治家，1955年任外交大臣，1955—1957年任财政大臣，1957—1963年任首相。

[2] 沃特·特纳·蒙克顿（1891—1965），1957年成为布伦奇利的蒙克顿子爵一世，专业律师，保守党人，1951—1955年任劳工大臣，1955—1956年10月任国防大臣，1956年10月至1957年任主计大臣（由于他反对入侵，他的职务发生了变化）。

[3] 理查德·奥斯丁（“拉伯”）·巴特勒（1902—1982），1965年成为塞弗伦—瓦尔登的巴特勒男爵，保守党政治家，1951—1955年任财政大臣，1955—1959年任掌玺大臣，1955—1961年任下院领袖，1957—1962年任内政大臣。

英军从苏伊士运河撤出[1]，他的预言没能说中，他觉得受到了莫大的侮辱，觉得遭受右翼支持者的嘲笑太久了，想显示自己是个大男人——所有这些都是事实，然而他大可不必做那样的事。我认为他当时本应及时咨询英国及美国的意见。的确，杜勒斯可能告诉过他什么都不要做，但是，违背美国的意愿，就像一个孩子担心家庭教师不准他做某事一样，非常幼稚且总的来说后果会很严重。他本来可以胁迫说他要立刻做点什么阻止一场战争，这场战争被认为会波及整个中东，并且把苏联人也卷进来。这可能也会产生不好的影响，但是这次的独立行动肯定对英美关系及英国同世界的关系造成了非常坏的影响。他本来可以在联合国争辩说谁是侵略者，如果联合国理所当然地决定对以色列采取惩罚性的行动(这很有可能)，他甚至可以表示反对，或者至少默认法国的否决——这样当然也会有麻烦，但麻烦不会像现在这么多。 555

总之，他本该再等等的。哪怕他给的最后通牒是七十二小时，而不是十二小时，情况也会好得多。从另一个角度说，简单地向联合国汇报说有人破坏和平，然后像一个中产阶层的人那样去得到官方团体的批准，〈像艾德礼那样仔细考虑尼赫鲁[2]或巴基斯坦人的感受〉，会在中东制造出

[1] 之前驻扎在埃及的部队于1954—1955年撤出。
[2] 斯里·贾瓦哈拉尔·尼赫鲁（1889—1964），1947—1964年任印度外交部长及总理。

西班牙战争那样的局面，俄国人就喜欢那样，那结局会很惨，甚至会比现在的局面更惨，我想。我能理解我同事受到的道德震撼；大部分英国人根本没有那种爱嘲笑一切的海盗心理：他们讨厌举止不当，不愿公然违背法律，不愿同英帝国受人尊敬的政治家产生分歧（虽然我认为他们对女王陛下的那些带偏见的话题并不真的很感兴趣）。可怕的是，我好像无动于衷——难道仅因为偏袒以色列？有可能。或者由于天生的可怕的机会主义？想想艾登的确是断送了美国的美好愿望，破坏了许多关系，欺骗了那么多人，让那么多善良人难过，违背了他自己对联合国的许诺等，但我想这些不过是天平的一端：另一端是相对的优势——挫败了苏联的某些计划，〈想到在西班牙语中“不干涉”这个词的意思，仅干涉这件事就让人觉得愉快，〉让纳赛尔气急败坏，让人残酷地意识到种种赤裸裸的政治争端；既勇敢无比又愚蠢无比。用这种完全是内省的话语跟你讲这件事，我表示歉意：我认为该行动幼稚、愚蠢、轻率、危险，我们会蒙受损失——我们失去的可能比我们得到的更多——但我禁不住从功利平衡的角度来看这整件事，不认为这是道德方面的问题。在我看来，道德就是国家或普通民众生活中的快乐与痛苦、安全与危险达到总体平衡，而不是循规蹈矩，依照各种清规戒律、神圣条约和神圣事业而活着。因此我当时没感到什么道德上的震惊，此刻也没觉得什么道德上的震惊。人们力劝我在或谴责或赞扬政府的文件上

签名。我第一次发现李普曼[1]说的有道理。我都认不出我自己了。我希望你能告诉我你的想法——你是否认为这是违反国际道德的一项罪行，没办法做任何补救了——或只是个错误，它的不道德仅仅在于它影响了国际稳定，但不是邪恶的、羞耻的行为？抑或都是、都不是？我们的本科生大都无动于衷、不感兴趣；大惊小怪的是大学老师，他们
大都强烈反对政府的行为。甚至像马库斯·迪克那样的保 556
守党人和保守党成员都无比难过，吃不下喝不下，没法教书，全都处于道德迟钝状态，走动时表情羞惭，认为这整件事比慕尼黑还糟，简直把这件事发生的那天看作生命中最悲惨的一天。我还没开始这样想，但是关于慕尼黑当然是那样想的，当我的朋友维奥莱特·伯纳姆·卡特夫人写信给《泰晤士报》[2]说她感到悲伤、羞惭、侮辱，不得不低头，还说我们不能以我们应该的方式谈论匈牙利了，因为我们自己对圣灵犯了罪——联合国把它拟人化了——我觉得她充其量是自我欺骗，这代表了某种客观的虚伪，哪怕我们在道德方面没有瑕疵，像联合国一样纯洁（我必须承认它的举止非常得体）——我们关于匈牙利的强烈抗议于事无补。整个19世纪充满了高尚的行为，人们为殉难的波兰、殉难的匈牙利、殉难的意大利抗议，而殉难者本人从

[1] 李普曼对英法行动的谴责不像他的同胞那样强烈。
[2]《泰晤士报》1956年11月6日第2版。

中得到的安慰几乎为零。有谣言说，要不是有苏伊士这件事，美国会派送武器或者派兵去匈牙利。除非他们真的准备跟苏联打，否则于事无补。很明显，俄国人会派足够的兵力去镇压匈牙利人所有的反抗。

至于以色列人，我并不忌妒他们的胜利，[1] 然而我必须承认，当本—古里安同意为了联合国的利益从埃及撤出时，我感到如释重负。如果他没有撤出，他会遭到所有人的猛烈攻击，后果很难预测。看样子俄国人可能会输送武器和士兵到叙利亚，他们的荒谬想法是让所有这些武器被缴获。他们还不如立刻把武器直接运到以色列，等运够时，你的政府去威胁苏联，我们就会又陷入暂时的僵局，那样我们可以慢慢拖。跟瑞士人不同，我还是不相信第三次世界大战已迫在眉睫。俄国人当然情绪恶劣——对停火感到气急败坏，对英勇善战的阿拉伯人的不作为火冒三丈，他们已下定决心尽一切可能挑起一场圣战。现在确实是大家停止亲阿拉伯或亲以色列的时候了。清醒的估算、权力政治、权力平衡，我开始听起来像彼得·维莱克了——所有这些比机械地照搬原则行事更可行，不论那些原则有多好。奇普肯定怒气冲冲。博登—穆勒肯定在大谈特谈。〈帕米拉·[贝瑞] 夫人孤独勇

[1] 到了 11 月 27 日伯林的观点变得更强硬了：“以色列去攻打别人是错的，我不明白为什么没人同意我说的。[……] 我认为以色列人犯了大罪，任何一个艾登都比不上。”致赫伯特·哈特。

敢。乔高兴吗？〉

请一定告知你的消息，一定要告诉我，我是否应该出于 557
道德的原因怒火中烧。如果你说应该，也许我会开始那么做。我问自己，如果以色列没有卷进去，我的感受会怎样，比如说，这场争吵的双方是跟我没有任何情感关系的其他两个国家或者列强集团。我实在不知道答案：对于美国在危地马拉的行动，我不觉得生气，关于中国台湾[1]也一样。实际上我反对威尔逊亲索尔兹伯里——更喜欢老首相，而不是他现在这个非常好战的孙子。[2]当别人问他一个国家什么时候有理由参战时，他回答说这就等于问自己何时要带伞：我们不知道天气会怎样，我们得自己决定要不要带。我仅把破坏国际稳定看作是一个很严重的因素，但那仅仅是许多因素中的一个。也就是说，我是从局外人的角度看的，我认为那些相信联合国而遭到背叛的人，不论是英国人还是美国人，他们的忠诚和愤怒，政治家们在制定政策想提升幸福感、正义感、自由等时，必须把它们考虑在内，不要认为那仅是我个

[1] 1954 年中情局的秘密行动驱逐了戏剧性当选的危地马拉总统，因为他被怀疑亲共，而且他的土地改革计划被认为威胁美国在危地马拉及其邻国的利益；接着是数十年的内战。早在 1955 年美国威胁说必要时对中华人民共和国使用核武器，以保护位于中国台湾及其和中国大陆之间的岛屿。

[2]（托马斯）· 伍德罗 · 威尔逊（1856—1924），民主党人，1913—1921 年任美国总统，他认为，为了自由、民主的理想，美国应该干涉世界事务；与他相反，罗伯特 · 阿瑟 · 塔尔博特 · 加斯科因—塞西尔（1830—1903），索尔兹伯里侯爵三世，保守党人，分别于 1885—1886、1886—1892、1895—1902 年任英国首相，赞成不介入竞争激烈的欧洲联盟体系，特别是保存现有的权力平衡。

人的感受。如果我说的这些让你感到不快，你完全不同意，一定要跟我说。无论如何，告诉我你是怎么想的。

至于美国大选，结果已经成定局。[1] 我忍住不作评论，因为我担心我以那种众所周知的很差的品位来评论候选人。我相信你来评论基福弗[2] 或哈里曼的话，你会做得更好。这听起来像疯了，但我的确是这样想的。这是我头脑不清楚及在政治和道德方面无知的又一个证据。[……]

认为最近所有的坏事都是美国干的，只有乔治·凯南才会这么想。[3] 因此，据说 A. J. P. 泰勒正打算严厉抨击他最近的那本显然是非常出色的书。[4] 法国人跟我们多么不同
558 啊——在法国，除了共产主义者，及一些孟戴斯·法郎士中立主义者，全部人都极力赞成对苏伊士进行干涉，百分之百亲以色列，对冷落美国感到高兴，而且比以前任何时候都更团结。在我们国家，一切都错了，旧有的友谊被破坏了，

[1] 11 月 6 日艾森豪威尔令人信服地战胜了史蒂文森。

[2]（凯里）·埃斯蒂斯·基福弗（1903—1963），1949—1963 年为田纳西州的民主党议员，在 1952 年及 1956 年的总统选举中是民主党候选人身份的主要竞争者，但两次都输给了阿德莱·史蒂文森，1956 年是史蒂文森的竞选伙伴。

[3] 11 月 3 日《华盛顿邮报》刊登了一封凯南的信，信上他强烈谴责美国提交的反对以色列、英国、法国行动的联合国议案，并对美国最近的外交政策深表遗憾。虽然他不赞成这三方的行动，他认为美国应该为当前的局势负相应的责任，不能抛弃它的盟国，绝对不能同苏联及纳赛尔结盟。

[4] 凯南的书叫《1917—1920 年的苏美关系》，第一卷《俄国离开战争》（普林斯顿，1956）；在题为“冰冷的肩膀”的书评中，见《新政治家与民族》杂志，1956 年 12 月 8 日，第 762—763 页，泰勒谴责凯南顽固的反布尔什维克立场，但赞扬了他的学识及文风。

人们不能同朋友交谈。我刚刚在一份关于强烈抗议匈牙利事件的文件上签字，[1] 我将因此永远被剥夺苏联签证，并结束我的学者生涯。请一定写信给我。〈代我们向玛丽安［原文如此］问好。对这封冗长无比的信，我只匆忙扫了几眼。如果你觉得它无聊、愚蠢、疯疯癫癫，请你原谅。〉

你永远的

以赛亚

致泰迪·科莱克

1956 年 12 月 6 日

海丁顿宅

亲爱的泰迪：

很抱歉，当你在伦敦时，我们有很长一段时间未能见面。如今很多事纷至沓来。我有个很奇怪的感觉，那就是，春天时我在以色列对达扬说过的我的极度悲观主义并非毫无根据。虽然我确实希望它毫无根据。你是否认为，当西方国家至少为了制定一个共同的政策而不可避免地聚在一起时，不论他们真正互相信任到什么程度，为了向世界、联合国及阿拉伯人显示他们是公平公正的，侵略别人得不偿失，妥协永远是最好的——他们会提到 1948 年的以色列边界，我相

[1] 也许是那份林肯学院的本科生组织的谴责苏联的宣言，他们走遍了整个校园征集大家的签名。

信我们的总理还盯着它不放（记住，他可是个非常顽固且较没有远见的人），作为联合国发出的一个客观的正义的声音。它公平公正，因为当时各国还是朋友；同时，它还被认为是阿拉伯人的最高要求（即，消灭所有以色列人，这是不允许的）与它的扩张主义政策（这也是不允许的）妥协的产物。作为瓜分的回报，边界无疑会得到保证，就像 1938 年捷克斯洛伐克的情形一样。我不知道我为什么会有这样的感觉，但就算它没有被真正贯彻执行，我不知道艾克说的双方都同意的这个保证边界的空洞规则有何其他意义。因此我
559 们不能太乐观。你的人民尤其要警惕这种危险。我带着极大的热忱敦促你接受以下想法：现在，也只有现在，是以色列隆重地表示慷慨大方的时候。为什么本—古里安不能宣称说他愿意出钱安置加沙难民呢？他没有钱，但他可以试着筹钱吧？还可以提出收留四万到五万难民，这对这块土地上的第五纵队不会产生什么影响。我知道霍洛维茨[1]和其他人到这来同工党的人谈，但是，不论人们说了什么，工党没什么影响力。也许他们会上台，等到那时，即使他们真上台了，这当然是非常值得怀疑的，那一切都已为时过晚。如果我们（即以色列）做出这种让步——我们应该这样做，那当然是可取的——那会对世界舆论产生巨大的影响，毕竟以色列现

[1] 可能是戴维·霍洛维茨（1899—1979），经济学家，以色列财政部长，创建并于 1954—1971 年任以色列银行行长。

在不能像以前那样不顾世界舆论——看在上帝的分上现在就做吧，自发地去做，不要迫于美国或社会党人或其他朋友明显的压力才做，或者等发生了其他事才做，那就没有很大意义，或者太迟了。这种行为，加上足够的宣传报道，可能带来不可估量的巨大影响，因为目前所有人都多疑、怨恨、苦恼、羞愧，也想使别人蒙羞。纵然埃及或其他阿拉伯国家带着不屑拒绝，也没有关系。它会被记录下来，并产生无法估量的影响。请一定竭力劝说他“老人家”[1]这样做。别让他回到过去的那个想法，以为外部世界不会帮以色列，在这个世界上以色列是孤独的，不争取道德上的回归，认为它失去的东西就永远地失去了。他这种自发的表示，比依靠强国用枪支强行换来的让步更能摧毁任何觊觎边界或其他属地的阴谋。我再次请求你，不要仅仅因为我们对埃及，或者艾克、杜勒斯对英国有怒气，就过分乐观地认为会得到帮助。埃班总是过于乐观，大家还是强烈希望不要给阿拉伯人任何借口，让他们落入苏联的势力范围。你要记住，美国人现在对待英国人，就跟1944—1945年英国人对待法国人一样——他们是好人，但不幸的是，由于他们对阿拉伯人的态度过于恶劣，他们既让人尴尬又让人讨厌。想到如果一切按照现在这样发展，十至十五年后，苏联跟美国面对面时一定会使用同样的策略，我几乎要开始相信马克思主义以及资本主义社

[1] 本—古里安。

会的矛盾了。

乔·艾尔索普写信说他打算离开华盛顿，到欧洲当漫游记者，并打算去苏联待六周。我希望他也会去拜访你。我要
560 一而再，再而三地重申，现在是进行表态，并且做出慷慨表态的时候了。从这个词的最原始、最物质主义、最实用的意思来讲，相信我，表态会得到非常具体的回报，仅依赖以色列社会党人和伦敦社会党人是不行的。哥本哈根大会对我们很有好处。[1] 如果要表态，不要去问别人，问美国或英国，他们会如何反应，必须真诚地单方面地去做这件事，不要咨询别人，自发地提供巨大的帮助。德国人就是因为这样对待以色列人，给他们自己带来了莫大的好处。我太激动了，请原谅，我以前从未对任何一件事如此激动过。

你永远的

以赛亚 [2]

1957 年 1 月 23 日科莱克回信说："我完全同意你对局势的悲观分析"，但"你建议的那种表态会被公众认为是再次的退让，再次的妥协，那样会使我们变弱，而且会很快被阿拉伯人利用"。

[1] 社会党国际委员会在哥本哈根开会时，反对英法入侵埃及，结果 12 月 2 日法国代表团退席。

[2] 伯林此处原文为希伯来文。

致沃纳·菲利普

1956年12月6日［以手写的形式在打字稿上做了大量订正］

海丁顿宅

亲爱的菲利普教授[1]：

我写这封信时心中遗憾懊悔之极，并觉得羞愧沮丧。我恐怕不能于1月末[2]到柏林了。［……］我觉得失望之极：虽然，正如我说的，我不喜欢演讲，但是，我有个模糊的感觉，如果有来自自己领域[3]的召唤，就应该把事情做到最好，我本应该这么做的。我非常赞成建立计划中的学院，但又忧心忡忡，因为，除非事先施加某些相反的影响，否则它会建立在以下假设上：辩证唯物主义对苏联的实践者来讲非常重要。最近的莫斯科之行中如果有让我信服的一件事，那 561
就是：（大概自1930年以来，在此之前的哲学讨论是真诚的，严格地限于自己的领域，还跟经济、政治活动相互影响。）在当今俄国，哲学仅是政治社会政策的直接工具，再无其他；它还被恶意地使用，用来表示政治、经济、社会政策的变化，这些变化本身同哲学没有丝毫的关系，想到并下令做这些改变的人粗鲁地公开鄙视哲学，认为哲学在实践中

[1] 沃纳·菲利普（1908—1996），自1952年起任柏林自由大学东欧学院教授（1970—1972年任院长）。

[2] 伯林已同意在1957年初柏林举行的国际大会上发表关于普列汉诺夫的演讲，探讨建立一个学院，由洛克菲勒基金会出资，研究马克思主义和列宁主义，并给研究者提供学术研究资料。

[3] 伯林此处原文为：Fach。

是无意义的唠叨。出于这个原因，想从最近的苏联哲学著作中提炼出什么哲学意义，去研究它的本质（即，不论那些真诚的思想家们的思想多么简陋、原始、邪恶、错误、无知，去阐述他们的真实想法），或者试图给一些出于别的原因采纳的政策找到严肃的意识形态方面的理由（即，试图相信正在做的事是某种正统的马克思主义，并得出结论说那些不同意的人是真的异端、叛徒，也不管这个结论是人为的、自我诱导的），根本就不切题。在苏联，意识形态方面讨论的真正意义在于（我想讨论没有涉及周边的卫星国家，如果那样的话也许会产生真正的思想），它成了哲学以外其他某个领域的政治或社会发展的征兆，哲学界是深受鄙视的。比如，战争期间命令你把黑格尔看成一个德国法西斯主义者，漠视他的影响，帮列宁思想在俄国扎下根，这只是告诉你对德国或外国应采取何种态度，并不要你真的试图去改变哲学思考，不管你有多痛苦，很多年前就已经禁止哲学思考了。同样地，一篇最近发表在1956年《共产党人》杂志的精心撰写的长文[1]，是关于黑格尔否定之否定定律的，文章的大部分毫无意义，直到它提及该文的具体目的——指出如果把所有的西方科学、数学等当作非马克思主义垃圾而予以拒绝的

[1] 科里亚比克，“K voprosu ob otsenke filosofskogo nasledstva Gegela”（“关于黑格尔哲学遗产的一个问题”），《共产党人》杂志（苏联共产党的主要期刊），1956年第17期，第115—122页。

话，会威胁到苏联的安全，是一种文化“虚无主义”，在个人崇拜期间也许可行，但现在，如果想借助苏联科学发展经济（我想是战争），必须摒弃这个看法。因为这个原因，如果试图去分析苏联道德伦理或苏联知识理论的最新发展，必须采取诊断的方式，就像一个无神论者研究神学，精神分析家分析梦境那样，也就是说，把它作为政治或社会发展的症候来研究，否则在我看来就是浪费时间和精力。（非数理形
式逻辑因为相对自由，不采用这个方法。但它作为西方形式 562
逻辑的初步形式，目前完全索然无味。）我在莫斯科时同一些哲学家们交谈，他们并不假装对自己的哲学感兴趣，别人就更不感兴趣了。其中一人说，没有任何人认真对待他们或者他们的学科，不管他是老师还是被教的学生。如果一个人觉得自己不够杰出或觉得不安全，他便什么都不讲。这很像革命前俄国知识界对俄国学校必须教《圣经》的态度——如果你责备被迫这样做的可怜的牧师，别人会认为你无聊，但是不论牧师还是学生都不把它当回事。但是，哲学公告成了深奥的象征，预示着苏联政权的社会政策及政治政策的导向，因此又非常重要。给历史学家、经济学家、哲学家、文学艺术批评家，甚至是生物学家和逻辑学家指明方向（或者让他们接受教导），特别是要求他们执行这些命令，非常重要，那表明了政权要往哪个方向走：可能历史学、哲学、生物学的学生对此不感兴趣，但学习苏联社会学的学生对此抱有极大兴趣。从这个意义上讲，它是人为创造的“上层建

筑”，故意把它设计创造出来以反映政治现实。要理解其周边卫星国家，特别是波兰和匈牙利的现状，熟知马克思主义的历史很关键，出于这些原因，真的有人真诚感人地坚信并拥护它的各种教义，在西方及亚洲国家当然也有此类人。我相信成立这样一个学院是十分合理的。真希望我能参会并当面提出这个观点，并且听从您的友好建议，就马克思主义哲学从普列汉诺夫的极盛时期到苏联现今的演变过程发表演讲。唉，可惜我不能来。如果某人是个重要人物，比如说一位原子物理学家，他的工作对苏联是极具价值的，他就可以公然鄙视这一切。请代我向莫斯利、罗宾逊[1]及其他我认识并与会的人表示我的歉意，非常感谢您，当然首先请您接受我的歉意。我确实感到失望之极。

您真诚的

563 以赛亚・伯林

致弗朗科・文图里

1956年12月10日

海丁顿宅

亲爱的文图里：

非常感谢你的来信，你能想象得出它给我带来的巨大快

[1] 杰拉德・坦克里・罗宾逊（1892—1971），俄罗斯历史学家，1946—1951年任哥伦比亚大学俄罗斯学院院长，1950—1971年任历史学塞思洛讲席教授。

乐。我想，我确实很喜欢赫尔岑，我自负地把任何对他的表扬当成是对我自己的表扬。你说的话真是让我高兴至极。请阅读他的意大利之旅——在生命的晚年去佛罗伦萨——也要读他在“撒丁岛王国”的逗留，所有的悲剧都发生在那儿。他对萨沃伊及皮埃蒙特地区官员的评论也颇为有趣。你知道吗，除了俄罗斯人外，他最爱的就是意大利人了，比任何人都爱。这样做是对的。我相信所有俄国人都这样，因为这些原因我加倍喜爱意大利人。巴黎之行的计划还在筹备[1]中，也就是说，要是在佛奇街21号[2]能有最起码的供暖设备就好了。你认为它地处埃及使馆隔壁这个事实是增加了还是减弱了此行的机会呢？

我将发表关于普列汉诺夫[3]的广播演讲，纪念他诞辰一百周年。我觉得人们几乎完全忘记这个老人了，然而如果没有他，许多事，不论是好的还是坏的，就不会发生。我个人很喜欢这个“险恶的教授”[4]的思想——我认为他是最后一个赫尔岑思想的追随者——一个左翼“贵族”[5]，所有人中

[1] 伯林此处原文为：aktuell。
[2] 阿历克斯·德·罗斯柴尔德的家。
[3]《俄国马克思主义之父：G. V. 普列汉诺夫（1856—1918）》，1956 年 12 月 11 日英国广播公司三套播出的节目；以“俄国马克思主义之父”为标题刊登于《听众》杂志，1956 年 12 月 27 日出版，第 1063—1064 页和第 1077 页，收录于《观念的力量》。
[4] 伯林此处原文为：Zloy Professor，可能是普列汉诺夫的某个反对者这样描述他。
[5] 伯林此处原文为：Barin。

最有魅力的一种，但不幸的是几乎灭绝了，因为“贵族”[1]及真正意义上的左翼都消失了。这是毫无根据的悲观主义，还是从波兰和匈牙利得到的新启发？我感觉马克思主义已经快走到尽头了，令人兴奋的更具威胁性的新思想会和托马斯主义、实证主义、保守主义、自由主义等一起取代它。反对共产主义的暴乱将会更疯狂，破坏性也更强，赫尔岑在《彼岸书》中可怕地预见并描述了这点。我有一种预感，在我们还活着时这种事就会发生。或许这只是浪漫的俄罗斯式谈话？

你永远的

564 以赛亚·伯林 [……]

致维奥莱特·伯纳姆·卡特

1957 年 1 月 10 日［手写明信片］

瑞士克洛斯特斯的威斯克鲁斯酒店

我的妻子和继子女们正狂热地，毫无疑问很尽兴地在斜坡嗖嗖地滑着雪，积极参加这个小村庄（滑雪的几乎全是英国人）的体育运动[2]，我得的感冒很是时候，一个人蜷缩在屋内。我会尽早去拜访你，并尽我所能回答你的所有问题[……]；对俄国的印象怎样——苏联政治局看起来真的非常

[1] 伯林此处原文为：Bare，它是 Barin 的复数形式。
[2] 伯林此处原文为：vie sportive。

可怕，集中了一群看起来像是粗鲁狡猾的大学看门人的人，他们随便斜眼一瞥，就能看出每个大学老师、大学生、访客价值几何——既温和又野蛮，既势利又腐败，快活得令人讨厌，能毫不费力滔滔不绝地道出许多感伤的回忆。我在那儿碰到了德莱伯格[1]，如果你想听的话，等我们见面时，我会对你细说，也会谈及那个疯狂的总理。我当然过去和现在都认为“干涉”的形式是疯狂的举动，因为对以色列的好感，在我碰到的所有人中，我是把他们这次进攻的后果看得最严重的一个（我告诉伊夫林·沙克布勒说它会发生的），我认为我们臭名昭著的老朋友布思比是对的：我们本该等四至五天，然后再给联合国下最后通牒，并很高兴地发现马克也有同感。我不如你稳妥，但还是可靠的。[……]

以赛亚

致罗兰·博登—穆勒

1957年1月10日［手写明信片］

瑞士克洛斯特斯的威斯克鲁斯酒店

艾琳和孩子们正尽情开展“冬季运动”，我得了轻微的窦炎，得的真是时候啊，今晚我安静地待在床上，既暖和又

[1] 托马斯·爱德华·奈尔·德莱伯格（1905—1976），1975年受封布拉德韦尔男爵，记者、演讲家、播音员，曾是共产党员（可能还是个苏联间谍），1945—1955年和1959—1974年为左翼工党的下院议员；因同性恋淫乱而臭名昭著。伯林在印度使馆休息室碰到德莱伯格（他在莫斯科会见盖伊·伯吉斯）。

可以不跟美国小说家欧文·萧[1]一起吃饭。我一点都不感到遗憾。一定要告诉迈克尔听从盖茨凯尔[2]的意见。他是一个普通、正派、聪明、善良、软弱的英国公仆，保守、和蔼可亲，“上层阶级的甜蜜生活”[3]很容易让他倾慕不已，喜欢女士，也喜欢 M. 鲍拉爵士，有一个很强势的——比他这个社
565 会党人——强三倍的犹太妻子[4]；他实际上更像艾登、史蒂文森、艾奇逊等——那些乏味的善良的波斯廉成员[5]——善良、容易被吓着，而不像罗斯福、杜鲁门、丘吉尔，甚至斯巴克比等真正的领导人，这些人都非常聪明且是自由论者。[……]

爱你的

以赛亚

回去后伯林必须完成社会与政治理论齐切利讲席教授的申请，G. D. H. 科尔即将退休，这个位置会空出来。他认为

[1] 欧文·萧（1913—1984），原名叫欧文·吉尔伯特·萨姆弗洛夫，美国剧作家、编剧、小说家及短篇小说家，1950 年因被怀疑是共产党而上了好莱坞的黑名单，此时正住在欧洲。

[2] 盖茨凯尔将于 1 月 13 日在一个关于时事的美国电视节目《面向全国》中接受提问。

[3] 伯林此处原文为：douceur de vivre。

[4]（安娜）·多拉·盖茨凯尔（1901—1989），婚前姓科里蒂特，原姓弗罗斯特，1963 年受封盖茨凯尔女男爵；出生于里加，但很快就随父母就迁到伦敦，父母是俄国犹太人；曾是医科学生，工党活动家及犹太复国主义者。

[5] 哈佛大学的一个高级俱乐部。

评阅专家的选择非常关键。

致查尔斯·韦伯斯特[1]

1957 年 1 月 28 日［手稿］

海丁顿宅

亲爱的查尔斯：

当然，我对你的来信表示深深的感激。作为发起者，选择哪位政治理论专家，你说的话很有份量，由你当评阅专家之一，我感到非常骄傲、快乐，已经把他们都打败了——可以说，我的目的达到了。不管其他选举人会怎么想，让我指定由你来做吧。他们是：校长（现在是 J. C. 玛斯特曼），全灵学院院长（约翰·斯帕洛），哈巴卡克（教授）[2]，惠尔，G. N. 克拉克爵士[3]，奥斯丁（教授）和 H. L. A. 哈特（教授，现在是法理学教授）。在这些人中哈特有可能在美国但可能会写一封信；斯帕洛、奥斯丁，还有惠尔，他们对我很熟悉，不用参照很多新的证据，就会得出他们自己的结论。我不了解哈巴卡克，我想，他有他自己的想法，但克拉克可能会给

[1] 查尔斯·金斯利·韦伯斯特（1886—1961），1932—1953 年任伦敦政治经济学院国际史史蒂文森讲席教授；战争期间伯林在美国的同事。

[2]（罗思嘉）·约翰·哈巴卡克（1915—2002），1950—1967 年任牛津大学经济史齐切利讲席教授。

[3] 乔治·诺曼·克拉克爵士（1890—1979），1908—1912 年就读于巴利奥学院，1931—1943 年任牛津大学经济史齐切利讲席教授、全灵学院研究员，1947—1957 年任奥里尔学院院长。

他暗示——你比我更了解（或者是喜欢）克拉克——他也许会也许不会更偏爱那位值得尊敬的不错的候选人，来自他自己奥里尔学院的普拉门内兹，而不赞同我的（在他看来）更不正统的主张。玛斯特曼自己没什么主见，会倾向于同意那些善于思考者的观点。你肯定会想我怎么会选三个历史学家，你这样想完全正确。我本来无论如何也该咨询你和佩尔斯的，我钦佩你们——我是真诚的，因为显而易见，你们会对学术
566 质量做出很公正的评判。报送我的评阅专家名单时，我不想换掉你和佩尔斯（他像你一样写信给我了，同意了，但说他在这个领域没什么影响力）的名字。我也许能找到更相关的人替代恩索尔[1]（他也提出要找人替换他）：我把政治理论领域的所有专家过了一遍：我不能找马博特或威尔顿，或麦克卡鲁姆[2]，或奥克肖特，或布洛根，甚至波普尔，我尊敬他，但他答应的可能性很小，还有我不认得厄内斯特·巴克[3]。主要是在英国，政治理论（或哲学）很不景气，要不然就会有一些好教授和很多候选人争这个特殊的席位。戴维·罗斯爵

[1] 罗伯特·查尔斯·柯克伍德·恩索尔爵士（1877—1958），新闻记者、历史学家，1937—1946 年任科珀斯克里斯蒂学院研究员，1938—1946 年任纳菲尔德学院的研究员。

[2] 罗纳德·布坎南·麦克卡鲁姆（1898—1973），历史学家，1955—1967 年任彭布罗克学院院长。

[3] 厄内斯特·巴克爵士（1874—1960），分别于 1928—1939 年任剑桥大学、1947—1948 年任科隆大学政治科学教授。

士[1]谈不上是我的朋友，我们之间关系友好但不亲密，他肯定会选普拉门内兹，因为普拉门内兹把他原来奥里尔学院导师的观点和方法运用于政治理论——实际上这既是他的主要优点又是他的最大缺陷——罗斯的方法运用于政治后，澄清了许多胡扯及空话，并得出了明晰、诚实、肤浅、陈腐的结论。我想到过查尔斯·威尔逊[2]，他如果还在这的话，他最有可能得到这个席位，但我不知道他对我是怎么想的：我想他会比较客气，不冷不热。至于罗宾斯，我从未想过他会待见我，你说的话让我高兴且受宠若惊：你是否认为他是个比恩索尔更好的人选？毕竟，他是个历史学家及经济评论家，但恩索尔本人过去曾是这个席位的选举人之一，可能了解这个席位需要哪些当地的条件。然而，如果你叫我用罗宾斯替换恩索尔，我会同意的。因为，令人伤心的是，恩索尔因帕金森病的折磨变瘦了，他多少说过他没法做太多的事了。我可以跟他说我需要一个同政治理论领域关系更近的人，但我认为他的判断是值得尊敬的。如果能得到你的指教，我将非常感激。你的见解深刻正确：牛津的选举人委员会中可能有一股奇怪的势力，但我认为这个选举人委员会，不会像那个任

[1]（威廉）·戴维·罗斯爵士（1877—1971），哲学家，1929—1947 年任奥里尔学院院长。

[2] 查尔斯·海恩斯·威尔逊（1877—1971），1939—1952 年任科珀斯克里斯蒂学院历史学研究员、导师，1952—1957 年在莱斯特大学任学院院长（1957—1961 年任莱斯特大学校长）。

命伍斯特大学伍德沃德[1]的继任者[2]时的委员会那样，被观点迥异的人分为两派。天知道麦克米兰会让谁做钦定讲座教授：我感觉阿兰·泰勒尽管真的有能力，但好像走入歧途了；佩
567 尔斯尽管健康不佳，看到特别多善良聪明的人，可能会高兴：如果他不能坚持太久，还有那个强硬无情的特雷弗—罗珀，但他是位真正的学者和教授。这一切我可管不了。附上我已出版或发表的成果清单，以及我申请书草稿原件。如果这二者有什么差错，请告诉我，我将非常感激，我不想显得太不认真或过于自负，真心希望我不会那样。给你添太多麻烦了：我会喜欢那份工作的，但也许我不够格。

你永远的

以赛亚·B.

致查尔斯·韦伯斯特

1957年2月2日［手稿］

海丁顿宅

亲爱的查尔斯：

非常感谢你的来信，你的慷慨，对我帮助很大。我对申

[1]（欧内斯特）·卢埃林·伍德沃德爵士（1890—1971），牛津大学国际关系学蒙塔古·伯顿讲席教授，1944—1947年任巴利奥学院研究员，牛津现代历史学教授，1947—1951年任伍斯特大学研究员，1951—1962年任普林斯顿高等研究院教授。

[2] 理查德·布鲁斯·沃纳姆（1906—1999），1951年在伍斯特大学接替伍德沃德得到现代历史学的讲席及助理研究员职位；当时竞争这个席位的人有纳米尔、A. J. P. 泰勒和特雷弗—罗珀。

请书做了相应的修改，并打算星期二寄出。经过长时间的考虑后我决定用吉伯特·赖尔，我们的三个哲学教授之一，代替恩索尔。并不是说他对政治思想有兴趣，理查德·佩尔斯对我说了他的高见，这么些年来我是个专职的哲学教授，因此我必须找个杰出的哲学教授证明我不是因为做不了“纯粹的”思想家，才对政治思想感兴趣的（一般情况下是这样的）。他说得很有道理，且赖尔和我交往了二十五年，很了解我，我想，他应该不会把我想得太坏，而且他适合对我战前的活动发表意见。我征询他的意见，他很热情地回复了我，我的名单全了。赖尔写的推荐信口气生硬——他会在信中以写爆炸性警句的方式对他的学科进行总结，然后侮辱选举人或者这个讲席。但是，我想这次他会控制自己的（推荐赫伯特·哈特为法理学教授时，他说道：该是一个正直聪明的人拥有这个讲席的时候了，迄今为止这个讲席一直被蠢人、恶棍之类占据着）。前两任占据这个讲席的人[1]刚好也都是选举人（如果你真的想知道他们的名字，我再告诉你——那不是什么秘密），因此受到了很深的伤害，我这个可怜的朋友差点在接踵而至的愤怒中下台。但是，一个人不可能十全十美，我必须要有赖

[1] 只有卡勒顿·坎普·艾伦爵士（1887—1966）是法理学教授（1929—1931），弗雷德里克·亨利·劳森（1897—1983）在1948—1964年任比较法律科学教授，哈罗德·格雷维尔·汉柏里（1898—1993）在1949—1964年任英国法瓦伊纳讲席教授。

568 尔。把根据你的意见做了修改的材料寄出后，[1] 我要停止想这件事。目前真正让大家激动的是历史学钦定教授那个席位。泰勒、麦法兰 [2]、萨瑟恩 [3]、特雷弗—罗珀、罗斯都很狂热。有任免权的秘书已经安排好了，看到了 X、Y 和 Z，但没看到 A 或 B 或 C——所有这些导致了很多猜测和议论，就像在特罗洛普上演的一幕幕剧。我问理查德·佩尔斯，如果把职位给他，他会不会接受：他说他不会（原因是，这个职位对他来讲只不过是个巨大的荣誉，加上萨姆纳式的顾虑、正直），虽然他知道如果把职位给他，而不是其他人，总体而言更能让大家接受。因此我们继续 [……]

你的

以赛亚

几次发病后，1957 年 1 月艾丽丝·詹姆斯得了严重的脑溢血。

[1] 伯林于 2 月 5 日提交了齐切利讲席教授的申请，申请材料包括一封对他迄今为止的学术生涯做出总结并对未来进行规划的信，以及一份著做出版清单。信和清单中的小错误比比皆是，还大大夸大了他在当前项目上的进展。

[2] 肯尼斯·布鲁斯·麦法兰（1903—1966），1928—1966 年为莫德林学院历史学研究员、导师。

[3] 理查德·威廉·萨瑟恩（1912—2001），1937—1961 年为巴利奥学院历史学研究员、导师，1961—1969 年任牛津大学现代历史学齐切利讲席教授。

致威廉·詹姆斯

1957 年 2 月 2 日［手稿］

海丁顿宅

亲爱的比尔：

你的消息让我们都非常难过［……］。真希望知道为什么好人遭罪，而坏人、冷漠的人却得到奖赏。我宁可相信运气和一个没有上帝的世界（实际上我认为我确实如此），而不愿去信任一个变幻莫测的神灵，或一个高深莫测的谜。在一个随性而为的世界，你至少不用受无法回答的问题的折磨，你可以什么都不管。我不相信（跟上面提到的矛盾）善良、活力、勇气、慷慨和爱注定只能在狭窄的或有阻碍的通道里流淌。艾丽丝，亲爱的艾丽丝，肯定会像温斯顿那样，因为无辜、自信、热爱生活而康复（就像温斯顿）。[1]［……］我可以想象你经历的一切——你肯定比艾丽丝还更痛苦，要支持她，做出决策和思考，还要被笨拙的朋友们议论——想到她想说点什么，但出于身体的原因无法表达，这实在太让人难受了。［……］非常抱歉，我词不达意，我非常爱你们，坚信她将凭她的勇气及善良战胜一切，她会依然 569
快乐，你也一样。

你的

以赛亚　　　　［……］

[1] 丘吉尔接连几次中风但活了下来，这导致他于 1955 年 4 月辞职。

尽管汉密尔顿·费希·阿姆斯特朗因摘录伯林（或者说他的另一个身份，O. 尤迪思）的《最高统帅斯大林及统治艺术》受到了种种审判，阿姆斯特朗 1957 年 1 月 18 日写信给“O. 尤迪思先生，由伯林先生转交”，带着钦佩回忆了他早期文章中“微妙而精确的分析”，并建议尤迪思先生再写一篇文章，将其同斯大林死后苏联的发展联系起来。尤迪思先生同意到夏天写点东西，阿姆斯特朗则强调最后期限为 8 月份的第一周。

致汉密尔顿·费希·阿姆斯特朗

1957 年 2 月 6 日

海丁顿宅

亲爱的阿姆斯特朗先生：

我的朋友尤迪思先生，您知道，是个回信很不及时的人，而且太多毫无意义的小事会分散他的注意力。你的赞扬使得他像喝了美酒一样兴奋，但他的情绪变化无常。虽然，作为他唯一可以依靠的朋友，我尽量给予他道义上的支持——很明显他缺乏高尚的道德情操——我很难代表他做出任何承诺，期望他就你提的那个话题做出决定，特别是所谓的 8 月份第一个星期，根本不太可能。因此，不要太自信，不要对文章抱太大的希望，这样会好得多。碰到我那位可怜的朋友时我会尽量施加压力，但是我要说的是，我过去跟他打过许多交道，他的脾气和表现变化无常，常让少数几个相

信他的人恼怒、失望。自然，如果有什么进展，我会向你汇报，但是，唉，不要希望他的性格有所改进。尤迪思有个奇怪的错误想法，他认为自己的不可信赖本身能让人放松，甚至是和蔼可亲的性格特征。这真是匪夷所思，但是他年纪已经够老，不会有所改进了，因为跟他有那么多年的交往，我只好忍一忍，要不然我早就不跟这个烦人的人来往了。如果你下决心做这件事，我，抑或任何人都不会怪你。这个严峻的世界不容许那种行为存在，除非他有所成就，而可怜的尤迪思根本还未取得什么成就。您对他太好了；他呢，不知悔改，把一切视为理所当然。

您永远的

老朋友 570

致泰迪·科莱克

1957 年 3 月 5 日（收信日期）

海丁顿宅

亲爱的泰迪：

非常感谢你的来信，[1] 分析了总的局势——我并不期望本—古里安会写信——现在他再这样做已经没什么意义了，局势发生了如此重大的变化，所有那些温和的安抚措施在很久以前是适时的，但现在它们当然毫无意义且可能在政治上

[1] 信的日期为 1957 年 1 月 23 日。

被误解，甚至带来坏处。因此我收回那些话。自那以后，号召英国人支持以色列这件事取得了重大进展，但谁会想到参议员诺兰德[1]和布里吉斯[2]会成为优胜者呢！我敢肯定地说这整件事〈甚至不仅仅是石油和苏联〉的核心是，艾克受到了诸多取笑，因为美国政策最终总是出于种种为人所不齿的原因站到了以色列这边——显然阿拉伯国家一个接一个反复向他提这点——因此他下定决心（他真的是这样想的，出于爱国，甚至是客观的道义上的原因）要表现出自己"很强"，就像艾登正直接面对纳赛尔，因此在这件事上只要他能挽回颜面，解决其他问题就会相对容易。〈出于同样的过去的原因，美国一字一句地重复英国 20 世纪 30 年代对阿拉伯人采取的政策——太迟了才去贿赂——试图收买许多潜在的拉希德·阿里[3]，让人非常沮丧。如果我见到乔·A. 我会跟他谈。奇普·B. 肯定不会同意我说的，会积极诚恳地为艾克

[1] 威廉·菲夫·诺兰德（1908—1974），新闻记者，1945—1959 年任加利福尼亚州共和党参议员，1953—1955 年任参议院多数党领导人，1955—1959 年任少数党领导人。作为一名强烈反对共产党的人，诺兰德以前曾说要给总部在中国台湾的国民党政府更大支持，他公开反对艾森豪威尔提议的如果以色列不从埃及领土撤军就制裁以色列的威胁，因为苏联镇压匈牙利的暴动时并未采取类似的行动。
[2] 亨利·斯特拉斯·布里吉斯（1898—1961），1937—1961 年任新罕布什尔州有影响力的右翼共和党参议员，1953—1955 年任参议院临时主席，1954—1961 年任共和党政策委员会主席；反对制裁以色列。
[3] 拉希德·阿里·艾尔—盖拉尼（1892—1965），反英（并且亲轴心国）的阿拉伯民族主义者，1933—1941 年间曾三次当选伊拉克总理。

的政策[1]辩护，但他是错的。〉这是我的惯常做法，把政治变为个人问题，也许不够客观。我总是相信那是对的。无论如何今天早上事情有所明朗了，我想谢皮洛夫的职务变化[2]是有助益的，因为他个人在纳赛尔那边卷入太深。〈(但这件事上他没怎么介入。)〉我不再继续这样自言自语了。

还是谈些更实在有趣的事吧。以下人员将会拜访你。伯
纳姆·卡特夫人。我希望她会有恰如其分的 VIP 待遇，而 571
且如果她继续前往约旦的话，人们不会太恼恨她。她是个出色的演讲家，是温斯顿及麦克米兰的好朋友，在美国也有影响力。她早期亲犹太复国主义，后来因中士们被绞死几乎走向了反面，[3]她写了一封信给魏茨曼博士，呼吁他要有道德感，收到的是枯燥无味的回答，信中引用了歌德的话，虽然不是很有说服力。她感到震惊，心情矛盾。她感情丰富，头脑清楚，虽然她是个自由主义者，但没有党派，正处于困境中，她是个有影响力的公众人物。是我的好朋友，就以色列之行请教我的意见。我不知要跟她说什么好，只是希望她玩得高兴且有意义——当政治家是她的本行，笃信反社会主义的自由主义纯粹原则。艾登在苏伊士运河上的策略让她非常生气，不赞成我在这件事上的反复。如果没有得到足够

[1] 艾森豪威尔 1957 年 1 月 5 日正式宣布，如果接到请求，美国会给反共的中东国家提供军事及经济援助。

[2] 安德雷·葛罗米柯最近取代谢皮洛夫成为苏联的外交部长。

[3] 见原文第 30 页注 1。

的尊重或者对她过于随便，她的反应可能会像萨默斯基尔[1]那样。我们一定不能忘记她是伟大的阿斯奎斯的女儿，认识她那个时代所有伟大的人〈教授加政治家——那才是她的本行〉。

其他拜访你的人就很不一样了。我设法说服戴安娜·库珀不要去了，因为她喜欢待在朦胧舒适的咖啡厅内，而以色列没有那么多这种咖啡厅。因此你的访客有：威斯敏斯特公爵夫人利利亚和帕米拉·贝瑞夫人；前者是个乐天派，非常聪明，她以后跟以色列癌症研究会有关系，此事可能成功，但我们最好不要想太多。她和P. 贝瑞夫人，尤其是后者，她现在是后艾登时代保守党的重要女主人（她的丈夫，是我的一个老朋友，拥有《每日电讯》，非常担心她的此次行程），不要安排她见年长的教授（对V. 夫人更合适些），要安排她见年轻英勇的将军，长得帅就更好了。对这两位高贵的夫人来说，见伊加尔·阿隆[2]，特别是达扬，绝对是社交需要，但无须见沃特·[伊坦]。〈见雅丁[3]也一样是需要，

[1] 伊迪丝·克拉拉·萨默斯基尔博士（1901—1980），1961 年受封男爵夫人，1938—1961 年任下院工党议员（1945—1951 年任初级大臣职位），1954—1955 年任工党主席。1955 年初去以色列及约旦进行实地调查，阿拉伯的困境让她悲恸不已。

[2] 伊加尔·阿隆（1918—1980），1945—1948 年任帕马奇指挥官，1948—1950 年任以色列国防军中将，1955—1979 年为以色列议会马帕伊（工党）成员，后（1967—1974）任以色列副总理。

[3] 伊迦尔·雅丁（1917—1984），原名伊加尔·苏肯尼克，年轻时活跃于犹太国家防卫队，1949—1952 年任以色列国防军参谋长，之后成为一名考古学家。

但不会带来那么多好处。〉如果你那有一些英勇而又浪漫的
士兵，那么他们，加上贝加拉诺[1]，是你应当重视的人，当
然，你自己决定选谁。我跟她们说了我会写信给你。P. 夫
人是我们的好朋友，我们经常在她的沙龙碰到杰出的政界人 572
士。在反对艾登的运动中，她是唯一的有力反对者，不喜
欢 E. 夫人，是整个新内阁的亲密朋友，跟巴特勒和麦克米
兰关系特别好，跟桑迪斯[2]和劳埃德[3]差些。像摩伊西[4]和
阿格隆[5]这样的人士见见她们也行（我不得不把他们的名字
都写在了菜单牌的背面给她们），但她们喜欢的是果敢勇猛、
英雄主义、开心、浪漫——公爵夫人当然已经和巴斯塔尼[6]
去过黎巴嫩了，心中充满了内疚，但愿意付出补偿。P. 夫
人倒没有这些想法。我会把这些都告诉梅耶，当然，你也应
该知道这些。

[1] 摩西（“摩什”）· 贝加拉诺（1901？—1957），以色列实业家（生产罐装烟草），1948—1949 年任驻莫斯科贸易专员，一直跟政府有关联。

[2] 邓肯 · 埃德温 · 桑迪斯（1908—1987），1974 年受封邓肯—桑迪斯男爵，保守党政治家，1951—1954 年任供应大臣，1954—1957 年任住房及地方政府事务大臣，1957—1959 年任国防大臣，1959—1960 年任民航大臣。

[3]（约翰）· 塞尔温 · 布鲁克 · 劳埃德（1904—1978），1976 年受封塞尔温—劳埃德男爵，保守党政治家，1954—1955 年任供应大臣，1955 年任国防大臣，1955—1960 年任外交大臣，1960—1962 年任财政大臣。

[4] 也许是摩西 · 夏里特。

[5] 热尔松 · 阿格隆（1894—1959），乌克兰语叫阿格隆斯基，新闻记者及编辑，1932 年创建《巴勒斯坦邮报》（1950 年更名为《耶路撒冷邮报》），1955—1959 年任耶路撒冷市长。

[6] 艾米尔 · 穆尔希 · 巴斯塔尼（1907—1963），黎巴嫩商人、慈善家及政治家。

我觉得遗憾的是，她们不得不都去见本—古里安——他不该拒绝见她们，这会比见他的其他访客更有好处。P. 夫人当然也想见财政（及其他）部长，但不能让她见很教条的社会主义知识分子。她的品位，而非她的脾气，很不像克罗斯曼家族一员。

圣安东尼学院的比尔·迪金4月份会来看望你，这件事我不必说的。他以前教过的学生阿隆等会照顾好他。他喜欢回忆他在温斯顿时代做情报官员的日子，而且我敢肯定他想去加沙、亚喀巴等地，像巴尔干半岛那样的事他并不陌生。他是个非常好的人，在伦敦受到欢迎，认识并喜欢沃特，会给你们大家带来欢乐。

想到得留出时间与魏茨曼夫人待在一起，她们都稍稍抱怨了几句，但她们知道她们不得不那么做，而V. 夫人天生就适合做这种事。不论国际局势如何紧张，请一定花些时间在这些人身上；很值得。唉，艾琳和我今年不会来了。

衷心的问候

你永远的

以赛亚[1]

下一任社会与政治理论齐切利讲席教授的选举于3月12
573 日举行。

[1] 伯林此处原文为希伯来文。

致查尔斯·韦伯斯特

1957 年 3 月 14 日［手稿］

海丁顿宅

亲爱的查尔斯：

一切尘埃落定——确实在星期二敲定了——我被任命为科尔的接班人，感到有些惶惑。我承认这个“领域”非常痛苦——虽然我最不该说这样的话——因为，比如说，普拉门内兹，他可能比其他人更有资格得到这个席位，但他没有申请，我不知道为什么［……］。我（我想，这非常正常）几乎毫不知情，除了知道 G. 克拉克爵士赞成高夫[1]，并且（这不是什么新鲜或奇怪的事）认为我很差。［……］现在一切都结束了，我觉得紧张不安，我怀疑我是否真的有能力复兴这门目前在牛津无疑是奄奄一息的学科：当然现在抱怨是没用的，我已经坐在了这个难于驾驭且看起来危险的马上，我还必须跑起来。而且因为这是我自找的，所以我还必须证明自己够格。我确实应该写出那本被耽搁了的书，虽然迟到但我还是到了。我希望你不会为我感到惭愧不已。与此同时，我想再次向你表示深深的感激之情。

你永远的

以赛亚

［……］

[1] 约翰·维多夫·高夫（1900—1976），1931—1967 年任奥里尔学院研究员，历史学家及政治哲学家，研究专长为 17 世纪的英国。

祝贺的信件如潮水般涌来。

致阿兰·普莱斯—琼斯

1957年3月15日［手稿］

海丁顿宅

最亲爱的阿兰：

［……］非常非常感谢。毫无疑问，当我得知我得到教授席位时，觉得沮丧之极，因为：

（1）为什么仅仅因为它在那，我们就跑到最近的那个圈套中去呢？人们看到一串生锈的链子滑到了地上后，为什么要自动把它们拿过来带上呢？为什么我要盲目地相信一群孤独的人呢？[1]

（2）这是门非常非常难的学科。我会受到许多有理无理的批评、谩骂、嘲笑。而我又不是强人，又不喜欢责任，讨厌要去回应，但不回应也不行。

（3）同样的两点还有更糟的表现形式。莫里斯打电话祝
574 福我。他对我非常好，但我想，他认为我没有付出足够的汗水或血泪就得到了教授职位。他表达了诚挚的祝贺，但我可以想象，如果我失败了，他会向我表达更为真切的同情，他会带着深切的同情很巧妙地安慰我。我简直可以把那些话写

[1] 这句话的誊写和意思不确定。这句话可能出自戴维·里斯曼的著作《孤独的人群：美国性格变化研究》（伦敦及纽黑文，1950）。

出来。

(4) 还有，如果我这次落选，我会比现在还沮丧。在那种情况下，我们既讨厌有选择的机会，又必定对没有实现目标感到遗憾不已。

爱你的

以赛亚

致休·特雷弗—罗珀

1957 年 3 月 15 日［手稿］

海丁顿宅

亲爱的休：

谢谢你的来信。我承认我现在感到放松了，不再紧张了。[……]

整整一代的 1914 年前的巴利奥学院杰出人士——G. N. 克拉克、萨姆纳、汤因比，真正的温彻斯特公学毕业生或被其同化者，包括伍德沃德和萨姆纳的埃皮格尼、希尔·克里斯托弗、汉考克[1]，还有其他狂热的新教徒，他们本能地讨厌我：20 世纪 30 年代时他们在牛津占统治地位，现在他们正在出局：这些胆小的右翼工党或者虔诚的无神论

[1]（威廉）·基思·汉考克爵士（1898—1988），澳大利亚人，1922—1923 年在巴利奥学院学习历史，牛津大学经济史齐切利讲席教授，1944—1949 年任全灵学院研究员；英联邦国家研究所所长，1949—1956 年任伦敦大学英联邦事务教授，1957—1961 年任澳大利亚国家大学社会科学研究院院长。

者，严肃、自我意识强、自卑、讨厌一切本能的或充满活力的行为。我无法忍受他们，他们混杂着世俗化的新教徒的多愁善感和平淡的公立学校的“左倾思想”，极度自负，极度让人窒息，保守主义或共产主义的最极端分子都不会让人感到如此窒息。总的来说，他们崇拜阿斯奎斯，在德国比在法国更加自在，亲阿拉伯人，反对歧视犹太人，伪革命者[1]罗斯或克罗斯曼会让他们兴奋不已，非常懦弱、内心空虚。[……]

以赛亚

致帕特里克·加德纳[2]

1957年3月22日［手稿］

海丁顿宅

亲爱的帕特里克：

非常感谢你。我想赫伯特·哈特在给詹妮弗的信中对
575 这件事的表述可能是最好的——虽然他的表述技巧还有待提高，他说我可能是“一群卑劣小人”中最好的一个。唉，我

[1] 伯林此处原文为：pseudo-revolté。

[2] 帕特里克·兰卡斯特·加德纳（1922—1997），1952—1958年任圣安东尼学院研究员，1958—1989年任牛津大学莫德林学院哲学研究员、导师，1955年同凯思琳·苏珊·布思结婚。

接受他的说法。我的竞争对手有高夫、哈里森[1]、沃伦德[2]、卡特林教授[3]。为什么鲍伊[4]、克兰斯顿[5]、费尔利[6]没申请呢？普拉门内兹解释说他不是出于谦逊或者害怕他潜在的竞争对手，而是想继续待在莱奇莱德。[7]我想不通。我现在很沮丧，觉得整件事是个错误。如果我没得到教授席位，我会更沮丧，这样想也无济于事。在那一双双闪烁着拉斯基光芒的棕色的非洲和亚洲眼睛面前，我必须振作起来。你记得维特根斯坦说的“上帝啊，让我成为一个快乐体面的教授”这句话吗？说真的，你和苏珊的信让我深受感动。

你永远的

以赛亚

[1] 威尔弗里德·哈里森（1909—1980），1939—1957 年任女王学院研究员，1952—1963 年任《政治研究》编辑，1957—1964 年任利物浦大学政治理论及制度教授。
[2]（詹姆斯）·霍华德·沃伦德（1922—1985），分别于 1946—1959 年及 1959—1972 年在格拉斯哥大学和贝尔法斯特女王大学任政治科学系主任；研究托马斯·霍布斯的专家。
[3] 乔治·爱德华·戈登·卡特林（1896—1979），1956—1960 年任麦吉尔大学政治科学布隆夫曼讲席教授；主要在美国及加拿大工作，强烈反对大西洋联盟，跟作家薇拉·布里登结婚，是政治家谢利·威廉的父亲。
[4] 约翰·爱德华·鲍伊（1905—1985），1950—1967 年任布鲁日大学欧洲学院政治理论教授。
[5] 莫里斯·威廉·克兰斯顿（1920—1993），1950—1959 年任伦敦大学社会哲学讲师，后（1969—1985）任伦敦大学（伦敦政治经济学院）政治科学教授。
[6] 亨利·费尔利。
[7] 一个位于牛津西部二十英里的小镇，普拉门内兹和他的妻子当时住在那儿。

在去西西里度假的路上，伯林和艾琳在罗马做短暂停留。

致维奥莱特·伯纳姆·卡特

1956 年 3 月 31 日［应为 1957 年，手写明信片］

罗马的城市酒店

我不能说这个城市在各方面都好过耶路撒冷。当然，这儿没有持续的紧张局势、仇恨及强烈的有错必究的意愿等，错误也许纠正不了，没有这些让人烦恼的东西。虽然也许在 19 世纪，这儿曾经也是那样的，当时所有的自由主义者都为此愤慨。我很高兴你对以色列留下了深刻的印象。那种主张国家认同、在非犹太人居住区过新生活的激情当然要有释放的时候，如果压抑太久会爆发并造成严重的灾难——把所有阿拉伯人真的假的过错加起来都不会那么严重——会那样的［……］。

爱你的

576 以赛亚 ［……］

致罗兰·博登一穆勒

1957 年 4 月 13 日［手稿］

帕勒莫的伊格亚别墅

亲爱的罗兰：

非常感谢你那两封令人愉快、信息丰富且趣味十足的来信。我们在这儿过着平静的生活——我们觉得陶尔米娜美丽

至极——虽然他们从“美丽”[1] 中榨取了很多“财富”[2]，而且到处都挤满了你想象得出的毫无魅力的德国人。当然，我们必须跟自己的偏见做斗争，我对德国人的感受跟许多值得尊敬的人士对犹太人的感受是一样的：他们当中肯定有非常高尚的好人——歌德等，还有我的一些朋友，但这并不影响我对他们自信甚至傲慢地在公共场合大声说德语的反应。随着这种反应你会厌恶所有发出这种讨厌声音的人，特别是他们还用那种既自卫又挑衅的古怪眼神看着你，在国外的德国人常有这种眼神。即使你碰到一个友好的德国人，不会伤害任何人的迪克曼[3]，或者德国驻伦敦大使，“约翰尼”·冯·比滕费尔德[4]，你会觉得（我是说我觉得）他们是好人但他们是德国人。这恰恰是令人尊敬的正派的反犹太人士跟令人尊敬的犹太人面对面时的感受：有这种感受不是什么光彩的事，我对此感到遗憾，但它的确有助于我们了解偏见是如何起作用的——埃德蒙·威尔逊与所有英国人面对面时这种感受很强烈，M. 鲍拉爵士（及索尔兹伯里侯爵，他的表现隐秘多了）与美国人面对面时有这种感受，我碰到波兰人、

[1] 伯林此处原文为：Schonheit。
[2] 伯林此处原文为：Reichtum。
[3] 赫伯特·迪克曼（1906—1986），出生于德国，1950—1952 年任哈佛大学法语副教授，1952—1957 年任教授，1957—1965 年任法语西班牙语史密斯讲席教授。
[4] 汉斯·海因茨·赫瓦尔特（“约翰尼”）·冯·比滕费尔德（1904—1999），反纳粹的德国外交官，1955—1961 年任战后首任驻伦敦大使。

波罗的海人、匈牙利人时也有这种感受，相应地，对意大利人、荷兰人、美国人则有好感（当我发现他们很糟时则非常震惊）。[……] 我还是认为他们不明智——而且错误——在10 月份行军，但我不觉得他们缺德：想想亲爱的纳赛尔和所有其他阿拉伯人每个晚上公开地不遗余力地要消灭他们，想想对大多数新移民来说，赶尽杀绝还是鲜活的记忆，而不是夸张的修辞说法，不能过于责备他们，他们要生存：求生存就是他们的罪过。去年春天我和艾琳正在以色列访问时，我极力呼吁反对好战政策，我的主要论点是，弱国就像违背父母的意愿而生的孩子，就如一个弃儿，各个外交部都不爱他，看到他就生气，恨不得他一出生就被勒死——这样的国家最好隐匿起来，培养超出常人的美德。可惜，就如意料中的那样，达扬将军并不同意这样的观点，他在以色列出生，
577 是个放荡不羁的中东勇士，坚强、快活、帅气，是天生的领导人，像现在他们大多数人那样，没有犹太人的许多特点。但我喜欢以色列人胜过喜欢犹太人，他们没有那么多可怕的心理痼疾。[……]

艾丽丝的事让我非常难过。[1] 她所到之处，散播的是光明、善良、温暖。她犯的错微不足道，但她的美德多到不可胜数，厚重宽阔，如同她的身材。我非常非常喜欢她，我想她也喜欢我，喜欢其他许多人，会有许多人真诚地怀念她，

[1] 艾丽丝 · 詹姆斯 3 月 30 日逝世。

她的死让这个世界变得冷多了。我这儿有一封海斯特·皮克曼写得很真诚的信，写的都是这些东西：比尔现在怎样？我必须给他写信，但是实在不知道要对他说什么，他对每一个单词、逗号都有感受，简直像亨利叔叔。[……]

给你许多的爱

以赛亚

致 W. G. 康斯特布尔 [1]

1957 年 4 月 25 日［手稿］

巴黎

亲爱的 W.G.：

你太好了，还写信给我。被任命为教授，是值得庆贺还是让人悲哀呢，我并不确定。我像一个苏联经济学家那样计算了一下，发现我要作 800 场讲座，然后变成老糊涂退休。我真的嫉妒你——你已经到达了最理想的状态了，但你的优秀才能一点都没受损，你的未来，宏伟、快乐、和谐，就像一幅荷兰风景画那样，在你面前展开。我现在得好好准备，写一份就职演讲，在演讲的开头颂扬科尔，这在道德方面并不犯难，但要写得优美却有难度：因为他非常善良、诚实正直、博学，他的真诚常令人感动：他的自负也令人感动，既

[1] 威廉·乔治·康斯特布尔（1887—1976），生于英国，1938—1957 年任波士顿艺术博物馆绘画区馆长。

尊贵又孩子气。我也得写信给比尔·詹姆斯——听到詹姆斯太太的死讯，我非常难过。她是那样真诚善良友好，她所有的小缺点都是可爱的、好玩的，她给人们带来生机活力，让她周围所有人感受到温暖舒适——比尔怎么能接受呢？他是否会茫然不知所措，永远沉浸在悲伤中？抑或他会开始自己的新生活？代我问候奥利维亚（我一回到牛津就写信给她）、约翰[1]和盖尔斯[2]，你们大家什么时候来看望我们呢，因为我
578 不知道（我既已成了一名大学官僚）是否会再去波士顿。我在罗马遇到了弗朗西斯·H. 泰勒[3]，真是太棒了，我想。

你永远的

以赛亚

致阿瑟·施莱辛格

1957年5月7日［手稿］

海丁顿宅

亲爱的阿瑟：

[1] 约翰·戴维森·康斯特布尔（生于1927年），整形外科医生及组织保护专家（哈佛医学院的临床副教授），尤其致力于帮助越南烧伤患者。

[2] 盖尔斯·康斯特布尔（生于1929年），当时是哈佛的一名博士生，后来成为一名研究中世纪宗教及知识分子史的历史学家（1958—1966年任哈佛大学副教授），后来在1966—1977年任中世纪史李尔讲席教授，1985—2003年任普林斯顿高等研究院教授。

[3] 弗朗西斯·亨利·泰勒（1903—1957），1940—1955年任纽约都市艺术博物馆馆长，1955—1957年任伍斯特艺术博物馆馆长。很明显，伯林和艾琳是在一次晚宴上遇到他的，在罗马的美国学会会长，劳伦斯·P. 罗伯茨及他的妻子举办了该晚宴。

谢谢你4月16日的来信——我不喜欢听到别人叫“伯林教授”——一旦我写了什么东西，评论者就很可能以嘲笑的口吻说起“教授”这个词，“教授”很容易成为嘲笑的对象——如果你支持比较高雅的事业，你就会强烈地感受到别人认为你无疑是这种事的既得利益者，感受到你丧失了某种模糊的自由作家的地位，你不再是一个绅士，而变成了一个演员。谈到绅士，你读过哈利法克斯的回忆录吗？[1] 他确实属于俄国谚语说的“有人从水里出来，身子还是干的”那样的人，该谚语似乎专门说的就是这类人。他除了偶尔轻微地挖苦下温斯顿，什么也没讲，但是不会像布莱恩特[2]写的阿兰·布鲁克回忆录那么枯燥、不怀好意。这不论对阿兰·布鲁克还是布莱恩特都没有好处，想到这点我很高兴。总有一天我们应该编个选集，专门记录气急败坏的庸人用礼貌的语气说的怨恨伟人的话，他们争着为伟人服务，又不愿承认伟人的天才，还没完没了地抱怨他们干预太多、令人厌倦，等等。[……]

你永远的

以赛亚

579

[1]《充实的日子》（伦敦，1957）。
[2] 阿瑟·布莱恩特爵士（1899—1985），历史作家，他的《潮汐的转向，1939—1943》（伦敦，1957）是根据阿兰·弗朗西斯·布鲁克的战争日记写的，他1946年受封阿兰·布鲁克子爵一世，1941—1946年任帝国总参谋长，1944年任陆军元帅。

5月7日，艾丽丝·詹姆斯死后五星期，伯林听说詹姆斯·德·罗斯柴尔德也逝世了。伯林立刻写信给他的遗孀，最后还给威廉·詹姆斯写了信。

致多利·德·罗斯柴尔德[1]

1957年5月8日［手稿］

海丁顿宅

亲爱的多利：

我知道死亡是意料中的事，有时你肯定还想象过它会是怎样的，然而当它真的到来时，它跟想象的完全不同，令人无法承受，而且无法解释，做什么都无济于事，一切都不一样了，一切语言都变得苍白无力。我是碰巧从罗斯玛丽·德阿维格多那儿听到的，她是听哈利[2]说的，后来听沃登[3]说它来得很突然但一切很平静，我们也想那样结束生命。我不能继续在伦敦这儿待下去了，得坐上火车回牛津。他没有意识到，我是多么爱他、崇拜他：我敢肯定，一直到他生命的终点，我对他的爱和崇拜超过了他所有的家人。我崇拜他的一切：他的外表、他讲话的语气、他的举止、他的

[1] 多萝西·玛蒂尔德（“多利”）·德·罗斯柴尔德（1895—1988），婚前姓平托，詹姆斯·德·罗斯柴尔德的妻子，像他一样是个犹太活动家（及犹太复国主义者）、慈善家。

[2] 亨利·德阿维格多—戈德斯米德爵士。

[3] 可能是阿瑟·沃登，詹姆斯·德·罗斯柴尔德的一位职员，遗嘱中提到过他。

怪癖，尤其是他的自豪感、他里里外外所散发出的光辉，他的活力、幽默、不可抗拒的魅力，特别是他那高大魁梧的身材，非凡的道德勇气和尊严——而且那样质朴，甚至非常傻，但他对人对事又有着敏锐的、十足的洞察力，这也使得他不论作为一个人还是作为一个犹太人都无懈可击——多么罕见啊！——不可怠慢的天生高贵君主，道德上不可蒙骗，在他面前只有真理，一切错的、胆小的都躲开了，一切假的、自负的、虚伪的都逃开或者觉得不自在，退避三舍。你无法想象，在各种难堪的场合，我只要一想到他会怎么想、怎么说——只要见到他人——那对我的影响（也许还影响了别人）就会非常大，他给我勇气，让我面对那些不该逃避的事。你无法（也许你比别人更能够）想象能找到这样一位我能信任并且一直信任的、最为完美杰出的偶像是多么舒心、多么幸运，他是那样充满活力、智慧、勇敢、令人尊敬、富有品位，乐观面对生活，敏感且悟性高，有着十足的犹太人的幽默，对一切触及犹太人的事公开表示真心的、 580
深刻的关切，同时在我看来，又极度鄙视那些逃避者、背叛者，或者卑躬屈膝，甚至只是有些丑陋的人。我崇敬魏茨曼博士，因为他骄傲、坚强、直面真理，但是同时，也许不可避免地，他又无情、愤世嫉俗、特别强硬。吉米同样让人骄傲，同样正直，可他又让人觉得喜悦、快乐，他拥有高尚的道德品质，知道什么是对的，而且在任何危机中都表现自如——而且天哪，他的心肠一直都那么好，总

是费力地富有责任心地应对那些复杂的让人左右为难的局面，果敢、坚毅、毫不动摇、正直，知道这些是多么令人感动呀！

请原谅我在你最黑暗的时刻倾诉这一切，但是他对我来讲是那么重要——他本人都不知道——因此，我觉得我有某种权利把这一切想法强加于你，也许我太自负了。请原谅。你总是比他更有耐心。他的不耐烦是同他拥有的那些迷人的优秀品质连在一起的。我永远祝福约翰·福斯特，因为1932年他带我去瓦德斯东[1]看［吉米］。在我这一生中，这份友谊给我带来最多的快乐，这也是我最期盼的一次拜访，你可以天南地北地聊，一切都让人兴奋，对一切都有道德同情，这我在别处还从未见到过——确实没有——在此之前或者之后都没有。我确实把他偶像化了，但那是有原因的：不论他作为公众人物还是作为一个普通人，都是我这辈子认识的人中最让我感到快乐自豪的一个。我觉得我能理解你的感受，这也许是个过于大胆的猜测。至少我想尽力去理解，而且如果你能接受的话，我想去看望你，任何时候都行，只要你觉得你能接受打扰。我经历过的最痛苦的事是我父亲的去世，后来我就再也不愿看见死亡了，即便是我最喜欢的人去世我也不去看，只希望一人独自待着，舔自己的伤口。

[1] 白金汉郡瓦德斯东庄园，维多利亚时代复制的法国文艺复兴风格的别墅，詹姆斯·德·罗斯柴尔德的家，他把它遗赠给国家保管。

现在说这事好像有点怪，但是如果你来这里和我们待在一起，你会发现这里非常安静，一点都不会让人觉得焦躁或厌烦，我想。我们会非常高兴的，不会打扰你。当然，你不必回复——我希望词语不会如此硬邦邦的，完全无法表达我真正的想法——只是，唉，一个人非常想说，但无法用语言表达。如果有什么我能做的，请一定告诉我。我没法表达我的诸多感受——[1]

以赛亚

581

致威廉·詹姆斯

1957 年 5 月 11 日［手稿］

海丁顿宅

亲爱的比尔：

我知道，你肯定经常想死亡会是怎样的，想象它的样子或者试图去想，就像我父亲去世前我做的那样。然而，当它真的发生时，一切都超乎想象，做什么都无济于事。这时，老朋友会伸出手坚定地支持你。我知道，你并不需要。语言不能带来任何安慰：我无法表达——我祈祷你能原谅我——我对艾丽丝的爱和钦佩。她仅凭她个人的慷慨努力，让她

[1] 1957 年 5 月 13 日的《泰晤士报》第 13 版刊登了伯林和米利亚姆·罗斯柴尔德（莱恩）写的一份补充讣告，标题为《詹姆斯·德·罗斯柴尔德：“伟大的君王”》，赞扬他是“一位杰出的健谈者，一位富有争议的可怕对手，一位富有教养的、慷慨大方的谦谦君子”。

的周围充满了无限活力，而且她的付出充满爱意、毫不吝啬，恩惠遍及很多人，心怀无限的忠诚、期望、仁爱，宽容所有的人类弱点，因此每个人都深受感动，都会坦然地把自己最想说的话告诉她：很多遭到严重抑郁及扭曲的盎格鲁—撒克逊心灵，由于环境或他人的冷酷的原因而变得冰冷，跟她接触后，感受到了无尽的仁爱，他们向她敞开了自己的心扉，心中的冰雪融化，重新开始生活。她总是给人带来无限生机活力，维护他人，建立友谊。当我回首我在哈佛的生活时，她和你占据了中心位置——虽然我过得杂乱无章，花了很多时间在无意义的活动上，但在我自己眼里那是稳定、有尊严的生活——我老是自轻自贱，虽然还未自怜自哀。当我回首时，我清楚地意识到我和你们俩的感情是我的哈佛生活中最值得珍惜的东西，离开了哈佛后也一直是这样的。在我看来，虽然她的胸怀无比宽广，而且她精明敏锐，包容人类的所有弱点，只有那少数特别有同情怜悯之心的人才能做到这样，但我得到了特别丰厚的礼物，很惭愧地得到了其中特别大的一份。不论过去还是现在，这件事让我非常高兴，深深地感激，无法用语言表达它对我的影响。[1] 我听罗兰说她走时很平静——我真希望自己以后也能这样离开。但是走的人已经走了，我们要为活着的考虑，我想冒昧地问下：你好

[1] 威廉·詹姆斯回复说："在艾丽丝喜欢的所有不同年龄、国籍、背景的人中，我相信你离她最近。"（1957 年 6 月 3 日）

吧？你要不要到这来和我们待在一起？那样你可以换个环境，我们这儿很安静，周围环境宜人，你见过的。你已经喜欢上了墙上挂的提埃坡罗及其他人的画。艾琳会高兴的，我也会高兴的，你会发现这儿一点儿都不闹，安静、美丽，对神经很有好处。还要我怎么说呢？我们整个7月份及8月份的半个月都会在这，还有10月份。我既已成为一名正式的（听起来像丧钟）教授，跟以前比，我更是被困在牛津了，582
不能跑太远：你来吧，好吗？艾琳叫我告诉你说她也有很多话要说：但她永远都不会说，因为她不像我，她深沉、含蓄、讲究，不太善于表达——但当她真的说时，会讲得非常棒。我希望你像过去那样一切安好：为了大家，比想象的还好，永远。

你的

以赛亚

致泰迪·科莱克

1957年5月21日［手稿］

海丁顿宅

亲爱的泰迪：

帕米拉夫人有很多新想法了。[1]［……］她说她喜欢

[1] 伯林于1957年4月8日描述了她对科莱克的最初反应：“她喜欢你，雅丁，而且大体来说再也没有别人了。她说她在政治方面是以色列的盟友，但她交谈的

以色列的一切，某些东西更招她喜欢，但一切都非常喜欢。她喜欢雅丁、达扬、你、梅尔泽[1]（公爵夫人也真心喜爱他），还有其他一些人，非常奇怪的是，他们的名字我记不起来了。必须承认，她频繁参加伦敦犹太复国主义者的聚会，让伦敦北部偏远地区的女士们看到她，一遍遍听那些显然是颂扬以色列美丽庄严的演讲，说明她至少想让大家知道她是个忠诚热心的朋友。尽管如此，显而易见的是，她的最初印象是她自己的实际感受，她后来的想法是她说服自己接受的，她认为那样才是正确的感受。我们不要对别人送的礼物吹毛求疵，我们可以表示怀疑，这对她有好处，但她做了那么多，她该得的我们也要支持。[……]

赫伯特·阿加夫妇最近回来了，对以色列充满感情。赫伯特·阿加原来一直反对以色列，但现在完全改变了自己的立场，真诚热情地跟每个人大谈以色列，他们成了以色列人特别忠实、雄辩的朋友，A. 太太写了一封热情洋溢的长信给我，说在她这辈子还未发现过如此鼓舞人心的事，她将永远永远做以色列人的朋友，等等。我要说，总体上讲，你

对象都非常仇英（除了前面提到的）。她想不通为什么会这样，但当然（我猜测）不太高兴。”

[1] 朱利安·路易·梅尔泽（1904—1977），记者、作家及翻译家，1946—1972 年任魏茨曼学院公共事务执行副主席，后（1966—1975）任魏茨曼档案馆馆长。

做得不赖，这当然是纯社交词汇。我写信只是想问候你并告诉你说，那些最近拜访你的人——维奥莱特夫人，甚至是公 583
爵夫人（最让人怀疑的一个）都可以算作盟友。帕米拉夫人希望以色列人认为她非常友好，想再回来，当我说那儿也许有她不喜欢的东西时，她大为光火。需要的时候请转达这些信息。

你永远的

以赛亚[1]

致阿瑟·施莱辛格

1957 年 5 月 27 日［手稿］

海丁顿宅

亲爱的阿瑟：

我必须向你汇报，A. 史蒂文森来了，给大家留下了深刻的印象。他的演讲，[2] 从某种意义上说，让人满意。演讲真挚感人，他一开始就开玩笑说牛津是失败者之家——他自己就是世界上最引人注目的当代失败者——这些笑话非常好玩。他演讲的内容完全合理，在人们的意料之中，反对恶行，弄得每个人都非常喜欢他。《泰晤士报》对他的报道很

[1] 伯林此处原文为希伯来文。

[2] 5 月 24 日，阿德莱·史蒂文森获得民法荣誉博士学位，在牛津发表题为“美国和英国的共同任务”的演讲。

糟糕[1]——报道过于简单愚蠢——但我必须承认，他确实知识水平较低。他是个道德和政治上的书呆子，并非很有学识：亲爱的哈里［杜鲁门］会讲得更多，而且尖锐得多。在我看来，A. 史蒂文森完全没有政治魅力。在后来的全灵学院晚餐，或者说茶会上，我坐在他旁边，我发现他非常迷人、可爱、正直善良——但奇怪的是，他紧张不安、胆小，完全不是因为牛津，我想，而且还需要漂亮女士或挚友或其他任何人不断地鼓励、安慰他，缺乏那种我认为大国领导人应该要有的强硬、大度（不是野心，他不会有野心）。我没有改变我最初的看法：他太善良、敏感，太紧张不安，他还真的得了某种神经症——不论他当选哪个领袖职位，他不可能取得巨大成功。但我很肯定他可以做一个出色的国务卿。［……］

你永远的

以赛亚

584 在 6 月 13 日女王生日的荣誉名单中，伯林受封爵士。又一轮祝贺向他涌来，有的慷慨大度，有的有所保留。[2]

[1]《阿德莱 · 史蒂文森先生批评“行将瓦解的联盟”的演讲》，见《泰晤士报》1957 年 5 月 25 日第 4 版。

[2] 伯林没获得过什么荣誉，这使得帕特里西娅夫人认为伯林受封爵士是因为其“非凡的谈吐”（信的日期不详）。赫伯特 · 哈特在牛津写信给他的妻子詹妮弗：“关于以赛亚的事太荒唐了：简直令人反感［……］。出于什么原因授他勋衔？在苏伊士危机期间没有攻击政府吗？谈话高明吗？解决了自由意志问题吗？

致罗兰·博登—穆勒

1957 年 6 月 20 日［手稿］

海丁顿宅

亲爱的罗兰：

谢谢你的电报。艾琳也很高兴。你对我太好了。我可以至少对你说我感觉一切非常荒谬，有些人的身材并不适合穿西装。首相决定做出特别奇怪的表态，目的只是为了显示他和前任大为不同，这让我觉得难堪，非常难堪。但是我刚提及我要拒绝接受时，我母亲就哭了起来，只好就这样了：我咨询了我的牧师——亲爱的斯图尔特。他告诉我说，我母亲的快乐远比我怕出丑的尴尬重要：我承认我非常害怕被嘲笑。因此我接受了，并决定不再想这件事了。我安慰自己说如果我拒绝了，因为我当时想（现在还是想）拒绝接受，我就会侮辱其他所有亲爱的学术爵士——A. 布伦特爵士、W. 科尔德斯特里姆爵士[1]，甚至 M. 鲍拉爵士本人，目的只是为了显示自己时尚、高人一等。但现在的情况使我觉得极度窘迫不安。[2] 我希望这种感觉会慢慢消失。阿德莱很乏味但很可爱：你会喜欢圣灵之剑芭芭拉·沃

［……］这儿很多人嘲笑这件事。”见尼古拉·雷希，《H. L. A. 哈特的一生：噩梦与崇高的理想》（牛津，2004），第 206 页。

[1] 威廉·蒙吉斯·科尔德斯特里姆爵士（1908—1987），1949—1975 年任伦敦大学大学学院美术学斯雷德讲席教授，1956 年受封爵士。

[2] 伯林此处原文为：gene。

德吗？在我眼里她是个行走的古董——甚至她长得也像古董——道德高尚、善良，但像少女一样忸怩作态，令人无法忍受，我不能同她讲话。我收到了可爱的比尔·詹姆斯的信，还从屠格涅夫那里买了三十封他用俄语写的信给艾琳的祖父[1]。

爱你的

以赛亚

致罗伊·哈罗德

1957年6月22日［手稿］

海丁顿宅

亲爱的罗伊：

你那么善良那么好，你的信让我非常感动。这些荣誉让
585 我觉得尴尬、惭愧；并不是由于谦逊，而是我觉得什么样的头应该戴什么样的帽子，我觉得一切都很不妥，没付出努力，一下子来这么多荣誉。我完全赞成得到的可以比应得的多，那比严格公正更有意思：统治者不负责任、异想天开的授奖没什么坏处。我想，那会使生活更丰富多彩。但我不敢肯定，在这件事上，他们是否做得过了。我确实想过拒绝，

[1] 贺拉斯·（纳夫塔里·赫泽）·德·甘斯伯格男爵（1833—1909），俄国犹太金融家，俄国国务委员，倡导提高俄国犹太人的福利，慈善家、艺术和科学的赞助者。

但出于纯个人的原因没这么做；而且我想不要过于小题大做，仅仅因为那会让我看起来有些（我希望只是有些）荒谬可笑。我想，我并不像其他人那么在意自己荒谬可笑，因此我接受了。然而，别人应得的丰厚回报被剥夺了，而我却得到了恩惠，还是觉得有些难堪。我还是不要再庸人自扰了。这件事到此为止了。

我高兴地想起二十五年前的事，你那时对逻辑实证主义不感兴趣，我也一样，从历史的角度讲，谁会说我们错了呢？我昨天还听到弗莱迪·艾耶尔在电视上说L［逻辑］P［实证主义］已经“正式消亡”了。[1] 此前还从未有哪个哲学运动被它自己的追随者“正式”宣告消亡：这是个奇耻大辱。我还在写那本关于1760—1840年的哲学思想的书，可是语言硬邦邦的，句子都是华而不实的陈腔滥调：在学识（或其他）方面我完全没有自信了，对我的任何批评我认为都是中肯的。你真是太好了，希望我写。我会的，但我会让你失望的。

你永远的

沙耶

[1] 艾耶尔在1957年6月23日播出的一期英国广播公司电视讨论节目《智囊团》中使用了这些词（英国广播公司档案馆的文字记录）。

致查尔斯·韦伯斯特

1957 年 7 月 7 日［手稿］

海丁顿宅

亲爱的查尔斯：

非常感谢你那让人陶醉、慷慨大度的来信，我的回复太迟太慢了。唉，慷慨大度是必要的，我很清楚我今年得到的回报比应得的多得多：我想别人也认识到这点了。我不知道是谁安排了这最后一个“升迁”，在不配得到的回报面前，确实有惭愧这回事［……］。在同一天[1]还来了另一个通知，说除非有人反对（已生效），我会被选为英国社会科学院院
586 士。[2]我觉得我就像波利克拉[3]，只是不知道要把哪个戒指扔进哪个海。“爵士”这个称呼让我觉得很尴尬，我已经要求他们把它从牛津讲座目录中删除；就像朋友给了你一个领带，你很喜欢、很欣赏，但是你觉得它过于华丽，我建议用教授身份这个浓密的长胡子把它遮住，用伯林教授遮住以赛亚爵士。［……］

你的

以赛亚

[1] 他同意接受爵士勋衔那天。

[2] 1957 年 7 月 10 日伯林确实当选为英国社会科学院院士。

[3] 波利克拉，公元前 6 世纪萨摩斯岛僭主，他把自己最宝贵的财产，一枚戒指，扔进海里，目的是为了防止自己之前的好运有任何变化（后来他重获此戒指，一条鱼把它吞到肚里了）。

尽管英国广播公司第三套节目一直得到尊重，但它的听众并不多，1957 年成了削减开支的目标。听众们毅然举行了游行，第三套节目的独立身份保住了，但是它的每周播出时间要被削减近一半。人们反对这个建议，举行了各种会议——其中一次 7 月 17 日在牛津举行，由阿兰·布洛克主持——会议双方为英国广播公司的代表及相关当事人。众所周知，伯林非常喜欢第三套节目，他当然想捍卫其利益。

致乔治·巴恩斯[1]

1957 年 7 月 18 日［手稿］

海丁顿宅

亲爱的乔治：

把你的信烧掉前我先背了下来，然后尽我所能把这些都同来的那些知名人士讲了。校长[2]没来，维尔一言未发，但大体上同意伊恩·雅各布[3]说的一切。布洛克言辞坦率，但总体上代表的是英国广播公司对内广播电台的利益，对第三套节目表示了应有的尊重。针对他讲话的后半部分，我表达了对此政策的震惊和不满，弄得自己有些不受欢迎。

[1] 乔治·雷吉纳尔德·巴恩斯爵士（1904—1960），在英国广播公司任职（1946—1948 年任第三套节目的创始人、负责人，1948—1950 年任脱口秀节目负责人，1950—1956 年任电视导演），1956—1960 年任北史塔福郡大学学院院长。

[2] J. C. 玛斯特曼。

[3]（爱德华）·伊恩·克劳德·雅各布爵士（1899—1993），1952—1960 年任英国广播公司总裁。

他们非常友好，但又觉得非常尴尬，我的印象是，他们完全不明白他们自己到底做了什么，以至于在许多地区遭到如此多的反对。他们对这一点印象深刻，对于青蛙佬（对法国人的轻蔑称呼——译注），即便你刺激他们，即便你异想天开，他们除了第三套节目，绝不会赞扬其他任何一个英国机构。总而言之，他们认为我们不能用数量来判断质量，三个小时的节目正好，他们削减掉的只是多余的脂肪。他们强调并请求我们保守这个秘密，六个月后如果他们觉得有什么不足，他们会重新考虑并再次延长节目时间；
587 目前他们感到懊悔，会抓住一切机会播长篇歌剧，或者让三个小时看起来像五个小时。我说如果这样的话，我会向所有我认识的人建议说不要在英国广播公司上做谈话节目，因为那样会占用必不可少的音乐时间；三套的任何访谈节目都剥夺了广大听众的时间；还说如果我见到伯特兰·罗素、E. M. 福斯特等人，我会热切地恳求他们不要考虑自身的利益，为了共同的事业牺牲自己，直到或除非对这套节目做出一些修正，否则拒绝访谈。我从未如此咄咄逼人过，过后觉得有些惭愧。尽管如此，我们一起用了午餐，每个人都兴致高昂。威灵顿[1]和莫里斯[2]一直向我保证说在这件

[1]（雷金纳德·埃弗拉德）·林赛·威灵顿（1901—1985），1952—1963 年任英国广播公司播音总监。

[2]（查尔斯）·约翰·莫里斯（1895—1980），1952—1958 年任英国广播公司第三套节目财务总管。

事上他们比我还难过，他们是流着泪这样做的。我想他们的话是真诚的，但会不会有什么下文我就不知道了。此前我从未在某个委员会公开表态过什么，在此深深感谢你为我准备的那份简要说明。我尽力了，但我也许坏了这件事。(这也是一种妄尊自大，我想。)

请原谅——我发现，在所有人当中偏偏是H. 格莱斯伍德对第三套节目最为不闻不问。我想其中的原因是什么呢。也许是感到内疚吧。我问他们（我好像越来越让人难以忍受了，自以为自己聪明），如果《泰晤士报》出于财政窘迫的原因，要把《泰晤士报文学副刊》砍到只剩四页，他们会怎么想。虽然没有人认为它是天才的喉舌，但对学者而言，总体影响却是不利的。正是如此。也就是说，它华而不实，有独创性，有失公允，但有一定的名声。我有个感觉，某个地方有个软肋，如果有人去戳一下，会有效果的。所以动员（我跟你讲这个很滑稽）你能动员的人，我想也许会有效果的。我本人确实尽力而为了。

你永远的

以赛亚

附言：[……] 我第一次（我敢说也是最后一次）觉得当爵士挺好的：好像更有权威了。真可怕，但确实是这样。

在削减播出时间上做了一些小改变，但是这一战最终还

是输了。到了1957年10月第三套节目的播出时间减到每周
588 二十四小时。

致莫顿·怀特

1957年7月19日［手稿］

海丁顿宅

亲爱的莫顿：

收到你的来信，我很高兴，并松了一口气。关于受封爵士，我觉得有些内疚，你明白的。总而言之这件事让我觉得尴尬。［……］

你非常正确，像哈特夫妇及我的前任科尔等人，还有其他人坚信我把自己“出卖”给了某个暧昧的当权者。科尔甚至写了封口气严厉的短信给我，说他非常震惊地看到，我居然去了“那个女人”居住的王宫，后来见到我时他解释说，虽然艾德礼给工党运动提供了很多服务，但后来艾德礼居然同“那个女人”妥协，科尔无形中只好同他断交。这样做真是非常老派、纯真、感人，我因此喜欢他。

A. J. P. 泰勒没当上钦定教授，非常恼火，认为纳米尔对此负有责任，在《新政治家》杂志上攻击他，还把我批评了一通，含沙射影地说，对于那些以这种或那种方式娱乐或取悦首相的人，首相正授予他们荣誉。[1] 也许这是对

[1]“麦克米兰先生即使没把自己视作那个好像很了不起的罗伯特·沃尔波尔爵

的，因为我和别人一样，对这次“荣升”的原因全然不
知。总而言之，这件事让我觉得尴尬，每次在信封上看到
这个词——把它念出来还更糟，我会眉头紧皱。我一点都
不高兴。我问自己我为什么会接受，原因大概有以下几点：
(1) 因为我不可能掩盖有人提议把它授予我本人这个现实。
(2) 它让我母亲快乐至极，会让怏怏不乐的她，在她有生之年
非常非常快乐[1]——这属于情感原因，稀松平常，但事实确
实如此。我跟她说我想拒绝时，她的眼泪几乎要夺眶而出
了。后来我采取了功利的立场，认为总的来讲这件事没什
么大不了，为了微不足道的小事让她痛苦不堪绝对是错的。
现在我有自己的疑问——毫无疑问她［快乐］了；但我想
我太在意此事了。(3) 我还对自己说，虽然无关紧要（比
如，对我本人），政府把这些荣誉给知识分子是件好事，而 589
且，如果我真的主张人人平等的话，我本该拒绝的，然而
实际上我并不是不喜欢这个表彰体制，觉得这些荣誉是
无关紧要的小玩意，而且当别人得到荣誉时我是很高兴

士，也把自己当成亨利·佩尔哈姆了，当然我怀疑他是否会当那么久。这可以解释他为什么几乎事事都听刘易斯·纳米尔的意见。[……] 麦克米兰先生的亲戚以及午餐时取悦他的人得到了种种荣誉和任命。” A. J. P. 泰勒，“伦敦日记”栏目，《新政治家》1957 年 7 月 6 日第 6 版。沃尔波尔和佩尔哈姆作为首相在任期间（18 世纪中期）总是把任命权作为政治工具。

[1] 玛丽 1957 年 8 月 14 日的日记证明，伯林的教授职位及受封爵士带给她“久久的快乐。没有人，没有人可以破坏它。我内心深处充满喜悦，没有人可以带走它”。

的。我没想到我自己会这么在意。我介意是因为我认为它会把我变成一个高高在上的人，人们不会再用我熟悉的称呼随便叫我了，而我想以不引人注目的自然的方式结交他们。虽然朋友们不会那样做，但是本科生、研究生、同事等会那样。我还隐约觉得自己从一个偷猎者成为一个猎场看守人，只是隐约觉得那样：我敢说本质上我一直是个猎场看守人。

在白金汉宫举行的授予本人爵位的仪式无比繁琐，极度无聊，夹杂着一丝恐惧，由朝臣陪着站在台上，怪怪的。我收到了许多人的精彩来信，三个哲学教授的表现最具代表性。奥斯丁坦诚地说他很高兴。普莱斯在信中谈及爵士勋章，指出第一位爵士是匈奴王托提拉[1]，并详细阐述了一份关于此话题的历史补论，说那时候爵士的职责是反对野蛮，为半个罗马文明而奋斗，他认为我已经这样在做了，等等。最后是吉伯特［赖尔］，他表示了“祝贺（我想）”。这三个人都很有代表性。

［……］赫伯特回来了，[2]告诉我说哈佛到处都是我的敌人——弗里德里[3]、比尔·艾略特（不出我所料）主要是在

[1] 托提拉（或巴杜拉），541—552 年东哥特王国最后一位国王，为了争夺意大利同拜占庭帝国打仗。他死于在塔吉内附近的一场战役，在这场战争中东哥特王国失去了他们夺来的领土。普莱斯写的是“东哥特国王托提拉”（信写于 6 月 13 日）：伯林把他同匈奴王阿提拉（406—453）混淆了。

[2] 哈特于 1956—1957 学年在哈佛做访问学者。

[3] 卡尔·乔奇姆·弗里德里（1901—1984），出生于德国，政治科学家、研究极

意识形态方面与我为敌，但他认为也有个人原因。这不是什么丢脸的事。还有艾肯（有点奇怪）和马歇尔·科恩[1]（我几乎不认识，也不在意他）。亨利为什么也怀有敌意呢？也许他没有。无论如何，我们不可能老是在意每件事每个人。

关于我们的书，我一点都不感到悲观，实际上我正打算要尽一切可能让它成为现实。这样说话有点怪：实际上我的全部意思是我想同你一起写这本书。请你把你的各场演讲词
590 寄给我。我想当教授的全部原因是我想沉浸于一个学者的日常生活，写书、开讲座、思考，不要像以前那样虚度光阴。

赫伯特真的非常喜欢你，我无疑不用再转述了。然而，他对你的评价同你对他的评价恰好一样，是个教条主义者等。的确，他非常顽固，罗素在《心灵》期刊抨击斯特劳森，[2]他好像对此愤愤不已。我很高兴这样，没有反省他是如何不公正。我写了一篇古怪的长文谈俄国马克思主义的方方面面，准备寄给《外交事务》杂志。[3]文章的主要论点

权主义的专家，1936—1955 年任哈佛大学政府学教授，1955—1971 年任政府学伊顿讲席教授。

[1]（斯蒂芬）·马歇尔·科恩（生于 1929 年），哲学家（主要研究法律、政治、道德、美学），1955—1958 年任哈佛大学哲学初级（学术委员会）研究员，1958—1962 年任通识教育及哲学助理研究员，后执教于芝加哥大学（1962—1966）、洛克菲勒大学（1967—1970）、纽约市立大学（1970 年起）及南卡罗来纳大学（1983 年起），1971—1998 年任《哲学及公共事务》杂志主编。他后来撰写《伯林和自由主义传统》攻击伯林，见《政治季刊》第 10 期（1960），第 216—227 页。

[2] 伯特兰·罗素，“请教斯特劳森”，见《心灵》第 66 期（1957），第 386—389 页。

[3] 见原文第 593 页注 1。

是：从历史的角度看，发生了一件很奇怪的事，所有马克思主义的范畴，如“剥削”、“剩余价值”，或“资产阶级的走狗”，或“基础与上层建筑”，等等，并不适合西方，如果涉及西方，它们也许能说明点什么，但不是绝对正确的范畴，可以适合事先建好的凹槽；但它们就像手套一样适合苏联的体制。这其中的原因是，当列宁和托洛茨基组建俄国政府时，他们确信要让它经历几个阶段，按照马克思的说法，西方世界已经跨越了这几个时期；马克思和恩格斯著作里描写的这几个阶段，当然非常精彩、富于含意，但是并没有真实地反映西方，马克思著作里的原意只是描写它们，但被列宁和托洛茨基变成了标准的规范的东西。总之，布尔什维克们从书本而不是从现实出发，强制俄国社会去经历他们想象的并不完全正确的，他们认为西方世界已经度过的这几个阶段。正如孟德斯鸠对英国宪法的误读，对美国宪法产生了很大影响，[1] 但他们的影响还更大些。我想这是否只是个有趣的悖论，还是里面另有文章。至少对我来说，它阐明了许多实际发生在俄国的事，而且进一步证明了以下论点：心狠手辣的人在一个“灵活”或混乱的状态中会使用暴力出人意料地没有理性地扭曲一个国家的生活，头脑清醒的社会历史学

[1]“他最著名的学说是权力分割，热情但错误地赞扬了这个体制，他非常错误地认为这种体制在英国很盛行，[……]，这个学说被美国照单全收，效果并不喜人。”《孟德斯鸠》（参见原文第543页注3），第268页（《反潮流》第131页）。

学者们也不能真的预见到这点。无论如何，我会寄给你一篇关于这个话题的文章、文本或别的什么。

你永远的

以赛亚 [……] 591

致埃德蒙·威尔逊

1957 年 8 月 27 日［手稿］

海丁顿宅

亲爱的埃德蒙：

[……] 我确实同女王共进午餐了。[1] 美国出版界中可敬的报业对我们亲爱的女王的生活有如此的兴趣，真是太好了；还提出了如此公平公正且有见地的观点，我担心它高估了我在开阔我们女王心胸方面的卑微作用。在上述提到的那个场合，作为工党左翼人士中很不协调的一员，我不顾工党左翼人士中一些有清教徒气质的成员的反对，坚持在女王陛下面前称赞吉尼

[1] 很明显，威尔逊寄了一份佩里格林·沃索恩写的文章的复印件给伯林（《伊丽莎白二世不可能成为伊丽莎白一世》，发于 1957 年 8 月 18 日的《纽约时报》，《苏联的心灵》)，文中提到伯林同女王共进午餐（发生于 6 月 11 日，伯林为在场的杰出嘉宾之一）。伯林写信给阿瑟·施莱辛格说威尔逊给他写了一封让人“非常快乐”的信（8 月 24 日收到），说“由于我做了些努力，恰好抵消了奥尔特灵厄姆勋爵说的关于（8 月 24 日的信）女王如何孤独的说法，他感到快乐及宽慰”。奥尔特灵厄姆勋爵（参见原文第 605 页注 1）写的评《今日帝制》的文章刊登在 8 月份他自己那发行量不大的《国家英语评论》，由于它温和地批评了女王及她的宫廷，并建议进行改革，该文章引起了全世界的关注（大部分是敌意的）。沃索恩反应温和，但是阿盖尔公爵建议绞死他，然后开膛分尸，此外有一位君主制度的拥护者盛怒之下打了奥尔特灵厄姆的脸。

特[1]的作品、《赫科特镇的回忆》[2]及《洛丽塔》[3]；当然有朝臣记下了这些书名；内政大臣[4]后来就此事严厉批评了我，他举荐我得此荣誉，而且是这个国家的非正式审查员；但我想已经造成了坏影响。女王非常高兴，痛斥各暴君，特别是贝隆[5]，谈及艾森豪威尔总统的消化能力对美国经济的影响[6]及军旗敬礼分列式。她问我是否经常读书，还说她父亲曾对与他共享午宴的嘉宾说他一直在读一本最有趣的书——《圣经》——问他们是否读过，如果读过，他们的感想如何。你不至于跟我说我在白宫或者爱丽舍宫会更开心吧。女王陛下问我对路易斯·德·维尔莫琳作品的看法，我则问她对科克托作品的高见。大慈大悲的美国新闻界认为她是个严肃、乏味、心胸狭窄、长着马脸的年纪轻轻的早期维多利亚古板人士，我想也许你最好不要告诉他们真相。食物的质量很差，没有男仆，没有盛况，没有正式的服装，一切都很有斯堪的纳维亚特色。[……]

你永远的

592 以赛亚

[1] 琼·吉尼特（1910—1986），法国小说家及剧作家，由于颂扬同性恋及犯罪，她的许多书在美国遭禁。

[2] 威尔逊的1946年的作品，由于露骨的性描写在美国遭禁许多年。

[3] 弗拉基米尔·纳博科夫的小说《洛丽塔》1955年在巴黎出版，但因其淫秽描写在英国及法国被列为禁书。

[4]“拉伯”·巴特勒。

[5] 胡安·多明戈·贝隆（1895—1974），分别于1946—1955、1973—1974年任阿根廷总统。

[6] 1956年6月艾森豪威尔由于小肠炎症做了手术。

伯林终于给《外交事务》杂志写了一篇文章，8 月 16 日把文章寄给汉密尔顿·费希·阿姆斯特朗并建议说：由于文章的第七部分及最后一部分自传的成分比其余章节强，这两部分刊出时用他在 1952 年用过的笔名“O. 尤迪思”，而文章的主要部分用伯林的名字刊出。8 月 28 日阿姆斯特朗回信说他接受这个建议：最后一部分将作为一篇独立的文章在同一期刊出，标题为“苏联的孩子气男人”，作者为 O. 尤迪思。伯林（正在意大利度假）先发电报，后来又写信说他反对用这个题目，并说关于重用笔名一事他改变了主意。但那时文章已经付印，让印刷机停下来的费用不菲。部分为了补偿，阿姆斯特朗扣留了伯林第二篇文章的稿酬。

致汉密尔顿·费希·阿姆斯特朗

1957 年 9 月 13 日［手稿］

意大利帕拉吉

亲爱的汉密：

你现在知道同你打交道的是一个多么糟糕的当事人了。你不得不付巨额的冤枉钱，毫无疑问，你当然不会再出于善意、友谊、慷慨向我约稿了？我本该，或者艾琳本该警告你我有多糟，但我不希望你认为我的行为是无理取闹。我那样小题大做（想到这件事我的脸就发热——但我不得不这样做），是因为我一直觉得我要对那些在俄国同我交谈过的可怜人负责，他们中的一些人确实同我自由交谈，由于我打入了政治上“有

问题”的圈子，苏联政府不仅严禁外国人，而且严禁本国人接触他们；我当然要尽一切可能保护他们。“尤迪思”现在没用了，因为乔治·凯南公开确认了他的身份[1]，虽然我认为那样做完全没必要。你知道吗，这样做不是为了在苏联特工前刻意掩饰自己的身份：虽然确实这么做了，但很明显那样做有被识破的危险。这样做的目的是，如果我戴了个黑色面具去经历这场闹剧，苏联政府就不会从官方的角度去注意、谴责、大发雷霆，最重要的是不会去惩罚那些涉嫌的朋友们或者说罪犯的盟友。因此我不得不弃用“尤迪思”，英文对等词中的首字母是
593 “N”[2]会很恰当。文章的标题也很恰当，我承认我并不是特别喜欢它，你曾明智地劝阻我不要在那篇作者为尤迪思的文章的标题中用某个粗俗的引言，对此我现在十分感激，因此看到这个标题后的最初反应是，我尽了最大的努力让自己接受它。然而，在收到你关于费用和难处的信后，如果不是考虑到那可能会影响被我曝光的苏联旧知识分子，我本应独自咽下我的不安。但一想到那点，我不得不妥协了。所以请原谅我，艾琳可以告诉你我所经历的种种痛苦，你当然不用付给“N”任何报酬。你没欠谁什么。[3]谁都不欠尼摩船长[4]。然而，如果你觉得

[1] 有可能是5月7日在纽约海外新闻出版俱乐部举行的谈话中确认的，虽然在凯南现存的笔记中，以及以《俄国新观察》为题发表于1957年6月15日《外国政策公报》第145页的简报都没有提及伯林。

[2] 伯林错了；阿姆斯特朗告诉过他文章的作者将是“L”。

[3] 伯林此处原文为：Nemini nihil debetur（Nemini 是 nemo 的与格）。

[4] 尼摩（伯林此处原文为：nemo，意为“无名”）船长是儒勒·凡尔纳的两部小

可以，我还是想请求你送我50本单行本——免费。也可以少一些，如果那样更方便的话，我指的是两篇文章的选印本。收到你的电报时，我心中的一块石头落了地，我只希望它不要滚到你心里去了。我再次请求你原谅我，E. M. 福斯特先生在某个地方谈到了由“眼泪、电报、怒气”营造出的气氛。[1] 还有“费用”，我必须加上这个词。如果你想取消我的其他稿酬，我真心认为那样做是公平合理的。一想到日渐减少的苏联布鲁姆斯伯里文化圈成员真实的脸庞及表情时，我便毫不犹豫了，他们看上去都孩子气，但他们是一群非常悲惨的人，对从没有面对面见过他们的人来说，他们是一群不可思议的圣人及殉道者。[2] 相信我，我这不是在百般地为自己辩解。唉，我不能在圣诞节见到你了。如果你还能忍受我的话，明年来牛津怎样？艾琳和我问候克里斯塔。

爱你的

以赛亚

说《海底两万里》(1870) 及《神秘岛》(1874) 中的一个人物，他是伯林儿时最喜欢的人物之一。

[1] “事实上有一种你我从未接触过的外界的精彩生活，在这种生活中电报和怒气关系重大。我们认为最重要的人际关系，在那儿不重要。”出自 E. M. 福斯特写的《霍华德庄园》第四章。

[2] 伯林继续保护的“L”的身份：可怜的“L”！在不慎乱讲话后，不幸就降临了——他被伟大的东方专制的走狗清算了，他曾经前途无量，现在没有任何希望了。[……] 他不可能东山再起了，只有无聊的古董商才会花时间去辨别那些能确立他身份的特点。致阿姆斯特朗，1957年11月13日。

致欧文·克里斯托

1957 年 9 月 28 日

海丁顿宅

亲爱的欧文：

请原谅我没能早些回你的两封信——18 日及 20 日的，因为我几小时前刚回来，刚读完信。

我按顺序依次谈吧。

1. 我很愿意哪天为《文汇》写一篇书评，但是在接下
594 来的这四五个月我没法写，因为作为教授，我要在此开一系列讲座，我正为此担心不已，我一个讲稿都还未写好，因此没法想别的任何事，而且只要这种可怕的局面持续，简直没法思考。[……]

2. 关于帕斯捷尔纳克。事情很复杂。意大利出版商费尔特里内利手里有这部小说的完整手稿，人们认为他会出意大利语版的。首先有谣言说他是个斯大林主义者，想阻止它出版，后来又有谣言说在瑞尔[1]的影响下他同斯大林主义者决裂了，现在准备出意大利语版的。可以肯定的是，伽利玛[2]正加紧出他们的译本，据苏瓦林讲，有四个人正在同时译这本书，这四人他都认识。在英国只有科林斯出版社（马

[1] 尤金尼奥·瑞尔（1905—1986），意大利共产党的领导人，但是匈牙利遭到侵略后他脱离了意大利共产党。

[2] 法国主要出版商。

克·伯纳姆·卡特）对此有兴趣。我读过小说的大部分章节，觉得这是一部杰作，但和我背景不同的人读了此书后是否也这样想，就不得而知了。对有俄罗斯背景的人来说，这部书会引起他们特殊的怀旧之情及极大的情绪波动。比如，巴黎大学的帕斯卡教授[1]并不认为这部书非常精彩。牛津大学的卡特可夫激动不已，帕斯捷尔纳克的两个妹妹也一样，但她们又担心书的出版会给她们的哥哥带来伤害，因为在苏联它肯定被禁止出版（但纳博科夫说它可能以缩写版的形式在苏联出版——这是最近的谣言）。谣言不断［……］——翻译它很不容易，比如，描写西伯利亚巫婆给奶牛下咒语让它们产奶的部分是用很难翻译的俄语写的：书中有大量经过变位变格的、复杂的、带地方特色的、典型的帕斯捷尔纳克用语，要正常理解它们都很难，更不用说翻译了。然而，还有更艰巨的困难要克服。整件事是保密的，没有人知道是谁在翻译，每人翻译多少，现在有两个愿望：一是要把这部杰作译出，推翻赤色政府（这是可能的，虽然字面上它并不反共产主义，但结果会是毁灭性的，比凯斯特勒或其他所有廉价货都更具毁灭性）；还有就是不要让诗人遭到报复。因此，秘密持有那份手稿的诗人的两个妹妹，在牛津像地狱看门犬那样看护着它，不让任何人看它，没有人知道什么是可

[1] 皮埃尔·帕斯卡教授（1890—1983），自 1950 年起任索邦大学斯拉夫语语言文学教授，曾于 1916—1933 年住在俄罗斯。

以了解的，而什么又是应该保密的。因此，如果你碰到马
595 克·伯纳姆·卡特或者哈拉里太太[1]，最好不要说你从我这获得了这些消息，就说你听说费尔特里内利和伽利玛正准备分别出意大利语版及法文版的，并说我告诉过你，在英国出版商中，他们对此事最感兴趣。

你永远的

596 以赛亚·伯林

[1] 玛妮雅·哈拉里（1905—1969），婚前姓贝纳森，生于巴库，弗劳拉·所罗门的姐姐，出版商兼翻译家，1946 年同马乔里·维利尔斯共同创办了哈维尔出版社（1954 年成为柯林斯出版社的子公司），1958 年出版《日瓦戈医生》的译本，该书是她与马克斯·海沃德合作翻译的。

1957—1960：齐切利讲席教授

我有一种印象：在牛津（或许在整个世界），人们越来越一本正经了，而能力、创造性、对人类行动的乐观信仰则减弱了。[1]

[……] 我曾讲过有价值的东西吗？[2] 597

[1] 致詹妮弗·哈特，1958 年夏天。
[2] 致米利亚姆·莱恩，1959 年 1 月 1 日。

致罗兰·博登—穆勒

1957 年 12 月 13 日［手稿］

海丁顿宅

亲爱的罗兰：

艾琳走了，[1] 感觉写信给你有些怪怪的，因为她会告诉你一切，会讲得更清楚明白且详细得多。

我过了无比忙碌的一个学期，但从某种程度上讲也是非常快乐的一个学期。我明白我申请并最终得到教授资格是在自讨苦吃，但虽然是自讨苦吃，这个职位还是比较适合我的。我像一个本科生见导师前准备论文那样认真备每一次课；有规律的作息时间，有事做，大量的工作要做，没时间去伦敦，没时间参加社交活动，或去做生活没规律时出现的层出不穷的琐事，对我大有好处。我的身体好多了，虽然医生坚持说我的心电图有些紊乱，没人能解释其中的原因，他们叫我要减肥（我做到了），要心境平和，这对我来讲颇为不易，但我还是尽力做到了，过着平静而有规律的生活，生活比以前有规律多了，我感觉不错。甚至让我痛苦不堪了八个月的眼皮跳动，好像也消失了，这虽然是件很小的事，但真的影响到了我的快乐，有时候使得生活［原文如此］。我还是不习惯爵士称号，没法在电话中那样称呼自己；可以称自己为伯林教授，我感到如释重负，由于害怕听到那个让人

[1] 去纽约和波上顿。

胆战的单音节词，我们叫男仆称我们为伯林教授及夫人。也许我会习惯的，这不太正常，我并不反对这个爵位，所有那些我同你说过的理由、你安慰我的话都没有错；然而有些情感是很难克服的。

这学期这儿的知识分子很活跃；温德[1]的讲座极其精彩，他的风头盖过了其他所有人。[……]

道格拉斯[2]自己的讲座，艾琳也会跟你提及，不是特别精彩——千万别跟其他人提这个，你也知道对这种事的哪怕一丁点批评都会引起什么后果，这位来自加德桥的伟大而野蛮的国王如果开战打起来，他的复仇会很可怕的。我想，他的观点是，在大学，我们对事实的描述必须十分精确，富有
学理性；结果呢，在他的最后一场关于高更的讲座中，他的 599
讲座才开始像正常的讲座。下个学期，他讲到他自己国家的立体派等时，他的讲座定然会很精彩的。虽然如此，他的讲座还是挺有趣的，但跟伟大的魔术家温德的卡里奥斯特罗[3]式表演还是没得比。

[1] 埃德加·温德自 1955 年起为牛津大学首位艺术史教授。因为讲座大受欢迎，他的讲座被设在了剧场，但即使在那儿，要排队等候入场也是众所周知的事。

[2]（阿瑟·威廉）·道格拉斯·库珀（1911—1984），艺术史学家及艺术品收藏者，他的家在法国南部加德桥附近的卡斯蒂利亚庄园，伯林和艾琳在他家见到了毕加索和科克托。库珀是牛津大学美术斯雷德讲席教授，讲授《艺术革命》。

[3] 亚历桑德罗·迪·卡里奥斯特罗伯爵（1743—1795），可能是朱塞佩·巴尔萨摩的别名；术士，共济会成员，据说会用催眠术治病，但（很明显）是个老到的江湖骗子。

可怜的摩尔要被调到芬兰——要么就是伯尔尼。我不知道这件事定了没有。他不会讨厌芬兰的——他那么喜欢德国人，而芬兰人像德国人。但是不断会有大使及外交人员从莫斯科来，离开物质极度匮乏的莫斯科，到文明的芬兰喘口气，因为他们认为当地的英国公使馆会给他们提供食宿，帮他们解决一切问题，这会让摩尔发疯的。他天生就不像我们俩那样不加区别地热情对待每一个人，他会让人感觉到他的愤怒及不耐烦的。这么说来，即使瑞士对他来说也不是个很好的地方。无论如何，所有这一切被认为是绝对保密的，外交部的人发现我知道这些会非常吃惊，真好玩。我的老朋友哈罗德·比利将取代摩尔的位置。他性格顽固，是外交部中最亲阿拉伯的人，他是这次战争后进的外交部；他风趣、愤世嫉俗、教养很好，跟他的第一任妻子离婚了[1]——她是人民的诚实可靠的女儿，待在厨房比待在客厅更快乐，无法面对他的同事，但是个很好的女人，他对她不好——我刚给她在当地的图书馆找了一份工作。[2]然而你也许会喜欢他。布赖恩·[厄克哈特] 当然（根本）不喜欢他。布赖恩最终都是从道德方面来对人做出判断，他主要看他人是否高尚、善良、正直，而非仅考虑他们是否有趣或志趣相投。按他的标准，比利还有许多需要改进的地方。他给外交部提的

[1] 米莉森特·玛丽·比利（1910—2003），婚前姓琴恩，1953 年离婚。
[2] 实际上是全灵学院的科德林顿图书馆。

关于犹太人及阿拉伯人的建议非常诚恳直率，但总是错得一
塌糊涂。如果不是由于一直被盲目地误导，即使可怜的贝文
先生都不会犯那样的错。我记得 20 世纪 40 年代后期在哈
姆斯特—西斯我常跟比利进行长谈，他常向我讲述各个国家
应该怎么做，在联合国应该怎么投票，他的讲述很精彩，在
当时也是令人信服的，但实际发生的事件总是彻底地准确无
误地推翻他的言论。不管怎样，他跟摩尔非常不一样——没
有遗孀，没有下层社会生活经历[1]——而更是一个有中下层
玩世作风的人，易被中上层阶级接受。无论如何，你肯定会
见到他，做出自己的判断。我很想知道你是怎么想的。我一
向都很喜欢他，因为他不是那种古板的官员，而是一位大学
教授，还因为他的盲信及执迷不悟来自讽刺、恶意和极端轻 600
率。昨天两个阿拉伯知名人士来见我，我们非常平静地谈
论了苏伊士问题。他们最难过的是这么多上层人士亲苏伊
士，那么多下层人士反苏伊士——阿拉伯人根本不指望得到
工党的支持，他们都是势利小人，想到索尔兹伯里勋爵也会
犯错，想到支持他们的人大多是知识分子及社会主义者，他
们极其难过。那两人认为只有在阿拉伯世界人们才能过着安
全、优雅的生活，阿拉伯会跟世界上所有的积极力量，跟罗
马教堂、美国百万富翁、英国贵族等结盟，反对俄国、暴
徒、劳动者及犹太记者。我明白他们的世界观是怎么形成

[1] 伯林此处原文为：bas-fonds。

的，但在这点上没法与他们苟同。

非常感谢你给我寄来了埃德蒙·威尔逊论屠格涅夫的文章。[1] 奇怪的是，我第一次觉得他的文章无趣。[……] 他很快就会来此地——我要写封信谢谢他（因为他也寄了一份复印件给我）。然而我不知道要［怎么］说。我的权宜之计是什么也不说。今年《星期日泰晤士报》一如既往地叫我参加讨论，评年度最佳图书，去年我因为无法高度称赞戴维·塞西尔的最后一本著作，[2] 但又不想称赞别人从而得罪了他，所以没发表任何言论；今年面对莫里斯的最后一本著作，[3] 我发现自己处于同样尴尬的局面，这本书比他以前的书好得多，所有人都狂热地充满激情地赞美它，比如帕蒂·莱·弗莫尔[4]、特雷弗—罗珀、阿诺德·汤因比等，但我终究觉得它十分庸俗无趣。我不会像斯帕洛那样，说他"聒噪乏味"，但我同意他说的：他的文风就像现代英国银行普遍流行的那种帕拉第奥式风格。

特雷弗—罗珀的教授就职演讲[5] 是少有的让我觉得很开

[1] 埃德蒙·威尔逊写的题为"屠格涅夫与生命之泉"的文章，发表于 1957 年 10 月 19 日的《纽约客》，第 150—200 页。

[2] 可能是《M. 勋爵》（1954），或者是把这本书同塞西尔更早期的著作《年轻的墨尔本》合并而创作的《墨尔本》。

[3]《体验希腊》（伦敦，1957）。

[4] 帕特里克·迈克·莱·弗莫尔（生于 1915 年），旅行作家，战争期间参加了克里特岛人的反抗，一生中的大部分时间在希腊度过；《体验希腊》的宣传引用了他的评论："合上书本时，我们的强烈感受是读完了一部杰作。"

[5] 11 月 12 日举行的题为"历史：专业人士与外行"的演讲。"在我的记忆中，

心的一件事，它本身非常有趣——我必须寄一份复印件给你——但最有趣的是讲座前的序幕：他原本以为伦敦会来很多时髦人士，因此委托福诺勋爵[1]及齐普思·恰农的儿子[2]——他写信给他们说他猜想他们社会责任心强、认识内 601
阁成员及大使们——希望他们帮忙招待贵宾入座。为了保证“质量”，他叫人们把学院的前四排座位空出来给他，让人难过的是，那些年迈的导师们、白发苍苍的夫人们想坐那些空位时被粗鲁地推开，它们是给伦敦来的高雅人士准备的。最后，只来了威灵顿公爵[3]、阿斯特家的八位成员、他自己的妻子[4]和他妻子的姐姐多利亚[5]，其他人都没来，位置后来都被普通人占了。我们是和伊丽莎白·鲍恩一起去的，带着极大的兴趣看了整个过程。最有趣的时刻是当南希·兰卡斯

如此多的人参加教授就职演讲还是第一次，整个考试院座无虚席。”（出自菲利普·曼塞尔悼念特雷弗—罗珀的讣文，那时他已是达克勋爵了，发表于《独立》2003 年 1 月 27 日第 14 版。）

[1] 弗里德里克·威廉·罗宾·史密斯（1936—1985），福诺子爵，1975 年受封伯肯海德勋爵三世；后来他以罗宾·福诺为笔名写作。

[2]（亨利）·保罗·吉尼斯·恰农（1935—2007），1997 年受封凯尔维登男爵，1956—1958 年在牛津大学基督教堂学院读 PPE 课程，1959—1997 年任下院保守党议员。他的父亲（儿子放弃自己的学位课程，继承了父亲的下院议席）是亨利·（齐普思）·恰农（1897—1958），生于美国，1835—1958 年任下院保守党议员，日记作者。

[3] 杰拉德·韦尔兹利（1885—1972），威灵顿公爵七世，1949—1960 年任汉普郡郡尉，1951—1962 年任南安普敦大学校长，1956—1965 年任怀特岛总督。

[4] 亚历山大·亨利埃塔·路易莎（“桑德拉”）·霍华德—约翰斯顿夫人（1907—1997），海格伯爵一世的女儿，特雷弗—罗珀于 1954 年同她结婚。

[5] 维多利亚·（蒙塔古—道格拉斯）—斯科特夫人（参见原文第 157 页注 6）。

特[1]——罗尼·特利的第一任妻子，她之前听说桑德拉·特雷弗—罗珀看起来像个非常年轻且精神矍铄的八十岁老太，虽然年事渐高但非常活泼、精力充沛——在我们都被邀请去参加晚宴时，冲到亚历山大夫人面前，拍着手说："噢，噢，新娘的母亲！"当时现场死一样寂静，可怜的桑德拉只苍白无力地笑了笑，然后我们坐下来吃饭。

唔，我不要再饶舌了，尤其因为现在是凌晨一点钟，我必须怡情养性、休息、淡定、培养好习惯。很遗憾我没在波士顿同艾琳在一起——我希望她不用费很大的劲，对帕金斯们[2]尽到了自己的责任，热忱期盼在春天见到你——有传言说你真的会来。那太让人高兴了。

你永远的、非常爱你的

以赛亚

致塞姆·伯尔曼

1957年12月17日

海丁顿宅

亲爱的塞姆：

我本该几星期前就回复你的第一封信，很抱歉我没有那

[1] 南希·基恩·兰卡斯特（1897—1994），婚前姓帕金斯，分别同亨利·菲尔德、罗尼·特利及克劳德·兰卡斯特结婚；生于美国的室内设计师，定居英国，接管科尔法克斯及福勒公司。
[2] 埃利奥特和玛丽·帕金斯。

602 样做。我现在忽然过上了一位体面的老家伙过的精心安排的日常生活，一位善良、呆板的老教授穿梭于各种讲座，见研究生，偶尔很兴奋地踏上去伦敦的火车，给某个学术团体开讲座。事先精心准备长长的讲稿，以极快的令人喘不过气来的速度读给一小群博学的年长者们听，他们所有人，或者说几乎是所有人，本身也都在这么做。我这无比平静的按部就班的生活中的例外是两次去伦敦——一次是为了一大群的犹太人[1]，他们名义上是犹太历史协会成员，我节选19世纪一位名叫摩西·赫斯[2]的人写的一本书的部分章节，大声念给他们听。赫斯是位犹太复国主义者及共产主义者——差不多同时是两者。这样做是为了纪念卢西恩·沃尔夫[3]，他最恨犹太复国主义和共产主义，并不是没人注意到其中的讽刺意味。还好本来要主持这次会议的哈利法克斯感冒了。赫斯强调改变称呼及放弃老习惯的劣处。他在1861年谴责德国的犹太人改变自己的称呼，拙劣地模仿基督教称自己为改良后的犹太教，他告诉他们说德国人不喜欢的不是他们的宗教，

[1] 1957年12月11日伯林在伦敦朋友之家发表了纪念卢西恩·沃尔夫的演讲，演讲的题目为“从共产主义到犹太复国主义：摩西·赫斯的生平与思想”，出版（剑桥，1959）时的标题为“摩西·赫斯的生平与思想”，《反潮流》收录了此文。

[2] 摩西·赫斯（1812—1975），德国犹太作家、社会主义者，最后成了一名早期的犹太复国主义者。伯林这儿指的是赫斯最重要的一本著作：*Rom und Jerusalem: die letzte Nationalitätsfrage, Briefe und Noten*（莱比锡，1862）。

[3] 卢西恩·沃尔夫（1857—1930），记者、历史学家、犹太利益保护者，英国犹太历史协会的创建者兼主席。

而是他们的种族、鼻子、鬈发、黝黑的肤色。所以他们更想
遮掩自己的种族身份而非自己的宗教。他说迈耶贝尔[1]在他
的歌剧中尽量避免《圣经》剧本，但没得到任何好处。由于
我的听众几乎都是皮肤黝黑、个子矮小、鬈发的家伙，他
们改变了称呼，而且在工作中很少使用《圣经》剧本，你可
以想象演讲的效果。这是十足的反犹太素材，一个非常善良
的人写的，他于1850年代同一个妓女结婚，“目的是纠正
社会上的不公平”，之后他快乐平静地同她生活在一起，直
至高龄去世。对于那部分较正派的听众，这些很不适合他
们。就在同一周我作了一个关于魏茨曼博士的演讲，[2]认为
他这个人不错，你知道这个会很吃惊的。这样做的严重后
果是一位老先生[3]很不高兴，给我写了一封信，他说自己在
1903年至1933年期间与魏茨曼共事，但在我的溢美之词中
603 他找不到这个人的一点影子。他唯一认可的一点是，我说魏
茨曼习惯于抛弃对他不再有用处的人，这个特点是他非常熟
悉的。可怜的人。我明白发生在他身上的事，也非常清楚
事情是如何发生的以及发生的原因。我们的朋友不喜欢蠢
人，他对这个特殊人物的评价是：他是一匹马，而且是通过

[1] 迈耶贝尔不断遭到理查德·瓦格纳尖锐的反犹主义攻击，这使他后来没那么受欢迎了。

[2] 11月19日伯林作了关于赫伯特·塞缪尔的第二场讲座，（1958年在伦敦）以“哈伊姆·魏茨曼”为题出版，《个人印象》收录了此文。

[3] 以色列·科恩（1879—1961），犹太复国主义积极分子、作者及记者。

组装后看起来像一匹马的。我敢说这样的评价不会得到很多赞扬。

我做的最后一件事是在意大利学院主持我的老朋友加埃塔诺·萨尔维米尼的葬礼。萨尔维米尼这辈子确实说过一些很尖锐的话，实际上，他对我说的最后一句话是，当我问他打算如何投票时，他说，“我跟共产主义者们说了，如果他们把教皇枪杀了，我就投他们的票。如果没有，就不把票投给他们。”我没有引用他的这句话。听众都是些长者，主席是八十五岁的古奇教授[1]，念了九十二岁的 B. B. 发来的电报。我引用了最高法院的判决书上的话，[2] 判决书是菲利克斯·法兰克福特宣读的，他现在七十五岁了。阿瑟·瓦利[3] 有着校园男孩的幽默，而且不管那样会对他的朋友们产生什么影响，受到他的鼓励，我告诉他们说，萨尔维米尼对我说的最后一句话是：“墨索里尼死了。克罗齐死了。我还有什么好不高兴的呢？”我当时正对着克罗齐的一张大肖像，肖像的一侧是加里波第——两个保护神，另一侧是但丁，现场到处都是意大利人，对于有些听众来说，虽然发言不一定非得让人满意或者得体，但这些话还是令他们极度震惊，他们极不自然地

[1] 乔治·皮博迪·古奇（1873—1968），历史学家（非常受人尊敬但不是教授）。
[2] 在鲍姆加特纳诉美国案（322 U.S. 665，1944）中，菲利克斯·法兰克福特宣读最高法院关于政府撤销公民国籍的裁决时，在注释中引用了萨尔维米尼关于自己入美国籍的评论。
[3] 阿瑟·戴维·瓦利（1889—1966），原姓绪罗思，汉学家及翻译家，翻译了大量中国及日本的文学作品。

笑了下。我无法理解自己为什么会做这样的事：我自认为性格温和、安静，急着想取悦甚至最不起眼的人，然而，当我站在听众面前时，我紧张得发抖，不由自主地说出很可怕的话，这使得我赢得了像克列孟梭[1]的名声，但实际上我失败了一次又一次，没法达到他那个水平，非常痛苦。毫无疑问，托德先生对我的印象就是这样的，同艾琳的完全不同。

戴维·塞西尔今天下午会来喝茶——有什么要我跟他说的吗？我想不起来。我不知道他的工作进展如何了。[2]其间，埃德蒙·威尔逊好心地给我寄了他发在《纽约客》上的关于屠格涅夫的长文，我认为这是他做的糟糕事之一，不过你别跟他说这个。我自己也不明白为什么会这样觉得。一如往常，他说了一些有价值并且有趣的事——强调说屠格涅夫实际上
604 是19世纪唯一一位讲真话的俄国作家，不像陀思妥耶夫斯基和托尔斯泰那样过度夸张、妄尊自大地描写事物。另外，他认为自己恨农奴及一般自由主义是因为他那个可恶的母亲及他母亲那样对待他。所有这些都没错。但在文章的其余部分他“用自己的话”讲述屠格涅夫小说的情节，就像我们在学校时经常被要求做的那样——也许他没什么才华，仅仅是用文字把纸填满罢了。但这样说他连我都觉得好像太恶劣了，

[1] 乔治·本杰明·克列孟梭（1841—1929），分别于1906—1909、1917—1920年担任法国总理；因为观点激进、辩论时作风强悍，绰号“老虎”。
[2] 指的是塞西尔正在撰写的麦克斯·比尔博姆传记。

我部分地收回我说的。可是不知怎的，通篇文章乏味无趣，没有说出有意思的东西；他评的那本书是很差劲的一本，他不会知道这个的，因为这是英国评论家的观点，由于作者的名字是俄国犹太人，威尔逊因此觉得他有必要反对英国势利小人，为他辩护。我不知道要说什么——我本应写信给他，告诉他我觉得他的文章很不错等，但他是个聪明人，虚伪空洞的赞美之词会被他一眼看穿。因此我保持沉默、觉得尴尬，他会认为我沉默是因为我生气了，原因是他寄给了我一张很有趣、好玩的小剪报，剪报应该是从《纽约时报》上剪下来的，报道的是我同女王共进午宴，他说他很高兴地看到奥尔特灵厄姆男爵[1]公开指责的一些令人不快的安排终于得到了令人满意的改进。他爱怎么想就怎么想吧，如果你看到他的话告诉他我爱他，我也非常爱你——艾琳正待在纽约的卡莱尔饭店。如果你如期收到这封信的话，希望你打电话给她。她可能太害羞了，不会打电话给你。她爱你，可是，我的经验告诉我，世界上的许多人都比她更频繁、更热切地表达自己的情感。因此请一定给她电话——你见过她的母亲吗？如果没有的话，你应该见见她，与我的母亲完全不同，奇怪的是，她们相处得不错。她非常害羞，完全没被她的财产教坏，

[1] 约翰·爱德华·波因德·格里格（1924—2001），1955—1963 年为奥尔特灵厄姆男爵二世（拒绝承认这个称呼）；作者、记者、播音员，1954—1960 年为《国家英语评论》的老板兼编辑。

她跟我一起时很自在——这证明了我的一贯看法：我没有个性，不论在哪里，我在或不在房间对任何人都一样。

以伤感、平和、显然是自吹自擂的语气，结束这封自虐狂式的信。

你永远的

以赛亚

〈谁知道信里写了什么呢？我口授信件，但无法再读一遍——也许S. 弗洛伊德知道这其中的原因：其中的意识流
605 也许和我的打字员T小姐[1]——一个牧师的女儿一样……〉

致菲利普·汤因比

1958年1月24日

海丁顿宅

亲爱的菲利普：

谢谢你寄来的小册子。[2]我读后很感动，非常尊重你的

[1] 维奥莱特·弗朗西斯·维多利亚·汤森德（1894—1985），爱德华·曼塞尔·汤森德牧师（1860—1947）之女，他在1898—1947年任蒙矛斯郡兰维普利的教区长。伯林婚后的几年她任伯林的打字员，后来又帮艾琳做些秘书工作，她的家在海丁顿宅附近，骑自行车来，狗放在车篮里。

[2] 1957年12月汤因比写了一篇有关核政策的文章，然后把它寄给了七十五个人，征求他们的意见。他把这篇文章和其中一些人的评论（没有包括伯林的）及他的回复一起出版了，书名为《可怕的选择：菲利普·汤因比主持的与［……］进行的关于核政策的讨论》（伦敦，1958）。

观点，非常理解（或者说我自认为理解）你为什么会有这样的想法，但我的观点和你的完全不同。[1] 我只读了一遍，但我想尽可能简洁地把我的观点记下来，想到什么就说什么。毕竟，这是封私人信件，你没打算拿它干嘛——把它出版或者别的什么。所以如果它杂乱无章的话，请你原谅。

我想以一个问题开头：如果我问你，不管问题是何时出现的——我想是在 1936 年吧——即使德国人可能反抗，有可能发生许多流血事件，你认为允许、鼓励或者支持法国人重新占领莱茵兰是否值得呢？除了事后之明，许多人（包括我自己）都相信那是值得的，认为那样做可能会避免后来发生很糟的事，即使在当时，才能平庸、对政治了解不多的人都能大致预见到这点。那么，我假设当时的你会说，不论哪些纳粹军人死去都是为避免战争、避免纳粹统治欧洲大部分地区而付出的代价。现在我问你，20 世纪 40 年代末期及 50 年代初期（俄国人还没有发展他们现有的武器）提的对俄国人扔原子弹的计划——简言之，就是打一场预防性战争，牺牲许多无辜的生命，你对此是何看法呢？我好像记得伯特兰·罗素当时主张扔原子弹，理由是那样可能会避免一个很糟糕的未来。也许他是对的。〈事实上我开始不这么想了。〉然而我记得我自己当时是反对这样做的，不仅仅是出于功利的原因，认为一场胜利虽然可以消灭共产主义，但是会让俄

[1] 汤因比 2 月 10 日回信也以类似的话开头。

国人，甚至整个亚洲都滋生仇恨，二十五年后几乎不可避免地发动复仇战争，这样会抵消打败俄国人带来的任何益处；我当时反对的理由简单得多，是出于本能的道德考虑，我认为如果你要犯滔天大罪——或者说让无辜的人遭受巨大的痛苦——去避免一个假设中更糟局面的话，首先这种假设必须
606 有成为现实的可能性，其次它所引发的灾难必须小于未来可能发生的灾难。也许我的表述不够清楚。我的意思是说，虽然我根本不是个和平主义者，我相信有些战争完全有其合理性，不仅仅是指防御战——另一方侵犯了你后采取的行动——甚至包括一些预防性战争（比如，1936 年的那场也许可以算），即，当对方侵略你的可能性非常大时，或者一种政治制度让大量的人遭受许多痛苦时，然而如果你问我具体是多少人遭受何种痛苦，而这种可能性又有多大，我怎么能回答上来呢？我们心里对这些事情自有定数，跟索尔兹伯里阁下曾说的看到多云天，问自己是否要带伞这件事，原则上是一样的，虽然这样说显得轻浮。但是，这听起来显得轻浮的话道出了准确无误的原则：我们尽自己所能权衡一切，依赖的是我们掌握的所有知识、科学知识、我们的经验、我们的常识——我们认为会发生什么事，人们是怎么样的，世界是怎么样的。我们不相信我们会犯错，我们听取我们认为是明智的人的意见，最终我们自己做出决定，并对自己做的事负责。如果我们做了蠢事，那么不论动机多么纯洁，我们犯下了罪行。我们能说的——我们所能说的一切——是按照

这些道德原则及我们掌握的事实，我们已经尽力了。

那么好吧，你想知道我们单方面放下武器（我注意到凯南并不提倡这点）是否在道德上不对，因为如果我们不放下武器，别人也不放下武器，那么即使美国和俄国像角斗士那样用矛互指对方、互相牵制对方（借用霍布斯创造的意象）[1]——或者像两个歹徒那样互相用枪指着对方——手持这些可怕的武器四处走时，误解了命令或者突然做出疯狂的、愚蠢的、不负责任的举动，毁灭全人类或者说发生大屠杀的可能性非常大。我认为这是可能的。我想说的如下：

1. 在我看来，俄国人真的在裁减军备，也就是说，停止制造或者拥有氢弹的可能性微乎其微；不论发生什么事，不论美国人是否裁减军备，俄国人打算增强军备（请别问我怎么知道这个：我并不知道，但我相信事情是这样的，我凭经验知道任何人的政治目的）。如果遭到抵抗，他们会想方设法累积比敌人更强大的攻击力量；如果没有遭到抵抗，他们会把别人当傻瓜，毫不费劲把人家俘获。

2. 我认为俄国人这样做的可能性非常大，比某些爱动武的傻瓜、疯子等这样做的可能性大得多，随便扔出一样东西，把全世界摧毁。 607

[1] [国] 王们和君主们，因为有各自独立的王国，他们一直都在妒忌对方，保持一副角斗士的姿态，武器指着对方，眼睛瞪着对方。见托马斯·霍布斯的《利维坦》(1651) 第十三章。

3. 我不认为已经发明的武器会被放弃、忘记。上次战争中没有使用毒气，使用它的可能性还是存在。无论如何，世界被新式武器摧毁的阴影会一直笼罩着我们。

4. 我认为，西方国家拥有强大的攻击力量，遏制俄国人使用他们的武器，这种可能性非常大。

5. 不管怎样，不管那样做会对任何人、对自己产生怎样的影响，甚至影响到别人，我们捍卫自己生活方式的做法，是有意义的（我认为这是我们之间分歧最大的地方）。如果我们的整个生活方式面临被摧毁的危险，如果我们宁可死去也不愿在某种政体下喘息，同我们认为（总体而言）也持此类观点的人生活在一起，并且在某些方面观点高度一致——一致到什么程度就不好说了——如果我们的邻居并不认为我们的观点是孤立的，而且还持有大致相同的观点，我们因此组成了一个社会——这种局面出现时，不论要付出何种代价，[1] 我们要保护自己。1938 年捷克人受到德国人威胁时，他们本应该反击的。他们中的一些人很认真地辩护说，通过屈服他们可能避免了一场全民战争，我认为这不过是把想投降的愿望合理化罢了。〈法国人用了同样伟大的、理智的、人道的但可鄙（当时我们所有人都觉得）的理由，证明 1940 年他们向希特勒投降并尽可能达成协议是他们的职责。〉一个人对自己的观念、忠诚、情感、信仰、道德准则

[1] 伯林此处原文为：coute que coute。

的坚持，是看他最终打算为此付出何种代价。如果我们认为不仅仅是自己，别人也要为此付出代价，那么答案应该是没有任何人要对这整个世界负责，在民主国家，政府应该替国民承担责任，尽他们所能，也让别人尽其所能。即使俄国人跑来跟我们说，你们投降吧，否则我们摧毁整个宇宙，我觉得我们没有任何理由投降。不管我们自己，还是其他人受到了怎样的威胁，我们准备不惜同任何人战斗，这样做是有意义的，否则一切准则都变灵活了，一切的行为规范都融合了，我们不再为自己的各种目的而活，我们只剩下一项职责：功利地盘算如果只走一条路线的话全世界会多幸福，有很多条路线的话这个世界会多痛苦，并押上全部赌注——这种盘算不仅很难做到（几乎不可能），而且如果它涉及的人 608
越多，这些人离我们越远，它就越不现实，未来也将更加黑暗。我还要作进一步的阐述。

6. 我根本不必阐述最后这点的，虽然我确实持这个观点。我只需说，我认为，在政治上犯下滔天大罪，仅仅是为了生存，这个代价太大了。因为如果我们接受这个观点的话，那么，也许任何暴君的统治都不会遭到抵抗，因为那样可能会让无辜者付出生命。如果是那样，如果反抗不一定会带来毁灭（如果会，这样的后果也会让我退缩的，我会努力去促成某些安排，只让那些宁可死去也不愿在共产主义制度下苟活的人——像我这样的人——有机会去死），没有理由不竭尽全力去威慑敌人接受我们的生活方式，在生活中

他们和敌人一样危险、可怕。总之，我认为，获得并拥有氢弹（毫无疑问，更强劲的武器还会出现），进行大规模的屠杀，是可怕的，但更可怕的是：苏联人可能征服全世界，如果没遭到抵抗的话会进行惨无人道的血腥统治，以减轻自己占有的罪恶——这是当一个人只能在各种罪恶中做出选择时的选择。事实上，你的观点是，有人使用氢弹，我们可能因此不放下武器，同被苏联统治及它发生的可能性比，这种罪恶更大，或者至少一样大。我的观点恰恰相反。我认为：(1) 威慑苏联人并防止自己被某个疯子、蠢货或者恶棍炸飞，这些足以让我们去维护北约等的存在价值；(2) 在某些情况下我们不能做出很长远的打算——如果一个人宁可死去也不愿忍受强加给他的命运，那么，他可以怎么方便，就怎么反抗它。我说的一个人准备死去，不是指他作为一个个人死去，而是指他作为某个社会整体的一员死去，他同他们团结一致、心心相印——我认为这是唯一正确的准则，它使民众不带任何愤世嫉俗的态度去参战成为可能，不能再说参加战争的大部分民众是盲目的、受到欺骗的——说民众只不过被愚蠢或邪恶的领导人所害。

很抱歉我的表达如此混乱，但我敢说我的主要观点还是说清楚了。上帝保佑，你读后就把它撕了吧，想什么时候来看我都行。我们见面太少，我觉得很遗憾，我对此感到遗憾已经很久了。

你永远的

以赛亚

〈不好意思，这封信放在我口袋里太久了些。〉 609

致理查德·魏赫姆

1958年1月24日

海丁顿宅

亲爱的理查德：

[……] 现在谈谈你写的书评，[1] 我们不涉及《泰晤士报文学副刊》，我对它没有丝毫的影响力，而且我相信它会把整篇文章完完整整地印出来的。我很喜欢这篇文章，同意其中的大部分观点，但有的观点我不同意，完全不同意。如果只有你谈论奥克肖特教授[2] 的话留存于世，你必须承认，关于他的思想深刻、人格魅力、巨大的影响力等，你提供给世人的是夸大了的印象。不管怎样，如果你钦佩他，就这么做吧。而我，读完《利维坦》后（不是之前）首次读了他给霍布斯[3] 写的引言，对此不敢苟同。我就此事写信给尤特利，说我认为他有些不如茹弗内尔[4]。斯图尔特疯狂地称赞后者。

[1]《对政治的思考》，评 T. E. 尤特利及 J. 斯图尔特·麦库（见原文第 611 页注 10）编辑的《现代政治思想文献》（1957 年在牛津出版）（在接下来的注解中用 DMPT 代替），刊登在 1958 年 2 月 28 日出版的《泰晤士报文学副刊》第 109—110 页。

[2] 魏赫姆承认（1 月 16 日）奥克肖特说的“理智”与“高智商”，钦佩其写的《当代欧洲的社会和政治学说》（剑桥，1939）。

[3] 奥克肖特给 1946 年版的托马斯·霍布斯的《利维坦》加了个引言，《霍布斯评公民协会》（剑桥，1975）中收录了该引言。

[4] 伯纳德·德·茹弗内尔，小说《谢利》中主人公的原型，该小说的作者为科

我听说你认为他的书[1]晦涩难懂。我的看法是他的书十分清楚易懂但没什么意义。斯图尔特在《星期日泰晤士报》[2]上写评论说我们必须认真对待它，真的把我吓了一跳。从某方面讲，不必认真对待它这一点也让我失望。政治哲学中出现了什么，值得我们认真对待呢？依我看，根本没有。这就涉及我要说的第一点（你的阐述中的最后一点）。你列了一大串名字，认为任何一部20世纪中期的政治思想选本都应该提及他们。弗洛伊德、熊彼特[3]、波普尔、美国的法学家、法国的存在主义者，那是当然的。凯恩斯、凯尔森[4]，也许吧。可是为什么要有阿伦呢？他在理论方面没任何建树。他
610 谈历史及社会学的两本书[5]是三流的而非二流的作品，我两本都读了，后悔自己花在上面的时间。至于《知识分子的鸦片》[6]，风格明快，也有些意思，但它总体上不如李普曼

莱特（茹弗内尔的继母，他十几岁时同她有过私情）。

[1] 伯纳德·德·茹弗内尔，《论主权：对政治的善的研究》（巴黎，1955），J. E. 亨廷顿把它译成英文，书名为《主权：论政治的善》（剑桥，1957）。

[2]《民主的质疑》，刊登在1957年10月6日出版的《星期日泰晤士报》第6版。

[3] 约瑟夫·阿洛伊斯·熊彼特（1883—1950），摩拉维亚经济学家、政治学者（1932年起在美国工作）。

[4] 汉斯·凯尔森是个法律实证主义者，对宪法和国际法特别感兴趣。

[5] 可能是《当代德国社会学》（巴黎，1935），由玛丽及托马斯·巴特莫译成英文，书名为《德国社会学》（伦敦，1957）；《历史哲学导论：历史客观性的局限》（巴黎，1938），由乔治·J. 欧文译成英文，书名为《历史哲学导论：历史客观性的局限》（伦敦，1961）。

[6] 阿伦，《知识分子的鸦片》（巴黎，1955）。特伦斯·基尔马丁把它译成英文，书名为《知识分子的鸦片》（伦敦，1957）。

好，而我是非常鄙视此人的。甚至莫顿·怀特喜欢的查尔斯·比尔德[1]或者杜威[2]及其他人都要更好些。

至于保守党的摘编，你说得对极了。黑尔什姆[3]、《泰晤士报》的社论[4]、温斯顿[5]等都是可耻的。但法西斯主义一文不仅仅是一篇病态偏执狂文章，墨索里尼是个能干的记者，他对法西斯主义的阐述是对某种立场的理论陈述。文章不是很好，而且要不是因为最近发生的历史，它也并不十分有趣。至于奥斯维辛，你也可以说，想到斯大林的无数受害者，不值得考虑共产主义。你绝对不会否认这点的——欧洲思想中有非理性主义的传统，它始于卢梭或反对革命的保守分子，或者在有卡莱尔、尼采、索雷尔[6]的地区出现，而法

[1] 查尔斯·奥斯丁·比尔德（1874—1948），美国历史学家，强调经济动机的重要性，赞成美国的孤立主义政策。

[2] 约翰·杜威（1859—1952），美国哲学家、心理学家及教育学家，一个早期的著名的实用主义者。

[3] 昆汀·麦加勒尔·霍格（1907—2001），1950 年受封黑尔什姆子爵二世（1963 年放弃这一头衔），1970 年受封黑尔什姆男爵；分别于 1931—1938 年、1961—2001 年在全灵学院任研究员，出庭律师，分别于 1938—1950、1963—1970 年任保守党议员，1956—1957 年任海军大臣，1957 年任教育大臣，1959—1960 年为掌玺大臣，后（1970—1974、1979—1987）成为大法官；讨论中的那篇文章“保守党案例（Ⅱ）”，收录于《现代政治思想文献》，第 73—75 页，出自他的《保守主义案例》（西德雷顿，1947）第十章，第 62—64 页。

[4]《多数人规则》，刊登于《泰晤士报》1953 年 2 月 2 日第 9 版（以“民主党案例分析”为题，收录于《现代政治思想文献》第 33—35 页）。

[5] 这段话来自 1947 年 10 月 4 日，他在布赖顿保守党大会上的演讲［“保守党案例（Ⅱ）——最基本要求”，见《现代政治思想文献》，第 75—76 页］。

[6] 乔治·欧仁·索雷尔（1847—1922），法国哲学家，他的思想综合了马克思主义及法西斯主义的元素；参见伯林后来在《反潮流》中评论他的文章。

西斯主义歪曲了他们。任何人如果想知道20世纪中期的人们相信什么——埃兹拉·庞德为什么会被关进监狱，称T. S. 艾略特为法西斯主义者是什么意思——这到底是公平的还是错误的，等等，必须有东西可读。我不推荐希特勒，甚至不推荐罗森贝格[1]，但是真蒂莱[2]、墨索里尼本人及他的一些雇佣文人应该有他们的位置。唉！我认为我们没法否认这些。如果麦库[3]说法西斯主义是直接反对理性主义、世界主义、自由主义等，我认为不是误导。在斯图尔特的评论中也有相同的观点：他希望作者们，据他的推测，表达对这些观点的厌恶，而不是去（正如你指出的那样）讽刺斯大林。我
611 同意我有前后不一致的地方，而且还很严重：如果他们客观冷静地谈论双方或者对双方都表示极度的厌恶，我没意见。然而我并不认为他们说得完全错了。你谈到了精神错乱。毫无疑问，希特勒确实是疯了。但墨索里尼则是完全清醒的，他的犬儒主义有明确的体系及条理——当帕累托正式接受法西斯主义时——或者当斯特威尔斯们或许多法国知识分子在1940年开始有这个念头时，也许是出于病态的动机，但是那些论点，虽然恶心，却比较清晰，有时还表达得比较巧妙

[1] 阿尔弗雷德·罗森贝格（1897—1945），纳粹理论家及种族理论家，作为战争犯被处决。

[2] 乔万尼·真蒂莱（1875—1944），意大利唯心主义哲学家，以“法西斯哲学家”著称。

[3]（约翰）·斯图尔特·麦库（生于1926年），《泰晤士报高等教育副刊1951—1989》（1969—1989年任该报编辑）。

(比如莫拉斯，甚至戈培尔[1]的一些表达)。

我强烈地觉得这本书中关于共产主义的那部分说得不好。我觉得你赞赏某个人，批评其余的人，都到了（很离谱）的地步——我不明白为什么。首先，我不理解为什么要如此严格地区分共产主义——为了意识形态的目的——与社会主义。列宁和斯大林的文章被大砍大删后只剩一些，对此我没意见，但是应该注意到《国家与革命》是列宁唯一一部跟实践完全没有关系的书，是一本纯乌托邦小书，在他后来的著作中他再也没有回到这个主题，没想到他在早期的著作中会这样写，而且它条理清楚，对选集的编者来说它是有用的，当然它跟列宁说的其他话有不一致的地方。如果有人想了解20世纪社会主义和共产主义的主张，他们也许该有除了陶尼外的其他文本可读？如果有人想了解1917年俄国人争论的话题，在这本书中找不到答案，[主要] 不是因为它里面引用了太多保守党及天主教的话，而是因为它没有任何有关社会主义的引言，比如，没有引用我的朋友普列汉诺夫的话，而他至少阐明了正统的马克思主义者在1910年是怎么想的——甚至考茨基[2]和伯恩斯坦[3]也应该提及。为什么没有托洛茨基

[1] (保罗)·约瑟夫·戈培尔（1897—1945），希特勒手下的公共启蒙和宣传部部长。
[2] 卡尔·考茨基（1854—1938），生于布拉格，主要在德国活动；马克思主义理论家、编辑。
[3] 爱德华·伯恩斯坦（1897—1945），德国政治思想家及社会民主活动家，提倡改良主义（社会改良主义）。

或罗莎·卢森堡[1]？为什么没提及西方社会主义或者稍微提及美国的新政是怎么产生的？甚至可怜的老铁托和他的党羽，甚至西洛内[2]和罗塞利夫妇[3]——当然还有萨尔维米尼——对左翼知识分子思想的阐述都更清楚。争端是如何出现的，比如说，西班牙战争是如何引起的，他们都比选本中正统的共
612 产主义领导人说得更好。如果你同意让我选一些劳勒斯[4]、德雷福斯的支持者[5]及1900年后的一些激进主义者的文章，我同意不选肯尼斯·J. 阿罗[6]，虽然这个代价巨大。他们在人类事物中所起的作用不是无足轻重，他们影响了西方及美国当下的理想，影响甚至波及拉丁美洲，整个欧洲，甚至东欧——他们的影响力超过了马克思和教皇。书中没有提到这点。

然而我同意这本书不好，它只是一本党派小册子：[正是] 它那强烈的反自由主义及某种反社会主义倾向，使得他让马克思主义者最乏味的、最正统的声明占了大量的篇幅，以代表某种保守主义和“现实主义”，来反抗左派“愚蠢的

[1] 罗莎莉亚（“罗莎”）·卢森堡（约1870—1919），出生于波兰的马克思主义理论家及活动家，（同卡尔·李卜克内西）共同创建了后来的德国共产党。

[2] 伊尼亚奇奥·西洛内（1900—1978），意大利社会主义政治家、作家。

[3] 卡罗·罗塞利（1899—1937），及他的弟弟萨巴蒂诺（“尼洛”）·罗塞利（1900—1978），是意大利反法西斯政治活动家、作家、编辑，在英国工党的鼓舞下提倡“自由社会主义”。

[4]（奥古斯特·玛丽·约瑟夫）·让·莱昂·劳勒斯（1859—1914），反军国主义的法国社会政治家。

[5] 阿尔弗雷德·德雷福斯的（通常指左翼）支持者。

[6] 肯尼斯·约瑟夫·阿罗（生于1921年），美国著名经济学家（1972年获诺贝尔奖），他的《社会选择与个人价值》（纽约，1951）对社会选择理论产生了很大影响。

激进主义”——我强烈反对这样做，但如果阿兰问我什么问题，我会完全照你说的做。[1] [……]

我们爱你

你永远的

以赛亚

〈我只是口授了这封信，没有读过。〉

致泰迪·科莱克

1958 年 2 月 7 日

海丁顿宅

亲爱的泰迪：

[……] 大约四周后来自这所大学的约翰爵士和比兹雷夫人[2] 会到达以色列，他们两个完全不同，但都引人注目。他是现今活在世上的最伟大的希腊花瓶画权威，这个学校唯一的真正的天才（唉，现在七十多岁了，耳聋了），一个具有非凡创造力和想象力的才华横溢的人，一个人独自创建了一个科目，他是一个极具创意的很诗意的人，那当然是十年或二十年前了，但即使现在，他还是拥有我见过的最最漂亮的脑袋。世界上所有的古典

[1] 魏赫姆问伯林，阿兰·普莱斯—琼斯会去征求谁的意见，为自己的评论辩护，反对那些删减（出自 1958 年 1 月 16 日的信）。

[2] （玛丽）·比兹雷夫人（约 1881—1967），婚前姓布鲁门费尔德，戴维·埃兹拉的遗孀；摄影师，她第二任丈夫的助手；伯林对她的描述是“我很早以前就学会欣赏这种人了”（1958 年 5 月 16 日致科莱克）。

学者在他面前都得低头。没有一个德国人声称自己比他优秀；他年轻时有各种各样的异国诗人朋友，也许正是因为他喜爱异国情
613 调，他跟他妻子结了婚。他是她的第二任丈夫，她是罗马尼亚犹太人，以前的丈夫是埃兹拉，我想他死于战争，她过去经常朝他扔汤盘，也许死亡是个更好的选择。她后来坚定地同比兹雷结了婚；她是个非常古怪的、有东方魅力的强势夫人，充满热情，有她自己的聪明，她知道自己同一个天才结了婚，对谁都不可一世，却唯独崇拜他。她本质上是个恐怖主义者，老是向我请教该如何帮助准备大屠杀阿拉伯人的以色列人。你可以看出她那毫不妥协的性格。她不谈琐事，总是严肃认真地谈论大事，因此有些让人疲惫不堪，她认识她那个时代的一些最著名的人物。总而言之是可怕的一对。毫无疑问，他们需要最重要的考古学家，但我觉得他们还有别的需要，需要一个激情燃烧的爱国主义者带着他们四处走动，最好还是有幽默感的，他会理解这对夫妇是多么有趣。我这是在给你发出警告，我也许会叫她带一封信给你。那样你就会去经历我们在这儿经历的一切——应该是那样的，你声称的各种理想是平等的，我的也一样，只是实践起来很折磨人。

你永远的

以赛亚 [……]

3 月份伯林要参加一个在以色列举行的专题会议，讨论哈伊姆·魏茨曼的文章。收到一份隆重的邀请后，伯林写了一封罕见的完全用（不太好的）希伯来文写的信。

致拉比艾萨克·哈列维[1]

1958 年 3 月 11 日

全灵学院

此信原文为希伯来文，以下中译文译自信的英译文：

[带着友谊和极大的敬意，致阿德莫[2]将军及以色列首席拉比伊扎克·哈列维·赫左格

尊敬的首席拉比：

我们——我和我妻子——真心希望能在以色列的土地上过逾越节，接受您的邀请，在逾越节前夜同您及您的夫人待在一起，将是最快乐的事。但我已经答应同梅耶·威斯戈尔先生（他邀请我及其他人去雷霍沃特，以整理哈伊姆·魏茨曼未发表的遗作）共进逾越节晚餐。如果能在全以色列最受人尊敬、最神圣（如果允许我这么说）的房子里度过这个夜晚，我会觉得非常非常幸福的，但是我不能为了更高的荣誉，让他人尴尬[3]，放弃威斯戈尔家的晚宴。

[1] 伊扎克（艾萨克）·哈列维·赫左格（1889—1959），出生于波兰，在利兹、巴黎和伦敦接受教育，1922—1936 年任贝尔法斯特的拉比，1937—1948 年任英国托管的巴勒斯坦地区的首席拉比，1948—1959 年任以色列的首席拉比。他的妻子婚前叫萨拉·希尔曼（1898—1979）。

[2] 伯林此处原文为：Admor，“我们的主人、向导和老师”的首字母缩略词，主要是虔敬派犹太教徒对他们的拉比的正式称呼。

[3] 希伯来语，意思是“使尴尬或使受侮辱”。

我希望在逾越节后的第一个晚上当我们到达耶路撒冷时，能拜谒您及赫左格太太。我还希望您知道我做出这样的决定是艰难的一件事。请原谅我这蹩脚的希伯来文。我无法自然流畅地说或写希伯来语。然而即使我的英文表达会更清晰，我不允许自己给您写英文。

献上我的友谊、无比的敬意

以赛亚·伯林] [1]

伯林经意大利到以色列，拜见伯纳德·贝伦森，在伊塔
616 蒂别墅待了一个晚上。

致伯纳德·贝伦森

1958 年 4 月 11 日，晚上十一点［手稿］

寄自以星综合航运公司“S. S. 西奥多·赫茨尔”号客轮 [2]

去马赛的途中路过墨西拿海峡

亲爱的 B. B.：

在信的开头我要说（可能在信的结尾也这样说——它是此刻占据我内心的想法），你允许我和你一起度过了一个下

[1] 这封信由艾得娜·乌曼—玛格丽特及列昂·韦斯提埃译成英文，没有显示伯林原信中希伯来文的错误。

[2] “S. S. 西奥多·赫茨尔”号客轮及它的姐妹船“S. S. 耶路撒冷”号客轮于 1957 年首次下水，是以色列以星综合航运公司客运船队中最新增加的客轮，航线从海法到那不勒斯、热那亚、马赛。

午、晚上及早晨，我对此充满了感激。你的许多客人有过同样可贵的经历，肯定说过类似的话：这对你来说太千篇一律了，歌德也是这样的，他对朋友同样慷慨。但是对来访者而言，那是特别的经历。离开时比刚到你家时的感觉好得多，这种感觉真好啊：积累了新资本——充好了电，为自己贫乏的日常生活感到惭愧，内心激动，充满喜悦，为自己的轻浮感到羞惭，下定决心（有点自负、自觉）在将来分清好坏，不浪费太多时间，并想一切是否太迟了。[1] 我愉快地回想那天早上我们交谈时，两人插了进来，一位是我的邻居（他在好心的尼基给他提供的普尔曼车里）——美国情报局在佛罗伦萨的负责人，[2] 另一位他的朋友拉皮拉，[3] 他最近拜见了在耶路撒冷的本—古里安，觉得他是位有“魅力”的政客，既是首领又是宗教启迪者。那不勒斯的海面平静，但是从以色列来的船晚点了。我溜达到九点才去码头。行李存放处的先生告诉我护照上要盖章。原本计划容纳 50 人的护照室里，有 350 个乱哄哄的犹太人，大都是美国人。意大利官员不紧不慢地干活。一个小时后，婴儿在哭叫，妇女要晕倒，所有这些从布鲁克林或者芝加哥郊区来的说着流利意第绪语的一等舱的旅客变成了一群绝望无助的难民，像从集中营来的无业游民那样毫无理由地推搡

[1] 许多这样做的人会觉得这些话恰如其分地描述了同伯林待在一起的感受。

[2] 也许是威廉·戴尔·费希尔（1919—1961），美国驻佛罗伦萨领事。

[3] 佐治奥·拉皮拉（1904—1977）。

着，喊叫着，完全没了自制力，很丢脸，很可怕，只是因为他们累了，没能尽快地上船。官员们保持着镇定和鄙夷的神态，搬运工把行李扔上船，扔进货仓里，然后就不见了。场面既可怕又令人着迷：在这些美国朝圣者中以色列人脱颖而出——没有游客会来以色列，只有朝圣者，以色列
617 人举止文明、保持自制，像不会情绪失控的“异邦人”。而富裕的美国人看起来像绝望、丑陋的贫民窟中的难民，回到了他们的父亲、祖父这一代——场面令人作呕——直到三四个小时后，他们涌入“S. S. 耶路撒冷”号客轮，侍者给他们端上冷肉和茶。然后他们安静下来了。我去行李存放处取我的行李。见不到搬运工。我问行李存放处的负责人我的这些包怎么办。“这是个民主国家，”[1] 他答道，然后恶意地说，“你看！你看！”[2] 看到我的悲惨境地，他把我的包堆到推车上，推到我的客舱，挥手示意海关检查员离开，那人顺从地走了。然后他同我握手，拒收小费，嘴里说着“民主万岁”走了。在我的有生之年，我永远都不会忘记那些可怕的乱哄哄的犹太人——头等舱旅客，乘坐“S. S. 耶路撒冷”号客轮，仅仅因为那不勒斯的官员效率低下、办事拖拉、态度冷漠，忽然失去了人的所有尊严。只有以色列人不会讲意第绪语且保持镇静。犹太复国主义的确让他们变成

[1] 伯林此处原文为：Quest e la democrazia。
[2] 伯林此处原文为：eccola! eccola!，意为找到了。

了正派的独立的人。这是我看到的最好的宣传犹太复国主义的广告。在船上的餐厅，我坐在弗洛伊登贝克上校[1]（一个德国社会主义者，由于德国左派社会主义党内的反犹主义变成了以色列人）和丹·艾维尼[2]阁下[3]旁边，他是以色列外交部成员，一出生就是都灵的塞格雷阁下，一个帅小伙，他的父亲是位意大利将军，他的妻子皈依意大利天主教。他非常有教养、很可爱，解释说在以色列依旧闪烁着理想主义光芒的三个中心点是：军队、集体农场、希伯来大学及海法理工学院。他说得无比正确。军队棒极了：也门人、伊拉克人、突尼斯人、德国人、波兰人、南非人、保加利亚人融合成了一个和谐、赏心悦目、简单、朴素、自然的集体，而且看得出来，他们行动迅速。去公共定居点也是件快乐的事。那儿的人们不是自己故意表现出品德高尚的样子，他们不宣传自己，不是所有人都在同一张桌子上吃饭。艾琳是在我之后到达的，她感到惊讶（她原本是打算重重地打击我的

[1] 可能是阿夫纳·弗洛伊登贝克上校（约生于1911年），后来成了那条倒霉的“沙罗姆”豪华客轮的副舰长，该客轮1964年在纽约附近海面上在大雾中同一条挪威油轮正面相撞。

[2] 维托利奥·丹·塞格雷（生于1922年），原名叫维托里奥·艾米里奥·古塞皮·沙格瑞，1939年从意大利移居巴勒斯坦时取名丹·艾维尼，有时叫丹·维托里奥·艾维尼—沙格瑞，同罗塞塔·巴多可结婚；加入了英国军队，参加了以色列独立战争；1949年成为一名以色列外交官，1967年起成为一名学者（在美国、牛津及海法，后来回到意大利），还当过作家及记者。他的父亲是阿图鲁·沙格瑞，皮埃蒙特区被同化了的犹太地主，当地的市长，第一次世界大战时意大利军队中的军官，在两次世界大战之间任高级法西斯军官。

[3] 伯林此处原文为：Mar，希伯来语中表示尊敬的词。

热情的），又很喜欢。纳米尔得意扬扬。他上次去巴勒斯坦是在 1936 年，他对我说他为自己长期以来过着愤世嫉俗的
618 生活感到悲痛、准备忏悔。他身躯庞大、才华出众、学术超群，[1] 看上去有些孩子气、无助，一切都依赖他那个（在我眼里）神秘莫测的俄国妻子。[2] 他心中满是钦佩之情，喜爱每个人每件事。我抱怨说特拉维夫丑陋不堪、俗气、吵闹、令人紧张，说犹太耶路撒冷像普林斯顿学院——做作、迂腐、可悲、自命不凡，像一个小资产阶级那样势利，他怒气冲冲地否认这一切，强调说他碰到的人简单、高贵、勇敢、积极，并努力提高生活质量，还说他们都是善良、慷慨的完人，他很遗憾他已经七十岁，不能移民了。他刻意隐瞒了自己受洗一事，我没点破他。我问他，是否对他来说拉比不够多。听到这个他有了反应，他说他希望他们全部都死了。我和他一起去了耶路撒冷（他似乎在某大学的专题讨论会上做了一场非常庄严的情绪激动 [3] 的演讲），每当看到一个戴皮帽、两侧露出鬓发、穿黑大衣的老哈西德派教徒时，他咬牙切齿、拳头紧握、嘴里发出威胁的声音。有点怪的是，没有人，甚至富裕的犹太人或阿拉伯人，都不会像拉比们那样拼命去摧毁犹太复国主义，他们布道、诅咒、煽动欧洲政府反

[1] 伯林此处原文为：terribilitá，意为可怕的力量。
[2] 纳米尔 1947 年同尤利娅（茱莉亚）·米哈伊洛夫娜·德·博索布勒（1893—1977）结婚，她婚前姓卡扎林，生于俄国（虔诚的东正教徒），作家。
[3] 伯林此处原文为：émotionné。

对赫茨尔[1]、魏茨曼及他们的盟友。然而一旦以色列国成立后，他们宣称：他们不像意大利或德国南部——更不用说爱尔兰或西班牙了——的牧师那样主宰这里人们的生活，他们一直遭受本—古里安的侮辱，但是他们干预别人。**我得停笔了。**

(1958年4月13日，早上七点，可以看到马赛了）一个纸张印刷厂不工作了，因为他们说如果机器在安息日工作，没有人会用这个工厂生产的纸张印祷告书。我目前写信时所待的船只不能在逾越节期间给我们（包括雅典来的天主教牧师）面包，而且在安息日不能抽烟。然而没人遵守这些。[2] 年轻人不遵守这个。在军队只有东方犹太人是虔诚的[3]，那些在安息日向行驶的车辆扔石块的老顽固令人讨厌、遭到鄙视。当然只有在这个国家，犹太人正在失去他们最众所周知的散居性格：他们自然真诚，不自作聪明，没有理财天赋，不喜欢政治诡辩或理论套理论，不喜欢棋类或者中欧 619

[1] 西奥多·（宾亚明·泽耶夫）·赫茨尔（1860—1904），奥匈帝国的犹太记者，他1896年的小册子《犹太国》导致了犹太复国主义组织（后来叫世界犹太复国主义组织）的建立。

[2] 伯林后来回忆起了与此相反的细节："下午六点四十五分在雅典，夕阳西下，我们的'S. S. 西奥多·赫茨尔'号客轮准备起航，一个瘦小的长着络腮胡的男人走到桥上，大声对船长说，如果船在七分钟内还不离开的话，逾越节的第七天开始了，他将不得不下令船在港口停泊四十八小时。我们六分钟内开走了。我得承认，就像那个可怜的、遭受恐吓的、愤怒的、受辱的船长汉斯·阿克塞尔·奥·普内格一样，我对此感到很愤怒。"致贝伦森的明信片，4月17日。

[3] 伯林此处原文为：dévot。

凯斯特勒式的神经衰弱。总而言之，他们变得质朴、快乐，像异邦人。来自纽约、布宜诺斯艾利斯、利兹、巴黎的多愁善感的朝圣者，觉得跟他们在一起不舒服；这些人喜欢披着披巾的领唱者吟诵他们母亲教给他们的令人心碎的歌曲，结果他们发现地中海海滨的这些当地人——塞浦路斯人或马耳他人，不轻易动感情，而且对祖先的苦痛、自怜、关于奴隶生活、各种诡计、受主人残酷鞭打的无数故事不感兴趣。因此他们在这儿觉得不自在，带着钦佩之情回去，但心是凉的。在特拉维夫的一些角落可以看到他们的同类：我去过的赛德尔航空公司里有许多美国及英国富人，已经掏过钱了，或者将为这个或那个机构的利益掏钱。以色列国，作为一个个体，对别国而言，就像过去的一个个犹太人：不受欢迎，身份有问题，一个乞丐，而且还是个很傲慢的勒索别人的乞丐。但在本国，感觉就不一样了，他们是正常的质朴的人，所有人中只有德国教授仍喜欢待在布雷斯劳、弗赖堡。住在牛津或哈佛的教授们也一样。这些有学问的怪物不可同化、心怀不满。我没法住在以色列，那儿太闷、地方观念太强。但正是乡土观念、地方主义及没有那种世界性焦虑让真的住在那儿的人身心健康。我从未在别的地方见过更快乐、更健康的孩子：我认为基布兹的生活，比地球上所有其他地方的生活都更惬意，也更富有成效、更自由、更快乐。当然，这就足够了。总之我是站在他们这边的。他们在世界上没有一个朋友，但他们是好人，活着，也让别人活着。在基布兹的

私人家庭，逾越节可以吃面包，也没有强行要求人们过赎罪日。我认为把它说成是神权政治（像凯斯特勒做的那样）或拉比暴政（像共产主义者做的那样），是蓄意歪曲它。在提比里亚或耶斯列的小树林外围最快乐的地方是魏茨曼科学院，科学家们既可爱又快乐；最糟糕的地方是特拉维夫的中心，那儿像洛杉矶。再过十分钟后我们就登陆了。想到伊塔蒂别墅，我心向往之。[1]

问候尼基和威利·M.—O.[2]

你永远的

以赛亚

我确实有自己的纳米尔时刻：海法附近的贝斯·沙瑞姆古代墓地[3]，有各种铭文，说这是拉班·迦玛列的儿子或那是拉班·西缅，犹太公会会长的女儿，即使我这种人都得到了片刻的宁静[4]。 620

[1] 伯林此处原文为希伯来文。

[2] 威廉（“威利”）·莫斯坦—欧文（生于 1929 年），艺术历史学家，他完成的贝伦森著作的文献目录于 1955 年出版。

[3] 对最近发现的犹太古城及贝斯·沙瑞姆地下墓葬的挖掘，始于 1936—1938 年间，到了 1953—1958 年继续挖掘。贝斯·沙瑞姆是犹太公会，即犹太最高法院的遗址之一，神殿被毁了，许多犹太权贵都埋在神殿的墓地里，坟墓装修奢华（大概是在 3 世纪），人们认为墓碑上的铭文提及的人是拉班·迦玛列三世，犹太公会会长及他的兄弟西缅。

[4] 伯林此处原文为：recueillement。

接下来的几封信都未提及伯林夫妇从以色列回来后，他们家发生的伤心事。艾琳的嫂子到牛津治病，艾琳的哥哥菲利普带着全家人住在海丁顿宅；在他们出发的前一天，他们五岁的女儿在游戏场玩时出了意外，生命垂危，脑部受到了严重损伤，她一辈子都没能康复。其他家庭成员从法国赶来，接连几个月，海丁顿宅挤满了忧心忡忡的亲戚。[1]

致戴维·阿斯特

[1958 年 4 月 19 日，手稿]

海丁顿宅

亲爱的阿斯特先生：（这是跟你学的）[2]

谢谢你好心的建议，邀请我为《观察家报》写以色列。很抱歉我不在家，去了其他地方及以色列（我不得不去那参加一个会议，讨论如何处理魏茨曼的信件及文稿），因此到现在才回信。无论如何，我不能承担这项任务。我做不到客观看待以色列：我太喜欢他们所有人了，几乎是所有的人，我认为尽管他们有过失有罪过，他们形成了一种生活方式——在基布兹、在大学、在军队——它比我在其他地方看到的一切更具道德吸引力，因为那儿一切平等，不是死板的或带压迫性质的平等；那儿一切公平，不是僵化的而是自发

[1]“生活真的有些残酷”，伯林 5 月 23 日写信给谢利·安格尔西时说。
[2]“亲爱的以赛亚先生”。

的公平。从美学的角度讲——但那是另一回事了，不论怎样我爱他们，而且偏爱他们，因此我完全不适合在公众场合为他们说话。因为这个原因我一直拒绝为任何人写以色列——拒绝了《纽约时报》、《星期日泰晤士报》等，他们有时向我约稿。此外，我也不想当众揭发他们的短处或罪行：他们对阿拉伯的政策既愚蠢又盲目，而且，我坚持认为，在苏伊士事件中，他们的罪过更大，因为小国家须依靠他们公众人物的纯洁性，而不是依靠 A. 艾登先生：我真的不认为——我扯得太远了。因此，无论如何，我恐怕不得不拒绝写以色列，并坚持这个原则。只有一件事本来可能会动摇我的这个决定：如果我拒绝的话，你会向多伊彻约稿。幸运的是，现在来作这个痛苦的决定已经太迟了。多伊彻，不论他明天说什么，（我对此已做了最坏的准备）是恨以色列的。这个依
然最最狂热的马克思主义者相信的是强硬地驳斥一切。在我 621
们短暂的交往期间交恶时，我硬着头皮对他说，我认为马克思和托洛茨基是错误的历史理论的受害者，他的脸变了颜色，坐不住了，后来，很快地，他在《观察家报》上辱骂我，他当然有权利这么做。在以色列，即使我碰到的最左的左翼社会主义者——安奈林·贝文及芭芭拉·卡索尔[1]的朋友们——都从个人角度表示对他厌恶之至，认为他是个充

[1] 芭芭拉·安妮·卡索尔（1910—2002），婚前姓贝茨，1990 年受封卡索尔男爵夫人，1945—1979 年为左翼工党的下院议员，在 20 世纪 60 年代至 70 年代期间数次担任内阁职务。

满怨恨的列宁主义者，没有丝毫背离他在1930年相信的东西。他对他们说，他们把犹太人从希特勒的怒火中拯救出来是愚蠢的权宜之举：19世纪犹太人的身份变成了商人和资产阶级，这令人伤心——不是他们的错——但是历史既残酷又公平——他们作为该死的资产阶级的那部分遭到毁灭是不可避免的、公平的。很遗憾，六百万犹太人那样死去：但历史不会骗人，他们错了，所以（客观地讲）他们该遭到屠杀。他担心以色列的犹太人会有同样的下场，劝他们要趁早同苏联和好。以色列共产党（人数很少）及赞同共产党的非共产党人为此感到高兴。贝文派感到非常沮丧。他离开时成了这个“小农”乌托邦的一名公开的敌人。你可以想象我明天会带着怎样的好奇心去读《观察家报》：至少去了解，这个无可救药的、真正仇恨西方的仇恨者，在他那些索然无味的、冷静而流畅的句子里隐藏了多少仇恨，《经济学家》杂志过去很喜欢他的文章。然而，我不想（即使你出于好意敦促我这么做）回应他。我无法忍受真的没有人性的、百分之百的共产党员（即使他不是斯大林主义者），没法同他们交流。而且我有明显的亲以色列倾向，我没办法做到客观地去评判事实。我嫉妒杰弗里·哈德逊[1]能做到那么不偏不倚，讲述真相。

[1] 杰弗里·弗朗西斯·哈德逊（1903—1974），东方主义者，1926—1954年任全灵学院研究员，牛津大学圣安东尼学院远东研究所所长兼研究员；他为《观察家》撰写有关巴勒斯坦的文章。

我也为伊拉特感到高兴：他的政府抱怨说，虽然他善良、令人尊敬、受人欢迎，但他没给外交部带来任何变化，比利的影响力比以前更甚了。这是真的。但是大使们没法改变利害关系，或者一整个机构的集体政治习惯。我同洛克斯·赫尔姆一道回来，他是英国首任驻特拉维夫大使，性格强硬。他对我们的中东政策感到极度绝望，他认为我们误解了阿拉伯人，不了解他们，不知道他们想要什么，在这方面无可救药。如果他是这样想的（绝不会在公共场合这么说的），可怜的伊拉特能做什么呢？他觉得非常非常沮丧。请原谅我这无缘无故的唠叨。我的学期还没开始，我还是自由的。

你真诚的

以赛亚·伯林　　622

致莫顿·怀特

1958 年 4 月 21 日

海丁顿宅

亲爱的莫顿：

[……] 我一直在试着读黑格尔。我认为，弗里德里[1]对他的描述极不可信，文本晦涩难懂。确实“讲了点什么东西”，但全是神学及滑稽的情感，讲人们不喜欢同群体割断联系，想回到群体，重建团结一致的关系。当然，这是巴黎

[1]《黑格尔的哲学》（纽约，1954），卡尔·J. 弗里德里编辑的一个选本。

的黑格尔们谈论的一切——整个历史被看作是人类堕落的故事，某件东西被打破了，剩下的历史都用来讲述如何把这些碎片再拼凑起来。这一切都跟可怕的孤独感或不适应环境引起的不适有关。这是个非常真诚的话题，但它的哲学性到底有多强，我不敢肯定。然而，当我坐下来读那不知是何种语言写的黑格尔时，觉得文章全是胡扯。它怎么可能不是同样描述其他人呢？我实在不想读。发出的全是噪声。亨利·艾肯真的声称他已经抓住本质了？如果是，告诉他他是个江湖骗子。

我讲政治哲学的整个历史，已经从诺亚时期遭受的大洪水一直讲到大概是卢梭了，这样可以从头开始学。发生过三次大危机——第一次是指从亚里士多德到斯多葛学派这段时间，第二次是指马基雅维利，第三次是指18世纪的德国人。[1] 每次都有全新的东西出现。黑格尔说新东西只会在思想领域产生，自然界只是在永不停息地重复自己——只是有限组合的乏味循环。如果技术、原子弹等都属于思想领域的一部分，毫无疑问，这个说法有它的价值。噢，亲爱的，我们可以谈很多东西。我希望这个夏天你会来这里。

你永远的

以赛亚

[1] 参见伯林1962年在耶鲁大学作的斯多尔斯系列讲座“政治思想的三个转折点”。

致戴维·阿斯特

1958 年 5 月 14 日

海丁顿宅

亲爱的戴维：

感谢你的来信，你真是太好了，写信给我。我真的不想继续谈论可怜的多伊彻，不管怎样，他的写作水平不错，只是有一点点像在热锅上小心地走的蚂蚁。但我忍不住要说，他评论以色列的那篇文章[1]，尽管他在做出结论时小心翼翼，但让我非常生气。你说他是个勇敢、正直、独立的人；你了 623
解他，但我只见过他几次，你是从你们长期的交往做出的判断。我不质疑他的勇气，但是说到正直、独立——这些品质怎能用来形容那些真正迷信、无可救药地完完全全相信某个信条的人呢？我坚信，从表面上看，他做出冷静的判断、语气温和，但骨子里他冷酷、狂热。他是列宁时代的一个彻底的布尔什维克。他同斯大林有过争吵，是个不折不扣的异端。他敢于抗拒比弗布鲁克关于俄国蜜月期[2]的说法当然是勇敢的；而且，毫无疑问，他强迫自己要对那些情感上可能不喜欢的德国人、美国人或其他人做到“实事求是”。托

[1] 艾萨克·多伊彻写的《以色列的生日期望》，发表于《观察家报》1958 年 5 月 11 日第 12 版。

[2] 在 5 月 7 日的信中，阿斯特为多伊彻做了一些辩护，因为“在英俄战争联盟的初期，他坚持以挑剔的中立态度写文章评论苏联事务，结果被《标准晚报》解雇了。当时［……］正是英俄关系甜蜜的蜜月期，用不带感情的话语谈论俄国是需要极大勇气的”。

洛茨基也是心中充满了痛苦的情感、个人感情、怨恨、许多爱恨之人，但他用严格的马克思主义价值观去衡量每件事，让别人服从自己——这样做付出的代价越大（就事实的真相或个人的爱好而言），他（及其他马克思主义者，比如说，克里斯托弗·希尔或利维教授[1]，或其他牺牲了自己个人情感的党员）就越觉得自己认真严肃、忠于自己的原则。在这种情况下，用“正直”一词当然是不合适的。如果你认为 D. 并不腐败堕落，不是个机会主义者，没什么个人野心，我当然同意；其他歪曲真理的人也是那样的，但他们违背自己的意愿或良心，硬把事实套进某个学说的铁框架中。他们确实毁了他们自己和我们。不用读凯斯特勒就能认识到这点。难怪 D. 认为凯斯特勒、波克诺及其他“叛徒”举止败坏，攻击他们的旧神。他可以在党内有争论，但是他完全拒绝西方世界。你说他独立，他确实独立于西方的价值观之外，但他依附于马克思主义价值观。在过去的四五年——自从斯大林死后——D. 写的文章中的所有观点都是俄国共产主义者完全没有异议的。我见过他两次——在两次会面中他都告诉我他认为马克思是西方世界最伟大的哲学家——不仅仅是唯一一个完全正确的经济学家及社会思想家，而且是个比达尔文更伟大的科学家，比康德更伟大的哲

[1] 海曼·利维（1889—1975），1923—1954 年为伦敦帝国学院的数学教授；由于批评苏联境内对待犹太人的做法，1958 年被英国共产党开除。

学家，等等。在巴利奥学院的一次会议上，一个叫皮蔡因斯基[1]的波兰人问他为什么苏联的马克思主义者要使用那么难懂的术语。D. 简直要站起来了，怒视四周，说了诸如此类的话，“如果爱因斯坦和弗洛伊德可以使用街上的人们听不懂的科学术语，为什么马克思主义者不能呢？”那个提问者说：“噢，数学或心理学领域使用术语是可以的，因为它们是各种预测，而且会被实践证明。”D. 平静地不紧不慢地说，“我想从马来亚到亚德里亚海的人们都信奉的教义也被实践证实了”，或者诸如此类的话。我说，他该不会通过计算人数，为中世纪人们的脑中塞满的各种信仰辩护吧？从那一刻起，他就坚信我的立场是错的，我应该受到严厉的谴责。我觉得他不通人情：我只在西班牙耶稣会士中见过类似他的人。他们过于独立——然而只是独立于世俗的世界、人类和人文价值之外。我觉得他是个邪恶的人，我希望你的信改变了我的看法，然而事实是，我的感受就像弗路德对弗里曼[2]的感受，“我不想同他有任何关系，即便是敌对的关系”。D. 说的关于以色列的种种就是苏联外交部官员对驻莫斯科以色列大使说的话。后者问，苏联到底为什么要反对以 624

[1] 兹比格涅夫·安德烈·皮蔡因斯基（生于 1925 年），政治学讲师，1953—1955 年在三一学院，1955—1957 年在巴利奥学院及默顿学院，1957—1961 年在彭布罗克学院，1957—1980 年在默顿学院，1961—1993 年为彭布罗克学院的政治学研究员兼导师。

[2] 见原文第 71 页注 3。

色列。苏联官员说以色列无可救药了。他们依附西方国家，这对他们自己来讲是致命的。新成立的前殖民地国家和苏联正在进行反帝国主义运动，至于西方国家，不管他们愿不愿意，都得投降。苏联意识到帮助以色列建国是个错误，因为它的本质同正在兴起的共产主义世界格格不入，很难融进去。这实际上跟多伊彻的观点很相似：他先说，根据马克思主义者的计划，某件事永远都不该发生——比如以色列国的诞生——他说它是绝望的产物（不正确：魏茨曼、本—古里安等并没有得可怕的严重的神经衰弱，而且犹太国本来可以在纳粹屠杀犹太人之前的1936年就成立），当时由于东犹太人中有少数分子运动（很容易看出这个说法的错误所在），阿拉伯人没有朋友（与此相反：贝文先生对他们非常友好，因此他们并不缺乏武器或者支持）——也就是说，这是个奇怪的历史事件，或许历史很快就会让它消失。他告诉犹太人别低估阿拉伯人在技术方面的进步（想必这方面主要得益于苏联的帮助）——说他们没法在敌意的海洋中存活下来——好像他们自己不懂似的，他们一直都知道这点，并为此感到很痛苦；好像“悲剧的愚蠢的苏伊士事件”——或许错了——不是一次对抗邻国保全自己的努力，很明显邻国的目的不是“邻里友好相处”[1]，而是要消灭犹太国。我本人，是我们国家中认为以色列的入侵不是战略错误——可以证明

[1] 伯林此处原文为：bon voisinage。

是或不是——而是道德错误的极少数人之一（菲利普·汤因比会告诉你这点）。多伊彻绝不会去想这些过去发生的事：对他或 E. H. 卡尔来说，现实主义是历史潮流的趋势，就是
一切，因此他不会有任何良心上的不安，因此他错误地认为 625
他只是客观和冷漠地对待犹太人、德国人、俄国人、阿拉伯人等——他说的一切没有一刻背离一个重要的马克思主义者的严格界限。如果你想阅读某个在道德方面没有被这种“现实主义”判死刑的人的书，请一定阅读——如果你还没读过的话——科拉科夫斯基[1]写的一篇题为《责任与历史》的文章，他是个波兰人，在东欧《新文化》杂志[2]工作（最近被哥穆尔卡[3]赶走了）。菲利普·T.［汤因比］肯定会被它打动的，你也一样——在此文中，一个自称是马克思主义者的

[1] 莱泽克·科拉科夫斯基（生于 1927 年），波兰哲学家，1950—1959 年在华沙大学任教，1959—1968 年任哲学史教授（由于持亲民主的政治观点被驱逐），后来到美国任教，1970—1995 年任全灵学院的研究员。写这封信时他已经从一位正统的马克思主义者变成了马克思人文主义者，而且由于猛烈攻击苏联共产主义，被勒令离开了《新文化》的编委会，《责任与历史》一文发于《新文化》第 35—38 期（分别于 1957 年 9 月 1、8、15、22 日出版）；在《东欧》杂志卷六第 12 期（1957 年 12 月出版）和卷七第 2、3、5 期（分别于 1958 年 2、3 及 5 月出版）再次刊出，收录于他的《马克思主义及其他》，由简·吉尔隆科·皮尔译成英文（伦敦，1969）。

[2] 波兰文学周刊，在华沙出版，国家控制的波兰作家协会的喉舌。

[3] 瓦拉迪斯拉夫·哥穆尔卡（1905—1982），波兰共产党领导人，1945—1947 年任副总理，1949 年被赶出了共产党中央委员会，1951 年因背离铁托主义遭逮捕，1955 年被释放，1956 年恢复原职，1956—1970 年任波兰统一工人党第一书记；由于 1956 年自由化思潮的影响，他渐渐回归更强硬的亲苏联路线。

人（实际上，他明显是个非常令人尊敬的民主社会主义者、一个真正勇敢的独立的自由的人）在庄严地呼吁人们重视人的价值。D. 叫犹太人要同阿拉伯人交朋友：怎么交？放弃内盖夫或加利利的一半地区吗？在耶路撒冷他们说这样做会让努里[1]高兴，然而纳赛尔只要做出公开谴责就行了——如果这是最后的解决办法——说这是在西方压力下，对阿拉伯人拥有整个巴勒斯坦地区这一主张的可耻的背叛，是为了压倒“温和派”，使绥靖政策无效。他们被告知要相信联合国，但在1948年联合国没有为他们做任何事，现在他们为什么要相信联合国呢？一些人说富裕的犹太人可以为阿拉伯人买单，大家聚在伦敦或纽约商谈解决此事；然而做这件事的时机早就过掉了（魏茨曼一直都想促成这件事，很天真——他在许多方面都很天真）。非常抱歉，我又写太多了——老了，爱唠叨——你千万不要觉得你必须回答其中的任何一个问题，然而如果你哪天感觉想来牛津的话，请让我知道，我们可以海阔天空地聊，那将带给我极大的快乐。

你永远的

626 以赛亚·伯林

[1] 努里·赛义德（1888—1958），分别于1930—1940年及1941—1958年（在政变中被处死）担任亲英的伊拉克政府总理。

致 K.R. 约翰斯通[1]

1958 年 5 月 14 日［副本］

［海丁顿宅］

亲爱的约翰斯通先生：

谢谢你 5 月 12 日的来信。[2] 你计划组织一小批经济学家、哲学家、历史学家访问苏联，我对此很感兴趣，很愿意大体谈谈加入这一小组的可能性。我在 11 月没空，但我想 12 月应该可以。

我在这方面还有一些经验：我上次去苏联是在 1956 年的夏天，我去了苏联哲学研究院，同研究院的部分成员一起交流了两个小时。我认为，你设想的这个代表团如果真能成行的话，我方要提出一些条件；我想艾耶尔教授会证实我的说法：做正式发言时，苏联哲学家（历史学家也是这样，我前些年在罗马听过他们的发言，只是不知道经济学家是否也这样）站在讲台上念稿纸，毫无意义。他们念的东西，很明显是官方教义的机械阐述者为他们写的，丝毫没有表达作者们的真正想法。所以，我们要坚持的第一条是，允许英国代表团的每个专家同

[1] 肯尼斯・罗伊・约翰斯通（1902—1978），1953—1962 年任英国文化协会副总裁。

[2] 休・盖茨凯尔提议英俄之间就当前话题举行非正式会谈，英国文化协会已经同比尔・迪金和克里斯多夫・梅休（外交副大臣）讨论了该提议。约翰斯通邀请伯林参加计划中的访问，并参加筹备会议。

苏联专家面对面交谈（然而我想这几乎是不可能的——
他们很害怕单独同外国人待在一起——房间里必须至少
有两个人），或者同不超过四五个人的小组会面。不举行
正式的会议、演讲，甚至宴会（然而这些烦心事恐怕不
可避免）。不像波兰人，甚至不像捷克人、罗马尼亚人，
苏联的“人文主义者”不允许自己说出内心的真正想法，
他们只说机械的客套话，一遍一遍地重复，不论你对他
们说什么。他们很清楚这样不会给别人留下什么好印象，
但这是一种自我保护措施，显然比给外国来宾留下好印
象更为重要。另一方面，跟正式的场合比，在房间里的
随意交谈，即使有通报者在场，而且他们会把每个词都
向官方汇报，确实可能让他们更轻松地传递自己内心的
真正想法——不一定要把它说出来；况且，在这种非正
式场合，他们可能会吸收我们给他们提供的信息——他
627 们很想知道欧洲的知识分子运动方面的信息——而且不
用作正式的回应。除非他们许诺答应我们这个条件，否
则我们的代表团会觉得这类访问非常让人沮丧。我同苏
联知识分子的交谈，当我同他们单独或两两接触时，跟
我在研究院的演讲室同他们进行的正式交流完全不同。
如果你设想的访问成行的话，我们再谈这些。不管怎样，
谢谢你想到了我，我对此事很有兴趣。

你真诚的

伯林夫妇帮助鲍里斯·帕斯捷尔纳克的妹妹们举行了纪念她们的父亲、画家莱奥尼·帕斯捷尔纳克的画作回顾展[1]，他最后的日子是在牛津度过的。伯林特别喜欢一幅名为《重逢》的1917年作品，画上描绘的是一群反布尔什维克的俄国革命者[2]，问约瑟芬·帕斯捷尔纳克她是否可以把这幅画卖给他。她把画作为礼物送给了伯林。

致约瑟芬·帕斯捷尔纳克

1958年5月15日［手稿］

［海丁顿宅］

亲爱的约瑟芬：

我在伦敦给你写信（更确切地说，我在去郊区的火车

[1] 莱奥尼·欧西珀维奇·帕斯捷尔纳克（1862—1945），生于敖德萨的俄国犹太画家，自称是印象派画家，1921年移居柏林，1938年移居英国。
[2] 画上的人是：（1）薇拉·德米特里耶娃·利比德娃（1846—1919），婚前姓杜本斯卡亚，重逢的地点是她的莫斯科寓所，她是许多民意党（“人民的意志”）革命者的朋友；（2）叶卡捷琳娜·康斯坦丁诺芙娜·布列什科—布列什科夫斯卡娅（1844—1934），俄国革命者，巴枯宁的追随者，以革命的“祖母”著称，分别于1878—1896年及1910—1917年被流放到西伯利亚（做苦力），1901年协助成立了苏联革命党，为1917年临时政府的成员，布尔什维克掌权后逃离苏联；（3）亲王彼得·阿历克谢耶维奇·克鲁泡特金（1842—1921），俄国士兵、地理学家，支持无政府共产主义，是个反布尔什维克的革命者；（4）尼古拉·瓦西里耶维奇·柴可夫斯基（1851—1926），俄国反布尔什维克的革命者，1918—1919年内战期间为白俄罗斯政府的领袖；（5）弗拉基米尔·利沃维奇·布尔采夫，俄国革命活动家、出版商及编辑，分别反对过独裁、布尔什维克、法西斯极权主义；（6）尼古拉·亚历山大洛维奇·莫洛佐夫（1855—1946），俄国革命者、科学家、诗人，1882—1905年被关押。

上）——不要管上面的发信地址——我刚刚得知你的无限慷慨。我对此非常感激、高兴、无比感动，也感到极其尴尬。当然，我本应该想到：如果我表露出想要这幅画的意愿，你极可能立刻就把它送给我。如果我有过这样的念头，我便什么都不说了，那当然就不会有现在的极度喜悦了——不仅仅是喜悦——你无法想象这是怎样的一种复杂情感：忠诚、怀旧、嘲弄、喜爱，最重要的是，怀有一种
628 强烈的自我认同感（也许是建立在全部或者部分错觉的基础上），看到任何有关俄国 19 世纪到 1918 年这段时间的东西我都会有这种感觉。我只有一般的普通的视觉鉴赏力，总的来说，我对自己在绘画及雕刻方面的鉴赏力感到惭愧：我对哥特、普桑及贝利尼夫妇的作品都无动于衷；除非其中有些东西跟“美术”[1] 无关，我才不会觉得我看够了。但这幅粉彩弥漫着 1917 年的情感——革命期间可怜的、高贵的、好笑的、特别动人、特别纯洁的那一刻——那时列宁还没有轻蔑地把整个机构碾碎、踢到阴沟里——因此我一直在边回忆边细细欣赏它。我还想，除了你的家人，谁会真正理解它画的是什么，谁会对它描绘的这个特殊时刻、对它集中表达的情感（这是非常了不起的）有所反应，也许我这样想是错的，太武断了。（日瓦戈跟它也有关系。）但是，我的天，如果我有猜到我说后

[1] 伯林此处原文为：malerisch。

你会把它送给我——我当时只想正当地坦率地给你报个价，你可以拒绝——你那样做我完全理解——我当然不该，也绝对不可能跟你说的！我什么都没做，不配得到它：如果说提供了帮助的话，也是艾琳一人的功劳。我为自己感到惭愧，没能多做点什么。现在你给了我这幅画，噢，亲爱的，我要感谢你，所有跟你的家庭、你的哥哥及莫斯科有关的一切，在1945年时，我用跟别人不一样的眼光看它们，极大地丰富了我的阅历。唉，我总是词不达意：我想说的是我非常感激，如他们所说，不知该如何感谢你才好，你太慷慨了，我想做点非同寻常的难忘的事庆祝一下，又不知要怎么做。非常非常感谢你。祝福你的所有家人。

以赛亚

致乔安娜·兰伯特

1958年5月20日［副本］

［海丁顿宅］

亲爱的汉西：

上帝啊！我把阿历克斯说的那句严厉的话寄给你，我并不期望你会认真对待它——阿历克斯确实有说过你是带着强烈的亲阿拉伯的感情回来了，我刚去过以色列，亲以色列的情绪正浓呢，所以除了向你提出明确的挑战，我还能做什么呢？然而如果我们都认真起来的话，我要说的是，在你

的信中，没有什么——除了最后的那点建议[1]——是我不同意的。首先，我完全同意你说的关于埃及人的话——我只在1934年见过他们二十四个小时，我认为他们是我见过的
629 人中最油滑、最卑鄙、最糟糕的人。反之，（当时）在巴勒斯坦、约旦、叙利亚，甚至黎巴嫩的阿拉伯人都比他们强多了。我不喜欢叙利亚人。我认为他们是没有幽默细胞的疯子，阴沉、褊狭、喜欢暴力，而且，虽然不像伊拉克人那么野蛮，但他们性格更狂热、脾气一向更为尖刻。可是，我们不要认为他们全都是这样的，当然了，他们热情、骄傲，这我同意，埃及人不是这样的。我喜欢巴勒斯坦和约旦的阿拉伯人，虽然他们是民族主义者、性格执拗，但他们是同性恋者、有个性、充满生气、有魅力，我完全理解为什么英国人特别容易受到这种魅力的吸引，反之，犹太人则毫无魅力，是异性恋者、特别褊狭，而且，紧张、脸皮薄、充满怨恨、无可救药。因此，如果你理解英国的公立学校、英国男人容易爱上谁、为什么会爱上的话，那么巴勒斯坦在20世纪30年代的故事就不难理解了。

至于目前，你认为犹太人和阿拉伯人都不能撇开对方。我希望我也能这样想。但我认为对阿拉伯人来说，犹太人并非必不可少，事实上我相信如果没有犹太人的话，很明显阿拉伯人会很高兴。而且，我必须承认，说犹太人的到

[1] 建议伯林应该做出努力，安排本—古里安同纳赛尔会面。

来只对阿拉伯人有好处，这样讲非常虚伪。犹太复国主义者倾向于这样讲——他们确实提及要提高阿拉伯人的经济文化水平——他们当然也那样做了——但这并不能成为到此定居的理由。如果我住在一个凌乱的房间，周边的环境又非常原始、令人作呕，但我希望继续那样的生活，然后你来了，带来了卫生设备、电话、电报和电视机，向我保证说你会让我的生活快乐很多，只要我答应一个小小的要求——那就是，你要永远同我一起住在这个房间——这自然不会让我满意，我要努力把你赶出去。阿拉伯人的权利受到了践踏——他们受了委屈——否认这点在道德上是可耻的。那么，如果你问我为什么我亲犹太复国主义，那是因为我想如果双方都对——更确切地说双方都痛苦——我们不应该想到权利，虽然权利总是存在——不管是法国人、德国人，还是俄国人、美国人的权利——而是想出一个平稳的有用的方案，能让问题最终得到最好的最令人满意的解决。在人类事务方面我准备采纳天主教的立场，接受原罪的说法，同意说人都各有缺陷，而且不论我们做什么，总有人要遭罪，没有什么永久的解决办法。所以，允许犹太人到巴勒斯坦的理由是他们长久以来已经遭受了极大的痛苦，他们遭到了特殊的扭曲，治愈他们的唯一方法是让他们可以正常生存，有正常的优缺点，有私生活，也就是说，没有人老在监督他们，没有人老在喋喋不休地对着他们的耳朵唠叨，说他们处于永远的监督之中，要尽量做到举止和别人一

样，如果他们中的一个人做了错事，所有人都要受到惩罚。
630 说了这些严厉的话后，我要说的是，阿拉伯人受的委屈——1918年时他们没有巴勒斯坦民族主义情结，他们有大片的土地可以开拓，即便让他们颠簸，也比犹太人受的委屈更少。但这些都是过去的事，虽然我打算为此辩护，也许你根本不想谈这些，而是想谈谈未来，那样虽然更痛苦但更有益处。

我并不认为交换人口是最可怕的可能的解决办法——希腊人和土耳其人交换人口时[1]，当时的条件残酷多了，是巴勒斯坦地区发生的最残酷的事，但事实上它避免了许许多多的流血冲突。让100万犹太人进来，让80万（如果这个数字正确的话）阿拉伯人出去，虽然不是个理想的方案，我认为也不是什么很糟的事。阿拉伯难民的处境才真的很糟。虽然我认为阿拉伯人自己要为阿拉伯人的大批出走（大部分情况下，犹太人当然没有使用武力驱赶他们离开——他们逃离是因为他们不想卷入内战，而且他们得到了承诺，说他们会跟胜利的阿拉伯军队一起回来。同当时的所有人一样，我也相信阿拉伯人一定会赢得那场战争——犹太人的胜利让每一个政治观察家吃惊——因此，发生的一切是他们自己选择的结果，当时那样做也是自然的、明智的。这是个悲剧，但不全是犹太人的错）及他们目前的境况负主要责任。也许责任

[1] 1923年，根据《洛桑公约》，超过200万人在希腊和土耳其的领土之间转移。

在阿拉伯人——阿拉伯政府也许会利用这些难民让悲剧继续下去——然而犹太人本来应该表现得更好一些。不论他们能筹集到多少资金，他们本应提供大量的安置费。毫无疑问，阿拉伯人会拒绝、会把钱甩回他们脸上，但做出这种表态是必要的，而且至少不要这么盲目地——或者说目光短浅地——像现在这样自鸣得意地看着外面的整个世界，只专注于自己的内部问题，这样虽然不怎么奇怪却是危险的。我认为，这才是唯一一个最大的问题，边界问题不是最重要的。我想，阿拉伯人一想到还有 300 万人要涌进以色列，肯定会害怕，这当然会使得他们找甚至目前还没想过此事的一些人发泄。然而还有另外 300 万人是谁说的？他们从哪里来？除非俄国人愿意放走他们国家的犹太人（况且其中有多少人愿意离开呢？不会有 300 万的！）这可能吗？只有在全世界范围内掀起一场反犹太人的狂潮，这件事才有可能。因此，它 631
不会像你想的那样，削弱犹太人，而是会以一种令人恐惧的方式，让他们更加强大。20 世纪 30 年代，以色列犹太人的整个经济、工业是由于希特勒的杀戮而发展起来的；如果不是因为这件事，那些富裕、有才干、有能力、能发挥重要作用的犹太人肯定不会来此，而整个以色列的经济、政治都要依靠这些人。他们本来有点犹豫，但德国人不让他们有任何别的选择。我的确认为，对另外 300 万名犹太人的恐惧只是个荒谬的噩梦，就像阿拉伯人反复在联合国陈述说，犹太人在他们的议会里放了一幅面积很大的铭刻（我的朋友博登—

穆勒还很严肃地向我汇报过此事，说这个消息是从纽约来的），上面说以色列的“自然”边界线是从幼发拉底河到尼罗河。这纯粹是造谣，没有一个知情者真的会相信这件事，即便在叙利亚或者约旦。虽然我承认阿拉伯人是孩子，他们什么都会信，这既是他们的可爱之处，也说明他们是危险的。目前以色列大约有200万居民。1921年以前英国关于巴勒斯坦的每一篇报道都坚持说，不论在何种条件下，从地理或是经济方面讲，超过80万人在那个国家过上正常人的生活绝对是不可能的事。因此我不太接受外国的人口统计学家的预测，我认为一个国家的居民多少取决于我们通常没有考虑到的一些其他因素。即便有500万人居住在以色列目前的边境内（我承认这是无法想象的，而且我可以向你保证不会发生这种事），[1] 日本的人口密度将一直远超以色列。当然要减轻阿拉伯人在这方面的恐惧。对以色列人来说，最渴望的是各个强国为目前的边界作担保，那样，不管他们会有什么苦难或其他麻烦，任何侵犯边界的细微举动都会立刻遭到联合国的惩罚或其他制裁。联合国和各个大国的关系或许有些可笑，但是他们最喜欢的就是惩戒弱者——它在苏伊士运河危机期间的表现就是那样。因此我想，如果列强为边界作
632 担保，对第一个跨越边界的犹太人，担保人会带着极大的善

[1] 到了2007年4月，以色列（由于在1967年得到了一些领土，以色列国比1958年的大）的人口超过了700万，其中76%是犹太人。

意忽略他，如果他们确实表现出好战的、霸权主义的倾向，随便就可以制止他们。对弱者实行绥靖政策并不是列强们最近才有的品质：除非某个强国同犹太人结盟，否则他们没法移动半步，但哪位列强会这样做呢？如果某个强国这样做了，那会引发一场全面战争，大浩劫会使得犹太人和阿拉伯人之间的问题显得不重要，并淡出人们的视野。所以，我认为，边界得到保证是整个局势的关键，那样会减轻阿拉伯人心中的恐惧，犹太人得以发展自己的国家。你认为本—古里安应该率先采取行动。哪种性质的行动呢？美国、英国、苏联的外交部一致同意一件事——犹太人必须退至1947年定的边界；我觉得这个解决方案是致命的，它不可能长久。目前的问题不是说一个突然失去三分之一领土的国家在经济上、军事上被削弱、士气不振，不可能恢复正常了，而是，如果它所拥有的一切不过是此前十年的独立，那有什么用呢？那样会使得被视为“西方的希望”的努里，坚持说他通过和平手段，为阿拉伯人赢得的东西，比之前纳赛尔所赢得的更多。那么，纳赛尔只要说那是对阿拉伯事业的背叛，是条可怕的绥靖主义政策，是承认领土被缩小了的以色列有权继续存在，是否认阿拉伯人永久拥有整个巴勒斯坦地区，他可以非常轻松地驱逐或者暗杀努里，然后利用这整件事，得到其他阿拉伯人的支持。如果想采用绥靖政策，那务必要做到给老虎的肉真的满足它的需要——本—古里安能提供给巴勒斯坦的那一点点土地，如果起作用的话，也许会让石油继

续流通六个月或者九个月。之后，老虎补充了体力，又会扑上来。捷克斯洛伐克的例子，大家都还记忆犹新。和我交谈过的美国或英国官员中没有一个当真认为给阿拉伯人一些土地会真的让他们满意。他们想要以色列人那样做只是因为他们害怕石油供应突然停止了（肯定会这样的，可以理解——这招看来非常有效），他们知道，只有牺牲犹太人，阿拉伯人才会愿意继续提供石油。犹太国是不顾各大国的反对建立的，他们不爱它，他们觉得没有理由不把这个政策强加到它身上。以色列人怎么会听从这样的建议呢？地方边界调整问题合乎情理，他们准备商讨此事。关于筹集资金遣返或者至少安置阿拉伯难民——是的，这方面他们做得不好，必须主动做点什么，即便别人不领情。然而，他们当然不能放弃哪怕是一寸土地，而且，任何一位希望他们无论如何也要存活下去的人，经考虑后，是不会叫他们那样做的。他们很清楚，俄国人对他们的威胁超过了阿拉伯人；此外，俄国人恨他们，因为他们认为他们可以管好农民——而且，如果时机成熟，又不惧怕西方的反应，他们可以像敲碎一只坚果一样消灭纳赛尔——至于犹太人，虽然少，要消灭他们，或者把他们赶至别处，因为他们很不适应苏联的制度，是中东唯
633 一一个真正反共产主义的国家，而且他们这么做不是因为被收买了，而是出于信仰。即便他们在这儿的敌人也承认这点。我还不至于像伦道夫・丘吉尔那样，认为阿拉伯人是张烂牌，英国应该丢下他们，把他们移交给俄国人，认为只

有以色列及土耳其人是中东地区可靠的反苏联壁垒，英国只要同他们结盟就行——虽然阿拉伯人确实如此。我知道石油是必需的，因而必须采取更谨慎的政策。我完全同意你说的，除非犹太人取得阿拉伯人的谅解，否则他们就完了。犹太人每天都用尽各种办法试探，甚至向纳赛尔试探，想知道达成妥协需要什么条件。阿拉伯人呢，在各个大国，特别是苏联及当地的英国人及美国人的鼓励下，觉得妥协不会带来什么好处，他们不信任犹太人，而且正如你说的那样，他们惧怕犹太人，他们看待犹太人就像奥地利人看待普鲁士人那样，他们还希望拥有足够的能力及耐心，把犹太人推进海里，消灭他们。毕竟，过去在这儿的基督教国家最终都被消灭了，犹太人就像十字军那样，是外来入侵者，他们也会像那些十字军那样，什么都没留下，只是留下一些模糊的历史记忆。这当然是他们希望的。黎巴嫩的基督徒们不太同意这些话，但是他们不敢说出来，怕被他们的穆斯林表兄们割喉。（我清楚地记得我同查尔斯·马利克[1]在旧金山有过一次交谈，今天他会极力否认，在谈话中，他对英国的做法感到极度遗憾：英国把法国人驱逐出黎巴嫩，把黎巴嫩基督徒移交给温柔仁慈的穆斯林们，结果几个世纪以来基督徒一直

[1] 查尔斯·哈比布·马利克（1906—1987），黎巴嫩哲学家、外交官、希腊东正教神学家，1945—1955 年任驻美国及联合国大使，1956—1958 年为黎巴嫩内阁成员，1958—1959 年任联合国大会主席。

遭到迫害。现在他不敢这样说了。我还将见一个黎巴嫩基督徒，他则对此事没什么感受。）怎么办？你把他们比作施特雷泽曼和布里昂[1]，唉，并不能激发人们的最高期望。施特雷泽曼安静地重新武装自己，布里昂死了，我们知道发生了什么。当然你是对的：除非犹太人设法让自己融进阿拉伯世界，否则他们就完了。他们怎样才能做到这点呢？阿拉伯人想要什么样的条件？把阿拉伯难民遣送回他们原先在以色列的故土只会产生严重的少数民族问题，这个问题曾把欧洲人逼得发疯。建一条走廊——埃及和约旦之间的狭窄地带贡献出来——只会让约旦人恐惧。你说得很对：阿拉伯人害怕犹
634 太人、西方及俄国人。而且，他们确实恨以色列，如果我是个阿拉伯人，我也会恨以色列。最最痛苦和不幸的是，在痛苦中煎熬的犹太人，如果没人管，会把全世界都逼疯的，他们只能在这块土地上建国，获得最低限度的体面的生存，也只有他们不是因为经济的原因，而是出于客观的或者说纯粹精神方面的原因去这儿，而这块土地上还有 40 万阿拉伯人。然而，许多历史上更可怕的混乱都被解决了。真正的困境是

[1] 伯林曾写信给泰迪·科莱克："我现在必须写信给布鲁塞尔的一位男爵夫人，解释说期望我按照施特雷泽曼和布里昂的标准去让本—古里安和纳赛尔和解是不对的，不可能有那么辉煌的结局！"（1958 年 5 月 16 日）由于他们为法德和解做出的努力，1925 年签订了《洛迦诺公约》，古斯塔夫·施特雷泽曼（1878—1929；1923 年任德国总理，1923—1929 年任德国外交大臣）和阿里斯泰德·布里昂（1862—1932；1909—1929 年间六次担任法国总理）1926 年同时被授予诺贝尔和平奖。

阿拉伯人想灭绝犹太人，或者说犹太人会像一个噩梦一样消失，再也不见。犹太人能做点什么才能让他们不再那样想呢？西奈战役做出了一些努力，但明显还不够。在海法建一个国际港？无限制地提供经济、社会设施？所有这些，以色列人已经准备好了。我同意说，目前的争吵只对俄国人有好处。犹太人的唯一希望是——他们很清楚自己面临的危险，但因为他们无能为力，他们装作看不见，装傻，想象自己住在天堂中，忙于发展所谓的国内经济——把他们的经济同阿拉伯人的经济融为一体。他们究竟怎样才能做到这点呢？唯一打算帮助他们那样做的人是已故的埃米尔·阿布杜拉，他确实预见到了某种阿拉伯—犹太联盟的可能性，或类似的东西，但是他因为付出了努力而被暗杀了。阿拉伯军团的领导人写自传，谈及“犹太贫民窟流出的浮渣”，他们自然不会让阿拉伯人觉得，他们的朋友中真的有人希望他们在这种意义上认真对待犹太人。我想，强硬的、并不和蔼的古里安，有时也会想是否自己的儿子要住在一个独立的犹太国家。任何人如果能够说服阿拉伯人永远承认以色列的存在，将会拯救西方及世界——否则的话，会非常非常危险。

犹太人目前有什么期望呢？只是希望俄国人不要公然支持1947年边界，担心有些阿拉伯人会很认真对待此事，对犹太人发动战争，因为认为会有俄国“志愿者”支持阿拉伯人，犹太人觉得自己会输。这些“志愿者”来了以后，对方也会有“志愿者”，某种朝鲜战争就开始了，谁知道结

局会怎样呢？犹太人希望，即便是俄国人，即便在他们强烈反对犹太人的情况下，也不会发动战争，但这个希望很渺茫。总之，我要跟你说，一些以色列人的生活——在共产主义安置点，在军队，还有那些大学生——我认为他们过得比我见过的其他人都更快乐。我年纪太大，又老于世故，无法适应，不能亲历这样的生活，我对此感到很遗憾。只有以色列国没有“愤怒的年轻人”。即使在俄国，也有许多玩世不恭、无所事事、没有追求的人，至于别人为何忙
635 忙碌碌，他们完全漠不关心，或一无所知。在以色列，人们都有某种目标，非军国主义性质的。那些和我一样希望大家性格温和、“无所事事”[1]的人，对此会感到沮丧，也会受到感动，而对于那些品位非常高雅的人，则是某种道德上的谴责。但我深信，如果他们被灭绝了——这很有可能——那就摧毁了这个世界现存的最理想的社会生活方式，因为它并不是社会主义和资本主义的随便结合——它符合人的各种需要，适合各种脾气的人，而且不像在共产主义国家那样，机械地强制执行一些严厉的教条、指示。这当然会牺牲阿拉伯人的利益。他们当然会不满。他们不满当然是对的。印第安人也是对的，还有东印度群岛人，18世纪的意大利人，在匈牙利人压迫下呻吟的斯洛伐克人，还有历史上那些不得不把自己想要的东西给别人的人，在他

[1] 伯林此处原文为：far niente。

们眼里那个人无权得到它，他莫名其妙像狼扑向羊群一样扑向他们，这是对上帝的严厉批评，有勇气、有爱国心、有尊严的人不会耐心地容忍这样的上帝。这一切我都能理解，如果要找解决办法，不要找最理想的，而要找到切实可行的办法，因为人极易犯错。真正的问题是如何保存以色列那灿烂的、感人的、真正高贵的传统价值——一个民族发生了彻底的改变：贫民窟的废物变成了农民、士兵，本质上粗俗、粗暴、不聪明的开拓者，还有棋手、银行家、坚定的知识分子、愤世嫉俗者、怀疑论者，有我们喜爱的但不能太过提倡的各种颓废的生活方式——然而强烈的爱国主义情绪可以自然蔓延，可以理解，目前这正激起阿拉伯人的不安。我既不恨纳赛尔也不感到愤慨。遭受长期的侮辱，流了太多的眼泪以后，接踵而来的是流血。意大利长期遭到鄙视，所以产生了墨索里尼，德国人长期忍受怨恨，所以有了希特勒。想想犹太人所经历的一切，从某种意义上说，他们没有比现在更为骇人是件奇怪的事。我同意：总有一天，不用任何他人介入，犹太人和阿拉伯人会举行对话——外人的调解帮不上什么——为了那一天，我们必须等待热情冷却下来，也就是说犹太人要静待事态的发展。

天哪，我写太长了。我的言辞太激烈了。可是我盼望见到你。你什么时候会来斯蒂芬这儿住呢？我什么时候才能好不容易把妻子介绍给你呢？我们什么时候能谈谈你，你喜爱

的叙利亚人，我喜欢的以色列人呢？以色列人对我的影响，就像 1940 年丘吉尔的演讲对我产生的影响。也许你认为阿拉伯人是古老的没落的贵族。我们一定要谈谈。我真的很盼望见到你。

636 你的

伯林夫妇作为主人招待德米特里·肖斯塔科维奇，他来到牛津，6 月 26 日在牛津大学的校庆典礼中被授予荣誉音乐博士。弗朗西斯·普伦克也得到了类似的荣誉，他待在特雷弗—罗珀夫妇家，他们家还将举行音乐聚会。

致罗兰·博登—穆勒

1958 年 6 月 28 日

海丁顿宅

亲爱的罗兰：

[……] 普伦克和肖斯塔科维奇来了，又走了。天哪，真是件麻烦事。首先，英国文化协会不怕麻烦，为 S. 精心安排了一场音乐晚会，星期一晚上举行（星期二我们招待他，星期三他将同麦克米兰和盖茨凯尔一起获得荣誉学位），但是苏联使馆正跟英国文化协会闹矛盾，差不多禁止他跟文化协会的人接触。结果是晚会举行了，但他没参加，所以产生了许多敌对情绪，伴随着普遍的愤慨、电报、生气、眼泪。终于，他在星期二突然出现，整个过程既繁琐又很

美好。首先，一个身材笔直、举止僵硬、非常帅气的苏联官员到我们的客厅说，“我介绍下自己。我的名字叫罗吉诺夫。[1] 作曲家 D. D. 肖斯塔科维奇在外面的车上。我们听说你们预计他四点到。现在是三点。你们希望他留在车上，还是怎样？”我们解释说我们预计他三点到，他完全可以现在就进来。于是车子徐徐开了进来，另一名苏联官员跳了出来，最后音乐家自己出现了，瘦小、害羞，像个来自加拿大的化学家（西方国家），非常紧张不安，脸上似乎在不停地抽搐——我这辈子从未见过被恐惧挤压得如此变形的人——他重新介绍两位苏联官员，说他们是“我的朋友，我的好朋友”，但是他同我们待了一会儿后，当两位苏联官员退去后，他再也不那样叫他们了，只称呼他们为“外交官”。每次他提到他们时，他脸上会出现一种奇怪的焦虑表情，很像艾琳脸上有时也出现的那种表情——实际上到了最后一个早上，等待那两位苏联官员时，他看起来极度恐惧、绝望，我用英语对同样心烦意乱的艾琳说（他听不懂英语），他们俩的脸看起来一模一样。当时的问题是要设法让肖斯塔科维奇留下来吃饭，然后参加特雷弗—罗珀家为他和普伦克举行的音乐聚会，要想办法把那两个苏联官员打发走，他们会让整场聚会彻底失败的。结果，我很坚决地对他们宣布说，牛津大学 637
有一整套要严格遵守的规定：根据规定，半小时后一个牛津

[1] Y. 罗吉诺夫，苏联驻伦敦使馆的三等秘书。

大学校方人员会来，带他们去新学院吃晚饭，之后他们可以看一出歌剧（戴维·帕西—琼斯的作品），而对肖斯塔科维奇的安排则是完全不同的。他们平静地接受了——他们之前还互相看了几眼，想知道这样做是否正确——然后低头同意。大学校方人员适时来了电话，新学院某个不幸的研究员被叫去“招待”两位“外交官”，肖斯塔科维奇则留下来同我们待在一起。他变得高兴起来。但在整个访问过程中，他看起来就像一个在阴暗险恶的环境中在狱卒之类的人的监视下度过一生大部分时间的人，只要有人提及当代发生的事件或当代人物，他的脸就会闪过一阵痛苦的抽搐，脸上出现茫然，甚至是遭迫害的表情，然后他就陷入可怕的沉默中。这让人觉得很沮丧、很痛心，使得人们喜欢他，非常同情他。其他客人在适当的时候出现了，普伦克、塞西尔[1]、塞西尔夫妇、吉米·史密斯[2]、特雷弗—罗珀夫妇，等等，S.觉得普伦克非常迷人，在这种温和的气氛中，看得出来他也慢慢放松了。我们吃了饭，然后去特雷弗—罗珀的客厅。到客厅后他立刻走向最近的角落，坐下，像一只刺猬一样缩在那里，当我说一句特别大胆的俏皮话时，[3]他偶尔挤出一点笑

[1] 塞西尔·德·罗斯柴尔德男爵夫人（1913—1995），艾丽·德·罗斯柴尔德的姐妹，艾琳的密友。

[2] 詹姆斯·弗雷德里克·阿瑟（“吉米”）·史密斯（1906—1980），1948—1961年任萨德勒斯·威尔斯信托基金主席，1950—1961 任皇家歌剧院院长。

[3] 伯林此处原文为：boutade。

容。一位来自锡兰（斯里兰卡的旧称）的年轻帅气的大提琴演奏家演奏了他的大提琴奏鸣曲，[1] 他平静地听着，对我说大提琴演奏家不错，但钢琴手很差（确实如此），还跟大提琴演奏家抱怨说他有两段弹错了。大提琴演奏家脸红了，把总谱拿了出来，S. 发现总谱证明大提琴演奏家是对的。他无法理解怎么会这样，突然想起毕亚第高斯基对它进行过编辑，他肯定擅自把总谱按照自己的喜好改了；这时他几乎发怒了，掏出铅笔，用力地把毕亚第高斯基伪造的地方划去，换上自己原来的音符。之后他的眉头舒展开来，回到自己的小角落。玛格丽特·里奇小姐 [2] 用可笑的英国维多利亚时代的风格唱起了普伦克写的歌，肖斯塔科维奇看上去有点痛苦，但普伦克很有礼貌、很会应酬 [3]，他向她表示祝贺，但又背着她做各种鬼脸。后来为了安抚普伦克，演奏了他大提琴奏鸣曲中的乐章，之后安静了一段时间。我对 S. 说，如果他也演奏点什么的话，大家都会高兴的。他二话不说，走
到钢琴边，弹了一首前奏曲，一首赋格曲——像巴赫一样， 638
他创作的二十四首中的一首——他的弹奏非常精彩、感情深厚、充满激情，乐曲本身又非常美妙、庄重、新颖、令人难

[1]（弗兰克）·罗汉·德·萨兰（生于 1939 年），当时正开始将其辉煌的音乐事业走向国际。

[2] 玛格丽特·里奇，梅布尔·威拉德·里奇（1902—1969）的艺名，女高音歌唱家。

[3] 伯林此处原文为：mondain。

忘，普伦克弹的曲子被抛到九霄云外、没人去想了。普伦克的确弹了《后面》[1] 中的曲子，以及别的作品，但再也不想听他的音乐了，唉，西方世界的颓废太明显。弹琴时，S. 的脸部完全变了，没有羞涩、恐惧，而是充满热情，甚至是灵感；我想 19 世纪的作曲家们演奏时就是这个样子的。但在 20 世纪的西方世界，这并不常见到，我想。之后他停了下来，好多人希望被引见给他。他教爱乐乐团的第一小提琴手 [2] 如何弹奏他的协奏曲中的第二及第三乐章；他告诉德斯蒙德・肖—泰勒 [3] 他未来的计划，他给大家签名，吃东西、喝酒。普伦克，虽然一直有人照应他，觉得受到了轻视，就像毕加索在场时科克托的感觉。每个人都觉得这是个非凡的时刻，独特、感人，虽然他不会讲英语，除了特别麻木不仁、特别没有教养的（比如哈德逊先生，《星期日泰晤士报》的编辑，罗珀夫妇邀请了他，完全是多此一举）[4]，所有

[1] 伯林此处原文为：Les Biches。

[2] 可能是马农・帕里基安（1920—1987），1949—1957 年为爱乐乐团的指挥，之后为独奏演员；他演奏了肖斯塔科维奇的小提琴协奏曲，会讲俄语。

[3] 德斯蒙德・克里斯托弗・肖—泰勒（1907—1995），1958—1983 年任《星期日泰晤士报》首席音乐评论家。

[4] 休・特雷弗—罗珀同伯纳德・贝伦森讲述说，哈利・哈德逊得罪了伯林，因为他在《星期日泰晤士报》刊登了一则新闻（新闻标题为“哲学家评论电视”，见阿提库斯专栏，《星期日泰晤士报》1958 年 6 月 8 日第 5 版），说伯林那“巨大的清澈的声音”像“一条俄罗斯春季解冻的河流”，伯林威胁说如果哈德逊参加的话他要抵制聚会，最后人们做出了复杂的安排，保证他们俩不见面，伯林才作罢（《牛津来信》，第 253—254 页）。也是这条新闻，通报了伯林在《专家小组》电视栏目的第一次也是唯一的一次露面（发生在同一天），还提到了伯林那

人都被感动了，而且后来还以不同的方式谈及此事。真是场盛会啊，这份经历极为宝贵。后来，在家里，他确实说了几句话，抱怨没有钢琴，谈自己的音乐品位，然后几乎是快乐地上床睡觉去了，我想。与此同时，他的两位监护人先去新学院参加本科生的晚会，然后去了埃克塞特舞会，玩得很高兴，同学生们导师们互相辱骂互开玩笑，显然他们过得很愉快。他们是不错的人——也许他们手上淌着匈牙利人的血，但作为个人他们是无辜的、非常呆板的乡下人，只要接到上面的命令他们会毫不在乎地开枪打死一个人，但同时他们身上也有某种魅力。

第二天紧张的抽搐又开始出现在S.身上，他熬过了可怕的学位授予典礼，在全灵学院的午宴上碰到了许多讲俄语的人，他显得非常窘迫，总是躲在我后面，我毕竟是苏
联使馆指定的牛津大学的全权代表。人们问他各种难堪的 639
问题，诸如“你的第二、第三、第四交响曲怎样了？”——它们遭到政府的谴责，是令人钦佩的好作品。他勉强答道，“它们不是非常成功”，事实确实如此，但他回答的时候充满痛苦。发生了一件很可笑的事，八十四岁的贝弗利奇男爵[1]想给他一枝花——花太多放不进纽扣眼里，但又算不上

“庞大的身躯”，说他不喜欢乡村，并暗示说他在1956年的莫斯科之行中为了得到签证找过赫鲁晓夫帮忙。

[1] 威廉·亨利·贝弗利奇（1879—1963），1946年受封贝弗利奇男爵一世，经济学家、社会改革家，1919—1937年任伦敦政治经济学院院长，1937—1945年

一束花，某位不知名的威尔士作曲家委托他把花给S.，他选择了在午餐期间给。可怜的S.站了起来，嗫嚅着，贝弗利奇神志不清，也嗫嚅着，人们费了不少劲才把他们两人分开。许多白俄罗斯人缠住他交谈，这是自然的，他费了很大的劲，设法脱身了，内心是极度痛苦的。终于我们把他带回了家，给他系上白色的领带，送他去基督教堂学院同其他获得荣誉学位的人一起就餐，他们中有首相、盖茨凯尔等。他回到家时筋疲力尽，但第二天一早就起来了，给我们看他的三部作品的总谱，上面还有得体的献词，他甚至还谈了他的妻子和孩子。他的监护人十点会来接他，但他们迟到了。他极度恐慌不安，叫我给米特尔酒店打了三次电话，双手绞在一起，想着如果他没有按时到达使馆的话，会怎么样，该如何解释，还想他的监护人是否把他抛弃了，或者他是否犯了什么错误，整个人处于可怕的神经质状态中。终于，他们来了，解释说他们迟到是因为他们在布莱克威尔买去牛津郡的指南，然后把他带走了。我受邀第二天去苏联使馆同他午餐，但我拒绝了邀请。S.同我待的时间已经挺久了，他对我有了足够了解，知道我很了解他的状况，而且我认为他同所有的英国音乐家等见面会对他更为有益，他将在伦敦同他们见面，会有翻译在场，没有一个了解他反应的旁观者在场他会觉得更自在。因此

任牛津大学大学学院院长、委员会主席，1942年该委员会建议建设福利国家。

出于微妙的考虑——我想你会同意这并不是不恰当——我拒绝了，这件事就到此为止了。

整件事给了我一种奇怪的感受，我明白了生活在做作的19世纪会是怎样的——肖斯塔科维奇就是那样的——明白了审查制度和监狱对有创造力的天才的惊人影响。它们遏制人的天才，但又让它得到滋养。

我得停笔和彼得下楼用午餐了，他的校友们已围桌
而坐。S. 的脸会一直萦绕在我的脑海里，一个天才成了
体制的牺牲品，完全被体制压扁了，以为他的命运是正
常的，你让他过另外的生活的话他会害怕，就像一只蜜
蜂被拔掉了刺一样被剥夺了愤怒、反抗、抗议的权利， 640
把不幸当作幸福，把受折磨看作是正常的生活，实在太
可怕了。说这些让人感到忧郁，我就写到这，下楼用午
餐了。[……]

你永远的，非常爱你的

以赛亚

附言：我没时间写卡拉斯[1]了——她很像一个19世纪的首席女歌手，属于邪恶的那类，脸色苍白，眼睛巨大，专

[1] 也许是指卡拉斯在皇家歌剧院6月10日百年庆典上的一个演出场景，她出演的是贝利尼的《清教徒》。

横、难相处、迷人、浪漫，像屠格涅夫的情妇。[1]

致奥利弗·弗兰克斯

1958年7月11日［副本］

［海丁顿宅］

亲爱的奥利弗：

［……］我想谈谈柯芬园。遗憾的是，我将无法出席15日举行的董事会议，我想我应该告诉你，剧院的小组委员会昨天举行了会议。我们热烈讨论了音乐总监问题，汤姆·阿姆斯特朗[2]坚持要让本杰明·布里顿当。我是主席，但我也许太软弱了：我和杰克·唐纳森[3]（除管理人员外，汤姆·阿姆斯特朗是小组委员会中出席本次会议的两位成员之一）反对这么做，他强烈反对，而我则弱多了。反对这个人是件难事，他当然是个“声望很高”的人，一部分评论家和音乐人会对此任命感到满意；我反对他是因为他和韦伯斯特属于同一帮人，说得不好听一点，歌剧本质上

[1] 宝琳·维亚多（1821—1910），婚前姓加西亚，生于西班牙，歌剧中的女中音歌手，主要待在法国；虽然她不美，她的性格、音乐技巧及充满激情的演出给她带来了很多男性崇拜者，屠格涅夫忠心于她，和维亚多一家人住在一起。

[2] 托马斯·亨利·韦特·阿姆斯特朗爵士（1898—1994），1955—1968年任皇家音乐学院院长，1958—1969年任皇家歌剧院院长。

[3] 约翰·乔治·斯图尔特（“杰克”）·唐纳森（1907—1998），1967年受封唐纳森男爵，农场主，1958—1974年（原文如此，1958似乎应该是1969）任皇家歌剧院院长，后（1976—1979）任艺术大臣。

是异性恋艺术，那些没有爱上这门艺术的人倾向于雇用声音软绵绵的歌手，缺乏阳刚之气的制作人，等等，这是导致我们目前困境的一个重要因素。[……] 布里顿是一个富有天才的作曲家——我不是特别喜欢他的音乐，虽然我觉得他的音乐不错，并且也承认他是个真正有天赋的作曲家——他在奥尔德堡创办了甜美的、艺术氛围浓厚的小型音乐节，他“那个派别”的成员全都参加了，毫无疑问他的音乐是有价值的，但是我不愿看到柯芬园往那个方向发展——事实上柯芬园已经往那个方向走了。我希望我听起来 641
不会那么像马克斯韦尔·菲夫[1]。人们当然不会尊敬反对布里顿的人，然而我真的认为那会是个灾难。加勒特.D.［德罗希达］当然也是这样想的，但是他不是个性格顽强的人，会在大的压力下屈服。我的想法是，与其让这个特别的小集团耀武扬威，我们不如不要什么音乐总监会更好些，“我说了，并且卸下了我灵魂的担子”[2]。

即使在这些方面我错了，由于主席缺席而延迟会议应该没什么关系。

你永远的

[1] 戴维·马克斯韦尔·菲夫爵士（1900—1967），1954 年受封卡尔米子爵，1962 年受封卡尔米伯爵一世，高级律师、保守党议员，1954—1962 年任英国上议院大法官。

[2] 参见原文第 48 页注 3。

致约翰·普拉门内兹

1958 年 7 月 15 日［副本］

［海丁顿宅］

［……］我想我知道你谈及的那部小说[1]——虽然我不知道书名——之前还有一部，据说我在里面扮演一个最重要的侦探，至于作者，根本不是个好人，很害怕我会起诉他诽谤罪。我当然有很充足的理由，但正如你想的那样，我没有追查此事，不管它了。在这种小说中出现就像在别人的梦中出现一样：我们没法完全避免此事，也不用对自己的形象负责，然而结果却难免让人生气。我希望没人打扰我——这是我坚持的关于自由的概念，但我现在已经读了黑格尔和同类作家的部分著作，我的思绪一片混乱，而且，像你一样，我意识到了我们的教育存在很大的缺陷及不合理之处，意识到国外谈论的关于我们的很多事，我们过去认为那只不过是新闻记者加江湖骗子编出来的不公正的故事，其实里面包含大量的真相。我想，甚至斯图尔特都在读黑格尔。我在想这一

[1] 显然有人给了普拉门内兹一份《赤裸的恶行》的复印本（伦敦 / 纽约，1958），乔斯林·戴维写的系列侦探故事中的第二部，故事的中心人物安布罗斯·阿瑟以伯林为原型；第一部于 1956 年出版，在伦敦出版的书名为《不容置疑的行为》，在纽约出版的书名是《进攻国会大厦》。“乔斯林·戴维”是哈伊姆·拉斐尔（1908—1984）的笔名，他原名叫海曼·埃萨克·拉比诺维奇（1942—1957 年在纽约的英国情报处任职，1957—1959 年在财政部的情报处任职，1959—1968 年为情报处处长），他也用自己的原名，写犹太人的历史。

切会导致怎样的结局。

7 月底，伯林和艾琳离开牛津，前往法国、蒙特卡洛、意大利度假；艾琳的孩子们 8 月底到帕拉吉和他们会合。伯林在假期的主要任务是准备教授就职演说。[1] 他 8 月 29 日开始口述，很快就完成了第一稿。 642

致玛丽·伯林

星期六。安息日平安。[2] [1958 年 8 月 30 日？，手写明信片]

帕拉吉阿根廷酒店

刚刚在机器上口述完成我的教授就职演说稿子。[3] 大声念的话大概要花四个小时左右。我想我的牛津听众会觉得它太长了。我必须进行删改——为了方便印刷，或者至少为了演讲也要这么做。但是此刻，[4] 我觉得任务已经完成了。据说我看起来年轻、健康、皮肤黝黑。我感觉良好，甚至眼皮跳也好了！[5]

伯林

[1] 不是从零开始。伯林已经就积极自由和消极自由做过几次演讲。
[2] 伯林此处原文为希伯来文，传统的安息日问候语。
[3] 教授就职演说的第一稿存在口述录音带里，已被誊写出来。
[4] 伯林此处原文为：pour le moment。
[5] 自 1957 年初以来，伯林一直遭受眼皮跳的折磨。

致格莱德温·杰布

1958 年 9 月 1 日［原始手稿去向不明，此为打字稿］

帕拉吉

亲爱的格莱德温：

［……］我理解阅读《日瓦戈医生》面临的种种困难。[1] 诗人把众多人物编到情节里并展示到舞台上所用的手法，不够高明且易产生混淆：搞不懂谁是谁，事件不连贯，前后矛盾。写到 1914 年的战争时，书显然变成了自传，才开始流畅起来。我个人觉得应该叫你阅读它，而且建议你要坚持下去：难上加难的是，我给你购了英文版的译本，但它里面有人物一览表、人物间的关系图等。除了给你鼓劲，我还能做什么呢？固执地举其他游泳者的例子，说刚开始时，他们要经过密密的枝蔓丛生的水域，经过了最初的努力后，才到达了美丽灿烂的湖——或者真正的河流[2]——读到 1914 年之后就是这个感觉？那些写西伯利亚的部分极其精彩（受托尔斯泰的影响至深，帕斯捷尔纳克的整个童年生活都有他，因为他的父亲是托尔斯泰景仰的好朋友）——那儿的内战，同乐拉夫人的浪漫故事，有人说，她是俄罗斯的象征，但她当然有她自己的（而非象征的）存在理由。你根本不用去管谁跟谁

[1]《日瓦戈医生》中人物众多，书的开头妨碍了杰布的阅读快乐（法文版的）。由马克斯·海沃德和玛妮雅·哈拉里合译的英文版（伦敦和纽约，1958）于 1958 年 9 月 5 日在伦敦出版。

[2] 伯林此处原文为：fleuve。

有关系，是什么关系——就像托尔斯泰的作品一样，情节不
是那么重要——但它描写了一个西方化的文明人所感受到的
1917—1921 年的俄国品质，还从未有人写过这个。那些“形
而上学的”思考——关于基督教及其他——我觉得很棒。然
而，你可能还是会觉得它无聊，读不下去，比如，有人读亨 643
利·詹姆斯、伊丽莎白·鲍恩就是这个感觉。刚开始的一百
页左右很糟糕，就像弗吉尼亚·伍尔夫所作的尝试，在盲
目、无知、厌恶的状态下去描写性关系，像个愤怒的女家庭
教师。希望你再尝试一次。如果还是不喜欢（英文版不精练
但忠于原著），我就不再坚持了。我们会在这儿一直待到 12
日，参加威尼斯（哲学）大会[1]：哲学家、现代音乐爱好者聚
集在此，加上惯常的 9 月中旬威尼斯聚会，会让人又惊又喜，
我想。我们将于 22 日或 23 日到巴黎待一两天，之后闷闷不
乐地回牛津，我将发表“教授就职”演讲，庆祝我得到的讲
席教授职位，不管好歹，我已经当了一年教授了，这个职位
的主席是博厄斯校长；我的演讲主题是自由，在过去的三百
来年，关于这个话题，大家已经谈很多了；本杰明·康斯坦
给了我启发，他是一个被大大低估的政治作家、理论家，比
他那个时代的其他人更能干、更具独创性：是唯一一个一流
的自由主义思想家，比密尔优秀多了，甚至比托克维尔优秀。
噢，我不要再唠叨了：我应该跟牛津的学生们讲这些，他们

[1] 第十二届国际哲学大会于 1958 年 9 月 12 日—18 日（主要）在威尼斯举行。

是一群可爱、文雅、有礼貌的忠实听众，让演讲者们自我感觉非常良好。牛津的大学生们现在非常有礼貌：只有那些导师们在咆哮在攻击别人。我可能会在巴黎给你电话。

以赛亚

致理查德·派普斯 [1]

1958 年 9 月 20 日 [2]

海丁顿宅

亲爱的派普斯：

一个极好的主意——编一本关于俄国知识阶层的书。[3] 你是对的——同往常一样，我现在不堪重负，所以暂时没打算给任何人写稿。然而，关于什么是知识阶层，它是否存在，这个概念涉及什么，它是否大体上等同于自由知识分子，在俄国或西班牙等国家是否有特殊的含义，所有这些应该进行公开讨论，我想。你问及要包括哪些人、什么话题。首先谈谈要包括哪些人。我觉得我们真的应该非常小
644 心：卡波维奇当然很好，可能是最好的——但是他从来就

[1] 理查德·埃德加·派普斯（生于 1923 年），生于波兰的美国历史学家，研究苏联的专家，1950 年起在哈佛大学教书，1958—1996 年任哈佛大学历史学小弗兰克·B. 贝尔德讲席教授（1968—1973 年任俄国研究中心主任）。

[2] 几乎可以肯定这个日期是打字的日期：伯林不得不于 9 月中旬在威尼斯口述了这封信，然后把录音带寄回牛津，以便打出来给之前签约的报纸。他到了 9 月 23 日或 24 日才回到牛津。

[3] 9 月 5 日派普斯邀请伯林为他正在编辑的一本书写稿，这本书最终在 1961 年出版，书名为《俄国知识阶层》。

不是一个真正重要的知识分子类型的人物，我应该想到这个；虽然他先前是个左翼。他对已经建立的权威太尊敬了些，这么说吧，本能地对他们太虔敬了。当然，他确实属于这个阶层，理解这个阶层。然而，知识阶层的真正成员——不用我说——是品格高尚、自由、反对教权、亲西方、常表示愤慨的守旧的激进分子：比如，维德尔[1]显然从来不属于知识阶层，他对他们有礼貌但充满敌意。他过去、现在都是个唯美主义者（同知识分子很不一样），一个非常可爱、敏感、令人尊敬的人，一个好作家。但如果分界线的一边是托尔斯泰、陀思妥耶夫斯基，甚至契诃夫等作家——他们不属于知识阶层——其中只把屠格涅夫当作伟大的作家；另一边是伊万诺夫—拉左姆尼克[2]，他的朋友们和各类英雄们，那么维德尔及诸如此类的人不属于知识阶层，而雅各布森则显然是。我并不是说一定要真正参加某个运动的成员才能很好地描述这个运动，但是在争论很激烈的地方，我觉得你还是会发现，“右翼”倾向于阻挠激进的知识分子。当然，过去他们愚蠢、傲慢、非常让人讨厌等，还以这样那样的方式生产出数量惊人的陈词滥调。毫无疑问，如果把这些人也考虑

[1] 弗拉基米尔·伊万诺维奇·维德尔，有时叫“维德勒”（1895—1979），出生于俄国，文学艺术评论家、历史学家，1924—1952 年任教于巴黎大学俄罗斯神学院。
[2] 瓦西里耶维奇·伊万诺夫—拉左姆尼克（1878—1946），真正的姓是伊万诺夫，著名的文学评论家，亚历山大·勃洛克的朋友，同社会主义革命分子有关联，1901—1943 年间常作为政治犯遭到关押，他把这些经历记录了下来。

在内的话，也许要给真正的幸存者一个机会，我这么认为。

[……]

也许埃德蒙·威尔逊应该写点东西，大体谈谈知识阶层——他们是什么样的人、在哪儿，在哪些国家——或者由德怀特·麦克唐纳德[1]来写，或者两人都写。这两人比其他美国出生的人都更像俄国旧知识分子。也许你会想到梅耶·夏皮罗，哥伦比亚大学的艺术史教授，他是身体力行这种态度和生活方式的活生生的典型，一个非常高尚的杰出的人。够了，够了。

至于我，我正痛苦地准备题为《自由》的教授就职演说，好像在过去的三百来年中这个话题还谈得不够多一样，还为一部百科全书撰写评卡尔·马克思的思想的文章；[2]撰
645 写评维柯[3]的长文，我刚刚完成，我不知道它会发表在哪
里，最大的可能是发表在伦敦的意大利研究院论文集中；继

[1] 德怀特·麦克唐纳德（1906—1982），美国政治作家、文化评论家、编辑；政治立场不稳，曾经是马克思主义者，后来变成了激烈反共产主义者；离开《党派评论》杂志后成立《政治》杂志，并于1944—1949年担任该杂志的编辑，长期为《纽约客》撰稿。

[2]《马克思》，收录于J. O. 乌姆森编的《简明西方哲学与哲学家百科全书》（伦敦，1960）；以“卡尔·马克思的哲学”为题收录于《观念的力量》。

[3] 詹巴蒂斯塔·维柯（1668—1744），意大利哲学家、法学家、修辞学教授，伯林的《詹巴蒂斯塔·维柯的哲学思想》一文以他为议题，收录于《18世纪意大利的艺术及思想》（罗马，1960）；修改后收录于《启蒙的三个批评者》。伯林认为他是“人类思想史上最勇敢的革新者”（《启蒙的三个批评者》，第53页）。

续撰写一篇旧文评迈斯特，这是《党派评论》[1]的约稿，对任何一个英国人来讲，它显然太长了，但它可能更适合在《思想史杂志》刊出；还要忙文图里的一本书，因为我答应为此书作序，[2]总之，因为所有这些事，我没法像你那样，去写一部像样的、有深度的、篇幅够长的书。[……] 你还没阅读帕斯捷尔纳克的小说吗？这儿的人对此书的看法有分歧。我肯定这是一部天才的作品。前一百页繁复冗长，因为要展现众多的人物形象，他显然有点不耐烦，但书的其余部分非常精彩。他属于知识阶层的一员吗？是新知识分子还是旧知识分子呢？不完全是，他太怪、太信宗教，离科学启蒙、民主政治等的理想甚远。但他的父亲属于知识阶层。在1910年确实产生了分水岭，一边是充满灵感的象征主义诗人，另一边是自由主义教授及他们的追随者，他们并不属于同一阵营，虽然为了政治目的他们可能联合起来。我要停住、不再唠叨了。有空时请一定再给我来信。

你永远的

以赛亚·伯林

[1] 这篇文章，伯林断断续续写了很多年，最终没有在《党派评论》或《思想史杂志》（它要求伯林做删改）上刊出，而是于1990年出现在《扭曲的人性之材》一书中，题为“约瑟夫·德·迈斯特与法西斯主义的起源”。

[2] 为弗朗科·文图里的《革命的根源》（伦敦，1960）作序；题为“俄国民粹主义”，收录于《俄国思想家》。

伯林在威尼斯时，伊戈尔·斯特拉文斯基也正访问此地，他的新作《特雷尼》[1] 准备于9月23日初次上演，是威尼斯双年展的节目。9月19日斯特拉文斯基在威尼斯凤凰剧院的音乐会上上演了他的歌剧《俄狄浦斯王》、芭蕾舞剧《春之祭》，它们令伯林赞叹不已，他们俩在1956年曾见过面。

致伊戈尔·斯特拉文斯基

1958年9月21日［手稿］

威尼斯欧洲及大不列颠酒店

亲爱的[2] 伊戈尔·费多罗维奇：

我写这封信只是为了表达我的感动及快乐：上星期五我得到许可听了《春之祭》[3] 和《俄狄浦斯王》以及由你指挥
646 的彩排，甚至还得到许可同你会面——这一切得感谢尼古拉斯·纳［博科夫］——我将永远感激他。我太无礼了，还硬要给你写一封表示崇拜的信，然而，我想你会相信我的，我写此信时，内心局促不安，因为我正在一个天才面前评论音乐，而且评论的还是他本人的音乐？但我相信你会理解的，因为我没法抑制一份很强烈很特殊的感情，我要把它表达出来。我认为《春之祭》和《俄狄浦斯王》很有独创性，像卡

[1] 斯特拉文斯基的《耶利米哀歌》由独唱、四声部合唱、大型管弦乐队组成，是他的首部十二音作品。

[2] 伯林此处原文为：milii。

[3] 伯林此处原文为：Sacre。

巴乔[1]的画，纵使光阴流逝，它们依然会熠熠生辉；那个德国乐手虽然弹奏准确但过于机械[2]，又在这个可怕的腐朽堕落的镇——比已故的普契尼还遭，比阿尔班·贝尔格[3]还堕落[4]——然而某种东西如此坚定、如此精彩、如此非凡，丝毫不受流行、感觉变化的影响，依旧主宰每个人、每件事，在其他一切都轰然倒塌时——特别是我从事的政治及哲学，它脱颖而出，依然美丽、坚不可摧、完美无瑕、难以捉摸。这听起来也许令人伤感，甚至有些夸张，但此次经历改变了我。我如何能做到不说呢，即使我词不达意？我用英语写信，因为虽然说俄语对我来讲是件很享受、很快乐的事，写作却不行：所有词汇都会像一根根木棍般乏味。刚朵拉小船在水道中穿梭，我要去赶火车了。这是我写的第一封，也许是最后一封崇拜信。

很抱歉，我就这样先走了——只希望你准许我哪天再同你会面——也许，你会来老牛津领取一个博士学位，不是一个荣誉学位，而是一个颁发给天才的学位[5]——还有什么更能表示恰当的敬意，大学还能做其他什么才能表明他们不是沉浸在自己生活中的庸人？噢，天哪，我不知道要怎么写了：我不应

[1] 维托雷·卡巴乔（约1460—约1526），原名叫斯卡帕扎，威尼斯画家。
[2] 伯林此处原文为：Scahlich。
[3] 阿尔班·玛利亚·约翰内斯·贝尔格（1885—1935），维也纳作曲家（跟斯特拉文斯基一样，受勋伯格的影响）。
[4] 伯林此处原文为：pourri。
[5] 伯林此处原文为：not honoris bu genii，causa。

该说这些，请转达我对薇拉·斯特拉文斯基夫人[1]的敬意[2]。

深深钦佩你的

647 以赛亚·伯林

致罗伯特·克拉夫特[3]

1958年9月21日下午五点五十分［手写明信片］

威尼斯火车站

［……］我给S.写了一封崇拜信，可笑、夸张，我写完就立刻后悔了［……］但我想说那次经历令人感动、赞叹[4]，而我又太英国化了，没法把话说得既简洁又有说服力。所以，如果他提及此事，请帮我说话，告诉他我的本意是好的，我只能做到这样了。[5]如果不是因为有人生病[6]，因为我的继子女们，我绝对不会在《特雷尼》上演前离开的。他们比亲生子女更为苛求。我很喜欢我们那几次

[1] 薇拉·斯特拉文斯基（1888—1982），婚前姓德·波希特，舞蹈家、时装设计师、画家，很长一段时间是斯特拉文斯基的情人，后来是他的第二任妻子（他是她的第四任丈夫）。
[2] 伯林此处原文为：mes hommages。
[3] 罗伯特·劳森·克拉夫特（生于1923年），美国乐队指挥、乐评家，他同斯特拉文斯基是好朋友，后来成为艺术合伙人。
[4] 伯林此处原文为：bouleversant。
[5] 罗伯特·克拉夫特9月26日描述说斯特拉文斯基收到伯林的信后非常感动——根据克拉夫特的回忆录《难以置信的生活》（纳什维尔，2002）第220页注2，尼古拉斯·纳博科夫从斯特拉文斯基居住的鲍尔—格伦沃尔酒店的房间偷走了信；克拉夫特补充说，纳博科夫把信还给了伯林，但现在此信收录在纳博科夫的书信集中。
[6] 伯林家的保姆李小姐得了静脉炎。

简短的交流。

你的

以赛亚·B.

炎热。匆忙。发脾气。很高兴离开这个所多玛城。

致安娜·卡琳

1958 年 9 月 25 日

[海丁顿宅]

最亲爱的 N.：

我的伤口痛得厉害，因为你如此冷酷无情，不给我任何安慰。你怎能否认，我是遭受无端侵害的最无辜的受害者？[1] 不管怎样，我现在先回答通过纳博科夫获知的关于我的教授就职演说的事。像往常那样，那个你并不陌生的话题让我感到绝望。跟以前比，这次更是因为学术方面的原因，即，我不知道真理在哪，认为我说的都是陈词滥调、谬误且杂乱无章。无论如何我都宁愿它没有被录下来。

(1) 因为这儿的人（当然）会不喜欢它——这件事很快就会出现在报纸上——前提当然是如果我能让那份很没有把握的手稿出版。但是就职演说的对象应该是这个小镇，而不

[1] 伯林已经听说了 AK 贬损他的一些传闻。

是这个世界。[1] 我觉得当地人的品位是正确的，奥登就是个实例。[2]

(2) 因为我决定一定要忠实于自己在第三套节目时间被
648 削短时所发的誓言：长达一小时的发言一定要拒绝，因为那样会占用很大一部分留给音乐的那一点点时间，等等。第三套节目被删减成现在那样，任何想把音乐时间让位给抽象演讲的想法都是邪恶的。

(3) 我忘记讲什么了。[……]

以赛亚·伯林

致唐纳德·芳戈 [3]

1958 年 10 月 1 日 [口述录音带；听不清的地方是猜测的]

[海丁顿宅]

亲爱的芳戈先生：

真羡慕你啊。我现在最想做的事就是在莫斯科待上一段时间，真正目的是去见帕斯捷尔纳克。你准备把能找到的关于《日瓦戈医生》的评论都带给他，我敢肯定这是无比正确的，因为每个作家都对自己作品的命运感兴趣，只要 [允许

[1] 伯林此处原文为：be urbi and not orbi，参见原文 118 页注 4。
[2] 奥登在 1956 年做了任诗歌教授的就职演讲。
[3] 唐纳德·李·芳戈（生于 1929 年），当时在哈佛大学攻读博士学位；后来（1968—1998）成为哈佛大学斯拉夫语及比较文学教授。这封信在他作为交换学生已经前往（计划做了调整）莫斯科后才到达。

他这么做的话]，他会热切希望见到你的。我真不知道要给你提什么建议。我最后一次见到他是在1956年，不知道自那以后他那边情况怎样了——显然人们对他的看法比那时还糟，而且你的来访是否会连累他还很难说。苏联政府不是不知道外国人很想见他——特别是现在。因此，从这点看，应该不会对他造成什么大的伤害，你也不是一个特别引人注目的人，否则你也拿不到逗留这么长时间的签证了，我想。

如果你能在伦敦中转稍做停留，只为了见见米米·伯林[1]一直想见的他住在牛津的妹妹们，那你真是做了一件大善事。她们会告诉你很多消息，而你的行为则会是非常高尚无私的。[……]

当然所有人都热烈赞扬《日瓦戈医生》——但并没有说到点子上。（那么多报纸只有）《每日电讯》正对它进行连载，某些章节在英国广播公司俄语广播中播出，在苏联可以听到——我对这种做法持怀疑态度，但也许不会给他带来什么 649

[1] 米利亚姆（“米米”）·伯林（生于1926年），婚前姓哈斯克尔，1951—1956年在哈佛大学（1956年后任职于俄罗斯研究中心）任教，1958—1975年任卫斯理学院俄语、欧洲及中东史的助理教授。1957年她去佩里德尔基诺拜访了帕斯捷尔纳克，报道了他不论付出何种代价也要在苏联以外的国家出版《日瓦戈医生》的决心，“我不在乎人们会怎样对我。我的生活已经结束。这本书是我对这个文明世界说的最后的话”。米利亚姆·H. 伯林，《拜访帕斯捷尔纳克》，发表于《美国学者》第53卷第3期（1983年夏季刊），第327—335页，本引言出自第333页。

麻烦。至于书和期刊，我不知道要推荐哪些；拿不准他是否会喜欢《洛丽塔》——对此我非常怀疑。在过去的三百、四百、五百年，甚至更长的时间里，西方世界似乎没有出现什么值得他注意，或者可能引起他兴趣的作品，想到这个可真让人难堪。我想如果你随便带一些文学类的期刊的节选，最近一两年的英、美及法国期刊，特别是萨特的——刊出科拉科夫斯基文章的那几期期刊（《当代》1958 年 5—6 月刊、7 月刊）[1]——那些他可能会喜欢。我怀疑他是否知道他的名字现在已为全世界所知了。[……]

你真诚的

[……]

致莉迪亚·帕斯捷尔纳克·史莱特

1958 年 10 月 1 日［口述录音带］

［海丁顿宅］

亲爱的莉迪亚·列昂尼多夫娜：

我回来了——或者更确切地说是你回来了——我正为即将到来的教授就职演说抓狂，演说稿太长，尚未完成（如果你能想象它前后矛盾到了何种地步），充满了胡言乱语、不值一听。这件事让我又累又郁闷，我为了完稿日夜奋斗，一

[1]《责任与历史》（参见原文第 626 页注 1），由安娜·波斯纳译成法语，题目也是《责任与历史》，发表于《当代》（让—保罗·萨特是该杂志的创办者之一，当时任该杂志主编）第 147—148 卷（1958 年 5—6 月刊），第 2049—2093 页，第 149 卷（1958 年 7 月刊），第 264—297 页。

切只是为了让我的同事们嘲笑我一个小时。然而，该来的终归要来。一直到 10 月 31 日前我会忙得连喘气的工夫都没有。我希望我可以退休。

附上一个朋友收集并寄给我的美国人评论《日瓦戈医生》的文章。每个人都对它大加赞扬，但是有真知灼见的人很少。我觉得能够接受的评论仅有：乔洛蒙蒂在《党派评论》[1]（唉，我还没拿到）、克兰克肖在《观察家报》[2]刊出的文章——他们感受到了某些东西——以及斯图尔特·汉普希尔将在《文汇》[3]刊出的一篇。我高兴地发现书中采用了你翻译的一首诗，[4]《泰晤士报文学副刊》也刊出了一首。[5]应该说出版方面不会再有障碍了。也许是因为我去国外了。然而在这整件事上，你严重冤枉了我[6]——原因是什么，我想不出来；或许 650

[1]《帕斯捷尔纳克的口信》，发表于《党派评论》第 25 卷第 1 期（1958 年冬季刊），第 127—134 页，作者为尼古拉·乔洛蒙蒂（1905—1972），意大利作家、左翼政治活动家（反法西斯主义者及反共产主义者），和伊尼亚奇奥·西洛内共同创办了自由的文化政治期刊《节拍进行时》，并于 1956—1968 年任该杂志编辑。
[2] 爱德华·克兰克肖，《俄国杰作》，发表于《观察家报》1958 年 9 月 7 日第 16 版。
[3]《日瓦戈医生》，发表于《文汇》，1958 年 11 月，第 3—5 页。
[4]《童话》，史莱特翻译的《日瓦戈医生》中的一首诗。
[5] L. 史莱特，《帕斯捷尔纳克诗歌翻译》（第一句是“出名不合时宜”），《泰晤士报文学副刊》，1958 年 9 月 25 日，第 546 页。
[6] 在过去的一年里史莱特一直致力于出版她翻译的她哥哥的诗歌。斯蒂芬·斯彭德拒绝它们在《文汇》刊出，史莱特怀疑伯林是同谋；虽然她喜欢并钦佩伯林，她抱怨说：“他目前在文学界的影响力，实际上在每个领域每件事情上的影响力，有时是灾难性的，我无法理解他怎能做到让每个人尊敬并敬畏他那随随便便的评判。”

我能想出来，但我不想清楚地说出来，即便对我自己。

现在我必须考虑在伦敦举行的你父亲画展的开幕式，我很冒失地答应了为它揭幕。你或你妹妹可以跟我谈谈要说些什么吗？你知道我几乎完全不懂视觉艺术，虽然我懂一点音乐。也许你这几天给我来个电话，我们预约见个面。

今年夏天我在威尼斯听了斯特拉文斯基的作品，我必须承认，不论谁跟他比——包括我喜爱的肖斯塔科维奇——都黯然逊色了。到现在他成为音乐之王已经五十年了，这不是没有原因的。我对任何一个艺术领域都不抱什么期望了——《日瓦戈医生》最能提醒我们西方变得多么贫乏。

你永远的　　[……]

致埃德加·温德

1959 年 10 月 4 日［应为 1958 年，手写明信片］

［海丁顿宅？］

非常感谢你的书。[1] 我希望我能坐下来立刻开始阅读，而不是一直在想一个福利国家在中世纪时的种种难解之谜，我们学术生活中很大一部分时间考虑的就是这些事。我渴望退休，然后公开坦然地过着闲散的生活，像我们认识的一两位学院院长那样——思想已经够多了，它们什么也没做，只

[1]《文艺复兴时期的异教徒之谜》（伦敦，1958）。

是钻进人们的脑袋里，正如海涅[1]说的，给了野蛮人他们所需的装备以毁灭我们。很抱歉用了这么可怕的语气。这是因为有 2000 个“哲学家”在威尼斯之故。

以赛亚

10 月 23 日鲍里斯·帕斯捷尔纳克被授予诺贝尔文学奖，以表彰“他在当代抒情诗及伟大的俄罗斯叙事文学传统领域所取得的重大成就”[2]。他发电报表示接受：“无比感激、激动、骄傲、惶恐、羞愧，帕斯捷尔纳克”[3]，苏联报刊对他大肆攻击谩骂。10 月 27 日帕斯捷尔纳克被苏联作家协会开除，同一天他在第二份电报中宣布放弃这个奖项。[4] 651

致戴维·阿斯特

1958 年 10 月 27 日［副本］

［海丁顿宅］

亲爱的戴维：

你可以想象，帕斯捷尔纳克正处于非常复杂的境况中。

[1] 海因里希·海涅，*Zur Geschichte der Religion und Philosophie in Deutschland*（1834），由约翰·斯诺德格拉斯译成英文，书名为《德国宗教与哲学》(1882)，第三部，第 106 页及第 158—161 页；见《论自由》第 167 页，及《观念的力量》第 9 页注 1。

[2]《1958 年的诺贝尔文学奖》（斯德哥尔摩，1959），第 37 页。

[3] 10 月 25 日发给安德斯·奥斯特灵的电报［瑞典文学院］。

[4]“鉴于我所从属的社会对我获奖意义所做的解释，我必须拒绝领奖，请勿因我的自愿拒绝而不快。”这份电报的复制本出现在格德·鲁格的书里，《帕斯捷尔纳克：图传》（伦敦，1959），第 122 页。

过去和现在我不公开谈论他的唯一理由是，我怕那样对他不利，因为在苏联眼里我是（也许我这么说是妄尊自大）一个名人。他告诉所有外国人，他发现自己已经不在乎关于他的所有宣传，显然他已经到达了一种崇高的境界、准备牺牲自己。然而我并不［认为］我们因此有权利把殉道者的王冠强按在他头上。当英国广播公司开始在俄语广播中播出他小说的片段时，我认为那样做很恶劣，是不负责任的行为。上星期我在《泰晤士报》读到了那篇瑞典人写他的文章，我觉得非常遗憾。[1] 任何一点小事都可能毁灭他。当然现在我认为，只要不提某些真相，不提他明显的反苏态度，为什么不能有简要介绍他的文章呢。我很愿意帮助克兰克肖——虽然这时他知道的肯定不比我少——但我宁可自己什么都不写，因为《曼彻斯特卫报》也向我约稿，我答应说如果不印我的名字，是可以的，后来许多人就诺贝尔奖大做文章，我说我宁可再等等。我不知道我是否会给他们写，但如果我写的话，他们有优先权，因为他们是第一个找我的，我基本上答应他们了。请一定转告克兰克肖来看我。我现在很少去伦敦了，我宁愿在牛津见到他。

如果帕斯捷尔纳克发生什么不测，我不希望我做的什么事哪怕是间接地连累了他。我以前曾劝说他推迟在意大利出版他的小说；他无视我的劝告，选择光明正大地做自

[1]《帕斯捷尔纳克获诺贝尔奖？》，见《泰晤士报》1958 年 10 月 23 日第 12 版。

己想做的事，心里清楚那样会给自己及家人带来怎样的危险。因为我想把他从他自己手里救出，遭到严厉的指责。然而我无法“接受他的牺牲”，而英国广播公司对他 652 那焦虑不安的妹妹们说，他们很高兴那样做。我相信你理解、明白这整件事牵涉到复杂的道德关系，但帮助克兰克肖是不会错的，所以一定转告他说他想什么时候找我谈都行——他就此话题写的那篇文章是已发的此类文章中最最好的一篇，而他对该书的评论是目前为止唯一一篇真正有价值的评论（也许斯图尔特·汉普希尔的那篇也可以算）。

你的

被他称为“黑色星期五”[1]的10月31日下午五点，伯林在牛津考试院的南教室发表教授就职演说，题目为“自由的两种概念”。之前，他缺乏自信：“就职演说是地狱、非常糟糕、冗长、空洞、棘手。赫伯特·哈特，唯一一位看过演说词的人，他觉得它非常差劲，就像一首［无］调音乐，由有限的几个数字组成的同样的一行音符在没完没了地重复自己。”[2]这场演说吸引了破纪录的听众，他们来自牛津及其他地方；那些迟来的听众在南教室找不到座位，被安排在有转

[1] 致安娜·卡琳，1958年10月24日。
[2] 致理查德·魏赫姆，1958年10月13日。

播此演讲的北教室坐。原稿经过大刀阔斧的删改后，伯林设法在几乎规定的时间内完成了演讲。他非常注意措辞，使演讲清晰易懂，然而并不是所有在场的听众都立刻完全领会了他的意思：

> 他以他认为慢的速度，讲了一小时十分钟，演讲很成功。[……] 我应该去读 [此讲稿]，至少读两遍，因为它是我听过的最为紧凑的演讲，如果我装作自己全都听懂了那就太虚伪了。我受的教育太差了，之前从未听说过费希特，更不用说他同黑格尔的关系了。[1]

并不是所有的学者都认为它很精彩：

> 私下讲，我觉得它令人失望。内容不少 [……] 但它的概括不够全面，独到见解不多，不够活泼，比我原先的期望差。实际上，这几乎不过是一篇传统的谈自由主义哲学的学院派文章，涉及的范围很窄。恐怕以赛亚的才能不适合做正式的演讲：就像大自然中一股汹涌奔腾的激流，它的壮丽在于它自然地呼啸而来。他应该

[1]《致来自巴黎的玛丽埃塔》（参见原文第 37 页注 2），第 331 页；苏珊·玛丽·帕顿陪帕米拉·贝瑞夫人去听了就职演说。

自然地讲，而不是读写好的东西。[……] 我认为他花了很多心思在演讲技巧上，那也使得他的演讲不够激情四射。[1]

《牛津邮报》作了较为公正的评价：

虽然是在念写好的演说稿，他听起来有激情，甚至
有辩论的味道。[……] 他演讲中谈的是传统的自由主 653
义哲学 [……] 没有提出全新的观点，而是对一个熟悉的话题提出了新的见解——就像擦拭一幅旧名作，由于时间、疏忽等原因，之前它的一些细节一直没有引起注意。[2]

致斯蒂芬·斯彭德

1958年11月18日［副本］

海丁顿宅

亲爱的斯蒂芬：

谢谢你关于我的就职演说的来信，[3]它确实是在所有的考验都过了才登场，然而我带着极大的兴趣和忧虑读了，

[1] 休·特雷弗—罗珀，《牛津来信》，第261页。
[2]《牛津日记》，《牛津邮报》1958年11月1日第4版。
[3] 斯蒂芬在11月5日的信中说，伯林在他的就职演说中无视现实世界的经济状况，而且“全人类的不自由”损害了其他人享受自由。

因为同别人说的话比，你说的一切总是能更直接地影响我。我想你在那个演讲稿的印刷本中会找到一些材料，可以解答你的疑问，那是我的讲话的压缩版（如果我所做的一切都能“压缩”就好了）。我确实有说我谈论的自由这个概念主要是资本主义制度的一个孩子，[1] 在没有私有财产、不要求他人走开的地方，它是没有任何意义的；[2] 在那个印刷本中，你会发现这样的命题，“牛津大学导师眼里的自由同埃及农民眼里的自由是不一样的”[3]，还有，有些人说如果他们的兄弟还在泥地里打滚的话（别林斯基[4]等），他们不想拥有自由，看到严重的不平等、通过牺牲广大群众以博得自己的自由，他们感到羞愧，这里体现的价值同自由一样深刻、一样绝对，但并不能等同于自由。[5]也许解决人们的温饱问题比解放他们更为重要，对衣不蔽体、饥肠辘辘的人谈自由也许太轻浮太狠心了，但我认为这并不能改变以下事实：自由，至少从政治的意义上讲，是不受干涉的自由；也许其他价值更为重要，并且同

[1] 见《论自由》第 217 页。
[2] 见《论自由》第 171 页。
[3] 出处同上。
[4]“地球上的天才应该住天堂，普通人在泥地里打滚，这跟我有什么关系？如果我理解［……］艺术、宗教或历史的本质，而我的那些人类兄弟没办法同我一起分享它［……］，这又有什么关系？”致 V. P. 波特金的信，1841 年 9 月 8 日，出自 V. G. 别林斯基的 *Polne sobranie sochinenii*（莫斯科，1953—1959），第 12 卷，第 69 页；参见《俄国思想家 2》第 194 页，《论自由》第 172 页。
[5] 见《论自由》第 172 页。

自由不相容——比如说爱、平等、友爱或友好合作，或者卢梭及 G. D. H. 科尔[1]那些人相信的一切（在他们所有关 654
于自由的谈话中，他们喜欢这些温暖舒适的东西胜过喜欢自由，自由并不特别给人温暖，更不用说给人带来舒适感了）——但这并不能使它们跟自由等同。“梭子鱼的自由意味着小鱼的死亡”——英国人的自由就是爱尔兰人、印度人等受压迫——那是 19 世纪罪恶的重要根源。认为梭子鱼的自由同小鱼的自由可以兼容，是个至少应该遭到质疑的命题；如果不质疑这样一个命题，那么左翼分子当然面临这样的困境，我们是保护梭子鱼呢——因为它是密尔喜欢的：有独创性、有进取心、充满活力，跟愚钝的小鱼比，它能创造出的东西有趣多了——还是为了面子关系，压制梭子鱼，让小鱼得以生存，虽然从审美的角度讲，这样会让人觉得很压抑（比如苏联或以色列）？在我看来，以下说法非常虚伪：认为梭子鱼的自由应该同小鱼的自由兼容——永远兼容——不仅如此，还认为如果小鱼没有得到自由的话，梭子鱼的自由几乎是不可思议的。下面这个说法似乎还更有道理，更像生活：梭子鱼的自由意味着小鱼的死，给梭子鱼充分的自由让足量的小鱼死去。自由的

[1] 科尔在死前不久收到了伯林演说稿的印刷本（牛津，1958），他作了回应，热情赞扬说：“我读过的最好的一位尚在世作家的社会学理论［……］有你这样一位如此让人满意的继任者，我非常高兴。”写信的日期是 1959 年 1 月 11 日，他死后，1 月 14 日科尔的家人把信抄送给伯林。

重要性——至少它重要的原因之一——是进行这些可怕的选择的必要性跟它有关联，自由主义者当然认为选择本身就是目的；除非每个人都快乐，我才快乐，或者除非别人都自由，我才能享受自由这样的命题，是最终在平等面前拒绝自由，或者是假设所有这些事可以绑在一起，可是没有一个人能举出任何理由认为这是对的。天哪，我现在讲的东西比我的演说还更抽象，我会把稿子寄给你的，你自己判断吧。〈当然自由这个概念取决于“具体的”社会现实。然而自中世纪以来这个社会现实在本质上就没怎么改变。〉

关于帕斯捷尔纳克你们在说些什么呢？我禁不住想，关于他，说得越少越好。特别是英国人和美国人，谈得越少越好，你说呢？《时代》周刊准备用他做封面。[1] 见鬼。[……]

你永远的并深爱你的

656 以赛亚

[1] 显然伯林请求他在伦敦为《时代》工作的朋友瑞蒙德·冯·霍夫曼斯塔尔，向他在纽约的上司转交伯林的信（作为附录收入，第761—762页），他在信中估算了如果用帕斯捷尔纳克做封面的话可能给他本人带来怎样的政治后果及威胁。没人理会他，封面及题为《尤利·日瓦戈医生的热情》的相关文章照常刊出（《时代》，1958年12月15日，第55—58页）。

致詹姆斯・乔尔

1958 年 11 月 25 日［副本］

海丁顿宅

亲爱的詹姆斯：

关于这学期发生的事，我要告诉你哪些呢？这个学期的开始非同寻常，我完全不认识的一位神学院教授，基尔帕特里克主教大人[1]，公开谴责一些做法，谴责一些老年人之间的不道德行为，宣布说大学生的处境非常危险。瓦德汉姆学院院长写了非常精彩的回信[2]，说他知道，在老年人及年轻人之间产生了一些浪漫的友谊，但是这些友谊都没有进一步发展，关于这件事，他知道的比这位教授多得多，教授的那些指控完全不符事实、全是编造出来的。这封信绝对是篇杰作，大家都很欣赏。黑尔先生[3]在杂志上提到了一些让人脸红的骇人的跟这有关的事，尼古拉斯和其他人好不容易劝阻克里德博士[4]不要去寄一封情绪激动的信，信

[1] 乔治・邓巴・基尔帕特里克主教大人（1910—1989），1944—1977 年任牛津大学《圣经》注释学迪恩—爱尔兰讲席教授。

[2] 信没有找到，但《泰晤士报》1958 年 10 月 14 日第 13 版及其他文章都引用了鲍拉对那次布道的评论，那些引言都同伯林的描述相符。

[3] 约翰・里戈比・黑尔（1923—1999），1949—1964 年任基督学院历史学研究员、导师，1958—1959 年任《牛津杂志》的编辑，1964—1969 年成为华威大学历史学教授，1981—1983 年任伦敦大学大学学院意大利史教授，1985—1988 年任意大利语教授。

[4] 理查德・斯蒂芬・克里德（1898—1964），1925—1960 年任新学院生理学研究员、导师，1947—1960 年任沃特福德医院管理委员会主席。

中说，作为一位有三十年经验的医疗人员，他热切希望支持神学教授，并说确实存在很大的危险，不能像《牛津杂志》那样草率对待这些事，而是应该把它们作为一个国家问题在沃尔芬登辩论[1]那夜进行严肃的讨论。这个可怜的人显然是疯了，人们已经怀疑他一段时间了。接下来是帕斯捷尔纳克事件在当地的进展情况，这是个严肃得多的问题。我实际上同卡特可夫断交了，因为他公然承认他命令英国广播公司俄语广播用俄语以小说连播的形式播出《日瓦戈医生》——小说手稿被官方偷走了，[2]因为出版商坚决
657 否认是他们给的，虽然毫无疑问，哈拉里太太知道整件事。我严肃地认为，诗人有很大的危险，而这样做的好处即使从最严酷的冷战的角度看也不多，这样拿别人的命运开玩笑是严重的不道德行为。K. 博士说他有三个晚上睡不着觉，想这件事，他的最终决定是，帕斯捷尔纳克应该为这项“事业”牺牲，尤其因为他本人显然想为此殉难。我第一次发现自己舒适地隐藏在左翼分子中。我四处写信，批

[1] 由内政部建立，乔治·沃尔芬登爵士任主席的同性恋犯罪和卖淫委员会，在1957年推出了大部分同性恋行为合法化的报告；下院在1958年11月26日就此报告进行辩论。

[2] 当时及后来都有报道说，中情局在英国的帮助下，在马耳他紧急叫停一架飞机，以便从乘客的行李中拿出《日瓦戈医生》的手稿进行复印，偷偷地出俄语版，好让诺贝尔颁奖委员会考虑《日瓦戈医生》（委员会要求作品以原语言出版），让苏联尴尬。例如参见彼得·费恩的文章《复杂的阴谋》，《华盛顿邮报》2007年1月27日C1版。

评这件事，使得他的妹妹们向伊恩·雅各布发牢骚，还以私人名义写信给亨利·卢斯，请求他不要用诗人做封面；我还忙于西洛内说的“保护帕斯捷尔纳克的道德权利”，他建议说成立一个特别的协会保护诗人，同卡特可夫博士和《时代》周刊等抗衡。英国广播公司的播音实际上是促成诺贝尔丑闻的一连串事件中的罪魁祸首。如果那些诺贝尔颁奖者——我相信奖项跟政治无关——只要他们推迟一年左右颁奖，诗人就不会受这么多苦了，我想。他当然知道会出现诺贝尔丑闻，但他真的不介意——显然他决心不顾他的监管人，只对这个自由的世界说话，他成功了——我们时代的特殊事件——然而不能因为有人准备为此殉难，你就觉得有权利给他带上“烈士”的王冠。这整件事真的让人觉得恶心。斯图尔特四处抱怨说不能利用重要的艺术作品做宣传——我同意，但我认为诗人的个人安全尤为重要，跟卡特可夫博士或卢斯先生或英国广播公司谈艺术审美没什么用。英国广播公司派专人[1]向我解释他们的政策，但

[1] 詹姆斯·莫纳汉（1912—1985），艺术主管、芭蕾舞剧评论家兼诗人，1946—1952年任英国广播公司对西欧广播负责人，1952—1971年任英国广播公司欧洲广播总监，1971—1972年任英国广播公司对外播音总监，1945年起以“詹姆斯·肯尼迪”为笔名在《卫报》评论芭蕾舞剧（兼影评人直到1963年），后（1971—1977）任皇家芭蕾舞学校校长。在致安娜·卡琳的信中，伯林的描述稍有不同：“在见面快结束时我们都很清楚——他非常谦恭有礼——他的解释没对我产生任何作用，我告诉他那样做是不道德的，他伤心地摇摇头，说他认为风险没有我说的那么大。我说，在事关一个人的生命安全的情况下，没有借口去精确计算风险，根本不能去算。”

显然他本人都不相信他自己说的任何一句话，他尴尬之极，告诉我说在这整件事上我是对的，但是他受雇于别人，不得不说相反的话。

我还能再告诉你什么呢？我确实发表了教授就职演讲，小心地、不露痕迹地不让那些非学术听众坐在第一排的显眼位置，坐在特雷弗—罗珀旁边。然而名誉校长坚持要来，这样就出现了问题，我是否可以只对校长致意。还好我做到了。现场确实来了许多人，我通常不敢直视任何一个人，这
658 件事总算结束了，我很高兴。哈特非常赞成我讲的内容，但斯图尔特却强烈反对。斯帕洛（我想）认为它不错，温德博士则肯定持怀疑态度。理查德认为我讲的都是对的，但观点不新颖，这个评论大致正确。不管怎样，它结束了，感谢上帝。这是我这一生中最讨厌做的一件事了。

斯帕洛会成为校长吗？[1] 我们会说不，因为他完全缺乏公共精神。当然他本人也极不情愿当。但是，全灵学院会极为不悦，学校最终会完全忽视他——他不会喜欢的——无视到甚至他自己都不愿意接受的地步。然而，如果他真的成了校长，他肯定会指责妇女、印度人等，成为全国媒体争相报道的丑闻。权衡后我认为他不当更好。别人会因此说他的坏话，但这种事在任何情况下都会发生，我想。一天到晚都有

[1] 牛津大学的校长实行轮流制，1959 年该轮到全灵学院；斯帕洛痛苦了一段时间，不知是否要接受这个职位，向很多人咨询，最后拒绝了。

人就此事询问我们，你想想。

莫里斯病得很重，刚开始是感冒、支气管炎，然后是肺炎并在阿克兰疗养院。他回到了瓦德汉姆，非常虚弱，但很清楚谁有或谁没有写信给他、来看他、电话给他、送香槟酒给他等。斯帕洛送香槟比我们都迟，被认为行动迟缓。

致罗兰·博登—穆勒

1958 年 12 月 17 日

海丁顿宅

亲爱的罗兰：

你问我关于尼克松[1]和首相的事。如果我听起来很疲惫，你要原谅我，因为我刚从伦敦回来，参加了一场让人疲惫不堪的柯芬园理事会会议，会上关于上演什么歌剧、由谁来演进行了异常激烈的争论。我的同事们情绪激动，由于我目前是他们的歌剧顾问，他们都攻击我——我身上有许多令人尊敬的战争伤口，然而也让人恼火。审美问题最能让人恶言相向，我想每个人都认为自己在这个问题上是最终的权威，而且在这个问题上你批评某些观点时，必然会侮辱别人的品位。不管这事如何，我还是言归正传，谈谈你问到的问题。

接到首相的邀请，我们非常惊讶。我们同他没什么往 659

[1] 尼克松在英国，主要是参加 11 月 26 日在圣保罗大教堂举行的美国纪念礼拜堂落成典礼。

来，而且我对尼克松怀有一种特别的恨——即便现在我也不知道那是否应该——同情所有那些称他为白领麦卡锡的美国人，刚开始我不愿去。然而，艾琳说，一辈子去唐宁街10号参加一次正式的宴会也不错，还说我们喜欢首相，尤其喜欢他的妻子，况且我们已经花很多时间见了那些苏俄杰出人士，见尼克松不会更丢脸。我不敢说我完全被说服了，但我同意说我喜欢首相，尤其喜欢他的妻子，我接受了邀请。我知道这样做可能会遭到某些圈子的批评（比如，亲爱的斯图尔特），但我爱在社交生活中冒险、很喜欢到处看，我承认尼克松当然不比血腥的俄国人还坏，他的观点（在道德上）并不比大家显然愿意见的苏联使馆三等秘书马利克先生[1]更糟，也许在道德方面没什么可说的。所以我们克服了良心上的不安——斯帕洛特别欣赏斯图尔特的愤慨——去了。麦克米兰很可爱；首先我喜欢他的面孔，其次我喜欢他的做法：他很喜欢自己的职位，从容镇定地管理着国家，不会像艾登那样令人难堪（在他当任的后期），不像盖茨凯尔那样一本正经，一点都不反动、虚伪，根本不像杜勒斯。他1912年在巴利奥学院攻读基督教，对我不太友善——但一个人不能什么都想要。[2]在牛排俱乐部或其他类似场所，他

[1] 雅各布·马利克，时任苏联驻伦敦大使。

[2]“麦克米兰很受欢迎，我对此毫不感到奇怪：他在某些方面像罗斯福，他性格强硬、聪明、喜欢权力（这个不怎么好），但不会像盖茨凯尔那样对方法和目的优柔寡断、紧张不安，盖茨凯尔像史蒂文森。”致阿瑟·施莱辛格的明信片，

总是对我很友好，我不能因为他封我为爵士而反对他，我接受了爵位也不是他的错。他的妻子非常可爱，私生活让人感兴趣[1]——我不该在信里继续絮叨这件事，因为即便现在这些话题还是不宜讨论。总之我们接受了邀请。这是场令人好奇的晚宴：我们被带到唐宁街一个很气派的屋子内，在那儿碰到了贝鲁勋爵及夫人[2]——一个有些腐朽的工业巨头，我印象中他待在华盛顿——加拿大人或澳大利亚人，我想，他的妻子有着同身份相符的性格。威廉先生和鲁特斯夫人[3]在 660
他们之后到，那个汽车大亨，他看起来跟你能想到的一模一样，他的妻子则不好说。接着陆续到达的人有：大法官和他的妻子[4]，外交大臣（他的妻子没来，因为不久前她同别人私奔了——我没责怪她的意思）[5]，我们的朋友惠勒—班纳特

1958 年 9 月 1 日。

[1] 多萝西·伊夫林·麦克米兰夫人（1900—1966），婚前姓卡文迪许，德文郡公爵九世的女儿，同麦克米兰的（双性恋）朋友及政治同僚鲍勃·布思比有三十多年的情事。

[2] 克莱夫·拉萨姆·贝鲁（1889—1967），1953 年受封贝鲁男爵一世，生于澳大利亚，实业家，他的妻子原名叫鲁比·弗罗伦斯·伊夫林·克拉克（1892—1962）。

[3] 威廉·爱德华·鲁特斯爵士（1894—1964），1959 年受封鲁特斯男爵一世，汽车制造商，他的第二任妻子是（鲁比·乔伊）·安·皮克（1909—1968），原姓马平，婚前姓达夫。

[4] 基尔穆尔子爵和子爵夫人。她原名西尔维亚·玛格丽特·哈里森（1903—1992），演员雷克斯·哈里森的妹妹，基尔穆尔勋爵死后同德拉·沃伯爵九世结婚，1951—1954 年任保守党副主席。

[5] 1957 年塞尔温—劳埃德成了同妻子离婚后首位留任的内阁大臣（他的妻子是他的前秘书，二十余年来都是他的下属，承认同别人私通）。

夫妇[1]，弗兰克爵士和索斯凯斯夫人[2]（他在工党政府中担任副检察长，有着非常非常高尚的品格，1921年曾教了我两个星期的拉丁语），劳工联合会主席威利斯先生[3]（艾琳同他的关系特别好），布拉伯恩夫人[4]，然后是美国人——副总统及帕特太太[5]，华盛顿州参议员杰克逊[6]，新泽西州众议员坎菲尔德[7]，首相的两三位私人秘书，政务次官，等等。这伙形形色色的人在会客厅走来走去，不太清楚要做什么，我怏怏不乐，直到我见到我的朋友艾默里及他的妻子（麦克米兰的女儿）[8]，他们确认说他们在最后时刻才收到邀请，因为显

[1] 约翰·惠勒—班纳特（1902—1975），历史学家，1946—1950年在新学院任国际政治学讲师，1950—1957年任圣安东尼学院研究员，1958年起他协助创建迪奇利基金会，1961—1963年任该基金会首任主席；是伯林在美国时的战时同事，他的美国妻子婚前叫鲁斯·哈里森·瑞舍（1900—1991）。

[2] 弗兰克·索斯凯斯爵士（1902—1979），1966年受封斯托·希尔男爵，父亲是一名俄国犹太人、孟什维克党成员、记者、高级律师、工党议员，1945—1951年任副检察长，1951年任检察长，后（1964—1965）任内政大臣。索斯凯斯夫人婚前叫朵琳·伊莎贝尔·克劳兹丽（“苏珊”）·亨特（1909—1995）。

[3] 罗伯特（“鲍勃”）·威利斯（1904—1982），印刷商、工会会员，分别于1945—1955年及1955—1963年担任伦敦排字工人协会，后来叫伦敦印刷协会秘书长，1947—1965年任英国劳工联合会总顾问（1958—1959年任主席）。

[4] 朵琳·（杰拉尔丁）·布拉伯恩夫人（1896—1979），婚前姓布朗，斯里戈侯爵六世的女儿，布拉伯恩男爵五世的遗孀，后来在爱尔兰恐怖炸弹袭击中身亡，蒙巴顿勋爵也死于此次炸弹袭击（见原文第662页注3）。

[5] 塞尔玛·凯瑟琳（“帕特里西娅”/“帕特”）·尼克松（1912—1993），婚前姓瑞安。

[6] 亨利·马丁（“勺子”）·杰克逊（1912—1983），1941—1983年任华盛顿州民主党参议员。

[7] 戈登·坎菲尔德（1898—1972），1941—1961年任新泽西州共和党众议员。

[8]（哈罗德）·朱利安·艾默里（1919—1996），1992年受封拉斯特里的艾默里男爵，分别于1950—1966年及1969—1992年任保守党议员，1957—1958

然许多人谢绝了邀请。后来我打听是谁拒绝了，得知盖茨凯尔已经在前天的朝圣者午宴上[1]见过首相了，会在第二天的午宴上再次见到他，在美国使馆举行的晚宴上又会碰到，他不想在这么短的时间内如此频繁地见到他，这我能理解。我听说 R. A. 巴特勒也谢绝了。

他来了——尼克松——样子颓废潦倒，低俗不堪；他的出现让我觉得非常恐惧，我几乎没同他握手，当然我没有开口，他也没说话，关于他我没法谈很多，因为在随后的时间里我刻意躲着他，直到接近午夜我才看到他，当时 661
正举行派对（晚宴后），他醉醺醺地在一个角落摇晃，也有可能我看错了。千万别引用我的话，那会被起诉的。过了不久我们坐下来用餐，我发现自己坐在我在牛津这儿就很熟的惠勒—班纳特太太及首席私人秘书[2]之间，我反复询问他颁奖给人们时的步骤，询问他们调查人们私生活时的度在哪里，像约翰·吉尔古德爵士[3]那样的案子他们怎么处理，这件事把人们吓得不轻，因为他受封爵士（现在只是名誉爵士了）后很快就在公园被罚了五镑。所有这些都很

年任陆军部初级部长，1958—1960 年任殖民部初级部长。他的妻子是凯瑟琳(1926—1991)，哈罗德和多萝西·麦克米兰的女儿。

[1] 英国朝圣者协会 11 月 25 日（宴会日）在沙威酒店举行午宴，尼克松是贵宾。

[2] 弗里德里克·阿瑟·毕肖普（1915—2005），1956—1959 年任首相的首席私人秘书。

[3] 演员（阿瑟）·约翰·吉尔古德在 1953 年 6 月受封爵士，但几个月后他因在切尔西向同性求欢被罚款十镑。

有趣，艾琳同坐她旁边的劳工联合会的威利斯先生相处甚欢，同坐在她另一边的来自新泽西州的坎菲尔德先生则没那么愉快。因为过后还有一个招待会，因此晚宴很快就结束了。首相作了简短的完美的适合欢迎副总统的致辞，欢迎副总统的光临。副总统的回答就像枯燥无味的政治表演，大家都认为不错，我则觉得很糟。关于晚宴真的没什么好向你汇报的，几乎跟任何地方的大学导师或俱乐部的晚宴一个样——我感觉我是某教授的客人，正在基督教会学院参加晚宴，坐在我旁边的人都才华横溢、兴高采烈，我自己也一样。晚宴后首相走近我，说他没有邀请“普通”人而是邀请了“更有趣”的人之类。我不敢肯定这是不是最高的赞美之辞，但决定接受下来，同他亲切地聊我们共同认识的人。吃得不好，像基督教会学院的一般私人晚宴，松鸡不嫩但还不错，恐怕其余的食物就不值一提了。酒的好坏我不懂，艾琳说那是不太烈的霍克酒及非常一般的红葡萄酒。后来端上了薄荷甜酒。后来门开了，我们被带到总接待室，那儿比餐厅庄严肃穆多了。有着无数系白领带、挂着各种勋章的人，实际上整个政府机构的人都在——财政大臣、外交大臣、蒙巴顿[1]，没有参加晚宴的各内阁大臣，

[1] 路易斯·弗朗西斯·阿尔伯特·维克多·蒙巴顿（1900—1979），1947 年受封缅甸的蒙巴顿伯爵一世，1947—1948 年任印度总督，1955—1959 年任第一海军大臣，1956 年任海军元帅。

英国的骄傲和荣耀济济一堂。我见到了来自华盛顿的我的所有老朋友，他们绷紧的胸衣前全都挂着勋章、点缀着耀眼的星星、披着蓝色肩带，我把他们都介绍给艾琳，这下她被那一长串名字及头衔弄糊涂了。然而，奇怪的是，真正的贵族没有到场。没有索尔兹伯里们、卡文迪许们，除了各内阁大臣，没有其他来自上院的人，没有来自梅费尔 662
区的人，没有伦敦社交界的人，但报界人士（帕米拉夫人等诸如此类的人）来了，他们不聪明但是很有用、很重要。

我觉得尼克松在这样一群人中并不轻松自如；鉴于前天[1]他还给我们的工党领导人留下了极好的印象——我听说盖茨凯尔和安奈林·贝文高度赞扬他聪明、和蔼可亲——听说第二天他到牛津[2]（当时我们不在牛津，但实际上也没人叫我们参加），他给由美国罗德学者、富布莱特研究员组成的强调民主的左翼团体留下了很好的印象——简言之，他的访问在左翼而非右翼那边取得了圆满成功，而且他似乎真诚坦率地回答了所有问题——讲了精彩的笑话，让我们中那些最反对美国、最挑剔、发誓恨他的所有人都兴高采烈，他在这里逗留是为了祈福——相比之下，他在我参加的那个晚宴上表现很糟。似乎没有人急着要同他说话；他经常孤零零

[1] 实际是 11 月 27 日，两天后。

[2] 11 月 28 日尼克松在牛津大学罗德学院对 400 名美国及英国大学生发表演讲，受到热烈欢迎。

一人，那些可怜的私人秘书只好叫些不情愿的人走向他，口中大声说“我想副总统肯定很高兴同X先生谈谈”，X先生会在那儿待上几分钟，浑身都不自在，拼命四处张望，看是否有机会溜走或介绍别人给他，好让自己解脱。我觉得他极为平庸，他的妻子就更平庸了。美国大使[1]（我忘记说他也参加晚宴了，还有英国驻华盛顿大使也在）[2]显然不是他的好朋友——我认为尼克松努力想让自己和他不一样，事实上他显然在扮演一个人民之子的角色，一个来自华尔街的赤脚男孩，非常急切地想显示自己与那些富裕、精明的人不是同类，他勇敢地、成功地演着戏，对着观众们——我们这些观众，还有你们。我敢说他觉得做一个社会主义者或民主党候选人跟做一个共和党人一样容易；我想，这就是英国左翼如此喜欢他的原因，甚至我们的左翼报刊都对他没有任何微词。善良的戴维·阿斯特曾邀请我们去伦敦见斯特拉文斯基，我同他谈到了尼克松，他居然非常愤慨地谈到美国左翼发动的反对尼克松的可怕运动，他说还好英国人没有被骗，他们知道他是个标准的好人。我的上帝！为什么我完全看表象呢？在我眼里他是个非常诡诈、粗俗、不诚实、讨厌的家伙，我不想同他有任何关系。我错了吗？我是否不够公正？

[1] 约翰·海（“乔克”）·惠特尼（1904—1982），1957—1961年任美国驻英国大使。

[2] 哈罗德·安东尼·卡西亚爵士（1905—1990），1965年受封卡西亚男爵，外交官，1951—1954年任驻澳大利亚大使，1956—1961年任驻美国大使。

宴会结束时，我走向索斯凯斯，我想他可能会同情我，我跟 663
他说我对自己居然参加这场宴会感到有些尴尬，我从未想过要向尼克松表示敬意。他非常严厉地看着我，说：“我根本不明白你在说什么，如果那些可怕的苏联人来这时你这样说我会理解，他们是真正的暴徒、刽子手。但他是个很不错的人。”我们当然记得，弗兰克·索斯凯斯爵士的父亲[1]——大部分人不知道，但我知道——是克伦斯基的私人秘书，记住他实际上很显然是一个仇恨布尔什维克的俄国革命党的儿子。然而左翼似乎总体上都是这个立场。

亲爱的阿格尼丝·摩根第二天和我们一起共进午餐，还有温德夫妇，我们的描述让她极为震惊。我并没有像现在同你谈那样痛贬尼克松，因为我同她不是很熟悉，不敢谈太多。到目前为止，我发现我是大不列颠岛上唯一一个自始至终讨厌尼克松的人。其他人都喜欢他。他的加利福尼亚同伴伊戈尔·斯特拉文斯基给我们留下了完全不同的印象，我们在威尼斯见过他，上周五他来这同我们共进午餐，也许是上上周五。他绝对讨人喜欢。你无法想象他是多么瘦小，脸上的表情不断在变化，让人一直想盯着他看，也喜欢听他讲。他同他那讨人喜欢的、不善打扮的妻子一同来，他们1940

[1] 戴维·弗拉基米洛夫·索斯凯斯（1866—1941），原来姓索斯基斯，生于俄罗斯，记者、革命党活动家，定居英国，1917年回到俄罗斯，曾是亚历山大·费多罗维奇·克伦斯基（1881—1970）秘书处的成员，1917年7月至11月任临时政府总理。

年在波士顿结了婚，他心情愉快、无所不谈。我们带他去阿什莫尔博物馆，斯帕洛为他举行小型派对，或者说我们在斯帕洛的客厅为他举行派对，此外，尽管我们犯了同尼克松握手的罪，亲爱的斯图尔特还是来了。约翰·布莱森[1]同S. 夫人友好交谈，这是对的，我们劝他去看那天晚上大学生们演的他自己的歌剧《俄狄浦斯王》，他固执地拒绝了。在过去的几年里，他对牛津印象最深的是杰拉德·伯纳斯的家[2]，他忘不了那些涂着油漆的在草坪上走的鸽子，你还记得那些鸽子吗？S. 夫人说带了特殊的橘红色颜料想涂在一些鸟的身上——他也记得那些离奇的狗面具，杰拉德用那些狗面具把过道上他祖先的半身像的脸遮住——那个世界已经不复存在了，他为此叹息不已。他是一位坚定的爱国者，爱美国，还是一位勇敢的共和党人，尼克松也是一名共和党人。（你
664 不也是一位正式的共和党人吗？）我现在确实想起我曾同一位来自新泽西州的国会议员交谈，晚宴后我坐在他旁边时，我问他是否恨罗斯福。他说他谁都不恨。他说在民主党取得压倒性的胜利时，他总是在新泽西州高票当选，因为每个人都知道，他私下里赞同所有的建设性举措，而不管它们是不是罗斯福政府提出的。我问他对本届政府的未来有何看法。他并不乐观。他认为共和党不会再次胜出，他不喜欢尼克

[1] 约翰·诺曼·布莱森（1896—1976），1940—1963 年任巴利奥学院的研究员，1949—1961 年任英语专业及图书馆专业的导师；在艺术、音乐及戏剧方面是行家。
[2] 伯克郡的法林登宅，那儿的扇尾鸽经常依主人的心情而被涂上不同的颜色。

松，也不钦佩艾森豪威尔。尽管如此，他非常愚蠢。他就像格鲁雅斯·威廉斯[1]画的那些精致小巧的画里的男人，如果你记得的话——普普通通的美国小人物巴比特，心地善良、头脑愚钝，总是把选票投给原则上最愚蠢、最无聊的那个党派。然而，他还是有些可爱，但他的党派领导人则不可爱。我禁不住认为尼克松是个布热德[2]（这也是我和戴维·阿斯特有矛盾的原因），看到他如此平庸，我更讨厌他了，而不是相反。我真的不能再讲了。我敢说肯尼迪先生[3]也一样糟糕。你会选谁当总统呢？我问了斯特拉文斯基，他好像对此不感兴趣，觉得所有的候选人都不怎么样。后来在伦敦他的一场音乐会结束后我们同他一起用餐时，我抓住机会告诉他说我在此期间在这儿见到了苏联学生代表团，他们告诉了我英国最让他们震惊的事：（1）利物浦大学关于逻辑的讲座很差——关于利物浦大学我一无所知，所以在这点上没法给他们什么安慰；（2）发生在北威尔士班戈大学的可怕行径，我两三天后刚好要去那儿做讲座。我逼问学生代表团的领袖班戈大学发生了什么事，她说她们当然知道会有摇滚乐，但是她们在班戈大学学生舞会上看到了非常非常不道德的事。不

[1] 格鲁雅斯·威廉斯（1888—1982），美国卡通画家。

[2] 皮埃尔·布热德（1920—2003），法国政治家，20 世纪 50 年代发动了一场小商人运动，反对政府税制及社会经济变化带来的影响。

[3] 约翰·菲茨杰拉德·肯尼迪（1917—1963），1953—1961 年任马萨诸塞州民主党参议员，在 1960 年的选举中以微弱优势赢了尼克松，1961—1963 年担任美国总统。

但接吻，还拥抱，但……她没法继续讲下去了。这时她向她的三个同学（很常见的苏联学生，年龄在三十至四十岁之间，成熟的女教师，在派对上表现规矩）求援，她们都对班戈大学学生舞会上的放荡行为表示不胜惊骇，并说她们是被迫看到的。我无语了。我们周围都是学生，英国学生和俄国学生，我觉得我必须说点什么。“我想你们不主张个人自由。”我无力地说道。“你，作为一个教授，年轻人被托付给你管，”梯陀娃夫人说道，“你，见过那么多学生和年轻
665 人，竟然说这种话，这也许是我在这个国家听到的最可怕的话！”“可是，这些年轻人并没做什么坏事啊？”我说。“没做坏事？他们在淫乱。你觉得那不是坏事？”这时我觉得我要采取更为有力的措施了。我发表了一通严厉的讲话，讲到人们如何总是反抗他们的父母，俄国人古板克制是因为白人过于放纵、乱交，而德国共产党过着放纵的生活是因为他们的父母是思想保守的贵族地主。这似乎没什么说服力，因为我被告知他们对德国人一无所知，而且德国人令人讨厌。然后我拿出了更有力的武器，我说苏联军队在中欧的行为让一些人非常震惊。她们打断我，告诉我德国人在俄国的恶行。我说我知道那些事，他们在荷兰及法国的表现也不好，但我们充分认识到苏联军队的行为同他们的成长经历、特殊的文化标准、他们要反抗的那些力量息息相关，所以我们不太批评他们。想必他们可以对班戈大学那些可怜的不快乐的学生表示同样的理解和宽容？我们的第一次见面到此结束。斯特

拉文斯基说发生这种可怕的事显然是因为这些苏联来宾令人遗憾地完全缺乏幽默感，他们显然不像他那个时代的俄国人。第二天，我带我的俄国客人——总共 30 个——参观全灵学院。他们问我大厅里哈利法克斯勋爵的肖像是否就是那个“可怕的 1939 年的外交大臣”，我没法否认这个事实。然后我带他们去科德林顿图书馆，他们忽然扇形散开，到处乱跑，打扰读者，站在他们后面看，看他们在写什么，或蹑手蹑脚走到他们后面，或站起来看书架，或者制造别的麻烦事。我向图书管理员道歉，最后总算有秩序地把他们带了出来。其中一个年轻妇女走近我，带着炽热的眼神，说她不仅在伯明翰发现，她的出生地摩尔曼斯克，在伯明翰的一些地理课上被描述成一块冰封的不毛之地——实际上那儿到处是工厂、商店，人类在进行各种愉快的活动——而且还发现一本讲述 1940 年世界历史的历史书籍甚至没有提及德国入侵苏联。我尽可能平静地说，讲述 1940 年事件的书没法谈及 1941 年发生的事，但我随后放弃这么做了，虽然我不怀疑她说的是真话，我说讲述 1941 年事件的英国史书不可能遗漏入侵苏联这件事，要求看让她生气的那个文本。她把我带
到图书馆的中央，在那儿，在读者迷惑不解的眼神中，她带 666
着胜利的神情取下一册 1941 年的《现代历史期刊》，说索引[1]中没有提及苏联。我花了很长时间向她解释，1941 年印

[1] 即目录页。

刷的期刊不一定非要提及1941年发生的事件，相反，它可能谈的是13世纪和17世纪发生的事，就像这本书。最后我终于说服了她，她向我道歉。然而，从头到尾，我的苏联代表团成员虽然一直都可爱，却不可思议地好斗，他们最后的结论是英国是个堕落的国家，我们的大学生不知道怎么生活，牛津大学里工人和农民的孩子的比例一点都不高（英国没有农民，我带着不快说道；“你知道我们的意思”，他们说，我被迫承认我知道），总体而言他们对这儿的堕落、缺乏阳刚之气、生活中缺乏礼节感到震惊、惊讶。侦察兵[1]的存在尤其让他们震惊。有人问他们中的一些人，俄国军队中是否没有勤务兵。他们说没有。争论了半个小时后才让他们相信，每个在苏联军队附近服过役的人都非常清楚，即便最低级的苏联官员都有勤务兵，知道所有有一定地位的苏联人都有数不清的家奴。[……]

深爱你的

以赛亚

[……]

致埃德蒙·威尔逊

1958年12月23日［手稿］

寄自海丁顿宅

亲爱的埃德蒙：

我仅在十天前才同时收到《纽约客》的剪报及整份杂

[1] 牛津大学的校内雇员。

志。读了你评《日瓦戈医生》[1]后的第一反应是，给你发一封深情的“真心真意”[2]的电报，说这篇文章是现在、将来、任何时候任何地方任何人可能写出的最好的评论它的文章：然后我记起来你说我有英雄崇拜的倾向，你的这个指责，使我不敢赤裸裸地表达我对（你的）个人崇拜，这是真的。但是那些论据一直感动着我。在评《日瓦戈医生》的鱼龙混杂的文章或讲话中，只有你的文章配得上被放在该小说旁边。
最后一段简直让我热泪盈眶——当我一次次重读该文时，我 667
还是一样感动。你会说，这是我自己的原因，不是因为你的评论文章，可能也不是因为《日瓦戈医生》，也许你是对的。然而，因为我大都生活在 1917 年前的世界，我宁可不去抑制自己的情感。如果你没写这篇文章，那么，尽管普里切特[3]、克兰克肖、乔洛蒙蒂，甚至老骗子 J. B. 普利斯特利写了非常真诚、感人的评论，《日瓦戈医生》不会在西方被完全接受。事实上，一切都比我们期望的要好得多。不必在鲍里斯·莱奥尼多维奇面前觉得惭愧。**他**，如果他读了（他肯定已经读了）你的文章，肯定感到满意，因为有人完全理

[1]《生命医生及其守护天使》，见《纽约客》，1958 年 11 月 15 日，第 201—226 页，威尔逊在此文总结说《日瓦戈医生》将“成为人类文学史及道德史上的伟大事件之一［……］表达了对艺术及人文精神的强烈信任”。

[2] 伯林此处原文为：npочувсмвенную。

[3] 维克多·索登·普里切特（1900—1997），作家兼评论家，撰写《伟大的传统》一文评论《日瓦戈医生》，见《新政治家》，1958 年 9 月 13 日，第 354—355 页。

解该小说。你知道吗，他非常在意别人是否正确理解他的**声明**。[1]他也许是俄国最后一位站在公共场所宣扬真理的作家。[2]你所写的也一样真实，绝对精彩：它会作为道德及文学领域的一篇独立杰作，经受住时间的考验。如果这是英雄崇拜，“任它如此吧”[3]。他在牛津的妹妹们对整件事，尤其对英国广播公司的做法（也是可耻的）感到惊恐、担忧，英国广播公司在它的俄语广播中用俄语以长篇连播的方式播出《日瓦戈医生》。这件事，加上 P. 上了《时代》周刊的封面，会给他造成伤害。或许他会超越一切。他就像 1903 年左右的托尔斯泰，当时所有传播他的信仰的人都受到了政府的惩罚，但这位老人家本人地位显赫、与众不同，警察都不敢碰他。或者像查迪夫[4]，你记得吗，（我想是在）1835 年被宣布为一个疯子、说他诋毁祖国的文化，当时谴责他时用的措辞，跟现在攻击 P. 的措辞相似——还派医生每周一次对查迪夫进行检查——好像对 P. 也是这么做——他是公众的敌人，疯疯癫癫，不需要官方去对付他——许多外国人去查迪夫在莫斯科的家，犹如去朝圣，就像现在有川流不息的外国人及俄国学生想法去看望诗人。双方相见甚欢。你的文章很

[1] 伯林此处原文为：aveu。
[2] 伯林此处原文为：pisatel。
[3] 伯林此处原文为：nycmb так и будет。
[4] 彼得 · 雅科夫列维奇 · 查迪夫（1794—1856），俄国哲学家，因为在他的《哲学信件》（最早于 1829 年用法语出版）中批评俄国而被认定是疯子。

像是赫尔岑对查迪夫的称赞（但你不像我那样无比崇拜 H.，我似乎记得）。他的妹妹们声明说她们的哥哥在 1936 年以前完全不受俄罗斯东正教神学的影响：我在 1945 年也没看到它的任何影响。现在说这些太迟了。他是个站在两种立场上的犹太人，他的父亲在 20 世纪 20 年代和 30 年代是犹太复国主义的杰出人士，很明显 B. L. 创造戈登[1]是为了把一切情感发泄出来并解除他认为无聊及麻烦的诅咒。圣诞快乐：再见。[2]

深爱你的

以赛亚 · B.

致米利亚姆 · 莱恩

1959 年 1 月 1 日［手稿］

［巴黎里昂车站］

我亲爱的图斯[3]：

我四处帮你寻找年轻人，[4]但你不该找我帮忙的，我很难见到合适的年轻人，我住在家里也在家里工作（相信我——艾琳终于可以帮我作证了——之前没人知道）。徒劳

[1] 日瓦戈的朋友米莎 · 戈登是小说中主要的犹太人物形象。

[2] 伯林此处原文为：Lehithraoth。

[3] 伯林给米利亚姆 · 莱恩取的绰号（拼写为“Thoth”），因为她的脸同四位叫图特摩斯的埃及法老中的一位（可能是图特摩斯三世）相像。

[4] 米利亚姆 · 莱恩正在为她的儿子找一个老师。

无功。我把一切都撕扯掉了，但我的确在工作。我的工作进展缓慢，我感到的是痛苦、失败、自我毁灭，你还说是反犹太。我的工作没什么乐趣可言。我做这份工作是因为我缺乏想象力，我要继续为此努力。我不觉得工作无聊，至少有四分之三的时间不觉得它无聊，只是觉得它太难。别人写的严肃的书我读后很少有喜欢的，我觉得它们不够好，尤其是那些没有幽默感的评论家（艾略特、菲利普・汤恩比，（或许还包括）阿历克斯，甚至亲爱的斯图尔特［去掉！］[1]）极力赞扬的深奥的书——我真正喜欢的只有那些肤浅的书，即便它们不是特别好：戴安娜・库珀[2]、雷切尔[3]、罗伊・詹金斯[4]，唠唠叨叨的回忆录，轻松的小说，不费脑的东西。我担心事态正变得越发严重。我的令人尊敬的同事们觉得我讽刺他们的作品、不团结他们，但他们没理由干涉此事，从表面上看一切都符合常规：我上课，大学生们像绵羊一样来听课，他们也模糊地觉得我给他们的东西对他们的学习没什么帮助，但他们没那么武断，警惕性没那么强。到了最后，没

[1] 伯林加的括号。

[2] 她已经出版了她的第一部回忆录《彩虹来了又消失了》（伦敦，1958）。

[3] 雷切尔・塞西尔写了一部小说《特丽萨的选择》（伦敦，1958）。

[4] 罗伊・哈里斯・詹金斯（1920—2003），1987 年受封希尔海德的詹金斯男爵，政治家及传记作家，1948—1976 年任工党议员（1965—1967 年和 1974—1976 年任内政大臣，1967—1970 年任财政大臣），后（1981 年）成立社会民主党并成为其成员，1987—2003 年任牛津大学校长。伯林可能是指他的传记《查尔斯・迪尔克爵士：一场维多利亚悲剧》（伦敦，1958）。

有人——如果他们有想到要问自己这个问题的话——知道要如何评价我。我曾讲过有价值的东西吗？我对他们来讲值吗（严肃的）？这个问题不会从我脑海中消失，但毋庸置疑的是，它也不会一直在那儿。就像约翰·福斯特，有他自己的存在方式。没有人会一直想这件事，但对某一类个人也不是一件小事。然而我真的不太关心，否则，为了自己的事业考虑，我会找个领导人（我不会领导），说自己有价值。[……] 我还要在巴黎逗留数小时，然后前往伦敦，我**更**喜欢那儿：意大利人、俄国人、英国人、美国人，什么人都行，就是不要看见青蛙佬。为什么罗斯柴尔德家族要以巴黎为重点呢？巴黎并不真的适合我们这个种族的天才：太干燥、太精确、没人性、自我中心。[……]

爱你的

以赛亚 669

致 A. J. 艾耶尔

1959 年 1 月 9 日［手稿］

海丁顿宅

亲爱的弗莱迪：

好的，当然可以。很遗憾，我不能去听你在英国社会科学院的演讲，[1] 我不得不同意留在这里，出席一个委员会

[1] 1959 年 1 月 14 日作的《论“隐私”》的演讲，收录于《英国社会科学院论文

的会议，该委员会提出了很糟糕的建议，要更改 PPE 课程。我已经寄去一份清楚整洁的推荐信[1]——能说的我都说了。如果有人用其中任何十分之一的篇幅来谈我，我就非常高兴了。另一方面，我认为在这件事上他们根本不会尊重我的意见。然而，别人写了什么并没有关系，你的才能已是众所周知的了。我的主要观点是你会改变这里的局面，你有着无可比拟的能影响全世界的威望，他们都那么了解并钦佩你的才华，我脸皮太厚了，还来称赞、细数你的才智。然而，信里确实说了你是个非常优秀的演讲者、老师、组织者，你的作品一定会不朽。

你永远的

以赛亚

〈我想你应该会被选上：我会非常高兴，并认为那样是公平的。〉

集》第 45 期（1959），第 43—65 页。

[1] 里面附了一封 1959 年 1 月 9 日致牛津大学教务主任的信。伯林评论道："他不像莫尔、罗素或维特根斯坦那样被认为是创新天才，但他智慧超群，写明晰优美的文章，他的这个天赋在他的同辈人中是罕见的——我认为他并不比休谟、密尔或罗素差；他们因此成了优秀的哲学天才。[……] 艾耶尔天生就是个老师，在启发学生方面比谁都强 [……] 他有着好争论、好竞争的性格，我想，他在伦敦还没有找到完全配得上他的对手，很可能就是因为这个原因，而不是其他原因，他最近写的文章呈现某种单调的、出人意料的古板的特征。20 世纪 30 年代一些人只把他看作牛津哲学的可怕孩子，不论他给那些人留下了怎样的印象，他如今是个善良的敏感的人，一个非常有良心、责任心的同事。[……] 我相信，他会成为一名令人尊敬的，或许是令人难忘的逻辑学威克汉姆讲席教授。"

1958 年底，戴维・本—古里安给世界上五十多名犹太杰出人士奉上了一杯毒酒，伯林是其中之一。他向他们咨询一个具体事项，即以色列人该如何对待某些异族婚姻的后代，对此事做出回应意味着面对一个大问题：以色列将成为非宗教国家还是宗教国家。伯林同另一个被咨询者，莱昂・西蒙爵士[1]讨论了此事；两人都对此任务都没有什么热情。 670

致戴维・本—古里安

1959 年 1 月 23 日［手稿］

海丁顿宅

亲爱的首相先生：

在信的开头，我要表示我的诸多歉意。首先，我对这么多个星期后才回答您的咨询[2]（我在去年底才收到此信，比信上的日期迟了近一个月）表示歉意，您的咨询涉及如何定义以色列的犹太人，特别是涉及如何对待异族婚姻后代的问题。我没有用希伯来文回信，我也对此表示歉意，我深深喜欢希伯来文，但是我对它的掌握有限，所以我没有完全理解

[1] 莱昂・西蒙爵士（1881—1965），曾是英国公务员（邮政总局），1946—1949 年任耶路撒冷希伯来大学执行委员会主席，1949—1950 年任理事会主席，1950—1953 年任以色列邮政银行行长。

[2] 本—古里安用希伯来文写的信，信上的日期为 1958 年 10 月 27 日，描述了一个犹太父亲和一个没有皈依犹太教的非犹太母亲生的孩子在登记时涉及的行政上的麻烦，列举了在决定谁应该被授予以色列公民身份时要考虑的原则，并就什么是适合的法律条款在征求意见。

您的信的意思，这也要请求您的原谅；最后，我要为我接下来要谈的观点表示歉意。

您认为值得向我请教一个如此重要的问题，这自然让我觉得十分荣幸；不是因为这件事涉及内部利益且较为紧急，而是因为我非常尊重（您知道的）、敬佩我自己及您代表的原则，我尽我所能，找到了一个答案。同时，如果我不说您的信使我处于有些尴尬的、不要说是错误的境地，我就显得不够真诚了。因为我认为，一件以色列政府自身要最终并马上负起行政责任的事，去咨询以色列边界以外的人，是没什么用的，它只能由政府自己和以色列议会去解决。您谈到了连接以色列犹太人及世界各地犹太人的纽带，这是个无法回答的问题；然而，对这些纽带进行详细的审视肯定会带来一些问题，而关于这些问题，不仅在海外犹太人和以色列之间、在以色列内部、在海外犹太人之间，都会存在很大的分歧。只要以色列是个主权国家，它的成立是为了在政治和社会上充分表达一个犹太国家的意见，在关键问题出现时，它应该（并确实）承担起它作为一个主权国的责任，代表它认为的国家利益，在政治上代表国家，不用对它边界以外的犹太人负责，不用被迫去征求它边界以外的犹太人的意见。不可避免的是，世界各地犹太人的公众舆论会对它进行评判，
671 就像世界上其他地方的英国人会对英国政府进行评判。然而，它不应直接受这种公众意见左右。当然，如果主要把犹太人当作一个宗教团体——某种教会——那么，教会的领导

人在做出一个重要的决定前，征求教会成员的意见是再自然不过的。但我不相信您持有此观点。我认为，我相信您也会同意的，犹太人的情况特殊、例外，国家的、文化的、宗教的特征复杂地交错在一起。坚持声称它们不可分离，或企图把它们分开，都不可避免地会导致深切严重的分歧。我认为，除非万不得已，这一天会到来的，现在就让犹太人去面对一个如此重要的问题，不会有什么好处。我不认为您咨询的那件事非常重要、有特殊的意义，因此，强制他们因此事结盟，也就是说，让许多不同的犹太人就此问题试着表达他们的意见，表明自己的态度，扬起一面旗帜，这样做不会带来什么好处，或许会有坏处。

当然，如果您认为，不管怎样，“文化斗争”[1]是不可避免的，那么，以色列国的身份应该明确地同已经建立的宗教——犹太教严格区分开来（我对这样的观点有些同情），现在是一劳永逸地明确以下原则的时候了：一个现代的自由国家在本质上是，而且应该是，非宗教的，而且只要它是个国家，而不是别的什么，它的公民的宗教信仰就跟它无关，这些条件达到后您才可以做这样一份问卷调查。要给一个还未熊熊燃烧的火焰添加我那十分微弱的燃料，我觉得不安。

[1] 伯林此处原文为：Kulturkampf，意为“文化斗争”；用来称呼普鲁士首相奥托·冯·俾斯麦采用的政策，19 世纪 70 年代他试图削弱罗马天主教的影响，加强世俗化运动的进程。

我很想学我那个著名的朋友菲利克斯·法兰克福特法官，不给您的问题提供一个明确的答复。但他在政治问题方面有司法中立做保护，而我则没有；因此我提供了一个答案（我不满意，但我已经尽力了），因为我更关心的是您，而不是保护自己不让自己犯错，在这个领域各种因素非常不稳定，我（大家都知道）是个外行，而这件事又很令人尴尬。这是我回复的唯一原因。我已经把我的看法告诉了莱昂·西蒙爵士，发现我跟他在一些方面观点一致，在另一些方面则不一致。我不是一个拉比，或律师，或犹太历史或社会学领域的专家，请您相信，我的观点没什么价值；但我不能因过于考虑自己或觉得自己重要，或因为观点不够有价值，或者怕自己受到公正的（不公正的）批评而拒绝给出自己的观点。

我深切希望不要以任何方式公布这次大张旗鼓的咨询的
672 结果——不仅要把个人的回复进行保密；[1] 当政府最终采取行动时，不要太在意外界顾问，不要同他们进行太多公开的讨论，然后就把事情做了。您目前正处于一个特殊的要负责任的有历史意义的困境中，我给您提了多余的意见，请您原

[1] 伯林的回复，见本书后面（原文第763—767页）附录，实际上收录在两份油印（油印的是英文原信）的小册子中：第一份（没有题目）是1959年耶路撒冷的首相办公室出示的，页码没有连续标出；第二份在1969年出现，题为《一个读者评“犹太人是谁”：犹太知识分子回答辑录，含附录》（伯林的信在第78—82页）。也收录在埃利尔泽·本·拉法埃尔编辑的《犹太人的身份：五十个知识分子回答本—古里安》（莱顿/波士顿，2002），第168—176页。

谅。我并不是爱管闲事或自以为是。

我想再说一遍，您向我咨询意见，我觉得很荣幸，很感激。

您真诚的

以赛亚·伯林

致莫顿·怀特

1959年2月6日

海丁顿宅

亲爱的莫顿：

我很想给你写一封长信，但确实没什么好写的。阿瑟和玛丽安来这了，见到他们真高兴。听阿瑟用多情的语言谈他如何喜欢夫人们戴首饰，用粉底霜，显得优雅、华贵、美丽、迷人，是件既惬意又感人的事，一切都如此单纯、令人愉悦，他真是非常善良、简单、慷慨、纯真。玛丽安看上去似乎太整洁了些——遗憾的是不太能见到他们，他们是周末来的，太多人想见他们、见美国学生了（他们似乎对民主党、共和党、阿瑟和尼克松都缺乏热情，虽然依靠他们过上了好日子）。[……]

[……] 凯斯特勒的书[1]极为精彩：我只是浏览了一下，但他显然把伽利略等同于共产党或其同路人，因此他坚决地

[1]《梦游者》（伦敦，1959年），研究天文学及宇宙学的历史。

站在罗马天主教这边，爱开普勒[1]，认为自己同他一样（也许部分原因是他们的名字有相似之处？），因为他是个既有信仰又相信科学的人，而伽利略只代表了可怕的、赤裸裸的、傲慢的理性，他推出他的理性思考时毫无技巧，因此连累了人类的事业发展，但凡稍微有点远见、虚心及人性的
673 话，科学和信仰之间就不会出现可怕的裂痕，这是伽利略强迫教会导致的，自那以后我们也因此遭受痛苦。正如斯图尔特在一篇评论中指出，关于帕斯捷尔纳克，他在此地的同路人也正是这么做的——正当俄国的一切开始好转的时候，这个“白痴”坚持撰写并出版他那本愚蠢的恼人的书，许多讨厌的西方人因此避开苏联，裂痕更大了；俄国的自由主义潮流，本来就要成熟了，结果不可避免地被扼杀了。我看到凯斯特勒这样评价 17 世纪，这也许是时代的趋势。虽然我比你更尊敬尼布尔，如果我们要面对这样的局面，我不会拿不准我要站在争论的哪一边：我几乎和你一样不喜欢（如果你在这的话，你也会这样的）这儿真诚但昏庸的人鼓吹新马克思主义：企图从黑格尔、年轻的黑格尔信徒、早期的（人性化的）马克思中创造出一种混合物，大谈异化和目的论，目的论是从正确了解人的真正“本质”中推断出来的，人的真正“本质”后来还包括寂寞的人群的概念，逃离自由、里斯

[1] 约翰内斯·开普勒（1571—1630），德国天文学家，他的作品结合了宗教及科学的理论。

曼[1]、弗洛姆[2]、梅洛—庞蒂[3]、萨特、阿伦特小姐及所有人。

由我来指出黑格尔的异化很怪，显然很无聊——自我个性化疏远了上帝同宇宙的联系，不管那意味着什么——这跟许多觉得没有融进他们的社会或时代而郁郁寡欢的芝加哥犹太人不太一样，我们终于开始理解1840年的风气是怎样的，做孔德的追随者甚至都是件非常幸福的事，更不用说密尔了。谈到他，我希望你现在已经收到我的演讲稿了。[4]我想知道你是怎么想的，但因为我自己都没怎么读，我不期望你会读完那五十六页，更不用说跟我写信了。

非常感谢你的书，[5]阿瑟把它带来了，我读了，非常赞赏并同意你说的——不论别人说了什么话，或表达了怎样的思想，我最能理解的是你说的，我还是希望我们可以合作写那本书——但也许你自己一个人写更好，或许你可以写一本整书，而我可以就此话题写一篇论文，你也写一篇，我们可

[1] 戴维·里斯曼（1900—2002），美国律师和社会学家，因他1950年研究美国社会的书《寂寞的人群》而著名，1949—1958年任芝加哥大学社会学教授，1958—1980年任哈佛大学社会学亨利·福特二世讲席教授。

[2] 埃里克·平夏斯·弗洛姆（1908—1980），出生于德国的精神分析学家及哲学家，1951—1965年任教于墨西哥国立自治大学，1957—1961年任密歇根大学心理学教授。他的首部主要著作于1941年出版，书名为《逃离自由》（在英国出版时书名为《害怕自由》）。

[3] 莫里斯·梅洛—庞蒂（1908—1961），法国现象学家，1952—1961年任法兰西大学哲学教授。

[4]《约翰·斯图尔特·密尔与生命终极》，罗伯特·瓦利·科恩纪念讲座（伦敦，1959），收录在《自由四论》（原文第168页注2）和《论自由》中。

[5] 一本论文集，《宗教、政治和更高级的学习》（马萨诸塞坎布里奇，1959）。

以像默蒂默·艾德勒最近的著作之一[1]那样把它们作为一册
674 书出版？我不是说着玩的，如果你真的把论历史哲学的打印稿寄给我，我真诚地许诺我会回复而且会很详细。

目前对我的论文《历史必然性》的攻击还在继续，我读到——我读了一篇帕斯莫尔[2]写的，言辞很激烈，我认为他论述过去百年哲学的那本书很好——我不能因为他在文章里通过赞扬波普尔来诋毁我，就认为那本书不好——我认为他有一个论点很不错，是对我说的东西的一个有效的反驳，但其余的观点在我看来属于狡辩，是傲慢及错误的。康奈尔哲学期刊刊出了它的全文——该哲学期刊比《心灵》好得多，我现在认为。谈到《心灵》，如你所知，我们选了弗莱迪。[3]我告诉你一些秘密的小道消息吧：选举时，主要是关于选举程序，那些选举人之间爆发了可怕的争吵：赖尔装模作样认为弗莱迪当选挺好的，虽然我怀疑他自己选的是涅尔[4]，马博特选的也是他，涅尔是一个默默无闻的令人尊敬的哲学

[1] 艾德勒的《自由的概念：对自由的各种概念的辩证审视》（纽约，1958）是二十多人花了五年的时间合著的成果。

[2] 约翰·阿瑟·帕斯莫尔（1914—2004），奥地利哲学家和思想史学家，1950—1955 年在新西兰奥塔哥大学任哲学教授，1956—1959 年任澳大利亚国立大学哲学讲师，1959—1979 年任教授；《哲学百年》（伦敦，1957 年）的作者。他的文章《历史、个人与必然性》发表于《哲学评论》第 68 卷第 1 期（1959 年 1 月刊），第 93—102 页。

[3] 艾耶尔当选牛津大学逻辑学威克汉姆讲席教授，任期从 10 月 1 日算起，此消息刊登于《泰晤士报》1959 年 1 月 29 日第 12 版。

[4] 威廉·卡尔弗特·涅尔（1906—1990），1933—1960 年任埃克塞特学院哲学研究员及讲师，后（1960—1966）任牛津大学道德哲学怀特讲席教授。

家，你可能都不记得他了。院长（奥斯丁）选的是斯特劳森，我想。因此威斯登、奎因顿，两个非哲学学科选举人、校长[1]、新学院院长[2]都选弗莱迪，我怀疑这让赖尔和奥斯丁都非常恼火。他们现在希望改变整个选举制度，已经从各选举委员会退出，等等。官方是怎么说的，我不清楚：这些都是绝密，如果别人知道我告诉你这些是很可怕的，看在上帝的分上把这封信烧了，并尽快忘记这件事。我是弗莱迪的推荐人之一，对这个结果感到很高兴。奥斯丁显然不高兴。他自己有那么多优秀之处，现在出现了一个很可能在哲学界给他带来许多麻烦的人，这个前景于他并不诱人。他的追随者，甚至大学生们（反对弗莱迪的宣传是真正的对"哲学的恨"），到处说总有一个人问"这是逻辑的必然还是因果的必然"很令人讨厌。然而，我认为这是件很好的事，将会提升风气，给哲学注入新的活力，并防止可怕的自鸣得意及自我满足，我觉得这两点正在侵入我们神圣的区域。[3]［……］ 675

你看了斯特劳森的书吗？[4]好看吗？我可以说吗？我觉得它不错，但终究过于褊狭。这是我对他的总体看法，但我被告知我完全错了，且我对康德可能持有此看法。但我坚持

[1] 汤姆·博厄斯。
[2] 威廉·海特。
[3] 伯林对这整个传奇的评论是："正是这些东西使得学术生活像其他［……］生活，使得它不会看起来琐碎平凡，使得它——至少我认为——看起来充满幽默、言之有物、反映现实。"致米利亚姆·莱恩，1959 年 2 月 25 日。
[4]《个体：论描述的形而上学》（伦敦，1959）。

自己的观点：也许我说的只是他的脸，他的方式，他的大体行为，但我忍不住，我赞同浪漫派哲学家的观点。性格、哲学能力和观点不是完全可以分离的，逻辑和数学是一回事，哲学是另一回事，任何人性格中的褊狭在所有地方都会有所表现。

至于格赖斯[1]，他显然真的非常喜欢剑桥：只要想到他同博登—穆勒一起待在一个房间，我就想笑。我真的认为你要见见他——叫施莱辛格夫妇把你们一起邀请了吧。你必须客观地而非主观地看他，把他看作最为完美的精心保存下来的文化的幸存者，爱德华时代最细腻的小说家描写的就是他这样的人——所有那些人并不真的喜欢碰到哈里·莱文。[……]

亲爱的梅耶怎样了？我真的买了哈布瓦赫[2]的一本书！阿伦特小姐怎样了？《新政治家》寄给我一本书叫我写评论，[3]但我把它退还了，因为我发现它绝对没法读，讲的都

[1]（赫伯特）·保罗·格赖斯（1913—1988），1939—1967 年任牛津大学圣约翰学院哲学研究员及导师，后（1967—1979）为加利福尼亚大学（伯克利分校）的哲学教授；一个“智商很高、精力无限、爱沉思的人，[……] 极具竞争意识，[……] 胃口很大、大腹便便”，知识界的辩论成就了他，在混乱肮脏的环境下工作毫无怨言。见《牛津国家人物传记大辞典》，巴里·斯特罗德和 G. J. 沃诺克编。
[2] 莫里斯·哈布瓦赫（1877—1945），法国哲学家及社会学家。
[3]《人类的处境》（芝加哥，1958）。1958 年伯林为费伯出版社写了一篇犀利的否定的文章，该出版社正打算在英国出版这本书。最初的几行总结了他的观点：“我不建议任何出版社购买此书的版权。反对的意见有两条：它会卖不出去，它不是好书。”此书从未在英国出版。

是垃圾：希腊人不喜工作，犹太人爱工作，人类首先远离上帝，远离文艺复兴，现在远离地球母亲——去月球的愿望被说成一种很深的形而上学焦虑，是想离开自己的根和源头——前四十页讲的是这些——我觉得实在可怕。她有没有任何有价值的思想？玛丽·麦卡锡、德怀特·麦克唐纳德、菲利普·汤恩比等都错了吗？请一定要告诉我。如果你叫我读她的书我会的。或者应该由你来击溃她。我不明白为什么《党派评论》[因为]过去刊出了我、你或阿瑟的文章，就可以胡说八道。这项神圣的任务就放在你身上了。

请一定再写信给我，你的信总是让我非常快乐。

你的

以赛亚

676

致阿卡迪·纳博辛[1]

1959年2月23日［副本］

海丁顿宅

亲爱的阿卡迪：

[……]《日瓦戈医生》如何？我觉得这是本非常棒的书，我同意埃德蒙·威尔逊发表在《纽约客》上那篇文章中讲的每句话；他还在写关于它的评论，我有时会收到他的

[1] 阿卡迪·纳博辛（生于1932年），1952—1955年就读于基督教会历史学院，后为哥伦比亚大学的研究生，后来成为俄国和欧洲文化的专家。

信，说他在《新约》中发现了新的密码或神秘的象征性典故、圣人或事件的新的出处等，全都是典型的帕斯捷尔纳克手法。谁谈到了帕斯捷尔纳克和萨马林[1]的联系？这很有意思，因为我自己也发现它充满了亲斯拉夫的情感，当然佩里德尔基诺，帕斯捷尔纳克生活的地方，是萨马林家族的原始土地，帕斯捷尔纳克经常想起那儿，还认识萨马林的儿子，在一首诗[2]中谈到他，等等，所有这些都是有联系的。请一定告诉我你的想法。[……]

《洛丽塔》怎样？我给《泰晤士报》写了一封信，[3]要求在英国出版此书，但发现它非常沉闷、高度紧张，令人无法忍受，反美的情绪很浓，有些地方特别有趣，描述了汽车旅

[1] 德米特里·费奥多罗维奇·萨马林（1819—1876），俄国政府官员、哲学家、亲斯拉夫文化的重要人物。他的侄孙费奥多罗维奇·萨马林从青年时代起和帕斯捷尔纳克是密友；他在 20 世纪 20 年代早期死于斑疹伤寒，也许部分地激发了尤里·日瓦戈这个人物形象的诞生。

[2] "神话让公园老去。/ 拿破仑曾在此扎营，/ 萨马林这个斯拉夫派 / 在此工作并在附近安葬。"《老公园》，出自鲍里斯·帕斯捷尔纳克《诗歌选集》，由约恩·斯多瓦思和皮特·弗兰斯译成英文（伦敦，1983），第 119—120 页，这几行在第 120 页。

[3]《洛丽塔》，《泰晤士报》1959 年 1 月 23 日第 2 版；其他在报上署名的人有 J. R. 阿克利、沃尔特·艾伦、A. 艾佛瑞兹、C. M. 鲍拉、斯多姆·詹姆逊、法兰克·科莫德、艾伦·莱恩、玛格丽特·莱恩、罗莎蒙德·莱曼、康普顿·麦肯兹、艾丽丝·默多克、威廉·普罗默、V. S. 普里切特、阿兰·普莱斯—琼斯、彼得·奎奈尔、赫伯特·里德、斯蒂芬·斯彭德、菲利普·汤因比、贝尔纳·沃尔、安格斯·威尔逊。这封信引发了（约翰）·道格拉斯·伍德拉夫充满敌意的回应，他是个历史学家、记者，1936—1967 年任《小报》编辑，这是一份总部设在伦敦的罗马天主教周报，他认为"对公众体统的要求"比文学价值更为重要。（《泰晤士报》1959 年 1 月 28 日第 9 版）

馆的恐怖等，非常生动形象地描述了某种美国生活，但人为编造的痕迹太明显、死气沉沉，还有些保护白人的味道，我觉得。据说他很快就要来伦敦了，会在他的小说在这儿出版的那天来，而他的出版商那天可能会被关进监狱，我们会给他寄食物包裹，向言论自由致敬。[……]

我希望你注意到了《日瓦戈医生》中对待犹太人的奇怪态度——帕斯捷尔纳克显然不喜欢做犹太人，把他所有那些性格特点集中成一点（它们非常显著），放到了一个叫戈登的人物身上，这样日瓦戈本人便没有那些特点了。这个步骤不太成功，他在牛津的妹妹们对结果感到尴尬。他跟东正教会的关系就像查达耶夫同罗马教会的关系；他对俄国人的态
度是那种只有部分俄国血统的人——如赫尔岑或乔治·凯 677
南（我的意思是说根本不是个俄国人）——对国家的热烈的爱，他们很迷恋国家正因为他们被边缘化了，没有完全融进国家，像拿破仑对法国的感受，出生于外国的《时代》或《生活》的编辑们对美国的感受。这种爱是真诚的，有时很深沉，通常很感人，但那不是装的，也就是说，是儿子对自己国家的自然态度，是一场不快乐的恋爱，越不需要回报，爱则越深沉、绝望。[……]

你的

伯林被问及他是否赞成在希伯来大学设外交学教授职位，最开始由依里亚胡·伊拉特，那位即将离职的以色列驻

伦敦大使担任，他建议说在以色列建一个独立的国际事务学院更好。那样才会出现有永久历史、政治价值的作品，而且更重要的是，它可以提供客观的关于以色列社会、政治、经济状况的信息。由于以色列的未来非常依赖世界舆论，源源不断的没有偏见的、客观的关于以色列国的事实，会赢得国际尊敬，是非常有价值的。

致亚历克·勒纳[1]

1959 年 3 月 2 日［副本］

［海丁顿宅］

亲爱的亚历克：

我答应你的备忘录附在此。[2] 我十分肯定地认为，建立某个以色列查塔姆研究所肯定比大学里的十个教授职位都重要。每个人都认为有必要建立或提高——以色列的——道德的、知识的、社会的标准，创建一个道德的知识的权威中心，出版一些可以赢得外人尊敬的东西，比如政治社会事件的年度考察或者以色列国崛起的历史，或者魏茨曼博士的书、演说、作品（我认为魏茨曼出版计划当然可以

[1] 亚历克·勒纳（1913—1999），加拿大医生，他的首任妻子（1941）是汉娜，西蒙·马科斯的女儿；1954 年加入玛莎百货董事会（1963—1969 年任总经理助理，之后定居以色列），犹太及复国主义事业的积极分子。

[2] 备忘录请访问以下网址：http://berlin.wolf.ox.ac.uk/lists/nachlass/1959memorandum.pdf。

同这样一个学院有关系)，或者什么都行。这个中心可以在许多方面起到作用：培训以色列本土的新闻工作者、历史学家、外交官；为以下人员提供恰当的关于以色列的背景资料：伦敦《泰晤士报》的编辑、美国的沃尔特·李普曼，或其他国家的政府官员，甚至所有严肃的由各个体组成的 678 表达意见的团体，他们的观点会对我们的事务产生很大的影响。我认为这种身居高位的要人的宣传价值在以色列本土被低估了，在以色列，人们认为个人接触、直接的宣传报道、对游客友好等就足够了。这些占很大的一部分，但绝对不够。像以色列这样小而不稳定的国家，在全世界人眼里必须是，而且必须看起来道德高尚——跟更大更强的国家比，公共道德对他们来说是重要得多的资产。但我没必要在这点上说太多。

还有一条意见：我认为依里亚胡·[伊拉特] 是这样一个学院的理想的院长。我不需要向你列举他的美德：几乎所有外界的重要人员都很欣赏他，他会把这件事做得很好的，他有组织能力、聪明、善于变通，富有才智、人格、才能及信誉。他会在这样一个职位上做许多好事，比当大学校长、教授，或其他任何我能想到的高级职位都更好。[……]

请一定要告诉我你是怎么想的。

你的

致阿瑟·施莱辛格

1959 年 3 月 4 日［手稿］

海丁顿宅

亲爱的阿瑟：

关于赖尔、艾耶尔等人的这件事真的非常糟糕。我同这件事没什么正式的关系，只是撰写了艾耶尔的推荐信，他得到了教授职位。不清楚发生了什么事，唯一可靠的说法是，整件事二十分钟内就结束了，奥斯丁和赖尔都对校长非常恼火——一个持续二十年的职位不应该在二十分钟内就决定，奥斯丁讽刺道——而且是违背相关教授的意愿的。他们在正式场合抱怨说他们甚至都没有投票，当他们发表完意见后，他们认为会有较长时间的严肃的讨论，以向委员会中更重要的成员表示尊敬，然而校长（博厄斯）迅速接了话，“嗯，就这样了，我赞成艾耶尔，四比三，我宣布他当选。”我想虽然他们有一套说辞——但整件事很快就结束了——这刺伤了他们的虚荣心。委员会中的每个成员都有权提出休会，而委员会中的两个成员则可以强迫休会。如果他们提出了休会，毫无疑问他们可以逼迫其中一个选举人，取得另外的结果；但他们没想到这样做，他们现在因为这个疏忽埋怨自己和他人。可怜的弗莱迪，二十五年来他一直认为赖尔是他最好的朋友，他知道这些会很伤心的，实际上他应该已经
679 知道了，虽然我什么都没告诉他。我个人认为那是场很棒的选举，你会发现哈佛的一些人也是这样想的，特别是奎因和

莫顿·怀特。看在上帝的分上别对他们俩逐字重复这些话，或者，如果你要讲的话，你要表示大家都在这样传，不要说是我说的，因为我非常不想被卷入这个令人难过的局面——起码会令人难过，因为它会让弗莱迪生气，这儿的人会大惊小怪地想修改选举委员会的章程，取消大学代表，说他们是未受过教育的外行，强制所有的职位设置会议都要至少开两次以上，以便有最充分的机会要弄阴谋和恐吓，等等，所有这些我都觉得很恐怖。因此，不要说是听我说的，就当是从别处听来的，把它默默地放在心里。莫里斯甚至可以告诉你更多消息，到如今每个人都做得到。[……]

你永远的

以赛亚

卡尔·波普尔2月17日致信伯林，感谢伯林赠阅《自由的两种概念》，并对它进行了评论：

> 在我读过的关于政治哲学的文章中，在所有重大问题上，你的观点同我的最为一致，我完全同意你说的——而且这些问题确实很重要。我很高兴你指出了你所谓的消极自由和积极自由之间的明显差别；你自己承认——虽然表达得很含蓄，但清楚有力——你信任消极自由；高兴地看到你阐述了积极自由思想的危险；你反对[……]道德历史主义和历史相对论；你告诫人们要提防以下假

设：社会问题原则上可以解决，所有（“真正的”）好东西是可以兼容并和睦共处的；最重要的是，你强调绝对的人权 [……]。在所有这些事上，我们完全一致；我相信，你讨论并呈现这些观点的方式也是极好的。

当然，我也提出了一些批评——而且，是一长串的批评意见。

然而，波普尔在信的其余部分只谈及其中两点。

致卡尔·波普尔

1959 年 3 月 16 日［手稿］

寄自海丁顿宅

亲爱的卡尔：

[……] 你同意我讲稿中的主要论点，我很高兴，并松了一口气。但是我很想知道你那“一长串的批评意见”的内容。我对自己的思考过程是否正确有效缺乏自信，但相信它的真实性，然而我在这两方面都没有足够的自信，因此会欢
680 迎别人的批评，特别是你的批评，正如你所知。

当然，我不认为你曾支持第 39 页列出的任何一项命题，[1] 但我认为那些古典的理性主义者——从柏拉图、亚里士

[1]“[首] 先，所有人都有一个真正的目的，[……] 把自己导向理性；所有有理性的人的目的必须符合一个单一的、普遍的、和谐的模式 [……]；第三，所有冲突 [……] 都只是理性与非理性的冲突 [……] 原则上，这些冲突是可以避免

多德到笛卡尔、斯宾诺莎、莱布尼茨等都没法否定它们。苏格拉底有什么好反对它们的呢？[1] 他难道真的能否认所有真实的问题有且只有一个真正的答案，至此，所有有理性的人必须能够在这些问题上达成完全一致的意见？我想休谟可能向理性提出了太高的要求：但笛卡尔或亚里士多德的要求会更低吗？我认为关于理性是什么他们真的错了：如果我的文章暗示说另一个选择是拒绝理性，而赞成卢梭式的思想，[2] 那么我未能表达出我的真正意思。我至少像你一样反对卢梭：我知道他的巨大影响，但不喜欢他那特殊的散文——或者说是蹩脚的诗——非常不喜欢，所以我觉得我甚至没法公正地评价它偶尔包含的有独创性的心理学方面的见解。我绝不会为浪漫主义和盲目的信仰——19 世纪的社会主义者过去把它称作“信仰主义”[3]——敞开大门。然而，除非从正确的视角看“理性”原因的种种托词，否则它们最终带来的失望难道不是给非理性主义的磨坊添加谷物？为了“科学”而付出的努力，在一些不太适宜的地方——罗素或马克思主义者，或

的［……］；最后，当所有人都变得有理性时，他们必须遵循他们的理性法则，而且他们所有人共有一个同样的理性法则，因此他们既完全守法但同时又是完全自由的。”出自《论自由》，第 200 页。

[1] 波普尔写道：“我不认为苏格拉底会接受你的四个基本假设，虽然我同意说休谟会拒绝。”

[2] 伯林此处原文为：état d’âme。

[3] 伯林此处原文为：fidéisme，意为一种反对理性或同宗教信仰无关的某种信仰体系。

各种实证主义者付出的——难道不会不可避免地让那些受害者或他们的支持者投入怀疑论者、犬儒主义者、黑格尔派，或其他江湖骗子的怀抱？我想你认为我为了急于驳倒抽象的理性主义、质疑理性而倾向于怀疑一切。也许这是对的，肯定并捍卫美好的东西总是比否定并攻击邪恶更难。

我当然不反对"敢于求知"[1]。康德关于启蒙概念的那篇文章很感人、令人难忘。但在苏格拉底时代，**知识**还没有用作武器这层意思——这个武器被独裁者和垄断学说利用，在祭坛上屠杀人们。到了康德时代，只寻求**知识**——只要求满足知识分子的好奇心——或者说最广义上的**知识**，当然是不够的。通过强调人们可以想要知识然后拥有知识但仍旧是个
681 恶棍这个事实，康德已经为自己赢得了不朽的名声。我的整个演讲，在某种程度上，是尝试进行一项简单的研究——或者说是这项研究的绪论——研究一些纯洁的、高尚的或真正解放人的思想（认识你自己[2]或敢于求知或一个人虽然是个奴隶、关在监狱里等，但他是个自由的人）在受到隔离或在它们自己的驱使下如何（并不是不可避免的）变成独断、专横并导致奴役、屠杀。我非常赞同你关于理性活动的说法。[3]

[1] 伯林此处原文为：sapere aude，意为"敢于求知"。"有勇气自己去探知！因此是启蒙运动的箴言。"伊曼纽尔·康德，《什么是启蒙运动的一个回答》（1784）。
[2] 伯林此处原文为希腊文。
[3] "'[理] 性'意味着随时注意别人对我们自己所说所想的——批评和争论，并对自己的观点及偏好持有高度批判精神。"（2 月 17 日致波普尔的信）

我所说的一切——并在最后引用熊彼特[1]的话——就是为了支持这个。但我相信（我猜哈耶克也是这样想的；虽然他在运用他自己的原则方面走得太远了，只是我个人认为他太过了），存在一种唯科学的蒙昧主义，它和历史相对论一样压迫人：在我们这个时代，它更具威胁性。虽然前者可能歪曲了科学方法及科学心态，而后者是基于史实的，然而科学家和历史学家一样极易会有这种曲解：歪曲每个时代自身的邪恶、自身的危险。但我敢说你的暗示（由于明智和礼貌没说出来）是真的，在鞭挞邪恶（这更容易更有趣）的同时，我不够注意在它和与它同源的美德之间画一条明确的界限，它们之间是奇怪地紧密联系在一起的。由于这个原因，也许我看起来好像在安慰反理性主义者，这太可怕了。你有权抱怨，像我这样的人从你的作品中得到了许多教益——实际上全世界的（相关）人员都知道。非常感谢你写信给我：请原谅我笔迹潦草——

你的

以赛亚·B.

[1]“一个文明人和一个野人的区别是，认识到自己的信念是相对正确的，但仍坚定地维护它们。”出现在《论自由》第217页，引自熊彼特的《资本主义、社会主义与民主》（伦敦，1943），第243页。在演讲稿的（口述）初稿中，伯林加了以下的话：“我认为，关于我们的终极信念的特征，这是有史以来说得最好的陈述。”

致伊达·萨姆诺夫

1959 年 3 月 16 日［副本］

海丁顿宅

亲爱的伊达：

［……］至于《日瓦戈医生》，我认为它是一部天才的作品。是的，作者根本不喜欢做一个犹太人，因此不得不把所有犹太人的特点全部放到一个叫戈登的人物形象身上，以便
682 解除自己身上的诅咒，把自己完全等同于一个俄国人，那个医生。他说的关于犹太人、民族主义等是 1910 年左右自由派民族同化主义者的日常话题，但我不明白 B. G. 为什么对他[1]开炮。当然 B. G. 说的都是垃圾——书中许多关于哲学和神学的讨论有些混乱且不是纯基督教的观点——他不是一个真正的基督徒（他从未受洗），但他是俄国东正教的追随者，1914 年许多精神上感到困惑的犹太人都成了东亚教教徒——记住，实际上在 1914 年左右他在精神上被深深吸引了，因此他用 1914 年前的传统风格写了整部小说，所以我们如此喜欢它并觉得它明白易懂。书中关于革命、爱情、人际关系和艺术的描述在我们这个时代似乎无人能及。不用担心犹太人，那不是小说的主题。我觉得它绝对是部杰作，如

[1] 本—古里安认为《日瓦戈医生》“是一个犹太血统的人写的关于犹太人的最卑鄙的书之一”（《犹太纪事报》，1959 年 2 月 20 日，第 36 页），以回应特别是米莎·戈登表达的民族同化主义及亲基督教观点。

果可能的话，我会寄一份俄语的复印本给你。

你的　　　　　　　　　　　　　　　　　　[……]

当外交部需要证明在苏联出售的英国文学作品很少时，显然伯林是他们征求意见的渠道。

致托马斯·布莱姆罗[1]

1959 年 3 月 31 日［手稿］

［海丁顿宅］

亲爱的布莱姆罗：

这是个绝好的吓唬我们的老朋友的机会（我指的是你写给我的前一封信）[2]。我认为，叫他们细读伊夫林·沃或乔治·奥威尔[3]，甚至奥尔德斯·赫胥黎的作品没有任何用处——这些作品也不会纠正他们对狄更斯的看法，我们似乎很急切地想让他们注意到狄更斯。因此，我想推荐以下作

[1] 托马斯·布莱姆罗（1915—1995），1976 年受封布莱姆罗男爵，外交官，1956—1960 年任外交部北方处处长，后（1973—1975）任外交和联邦事务部常务副大臣、外交处处长。

[2]“在同苏联驻伦敦大使的最近的一次谈话中，安东尼·兰博德爵士（我们的外交部副大臣助理之一）说在苏联出版的英国文学范围太有限了。马利克先生就此事向他提出挑战并邀请安东尼爵士列出二十本应该在苏联出版的书，我想他主要是指小说，以公正地反映英国的情况。”引自 1959 年 3 月 20 日致托马斯·布莱姆罗爵士的信。

[3] 埃里克·阿瑟·布莱尔（1903—1950）的笔名，小说家、散文家、评论家和记者。

683 家[1]（我的假设是他们会理解社会现实主义，他们的文化氛围跟我们维多利亚后期或爱德华时代很像）：

阿诺德·班纳特

约瑟夫·康拉德

康普顿·麦肯兹

休·沃尔波尔

E. M. 福斯特

安东尼·鲍威尔

伊丽莎白·鲍恩

查尔斯·金斯利

西格弗里德·萨松

约翰·韦恩

安格斯·威尔逊（？）

[1] 那些之前没有加上注释的作家是：（伊诺克）·阿诺德·班纳特（1867—1931）；约瑟夫·康拉德（1857—1924），生于波兰，原名叫约瑟夫·特奥多·康拉德·科尔泽尼奥夫斯基；（爱德华·蒙塔古）·康普顿·麦肯兹（1883—1972）；安东尼·迪莫克·鲍威尔（1905—2000）；西格弗里德·洛兰·萨松（1886—1967），诗人及自传体小说家；约翰·巴林顿·韦恩（1925—1994），也是诗人兼评论家；安格斯·法兰克·约翰斯顿·威尔逊（1913—1991）；本杰明·迪斯雷利（1804—1881），比肯斯菲尔德伯爵一世，也是保守党政治家，曾两次担任首相；查尔斯·金斯利（1819—1975），他的描写社会不公的小说《奥尔顿·洛克》在1850年出版；莫里斯·巴林（1874—1945），也是剧作家、诗人、游记作家、散文家、翻译家及战地记者；佩（勒姆）·格（雷维尔）·沃德豪斯（1881—1975），剧作家、抒情诗人及幽默小说家；查（尔斯）·珀（西）·斯诺（1905—1980），1964年受封斯诺男爵，物理学家、公务员及小说家；以及爱尔兰出生的作家（阿瑟）·乔伊斯·卢奈尔·卡里（1888—1957）。

安东尼·特罗洛普（那些政治小说）以及——为什么不呢——迪斯雷利

金斯利的小说《奥尔顿·洛克》

莫里斯·巴林

P. G. 沃德豪斯

查尔斯·斯诺爵士，虽然他的作品几乎不能说是描写英国的生活，然而天才的作品自有其影响力。

弗吉尼亚·伍尔夫

乔伊斯·卡里

这是我此刻想到的所有作家，但如果他们接受哪怕是其中的四分之一，那就够了，我想。

我很反对最初由英国文化协会倡导的四导师莫斯科之行，也许你已经召集了他们；[1] 但我想，如果官方想倡导其他的“文化接触”，可能会重提这个想法，在明年的圣诞节成行。我想，艾耶尔和麦克道格尔 [2] 当然愿意去，我也应该去。另外，如果需要虚张声势的话（同俄国人打交道时通常需要这样），也许可以叫俄国科学院向英国社会科学院发出邀请，我和艾耶尔是其成员，那样，一个小型但有效的能打破坚冰的 684

[1] 见原文第 627 页注 2。计划中的 1958 年 12 月的行程被推迟了，伯林越来越不相信计划中的安排有什么用处。

[2]（乔治）·唐纳德·阿拉斯泰尔·麦克道格尔爵士（1912—2004），经济学家，1950—1964 年任纳菲尔德大学研究员，后（1969—1973）任政府经济服务部负责人及财政部首席经济顾问。

代表团便可成形。[……]

你真诚的

后来伯林想起来他被要求推荐具体的一本本小说。

致托马斯·布莱姆罗

1959 年 4 月 3 日［副本］

［海丁顿宅］

亲爱的布莱姆罗：

[……]

4 月 8 日附言：[……] 我同意你说的没必要向俄国人提供太多描写英国丑陋之处的作品，但同时，如果我们小心翼翼地禁止这些书，他们会清楚地知道我们为什么这么做，然后带着某种恶意出版它们。我必须承认我赞成宁可给他们提供这些东西，甚至多丽丝·莱辛的作品。[1]

我想建议以下书单：[2]

[1] 多丽丝·梅·莱辛（生于 1919 年），婚前姓泰勒，小说家。

[2] 没有写明首次出版日期的（书）是：《克雷亨格》(1900)；《那张卡片》(1911)；《雷戈老爷》(1926)；《豪华的巴比伦饭店》(1902)；《吉姆老爷》(1900)；《飓风》(1903)；《不祥的大街》(1913)；《佩兰先生》和《特雷尔先生》(1911)；《杰里米》(1919)；《最长的旅行》(1907)；《印度之行》(1924)；《炎炎日正午》(1949)；《猎狐者自传》(1928)（1937 年和它的续篇《步兵军官自传》、《谢斯顿自传》一起作为《乔治·谢斯顿自传全集》再次出版)；《盎格鲁—撒克逊之处世态度》(1956)；《首相》(1876)；《菲尼亚斯·芬恩》(1869)；《菲尼亚斯归来》(1874)；《到灯塔去》(1927)；《夜与日》(1919)；《马嘴》(1944)。

阿诺德·班纳特（关于五镇的书，《克雷亨格》等，及一些更好玩的书，《那张卡片》、《雷戈老爷》、《豪华的巴比伦饭店》等）

约瑟夫·康拉德（《吉姆老爷》或《飓风》）

康普顿·麦肯兹［《不祥的大街》（为何不选呢）或其他任何一本关于希腊的小说，但我很少读他的作品。］

休·沃尔波尔（《佩兰先生》、《特雷尔先生》或《杰里米》）

E. M. 福斯特（《最长的旅行》——但我们没法隐瞒《印度之行》的存在）

伊丽莎白·鲍恩（《炎炎日正午》）

金斯利·艾米斯（《幸运的吉姆》——当然不会过于丑陋——我自己也讨厌他）

西格弗里德·萨松（《猎狐者自传》——三部曲合为一部）

约翰·韦恩——我讨厌他，但也许还是要有他。

安格斯·威尔逊（《盎格鲁—撒克逊之处世态度》）

安东尼·特罗洛普（《首相》、《菲尼亚斯·芬恩》、《菲尼亚斯归来》等）

查尔斯·金斯利（《奥尔顿·洛克》）

弗吉尼亚·伍尔夫（《到灯塔去》，也许还有《夜与日》） 685

乔伊斯·卡里（《马嘴》）

P. G. 沃德豪斯（不是关于吉夫斯的那些书，而是关于埃

姆斯沃斯老爷的那些书，他们可能会按照最坏的方式处理它）

菲利斯·宾利[1]（写的是约克郡）

或许 R. H. 莫特兰[2]写的东西——我们的“地域文学”——也会被处理得不错的。

致泰迪·科莱克

1959 年 4 月 17 日

海丁顿宅

亲爱的泰迪：

[……] 你收到我的信了吗？你是怎么想的？我还未同伊拉特谈及此事，但肯定很快就会同他谈的。我要抱怨你的办公室：首相给我写了一份长长的详尽的咨询信，他用的语言我不能完全理解，我费了九牛二虎之力回了一封长信，但我敢说毫无用处，回答关于反教权的犹太复国主义者的非犹太人妻子所生孩子的问题，等等，但你们甚至没有确认信收到了没有。我不介意我的信被放到了某个挤满灰尘的档案馆，但我想明确一下它是否抵达了。我甚至不要求有人读信。

信中涉及的另一个内容，我认为重要得多，我的确想同

[1] 菲利斯·宾利（1894—1977），他的小说描述的都是约克郡的生活。

[2] 拉尔夫·黑尔·莫特兰（1883—1971），他的家乡诺里奇出现在他的许多小说中。

你谈谈：我从玛莎百货得知建立独立学院的主要反对者之一是马札（耶路撒冷大学）[1]，我一点都不觉得奇怪；每一天我都觉得这个大学越来越像西方美国的某个州立大学，关注更多的是校园建筑、赞助人，而不是学生和教授，有着“帝国大楼”，考虑的是各种额外的同学术无关的事，观点迥异的政治潮流，等等。也许我不够公正（而且因为我不是这个学院的管理者而不够忠诚？）但我没法给予那些执行政策的人足够的道德上的尊敬。学院弥漫着某种马格内斯最早注入的腐败精神，它似乎传染了除自然科学外的一切，奇怪的是自然科学没受这种腐败精神的传染。不管怎样，我希望你来，跟我聊聊所有这些。我认为，跟更强更古老的国家比，在文化生活方面，以色列在国外（包括在国内）的得与失都更多。当然实际行动是最重要的，但是以色列不能仅限于寻求同黑人和黄种人结盟，白人世界依旧非常强大：在那儿，很可笑的
是，思想是以色列人可以操纵的唯一武器。因此，还是尽快找 686
个时间来这看我吧——我认为我没有夸大这件事的重要性。

你永远的

以赛亚

[1] 伯林口述时说“马札”但补上了这个符号。本雅明·马札（1906—1995），原来姓梅斯勒，生于波兰，考古学家和历史学家；1951—1977 年任耶路撒冷希伯来大学巴勒斯坦考古学和《圣经》历史学教授，1952—1961 年任院长，1953—1961 年任校长。

薇拉·魏茨曼对伯林提出的在以色列建立“查塔姆研究所”的计划感到不快，认为该计划是想同她自己的雷霍沃特计划竞争。4 月 14 日她写信给伯林说很快要举行一个会议，“宣布魏茨曼档案馆的目的以及组建魏茨曼国际事务（或外交）学院”。她还说：

> 如果你肯欣然接受该学院的主席一职，学院的成功组建就得到了保证。[……] 亲爱的以赛亚，你记得吗，当我丈夫去世时，你给我写了一封令人难忘的信，你在信中说：“我渴望做任何你想要我做的事。有什么我可以做的吗？即便能这样问一句，我都感到荣幸。”[1]这个时刻到了，我相信你会“信守”你的诺言。

伯林的第一反应是，对她的建议表示困惑并询问有哪些资金可以利用，薇拉毫不泄气：为了最后在雷霍沃特建立一个“查塔姆研究所”，已经做了许多先期工作。魏茨曼档案馆有很多资产，但最重要的资产是“你，我亲爱的以赛亚”。至于资金：

> 我们认为如果你来写魏茨曼传记的话，梅耶·[威斯戈尔] 可以在两周内筹到10万美元。[……] 你，我亲爱的朋友，没有其他人能做这件事。你的背景，你那

[1] 此信未被找到。

百分之百的犹太人作风，你同领袖的友谊，你描写哈伊姆性格的角度是那么与众不同，所有这些都表明只有你才有资格做这件事。命运选中了你来做这件事。[1]

面对这个压力，伯林的最初反应是写一封长信，直截了当地解释他的计划是如何诞生的，为什么不适合把计划中的当代事务学院放在魏茨曼档案馆。但他口述的这封信从未被寄出。他寄出的是下面这封更温和的回信。 687

致薇拉·魏茨曼

1959 年 5 月 4 日［手稿］

寄自海丁顿宅

最最亲爱的魏茨曼太太：

感谢您的上一封来信。我发现我的行为太草率了，我为此向您道歉。我设法厘清了自己的思路，我现在觉得有余地，也有必要建立两个完全不同的学院。［……］是否真的如此——我对两个学院的区分是对还是错，您敢想敢做这个事实足以让我退出“查塔姆研究所［非雷霍沃特］”计划。［……］我打算告诉所有相关人员，我对雷霍沃特的忠诚是首要的事：我不能积极参与任何即便是在一些细节方面可能与它交叉的计划。我的第一项任务是告诉依里亚胡·伊拉

[1] 引自薇拉·魏茨曼 1959 年 4 月 30 日致伯林的信。

特我的决定，我希望一两个星期后会见到他。然后，在他因此事认为我很糟糕之前（这是没办法的事，我行事草率，必须为此承担后果），我会正式写信给您［……］及所有相关人员。[……] 如果您有任何不快，我感到非常抱歉。对雷霍沃特及您本人，我要做到忠诚第一，我想明确这点。同时我恳求您等我的“正式”来信，它会是打字稿（我说这个是为了让你放心）。这整件事令人沮丧，我会尽快“了结”它的。

至于传记——我亲爱的魏茨曼太太——我希望我不要在撰写另一本关于魏茨曼博士的书之前死去——我希望是一本书。但是如果我对所有事情都违约、投入全身心（我必须这样）写这本书的话，是可鄙的。我是个做事无比缓慢的人，我做什么都推后完成，我欠牛津大学及出版商很多学术债，我没法开始一项新任务，不论它是多么神圣——直到我觉得我是个自由人。至少是相对自由——不像我现在这样内心愧疚不已。

送上许多的爱及忠诚。

您永远的

以赛亚

伯林正式退出了他跟亚历克·勒纳讨论的这个计划，跟它再无任何联系。然而他向依里亚胡·伊拉特解释说这个180度大转弯“让他非常尴尬、痛苦［……］是非常痛苦的

经历”[1]。虽然伯林继续暗中支持“查塔姆研究所”计划，在公共场合他保持沉默，因为他认为“我好像让每个人都难受，以后我会把自己的想法——不论它是好的、坏的还是无关紧要的——都埋在自己心里”[2]。 688

7月4日伯林和耶胡迪·梅纽因、尼古拉斯·纳博科夫、威廉·格罗克[3]参加了巴斯音乐节论坛。

致威廉·克拉克

1959年6月8日

海丁顿宅

亲爱的威廉：

[……] 我自己还未读《犹太纪事报》，虽然我不否认我母亲确实告诉过我上面刊出了某些值得重视的事。[4] 我会弄到杂志并阅读的——如果有人真的写了我们（我真的讨厌这种事——我相信你知道我这样说是真心的——我讨厌看到我的名字被印成铅字出现，即便那是出于极大的善意），除了要求它“说好话但真实”外，我们还能再要求什么呢。你那本可尊敬

[1] 致薇拉·魏茨曼，1959年5月11日。

[2] 致薇拉·魏茨曼，1959年5月29日。

[3] 威廉·弗雷德里克·格罗克（1908—2000），音乐评论家兼音乐总监，1949—1961年任《总谱》编辑，1953—1979年任达林顿会堂学院夏季音乐学校的校长，1958—1959年任《新政治家》杂志的音乐评论家。

[4]《犹太纪事报》刊出了崇拜伯林的简介，以纪念他的五十岁寿辰：《以赛亚·伯林爵士》（“侧影”特写），《犹太纪事报》，1959年6月5日，第77页。

的期刊在上一期提到了我，我确实看到了，我想它既非恭维也不真实——我在梅纽因虔诚的请求面前屈服了，同意在巴斯音乐论坛上当主席；《每日电讯》抱怨说没有主席；你的格雷小姐（？）[1] 注意到我是因梅纽因的高尚道德、纳博科夫高贵和雄辩以及格罗克毫不声张的威望而坐到那个位置上的。也许我错了，你的期刊刊出的报道没有恭维话但真实。《观察家报》告诫人们说未经思考地赞扬即便是最好最纯洁的人也是愚蠢的。

尽管这样，再次见面会是件很高兴的事。

你的

以赛亚

致玛歌·芳婷

1959 年 6 月 19 日［副本］

［海丁顿宅］

亲爱的芳婷［准］博士：

689 我想说我很高兴的是，我那个古老的大学脱掉了那结满

[1] 佩兴斯·格雷（1917—2005），佩兴斯·让·斯塔纳姆的笔名，烹饪作家，1958—1962 年主持《观察家报》中的妇女栏目，介绍一些文化议题，尽管妇女们对此并不喜欢。她的文章《梅纽因风格的音乐节》发表于《观察家报》1959 年 6 月 7 日第 21 版，描述这场讨论为“令人兴奋的经历”，显示了“梅纽因天生就是个领导人［……］他的头脑非常清楚［……］他的光辉盖住了纳博科夫激动的侃侃而谈，以赛亚爵士连珠炮似的评论，威廉·格罗克安静但切中要害的妙语”。伯林（斯特拉文斯基的哲学朋友）“的个人表演是值得庆贺的，但纳博科夫的长篇大论，梅纽因不可思议的泰然自若让他黯然失色”。

霜花的判断学识的眼镜，终于承认真才实学和天才，做了它早就该做的事，好在，对那些它想给予荣耀并享受这份荣耀的人来说，亡羊补牢，犹未晚也。

没能去安纳西，我们的心都要碎了——太阳出来时会很怡人的。全灵学院的午餐简单、好吃，自在轻松。全灵学院的院长是个芭蕾舞迷，他真的非常叹服你的才华。要是我们能在那儿，而非在巴黎就好了，我会非常荣幸地请求你帮我一个忙，在午宴过后与莫德林学院的花园派对开始前的这段时间，在我的房间休息，我想那群已经目瞪口呆的家伙都希望在派对上看到你。前晚校长叫我们和你一起用餐，但我们今天离开了，唉。

愿你好好享用那件赐给你的长袍，它会让你愉悦。作曲家肖斯塔科维奇不愿脱下他的那件，尽管苏联使馆的官员们皱着眉头、盯着他，认为这个资产阶级荣誉简直让他乐疯了。

请原谅，我没能同女芭蕾舞演员交谈。在我和梅纽因及其他人都出席的巴斯音乐节上，我的表现惨败。我穿着靴子，用快速、低沉的声音讲话，声音刚好能听见，别人以为如果他们更认真地竖起耳朵听的话，会听到更有价值的东西，但我的声音如此之低，人们这么做完全徒劳无功。相信我，你很不了解我：我是个非常蹩脚的演说家，如果我在公共场合表达自己的才能同我对芭蕾舞剧的善意相当的话，演讲会非常精彩的。阿瓦·韦弗利不会去，你听后会觉得遗憾的，因为她说她身体不太好，但互不理睬的艾

登夫人和帕米拉·贝瑞夫人会在场，所以我们将错过某些趣事。

我希望你不要受到任何打扰，快乐一整天。

你真诚的

致马丁·布劳恩 [1]

1959 年 7 月 7 日

海丁顿宅

亲爱的马丁先生：

我真的非常喜欢你关于加富尔和加里波第的谈话稿。[2]不，你并没有曲解我，我确实喜欢加富尔和经验主义：我非
690 常不愿把加里波第想成有某种神力的人。他是那些让我们今天受苦的魔头的先驱，但也许你是对的。我不知道出于何种信念，人们痛恨威廉二世[3]、希特勒、墨索里尼、斯大林、列宁，甚至现在让人非常同情的托洛茨基，而接受戴高乐、德·瓦勒拉[4]、尼赫鲁等，实际上他们更具个人魅力。此外

[1] 马丁·布劳恩（约 1903—1975），历史学家。

[2] M. B. 寄给伯林一份他的题为“1859—1959 年的加富尔和加里波第”的谈话稿，该谈话在英国广播公司意大利语频道播出。

[3] 威廉二世（1859—1941），原名叫威廉·弗里德里希，德国皇帝，1888—1918 年为普鲁士国王。

[4] 伊门（原名叫爱德华·乔治）·德·瓦勒拉（1882—1975），爱尔兰政治家，参加了 1916 年的复活节起义，成为新芬运动的领导人，曾三次当选首相，1959—1973 年任爱尔兰总统（他在此信完成的前几天正式就职）。

我想，过于严格地坚持原则，甚至为了得到认可挑选某种正确的政治领导，会导致某种教条主义，而且结局会很荒谬。无论如何，我想哪天同你谈谈［……］

你真诚的

以赛亚·伯林

致罗兰·博登—穆勒

1959 年 7 月 7 日

海丁顿宅

亲爱的罗兰：

关于同卡拉斯小姐及皇太后共进的晚宴，[1] 好像没什么可说的。她们就像歌剧中的两位女主角，一个使白魔法，一个使黑魔法。她们都想吸引桌上人的注意力，卡拉斯小姐显得粗暴、强势，而皇太后则无比优雅、淡定从容。大家都知道我把她比作你的朋友芭芭拉·沃德，所有人都告诉我这样对皇太后是不公平的——甚至斯图尔特，你知道他对王室是不大热心的，属于强烈的反对芭芭拉·沃德阵营；我不属于这一阵营，但我的确认为她虽然举止文明，但实在平庸至极。然而，在这点上我敢说我们意见不同。参加晚宴的人

[1] 大概是在 6 月 30 日，在伯林用来标注各约会的袖珍日记本中，他这个日期下面注了“哈伍德晚宴”字样。

有皇太后、歌剧女主角弗莫伊夫人[1]（侍奉王室的）、罗斯伯里夫人[2]、安东尼·吉什福德先生[3]（后来任职于博浩乐谱公司，我读大学时他是《伊西斯》的编辑，名声有些不好，但是个非常好的人）、戴维·韦伯斯特先生及哈伍德夫妇。我坐在皇太后和罗斯伯里夫人中间，过得很愉快。艾琳坐在阿
691 瑟·佩恩[4]（我忘记提他了）旁边——她和他相处愉快，她和索尔兹伯里—琼斯[5]将军也相处愉快，将军送了她一本他献给塔西尼将军的书。她为自己同朝臣、皇室官员相处愉快感到不好意思，但她确实做到了。阿瑟·佩恩热情洋溢地赞扬了她；我敢说这些人如今很少碰到举止优雅的女士，特别是艾琳这个年龄的。坐在我旁边的罗斯伯里夫人很健谈，讨人喜欢。她跟我讲了菲利普［即西里尔？］·康诺利的故

[1] 露丝·西尔维亚·罗什（1908—1993），婚前姓吉尔，弗莫伊男爵四世的遗孀，1956—1960 年为皇太后的临时宫廷婢女（1960—1993 年为宫廷婢女）；音乐赞助人及富有天赋的音乐家，后来成为威尔士公主戴安娜的外祖母。

[2] 艾娃·伊莎贝尔·玛丽安·普里姆罗斯（1892—1987），婚前姓布鲁斯，阿伯德尔男爵二世的女儿，她再婚后成为罗斯伯里伯爵六世的第二任妻子（参见原文第 692 页注 3）。

[3] 安东尼·约瑟夫·吉什福德（1908—1975），音乐作家，1947—1958 年任《节拍》编辑，1951—1957 年任职于博浩乐谱公司，1952—1964 年任英国朝圣者协会的名誉秘书。

[4] 阿瑟·霍勒斯·佩恩（1886—1960），商人，做过多年的皇家仆人，1946—1960 年任皇太后财务总管。

[5]（阿瑟）·盖伊·索尔兹伯里—琼斯爵士（1896—1985），少将，1946—1949 年任巴黎的英国驻法国军事使团团长和陆军武官，1950—1961 年任外交使节团团长；他写了关于法国将军让·约瑟夫·玛丽·加布里埃尔·德·拉塔尔·塔西尼（1889—1952）的传记，书名为《荣耀满身》（伦敦，1954），第二次世界大战期间在解放法国并打败德国方面将军起了重要作用。

事，我忍不住想告诉你。战后不久他就到了爱丁堡，在罗斯伯里夫人主持的爱丁堡音乐节上发表演说，他主动接近她，说："我们素未谋面，但我在莫顿家听说你丈夫的酒窖是特威德北部最好的。要是我知道的话我会不请自来跟你们住在一起。现在我已经在克里斯托弗·格伦[1]家安顿下来，不能离开了。真让人发疯。我觉得你那才是我该去的地方。"罗斯伯里勋爵[2]听到这些后，据说气炸了，说无论如何也绝不让这个家伙来他的家或跨进他家的门槛。我完全能理解。这是我听过的最有意思［卑鄙的?］的话——令人遗憾的是，有天赋的文人变势利了，他们用虚伪的声音说出做作的句子，描述怀特家、酒窖、特威德北部、克里斯托弗·格伦等，但我觉得这个故事很有趣。此外，皇太后讨论了勇气这个话题，甚至提出说什么都无所畏惧的男人通常是乏味的。我抓住机会，列举了一堆在公共场合非常优秀的人，比如弗莱堡将军[3]及其他维多利亚十字勋章获得者，那时我们当然觉得他们乏味。类似的谈话也许可以在1903年发生，跟当

[1] 克里斯托弗·格雷·坦南特（1899—1983），格伦康纳男爵二世，他的家在苏格兰边界。

[2]（艾伯特·爱德华）·哈利·梅耶·阿奇博尔德·普里姆罗斯（1882—1974），罗斯伯里伯爵六世，1929—1964年任中洛锡安郡郡长，1952—1957年任苏格兰皇家美术委员会主席，1955—1965年任苏格兰旅游委员会主席。

[3] 伯纳德·弗莱堡（1889—1963），1951年受封弗莱堡男爵，1916年获维多利亚十字勋章，1939—1945年任驻新西兰部队总指挥，1946—1952年任新西兰总督，1953—1963年任温莎城堡的副总督。

时还年轻的公主梅[1]交谈。我装出高兴的样子，想皇太后事实上并不特别聪明或特别友善，但个性很强，比我想象的强
692 得多，有可能说出各种你意想不到的答案，这点上她同芭芭拉·沃德不同。总之那个晚上我过得很愉快。至于卡拉斯，她非常夺人眼球：猛烈攻击另一位女高音歌唱家——科索托[2]——她唱得很美，音质也大大优于卡拉斯，说她发出噪声、粗俗、刺耳、未受过培训、排练得很差、非常可恶、不懂艺术、令人尴尬。跟你想象中的女高音形象非常吻合。但她看上去极美：我觉得她是自沙尔亚宾[3]以来歌剧舞台上最强的音乐人。[……]

很高兴地想到可以在圣诞节见到你。

你的，深爱你的

以赛亚

[1] 特克的维多利亚·玛丽·奥古斯塔·露易丝·奥尔佳·宝琳·克罗迪恩·阿格尼丝公主（1867—1953）婚前用的名字，她在 1893 年成了约克公爵夫人并同未来的国王乔治五世结婚，1901 年她成了威尔士公主，1910 年她丈夫登基时成了玛丽女王；因公正及有责任心被后人铭记。

[2] 菲奥伦萨·科索托（1935 年生），意大利女中音歌手，1959 年 6 月底首次在柯芬园登台，在《美狄亚》（凯鲁比尼写的意大利歌剧，1797）中饰演尼维斯，和卡拉斯一起担任剧中角色。

[3] 费道尔·伊凡诺维奇·沙尔亚宾（在英语中通常叫“夏里亚宾”；1873—1938），俄国人，歌剧中的低音歌手，因舞台感很强烈而著名；伯林记得 1917 年在圣彼得堡，他扮演《鲍里斯·戈杜诺夫》中的主角。

致伦纳德·伍尔夫

1959 年 7 月 8 日［手稿］

海丁顿宅

亲爱的伍尔夫先生：

如果允许的话，我情愿不为任何人撰写文章，评论《美国政治科学》。我因骶骨关节扭伤卧床了，身体复原后我会立刻去意大利，希望不用为写书评而读那些书，特别是伯纳德·克里克[1]的书，我见过他，不觉得他特别聪明。我这样说很可能错了，但我并不想劳累自己，去检测我的观点是否正确。如果你能想到其他合适的书，我很愿意以后为你写评论——目前我想去度假，只带着半打要写的评论，这些是在过去的两年中我积压下的任务。

谢谢你对《自由的两种概念》的赞扬。至于古代世界以及伯里克利[2]的演讲中把个人自由作为政治理想这个问题，我不

[1] 伯纳德·克里克（1965—1971），政治理论家，1952—1954 年任教于哈佛大学，1954—1955 年在麦吉尔大学，1957—1965 年在伦敦政治经济学院，1955—1956 年为伯克利大学的访问学者，后（1965—1971）任谢菲尔德大学政治理论及制度教授，1971—1984 年任伦敦（伯克贝克学院）政治学教授。《美国政治科学》（伦敦 / 伯克利，1959）是他的首部重要作品。

[2] 希腊历史学家修昔底德（约前 460—前 399）据说在他的《伯罗奔尼撒战争史》中再现了雅典领导人伯里克利（约前 495—前 429）在阵亡将士葬礼上的演讲，这个演讲详细描述了雅典民主的种种特点，其中包括个人的自主权："不论在公共生活还是在日常生活中我们如何互相对待对方，我们是自由公民；如果我们的邻居我行我素，我们也不生气，我们不怒目而视，那样做虽然不会造成肉体上的伤害但会引起精神上的痛苦。"(2.37)。伯林关于此话题的更全面的讨论参见《论自由》中《希腊文明的诞生：在政治思想历史的转折点》，第 300 页讨论

693 太肯定。当我写这份演讲稿时，我很肯定的是，个人自由——尤其是隐私——并不是古代世界人们的理想，不管他们是希腊人还是希伯来人。我一读再读了相关段落，我认为修昔底德只不过说了以下事情：有像斯巴达那样强硬的国家，也有软弱的国家；在雅典人们非常随和，没有人会因为别人做自己想做的事就对人家怒目而视；存在许多个人自由等。但我认为（在这点上我希望能得到你的认同），这跟存在一个关于个人行为**权利**的概念，或者不受干涉的**权利**，或某种内在的东西，某种你侵犯了它就是侵犯了某种终极的原则，是两回事。我认为对希腊人来说，给予并拿走的权利在城邦：它是权威的唯一源泉，或者它自己也必须遵守某种不成文的安提戈涅谈及的法律，[1]它受到牧师、立法者或古老习俗的保护。城邦当然允许你做你自己想做的事，这很文明、让人高兴，也让雅典人感到骄傲，但不管是因为出现了真正的危机，还是因为更严厉的人掌权，城邦拿走这些自由，个人肯定没有任何概念——在古代世界——不知道个人的权利受到了侵犯，不知道有某块属于自己的领地，而外界的权威是无权进入这里的。这是我的观点，不管伯里克利说了什么，我认为它依然成立。

至于罗马人等，给我留下了最深刻印象的名字是一个叫

了此段话，并参见《论自由》第33页。

[1] 她对克瑞翁国王说："我不认为你的公告有足够的力量使得你，一个凡人，可以超越上帝那不成文、不变的法律。"出自索福克勒斯写的《安提戈涅》，第453—455页。

维利[1]的斯特拉斯堡法律教授，我在这个演讲的脚注中引用了一本书，我认为他在此书中证明了以下观点：罗马人谈到了法律及权利，但个人权利的概念存在于个人或团体中，或者说它真的存在（一个很形而上学的想法，但在现代政治发展中起重要作用），是中世纪的特点，且在奥克姆之前没有。我对此感到非常惊奇，因为我一直以为在罗马法律中有许多关于私人权利的条款——而且，大部分罗马律师可能还是这样认为，我想。但我觉得维利讲得非常好。也许我错了，但我忍不住想，这样一个思想：在和平稳定的年代，一个友善宽容的国家允许个人像小孩一样玩耍；跟以下这个思想：所有人都拥有某种限定的范围，任何力量都不允许踏入半步——这是法律的严格规定——或者只有在非常例外或紧
急的情况下才允许他人进入，这两种思想之间是有差距的。 694
《安提戈涅》中的冲突发生于国家理性和自然法则之间，但是进一步提出说每个人有权利爱怎样就怎样，这也是自然法则的一部分，我认为是过了很久以后才有的事。然而，也许我无可救药地错了。这个大学的希腊史教授——安德鲁斯——引用另一希腊史教授——戈麦[2]的话，同意你的观

[1] 米歇尔·维利（1914—1988），当时为斯特拉斯堡大学（后来在巴黎）的法律教授。伯林在他的演讲中（《论自由》第176页注解1）赞赏地引用了维利的书《哲学中权利的历史》（巴黎，1957）。

[2] 阿诺德·维康比·戈麦（1886—1959），1946—1957年任格拉斯哥大学希腊语教授。

点。我有点动摇，但我依旧坚持自己的观点。

你的

以赛亚·伯林

致凯·格雷厄姆

1959年7月18日［手稿］

海丁顿宅

最亲爱的凯：

读到你父亲[1]去世的消息，我觉得非常非常遗憾。从某种意义上讲，无疑一段时间以来你已料到这件事会发生：至少它不完全是个意外，然而当它发生时，我们还是觉得意外。我在1953年有着同样的经历：我知道我父亲即将死于白血病——这是最可怕的事——就你的情况讲，我热切希望它突然而至、毫无痛苦，并迅速结束。但对我们而言，生活中最年长的核心离开了，一切从此不同。一个人不可能完全理解别人的感受：但我觉得（也许这只是个假设）不知怎么的，我确实能理解。我非常钦佩你的父亲。我喜欢并尊敬勇敢坚定的品质——他的信仰及生活中简单但强大的道德基础——我觉得他完全无所畏惧、光明磊落，他什么也不怕，也没有任何感到害臊的事，天

[1] K.G. 的父亲尤金·艾萨克·梅耶（1875—1959），1933—1959年为《华盛顿邮报》的所有者（1933—1946年为出版人，1940—1946年任编辑），7月17日去世。

哪，太让人嫉妒了；你曾入木三分地评价过我（你甚至都不记得了），说我好像倾向于喜欢脚踏实地的人，不管别人的其他品性，比如兰博德夫妇、乔（他够脚踏实地的）、奇普·波伦等，但远离敏感的世界主义者。你的父亲拥有智慧、心胸、稳定的现实感，非常值得信任——没有人会不相信他——有坚定的价值观并有爱心。我老犹豫不决，对自己的行为、想法等是否正确从来都没有把握——从来没有——我认为他总是对自己的话题、行为有充分的把握：一个坚强的、充满公众精神的、非常好的人。[……]

我和艾琳都非常喜欢你、爱你。

以赛亚

695

伯林和艾琳在西普利西娜别墅度夏。“这是位于波托菲诺的一栋房子，只要它的主人愿意卖，我们愿意把它买下来，房子俯瞰露天市场及港口。”[1] 伯林的背疾好了，日子“有固定的节奏：早上大海和沙滩；午饭；休息；工作；晚饭；聊天”[2]，其间只去了普罗旺斯埃克斯及维罗那看歌剧演出。8 月底，艾琳的孩子们及其他客人陆续抵达。他们计划在 10 月份为迈克尔·斯特劳斯和他的澳大利亚未婚妻 [3] 举行婚礼；伯林为他的新角色、

[1] 2 月 23 日致阿卡迪·纳博辛的信。
[2] 8 月 2 日致玛丽·伯林的明信片。
[3] 玛格丽·唐威（生于 1932 年）。

柯芬园歌剧院小组委员会的主席做准备，但各种学术要求也是无法逃避的："让我感到沮丧的是从来没有假期：我总在焦虑，对着［一台］机器做口述，阅读乏味但不可或缺的作家并做笔记，永远在准备讲稿、评论、各种文章，没有一刻是真正自由的。"[1]

致戴维·弗莱登塔尔[2]

1959年8月14日［副本］

波托菲诺的西普利西娜别墅

亲爱的戴维：

谢谢你7月23日的来信。我现在待在这个人间天堂中，要考虑严肃的事情确实是件难事，但我想试试。他确实是个性格中充满矛盾的人。我指的是魏茨曼——或者说他既有讨人喜欢的一面，也有不讨人喜欢的一面——但我认为一点都不矛盾。相反，在我看来，他的内心是非常和谐统一的，虽然涉及重大政治目的时他冷酷无情、毫无顾忌，完全漠视他人，很喜欢生活和冒险，因此他当然不会有虔诚圣洁的个人美德——一些人会对他的所有这些感到反感，但跟他的本性并不矛盾。我想知道你发现了他性格中哪些自相矛盾的地

[1] 9月11日致杰克·唐纳森的明信片。

[2] 戴维·马丁·弗莱登塔尔（1895—1977），美国商人，1948—1949年（及以后）任罗马的经济合作［马歇尔计划］委员会特别助理，对战后意大利经济和文化生活的复苏做出了贡献；法拉尔是斯特劳斯与卡德锡出版社社长，这是一家美国出版社，出版了伯林关于魏茨曼的赫伯特—塞缪尔演讲，他还就此写信给伯林表示祝贺，并作了评论。

方，因为其他人也对我说过类似的话，但我一直没弄清楚那到底是什么意思。对布兰代斯来说，这个冲突部分来自有权势的人之间的直接冲突，因为布兰代斯温和、高尚、非常严谨，他只想当第一，他当然认为自己是美国犹太复国主义者中的第一人，是第一个有一定境界的人，在这点上敢于和别 696
人不一致、不顾体面，思想上往一个大胆的方向走，让同时代许多体面的犹太人惊骇不已——因此他想拥有至少同魏茨曼一样的地位，这是很自然的。这个魏茨曼不打算让位给任何人——就像丘吉尔，他要么统治要么退休。他不想同你进行任何严肃的合作；这是他那罕见美德中的一个瑕疵。我认为他们之间产生了真正的争端，不是针对个人的——我的意思是说它是客观的。布兰代斯确实想按照理性的、商业的原则发展巴勒斯坦，就像欧洲已经启蒙的国家对它的殖民地的态度，这个殖民地会在未来取得主权，并最终独立。这是个非常理性的明智的态度，但这种态度并不符合或者说跟东欧广大民众的性格及愿望不协调，而魏茨曼不仅代表他们，还认为（这是对的，我想）只有这个民族，他们的态度、移民率等最终会对这个国家产生根本影响。这是他认为的“民主”做法，以对抗布兰代斯的“专家统治论”做法。我想最终他是对的。为更不幸、更愚昧、技术上落后的兄弟国的利益着想，把巴勒斯坦变成移民国家的模范，由纯洁、无私、受到启蒙的专家管理，考虑到 20 世纪 20 年代和 30 年代的条件，这是个乌托邦式的梦想，而且潜在的移民不会自然地做出道

德上的反应，去感谢关系疏远的恩人，不论他们多么忠心。这导致了魏茨曼同美国沃伯格[1]的代表，以及类似的在巴勒斯坦本地经商的英国百万富翁的代表产生矛盾。在这些事上，他把自己看作这些原始民众的代表，他的力量及成功也正源于此。布兰代斯的行为太像西方人了，但巴勒斯坦是由东方人，以及他们的文化、态度逐步建立起来的，虽然它很愿意接受批评，你得考虑到它的那些东方特征。这是我对已经发生的事的解读。但菲利克斯·法兰克福特一直都不同意。

至于第40页的评论，[2]我确实认为当一个人走进公共生活，然后为了保持廉正而退出——因为他非常在意自己的节操，不是出于功利心考虑事情——不考虑那些依赖他的人们的生活和幸福，到了最后，那种精神上的骄傲非常非常高尚、崇高，道德上很感人，让人无限同情。我认为伍德罗·威尔逊[3]
697 的悲剧不属于这种——他因自己的道德理想主义而在政治上真正失去了理智，不愿意对欧洲少一些承诺或者牺牲自己的终极信念与美国公众舆论合作，不愿意让世界的未来往他认为不道德的那个方向发展。关于公共生活是什么，以及人民是怎样

[1] 菲利克斯·莫里茨·沃伯格（1871—1937），来自德国银行王朝的银行家和慈善家，已经成为美国犹太人的领导人之一，虽然积极支持犹太人在巴勒斯坦的活动，但他不是个犹太复国主义者，经常同魏茨曼有冲突。

[2]“他并不掩饰他不尊敬这种纯粹主义者。[……] 我认为这种立场比它的对立面更为高明。”见《个人印象2》，原文第54页。

[3] 威尔逊关于第一次世界大战后世界事务的十四条理想原则几乎都没有被实施，特别是他未能让美国成为国际联盟的成员。

的，他的理解错了，它发生在一个地位高的人身上时会很悲剧，因为那会给他人带来巨大的痛苦，但我并不想把魏茨曼的地位同人民的地位进行这种对比，人民被他的行为吓坏了。这些人最终想让自己完全不受任何公共生活的污染，因为那涉及太多“灵活的”原则。当这两者发生冲突时，他们宁可要良心的安宁，而不做好事。如果这两者之间真的起了冲突，他们在道德上的过于天真会给他们带来可怕的麻烦，他们会认为所有的好东西都能和睦共处，认为如果一个人只要足够诚实足够坚定，他就会做很多好事，不一定要了解很多情况。魏茨曼并不相信这个，虽然我们尊敬看重个人美德的人——事实上，我自己也觉得置身于这样的人中间在精神上舒服多了——我并不真的喜欢伟人的陪伴，对我来讲他们必定是太过残忍，太鄙视个体——然而如果有所谓的公共生活，我们这种人（我信心十足地把你包括在内了，希望你不会介意）肯定做不了它的向导。

我想知道你对所有这些的反应——我不知道我何时会再去美国。收到你的来信真好。

你永远的

致威廉·詹姆斯

1959 年 8 月 14 日［副本］

西普利西娜别墅

亲爱的比尔：

尽管到处都是韦士柏踏板车，饮食单调，还有各种游

客，有德国人、法国人、英国人、美国人、瑞士人、瑞典人，这里却是人间天堂。我们希望你也在这儿——你会喜欢这里的，甚至超过喜欢图森，虽然这儿光线清晰，只有几种最基本的色彩，生活自然明了，似乎不适合任何形而上学的或其
698 他思考。也许这样更好。说说基里安[1]、怀特海，观察者和被观察者。当然，我们一旦离开常理（在哲学上我们也许不应该这么做），我们过去的肿块会分裂成某种在日常语言中毫无意义，也不想有任何意义的东西。观察者的物理性质现在当然同他观察对象的物理性质混合了。我不知道在哲学上这是否真的跟许多人——自怀特海、爱丁顿[2]以来——主张的那样关系重大，因为哲学观察者不是空间中的实体，该实体被想成无实体的观察者，而无实体的观察者的实体是观察对象而不是观察主体的一部分。另一方面，如果像许多聪明人士那样，我们想坚持说谈无实体的观察者是毫无意义的，他们没有在特殊的某天或某个瞬间观察一个特别的地方，或从一个特别的地方进行观察，那我们就真的有麻烦了。自从我为了政治思考给我带来的诸多狂（不是广，是狂）喜而离开了

[1] 詹姆斯·莱恩·基里安（1904—1988），1948—1959 年任麻省理工学院校长，1957—1959 年（为艾森豪威尔总统的）科技特别助理。詹姆斯在 1959 年 3 月 5 日写道："我问基里安原子物理学家现在都同意观察者和被观察者再也不能分开是否是真的。他说是。因此，我现在问你，为什么这样不能结束主观和客观的二元论——把旧实证主义者扔出窗外呢？为什么没有人写这件事的影响？如果我理解怀特海，他已经做到了。"

[2] 阿瑟·斯坦利·爱丁顿爵士（1882—1944），天体物理学家，对相对论做出了贡献。

逻辑学、知识理论和形而上学后，我的身份就是个业余哲学家了，我以前的同事，如奥斯丁、汉普希尔（我不记得你在牛津是否见过他，我想你应该见过，他是个长相帅气、优雅、可爱、品德高尚的年轻哲学家，他的书[1]刚出版，我正准备寄给你）用善意但怜悯爱怜的眼光看我。但没关系，我会继续努力的。在政治哲学中，观察者当然不能同他的观察对象分开，而且从来没有人认为那样可行。我从事的学科遭逢了厄运。巴利奥和德国的大学曾拥有许多留着络腮胡的伟大哲人，在那个时代，政治哲学被认为是一座高峰，其他各种思潮都想攀登这座高峰。这当然非常荒谬，但我不能确定说这种反应太过了，然而，这些最终主宰着人们的生活、分裂世界并引起种种可怕灾难的问题，从理智上讲是不值一顾的。

我们正期待玛切萨·奥利高的来访，我希望你认识她。我猜眼下艾琳可能不想见任何人——她被孩子们包围了，而且沉浸在大自然中，大自然也张开双臂拥抱她，我认为。我再说一遍：我希望你在这儿。一个人在意大利时不会想去任何别的地方。19 世纪人们非常瞧不起意大利人，认为他们不配做辉煌的罗马人的后裔，你会在所有的英国小说、指南、期刊等发现这个观点，但这种鄙视停止了，不是因为人们更有远见或举止更文明了，而是因为法西斯主义强迫人们尊敬他们，想到这个非常可怕。回顾人类的弱点让人觉得遗憾，我就写到这里。圣

[1]《思想和行动》（伦敦，1959）。

699 诞节时我们也许在美国。如果这样的话我会在第一时间告诉你的——或者，我们可能去莫斯科。我们只去权力中心。

你永远的

致帕特里克·斯威夫特[1]

1959 年 8 月 14 日［手稿］

西普利西娜别墅

亲爱的斯威夫特先生：

我对你 7 月 31 日的来信表示深深的感激——你认为我有资格写浪漫主义传统，这于我是很大的鼓励，但我真的没有资格：我的视觉感受不丰富，由我来写跟视觉艺术有关的评论显得太狂妄了，虽然我对拜伦、司汤达、德拉克洛瓦等作家很感兴趣。因此，我必须拒绝你好心的提议，理由是我不能胜任——相信我，这不是假谦虚，的确是事实。另一方面，你描述的那样一份严肃刊物就要发行，我听了很高兴，我衷心祝愿它成功。

我抽屉里有一篇你可能感兴趣的文章，写的是反动的天主教护教者约瑟夫·德·迈斯特。[2] 它有点长，我想字数应该

[1] 帕特里克·斯威夫特（1927—1983），出生于爱尔兰，画家，1959—1962 为《X》杂志的创办者（同诗人戴维·赖特一起创办）及编辑，这是一份文学艺术季刊。他在 7 月 31 日致伯林的信中为杂志的创刊号约稿，对当时在伦敦举办的浪漫主义艺术展进行评论，并认定浪漫主义时代的主要作家有先知先觉的才能，“对今天的艺术家或思想家的心理会有正面的干扰作用”。

[2] 见原文第 646 页注 1。斯威夫特表示对这篇文章感兴趣，但伯林后来记起来他已经答应把这篇文章给（美国的）《党派评论》；考虑过同时在这两份杂志刊出此文但发现这不太现实（文章的篇幅也太长）。最后两份杂志都没有刊出此文。

有一万二左右[1]，在付印前还要做一些小修改。它跟你谈到的那种浪漫主义没有直接的关系，除了当然作者是那个年代的人，他极力反对革命、反对自由主义，关于启蒙运动他说了一些极具毁灭性的话，其中许多话是不公正不讲理的，但他说的一切又表明他有一定的才华，这是所有那些追随他的法西斯主义者（他有权被认为是法西斯主义的真正先辈，如果不称他为法西斯主义之父的话）都没有的。如果你觉得这也许适合你的话，我会很高兴地在10月或11月的某天把它给你。虽然迈斯特认为自己是个古典作家，身上浸透着古罗马天才、托马斯·阿奎那等人的深刻影响，但他是个典型的“黑”尼采式的浪漫派，这个说法有一定道理。我的文章只是试图给予一位思想者他应该得到的承认，因为相对来说他在英国受到了忽视，仅被当作一个充满仇恨的反动分子——我把他倒退到
更早的年代，说他是个太迟出生的中世纪经院哲学家：但事 700
实上我认为他预见到了大部分目前让人极为震惊的反理性主义，说了许多话，这些话过于夸张、语气太猛、令人不快但无比正确，自由主义者因避开这些而失败了。我会一直在这儿待到9月份中旬，如果你把信寄到全灵学院，他们会把信转寄给我的。

你真诚的

[1] 显然少算了。该文章收录在《扭曲的人性之材》中，超过两万五千字。

11 月，伊戈尔·斯特拉文斯基要在伦敦开音乐会并录制唱片；伯林利用艾琳同丽兹酒店的关系安排他的住宿。

致罗伯特·克拉夫特

1959 年 9 月 28 日

海丁顿宅

亲爱的罗伯特：

收到你的信我很高兴。关于丽兹酒店，能做的我都做了。[……] 丽兹的房间建造得很结实，盥洗室很大，服务较好，老派但值得信赖，门房很优秀（一个门房刚写了回忆录[1]，主要是关于阿迦—汗的），经理是个白痴（名字叫史温特[2]），酒店很大、很安静，能让神经得到放松，但饮食单一、让人沮丧——丽兹的业主，[3]一位我妻子认识的上了年纪的赛狗专家，不想让酒店太时髦、高效或吸引太多顾客惠顾。酒店不想吸引更多的顾客，还刻意安排了英式的乏味的饮食。除非你取消订单，否则我会于下周二去查看斯特拉

[1] 乔治·克里蒂科斯，《理查德·维纳听到的关于丽兹酒店乔治的生平故事》（伦敦，1959）。

[2] 爱德华·弗朗西斯·史温特（1897—1976），多年来担任丽兹酒店的总经理。

[3] 布雷斯韦尔·史密斯爵士（1884—1966），1947 年受封准男爵一世，不动产投资人、保守党政治家，1948—1961 年任阿森纳足球俱乐部主席。1954 年 4 月 30 日作为公司主席在丽兹酒店（伦敦）有限公司的年度股东大会上发言时，他保证说酒店的“菜肴应是可能达到的最高标准”。《丽兹酒店》，《泰晤士报》1954 年 5 月 3 日第 12 版。

文斯基的套房，为他们订好一间大卧室及一间相连的小卧室(房间通常是这种格局)，我想那儿没有两间内部相连的大卧室，除非两卧室之间有一客厅，但这种是套房，贵得多。我在电报中把安静同空间对立起来，因为气派的大客房都在皮卡迪利大街上，那儿视野不错且更热闹，但很吵，如果想要熟睡的话要在耳朵里塞上腊石；另一个可能的选择是订一个俯瞰格林公园的客房，更安静（但没有克拉里奇酒店安静）但更小，造得没那么结实，等等。我会尽量综合考虑所有这些因素，并让经理意识到这于酒店是极大的荣誉，他应该感
到欣喜若狂。但我相信他会认为这整件事是个恶作剧，因为 701
他根本对音乐、作曲家或其他东西一无所知，只知道酒店业主、一些赛马贵族及一两个安静的美国人的名字。我会尽力的。

我们会尽可能参加所有的音乐会：但能否做到这点跟我的学术责任感有点关系。我是个胆小的非常尽职的教授，如果第二天早上有课，那前一天晚上就几乎不敢出门了。[1] 但我会尽力的，这是当然的。11 月 2 日（星期一？）对我们来讲很合适，如果你们大家想在那天来的话。我们会很高兴

[1] 在致南希·兰卡斯特的信中伯林承认："我自己讨厌去听讲座。我想还没有谁的讲座可以让我的注意力保持一小时。但休的教授就职讲座做到了，因为他讲了许多刺耳的话——我最讨厌的是听我自己讲。如果条件允许，如果我能做到不为无所事事而感到极度害臊，我愿意停止授课；我想，在这件事上我没什么责任心，只是害怕别人说我。"1959 年 10 月 19 日写的信。

的，不会像上次那样搞正式的招待会，但会叫上一两个可能给大家带来快乐的人，比如，你想见的艾耶尔教授，到那时他应该会住在这儿，我想；此外，哈罗德·尼科尔森和维塔（维多利亚）·萨克威尔—韦斯特[1]离牛津很远，也许会愿意到伦敦来——他一直住在伦敦，她呢，在我们的请求下可能会来。她虽然很有才华，但很无趣，血管里涌动着大地的活力，对花草和土地感兴趣，像是大地的一部分。我佩服她，但不觉得她可爱、好玩。你说到了福斯特，你指的是 E. M. 福斯特？他是个温和的老人家，讲话声音很低很低，像女学生那样咯咯笑，喜欢把对象贬得一无是处，如果没有人帮他们说话，他们自然就变得一无是处了，这方面他很像 T. S. 艾略特。我跟他不熟——我这辈子可能见过他两三次——他非常聪明、迷人，故意像个乡下人：他的眼光，可以说，是他的家乡吉尔福德镇的人的眼光。他很喜欢瓦格纳，是最最有英国格调的，有点故作姿态、故意如此。斯蒂芬很容易请到他，但是如果不希望下午或傍晚在一系列的小牢骚中结束，那么除非你或斯特拉文斯基夫妇准备不断刺激他，让他充满活力，否则要叫一个比较有活力的人

[1] 维多利亚·玛丽（“维塔”）·萨克威尔—韦斯特（1892—1962），萨克威尔男爵三世的女儿，哈罗德·尼科尔森的妻子，伯林的朋友本·尼科尔森的母亲；诗人、小说家、短篇小说家及传记作家；20 世纪 30 年代她和她的丈夫一起创建了世界闻名的西辛赫斯特花园，1946—1961 年每周一次为《观察家报》写园艺方面的专栏（斯特拉文斯基是该栏目的读者；据克拉夫特讲，她的丈夫阅读了萨克威尔—韦斯特的所有作品）。

来，以便谈话继续。他在这世上的最主要兴趣，是克罗丁先
生在他那著名的对斯波莱托音乐节[1]的评论中令人不快地提
到的第三性。只要描写第三性的人的书遭到福斯特认识的 702
人的恶评，他会寄上一张小明信片，说“现如今，你怎么
能写……？”等。伊舍伍德对他忠心耿耿正因为此。尽管如
此，他无疑是在世的英国小说家中最好的一个。如果你和他
一起喝茶，就像同一位优秀的男演员喝茶，他演的是一位心
烦意乱的老姑妈：“噢，亲爱的，噢，亲爱的，我的眼镜去
哪了？——我们大家吃了那么多果酱！手电筒比蜡烛实用多
了，我永远都不知道要用几号电池”等。我希望看到他同尼
古拉斯·纳博科夫共处一室，那样会产生前所未有的文化
碰撞。

你的

以赛亚

在对《自由的两种概念》的各类评论中，有一份是一个大学生写的，说在牛津人们基本上不加批判地接受伯林的说法，这证明牛津大学的教育处于非常可悲的境地，在全国也

[1] 欧文·克罗丁（1908—1988），1947—1982 年为《星期六评论》的著名音乐评论家。他对 1959 年在斯波莱托举行的“两个世界”音乐节作了不冷不热的评论，把它描述为“涉及了可以称之为第三种性别的东西”，并强烈谴责同性恋小集团给歌剧带来了“矫揉造作和偏见”。《梅诺蒂和其他一些歌剧作曲家》，《星期六评论》，1959 年 7 月 25 日，第 41 页。

一样。

致《新政治家》的编辑 [1]

牛津

先生：

你们10月10日出版的期刊中有一篇题为《牛津宣言》的文章，在该文中昂戈德—托马斯先生 [2] 说，让他惊奇并忧虑的是，我最近出版的演说中的有些观点居然没有遭到更为严厉的批判。

他对这些观点作了总结：（1）应该打压想要参与管理自己所属社区的愿望，因为那样会导致专政；（2）"伯林似乎提倡"一些不太确切的、使得我们"耸耸肩，只想着自己"的东西。没有人反对这些说法，乍看起来有点奇怪，往深处看真的让人不安。贵刊的投稿者认为这是牛津乃至整个英国堕落的症状。

然而，我的解释非常简单。这些观点不是出自我的演
703 说。我没有表达过，也不支持这些观点或态度。我不赞成清静无为、无政府主义、不参加公众活动、不要社会责任心，因为我相信人既要承担政治责任同时也拥有个人权利。我

[1]《牛津宣言》，《新政治家》，1959年10月17日，第511页。

[2] 昂戈德—托马斯·杰斯帕（生于1937年），曾就读于伊顿公学，1957—1960年在莫德林学院学习历史，后（1975—1992）任皇家学校督察，是《中学的道德教育》（1972）及《孩子们的思想品德》（1978）的作者。

不知道昂戈德—托马斯先生怎么会把不是我的观点转嫁于我，还把其他荒谬言论强加于我。如果是误解，这个误解太深太独特了。我不太反对做一个挂钩，让你的投稿人悬挂他那对同时代人的弱点有些吹毛求疵的训导；我非常同情他对民主、自力更生、人文主义的呼吁。但（借用你的投稿人的语气）他应该记住，严重歪曲别人的观点，不论出于何种原因，不会让人类更团结，而人文主义的首要及至高价值永远是对事实的尊重。

以赛亚·伯林

批判伯林的这个年轻人回复了此信，但他继续歪曲伯林的观点，伯林便不再跟他通信。[1] 健康状况持续恶化两年后，伯纳德·贝伦森于 1959 年 10 月 6 日逝世。

致尼基·玛丽阿诺

1959 年 10 月 19 日［副本］

海丁顿宅

最亲爱的尼基：

如果哪天我的信要用手写，那就是现在了。但我想，你

[1]《新政治家》继续连载了他们的通信往来，标题都是“牛津宣言”，昂戈德—托马斯·杰斯帕 1959 年 10 月 24 日的第二封信，在第 545 页刊出，伯林 1959 年 10 月 31 日的回信在第 582 页刊出。

已经够忙的了，我还无端地强迫你读我那糟糕的难以辨认的科尔法克斯字体。[1]

显然，很长一段时间以来，你在等着这件事的发生，从某种意义上说你肯定已经准备好了（贝伦森呢？他那么热爱生活且在与疾病抗争中表现得那么出色），信件、电报等肯定像雪片一样向你飞来，我想我可以不要那么急。虽然你已料到这件事会发生，但当它真的来临时，它总是跟我们预想的不一样，也更为痛苦，而且回复所有那些信件和电报只会让人觉得麻木、筋疲力竭（你千万不要认为这封也是如此，虽然我也要问一两个问题）。我觉得非常遗憾的是，在他生命的晚年我才认识他，但我绝对崇拜他，尤其是当他谈到一些我不同意的观点的时候。你知道吗，他把我看作一个来自
704 东欧但在西方定居的人，认为我能够理解他所代表的特殊的综合体，从某种意义上讲这是真的。我过去现在都能理解他。在最后的两次见面中，当只有我们俩单独在一起时，他非常详尽地谈及犹太人及他对他们的态度，讲 19 世纪 80 年代他在纽约时犹太人如何迫害他——迫害他的是德国犹太人——他的生活目标如何从某种意义上讲变成了渴望超越他们、迫使他们敬仰他，以达到为自己复仇的目的，虽然他鄙视他们。书里没有这些，我也不会跟西尔维亚 · S.[2] 讲，他

[1] 西比尔 · 科尔法克斯的字以难以辨认出名。
[2] 西尔维亚 · 斯普里格（1903—1966），婚前姓桑德斯，撰稿人、记者、作家、

很少谈这些，我得到了此恩惠，我非常感激。至于他的其他方面我发现我只能重复别人讲的，别人还讲得更好，比如他有令人难以置信的魅力、多才多艺，对品德严格要求，一辈子为一项事业奋斗，也只有这项事业在这个或任何一个混乱的时代都经得起考验——人类创造的作品、艺术和思想。我认为，K. 克拉克发表在《星期日泰晤士报》的那篇文章[1]非常棒，题材和内容都很棒，虽然我还未告诉他。我认为他最不寻常的地方在于总是要从生活中获取点什么[2]的不屈不挠的决心与能力，总是努力从生活和经历、从人和事中学到东西；他还持此种观念：在自然残酷无情的力量面前屈服是可耻的，我们应该战胜它们、进行建设，理解一切、塑造一切，最大限度、最自由地发挥自己的潜能。这不太像一个宗教理想——我高兴地在本来觉得沉闷乏味的《泰晤士报》的讣告[3]中读到，他年轻时就改信天主教了——这是个高贵的人道主义的选择，我们这个时代没有人能把这面旗帜举得这

传记作家、翻译家，分别于1928—1931年（接任她未来丈夫的职务）和1943—1953年担任《曼彻斯特卫报》驻意大利记者。她撰写的传纪《贝伦森》（伦敦，1960）出版时，伯林评论道："我只读了一章，我发现了不只三十七处错误，七处滑稽可笑的大错误，还有许多不准确的地方［……］。她很喜欢贝伦森，但她不是一个很严肃的、理解力或洞察力强的作家。"出自1960年3月18日致迈伦·吉尔默的信。

[1] 肯尼斯·克拉克，《艺术圣人》，《星期日泰晤士报》1959年10月11日第15版。

[2] 伯林此处原文为：vom Leben abgewinnen，正确的应该是：dem Leben etwas abzugewinnen。

[3]《伯纳德·贝伦森先生》，《泰晤士报》1959年10月8日第17版。

么高、这么合理。我还认为他对真相和现实的感悟力比我认识的任何人都强——他凭本能就知道什么是什么，而本能是不会受到欺骗的；他既聪明又有智慧；这是因为他有某种神秘的能力，同自然和谐相处，而不是违背自然；他不是通常意义上的背井离乡者，或者用目前时髦的说法，“离开”了自己的根——他不是一个与世隔绝的知识分子或专家，甚至不是一个被迫同自己的正常环境和背景切断联系的天才，这种人尽情享受孤寂的生活，随遇而安，从自己遭受的伤害中
705 创做出作品。他的许多朋友和同时代人遭受了此种际遇，比如普鲁斯特或里尔克[1]、纳米尔、克伦佩勒[2]（可怜的克伦佩勒病得很重，新得了一种病——目前暂时保密——心包炎）。我认为他的情况正好相反，他和谐、完满，有旺盛的生命力和出色的洞察力、节俭的作风，并且讨厌混乱和浪费，这一切都因为他有自己的定力。但伊塔蒂别墅的高贵宁静当然是你创造的。我从未见过贝伦森太太，[3] 但我相信只有你能给

[1] 莱纳·马利亚·里尔克（1875—1926），原名为勒内·卡尔·威廉·约翰·约瑟夫·马利亚·里尔克，德国诗人。

[2] 奥托·克伦佩勒（1864—1945），生于德国，指挥家，生过一系列的大病，包括脑瘤切除后局部瘫痪、严重摔伤、烫伤。

[3] 玛丽·贝伦森（1864—1945），婚前姓史密斯，洛根·皮尔索尔·史密斯和伯特兰·罗素的首任妻子艾丽丝的姐妹，曾同弗兰克·科斯特洛结婚；跟她的丈夫一样，是个美术史学家，对丈夫的著作多有帮助；是伯林的朋友芭芭拉·哈尔彭（婚前姓斯特雷奇）的祖母。肯尼斯·克拉克把她那“乔托式的肥硕身躯”同贝伦森的矮小身材进行了对比，承认“贝伦森太太给予了她那脾气反复无常的丈夫某些他缺乏的沉着稳定”（参见原文第 705 页注 2）。

予他——在我认识他的这些年——爱、奉献、尊严、安宁、感受、理解，没有这些他根本活不下去。

我不再唠叨了。我只想提一个问题。既然哈佛准备接收，[1] 你要“从废墟”[2] 中开始新的生活，你不来英国和我们一起住吗？或者至少来拜访我们？我们真的会非常高兴的。今年夏天我本来要从波托菲诺出发去看望你们，并就未来提一些建议，但后来我想贝伦森的身体时好时坏，我可能不受欢迎，所以没去。艾丽丝·奥利高 8 月份时来看我们，说来客并不能使情况有所改善。我衷心希望他逝去时没有任何痛苦。他抱怨说他这辈子还有这事那事没完成，这点你比我更清楚，但在我眼里他的生活非常让人羡慕。我只希望哈佛知道如何保护好一个配得上他的纪念馆。有朝一日总该有人去撰写关于他的真相，因为那非常值得一写，包括他对美国人、意大利人、他的出身、他自己的态度，一切会非常独特、吸引人。我做过的唯一贡献是，拒绝为马克斯·阿什科利写一篇他认为他的读者会喜欢的关于某个主题的文章。我认为贝伦森不会不赞同我的做法的。

请一定来看我们，请原谅我写这样一封非常不恰当的信。想谈点严肃的事情时，词汇就老是像一根根硬邦邦的木

[1] 贝伦森把伊塔蒂别墅（包括它的图书馆、档案馆、艺术品）遗赠给哈佛大学，该大学在此地建立了哈佛大学意大利文艺复兴研究中心。
[2] 伯林此处原文为：aus den Ruinen。

棍。我真想把这封信撕了，但是我没法做到不写，而我写的一切又都没什么用。

诚挚祝好

706 你永远的

致西蒙·马科斯

1959 年 10 月 23 日［副本］

［海丁顿宅］

亲爱的西蒙：

我的一个老朋友——我钦佩并且非常喜欢的一个人——他名叫阿兰·布洛克，是这儿圣凯瑟琳学院的院长，请求我把他介绍给你。他是那个新学院[1]的负责人，该学院将由一个丹麦建筑师[2]设计建造（遭到了许多批评，但他的设计方案比任何一个我认识的英国建筑师提出的好多了），这会给牛津的科学家带来很多好处，他们目前的待遇很差——学院将不仅只有科学家，科学家和“人文学者”会各占一半。我不能隐瞒以下事实：他挑你的目的，可能是想就此项目请你帮忙——他已经从一些个人和公司筹到了许多资金，特别

[1] 阿兰·布洛克正为筹建圣凯瑟琳学院积极筹集资金，圣凯瑟琳学会将会变成学院。（后来他为这个项目筹集到了启动资金，信中谈及的资金是其一部分。）
[2] 阿恩·雅各布森（1902—1971），他那充满争议的为圣凯瑟琳学院所做的设计后来被评为一等。

是沃尔夫森[1]（他非常慷慨）、伍尔沃斯连锁店等。你会想我真的已经开始乞丐这一职业生涯了——我倒希望这样——我猜想那会是很有趣、令人愉快、回报不错的职业，充满了各种可能的快乐、美好的瞬间——可是，唉，我性格胆小，不敢去做。

阿兰·布洛克是个非常直率的北方乡下人，热心肠，是这个国家最好的学术管理人之一。我有个感觉，他最终不会待在这里的，肯定会坐上第一把交椅，比如英国广播公司主管、《曼彻斯特卫报》编辑，或英国共和国的总统等诸如此类的官。他写的关于希特勒的书[2]是部杰作（他长得跟他很像——这只说明了一件事：外表不是那么重要）。目前他忙于撰写一本关于贝文[3]的书——希望你没被吓着——他是个公正、友善、体面且非常非常富有同情心的人。实际上你会喜欢见到他的——人们经常说这句话，但这次的预测最为准确。

希望我们更经常见面。你上次来牛津时隐姓埋名，实在太糟糕了（我是说你没来看我们）。什么时候来呢？任何时候都行。我是认真的——艾琳也一样。

我想你恐怕会收到阿兰·布洛克想同你面谈的请求——

[1] 艾萨克·沃尔夫森（1897—1991），商人。沃尔夫森捐献了7.5万英镑建设圣凯瑟琳学院图书馆（后来又出资建圣凯瑟琳学院的各个大楼）。
[2]《希特勒：暴政研究》（伦敦，1952）。
[3]《欧内斯特·贝文的生平和时代》（伦敦，1960、1967、1983），后来被布莱恩·布里瓦蒂压缩成一本书，书名为《欧内斯特·贝文传》（伦敦，2002）。

707 那张诚实的约克郡施洗者的脸和一个如此扎眼的人本身就值得一见——你可能已经在电视上看到他了，他经常在电视上露面。我必须打住了。

你的

致丹·达文

1959年11月11日

海丁顿宅

亲爱的达文：

谢谢你11月5日的来信。[1] 说到“牛津现代欧洲史”丛书，我完全理解你的难处，同时谢谢你如此坦诚地向我咨询。我被迫仔细考虑我在这件事上的立场，而且我将同样坦诚地告诉你我的想法。

最初向我提出要我写一本《1789—1848年欧洲思想史》时，[2] 我对同我讨论此事的莱恩·普尔博士解释说，[3] 因为我已经答应了写另两本书，我要到20世纪60年代初才会开始考虑此事。我希望我已向这个系列丛书的编辑们[4] 表达了同样的想法——当然我的计划就是如此。出于这个原因，我

[1] 达文在信中问伯林何时可能完成那本等着他完成的书，并跟他要一个章节的样本以“支持并鼓励”牛津大学出版社。

[2] 在1948年。

[3] 奥斯丁·莱恩·普尔（1889—1963），历史学家，1947—1957年任牛津大学圣约翰学院的院长，1944—1963年任牛津大学出版社委员会委员。

[4] 阿兰·布洛克（圣凯瑟琳学院学监）和比尔·迪金（圣安东尼学院院长）。

不能许诺哪一天交稿，但我有空时会尽量完成一卷。同时我还有其他要优先考虑完成的书：首先是一本关于浪漫主义时期的政治思想的书，出自几年前我在布林莫尔学院发表的演讲，根据我和他们的合同，此书将由牛津大学出版社出版，当然是在美国出版，而我希望在这儿出版；然后是一本关于俄国思想史的书，要至少花两年时间连续不断地研究和撰写才能完成。在这种情况下，我没法承诺“牛津现代欧洲史”丛书中要我写的那卷具体在哪天完成。

我必须补充说，既然我现在更清楚要写的内容了，这件事总体上让我觉得气馁。我必须花大力气写当时的政治、社会和思想潮流；但也许这段时期最重要、最有影响的因素是自然科学的进步。我认为，没有掌握一些专业知识就去写自然科学，有可能会犯错，而且当然会写得很肤浅；省略不写也是不可思议的。关于艺术史，特别是视觉艺术，还有经济
史，我都不够内行，所以我同样感到忧虑。我之所以会有所 708
有这些任务是因为我研究那个时代的社会政治历史及思想史；我现在倾向于认为一本关于这个大主题的书一般而言是没有价值的，除非它由一个无所不知的人来写——或者由一个在许多领域的知识比我更丰富的人撰写。然而，即便我的这个想法不对，我确信我不能承诺我可以完成这项任务。我并不为此感到难过，因为我认为牛津历史系列丛书中纯粹叙事的各卷书无论如何也不可能撇开社会的、思想的因素，而且它们的完成也不需要参考那本建议由我完成的附卷。

当然，我也要承认我错了，因为在我还没完全想清楚时，就匆忙答应说我来写这本书。我还没有放弃写它。由于之前的那本书比较局限于社会政治思想，我认为这个时期还有其他我想论述的同源问题。可是，如果我说我现在给你们一个具体的承诺——那就是欺骗编辑和你——还有我自己。

因此我想要解除这份合同。如果我确实写出了这样的一卷，又不适合牛津历史系列丛书，我会很知趣的，会想别的办法出版。

至于某个章节的样本——以前从未有出版商向我提过此要求，我完全能理解你这样做的动机，但不论我要出版哪本书，我恐怕都不能答应你的这个要求。

我恐怕太冒昧了，而且高估了自己的能力，在这方面误导了你和编辑们。我认为，如果我的这份合同被视为无效并取消的话，那会符合你们及我的利益。当然，如果你觉得我在法律上违反了我自己许下的承诺，希望你告诉我我可以采取哪些补救措施。

我真诚希望我们之间的这件事已经说清楚了，我觉得抱歉的是，没有在你决定写信给我之前，就自发地把我的这些想法告诉你，你这样做我完全理解。

我给圣安东尼学院的院长和圣凯瑟琳学院的学监寄去了这封信的复印件。

你真诚的

以赛亚·伯林

达文 11 月 24 日建议说保持现状：牛津大学出版社将继续等待，直到伯林有空写他的那卷。伯林立刻接受了，如释 709
重负地承认：“我良心上压着的一块大石头搬开了，我希望你相信这块石头一直压在我心里，甚至经常让我感到忧虑。”[1]这本书始终没有写成。

致诺曼·切斯特

1959 年 12 月 5 日［副本］

［海丁顿宅］

亲爱的诺曼：

［……］当然，我这周围没有“年轻的政治理论家”，不论好坏，我想不起有谁。不论在牛津还是在整个英国，显而易见的是，人们对思想的兴趣正在减弱，不管是政治思想还是其他什么思想；我不希望自己对此事过度悲观，但我确实如此；伦敦大学有一个非常棒的对政治思想史感兴趣的读者群，但研究者却后继无人。三个美国大学写信问我，是否有比较拔尖的英国年轻人，并对当代问题感兴趣，并且能够用理论去分析它们。我没有见到这样的人，似乎他们也一样。很怪。与此同时，年轻的左翼大学生正在期待一名领袖的出现。

你的

[1] 1959 年 11 月 25 日写的信。

致《犹太观察家与中东评论》的编辑[1]

海丁顿宅

先生：

你12月4日的那期杂志[2]就我关于摩西·赫斯的演讲进行了评论，评论相当有趣，而且，我想说，对我非常宽宏大量（我非常欣赏），然而，你谈及的观点中至少有一个不是我的。你说赫斯相信（虽然他没有明讲），即使在犹太国成立后，要解决犹太问题，所有犹太人必须接受犹太国国籍。你补充说，今天很少有犹太复国主义者相信这个了，还说："以赛亚爵士同意摩西的结论：不能避开这些要求。"

我本人并不相信赫斯认为犹太国建立后，所有犹太人都应该成为该国的国民。实际上，我认为他的想法是，一旦犹太国成立了，那么那些想跟它脱离关系的人从道德上讲就更
710 有理由这样做了，只要他们受到迫害的兄弟还在忍受犹太移民的痛苦，他们不会抛弃那些兄弟。但在这点上你我的观点都有道理，很可能我误解了。

即使我误解了赫斯的观点，我也不太可能误解自己的观点，如果我给你留下的印象是：你认为那个是赫斯的同时也

[1]《以赛亚·伯林和摩西·赫斯》，《犹太观察家与中东评论》1959年12月18日第17版。

[2] 乔恩·金切，《摩西·赫斯和以赛亚·伯林》，《犹太观察家与中东评论》1959年12月4日第14—15版，该文章评论说，已出版的伯林1957年演讲（参见原文第603页注1）是"该年度，也许是多年以来犹太复国主义的杰作"。

是我的观点，那么我误导了你，也许还误导了其他人。我没打算就困扰赫斯的各种问题提出我自己的看法，虽然当然我有可能在不经意间表达了自己的看法；不管怎样，所有犹太人都有道义上的责任成为犹太国的成员这个观点不是我的；事实上我特别反对这个观点。我已经在其他地方就此观点给出了我的理由，这儿就不再啰唆了。我不知道我怎么会给别人留下相反的印象；不管怎样，非常感谢有这样一个澄清误解的机会。

关于马克思的反犹主义，我猜我们俩的看法完全不一样。马克思攻击基督教，说它是它那个时代的历史条件下难免会产生的幻想，它的丧钟终于敲响了。他攻击犹太教，说它依附社会寄生生长，不是种族也不是宗教，而是一个经济连接点，跟放贷和剥削没有区别，这是一个反犹分子的措辞。如果你需要更多关于他的态度的证据，你可以从E.H. 卡尔先生写的马克思的传记[1]中找到一些贴切的引言，在该书中马克思谈到了拉萨尔[2]那“犹太人的哀怨”，推测他有黑人形状的脑袋等，我认为这正是“庸俗的反犹分子”使用的措辞，而你想借此为他辩护。赫斯身上的那种高贵品格使得他忽视这些弱点，并对他认为是天才的人保持忠诚，也

[1]《卡尔·马克思：狂热研究》（伦敦，1934）。

[2] 斐迪南德·拉萨尔（1825—1864），德国犹太律师、政治思想家、活跃的社会主义者（在与情敌决斗后去世）。

不管那样做对不对，直至他自己生命的尽头。

以赛亚·伯林

致诺曼·波恩鲍姆[1]

1959 年 12 月 8 日［手稿］

［海丁顿宅］

亲爱的波恩鲍姆：

你真的应该就异化这一思想的风险写一篇文章。无论如
711 何写一篇吧。你说这个词很“流行”，你是对的，但这不是什么好事。你说知识分子需要开始形而上学的研究，为自己当前的不满找到一条出路，我同意。把“异化”作为研究基础，至少在两方面是非常错误的。首先，它是个非常模糊的概念。它也许可以把马克思同弗洛伊德绑在一起，但因为异化这个概念，不论在马克思还是弗洛伊德那里，从经验主义的角度讲都不牢靠，把这两个人合并后产生的不过是典型的中欧混合物，早晚会有一场激烈的反应反对它，后果是极度的通缩（正如逻辑实证主义的例子）。形而上学的基础是需

[1] 诺曼·波恩鲍姆（生于 1926 年），美国社会学家，1953—1959 年在伦敦政治经济学院任教，1959—1966 年任纳菲尔德学院的研究员，后（1979—1981）任乔治城大学人文学科梅隆讲席教授，1981—2001 年任校聘教授。波恩鲍姆在 12 月 5 日写的信中讨论了“异化”作为一个概念的普及程度和价值，感谢伯林鼓励他搬到牛津，并说：“这些年轻人是多么无知多么盲目啊！［……］在一个伟大的大学里，所有聪明的年轻人花大量时间攻击他们最杰出的老师之一，也就是你自己，攻击他显然并不持有的观点，我们能说什么呢？”

要的，但我认为异化更属于历史学神学，不是那么形而上学，它恰恰是马克思在19世纪40年代、弗洛伊德在19世纪90年代反抗的事，当时他们决心打破传统。总之，我认为这是非常模糊混乱过时的最糟糕的唯心主义的概念。如果把它加以改进，无疑会是有用的，但必须先这么做。显然，巴黎或牛津的情况都不是这样。

其次，更重要的是，正如目前反复宣讲的那样，它是一个学说的必要部分，该学说预先假定可能存在某种人间天堂——所有事务皆处于一种理想状态中，一切问题都解决了，所有的价值观念和谐相处。这个概念当然不是来自弗洛伊德，也不完全来自黑格尔：它部分源于18世纪的理性主义，部分来自基督教，这二者都基于这样的想法：有可能一劳永逸地最终解决人类的所有问题。我不能否认我相信的东西刚好同这一切相反，如果年轻人因为这攻击我，他们攻击对了。我想知道那些非常聪明的年轻人到底是谁：他们目前大都是这儿的哲学家，他们当然同异化没有任何关系。那些同异化打交道的人不是哲学家，他们渴望有思想。事实是，在牛津大学的非哲学系部，人们极度缺乏思想且害怕思想，这是危险的。在哲学家之间，可能会有不恰当或者错误的思想，但它们至少是思想。因此，我认为盖尔纳[1]又一次攻击

[1] 厄内斯特·安德烈·盖尔纳（1925—1995），捷克血统，哲学家和（后来的）人类学家，1949—1962年任教于伦敦政治经济学院（1962—1984年任教授），后

了错误的目标；我想他自己的命运，如果继续这样下去的话，会像布热德一样——被人遗忘。他是个能干的人，也可以说是个非常好的人，但他这样做很不值。当然，如果他认真起来，发挥他积极的一面，他能做许多有益的事。我希望我听起来不是那么一本正经，但我的感觉是，他的书只是个
712 人的自我发泄，不是一本无私帮助别人的书。

查克·泰勒[1]信念的基础是：(1) 目的论——认为有那样一种像罗马天主教信仰说的对人类事务的精神上的指引；(2) 认为存在一种完美的或理想的状态，在那儿一切都是和谐的。我二者都不信，而且像一个老派的理性主义者——拉斐尔[2]或摩尔——认为建立在谎言基础上的信仰不应该得到传播，你不同意吗？我发现在1840年世俗化的宗教是通往世俗主义的天然桥梁，但是我们为什么要——你和我——现在来经历这些呢？因为对无神论实证主义的枯骨有一种自然

(1984—1993) 任剑桥大学社会人类学威廉·惠思讲席教授。他的第一本书《词与物》(伦敦，1959)，攻击了当时的语言哲学（以及在牛津大学的它的主要研究者)，让他一举成名。吉伯特·赖尔拒绝让《心灵》期刊评论这本书，引发了《泰晤士报》1959年11月的一封长信。

[1] 查尔斯·马格雷夫（“查克”）·泰勒（生于1931年），加拿大哲学家（及罗马天主教徒)，1952—1955年在巴利奥学院学习PPE课程，1956—1961年任全灵学院研究员，1961—1976在麦吉尔大学任教（1973—1976年任哲学教授)，1976—1981年为伯林的继任者但他是牛津大学社会与政治理论齐切利讲席教授，1982—1998年任麦吉尔大学政治科学与哲学教授。

[2] 戴维·戴希斯·拉斐尔（生于1916年)，1949—1951年任格拉斯哥大学道德哲学讲师，1951—1960年任高级讲师，后（1973—1983）任伦敦大学（帝国学院）哲学教授。

的反抗，反抗它的肤浅乏味，难道我们不应该注意不要参与这样的一场［此处少了词］繁荣，在那儿此都是彼，后来的通缩者将会嘲笑这篇让人困惑的精神上自我放纵的糟糕透了的文章？

有空的话，请一定写信给我，寄到纽约麦迪逊街卡莱尔酒店。我当然会代你向怀特、休斯、施莱辛格等各位先生问好。

你的

12 月中旬伯林回到美国。此行的主要目的是 12 月 28 日在芝加哥，“在世界上最大的酒店最大的宴会厅”[1]，对美国历史协会的 3000 名成员宣读一篇论文，[2] 但伯林大部分时间待在纽约，在这里接受了美国犹太神学院荣誉学位[3]，他的

[1] 1960 年 5 月 16 日回复佩罗尼的信（参见下注）。
[2]《论科学历史观》，演讲的简写版——理论上长度为三十五分钟——以《历史和理论：论科学历史观》为题收录在《历史和理论》第一卷（1960），第 1—31 页。伯林为该演讲做准备时，像往常一样极度苦恼，担心“我要宣读的论文太长、太晦涩、意思不清晰、结构不好、乱成一团，也许太武断、隐晦、夸张”（1959 年 9 月 25 日致迈伦·吉尔默的信），但吉尔默认为演说“非常精彩”（1960 年 1 月 4 日的信），不久以后伯林在牛津大学做了同样的演讲，后来当上记者的保罗·富特充满激情地向他的教父描述了此演讲（他的教父向伯林转述了他的赞扬）：“以赛亚爵士就历史哲学做了伟大的演讲，他抓住了理论的要害，认为历史‘像生物’一样是门自然科学，用他的高度智慧把历史撕成碎片、扔了出去。他是个多么伟大的人啊！正是在那些简短的时刻，我意识到了教育的真正荣耀——我面对的是一个有着崇高心灵、表达无比清晰、充满不可遏制的激情的人。”斯图尔特·佩罗尼未标日期（1960 年 5 月？）的来信。
[3] 伯林于 12 月 20 日获得荣誉法学博士学位。

岳母长期住在这儿的卡莱尔酒店。他于 1960 年 1 月初回到
713 牛津。

致尼古拉斯·塞克斯[1]

1960 年 1 月 15 日［副本］

［海丁顿宅］

亲爱的塞克斯先生：

你的来信让我非常愉快，谢谢。我也觉得我们的友谊是我自豪和快乐的源泉。

同时我大大地松了一口气。还没有医生就我那可怜的心脏做出最后的判断。一个伦敦医生[2]给我做了心电图，非常没必要地“发现”了它，完全因为他的办公室添了一个新仪
714 器，他想在某人身上试用。我是它的第一个受害者。看我的心电图时他尖叫了一声（这大概是五年前）并说我的心脏出了可怕的状况。我被带到一个又一个的心脏专家那里，看到我的心电图，他们全都摇头，并做出各种绝望的表示，声称我的心电图同他们见过的任何心电图都不一样。其中一人决

[1] 尼古拉斯·托马斯（“米奇”）·塞克斯（1910—1972），出生于匈牙利，原名捷克瑞斯，纺织业制造商，积极赞助艺术。伯林向他询问有关他心脏的详细情况，他在回信中描述了（1959 年 12 月 14 日的信）匈牙利和英国医生给出的悲观预测，以及戈德曼医生的让人放心的诊断，说他的整个系统不错，只是有点先天的问题。然而，不到十年，托马斯进行了心脏大手术，两年后突然去世了。

[2] 雅各布·斯诺曼；参见原文第 468 页注 2。

定把它寄给一份医学期刊。我不知道他是否真的这么做了。我的心脏也会微微作痛，一个巴黎医生[1]诊断我心肌缺氧，伦敦医生用的是另外的词。最后大家同意我只是心电图有问题。戈德曼医生[2]只是肯定了大家的说法——我可能会有不知名的小病痛，此症状不常见，亦不能用常规的方法进行治疗，因此，我要忽视、忘记、不管我的特殊症状。我唠叨太多、过于激动了，没有必要：这个岛上的正常居民都不会这么激动，我显然过了。我的健康状况使我得了某种自然忧郁症，我觉得舒心并且觉得它在社交方面非常好用。我的疼痛消失了。我没有吃药。当事情很多时，当事情堆积起来、许多人围着你，量多到有些吓人时，我的“健康状况”可以给我很体面的借口，让我告退。像我这种很容易感到内疚的人，经常需要一个正当的理由。我怀疑这是上帝给我提供了一个永久的托词。

想到你精力旺盛且健康状况良好，我很高兴。我更容易疲劳，而且我坚信我的情况也相应地更不稳定。但我们应该随时互相告知对方自己的大致状况，为各自取得的进展而互相鼓励。善意地关心自己兄弟的健康，还有什么能比这更让

[1] 卡米耶·德雷福斯（1897—1966），医生，专业兴趣是血液学，个人兴趣包括犹太教、食物和艺术，祖籍阿尔萨斯，战争年代在波士顿和纽约度过。

[2] 卡尔·海因茨·戈德曼（1904—1992），出生于德国，社区医生，曾在上温伯尔街开业当医生；伯林认为他是个“德国庸医，对病人的态度很好，看上去很聪明很好，但还是一个庸医，你明白我的意思。我们能够区分谁是庸医谁有真本领，就像我们撇掉汤上面的油”。1959 年 3 月 16 日致伊达·萨姆诺夫的信。

自己受益呢？

带着私心，送上我真诚的祝福，祝你永远精力旺盛、快乐。希望很快能再次见面。

715 你真诚的

伯林作为柯芬园歌剧院小组委员会的新任主席，直接接触到这个尚属年轻的歌剧公司面临的许多问题。

致伯内特·帕维特 [1]

1960 年 1 月 22 日［副本］

海丁顿宅

亲爱的伯内特：

我本该早就写信给你，谢谢你那信息丰富、令人愉快的来信。自那以后，天空又乌云密布了：在纽约大都会歌剧院四处看了看——跟我们比，他们更有钱，有更好的歌唱家，有更多可以拓展的空间，总的来说在选择艺术家等各方面很奢侈，这非常让人羡慕——听了一场不错的《费加罗》、怪怪的《特里斯坦》（尼尔森 [2] 演的，他刚被纽约人发现，受

[1] 伯内特·珀西·帕维特（1908—2002），商人，1956—1971 年任英国霍夫曼—拉·罗氏公司总经理，1957—1980 年任皇家歌剧院院长；伯林非常重视他那敏锐的没有偏见的观点。
[2] 比尔吉特·尼尔森（1918—2005），比尔吉特·玛尔塔·斯文森的艺名，瑞典的歌剧女高音。

到了自弗拉格斯塔以来最热烈的欢迎），我回到伦敦，发现《茶花女》惨败——我们栽了一个大跟头，没有人否认这点。萨瑟兰[1]不知在演什么，指挥[2]显然很差劲，整场演出像一场慢吞吞的葬礼——阴森昏暗的[3]布景——《茶花女》在第一幕的开始就已经失败出局了，所有的评论家不是讥讽嘲笑就是私下里恶言谩骂，特别是安德鲁·波特[4]——我们正处于困境中。昨天专门就此做了事后检讨分析。哈伍德显得坚定沉着，认为选桑蒂是他的错。最难接受的是为什么“整个音乐团队”会允许萨瑟兰继续她那糟糕的演唱、忘记歌词，直到一切都无法挽回；这方面谈得不多。那个 A. D.，[5]现在是 A. D. 爵士了（琼[6]更喜欢圆滑的山姆吧，我不太确定），指责萨瑟兰本人表现太糟糕，等等，艾迪［·萨克威尔—韦斯特］希望加勒特［·德罗希达］干脆停止她唱《茶花

[1] 琼·萨瑟兰（生于 1926 年），澳大利亚歌剧女高音，自 1952 年以来待在柯芬园，她 1959 年 2 月在这儿因出演多尼采蒂《拉美莫尔的露琪亚》而赢得了国际声誉。
[2] 尼洛·桑蒂（生于 1931 年），意大利指挥。
[3] 伯林此处原文为“西米里族人”，意为“阴森、昏暗”；在《奥德赛》中，荷马描述西米里族人住在阳光照射不到的靠近地狱入口的地方。
[4] 安德鲁·布赖恩·波特（生于 1928 年），1952—1972 年任《金融时报》音乐评论家；一个让柯芬园特伤脑筋的人，因为他的双胞胎姐姐在他们的新闻处工作，德罗希达勋爵是他的雇员。
[5] 很明显，伯林指的是戴维·韦伯斯特，柯芬园总负责人，刚受封爵士；那两个首字母 A. D. 可以代表艺术（Artistic）或代理（Acting）总监（Direcctor），因为当时音乐总监的职位空缺，由韦伯斯特兼任。
[6] 德罗希达夫人（帕维特和她一起表演钢琴二重奏）。

女》，他们让我去通知哈伍德告知她这件事或者加勒特本人去告诉她。尽管有点困难（我自己也这样认为），我设法解
716 决了这个问题。大家同意说刚出现失败的迹象就背弃她是不对的，无疑她以后会改进、会唱得好、会恨我们，然后只要一有机会她就会离开我们（也许她不会那样做，但至少我们不会留下不好的记录）。因此，我们又一次显示了英国风度，支持她，我们告诉她说她是个好女孩，但必须更努力一些，一定一定不能再这样唱了。很明显，管理方面出现了严重的疏忽，大都会歌剧院那边肯定不会发生这种事的，因为宾就住在该歌剧院——我还从未见过有谁那么经常待在那儿——我去看过五六次彩排，他没有一次不在；当然，他绝对是个独裁者，不听委员会的，他的鉴赏力也并非无可挑剔，但他是个名副其实的管理者，照料着一切，为了歌剧院的命运竭尽心力。

不知为什么，沃尔特[1]根本不喜欢佐尔蒂[2]，我必须说服加勒特的是，我们必须花两个月的时间试用一连串的指挥，

[1]（哈利）· 沃尔特 · 莱格（1906—1979），音乐制作人、音乐记者及音乐经理人，创建了爱乐管弦乐团及合唱团，1958—1963 年任皇家歌剧院院长；伯林认为他是柯芬园“一只珍贵的牛虻”（1960 年 6 月 13 日致加勒特 · 德罗希达的信）。

[2] 格奥尔格 · 佐尔蒂（1912—1997），在匈牙利叫吉奥吉 · 斯登，指挥及钢琴家，1946—1952 年在巴伐利亚国家剧院，1952—1961 年在法兰克福剧院，1961—1971 年在柯芬园任音乐总监，后（1969—1991）任芝加哥交响乐团的音乐总监。1959 年 12 月佐尔蒂在柯芬园担任《玫瑰骑士》的指挥，后来很快同意于 1961 年 9 月接任柯芬园的音乐总监。

每个指挥都要有试用期。我想这可能让管理者发疯，但没人就此事咨询我，加勒特立即拒绝了这个建议（我想他是正确的）。很想来我们这的人是莱因斯多夫[1]，我猜，一个很能干的纽约大都会歌剧院的指挥，然而，他缺乏灵气。他是二流中的佼佼者，永远不会比这更好也不会比这更差，完全能胜任，绝对可靠，但他的指挥有些机械。他的手臂像蛇一样准确地伸出，演出效果永远值得信赖，始终还行，演唱者唱得不错，乐队演奏得很好，但就是没有任何鼓舞人心的时刻，总是有某种无可救药的乏味感。[……]

你我一直都认为上帝造萨瑟兰不是要让她成为交际花：但我想应该允许她在这方面发展，如果有谁改造了她——不管是谁——那场灾难或许本来是可以避免的。也许管理层已经得到教训了。我想。

[……] 已经是凌晨两点，我必须打住了。如今梅耶[2]不会在《特洛伊人》中演唱了，噢，亲爱的，他们总是这样。

你永远的 717

[1] 埃里克·莱因斯多夫（1912—1993），在奥地利叫朗多埃，1957—1962 年任纽约大都会歌剧院的指挥，后（1962—1969）任波士顿交响乐团的音乐总监。

[2] 科斯丁·玛格丽特·梅耶（生于 1928 年），瑞典女中音歌手，她最后于 1960 年 4 月 29 日在柯芬园首次登台演出，在《特洛伊人》中演迪多。

伯林回到牛津，听到了令人震惊的消息。

致莫顿·怀特

1960 年 1 月 27 日

海丁顿宅

亲爱的莫顿：

自我们在纽约极短暂的会面后，我有一大堆无比沮丧的事。那次你讲的话不多，我告诉你的也不够多。我们有必要在更安静的环境中进行更自由的长谈。我回到牛津，面对各种令人沮丧、痛苦的事：我在全灵学院的一位非常好的同事得了严重的疾病；[1] 我的次继子在他的新寄宿学校流泪想家；而最糟的是——实际上我不应该告诉你的，这件事目前还保密，特别是不能让他的孩子们知道，他们还蒙在鼓里——我们的朋友 J. L. A.[2] 得了不治之症，正在慢慢走向死亡。我根本没法接受。我去看他了，他约略知道自己得了什么病，但我想他根本不知道医生们认为他所剩的日子不多了。他的孩子们什么也不知道，而他的妻子 [3] 简直惨不忍睹。她的脸都脱了形：不论跟谁比，她是最难受的一个。整件事只有六个人知道，还处于严格保密状态，以防他的孩子们知道——

[1] 见原文第 847 页。
[2] 约翰·兰索·奥斯丁。
[3] 让·奥斯丁（生于 1918 年），婚前姓考特，哲学家，后（1964—1986）任圣希尔达学院的研究员。

况且，这种情况下医生说的话从来都是不可信的，人会出乎意料地活下去。但我感到悲观。他看上去非常愉快、坚忍，表现得太好了点，坚定沉着——过于坚定沉着了——我每周去看他一次，我真的非常喜欢他，不可否认，在教我哲学的人中，他教给我的最多，我认为总体而言他是我认识的人中最聪明的一个——很奇怪的是，他也是最好的那个，也许远不止最好，他非常仁慈、善良、友好、正直，尽管他有一些小小的虚荣。他今年举止奇怪，我告诉过你的，现在可以肯定其中的原因是，他在他自己或其他任何人有所察觉前已经得了这个可怕的病很久了，至少这是其中部分的原因。他起初被误诊了，虽然如果没有这个愚蠢的错误的话是否有挽回的余地尚不可知。他妻子的命运，他跟她结婚时还是大学生（我的意思是她当时是大学生），没有他她根本没法活了——“我过去事事都听他的”，她对我说——很难想象会怎样。他谈到了《感觉与可感物》[1]（他讲座的题目），谈到一切事物都是静止的，整件事很像休谟的最后日子。我希望我是亚当·斯密[2]，能够恰当地向子孙们描述许多事情。 718

英国真是个非常奇怪的国家：《泰晤士报文学副刊》忽

[1] 杰弗里·沃诺克重新整理了奥斯丁的讲稿，后来以此为书名出版（牛津，1962）。

[2] 亚当·斯密（1723—1790），苏格兰哲学家和经济学家，在1776年11月9日致威廉·斯查辰的信中描述了大卫·休谟的最后日子。

然刊出了一封爱德华·博伊尔爵士[1]写的信，谈的是一篇非常愚蠢的评斯特劳森[2]的文章，我想博伊尔爵士是财政部的金融秘书或诸如此类的职务，他在牛津大学学的历史（他这门课的成绩为三等，虽然他是个非常聪明的人）。信上说对语言哲学的攻击骇人听闻，说知道词语的意思非常重要，说奥斯丁的书在这方面极具价值，它大大改变了人们的思维，说外行对牛津哲学的攻击，比如，他谈及的那篇在《泰晤士报文学副刊》批评斯特劳森书的文章，是不允许的，等等。一个保守党大臣，不论他出于何种动机，能这样进行回击，我想，是令人鼓舞的。《泰晤士报》已经刊出了约二十五封来信，评论盖尔纳的书，这个事实本身就非同寻常。我真的认为你最好来这待上一年。

现在谈谈我们的安排。我有个难处：我想写一本书，谈18世纪浪漫主义运动造成的在道德及政治思想方面的危机，多年以来，虽然我不够格，我已陆续在布林莫尔学院、芝加

[1] 爱德华·查尔斯·格尔尼·博伊尔爵士（1923—1981），1970年受封男爵，1950—1970年任下院保守党议员，1959—1962年任财政部金融秘书，后（1962—1964）任教育大臣，1964—1970年任教育及科学部国务大臣。他的信的标题为《个体》，刊于《泰晤士报文学副刊》1960年1月22日第49版；伯林2月5日写信祝贺他代表牛津哲学家“非常聪明地支持了理性［……］。他们有他们的不足，但他们比那些外行的诽谤者，特别是《文学副刊》的那些诽谤者优秀不知多少倍，《文学副刊》的评论总体而言已经堕落到一个非常可怕的水平了。有时他们对我本人写的东西给予的赞扬，让我都觉得害臊。说‘害臊’也许太言过其实甚至太虚伪了，也许我应该说‘我觉得不安’”。
[2] E.W.F. 汤宁，《思维的深层结构》，《泰晤士报文学副刊》1960年1月15日第38版。

哥以及英国广播公司等就此话题做了讲座。这件事一直在我心里，我想我必须首先把这本书写出来才行。自 1938 年以来，我没有就任何话题写过一本书，我对此感到非常难过。为了写这本书，我将不得不连续几个星期几个月去一读再读，尤其是那些对我而言可怕的半懂不懂的德国浪漫主义作品。然而我已下决心这么做，除非我这么做，否则我会鄙视自己，我确信你很了解这点。因为这个原因，我意欲在下个学期及暑假为这个可怖的任务做准备，因为如果不进行大量的、广泛的却多少有点囫囵吞枣的阅读的话，我什么也写不出。然后，我很想和你合作写一本关于历史哲学的书。[……] 1961 年，我们必须在一起过一个勤奋的暑假，然后按照原计划继续一起度过冬季。你是否可以做相应的安排呢？这个要求太高了，我知道。只是我的难处是我知道我不能推迟那件事，因为它一直咬噬着我的心——迄今为止已经两年了——我一直读书做笔记，但笔记丢了，我没法继续做
笔记了，这整件事让我变得神经质，只有写出一本书来我才 719
会好，不论这本书多么差劲、令人失望（我觉得我写的东西就是这样的而且一直都这样认为）。[……]

我去听了赖尔和亨佩尔在此开设的历史阐释课〈写到这时口述机坏了。我能说什么呢？只能说这门课无用之极。他们谈的是演绎推理模式，他们并不佯装这跟历史有任何关系。赖尔问："我知道 X 的左眼是蓝色的；因此我推断他的右眼也是蓝色的"是不是个解释，如果不是，为什么？这样的东

西，正如〉大家所知，不能被运用到历史思维中去。亨佩尔也多次谈及这些，讲的也是别人已经讲得很多的小卡纳普模式，他只不过在无比真诚地兴致勃勃地重复自己，根本不思考，并在黑板上写那种极为幼稚的常识。显然赖尔觉得乏味。学生们没有任何可圈可点的表现。这种课档次太低，但许多人去听，因为他们觉得课容易听懂，并认为要礼貌地听课堂上讲的每句话。[……]

你永远的

以赛亚

附言：关于 J. L. A. 的事千万别说出去（我想在美国还没人知道）[……]

致莫顿·怀特

1960 年 2 月 12 日

海丁顿宅

亲爱的莫顿：

奥斯丁两天前去世了，[1] 没有太大的痛苦，我想，因为他被上了很多麻醉药。死前的一段时间他已经神志不清了，虽然有时他是清醒的，能连贯地同他的妻子说话。我附上《泰晤

[1] 1960 年 2 月 8 日。

士报》的讣告，[1] 当然是赖尔写的，谈到了几点，但未提及以下内容：(1) 截至他去世，在讲英语的地域，他可能是最具影响力的哲学家；(2) 他仁慈、有魅力、性格可爱，你、我、伯顿［·德雷本］及美国各地的大学生都非常爱他。还有，他在他的讲座中用过的生动例子，有时被一个只听过他一次讲座的学生记住，然后该学生不停地在自己的各种讲座上用这些
例子，物理学家和哲学家也这样做。我已鼓励赫伯特·哈特给 720
《泰晤士报》的讣告栏写点什么，马库斯·迪克也会描述做他的学生的感受。也许对牛津来讲那样就行了；但如果你和/或伯顿都写一些简短的信给《泰晤士报》，信的格式为“哈佛大学 X 教授写道”，或者“一个朋友写道”，或“M. G. W. 写道”，我确信那会让他妻子及他的所有朋友都感到高兴。所以如果你觉得想写就写吧；你收到我的信后再写还不算太迟。葬礼明天举行，只有不超过一打的亲近朋友参加；当然后面还会有个追思会。真的没什么可说的：我们了解彼此对他的感情。我想要有人给英国社会科学院写份关于他的公告，[2] 也许由乔

[1]《泰晤士报》1960 年 2 月 8 日第 13 版。C. H. R.（科林·亨德森·罗伯茨，牛津大学出版社委员会的秘书）也向死者表示了敬意，是仅有的刊于《泰晤士报》(1960 年 2 月 10 日第 15 版）的另一篇悼念奥斯丁的悼词。

[2] G. J. 沃诺克，《约翰·兰索·奥斯丁，1911—1960》，《英国社会科学院汇编》第 49 期（1963），第 345—363 页；文章说：“伯林教授曾在新学院他的壁炉台上放一张很大的卡片，卡片大约长两英尺、宽六英寸，想必是从某个汽车商人那里弄到的，卡片上是传奇中的奥斯丁；他保存此卡片‘以提醒自己敏锐的评论家正在工作中’。”(见原文第 352 页注 2)

治·保罗写；公告刊出时我会想办法寄一份给你。我想，他在基本没有资助的情况下在牛津建起的大厦何时会倒呢；那些后起之秀——沃诺克、乌姆森及其他人——能继续他的事业吗？我有点怀疑。我想接下来会怎样。不是赖尔，不是奎因，而是更浪漫的东西，也许更模糊，但更接近那些折磨人的问题的答案。我想会有一个恶性的通胀，数学逻辑学家将走他们自己的路，而其他人用更不~~永恒的~~[1]但更为人性的语言说话。我不敢肯定这是件好事〈实际上我认为，这件事总体而言是不好的〉，但我感觉会发生这样的事。[……]

我们一切都很好——我的美国之行（最近的一次）非常愉快，只是发生了以下不愉快的事：在坎布里奇碰到了哈里[·莱文]，并且遗失了一件绝对独一无二的东西，一封帕斯捷尔纳克写给德国出版商的德语信，内容（显然很有价值）涉及美学理论，埃德蒙·威尔逊会就此话题写上一篇长文，甚至写点别的；他把它借给了我，他借给我后我还没读过；也许是因为我被坎布里奇那晚的种种恐惧压倒了——下雪的夜晚在怀特海太太房子外面守夜[2]，电话中同她的可怕谈话，一大早去机场的种种困难，暴风雪中的飞行，加上其他噩梦一样的经

[1] 伯林把这个词删除了，但没有换上另一个词。

[2] 伯林希望不用进入哈佛社交圈，就能见到伊夫林·怀特海，因此他从芝加哥秘密到了坎布里奇；他拜访了埃德蒙和艾琳娜·威尔逊，然后在半夜过后想见怀特海太太，但时间太晚了，她谁也不见。因对他的晚到感到生气，她到了第二天早上还是拒绝见他，因此，他没有见到她便飞到了纽约，后来她后悔了。

历，我把它丢了或放在哪里了。不管怎样我感受到了密尔对卡莱尔的感觉。[1] 我写了一封认错信给埃德蒙 [2]，这整件事让我感 721 觉很难受。我将试着从德国出版商 [3] 那里索要一份这封信的复印件，或许他可以给我一份——我不知道信里写了什么，肯定要从几百封的信里去找到那封的复印件，也许能找到。对我来讲这确实是黑暗的两天，奥斯丁去世，埃德蒙写信责备我，我鄙视自己并对自己的才智下降感到沮丧，坚信如果自己在三十或四十岁时写出点东西的话，可能会值得一读，可现在[……] ——我敢说我要过段时间才能从这种情绪中恢复。

请一定写信给我。

你永远的

以赛亚

附言：就我而言，这封信太神经质了。但我并不会像信中所暗示的那么郁闷。这里正在选牛津大学的名誉校长——

[1] 1835 年托马斯 · 卡莱尔借给 J. S. 密尔仅有的一份他写的《法国革命史》第一卷；密尔后来不得不向他告罪说一位女仆错误地把它烧了。

[2] 在信里他承认说这不是他第一次犯错："1940 年 6 月我没法去想德国人占领了巴黎，因为我遗失了 142 份这儿本科生的逻辑学期末考卷。[……] 我重新找到了考卷。我希望能找回那封信。" 1960 年 2 月 12 日致埃德蒙 · 威尔逊的信。

[3] 一封写于 2 月 19 日"以赛亚 · 伯林爵士，英帝国二等勋位爵士，英国社会科学院成员，牛津大学社会与政治理论教授"致戈特弗里德 · 伯尔曼—菲舍尔的信，想要一份帕斯捷尔纳克信的复印件，信中未提及伯林的疏忽，并承诺"会让这份文件保密"，还说此信"如此有趣，我忍不住想再读一遍，但埃德蒙 · 威尔逊先生不让他的那份复印件离开美国"。

这个职位纯粹是装饰性的——这件事占据了每个人的心，麦克米兰、索尔兹伯里，他们是候选人。对这事我提不起任何兴趣。[……]

致菲利克斯·法兰克福特

1960 年 2 月 29 日［副本］

海丁顿宅

亲爱的 F.F.：

让我告诉你一切吧：瓦德汉姆学院院长的立场相对简单。他一直非常讨厌奥利弗，已经有二十年的时间了，甚至更长，不论我什么时候像美国人那样讲一点点关于奥利弗的好话，他会巧妙地制止我，并说奥利弗是个冷酷的、卑鄙的学究，毫无人性、让人不快，等等，还说他与生活中的所有快乐为敌。后来他在希腊旅游时碰到了奥利弗，莫里斯在那开讲座，奥利弗·弗兰克斯（他是个极佳的听众）问了问题，表现得讨人喜欢——他开始喜欢奥利弗了。这种事经常发生在我们的这位老朋友身上，有时他得为此付出代价但有时也不用，这说明他真的非常慷慨大方、自然，有时完全没有心计。事实上他跟老李尔很像，而里根、贡纳莉这样的
722 人很多——［……］他们奉承他，他喜欢他们，他给他们工作，他们恩将仇报，他极端恨他们并感觉自己像个受到蔑视的女人。我觉得奥利弗不会那样的：但我必须承认，过去奥利弗跟莫里斯的关系，虽然你会说他是谨慎，但可以说是冷

淡的；[1] 我们觉得他更喜欢的人是，比如萨瑟兰小姐 [2] 或其他庄重的表情严肃的人。不管怎样，选举时间临近时，我接到了我们的老朋友的电话，他说的大概意思是，“让索尔兹伯里见鬼去吧，让托利们见鬼去吧，我不反对麦克米兰，但他对我们没有好处，我在找一个候选人，弗兰克斯如何？”我说，“他难道不会成为斯托克国王？他难道不会干涉、不会想管理大学吗？他鄙视所有民主团体和各委员会，而且最糟的是，他并不掩饰这点？”我们的老朋友的回答是，“如果他让校长特平 [3] 痛苦”，不管他是谁，也许是另一个名字，“我毫不关心”。或者诸如此类的话。我相信你会感觉这些话是真的，确实是真的。然后他召集各学院院长开会，这次会议后来被认为是不光彩的领导层秘密会议，但本质上并没什么错——如果邀请世界上所有的文科硕士参加的话，那就成了让人无法忍受的喧闹嘈杂的集会了，甚至麦克米兰的支持者也这样跟我说——在这次秘密会议上，他否决了索尔兹伯里，否决了布里吉斯，排除了蒙克顿，甚至排除了大学校

[1] 这段拗口的话，可能是口述机有误或秘书听错，也许它的意思是：“我必须承认，过去奥利弗跟我谈过莫里斯（虽然较为谨慎），可以说他对莫里斯态度冷淡。”

[2] 露西·斯图尔特·萨瑟兰（1903—1980），出生于澳大利亚但在南非长大，历史学家，1945—1971 年任玛格丽特夫人学院院长。

[3] 一个错误。肯尼斯·查尔斯·特平（1915—2005），1957—1980 年任奥里尔学院院长，到 1966—1969 年才担任校长。

长[1]推荐的候选人——我几乎不用跟你说是谁，当然是爱丁堡公爵[2]——在各轮选举中他似乎一直都忠于他，但最后服从多数派了。多数派被告知，名誉校长要跟政府及大企业打交道，爱德华[3]在所有这些方面都做得不错（虽然我非常爱他，我恐怕得告诉你，作为一名名誉校长，他从来没有过什么作为，也没人希望他有作为，迄今为止人们认为这是个纯属摆设性的职位［……］）。不管怎样莫里斯否决了所有觊觎名誉校长职位的人，为弗兰克斯欢呼，得到了至少十七名院长的支持——看到他的绝对优势或者说得势后，其余的人也跟风——当然不是所有人，大概有六七个人吧，其中有我们的老朋友古德哈特教授；保持中立的人有：斯帕洛（他想选索尔兹伯里，怀疑关于他的那些话不一定是真的，还未被证
723 实），玛斯特曼，柯尔（他在非洲），博厄斯（校长，当时正住院），诺林顿[4]（即将上任的校长，当时也正住院），还有其他所有当过校长并因此死去、崩溃或者被压垮的各学院院长们——只有莫里斯一个人像一株挺立的树站在这片废墟上。特雷弗—罗珀，喜爱斗争，喜欢阴谋、冲突、毁灭，他随即站了起来，说支持麦克米兰。斯帕洛想选索尔兹伯里，

[1] 阿瑟·古德哈特。
[2] 菲利普亲王（生于 1921 年），女王伊丽莎白二世的丈夫。
[3] 哈利法克斯勋爵，前任校长，1959 年 12 月 23 日逝世。
[4] 阿瑟·莱昂内尔·普格·诺林顿（1899—1982），1954—1970 年任三一学院院长，1960—1962 年任牛津大学校长。

你可以想象，他行动缓慢、非常讲究细节、讲究绅士风度，他着手给别人写精心构思的信件，这些信显示出很高的文学修养但于事无补；可怜的索尔兹伯里因此变得无足轻重了，因为麦克米兰的支持者行动迅速果敢；斯帕洛明确表态说他不会反对自己的那派领导；毫无疑问，私下里他的感受完全不一样；他成了一名平静的麦克米兰的支持者，他的想法就这样结束了。三派的领导人都几乎立刻给我打了电话。我不得不对莫里斯说，我对接受一个经过启蒙的独裁者的统治存在疑虑，此人虽然善良但冷冰冰的，我很了解他，他也确实是我的朋友，但他对人、事的理解有限。跟特雷弗—罗珀，我的解释是，弗兰克斯的支持者主张说首相作为积极的政治家，正因为他的高尚和公正（至少必须表现得这样），他不能做对牛津大学有益的事，然而当他属于在野党时，他只不过驱使工党政府走向反牛津的极端，对此他是怎么看的呢？实际上，我用一派的观点去反驳另一派，仅仅为了好玩，我自己则舒舒服服地抱着观望态度，现在大学里三分之二的人，包括我自己，舒服地待在一间舒适宽敞的大建筑内休息。这场竞选毫无意义，纯属好玩。[……] 艾琳希望我把票投给麦克米兰，理由是，她很了解奥利弗，他还是她老房子的买主，但他太过平凡了——认为每天早上都应看到牛津大学的名誉校长站在一号讲台，认为象征性的职位（如你所知，目前就是这样的，只不过是象征性的）必须跟人保持神秘距离，这种想法是不对的，艾琳觉得麦克米兰快乐友好，

有益于大家。[……] 弗兰克斯，是一个冷酷、傲慢、冷漠的人，他无疑会给我们带来金钱，会让公务员害怕；麦克米兰呢，文明有礼、欢快、多愁善感，地地道道的巴利奥毕业生，不会为了牛津大学哪怕动一下手指头，也没人会要求他这么做，他会一年又一年就这么过下去，看上去像一只疲惫但忠诚的猎犬，会讲述冗长的故事，讲得很好很有趣，但一遍又一遍地一再重复。[……] 如果只让牛津大学的人参与投票，那么弗兰克斯肯定会赢，人们很不喜欢托利贵族们，
724 甚至讨厌出版商。左翼对这两个人都不满意，他们更赞成艾德礼。投票是保密的，但莫里斯是负责该事的官员。我已告诉特雷弗—罗珀说不论什么都不能促使我为他的候选人投票，对莫里斯也说了同样的话，我不觉得兴奋，但觉得非常好玩。

你的

致莫里斯·鲍拉

1960 年 3 月 4 日 [手稿]

全灵学院

亲爱的莫里斯：

昨天你问我是否投票了，我老老实实地告诉你说我投了。我把票投给了麦克米兰：我本来要告诉你的但没有说，我想是因为胆小，怕你会责怪我。然而，我忍不住要告诉你（我还没告诉其他人，我也没有为了麦克米兰而写下自己

的名字，因为我受不了让特雷弗—罗珀高兴），因为那样会损坏我们俩的关系，它对我来说非常重要，你知道的，它也取决于绝对的坦诚（过去如此，将来也如此）。我为什么这样做呢？我观望了好几天，觉得（1）我的投票无关紧要，(2) 思考我认为正确的事。我去了神学院，实在不知要做什么，一个来自《每日电讯报》的可怕家伙和 E. 博伊尔爵士问我投谁的票，我就实话实说了，《每日电讯报》非常准确地报道了此事，说我是个尚未作决定的还在摇摆的投票人，[1] 一种很可笑的状态。最后我想到麦克米兰文明有礼、有人情味，是个好人。我几天前非常意外地碰到了他，他很高兴、快乐，谈到你时非常友好（我承认他对我也一样），对正在伊顿参加“选举”的穆尔 [2] 也很友好（很怪噢），他非常亲切地谈到了你，就像你是他的一个老朋友，他说尊重你的动机并说他并不十分介意结果，但如果拒绝参加选举则显得太傲慢了。我认为他很机灵，喜欢牛津，不会干涉我们。然而，奥利弗则不是那么通人情，对人没有兴趣，我记得在所有之前或目前我们都是委员的委员会里，他非常像韦弗利，只有心灵高尚的人会履行诺言。我想不论他是否

[1] “甚至已经站在门槛上了，以赛亚爵士坦白说他还没想好投谁的票——也许这是这位杰出的哲学家说过的最含糊不清的话。”《每日电讯报》1960 年 3 月 4 日第 12 版。

[2] 杰弗里·雷金纳德·吉尔克里斯特·穆尔（1893—1979），哲学家，1947—1963 年任默顿学院院长。

赢，投票反对他后再见到他是否会不自在，我想会的：但因此而回避这件事（比如，根本不参加投票）则太脆弱了。我想也许他真的会很好地捍卫牛津大学，但他做的时候会很强势、很肆无忌惮——因此我去投了票。当然，我立刻就觉得自责了。也许从政治上讲，弗兰克斯才是我们需要的人。我
725 还看到了下院托利党议员排成可怕的一排，为站在他们那一边感到羞愧，虽然左翼亲麦克米兰的人也很醒目（巴洛夫、雷斯[1]、考伯特[2]等）。特别是，连我自己也觉得有点奇怪，我有扎纳式的感觉：为了我们的爱和友谊，我本不该在有关大学的任何事上违背你的意愿投票，那样做就是违背我自己的意愿。因此我一整天都在很痛苦地闲逛，不愿告诉任何人我的票是怎么投的，不希望给麦克米兰们带来鼓舞，他们总体而言令人讨厌，虽然他们的候选人比奥利弗（比如，关于南非）心胸更为宽广，不管怎么说，也比我的宽广。我本来要打电话给你的，但现在太迟了（凌晨一点）。我投票前给你打电话，但你不在——你的电话根本没人接，明天一大早你要到神学院，而我们周末会离开。关于牛津大学需要什么，你可能是对的，我可能犯了错。但弗兰克斯的那个形象让我觉得郁闷，就像过去许多年他让你觉得郁闷一样。不

[1] 科林·坦普尔·雷斯（生于1931年），1953—1960年任巴利奥学院的研究员，1956—1960年任政治学导师。

[2] 约翰·帕特里克·考伯特（1916—1999），1945—1961年任巴利奥学院的研究员、哲学导师。

管怎样，我应该告诉你我做的事（正如我也必须告诉弗兰克斯，我想），以防万一你做相反的猜测（当然，我开始亲弗兰克斯了，但我真的觉得他太冷冰冰了，在处理与人有关的事情上很差劲）——我受不了。别对我生气，甚至别在心里骂我，不给机器人投上一票，也许太任性了——他的确只是有一半像人，真的冷漠无情，常令人难堪——我没法把票投给他。我唯一觉得遗憾的是我之前没有告诉你：也许你会说服我投相反的票，我现在就不用去想我是否做对了。对我来说，我只希望你不要介意，不要把它看作是对你本人的不忠。当你把一本书献给我时，那是我一生中最兴奋的时刻。我那时感觉到的，现在也感觉到了。没能更经常见到你，我觉得无比遗憾，我欠你很多，我也非常爱你。但住在海丁顿好像同外界隔绝了，我们几乎（想想我以前酷爱交际）没有客人，也没人来，我也没去看任何人。原谅我，别看不起我或把我归入可鄙的一类，即便你这样做，我的感情也不会变，虽然我会越发觉得孤立。同X曼[1]及罗伊站在一起投票已经是严厉的惩罚了。请不要在众人面前谴责我，也许你觉得那是我活该，但友谊同公正不是一回事。我还是希望你在下个星期日同我一起用餐，或者之后的星期五也行，如果你宁愿在那天的话。不论你做什么、怎么想，请记住我最爱的人一直是你，而不是别的什么人，最高兴的是待在你而不是

[1] 理查德·克罗斯曼。

别的什么人身边。学校的事务让你分不开身，请不用回我的信：你生性胸怀宽广、慷慨大方，我相信你。我真的不能再说什么了。我是个可怕的笨蛋：极端缺乏智慧、勇气及自
726 信。即使你同意这个观点（为什么不呢），我请求你，现在先别这样说：我情绪很低落。原谅我这冗长、啰唆又非让人轻松的倾诉，但我无法不这么做。

深爱你的

以赛亚

星期六上午九点：

今天早上起床，我的神志更清楚一些了，我意识到我一直在“潜意识中恨”弗兰克斯——很像普莱斯和魏斯曼面对面的情形。在公共场合采取行动时基于这样一个理由似乎说不过去，但好像也有些道理。我忘记补充说那件事弄得我自己心烦意乱——像托尔斯泰笔下的任何一个人物——我劝说拿不定主意的哈考特勋爵投弗兰克斯的票（麦克米兰希望他选他），理由是我觉得银行家应该互相支持。然而，我没能说服伯肯海德勋爵[1]，他对两人都不喜欢，准备把票投给“哈罗德”。我想我真的是疯得厉害。我最迟到了星期一会恢复的。如果我没收到你的信，我将假定你会星期天来用餐，

[1] 弗里德里克·温斯顿·福诺·史密斯（1907—1975），伯肯海德伯爵二世，帕米拉·贝瑞的兄弟。

如果你宁愿选择之后的星期五，请告诉我。

我没有从头到尾把信通读一遍。没法读。它既冗长重复又夸夸其谈，我对此表示歉意——就像你经常说的那样，写作并非我的强项。

致伊丽莎白·詹宁思[1]

1960 年 3 月 8 日

海丁顿宅

亲爱的詹宁思小姐：

好吧，我只能说我希望此书可以取名为《启蒙的三个批评者》[2]，它将包含三项研究内容。[3] 首先试着研究 17 世纪的意大利思想家詹巴蒂斯塔·维柯，一个天才的思想家，他在自己那个时代未得到承认，后来被遗忘但每隔一段时间就被重新发现，跟他那个时代比，他对我们这个时代更有意义。其次研究

[1] 伊丽莎白·琼·詹宁思（1926—2001），诗人，1958—1960 年任查托与温德斯出版公司（当时霍加斯出版社是它的一部分）的特约审稿人。她要求伯林描述一下他声称即将出版的那本书，该书列在霍加斯出版社的目录中。

[2] 在这件事上，直到 2000 年才有这样一本书出版，出版时书的内容也跟伯林原先的计划不同：《北方的巫师》（关于约翰·格奥尔格·哈曼）代替了那篇关于迈斯特的已经收录在《扭曲的人性之材》中的文章。参见《启蒙的三个批评者》中的序，其中谈到了这次出版的种种曲折。

[3] 伯林发现写更短一些的文章实际上是个避难通道：“我本来真的应该写一本扎扎实实的书——我知道要写什么，我脑子里已经储存好了材料，但我千方百计回避它，为了不沉到真正的写作中去，我抓住所有那些文章、前言等各种稻草。每次我答应写一篇小文章时我都感到惭愧并松了口气。”1960 年 3 月 11 日致彼得·卡沃科雷西的信。

更为著名的约翰·戈特弗里德·赫尔德，现代民族主义的奠基
727 人（这项研究甚至还没开始！）。最后研究约瑟夫·德·迈斯
特的观点，他是一个萨瓦伯爵，是19世纪早期最有才华的保守的公法学家。我的论点是，这三个作家都憎恶法国启蒙运动的基本观点，这点以及他们长期对此所作的深刻的批判性反思把他们联结在一起。跟其他思想家比，赫尔德的思想在反实证主义和理性主义的反革命运动中贡献最大。至于维柯和德·迈斯特，不管怎样，我们时代的历史已经在某种程度上以他们的同时代人没有预料到的一种令人恐惧的方式，证明了他们观点的原创性和正确性。启蒙运动的提倡者和这些批评者之间的争端，在今天和在启蒙运动初期至少一样至关重要，对手们最初提出论点的方式比后来者更清晰、简单、大胆。维柯提出关于历史、文化和社会的概念；赫尔德把科学理性主义同创造了各种文明并让它们明白易懂的那些属性进行对比；迈斯特对人身上的非理性和潜意识因素以及它们在个体和社会生活中所扮演的角色所作的分析令人恐惧，跟人们普遍接受的构成欧洲思想主流的学说比，似乎更贴近我们的现实，跟我们时代的重大问题更有关联。[……]

你真诚的

以赛亚·伯林

在安娜·卡琳的请求下，伯林勉强同意英国广播公司拍摄他：画面为1955年，他显然正在录制《辉煌十年》。这些

片段会在宣传片《这里是英国广播公司》中出现，该宣传片剪辑了英国广播公司举行的大量活动：宣传片那长长的演职员名单最后几个名字是："……克里夫·米歇尔莫、赛·格兰特、以赛亚·伯林爵士、迈克尔·奥尔德里奇、乔治—米切尔合唱团、电视精品、詹妮·马登。"到了1960年3月，该片已经在全国各地放映超过300次，第三套节目的总管去牛津想征得伯林同意签一份新合约，允许在英国电视上放映该宣传片。伯林拒绝参加该宣传片在莱斯特广场的欧点剧场举行的初次公演，然而，一些关于初次公演的报道让他感到担忧，觉得自己在片中的形象有些滑稽可笑。他最初的反应是，有提到他或者他出现在其中的那四个电影片段[1]（共十一秒）必须剪去，即便别人向他保证说在技术上不可能做到这点；
但他答应说愿意进一步商量此事。 728

致P. H. 纽比[2]

1960年3月18日［副本］

海丁顿宅

亲爱的纽比：

正如我许诺的那样，我同我的妻子谈了。我很清楚我无

[1] 观看最长的那个片段可以访问以下网址：http://berlin.wolf.ox.ac.uk/lists/broadcasts/，第19条。

[2]（珀西）·霍华德·纽比（1918—1997），1958—1969年任英国广播公司第三套节目总监。

法让自己接受这种事：出现在某个电视短片里，这个中缘由你也清楚。这会侮辱我，并且有辱我的职业，出于这些原因我不同意改变原有的合同或者签一份新合同，允许这种事发生。我本人不理解为何剪切掉有我的那段并用新的一段代替会格外困难——但这方面我没有发言权。你知道，我很勉强地同意了你的要求“出现”在演播室，要不是你们向我保证说该影片不会在英国播出，让批评家和其他公共评论员看到，我绝不会这样做。我想，为了公众的利益，大学导师作为小丑出现应该有个度的问题。我认为如果我同意你的请求的话，我就越过这个度了。

你真诚的

英国广播公司花了大量成本，重新制作了会冒犯伯林的那部分，用约翰·莱曼代替了伯林。

3 月底伯林去了意大利；在罗马待了一周，之后去了波托菲诺、苏黎世和米兰，出席学术活动，还参加一些社交活动、听音乐会。

致艾丽丝·奥利高

1960 年 3 月 29 日［手稿］

寄自［罗马］德拉维尔酒店

我写信向你致谢，但写的内容比我想的要简短很多，请你原谅：已是凌晨三点了——我们将在（我认为的）黎明时

分即九点离开，还有一些行装未整理好：这是因为我生活习惯邋遢，事情该做的时候没去做，没有必要了才去做——我敢说，这是因为我的俄罗斯血统（虽然贝伦森跟我如此不同）。现在切入我的正题了。如你所知，我一直对你所写的一切极为佩服，即使我们互不认识，无论何时读你的作品，我感受到的都是一样的快乐、尊敬（还有某种嫉妒——我自己真的没有什么抱负）。好久以前我们还互不认识时我就很
佩服你了。你写的贝伦森剪影[1]，正如尼基在回家的车上说 729
的那样，某种程度上弥补了斯普里格太太的恶行。这是一篇很棒的文章，不仅仅因为它是一篇很好的人物剪影，有其独立的文学价值，还因为它解答了怀疑者的疑问（他无疑是个健谈者，但这足以描写他吗？他的势利、小气、充满怨恨，把自己的生命浪费在社交闲聊上，渴望向年轻女人忏悔，没能像布克哈特或莫姆森等人那样，写出一本有永恒的极具学术价值的作品，等等，书里都写了），创造了一幅清晰、高贵的永久形象：严肃、可靠、无比真诚。他是如此独特，为什么那些怀疑他的人会被他的魅力迷住——甚至，正如你那精彩的描述，他被认为通过一切手段、诡计、献媚、显而易见的花招真诚地为真理和独立服务（最罕有的品德）——这个问题得到了回答。发现自己亲身经历过的事情得到了精确

[1] 艾丽丝·奥利高，《漫长的朝圣：伯纳德·贝伦森剪影》，《康希尔杂志》第1023期（1960年春季刊），第139—155页。

的、毫不夸张的、最好的描述，真是奢侈的享受：某件真实的、熟悉的、有趣的、私人的、未表达的事得到了清楚的表达；表述的方式非常恰当，一切都很完美，给人带来和谐完满的感受，只有真实和毫不浮夸的用词能有这个效果。真的很晚了，即便我的作息时间较没规律，但我真的想说，不管怎样，我认为你写得非常非常好。现在不论人们写了什么，你为我们老朋友的魂灵报了仇。在崇拜、废话、喋喋不休中，他的优秀、安详凸显了：也许他是欧洲的，或者像你说的那样，是世界的最后一位人文主义者。[……]

你真诚的

以赛亚·B.

致罗兰·博登—穆勒

1960 年 4 月 19 日［手稿］

米兰欧陆大酒店

最亲爱的罗兰：

我的火车半小时后离开：我母亲和我必须离开了，艾琳从那积雪依旧很厚的（我不喜欢的）达沃斯山独自回去。罗马太棒了，我们遇到了托尔斯泰迷人的孙女，名叫艾伯丁尼[1]的，我必须同她商量 6 月底于威尼斯举行的托尔斯泰

[1] 塔迪娜（“塔尼亚”）· 艾伯丁尼（生于 1905 年），婚前姓索克赫丁。

节[1] [……] ——我用意大利语作讲座[2]——我（实际上）并 730
不懂该语言，但伦敦的一位男爵阿奎莱基亚[3]把它译得很优美——我的听众中爱讲话发出噪声的（他们像在听歌剧那样在聊天）被禁止来听我的第二场演讲，因为英国大使[4]欣然听了第一场讲座，讲座主持人认为大使对其间出现的噪声感到震惊。大使招待我们午饭，然后在钢琴上为我们弹奏华尔兹——非常好的人——如你所知，同伊万杰琳·布鲁斯的妹妹结了婚，有挑拨离间者[5]说他退休后他们就会分手——他今年退休——这也许是恶意的谣言。我很高兴格莱德温[6]拥有贵族爵位和头衔：他的签名不会有变。一个非常明智的决

[1] 年会，主要由尼古拉斯·纳博科夫组织，将于 1960 年 6 月 29 日至 7 月 3 日在威尼斯圣乔治岛上的乔治—契尼基金会举行，以纪念托尔斯泰逝世五十周年，他于 1910 年 11 月 20 日去世。

[2] 在罗马大学费德里科·查博德和阿尔贝托·玛丽亚·吉萨尔贝蒂教授的邀请下，伯林作了两场演讲（第一场在 3 月 24 日，第二场在这之后一两天）；第一场演讲（也许第二场继续这个话题）的题目是“浪漫主义革命：当代思想史的一次危机”，后收录在斯蒂芬·卢克斯编的 *Tra la filosofia storia delle idee: intervista autobiografica*（佛罗伦萨，1994）中，原英文版题为“浪漫主义革命：当代思想史的一次危机”，收录于《现实感》。

[3] 乔万尼（“乔安尼”）·阿奎莱基亚（1923—2001），1959—1961 年任伦敦大学（大学学院）意大利语讲师，后（1970—1989）任伦敦大学意大利语教授；他出身于世袭的贵族家庭。

[4]（亨利）·阿什利·克拉克爵士（1903—1994），1953—1962 年任英国驻意大利大使，这封信后过了三个月，他获得了离婚暂准判令，跟他的妻子弗吉尼亚（生于 1917 年）离婚，她婚前姓贝尔，后姓克雷格，再后来姓瑟蒂斯，作家和文学编辑，伊万杰琳·布鲁斯的妹妹。

[5] 伯林此处原文为：mauvaises langues。

[6] 格莱德温·杰布已受封布拉姆菲尔德的格莱德温男爵一世。

定。特雷弗—罗珀在我之前作的讲座，他讲座的内容主要是牛津大学的名誉校长选举，尼基·玛丽阿诺说他是在为麦克米兰做精心安排。我对这个空头衔无法产生足够的兴趣，不会告诉特雷弗—罗珀我选谁——莫里斯·B.（弗兰克斯那方的带头人）忙着向我拉选票，特雷弗—罗珀激怒他们说，我只会非常惬意地在一旁观望，绝对不会参与，因为这只是社交上的小事。最后我把票投给了麦克米兰，他会是个传统的（很大程度上）不管事的名誉校长，跟我尊敬和［很］喜欢的老朋友和同事O.弗［兰克斯］爵士完全不同——O.是个策划者，清教徒，过分积极：但我喜欢自由胜过效率，喜欢松散胜过极端的有条不紊，一直都这样。我不得不同莫里斯爵士和左翼中心人物（弗兰克斯）讲和——弗非常左，自我克制能力强；斯帕洛想选索尔兹伯里勋爵，但由于行动迟缓失败了：特雷弗—罗珀抢先让他的人当选了，并像个疯子一样拉选票，斯帕洛不会去反对哈罗德·M.——自己的亲属、首相、领导人及被内阁除名的人。当这一切正在进行时我在乔蒙德利夫人[1]家见到了麦克米兰，他说："别人告诉我说，当一名候选人，我会失去很多，得到很少。但正如在猎狐狸时，我们并不是特别想杀死狐狸，猎狐狸很好玩：别人怎么做是别人的事，每个人走自己的路，我不介意去竞选，我愿

[1] 西比尔·雷切尔·贝蒂·塞西尔·乔蒙德利（1894—1989），婚前姓萨松，乔蒙德利侯爵五世的妻子。

意去做。”不论别人是否喜欢这个比喻，他身上有某种活泼精神，这是其他保守党人缺乏的。不管怎样，这件事无关紧要。[……] 在苏黎世时我听了前纳粹舒瓦兹科普夫[1]音乐会的十分之一部分，我不得不去听，因为她丈夫是个迷人的顽皮家伙，是我在柯芬园的同事，我去看了令人惊叹的布尔 731
勒收藏[2]，你肯定知道它。我在米兰时去看了场相当不错的《卡门》，尼尔森演的艾达非常精彩。意大利评论家当然充满敌意，说她不是女高音，等等——但她是个杰出的不容错过的歌手。[……] 噢，天哪，似乎是肯尼迪和尼克松在竞争[3]，诚实的人没机会了！还有南非！[4]正如你（和乔·A.）一直说的那样，越来越糟了！

深爱你的

以赛亚

[1] 伊丽莎白·弗里德里克·玛丽·奥尔加·舒瓦兹科普夫（1915—2006），歌剧女高音，出生于德国，被收养后成为奥地利公民，（1953 年）跟沃尔特·莱格结婚成为英国人，1940 年加入纳粹党。

[2] 埃米尔·基奥尔格·布尔勒（1890—1956），瑞士实业家，有着令人瞩目的收藏，藏品主要是 19 世纪和 20 世纪的艺术品，部分藏品 1960 年在苏黎世对公众展出。

[3] 在那年 7 月即 1960 年的总统选举中，约翰·肯尼迪和理查德·尼克松确实正式成为民主党及共和党的候选人。

[4] 3 月 21 日，在反对政府的某些种族隔离政策而举行的游行示威中，约六十九人在沙佩维尔被南非警察枪杀；3 月 30 日，作为大规模镇压反抗的一部分，南非政府宣布进入紧急状态。伯林很快成为“牛津大学反种族隔离运动的领袖，我的追随者举着我的头像，同事中的保守分子则对头像大肆侮辱”。1960 年 5 月 22 日致理查德·魏赫姆的信。

致阿兰・布洛克

1960 年 4 月 22 日［副本］

［海丁顿宅］

亲爱的阿兰：

［……］我很高兴《贝文》得到了普遍赞扬，我敢说这些赞扬是公平的。如你所知，我还只字未读，等你的第二卷出版时，我会一口气把它们全部读完。我对贝文的唯一记忆是 1945 年在莫斯科，当别人介绍我是来自华盛顿的通讯员时，他的表现非常无礼。我一言未发；他说，“你的通讯稿用处不大，报纸更早到，报道也详细多了”，还以同样玩笑的口气说了一些话。他觉得自己有点过分，后来用餐时叫我坐在他旁边，其间他一直在谴责英国到处执行殖民统治。大使克拉克・科尔前前后后露骨地奉承他，我简直无法描述他的行径，同时他还向我们所有人——全体职员，使可怕的眼神，他还就此事事先警告过我们。但他得到了他想要的，被任命为驻华盛顿大使，他已经超龄了，外交部并不希望这样；他是那儿的灾难，但这点没法事先预测到。另一方面，贝文从容熟练地同伯恩斯们及俄国人打交道，如果你想知道细节的话，我哪天可以告诉你，还有他对克罗斯曼的评价以及为什么他把他放在巴勒斯坦委员会，等等。

732 你的

音乐评论家艾迪・萨克威尔—韦斯特是伯林柯芬园歌剧

小组委员会的同事；他偶尔来参加会议，对柯芬园最近的一些决定感到不快。

致爱德华·萨克威尔—韦斯特

1960 年 5 月 30 日

海丁顿宅

亲爱的艾迪：

看来你生气了。[1] 你要知道，我非常尊重你的观点，一直都这样，因此，如果你真的认为事情很糟，我会感到惊恐和沮丧的。我会尽我所能回答你的所有疑问，向你概述正在发生的事情及其原因。如果你听完后还是感到气愤，你必须来并如实说出你的想法，同戴维·韦伯斯特、新来的音乐总监及所有人讲清楚。新的一页正在翻过去——天知道会有什么情况出现；虽然戴维和加勒特目前很喜欢佐尔蒂，我认为他有些精明但有才华，视野比可怜的库贝里克 [2] 开阔，在目前一切都有变数的情况下一切皆有可能。现在当然是采取

[1] 萨克威尔—韦斯特于 1960 年 5 月 25 日写了一封很详尽的信，不同意当下的歌剧演出安排，质疑剧院在舞台设计和歌剧制作人方面的政策。他反对上演莫扎特的歌剧（除了《唐璜》），认为它们过于众所周知了，还从音乐的角度反对阿尔班·贝尔格的《露露》(1937) 和威尔第的《命运之力》(1862)；但他认为勋伯格的《摩西与亚伦》（创作于 1930—1932 年，1957 年首演）应该比原计划更早制做出来。他在信的结尾写道："委员会一些成员的超级自信及喋喋不休经常让我在现场无话可说。"

[2] 托马斯·比彻姆爵士就任命外国人管理国家歌剧公司进行了公开指责，库贝里克因此决定离开。

行动的时候，也许时机还不够成熟但机会已经出现，我恳求你采取你认为正确的行动。但在你这样做之前，先听我说或者先读完这封信。

我希望我不是那些居高临下的、傲慢的、饶舌的委员会成员之一：即便我是，至少让我给你提供一些安慰，以及一些真实情况，我想。我完全同意你的大部分意见，只是不太同意你那悲观的结论，我认为事情还不至于那样。让我们开始吧。

1. 莫扎特。毫无疑问，我想迄今为止人们听了太多《费加罗》，世界各地的人们都对它非常熟悉。另一方面，当然所有的大歌剧院都必须好好储备一些经典剧目。沃尔特·莱格总是力劝我们这样做，这次，我认为他是对的。我们必须占有资源——莫扎特、威尔第，甚至普契尼、瓦格纳、施特
733 劳斯的主要作品，不仅为了在想象力变弱或其他剧本失败时可以转而依靠它们，而且可以把它们长期作为剧院的主要支撑剧目。我们没有这种剧目。[……]

我对《露露》毫不热衷——我从未听过此剧——我提及它是因为佐尔蒂很喜欢此剧，他凭此剧刚刚在巴黎取得了巨大成功，这正是我们要加以考察的，如果它在舞台上的效果确实很糟，我们就不演它了。你来的时候要积极地阐述你自己的观点——不必在意那些健谈者一直抢着在讲——如果你没来的话，我将尽我所能替你［说］话。即便被否决，至少我们说了自己的想法。

现在谈谈《摩西与亚伦》。相信我，我和你一样喜欢此剧，据我所知，事实上没有人（除了莱格）反对它。莱格反对它这个事实自然刺激了他的敌人，他们迫切要求上演它（如伯内特·[帕维特]，T. [托马斯]·阿姆斯特朗爵士等。我这样说话真是太失礼了）。[……]

[……] 我完全同意你说的，上演欢快的业余节目，而非已经尽善尽美的专业剧目，并赞扬为此所付出的努力，是非常糟糕的习惯——我永远都不会忘记，当阿瓦批评某个舞蹈演员时，韦弗利勋爵对阿瓦说："别指责她，阿瓦。她已经尽力了。"但如果你有任何建议，请一定把意见告诉大家，现在是表明态度的时候，佐尔蒂善于接受批评，戴维·韦伯斯特也还行。

[……] 我们的新来者奇福先生[1]，想让我们的一些歌手去欧洲大陆的一些地方性歌剧院演出，那儿薪水很低，但可以获得经验——法兰克福说的，佐尔蒂可能跟那些小剧院还有联系，能让他们进某个地方剧院都行，也许还同他们交换歌手，交换两年或三年，等等；制作人方面也可以这样做。显然，我们的困难在于，英国没有小剧院，因此也不会出现这种类型的歌剧制作人，我们直接从舞台上借用来的那些

[1] 伯纳德·弗朗西斯·奇福（生于1925年），指挥、播音员、作家，1955—1960年任英国广播公司音乐部的指挥及制作人（1959年主管英国广播公司的歌剧广播），1960—1962年任皇家歌剧院歌剧总策划。

人——彼得·布鲁克[1]、吉尔古德——确实做得不好。舞台设计者有同样的问题，虽然问题更轻些。要是我们能得到一个像来自维斯孔蒂[2]工作室的有才华的人，或即便一个像舒尔[3]这样的，或者杰出的汉堡人，那会让歌剧院的档次立刻上升，或许还会激励本国的天才；我想我的要求太高了点。
734 当然，你有权抱怨，但我还是站在德斯蒙德这边：唱得好很重要；但《乡村骑士》和《丑角》[4]的上演造成了多大的影响啊！当我谈到《清教徒》[5]时，我要相信谁呢——凯恩斯吗？[6]他说它相当于许多个《露西亚》，还是海沃思呢[7]？他说它只有大概五分钟的好音乐。当然所有的批评都可以是主观的，但我们的批评家滥用了这个特权。

[……] 我觉得加勒特看莱格就像麦克米兰看赫鲁晓夫——并且把我看成一个缓冲地带，确实，根据我的职务，

[1] 彼得·保罗·斯蒂芬·布鲁克（生于1925年），戏剧制作人，1947—1950年任皇家歌剧院制作总监。

[2] 卢奇诺·维斯孔蒂·迪·莫德罗内，洛纳泰—波佐洛伯爵（1906—1976），意大利剧院影院导演，1958年为柯芬园设计并制作了威尔第的《唐·卡洛斯》。

[3] 奥斯卡·弗里茨·舒尔（1904—1984），德国歌剧制作人、剧院导演，1963年在柯芬园制作上演了《费加罗的婚礼》。

[4] 1959年12月，由佛朗哥·泽菲雷里制作，柯芬园上演了新剧，皮埃特罗·马斯卡尼的《乡村骑士》（1890）和鲁杰罗·莱翁卡瓦洛的《丑角》（1892），取得巨大成功。

[5] 文琴佐·贝利尼1835年的作品《清教徒》。

[6] 戴维·亚当·凯恩斯（生于1926年），1958—1962年任《标准晚报》和《观察家》的音乐评论家，后来是柏辽兹传记作者。

[7] 彼得·劳伦斯·弗雷德里克·海沃思（1921—1991），1955—1987年任《观察家报》首席音乐评论家。

我想我应该是。我有没有回答了你的所有问题？相信我，我不是为了回答而回答，而是因为我认为由于你没在场，你确实没能获得信息：如果可能的话，尽可能来参加会议——你知道，那会完全不一样。奇福先生是新来者，还没学会无视委员会的意愿，他态度认真，会和佐尔蒂一起来，D. 韦伯斯特也会来：他很清楚，他需要音乐方面的建议和权威，否则他没法运转下去。[……] 同时，柯克[1]和阿姆斯特朗想要我们上演《伊多梅纽斯》[2]。怎么可能呢，我们有《奥菲欧》[3]，也许还有《伊菲姬尼》[4]？这些卓越的但缺乏活力的经典作品会把我们压垮，然后克伦佩勒会消失，朱利尼[5]会被纽约大都会歌剧院买走，莱格会在狂怒之下离开我们，叫走他招募来的歌手，佐尔蒂会跟加勒特或韦伯斯特及琼·萨瑟兰吵架，维克斯[6]和伊文斯[7]会走掉，去维也纳或米兰，只

[1] 杰拉德·爱德华·柯克（1907—1990），商业银行家、艺术赞助人，1955—1975 年任格莱德堡艺术基金会主席，1958—1964 年任皇家歌剧院院长。
[2] 莫扎特 1781 年的歌剧。
[3] 格卢克的《奥菲欧与尤丽迪茜》（1762）。
[4]《伊菲姬尼在陶里德》（见原文第 139 页注 1）。
[5] 卡洛·玛丽亚·朱利尼（1914—2005），意大利指挥，他 1958 年在柯芬园首次登台，指挥威尔第的《唐·卡洛斯》。
[6] 乔纳森·斯图尔特（“乔恩”）·维克斯（生于 1926 年），加拿大人，歌剧男高音歌手，1957 年起在柯芬园演唱。
[7] 杰兰特·勒维林·伊文斯（1922—1992），1948—1984 年任皇家歌剧院首席男中音歌手。

剩沙克洛克[1]和杰斯・沃尔特[2]留下来。任何或所有这些事情没有理由不发生。最后我们会同意吉米・史密斯的想法，让罗伯特・布思比进入董事会，那样会自动切断我们的财
735 政拨款，董事会会在戴姆・沃德[3]的领导下重组。我情绪低落，就写到这里，羡慕你在遥远的爱尔兰，可以从钢琴、留声机、乐谱及源源不断的回忆中得到许多乐趣。

你永远的

以赛亚

致加勒特・德罗希达

1960 年 6 月 15 日［副本］

海丁顿宅

亲爱的加勒特：

谢谢你那封让人感觉非常愉快的信。我给沃尔特［・莱格］写了封多愁善感的信，收到的回复是一封来自维也纳的严厉电报，说我给他的信是一份宣言——他似乎并不欣赏那

[1] 康斯坦斯・贝沙・沙克洛克（1913—1999），1946—1956 年任皇家歌剧院首席女中音歌手，后（1961—1966）在《音乐之声》中扮演女修道院院长，并成为逍遥音乐会终场之夜的台柱之一。

[2] 杰斯・沃尔特（1908—2000），生于美国，男中音歌手，1947—1959 年在皇家歌剧院演唱。

[3] 戴姆・艾琳・玛丽・比威克・沃德（1895—1980），1974 年受封沃德男爵夫人，下院保守党议员；信托基金的成员，该基金给卡尔—罗莎歌剧公司提供资金支持。

些崇高想法。如果我们不慎重处理同他的关系，我不敢肯定他是否会离开董事会。我必须向你承认，我根本不相信他跟戴维·[韦伯斯特] 的会面会有什么结果，他们对彼此恨之入骨，虽然根据苏联—纳粹公约中的条款准备为了有限的目标进行短期合作，他们不可能有公立学校式的合作。因此，我力劝你分别同他们打交道，如果需要的话，你要做他们之间的缓冲者（我差不多就是这样的）[……]

我想可以试试佐尔蒂—沃尔特组合，而非沃尔特—戴维组合。

波莱娜[1]和朱利尼是个很棒的主意——它会受到《泰晤士报》、《观察家报》、《观察家》等的谴责，但我们还是要做。我完全同意你说的“整件事都疯了”——我指的是理事会各成员之间的关系——但我相信你应该继续掌舵，不推崇杰克·[唐纳森] 所喜欢的那种杰出的团队精神，而是让天才对手沃尔特和戴维对着崇高的没有利害关系的我们释放他们的情感，而非互相向对方发泄。情况不会一直这样持续下去，我想他们之间在某个时候会有一个总的了断。但在那之前可以做许多事。还有别的可能，我就不说了：我相信我们有理由感到悲观，就像麦克米兰，我相信他目前也是这种心情。

你的

以赛亚

[1]《安娜·波莱娜》，多尼采蒂 1830 年创作的关于安娜·波莱娜的歌剧。

5月30日鲍里斯·帕斯捷尔纳克逝世，伯林写道：“我不敢去想，人们会怎样去折腾他的尸体。我决心尽可能保
736 持沉默，不给报纸写东西，提供关于他的消息等，以表示对他的尊重。”[1] 但在托尔斯泰这件事上没有这样的限制，他于五十年前去世，塔尼亚·艾伯丁尼说服伯林在纪念大会上发表演讲——大会在威尼斯举行，似乎有些不妥——以纪念他。[2] 结果整个过程非常愉快。

伯林回到家里做短暂逗留，当他为一年一度的意大利夏季之旅做准备时，菲利克斯·法兰克福特的回忆录让他想起了牛津战前的生活。

致菲利克斯·法兰克福特

1960年7月15日［副本］

海丁顿宅

亲爱的菲利克斯：

我在出发去威尼斯“庆祝”（如果可以用这个词的话）托尔斯泰逝世五十周年前夕收到了你的书[3]——我怕在旅途

[1] 1960年1月1日致玛歌·德·甘斯伯格。

[2] 见原文第730页注2。7月1日伯林宣布以“托尔斯泰及他那个时代的社会政治思想”为主题的会议开幕，并发表题为“托尔斯泰评文明人同大众的关系”的演讲，后来他把它扩充成《托尔斯泰与启蒙运动》，作为1960年度国际笔会的赫尔默—伍德纪念演讲，发表在《文汇》第16卷第2期（1961年2月刊），收录于《俄国思想家》。

[3]《菲利克斯·法兰克福特回忆录》（纽约，1960）。伯林私下里感到震惊：“人们真的不该出版把所有名字都拼错的书。［……］整本书粗俗不堪、令人极度失

中弄丢所以把它留在家里了，我自己珍视的东西几乎都弄丢了。我回来待了一天，带着极大的快乐阅读它，但我还没读上十页，我会在回波托菲诺的路上继续读，我们接下来的六个月将在那儿度过。我一直［盯着?］它，吃饭时也读，我准备留着［评价?］它。我从莫里斯那里知道他已经把附录和勘误表寄给你了，我就不寄了。我写这封信，主要是想说，即便在开头的几页，也会读到一些东西，你的一些措辞和单词的排列，使文章具有某种个性且又生动形象——我立刻翻到了讲牛津学期的部分，带着极大的乐趣读了你讲述的你同西尔维斯特和弗莱迪一起在伊斯伍特度过的那个美妙的
夜晚[1]——你未提及A. 太太那出人意料的行为[2]——也许提 737
了也一样——以及关于“凡不可说的，应该保持沉默”的打赌，等等。我记得那个晚上，我记得怎样走去你家，又怎样走回来，我记得我们围坐在桌子周围的顺序，什么都记得，一切都非常清晰——至少我认为我记得（我这样说话，是跟

望。［……］这本书没有别的，只是让我感到极度难堪，虽然它提及我时非常友好。”1960 年 9 月 16 日致罗兰 · 博登—穆勒的信。

[1] 1934 年夏天，菲利克斯和玛丽安 · 法兰克福特在伊士曼故居（乔治—伊士曼客座教授的正式寓所，当时在牛津瑙伦园 18 号），举行了一次令人难忘的聚会，来宾有伯林、西尔维斯特 · 盖茨、A. J. 艾耶尔及他的妻子勒内（参见下一条注解）、莫里斯 · 鲍拉、戈伦韦 · 里斯和（伯林认为有）盖伊 · 伯吉斯；西尔维斯特 · 盖茨同艾耶尔（及伯林）打赌维特根斯坦在《逻辑哲学论》几次讲“凡不可说的，应该保持沉默”（这句话出现在引言和正文的末尾：见原文第 360 页注 2 和《个人印象 2》第 117—118 页），西尔维斯特赢了。

[2] 格蕾斯 · 伊莎贝尔 · 勒内 · 艾耶尔（1909—1980），婚前姓里斯，1932—1942 年为 A. J. 艾耶尔的妻子，后（1961 年）同她离婚时的共同被告斯图尔特 · 汉普希尔结婚。

萨姆纳和迈纳斯[1]学的，那时那个年龄段脾气相似的所有人都这样讲话）——当时我们肯定很高兴很快乐吧？虽然不久前索尔特提醒我玛丽安对牛津颇有苛责，在那个时期这些苛责显然非常严厉。[……]

我认为莫里斯状态极好，牛津大学名誉校长选举造成的创伤还未完全愈合，但快了。麦克米兰跟他的关系有点儿僵——或者说在牛津校庆典礼上曾同他有点儿僵——但不严重；他同多萝西夫人有过一次愉快的交谈；他使得我同美国大使[2]的关系陷入了困境，因为他让我转述他即莫里斯对美国大使的怨言，说他吝啬，对牛津大学的建筑毫无贡献（实际上他通过弗兰克斯匿名捐献了 1 万英镑），后来美国大使对他个人进行表彰，还专门为他举办了一场聚会，以便提升他的地位——让他成为在美国享有很高地位的美国艺术文学学院的成员之一，我想。[3]我也被邀请了，但我没脸去。

你在你的书里（我还未读——你知道，我什么书都不读）谈到了布赖恩的演讲[4]对你的影响——我希望我听过［一位

[1] 罗杰·奥布里·巴斯克维尔·迈纳斯（1903—1989），1953—1970 年任牛津大学拉丁语言文学基督圣体节讲席教授。

[2] 约翰·海·惠特尼。

[3] 他确实成了美国艺术文学学院的荣誉成员。

[4] 威廉·詹宁思·布赖恩（1860—1925），美国律师及民主党政治家，1913—1915 年任国务卿；因他的政治理想主义和流利的演讲成为法兰克福特早期崇拜的英雄之一："中西部的金嗓子开始觉得东部的资本主义正在剥削他们。"参见原文第 737 页注 3。

卓越的］政治演说家本人的演讲——我至多听过丘吉尔，通过无线电听的——我天生崇拜英雄，可以一直匍匐在他们的脚下，但我这一生没见到足够多的英雄。没有比这更丢脸的告白了，但于我而言恐怕确实如此。我见到的总是比伟人差一点点的人，或者很早以前的或其他时代的英雄。比方说，英国现在的政治领导人，我尊敬谁呢？随着安奈林·贝文的死，英国政界最后一个有人性有尊严的人走了——如果你看到了牛津校庆典礼时的草地午餐——你这一生中见到过不止一次——像是保守党的庆祝会，到处是二流的保守党政客和女主人，你会真的觉得这是某漫长政治发展的终结，而不是开端，正如叶芝[1]描述的他自己那个时代，“苦心经营政治的 738
漫长时期结束了”[2]，我相信，每一代的人，在忧郁时，都会这样描述他那个时代的状况。我见过的最活跃、活泼、年轻、乐观的人是伊莱亚斯·洛厄[3]，他目前仍以惊人的速度和效率在世界各地奔走，曾对着我大声谴责杰克·肯尼迪。有没有一个你真的希望其当上美国总统的人？我知道，是约翰逊[4]，

[1] 威廉·巴特勒·叶芝（1865—1939），爱尔兰诗人及政治家。
[2] 这似乎不是引自叶芝已出版的作品。
[3] 伊莱亚斯·艾弗里·洛厄（1879—1969），原名叫洛尤，生于立陶宛，美国古文字学家。1927—1948 年任牛津大学古文字学讲师，1936—1946 年任普林斯顿大学高等研究院的古文字学教授。
[4] 林登·贝恩斯·约翰逊（1908—1973），1949—1961 年任得克萨斯州民主党参议员，1955—1961 年任多数党领袖，约翰·F. 肯尼迪在 1960 年选举中的竞选伙伴，1961—1963 年任副总统，1963—1969 年任总统。

是吗？有没有一个我希望其当上英国首相的人？亲爱的盖茨凯尔是个非常好的人，甚至麦克米兰也是很好的人，是否只有当你和一个人没有那奇妙的距离，抑或当一个人年轻、纯洁、默默无闻、关系疏远的时候，缺陷就看不到了呢？但我必须停止这些低级的思考，我想，它们不仅是陈词滥调，还可能错了。告诉你发生在威尼斯的托尔斯泰纪念大会上的非常有趣的事——威尼斯，是托尔斯泰真正憎恨的一个城市，他认为它处处充满堕落和放纵，从未来过此地——它成了乔治·凯南的谈资，他庄严地站起来，之前他花了三天时间痛苦地准备这份演讲稿，[……] 他宣布说托尔斯泰在 19 世纪受到性的严重伤害和折磨；到了 20 世纪我们通过幽默手段解决了这个问题。戴维·塞西尔[1]立刻寄给我一份草草写就的小便条，说这件事让他对凯南太太[2]有了全新的认识。真的非常滑稽。你可以想象一下乔治·凯南说这番话时的样子，白发苍苍、疯狂热情、一幅长老会会员的模样，全身上下没有一点活力，他的妻子表情凄凉、庄严、甜美、严肃，看起来像易卜生。（看在上帝的分上别把这封信给任何人看，或读给任何人听，毁掉它，毁掉它，放着总是不安全！）[……]

还有那个苏联代表团，你可以想象的，详细说明苏联政

[1] 英国代表之一，英国代表还有萨尔瓦多·德·马达里亚加和艾丽丝·默多克。
[2] 安妮丽丝·凯南（生于 1910 年），婚前姓瑟伦森，生于挪威。伯林在别处也曾这样评论尼古拉斯·纳博科夫（见 1960 年 9 月 16 日致罗兰·博登—穆勒的信）。

府庆祝托尔斯泰诞辰的具体步骤，哪些镇上演哪些剧目，托尔斯泰的作品有哪些中亚的版本、印刷了多少份、有哪些版式等。奇怪的是，他们送了我两瓶伏特加和两听鱼子酱——弄得我无比不自在。我是这次大会上收到类似礼物的仅有的两人之一，是不是我被认为是资本主义链条中最薄弱的环节？我是吗？这当然使得我对他们友善多了，他们无疑想要的也是这个。[……] 739

阿贝·皮埃尔[1]做了一场非常感人的演讲，他谈的是爱，并解释说，根据托尔斯泰的观点，自由本身不是目的，它的价值依赖于它被用作什么目的——你可以想象，苏联代表团积极采纳了这个观点，他们像往常一样跟牧师结盟，反对最后一个个体自由的维护者——你和我（和莫里斯）。[……]

就写到这，我该打住了，开往伦敦的火车即将出发，我从伦敦直接去波托菲诺。我们难道不可以希望我们某天又重逢了，你和我和玛丽安、弗莱迪、西尔维斯特，甚至A.太太、莫里斯，还有艾琳，一起庆祝发生于三十年前8月份的往事？我相信会有这一天的。肯定会有的。

你的 [……] 740

[1] 亨利·安托万·格鲁（1912—2007）采用的名字，罗马天主教牧师，前法国抵抗运动成员、政治和社会活动家；为穷人和无家可归者发起以马忤斯运动，是其创始人。

附　录

我坚信，违反常规地把长篇备忘说明放在附录当中是一种了不起的改进：这么做既减轻了正文的负担，又使整部作品更加结构得当，厚重有力，一致连贯。

——伯林致丘吉尔，1948年2月14日 741

英美关系的困境

几个星期前，英国许多人都在谈论美国人对英国及其经济的不满情绪。驻美国以及其他国家的英国观察家报道了“不满情绪的上涨”，“与日俱增的不满”，“异口同声的敌对评论”，等等，意图传达英美关系的急剧恶化。和传统的惑众谣言一样，诸如仇英心理、孤立主义、“大棒政策”等国外的歪风邪气再一次来势汹汹，威胁英国的利益和理想。

据说，美国的这些指控在一切可能的地区迅速传播。人们指责英国政府及其人民懒惰、无能、低效、经济盲目并坚持遭人怨恨的民族主义。更严重的是，它对一个无法实现或不受欢迎的社会主义理想执迷不悟，明知无望却始终坚持，冥顽不化。我们甚至被告知面临这样的危险，即如果不列颠群岛继续保持这种状态，拥有巨大影响力和权力的美国可能会以撤销所有援助相威胁。当然，有些人曾如是说，他们现在仍这么说，但情况并非如此糟糕。《曼彻斯特卫报》几乎是在这个国家孤军奋战，提供了富有价值的报道，将这一被离奇高估的宣传控制在适当范围之内。

但即便认为此类批评在广度和严重性方面都过于夸张，实际情况显然已足以令人感到焦虑，尤其是对某些人而言。不管这些人是否在情感上倾向美国，他们至少掌握了这样一

个事实，即今天英国的命运已经与美国不可分割地联系在一起。但有趣的是，有些人认为这片黑暗的乌云恰恰预示着一丝光明；而另一些人则认为它将使英国暗无天日，每况愈下。这两种倾向都值得我们注意。

让我来谈谈形成这种局面的历史。十年前，甚至就在七年前，美国的反英情绪非常高涨。有这种反英情绪的个人和团体，出于对英国的反感和厌恶，希望尽可能与英国敬而远之。即便不得已需要和英国打交道，也要想方设法对英国施加各种形式的压力，以阻止英国犯下严重罪行。导致这种状况产生的基本假设是：美国要么根本不对其施行任何外交政策，要么采取基本独立于英国，甚至对其不利的政策。对此，美国不仅有能力做到，而且理应如此。

传统的反英抗议呼声，其目的是使美国从所谓险恶的英
国魔爪中解脱出来，因为美国民主的过度信任使其没有看到 743
英国的魔爪。倘若不能迅速且毫不留情地斩断英国的魔爪，天真单纯、对危险毫无知觉的美国就会葬身鱼腹。于是，英国的捍卫者们便集中力量，力图证明英国的这种形象虚假不实，英国并未伸出魔爪来对付美国神圣的民主，法西斯魔爪除外。或者说，曾被形容为贪婪魔鬼的英国，实际上是一条代表情感和利益的神圣纽带，天作之合地把两个说英语的伟大民主国家维系在一起。但核心问题是，美国是否能够，或是否应该刻意视而不见甚至反对英国及其帝国的政策。

今天，这种情况已经发生了极大的改变。除了可以忽略

的少数人之外，没有人认为美国可以单飞，所以美国的问题不在于是否和英国分道扬镳，而在于美国与英国的关系应该如何继续保持下去，并且没有太多的磕磕绊绊、误解和敌意。正因为这样的联盟不可避免，所以今天美国的问题不在于是否与英国和西欧建立联盟，而在于如何避免因为这样一种新颖、陌生，甚至让人百般抓狂的关系而付出最大代价。

这种抗议之声据说正在美国“上涨”、“膨胀”和“爆发”。尽管这种抗议存在，但至少在一些有责任感的地区，其产生的原因并非为了消除诸如马歇尔计划和欧洲援助等令人尴尬的协议。这一做法，无论是好还是坏，那些态度认真的人都认为其无法实现，而他们的观点在美国具有举足轻重的作用。相反，他们急切地扪心自问，要如何说服，或者需要的话，采用威吓甚至逼迫的手段，迫使英国这样一个固执的社会制度，适应主宰国务院或参议院或白宫政策决定者思维的政治和经济模式。它因其悠久的历史和传统而妄自尊大，又对世界舆论置若罔闻，加上现在的政治信条（“意识形态”），总之，如何迫使这个古老而强大的机构屈服于新的模式是问题所在。这些政策决定者大多认为，仅用这种模式就可以拯救世界，即便不为自由的私人企业，不管怎样，至少可以保证公民自由，免于遭受武力的滥用。单靠这种模式，就可能使经济安全、政治和社会平等达到最低标准。

美国对什么是免于暴政的自由、什么是平等的看法可能与盛行于英国、法国或意大利的大相径庭。但这些理想本身

是非常强大的、根深蒂固的，对它们的情感依赖也是值得赞许的，对行动的影响力也十分巨大。但除非其影响力能够至少达到与标准石油公司或通用汽车公司或者以施奈德先生[1] 744
为代表的银行家的利益不相上下，实实在在、少几分理想化色彩，否则欧洲的谈判代表和他们的顾问就有可能（这已是事实）在解释和行动方面犯下滔天大错。

此外，重要的是要明白，英国在人们心目中曾经的固有神话形象一直是一个伟大的、壮志未酬的帝国主义压迫者，这一形象在美国已经得到改变，仅此一点就对美国人的思维和行为都产生了极大影响。这里，我们必须理解移民在美国人对其他国家的思维方面所扮演的角色。毕竟，美国大部分人口是移民或者是移民的后裔。他们中的一些人是从某种政治和经济枷锁中逃离出来的，这种枷锁是真实还是虚构无关紧要。他们的不满积蓄已久，持续多年，最终导致捷克和立陶宛仅仅出于同胞之情，就做好准备反对英国。同时，爱尔兰也准备对奥匈帝国和俄罗斯表示出相应的敌意。但是，自从移民的大潮消退以来，很多年已经过去了。可以说，到了1920年，旧世界中其他强大的、历史悠久的压迫国要么已然成为废墟，要么千方百计地努力洗清自己的罪孽。奥匈帝国消失了，土耳其帝国崩溃了，俄罗斯帝国，虽然现在叫苏联，但不管怎么说都与古代波兰人、芬兰人和犹太人的迫害

[1] 约翰·韦斯利·施奈德（1895—1985），1946—1953年任美国财政部长。

者完全不同。法国、比利时、荷兰和葡萄牙的确还在继续统治其他民族，但在美国很少听到其殖民帝国的本地居民高声抗议。基本上就剩下英国，仍然保持其伟大的顽固不化的宗主国身份，依仗它那古老的、漫不经心的、18 世纪的自信主宰着世界规则。

如今的状况已全然不同。绊脚石已基本消除。被所有美国历史教科书解释为近代英国罪行活证据的国家——印度、巴基斯坦，甚至包括爱尔兰，尽管爱尔兰政府仍为之焦虑不已——对大多数美国人来说，已基本成为不会被提起或很少被提起的话题。商业世界也许会宣告其对社会主义的恐惧，但即便如此，它并非十分担心社会主义在美国海岸的登陆。至于涉及美国的新政、公平交易和福利国家，就连麦克科米克[1]也很难指责英国。奇怪的是，他的确很少这么做。

今天存在着一个新的假设，对我而言，这个假设比起英国，似乎在美国更深入人心，并且很大程度上是成立并站得住脚的。这也许是因为美国作为一个新崛起的大国，比起历史悠久的民族，眼光看得更远、更辽阔，虽然不无粗粝。这就是乌云周围的光芒，黑暗中的一丝光明，不论用什么颜色呈现。这个假设就是：若要继续保持力量上的优势共同对抗
745 苏联并维持西方世界可以容忍的生活，从经济和政治上放弃

[1] 罗伯特·鲁特福德·麦克科米克（1880—1955），《芝加哥论坛报》编辑和发行人，新政反对派，激进的孤立主义者。

英国简直就无法想象。正是这种与英国牢不可破的永久关系带来的压迫感激怒了越来越多的美国人。无论是否上帝仁慈的安排，相比较而言，英国本身所犯下的那些切实的罪行倒退而成其次了。美国人比我们更加清楚地痛苦意识到，用好话哄骗或在必要时进行威吓的自动调节能力，是由不被其债权人允许破产的债务人所拥有的。好比一个蒸蒸日上的工业巨头，却摊上一个古老贫穷、热衷独立行动的合作伙伴。这个合作伙伴孜孜以求所意图实现的思想，恰恰是比较富裕的合作伙伴一直以来所恐惧见到的。但与此同时，它又无力对这些思想和品位视而不见，因为解除这种关系将毫无疑问毁掉双方。再没有什么比想到这点更让人抓狂了。

丘吉尔先生经常对英美之间这种令人瞩目的联姻关系表示出无奈。这种关系在 1940 年到 1941 年间的英国，还似乎是一个令人渴望却高不可攀的目标，而如今已经基本上实现了。至少在合作伙伴的其中一方美国看来，这种联姻是没有希望的，也不用惧怕最终双方会分道扬镳。这种婚姻也许有时会令人不快，但是，要废除这一关系，便必将伴之以双方合作伙伴两败俱伤。这在某种程度上解释了为什么美国人会感到愤怒。从总体而言，他们相信这种亲密关系带来的好处，至少认为它不可避免。但有时候，他们又对英国方面莫名其妙的行为感到异常沮丧，希望采用强硬的言语，但又顾虑重重，认为不应采取如此暴力的行动，以免造成不可挽回的损伤。

美国人似乎感觉到，英国并不把这种联姻关系或者类似于联姻的关系视为完全不可撤销和永久存在，甚至根本不认为已经和美国密切联系在一起。这一点加剧了美国人的愤怒。对英国人来说，一旦被惹火，就会扬言解除这一关系，从这一肥沃却束缚手脚的环境中逃离，一旦逃离，永不回头，永远不再重新缔结这一关系。当他们用这种方式说话，意味深长地提到欧盟或是“东方”时，很多美国人认为这些是不切实际的政策，英国最终将被迫重新与美国缔结关系。但想到英国人要完全脱开美国，搞经济独立，美国人就备感恼火，他们认为正是因为该想法不切实际，他们才因此做出了巨大牺牲。不过他们也清楚，应该克制自己的脾气，以免导致关系破裂，覆水难收。不料这更加火上浇油，导致时有过激性言语，甚至行动的发生。当然，美国迟早会收回这一切并向英国道歉，但不可避免会给双方留下不可磨灭的阴影。

正是意识到这种新型关系也许不得不结，随之带来的沉
746 重负担同时激怒了美国人和英国人。越来越感到沮丧的美国人清楚地认识到，永久与他人保持同一步调意味着什么，这就好比一场两人三脚比赛，借助某些外国力量，帮助其跨过障碍，并支撑其摇摇欲坠的栏架不倒。而同样被激怒的英国人，害怕的则是专横的美国，会假借欧洲批评者为其提供的幌子。在英国，许多可敬可佩的人，包括左派和右派，全都始终抱着一线希望，即因为战争的紧急状况而强加于英国的可怕联盟，不会永远持续下去，终有一天，他们能再次自由

呼吸，从美国财阀统治、唯物主义、政治迫害、种族偏见、个体生命和艺术的消亡，以及所有风格、品位和感觉消失的恐惧中解放出来。

英美双方的梦魇既反映了现实，同时又扭曲了现实。但是英国的恐惧似乎更加夸张。美国人对因为这种不可避免的合作伙伴关系而产生的种种争执发牢骚、有怨言，也许常常不尽合理，但基本上还能理解。摩擦也许不可避免，此事的确也非常令人恼火，但至少美国统治阶层中那些有远见的开明之人，甚至包括在商界，他们都意识到这是在一个变化了的世界形势中需要付出的代价。我想申明一点，关于美国应该与英国建立更加密切合作关系的看法，早已在今日美国深入人心，习以为常，这一点就连开明的美国普通大众自身也不一定能清醒意识到。我之所以这么说，是因为有一点不容置疑，即一旦这里人们研究的是美国政策本身，而不是关于它的声明，即便是政策制定者所作，那么很显然，英国已经在很大程度上成为美国政策总体构成的一部分，远超过法国和意大利等国。虽然从理论上来说，这两个国家同样与西方整体战略计划有着天然内在的联系。但是，这些国家在美国人的心理上相距比较遥远，想到这些国家时，通常相对不那么令人气恼，因为在美国人的日常生活中，一般不会强烈感受到这些国家的存在。

最近从美国回来的人都有这样一种感觉，似乎英国人对美国的愠怒情绪——不是公开抵制美国的各种计划，这么做

反而可以理直气壮——超出了符合常理的预期程度，即便是英国这样一个不愿承认世界平衡发生了转变的民族；同时还超出了人们对一个因为需要接受援助而苦恼的民族所应该表现出来的预期程度，即便这种援助只是暂时的，即便这种援助（如此不厌其烦无可争辩地一再重复）是因为英国以身作则，拯救人类而展现出来的英雄气概和所经受的痛苦而换来的小小回报。这种恼怒情绪，部分来源于缺乏历史想象力，这样一种受命运的冲击而产生的特殊才能，因为这个曾经快乐的岛屿而幸运地长期得到保护。其结果是，它导致了这样一种希求：闭起双眼，视而不见，完全不去正视这样一个事
747 实，即只要我们不仅想维持足够标准的生活，同时还要维护生命和自由，我们就必须与美国保持紧密关系。难道还有其他的途径吗？西欧联盟自身也许可行，但除非与美洲和大英帝国的各国经济相融合，否则会是一个非常松散的结构。而面向东方的政策甚至难以与保护公民自由相协调。因此，将自己调整到一个新的站位势在必行，当然，这对个体和国家来说，都是一个不无痛苦的经历。

维持生存和重新振兴的老路已然消失，要承认这样一个事实真是艰难无比。对这一事实真相，尽管美国政治家们常常用悲观怀疑、横加阻碍的方式加以认识，并用粗鄙，有时甚至是挑衅的语言予以表达，然而，它却是不容置疑的事实。对这个事实，我们的领导人总是试图微妙且睿智地避而不谈，死也不愿承认事情的真相及其必然产生的后果。

一切反对都终归徒劳。英美的联合将一天天变得日益真实，不可抗拒。它是否会在短期内或长时间内成为实力的源泉，并带来更加美好的生活，抑或导致大量不必要的摩擦和相互伤害，是由两个民族富有禀赋的天才精英们所决定的，尤其是由他们所选择的今天和明天的领导人的历史洞察力所决定的。

该演说最初在1949年9月21日英国广播公司第三套节目播出；后发表于1949年9月29日《听众》杂志第518—519页和538页。同时见致编辑的信，1949年10月20日，第681页；1949年11月10日，第813、815页。 748

美国大学的知识分子生活

一

近来，我刚访问了美国一些历史悠久、极负盛名的大学。我发觉自己不由自主地将它们与英国国内一些古老的大学进行了对比。这个对比并非带有普遍意味的概括总结，因为这些差异与其说体现在程度上，不如说是种类上。其范围之广，无处不在，无法得出一个带有普适性启发意义的对比结果。我说的对比是基于我自己的个人体验，基于我所遇到的研究生的特定群体。我试图将他们与我今天所在大学里的本科生中能力较高的那些，以及少数研究生进行比较。这些人大致相当于美国某个研究生院的生源。

这些差异十分惊人，对我而言，似乎可以代表我们两个国家，甚至两个大洲之间更深层面的差异。但其中还是有一些特质，一种消除敌意的纯真，是属于美国人所特有的。不管乐意与否，所有欧洲人都注意到了这点。这种特质也属于作家夏多布里昂和亨利·詹姆斯（尽管美国的一些批评家对此极力否认，但他们的愤慨之火恰恰证实了本文的观点）。

在我看来，似乎美国学生更具有求知欲，更容易接受外界影响。任何事物，只要新颖、真实，瞬间就能将他们深深

吸引。更重要的是，他们身上具有一种与生俱来的道德活力，与我之前在任何其他地方看到的都不尽相同，尽管我认为，即便是现如今，这种活力应该也存在于苏联，在表象之下不太深幽之处。相对于英国国内最聪明、最有天赋的大学生，美国的学生似乎在知识领域态度更为开放、更为包容，视野更加开阔而不褊狭。例如，他们认为应该从除英语甚至法语之外的外文书籍和期刊上获取第一手文献资料，并视其为天经地义；此外，不论他们的政治观多么孤立排外，对他们来说，知识世界就是一个统一体，不容置疑。这是英国，乃至法国和意大利青年学生所不及的。在大多数情况下，他们几乎不懂讥讽也没有恶意，带着天真无邪的认真和愤世嫉俗，思想开放的程度令人惊讶。他们对每一个摆在他们面前的想法都报以极度的热忱，没有什么是过于奇特诡异或过于显而易见而无须认真加以考虑。

他们似乎从来不会感到无聊（这有时很累人），很少越
过表层进行深度质疑。不管他们看起来多么硬气顽强，其中 749
大多数人通常都坦诚老实，并充满理想色彩。祈求在书本中或老师那里找到某种启示，并期盼能将其应用于生活。即便是最轻浮的人，内心里也洋溢着维多利亚时代的情愫，总是用认真的、精力充沛的、乐观向上的目光看待整个世界。他们中能力较高的一些的确十分能干。他们摆脱了传统的学术道路，实际上现今许多其他欧洲人也是如此，清澈、稚气的眼睛赋予了他们纯粹的好奇心和创造力。这些都毫无疑问会

吸引真正投身于自己学科领域者的目光，特别是一些深谙知识信念重要性的人。虽然他们有时也会怀疑，在今天欧洲文明中心所弥漫的通缩气氛下，知识信念究竟还有几许价值。

说到这里，似乎全是积极阳光的一面：道德严肃、大方热情、精力充沛、善良友好，对知识有真正的激情——谁也不能够（或者应该）轻视如此多美德的结合，而这些是我所谈到的人身上的确拥有的。但另一方面，必须指出的是，在这些优秀的年轻人当中，很多尚不知道如何阅读或写作，而这些是我们最好的大学里每日进行的活动。也就是说，他们的想法是从其混乱迷惑的脑袋中迸发出来的。很多想法在同一瞬间倾泻而出，而把它们整理成有序的句子或想法的任务，有时是这些人力所不能及的。他们可能比欧洲人还有话要说，但表达方式却全然不够丰富多样。他们的早期教育某些方面是失败的，造成他们不会整理、综合与甄别。

在很多情况下，他们没有学会灵活阅读，因此总是指望教授们能逐一指导，不仅包括要读什么书，有时候，甚至包括该读哪些章节和哪几页。一旦得到指点，认真的学生就会立马陶醉于教授推荐的精神食粮中，如饥似渴地试图全部加以吸收。他们飞速地阅读，饥不择食，囫囵吞枣，倾向于相信所有的事实（并且只有事实）都是重要的，并具有同等重要性。如此便导致一个令人担心的后果，因为对知识食而不化，很多人可能一生都要遭受知识消化不良的痛苦。

的确，英国的学生受到更好的训练，对书本、课程及人

的品质——至少对这些事物的自身价值判断——有更好的、与生俱来的鉴赏力，并被赋予了质疑和讽刺这两个无比珍贵的天赋。这些好比强大的防护层，使得我们的学生能够超越极度勤奋的美国学生。

但另一方面，我们的学生比较狭隘，缺乏想象力，视
野有限，拘泥于传统。他们的整体世界观更明显带有功利 750
性——这可能是因为我们所处的时代明显的社会和经济诟病所造成。他们更容易心灰意冷，好奇心没有那么强烈，对人对事甚至更漠不关心，当然，也更加不注重道德。他们不太关心真理或审美满足感，对改善周围世界或是他们的自身状态，以及日常学习旨在实现的目标也漠然视之。因此，即便是那些最好的学生，有时教起来也让人兴致索然。虽然短期内他们能从所学的知识中获益良多，道德上却不见长进；而长远来看，知识上也无法取得骄人成就。因为最终他们所积累的将逐渐消失，或者在一个不可救药的平庸水平上停滞不前，除非依靠一种无法在文明的对知识过剩的深恶痛绝中存活的力量苟延残喘。

对真理的热爱和关注，在道德感单纯、认真得几近狂热的美国学生身上随处可见（托尔斯泰会怎样出色、悲悯并不无讽刺地加以形容？还有屠格涅夫），但在英国古老的教育中却几乎闻所未闻。思想开放的附加特质，以及认为自己是所有生活和经验领域先驱者的浪漫情怀，这点虽然对拥有悠久历史记忆的欧洲访客来说可气至极，却的确使美国人更容

易看到自己所研究的学科与相邻或遥远的学科之间潜在的联系。当然，这些联系在很大程度上经常属于幻想或凭空捏造，其结果便是大量模糊不清，有时甚至虚假不实的“学术”话语充斥于世。这些话语困扰着现代研究（至少是探讨）领域，如现今美国所理解的“社会科学”的各个分支。目前，在这个时尚的领域内，充斥的话语有那么多，实际包含的内容却那么少，得到论证或貌似可信的东西就更是微乎其微。许多古老陈腐的真理伪装成新发现先后问世（恰似一些普通人，执意参观各自的房子，而这些房子却奇特地用潜水服覆盖着。显然没有必要。虽然无伤大雅，却令人感觉古怪）。挑剔的欧洲人有着严格的知识标准、训练有素的头脑，以及敏感脆弱的审美感受力。面对这些，他们先是会感到困惑，最后会恼羞成怒。

然而，尽管存在这些故弄玄虚、粗鄙不化、信口开河，甚至坑蒙诈骗的行为，美国人进入新的知识领域的方法，在带来不必要麻烦的同时，还是取得了很好的效果。它大刀阔斧地开辟了新的途径。对此，欧洲人虽然有能力想到，但他们接受的教育有时会阻碍他们，使其无法将想法变为现实。英国学生倾向于从这些学术喧闹中挣脱出来，并非出于任何天生的盲目、浅薄或胆怯，而是因为缺乏追求的欲望——由于文明程度更高，做事谨慎，有时便会表现为不可救药地缺乏进取心，拘泥于知识习惯，更多时候则按部就班，照章办事，在保险稳当但范围狭小的学术传统的舒适、坚实的框架

内，遵循驾轻就熟、经过认真检验的结果进行常规化生产。 751

一些英国学生是带着奖学金去美国念大学的。除非他们的专业是古代世界，这个领域他们自己的标准远远高于他们的发现。多数情况下，他们会因为身处罕见、新鲜的知识氛围而感到有点不知所措，但同时也因之无比兴奋。在个别情况下，他们还会陷入另外一个极端，谴责英国教育的荒谬、沉闷。他们没有意识到，英国教育使得他们能够游刃有余地从容应付所遇到的问题，而不至于失去平衡；或感到困惑沮丧，心有余而力不足。而这些正是在英国和法国求学的一些能力最高、态度最认真、精力最充沛的美国学生有时所面临的问题。

这种对历史知之甚少而产生的极度过剩的认真，加上严重缺乏平静恬淡的知识自信，使之成为狄更斯、特罗洛普、马克斯·毕尔邦、沃以及沃德豪斯讽刺漫画中的取材对象。而这种自信正是牛津大学和剑桥大学以及法国巴黎高等师范学院所擅于提供的。这种荒唐的自然平衡的缺乏，伴随着所有外国人在美国人身上都可看到的自我意识，对致力于不懈行动的人来说，也许是一种不可替代的资产，但也因此潜伏着可怕的危险，因为它经常使受害者陷入不必要的道德负罪感中，最终将摧毁他们的生活。

二

美国大学的知识分子生活至少面临三个敌人，这三个敌

人都非常强大，其中一个出现相对晚些，却更加邪恶。另外两个敌人历史久远，为我们所熟知。第一个是商人或政客，他们经常操纵着校友会和企业，而校友会和企业从财政和行政上控制着美国大学。商人或政客往往臭名昭著，任何缺乏明显经济价值或政治上离经叛道的主张，他们都会加以反对。这是巴比特、埃尔默·甘特里，以及其他所有坏人物的原型，这些坏人物在美国少数派捍卫者的笔下得到了淋漓尽致的揭露，其中包括一代大师辛克莱·刘易斯，到近来最前卫的小说家或诗人。从整体来看，美国相对古老和知名的大学在反对这个敌人方面取得了一定的成功，使其陷入了困境。

在各类了不起的美国教育信托基金会中，我们经常可以看到野蛮人及其盟友——包括骗子、无赖以及心存善意但头脑糊涂的商人。与这些人的斗争，能够向奋力捍卫学术自由、知识标准、非功利学习以及普通理性生活的大众传递朴素的英雄主义气概，使他们在饱受攻击、四面楚歌的处境中备受鼓舞。反过来，这也满足了人们希望做正确之事的愿望
752 (在逆潮流而行时尤其如此)，这种愿望在大部分美国人，特别是在新英格兰居民中尤其强烈。毫无疑问，危险的确真实存在，有时还很严重，但总体而言，人们用勇气和相对少的损失抵挡了它的来袭。

第二个敌人是学者们自身的心态。战时服役或其他一些前所未有的苦涩经历，使他们痛苦意识到所在世界的社会和

经济苦难。与年轻的克鲁泡特金以及他之前和之后的许多贵族青年男女一样，在这种情况下，一个学生或教授会想知道，在南波士顿的穷人忍冻挨饿、衣不蔽体；南方腹地的黑人们被剥夺了最基本的权利的时候，他们待在哈佛大学研究早期希腊史诗是否合适。当然，这个可敬的困境与早期的危险思潮——激进的市侩主义——正好相反，不仅如此，它还成为一种推动力量，造就了无数英雄、烈士和圣徒。在大学里，它则使那些深陷其中的人希望放弃研究，或至少去从事一些更伟大、更能对社会产生直接效用的职业。

很明显，尽管这种趋势意味着一种进步，如果群起而效之，将意味着文学艺术和科学的迅速终结。但是，对其加以反对，至少还有可能在论战中并存。我们可以呼吁，尽管只有最最铁石心肠的人才会否认社会福利的合法性、重要性和迫切性，但是，我们不应该让社会福利占去生活的全部。即使波士顿的穷人吃得饱、穿得暖，南方的黑人完全享受人权和公民权利，他们仍然还需要从事一些其他活动。我们大家都可以提供明显的，但显然又不是过于显现的真理，这些真理人们必须学习，以便能够辨别哪些事能最大限度地满足他们的知识和道德需求。如果每个人的所有时间，或者绝大部分时间，都只是参与提供物质手段，以改善他人生活的循环生产，这个目的是无法实现的。

这不仅是恶性循环，更是对生命终极目标的否定。在这样的一个世界中，A 忙于帮助 B 训练 C 来帮助 A。帮助 A

达到什么目标呢？只是让它对 B 和 C 更加有用，在哪个方面更加有用呢？让 A、B 和 C 更有助于彼此，有助于做什么或成为什么呢？至此便成为悬而未决的问题，并且，在这样一个将社会服务作为主要活动的世界中，这也是无解的问题。手段取代了结局，如今，没有什么是值得做的事或是为其自身而做。毫无疑问，它与邪恶的世界背道而驰，在道德上没有那么招人厌恶，却更加徒劳无益。在邪恶的世界中，至少达到了某些目的——权力、财富或享受——它们虽然在伦理上声名狼藉，却是行为的动机，提供了思想或情感，以及科学和艺术的内容。如果没有这些，我们所熟知的精神或
753 情感生活便难以想象。

一种情况是，人们尽可以在内心对自己的学科感到厌烦，甚至是讨厌，并接受一个由巨大社会灾难——如新政或战争爆发——带来的新的公共职业，来逃离不喜欢的旧业。毋庸置疑，这在过去的十年中，的确使很多国家里有意识或无意识感到不幸的学者获得了解放。但是，真正致力或投身于某个“纯粹”的学科，比如中世纪艺术，同时又背负着犯罪感，认为在一个充满疾病、贫穷和不公正的世界里，把一个人的能力用于追求为不幸的同胞中的极少数提供直接安慰，是一种缺德的自我放纵。这种情况则完全不同。

在此，美国清教徒的道德感与普通美国大众理想化的物质主义（说到理想化，美国人可谓名副其实）沆瀣一气，加上马克思主义者或弗洛伊德或新佛教徒或尼采或汤因比博士

的追随者们，对人类行为的无意识根源所作的各种因果假设，所有这些，相互汇聚形成一种可怕的结合。但是，美国人的很多行为背后的动机，经常出于天真幼稚却真心实意想要改善人类命运的想法，就像他们追求个人利益、名利或权力的原始欲望一样。这些是愤怒并不无嫉妒的外国人无条件赋予他们的。这种形式的道德负罪感是最危险且最具破坏力的，因为只要学者和知识分子对他们自己的生命形式笃信不疑，除非外部敌人的力量不可抗拒，他们就有希望击退敌人的袭击，正如他们过去一贯为之的那样，并且经过了整个文明历史的证明。但是，一旦这些捍卫者们开始怀疑他们事业的正确性，特洛伊木马便穿越了重重高墙，奸细们开始从堡垒的内部援助外敌，正义的事业便将从此陷于岌岌可危的境地。

这并不是说对如今心怀痛苦的研究者来说，他的学科吸引力降低了。相反，我们可以认为，他比以往任何时候都更加热爱他的学科。只不过现在他觉得，在充满苦难或不公的社会里，他的职业是一种奢侈，是社会所无法承受的。由此，他便觉得，如果他能够把大部分时间投入对社会有更明显效用的活动中，为政府部门、新闻报社或是某个机构和组织等工作，也许他还能因为有这份付出而心安理得地去追求自己的学科（在他的眼里，学术研究目前正迅速演变成一种个人爱好）。因此，他就需要以某种“有用”的活动形式付出道德上的代价，虽然这种活动他或许并不特别适合，即便

能够胜任，也会从内心深处感到厌恶和反感。

一旦这么做了，游戏就升级了，敌人已进入家门，近在
754 咫尺。目的成了为手头的工作而工作，追求某种活动或生命形式，单纯只因为这些活动和生命形式本身，值得他们为之而生，有时甚至值得为之而死——于是，整个文明生活的总体结构被破坏无遗，手段摧毁了目的。过去，他们投身于某个学科，孜孜不倦，全力以赴，如今他们不再相信该学科的重要价值。于是，他们因之才思枯竭，无法在研究中取得丰硕的成果。他们发现自己身处于一个错误的位置。一旦这种情况发生，文化水平、知识水平、道德水平、艺术水平乃至技术和物理水平也必然大幅下滑。除非人们所从事的，是自己在某种程度上喜欢做的工作，否则他们的工作便必然贫瘠无效，不会带来任何成果。一旦某个社会普遍开始认为与利益无涉的好奇心是游手好闲、浪费时间、自我放纵，因此便不合道德，那么就是这个社会沦落的开始。

可以有把握地断言，不管环境、社会或经济因素起到了什么样的作用，如果心有不专，用一只眼关注所从事活动的社会影响，我们就几乎无法创造伟大的艺术作品，也不会有了不起的科学发现。在我看来，这个规则没有例外的时候，没有足够的证据，我不会如此轻易断言。倘若有例外存在，我觉得，只会使这一规则得到更有力的证明，即，这样的社会意识，不论有什么样的其他优点，将在某种程度上干涉创造力，破坏创造性发现行为本身的卓越性。我相信，不论是

米开朗基罗、莫扎特，还是牛顿、休谟、高斯、爱因斯坦，他们在从事劳动时，并没有去有意识地思考其有益或有害的社会后果。而一旦托尔斯泰这么做了，他的作品将变得不堪卒读。

我们确信，不管达尔文认为他的理论会对人类幸福产生什么影响，都不会阻止他提出自己的理论。他把这个问题留给了赫胥黎。赫胥黎拥有了不起的才能和想象力，但他不是伟大的发现者。但是，对这些卓越的维多利亚时代的人物，我们并不能妄加批判，指责其缺乏道德情操。赫胥黎就热切地希望改善世界。但是，他们认为真理就像善良或任何其他终极目标一样，本身具有社会价值，以及所有其他方面的价值，因为追求真理不需要任何其他理由：在它面前，所有其他事物都具有了合理性。不管它对社会或个体的后果如何，原则上它本身并不需要由外在的因素加以合理化。至于米开朗基罗、莫扎特和济慈，当他们面对其他东西纷纷崩溃或消亡，而真正的艺术作品却“屹立不倒”（福斯特先生语）的现实，他们想必会感到心满意足的。这一点无须赘言。

我所说的弊害在美国大学还不至于普遍到引起灾难性的局面。然而，一些才识渊博的学者有时还是会沦为它的受害者。一些卓有天赋的研究者变成冷漠僵化的官僚主义者，并因为自己的良心不安而影响到他们的朋友和同事。他们对自
己生活和工作价值产生的信仰危机，已经扩散到美国的所有 755
职业——没有别的什么可以解释为什么号称能够减轻心理压

力的精神和其他疗法会如此大行其道，以耸人听闻的数量倍增。今天，心理压力正步步进逼，俨然将成为美国中上层阶级的通用毒品，就好比对东方神秘宗教的日益沉迷反映了日益衰退的罗马社会的焦虑和失落一样。

虽然英国的文明似乎多少给予了保证，但我们的国家同样也无法免于遭受这种需要自我牺牲的道德困惑感。当痛苦不幸、一事无成、心情沮丧的人们把自身的缺点（合情合理地）归咎于社会的混乱，并宣扬和实行“福利工作”，以此作为一种拯救的方式，一种把个人的不幸淹没于茫茫大众海洋之中时，这么做虽然常常带来灾难性后果，却还可以理解。可是，当才华横溢、硕果累累、能说会道的学者和艺术家们，有能力也有机会充分有效地表达自己的人，成为普遍存在的道德和知识浪费重疾的受害者时，形势发展则越来越令人担忧。

我曾经试图给予我更有社会意识的美国学生这样一条建议，即求知欲未必是一种罪恶，甚至称不上轻浮。追求某个知识领域，很可能只是因为他们对之感兴趣，喜欢这样的研究，仅此而已。我知道，虽然不能说所有人，但的确有许多人认为我是在宣传被有些人称为“欧洲化”的观点——往大里说，好比大胆无情、标新立异的异教的个人主义；暴力的、厚颜无耻地反社会的尼采式的利己主义；往小里说，这种观点如同虚假的谎言，美国人的生活方式就是这种虚假谎言的活生生的见证。有一点很明确，除非个人从事的活动能

够增加社会福利，否则这些活动的合理性便要打上大大的问号。

根据这一天真、真挚且感人的道德观（如同我之前所言），每个人的主要职责是帮助他人——诸如此类——却没有明确指出每个人应该帮助他人成为什么样的人，或帮助他人做什么。这种道德观本身预示着一种更广泛的态度。对我来说，这种态度是 20 世纪对所有人类理想所做出的奇特、骇人的贡献。这样一种态度，就我所知，目前为止，在之前的社会状态中，至少从黑暗时代人类社会最最黑暗的时期以来，是前所未见的。这是最后的、最具破坏力的敌人。如果这位敌人特有的本性尚未被人们广泛注意，可能是因为它已经悄然无声潜进我们的内心，于是我们感觉理所当然了。

三

过去，教育的主要目的是为了训练人类，使之与不受教育的人相比，能够更加成功地解决重大问题。至于哪些问题属于重大问题，毫无疑问，不同时代和不同文化的人有不同 756
见解。由此人们自然对解决这些问题的最佳方法也持不同观点。这些差异写就的历史我们司空见惯，有时候甚至衍生出悲剧。其中，一些人在圣书上寻找问题的答案，另一些人在神父具有启迪性的布道中，或神派来的领袖们身上寻找答案，还有些人坚持认为真理只来自人类对自然界现象和科学

实验的观察，或者是对内心的自省以及形而上学的思辨，又或者是某人儿时的乳母天天挂在口边的训诫。在历史长河中，人们如此在意解决之道的不同，至少表面上如此，以至于不惜为一点小小的差异发动战争，并为此血流成河。

虽然人们对发现真理的合理渠道存在广泛争议，这些争议有时候甚至是尖锐的、无法调和的，但是，至少在西方，人们对于“什么才是重大问题”有较为一致的看法，并且愿意为了追寻其答案而奉献一生。这些问题包括：主宰客观世界的规律，其本质、起源、历史、目的是什么；以及比这些更加令人惊恐的问题——人们是否可以认为规律的存在一定有其目的性；什么是人类生命的合适终结形式；上帝是否存在以及其属性；断言上帝的存在有何意义，如果有，是什么意义；创造或评价那些美好或卓越事物的最好方式是什么；主宰个人或社会精神生活的规律是什么，以及人们应当以什么样的方式主宰自己或者相互主宰，原因又是什么；等等。所有这些都被认为是至关重要的问题，值得以极其认真的态度和不懈的努力来研究探讨。

毫无疑问，一直以来，总有些人在公开和半公开的场合提出，这些问题在理论上是无解的，是不会有最终答案的。因为在不同的情况下，问题的答案因个人或社会的不同而不同，或者这些问题的答案依赖于一些可变因素，例如：地理和气候因素，维持生存的手段，提问者的智力因素，他的早期教育，他的心情，以及他富有或贫穷，是丰衣足食还是挨

饿受冻，身强力壮还是病入膏肓，是否正处于失恋状态。通常情况下，这些持相对论思想的人是令人厌烦的，并且有时候会成为危险的怀疑主义者。在社会发生危机时刻，他们极易走入极端。但就连这些人，都不会怀疑这些问题既具有普遍性又意义重大。关于可以获得怎样的答案，他们与社会大多数人看法不同：他们不曾质疑追求此类问题答案的必要性。正是肩负着解开这些困惑的压力，他们或是以语言或是以行动，充分呈现问题的复杂性，并对找寻出路孜孜以求，由此便诞生了科学与艺术，它们的进步形成了人类文化历史。

历史给予了20世纪重任，要做前人不曾梦想过的大事： 757
人们将不再追寻这些问题的答案，而是尝试着抑制，更莫如说消除此类问题。这是由于现代人普遍患上了失调与神经衰弱症。人们发现自己问的一些问题似乎无法用现行方法立刻做出解答；而这些无法解答的问题常常带来无休止的压力，这种状况有时便导致人类自我折磨，并遭受巨大的精神痛苦。过去，这种折磨有时以徒劳无果的失望结束；而另一些时候，它们则止于各种发现、发明以及不同水平的天才艺术作品。但是现在，在我们所处的世纪，所有的痛苦或不幸都被认为是一种不健康的状态，是一种心理不调，需要马上寻找治疗良方。既然根据推测，人们无法找到解决此类折磨人问题的明确答案，解决知识与道德上的不适就唯有依靠一个方法了，这个最佳方法就是治疗和消除人类对于这些烦人

问题的欲望。于是，许多满足新时代精神需求的技巧应时而生，它们追求的最高目标是“调整”、和谐与内心安宁。

在哲学领域，这个方法采用的形式是相对谨慎，且在有限程度上行之有效的准则，这个准则是：任何问题，若其答案连在理论上都得不到预示，那么它很可能就不是真正的问题，而是一个需要清除的胡言乱语；在此过程中，也许会出现真正需要妥当解决的问题。这至少承认了解开真结——而不是假结——的必要性；然而，人们采取的更深入、更致命的手段是将精神分析学家作为强有力的“武器”引入，用来治疗患者。他们不仅仅治疗患者所罹患的真正的精神疾病，同时也治疗所有因为这些问题偶然引发的不快和不满。这些偶发的负面情绪会使人们认为，这些问题十分紧迫、不可忽视，同时又因其过于隐晦而无法找到任何显而易见的理性或艺术的解决之道。

难解的问题、症结、折磨人的迷惑、进退两难的处境等，这些全都会导致焦虑。焦虑是一种疾病，必须要治疗。经过治疗，可以使患者不再被问题折磨；而最好的疗法就是彻底消灭这个问题，就像拔掉疼痛的牙齿一样。无须揭开伤口，无须解答，只需从提问者的意识中把这个问题删除即可。

法西斯的专制者们，屈从于时代潮流，与过去不容异说的神权政治相比，限制其臣民知识视野的做法有过之而无不及，以压制人们提出质疑并对问题加以关注。因为这些若不

加以阻止，很可能会破坏严苛的社会调节机制，而这是政府制度赖以生存的基础。相关学科迅速出现并进入校园，其目 758
的既不是发现和散播知识，也不是宣传美好或有趣的事物或经验，更不是尝试通过训练来提升人类创造、理解、享受和交流的力量，而主要是为个人或社团提供更加成功的调节技术，尝试直接通过非理性的方式来“理解”他们，其目的是为了更顺利、少摩擦、少挫折地将符合理想社会模式的模式强加于他们。简言之，就是增加满足感，促进社会稳定，创造无忧无虑的社会与个人的安宁条件。

毫无疑问，我们的时代，就像任何其他时代一样，危机四伏。任何消除人与人内部及相互之间不必要冲突的做法都将备受欢迎。但是，为此付出的代价，特别是在美国，似乎尤为高昂，甚至可以说高到致命的地步。如今，投入各种科学以及伪科学领域的高昂经费，目的是为了能减少个人或社会之间的紧张关系，但其作用是直接损害了与利益无涉的好奇心，认为其招惹麻烦；同时阻碍了人们对知识的追求，认为它搅乱了人心。人才和师资培养只是为了其自身，成为对社会责任的某种逃避，而社会本身的目的归根结底必须包含此类目标。

的确，早在一两个世纪前，局势已经发生了改变。18世纪时，当时教会极力软硬兼施，抚慰与镇压并用；但仍有伏尔泰站出来大胆质疑，易卜生更是勇敢反抗，揭露黑暗。当然，也不乏胆小和瞻前顾后之人，对此视而不见。在此，

蒙昧与求真可谓界限分明。但是如今，安抚妥协、掩盖抹杀、像对待病症一样对待重要问题——毫无羞愧之感，因为我们都身在其中，负有同样责任——这些做法已成为一种趋势堂而皇之纷然登场，并为自己穿上了科学和理性的伪装。敌人就在理性主义的阵营内部，争取理性的案子在辩护前就已然败诉。这确实是一个转变。

因为在过去，我们太过漠视精神伤害，比起身体上的疾病，精神失常的治愈也同样重要。同时也因为精神病学家始终是人们真心需要的对象，是他们发现了了不起的新技术。而且现如今，他们的工作比起从前得到更充分的好评。但是，这并不等于说他们的功能就实实在在地具有超越性的价值，并不等于说更高、更好、更重要的东西就无足轻重。因为从某种程度上说每个人都有疾病，治疗他人或被治疗便成了地球居住者的主要目的。

大量的美国知识分子和不断增加的欧洲知识分子对世界的看法是：世界是一个巨大的医院，所有人都是住院患者。每个人都有义务要尽力充当各自的护士或内科医生。个体自
759 发性与心理能量的替代物，很可能使人们消除摩擦获得最大程度的愉悦感，但是它不仅仅使人们失去了创造冲动（除了在推销治疗技艺的时候），而且最终会引发强烈的反人道主义、反功利主义、反科学的反应，这种反应只有在托洛茨基过去常说的“康德自由贵格会素食者的胡言乱语”中才会看到。与之相比，法西斯的猖狂以及其他反理性的激进行为将

显得相对温顺、有序和遵从传统。

也许我夸大了这种现象的程度和危险。但是，人类自存在以来，何曾投入过这么多努力和必胜的信念于其他事物？人们如此锲而不舍不是为了寻找光明这一艰难痛苦的事业，而是为了保护——阻止——个人，使其免受来自知识和道德上的负担。由于面对过于深奥、过于复杂的问题束手无策，无法用现行方法解决，人们负担重重，压力巨大。倘若这种过程继续下去（虽然毫无疑问，它最终也会像所有伪科学和虚假信念的复合物一样土崩瓦解），倘若可为之的（也许几乎完全不值得为之付出努力）逐渐替代或许不可为之的（但值得全力以赴），人类将走向何方？

“随行随记”专栏，《时代与潮流》杂志，1949 年 11 月 12、19、26 日。 760

《日瓦戈医生》

伯林就鲍里斯·帕斯捷尔纳克登上《时代》周刊封面一事提出抗议（见原文656页注1）

1. 自《日瓦戈医生》在国外出版以来，在苏联国内却一直遭禁，只要这种情况一日不变，苏联当权者便将始终为此陷自己于极端尴尬的境地。在意、法、英等国，人们尊这部作品为天才之作，从不认为其中的反马克思主义思想（理应如此）是书的中心内容。在作者国内，对于这部潜在的杰作为何遭禁，苏尔科夫及其他作家协会的老一辈斯大林主义者愈发难以自圆其说。他们试图将事情轻描淡写；而冷战中的“墙头草”——自由派、中立派，以及欧洲、亚洲一些不属于任何阵营国家的意见主导者——日益转向激愤、反苏的一方。铁幕后并未受到丝毫牵连的艺术家们对此倒似是乐见其成，同时借此打击苏共政治局委员。这一幕在波兰可谓风生水起，沸沸扬扬，但苏联和匈牙利等国的艺术家则较为谨慎。苏共政治局委员们处于守势，因为不可能惩罚帕斯捷尔纳克本人。小说的问世虽遭到些许批评，但爱伦堡或文化部长米哈伊洛夫等见风使舵者对帕斯捷尔纳克却小心敬畏，尊其为天才诗人。对西方世界来说，此出版“丑闻”既是一个

重大文学事件，与此同时，毫无疑问也是一笔净资产。

2. 但记者们的介入使事情开始发生变化，特别是美国联合通讯社（美联社）记者、美国的评论家及英国《每日快报》的记者。他们开始断章取义，截取书中为数不多的反马克思主义部分大肆渲染。接着，英国广播公司通过其对俄频道用俄语对《日瓦戈医生》进行了系列广播。在英国得知此消息的人士对此感觉非常不好，不仅因为这部天才小说被用作官方宣传工具，置帕斯捷尔纳克于危险之中，还因为它激发了苏联作家，甚至包括对苏联政体持批评意见人士的反西方爱国主义情绪，对使用者发起强烈反击。诺贝尔奖在某些西方圈子中被视为政治手段的事实也激化了这点。据波兰作家们的报道（他们一致支持帕斯捷尔纳克），苏联反对派作家开始感觉到，一旦帕斯捷尔纳克的小说在西方被当作冷战及反苏武器，他们自身的立场也终将受到难以想象的连累。他们担心《日瓦戈医生》的出版会使他们遭遇毁灭性的下场，因为他们中的一员采取了一个恐怖行动，打破了看似缓和的对立局面：这次行动唤醒了苏联对他们的恐惧和仇恨，
引发了一系列的报复行为，将他们挤压、毁灭；也扼杀了所 761
有改革的希望和本已微小的反对势力。正如波兰人所言，帕斯捷尔纳克的“退缩”是必然的，这是对残忍的西方试图以《日瓦戈医生》作为政治宣传武器**发自内心的**真诚反击：这种苦涩的悲愤就如匈牙利自由战士被慕尼黑反苏广播电台所利用一样。

3.《时代》和《生活》周刊被西方当作冷战党派的先锋，他们大肆吹捧帕斯捷尔纳克的英雄主义和牺牲精神，即便在文学版面，也等于让他公开与反苏联的敌对者为伍。这不仅使他陷入更进一步的危险，而且在不属于任何阵营的亚洲人和欧洲自由派人士等群体中制造强烈的反美反应。他们也许是反共产主义者，却不希望成为“华尔街帝国主义”怪兽及其他反动分子的同党。正如1930年代美国的孤立主义者及反英分子和一同流放的人利用拉斯基对英国制度进行攻击，这件事激怒了许多得知此消息的英国人，激发了他们的民族情绪，使他们更加仇视美国，更加傲慢和保守。正如1863年的波兰起义，西方国家原想利用这一事件趁机分裂俄罗斯帝国，却因为法、英两国媒体对起义的支持，使大多数俄国自由派和革命者转为支持沙皇和教会，一致对抗西方。因此，公开反对苏联的机构对帕斯捷尔纳克事件的支持或是大肆吹捧，可能最终使他妥协——使他真心和绝望地背弃这种联盟——使思想不坚定者和不属于任何党派以及反共产主义者禁不住会想，如果《日瓦戈医生》注定被“帝国主义者”利用来实现邪恶目的，也许苏联作家协会就不得不展开对这本书的公开批判。在爱国情绪一点即燃的苏联，这类事件司空见惯；在类似反复宣传的情况下，不管自己愿不愿意，帕斯捷尔纳克都已被变成资本主义的盟友（事实上他对其极度厌恶）——不仅成为苏联体制的敌人，也成为俄罗斯本国的敌人。这一点使帕斯捷尔纳克写给赫鲁晓夫的信显出格外的

真诚。

4. 这就是为什么伊尼亚奇奥·西洛内及其友人等狂热的反共产主义者要试图建立一个“保护帕斯捷尔纳克道德权利委员会”的原因，即反对利用帕斯捷尔纳克达到政治或舆论目的的无耻作为；这也是为什么罗素勋爵、T. S. 艾略特、丽贝卡·韦斯特及其他作家要联名写公开信给赫鲁晓夫，小心谨慎地坚持《日瓦戈医生》仅为帕斯捷尔纳克个人看法，无关政治；这也解释了为什么《时代》或《生活》周刊虽然渴望推动人类自由，却反而有可能阻碍这一事业的缘由所在。 762

如何定义“犹太人”

以下是以赛亚·伯林对戴维·本—古里安一封信件的正式回复（于 1959 年 1 月 23 日寄出；具体内容见原文第 671 页注 3）。戴维·本—古里安的信是写给五十多位杰出犹太人的，请教他们关于以色列人应该如何对待某些异族通婚所产下后代的问题。

致以色列总理的备忘录

1. 我认为当前摆在以色列国面前最大的问题是，该国应该采取怎样的态度对待父亲是犹太人而母亲是非犹太人的孩子。这种情形下，母亲并未改信犹太教，但是父母双方都希望孩子可以在以色列登记成为犹太人。还有一个相关问题，宗教机构是否能够接受犹太人因个人原因而不愿归属任何宗派或使用宗教团体所提供的场所设施？当然，这两种类型的人群是有交叉的。

2. 异族通婚生下的后代应该在以色列被视为犹太人，并准予登记入籍吗？如果无神论者或非犹太教信仰者宣称自己的国籍为犹太人，那么应该允许他们以无神论者或基督徒等身份登记为犹太人吗？属于后一类人意味着什么呢？它所享

有或者被剥夺的特权与权利又有哪些？

3. 关于这个问题，大多数常用词汇至少受到两类定义的影响：(1) 按照法律、神学或者科学的要求做出的定义，准确清晰却多少带有人工斧凿的痕迹；(2) 根据日常交流需要而产生的宽泛定义。照我看来，这似乎不仅仅只是一个学术事实。据我所知，依照犹太法律对“犹太人”所做出的定义，狭义刻板的定义——犹太女子或者皈依犹太教之人所生的儿子——在日常口语中，它同样有一个更加宽泛的含义。根据这种宽泛的定义，只要任何一个熟知“犹太人”一词习惯用法的正常人，无须太多考虑就称另一人为犹太人，那么后者就是犹太人（就像“table”之所以为桌子，是因为大多数人都认为它是桌子。尽管如此，有些时候，比如出于某些商业或者法律目的，“table”的意思得由人为限定）。从这个词的常规意义来看，我们谈及“不信神的犹太人”的时候，就不需要感到自相矛盾了。因为当一个人在绝大多数方面与犹太群体一致无二的时候，我们就应将他视作一名犹太人，即使他的母亲没有皈依犹太教，或犹太学者因此而义正 763
词严地拒绝其想要成为宗教意义上——狭义上——犹太人的要求。

4. 以色列国的存在产生了在法律上准确定义“犹太人”的必要性，因为非犹太人不一定能够享有或履行一些属于犹太人的权利与义务。那么，该如何定义“犹太人”呢？

5. 在我看来，很显然，以色列不能仅仅根据宗教信仰判

定其公民甚至居民的身份地位，因为以色列宣称自己是一个自由的国度，而非神权统治的国家（这点我认为确实如此，并且有理由这么认为）。如果以色列不想成为一个神权统治的国家，或不想强制使用宗教来判定民权，就不能仅仅因为一些人公开承认自己是无神论者，或所信仰的宗教不被以色列认可，就剥夺其结婚权、离婚权、安葬权等。正如您在信中特别提到的，如果以色列不会实施宗教压迫，那么就必须允许其居民自由地结婚、离婚，完全不需要借助任何形式的宗教仪式。如果现今由于以色列或犹太观念反对的影响，在政治上行不通，就会导致一定程度上的宗教歧视，即便情况不是特别严重；而在公民自由得到现代国家普遍了解的今天，只要以色列上述情况未能从根本上得以改变，如何保障以色列所有民众的公民自由这个问题就无法得到解决。目前这也许还不是一个紧迫的问题，因为受到公民婚姻与离婚等制度缺失影响的公民毕竟只是少数；但是，这种情况的存在却是一个污点。尽管解决问题的途径可能引发严重的道德与精神问题，但否认它的存在将毫无益处。

6. 如果以色列准备在真正意义上成为一个现代自由的国度，那么宗教归属就不应该左右其公民法则，也不会影响其居民应该享有的公民权益与政治权利。但另一方面，很显然，如果犹太教仅仅只是个宗教，而非某种意义上的国籍标志，那以色列也就不成一国。我认为，单单就安全因素考虑，可以要求以色列的居民，每隔一段时间去登记注册，选

择是继续当犹太人，还是放弃犹太身份。一些人被视作犹太人（在其犹太或非犹太的社交圈子中），这是从“犹太”这个词最常见的含义来判断的；但依据拉比们按照传统接受的方式对犹太教律法哈拉卡的解读来看，他们却非犹太族，对于这类人，在政治和法律意义上，他们究竟该不该被当作犹太人呢？对此问题，并没有一个绝对的或是现成的答案。如果我们打算消除宗教高压政策，哪怕是最最温和的——受习俗和公众舆论的压力而不得不为，因为它与个人自由的最低 764
要求相违背（而且我看不出道义上以色列有何理由做不到这一点，而事实上，正是因为坚持宗教自由，犹太复国主义才得以诞生）——那么，就必然存在这么一类人，他们有权只在国籍上登记成为犹太人，而不用加入犹太教。那么，该用什么标准来判定哪些人属于这一类别呢？我认为，常识性的标准似乎已经接近答案了——人们认为某人是犹太人，那么他就是犹太人，尤其是在那些以色列以外的犹太人聚居国，在那些非犹太邻居的眼中。但是，这一标准似乎又有些不够明确，有些模糊不清。我们可以新建一条标准，例如某些以色列人，我相信也包括您自己在内，所提出的宣告：某人未信仰其他任何宗教，因此渴望成为一名犹太人。对此，有人发出反对之声，称这一标准的定义太过笼统，它甚至可以涵盖一个通常在别人眼中根本就不是犹太人的人，例如前纳粹异教徒；同时，又太狭窄，这是因为，原则上该标准具有可行性，但实际上却几乎没有人会遵循这一标准，何况这条标

准看起来是多么不合时宜，设想，一个人，只要愿意，完全可以国籍是犹太籍，却信仰基督教、伊斯兰教，或是其他什么宗教。假设一个犹太人，或一个阿拉伯人，又或亚美尼亚人，国籍都可以为其保留，但如果因为他信仰了基督教，他的许多政治权利就会被自动剥夺，在我看来，这就是一种宗教歧视。或许你会说这只是一个学术问题，因为，就目前而言，这还不是一个重大的现实问题，因为想要在以色列用犹太人身份生活，却又信仰非犹太教的怪人并不是很多。然而，问题在于，或许有一天（比如，基督教的传教士们成功说服人们转信基督），这一现象变得普遍，原则践行就变得举足轻重了。因此，只要《回归法》[1] 仍具效力，或许解决问题的最佳方案就是借助一些临时机构来决定这些非典型个案的国籍问题（特事特办）：如成立专委会，可以归属现有的政府部门，也可自成一体，单独成立一个专门机构，由一批德高望重的专家组成，由其决定在以色列的潜在移民和现有居民中，无论男女老少，谁该有资格，谁又不够资格登记入籍为（政治意义上的）犹太人。由于其特殊性，这个机构不可能得到任何清晰的指令。他们只能听从民意，跟随理智之光，遵守公共常识。我本该想到以下两类人：(1) 生活在

[1] 以色列于1948年立国，1950年颁布《回归法》，赋予每一个犹太人移居以色列并永久居住的权利，并为所有遭受迫害、流离失所的犹太人提供庇护。——译注

以色列之外，却仍保留犹太人生活方式的人，例如，某个人的母亲并非犹太人，但在犹太人社区中，他被一致认可为犹太人。如果他因为宗教信仰的原因，被拒绝加入犹太国籍，而不仅是犹太教团体，对他无异于严苛的惩罚。这些人当然会选择接受正规的改变信仰仪式（例如，我听说已故的英国勋爵迈尔切特就是这么做的）。然而，一旦他们没有这么做，就将从政治上拒绝他们加入犹太团体，直到他们履行仪式为止。在我看来这一点毫无理由，极其严酷。(2) 同样，异族通婚者的小孩，父亲希望能够按犹太人的方式抚养他， 765
我认为，就应该允许其登记为犹太人。正如预期的，小孩在以色列与其他的犹太人一起成长，也必然会产生足够的同化效应。如果我是登记委员会的成员之一，就会倾向前面的决定。但如果其他专家不这么认为，那也只能随其便了。

7. 希伯来当局势必所然，也颇为合理地不把这一群人视为犹太人。因此，他们将面临某种不可避免的社会压力。无论他们采取什么方法来防止这种宗教强制行为，或越过横亘在他们与世界各地犹太人团体正式成员之间最后的藩篱，改变信仰，真正皈依犹太教，也一样无济于事。这个群体中，大部分人很可能对接受和实践犹太教义，至少是犹太教律法中规定的起码要求并无异议。但也有些人选择不这么做。其结果是离开以色列后，可能就会发现在其他地方，他们不被认作是犹太人团体中的一员。这是任何一个有组织的宗教必然的结果，对其成员提出情理之中的最低要求，不让他们因

为政治、法律、道德或是任何非宗教原因放松自己。但这样的人通常少之又少，而且在我看来，将以色列和离散的犹太人联系起来的纽带也不会因为此类人的存在或他们的反常身份而折断，甚至紧绷。这里我要再次重申我之前的观点，除了通过对每个具体个案做出定夺的专门委员会，我找不到任何能够最终确定这群人身份的方法。我们需要通过他们来判断，某人是否符合作为以色列犹太人团体一员的条件，这些条件可以清晰感受，却往往无法明确定义。

8. 如果有人感到，对于这样一个解决方法，以色列的公众舆论尚未成熟，甚至可能会被它激怒，在以色列国内导致激烈的文化争端，最终造成以色列与其边界之外的犹太人团体分裂，总之，如果想要避免势必带来痛苦后果的正面冲突提前到来，我认为应该未雨绸缪，为这些成问题的个案人等提供一个临时身份。例如：未皈依的非犹太裔家庭的儿童，以色列犹太人未皈依的妻子（她们希望能够在犹太人团体中充分发挥作用），以及类似的各色人等，可以不在政治上定为“犹太人”，却可以登记为“犹太人出生；父亲为犹太人”；或是“犹太人妻子”，“爷爷或外公是犹太人”，诸如此类。先是简单记录事实，然后为他们预想出一个特殊身份，逐渐使之固定化。在这个尚未确定的真空地带中，这些
766 人要么最终被犹太人团体彻底同化，要么从中彻底退出，最差的情况是，继续无限期地成为临界个案，直到更自由的立法在政治上可行的时候，他们才可以自由地被吸纳进犹太

人组织，成为其一部分，而不会遭到太多人的非议。这不是一个万全之策，但就上述情况下，这是我能想到的最少痛苦的方法。这种情形只能是暂时现象，否则绝不能容忍，没有比允许某一类公民永久处于低人一等的处境更邪恶并具有破坏性的事了——混血的犹太人，无法享有完整的公民权和政治权，就像在其他国家出现的反闪米特人迫害行动中被丑化的令人厌恶的讽刺画一样。如果国家当局目前无法尽快克服宗教对这类人自由融合的抵制，那么，与其说让他们身处低人一等的少数族群恐怖境地，倒不如不让他们移民为好。

9. 我必须承认，我发现很难去相信，平常被人认为是犹太人的人（至少被那些不管出于何种原因，对这类事情感兴趣的人，那些在乎成为犹太人意味着什么的人），尽管他们按照严格的犹太教律法要求并不完全够格，但这些人在犹太人团体内的接受度，竟然会在以色列内部或是在以色列和外界的犹太人中导致深深的裂痕。但关于这点，我也很可能弄错了，在这个问题上，我不应该有先入之见。从历史的观点上来说，犹太教、犹太种族和所有组成犹太文化的因素结合起来，组成一个单一、持久的实体。这个实体无法严丝合缝地融入现代西方国家的政治模式。以色列国的兴起只可能通过允许——不一定是鼓励——这些因素中的每一个人来追寻其独立的事业，从而实现犹太人口的“正常化”。这似乎既不是可以避免的，也不一定就会令人不快：人们当然希望

这种状况能够尽可能少地对犹太信仰和忠诚产生不良影响，但我怀疑这种不会冒犯到任何人的愿望能否实现。我越来越强烈地感受到这一点，因为我对自己的“解决方案”也不甚满意。

767 以赛亚·伯林

年表：1946—1960

我始终坚信，出版书信文集，最牢靠的基础莫过于年表，私人和公开书信都概莫能外。人们尽可以添加注释，但提供基本信息的年表仍然不可或缺。否则，学者们将无法开展研究，同时会对所有选用素材产生怀疑，认为其带有人为因素甚至可能为了政治宣传，不管其真实用意多么高尚。[……]

——致鲍里斯·古力尔，1957 年 1 月 1 日

1946 年 4 月 7 日（三十六岁）	乘“玛丽女王”号客轮从纽约返回英国，重新回到牛津大学新学院担任哲学讲师和导师，再次卷入繁忙的社交活动。
5 月	开始讨论翻译屠格涅夫的小说《初恋》一事。
6 月 27 日（三十七岁）	在英国皇家国际事务研究所（查达姆研究所）发表演讲：“苏联为何选择自我孤立”。
8 月上旬	前往巴黎逗留了两到三天，后继续前往日内瓦看望埃利奥特·菲尔金；住膳食公寓准备讲座内容。
9 月上旬	赴瑞士与父母会合。
9 月中旬	回国途中，在巴黎的英国使馆待了十天。
10 月 1 日	被任命为大学哲学讲师。
米迦勒学期（10—12 月）	讲授“19 世纪初欧洲政治与社会思

想”课程，并与 J. L. 奥斯丁共同开设研究生课程：“认识论”。

12 月 17 日　播放伯林在英国广播公司第三套节目的首次广播演说（关于拉萨尔）。

1947 年 1 月　犹太事务局就其政治处下属新成立的欧洲部负责人一职试探伯林的意向（无果）。

希拉里学期（1—3 月）　讲授“伯克利的外部世界理论”课程。

3 月　犹太事务局更高一层人士出马（本—古里安及舍托克发来电报），再次邀请伯林加盟其政治处（无效）。

4 月　在意大利度假，游佛罗伦萨和锡耶纳。

5—6 月　上了四堂专题课，题目为：“激进的苏联知识阶层，1825—1881：西方思潮”。

769 6 月底至 7 月（三十八岁）　与门德尔同行前往巴勒斯坦，乘船经雅典热那亚（在那里，他们与英国使馆的朋友欢聚了两天）及塞浦路斯；在以色列海法下船；在雷霍沃特伯林住魏茨曼夫妇家，会见了部队军官和政府文职人员；探望了在耶路撒冷和特拉维夫的朋友和亲戚，收集关于联合国巴勒斯坦问题特别委员会的内部情报；与父亲和姨妈继续北上巴勒斯坦进行两天的旅行，与堂哥伊扎克·萨德在特拉维夫的一家餐馆后面进行秘密谈话。

7 月下旬　飞往日内瓦，之后经巴黎返回牛津，为外国学生暑期班作了三场讲座。

	8 月上旬	摩西・舍托克亲自来电，邀请伯林担任犹太事务局高层管理工作（负责中欧和东欧地区），遭伯林谢绝。
	8 月中旬	奥利弗・弗兰克斯爵士上门，请他加入英国代表团，组建欧洲经济合作委员会，实施马歇尔计划；伯林的主要任务为撰写报告。
	8 月 18 日	临时通知他到巴黎出差，下榻克里龙酒店，在巴黎大皇宫的艰苦条件下紧张工作。
	9 月上旬	经过三个星期高强度工作，将报告的最终修订稿上交奥托・克拉克，前往意大利度假。
	9 月 9—21 日	在阿马尔菲与鲍拉和盖伊・奇尔弗夫妇同行。
	9 月下旬	在罗马待了几天（渴望遇见帕特里西娅・西比尔・德・本德恩）；于赎罪日（9 月 25 日）参加了那里的西班牙系犹太人集会；经洛桑和巴黎（在巴黎与魏茨曼见面），于 10 月初返回伦敦。
	11 月下旬	就 1905 年俄国革命问题做了一次讲座，此次讲座或许为“欧洲历史危机，1867—1914”系列讲座的一部分。
	12 月上旬	患扁桃体炎。
1948 年	希拉里学期（1—3 月）	举办题为“知识论中存在的问题”的讲座。
	圣三一学期（4—6 月）	讲授“19 世纪的道德与政治观念”课程，并与弗里德里希・魏斯曼一起为研究生上课（62/2）。
	7 月（三十九岁）	两次患十二指肠溃疡。

7月下旬	名义上为外国学生暑期班哲学室主任，由于患病，未能发挥主要作用。
770 8月中旬	前往萨尔茨堡，再往威尼斯和意大利的其他地方；见到魏茨曼（9月15日）；于埃克斯莱班与父母会合。
10月	搬进新学院的新居室。
米迦勒学期（10—12月）	与阿兰·布洛克一起为研究生讲授“历史观念与范畴”课程。
10月16日	参加谢利·摩根与安格尔西侯爵亨利·帕吉特的婚礼。
1949年 1月	从南安普敦乘“玛丽女王”号客轮启程赴美；其他乘客中包括约二十名朋友和熟人；往瑟堡途中遇大风。更多乘客在瑟堡港上了船，其中包括艾琳·哈尔本；大风把船只吹到一块沙洲，损坏了船的龙骨。
1月2日	“玛丽女王”号带伤缓慢驶回怀特岛，检查破损情况，重新停靠在南安普敦修理。艾琳·哈尔本驾车送伯林回到牛津，等到1月5日船修好后才又出发。
1月10日	从纽约前往哈佛任职，以访问讲师身份讲授区域研究问题，并在俄国研究中心任合作研究员。
1月中旬	返回哈佛途中，在华盛顿待了一周时间，与战时结交的朋友重续友情；住在洛厄尔楼，其间与惯常一样在怀德纳图书馆认真研究，周末拜访各地朋友。

1月下旬	门德尔·伯林来美国出差，待到2月19日，与伯林在纽约和哈佛见了几次面。
2月8日	伯林在哈佛大学开始讲座课程，内容为“俄国革命观念的发展”。
3月	社交活动和讲座邀请开始增加。
3月19日	在玉玺学会演讲。
3月21日	参加准备在3月22日播出的广播讨论“两个大国世界中的英国”。
3月下旬	哈佛大学提供其教职。
5月4日	爱德（华）·普里查德被指控选举舞弊。
5月中旬	讲座课程结束，开始考试，患坐骨神经痛。
6月下旬	在乔·艾尔索普父母家过周末，之后前往曼荷莲女子学院。
6月28日（四十岁）	在曼荷莲女子学院联合国问题研究所发表演讲，题目为“民主、共产主义与个人”；与一位记者简短交谈，第二天《纽约时报》城市版登出报道，在伯林看来，该文将他描绘成共产主义 771 的辩护者；伯林向各方致信说明，试图消除联邦调查局的怀疑。
6月29日（大约日期）	飞往辛辛那提与爱德（华）·普里查德共餐，几天后的7月5日后者接受审判。
7月中上旬	在哈佛和华盛顿拜访多人与之告别，之后前往纽约。
7月13日	抵达纽约，公车上遇小偷，护照及乘船证件被窃。
7月14日	到英国使馆，请求立刻为其更换所有证件；最初遭审慎对待，随后伯林人

	气渐高，诸事顺利。
7月15日	乘“伊丽莎白女王”号客轮离开纽约；说服一位热心乘客下船时帮忙将其行李寄往伦敦，伯林直接前往巴黎。
7月20日	在瑟堡下船，前往巴黎，之后乘火车经一夜于7月22日抵达马赛。
7月23日—8月2日	参加普罗旺斯埃克斯音乐节，以罗兰·博登—穆勒客人身份入住勒内国王酒店；音乐节上《唐璜》的演出大受欢迎；参加音乐节的还有帕特里西娅·德·本德恩及她的情人雅克·阿布鲁。
8月2日	乘夜车离开马赛往日内瓦，住埃利奥特·菲尔金家，收听广播《费德里奥》。
8月4日	与参加洛桑大会的以色列代表团共进午餐，之后前往离卢塞恩不远的布尔根施托克皇宫酒店，拜访魏茨曼。
8月9日	经魏茨曼挽留，推迟回国时间，其间参加了卢塞恩音乐节的彩排，听了一场音乐会。
8月12日	返回伦敦。
8月下旬	前往牛津，最后拜访了迪奇利庄园，之后特利夫妇将其出售。
8月30日	为英国广播公司第三套节目录制对《唐璜》的评论（播送之前录音带不慎被毁）；差不多在同一时期还录制了“英美关系的困境”的讲话。
9月2日	由于患坐骨神经痛，遵医嘱，卧床数周；但仍为《时代与潮流》杂志写了

		“美国大学的知识分子生活”一文。
	9月19日	在美国《大西洋月刊》上发表关于丘吉尔的一篇文章。
	9月21日	“英美关系的困境”讲话播出（发表于9月29日《听众》杂志，引发众多来信）。 772
	10月5日	《标准晚报》攻击“伯林先生”。
	11月12、19、26日	分三部分在《时代与潮流》杂志发表关于美国大学知识分子的文章。
	12月12日	《时代与潮流》杂志的文章梗概在《时代》周刊发表。
1950年	希拉里学期（1—3月）	讲授“伯克利的意义理论”课程。
	1月26日	在牛津户外转播车上重新录制“普罗旺斯埃克斯音乐节上的唐·璜”，当晚播出。
	3月18—20日	于巴黎，追赶上老朋友，随后乘火车经一夜抵达马赛。
	3月21—26日	乘船从马赛往以色列海法，接着前往雷霍沃特住魏茨曼夫妇家。
	3—4月	《外交事务》刊发伯林文章，题为“20世纪的政治思想”。
	3月下旬—4月上旬	在以色列与朋友、亲戚、政治家与公务员轮番见面。
	4月中旬	在巴黎待了一周，与埃维斯·波伦同住，之后回国。
	5月	伯林翻译的屠格涅夫的小说《初恋》出版。
	5月24日	做有关约瑟夫·德·迈斯特的讲座，系G. D. H. 科尔“论某些社会和政治思想家”系列讲座之一。

6—7月（四十一岁）	忙于考试，患各种小疾；开始与詹妮弗·哈特的秘密恋情。
7月1日	首次被聘为任期五年的全灵学院罗伯森研究员（但暂时还继续生活在新学院，并在那里被聘为哲学讲师）。
7月中旬	菲利克斯和玛丽安·法兰克福特夫妇访牛津。
7月29日—8月2日	在巴黎与海特夫妇同住。
8月2—20日	与父母在瑞士的沃韦度假。
8月20—27日	在伯尔尼访魏茨曼夫妇；并于8月23日在卢塞恩参加了赫伯特·冯·卡拉扬的一场音乐会。
8月25日	听说姨父伊扎克·萨姆诺夫去世的消息。
8月27—29日	在日内瓦休养，读书并拜访了年迈的俄国革命朋友。
8月29日	前往米兰；与阿瑟和玛丽安·施莱辛格夫妇共餐。
8月30日	在圣玛格丽塔—利古雷与瑞蒙德及丽兹·冯·霍夫曼斯塔尔夫妇一道。
9月1日	与莫里斯·鲍拉、马库斯·迪克、詹姆斯·乔尔、戴维·皮尔斯一起前往奥拉的弗提扎·达拉·布鲁尼拉度假，同时撰写关于迈斯特的文章。 773
9月20日	经锡耶纳往佛罗伦萨参加赎罪日活动，次日返回锡耶纳。
9月22日	在锡耶纳音乐周听了几场音乐表演后，前往瓦隆布罗萨，伯纳德·贝伦森和尼基·玛丽阿诺在那里度夏；次日返回奥拉。

	9月26日	出发往牛津（参加考官会议），经尚贝里和巴黎（在那里与魏茨曼短暂见面）。
	米迦勒学期（10—12月）	与弗里德里希·魏斯曼一起为研究生讲授“可验证性”课程。
	11月25日	罗伯特·基发表在《图片邮报》的文章“不朽的牛津”。
	12月上旬	戴维·本—古里安访牛津。
	12月底	住普拉斯·纽伊斯宅第安格尔西夫妇家。
1951年	希拉里学期（1—3月）	与G. D. H. 科尔一起为研究生讲授“黑格尔与马克思的政治理论”课程。
	3月22日	出发开始每年一次的以色列之行，于3月25日从罗马飞以色列（大部分时间待在荷兹利亚的沙龙酒店），为接受培训的外交官举办了几场讲座。其中一场对象为来自政治部（之后的摩萨德[1]）的官员。
	4月10日	与姨妈伊达·萨姆诺夫一起乘船离开以色列前往尼斯，同在那里度假的父母会合。
	4月18日	返回伦敦（于4月13日前往牛津）。
	圣三一学期（4—6月）	讲授“19世纪初的社会及政治观念”课程。
	4月25日	汉弗莱·萨姆纳去世（全灵学院院长）。
	4月29日	在西蒙·马科斯的“农庄”过了一夜。
	5月上旬	成为全灵学院院长一职候选人。
	5月19日（大约日期）	在首次选举院长正式评议会上，伯林

[1] 以色列主要情报机构，组建于1951年。

	仍然为候选人，不过爱德华·布里吉斯看来有望当选。
5月25日	伯吉斯与麦克莱恩叛逃（大约在5月27日戈伦韦·里斯报告安全部门，但两位外交官失踪一事直到6月7日才对外公布）。
5月29日	帕米拉·贝瑞举办晚宴，以赛亚·伯林、安东尼·布伦特、约翰·贝杰曼、伊丽莎白·卡文迪许夫人参加，伯吉斯没有露面。
5月底	布里吉斯退出竞选；罗斯提出由埃里克·贝克特接替。
6月2日	在第二轮评议会上，贝克特获得大部分选票，但以赛亚·伯林的支持者仍继续坚持。
6月上旬（四十二岁）	罗斯上门，建议伯林退出竞选，支持贝克特。 774
6月9日	召开多场院长选举评议会；贝克特与伯林相持不下。
6月10日	伯林退出院长竞选；休伯特·亨德森当选院长。
6月20日	亨德森在校庆典礼上心脏病突发。
7月12日	在英美历史学家大会上发表（超长）讲话。
7月中旬	终于从新学院搬到全灵学院的宿舍。
8月	开始尝试减肥。
8月28日（晚）	乘“毛里塔尼亚”号客轮于9月4日抵达纽约，在那里过夜。
9月5—17日	住缅因州罗兰·博登—穆勒处。
9月18日	以客座教授身份入住哈佛大学洛厄尔

	楼至12月，主讲“1825—1920年俄国社会政治观念的发展”。
12月24日	前往纽约和华盛顿待了十天，追赶那里的朋友，其间，到布林莫尔学院参加12月27—29日召开的美国哲学协会（东部分会）会议，宣读哲学论文（“综合先验命题”）。
1952年 1月4日	返回哈佛。
1月中旬	休伯特·亨德森辞职；全灵学院开始新一轮院长职位竞选。
1月下旬	与埃德加和玛格丽特·温德夫妇一起在马萨诸塞州的北安普敦住了一星期，准备布林莫尔学院的讲座内容。
2月11日	玛丽·弗莱克斯纳系列讲座之一（“自然概念与政治科学：爱尔维修与霍尔巴赫”）。
2月18日	玛丽·弗莱克斯纳系列讲座之二（“政治自由与伦理法则：康德与卢梭”）。
2月25日	玛丽·弗莱克斯纳系列讲座之三（“自由主义与浪漫主义：费希特及人的权利”）。
3月1日	正式宣布约翰·斯帕洛当选全灵学院下任院长。
3月3日	玛丽·弗莱克斯纳系列讲座之四（“个人自由与历史进程：赫尔德与黑格尔”）。
3月10日	玛丽·弗莱克斯纳系列讲座之五（“社会体制与黄金时代：圣西门及其追随者”）。

3 月 11—14 日	访普林斯顿。
3 月 17 日	玛丽·弗莱克斯纳系列讲座最后一讲（之六）（“反革命：迈斯特与法西斯 775 主义的起源”）。
3 月 18 日	离开布林莫尔学院前往纽约；之后作了两场讲座（分别于雪城的一个犹太寺庙和罗切斯特大学）。
3 月 22—26 日	于马萨诸塞州的坎布里奇，告别。
3 月 26 日—4 月 1 日	回到纽约，住麦迪逊酒店。
3 月 29 日	未赶乘“玛丽女王”号客轮，改而参加托斯卡尼尼音乐会。
4 月 1/2 日	飞往巴黎。
4 月 6 日	得知父母因为健康问题，无法按原计划去尼斯和意大利度假。
4 月 7 日	准备飞往伦敦，因飞机在跑道上失火，弃机逃出；乘下趟飞机。
4 月下旬	在汉普斯特的父母家与詹妮弗·哈特幽会被搅。
圣三一学期（5—6 月）	讲授“西方政治思想，1750—1850”课程。
5 月 29 日	经伯林争取，终于在他全灵学院的宿舍安装了电话（牛津 3625）。
6 月 11—13 日（四十三岁）	到布鲁塞尔参加斯拉夫大会。
6—8 月	门德尔·伯林接受了一系列手术。
7 月 19—20 日	前往法国普罗旺斯的埃克斯，途中经停巴黎与瓦朗斯，艾琳·哈尔本为其驾车。
7 月 21 日	入住普罗旺斯的埃克斯罗伊雷内酒店，待了一星期，参加音乐节；同伴有阿历克斯·德·罗斯柴尔德和艾

	琳·哈尔本；情感迅速发展。
8月/9月	在玛丽·弗莱克斯纳系列讲座稿的基础上，为英国广播公司录制了六个广播演说。
9月29日/10月1日	节日大厅举行托斯卡尼尼音乐会（伯林听了第二场和彩排）。
米迦勒学期(10—12月)	与G. D. H. 科尔一起为研究生讲授“1789—1870年的乌托邦社会主义者”课程；作约翰·佩特罗夫·普拉门内兹系列讲座“法国社会主义思想的发展”之一，评圣西门。
10月29日—12月3日	第三套节目广播了伯林围绕“自由及其背叛”这一话题事先录制的六个讲话，每周一谈，引起广泛兴趣，信件雪片般飞来，《泰晤士报》刊登要闻(12月6日)。
11月9日	魏茨曼去世。
1953年 希拉里学期(1—3月)	与斯图尔特·汉普希尔一起为研究生讲授“自由主义的道德预设”（孔多塞、康德、密尔、莫尔）。 776
3月20日	前往巴黎，之后往蒙特卡洛和尼斯与父母一起度假。
4月上旬	继续（独自）前往意大利，途经佛罗伦萨（拜访贝伦森），到罗马与莫里斯·鲍拉会合。
5月初	在伦敦（与其他杰出人物一起）参加了由福特基金会罗伯特·赫钦斯发起、教育进步基金赞助的大会，讨论“当代哲学多元化的相关教育问题”。
5月12日	在伦敦政治经济学院做首次奥古斯

特·孔德讲座，题目为“以历史为托词”。

6月2日　与迈克尔·贝瑞一起，在位于皮卡迪利大街的《每日电讯报》报社窗口观看伊丽莎白女王二世陛下的加冕典礼。

6月（四十四岁）　母亲告知，父亲可能得的是无法治愈的白血病，有致命危险。

7月中旬　与父母同住布莱顿大都市酒店。

8月2日　在德文郡达汀顿府邸举办的国际暑期班上，为学生讲授“俄罗斯音乐的起点”课程；与迈克尔·斯特雷特交谈，后者以此在《新共和》杂志发表了一篇关于安娜·阿赫玛托娃的文章，激怒了伯林。

9月10日　乘“伊丽莎白女王”号客轮前往美国（与特利夫妇和盖尔斯·康斯特布尔同行），最初准备在哈佛担任客座教授（讲授“俄国社会与政治观念的发展，1825—1925”）。

10月1日　名义上开始了作为牛津大学讲师又一轮五年聘任期。

10月9日　在马萨诸塞州北安普敦的史密斯学院，举办伊丽莎白·卡特·莫洛讲座课程，题目为“现实感”。

11月上旬　收到纳菲尔德学院提议，邀请他参加纳菲尔德学院院长一职的竞选（以某种形式）；开始了漫长的咨询和痛苦过程。

11月中旬　就维奥莱特·伯纳姆·卡特夫人来访

	一事组织了一星期的相关活动；并于11月16日与雷蒙德·伯纳姆·卡特共同为她在马萨诸塞州坎布里奇举办了大型聚会。
11月	《刺猬与狐狸》出版。
12月12日	接到门德尔健康状况的坏消息，愕然，取消12月23日乘“玛丽女王”号回去（短期）的计划，乘飞机经一夜从波士顿回到伦敦。
12月13—14日	在医院陪了父亲两天。
12月15日	门德尔·伯林在安睡中逝去，死因为白血病。 777
12月下旬	按照犹太教习惯，举办了七天的丧礼。丧礼过后，伯林面对双重压力：回复源源不断的吊唁信件；再就是父亲去世带来的财务问题。
1954年1月26日	最终谢绝了纳菲尔德学院院长一职的邀请。
2—3月	每周去伦敦一趟，照料母亲，打理父亲的业务事项；在其中一次伦敦之行后，伯林对艾琳·哈尔本诉说自己对她的情感；两人开始秘密幽会。
3月中旬	设法获得资助，回到美国为哥伦比亚大学200周年庆典发表演讲。
4月12—25日	在日内瓦和尼斯与母亲度假；伯林在日内瓦与远在巴黎的艾琳一次时间很长的通话被汉斯·哈尔本窃听，他要求两人立即停止幽会；抵达尼斯后，伯林看到艾琳的来信，宣布要结束两人关系；伯林崩溃，两天卧床不起。

4 月 25 日	因气恼艾琳抛弃自己独自乘飞机回国；母亲继续前往耶路撒冷看望妹妹伊达。
圣三一学期 (4—6 月)	讲授“历史主义”课程。
5 月 1 日（大约日期）	哈尔本夫妇参加了伯林预先安排的酒会，之后不久，伯林与艾琳重新开始见面。
5 月 8—9 日	法军在越南奠边府大败，紧接着伯林访巴黎，急切盼望一睹莫斯科芭蕾舞团的演出。
5 月 /6 月	海丁顿宅峰会，伯林与汉斯·哈尔本正面对决，就自由的心理特点进行分析，征得其同意，每星期见艾琳一次。
6 月 1 日	与阿历克斯·德·罗斯柴尔德一同参加在伦敦斯卡拉剧院举行的《飞蛙》开演晚会。
6 月 10 日（四十五岁）	与玛歌·芳婷、塞西尔·比顿、阿兰·帕西—琼斯一同观看皇家军队阅兵典礼。
6 月 23 日	伯林邀请参加校庆典礼的客人有：艾丽丝及比利·詹姆斯夫妇、哈尔本夫妇、塞西尔夫妇、伊丽莎白·鲍恩以及菲丽西蒂·兰博德。
8 月 12—15 日	周末与盖伊和阿历克斯·德·罗斯柴尔德一起在诺曼底他们家的种马场 (le Haras de Reux) 度过；伯林遇见哈尔本夫妇，他们住在卡西诺的多维尔。
8 月 15 日	艾琳开车送伯林前往巴黎，与艾琳母

	亲一起吃午饭；之后与奇普·波伦一道乘火车经一夜抵达米兰，并继续前往佩鲁贾，参加《弄臣》的露天演出。
8 月 18 日	抵达科尔托纳，赶上斯图尔特·汉普希尔、马库斯和塞西莉亚·迪克夫妇、戴维·皮尔斯以及帕特利克·诺威尔—史密斯；朋友们欣赏美景，伯林则奋力工作。 778
8 月 25 日	与戴维·皮尔斯一同前往乌尔比诺和拉韦纳。
8 月 28 日	继续前行往威尼斯，在那里遇见约翰·斯帕洛；全力以赴准备诺斯克利夫系列讲座。
9 月 7 日	周末在普罗旺斯的埃克斯与拉斐尔和阿德瑞娜·赛勒姆夫妇共度，之后回国。
米迦勒学期 (10—12 月)	与 E.H. 卡尔一起讲授“1830 年来俄国革命的先兆”课程。
10 月	受邀成为萨德勒斯·威尔斯信托基金董事。
10 月 18 日	在伦敦大学学院作诺斯克利夫四个文学系列讲座之一“辉煌十年：俄国文学与社会批评，1838—1848”。
10 月 25 日	诺斯克利夫系列讲座之二。
11 月 1 日	诺斯克利夫系列讲座之三。
11 月 8 日	诺斯克利夫系列讲座之四。
11 月下旬	在汉普斯特家中患支气管炎，卧床十日；《历史必然性》出版。
12 月上旬	迈克·托德来牛津看他，准备拍电影《战争与和平》。

	12月中旬	艾琳·哈尔本一家往梅杰夫滑雪胜地度假，此时她的婚姻已到达破裂边缘；因为紧张和压力，伯林健康受到影响；怀疑心脏存在问题。
	12月16日	为英国广播公司重新录制诺斯克利夫系列讲座中的两讲，即兴添加了一些内容。
	12月下旬	被委派担任皇家歌剧院的董事。
1955年	1月	伯林继续患病，有心包炎的迹象，被迫大部分时间在汉普斯特家中休息，由母亲照料；每星期到牛津完成最低教学工作量。
	希拉里学期(1—3月)	继续与E. H. 卡尔一起讲课。
	1月下旬	艾琳和汉斯·哈尔本同意分居（但汉斯·哈尔本直到3月份才离开海丁顿宅）。
	2月18日	伯林与艾琳·哈尔本订婚。
	2—3月	尽管医生交代要完全静养，随着心情和体力状况的好转，伯林逐渐恢复了正常活动。
	3月29日—4月22日	与艾琳游历了尼斯、葛哈斯、阿维尼翁（在道格拉斯·库珀家的大别墅，遇见毕加索和科克托）；经里昂和巴黎回国。
	7月1日（四十六岁）	重新当选全灵学院罗伯特森研究员(任期至1960年)。
779	7月	塞西尔·比顿为伯林拍照。
	8月22日	前往巴黎，后乘火车与在波尔多的艾琳会面（8月23日）；第二天驾车前

	往普罗旺斯埃克斯途中与其弟和弟媳共进午餐，住拉斐尔和阿德瑞娜·赛勒姆家（8月24—26日）；游圣特罗佩（遇见艾琳的前小姑）、拉帕洛的圣洛莫（8月27—28日；与阿瑟·施莱辛格共进晚餐）、莱里奇（8月29—30日）及锡耶纳（8月31日）会面，9月1日抵达罗马。
9月4—10日	参加在罗马召开的第十届历史学科国际大会，之后伯林与艾琳前往那不勒斯（9月10—13日）、阿马尔菲（9月13—16日）和米兰（庆祝犹太新年，9月17—18日）；9月21日返回英国。
10月1日	由于教学时间减少到每星期六小时这个基本工作量以下，重新签订大学讲师聘任合同。
10月19日	在英国社会科学院作讲座，题目为“孟德斯鸠”。
11月3日	乘“伊丽莎白女王”号前往纽约（11月8日抵达）；与艾琳·哈尔本母亲同乘一艘船。
11月9—10日	在曼荷莲学院作了两次讲座，前往芝加哥（担任亚历山大·怀特客座教授，住东温德米尔酒店）。
11—12月	在芝加哥大学作了四场亚历山大·怀特讲座，题目为“哲学的浪漫主义变革”（并分别于11月15、22、29日及12月6日讲授课程）；抽空观看了芝加哥歌剧院的精彩歌剧演出，包括

	《弄臣》(11月12日)、《外套》(11月19日，一同上演的还有蒙特威尔第的面具歌舞剧)、《爱之甘醇》(11月30日)、《假面舞会》(12月3日)，并听了一场戴维·奥伊斯特拉赫的音乐会)(11月28日)。
11月17日	亚历山大·怀特系列讲座之一。
11月20日	拜访阿德莱·史蒂文森，在他家住了一夜。
11月21日	亚历山大·怀特系列讲座之二。
11月23日	极其尴尬地忍受A. L. 罗斯缺乏判断力的讲座。
11月24日	与伯顿·德雷本和他太太拉亚共度感恩节。
12月1日	亚历山大·怀特系列讲座之三。
12月2/3日	在衣阿华大学宣读一篇关于赫尔岑与俄国激进主义的“伪论文”。
12月8日	亚历山大·怀特系列讲座最后一讲。
12月9日	在西北大学（位于埃文斯顿，距离芝加哥一个半小时）作“政治判断的本质”讲座。
780 12月10日	艾琳与其会合。
12月中下旬	忙于参加各种社交应酬：12月12—16日在纽约（在那里，伯林和艾琳于12月13日看到雷纳塔·泰巴尔迪在歌剧《托斯卡》中扮演角色）；12月16—20日在华盛顿（伯林于12月19日在当代艺术学院作“当代哲学革命”讲座）；12月20—27日再回纽约；12月27—29日到马萨诸塞州的坎布里

	奇，之后返回纽约。
1956年 1月4日	伯林与艾琳原定搭乘“玛丽女王”号离开纽约，因大雾推迟出发，但仍于1月9日返回伦敦。
希拉里学期(1—3月)	与帕特利克·加德纳一同为研究生讲授“历史的概念”课程。
2月7日	与艾琳·伊丽莎白·伊冯娜·哈尔本，巴黎的皮埃尔·德·甘斯伯格男爵女儿，在汉普斯特德犹太会堂结婚；两人在伦敦的丽兹酒店度过两天，之后伯林搬进海丁顿宅。
4月2日	伯林和艾琳飞往特拉维夫，与薇拉·魏茨曼在雷霍沃特共度了几天，看望亲朋好友和政界人士，同时让艾琳熟悉以色列的生活和景色。
4月9日	前往耶路撒冷（住大卫王酒店）。
4月12日	在希伯来大学举办了两场奥特·温盖特纪念讲座，题目为“政治思想的两个概念”。
4月12日	伯林夫妇飞往罗马，在佛罗伦萨待了几天，拜访了伯纳德·贝伦森；后往巴黎（4月19日抵达）。
4月21日	回到牛津时，伯林遇见来访新学院的赫鲁晓夫和布尔加宁。
6月下旬（四十七岁）	受邀在柯芬园歌剧院任职。
7月29日	伯林与艾琳从伦敦飞往哥本哈根，再乘火车到赫尔辛基（7月30日），从那里前往列宁格勒（7月31日）。
8月4日	乘火车继续前往莫斯科。
8月5—22日	住英国大使馆威廉和伊丽斯·海特夫

妇处；伯林到哲学院作短暂访问，在印度大使馆的一次招待会上邂逅谢皮洛夫和卡冈诺维奇；参观了莫斯科以南100英里处托尔斯泰的故居；艾琳则忙着参观莫斯科城外的历史古城，伯林与鲍里斯·帕斯捷尔纳克在佩里德尔基诺见面（8月18日）；带了一本《日瓦戈医生》回使馆，彻夜阅读；几天后两人再见面时，帕斯捷尔纳克坚持不管风险多大，都要出版此书，同时给伯林有关安娜·阿赫玛托娃的消息（之后伯林与其通了电话）。

781 8月22—31日（大约日期） 伯林和艾琳以波伦夫妇客人身份搬到美国大使馆；其间伯林参加了印度尼西亚大使馆举办的一次招待会（参加的还有政治局的人），再次与赫鲁晓夫见面交谈；伯林使用国家图书馆的资料；某晚他与埃弗拉姆·哈勒维终于设法和伯林的姨妈祖尔玛秘密见了一面。

9月2日 与波伦夫妇及其他人一起度假，住波托菲诺斯普兰迪德酒店。

9月9日 伯林夫妇和波伦夫妇搬到帕拉吉的阿根廷酒店；伯林上热那亚的犹太教堂参加赎罪日活动（9月15日），随后独自前往卢加诺，玛丽在那里度假。其他人回家。

9月19日 前往巴黎，住在艾琳的公寓里，辛苦工作了两个星期。

10月上旬 返回牛津。

	10月下旬—11月上旬	对自己听到苏伊士运河危机的反应感到不解，但坚定反对英国政府的谴责。
1957年	1月中旬	一家人在瑞士的克洛斯特斯度假。
	希拉里学期(1—3月)	与G. D. H. 科尔一起为研究生讲授“黑格尔与马克思的政治思想”课程。
	3月16日	正式宣布伯林为下一任社会与政治理论齐切利讲席教授（牛津早已知晓）；接下去一年中的大部分时间（包括之后），他一直被眼皮跳所折磨。
	3月底	经阿姆斯特丹、巴黎和罗马，与艾琳前往西西里度三个星期假期。
	4月底	经那不勒斯和巴黎返回牛津。
	圣三一学期(4月—6月)	与帕特利克·诺威尔—史密斯一起为研究生讲授“历史与政治的审判”课程。
	6月11日（四十八岁）	参加白金汉宫的午餐会。
	6月13日	在女王生日授予的荣誉名单中，伯林受封爵士。
	7月10日	当选英国社会科学院院士。
	7月16日	在白金汉宫举行的典礼上，被授予爵士勋衔，艾琳、玛丽·伯林和彼得·哈尔本参加了典礼。
	7月17日	在牛津学者和英国广播公司官员间举行的会议上，捍卫第三套节目的利益。
	8月20—30日	在苏格拉与朋友们住在一起。
	9月2—18日	一家人到意大利度假，住帕拉吉的阿根廷酒店；斯图尔特·汉普希尔加入；回国途中在巴黎待了几天。 782
	10月1日	开始履新，担任社会与政治理论齐切

		利讲席教授。
	米迦勒学期 (10—12 月)	讲授“欧洲政治理论类型”课程。
	11 月 12 日	参加休·特雷弗—罗珀的教授就职演说。
	11 月 19 日	举办第二场赫伯特·莫里森讲座，关于哈伊姆·魏茨曼（由耶路撒冷的希伯来大学英国友好协会赞助）。
	12 月 11 日	在伦敦朋友之家对英国犹太历史协会成员作卢西恩·沃尔夫的纪念讲座，题为“从共产主义到犹太复国主义：摩西·赫斯的生平与思想”。
	12 月 12 日	伦敦意大利研究所加埃塔诺·萨尔维米尼纪念大会发言者之一。
1958 年	希拉里学期 (1—3 月)	讲授“马基雅维利以来的政治理论类型”课程。
	3 月 20 日	前往意大利。
	3 月 21 日	在伊塔蒂别墅拜访伯纳德·贝伦森，第二天在那不勒斯乘上“S. S. 耶路撒冷”号客轮。
	3 月 25 日	到海法，直接前往雷霍沃特。
	3 月 26 日—4 月 1 日	如以往一样，轮番会见雷霍沃特、特拉维夫和耶路撒冷的亲朋好友和政界人士（包括本—古里安）；在雷霍沃特举办了魏茨曼书信文稿专题研讨会(3 月 30—31 日)。
	4 月 2 日	与艾琳会合。
	4 月 2 日	搬进耶路撒冷的大卫王酒店。
	4 月 8 日	乘“S. S. 西奥多·赫茨尔”号客轮从海法启程（4 月 13 日抵达马赛）；经

	巴黎回国。
4月中旬	艾琳侄女一家住海丁顿宅期间，侄女发生不幸事故。
圣三一学期（4—6月）	与查尔斯·泰勒一同承担研究生课程“黑格尔与马克思的政治哲学”。
6月25—27日（四十九岁）	6月26日德米特里·肖斯塔科维奇来访，在校庆典礼上接受荣誉学位；在休和桑德拉·特雷弗—罗珀家（弗朗西斯·普伦克当时住那）举办晚宴，欢歌笑语（6月25日）。
7月下旬	与艾琳在普罗旺斯的埃克斯会合，随后继续前往蒙特卡洛（7月31日—8月13日）。
8月20日	伯林、艾琳和艾琳的孩子们全家抵达帕拉吉的阿根廷酒店度假（9月12日结束）。
8月29—30日	口述教授就职演说的第一稿。 783
9月5日	鲍里斯·帕斯捷尔纳克的《日瓦戈医生》英文版出版。
9月12—21日	在威尼斯参加国际哲学大会；艾琳9月15日抵达。
9月19日	在法尼斯酒店听了一场斯特拉文斯基指挥其作品的音乐会。
9月21日	启程回国，经巴黎和伦敦。
米迦勒学期（10—12月）	讲授“浪漫主义时代的欧洲政治思想”课程。
10月7日	在伦敦的普希金俱乐部宣布莱奥尼·帕斯捷尔纳克作品展开幕。
10月23日	鲍里斯·帕斯捷尔纳克被授予诺贝尔文学奖；报刊宣传从10月25日开始

对其大肆攻击；帕斯捷尔纳克被苏联作家协会开除，他拒绝接受诺贝尔奖（10 月 27 日）；伯林继续积极展开宣传（很大程度上徒劳无功），保护帕斯捷尔纳克，尽量使他远离西方宣传机构，因为它们往往出于政治目的，容易把舆论引向歧途（如英国广播公司俄语频道播出《日瓦戈医生》的节选；《时代》周刊刊登帕斯捷尔纳克的封面特写）。

10 月 31 日　在考试院举办就职演说，题目为“自由的两种概念”，听者众多；印刷版篇幅更长，于同年正式出版，实际问世时间为 1959 年 1 月。

11 月 25 日　与艾琳一起出席唐宁街 10 号为理查德·尼克松副总统举行的招待宴会。

12 月 5 日　在海丁顿宅午餐款待斯特拉文斯基及其夫人。

12 月 7—10 日　在班戈大学作了两场讲座，住安格尔西侯爵夫妇家；一个来访此地的苏联学生代表团不久前刚用惊恐口气向伯林描述了那里的放纵行为（令伯林忍俊不止）。

12 月 10 日　斯特拉文斯基在皇家节日大厅表演，音乐会结束后，伯林与其共进晚餐。

12 月 15 日　鲍里斯·帕斯捷尔纳克头像出现在《时代》周刊封面上。

12 月 21 日　赴巴黎一星期，后在意大利过了几天。

1959年 1月	在巴黎，回国途中。
希拉里学期（1—3月）	讲授“俄国政治思想与西方”。
圣三一学期（4—6月）	与帕特里克·加德纳共同承担研究生课程“历史中心概念”。
6月4日	在巴斯音乐节上主持音乐探讨，话题为耶胡迪·梅纽因、尼古拉斯·纳博科夫及威廉·格罗克。
6月（五十岁）	骶骨关节扭伤。 784
6月30日？	参加晚宴，宴会来宾包括女王母亲和女高音歌唱家玛利亚·卡拉斯。
7月下旬	前往波托菲诺度夏（住西普利西娜别墅）；与艾琳一起到普罗旺斯埃克斯（7月底）及维罗那（8月中旬）听歌剧，之后孩子们（8月21日）和客人们陆续抵达（包括斯图尔特·汉普希尔、朱利安·艾耶尔及其女朋友、戴维·塞西尔一家，以及加勒特·德罗希达）。
10月下旬	回国。
10月2日	艾琳·伯林的长子迈克尔·斯特劳斯举办婚礼。
米迦勒学期（10—12月）	讲授“政治思想：从马基雅维利到卢梭”。
12月中旬	乘船前往纽约，住卡莱尔酒店。
12月20日	获得位于纽约的美国犹太神学院荣誉法学博士学位。
12月27日	前往芝加哥。
12月28日	在伊利诺伊州埃文斯顿举行的美国历史学会会议上作大会发言，题目

	为“论科学史观”；回国时经马萨诸塞州的坎布里奇，在那里，他拜访了埃德蒙与艾琳娜·威尔逊夫妇（与哈里·莱文不期而遇），没有见到伊夫林·怀特海（他去那里的主要目的），在喜来登酒店度过简短的一夜后返回纽约；途中丢失了鲍里斯·帕斯捷尔纳克的一封重要信件，这封信是埃德蒙·威尔逊勉强同意借给他的。
1960 年 1 月上旬	在华盛顿与朋友见面后回国。
希拉里学期（1—3 月）	讲授“启蒙时代的社会思想家及其评论”课程。
3 月 20 日	前往罗马作两场讲座，题目为“浪漫主义革命：当代思想史的一次危机”；见到艾丽丝·奥利高和尼基·玛丽阿诺，同时还见到了托尔斯泰的孙女塔尼亚·艾伯丁尼。
3 月 30 日	在波托菲诺待了一星期，之后前往苏黎世与玛丽会合，接着前往米兰听歌剧；4 月下旬回国（经巴黎）。
圣三一学期（4—6 月）	承担研究生课程“黑格尔、马克思与列宁的政治观念”。
6 月 29 日—7 月 3 日（五十一岁）	赴威尼斯圣乔治岛上的乔治—契尼基金会参加托尔斯泰逝世 50 周年纪念大会；首次作（7 月 1 日）“托尔斯泰与启蒙运动”的演讲。
7 月上旬	回到牛津，短暂逗留后启程往波托菲诺度夏。

785

重要人物生平

以下简介包括一些相关的重要人物或经常被提及的人物，主要为提供信息之用，不适于放入脚注。这些增补注释涉及的人名，在正文脚注及索引中首次出现时用星号在其姓名旁加注标示，如以赛亚·伯林*。此部分涉及的人物和在脚注中一样，主要集中于本卷书信涉及的时期。

艾尔索普，约瑟夫·赖特（“乔”）（1910—1989），康涅狄格州贵族，其母为埃莉诺·罗斯福的表亲；战时赴远东从军，之后重操旧业，继续担任报业辛迪加政治专栏作家。1946 年起，与其弟斯图尔特合作，为《纽约先驱者论坛报》撰写每周三期的“就事论事”辛迪加专栏，产生了巨大影响（1958 年斯图尔特离开后，他一人继续撰写，一直到 1974 年转为《洛杉矶时报》辛迪加写稿）。斯图尔特基本立足美国国内，乔则重点关注国际事务，频繁往来世界各地；逐渐形成激烈反共意识，提出如不抵抗苏联扩张，人类将面临灾难。艾尔索普还是一位地下同性恋者，1957 年他唯一一次访问苏联期间，幸运逃脱（在奇普·波伦的帮助下）克格勃的胁迫。1961 年与苏珊·玛丽·帕顿（1918—2004）结婚，其已故的前夫比尔是艾尔索普的好友。两人婚姻关系持续至 1978 年。另见《伯林书信集》（卷一）（1928—1946），第 703 页。

艾耶尔，阿尔弗雷德·朱尔斯（“弗莱迪”）（1910—1989），1944—1946 年任瓦德汉姆学院研究员，1946—1959 任伦敦大学学院心灵与逻辑哲学格罗特讲席教授，1959—1978 年为逻辑学威克汉姆讲席教授及牛津大学新学院研究员。第一次婚姻（1932—1942），妻子为（格雷丝·伊莎贝尔）·勒内·里斯（1909—1980），她后来嫁

给斯图尔特·汉普希尔；艾耶尔的第二次婚姻在1960年，妻子（如同其第四次和最后一次婚姻）为阿尔伯塔·康斯坦斯（“迪”）·威尔斯（1925—2003），婚前姓查普曼。著有：《哲学论文集》（1954）、《知识问题》（1956）。另见《伯林书信集》（卷一）（1928—1946），第703页。

伯尔曼，塞缪尔·纳桑（1893—1973），美国出生，立陶宛犹太移民后代，哈佛大学毕业生，多产剧作家（尤其擅长撰写客厅喜剧，以其不落俗套、情感深刻和心理洞察力闻名）、电影剧本作家、小说家，在美国和欧洲艺术家和知识分子圈内拥有众多朋友；1936年与小提琴家贾沙·海菲茨的妹妹艾尔沙·斯通结为夫妻。玛丽·麦卡锡形容他是“纯粹的好莱坞式暴发户”以及“一位滑稽可笑之人——光头、笨拙，脸色苍白，夹杂着斑点［……］他喜欢两个人［……］，一位是（威廉）·肖恩，另一位是以赛亚·（伯林）。他认为伯林具有惊人的智慧，使我顿感羞愧，自惭不如”[1]。除了戏剧，伯尔曼的作品还包括：《杜威恩》（传记，1952）、《伍斯特记事》（自传性散文，1954）、《麦克斯肖像：麦克斯·比尔博姆爵士回忆详录》（1960）。

786 **本德恩**，帕特里西娅·西比尔·德夫人（1918—1991），婚前姓道格拉斯，昆斯伯里侯爵十一世的女儿；1938年嫁给本德恩，约翰·杰拉德·德伯爵（1907—1997），夫妻关系维持至1950年。其间，她与多人生情，其中（至少）包括雅克·阿布鲁、A. J. 艾耶尔、阿利斯泰尔·福布斯以及赫尔曼（“马诺”）·霍纳克（1912—1997）。后与赫尔曼结婚（1952—1960）。伯林于1942年与其认识，不久后坠入爱河。对她的迷恋一直持续至1949年，尽管他一直保持清醒意识，知道爱上这位臭名远扬的妖冶荡妇是不现实的臆想：

[1] 致鲍登·布罗德沃，1957年5月5日，引自卡罗·布莱德曼，《危险写作》（纽约，1992），第391页。

她身材娇小清瘦，脸庞精致秀美，个性极强，审美情趣自然高雅。比我之前认识的所有人都高贵出众。与此同时，她放诞不羁；满口谎言，是天字第一号的说谎狂。没有一句是真话，我是说她随时随地都可以瞎编一气。[……] 她谈吐机智 [……]，直截了当说出自己的观点，毫不忌讳。她为人挑剔，特立独行。绝不是一般意义上的社交女郎。[……] 她热情似火，发自内心。喜爱读书，得趣其中，极具悟性；同时对绘画和音乐也心有灵犀。她最欣赏巴赫的无伴奏大提琴奏鸣曲，评论起来头头是道，如行云流水。换言之，这个女性非同寻常。[1]

推荐阅读阿利斯泰尔·福布斯写的讣告，文中对其性爱生活有惊人披露。

贝伦森，伯纳德（1865—1959），哈佛大学毕业，艺术史学家，童年时一家人从立陶宛移民美国。他后来定居意大利，是从事意大利文艺复兴时期研究的权威人物。与艺术商人约瑟夫·杜威恩联手合作，贝伦森鉴定为真迹的一幅画市场价值剧增，从而大发其财。他购买了佛罗伦萨附近的伊塔蒂别墅（并逐步在那里建成一座著名艺术收藏馆和图书馆），与玛丽·科斯特洛（1864—1945）结婚（1900），她是洛根·皮尔索尔·史密斯和伯特兰·罗素的第一任妻子艾丽丝的姐姐。他出身为犹太人，但一生中大多数时间为罗马天主教徒。妻子去世后，他们忠实的同伴尼基·玛丽阿诺担当起伊塔蒂别墅女主人的角色。在伯林看来，虽然贝伦森“有时颇为无赖”，却是“一位杰出之人，极具吸引力”[2]。

[1] 迈克尔·伊格纳季耶夫采访伯林录音之十四。
[2]《星期日电讯报》，1991 年 10 月 27 日，第 20 页。

伯林，以赛亚（1909—1997），生于里加；1922—1928 年就读于伦敦的圣保罗学校；1928—1931 年就读于圣体学院古典人文学专业，1931—1932 年学习 PPE（哲学、政治学和经济学）课程；1932—1938 年获全灵学院奖学金；1932—1938 年任新学院哲学讲师，1938—1950 年任研究员；1941—1942 年第二次世界大战时在纽约为英国情报部效力；1942—1946 年在华盛顿英国大使馆任职；1945 年 9 月—1946 年 1 月在莫斯科英国使馆任职。1950—1957 年任全灵学院研究员，1957—1967 年任社会及政治理论齐切利讲席教授（同时任全灵学院研究员）。自 1946 年起为英国广播公司第三套节目制作广播演讲。在不同大学担任客座教授，包括哈佛大学（1949、1951、1953）、布林莫尔学院（1952）、芝加哥大学（1955）；1954 年于伦敦大学学院作诺斯克利夫讲座。1954—1965 年及 1954—1960 年分别任柯芬园英国皇家歌剧院及萨德勒斯·威尔斯信托基金董事。1957 年受勋；同年当选英国社会科学院院士（1959—1961 年任副主席，1974—1978 年任主席）。1956 年与艾琳·哈尔本结婚（参见相关词条）。著作包括：屠格涅夫的《初恋》（译作）（1950）、《刺猬与狐狸》（1953）、《历史必
787 然性》（1954）、《启蒙的时代》（1956）、《自由的两种概念》（1958）、《摩西·赫斯的生平与思想》（1959）。

伯林，（玛莎）·玛丽（约 1880—1974），婚前姓沃什诺克（“沃夫森”），伯林的母亲，是其丈夫门德尔的堂姐；她去世后，伯林回忆道，“她是一个真正为信念而战的战士”，并说，“我不停地与她争吵，却从未停止过对她的爱戴和敬佩”[1]。另见《伯林书信集》（卷一）（1928—1946），第 704 页。

伯林，门德尔（1884—1953），木材和鬃毛商人，伯林的父亲。对伯林热衷上流社会生活不以为然，并喜欢用温和的语气对其取笑调

[1] 致埃弗拉姆·哈勒维，1974 年 4 月 1 日。

侃。“对古纳夫人、科尔法克斯夫人，以及那些我常一起吃饭的夫人们，他总要说‘今晚过得好吗？见到比普？帕夫？迪普了吗？’他为这些讨人厌的女人起了各种外号——其中许多人的确外号怪异。‘尼普过得好吗？’”[1]伯林曾经这样形容父亲，“直言不讳，天真率直，有些方面活像个孩子”[2]；“我总觉得他像是我的一个小弟弟，得陪他上戏院，逗他开心，教他生活道理。有时，他会从很特别、与常人不同的角度责备我。[……] 我的父亲一直生活在俄国自由自在的经商环境中，他的性格也与之十分合拍相像”[3]。

波伦，埃维斯·霍华德（1912—1981），婚前姓泰耶尔，出身于东海岸贵族家庭。1934 年与奇普·波伦（参见相关词条）结识，当时是在莫斯科美国大使馆，她去看望任外交官的兄弟。两人一年后结婚。伯林很喜欢她，在她最后一次生病时曾说：“这么忠心耿耿、高贵圣洁的仆人，上帝为什么要让这种不幸发生在她身上？为什么她和我们要相信这种上帝？”[4]

波伦，查尔斯·尤斯提斯（“奇普”）（1904—1974），美国外交官，苏联社会主义者，能说流利俄语，曾在德黑兰、雅尔塔和波茨坦大会上为政府首脑担任口译；1949—1950 年出任巴黎美国使馆公使；1953—1957 年任美国驻苏联大使（在受命接替乔治·凯南时曾幸免于难，逃脱了麦卡锡的攻击），1957—1959 年及 1962—1968 年分别担任菲律宾和法国大使。好友乔治·凯南（尽管两人意见并不总是一致）是美国对苏政策最有影响力的顾问之一。威廉·海特则是与他在莫斯科搭档工作的英国人。在他眼里，波伦是“我所见过的最出色的大使

[1] 迈克尔·伊格纳季耶夫采访伯林录音之二十二。
[2] 致克里斯托弗·考克斯，1974 年 1 月 3 日。
[3] 致安娜·卡琳，1954 年 1 月 1 日。
[4] 致乔·艾尔索普，1981 年 2 月 2 日。

之一，极有个性。和他共事十分愉快［……］一位好相处的伙伴”[1]，对苏联倾注了满腔热情和莫大兴趣。他去世时，伯林回忆道：“他的成就如此之大，地位如此显赫，所有这些都需要充满智慧的判断力和处理繁重公务的能力。但他始终如一，对（任何人）都一视同仁，真诚以待，毫不张扬，同时又充满生气，幽默风趣。他会生活，重感情，知道如何创造和享受生活，善于结交朋友。他始终保持心灵纯洁，不为外界纷扰和外交生活所动。”[2]

788 **伯纳姆·卡特**，维奥莱特夫人（海伦）（1887—1969），1964年受封阳伯里的阿斯奎斯男爵夫人，赫伯特·阿斯奎斯之女（其父1908—1916年任首相，1925年起受封牛津和阿斯奎斯伯爵一世）；莫里斯·伯纳姆·卡特爵士的妻子（1880—1960），克里西达·里德利的母亲；1941—1946年任英国广播公司董事，1945—1969年任维克剧院董事，1945、1951年两次任自由党议员候选人，1945—1947年任自由党组织领袖，1947年当选欧洲统一运动副主席，1947—1949年任职皇家新闻委员会。是自由党中的贵妇人，伯林与其保持长期密切的友情。她称自己爱伯林如同爱自己的孩子，并期望得到同样的回报。但她批评起伯林来也不留情面，有时令伯林十分恼火。

鲍拉，（塞西尔）·莫里斯（1898—1971），古典学家，1938—1970年任瓦德汉姆学院院长；牛津大学诗歌学教授（1946—1951）、校长（1951—1954）。1938年起任英国社会科学院院士（1953—1954年任科学院副院长，1958—1962年任院长）。1951年受勋。著作包括：《创意实验》（1949）、《浪漫想象》（1950）、《英雄史诗》（1952）、《希腊诗中的问题》（1954）、《灵感与诗》（1955）、《希腊游记》（1957）。另见《伯林书信集》（卷一）（1928—1946），第705—706页；《个人

[1] 迈克尔·伊格纳季耶夫采访伯林录音之七。
[2] 致埃维斯·波伦，1974年1月3日。

印象》中对其有详细描写。

博登—穆勒，罗兰（1891—1980），艺术鉴赏家，曾就读伊顿公学和牛津大学（奥里尔学院，主修英国文学，后主修法文），后因健康问题肄业离开牛津；1924年移居美国，成为著名室内装修设计师；不久后结识查尔斯·贝恩·霍伊特，开始与其共同生活（直至1949年霍伊特去世），先后在波士顿、缅因州的乡村住宅和瑞士卢塞恩附近尤腾堡一座带大花园的房子居住（战后他们把这座房子捐给了瑞士州政府）；两人都为博物馆捐赠了大批艺术品。1970年，博登—穆勒迁居洛桑市。他为人温文尔雅，衣冠楚楚，挑剔考究；既慷慨大方，有时也不乏刻薄尖酸；生活态度颇有英国爱德华国王之风，待人和蔼可亲。讲究饮食，能言善辩，是一位大师级的写信高手，对通信对方也要求不凡水准。曾经收到过伯林不少趣味盎然的信件。从个人而言，伯林喜欢时不时与他结伴相处，“他常常滔滔不绝，口若悬河，慷慨激昂地尽情抒发激进的政治情绪，声音极具穿透力”[1]。

塞西尔，（爱德华·克里斯蒂安）·戴维·（加斯科涅）勋爵（1902—1986），1924—1930年任瓦德汉姆学院研究员，1939—1969年任新学院研究员，1948—1969年成为英国文学戈德史密斯讲席教授。1932年与文学批评家德斯蒙德·麦卡锡之女雷切尔·玛丽·维罗妮卡·麦卡锡（1909—1982）结婚。伯林与他保持了多年友谊，但在1945—1950年间，两人在新学院英文研究员人选问题上产生分歧，友谊受到影响；在文学批评方面，塞西尔推崇“一种唯美的方法，它归根结底［……］指对真正文学创作过程的某种精致微妙的跟踪和挖掘”[2]。作品包括：《两条安静的生命》（1948）、《诗人与故事讲述者》（1949）、《阅读是一种美术》（1949）、《M. 勋爵》（1954）、《沃

[1] 致约翰·卡特，1953年10月27日。
[2] 迈克尔·伊格纳季耶夫采访伯林录音之十五。

尔特·佩特》(1955)、《阅读的美术与其他文学研究》(1957)、《现代英语诗：1900—1950》(1958)。另见《伯林书信集》(卷一)(1928—1946)，第706页；《个人印象》第二版中对其有详细描写。

丘吉尔，(安妮)·克莱丽莎（生于1920年），温斯顿·丘吉尔胞弟约翰（“杰克”）·斯宾塞—丘吉尔的女儿；自小为天主教徒（其母的宗教信仰）。1939—1940年与伯林和其他人一道在牛津大学学习哲
789 学课程，战时曾任职英国皇家国际事务研究所（查塔姆研究所）、外交部（因疾病中断）和情报部，后为《时尚》杂志、伦敦电影制片公司（亚历山大·科尔达所有）和《交往》(乔治·威登菲尔德创办的文学和政治期刊）工作。1952年嫁给（离异的）外交大臣安东尼·艾登（1955—1957年任首相）。其夫受勋爵士后（1954），成为艾登夫人；后他被封为贵族（1961），她成为艾文女伯爵。

库珀，戴安娜·奥利维亚·威尼弗雷德·莫德夫人（1893—1986），婚前姓曼纳斯，正式身份为路特兰公爵八世的女儿，但其父或为亨利·卡斯特；年轻时以貌美著称，是一位国际著名女演员（在马科斯·瑞恩哈德制片的《奇迹》和无声影片中扮演角色）和社交名媛；1919年嫁给达夫·库珀（参见相关词条），两人情笃意合，尽管他偶尔会拈花惹草，出轨旁恋。不论是其夫在巴黎英国大使馆任大使期，还是退休之后入住香提伊附近的别墅，她都是一位出色的女主人。她还是南希·米特福德小说《别对阿尔弗雷德说》(伦敦，1960）中利昂夫人的原型。1952年，其夫受封诺维奇子爵，但她拒绝随之改名。伯林（战争时期两人在一个防空洞相识）对她颇为喜欢和欣赏：

> 她格外出众，胆识非凡，令人叹为观止——身上体现十足的勇气，向前冲的干劲。她帅气有加，聪慧过人，但毫不性感。[……]就像一个机灵的校园男生，始终处于成绩榜首，同时也擅长玩拼字游戏——机敏、有趣。我认识她时，感觉她就像一位年老珠黄的女伶——不谙世事，不知如何举手投足，不懂怎样与

人相处，动不动就要出错。但她特别机敏幽默，精力充沛，令人惊叹。与其相处特别愉快。说的都是有趣的事，用的语言也与众不同，格外精彩。[1]

著有回忆录：《彩虹隐现》(1958)、《寻常岁月之光》(1959)、《峭壁号声》(1960)。

库珀，（阿尔弗雷德）·达夫（1890—1954），1952 年受封诺维奇子爵一世，保守党政治家、外交官和作家；分别于 1924—1929、1931—1945 年任议员；曾担任各类大臣级职务，包括陆军大臣（1935—1937）和第一海军大臣（1937—1938），后辞去该职以示抗议《慕尼黑协议》；1940—1941 年被重新召回丘吉尔的战时同盟政府，担任情报大臣，1941—1943 年任兰卡斯特公国（兰卡斯特郡英王室直辖领地）大臣，法国国家解放委员会联络官，后任驻法大使（1944—1947）。耽于酒色，但有很强的政治判断力。脾气暴躁，同时又是一位能力不凡的史学家和作家。伯林与其关系甚远："达夫·库珀［……］我一点都不喜欢他，甚至有点惧怕他：此人过于暴躁，易于动火，面红耳赤，一副醉醺醺的模样，像个卫队军官，不是我喜欢的类型。公开场合中我们毫无芥蒂，但实际并非如此。"[2] 作品包括：《军士莎士比亚》(1949)、《心碎手术》(1950)，自传《老者健忘》(1953)。

菲尔金，（阿瑟）·埃利奥特（1892—1968），国际事务公务员，职业生涯大多在日内瓦度过；1923—1938 年任国际联盟秘书长， 790
1938—1953 年任常设中央鸦片委员会秘书（之后退休，定居法国南部的格拉斯），1920 年与（西比尔）·乔伊斯·查普曼结婚（第二次世界大战期间离婚）。在其职业生涯中，"菲尔金为人谦逊低调、恪守职

[1] 迈克尔·伊格纳季耶夫采访伯林录音之二十二。
[2] 迈克尔·伊格纳季耶夫采访伯林录音之二十二。

责，经历了官僚乱象、世界大战、积劳成疾等磨难。谨慎一词在他身上得到生动体现，可谓审慎外交的缩影”[1]。就他本人而言，他珍惜友谊，喜欢与人交谈，追求感官欢愉；他拥有许多文学界的朋友，包括托马斯·哈代、戈兹沃西·洛斯·迪金森。他曾经是詹妮弗·哈特的初恋，但哈特这样形容他，“一位恬不知耻的享乐主义者”[2]，并披露了菲尔金及其朋友圈子在战前日内瓦的生活。那是一种深受伦敦西区布鲁姆斯伯里之风影响（毫不谨慎）而形成的性风尚。这些人“不赞成传统的性关系道德观。他们并非不加选择地胡交滥交，而是认为情爱关系的自然达成无伤大雅。的确，他们思想开放，认为只要这种行为不给他人造成痛苦，应该大力倡导”[3]。

法兰克福特，菲利克斯（1882—1965），生于维也纳，1914—1939年任哈佛大学行政法伯恩讲席教授，1933—1934年任牛津大学乔治·伊斯特曼客座教授（他与伯林的友谊从这段时期开始），1939—1962年任美国联邦最高法院大法官。另见《伯林书信集》（卷一）（1928—1946），第708—709页；《个人印象》中有其传略。

法兰克福特，玛丽安·A.（1890—1975），婚前姓丹曼，长老教牧师之女。1919年嫁给菲利克斯·法兰克福特（参见相关词条）。合作编辑了《萨科与万兹提书信集》（1928），并在其夫去世后编辑了他在法学专业之外的作品。她身患间歇性发作抑郁症，关节炎或许还加上心理因素，使她在生命最后二十年不得不卧床度过。另见《伯林书信集》（卷一）（1928—1946），第709页。

弗兰克斯，奥利弗·舍维尔（1905—1992），1962年受封海丁

[1] 威廉·B. 麦卡利斯特，《20世纪的毒品外交》（伦敦，2000），第129页。
[2]《别再问我》，（伦敦，1998），第35页。
[3] 出处同上，第38页。

顿的弗兰克斯男爵，1937—1945 年任格拉斯哥大学道德哲学教授，1945—1946 年任陆军供应部常任秘书，1946—1948 年任牛津大学女王学院院长，1947 年任欧洲经济合作委员会主席（兼英国代表团团长）（制订欧洲对马歇尔计划的投入），1948—1952 年任驻华盛顿大使，1953—1975 年任劳埃德银行董事（1954—1962 年任主席）。1931 年与芭芭拉·唐纳结婚（1907—1987）。用伯林的话说，是“一位心高气傲、冷酷无情的人物，活像当今的英国：完全是一个拒绝任何朋友聚会的严苛之人与铁石心肠、令人敬畏的贵格会妇人的结合体”[1]。

吉尔默，迈伦·派珀（1910—1978），文艺复兴研究学者，1937—1974 年在哈佛大学教授历史（1942—1954 年任副教授，1954—1974 年任教授），1964—1973 年任哈佛大学意大利文艺复兴研究所所长，该所位于佛罗伦萨的伊塔蒂别墅。1938 年与谢拉·德恩（1917—1995）结婚，她是阿尔弗雷德·诺斯·怀特海的英国养女。作品包括：《人文主义的世界》（1952）。

格雷厄姆，凯瑟琳（“凯”）（1917—2001），尤金·梅耶之女，《华盛顿邮报》作家，1940 年与菲尔·格雷厄姆（参见相关词条）结婚；1963 年其夫去世后，她掌控了之前由父亲和丈夫经营的华盛顿邮报公司，1969—1979 年正式担任《华盛顿邮报》出版商（实际运作始 791
于 1963 年），1973—1991 年任董事会主席和董事长。

格雷厄姆，菲利普·莱丝丽（“菲尔”）（1915—1963），律师（曾是菲利克斯·法兰克福特的实习律师）、记者、出版商；1946 年起继其岳父之后接任《华盛顿邮报》出版商。第二次世界大战期间伯林与其在华盛顿认识。两人曾有一段友谊，但关系日渐紧张。1952—1955 年间两人关系破裂，伯林因格雷厄姆侮辱而拒绝原谅他。格雷厄姆在

[1] 1948 年 1 月底 /2 月初致菲利普·格雷厄姆的信。

身患数年狂躁型抑郁症后自杀身亡。

哈尔本，艾琳·伊丽莎白·伊冯娜（生于1915年），是出生于俄国的皮埃尔·德·甘斯伯格男爵（银行家，定居巴黎）与上一代伊冯娜·德奇·德·拉·默尔（法国犹太实业家之女）的女儿；银行家（于圣彼得堡）、慈善家和俄国犹太社团领袖贺拉斯·德·甘斯伯格男爵的孙女。1934年获法国女子高尔夫球赛冠军。婚史：

(1) 1934年嫁给安德烈·斯特劳斯（1903—1939），艺术收藏家朱尔斯·斯特劳斯之子；育有一子，迈克尔·朱尔斯·斯特劳斯（生于1936年），1961—2000年任索斯比拍卖行印象派及现代派艺术部主任，首次婚姻（1959）对象为玛格丽·唐威（生于1932年）。

(2) 1943年（1955年离婚）与汉斯·哈尔本（参见相关词条）结婚，生有二子，分别为彼得·弗朗西斯·哈尔本（生于1946年），出版商；以及菲利普·亚历山大·哈尔本（生于1950年），细胞生物学家、糖尿病研究专家（日内瓦，医学教授）。

(3) 1956年与以赛亚·伯林结婚（参见相关词条）。

哈尔本，汉斯·亨利希（1908—1964），原姓冯·哈尔本，出生于奥地利（后加入法国国籍），核物理学家，有部分犹太血统，曾于德国和瑞士受过教育，在发现和开发核裂变方面有突出贡献；工作经历：1937—1940年在巴黎法国大学；1940—1943年在剑桥大学卡文迪许实验室；1943—1945年在蒙特利尔大学英—加原子实验室（该研究项目与美国曼哈顿项目有关）；1946—1955年在牛津大学克拉伦登实验室；1955—1961年在巴黎高能研究所。1950—1956年任圣安东尼学院研究员（1954—1956年任教授），1956—1961年任巴黎大学教授。婚史：(1) 1933—1942年，首任妻子艾尔斯·芬妮·安德里斯（出生日期约为1912年；生有一女，凯瑟琳·穆尔德·哈尔本，1939—1993），其后与物理学家乔治·普拉切克结婚；(2) 1943—1955年，第二任妻子艾琳·德·甘斯伯格（见艾琳·哈尔本）；(3) 1959年起，第三任妻子麦克林·拉扎尔·维尼尔（1929—1988）

汉普希尔，斯图尔特·牛顿（1914—2004），1933—1936年就读于巴利奥学院古典学专业，哲学家，1936—1940年任全灵学院研究员、哲学家；1936—1939年任女王学院哲学讲师，1940—1945年从事军事情报工作，1945年任外交部国务大臣私人助理；后任伦敦大学学院哲学讲师（1949—1959）、伦敦大学心灵与逻辑格罗特讲席教授（1960—1963）、普林斯顿大学哲学教授（1963—1970）、瓦德汉姆学院院长（1970—1984）。1942年在A. J. 艾耶尔与其太太勒内的离婚诉讼中被指控为共同被告。1961年汉普希尔与勒内结婚前两人已生有两个孩子（艾耶尔将其大孩子作为己出抚养长大）。1959年汉普希尔准备访问以色列之前，伯林向泰迪·科莱克这样形容自己的这位挚友：

> 汉普希尔一直是我们这里的哲学家，很多年了。他还是一 792
> 位社会党人和盖茨凯尔的朋友，一直列席工党起草项目委员会会议。除了外表英俊潇洒，还颇精世故，十分讨人喜欢。他乐于参加各种聚会，是维克托·罗斯柴尔德的至交好友。他内心想必会认为以色列合作农场的想法特棒，但精于世故的他或许不会这么想——谁说得准呢——他自认为是脚踏实地的人，了解工会和大众疾苦，知道什么是解决问题的有效方法，而不是聪明绝顶的知识阶层理想主义者。可事实上，他是一个温和柔弱、格外敏感的人，极为善良、德高望重。[……]学生们全都对他喜爱有加。他尊敬医生、科学家、音乐家、左翼政治家和实干家，虽然他自己完全不属于这类人。他应该是我在英国最喜欢的人；拜托一定要善待他。[1]

著有：《斯宾诺莎》（1951）、《理性的年代：17世纪哲学家》（1956）、《思想与行动》（1959）。

[1] 致泰迪·科莱克，1959年4月20日。

哈特，赫伯特·莱昂内尔·阿道弗斯（1907—1992），1926—1929年就读于新学院古典学专业，1932—1940年任大法官法庭律师，1940—1945年任职陆军部，1941年与詹妮弗·威廉斯（见哈特·詹妮弗）结婚，1945—1952年任新学院哲学系研究员和导师，1952—1968年任牛津大学法学教授，1973—1978年任布雷斯诺学院院长。伯林承认因为自己与哈特妻子詹妮弗的情事，“我与他的关系发生了某种变化，[……] 并持续如此，[虽然] 我们依旧是好朋友”[1]。见妮古拉·莱西披露细节的传记，《哈特的一生：噩梦与美梦》（牛津，2004）。著有：《法学定义与理论》（1953：哈特的教授任职演说）、《法律中的因果关系》（1959）。

哈特，詹妮弗·玛格丽特（1914—2005），婚前姓威廉斯，曾经在巴黎受过教育（与艾琳·德·甘斯伯格同班），1932—1935年就读于萨莫维尔学院历史专业，1936—1947年主修公务员课程，1952—1981年任圣安妮学院历史研究员及导师。1934年与伯林相识，是伯林一生的亲密朋友；1941年与赫伯特·哈特结婚，但婚后与多位男性发生情事，其中包括伯林（自1950年始）。著有：《英国警察》（1951）、《乡镇警察法，1856》（1956），自传《别再问我》（1998）。另见《伯林书信集》（卷一）（1928—1946），第722页。

霍夫曼斯塔尔，伊丽莎白·海斯特·玛丽·冯夫人（1916—1980），婚前姓帕吉特，安格尔西侯爵六世的二女儿，戴安娜·库珀夫人的侄女，卡罗琳·帕吉特夫人与亨利·帕吉特侯爵七世（与谢利·摩根结婚）的妹妹；1939年与瑞蒙德·冯·霍夫曼斯塔尔（参见相关词条）结婚。极其美貌，令这对夫妻的朋友艳羡不已，其中包括A. J. 艾耶尔。达夫·库珀形容她是“既聪明善良，又幽默可爱，动不

[1] 迈克尔·伊格纳季耶夫采访伯林录音之十四。

动就笑”[1]。

霍夫曼斯塔尔，瑞蒙德·冯（1906—1974），奥地利诗人、剧作家及词作者雨果·冯·霍夫曼斯塔尔（1874—1929）之子；多年担任《时代》周刊驻伦敦记者；加入美国国籍，但大多住在英国及其位于奥地利滨湖采尔的城堡。婚史：(1) 1933年与阿瓦·阿斯特结婚（1902—1956）；(2) 1939年与伊丽莎白·帕吉特夫人（见霍夫曼斯塔尔，伊丽莎白·冯夫人）结婚。戴安娜·库珀的终生仰慕者之一。伯林与其在美国初次结识，形容他为“令人开心的奥地利人，充满魅力，很会讨好。793
只要他在跟前，你会感觉自己衣冠楚楚，谈吐不凡，外表英俊，总之，各方面都一下子变得出类拔萃”[2]。针对其对世界的浪漫想法，伯林曾作如下评论：“他从审美和情感的角度看待人类，对他来说，整个社会，整个大千世界，就是一个舞台，一个庆典，一场美梦或是一场噩梦，而不是日复一日、单调乏味的日常真实生活的精彩上演。”[3]

詹姆斯，艾丽丝·路德福德（约1887—1957），婚前姓兰纳尔斯，出身于芝加哥一个铁路运输富商家庭；个子很高，精力充沛，但时常患病，身体不佳；1912年嫁给威廉（“比利”）·詹姆斯（参见相关词条），颇受詹姆斯一家喜爱，尤其是小说家亨利；1949年成为剑桥女主人，并与伯林相识结交。伯林对其趾高气扬的势利做派忍俊不禁，认为她和比利是“一对无可非议，好到令人感动的夫妻”[4]。她的肖像由约翰·辛格尔·萨金特绘制，收藏于波士顿美术博物馆。

詹姆斯，威廉（“比利”）（1882—1961），画家、艺术评论家

[1]《达夫·库珀日记》，约翰·裘力斯·诺维奇编（伦敦，2005），第240页。
[2] 迈克尔·伊格纳季耶夫采访伯林录音之二十二。
[3]《泰晤士报》1974年4月26日第20版。
[4] 致阿瑟·施莱辛格，1957年2月19日。

(1913—1925)，波士顿音乐美术学校代理校长（1930—1937）。哲学家威廉·詹姆斯之子，小说家亨利·詹姆斯的侄子；在伯林眼中，他“超凡出众；[……] 既优柔寡断，又小心谨慎，既弱不禁风，又生性敏感，令人叹为观止。是他那个伟大家族的典型代表”[1]。婚史：(1) 1912 年娶艾丽丝·路德福德·兰纳尔斯（见詹姆斯，艾丽丝）为妻；(2) 1959 年与玛丽·布拉西·皮尔斯（1898—1974）结婚。他与艾丽丝的婚姻在 20 世纪 40 年代几近破裂，其中部分原因归咎于他遭受的性挫败感。莫顿·怀特回忆起比利与艾丽丝的关系时曾经说：“他说话结巴得厉害，紧张时就更严重。鸡尾酒会上自我介绍时，他总是指着自己胸部磕磕巴巴道，‘詹—詹姆斯’。他常常跟在他的高个子太太身边，用肘子推着她前进。有些人风趣地揶揄道，这个情景活像他是拖船，拖着她这艘大客轮。”[2]

卡琳，安娜（“尼乌塔”）(1896—1984)，出身于莫斯科一个富裕的俄国犹太商人家庭，曾在德国受过教育，1921 年迁往英国，从事自由评论家、翻译及出版社特约审稿人等工作；1940—1946 年在英国广播公司担任不同工作（主要范围在欧洲台），1946 年受命担任《家事谈》节目制作人，之后剩余的工作时间（到 1964 年）致力于在新创办的第三套节目里引入高端学者广播演讲（包括以英国广播公司首任总裁约翰·里斯冠名的里斯系列讲座和 1952 年伯林的《自由与背叛》系列演讲）。在节目中，她努力打造高品位的节目特色，毫不妥协；在伯林朋友沙罗美·哈尔彭的丈夫亚历山大去世后，开始与其同住一套房子，并常因沙罗美的亲苏情绪两人发生争执。伯林这样形容她，“一个典型的莫斯科知识分子，出类拔萃，有文化修养 [……] 是位杰出风趣的女性”[3]；她去世后的讣文写道：“极具个性，信念坚定，绝不容忍

[1] 致约翰·卡特，1953 年 10 月 27 日。
[2]《哲学家的故事》(230/1)，第 153 页。
[3] 迈克尔·伊格纳季耶夫采访伯林录音之二十五。

任何马虎懈怠，不论是在意念中还是在行动上。”她目光敏锐，从不乱交朋友，但一旦交往，便真诚以待，情深意厚，是一位“富有人情味的伙伴。倾听时全神贯注，说话时充满激情，说服别人时诚挚恳切，毫无妄自尊大，不可一世的傲派”[1]。 794

凯南，乔治·弗罗斯特（1904—2005），美国外交官、历史学家和苏联问题研究专家，1926—1953 年任美国国务院驻外机关事务局，一直专门从事苏联事务；1944—1946 年任莫斯科美国大使馆公使衔参赞（1946 年 3 月发出 8000 字的“长电报”）；1947—1949 年任国务院政策规划部负责人；1949—1950 年任国务院参赞（后继续担任国务卿狄恩·艾奇逊的顾问直至 1952 年）；1952 年 5—10 月任美国驻莫斯科大使（后被宣布为“不受欢迎的人”驱逐出境）；1956—1974 年任普林斯顿大学高等研究院历史研究教授；1957—1958 年任牛津大学乔治·伊斯曼客座教授；1961—1963 年任驻南斯拉夫大使。在决定战后前几年美国对苏政策方面发挥了很大影响力，但从 20 世纪 50 年代起逐渐与美国的外交政策产生分歧，并对遏制苏联政策的滥用感到失望。在 1947 年 7 月发表在《外交事务》的一篇署名“X”，题为“苏联行为的根源”的文章中，他详细阐述了自己的观点。1958 年离开牛津大学之前，他在给伯林的信中写道：

> 毋庸置疑，你拥有这一代人中最伟大的批判性思维——同时又被一种无上的仁慈所温暖，这种仁慈会令100个基督徒中99个都感到羡慕，同时又因为其异乎寻常的有条不紊而得以丰富，这种有序之力只需自身发挥效能，其本身就是一种创造行为，能够影响甚至改变它所触及之物——好比人们所说的科学实验，通过自己的行为，能够改变它想说明的物质。你教会了我们中的好些人，甚至包括那些不知如何表现的人，从更加实用的角度看待

[1]《泰晤士报》1984 年 10 月 16 日第 18 版。

这些事物，发现其中的深意，而这些仅靠我们自己永远无法发现；我们之中认识到这一点的人无不对此感激之至。[1]

科莱克，西奥多（“泰迪”）(1911—2007)，出身于匈牙利一个犹太复活主义者家庭，在维也纳长大，1935 年移民巴勒斯坦；在以色列集体农场“基布兹”工作，负责解救欧洲犹太人，并为名为“哈加纳”的犹太复国主义组织购买武器。1940—1947 年任职欧洲犹太事务局（主要从事情报工作），1947—1949 年赴美专门为哈加纳募集资金和采购武器，1950—1951 年任以色列外交部美国司负责人，1951—1952 年任华盛顿全权公使，1952—1965 年任总理办公室主任，1958—1965 年任政府旅游公司主席，1965—1993 年任耶路撒冷市长；以精力充沛、脚踏实地著称，坚持宗教自由，热心文化传播，急性子，重实干，在募集资金方面本领过人。

摩根，（伊丽莎白）·谢利·沃恩（生于 1924 年），小说家查尔斯·摩根与希尔达·沃恩的女儿，帮助伯林为出版译作《初恋》做准备。1948 年 10 月与安格尔西的侯爵七世亨利·帕吉特（生于 1922 年）结婚，成为安格尔西侯爵夫人；伯林常去他们在安格尔西岛的家普拉斯·纽伊斯宅第看望这对夫妇。

纳博科夫，尼古拉斯（1903—1978），原名尼古拉·德米特里耶维奇，作曲家、教师、作家、文化行政官员，小说家弗拉基米尔·纳博科夫的堂兄弟。俄国革命后，分别在克里米亚半岛、斯图加特、柏林及巴黎等地生活，1933 年定居美国（1939 年加入美国国籍）。1943—1945 年及 1947—1951 年任巴尔的摩皮博迪音乐学院
795 作曲教授，1945—1947 年任柏林美国军事政府民间文化顾问，1947 年协助创办美国之音对俄广播部，1950—1951 年任罗马美国学会

[1] 1958 年 6 月 16 日的信。

乐队总监，1951—1963年任文化自由大会总干事，该组织位于巴黎和纽约（由中央情报局秘密资助）；后在柏林担任文化顾问，组织了多场大型文化盛会和音乐节。婚史：(1) 1927—1939年，首任妻子（卡亚纳）·纳塔莉亚·亚力扎夫纳·沙科霍夫斯科亚公主(1927—1939)；(2) 1939—1946年，第二任妻子康斯坦丝·霍利德（1917—2001）；(3) 1948—1952年，第三任妻子帕特里西娅·佩吉·布莱克（1925年生）；(4) 1953—1970年，第四任妻子玛丽—克莱尔·波利特·约瑟芬·伯罗特（生于1921年）；(5) 1970年起，第五任妻子多米尼克·西比尔（约生于1945年）；五任妻子均出席了他的葬礼。1943年与奇普·波伦和伯林结识，遂成挚友。在讣告中，伯林形容他为："宽宏大量，情深意厚，德高望重，拥有敏锐的道德和政治洞察力；幽默感强，才思泉涌，势不可挡。在社交圈如鱼得水。[……] 是革命前俄国自由主义知识分子最后也是最吸引人的代表人物之一"[1]；在另一位朋友眼中，他"身上汇集了上天赐予的各种禀赋，唯独缺少节制"[2]。作品包括：《老友新乐》（自传，1951）及歌剧《皇家法师之结局》(1959；斯蒂芬·斯彭德写的剧本)。

纽萨姆，谢拉（1913—2004），婚前姓格兰特·达夫，后姓索科洛夫·格兰特，1931—1934年在玛格利特夫人学院学习PPE（哲学、政治学和经济学）课程，之后在德国和捷克斯洛伐克任驻外记者，1939—1941年任职对外研究与出版处，1941—1944年就职英国广播公司对外广播部；1942—1952年与诺埃尔·弗朗西斯·纽萨姆（1906—1976）结为夫妻，1952年嫁给迈克尔·索科洛夫（1923—1998；婚前改名为索科洛夫·格兰特），并与其一同在坎伯兰郡，后在

[1]《泰晤士报》1978年4月15日第16版。
[2] 艾兰·丹尼罗，《破解迷宫之法》，玛丽—克莱尔·柯南德译（纽约，1987），第240页。

爱尔兰经营农场。

帕斯捷尔纳克，鲍里斯·莱奥尼多维奇（1890—1960），俄罗斯诗人、翻译家和小说家，是画家莱奥尼·帕斯捷尔纳克与音乐会钢琴伴奏家罗莎夫妇所生四个孩子中的老大（1921 年罗莎随两个女儿移居德国，最终定居在英国）；曾经学习音乐作曲和哲学，后潜心诗歌，再后来转向翻译，特别是莎士比亚作品翻译，以逃避苏联对文艺作品的现实主义要求。战后开始动笔写其唯一一部主要作品《日瓦戈医生》，因未能在苏联找到出版社，将书稿交给詹贾科莫·菲尔特里内利出版公司。1957 年出版意大利文译本，次年英文版面世（该书俄文版仅在西方国家发行，在苏联一直被视为禁书，直到 1988 年解禁）。1958 年被授予诺贝尔文学奖，但迫于苏联政府的压力，并身处被苏联作家联盟开除的境地，声明放弃诺奖。曾经在莫斯科和佩里德尔基诺的作家聚居区居住和生活。婚史：(1) 1922 年与伊芙杰尼亚·弗拉迪米洛夫娜·萝莉结婚；(2) 1934 年，与兹奈达·尼克拉夫纳·内格兹结婚，《日瓦戈医生》中的人物劳拉据说其原型为他的情妇阿尔加·伊文斯卡亚。1945 年伯林与帕斯捷尔纳克见过几次面，并读到了《日瓦戈医生》初稿中的部分章节［另见《伯林书信集》（卷一）（1928—1946），第 593 页］；1956 年伯林访苏期间，拿到了整部小说，通宵读完。伯林欣赏他的文学天才，却不赞成其抛弃犹太传统的做法：“帕斯捷尔纳克嫌恶自己是个犹太人，其程度之甚到了病态的地步。［……］对他这点我
796 不敢表示敬意。看得出来，他一心就想当个俄国英雄；一个金发碧眼的白人［……］诺甫哥洛德商人萨特阔——这是他的追求与向往。”[1]

普里查德（“普里奇”），小爱德（华）·弗莱威尔（1915—1984），曾在哈佛大学就读，是一位身材粗壮、卓越出色的新政律师；1943 年为罗斯福政府制定战时经济政策期间（在那里他招致了 J. 埃德加·胡

[1] 迈克尔·伊格纳季耶夫采访伯林录音之三十一。

佛的忌恨）曾与伯林在华盛顿短暂共住一套房子，1945年回到肯塔基州后，成立了法律事务中心，事业蒸蒸日上。众人普遍看好，认为他将成为未来肯塔基州州长。1949年5月被起诉在1948年11月肯塔基州波旁县的参议员选举中对254张选票做了手脚（情况属实，普里查德后来对此供认不讳）。1949年7月受审判并定罪，但争取到上诉之前保释（普里查德的朋友为此出了很大一笔钱）；上诉和其他努力未果，1950年7月普里查德在位于肯塔基州亚什兰的联邦劳教所开始了为期两年的牢狱生活，同年12月获得即将离任的杜鲁门总统给予的减刑。获释后，法律和政治生涯尽毁的普里查德在金融界奋战，通过公益服务，逐渐重拾声望，成为高等教育界一位出类拔萃的知名人物。1947年与露西·马歇尔·埃利奥特（1919—2006）结婚。

罗斯，（阿尔弗雷德）·莱斯利（1903—1997），历史学家和诗人，出身于贫穷的康沃尔人家庭，同性恋者；1925—1974年任全灵学院研究员；1952年竞选院长失利后，每年大部分时间在位于加利福尼亚的亨廷顿图书馆从事研究，同时在美国大学担任教学工作。年轻时代是社会党人，后来趋于保守，以极端自我著称，凡事好挑剔，喜用激烈方式表达自己的不满。相对而言，罗斯似乎特别服伯林——尽管对伯林缺乏著作成果颇为不屑——同时也不了解伯林对他的看法：一个危险的偏执狂。著作颇丰，包括：《历史的功用》（1946）、《伊丽莎白时代的英国》（1950）、《伊丽莎白时代英国的扩张》（1955）、《早期丘吉尔家族》（1956）、《晚期丘吉尔家族》（1958）、《伊丽莎白时代的人们与美国》（1959）、《全灵学院与绥靖政策》（1961）。

夏皮罗，梅耶（1904—1996），艺术史学家、艺术家，知识广博、善于赞扬鼓励的老师，对罗马式雕塑以及19世纪末和20世纪初的艺术格外有兴趣；出生在立陶宛，少年时期移民美国；1928年起在哥伦比亚大学教授艺术史（1946—1952年任副教授，1952—1965年任教授，1965—1973年任大学教授；1928年与小儿科医师丽莲·米尔格拉姆（1902—2006）结婚。著作包括：《文森特·梵高》（1951）、《保罗·塞尚》

(1952)。另见《伯林书信集》(卷一)(1928—1946), 第715—716页。

施莱辛格, 小阿瑟·梅尔(1917—2007), 美国历史学家, 自由党政治活动家, 哈佛大学历史学教授阿瑟·梅尔·施莱辛格之子(他沿用父名替代了自己原先的中间名"班克罗夫特"); 1946—1954年任哈佛大学历史学副教授, 1954—1962年任教授(分别于1952年和1956年为支持阿德莱·史蒂文森参加总统竞选而告假离校); 1961—1964年任总统特别助理; 1966—1995年任纽约城市大学人文学科艾伯特·史怀哲讲席教授。1940—1970年与玛丽安·坎农(1912年生)结婚, 1971年起与亚历山大·坦普尔·阿
797 兰(约1936年生, 婚前姓埃米特)结婚。是伯林的挚友之一:

> 我认识他是在华盛顿, 1943年。非常喜欢他。我很清楚人们对他的批评。不错, 他的确有些浅薄, 的确抱有政治野心, 迷恋肯尼迪家族, [……] 反共到了狂热地步。但从本质上看, 他是一个大好人; 重要的是, 他心地善良, 为人正派, 诚实正直。他只是有些昏了头, [……] 只要是光彩夺目的东西, 有魅力的东西, 阿谀奉承, 红颜美色, 酒宴狂欢, 以及白宫举行的各种盛大高调的事件和活动, 都能让他飘飘然。但有一点, 权力对他没有吸引力。[……] 他头脑简单, 甚至有些幼稚 [……]。我记得他曾经的太太, 一个性格强势的女人, 是他的首任太太, [……] 他曾经对我说:'知道吗, 我的家真是杂乱无章。每次回到家她都不在。冰箱里空空如也, 冰块都化成了水。等她回家, 总是疲惫不堪。天知道我能吃些什么。'他梦寐以求的是, 丰盛精美的食物, 由美貌绝伦的太太做好端上, 家里高朋满座, 大家一边抽着雪茄, 一边品尝美酒, 兴高采烈, 谈笑风生。这就是他心目中的优雅生活, 既简单又纯朴。[1]

[1] 迈克尔·伊格纳季耶夫采访伯林录音之二十三。

著有：《中枢地带》(1949)、《罗斯福时代》(三卷本，1957—1960)。

斯帕洛，约翰·汉柏里·安格斯（1906—1992），古典学家、律师、多产评论家、藏书家，同性恋者；1929—1952年任全灵学院研究员，后（1952—1977）任全灵学院院长。1941—1950年任职陆军部。担任院长期间，斯帕洛对全灵学院学术地位的提高贡献甚少，他与一些研究员的冲突曾经导致了学院的紧张气氛；尽管如此，在伯林记忆中，鼎盛时期的他“是世上最好的伙伴，特别聪明能干，幽默风趣，思想独立，勇敢无畏，反动到滑稽可笑的地步，但不招人厌”[1]。著有：《伟大诗篇》(1960)。另见《伯林书信集》(卷一)(1928—1946)，第716—717页。

特利，玛丽·恩迪科特（“玛丽埃塔”；1917—1991），婚前姓皮博迪，新英格兰主教派牧师之女，社会名流及自由政治活动家。第一任（1939—1947）丈夫为菲茨杰拉德·德斯蒙德（1910—1967）；1947年与罗纳德·特利（参见相关词条）结婚后，移居英国，成为迪奇利庄园的女主人，这一角色原先由其丈夫的首任妻子南希扮演。1949年卖掉迪奇利庄园后，回到纽约，开始介入民主党政治，尤其是在1952年和1956年，其夫朋友阿德莱·史蒂文森在总统竞选中落败期间（她与其密切的政治友情后来发展为情事）。1959—1961年任职纽约城党派组织关系委员会，1961—1964年任联合国人权委员会美国代表，1964—1965年任联合国信托投资理事会美国代表，1966—1967年任联合国秘书处乌丹秘书长参谋班子成员。

特利，（阿瑟）·罗纳德·兰伯特·菲尔德（1897—1976），英裔美国人，1933—1945年任保守党下院议员。位于牛津附近的迪奇利庄

[1] 致乔·艾尔索普，1981年9月30日。

园大宅为他及其首任妻子修缮，常用来作为社交与政治活动的聚集地点，也是战争期间丘吉尔的乡村隐居地（首相官邸通常被认为容易成为轰炸目标）；1949 年特利卖掉迪奇利庄园（税收改革减少了他的收入），之后时间分别用于经营位于纽约和巴巴多斯的房产（用于后者的时间逐渐增多）。双重性取向，首任（1920—1947）妻子为南希·帕
798 金斯·菲尔德（1897—1994；后姓兰卡斯特），自 1947 年起与玛丽埃塔·菲茨杰拉德（特利，玛丽）结为夫妻。

魏茨曼，哈伊姆（1874—1952），化学家、政治家，生于平斯克城附近（位于今天的白俄罗斯），但于 1910 年加入英国国籍；学生时代起就是犹太复国主义者，为 1917 年成功获得《贝尔福宣言》发挥了重要作用；分别于 1921—1931 年、1935—1946 年任世界犹太复国主义组织主席（自 1929 年起任巴勒斯坦犹太事务局主席），1925 年耶路撒冷希伯来大学主要创办人及之后的主要管理者，1934 年在巴勒斯坦的雷霍沃特创办了丹尼尔·西弗研究所（后改名魏茨曼科学研究所），1948—1949 年任以色列国家临时委员会主席，1949 年起成为以色列开国总统。对伯林而言，他是“我所熟悉的人当中最最伟大之人”[1]，1906 年与薇拉·查兹曼结婚（见魏茨曼，薇拉）。

魏茨曼，薇拉（1881—1966），婚前姓查兹曼，小儿科医生，生于俄国，1906 年与哈伊姆·魏茨曼（参见相关词条）结婚，1910 年加入英国国籍；1920 年与丽贝卡·西弗等人合作创办国际犹太复国主义妇女组织，积极从事巴勒斯坦和以色列的慈善事业，尽管她的主要任务是辅佐丈夫。丧夫后，带头开展雷霍沃特的魏茨曼档案馆工作。她很乐于与伯林为伴，但伯林对她却并未回之以完全相同的好感：

> 关于她有一点，总体而言她对犹太人不感兴趣。[……] 她

[1] 致艾丽丝·詹姆斯，1952 年 12 月 9 日。

只是在身体上爱上他，爱上他这个男人；对犹太复国主义本身并不感兴趣。[……]犹太复国主义者们不喜欢她。很显然，她瞧不起他们。[……]她喜欢的是英国上流阶层人士，是魏茨曼付出的种种政治努力才使她有机会接触他们。这些人钦佩魏茨曼，对她却难以忍受；事实上，她做人很失败，可她对此却浑然不知。[……]她过于矫揉造作，是个虚伪的妇人——她的虚伪表现在各方面，为人势利、好出风头、不够真诚——她在以色列本来很不受欢迎，直到魏茨曼去世。随后便成了列宁遗孀式的人物，变得高贵显赫起来，人人都得仰视她。[……]她就像巴黎的俄国上校夫人，牵着小狗，每星期从公共图书馆借一本新书。[1]

怀特，莫顿·加布里埃尔（生于1917年），哲学家和历史学家，1946—1948年任宾夕法尼亚大学哲学助理教授，1948—1950年任哈佛大学哲学助理教授，1950—1953年任副教授，1953—1970年任教授。1940年与露西娅·佩里（1909—1996）结婚。作品包括：《美国的社会思想》（1949）、《分析的时代》（1955）、《哲学的再联合》（1956）、《宗教、政治与高等教育》（1959）。曾长期计划与伯林联手撰写哲学史著作，却始终没能付诸实施（主要因为伯林一直腾不出时间）。

威尔逊，埃德蒙（1895—1972），新闻记者，有影响的文学评论家，精通数国语言。根据伯林的回忆，他们在1946年相识，“他身材矮胖，红脸膛，大腹便便”，说起话来“似乎各种思想在他体内相互推挤碰撞，为抢着出头各自挡道，不时地会迸发出来，断断续续，其中穿插着声调温和、嗓音低沉的连贯话语”。威尔逊趣味横生的谈话，渊博的文化知识，令人钦佩的道德观，以及对俄国文学的敏锐理解，所有这一切都十分吸引伯林。威尔逊去世后，伯林这样

[1] 迈克尔·伊格纳季耶夫采访伯林录音之十九。

评价他："他的判断力常常飘忽不定，并且往往耽于幻想，但他的仁慈和正直却始终如一。"[1]他喜酒好色，无人不晓。先后娶过四任妻子：(1) 1923—1930年，玛丽·布莱尔（约1876—1947）；(2) 1930—1932年，玛格丽特·坎贝（1895—1932），婚前姓沃特曼；(3) 1938—1946年，小说家与评论家玛丽·泰雷兹·麦卡锡（1912—1989）；(4) 1946年起妻子为威尔逊，海伦—玛尔特（"艾琳娜"）·桑顿（1906—1979），婚前姓玛姆。作品包括：《赫卡特县回忆录》(1946)、《导游书以外的欧洲》(1947)、《经典与广告》(1950)、《光明之岸》(1953)、《死海古卷》(1955)、《红色、黑色、金色和橄榄色》(1956)、《我的思想》(1956)、《美国地震》(1958)、《向易洛魁人致
800 歉》(1960)。

[1]"牛津大学的埃德蒙·威尔逊"，伯林，《个人印象》第二版，第172、182页。

通信人与信件来源索引

本索引中使用的缩略语：

[123/4]	Oxford, Bodleian Library, MS. Berlin (by shelfmark/folio) 牛津大学博德莱安图书馆伯林手稿（按排架号/文件夹顺序查询）
BBC	BBC Written Archives, Caversham 凯维森英国广播公司档案馆
BL	British Library 大英图书馆
Beinecke	Beinecke Library, Yale 耶鲁大学贝内克图书馆
Bodleian	Oxford, Bodleian Library 牛津大学博德莱安图书馆
CT	connective tissue (editorial commentary) 结缔组织（编者按）
Dictabelt	Dictabelt (Dictaphone) recording made by IB for a typist 伯林为打字员制作的口述记录机
Houghton	Houghton Library, Harvard 哈佛大学霍顿图书馆
Hoover	Hoover Institution, Stanford University, California 加利福尼亚斯坦福大学胡佛研究所
King's	King's College, Cambridge 剑桥大学国王学院
LOC	Library of Congress 国会图书馆
NA	National Archives, Kew, London (followed by the reference under which the cited document is catalogued, e.g. FO 953/144) 伦敦裘园英国国家档案馆（后为检索号及所引文件编目，如外交部 953/144）
NYPL	New York Public Library 纽约公共图书馆
OUA	Oxford University Archives 牛津大学档案馆

OUP	Oxford University Press 牛津大学出版社
Ransom	Harry Ransom Humanities Research Center, University of Texas at Austin 得州大学奥斯丁分校哈利兰塞姆人类学研究中心
ROH	Royal Opera House Archives, Covent Garden 柯芬园英国皇家歌剧院档案馆
Rylands	John Rylands Library, Manchester 曼彻斯特大学约翰·里兰兹图书馆
Schlesinger	Schlesinger Library, Radcliffe Institute, Harvard 哈佛大学施莱辛格图书馆、拉德克利夫高级研究所
SGM	Seeley G. Mudd Manuscript Library, Princeton 普林斯顿大学塞利·马德手稿图书馆
Weizmann	Weizmann Archives, Rehovot, Israel 以色列雷霍沃特魏茨曼档案馆

- A -

- B -

- C -

- **D** -

- **E** -

- **F** -

- G -

- H -

- J -

[1] 经剑桥大学圣约翰学院院长及教师同意。

- K -

- N -

- O -

- P -

- Q -

- R -

- T -

- V -

- W -

总索引

(词条后数字为原书页码，见本书边码。姓名前面的星号表示收入“重要人物生平”。伯林的著作直接出现在标题底下，其他人的著作出现在作者名底下。年表未收入索引。)

- A -

- B -

- C -

- D -

- E -

- F -

- G -

- I -

- J -

- K -

- L -

- M -

- N -

- O -

- P -

- Q -

- R -

- S -

- T -

- U -

- V -

- W -

- X -

- Y -

- Z -

译后记

经过两年的奋战，全书原著前后长达880页（比卷一多近五十页）的《伯林书信集（卷二），启蒙岁月：1946—1960》终于译毕交稿，等待付梓。

“人是我的风景”，这是伯林爱说的话，这一点一如既往，在卷二的书信中表现得淋漓尽致。他饶有兴致地观察各式各样的人，以入木三分同时又趣味盎然的笔触生动刻画了众多人物像，即便是对严肃学术问题进行的探讨，也一样离不开对人的关注。在他的书信中，我们看到他与学者、同事、文学家和批评家的交流，与父母及妻子的关系，庞大的社交圈，对学术活动和日常生活的随感畅想，等等，既充满了对社会喜剧乱象的调侃讽刺，又洋溢着对个体自由的热切关注。他对历史事件和当代事件的解读以及对生活的看法，总是根植于人性化的基础，对无视人们真实所好、抽象高深的理论则毫不留情，尖酸刻薄地予以批判。对此，著名小说家贾斯丁·卡特莱特曾这样形容：“讽刺、八卦、机智、诙谐，时有深邃思想，但始终充满对人的热切关注。”

与卷一一样，卷二除书信正文外，大量文字为编辑的注释，对信中所涉人物与事件的出处进行详尽考证和说明。同时还提供了附录、年表、重要人物生平、通信人与信件来

源索引、总索引等，为读者全面了解该卷书信背景提供了便利。全书由陈小慰、叶长缨、张慧仁、余梅娴合译。陈小慰负责翻译序言、幕间插曲、“1946—1948：新学院”、“1949：哈佛大学”、“1955—1956：芝加哥与纽约”、附录（包括英美关系的困境、美国大学的知识分子生活、《日瓦戈医生》、如何定义“犹太人”）以及补注、年表、重要人物生平简介、通信人与信件来源索引、总索引等部分；叶长缨负责翻译“1952—1953：全灵学院”、“1953：哈佛大学”、“1953—1955：全灵学院”部分；张慧仁负责翻译“1956—1957：婚姻与盛名”、“1957—1960：齐切利讲席教授”部分；余梅娴负责翻译“1949—1951：新学院与全灵学院”部分。“1951—1952：哈佛大学与布林莫尔学院”一章由余梅娴和陈小慰合译。陈小慰同时还负责全书的统稿和审校修订工作。

由于本书篇幅浩大、思想深邃、细节繁复，如有任何翻译失误之处，敬请专家、学者和读者批评指正。

陈小慰

2014 年 8 月于榕城